에듀윌과 함께 시작하면,
당신도 합격할 수 있습니다!

대학 진학 후 진로를 고민하다 1년 만에
서울시 행정직 9급, 7급에 모두 합격한 대학생

용기를 내 계리직공무원에 도전해
4개월 만에 합격한 40대 주부

직장생활과 병행하며 7개월간 공부해
국가공무원 세무직에 당당히 합격한 51세 직장인까지

누구나 합격할 수 있습니다.
시작하겠다는 '다짐' 하나면 충분합니다.

마지막 페이지를 덮으면,

**에듀윌과 함께
공무원 합격이 시작됩니다.**

eduwill

누적판매량 258만 부 돌파!
66개월 베스트셀러 1위 공무원 교재

7·9급공무원 교재

기본서
(국어/영어/한국사)

기본서
(행정학/행정법총론)

단원별 기출&예상 문제집
(국어/영어/한국사)

단원별 기출&예상 문제집
(행정학/행정법총론)

9급공무원 교재

기출문제집
(국어/영어/한국사)

기출문제집
(행정학/행정법총론/사회복지학개론)

기출PACK
공통과목(국어+영어+한국사)

실전동형 모의고사
(국어/영어/한국사)

7급공무원 교재

민경채 PSAT 기출문제집

7급 PSAT 기출문제집

국어 집중 교재

매일 기출한자(빈출순)

국어 문법 단권화 요약노트

영어 집중 교재

빈출 VOCA

매일 3문 독해(4주 완성)

빈출 문법(4주 완성)

한국사 집중 교재

한국사 흐름노트

계리직공무원 교재

기본서
(우편일반/예금일반/보험일반)

기본서
(컴퓨터일반·기초영어)

단원별 기출&예상 문제집
(우편일반/예금일반/보험일반)

단원별 기출&예상 문제집
(컴퓨터일반·기초영어)

군무원 교재

기출문제집
(국어/행정법/행정학)

파이널 적중 모의고사
(국어+행정법+행정학)

더 많은
공무원 교재

1초 합격예측 모바일 성적분석표

1초 안에 '클릭' 한 번으로 성적을 확인하실 수 있습니다!

활용 GUIDE

실시간 성적분석 방법!

STEP 1
QR 코드 스캔

STEP 2
모바일 OMR 입력

STEP 3
자동채점 & 성적분석표 확인

STEP 1

QR 코드 스캔

- 교재의 QR 코드를 모바일로 스캔 후 에듀윌 회원 로그인
- QR 코드 하단의 바로가기 주소로도 접속 가능

STEP 2

모바일 OMR 입력

- 회차 확인 후 '응시하기' 클릭
- 모바일 OMR에 답안 입력
- 문제풀이 시간까지 측정 가능

STEP 3

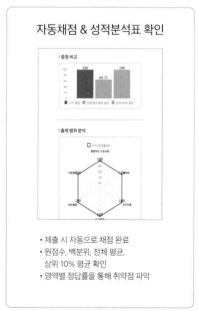

자동채점 & 성적분석표 확인

- 제출 시 자동으로 채점 완료
- 원점수, 백분위, 전체 평균, 상위 10% 평균 확인
- 영역별 정답률을 통해 취약점 파악

※ 본 서비스는 에듀윌 공무원 교재(연도별, 회차별 문항이 수록된 교재)를 구입하는 분에게 제공됨.

공무원,
에듀윌을 선택해야 하는 이유

합격자 수 수직 상승
2,100%

명품 강의 만족도
99%

공무원

베스트셀러 1위
66개월(5년 6개월)

5년 연속 공무원 교육
1위

* 2017/2022 에듀윌 공무원 과정 최종 환급자 수 기준   * 9급공무원 대표 교수진 2023년 7월 ~ 2024년 4월 강의 만족도 평균(배영표, 헤더진, 한유진, 이광호, 김용철)
* YES24 수험서 자격증 공무원 베스트셀러 1위 (2017년 3월, 2018년 4월~6월, 8월, 2019년 4월, 6월~12월, 2020년 1월~12월, 2021년 1월~12월, 2022년 1월~12월,
  2023년 1월~12월, 2024년 1월~5월 월별 베스트, 매월 1위 교재는 다름)
* 2023, 2022, 2021 대한민국 브랜드만족도 7·9급공무원 교육 1위 (한경비즈니스) / 2020, 2019 한국브랜드만족지수 7·9급공무원 교육 1위 (주간동아, G밸리뉴스)

eduwill

1위 에듀윌만의
체계적인 합격 커리큘럼

원하는 시간과 장소에서
온라인 강의

① 업계 최초! 기억 강화 시스템 적용
② 과목별 테마특강, 기출문제 해설강의 무료 제공
③ 초보 수험생 필수 기초강의와 합격필독서 무료 제공

쉽고 빠른 합격의 첫걸음 합격필독서 무료 신청

최고의 학습 환경과 빈틈 없는 학습 관리
직영학원

① 현장 강의와 온라인 강의를 한번에
② 확실한 합격관리 시스템, 아케르
③ 완벽 몰입이 가능한 프리미엄 학습 공간

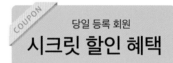

COUPON
당일 등록 회원
시크릿 할인 혜택

합격전략 설명회 신청 시 당일 등록 수강 할인권 제공

친구 추천 이벤트

"친구 추천하고 한 달 만에
920만원 받았어요"

친구 1명 추천할 때마다 현금 10만원 제공
추천 참여 횟수 무제한 반복 가능

※ "a*o*h****" 회원의 2021년 2월 실제 리워드 금액 기준
※ 해당 이벤트는 예고 없이 변경되거나 종료될 수 있습니다.

친구 추천 이벤트
바로가기

회독플래너

실패율 Zero! 따라만 해도 5회독 가능!

PART	CHAPTER	1회독	2회독	3회독	4회독	5회독
행정학 기초이론	행정의 개념	1	1	1	1	1
	현대행정의 변천	2~5	2~3	2~3		
	행정학이론 발달	6~9	4~5	4~5	2	
	행정이념	10	6			
정책학	정책학 기초이론	11~12	7~8	6	3	2
	정책의제설정론	13~14	9~10	7		
	정책분석론	15~17	11~12	8	4	
	정책결정이론모형	18~21	13~16	9		
	정책집행론	22	17	10	5	
	정책평가론	23~24	18	11	6	
	기획이론	25	19			
조직이론	조직 기초이론	26~27	20	12	7	3
	조직구조론	28~30	21~22	13~14	8	
	조직관리론	31~33	23~24	15~16	9	
	조직정보론	34	25	17	10	4
	조직변동(혁신)론	35	26	18	11	
인사행정론	인사행정 기초이론	36~37	27~28	19~20	12	5
	공직 분류	38~39	29~30	21~22		
	인사행정의 3대 변수	40~42	31~33	23~25	13	
	근무규율	43	34	26		
재무행정론	재무행정 기초이론	44~45	35~36	27	14	6
	예산과정론	46~47	37~38	28	15	
	예산제도론	48~49	39~40	29		
행정환류론	행정책임과 통제	50	41	30	16	7
	행정개혁(정부혁신)	51	42			
지방행정론	지방행정 기초이론	52	43	31	17	7
	정부 간 관계	53~54	44			
	지방자치단체 운영체계	55~56	45~46	32~33	18	
	주민참여제도	57~58	47~48	34	19	
	지방재정	59~60	49~50	35	20	

승자는 시간을 관리하며 살고, 패자는 시간에 쫓기며 산다.
— J. 하비스 —

60일 완성	50일 완성	35일 완성	20일 완성	7일 완성

PART	CHAPTER	1회독	2회독	3회독	4회독	5회독
행정학 기초이론	행정의 개념					
	현대행정의 변천					
	행정학이론 발달					
	행정이념					
정책학	정책학 기초이론					
	정책의제설정론					
	정책분석론					
	정책결정이론모형					
	정책집행론					
	정책평가론					
	기획이론					
조직이론	조직 기초이론					
	조직구조론					
	조직관리론					
	조직정보론					
	조직변동(혁신)론					
인사행정론	인사행정 기초이론					
	공직 분류					
	인사행정의 3대 변수					
	근무규율					
재무행정론	재무행정 기초이론					
	예산과정론					
	예산제도론					
행정환류론	행정책임과 통제					
	행정개혁(정부혁신)					
지방행정론	지방행정 기초이론					
	정부 간 관계					
	지방자치단체 운영체계					
	주민참여제도					
	지방재정					

승자는 시간을 관리하며 살고, 패자는 시간에 쫓기며 산다.
— J. 하비스 —

__일 완성	__일 완성	__일 완성	__일 완성	__일 완성

시작하는 방법은
말을 멈추고
즉시 행동하는 것이다.

– 월트 디즈니(Walt Disney)

2025

에듀윌 7·9급공무원 기본서

기본서

행정학 필수편

투트랙(Two Track) 전략을 통한
수험행정학의 최적화

"하나의 유령이 수험가를 배회하고 있다. 수험가의 모든 사람들, 즉 학생, 강사, 학원이 진도 압박과 보강이라는 이 유령을 사냥하려고 신성동맹을 맺었다."

수험서는 수험서다워야 하고, 기본서는 기본서다워야 합니다. 이 책을 쓰면서 처음부터 끝까지 내달렸던 화두입니다.

얼마 전까지 1,000페이지를 향해 달리던 행정학 교재가 최근에는 1,500페이지를 넘나들고 있는 실정이며, 9급을 기준으로 5과목의 교재를 합하면 7,000~8,000페이지를 넘나들고 있습니다. 이처럼 행정학 기본서가 두꺼워지는 이유는 최근 시험의 난도가 높아지고 있고, 높아진 난도를 반영하기 위해 출제의 중요도나 우선순위와는 관계없이 이론을 배치하기 때문입니다.

본 교재는 투트랙 전략을 적용하여 효율적으로 행정학을 학습할 수 있도록 구성하였습니다.

知彼知己 百戰不殆(지피지기 백전불태), 파레토 법칙

이 책으로 행정학을 공부하는 분들은 대학에서 학문으로서의 행정학을 공부하는 분들도 아니고, 문화센터에서 취미 삼아 행정학을 공부하는 분들도 아닌 '공무원 시험 합격'이라는 뚜렷한 목표를 가지고 공부하는 수험생이므로 효율적인 수험공부를 위해서는 공무원 행정학의 출제흐름을 먼저 알아야 합니다.

공무원 행정학의 경우 빈출문제가 80~90%, 신경향문제가 10~20% 정도 출제됩니다.

수험에서도 파레토의 80 대 20의 법칙이 성립되는 것입니다. 즉, 신경향의 난도 높은 문제 20%가 수험의 성패를 결정한다는 말입니다. 그러나 이를 반대로 해석하면 매년 반복적으로 출제되는 빈출문제를 반드시 내 것으로 만들어야 한다는 의미이기도 합니다.

투트랙, 장기기억(필수편)과 집중적 학습(심화편)

수험행정학의 출제흐름을 알았다면, 수험공부에서 시행착오를 줄이는 가장 효과적 방법은 투트랙(Two Track) 전략을 통한 수험행정학의 최적화입니다. 자주 출제되는 80%의 내용은 반복적 학습을 통해 에빙하우스가 주장한 '**장기기억**'으로 만들고, 고난도의 신경향문제를 따로 배치하여 시험 전에 '**집중적 학습**'을 통해 수험공부의 시행착오를 줄이는 것입니다. 이는 결국 선택과 집중을 통한 수험행정학의 최적화를 추구하는 방법입니다.

'**필수편**'은 공무원 행정학에서 매년 반복적으로 출제되는 내용으로 구성하였고, 보조단에 빈출문제를 배치함으로써 이론학습과 문제풀이를 병행하도록 하였습니다. 전체 행정학 학습시간의 80%을 배정하여 반복적 학습을 통해 반드시 숙지해야 할 내용입니다.

'**심화편**'은 출제빈도는 낮지만 고득점을 위해서 알아두어야 할 내용으로 구성하였습니다. 전체 행정학 학습시간의 20%를 배정하여 시험 전에 집중적으로 정리를 해 두면 됩니다.

不狂不及(불광불급)

미치지 않으면, 미치지 못한다고 합니다. 최근 공무원 시험의 인기와 경쟁률을 보면 결코 과장된 표현이 아닌 듯합니다. 여러분의 꿈을 위해 치열하게 노력하세요. 필자도 그동안 공무원 행정학 강의를 하면서 얻은 노하우로 여러분의 꿈을 이루어 드리기 위해 더 치열하게 노력하겠습니다.

2024년 6월
남진우

기출분석의 모든 것

최근 5개년 출제 문항 수

2024~2020 7·9급 국가직, 지방직/서울시 기준

PART	CHAPTER	2024	2023				2022				2021				2020				합계
		국9	국9	국7	지9(서9)	지7(서7)	국9	국7	지9(서9)	지7(서7)	국9	국7	지9(서9)	지7(서7)	국9	국7	지9(서9)	지7(서7)	
행정학 기초이론	행정의 개념						1	2		2		1			1				7
	현대행정의 변천	3		2	1	1	1			1	1	1	1	1			1	1	15
	행정학이론 발달	1	1	1	2	1	1	1	1	1	3		2	1	1	2		3	22
	행정이념				1	1			2			1			1		1		7
정책학	정책학 기초이론	3		1	2	1	1	2		1	1					1		2	15
	정책의제설정론		1		1				1	1			1	1	1	1			7
	정책분석론		1	1		1			1	1	2					1	1		9
	정책결정이론모형		1	1	1		1				1	1	1	1					10
	정책집행론			2			2	2	2			1	1	1			1	1	13
	정책평가론	1	2	1		2	1	1	1		1	1	1	1	3	1	1	2	20
	기획이론																		0
조직 이론	조직 기초이론	1	1	1	1	2		1		1	1	2	1	1		2	2	1	18
	조직구조론	1	2	1		1		2	2	1	2			2	1	1	1	1	18
	조직관리론	1		1	2	1		2	2	2	2	2	1	1	2	1			20
	조직정보론	1	1	2			1	2				1					1	1	11
	조직변동(혁신)론						1						1		1				3
인사 행정론	인사행정 기초이론	2	2		2		1	1			3	1	3			1	1		17
	공직 분류		1		1	1	1	1		1		1	2		2	1	1		13
	인사행정의 3대 변수	1	1	1	1	2		1	3	2	1				1	1	1	2	18
	근무규율	1	1	3		1	2	1	1		1			1		1		2	15
재무 행정론	재무행정 기초이론	1	1	4	2		1	2	1	2	2	2	1	1	1	1	1	2	25
	예산과정론	1	1			2	2		2		1	1		2	1		1	1	16
	예산제도론	1	1		1			1				1	1		1		1		8
행정 환류론	행정책임과 통제		1							1	1	1					2	1	8
	행정개혁(정부혁신)											1							1
지방 행정론	지방행정 기초이론						1	1	1		1			1	1				6
	정부 간 관계			1	1	1													3
	지방자치단체 운영체계	1	1	1	1		1	2			1	1	1		2	1	1	1	15
	주민참여제도					1					1	1	1						4
	지방재정			1		1	1		1	1			2	1		1	1	1	11
합계		20	20	25	20	20	20	25	20	20	20	25	20	20	20	20	20	20	355

PART	CHAPTER	출제 개념
행정학 기초이론	행정의 개념	정치·행정 이원론과 일원론, 행정과 경영, POSDCoRB, 윌슨(Wilson)의 행정연구
	현대행정의 변천	시장·정부실패와 대응방식, 공공재, 공유재, 공유지의 비극, 외부효과교정, 정부규제, 공공서비스 유형, 윌슨(Wilson)모형, X-비효율성, 규제영향분석, 타르 베이비 효과, 정부규모, 정부의 역할, 민간화, 민간위탁, 성과지표, 파킨슨법칙, 시민사회의 역할, 사회자본
	행정학이론 발달	호손실험, 행태주의, 비교행정, 프리즘적 모형, 신행정학, 현상학, 공공선택론, 신제도주의, NPM, 신자유주의, 수익자부담, NPS, 뉴거버넌스, 피터스(Peters)모형, 포스트모더니티이론, 딜레마이론, 행정재정립운동, 넛지이론, 공공가치창출론
	행정이념	행정문화, 본질적·수단적 가치, 공익, 실체설, 과정설, 롤스(Rawls)의 정의론, 경합가치모형, 가외성
정책학	정책학 기초이론	정책유형, 정책결정요인론, 하위정부론, 정책네트워크, 조합주의
	정책의제설정론	정책의제설정과정·모형·요인, 오류유형, 정책문제 구조화기법, 내부접근형, 동원형, 정책의 창 모형, 무의사결정
	정책분석론	문제정의, 집단사고, 델파이분석, 비용편익분석, 내부수익률, 불확실성 대처방안
	정책결정이론모형	정책결정모형, 합리모형, 점증모형, 사이버네틱스모형, 최적모형, 혼합모형, 회사모형, 쓰레기통모형, 앨리슨(Allison)모형, 지명반론자기법
	정책집행론	하향적·상향적 접근방법, 일선관료제, 정책지지연합모형, 나카무라(Nakamura)와 스몰우드(Smallwood)의 모형, 정책수단
	정책평가론	정책평가의 목적, 총괄평가, 형성평가, 준실험설계, 내적·외적 타당성 저해요인, 정책평가의 논리와 방법, 특정평가, 역사요인, 변수, 정부업무평가제도
	기획이론	하이에크(Hayek), 파이너(Finer), 그레샴(Gresham)의 법칙
조직이론	조직 기초이론	조직이론과 유형, 신고전적 조직이론, 고전적 원리, 거시조직이론, 상황론적 조직이론, 조직군생태이론, 거래비용이론, 자원의존이론, 조정방법, 조정기제, 계층제
	조직구조론	기본변수·상황변수, 기계적·유기적 조직, 기능구조, 사업구조, 매트릭스구조, 네트워크조직, 관료제, 관료제 병리현상, 애드호크라시, 보조·보좌기관, 피터(Peter)의 원리, 정부조직, 위원회, 학습조직, 공기업 민영화, 민간위탁, matrix, 방송통신위원회, 책임운영기관, 우리나라 정부조직
	조직관리론	갈등, 리더십, 의사전달, 시민참여, 내용·과정이론, XY이론, ERG이론, 욕구충족요인 이원론, 기대이론
	조직정보론	지식행정관리, 지식관리시스템, 유비쿼터스 정부, 전자정부, 스마트 전자정부, 전자정부의 원칙, 정부 3.0, 빅데이터, 정보화 책임관, 정보공개제도, 암묵지·형식지, 블록체인
	조직변동(혁신)론	MBO, OD, TQM, BSC
인사행정론	인사행정 기초이론	전략적 인적자원관리, 엽관주의·실적주의, 직업공무원제, 대표관료제, 성과주의 인적자원관리, 중앙인사기관, 소청심사위원회
	공직 분류	개방형, 직위분류제·계급제, 경력직·특수경력직, 정무직, 직무평가방법, 고위공무원단제도, 역량평가제도, 인사제도
	인사행정의 3대 변수	전직·전보, 시험의 신뢰성·타당성, 교육훈련, 액션러닝, 평정제도, 근무성적평정 방법과 오류, 경력개발, 성과평가제도, 다면평가제도, 제안제도, 보수결정의 원칙, 연금제도, 연봉제, 공공서비스동기이론, 공무원단체, 공무원직장협의회
	근무규율	행정권 오용, 행정윤리, 신뢰성과 윤리, 공무원의 의무, 공직자윤리법, 백지신탁, 정치적 중립성, 징계, 부패의 접근방법, 퇴직공직자 취업제한, 부정청탁, 행동강령, 고충민원처리 및 부패방지, 공직자의 이해충돌방지
재무행정론	재무행정 기초이론	재정의 기능, 특별회계, 기금, 추가경정예산, 준예산, 조세지출예산제도, 수입대체경비, 예산원칙, 통합재정, 재정사업, 성과관리제도, 공공기관 유형, 국가채무, 예산기능, 예산분류
	예산과정론	예산편성과정, 예산안 첨부서류, 총액배분·자율편성, 예산심의, 재정통제·신축성 유지, 이용·전용, 국고채무부담행위, 예비타당성 조사, 예산성과금, 긴급배정, 지출특례, 결산심사, 재무제표, 발생주의·복식부기, 발생주의·현금주의, 재정민주주의, 프로그램예산제도
	예산제도론	점증주의·합리주의, 니스카넨(Niskanen), LIBS, PPBS, PBS, ZBB, 예산제도
행정환류론	행정책임과 통제	행정통제의 유형, 행정통제의 과정, 내부통제, 옴부즈만, 감사원
	행정개혁(정부혁신)	접근방법, 저항의 극복방법
지방행정론	지방행정 기초이론	지방자치, 신중앙집권화, 티부모형, 권한배분
	정부 간 관계	라이트(Wright)의 정부 간 관계모형, IGR, 국가의 지도·감독, 특별지방행정기관, 행정협의조정위원회, 분쟁조정위원회
	지방자치단체 운영체계	지방행정체제, 지방자치계층, 위임사무, 지방사무의 배분방식, 보충성의 원칙, 지방의회의 권한, 기관구성, 자치권, 조례, 구역 설정, 지방공기업, 지방의회의 의결사항
	주민참여제도	주민참여의 방식, 조례의 제정 및 개폐청구대상, 직접 참여제도, 주민감사청구요건, 주민소환
	지방재정	재정자주도, 중기지방재정계획, 지방세, 지방세의 원칙, 특별(광역)시세, 재산세공동과세, 지방교부세, 보통세·목적세, 레저세, 상속세, 재정자립도, 재정력지수, 지방재정조정제도

이 책의 구성

영역별 구성

필수편

'필수편'은 '파레토의 20 대 80의 법칙' 중 80에 해당하며, 매년 반복적으로 출제되는 이론으로 구성하였다. 보조단에는 해당 영역에 가장 대표적인 빈출문제를 배치함으로써 이론학습과 문제풀이를 병행하도록 하였다.

전체 행정학 학습시간의 80%를 배정하여 평소에 반복적 학습을 통해 에빙하우스가 주장한 '장기기억'으로 만드는 것이 중요하다. '필수편'만 잘 소화를 하여도 80점 이상은 득점이 가능할 것이다.

기출분석 〉 개념 + 바로 확인문제 〉 개념 복습하기 〉 개념 적용문제

심화편

'심화편'은 '파레토의 20 대 80의 법칙' 중 20에 해당하는 심화이론과 문제에 해당하는 부분이다. 출제빈도는 낮지만 고득점을 위해서 알아 두어야 할 내용으로 구성하였다. 전체 행정학 학습시간의 20%를 배정하여 시험 전에 집중적으로 정리를 해두어야 한다. 7급은 필수이지만 9급은 심화에 해당하는 영역이므로, 고득점을 원하는 9급 수험생은 반드시 숙지해야 하는 부분이다. '수험행정학의 최적화'를 위해 시험 전에 집중적 학습을 통해 수험공부의 시행착오를 줄이는 것이 중요하다.

기출분석 〉 개념 + 바로 확인문제

고난도 심화이론 PDF

'고난도 심화이론 PDF'는 '필수편'과 '심화편'에 포함된 이론보다는 출제비중은 낮지만 추가적으로 학습하면 좋을 심화이론으로 구성하였다. '필수편+심화편'과 연계가 가능하도록 구성해 본책을 공부할 때 관련 심화 내용을 참고할 수 있도록 하였다. 고득점을 목표로 한다면 '고난도 심화이론 PDF'까지 학습할 필요가 있다.

기출분석 〉 개념 + 바로 확인문제

탄탄한 기출분석
&
기출분석 기반의 개념

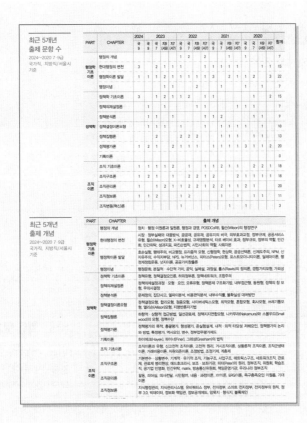

탄탄한 기출분석

최근 5개년 7·9급 기출을 분석하여 영역별 출제 문항수와 출제 개념을 분석하였다. 본격적인 개념학습 전에 영역별 출제비중과 개념을 먼저 파악하면 학습의 나침반으로 활용할 수 있을 것이다.

▶ 최근 5개년 출제 문항수: 최근 5개년 동안 국가직, 지방직/서울시 7·9급 시험에서 영역별로 몇 문항이 출제되었는지 분석하였다.

▶ 최근 5개년 출제 개념: 최근 5개년 동안 국가직, 지방직/서울시 7·9급 시험에서 영역별로 어떤 개념이 출제되었는지 분석하였다.

기출분석 기반의 개념

학습효과를 높일 수 있도록 개념을 체계적으로 배열하였고, 베이직한 내용은 본문에, 더 알아두어야 할 내용은 【더 알아보기】와 【주석】으로 수록하였다. 1~2회독 때에는 본문 위주로, 3회독부터는 참고·심화 내용인 【더 알아보기】와 【주석】까지 회독하면 기초부터 심화까지 실력을 기를 수 있을 것이다.

▶ Daily 회독체크표: 챕터마다 회독체크와 공부한 날을 기입할 수 있다.

▶ 더 알아보기와 주석: 더 깊게 또는 참고로 알아두면 좋을 내용을 담았다.

이 책의 구성

단계별 문제풀이

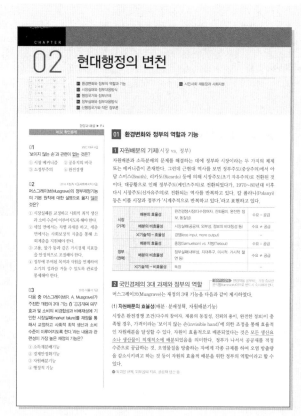

바로 확인문제

바로 개념확인 가능!

기출문제를 개념 바로 옆에 배치하여, 이론의 개념이 어떻게 출제되었는지 확인할 수 있도록 하였다.

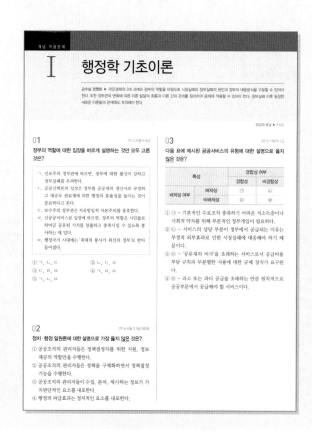

개념 적용문제

파트별 공무원 기출문제 풀이로 문제 적용력 향상!

공무원 기출문제를 파트가 끝날 때마다 수록하여 개념이 어떻게 출제되는지, 유형은 어떠한지 한 번 더 파악할 수 있도록 하였다.

회독플래너 &
고난도 심화이론
PDF &
2024년 최신기출
무료특강

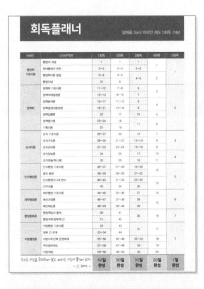

회독플래너

회독 실패율 ZERO!

실패율 없이 회독을 할 수 있도록 5회독플래너를 제공한다. 앞면에는 회독의 방향성을 잡을 수 있도록 가이드라인을 제시하였고, 뒷면에는 직접 공부한 날짜를 매일 기록하여 누적된 회독 횟수를 확인할 수 있도록 하였다.

▶ [앞] 회독플래너
▶ [뒤] 직접 체크하는 회독플래너

고난도 심화이론 PDF

고득점을 위한 학습 가능!

필수편+심화편 학습 후 추가적으로 학습하면 좋을 고난도 심화이론으로 구성하였다. 고득점을 목표로 하는 수험생은 심화이론과 보조단의 관련 기출문제를 통해 행정학 이론을 정복할 수 있다.

※ 다운로드 방법: 에듀윌 도서몰(book, eduwill.net) 접속 → 도서자료실 → 부가 학습자료에서 다운로드 또는 좌측 QR코드를 통해 바로 접속

2024년 최신기출 무료특강

최신기출 전격 해부!

2024년 최신기출 해설특강으로 출제경향을 꼼꼼히 살피고 약점을 파악할 수 있도록 구성하였다.

※ 지방직/서울시 9급 및 국가직, 지방직/서울시 7급 시험 해설특강은 해당 시험일로부터 30일 이내에 업로드될 예정입니다.

※ 접속 방법: 에듀윌 도서몰(book, eduwill.net) 접속 → 동영상강의실에서 수강 또는 좌측 QR코드를 통해 바로 접속

이 책의 차례

이 책의 차례

행정학 기초이론

5개년 챕터별 출제비중 & 출제개념

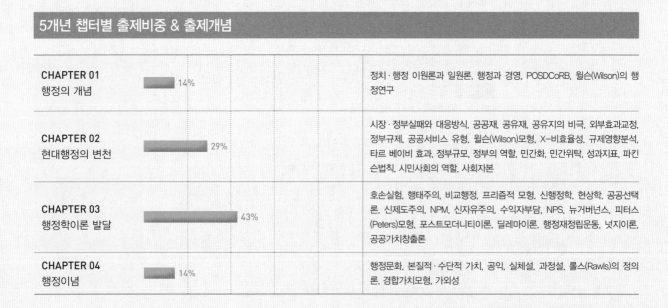

CHAPTER 01 행정의 개념	14%	정치·행정 이원론과 일원론, 행정과 경영, POSDCoRB, 윌슨(Wilson)의 행정연구
CHAPTER 02 현대행정의 변천	29%	시장·정부실패와 대응방식, 공공재, 공유재, 공유지의 비극, 외부효과교정, 정부규제, 공공서비스 유형, 윌슨(Wilson)모형, X-비효율성, 규제영향분석, 타르 베이비 효과, 정부규모, 정부의 역할, 민간화, 민간위탁, 성과지표, 파킨슨법칙, 시민사회의 역할, 사회자본
CHAPTER 03 행정학이론 발달	43%	호손실험, 행태주의, 비교행정, 프리즘적 모형, 신행정학, 현상학, 공공선택론, 신제도주의, NPM, 신자유주의, 수익자부담, NPS, 뉴거버넌스, 피터스(Peters)모형, 포스트모더니티이론, 딜레마이론, 행정재정립운동, 넛지이론, 공공가치창출론
CHAPTER 04 행정이념	14%	행정문화, 본질적·수단적 가치, 공익, 실체설, 과정설, 롤스(Rawls)의 정의론, 경합가치모형, 가외성

14%

※최근 5개년(국, 지/서)
출제비중

01 행정의 개념

정답과 해설 ▶ P.2

바로 확인문제

01   2019 서울시 7급 제1회

작은 정부와 큰 정부에 대한 설명으로 가장 옳지 <u>않은</u> 것은?

① 큰 정부의 등장은 대공황 등 경제위기 속에서 시장에 대한 정부의 적극적 개입을 통해 대공황을 극복해야 한다는 케인즈주의에 사상적 기반을 두고 있다.

② 시장실패에 대한 대응으로 나타난 큰 정부는 규제를 완화하고 사회보장, 의료보험 등 사회정책을 펼침으로써, 정부의 적극적 역할을 강조하였으며, 이러한 이유로 정부의 크기가 커졌다.

③ 경제대공황 극복을 위하여 등장한 뉴딜정책과 함께 2차 세계대전 등 전쟁은 큰 정부가 탄생하는 데 결정적인 영향을 주었다.

④ 작은 정부를 주장하는 하이에크는 케인즈의 주장을 반박하며, 정부의 시장 개입은 단기적 경기 부양에는 효과적일 수 있어도 장기적으로는 시장의 효율성을 심각하게 훼손한다고 주장하였다.

02   2017 교육행정직 9급

정부관에 대한 일반적인 설명으로 옳은 것은?

① 보수주의자는 기본적으로 자유시장을 불신하지만 정부를 신뢰한다.

② 진보주의자는 조세제도를 통한 정부의 소득재분배정책을 선호한다.

③ 신자유주의가 등장하면서 작은 정부에서 큰 정부로의 전환이 이루어졌다.

④ 1930년대 대공황을 겪으면서 최소의 정부가 최선의 정부라는 신념이 중요시되었다.

01 국가(정부)관의 변천

> **결정적 코멘트** ▶ 국가관은 행정학의 가장 중요한 틀에 해당한다. 반드시 기억해 두도록 한다.

1 시대별 정부관

시기	19C 입법국가	경제대공황	20C 행정국가(복지국가)		현재 신행정국가
특징	시장만능	시장실패	정부만능	정부실패	시장과 정부의 조화
주요 내용	완전경쟁시장을 전제로, 보이지 않는 손에 의한 해결	• 공공재 부족 • 외부효과 • 불완전한 경쟁 • 경기불안정 • 소득불균등	• 공적 공급 • 보조금과 규제 • 공정거래 보장 • 재정정책 • 사회보장정책	• 정부팽창 • 내부성 • X-비효율성 • 단기적 결정 • 파생적 외부효과 • 권력의 편재	• 정부가 해야 할 일, 민간이 더 잘할 수 있는 일을 구분 • 정부기능의 수행 방식 선택

2 이념별 정부관

> **결정적 코멘트** ▶ 최근에 출제비중이 높아지고 있다. 진보주의와 보수주의를 비교한 표의 내용은 반드시 숙지해 두도록 한다.

(1) 진보주의자의 정부관

진보주의자의 정부관을 보면 많은 영역에서 정부가 더욱 적극적인 역할을 하는 것을 지지하고, 더 많은 정부지출과 규제를 선호한다.

① 소외집단을 돕기 위한 정책, 즉 가난한 사람들, 소수민족, 여성들을 위한 기회를 확보·확대하기 위한 정책을 선호한다.

② 의료보장, 소비자 보호, 공해 없는 환경 등과 같은 목적을 증진시키기 위해 경제에 대한 더 많은 정부규제를 선호한다.

③ 조세제도를 통해 부자들로부터 가난한 사람들로 소득을 재분배하는 정책을 선호한다.

④ 낙태금지를 위해 정부권력을 사용하는 것을 반대하며, 공립학교에서 실시하는 종교교육을 반대한다.

(2) 보수주의자의 정부관

보수주의자의 정부관을 보면 기회의 평등과 경제적 자유를 강조하고 소득, 부 또는 기타 경제적 결과의 평등은 경시한다. 보수주의자의 이상적인 정의는 교환적 정의(commutative justice)이지, 분배적 정의(distributive justice)가 아니다. 따라서 평등, 공정과 같은 가치판단과 갈등관계에 있을 때에는 자유를 선호한다. 이들이 정부가 필요하다고 믿는 경우는 개인에 의한 강요와 폭력의 방지, 외적 침략에 대한 방어, 재산권과 법적 계약의 집행, 통화체계의 보수적 운영규제, 특정 공공재의 공

급, 최소한의 사회보장 확보 등이다.

① 소외집단을 돕기 위한 정책을 선호하지 않는다.

② 정부규제를 줄이고 시장에 대한 더 많은 의존을 선호한다.

③ 기업성장을 저해하는 조세제도를 선호하지 않는다.

④ 낙태금지를 위해 정부권력을 사용하는 것을 찬성하며, 공립학교의 종교교육 실시를 선호한다.

▮ 진보주의와 보수주의 비교

구분	진보주의(변화)	보수주의(안정)
인간관	• 합리적 경제인관 부정 • 욕구, 협동, 오류 가능성이 있는 인간관	합리적 경제인관
가치판단	• 적극적 자유[1]를 열렬히 옹호 • 평등을 증진시키기 위해 실질적인 정부 개입 허용	• 정부로부터 소극적 자유[2] 강조 • 기회 평등과 경제적 자유 강조 • 소득, 부 또는 기타 결과의 평등은 상대적으로 덜 중요
시장과 정부에 대한 평가	• 효율과 공정, 번영과 진보에 대한 자유시장 잠재력 인정 • 시장결함과 윤리적 결여 인정 • 시장실패는 정부 치유책에 의해 수정 가능	• 자유시장에 대한 신념 • 정부 불신: 정부는 개인 자유를 위태롭게 하고 경제조건을 악화시키는 전제적 횡포
선호하는 정책	• 소외집단을 위한 정책(소수민족 기회 확보) • 공익목적의 정부규제 • 조세제도를 통한 소득재분배	• 선별적 복지정책 선호 • 경제적 규제완화, 시장지향적 정책 • 조세감면 또는 완화
비고	복지국가, 혼합자본주의, 규제된 자본주의, 개혁주의	자유방임적 자본주의

3 광의 · 협의의 정부관 `결정적 코멘트` 행정학에서 말하는 정부는 일반적으로 행정부, 중앙정부를 의미함을 알아 두도록 한다.

(1) 광의의 정부

입법부, 사법부, 행정부를 의미한다.

(2) 협의의 정부

입법부, 사법부를 제외한 행정부(지방정부 포함)를 의미한다.

① 헌법기관

    ㉠ 설치 근거가 「헌법」에 규정되어 있다.

    ㉡ 기관의 영속성을 보장한다.

        ⑩ 대통령, 국무총리, 감사원, 국무회의, 국가안전보장회의, 민주평화통일자문회의 등

② 비헌법기관(법률기관)

    ㉠ 설치 근거가 법률(「정부조직법」, 개별법)에 규정되어 있다.

    ㉡ 관련 법률의 제 · 개정에 의해 용이하게 개편 가능하다.

        ⑩ 대통령비서실, 국가정보원, 방송통신위원회, 국무총리비서실, 국무조정실 등

---

1) 적극적 자유(정부의 간섭주의를 지향)는 '무엇을 할 수 있는 자유'를 의미한다. ⑩ 가난한 환경 때문에 대학에 진학할 수 없는 처지일 때, 진학의 자유는 실질적으로 보장된 것이 아니라고 보거나 모든 시민은 빈곤이나 기아로부터 자유롭지 않으면 안 된다고 주장할 때의 자유의 개념과 같은 것

2) 소극적 자유(정치권력과 맞서는 개인의 자유를 강조)는 '간섭과 제약이 없는 상태'를 의미한다.

03 2022 국가직 9급

정부관의 변천에 대한 설명으로 옳지 않은 것은?

① 19세기 근대 자유주의 국가는 '야경국가'를 지향하였다.

② 대공황 이후 케인스주의, 루스벨트 대통령의 뉴딜정책은 큰 정부관을 강조하였다.

③ 영국의 대처리즘, 미국의 레이거노믹스는 작은 정부를 지향하였다.

④ 하이에크(Hayek)는 「노예의 길」에서 시장실패를 비판하고 큰 정부를 강조하였다.

04 2011 서울시 9급

진보주의 정부관을 설명하고 있는 내용 중 가장 적절하지 않은 것은?

① 소극적 자유 선호

② 공익목적의 정부규제 강화 강조

③ 조세를 통한 소득재분배 강조

④ 효율과 공정에 대한 자유시장의 잠재력 인정

⑤ 소외집단을 위한 정부정책 선호

05 2005 대구 7급

이념적 지향에 따라 진보주의와 보수주의로 대별할 때 진보주의의 특징이라고 보기 어려운 것은?

① 오류 가능성 여지가 있는 인간이라는 관점

② 자유시장에 대한 신념

③ 조세제도를 통한 소득재분배 선호

④ 번영과 진보에 대한 자유시장의 잠재력 인정

06 2020 군무원 9급

진보주의 정부에서 선호하는 정책으로 가장 적절하지 않은 것은?

① 조세 감면 확대

② 정부규제 강화

③ 소득재분배 강조

④ 소수민족 기회 확보

07

정치·행정 이원론에 대한 설명으로 옳은 것은?

① 정당정치의 개입으로부터 자유로운 행정 영역을 강조하였다.
② 1930년대 뉴딜 정책은 정치·행정 이원론이 등장하게 된 중요 배경이다.
③ 과학적 관리론과 행정개혁운동은 정치·행정 이원론의 한계를 지적하였다.
④ 정치·행정 이원론을 대표하는 애플비(Appleby)는 정치와 행정이 단절적이라고 보았다.

08

정치행정이원론에 대한 설명으로 옳지 않은 것은?

① 행정과 경영이 차이가 없음을 강조하는 공사행정일원론의 입장을 취한다.
② 의사결정 역할을 하는 정치와 결정된 의사를 집행하는 행정의 역할을 엄격하게 구분할 것을 주장하였다.
③ 윌슨(Wilson)은 행정을 전문적·기술적 영역으로 규정하고, 정부는 효율성과 전문성을 갖추어야 한다고 주장하였다.
④ 대공황 이후 각종 사회문제를 해결하기 위해서 행정의 정책결정·형성 및 준입법적 기능수행을 정당화하였다.

09

정치행정이원론과 관련된 설명으로 가장 옳지 않은 것은?

① 행정을 공공서비스의 효율적인 생산 및 공급, 분배와 관련된 비권력적 관리현상으로 이해한다.
② 엽관주의를 극복하기 위한 시대적 요청에 따라 미국 펜들턴법(Pendleton Civil Service Reform Act)이 제정되었다.
③ 정치로부터 행정의 독자성을 강조하면서 과학적 관리법에 기반한 행태주의적 관점을 지지한다.
④ 행정국가의 등장으로 행정의 능률성과 전문성이 강조되면서 행정개혁운동이 전개되었다.

(3) 공공서비스의 공급주체

공공부문(1섹터)						민간부문(2섹터)		
정부부문		준정부부문(3섹터)				비영리부문(3섹터)		영리부문
		준정부기관		공기업				
정부부처	정부기업	위탁집행형	기금관리형	준시장형	시장형	시민단체	시민	기업
기획재정부 등	조달청 등	한국소비자원, 한국연구재단 등	국민연금공단 등	한국철도공사, 한국마사회 등	한국전력공사, 한국공항공사 등	참여연대 등	자원봉사자	민간위탁기업, 민자유치 참여기업

02 행정개념의 변천(행정과 정치의 관계 변천)

> **결정적 코멘트** 정치·행정 이원론과 정치·행정 일원론을 중심으로 학습하도록 한다.

1 행정법학적 행정개념

삼권분립공제설	국가 작용 중에서 입법과 사법을 제외한 부분이 행정이라고 보는 입장
국가목적실현설	행정을 법의 규제를 받으면서 국가목적을 실현하는 계속적인 국가활동이라고 보는 입장
법함수설	행정은 일반적·추상적인 법규범을 구체화·개별화하는 법적 작용이라고 파악하는 입장
기관양태설	행정이란 「헌법」의 간접적인 집행작용이며 수직적 기관복합체의 작용이라고 보는 입장

2 행정학적 행정개념(연구범위)

> **핵심 꼭 짚기** 행정의 정치적 기능(정책결정) 수행 여부(身土不二)
>
> • 정치·행정 이원론(= 공·사행정 일원론) 행정 = 정책집행
> • 정치·행정 일원론(= 공·사행정 이원론) 행정 = 정책결정＋집행
>
> * 정치·행정 이원론과 일원론에서 말하는 정치는 서로 다른 의미를 내포하고 있다. 이원론에서의 정치는 '정당정치', 일원론에서의 정치는 '정책형성기능'을 의미한다.

▌행정의 양면성(정치이자 경영인 행정)

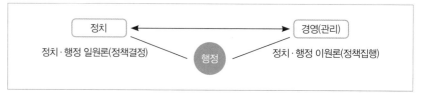

(1) 행정관리(경영)설(기술적 행정학, 정치·행정 이원론)

① 시기 및 학자
  ㉠ 시기: 19세기 말 이후 1930년대까지의 행정학이 수립되던 초기의 대표적인 입장

ⓛ 대표 학자: 윌슨(Wilson, 「행정의 연구」), 화이트(White, 「행정학 입문」, 최초의 교과서), 굴릭(Gulick), 어윅(Urwick), 윌로우비(Willoughby), 굿노우(Goodnow, 「정치와 행정」) 등

② 성립 배경

ⓖ 엽관주의의 폐해 극복(정당정치로부터 행정의 독립)

ⓛ 과학적 관리론의 영향

③ 개념

ⓖ 행정이란 '공공사무의 관리라는 기술체계로서 이미 수립된 법령이나 정책을 구체화하는 것'으로 본다.

ⓛ 행정의 가치판단적 기능을 배제하고 가치중립적인 기술적 과정을 중시한다.

④ 주요 내용

ⓖ 행정은 공공사무의 관리 분야

ⓛ 원리접근법(원리주의)

ⓒ 능률지상주의(기계적 능률성)

ⓡ 공·사행정 일원론

ⓜ X이론적 인간관

(2) 통치기능설(기능적 행정학, 정치·행정 일원론)

① 시기 및 학자

ⓖ 시기: 1930년대 후반부터 주창되기 시작

ⓛ 대표 학자: 디목(Dimock), 애플비(Appleby, 「정책과 행정 - 행정은 정책결정」), 막스(Marx), 헤링(Herring), 가우스(Gaus) 등

② 성립 배경

ⓖ 세계대전과 세계대공황

ⓛ 뉴딜(new deal) 정책

ⓒ 국회의 능력 부족과 대행정부 의존도의 제고

ⓡ 행정학자들의 인식 변화

ⓜ 부정·부패현상의 퇴조

ⓗ 공행정과 사행정의 차이

③ 개념

ⓖ 행정이란 '이미 수립된 정책의 구체화에 한정되지 않고 정책결정 및 입법기능까지 담당하는 것'으로 본다.

ⓛ 정치와 행정은 상호 불가분의 유기적 협조관계에 있다고 본다.

④ **주요 내용**: 정치(입법·정책형성)와 행정(정책집행)은 기능적으로 상호연쇄적인 일련의 연속적 과정으로서 협동적·전체적·통합적인 관점에서 파악된다.

ⓖ 정치·행정 일원론 및 공·사행정 이원론의 입장을 취한다.

ⓛ 행정의 기능을 입법·정책결정과 집행·관리기능으로 인식하여 행정과정을 정치과정의 부분요소로 본다.

ⓒ 사회적 능률성의 강조, 정책·목적·규범·가치 등을 중시한다.

(3) 행정행태설(사회과학 + 실증주의, 정치·행정 신이원론)

① 시기 및 학자

ⓖ 시기: 1940년대 이후 등장

10 2017 서울시 7급

미국 행정이론의 발달과정에 대한 설명으로 가장 옳지 <u>않은</u> 것은?

① 19세기 이후 엽관제의 비효율 극복을 위해 재퍼슨 - 잭슨철학에 입각한 진보주의 운동과 행정의 탈정치화를 강조한 정치·행정 이원론이 전개되었다.

② 1930년대 경제대공황 이후 행정권의 우월화 현상을 인정한 정치·행정 일원론이 등장하였다.

③ 비교행정론의 대표적 학자 리그스(F. W. Riggs)의 프리즘적 모형은 농경국가도 산업국가도 아닌 제3의 국가형태인 개발도상국을 연구하는 데 적합하다.

④ 1968년 미노브룩회의(Minnowbrook conference)는 행정의 적절성, 사회적 형평성 등을 강조한 '신행정학'의 탄생에 영향을 주었다.

11 2019 서울시 7급 제1회

윌슨(W. Wilson)의 「행정의 연구(The Study of Administration)」에 대한 설명으로 가장 옳지 <u>않은</u> 것은?

① 19세기 말엽 미국 정부의 규모가 그 이전과 비교도 안 될 정도로 커지고, 행정의 수요가 급증한 상황에서 행정학 연구의 중요성을 역설하였다.

② 19세기 말엽 미국 내 정경유착과 보스 중심의 타락한 정당정치로 인하여 부패가 극심한 상황에서 행정이 정치로부터 독립해야 한다고 주장하였다.

③ 윌슨은 행정의 전문성을 강조하면서, 정치와 행정의 분리와 함께 행정의 영역(field of administration)을 비즈니스의 영역(field of business)으로 규정하기도 하였다.

④ 윌슨은 행정의 본질을 의사결정과 이에 따른 집행의 효과성을 높이는 것으로 파악하고 있으며, 근본적으로 효율적인 정부가 되어 돈과 비용을 덜 들여야 한다고 주장하고 있다.

12 2021 지방직(=서울시) 9급

정치·행정 일원론에 대한 설명으로 옳은 것은?

① 행정국가의 등장과 연관성이 깊다.
② 윌슨(Wilson)의 「행정연구」가 공헌하였다.
③ 정치는 의사결정의 영역이고, 행정은 결정된 내용을 집행한다고 보았다.
④ 행정은 경영과 비슷해야 하며, 행정이 지향하는 가치로 절약과 능률을 강조하였다.

13 2009 국가직 7급

다음에 제시된 역사적 사실들이 갖는 공통적 의미는?

- Johnson 대통령의 Great Society Program
- Roosevelt 대통령의 new deal 정책

① 시장기능의 강화
② 행정부의 사회적 가치배분권의 강조
③ 작지만 강한 행정부
④ 규제완화와 행정의 민주화

14 2007 충북 9급

행정학의 패러다임 중에서 정치·행정 신이원론을 발생시킨 행태주의에 대하여 바르게 서술한 것은?

① 1940년대 H. Simon이 주장한 것으로 '사실'과 '가치'에 대한 이분법을 시도하였다.
② 행태주의의 연구초점은 '사실'과 '가치' 중 가치에 있다고 하였다.
③ 행태주의는 해석학을 강조한 반(反) 실증주의에서 출발하였다.
④ 행태주의는 Sayre의 법칙에 영향을 주었고, 행정학의 기술성을 강조한 것이다.

15 2003 부산 9급

통치기능설과 기본적인 입장은 동일하나, 행정의 사회변동과 대응능력을 강조한 행정이론은?

① 발전행정론 ② 신행정론
③ 행정행태론 ④ 생태론

ⓛ **대표 학자**: 사이몬(Simon)[3], 바너드(Barnard), 니그로(Nigro), 피프너(Piffner), 프레스더스(Presthus) 등

② **개념**

ⓗ 행정은 '설정된 목표를 달성하기 위해서 계산된 인간의 합리적인 협동적 집단행동이자 의사결정과정의 연속'이라고 본다.

ⓛ 정치기능(정책결정)이 행정 속에 내포되어 있음을 인정하면서 '행정학의 과학화'를 위하여 인위적·논리적으로 가치판단하는 것을 배제하고 사실명제만을 연구대상으로 삼아야 한다고 주장한다.

③ **주요 내용**: 논리적으로 실제 증명이 가능한 객관적 사실만을 연구대상으로 하는 철학의 한 사조인 논리실증주의에 입각한 과학적 연구를 위해 자연과학적 연구방법의 사용을 강조한다.

사실(fact)과 가치(value)

사실(fact)	가치(value)[4]
• 참 또는 거짓으로 입증 가능	• 참 또는 거짓으로 입증 불가능
• 과학적 연구의 대상임	• 과학적 연구의 대상이 아님
• 객관적 판단 가능	• 주관적 판단 개입
• 행정의 과학성과 관련	• 행정의 처방성이나 기술성과 관련
• 'X는 Y이다(X is Y)'라는 형식	• 바람직한 것 또는 옳고 그름에 대한 판단

(4) 발전기능설(발전행정론, 정치·행정 신일원론)

① **시기 및 학자**

ⓗ **시기**: 1960년대 이후 제창된 학설

ⓛ **대표 학자**: 에스만(Esman), 와이드너(Weidner), 브레이반티(Braibanti), 브레이즈(Braise), 헤디(Heady) 등

② **개념**

ⓗ 행정을 '국가발전 목표를 달성하기 위하여 발전 목표·정책의 형성과 집행 및 관리기능을 주도하는 것'으로 본다.

ⓛ 행정 우위의 정치·행정 신일원론으로 행정 우위론을 강조하는 논리적 근거로서, 대부분의 발전도상국가에서 국가발전 사업을 추진할 때에 행정관료조직밖에 효율적인 조직이 없다는 점을 들고 있다.

③ **주요 내용**: 통치기능설과 기본적인 입장은 동일하나, 행정의 사회변동과 대응능력을 강조한 행정이론이다.

(5) 정책화 기능설

① **시기 및 학자**

ⓗ **시기**: 1970년대에 대두한 견해

ⓛ **대표 학자**: 샤칸스키(Sharkansky), 데이비스(Davis), 알렌워드(Allenworth) 등

---

3) 사이몬은 1947년에 펴낸 「행정행태론(Administrative Behavior)」이라는 행정현상의 연구에서, ① 보다 엄정한 과학적인 방법을 사용해야 한다는 것, ② 정책결정은 논리적 실증주의에 입각해야 한다는 것, ③ 의사결정을 행정연구의 핵심으로 삼아야 한다는 것 등을 주장하였다.

4) 가치란 개인이나 집단이 행위의 선택에서 무엇이 좋고, 나쁘고, 옳고, 그리고, 바람직하고, 바람직하지 못한가에 대해 사람들이 가지고 있는 추상적인 관념이나 생각을 말한다. 이러한 가치는 개인과 사회단위의 행동에 방향을 제시해 줄 뿐만 아니라 제재하는 기본적인 역할을 하고 있다.

② 주요 내용
  ㉠ 행정의 정책형성기능을 강조하는 입장이다.
  ㉡ 행정의 핵심을 정책결정 또는 그 과정이라고 보며, 특히 정책결정과정상의 갈등을 중시한다.

3 현대행정의 개념 및 특성 　결정적 코멘트 ▶ 광의·협의의 행정개념을 정확히 구분하도록 한다.

(1) 행정의 개념

① **광의의 개념**(정치·행정 이원론, 공·사행정 일원론)
  ㉠ 고도의 합리성을 수반한 협동적 인간 노력의 한 형태로서, 정부조직을 포함한 공공단체, 기업체, 민간단체 등 모든 조직활동에서 찾아볼 수 있다.
    例 학교행정, 군대행정, 목회행정 등
  ㉡ 합리적 행동이란, 주어진 공공 목표를 달성하기 위해 기회비용을 최소화시키면서 그 목표와 관련된 적정 수단을 정확히 선택하는 계산된 행동을 의미한다.

② **협의의 개념**(정치·행정 일원론, 공·사행정 이원론)
  ㉠ 정부관료제를 중심으로 이루어지는 활동을 의미하며, 행정부의 구조와 공무원의 활동을 포함하는 개념이다. 즉, 행정부조직이 행하는 공공목적의 달성을 위한 제반노력을 의미한다.
  ㉡ 국가 목적을 실현하기 위한 사람과 물자의 관리나, 정책결정과 집행을 중심으로 하는 정치과정의 일부로 보는 견해도 있다.

③ **최근의 개념**
  ㉠ 공공문제의 해결과 이를 위한 정부 외의 공사조직들의 연결 네트워크(network), 즉 거버넌스(governance)로서의 행정을 강조하는 경향이 있다.
  ㉡ 정부와 민간의 일이 엄격하게 구분되는 것으로 보지 않고, 공공(public)이라는 개념을 통해 양자 모두를 포함하고자 한다.

④ **종합적 개념**
  ㉠ 규범적으로 행정은 공익을 지향한다.
  ㉡ 행정은 공공서비스의 생산, 공급, 분배와 관련된 모든 활동을 의미한다.
  ㉢ 행정의 수행은 정치권력을 배경으로 하지만 공공서비스의 생산 및 공급은 정부가 독점하지 않는다.
  ㉣ 행정은 정치과정과 밀접하게 연계되어 있다.

(2) 행정의 특성

구분	내용
안정성·계속성	행정은 안정성·계속성을 바탕으로 국가사회의 변화에 대응하고 그 발전을 촉진하며 관리하는 것
공익성·공공성	행정은 공익을 추구하기 위한 작용이어야 하며 공공적 성격에 따라 특징지을 수 있음
정치성·정책성, 권력성	행정은 정치적 환경 내에서 정치권력을 배경으로 한 공공정책의 형성 및 구체화로, 이를 위해 정치권력에 의한 강제력이 수반되어야 함
합리성	행정은 합리적이며 합리적 결정을 추구하는 것으로 최소의 비용과 노력으로 최대의 목표달성을 기하는 것
협동성·집단성	행정은 협동적 집단행위를 통하여 그 목적을 구체화하는 과정
기술성	행정은 공공사무의 관리 및 집행에서 체계적인 기술을 필요로 하는 것

바로 확인문제

16　　　2009 서울시 7급
다음 중 행정의 적극적 기능 수행과 행정입법의 확대를 지지하는 입장은?
① 행정의 관리적 성격을 강조한다.
② 기업의 능률정신이 행정에서도 강조된다.
③ 정치와 행정을 엄격히 분리한다.
④ 행정의 정치성, 공공성을 강조한다.
⑤ 행정에서 가치판단 및 정책결정은 배제된다.

17　　　2009 서울시 9급
다음 중 행정에 대한 개념으로 올바르지 않은 것은?
① 넓은 의미의 행정은 협동적 인간 노력의 형태로서 정부조직을 포함하는 대규모 조직에서 보편적으로 나타난다.
② 최근 행정의 개념에는 공공문제의 해결을 위해 정부 외의 공·사조직들 간의 연결 네트워크, 즉 거버넌스(governance)를 강조하는 경향이 있다.
③ 좁은 의미의 행정은 행정부조직이 행하는 공공목적의 달성을 위한 제반노력을 의미한다.
④ 행정은 정치과정과는 분리된 정부의 활동으로 공공서비스의 생산 및 공급, 분배에 관련된 모든 활동을 의미한다.
⑤ 행정과 경영은 비교적 유사한 활동이라고 할 수 있으나 그 목적하는 바가 다르다.

18　　　2004 충북 9급
다음 중 행정의 개념과 가장 거리가 먼 것은?
① 광의로는 고도의 합리성을 수반하는 협동적 인간노력의 한 형태이다.
② 행정은 정치과정의 일부이므로 과학적 성격이 약하다.
③ 공익이라는 목적달성을 위한 공공문제의 해결 및 공공서비스의 생산과 관련된 제반활동으로서 사적 이익의 추구를 목적으로 한다.
④ 협의로는 국가목적을 실현하기 위한 사람과 물자를 관리하는 제반활동이다.

19 　　　　2018 서울시 기술직 7급
행정에 대한 설명으로 가장 옳지 <u>않은</u> 것은?

① 행정은 최협의적으로는 행정부의 조직과 공무원의 활동에 대한 것이다.
② 행정은 공공서비스의 생산, 공급, 분배를 통해 공공 욕구를 충족시켜 국민 삶의 질을 증대하고자 한다.
③ 행정의 활동은 환경과의 상호작용을 통해 역동적으로 변화한다.
④ 행정의 활동은 정치권력을 배경으로 공공서비스의 생산 및 공급을 정부가 독점한다.

20 　　　　2000 서울시 9급
정치·행정 이원론과 관련된 설명으로 올바른 것은?

① 행정관리의 능률성을 이념으로 한다.
② 행정의 정책결정기능을 강조한다.
③ 관리의 효율보다 정치적 대응성을 선호한다.
④ 행정의 가치지향성을 강화한다.
⑤ 대내관리보다 대외지향성을 지향한다.

21 　　　　2001 경남 9급
행정의 정치적 성격에 관한 다음 설명 중 틀린 것은?

① 행정인도 정치적 역할을 수행하고 가치판단적인 결정을 한다.
② 행정은 정해진 약속에 따라 규칙적으로 사무를 집행한다.
③ 행정학은 광의의 정치학에 포함된다.
④ 행정은 정치적 환경 속에서 수행된다.
⑤ 행정은 정치적 이해관계가 동태적으로 작용하는 것이다.

---

03 행정과 정치의 관계

> **결정적 코멘트** ▶ 앞에서 정치·행정 이원론과 정치·행정 일원론을 정확히 이해했다면 가볍게 확인하고 넘어가도록 한다.

핵심 꼭 짚기 　행정과 정치

행정	정치
• 수렴된 의사를 실행에 옮기는 '가치중립적 행위'로서, 설정된 목표를 달성하기 위한 효율적 수단을 모색하는 과정 • 국민들이 원하는 것을 어떻게 하면 더 싸고 더 편하게 공급할 수 있을지가 문제 • 능률성 또는 효율성을 확보하는 과정	• 국민들의 의사를 수렴하는 '가치개입적 행위'로서, 국민들에 의한 국가의 목표를 설정하는 과정 • 어떻게 하면 국민들의 의사를 골고루 반영시킬 수 있을 것인지가 문제 • 민주성을 확보하는 과정

1 정치·행정 이원론(기술적 행정학)

정치·행정 이원론은 정치의 영역인 입법부에서 법률의 형식으로 정책을 결정하면, 행정부는 이를 단순히 집행하는 것으로 인식한다. 또한 행정을 정책의 효율적 집행을 위한 전문적인 관리기술로 파악하였으며, 행정에 대한 민주적 통제와 법의 지배를 강조하였다.

(1) 성립 배경

① 엽관주의의 폐해 극복(정당정치로부터 행정의 독립)과 실적주의 확립 촉진
② 과학적 관리론의 영향

(2) 주요 내용

① 행정을 정책의 구체화(정책집행)로 파악한다.
② 행정국가화 현상과 관련된다.
③ 행정관리의 능률성을 이념으로 한다.
④ 행정연구의 과학화를 촉진시킨다.

2 정치·행정 일원론(기능적 행정학)

행정의 정치적 기능을 중시했던 정치·행정 일원론에서 말하는 행정의 정치적 기능이란, '정책형성기능(정책의제설정 + 정책결정)'이다.

(1) 성립 배경

① 세계대공황에 대한 대처
② 인간관계론의 영향

(2) 주요 내용

① 행정을 정책형성과 집행으로 파악한다.
② 뉴딜(new deal) 정책 및 행정의 전문성과 관련이 있다.
③ 행정의 정책결정기능을 강조한다.
④ 관리의 효율보다 정치적 대응성을 선호한다.
⑤ 행정의 가치지향성을 강화한다.
⑥ 대내관리보다 대외지향성을 추구한다.

3 정치 · 행정 신이원론(행정행태론)

(1) 성립 배경

행정학 정체성의 위기문제를 극복하기 위해서 1940년대 중반 이후 사이몬(Simon)을 중심으로 한 행태론자들에 의해 제기되었다.

(2) 주요 내용

① 논리적 실증주의에 입각하여 가치와 사실을 구분한다.
② 행정의 연구대상으로서 가치지향적인 정책결정을 배제하고 가치중립적인 관리 · 집행기능만을 대상으로 해야 한다고 주장한다.

4 정치 · 행정 신일원론(발전기능설)

(1) 성립 배경

1960년대에 들어오면서 정치발전의 수준이 낮은 신생국의 발전문제가 주요 관심사로 떠올랐다.

(2) 주요 내용

신생국의 조속한 국가발전을 달성하기 위해서 정치 대신 행정이 발전 목표의 설정과 정책의 형성 및 관리 · 집행기능을 수행함으로써 사회변동을 적극적으로 유도하는 역할을 담당하게 되었다. 이러한 행정의 역할은 신생국에서는 창의성과 쇄신을 필요로 한다.

04 행정과 경영

> 결정적 코멘트 ▶ 행정과 경영의 유사점을 중심으로 정리하도록 한다.

1 행정과 경영의 개요

① 정치 · 행정 이원론은 행정과 경영의 유사점을 강조하며, 행정을 기술적 과정으로 인식하고 행정의 과학화를 추구하는 입장이다. 반면, 정치 · 행정 일원론은 행정의 정치적 성격과 정책결정기능을 중시하며, 행정과 경영의 차이를 강조한다.[5]
② 오늘날 신공공관리론에 의한 전세계적인 정부개혁으로 행정과 경영 간의 유사성이 커지게 되었다. 무(無)국가성과 아마추어리즘을 특징으로 하는 미국의 경우에는 유럽에 비해 상대적으로 양자 간 유사성을 더 강조한다.

2 행정과 경영의 유사점과 차이점

(1) 유사점(공 · 사행정 일원론, 정치 · 행정 이원론)

① 목적달성 수단(수단성): 양자 모두 목적을 실현하는 수단이다.
② 의사결정: 목표를 효율적으로 달성하기 위하여 여러 대안 중에서 최적의 대안을 선택하는 행위를 하게 된다(행태론).
③ 협동행위(협동성): 목표달성을 위한 협동적인 집단노력이라는 점에서 공통된다(행태론). 협동은 인간조직에서 가장 핵심적인 요소이다.

---

5) 세이어의 법칙(Sayre's law)이란 '공 · 사행정은 모든 중요하지 않은 점에서(in all unimportant respects) 근본적으로 같다.'라는 역설적 표현을 말한다. 이는 공 · 사행정이 근본적으로 같은 점과 다른 점이 모두 있다는 사실을 인정하면서도 중요한 점은 서로 다르다는 것을 역설적으로 표현하고 있는 것이다. 따라서 세이어의 법칙은 공 · 사행정 이원론에 해당한다.

22 2013 국회직 8급

정치와 행정에 대한 다음 〈보기〉의 설명 중 옳은 것은 모두 몇 개인가?

┤ 보기 ├
ㄱ. 전통적으로 민주주의 정치체제에서 정치는 가치개입적 행위이며 행정은 가치중립적 행위이다.
ㄴ. 정치는 효율성을 확보하는 과정인 데 반해 행정은 민주성을 확보하는 과정이다.
ㄷ. 정치 · 행정 일원론에서의 행정의 정치적 기능이란 정책형성기능을 의미한다.
ㄹ. 1960년대 발전행정론이 대두하면서 기존의 행정우위론과 대비되는 정치우위론의 입장에서 새 일원론이 제기되었다.
ㅁ. 사이몬(Simon) 등 행태주의 학자들은 행정의 정책결정기능을 인정한다는 점에서 기존의 이원론과 구분된다.

① 1개 ② 2개
③ 3개 ④ 4개
⑤ 5개

23 2004 입법고시

행정과 경영에 관한 설명으로 가장 옳지 않은 것은?

① 오늘날 전세계적인 정부개혁으로 인해 행정과 경영 간의 차이점이 더욱 뚜렷해지고 있다.
② 미국은 유럽에 비해 상대적으로 양자 간의 유사성을 더 강조한다.
③ 경영이 행정에 비해 신축성이 더 높다.
④ 신공공관리론의 영향으로 양자 간의 유사성이 커지게 되었다.
⑤ 행정에는 경영에서처럼 이윤이라는 명확한 단일의 척도가 없어 비능률성이 커지기 쉽다.

행정과 경영의 유사성에 대한 설명으로 옳지 않은 것은?

① 인적·물적 자원을 동원하며 기획, 조직화, 통제방법, 관리기법, 사무자동화 등 제반 관리기술을 활용한다.

② 엄격한 법적 규제를 받으므로 환경변화에 따른 조직의 대응능력이나 인력의 충원과정에서 탄력성이 떨어진다.

③ 관료제의 순기능적 측면과 아울러 역기능적인 측면도 내포하고 있다.

④ 조직 내 의사결정과정에서 가능한 한 많은 대안 중에서 최선의 대안을 선택·결정하고자 하는 협동 행위가 나타난다.

다음 중 공행정(행정)과 사행정(경영)을 구별하는 기준으로 적절하지 않은 것은?

① 성과평가의 기준
② 관료제적 성격
③ 법적 제약성
④ 평등성

경영과 구분되는 행정의 속성이라고 보기 어려운 것은?

① 행정은 사익이 아닌 공익을 우선적으로 추구한다.
② 행정은 모든 시민을 평등하게 대우하여야 한다.
③ 행정조직 구성원은 원칙상 법령에 의해 신분이 보장된다.
④ 행정은 효과적인 업무수행을 위해 관리성이 강조된다.

④ **관료제적 성격**(탈관료제적 요소): 행정(조직)이든 경영(조직)이든 전문화·분업, 계층제, 일반적인 법규체계 등을 구조적 특성으로 한다.

⑤ **관리기술**(관리성): 양자는 모두 능률주의를 지향하며 인적·물적 자원을 동원한다. 또한 기획, 조직화, 통제방법, 관리기법, 사무자동화 등 제반 관리기술을 활용한다.

⑥ **봉사성**: 행정은 국민에게, 경영은 소비자에게 봉사하는 것이다.

⑦ **개방체제**: 외부 환경과의 유기적인 상호의존·작용관계를 유지하여야 한다.

(2) 차이점(공·사행정 이원론, 정치·행정 일원론)

구분	행정(공공부문)	경영(기업)
목적	• 공익 추구(다원성) • 국가의 생존과 경제·사회발전 책임 • 정의와 형평 등 사회가치 비중이 큼	이윤극대화(단일성)
법적 규제	엄격한 법적 규제(행정의 경직성)	직접적인 법적 규제 적용 안 됨
정치권력적 성격	• 본질적으로 정치적 성격 • 공권력을 배경으로 한 행정기능 수행 • 정당, 의회, 이익단체, 국민의 통제	• 정치로부터 분리 • 강제력과 권력 수단 없음
평등성	모든 국민은 법 앞에 평등	고객 간 차별대우 용이
독점성	• 경쟁자 없는 독점성 • 행정서비스 질 저하 우려	• 자유로운 시장 진입 → 경쟁관계 • 고객지향적 제품 서비스
관할 및 영향 범위	• 모든 국민이 대상 • 포괄적	• 고객관계 범위 내에 한정 • 경제 분야

05 정부의 역할과 기능

결정적 코멘트 ▶ 디목(Dimock)의 구분과 영역·성질에 의한 분류를 구분하여야 한다.

1 경제체제와 정부의 역할

(1) 순수시장경제

시장의 가격기능에 의한 자원배분을 한다(작은 정부).

(2) 계획경제

계획당국의 통제에 의한 자원배분을 한다(큰 정부).

(3) 혼합경제

원칙적으로 시장기구에 의해 자원배분을 하며, 필요한 경우에 정부개입 또는 자원배분에 직접 참가한다. 이것은 현대자본주의의 정부의 역할이다.

① 정부개입의 필요성
　㉠ 미시적 측면: 시장실패에 따른 자원배분의 비효율성의 개선, 소득분배의 불평등 해소
　㉡ 거시적 측면: 주기적 경기변동의 완화

② 정부의 역할(Friedman)
　㉠ 심판의 역할: 원활한 시장기능을 위한 중재자
　　예 소유권 보호, 독과점 규제, 환경오염 방지 등
　㉡ 경기자의 역할: 재화와 용역의 직접 생산·공급
　　예 교육·국방·경찰·행정, 사회간접자본 등

2 거시적 관점에서 본 정부의 역할

(1) 가부장주의형
정부의 규제와 지원이 강력하다(지원자와 규제자).

(2) 입법주의형(행정국가형)
정부의 지원은 약하고 규제는 강력하다(규제자).

(3) 중상주의형
정부의 규제는 거의 없고 지원은 있다(지원자).

(4) 자유방임형
정부의 시장에 대한 규제와 지원이 거의 없다(규칙제정자).

▌ 거시적 관점에서 본 정부의 역할

규제자	지원자	유형
○	○	가부장주의형
○	×	입법주의형(행정국가형)
×	○	중상주의형
×	×	자유방임형

3 디목(Dimock)의 기능 구분

질서기능		봉사기능	
보안기능	규제기능	원호기능	직접봉사기능
• 대내: 치안, 범죄, 풍속, 과세, 보건, 교통, 소방, 천재지변 대책 등 • 대외: 외교, 국방, 교포 보호, 전시의 동원 등	• 대내: 기업독점 통제, 의약품 · 식품 통제 등 • 대외: 이민규제, 귀화, 출입국, 외환, 무역, 관세규제 등	• 대내: 구호, 원호, 연금, 보험, 사업보조 등 • 대외: 교포 원호, 우방 원조, 국제기구와의 협력 등	• 대내: 교육사업, 체신, 철도, 주택, 전기, 병원, 박물관, 도서관, 공원, 공익사업 등 • 대외: 교포를 위한 사업, 국제우편 · 전신사업, 후진국 개발사업 등

〈소극적 행정기능〉 ◀━━━━━━━━━▶ 〈적극적 행정기능〉
〈전통국가의 기능〉 ◀━━━━━━━━━▶ 〈현대국가의 기능〉

4 활동영역에 의한 분류

(1) 법과 질서 유지기능
국가의 제1차적 기능으로서 다른 모든 기능이 전부 법과 질서가 유지된다는 조건하에서만 이루어질 수 있다는 것을 의미한다. 그런데 민주국가의 질서는 지배를 위한 조건이라는 의미의 질서가 아니고 공동복지의 실현을 위한 것이다.

⑩ 행정안전부, 법무부, 국가정보원 등

(2) 국방 및 외교기능
국민의 생명과 재산을 외적으로부터 보호하고 외국과 외교관계를 유지하는 기능으로서 법과 질서 유지기능과 함께 주권적 기능에 해당한다.

⑩ 국방부, 외교부, 통일부, 국가안전보장회의 등

바로 확인문제

27   2021 군무원 9급

행정과 경영의 유사점에 대한 설명으로 가장 옳지 <u>않은</u> 것은?

① 행정과 경영은 어느 정도 관료제적 성격을 지니고 있다.
② 행정과 경영은 관리기술이 유사하다.
③ 행정과 경영은 목표는 다르지만 목표달성을 위한 수단으로 작동한다.
④ 행정과 경영은 비슷한 수준의 법적 규제를 받는다.

28   2021 군무원 7급

행정의 목표달성을 위한 합리적 행동을 제약하는 요인에 해당하지 <u>않는</u> 것은?

① 정치변동에 따라 목표의 변동이 발생한다.
② 상반된 집단과 기관들은 목표를 각기 다르게 해석한다.
③ 대다수 공조직은 하나의 목표를 가지고 있다.
④ 완전한 합리성을 위한 자원이 부족하다.

29   2002 충남 9급

정부의 역할을 감독자 · 지원자 · 규제자로 나눌 때 지원자와 규제자에 속하지 <u>않는</u> 정부유형은?

① 자유방임주의형   ② 중상주의형
③ 가부장형   ④ 행정국가형

30   2004 경남 9급

행정기능 중 성격이 <u>다른</u> 하나는?

① 치안유지기능   ② 국방기능
③ 교육기능   ④ 과세기능

31   2005 소방직(전북)

현대행정의 기능상 특징이 <u>아닌</u> 것은?

① 사회질서 유지기능
② 문화, 교육기능
③ 삶의 질 향상을 위한 복지기능
④ 시장실패를 치료하는 기능

(3) 경제적 기능

경제정책을 통해서 기업 및 소비자의 경제활동을 보장해 주고 더 나은 경제적 삶을 영위하도록 경제에 관여하는 기능이다. 경제개발을 추진하기 위한 사회간접자본 및 과학기술·정보분야 등에 대한 투자도 중요한 경제적 기능에 속한다.

⑩ 기획재정부, 과학기술정보통신부, 농림축산식품부, 국토교통부 등

(4) 사회적 기능

국민들의 사회적 욕구를 충족시키는 기능으로서 특히 사회적 약자, 소외된 자를 대상으로 하는 기능이다. 국민의 최저생활수준을 보장하는 등 각종 사회보장제도를 실시하고, 노동자들의 최저임금과 작업안전을 보장하는 기능이다. 또한 국민들의 보건 향상을 위해 노력하며, 쾌적한 환경을 확보하는 기능이다.

⑩ 보건복지부, 고용노동부, 환경부, 여성가족부, 국가보훈부 등

(5) 교육·문화적 기능

국민들의 교육 및 체육활동을 담당하고 예술 및 문화활동을 보장하며 청소년문제를 주관하는 기능이다.

⑩ 교육부, 문화체육관광부 등

5 활동과정의 성질에 의한 분류

(1) 기획·집행기능(정책과정의 측면)

① **기획기능**: 정책결정이나 계획수립을 위한 기능

⑩ 교육부, 기획재정부 등

② **집행기능**: 결정된 정책이나 계획을 집행하기 위한 기능

⑩ 검찰청, 국세청, 보건복지부 등

(2) 규제·조장·중재기능

① **규제기능**: 법령에 근거해서 국민들의 생활을 일률적으로 금지하거나 제한하는 기능으로, 경제적 규제와 사회적 규제가 있다.
　　ⓐ **경제적 규제**: 경쟁을 확보하기 위한 독점금지와 공정거래에 대한 규제, 각종 경제활동에 대한 인·허가, 부동산 투기억제조치 등
　　ⓑ **사회적 규제**: 노동자 안전, 환경에 대한 규제와 소비자 보호를 목적으로 하는 각종 규제가 있다.
　　　　⑩ 노동부, 환경부, 공정거래위원회 등
② **조장 및 지원기능**(경제개발 추진과정에서 중시): 특정 분야의 사업이나 활동을 적극적으로 조장하거나 지원하는 기능이다. 특정 분야를 위해 지원법령을 제정하고 재정 및 금융상의 지원을 하며, 정부가 직접 사업 주체가 되기도 하는 기능이다.
③ **중재 및 조정기능**(민주화로 최근에 중시): 사회 내에서 이해당사자들 간에 분쟁이 발생했을 때, 정부가 그 사이에서 이해관계를 조정하고 양측의 합의를 이끌어 내어 중재하는 기능이다.
　　⑩ 노동쟁의 중재, 이익집단 간의 이해조정, 환경분쟁 시 갈등조정 등

32 　　　　　　　　　　2005 대전 9급

국민의 최저생활수준을 보장하는 등 각종 사회보장제도를 실시하고, 국민의 보건향상에 노력하며, 쾌적한 환경을 확보하는 기능은?

① 사회적 기능
② 교육·문화적 기능
③ 경제적 기능
④ 법과 질서 유지기능

33 　　　　　　　　　2006 군무원 9급

다음은 정부의 기능이다. 성질에 따른 분류로 보기 어려운 것은?

① 규제기능　　　② 지원기능
③ 사회기능　　　④ 중재기능

34 　　　　　　　　　2012 서울시 9급

정부의 기능에 대한 설명으로 옳지 않은 것은?

① 기획기능은 정책과정에서 정책결정과 계획수립을 위한 기능을 말한다.
② 규제기능은 법령에 기초해서 국민들의 생활을 일률적으로 제한하는 기능을 말한다.
③ 정부기능상 정책결정 또는 정책집행 위주의 부처로 나눌 수 있다.
④ 조장 및 지원기능은 정부가 직접 사업의 주체가 되지 않고 간접적으로 지원하는 기능이다.
⑤ 중재기능은 이해관계자 간의 분쟁이 발생할 때 정부가 조정하고 합의를 이끌어내는 기능이다.

06 행정의 과정과 변수 ▶ 결정적 코멘트 ▶ 귤릭(Gulick)의 견해를 중심으로 학습해야 한다.

1 행정과정의 분류

(1) 전통적 행정과정(정치 · 행정 이원론)

① **일반적인 단계**: 전통적 행정이론에서는 대체로 행정과정을 계획, 조직화, 실시 (집행), 통제로 보는 것이 일반적이다.

② **귤릭의 견해**(행정과정 7단계설): POSDCoRB는 경영학자인 귤릭(Gulick)이 기업 의 최고관리층이 수행해야 하는 주요한 기능의 첫 자를 따서 만든 말이다. 하향 적 조직과정이며 고전적인 행정관의 대표적인 모형이다.

　㉠ 기획(Planning)

　㉡ 조직(Organizing)

　㉢ 인사(Staffing)

　㉣ 지휘(Directing)

　㉤ 조정(Coordinating)

　㉥ 보고(Reporting)

　㉦ 예산(Budgeting)

(2) 현대적 행정과정(정치 · 행정 일원론)

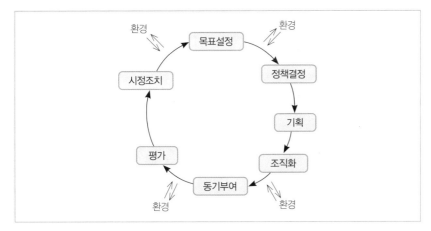

① **목표설정**: 행정체제가 달성하고자 하는 바람직한 미래의 상태를 설정하는 것이다.

② **정책결정**: 정부기관이 장래의 활동지침을 결정하는 것이다.

③ **기획**: 목표를 구체화하며 목표달성을 위해 합리적인 수단을 선택하는 과정이다.

④ **조직화**: 인적 · 물적 자원을 동원하고 배분 · 편성하는 과정이며, 인사 · 예산 · 구 조 · 권한위임 · 업무배정의 문제를 아울러 내포하는 것이다.

⑤ **동기부여**: 조직의 목표달성을 위해 자발적 · 적극적 · 주체적인 움직임을 강조하 는 것이다.

⑥ **평가**: 행정활동의 사후적인 실적 · 성과를 기준과 비교 · 대조해 보는 과정이다.

⑦ **시정조치**: 부적합 또는 바람직하지 않은 상황의 원인을 제거하기 위한 조치의 과 정이다.

바로 확인문제

35 　　　　　　　　　2003 광주 9급
전통적 행정과정에서는 중요시되지 않았던 것은?

① 집행　　　　　② 평가 및 환류

③ 기획　　　　　④ 통제

36 　　　　　　　　　2003 서울시 7급
POSDCoRB에 대해 틀린 것은?

① 상향적 조직과정이다.

② 최고관리자의 기능에 대한 것이다.

③ Gulick이 주장한 것이다.

④ 고전적인 행정관의 대표적인 모형이다.

37 　　　　　　　　2009 소방직(서울)
다음 중 POSDCoRB의 내용이 아닌 것은?

① Planning　　② Budgeting

③ Reporting　　④ Segments

38 　　　　　　　　　2016 서울시 9급
다음 중 귤릭(L. H. Gulick)이 제시하는 POSDCoRB에 대한 설명으로 가장 옳지 않은 것은?

① P는 기획(Planning)을 의미한다.

② O는 조직화(Organizing)를 의미한다.

③ Co는 협동(Cooperation)을 의미한다.

④ B는 예산(Budgeting)을 의미한다.

39 　　　　　　　　　2023 군무원 7급
1930년대 귤릭(Gulick)이 제시한 기본행정 이론에 시대적 요구에 따라 1970년대 폴 랜드(Poland)가 추가시킨 이론 분야는?

① 기획(Planning)

② 조직(Organizing)

③ 평가(Evaluating)

④ 인사(Staffing)

40 2005 경기 7급

행정의 3대 변수가 옳게 연결된 것은?

① 인간 – 구조 – 기능
② 구조 – 재정 – 기능
③ 인간 – 환경 – 구조
④ 환경 – 수단 – 재정

41 2002 입법고시

행정변수와 행정이론의 관계가 가장 잘 연결된 것은?

① 인간 – 발전행정론
② 인간 – 비교행정론
③ 환경 – 행정행태론
④ 구조 – 생태론
⑤ 환경 – 고전적 조직이론

42 2005 울산 9급

행정학의 접근방법 중 조직 외부환경의 분석을 강조한 것으로 짝지어진 것은?

① 과학적 관리론 – 인간관계론
② 제도론 – 발전행정론
③ 행태론 – 공공선택론
④ 체제론 – 생태론
⑤ 신제도론 – 관리기능론

2 행정변수

(1) 개념

행정변수란 행정현상 또는 행위를 유발하는 제 요인이다. 즉, 행정목표나 문제해결에서 활동이 성패를 좌우하는 요인은 무엇이며, 이떤 요인의 고려가 문제해결의 유효성을 제고시키는가를 말한다.

(2) 주요 변수

① 구조
② 인간 및 행태
③ 환경
④ 가치관

▌ 시대별 주요 행정변수

구분	1기	2기	3기	4기
이론	과학적 관리론	인간관계론, 행태론	생태론, 체제론	발전행정론, 신행정론
대상조직	고전적 조직	신고전적 조직	현대적 조직	현대적 조직
주요 변수	구조	인간 및 행태	환경	가치관

(3) 결론

시대별 주요 변수는 '구조 → 인간 → 환경 → 가치관'의 순서로 발전하였지만, 현재는 상호연관성을 가지고 있다.

01 행정의 개념

❶ 시대별 정부관

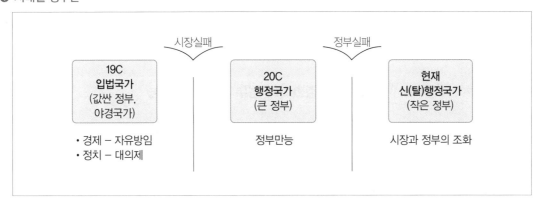

19C 입법국가 (값싼 정부, 야경국가)	시장실패	20C 행정국가 (큰 정부)	정부실패	현재 신(탈)행정국가 (작은 정부)
• 경제 – 자유방임 • 정치 – 대의제		정부만능		시장과 정부의 조화

❷ 행정개념 – 학설 발달

구분	행정관리설	통치기능설	행정행태설	발전기능설
시기	19C 말(시장실패)	1930~	1940~	1960~
개념	정책의 구체화 (정책집행)	+정책형성 (정책결정+집행)	합리적 의사결정 (정책집행)	목표설정 (정책결정+집행)
정치	정치·행정 이원론	정치·행정 일원론	정치·행정 신이원론	정치·행정 신일원론
경영	공·사행정 일원론	공·사행정 이원론	공·사행정 신일원론	공·사행정 신이원론
원인	• 엽관주의 폐해 • 과학적 관리론	• 경제대공황 • 인간관계론	• 행정학 과학화 • 논리 실증주의	• 신생국 • 경제발전
이념	기계적 능률성	사회적 능률	합리성	효과성
변수	공식적 구조	인간	(인간)행태	가치관(발전인)

02 현대행정의 변천

정답과 해설 ▶ P.4

바로 확인문제

01   2002 대구 9급

'보이지 않는 손'과 관련이 없는 것은?

① 시장 메커니즘   ② 공유지의 비극
③ 소정부주의   ④ 완전경쟁

02   2018 지방직 9급(사회복지직 9급)

머스그레이브(Musgrave)의 정부재정기능의 기본 원칙에 대한 설명으로 옳지 않은 것은?

① 시장실패를 교정하고 사회적 최적 생산과 소비 수준이 이루어지도록 해야 한다.
② 세입 면에서는 차별 과세를 하고, 세출 면에서는 사회보장적 지출을 통해 소외계층을 지원해야 한다.
③ 고용, 물가 등과 같은 거시경제 지표들을 안정적으로 조절해야 한다.
④ 정부에 부여된 목적과 자원을 연계하여 소기의 성과를 거둘 수 있도록 관료를 통제해야 한다.

03   2015 서울시 7급

다음 중 머스그레이브(R. A. Musgrave)가 주장한 재정의 3대 기능 중 '공공재의 외부효과 및 소비의 비경합성과 비배제성에 기인한 시장실패(market failure)를 재정을 통해서 교정하고 사회적 최적 생산과 소비 수준이 이루어지도록 한다.'라는 내용과 관련성이 가장 높은 재정의 기능은?

① 소득재분배기능
② 경제안정화기능
③ 자원배분기능
④ 행정적 기능

---

01 환경변화와 정부의 역할과 기능

1 자원배분의 기제(시장 vs. 정부)

자원배분과 소득분배의 문제를 해결하는 데에 정부와 시장이라는 두 가지의 체제 또는 메커니즘이 존재한다. 그런데 근현대 역사를 보면 정부주도(중상주의)에서 아담 스미스(Smith), 리카도(Ricardo) 등에 의해 시장주도(초기 자유주의)로 전환된 것이다. 대공황으로 인해 정부주도(케인즈주의)로 전환되었다가, 1970~80년대 이후 다시 시장주도(신자유주의)로 전환되는 역사를 반복하고 있다. 칼 폴라니(Polanyi) 등은 이를 시장과 정부가 '시계추적으로 반복하고 있다.'라고 표현하고 있다.

시장 (가격)	배분의 효율성	완전경쟁시장(다수참여자, 진퇴용이, 완전한 정보, 동질성)	수요 = 공급
	배분의 비효율성	시장실패(공공재, 외부성, 정보의 비대칭성 등)	수요 ≠ 공급
	X(기술적) – 효율성	경쟁(less input, more output)	–
정부 (권력)	배분의 효율성	중앙(Samuelson) vs. 지방(Tiebout)	수요 = 공급
	배분의 비효율성	정부실패(내부성, 지대추구, 미시적·거시적 절연 등)	수요 ≠ 공급
	X(기술적) – 비효율성	독점	–

2 국민경제의 3대 과제와 정부의 역할

> **결정적 코멘트** ▶ 행정학을 공부하는 가장 중요한 분석틀(framework)이므로 반드시 숙지해야 한다.

머스그레이브(Musgrave)는 재정의 3대 기능을 다음과 같이 제시하였다.

(1) 자원배분의 효율성(배분·분배정책, 자원배분기능)

시장은 완전경쟁 조건(다수의 참여자, 제품의 동질성, 진퇴의 용이, 완전한 정보)이 충족될 경우, 가격이라는 '보이지 않는 손(invisible hand)'에 의한 조정을 통해 효율적인 자원배분을 달성할 수 있다. 자원이 효율적으로 배분되었다는 것은 <u>모든 생산요소나 생산물이 적재적소에 배분</u>되었음을 의미한다. 정부가 나서서 공공재를 적정 수준으로 공급하는 것, 오염물질을 방출하는 자에게 각종 규제를 하여 오염 방출량을 감소시키려고 하는 것 등이 자원의 효율적 배분을 위한 정부의 역할이라고 할 수 있다.

📌 독과점 규제, 외부성의 치유, 공공재 생산 등

(2) 소득분배의 형평성(재분배정책, 소득분배기능)

한정된 자원이 효율적으로 배분되었다 하더라도 소득계층 간 형평성의 문제와는 별개이다. 따라서 공평한 분배란 <u>생산된 재화 또는 용역을 사회구성원들 사이에 고르게(공평하게) 나누는 것</u>을 말한다.

> **예** 누진세, 사회보장제도(국민연금, 실업수당, 사회보험 등)

(3) 경제의 안정적 운영(경제안정)

경제안정이란 인플레이션과 실업문제에서 벗어나는 것, 즉 물가의 안정과 고용의 안정을 의미한다. 이는 자본주의의 주기적 경기순환에 따른 실업과 경기침체를 최소화하는 것이다.

① **총수요 측면**: 적절한 재정·금융정책을 통한 경제안정, 즉 완전고용·물가안정·국제수지균형 달성

> **예** 경기침체 시 감세, 사회보장지출의 증대

② **총공급 측면**: 공급능력 제고를 통한 경제성장의 촉진

> **예** 벤처기업에 대한 정부지원, 산학협동

3 재정상태 변화의 평가(사회적 후생평가의 기준) 📖 심화편 ▶ P.17

위의 모든 기능을 수행하기 위해 정부가 시장에 개입하면 재정상태가 현재 상태에서 다른 상태로 변화하게 된다. 재정상태의 변화는 효율성, 공평성에 의해 평가될 수 있다.

(1) 효율성

① 효율적 상태란 <u>모든 생산요소나 생산물이 적재적소에 배분되었음</u>을 의미하며, 낭비요인이 없어야 한다. 만약 낭비가 불가피하다면 낭비를 최소화할 수 있는 방법을 찾는 것이 효율적인 선택이 될 것이며, 비용이 불가피하더라도 비용을 극소화할 수 있는 선택이 효율적일 것이다. 즉, <u>비용은 극소화(minimization)하는 선택</u>을, <u>편익은 극대화(maximization)하는 선택</u>을 한다면 효율적인 자원배분에 기여한다고 볼 수 있다.

② 효율성 여부를 판단하기 위해서는 파레토 기준과 칼도-힉스의 기준, 소비자잉여와 생산자잉여[1]가 사용된다.

(2) 공평성

① 공평성에 대한 평가기준은 특정한 가치판단에 의해 이루어지는 것이므로 어떠한 사회적 합의도 곤란하다.

② 공리주의, 평등주의, 롤스주의적 관점은 가치판단의 기준이 되며, 불평등지수에는 로렌츠 곡선, 지니계수, 십분위분배율 등이 있다.

(3) 온정적 간섭(정부의 강제)

① 정부의 입장에서 꼭 해야 할 일이라고 판단되면 개인선호와 무관하게 정부가 강제로 개입하는데, 이는 민간에 대한 규제(regulation)라기보다 온정주의적 개입(paternalism)이라 할 수 있다.

---

1) 소비자잉여 = 소비자가 누리는 가치(총효용) − 소비자의 실제 지불액, 생산자잉여 = 공급자가 받는 금액(총수입액) − 공급자가 치르는 비용, 사회적(총경제) 잉여 = 소비자잉여 + 생산자잉여

바로 확인문제

04   2001 사법고시

예산의 경제적 기능과 관련이 **없는** 것은?

① 시장경제를 통해서 생산되지 않는 재화나 용역을 공급하기 위하여 자원을 할당하는 기능이다.

② 개발도상국의 경제성장을 위한 자본형성 기능이다.

③ 각 부처의 모든 사업계획과 행정활동에 대한 중앙예산기관의 사정(査定)기능이다.

④ 불경기로 실업이 증가할 때 실업률을 감소시키기 위해 총지출을 증가시키는 기능이다.

⑤ 시장경제에서 결정된 분배상태가 바람직하지 못할 때 이를 시정하는 기능이다.

05   2003 경남 9급

예산을 배분하는 데에는 경제원리와 정치원리가 있다. 다음 중 예산분배의 경제적 원리의 기준으로 가장 알맞은 것은?

① 공정한 몫의 분배
② 균형화 원리
③ 참여적 결정
④ 파레토 최적

06 2024 국가직 9급

시장실패에 대한 설명으로 옳지 않은 것은?

① 민영화를 강조하는 작은 정부론은 시장실패에 대한 대응으로 제기되었다.

② 시장기구를 통해 자원을 효율적으로 배분할 수 없는 상태를 말한다.

③ 정부는 시장개입 및 규제를 통해 시장실패를 교정한다.

④ 공공재의 존재는 시장실패를 야기하는 요인이다.

07 2015 서울시 7급

시장실패에 대한 설명 중 가장 옳지 않은 것은?

① 자원배분의 효율성을 저해하는 불완전경쟁은 시장실패의 원인이다.

② 제3자에게 의도하지 않은 이득이나 손해를 주는 현상은 시장실패의 원인이 되기도 한다.

③ 공공조직의 내부성(internalities)은 시장실패의 원인이다.

④ 시장실패에 대응하기 위해 정부는 공적유도를 통한 시장에의 개입을 시도한다.

08 2021 국가직 9급

정부개입의 근거가 되는 시장실패의 원인으로 옳지 않은 것은?

① 외부효과 발생

② 시장의 독점 상태

③ X−비효율성 발생

④ 시장이 담당하기 어려운 공공재의 존재

09 2005 경기 7급

다음 중 시장실패의 요인에 대해 잘못 설명하고 있는 것은?

① 정의 외부효과   ② 공공재의 특수성

③ 공유지의 비극   ④ 정부의 시장규제

---

② 온정주의는 충분한 정보를 가지고 합리적인 의사결정을 할 수 있는 능력이 부족한 자(예 미성년자, 정신박약자)를 정상인과 달리 취급하거나, 시민들이 그 위험성을 알고 있는데도 불구하고 그 행위를 하지 못하도록 하거나(예 마약밀매 단속), 어떤 행위를 수행하도록 하는 경우(예 자동차 운전 시 안전벨트 착용 의무화, 오토바이 운전자의 안전모 착용 의무화) 등의 형태로 나타나기도 한다.

02 시장실패와 정부대응방식

1 시장실패(큰 정부론의 근거) 〉결정적 코멘트〉 큰 정부 등장의 논리적 근거인 시장실패는 출제 비중이 매우 높은 영역이므로 반드시 숙지해야 한다.

(1) 시장실패의 개념

① 경제활동을 자유시장기구에 맡길 때, 효율적 자원배분, 균등한 소득분배를 실현하지 못하는 상황을 시장실패(market failure)라고 한다. 모든 시장이 완전경쟁시장이면 파레토 최적(효율적 자원배분)이 가능하나, 현실적으로 시장기능만으로 효율적 자원배분이 어렵다. 즉, 현실의 시장에서 자원배분이 이루어지는 경우에는 파레토 효율성 조건을 충족할 수 없음을 의미한다.

② 파레토 효율적 자원배분이 이루어지려면 재화 및 생산요소시장이 완전경쟁적이어야 하고 외부성도 존재하지 않아야 하는데, 현실의 시장은 그러한 요건을 구비하지 못하고 있다. 따라서 시장실패는 정부정책의 필요성, 정부개입의 필요성, 정부규제의 근거 등 큰 정부론의 논거가 된다.

(2) 시장실패의 원인

① **불완전한 경쟁**(규모의 경제에 따른 자연독점): 초창기 시장경제를 주장할 시기에는 완전경쟁시장을 전제로 논의되었으나, 점차 자본주의가 발전하면서 독과점 형태의 시장이 나타났다. 이러한 기업은 생산량을 인위적으로 조절하고, 가격을 인상시켰기 때문에 정부의 개입이 불가피해졌다. 불완전경쟁시장은 완전경쟁시장보다 적게 생산(과소생산)하여 높은 가격으로 판매하기 때문에 자원배분을 왜곡시키는 시장실패를 초래한다. 다만 자연독점적 성격을 띠던 시내전화와 같은 서비스시장에서 경쟁이 가능하게 된 것은 기술의 발달로 인해 생산조건이 변했기 때문이다.

② **공공재의 공급 부족**: 공공재(public goods)란 사회의 모든 구성원에게 소비의 혜택이 공유될 수 있는 재화나 용역, 즉 공동소비(joint-consumption)가 가능한 재화와 용역을 의미한다. 공공재는 비경합성과 비배제성의 성격[2]을 갖고 있으며, 이로 인해 소비자들은 적극적으로 자신의 선호를 표출하지 않고, 무임승차자(free-rider)로서 행동하기 때문에 시장의 효율적 배분기능을 해치게 되고 시장실패의 원인이 된다. 이에 정부는 강제적으로 조세를 징수하여 이러한 공공재를 공급해야 하며 직접생산방식(공적 공급)을 택한다. 따라서 정부가 공급하는 모든 재화가 공공재가 되는 것은 아니며, 공공재의 여부는 공급의 주체가 아니라 당해 재화의 성격에 따른 구분이다.

---

2) 공공재의 기본 특징을 비경합성과 비배제성으로 구분한 사람은 머스그레이브(Musgrave)이다. 사뮤엘슨(Samuelson)은 공공재의 기본 특징을 결합소비로, 뷰캐넌(Buchanan)은 결합공급과 외부성으로 규정하고 있다.

ⓐ **비배제성(무임승차의 문제):** 가격을 지불하지 않는다고 해서 소비를 못하게 할 수는 없는 것이다. 따라서 사람들이 아무런 대가를 지불하지 않고 공공재를 소비하려는 무임승차자의 문제가 발생한다. 일반적으로 시장은 배제의 원리가 적용될 때에 정상적으로 기능하기 때문에 공공재는 시장의 가격기구에 의한 배분은 불가능하다.

ⓑ **비경합성(한계비용 = 0):** 특정인의 소비 증대가 다른 사람의 소비를 방해하거나 혼잡이 발생하지 않는 현상이다. 따라서 공공재가 공급되면 모든 사람들이 동시에 소비할 수 있고 동일한 소비량을 향유하게 되는 공동소비가 가능하다. 그러나 동시에 동량을 공동으로 소비한다고 해서 재화소비로부터 얻는 편익이 누구나 동일한 것은 아니다.

ⓒ **과소생산과 과다소비:** 무임승차의 문제로 경쟁시장을 통해 공공재를 민간기업에게 맡겨 두면 재원을 조달하기 어렵기 때문에 과소생산되는 반면, 과다소비가 발생하기 때문에 정부개입이 필요하다.

ⓓ **소비자 선호에 따른 배분 곤란:** 공공재는 비배제성으로 인한 가격이 존재하지 않기 때문에 소비자 선호에 따른 배분이 곤란하다.

ⓔ **축적 불가능:** 생산과 소비가 동시에 일어나며, 축적(저장)이 불가능하다.

③ **외부효과(외부성, 파급효과, 인근효과)의 발생:** 외부효과란 어떤 경제주체(가계, 기업, 정부)의 경제활동(생산, 소비)이 의도하지 않게, 타 경제주체에게 이익이나 손해를 주면서도 그 대가를 지불하지 않거나 지불받지 못하는 상태를 의미한다. 따라서 외부성이 존재하면 완전경쟁시장에서도 시장실패가 나타날 수 있다. 외부성이 효율적 자원배분을 어렵게 하는 이유는 사적 비용(편익)과 사회적 비용(편익)이 불일치하기 때문이다. 즉, 외부성의 존재는 사회적인 관점에서 적정상태의 생산량을 달성하지 못하는 요인이 된다.

ⓐ **정의 외부효과(외부경제, 이로운 외부성):** 가격을 통하지 아니하고 다른 경제주체에게 좋은 영향을 미치는 것

예 과수원, 양봉업 등

ⓑ **부의 외부효과(외부불경제, 해로운 외부성):** 가격을 통하지 아니하고 다른 경제주체에게 나쁜 영향을 미치는 것

예 공해문제, 소리없는 봄, 공유의 비극 등

▌**정의 외부효과와 부의 외부효과 비교**

구분	정의 외부효과(외부경제)	부의 외부효과(외부불경제)
내용	• 사회적 편익 > 사적 편익 • 사회적 비용 < 사적 비용	• 사회적 편익 < 사적 편익 • 사회적 비용 > 사적 비용
효과	사회적으로 적게 생산(과소생산)	사회적으로 많이 생산(과다생산)
현상	PIMFY현상	NIMBY현상[3]
정책	보조금, 세제혜택 등의 조장정책(공적 유도)	부담금, 중과세 등의 규제정책

---

3) NIMBY현상이란 '환경적으로 보아 혐오시설이 어느 지역에 들어오는 것을 그 지역주민들이 반대하는 현상'을 의미한다. 글자 그대로 '내 뒷마당에서는 안 된다.'라는 이기주의적 의미로 통용되기 시작하였다. NIMBY의 반대말은 PIMFY(Please, In My Front Yard) 또는 IMFY(In My Front Yard)로 지역에 유리한 사업을 서로 유치하려는 현상이다. 한편 바나나현상(BANANA syndrome)은 'Build Absolutely Nothing Anywhere Near Anybody'의 이니셜로 이루어진 신조어로, '환경적으로 보아 혐오시설을 자기 지역권 내에 설치하는 것을 반대하는 현상'을 말한다. '어디에든 아무것도 짓지 마라.'라는 이기주의적 의미로 통용되기 시작했으며 유해시설 설치 자체를 반대하는 것이다.

10 2009 서울시 9급

보통 정부에 의한 시장개입의 정당성은 해당 재화를 시장에 맡겨 놓았을 때 나타나는 부작용, 즉 시장실패에 있다. 다음 중 시장실패가 발생하는 경우로 옳지 **않은** 것은?

① 비배제성과 비경합성의 특성을 갖는 공공재의 생산
② 전력, 상하수도 등 고정비용이 변동비용에 비해 매우 높은 자연독점 상태의 서비스 제공
③ 불완전한 정보가 제공되는 식품의 유통
④ 외부효과가 발생하는 산업
⑤ 계약에 의한 민간위탁

11 2006 대전 9급

다음 중 공공재의 특성과 관련되지 **않은** 것은?

① 소비자 선호이론
② 비배타성
③ 외부효과성(외연성)
④ 비경합성

12 2004 충남 9급

다음 중 공공재의 특징에 대한 설명이 **틀린** 것은?

① 축적(저장)이 가능하다.
② 한계비용이 0에 가깝다.
③ 무임승차의 문제가 발생한다.
④ 생산과 소비가 동시에 일어난다.

13 2003 경기 9급

공공행정에서 공공의 경제학적 의미는?

① 외부효과
② 공익성
③ 원가 절감
④ 경쟁력

14 2003 강원 9급

다음 중 정부 간 외부성의 문제와 관련이 **적은** 것은?

① 정부 간 기능 면에서 비용과 편익의 범위가 일치한다.
② 외부성을 내부화하여 이를 극복(해결)할 수 있다.
③ 정부 간 협조와 조정의 문제(필요성)가 발생한다.
④ 개인적 결정의 합이 집단의 결정과 일치하지 않는 현상이다.

15 2003 경기 9급

외부성의 문제해결방법으로 틀린 것은?

① 개별 지방정책의 비중을 높인다.
② 상호편익에 대한 인식을 강화한다.
③ 상호비용에 대한 인식을 강화한다.
④ 비용과 편익을 일치시킨다.

16 2012 지방직 9급

공공재와 행정서비스에 관한 설명으로 적절하지 않은 것은?

① 비배제성과 비경합성으로 인해 무임승차(free-riding)가 발생하기 쉽다.
② 시장실패의 발생가능성은 정부개입을 합리화하는 정당성을 제공한다.
③ 문화행사와 같이 사회구성원에게 일정 수준까지 공급되어야 바람직하다고 판단되는 것이다.
④ 공동체를 유지하기 위한 국방은 일반적으로 정부가 공급한다.

17 2023 지방직 7급

사바스(Savas)의 재화 및 서비스 유형에 대한 설명으로 옳지 않은 것은?

① 시장재(private goods)는 소비자 보호와 서비스 안전을 위해 행정의 개입도 가능하다.
② 공유재(common pool goods)는 과다소비와 공급 비용 귀착 문제가 발생한다.
③ 요금재(toll goods)는 X-비효율성으로 인해 발생할 수 있는 문제 때문에 대부분 정부가 공급한다.
④ 집합재(collective goods)는 비용 부담에 따라 서비스 혜택을 차별화하거나 배제할 수 없기 때문에 무임승차 문제가 발생한다.

④ 경기불안정
⑤ 소득불균형
⑥ 정보의 비대칭성(정보편재, 정보밀집성)
⑦ 형평성의 미흡과 소득분배의 불균등

(3) 재화의 특성과 시장실패 📖 심화편 ▶ P.19

핵심 꼭 짚기 | 재화의 유형(Savas)

구분	비배제성(가격 ×)	배제성(가격 ○)
비경합성(혼잡 ×)	(순수)공공재(집합재) 📌 국방, 외교, 치안, 가로등, 등대	요금재 📌 유선방송, 유료 고속도로
경합성(혼잡 ○)	공유재 📌 공동목초지, 코끼리, 고래	(순수)민간재(사적재) 📌 소, 돼지, 닭

① 민간재(사적재, 시장재, private goods)
  ㉠ 개념
    ⓐ 민간재는 개인적 현시선호를 수요·공급의 시장 메커니즘에 의하여 자동적으로 조절될 수 있는 재화이다.
    ⓑ 수익자부담의 원칙이 철저히 적용되어 소비의 배제성과 경쟁성이 강하게 작용하는 재화이다.
  ㉡ 정부개입: 원칙적으로 시장 메커니즘의 원칙에 따라 자율적으로 제공되는 재화이기 때문에 공공부문이 개입할 여지가 별로 없으나 다음과 같은 경우 정부개입이 필요하다.
    ⓐ 소비자 보호 측면에서 서비스의 안전과 규격 등을 규제하기 위해 집단적 대응이 요청되고 있다.
    ⓑ 기본적인 수요조차도 충족하기 어려운 저소득층이나 영세민들을 배려하는 부분적인 정부개입도 필요하다.
      📌 가치재, 의무교육, 임대주택, 문화행사 등
    ⓒ 계층 간 수직적 형평성이 강조되면서 저소득층은 물론 불이익 계층에 대한 서비스 만족 차원에서 시장재에 대해서도 어느 정도의 정부개입은 필요하다는 주장들도 많다. 여기에 속하는 것으로는 경제개발을 위한 각종 서비스를 들 수 있다.
      📌 안경, 옷, 필통, 자장면 등
② 요금재(toll goods)
  ㉠ 개념: 요금재는 공동으로 사용하기 때문에 경쟁성(경합성)은 없지만 배제가 가능하므로 시장에서 공급될 수 있는 재화이다.
  ㉡ 정부개입: 요금재는 시장에서 공급될 수 있다. 그러나 일부 요금재는 사용자의 증가에 따라 단위비용이 감소하는 자연독점(natural monopoly) 현상이 발생한다. 따라서 이를 방지하기 위하여 약간의 정부개입(공기업을 통한 공적 공급)이나 정부규제(가격규제, 생산량규제 등)가 필요하다. 즉, 요금재의 상당 부분을 정부가 공급하는 이유는 자연독점으로 인한 시장실패(과소생산)에 대응해야 하기 때문이다.
    📌 전기, 가스, 상하수도, 통신, 지하철, 고속도로 등

③ 공유재(common pool resources)

　㉠ 개념: 공유재란 다수의 개별주체들의 공동소유와 공동이용의 자원으로서, 잠재적인 사용자들을 배제하기가 어려운 비배제성과 편익감소성을 지닌 자연자원이나 인공적 시설물을 말한다.

　　🔵 공동자원인 어장·지하수·공동목초지 등, 공동시설인 관개수로·도로·보도·공원 등

　㉡ 정부개입

　　ⓐ 공유재의 소비는 <u>경쟁성(경합성)은 있지만 특정인의 배제가 어려운 재화(비배제성)이며 유한성에 따른 편익감소성을 지니기 때문에, 자연상태에서는 남획과 난개발(과잉이용)의 딜레마를 유발할 수 있다.</u> 이는 한정된 자원보호라는 관점에서 일정한 제도적 장치를 필요로 하며, 이를 통한 정부의 규제를 정당화시킨다.

　　ⓑ 공유재는 비배제성 때문에 과소비와 공급비용 귀착문제가 발생한다. 공유지의 비극(tragedy of the commons)에서 보는 바와 같이 소비는 경합되지만 정당한 대가를 지불하지 않아도 배제시킬 수 없기 때문에 비용회피와 과잉소비로 인해 공유재가 쉽게 파괴되는 비극이 초래된다. 따라서 정부는 공유자산의 무분별한 사용에 따라 발생하는 문제인 사회적 함정(social traps)[4]을 방지하기 위해 공유재의 사용과 관련한 규칙을 설정할 필요가 있다.

④ 공공재(집합재, public goods)

　㉠ 개념: 공공재는 집합적 소비성과 비배제성, 비분할성 및 비경쟁성 때문에 시장 메커니즘만으로는 원활히 공급될 수 없는 재화이다. 즉, 과소 또는 과다공급을 초래하기 때문에 원칙적으로 공공부문에서 공급해야 할 서비스이다.

　㉡ 정부개입

　　ⓐ 공공재는 공급되는 대로 서비스의 양과 질을 일방적으로 그대로 받아들여야 한다는 점에서 소비자의 선택권이 거의 없다.

　　ⓑ 공공재는 누구나 차별 없이 동일한 서비스를 향유할 수 있기 때문에 무임승차의 유인이 강하게 나타나는 특징을 갖게 된다. 따라서 시장실패의 가능성을 더하게 되어, 정부의 규제 가능성이 가장 높은 재화이다.

　　🔵 국방, 외교, 사법, 치안, 등대 등

18   2018 지방직 7급

재화를 배제성과 경합성 여부에 따라 네 가지 유형(A~D)으로 분류할 경우, 유형별 사례를 모두 바르게 짝지은 것은?

배제성 여부 / 경합성 여부	배제성	비배제성
경합성	A	B
비경합성	C	D

	A	B	C	D
①	구두	해저광물	고속도로	등대
②	라면	출근길 시내도로	일기예보	상하수도
③	자동차	공공 낚시터	국방	무료 TV 방송
④	냉장고	케이블 TV	목초지	외교

19   2003 국가직 9급

다음 사례는 어느 재화이기 때문에 야기되었는가?

> 해양수산부가 2006년에 도입하겠다고 하는 낚시면허제는 일정 금액을 지불하고 면허증을 받은 뒤 제한된 시간 동안만 낚시를 할 수 있게 하는 제도이다. 해양수산부 관계자는 어족 자원 보호와 해양오염 예방 차원에서 이 낚시면허제를 도입하겠다고 하고 있다. 이 낚시면허제는 미국, 독일, 프랑스 등 선진국에서는 이미 시행되고 있는 제도이다. 낚시면허제가 환경 보호 차원에서는 필수적이나 낚시 애호가들의 낚시를 즐길 자유를 제한한다는 측면도 있기에 어떻게 시행될지 주목된다.

① 공공재   ② 공유재
③ 요금재   ④ 시장재

---

4) 사회적 함정(social traps)이란 사회 전체적으로 볼 때 개인들은 공유재의 사용을 자제하여야 하나, 개인적인 차원에서는 공유재를 경쟁적으로 많이 사용하는 것이 합리적인 선택이 되어 공유재가 지나치게 사용됨으로써 사회적 딜레마가 초래되는 현상을 말한다. 반면, 사회적 장벽(social fences)이란 사회 전체적으로 볼 때 개인들은 공공재를 공급해야 하나, 개인적인 차원에서는 공공재를 공급하지 않는 것이 합리적인 선택이 되는 경우를 말한다. 이때 공공재가 과소공급됨으로써 사회적 문제가 발생한다.

20

2015 지방직 9급

다음 〈보기〉 내용의 시장실패에 대한 설명으로 옳지 <u>않은</u> 것은?

┤ 보기 ├

한 마을에 적당한 크기의 목초지가 있었다. 그 마을에는 열 가구가 오순도순 살고 있었는데, 각각 한 마리의 소를 키우고 있었고 그 목초지는 소 열 마리가 풀을 뜯는 데 적당한 크기였다. 소들은 좋은 젖을 주민들에게 공급하면서 튼튼하게 자랄 수 있었다. 그런데 한 집에서 욕심을 부려 소 한 마리를 더 키우면서 문제가 시작되었다. 다른 집들도 소 한 마리, 또 한 마리 등 욕심을 부리기 시작하면서 목초지는 풀뿌리까지 뽑히게 되었고, 결국 소가 한 마리도 살아갈 수 없는 황폐한 공간으로 바뀌고 말았다.

① 위에서 나타나는 시장실패의 주된 요인은 무임승차자 문제이다.
② 〈보기〉의 사례에 나타난 재화는 배제 불가능성과 함께 소비에서의 경합성을 특징으로 한다.
③ 〈보기〉의 사례는 '공유지의 비극(tragedy of the commons)'에 대한 설명이다.
④ 이러한 시장실패를 해결하기 위한 방법의 하나는 재화의 재산권을 명확히 하는 것이다.

21

2002 행정고시

'공유지의 비극(tragedy of the commons)' 현상에 관한 설명으로 옳지 않은 것은?

① 모두가 함께 쓰는 자원은 쉽게 고갈된다는 의미를 담고 있다.
② 이 현상을 통해 환경오염의 문제가 발생하는 근본원인을 설명할 수 있다.
③ 경합성은 없으나 배제성이 불완전한 재화의 소비에서 발생하는 현상이다.
④ 공동으로 사용하는 목초지에 너무 많은 가축이 방목되는 현상이 대표적 예이다.
⑤ 소유권이 분명하게 정의되지 않은 상태에서 자원을 아껴 쓸 유인이 없어 발생하는 현상이다.

▌공공성 유형에 대응하는 서비스의 종류

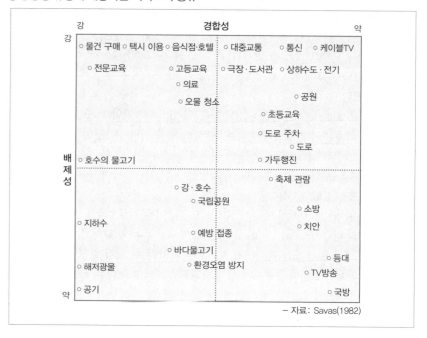

― 자료: Savas(1982)

(4) 공유(지)의 비극과 코즈의 정리

① **공유(지)의 비극(tragedy of the commons)** 📖 심화편 ▶ P.19

> 결정적 코멘트 ▷ 공유의 비극은 부의 외부효과의 전형적인 사례임을 기억해야 한다.

㉠ **개념**

ⓐ 미국의 미생물학자인 하딘(Hardin)은 『Science(1968)』지에 기고한 「The Tragedy of the Commons」라는 논문에서 인구폭발이 인류의 생존 그 자체를 위협하는 결과를 가져올지 모른다는 것을 경고하면서 '공유(지)의 비극'이라는 표현을 사용하였다.

ⓑ 공유(지)의 비극은 소유권(재산권)이 분명치 않은 자원을 모든 사람들이 공동으로 사용할 때, 비효율적 사용에 따른 자원고갈현상이 나타나는 것을 말한다. 즉, 대가의 지불 없이 자원의 사용이 가능한 경우(비배제성), 사용량은 적정수준을 초과하여 결정(과다소비)된다는 것이다.

ⓒ 이는 장기적으로 자원의 황폐화를 부채질하게 되며, 자원의 황폐화 또는 자원의 고갈이라는 비극적인 결과의 진정한 원인은 바로 소유권의 부재에서 찾을 수 있는 것이다.

ⓓ 따라서 자연상태에서는 고갈이나 남획이 발생하기가 쉽고 이를 막기 위해서는 이용에 대한 제한(정부규제)이 필요하게 된다. 즉, 효율적인 관리체계가 구축되지 않으면, 자원이 황폐화되어 공유자원의 비극이 발생하기 쉽다.

ⓔ 공유(지)의 비극은 행위자들이 공멸로 인해 부담하는 비용보다 개인의 편익이 크다고 인식할 때 발생한다. 즉, 공유(지)의 비극은 비용의 분산과 편익의 집중관계로 인해 발생한다.

㉡ **주요 내용**

ⓐ 인간은 모두 자신의 이익을 극대화하기 위해 활동한다고 전제한다.

ⓑ 시장실패를 설명하기 위한 것으로, 정부의 규제나 개입이 필요하다는 것을 설명하는 이론이다.

ⓒ **부의 외부효과**: 소유권이 불분명하여 자원을 아껴 쓸 유인이 없어 발생하는 현상으로, 모두가 함께 쓰는 자원은 쉽게 고갈된다는 의미를 담고 있다. 따라서 이 현상을 통해 환경오염의 문제가 발생하는 근본적 원인을 설명할 수 있다.

ⓓ **집합적 행동의 딜레마**: 사적 극대화가 공적 극대화를 파괴하여 구성원 모두가 공멸하는 비극을 말한다. 즉, 개인적 합리성과 집단적 합리성의 괴리(충돌)를 의미한다.

ⓔ **예**: 공동으로 사용하는 목초지에 너무 많은 가축이 방목되는 현상이 대표적인 예이며, 구명보트에 너무 많은 사람이 탑승하여 결국 보트가 가라앉는 '구명보트의 윤리배반현상'과도 관련된다.

② **코즈의 정리**(Coase's theorem, 외부효과의 내부화)

㉠ **개념**: 시장에서 외부성이 발생한다 하더라도 거래비용이 적고 소유권이 명확하면 정부의 개입이 불필요한 것을 말한다. 재산권이 적절하게 확정되어 있는 경우, 외부성의 본질은 상호성(피해자·가해자)에 있기 때문에 정부의 개입 없이도 당사자 간의 자발적 협상을 통한 해결이 가능하다.[5] 즉, 외부성으로 인한 시장실패의 경우 정부개입이 최선의 방법이 아님을 보여 주며, 외부성을 '내부화(가격·대가의 지불)'하기 위한 정부의 직접적 개입을 필요로 하지 않다는 것이다. 따라서 관련 당사자들은 상호성을 인정하는 바탕 위에서 협상이 가능하다.

㉡ **조건**
ⓐ 이해당사자가 소수여야 한다.
ⓑ 거래비용(협상비용)이 크지 않아야 한다.
ⓒ 피해금액을 명확히 측정할 수 있어야 한다.

㉢ **문제점**
ⓐ 피해당사자가 불분명하거나 많은 경우, 협상과정에서 발생하는 거래비용이 크고 협상력의 차이가 있다.
ⓑ 상호성의 개념이 문제(환경에 대한 권리 vs. 생산의 권리)가 된다.
ⓒ 재산권의 배정이 불가능하다.
ⓓ 효율성은 강조하고 있지만 형평성의 문제에는 소홀하다.

▌ **공유(지)의 비극과 코즈의 정리 비교**

공유(지)의 비극	코즈의 정리
• 소유권의 불명확(과잉소비)	• 소유권의 명확화
• 부의 외부효과	• 자원배분의 효율성
• 시장실패의 원인(과다)	• 당사자 간 협상(내부화)
• 정부규제의 근거	• 정부개입 불필요

2 시장실패와 정부의 대응방식

① 시장실패를 교정하기 위한 정부의 역할은 공적 공급 또는 정부의 직접 공급, 보조금 등 금전적 수단을 통해 유인구조를 바꾸는 공적 유도, 그리고 법적 권위에 기초한 정부규제 등으로 구분할 수 있다.

---

5) 이때 재산권의 설정 자체가 중요하지 재산권을 누구에게 부여하는가는 자원배분에 아무런 영향을 미치지 않으며, 재산권을 누구에게 부여하는가에 따라 소득분배(형평성, 공정성)의 방향이 달라질 뿐이다. ◑ 노점상과 조폭의 자릿세

22   2012 지방직 9급
'공유지의 비극(the tragedy of the commons)'에 대한 설명으로 적절하지 <u>않은</u> 것은?
① 개인적으로는 합리적인 선택이 사회 전체적으로는 비효율을 초래한다.
② 소유권이 불분명하게 규정되어 자원이 낭비되는 현상이다.
③ 한 사람의 선택 행위가 다른 사람에게 긍정적인 외부효과를 초래한다.
④ 외부효과를 내부화함으로써 어느 정도 해결할 수 있다.

23   2005 국가직 9급
'공유지의 비극'에 대한 설명 중 옳지 <u>않은</u> 것은?
① 사적 극대화가 공적 극대화를 파괴하여 구성원 모두가 공멸하는 비극을 말한다.
② 공공재의 기본적인 이론으로 정부의 규제나 개입이 필요하다는 것을 설명하는 이론이다.
③ 무임승차와 상반되는 이론으로 William Ouchi가 제안한 개념이다.
④ 구명보트에 너무 많은 사람이 탑승하여 결국 보트가 가라앉는 '구명보트의 윤리배반현상'과도 관련된다.

24   2004 전북 9급
시장에서 외부성이 발생한다 하더라도 거래비용이 적고 소유권이 명확하면 정부의 개입이 불필요한 것은 다음 중 어느 것인가?
① 거래비용경제학   ② 코즈의 정리
③ 바그너의 원리   ④ 린달의 원리
⑤ 파레토의 원리

25   2003 입법고시
다음 중 코즈의 정리(Coase's theorem)가 성립하기 위한 전제조건으로 가장 합당하지 <u>않은</u> 것은?
① 외부효과 관련 당사자의 수가 무수히 많을 때
② 거래비용이 0일 때
③ 재산권의 소재는 중요하지 않다.
④ 외부효과의 크기에 대해 완전한 정보를 가질 때
⑤ 동일한 양의 공공재에 대한 개인들의 한계평가는 서로 다르다.

26 2010 국가직 9급

정부의 개입활동 중에서 외부효과, 자연독점, 불완전경쟁, 정보의 비대칭 등의 상황에 모두 적절한 대응방식은?

① 공적 공급　② 공적 유도
③ 정부규제　④ 민영화

27 2015 교육행정직 9급

시장실패의 원인에 대한 정부의 대응으로 적절하지 않은 것은?

① 공공재의 경우 원칙적으로 정부가 직접 공급한다.
② 독점의 폐해를 막기 위해 정부는 서비스를 직접 공급하거나 규제를 한다.
③ 외부불경제에서 나타나는 문제에 대응하기 위해 정부는 보조금을 지원한다.
④ 정보의 비대칭성에 기인하는 문제에 대응해 정부는 보조금을 지원하거나 규제를 한다.

28 2016 서울시 9급

시장실패 원인에 대응하는 정부의 방식에 대한 설명으로 가장 옳지 않은 것은?

① 외부효과 발생에 대해서는 보조금 혹은 정부규제로 대응할 수 있다.
② 자연독점에 대해서는 공적 공급 혹은 정부규제로 대응할 수 있다.
③ 정보의 비대칭성에 대해서는 보조금으로 대응할 수 있다.
④ 불완전경쟁에 대해서는 보조금 혹은 공적 공급으로 대응할 수 있다.

29 2023 군무원 9급

다음 중 시장실패에 따른 정부개입 근거에 대한 설명으로 가장 거리가 먼 것은?

① 공공재의 공급이 부족한 경우 정부가 강제적으로 공급한다.
② 외부효과 발생 시 조세와 보조금 등을 사용하여 외부효과를 제거한다.
③ 사회적 소득불평등에 따른 문제를 해결하기 위해 사회보장정책을 시행한다.
④ 불완전경쟁에 대해서는 보조금 혹은 공적 공급으로 대응할 수 있다.

---

② 공적 공급은 행정조직을, 공적 유도는 보조금을, 정부규제는 법적 권위를 시장 개입의 수단으로 활용한다.

▌시장실패에 대한 정부의 대응방식

구분	($X^{6)}$→) 공적 공급 (조직)	($\downarrow^{7)}$→) 공적 유도 (보조금)	($\uparrow^{8)}$→) 정부규제 (권위)
공공재의 존재	○(정부)		
외부효과의 발생		○(외부경제)	○(외부불경제)
자연독점	○(공기업)		○(가격·생산량규제)
불완전경쟁			○(경쟁유도)
정보의 비대칭성		○(공개 시 유인)	○(공개 의무)

03 행정국가와 정부규제

1 행정국가

(1) 현대행정의 개념

현대행정이란 19세기 의회 우선 시대의 입법국가에 대응하는, 행정의 기능과 권한이 확대·강화된 행정부 우위의 행정국가 시대의 행정을 의미한다.

(2) 행정국가의 개념

행정국가란 삼권분립을 전제로 하여 입법이나 사법에 비해 행정이 제일 우월한 지위에 있는 국가를 의미한다. 이는 행정기능의 확대·강화에 따라 나타나는 현상이며, 현대국가의 일반적 모습이다.

(3) 행정국가의 형성

행정국가 현상은 선진국은 일반적으로 19세기 말 이후부터, 신생국은 2차 대전 종전 직후부터, 우리나라는 6·25 전쟁 때부터, 공산국은 공산혁명 직후부터 두드러지게 나타났다.

2 행정국가의 형성요인

(1) 근본적 촉진요인

① 대의제의 원리와 현실 사이의 모순: 사회문제의 고도의 기술화·전문화·복잡화·다양화에 기인하여 입법부·사법부의 통제가 곤란해졌다.
② 행정기능의 확대·강화: 현대의 복잡하고 동태적인 사회문제의 해결은 결국 전문적 지식과 신축성 있는 반응력을 발휘할 수 있는 행정부에 주로 의존할 수밖에 없게 되었다.
　㉠ 입법부로부터의 권한 흡수: 위임입법과 준입법권의 증대, 자유재량권의 증대, 행정부 예산제도의 발달 등

---

6) 가격을 매개로 하는 시장경제체제에서는 공공재의 공급이 어렵다. 즉, 공공재의 사적 공급이 어렵다는 의미이다.
7) 완전경쟁시장의 균형량에 비해 과소생산이 이루어진다는 의미이다.
8) 완전경쟁시장의 균형량에 비해 과다생산이 이루어진다는 의미이다.

ⓒ **사법부로부터의 권한 흡수**: 준사법권의 증대, 자유재량권의 증대, 행정재판권의 흡수 등

(2) 구체적 촉진요인

① 산업혁명 이후의 비약적인 사회·경제발전으로 많은 사회·경제문제가 대두되었다.
② 인구의 급증 및 급속한 도시화에 따른 도시문제가 대두되었다.
③ 과학기술의 급속한 발달이 이루어졌다.
④ 전쟁의 위기와 국제긴장의 가속화가 나타났다.
⑤ 노·사 간의 대립이 나타났다.
⑥ 근대국가는 국가와 사회의 대립이라는 이원적 구조에 그 존립 근거를 두고 있었다. 현대국가에 이르러 '국가와 사회의 동일화'라는 인식이 지배되어 국가기능의 확대·강화가 이루어졌다.

(3) 상대적 촉진요인

① 선진국
　ⓐ 사회복지 및 서비스 강화　　　ⓑ 경제규제기능의 확대
　ⓒ 국가안보　　　　　　　　　　ⓓ 도시계획기능의 강화
② 발전도상국
　ⓐ 발전도상국가의 경우, 여러 가지 불리한 경제적 여건으로 인해 행정이 적극적으로 경제발전을 선도하게 되므로, 행정의 기능과 규모가 선진국의 경우보다 더 큰 것이 일반적이다.
　ⓑ 공업화의 준비 부족, 단기간에 사회간접자본을 확충할 필요성, 높은 인구 증가율, 단기간에 선진국을 따라잡으려는 심리적인 요인, 정부의 적극적인 역할을 통해 성공적인 경제발전을 이룩한 일본의 경험 등의 요인 때문에 정부가 경제발전을 적극적으로 주도하는 유도발전이 불가피했다.

3 현대행정의 특징

> **결정적 코멘트** ▶ 현대행정의 양적·질적 특징을 구분하고, 파킨슨(Parkinson)의 법칙을 중심으로 학습한다.

(1) 구조적·양적 측면

① 행정기능의 확대·강화(근본적 특징)
② 행정기구의 확대와 준공공기관의 증가
③ 공무원의 증가와 파킨슨의 법칙(Parkinson's law)
④ 재정규모의 증가
⑤ 공기업의 증가
⑥ 막료기관의 확충
⑦ 신중앙집권화 경향에 따른 국고보조금 지출의 증대

더 알아보기　파킨슨의 법칙(Parkinson's law, 상승하는 피라미드의 법칙, 관료제국주의)

- **의의**: 행정국가의 등장에 따른 공무원의 증가 현상을 사회·심리학적 측면에서 설명한 이론이 파킨슨의 법칙이다. 파킨슨(Parkinson)은 "공무원 수의 증가는 본질적으로 사무량의 증감과는 관계없이 공무원의 사회심리적 요인에 의해 증가한다."라고 설명하고 있다. 이에 따라 새로운 행정수요에 상관없이 정부규모는 확장된다.
- **원칙**
　- **부하배증의 법칙**: 자신의 지위 강화와 권력 신장을 위해 상관은 부하의 수를 늘린다.

30　　2023 군무원 7급
시장실패를 야기하는 요인에 대한 정부의 대응방식으로 가장 적절한 것은?
① 공공재의 존재에 대한 정부 보조금
② 외부효과의 발생에 대한 직접적인 공적(公的) 공급
③ 자연독점에 대한 정부규제
④ 정보의 비대칭성에 대한 직접적인 공적(公的) 공급

31　　2006 군무원 9급
발전도상국의 행정기능과 규모는 선진국보다 더 큰 것이 일반적이다. 다음 중 그 원인으로 옳지 <u>않은</u> 것은?
① 민간 부문의 취약성
② 단기간 내에 경제성장 열망
③ 높은 인구 증가율
④ 사회복지의 확충

32　　2002 부산 9급
현대행정의 특징이 <u>아닌</u> 것은?
① 행정사무의 양적 증가와 질적 전문화
② 행정기능의 소극화·단순화
③ 정부가 시장에 적극 개입
④ 행정의 복잡화

33　　2019 군무원 9급 추가채용
현대행정의 기능적·질적 특징으로 옳지 <u>않은</u> 것은?
① 행정조직의 동태화
② 행정기구의 확대 및 공무원 수의 증가
③ 행정의 전문화·기술화
④ 행정평가의 강화

34

공무원 정원과 관련한 다음의 서술 중에서 옳은 것은?

① 공무원 숫자가 지속적으로 늘어나는 현상과 관련해 사이몬(Simon)은 '공무원 팽창의 법칙'을 주장하였음

② 김영삼-김대중-노무현-이명박 정부를 거치면서 우리나라 공무원 정원은 매번 일관되게 증가해 왔음

③ 정부규모 팽창과 관련하여 '부하배증의 법칙'과 '업무배증의 법칙'은 각각 별개로 작용하며 서로 영향을 주지 않음

④ 행정기구의 팽창과 더불어 공무원 숫자가 증가하는 현상은 우리나라에만 해당하는 독특한 것임

⑤ '부하배증의 법칙'은 A라는 공무원이 과중한 업무에 허덕이게 될 때 자기의 동료 B를 보충받기보다는 자기를 보조해 줄 부하 C를 보충받기를 원한다는 것임

35

파킨슨의 법칙(Parkinson's law)에 대한 설명으로 옳지 않은 것은?

① 관료는 본질적인 업무가 증가하지 않으면 파생적인 업무도 줄이려는 무사안일의 경향을 가진다.

② 업무의 강도나 양과는 관계없이 공무원의 수는 항상 일정한 비율로 증가한다.

③ 공무원은 업무의 양이 증가하면 비슷한 직급의 동료보다 부하 직원을 충원하려는 경향이 강하다.

④ 브레넌과 뷰캐넌(Brennan & Buchanan)의 리바이어던 가설(leviathan hypothesis)처럼, 관료제가 '제국의 건설'을 지향한다는 입장이다.

36

현대 행정국가에서의 내부통제 중요성이 증대되는 가장 큰 이유는?

① 행정의 전문화 현상

② 관료 권력의 비대화

③ 관료 부패의 증대

④ 의회 기능의 증대

– **업무배증의 법칙**: 부하의 수가 증가되면 파생적 업무가 창출되는 현상이 초래된다. 업무배증의 법칙은 업무가 증가되면 과거에 혼자서 일하던 때와는 달리 지시, 보고, 승인, 감독 등 파생적 업무가 창조되어 본질적 업무의 증가 없이 업무량의 배증현상이 나타나며, 이에 따라 부하배증의 법칙이 나타난다. 이는 다시 업무배증현상이 창조되는 순환과정을 통해 본질적 업무량과는 관계없이 정부규모가 커져 간다는 것이다.

> **예** 공무원 수는 매년 평균 5.75%의 비율로 증가

• **비판**: 파킨슨은 공무원 수의 증가가 업무량과 무관하게 증가한다고 설명하고 있으나 이를 전적으로 인정하기는 어렵다. 이유는 개도국의 경제발전과 전쟁이나 경제공황과 같은 불경기 발생 시에는 근본적으로 업무량의 증가가 공무원의 증가를 가져올 수도 있기 때문이다. 즉, 파킨슨의 법칙은 합리적인 이유에 의한 공무원의 증가현상을 설명하지 못하고 있다.

(2) 기능적·질적 측면

① **행정의 전문화·기술화**: 행정의 전문화·기술화의 근원적인 이유는 사회문제의 복잡성·다양성이 심화되었기 때문이다. 그 외의 이유로는 관직의 직업화·전문화, 엽관주의에서 실적주의로 변천됨에 따라 필요한 전문인력의 확보를 위한 인사의 합리화가 이루어졌기 때문이다.

② **행정의 조정·통합의 중시**: 오늘날 행정의 전문화·분업이 고도로 심화됨에 따라 행정의 조정·통합기능이 중시되고 강조될 수밖에 없다.

③ **행정조사·행정통계의 적극적 활용**: 행정실태의 정확한 파악과 그에 따른 행정운영의 합리적 개선을 위하여 행정조사 및 행정통계가 적극적으로 활용되고 있다.

④ **정책결정 및 기획의 중시**(정치·행정 일원론): 행정의 적극적인 사회변화의 유도 역할이 강조되면서 정책결정의 역할이 중시되고 사전적 행정·예방행정·기획행정이 강조되고 있다.

⑤ **컴퓨터 및 관리과학의 이용**: 문제해결·의사결정·정책분석의 효율화를 위하여 컴퓨터 및 제 관리과학기법 등이 적극적으로 이용되고 있다.

⑥ **행정조직의 동태화**(adhocracy): 조직의 경직화를 막고 문제해결 위주의 신축적인 조직을 확보하기 위하여 동태적 조직을 활용하는 경향이 뚜렷해지고 있다.

⑦ **예산의 기획지향성**: 기획예산제도(PPBS), 목표관리(MBO), 영기준예산(ZBB) 등의 예산제도의 발달에 힘입어 예산은 과거의 통제지향성에서 기획지향성으로 변모되고 있다.

⑧ **행정책임과 (내부)통제의 중시 및 행정평가제도의 발달**: 행정의 전문화와 재량권의 확대에 따른 재량권의 오남용을 억제하기 위해 행정책임과 (내부)통제가 중시되었다.

⑨ **신중앙집권화**: 중앙정부에 의한 지방자치사무의 흡수와 지방자치에 대한 중앙통제의 강화라는 모습으로 신중앙집권화 현상이 보편적으로 나타나고 있다.

⑩ **행정의 광역화**(광역행정): 교통·통신의 발달, 도시화, 산업경제의 발달 등에 따라 생활권역과 행정권역의 괴리가 초래되었다. 이러한 괴리를 막고자 하는 행정의 광역화 현상이 두드러지게 나타나고 있다.

4 정부규제의 실패 원인

결정적 코멘트 정부실패로서의 포획과 지대추구행위의 개념을 정확히 기억하고, 윌슨(Wilson)의 규제정치모형의 유형, 특징, 사례 등을 반드시 숙지해야 한다.

(1) 포획현상과 지대추구행위(rent-seeking activities)

① **포획현상**: 국민 일반을 특정 산업 또는 이익집단의 부당행위로부터 보호하기 위해 설치된 정부(규제)기관이 오히려 이들의 포로가 되어 특정 산업 또는 이익집단의 이익을 옹호하는 도구로 기능하는 현상을 말한다.

② **지대추구행위**: 정부가 시장에 개입하여 경쟁을 제한하거나 독점상황을 만들었을 때, 이러한 독점적 상황을 유지하기 위한 이익집단들의 행위를 말한다. 경쟁체제라면, 기술개발 등에 투자하였을 자금을 정부에 대한 로비 등 비생산적인 용도에 사용하게 되어 사회적 낭비와 손실이 발생하게 되는 것이다(정경유착, 금난전권).

(2) 윌슨(Wilson)의 규제정치이론

윌슨의 규제정치이론(the politics of regulation, 1989)은 정부규제로부터 감지되는 비용과 편익의 분포가 어떤가에 따라 네 가지 유형으로 규제정치를 구분하였다.[9] 일반적으로 비용과 편익이 분산되는 경우보다 비용과 편익이 집중되는 경우에 정치활동이 활발해진다. 다만 비용과 편익이 분산될지라도 관련 정책에 관한 공익활동을 하는 단체가 있다면 정치활동이 활발해질 수 있다.

구분		규제의 비용(cost of regulation)	
		집중	분산
규제의 편익 (benefits of regulation)	집중	이익집단정치 (interest group politics)	고객정치 (client politics)
	분산	기업가적 정치[10] (entrepreneurial politics)	대중(다수)적 정치 (majoritarian politics)

① **이익집단정치**

ㄱ 규제로부터 예상되는 비용과 편익이 모두 소수의 동질적인 집단에 국한되고 쌍방이 모두 조직적인 힘을 바탕으로 이익 확보를 위해 첨예하게 대립하는 상황으로, 관련 이익집단 모두가 조직화와 정치행동의 유인을 강하게 느끼게 되는 유형이다.

ㄴ 이 경우 어느 쪽에서도 집단행동의 딜레마가 생기지 않으며, 규제기관은 어느 한 편의 이익집단에 포획될 가능성은 약하다.

ㄷ **예**: 한·약분쟁, 의·약분업규제, 의약품 재분류, 노사규제 등

② **고객정치**(경제적 규제, 미시적 절연)

ㄱ 정부규제로 인해 발생하게 될 비용은 상대적으로 적지만 이질적인 불특정 다수인에게 부담된다. 편익은 대단히 크지만 동질적인 소수인에게 귀속되는 상황이다.

---

9) 윌슨(Wilson)은 정부규제에 따른 비용과 편익의 상대적 분포는 두 가지 방식으로 규제정치에 영향을 미친다고 보았다. ① 개인이나 집단은 자신의 순편익이 증가하는 경우보다는 그것이 갑작스럽게 또는 상당한 정도로 감소할 때 정치적으로 보다 민감하게 반응하고 정치적으로 활동적으로 된다는 것이다. 즉, 새로운 정부규제로 인해 자신들이 부담해야 할 비용이 증가할 것 같거나 아니면 자신들이 누리고 있는 편익이 감소할 것 같은 징후가 감지되는 경우에 정치적으로 보다 민감해진다는 것이다. ② 정치적 행동은 비용이나 편익이 대규모의 이질적 집단에 분산되어 나타나는 경우보다는 소수의 동질적 집단에 집중되는 경우에 보다 쉽게 고무된다. 집단의 규모는 정치적 행동의 강약에 중요한 요인이다.

10) 기업가적 정치의 등장 원인은 ① 경제사회적 위기 및 재난의 발생, ② 정권의 변동, ③ 공익단체의 눈부신 활약 등이다. 공익단체는 사회적 책임을 망각한 기업을 사회적으로 고발하는 데 그치지 않고 언론매체를 최대한 활용하여 여론을 실질적으로 주도하였다. 이런 과정에서 적극적인 역할을 담당한 공익운동가, 언론기자, 국회의원 및 정치가 등을 기업가적 정치가라고 부르며, 이들의 주도적인 노력에 의해 환경규제 등이 채택되거나 강화된다고 하여 기업가적 정치라는 이름이 붙은 것이다.

37 2004 대구 9급

행정국가화 현상의 확대로 인해 발생될 수 있는 문제점으로 잘못된 것은?

① 행정역할이 지나치게 확대되어 의회의 지위가 약화되고, 민간부문의 창의성과 자율성을 저해할 수 있다.

② 행정의 지나친 지방분권화로 인하여, 국가행정의 효율적 수행이 어렵다.

③ 시장실패를 치유하기 위한 정부개입이 오히려 자원배분의 효율성을 약화시켜 정부실패를 초래할 수 있다.

④ 국민의 정부에 대한 의존성이 심화되고 피동화현상이 나타난다.

38 2003 입법고시

특정의 개인 및 기업이 자기들의 경제적 이득을 증대시킬 목적으로 정치인 관료와 결탁하여 각종 정부규제 및 해제, 법률제정 등을 요구·지지함으로써 그 사회의 다른 집단으로부터 부(富)나 가치(價値)의 이전을 꾀하는 사회적으로 생산적이지 못한 로비활동을 무엇이라고 하는가?

① X-비효율성(X-inefficiency)

② 역선택(adverse selection)

③ 지대추구(rent-seeking)

④ 투표거래(log-rolling)

⑤ 이윤극대화(profit maximization)

39 2018 지방직 9급(사회복지직 9급)

윌슨(Wilson)의 규제정치 유형과 예시를 연결한 것으로 옳지 않은 것은?

① 고객정치 - 농산물에 대한 최저가격 규제

② 이익집단정치 - 신문·방송·출판물의 윤리규제

③ 대중정치 - 낙태에 대한 규제

④ 기업가정치 - 식품에 대한 위생규제

40

2022 국가직 9급

윌슨(Wilson)의 규제정치 유형 중 다음 설명에 해당하는 것은?

> 정부규제로 발생하게 될 비용은 상대적으로 작고 이질적인 불특정 다수에게 부담된다. 그러나 편익은 크고 동질적인 소수에 귀속된다. 이런 상황에서 상당한 이익을 얻을 수 있는 소수집단은 정치조직화하여 편익이 자신들에게 제도적으로 보장될 수 있도록 정치적 압력을 행사한다.

① 대중정치   ② 고객정치
③ 기업가정치   ④ 이익집단정치

41

2018 국회직 8급

교통체증 완화를 위한 차량 10부제 운행은 윌슨(Wilson)이 제시한 규제정치이론의 네 가지 유형 중 어디에 해당하는가?

① 대중정치   ② 기업가정치
③ 이익집단정치   ④ 고객정치
⑤ 소비자정치

42

2018 국회직 8급

다음 중 규제피라미드에 대한 설명으로 옳은 것은?

① 새로운 위험만 규제하다 보면 사회의 전체 위험 수준은 증가하는 상황
② 규제가 또 다른 규제를 낳은 결과 피규제자의 비용 부담이 점점 늘어나게 되는 상황
③ 기업체에게 상품 정보에 대한 공개 의무를 강화할수록 소비자들의 실질적인 정보량은 줄어들게 되는 상황
④ 과도한 규제를 무리하게 설정하다 보면 실제로는 규제가 거의 이루어지지 않게 되는 상황
⑤ 소득재분배를 위한 규제가 오히려 사회적으로 가장 어려운 사람들에게 해를 끼치게 되는 상황

ⓛ 소수집단은 그 편익을 제도화하기 위해 강력하고 빠르게 정치조직화하는 반면, 다수의 비용부담집단에서는 집단행동의 딜레마가 나타나 영향력이 약화된다.

ⓒ 정부관료제가 소수집단의 이익을 대변하는 포획현상과 지대추구행위가 나타나며, 정부관료제가 다수의 비용으로 소수집단의 이익을 대변하는 역할을 수행하게 된다. 즉, 로비활동이 가장 강하게 발생한다.

ⓓ 예: 수입규제, 각종 직업면허(의사·변호사 등), 택시사업인가, 농산물에 대한 최저가격 등

③ **기업가적 정치**(운동가의 정치, 사회적 규제, 거시적 절연)

ⓐ 비용은 소수의 동질적인 집단에 집중되어 있으나, 편익은 대다수에게 넓게 확산되어 있는 경우이다.

ⓑ 비용부담집단들은 비용부담을 최소화하기 위해 정치적으로 막강한 영향력을 발휘하는 반면, 다수의 수혜집단에서는 집단행동의 딜레마가 발생하여 활동이 미약하다.[11]

ⓒ 예: 환경오염규제, 식품에 대한 위생규제, 위해물품규제 등

④ **대중적 정치**(다수의 정치)

ⓐ 정부규제에 대한 감지된 비용과 편익이 모두 이질적인 불특정 다수에게 미치나 개개인으로 보면 그 크기가 작은 상황이다.

ⓑ 쌍방 모두가 집단행동의 딜레마에 빠지게 된다.

ⓒ 예: 사회적 차별규제, 낙태·음란물규제, 차량 10부제 운행, 방송 등 윤리규제 등

(3) 규제의 악순환

① '끈끈이 인형효과(tar-baby effect)[12]'와 '규제의 톱니바퀴'에서 보듯이 정부규제는 한번 생기면 쉽게 사라지지 않고 규제가 규제를 낳는, 자승자박의 논리가 지배한다. 개인과 기업은 자율성을 잃고 이로 인해 정부의 추가적 간섭과 규제라는 악순환을 초래하는 것이다.

② 스티글러(Stigler)는 '규제의 경제사회이론'에서 규제를 하나의 상품으로 보고 시장원리에 따른 규제의 편익을 향수하는 이익집단 등의 계층의 수요와 규제를 공급하는 정치인이나 관료들의 공급이 일치하는 점에서 규제가 발생한다고 보기 때문에 규제는 쉽게 사라질 수 없다고 주장하였다.

③ 반면, 비눗방울효과는 일정한 규제의 범위를 정해 놓고, 새로운 규제 1개가 늘어나면 종전 규제의 1개를 폐지하여 항상 그 수준을 유지해 나가는 것을 말한다.

---

11) 환경운동가와 같은 정책선도자들이 집단행동의 딜레마에 빠져 흩어진 시민들의 의사를 결집하여 환경규제에 저항하는 오염업체에 대한 비판활동을 하게 된다. 그런데 피규제집단(환경오염업체 등)에게 비용이 집중된 경우에 규제담당기관은 '고객정치' 상황에서처럼 피규제집단에 포획되는 것이 불가피한 것은 아니지만, 결과적으로 규제대상집단에 포획될 가능성을 안고 있으며, 규제기관의 포획의 결과는 느슨한 정책집행이라고 한다. 예를 들어, 대형 환경사건이 발생하면 환경단체와 언론 등의 강력한 규제 요구로 엄격한 입법이 이루어지지만, 로비를 통한 예외규정으로 인해 시간의 경과와 함께 국민의 관심이 퇴조하면 정책내용은 변질되고 규제기관은 포획될 가능성이 높아진다는 것이다.

12) 끈끈이 인형효과는 하리스(Harries)의 소설에서 나온 것으로, 토끼 인형에 끈끈이 칠을 해 놓으면 토끼들이 자기 동료인 줄 알고 계속적으로 모여든다는 것이다. 즉, 하나의 규제가 만들어지면 또 다른 규제가 발생한다는 규제의 피라미드 현상을 의미한다.

5 공공서비스의 적정공급 규모 　결정적 코멘트▶ 앞으로 출제될 가능성이 높은 영역이다.

(1) 공공서비스의 과다공급론(정부재정의 팽창요인)

① 바그너(Wagner)의 법칙(경비팽창이론)

　㉠ 독일의 경제학자인 바그너에 의해 문제가 제기된 경비팽창이론은 다음의 모형으로 설명할 수 있다.

　　ⓐ 바그너는 정부의 경비팽창의 원인을 공업화의 전개로 보고 있다. 여기서 공업화과정의 전개는 일종의 경제발전과정의 진행으로 본다. 즉, 경제발전이 진행되면 시장실패의 교정을 위한 정부개입과 기타 사회간접자본(SOC)에 대한 욕구가 증가하므로 경제발전 초기에 경비가 팽창한다는 것이다.

　　ⓑ 경제발전이 진행될수록 공공욕구는 계속해서 증가하는데, 이와 같은 공공수요는 소득에 비해 매우 탄력적이다. 즉, 소득의 증가율보다 공공욕구의 증가율이 더욱 크며, 증가하는 공공욕구의 충족을 위해 정부지출은 팽창할 수밖에 없고 이에 따라 정부의 경비는 지속적으로 팽창하게 된다는 것이 바그너의 주장이다.

　㉡ 바그너의 경비팽창이론이란, 1인당 국민소득이 증가할 때 국민경제에서 차지하는 공공부문의 상대적 크기가 증대되는 현상을 의미한다. 여기서 정부의 경비가 팽창한다는 것은 명목적으로 팽창하는 것이 아니라 실질적인 의미에서 경비가 팽창한다는 것이다.

② 피콕-와이즈만(Peacock & Wiseman)의 모형(거시적 접근법): 조세수입은 안정적 경제성장기에 안정적으로 증가하나 사회혼란기에는 급격한 재정팽창 및 그에 따른 조세부담의 증가를 국민이 용인한다는 것이다. 사회혼란의 극복과정에서 증대된 정부지출과 조세부담이 위기상황 이후에도 당초 수준으로 복귀하지 않는다고 본다.

　㉠ 점검효과(inspection effect): 국민은 사회혼란이 발생할 때, 사회적 문제를 세심하게 관찰 및 인식하게 되어 여건 개선을 위한 정부지출 확대를 지지하여 더 많은 세금을 부담하려 한다.

　㉡ 전위효과(displacement effect): 국민은 사회혼란이 발생할 때, 정부지출 확대를 이해하며 기꺼이 더 많은 세금을 부담하고자 한다. 이에 따라 정부지출이 상향 조정되며, 개인의 공적 지출이 많아진다(대체효과). 즉, 사회혼란기에 공공지출이 상향 조정되며 '공공지출'이 '민간지출'을 대체하는 현상을 말한다.

③ 보몰(Baumol)의 견해(정부서비스의 노동집약적 성격): 정부부문의 생산은 주로 인력에 의한 서비스 공급(예 교육, 치안 등)으로 인하여 제조업에 비해 생산성의 증가속도가 훨씬 뒤처진다. 즉, 정부는 노동집약적 산업이므로 자본지출을 통한 생산성 향상을 거의 이루지 못하는 경향을 가지게 된다는 것이다.

④ 뷰캐넌(Buchanan)의 리바이던 가설(leviathan hypothesis)

　㉠ 뷰캐넌에 의해 제기된 리바이던 가설은 현대 대의민주제는 근본적으로 경비팽창을 일으킨다는 것이다.

　㉡ 정치가들은 유권자들에게 표를 얻는 것이 목적이고 유권자들은 적자재정을 지지한다. 적자재정은 그들에게 높은 편익을 주기 때문이다. 이러한 현상은 상대적으로 정부지출 수준이 세입을 계속 초과하게 될 것이므로 결국 경비팽창의 원인이 된다.

바로 확인문제

43　　　2016 지방직 9급

다음 설명에 해당하는 정책현상은?

> 어떤 하나의 규제가 시행된 결과, 원래 규제설계 당시에는 미리 예기하지 못한 또 다른 문제점이 나타나게 되면 규제기관은 그 문제의 해결을 위해 또 다른 규제를 하게 됨으로써 결국 규제가 규제를 낳는 결과를 초래한다.

① 타르 베이비 효과(tar-baby effect)
② 집단행동의 딜레마
③ 규제의 역설(regulatory paradox)
④ 지대추구행위

44　　　2022 군무원 7급

다음 중 정부실패와 관련한 설명으로 가장 옳지 않은 것은?

① 니스카넨(Niskanen)은 관료조직이 자기 부처의 예산을 극대화하여 권한을 확대하고자 하는 이기적 행위가 있음을 경험적으로 입증하였다.
② 파킨슨(Parkinson)은 공무원 규모는 업무량에 상관없이 증가한다고 주장했다.
③ 피콕-와이즈만(Peacock-Wiseman)은 공공지출 과정을 분석하여 공공지출이 불연속적으로 증대되는 과정을 설명하였다.
④ 바그너(Wagner)는 경제성장과 관계없이 국민총생산에서 공공지출이 높아진다는 공공지출증가의 법칙을 주장하였다.

45

정부 예산팽창이론에 대한 설명으로 옳지 않은 것은?

① 바그너(Wagner)는 경제 발전에 따라 국민의 욕구 부응을 위한 공공재 증가로 인해 정부 예산이 증가한다고 주장한다.

② 피코크(Peacock)와 와이즈맨(Wiseman)은 전쟁과 같은 사회적 변동이 끝난 후에도 공공지출이 그 이전 수준으로 되돌아가지 않는 데에서 예산팽창의 원인을 찾고 있다.

③ 보몰(Baumol)은 정부 부문과 민간 부문 간의 생산성 격차를 통해 정부 예산의 팽창 원인을 설명하고 있다.

④ 파킨슨(Parkinson)은 관료들이 자신들이 권력 극대화를 위해 필요 이상으로 자기 부서의 예산을 추구함에 따라 정부 예산이 지속적으로 증가한다고 주장한다.

46

다음 글의 (ㄱ)에 해당하는 것은?

> (ㄱ)은 재정권을 독점한 정부에서 정치가나 관료들이 독점적 권력을 국민에게 남용하여 재정규모를 과도하게 팽창시키는 행위를 의미한다는 내용을 담고 있다.

① 로머와 로젠탈(Tomas Romer & Howard Rosenthal)의 회복수준이론
② 파킨슨(Cyril N. Parkinson)의 법칙
③ 니스카넨(William Niskanen)의 예산 극대화 가설
④ 지대추구이론
⑤ 리바이어던(leviathan) 가설

47

오늘날 행정에 있어서 규제가 정당화되는 이유가 아닌 것은?

① 공공재의 필요성   ② 비용의 증가
③ 배분적 형평의 추구   ④ 시장실패
⑤ 외부효과의 존재

© 뷰캐넌을 비롯한 공공선택이론가들은 재정적자의 누적이 경제운용의 안정성을 해칠 수 있다고 본다. 이를 요약해 보면 다음과 같다.
   ⓐ 정부지출 확대에 적극적으로 반대하지 않는 투표 성향
   ⓑ 적자재정의 부담이 미래세대로 전가 및 적자새성에 둔감
   ⓒ 관료에 의한 과잉생산

⑤ **이익집단의 영향**: 이익집단의 활동이 활발한 나라에서는 이의를 제기하는 집단의 요구에 대응하면서 정부기능이 확대된다. 개인이나 집단을 위해서는 극히 합리적인 행동이 전체 사회에 대해서는 역기능적인 현상, 이른바 '공유(지)의 비극(tragedy of the commons)'을 초래할 수 있다.

⑥ **관료제의 발달**: 정부의 제4부로 일컬어지기도 하는 공공관료제는 일단 확립되면 강력한 자기팽창세력으로 변신하여 대부분 공익을 내세우고 옹호하지만, 관료제는 강력한 지구력을 발휘하면서 팽창하게 된다는 것이다. 코프먼(Kaufman)은 정부조직 불멸론을 주장하였다.

⑦ **사회복지의 확산**
   ㉠ 1942년의 비버리지보고서를 바탕으로 제2차 세계대전 이후 영국을 비롯한 서구 선진국에서는 복지국가 계획이 실천되어 복지국가의 이상이 실현되는 듯 보였다. 그러나 이러한 복지정책은 도덕적 해이와 정부예산의 과도한 팽창을 가져왔고 복지예산이 국가재정에 과부담을 주기 시작하였다.
   ㉡ 전후 30여 년간 누적된 모순들이 고개를 들면서 복지정책에 대한 위기의 징후를 드러내기 시작하였는데, 이것을 '복지국가의 위기론'이라고 한다.
   ㉢ 1970년대 두 차례의 오일쇼크로 경제성장은 멈추거나 후퇴한 반면 복지지출은 계속 증가하여 국가재정의 대규모 적자를 가져왔다.
   ㉣ 선거제도의 속성상 복지혜택을 줄일 수는 없고 증세로 이 문제를 해결하는 것은 1978년 캘리포니아 주민발안 13호와 같은 조세저항이 따르기 때문에 정부는 딜레마 상황에 처하게 되었다.
   ㉤ 이러한 이유로 신공공관리론이 등장하고 감축지향적인 행정개혁의 필요성이 제기되었다.

⑧ **제국형성(empire building)**: 제국형성이란 조직이 불필요한 인원, 예산, 기구, 권한의 확대에 따라 비대화되는 조직의 불건강현상을 말한다. 이것은 투입보다 산출이 낮아지는 비능률성을 초래하기 때문에 행정개혁의 대상이 된다.

⑨ **브라운-잭슨(Brown & Jackson)의 모형**(미시적 접근법)
   ㉠ 중위투표자의 공공재에 대한 수요는 소득 증가에 탄력적
   ㉡ 공공재 생산비용의 상승

⑩ **기타**
   ㉠ **정부역할에 대한 국민의 요구**: 국민은 부담의 증가는 인식하지 않고 정부역할의 확대를 요구한다.
   ㉡ **이익집단에 의한 경비팽창이론**: 철의 삼각형(→ 후술)
   ㉢ **간접세 위주의 국가재정구조**: 간접세는 납세자와 담세자가 다르므로 조세저항이 회피되어 재정팽창이 가능하다.
   ㉣ **개방형 무역구조**: 무역의존도가 높은 개방형 무역구조이다.
   ㉤ 파킨슨의 법칙과 니스카넨 모형

(2) 공공서비스의 과소공급론

① 다운스(Downs)의 합리적 무지

ⓐ 합리적 개인은 사적 이익을 추구하므로, 정보수집에 따른 비용과 편익을 고려하여 정보수집 여부를 판단하게 된다.

ⓑ 합리적인 의사결정자는 공공재에 대해서는 적극적으로 정보를 수집하려고 하지 않는데, 이는 개인적 편익에 비해 비용이 너무 많이 들기 때문이다. 따라서 투표자는 합리적 무지(rational ignorance)의 상태에 있고, 공공서비스의 공급에 대해 정확하게 판단하지 못하며, 이의 확대에 대해 저항하게 된다는 것이다.

② 갤브레이스(Galbraith)의 의존효과(선전효과): 사적재는 각종 선전에 의해 소비자들의 소비욕구를 자극하는 데 비해, 공공재는 선전이 이루어지지 않아 공적 욕구를 자극시키지 못한다는 주장이다.

ⓐ 의존효과란 소비재에 대한 소비자의 수요가 소비자 자신의 자주적 욕망에 의존하는 것이 아니라 생산자의 광고·선전 등에 의존하여 이루어진다는 현상을 말한다.

ⓑ 갤브레이스는 「풍요한 사회(1958)」에서 심리적 욕구가 남의 시선이나 광고에 의존하게 되는 현상을 '의존효과'라고 불렀다. 그리고 의존효과 때문에 남들이 부러워하거나 선호하는 상품은 필요 이상으로 과다 공급되는 경향이 발생한다고 지적했다.

③ 머스그레이브(Musgrave)의 조세저항: 사적재는 자신이 부담한 만큼 직접 자신의 편익으로 돌아오기 때문에 부담한 만큼 소비하는 데 비해, 공공재는 자신이 부담한 것에 비해 적게 편익을 누린다고 생각하는데, 이를 재정착각(fiscal illusion)이라고 한다.

ⓐ 과다한 부담에 대한 조세저항이 공공재의 과소공급을 유도한다.

ⓑ 조세저항으로 인한 적정 공공재 공급실패를 시민실패(citizen's failure)라고 한다.

6 정부규제

> **결정적 코멘트** ▸ 규제유형별 개념과 사례, 피규제자의 자율성 등을 중심으로 학습해야 한다.

(1) 개념

정부규제(government regulation)란 바람직한 경제사회 질서의 구현을 위해 정부가 시장에 개입하여 기업과 개인의 행위를 제약하는 것을 말한다.

(2) 규제의 발생 근거

① 시장실패

ⓐ 비용 감소, 수익 증가(규모의 경제)

ⓑ 외부성과 공공재

ⓒ 시장의 불완전성

② 배분적 형평의 문제가 있다.

(3) 규제방법

① 직접규제(명령지시적 규제): 정부가 직접 어떤 행위를 요구한다거나 지시하는 방법의 규제

48   2006 서울시 7급

다음 중 연결이 타당하지 **못한** 것은?

① 직접규제정책 – 환경오염에 대한 부담금 부과

② 재분배정책 – 누진세제도

③ 보호적 규제정책 – 최저임금제의 실시

④ 경쟁적 규제정책 – 방송국 설립 인가

⑤ 간접규제정책 – 조세의 감면

49   2023 군무원 9급

정부 규제에 대한 설명으로 가장 적절하지 **않은** 것은?

① 규제는 정부가 공권력을 이용하여 개인이나 기업의 활동을 정부가 원하는 바람직한 상태로 유도하기 위한 정책수단이다.

② 규제는 개인이나 기업의 자유로운 활동을 금지하거나 제한하고 이를 위반한 경우에 불이익이 가해지기 때문에 엄격한 법적 근거가 요구된다.

③ 경제적 규제는 기업의 본원적 활동을 제한하는 것은 아니고 정부와의 관계에 관한 규제이다.

④ 사회적 규제는 소비자, 환경, 노동자 등을 보호할 목적으로 안전, 위생, 오염, 고용 등에 관한 규제가 주를 이룬다.

50   2006 충남 9급

경제적 규제와 사회적 규제에 대한 다음 설명 중 틀린 것은?

① 사회적 규제는 시장유인적인 자율적 방법이 명령지시적 방법보다 효과적이다.

② 경제적 규제는 경쟁을 촉진시키려는 규제와 경쟁을 제한하려는 규제도 있으나 규제완화의 주 대상은 경쟁을 제한하려는 규제이다.

③ J. Wilson의 규제정치모형 중 고객의 정치는 경제적 규제에, 운동가의 정치는 사회적 규제에 주로 연관된다.

④ 소비자 주권론에 입각한 규제는 주로 사회적 규제와 연관된다.

51
2017 지방직 9급

정부규제를 사회적 규제와 경제적 규제로 나눌 경우 경제적 규제의 성격이 가장 강한 것은?

① 소비자안전규제 ② 산업재해규제
③ 환경규제 ④ 진입규제

52
2015 국회직 8급

규제에 대한 설명으로 옳지 않은 것은?

① 관리규제란 정부가 특정한 사회문제 해결에 대한 목표달성 수준을 정하고 피규제자에게 이를 달성할 것을 요구하는 것이다.
② 규제의 역설은 기업의 상품정보공개가 의무화될수록 소비자의 실질적 정보량은 줄어든다고 본다.
③ 포획이론은 정부가 규제의 편익자에게 포획됨으로써 일반 시민이 아닌 특정 집단의 사익을 옹호하는 것을 지적한다.
④ 지대추구이론은 정부규제가 지대를 만들어 내고 이해관계자집단으로 하여금 그 지대를 추구하도록 한다는 점을 설명한다.
⑤ 윌슨(J. Wilson)에 따르면 규제로부터 감지되는 비용과 편익의 분포에 따라 각기 다른 정치경제적 상황이 발생된다.

예 가격규제, 공해방지시설의 설치 요구, 금융업 진출에 필요한 자격요건 제한, 의약품 제조기업의 안전기준, 법적 장애인 의무비용 비율 등

② 간접규제(시장유인적 규제): 어떤 인센티브를 제공함으로써 민간부문의 의사결정이나 행동에 간접적으로 영향을 주게 되는 방법의 규제

예 성의 외부효과의 경우에는 보상을 가하고, 부의 외부효과의 경우에는 벌금이나 세금을 부과(환경오염에 대한 부담금, 건강부과금, 공해배출부과금, 폐기물처리비, 가공식품의 품질 및 성분 표시 등)

(4) 규제유형

① 규제영역에 따른 분류

구분	경제적 규제 (전통적 규제, economic regulation)	사회적 규제 (현대적 규제, social regulation)
의의	• 생산자(기업)의 본원적 활동(기업설립, 가격결정 등)에 대한 규제를 의미함 • 따라서 경제적 규제는 시장경쟁을 제한하는 속성[13]을 가지며, 소득재분배 측면에서 경제적 비효율성의 문제와 불공평성의 문제를 야기할 수 있음	• 생산자의 사회적 행동(사회적 영향을 야기하는 기업행동, 환경오염 등)에 대한 규제를 말함 • 인간의 생명과 건강에 대한 위험이 증가하고 있기 때문에 사회적 규제의 중요성이 강조되고 있음(소비자 주권론) • 시장경쟁과 직접적인 관계는 있으며, 명령지시적 방법이 시장유인적인 자율적 방법보다 효과적임
목적	• 소비자 보호: 독·과점의 횡포 방지, 부당이득 방지 등 • 생산자 보호: 과당경쟁 방지, 산업육성 등	• 인간다운 삶의 질 확보 • 인간의 기본적 권리 신장
유형	진입규제[14], 가격규제, 품질규제, 생산량규제, 수입규제, 직업면허, 불공정거래규제(「공정거래법」) 등	환경규제, 산업안전규제, 소비자안전보호규제(「소비자기본법」), 사회적 차별규제, 자동차안전규제, 식품규제, 근로조건규제, 일회용품 사용규제 등
특성	특정 개별산업을 주 대상으로 하기 때문에 지대추구행위, 포획현상이 적용됨	기업이나 개인의 행위가 각각의 내부를 벗어나 사회적 영향력을 미칠 때 이에 대하여 사회적 책임을 강조하는 것으로, 생산자만에 대한 규제라고 보기는 어려움

▌ 경제적 규제와 사회적 규제 요약 비교

구분	경제적 규제	사회적 규제
방향	완화	강화
범위	협소함	광범위함
포획	가능성 ↑	가능성 ↓
대표적 예	가격규제, 생산량규제	환경오염규제, 일회용품규제

---

13) 경제적 규제는 경쟁을 촉진시키려는 규제와 경쟁을 제한하려는 규제가 있으나 규제완화의 주 대상은 경쟁을 제한하려는 규제이다.
14) 진입규제와 반대로, 특정 지역이나 특정 계층 소비자를 보호하기 위해 산업이나 서비스의 제공을 중단하지 못하도록 하는 규제정책을 퇴거규제라 한다.

② 규제대상에 따른 분류

수단규제 (투입규제)	• 정부의 목표를 달성하기 위해 필요한 기술이나 행위에 대해 사전적으로 규제하는 것 • 정부의 규제 정도와 피규제자의 순응 정도를 파악하는 데 용이한 반면, 정책목표와 무관한 수단규제를 도입하면 불필요한 규제 준수 비용을 유발함 ⓔ 환경오염을 방지하기 위해 기업에 특정한 유형의 환경통제기술 사용을 요구하는 것, 작업장 안전을 확보하기 위해 반드시 안전장비를 착용하게 하는 것 등
성과규제 (산출규제)	• 정부가 특정한 사회문제 해결에 대한 목표달성 수준을 정하고 피규제자에게 이를 달성할 것을 요구하는 것 • 성과규제에서는 정부가 제시한 성과 기준만 충족하면 되기 때문에 이를 달성하는 수단과 방법의 선택은 피규제자가 자유롭게 선택할 수 있지만, 사회경제적으로 바람직한 최적의 성과 수준을 찾는 것이 곤란함 ⓔ 대기오염을 방지하기 위해 공기 중 이산화탄소 농도를 일정 수준으로 유지하라는 것, 인체 건강을 위해 개발된 신약에 허용 가능한 부작용 발생 수준을 요구하는 것 등
관리규제 (과정규제)	수단과 성과가 아닌 과정을 규제하는 것으로, 정부는 피규제자가 만든 규제 목표달성계획의 타당성을 평가하고 그 이행을 요구함[15] ⓔ 식품안전을 위해 그 효용이 부각되는 식품위해요소 중점관리기준(HACCP) 등

③ 규제의 개입 범위에 따른 분류

네거티브 규제	• '원칙 허용', '예외 금지'를 의미하는 것으로, '~할 수 없다', 또는 '~가 아니다'의 형식을 띰 • 명시적으로 금지하는 것 이외에는 모든 것을 자유로이 할 수 있음
포지티브 규제	• '원칙 금지', '예외 허용'의 형태를 띠는 방식으로, '~할 수 있다' 또는 '~이다'의 형식을 띰 • 명시적으로 허용하는 것 이외에는 원칙적으로 모든 행위가 금지됨

※ 네거티브 규제가 포지티브 규제보다 피규제자의 자율성을 더 보장한다.

④ 규제의 수행 주체에 따른 분류

직접규제	정부의 규제 수행
자율규제	피규제자가 스스로 합의된 규범을 만들고 이를 구성원들에게 적용
공동규제	• 정부로부터 위임을 받은 민간집단에 의해 이루어지는 규제 • 직접규제와 자율규제의 중간 성격

7 규제개혁

(1) 규제개혁의 개념

불합리한 규제 개선을 위해 규제의 모든 과정(생성, 운용, 소멸 등)에 정부가 체계적으로 개입하는 것을 말한다.

(2) 규제개혁의 단계

① 규제완화: 규제총량 감소

　ⓔ 절차와 구비서류의 간소화, 규제순응비용의 감소, 규제폐지 등

② 규제품질관리: 개별 규제의 질적 관리에 초점을 두는 단계

　ⓔ 규제영향분석, 규제기획제도의 시행 등

---

15) 관리규제가 수단규제보다 나은 점은, 피규제자에게 스스로 비용효과적인 규제를 설계하도록 피규제자에게 많은 자율성을 준다는 점이다. 그 결과로 정부에 의해 일방적으로 정해지는 수단규제에 비해 피규제자의 특성과 상황을 고려한 유연한 규제설계가 가능해질 수 있다. 또한 관리규제는 성과달성 정도를 정하고 이를 확인해야 하는 성과규제를 적용하기 어려울 때 적합하다. 관리규제에서 정부는 성과달성 여부나 정도를 측정하는 것이 아니라, 피규제자 스스로 설계한 규제가 구체적인 상황에 적합하며 잘 집행되고 있는가를 평가하기 때문이다.

바로 확인문제

53 　　　　　　　2018 서울시 7급 제2회

규제의 대상에 따라 정부규제를 수단규제, 성과규제, 관리규제로 분류할 때 〈보기〉의 각 유형별 대표 사례와 특징을 바르게 연결한 것은?

┌─ 보기 ─┐

구분	규제 사례	규제의 특징
㉠ 수단 규제	ⓐ 개발 신약에 대한 허용 가능한 부작용 발생 수준 규제	① 과정 규제
㉡ 성과 규제	ⓑ 작업장 안전 확보를 위한 안전 장비 착용 규제	② 투입 규제
㉢ 관리 규제	ⓒ 식품안전성 확보를 위한 식품위해요소 중점관리기준(HACCP) 규제	③ 산출 규제

　　㉠　　　　　㉡　　　　　㉢
① ⓐ - ①　　ⓑ - ②　　ⓒ - ③
② ⓐ - ②　　ⓒ - ①　　ⓑ - ③
③ ⓑ - ③　　ⓒ - ②　　ⓐ - ①
④ ⓑ - ②　　ⓐ - ③　　ⓒ - ①

54 　　　　　　　　2019 국가직 9급

정부규제에 대한 설명으로 옳은 것만을 모두 고르면?

┌─────────────────┐
ㄱ. 포지티브(positive) 규제가 네거티브(negative) 규제보다 자율성을 더 보장해 준다.
ㄴ. 환경규제와 산업재해규제는 사회규제의 성격이 강하다.
ㄷ. 공동규제는 정부로부터 위임을 받은 민간집단에 의해 이뤄지는 규제를 의미한다.
ㄹ. 수단규제는 정부의 목표를 달성하기 위해 필요한 기술이나 행위에 대해 사전적으로 규제하는 것을 의미한다.
└─────────────────┘

① ㄱ, ㄴ　　　　② ㄷ, ㄹ
③ ㄱ, ㄴ, ㄷ　　④ ㄴ, ㄷ, ㄹ

55 2024 국가직 9급

규제유형에 대한 설명으로 옳지 않은 것은?

① 오염배출부과금제도, 이산화탄소 배출권거래제도는 시장유인적 규제유형에 속한다.

② 포지티브 규제방식은 네거티브 규제방식에 비해 피규제자의 자율성을 더 보장한다.

③ 명령지시적 규제는 시장유인적 규제에 비해 일반 국민이 이해하기 쉽고 직관적 설득력이 높다는 장점이 있다.

④ 사회규제는 주로 사회적 영향을 야기하는 기업행동에 대한 규제를 말하며 작업장 안전 규제, 소비자 보호 규제 등이 있다.

56 2016 지방직 7급

정부규제에 대한 설명으로 옳지 않은 것은?

① 「행정규제기본법」은 규제법정주의를 규정하고 있다.

② 규제개혁위원회는 위원장 2명을 포함한 20명 이상 25명 이하의 위원으로 구성한다.

③ 규제영향분석이 필요한 이유 중 하나는 관료에게 규제비용에 대한 관심과 책임성을 갖도록 유도한다는 점이다.

④ 정부의 규제정책을 심의·조정하고 규제의 심사·정비 등에 관한 사항을 종합적으로 추진하기 위하여 국무총리 소속으로 규제개혁위원회를 두고 있다.

③ **규제관리**: 국가의 전반적인 규제체계에 관심

◉ 예 규제 간의 관계, 국가규제체계의 정합성(「개인정보보호법」의 온라인 개인정보보호와 정보통신망의 개인정보보호 사이의 균형성) 등

(3) 우리나라 규제개혁: 「행정규제기본법」(1997년 제정)

① **목적**: 행정규제에 관한 기본적인 사항을 규정하여 불필요한 행정규제를 폐지하고 비효율적인 행정규제의 신설을 억제함으로써 사회·경제활동의 자율과 창의를 촉진하여 국민의 삶의 질을 높이고 국가경쟁력의 지속적인 향상을 도모함을 목적으로 한다.

② **행정규제의 정의**: 국가 또는 지방자치단체가 특정한 행정목적을 실현하기 위하여 국민(국내법을 적용받는 외국인 포함)의 권리를 제한하거나 의무를 부과하는 것으로서 법령 또는 조례·규칙에 규정되는 사항을 말한다.

③ **기본원칙**

규제법정주의 (「행정규제기본법」 제4조)	• 규제는 법률에 근거하여야 하며, 그 내용은 알기 쉬운 용어로 구체적이고 명확하게 규정되어야 한다. • 규제는 법률에 직접 규정하되, 규제의 세부적인 내용은 법률 또는 상위 법령에서 구체적으로 범위를 정하여 위임한 바에 따라 「대통령령·총리령·부령 또는 조례·규칙으로 정할 수 있다. 다만, 법령이 전문적·기술적 사항이나 경미한 사항으로서 업무의 성질상 위임이 불가피한 사항에 관하여 구체적으로 범위를 정하여 위임한 경우에는 고시 등으로 정할 수 있다. • 행정기관은 법률에 근거하지 아니한 규제로 국민의 권리를 제한하거나 의무를 부과할 수 없다.
규제(최소한)의 원칙 (동법 제5조)	• 국가나 지방자치단체는 국민의 자유와 창의를 존중하여야 하며, 규제를 정하는 경우에도 그 본질적 내용을 침해하지 아니하도록 하여야 한다. • 국가나 지방자치단체가 규제를 정할 때에는 국민의 생명·인권·보건 및 환경 등의 보호와 식품·의약품의 안전을 위한 실효성이 있는 규제가 되도록 하여야 한다. • 규제의 대상과 수단은 규제의 목적 실현에 필요한 최소한의 범위에서 가장 효과적인 방법으로 객관성·투명성 및 공정성이 확보되도록 설정되어야 한다.
규제의 등록 및 공표 (동법 제6조)	• 정부의 규제정책을 심의·조정하고 규제의 심사·정비 등에 관한 사항을 종합적으로 추진하기 위하여 대통령 소속으로 규제개혁위원회를 둔다(동법 제23조). • 규제개혁위원회는 위원장 2명을 포함한 20명 이상 25명 이하의 위원으로 구성한다(동법 제25조). • 중앙행정기관의 장은 소관 규제의 명칭·내용·근거·처리기관 등을 규제개혁위원회에 등록하여야 한다.
규제영향분석 및 자체심사 (동법 제7조)	중앙행정기관의 장은 규제를 신설하거나 강화(규제의 존속기한 연장을 포함)하려면 다음[16]의 사항을 종합적으로 고려하여 규제영향분석을 하고 규제영향분석서를 작성하여야 한다.

---

16) ① 규제의 신설 또는 강화의 필요성, ② 규제 목적의 실현 가능성, ③ 규제 외의 대체 수단 존재 여부 및 기존규제와의 중복 여부, ④ 규제의 시행에 따라 규제를 받는 집단과 국민이 부담하여야 할 비용과 편익의 비교 분석, ⑤ 규제의 시행이 「중소기업기본법」 제2조에 따른 중소기업에 미치는 영향, ⑥ 「국가표준기본법」 제3조 제8호 및 제19호에 따른 기술규정 및 적합성평가의 시행이 기업에 미치는 영향, ⑦ 경쟁 제한적 요소의 포함 여부, ⑧ 규제 내용의 객관성과 명료성, ⑨ 규제의 존속기한·재검토기한(일정기간마다 그 규제의 시행상황에 관한 점검결과에 따라 폐지 또는 완화 등의 조치를 할 필요성이 인정되는 규제에 한정하여 적용되는 기한)의 설정 근거 또는 미설정 사유, ⑩ 규제의 신설 또는 강화에 따른 행정기구·인력 및 예산의 소요, ⑪ 규제의 신설 또는 강화에 따른 부담을 경감하기 위하여 폐지·완화가 필요한 기존규제 대상, ⑫ 관련 민원사무의 구비서류 및 처리절차 등의 적정 여부

규제의 존속기한 및 재검토기한 명시 (규제일몰법제도, 동법 제8조)	• 중앙행정기관의 장은 규제를 신설하거나 강화하려는 경우에 존속시켜야 할 명백한 사유가 없는 규제는 존속기한 또는 재검토기한을 설정하여 그 법령 등에 규정하여야 한다. • 규제의 존속기한 또는 재검토기한은 규제의 목적을 달성하기 위하여 필요한 최소한의 기간 내에서 설정되어야 하며, 그 기간은 원칙적으로 5년을 초과할 수 없다.

04 정부실패와 정부대응방식

1 정부실패(작은 정부론의 논리적 근거)

(1) 정부실패의 의의

① 개념
ㄱ 정부실패란 시장실패에 대응되는 개념으로서, 시장실패를 치유하기 위하여 개입한 정부가 시장실패를 치유하지 못하고 더 심각한 비효율이 발생하거나 국민의 뜻에 따라 운영되지 못하는 현상을 말한다.
ㄴ 정부는 시장실패를 교정하기 위해 계층제적 관리방법을 통해 자원의 흐름을 통제하게 되는데, 정부의 능력은 인적·물적·제도적 제한으로 실패할 수도 있다.

② 정부개입이 더 큰 비효율성을 초래할 수 있는 이유
ㄱ 정부개입으로 인해 민간부문의 자유로운 의사결정이 교란되는 결과가 나타나기 때문이다. 이렇게 만들어지는 효율성의 상실분을 초과부담(excess burden) 또는 사(자)중손실(deadweight loss, Harberger 비용)이라고 부른다.[17]
ㄴ 정부조직상 특성 때문에 정부개입이 원래 의도와 달리 오히려 효율성을 저하시키는 방향으로 효과를 낼 수도 있다.

┃ 털럭(Tullock)의 사각형과 하버거(Harberger)의 삼각형

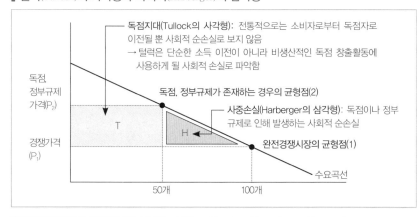

더 알아보기   울프(Wolf)의 비시장 실패

1. 비시장(정부)의 수요 특징
• 시장결함에 대한 사회적 인식 증가: 시장활동의 결과가 사회적으로 최적이 아니거나 사회적으로 바람직하지 못하다는 인식과 정보가 널리 퍼지게 되는 것으로, 이러한 것들은 모두 정부규제에 대한 수요를 유발시키는 정치적 요인이 된다.

---

17) 사중손실(死重損失)이란 재화나 서비스의 균형이 파레토 최적이 아닐 때 발생하는 경제적 효용의 순손실(純損失)을 의미한다. 사중손실의 원인으로는 독점가격, 외부효과, 세금이나 보조금 그리고 가격상한제, 가격하한제 등이 있다. 자중손실, 사중비용, 후생손실·비용, 초과부담 등은 모두 같은 말이며, 발견자의 이름을 따라 하버거의 삼각형(Harberger's triangle)이라고 부르기도 한다.

바로 확인문제

57 2014 서울시 7급
규제영향분석에 관한 다음의 설명 중 적합하지 않은 것은?
① 규제영향분석은 규제의 경제·사회적 영향을 과학적으로 분석하여 그 타당성을 평가한다.
② 규제영향분석은 정치적 이해관계의 조정과 수렴의 기회를 제공한다.
③ 불필요한 정부규제를 완화하고자 할 때 현존하는 규제의 사회적 편익과 비용을 점검하고 측정하는 체계적인 의사결정도구이다.
④ 1970년대 이후 세계의 여러 국가에서 도입하여 왔으며, OECD에서도 회원국들에게 규제영향분석의 채택을 권고하고 있다.
⑤ 규제 외의 대체수단 존재 여부, 비용 – 편익분석, 경쟁 제한적 요소의 포함 여부 등을 고려하여야 한다.

58 2017 지방직 9급 추가채용
규제영향분석에 대한 설명으로 옳지 않은 것은?
① 규제의 경제·사회적 영향을 과학적으로 분석해 타당성을 평가한다.
② 정치적 이해관계의 조정과 수렴의 기회를 제공한다.
③ 규제가 초래할 사회적 부담에 대해 책임성을 가지도록 유도한다.
④ 규제의 비용보다 규제의 편익에 주안점을 둔다.

59 2007 부산 9급
공공재의 과다생산으로 인한 정부실패를 설명하는 것과 관련이 없는 것은?
① Niskanen – 관료예산극대화모형
② Parkinson – 조직확장의 제2법칙
③ Hardin – tragedy of common goods
④ Tullock – 사다리꼴모형

60 2005 국회직 8급

정부실패에 관한 다음 서술 중 타당하지 않은 것은?

① 정부산출물은 대부분 정부에 의해 독점적으로 생산됨으로써 X-비효율성의 가능성이 크다.

② 정부규제로 인해 발생하게 될 비용은 이질적인 불특정 다수인에게 작은 부담으로 돌아가게 되나 그것의 편익은 동질적인 소수인(소수기업)에게 크게 귀속되는 고객정치(client politics)적 상황에서는 규제기관의 포획현상이 발생하기 쉽다.

③ 어떤 정책의 채택으로 인해 이득을 보게 될 집단이 절대다수이고, 이런 정책의 비용을 부담해야 할 집단이 소수인 경우에도 정치적 이유에 의해 정부개입의 초과수요를 초래할 수 있다.

④ 정부수입의 많은 부분은 정부가 제공하는 서비스와는 관계없이 부과되는 조세수입으로 이루어지며, 결국 비용과 수입이 직접적으로 연관되지 않음으로써 자원배분이 왜곡될 가능성이 그만큼 높다.

⑤ 선거를 의식한 정치인의 시간할인율 (time discount rate)은 사회의 시간할인율에 비해 낮게 나타나는 경향이 있기 때문에 단기적 이익과 손해의 현재가치를 낮게 평가한다.

61 2019 서울시 7급 제3회

작은 정부의 등장을 지지하게 된 이론적 배경으로 가장 적절하지 않은 것은?

① 예산극대화모형 ② 지대추구이론
③ X-비효율성 ④ 외부효과

62 2017 지방직 7급

정부실패의 요인에 해당하지 않는 것은?

① 공공서비스에서의 비용과 편익의 분리
② 경제활동에 영향을 주는 외부불경제 (external diseconomy)
③ 비공식적 목표가 공식적 조직목표를 대치하는 현상
④ 의도하지 않은 파생적 외부효과

• **정치사회의 민주화와 민권의 신장:** 이전에는 정치과정에서 소외되었고 소극적이었던 여성단체, 환경론자, 소비자보호단체 등과 같은 이익집단들이 정치적으로 조직화되었을 뿐 아니라 상당한 권익신장도 이루어졌다. 이들이 정부에 여러 규제의 압력을 가한다.

• **정치적 보상체계의 왜곡:** 정치인이나 관료에 대한 평가와 보상이 구체적인 성과나 업적에 의존하기보다 상징성에만 치우치게 될 때 정부활동은 그 실질이 어떠하든 외형적으로 증가하기 마련이다.

　ⓜ 선거기간 중에 공약을 남발하고 이에 따라 시기상조의 정부정책이 급증하는 것

• **정치인의 단견:** 정치인은 임기가 짧기 때문에 시간할인율(time discount rate)이 높다.[18] 정치적 보상구조와 선거직의 짧은 임기 때문에 종종 미래에 생기는 편익과 비용은 대폭 할인되지만, 현재 또는 가까운 장래에 생기는 편익이나 비용은 지나치게 과장될 수 있다. 즉, 선거를 의식한 정치인의 시간할인율은 사회의 시간할인율에 비해 높게 나타나는 경향이 있기 때문에 장기적 이익과 손해의 현재가치를 낮게 평가한다.[19]

• **이익(편익)과 손해(비용)의 분리(decoupling, 절연)**

－ 현재 또는 미래의 정책으로 인한 이익(편익)이 특수한 소수집단에 집중적으로 귀속하는 반면, 그에 대한 비용은 불특정 다수 국민(납세자, 소비자 등)이 부담하는 경우이다[미시적 절연 → 윌슨(Wilson)의 고객정치]. 이 경우 이익을 노리는 소수집단이 정치적 조직화와 로비를 통해 자신의 주장을 관철하려고 하는 반면, 비용을 부담해야 하는 다수는 정치적 조직 유인이 약하고 효과적인 로비를 전개할 수 없기 때문에 이들의 주장을 저지하지 못하게 된다.

　ⓔ 수입규제, 정책금융, 농산물 가격 지지 등

－ 앞의 경우와는 반대로 어떤 정책의 채택으로 인해 편익을 보게 될 집단이 절대다수이고 이런 정책의 비용을 부담해야 할 집단이 소수인 경우이다[거시적 절연 → 윌슨(Wilson)의 기업가적 정치]. 이 경우 이득을 보게 될 절대다수가 갖고 있는 투표에 의한 정치적 영향력 때문에 정치인들이 소수에 대한 비용의 집중을 무릅쓰고 인기에 영합하는 정책을 채택하게 된다는 것이다.

　ⓔ 의료보조, 사회적 부조 및 보험 등의 재분배정책 등

－ 위 두 가지의 어느 경우든 그 결과로 나타나는 것은 정부개입에 대한 초과수요이다.

• **정부부문의 배분적 효율성의 평가:** 시장의 가격기능과 같은 자동조절장치가 작동하고 있지 않은 정부에서는 항상 정책에 대한 초과수요가 존재한다.

2. 비시장(정부)의 공급 특징

• **정부산출의 정의 및 측정의 곤란함:** 산출물의 정의와 측정이 어려울 때에는 조직의 목표대치가 생길 수 있으며 이러한 목표대치는 곧 X-비효율성을 유발시키는 원인이 된다.

• **독점적 생산(단일원천에 의한 생산):** 비시장산출물은 독점적 관할권이 법률적으로 위임되어 있거나 행정적으로 용인되는 단일기관에 의해 공급된다. 반면 시장은 경쟁을 그 기본원리로 한다. 이와 같이 지속적인 경쟁의 결여는 비시장산출물의 질에 대한 평가를 어렵게 한다.

• **생산기술의 불확실성:** 비시장산출물은 그 정의와 측정이 어렵기 때문에 그것의 생산기술은 대개 알려져 있지 않은 것이 보통이다.

• **종결 메커니즘의 결여:** 시장에서 민간기업의 평가는 손익계산에 의해 즉각적으로 나타나며 그 성과에 매우 민감한 반면, 비시장산출물에는 업적평가를 위한 뚜렷한 기준이 쉽게 설정되지 못한다.

(2) 정부실패의 원인　결정적 코멘트　시장실패의 원인과 연계 · 비교하여 정리해야 한다.

① **내부 조직목표와 사회적 목표의 괴리(내부성):** 공익과 무관한 내부 조직목표에 치중하는 현상을 의미한다(사적 목표의 설정).

---

18) 할인율이란 미래의 소득에 대한 현재자원의 교환비율을 말한다. 할인율이 낮으면 장기적인 사업이, 할인율이 높으면 단기적인 사업이 유리하다. 즉, 높은 할인율은 편익이 단기간에 걸쳐 집약적으로 발생하는 단기투자에 유리하고, 낮은 할인율은 장기간에 걸쳐 편익이 발생하는 장기투자에 유리하다. 할인율을 높이면 미래의 가치를 더욱 낮게 평가하게 되므로 비용에 비해서 효과를 상대적으로 낮게 평가하게 된다.

19) 예를 들면 정치인들이 장차 커다란 부작용과 손실을 초래하게 될 정책이지만 단기적 이익을 제공하는 바람직하지 못한 정책을 추진하는 반면에, 장차 커다란 장기적 이익을 가져다 줄 것이지만 당장에는 손해를 초래하는 바람직한 정책의 추진을 기피하거나 연기하려고 하는 것이다.

⊙ 인력·예산확보를 위한 노력: 관료들이 권력의 극대화를 위해 소속부서의 예산규모를 극대화한다는 니스카넨(Niskanen)모형이 대표적인 사례이다.
ⓒ 최신기술에 대한 집착: 정부산출물에 대한 질의평가가 어렵기 때문에 '새롭고 복잡한 것'에 집착할 수 있으며(◉ 사장되는 첨단장비 구입), 반대로 새로운 기술이 구성원에게 가져다 줄 위협 때문에 '친숙하고 간단한 것'을 선호할 수도 있다 (◉ 감원의 우려로 인한 사무자동화 추진의 회피).
ⓒ 정보의 획득과 통제: 정보에 대한 애착이 권력의 원천으로서 나타날 수 있다.
② 파생적 외부효과: 시장실패를 교정하기 위한 목적에서 이루어지는 정부개입이 또 다른 문제(비의도적 파급효과와 부작용)를 낳게 되는 현상을 말한다.
   ◉ 정부가 경제적 약자보호를 위해 무주택자에게 아파트 청약우선권을 부여하는 정책을 실시하였더니, 주택을 구입할 경제력이 있는 사람들이 우선 청약권을 얻기 위해 의도적으로 전세를 살면서 자발적 무주택자가 되었다.
③ 권력의 편재(규제기관의 포획현상과 지대추구행위): 규제자가 오히려 피규제자에게 포획되어 피규제자가 원하는 대로 하게 될 수도 있다는 규제의 포획이론(capture theory)은 스티글러(Stigler, 1971)가 처음 제시하였다. 더 나아가 규제자도 나름으로 이익을 추구하는 이익집단이 될 가능성으로도 논의가 발전되었다. 민간 이익집단과 마찬가지로 정부도 또한 그 나름으로의 이익을 추구하는 하나의 이익집단으로 본다면 정책을 심의하여 결정하고 수행해 가는 과정에서 민간의 경제활동을 규제하는 규제자로서의 이익을 추구하고 있다고 본다. 포획현상의 원인은 다음과 같다.
   ⊙ 개혁대상조직의 강한 응집력
   ⓒ 개혁대상조직의 정보독점력
   ⓒ 제도화된 부정부패 구조
   ② 개혁추진자의 목표대치
   ⑩ 규제기관과 피규제기관의 인사교류
   ⑭ 규제기관에 대한 낮은 관심
④ X−비효율성(기술적 비효율성, Leibenstein)
   ⊙ 개념
      ⓐ 배분적 비효율성(allocative inefficiency)과 다른 개념으로, 독점으로 인해 경쟁압력이 없을 때 최선의 노력을 다하지 않아 최소비용이 실현되지 않는 낭비요소를 말한다. 즉, 독점과 같은 제한된 경쟁상황에서 기술적으로 가능한 최소비용을 달성하지 못하는 것을 의미한다.
      ⓑ 정부의 재화나 서비스 제공 자체가 독점적인 특성이 있어서 경쟁체제로 형성된 가격까지 낮추려는 경쟁압박을 받지 않기 때문에 나타난다. 또한, 정부가 추진하는 정책이 성공하거나 실패할 때 직접적인 평가(상벌)에 대한 기대가 크지 않아서 투입된 자원이 기대할 수 있는 최적의 생산량에 미치지 못하기 때문에 나타나는 현상이다.
   ⓒ 공공부문의 X−비효율성 발생요인
      ⓐ 세밀성이 부족한 불완전한 노동계약: 조직목표와 유리된 재량적 의사결정
      ⓑ 생산함수 또는 생산기술의 불명확성: 조직목표가 너무 많거나 자주 변경되어 불분명
      ⓒ 비시장적 메커니즘에 의한 투입요소의 결정: 투입요소가 시장에서 거래되지 않거나 동등조건이 아닌 거래

63 2022 국회직 8급

시장실패와 정부실패에 대한 설명으로 옳지 않은 것은?

① 시장은 배타성과 경쟁성을 모두 갖지 않는 재화를 충분히 공급하기 어렵다.
② 정부는 시장 활동이 초래하는 환경오염과 같은 부정적 외부효과를 막기 위해 규제 등의 수단을 가지고 시장에 개입한다.
③ 공유지의 비극은 개인의 합리적인 행동으로 인해 공동자원이 훼손되는 현상을 설명하는 용어이다.
④ 관료의 외부성은 관료가 부서의 확장에만 집착하는 것을 의미한다.
⑤ 정부의 독점적인 공공서비스 공급은 경쟁의 부재로 인해 생산성이 낮아져 정부실패를 초래할 수 있다.

64 2022 국가직 7급

정부실패의 요인에 대한 설명으로 옳지 않은 것은?

① 'X−비효율성'은 정부가 가진 권력을 통해 불평등한 분배가 이루어지는 현상이다.
② '지대추구'는 정부개입에 따라 발생하는 인위적 지대를 획득하기 위해 자원을 낭비하는 활동이다.
③ '파생적 외부효과'는 시장실패를 해결하기 위해 정부가 개입하지만 의도하지 않은 부작용을 초래하는 것이다.
④ '내부성(internalities)'은 공공조직이 공익적 목표보다는 관료 개인이나 소속기관의 이익을 우선적으로 고려하는 것이다.

65 2016 국가직 9급

시장실패 및 정부실패에 대한 설명으로 옳지 <u>않은</u> 것은?

① 시장실패를 초래하는 요인은 공공재의 존재, 외부효과의 발생, 불완전한 경쟁, 정보의 비대칭성 등이다.
② 시장실패를 교정하기 위한 정부 역할은 공적 공급, 공적 유도, 정부 규제 등이다.
③ 정부개입에 의해 초래된 의도하지 않은 결과 때문에 자원배분 상태가 정부개입이 있기 전보다 오히려 더 악화될 수 있다.
④ 정부실패는 관료나 정치인들의 개인적 요인 때문에 발생하며, 정부라는 공공조직에 내재하는 구조적 요인 때문에 발생하는 것은 아니다.

66 2020 지방직(=서울시) 7급

다음 상황을 설명하는 데 가장 적합한 용어는?

> 정부는 특정 지역의 주택가격이 과도하게 상승하자 이를 해결하기 위해 투기과열지구로 지정하였다. 그러나 투기과열지구로 지정된 이후 주택가격은 오히려 급등하였다. 이는 주택 수요자들이 정부의 의도와 달리 투기과열지구의 지정으로 인해 그 지역의 주택가격이 더 오를 것이라고 예상하였기 때문이었다.

① X-비효율성
② 공공조직의 내부성
③ 비경합성
④ 파생적 외부효과

67 2011 서울시 9급

다음 중 민영화를 통해 효과적으로 해결하기 어려운 정부실패 유형에 해당하는 것은?

① 사적목표의 설정
② X-비효율성
③ 파생적 외부효과
④ 권력의 편재
⑤ 지대추구행위

⑤ **기타 정부실패의 원인:** 정보의 불완전성과 예측의 곤란성, 규제수단의 비효율성과 불완전성, 정부활동의 독점성(제한된 경쟁), 비용 부담자와 수혜자의 불일치, 최저선과 종결 메커니즘의 결여, 선거구민에 치중된 입법, 주기적 선거로 인한 시간의 제약(장기적 시야 결여), 매몰비용 및 전례에 따른 한계, 지나친 공무원 보호로 인한 비신축성, 관료제 병리현상, 대리인(관료의 도덕적 해이) 등

> **더 알아보기** 파레토 효율성의 성립조건
>
> • **소비 또는 교환의 파레토 효율성:** 한 개인의 효용을 감소시키지 않고서는 다른 개인의 효용을 증가시킬 수 없는 상태, 생산물의 최적 배분 → 효용의 극대화
> • **생산의 파레토 효율성:** 한 재화의 생산을 감소시키지 않고서는 다른 재화의 생산을 증가시킬 수 없는 상태, 생산요소의 최적 배분 → 생산의 극대화
> • **소비와 생산의 파레토 효율성:** 소비와 생산의 파레토 효율성을 동시에 충족시킬 수 있는 생산물 구성이 이루어진 상태, 생산물 구성의 최적 → 총효용의 극대화

2 정부실패에 대한 대응

(1) 작은 정부를 추진하게 된 계기

① 정부실패의 증대
② 영국과 미국의 보수정당 집권(신보수주의)
③ 밀턴 프리드먼(Milton Friedman) 등의 영향: 정부를 공적 독점이라고 주장하였다.
④ 제1·2차 오일쇼크: 2차에 걸친 석유파동이 경제 침체를 가져오면서 이에 따라 세입이 감소되어 감축이 각광을 받게 되었고, 나아가 작은 정부 추진의 배경이 되었다.

(2) 정부실패와 정부의 대응방식

결정적 코멘트 ▶ 시장실패와 정부의 대응방식과 연계·비교하여 학습해야 한다.

구분	(공적 공급 →) 민영화	(공적 유도 →) 정부보조 삭감	(정부규제 →) 규제완화
사적 목표의 설정(내부성)	○		
X-비효율성·비용체증	○	○	○
파생적 외부효과		○	○
권력의 편재(포획·지대추구)	○		○

05 신행정국가와 작은 정부론

1 신(탈)행정국가의 등장(1980년 이후)

① 1980년대에 들어서 복지(행정)국가 모델의 한계와 1970년대의 에너지 위기 이후의 스태그플레이션 현상에 대한 정부의 무력함이 드러나기 시작하였다. 정부실패에 대한 인식이 확산되면서 기존의 행정국가와는 다른 특징을 보여 주는 신(탈)행정국가가 등장하였다.
② 신보수주의 또는 신자유주의 사상의 영향으로 정부기능 축소, 민영화, 규제완화 등의 정책방향을 갖는 '작은 정부론'에 대한 시대적 요청이 강하게 대두되기에 이르렀다.

▌현대 행정국가와 현재 신행정국가

현대 행정국가(19C 말~20C 말)	현재 신(탈)행정국가(20C 말 이후)
적극적인 정부기능(큰 정부)	소극적인 정부기능(큰 시장, 작은 정부)
행정기능의 확대	행정기능의 축소(시장기능의 활성화, 분권화)
공무원 수의 증가	공무원 수의 감축
행정기구의 팽창	행정기구의 축소
재정규모의 팽창	재정규모의 감축
공기업 수의 증가	공기업의 민영화(제3섹터의 증가)
정치·행정 일원론, 공·사행정 이원론	정치·행정 이원론, 공·사행정 일원론
공·사의 엄격한 구분	공·사의 엄격한 구분 ×, 기업형 정부
복지국가·형평성의 강조	복지국가 비판, 효율성의 강조
경제적 규제	사회적 규제
관료제(계층제) 강조	반(反)관료제(비계층제) 강조
직업공무원제 확립(신분보장)	직업공무원제 비판(계약제)
계획예산제도(PPBS)	영기준예산제도(ZBB)·일몰법(SSL)
현금주의·단식부기	발생주의·복식부기
신중앙집권화	신지방분권화

2 공공서비스 공급에 대한 접근방식의 변화

구분	복지국가의 공공서비스	기업주의 국가의 공공서비스
행정활동에 대한 관심	민주·효율적 관리	최종 산출물의 사회경제적 성과
공공서비스 배분의 준거	형평적 배분(복지 시혜적 성격)	효율적 배분(재정효율화 성격)
민간부문에 대한 공공서비스의 기능	조정·관리·통제	경쟁력 지원
공공서비스의 형태	국가 최저 수준의 표준화된 공공서비스	시민사회의 다양한 선호 부응과 차별적으로 상품화된 서비스

3 감축관리

(1) 감축관리의 개념과 대두 배경

① **개념**: 감축관리란 행정개혁의 실천적 접근방법의 일환으로서, 특정 정책·조직·사업 등을 의도적·계획적으로 정비하여 자원활용 시 총효과성의 극대화를 기하고자 하는 것을 말한다.

② **대두 배경**: 1960~70년대 초의 낙관주의적·팽창주의적 행정관리에 대한 반성 및 재고에서 출발하여 1980년대의 자원부족난에 대처한 절약윤리에 따라 대두하였다.

③ **감축관리의 본질**: 감축관리의 본질은 정책결정의 측면으로는 정책의 종결, 관리적 측면으로는 예산의 절약으로 파악된다.

68   2009 서울시 7급

정부실패에 대한 정부의 대응방식으로 옳지 <u>않은</u> 것은?

① 사적 목표의 설정에 대한 방안에는 민영화가 있다.

② X−비효율에 대한 방안에는 민영화, 정부보조 삭감, 규제완화 등이 있다.

③ 파생적 외부효과에 대한 방안으로 정부보조 삭감, 규제완화 등이 있다.

④ 권력의 편재에 대한 방안으로 정부보조 삭감, 규제완화 등이 있다.

⑤ 최근 시장실패와 정부실패를 함께 교정할 수 있는 제도로서 네트워크 거버넌스가 제시되고 있다.

69   2017 서울시 9급

복지국가의 공공서비스 공급 접근방법에 대한 설명으로 가장 옳은 것은?

① 민간부문을 조정·관리·통제하는 공공서비스 기능이 강조된다.

② 서비스의 배분 준거는 재정효율화이다.

③ 공공서비스의 형태는 선호에 따라 차별적으로 상품화된 서비스이다.

④ 성과관리는 수요자 중심의 맞춤형 관점에서 이루어진다.

70   2007 경남 9급

감축관리 또는 작고 효율적인 정부의 구현방법이 <u>아닌</u> 것은?

① 일몰법   ② ZBB

③ 정책종결   ④ 정부규제의 강화

71   2004 강원 9급

다음 중 정부규모의 축소와 관련이 <u>없는</u> 것은?

① 영기준 예산   ② 일몰법 제정

③ 제3섹터의 설치   ④ 자본예산제도

72   2011 국가직 9급

감축관리 방안으로 적질하지 <u>않은</u> 것은?

① 영기준예산(ZBB) 도입

② 일몰법(sunset law) 시행

③ 위원회(committee) 설치

④ 정책종결(policy termination)

(2) 감축관리의 방안 및 저해요인

방안	• 영기준예산제도(ZBB)의 도입 • 정책종결 • 탈규제화(규제 완화) • 일몰법의 제정 • 시민단체·공익단체 등 제3부문의 활용 • 불필요한 조직과 인원의 정비 • 유사한 사업계획의 합병
저해요인	• 조직의 생존 본능 • 기득권자의 이해관계에 따른 반대 • 기존 정책결정자의 반대 • 행정조직의 까다로운 규범·절차 • 과다한 경비의 수반 • 직무만족·사기의 저하

73

2014 서울시 9급

정부는 공공서비스를 효율적으로 공급하기 위한 방법의 하나로서 민간위탁 방법을 사용하기도 하는데, 민간위탁 방식에 해당하지 <u>않는</u> 것은?

① 면허 방식
② 이용권(바우처) 방식
③ 보조금 방식
④ 책임경영 방식
⑤ 자조활동 방식

74

2022 지방직(= 서울시) 7급

민간위탁(contracting out)에 대한 설명으로 옳지 <u>않은</u> 것은?

① 정부가 제공하는 서비스를 민간부문에 맡기고 비용을 지불하는 방식이다.
② 비영리단체는 민간위탁의 대상이 되지 않는다.
③ 정부의 직접공급에 비해 고용과 인건비의 유연성 확보가 용이하다.
④ 대표적인 예로는 쓰레기수거업무나 도로건설업무가 있다.

75

2015 서울시 7급

민영화의 유형에 대한 설명으로 가장 옳지 <u>않은</u> 것은?

① 민영화의 계약 방식(contracting-out)은 일반적으로 경쟁 입찰을 통해 서비스 생산주체가 결정되므로 정부재정 부담을 경감시킬 수 있다.
② 민영화의 프랜차이즈(franchise) 방식은 정부가 서비스 제공자에게 서비스 비용을 직접 지불하여 이용자의 비용부담을 경감시키는 장점이 있다.
③ 전자 바우처(vouchers) 방식은 개별적인 바우처 사용행태를 분석하여 실제 이용자의 실시간 모니터링이 가능하다.
④ 자조활동(self-help) 방식은 공공서비스 수혜자와 제공자가 같은 집단에 소속되어 서로 돕는 형식이다.

4 공공서비스의 민간화(민간위탁)

(1) 공공서비스 공급방식의 유형

구분		주체		
		공공부문		민간부문
수단	권력	① 일반행정		③ 민간위탁
		〈정부의 기본업무〉 〈법령상 규정업무〉		〈안정적 서비스 공급〉
	시장	〈공적 책임이 강한 경우〉		〈시장탄력적 공급〉
		② 책임경영		④ 민영화

① 일반행정 방식
  ㉠ 공공부문이 권력에 기반하여 수행하는 기본업무로서, 일반관리 및 각종 사회경제적 개발기능을 수행하는 데 핵심적인 부분이다.
  ㉡ 공익성이 우선되어 민간의 참여를 배제한다.
② 책임경영 방식
  ㉠ 서비스를 소비에서 배제하는 것은 가능하지만, 사회적 차원에서 중요성이 부각되어 정부의 직접적인 생산이 필요하다고 판단될 경우의 공공서비스 공급방식의 유형이다.
  ㉡ 정부조직 내 또는 산하에 단일 서비스의 생산만 담당하는 독립조직을 설치하여, 책임경영 방식으로 해당 서비스에 대한 생산과 공급을 담당하도록 설계할 수 있다.
③ 민간위탁 방식
  ㉠ 소비의 배제가 가능하고 공공성 기준이 상대적으로 완화될 수 있는 공공서비스 가운데, 시민들에 대한 서비스 공급의 '책임'은 정부에 귀속되지만 '생산'기능은 민간에서 수행하는 것이 효율적이라고 판단될 경우에 민간에 위탁하여 생산하는 방식이다.
  ㉡ 민간부문에서도 시장경쟁 상황에서 공공서비스가 생산될 수 있지만 일정 규모 또는 일정 수준에서 서비스의 안정적 공급이 필요하다고 판단될 경우에는 공공부문에서 계약이나 면허 등의 방식을 통해 경쟁적 독점의 지위를 부여할 수 있다.

④ 민영화 방식
  ㉠ 민간부문에서 해당 서비스를 생산할 역량이 있으며 공급이 시장탄력성을 가지고 있어 특별한 사회적 쟁점이 부각되지 않을 경우에 사용한다.
  ㉡ 시장기구에서 사회적으로 필요한 만큼의 서비스가 공급되지 않을 가능성이 우려되면, 보조금과 세제혜택 등을 활용하여 최적 수준의 공공서비스가 공급되도록 유도할 수 있다.

(2) 민간위탁의 기준(「행정권한의 위임 및 위탁에 관한 규정」 제11조 제1항)

행정기관은 법령으로 정하는 바에 따라 그 소관사무 중 조사·검사·검정·관리사무 등 국민의 권리·의무와 직접 관계되지 아니하는 다음의 사무를 민간위탁할 수 있다.
① 단순 사실행위인 행정작용
② 공익성보다 능률성이 현저히 요청되는 사무
③ 특수한 전문지식 및 기술이 필요한 사무
④ 그 밖에 국민생활과 직결된 단순 행정사무

(3) 민간위탁의 주요 방식

> **결정적 코멘트** ▶ 앞으로 계속해서 출제될 가능성이 높은 영역이다.

① 계약 방식(좁은 의미의 민간위탁)
  ㉠ 기업 간 경쟁입찰을 통해 서비스 생산주체를 결정하여 정부 재정부담을 경감시킬 수 있다.
  ㉡ 인력운영의 유연성을 제고해 관료조직의 팽창을 억제할 수 있다.
  ㉢ 정식 직원을 고용하지 않아도 서비스 수준을 향상시킬 수 있으며, 정부가 실질적으로 해당 분야에 필요한 전문기술 인력을 상시 확보하는 효과도 창출한다.
  ㉣ 예: 환경미화, 자동차검사, 공용주차장, 공공사업 및 교통사업, 건강 및 대민서비스 등
② 면허(franchise) 방식
  ㉠ 민간조직에게 일정한 구역 내에서 공공서비스를 제공하는 권리를 인정하는 협정 방식이다.
  ㉡ 시민 또는 이용자는 서비스 제공자에게 비용을 지불하며 서비스 수준과 질은 정부가 규제한다.
  ㉢ 정부가 서비스 수준 및 요금체계를 통제하면서도 서비스생산을 민간부문에 이양한다는 장점이 있다.
  ㉣ 서비스 제공자들 사이에 경쟁이 미약하면 이용자의 비용부담이 과중할 수 있다.
  ㉤ 예: 구급차 서비스 및 긴급 의료서비스, 자동차 견인 및 보관, 폐기물 수거·처리, 공공시설 관리 등
③ 자원봉사자(volunteers) 방식
  ㉠ 서비스의 생산과 관련된 현금지출에 대해서만 보상받고 직접적인 보수를 받지 않으면서 정부를 위해 봉사하는 사람들을 활용하는 방식이다.
  ㉡ 공공서비스의 생산과 관련해 신축적인 인력운영이 가능하고 서비스 수준이 개선된다.
  ㉢ 재정제약시기에는 예산삭감에 따른 서비스 수준에 대한 영향을 최소화한다.
  ㉣ 예: 레크리에이션, 안전 모니터링, 복지사업 등의 분야

---

76   2008 국회직 8급

일정한 구역 내에서 특정 공공서비스를 제공하는 권리를 민간조직에 인정하는 공공서비스 공급 방식은?
① 면허(franchises)
② 외부계약(contracting-out)
③ 자조활동(self-help)
④ 자원봉사(volunteers)
⑤ 보조금 지급(granting)

77   2009 국가직 7급

민간위탁 방식에 대한 설명으로 옳지 <u>않은</u> 것은?
① 자원봉사자 방식은 서비스의 생산과 관련된 현금지출에 대해서만 보상받고 직접적인 보수는 받지 않는 방식이다.
② 보조금 방식은 민간조직 또는 개인의 서비스 제공활동에 대하여 재정 또는 현물로 지원하는 방식이다.
③ 구입증서 방식은 시민들의 서비스 구입부담을 완화시키기 위해 금전적 가치가 있는 쿠폰을 제공하는 방식이다.
④ 계약 방식은 민간조직에게 일정 구역 내에서 공공서비스를 제공하는 권리를 인정하는 방식이다.

78   2023 군무원 9급

다음 중 민간부분에 의한 공공서비스 생산의 유형과 설명으로 가장 거리가 먼 것은?
① 민간위탁은 계약에 의한 민간의 생산자가 공공서비스를 생산하는 것이다.
② 자원봉사는 간접적인 보수는 허용되는 공공서비스 생산 유형이다.
③ 면허는 일정구역 내에서 공공서비스를 제공하는 권리를 인정하는 유형이다.
④ 바우처 지급은 시민들에게 공공서비스 이용권을 지급하는 형태이다.

79

민간위탁 방식에 대한 설명으로 옳지 않은 것은?

① 자조활동(self-help) 방식은 서비스의 생산과 관련된 현금지출에 대해서만 보상받고 직접적인 보수는 받지 않으면서 공익을 위해 봉사하는 사람들을 활용하는 것이다.
② 보조금 방식은 민간조직 또는 개인이 제공한 서비스 활동에 대해 정부가 재정 또는 현물을 지원하는 것이다.
③ 바우처(voucher) 방식은 공공서비스의 생산을 민간부문에 위탁하면서 시민들의 구입부담을 완화시키기 위해 금전적 가치가 있는 쿠폰(coupon)을 제공하는 것이다.
④ 면허 방식은 민간조직에게 일정한 구역 내에서 공공서비스를 제공하는 권리를 인정하는 것이다.

80

민영화의 방식인 바우처제도에 대한 설명으로 옳지 않은 것은?

① 바우처는 구매대금의 실질 지급대상에 따라 명시적 바우처와 묵시적 바우처로 구분할 수 있다.
② 식품이용권은 개인에게 쿠폰 형태의 구매권을 지급하는 것이다.
③ 전자바우처는 바우처 관리의 투명성과 효율성 제고에 기여한다.
④ 노인돌봄서비스, 장애인활동 보조서비스 등은 종이바우처의 대표적 운영사례에 해당한다.

81

다음 중 정책집행 수단으로서 바우처(voucher)제도의 특징에 대한 설명으로 옳지 않은 것은?

① 주민 대응성을 제고하고 저소득층을 지원하는 성격이 강하다.
② 시장에 존재하는 다양한 공급주체를 활용한다.
③ 소비자가 아닌 공급자에게 서비스의 선택권을 부여한다.
④ 공급자 간 경쟁을 촉진시켜 서비스의 질을 제고한다.
⑤ 민간부문을 활용하지만 여전히 최종적인 책임은 정부에 있다.

④ 자조활동(self-help) 방식
　㉠ 공공서비스의 수혜자와 제공자가 같은 집단에 소속되어 서로 돕는 형식으로 활동한다.
　㉡ 이웃사람이 이웃사람을 돕고 고령자가 고령자를 위해 서비스를 제공하는 방식이다.
　㉢ 정부의 서비스 생산업무를 대체하기보다는 보조하는 성격을 가진다.
　㉣ 예: 이웃 감시, 주민 순찰, 보육사업, 고령자 대책, 문화예술사업 등
⑤ 보조금 방식
　㉠ 민간조직 또는 개인의 서비스 제공 활동에 대한 재정 또는 현물을 지원하는 방식이다.
　㉡ 공공서비스에 대한 요건을 구체적으로 명시하기 곤란하거나 서비스가 기술적으로 복잡하고 서비스의 목표를 어떻게 달성할 것인지가 불확실한 경우에 사용한다.
⑥ 구입증서(voucher) 방식
　㉠ 공공서비스의 생산을 민간부문에 위탁하면서 시민들의 서비스 구입부담을 완화시키기 위해 금전적 가치가 있는 쿠폰을 제공하느 방식이다.
　㉡ 시민들은 구입증서를 활용하여 어느 조직으로부터 서비스를 제공받을 것인가를 스스로 선택할 수 있다는 장점을 가진다.
　㉢ 보편적으로 사용하는 방법은 아니며 일부 국가에서 교육, 탁아 및 아동복지서비스 등의 분야에서 사용하고 있다.
　㉣ 바우처의 종류
　　ⓐ 명시적 바우처: 쿠폰이나 카드 등 물리적 형태를 통해 구매권을 부여하는 것으로, 종이바우처와 전자바우처로 구분된다.
　　　• 종이바우처: 종이 쿠폰 형태의 구매권을 지급하는 것
　　　　⑩ 식품이용권(food stamp)
　　　• 전자바우처: 종이바우처를 전자적으로 구현하여 이용권한이 설정된 휴대폰이나 신용카드 등을 이용하여 서비스 이용 및 지불수단으로 사용하는 것으로, 보건복지부에서는 2007년도부터 금융기관의 신용카드 결제시스템과 연계한 사회서비스 전자바우처를 실시
　　　　⑩ 노인돌봄서비스, 장애인활동 보조서비스, 산모·신생아 도우미서비스, 지역사회 서비스혁신사업, 가사·간병서비스 등
　　ⓑ 묵시적(명목) 바우처: 직접적으로 개인에게 바우처를 제공하지는 않지만, 소비자가 공급기관을 자유롭게 선택할 권한이 보장되고 정부가 공급자에게 비용을 사후에 지급하는 방식으로 운영된다.
⑦ 규제 및 조세유인 방식: 보조금 지급과 마찬가지 효과를 창출하면서도 비용은 상대적으로 적게 소요될 수 있는 방식이다.
　㉠ 행정규제: 정기노선 버스회사나 대체 교통수단을 장려하는 데 주로 사용
　㉡ 조세유인제도: 특정 조합이 자신들의 쓰레기 수거나 도로청소 등을 장려하는 데 활용

(4) 공공서비스 성과를 측정하는 지표의 기준

① **투입(input)**: 생산과정에서 사용된 것들의 명세(재원, 인력, 장비 등)를 지칭하는 것으로, 품목별 예산에서 일차적으로 고려되는 요소이다.

　　⑩ 도로포장을 위해 이용된 중장비의 규모

② **업무(workload)**: 업무처리과정에 초점을 맞추는 지표로서, 원재료를 산출물로 전환하거나 고객에게 서비스하기 위해 추진된 조직 내에서 수행된 활동을 의미한다. 경우에 따라서는 산출물 지표와 혼용되기도 한다.

③ **산출(output)**: 수행된 활동 자체보다는 생산과정과 활동에서 창출된 <u>직접적인 생산물</u>을 의미한다.

　　⑩ 포장된 도로의 비율

④ **결과(outcome)**: 산출물이 창출한 조직환경에서 <u>직접적인 변화</u>를 의미한다.

　　⑩ 차량의 통행속도 증가율

⑤ **영향(impact)**: 조직 또는 사업의 <u>궁극적인</u> 사회·경제적 <u>효과</u>를 의미한다.

　　⑩ 지역 간 균형발전

▌공공서비스별 성과지표의 예

성과지표	경찰부서	도로부서
투입	조사활동에 투입된 경찰·차량 규모	인력 및 장비 규모
업무(과정)	담당사건 수	민원 관리, 인력·장비 조달
산출	범인 체포 건수	도로 건설 규모
결과	범죄율 감소	통행속도 증가율, 사고감소율
영향	지역사회 안전성	지역 및 산업경쟁력

06 시민사회 재등장과 사회자본

> **결정적 코멘트** ▶ 정부실패 이후 뉴거버넌스 출현에 따라 관심이 높아지고 있다. 비정부조직(NGO)을 중심으로 학습해야 한다.

1 시민사회의 재등장

(1) 시민사회의 개념과 섹터의 구분

① 시민사회의 개념

　　㉠ **전통적 개념**: 근대국가 이래 정부와 민간의 기능을 권력적 성격과 영리적 성격의 여부에 따라 국가(제1부문)와 시장(제2부문)으로 나누던 이분법적 인식이 주류를 이루었다. 그러나 1970년대 말에 세계경제가 불황을 겪으면서 시장실패와 정부실패가 동시에 나타나게 되었고, 종래의 이분법적인 국가와 시민의 관계가 상호 유기적이고 연속적인 관계로 전환되어 이들 간의 유기적 조화가 강조되면서, 비영리민간조직(NPO: Non-Profit Organization)[20], 비정부조직(NGO: Non-Governmental Organization)[21] 등 이른바 제3부문(the third sector), 중간조직, 회색영역(gray zone) 등의 개념이 등장하였다.

---

20) 비영리민간조직(NPO)은 주로 미국을 중심으로 사용된다. 국가와 시장부문으로부터 분리된 제3영역의 조직과 단체를 통칭하는 포괄적인 개념으로 사용되어 왔으며, 그 특징으로는 자발성, 자율성, 이익의 비배분성, 공익 목적 외에 회원의 공통 이익이나 목적으로 수행된다는 점이 있다.

21) 비정부조직(NGO)이라는 용어는 국제연합(UN, 1945)이 창설되면서 공식적으로 사용되기 시작했으며, "비정부·비국가적 조직체로서 자발성을 기초로 하여 비영리를 추구하는 집단이나 조직 또는 결사체 기구나 단체 그리고 운동세력"으로 규정하고 있다. 이후 NGO는 넓은 의미에서 법인격의 유무에 상관없이 공공의 이익을 추구하기 위해, 민간이 자발적으로 만들어 자주적으로 운영하면서 영리를 추구하지 않는 민간조직으로 보려는 경향을 띠고 있다.

82 　　　　2017 국가직 9급 추가채용

바우처(voucher)제도에 대한 설명으로 옳지 <u>않은</u> 것은?

① 살라몬(L. M. Salamon)의 행정수단 유형 분류에 있어서 민간위탁과 같이 직접성이 매우 높은 행정수단이다.

② 전자바우처의 도입을 통해 행정비용을 절감할 수 있다.

③ 수혜자에게 현금을 지원하는 대신 특정 재화나 서비스를 구매할 수 있는 쿠폰이나 포인트를 제공하는 제도이다.

④ 저소득층 및 특수계층을 대상으로 하는 복지분야에서 많이 활용되고 있다.

83 　　　　2009 군무원 9급

다음 중 공공서비스의 성과지표와 그 예시가 바르게 연결된 것은?

> ㉠ 지역사회의 안정성
> ㉡ 범인 체포 건수
> ㉢ 조사활동에 투입된 경찰의 규모
> ㉣ 범죄율 감소

	㉠	㉡	㉢	㉣
①	영향	산출	투입	결과
②	결과	영향	투입	산출
③	결과	투입	영향	산출
④	영향	투입	산출	결과

84 　　　　2006 선관위 9급

비정부조직(NGO)의 참여를 통한 국가개혁에 관한 설명 중 옳지 <u>않은</u> 것은?

① 신국정관리(new governance)의 등장은 NGO의 국정참여를 어렵게 하는 요인이다.

② NGO는 시민사회의 요구를 지속적으로 국가정책에 반영함으로써 정치행정체제의 질적 변화를 이끌어 낼 수 있다.

③ NGO는 다원화되고 분권화된 현대사회에 있어 공공부문이 담당하지 못하는 분야를 중심으로 그 활동영역을 넓혀 가고 있다.

④ 정책과정에 대한 NGO의 참여는 국가권력에 대한 새로운 견제와 통제의 역할을 수행하고 있다.

85
2005 경북 9급, 울산 9급

시민사회와 행정의 관계에 관한 설명이다. **틀린** 것은?

① 현대적 의미에서 시민사회는 민주화와 시장실패에 대처하려는 노력을 통하여 부활하였다.

② 시민사회는 공공선을 실현하기 위하여 국가기구에 영향력을 행사한다.

③ 시민사회 활동을 대표하는 NGO 혹은 NPO의 공통된 특징으로 비정부성, 비영리성, 자발성 등을 들 수 있다.

④ 행정과 시민사회의 관계는 대결보다는 상호협력적 관계로 가는 것이 바람직하다.

⑤ 시민사회는 정부와 시장의 기능을 보완하며 서비스를 제공하는 기능을 담당할 수 있다.

86
2016 사회복지직 9급

정부와 시민사회 간의 관계에 대한 설명으로 옳지 **않은** 것은?

① 좋은 거버넌스에서는 시민단체의 역할을 강조한다.

② 우리나라에서는 시민단체의 자율성을 위하여 정부가 재정지원을 하지 않는다.

③ 정부와 시민단체의 지나친 유착은 시민단체의 정체성 문제를 야기한다.

④ 정부와 시민단체 간의 균형을 위해서는 정보의 공유가 필요하다.

ⓒ **신국정관리와 시민사회의 재등장**[22]

ⓐ 신국정관리(new governance)에서는 정부-NGO 간 협력체계를 중시하므로, 신국정관리의 등장에 따라 NGO의 국정참여가 활성화되었다. 자율적 통제와 신뢰에 바탕을 둔 NGO는 다원화되고 분권화된 현대사회에서 공공부문이 담당하지 못하는 분야를 중심으로 그 활동영역을 넓혀가고 있으며, 의회, 정당 또는 행정부의 기능을 일부 보완할 수 있다. 정책과정에 대한 NGO의 참여는 국가권력에 대한 새로운 견제와 통제의 역할을 수행하고 있으며, 시민사회의 요구를 지속적으로 국가정책에 반영함으로써 정치행정체제의 질적 변화를 이끌어 낼 수 있다.

ⓑ 제3섹터란 좁은 의미로는 민간이 주체가 되어 비영리적이고 공익지향적인 목적의 활동을 수행하는 조직영역을 의미하며, 넓은 의미로는 민관공동출자 방식(정부지분율 50% 미만의 경우)에 의하여 설립·운영되는 준정부조직을 포함하기도 한다. 이는 민간과 공공부문의 연속적 관계로 인해 발생하게 된다.

ⓒ **섹터의 구분**

구분	공공기관	민간기관
비영리	Ⅰ	Ⅲb
영리	Ⅲa	Ⅱ

ⓐ 제1부문(the first sector, 도표 Ⅰ): 비영리공공기관

ⓒ 제2부문(the second sector, 도표 Ⅱ): 영리민간기관

ⓒ 제3부문(the third sector)

ⓐ 준정부조직(QUANGO: Quasi-Governmental Organization, 도표 Ⅲa): 민관공동출자회사로서 우리나라의 제3섹터의 개념은 이러한 준정부조직을 중심으로 이해하는 경향이 강하다.

ⓑ 비정부조직(NGO, 도표 Ⅲb): 좁은 의미의 제3섹터에 해당하며, 비영리·공익을 목적으로 하는 민간부문이다.[23]

---

22) 시민사회는 시민들이 공동으로 추구하는 공공선을 실현하기 위해 국가기구에 영향력을 행사하는 역할을 하기 때문에 민주주의 체제에서 핵심적 요소라 할 수 있다. ① 근대적 의미의 시민사회는 정치적으로는 절대주의 국가가 위기에 직면하게 되었고, 경제적으로는 산업자본주의가 점차 확산됨에 따라 부르주아 세력이 부상하면서 사회는 분화의 과정을 겪는 동시에 국가와 시민사회의 분리라는 역사적 현상이 나타나게 되었다. 따라서 국가라는 공적인 권위에 대항하는 순수한 자율성의 영역으로서 시민사회가 유럽에서 등장하였다. ② 현대적인 의미의 시민사회는 신자유주의의 등장 및 참여민주의 확산과 함께 부활하였다.

23) 「비영리민간단체 지원법」 제2조(정의) 이 법에 있어서 "비영리민간단체"라 함은 영리가 아닌 공익활동을 수행하는 것을 주된 목적으로 하는 민간단체로서 다음 각호의 요건을 갖춘 단체를 말한다. 1. 사업의 직접 수혜자가 불특정 다수일 것, 2. 구성원 상호 간에 이익분배를 하지 아니할 것, 3. 사실상 특정 정당 또는 선출직 후보를 지지·지원 또는 반대할 것을 주된 목적으로 하거나, 특정 종교의 교리전파를 주된 목적으로 설립·운영되지 아니할 것, 4. 상시 구성원 수가 100인 이상일 것, 5. 최근 1년 이상 공익활동 실적이 있을 것, 6. 법인이 아닌 단체일 경우에는 대표자 또는 관리인이 있을 것
제4조(등록) ① 이 법이 정한 지원을 받고자 하는 비영리민간단체는 그의 주된 공익활동을 주관하는 중앙행정기관의 장, 특별시장·광역시장·특별자치시장·도지사 또는 특별자치도지사(이하 "시·도지사"라 한다)나 「지방자치법」 제198조 제2항 제1호에 따른 인구 100만 이상 대도시의 장에게 등록을 신청하여야 하며, 등록신청을 받은 중앙행정기관의 장, 시·도지사나 특례시의 장은 그 등록을 수리하여야 한다.
제8조(사업계획서 제출) 등록비영리민간단체가 공익사업을 추진하기 위하여 보조금을 교부받고자 할 때에는 사업의 목적과 내용, 소요경비, 기타 필요한 사항을 기재한 사업계획서를 해당 회계연도 2월 말까지 행정안전부장관, 시·도지사나 특례시의 장에게 제출하여야 한다.
제9조(사업보고서 제출 등) ① 등록비영리민간단체는 제8조의 사업계획서에 따라 사업을 완료한 때에는 다음 회계연도 1월 31일까지 사업보고서를 작성하여 행정안전부장관, 시·도지사나 특례시의 장에게 제출하여야 한다.
③ 제2항에 따른 사업 평가, 사업보고서 및 평가결과의 공개 등에 필요한 사항은 행정안전부령으로 정한다.

(2) 비정부조직(NGO)의 형성배경 이론

① **계약실패 이론**(시장실패이론): NGO는 서비스가 구매되는 상황 또는 그 서비스 자체의 성격으로 말미암아, 소비자들이 영리기업에서 생산하는 서비스에 대해서 정확한 평가를 내리기가 불가능하기 때문에 이를 보완할 목적으로 등장하였다.

② **공공재 이론**: NGO가 사회의 구성원들에게 기존의 공공재 공급체제에서 충족되지 못한 수요를 만족시키는 역할을 한다고 본다.

③ **시장실패·정부실패모형**: 시장실패와 정부실패가 동시에 발생하는 현대행정에서 그 해결책으로 등장하였다.

④ **관청형성모형**: 집행 위주의 계선조직을 정책 위주의 참모조직으로 개편하려는 의도가 작용하여 준정부조직이 형성하게 된다는 이론이다.

⑤ **다원화 이론**: NGO 부문은 정부에 의해 달성될 수 있는 것보다 사회 서비스 생산에서 상당한 다양성을 제공하고 있다.

⑥ **기업가 이론**: 정부와 NGO 부문이 이질적이고 이들 간의 관계가 경쟁과 갈등이라고 가정한다.

⑦ **소비자통제 이론**: 소비자인 시민이 국가권력을 감시하고 통제하기 위한 수단으로 발생하였다.

(3) 시민사회조직으로서 비정부조직(NGO)의 특징

살라몬(Salamon)에 의하면 NGO는 비영리적이며, 공식적인 조직을 가지고 있어야 하며, 자율적이며 순수한 민간단체여야 한다.

① 비정부적, 비영리적, 비당파적, 공익적, 자발적, 자율적 성격을 가진 조직이다.

② 공익의 증진과 보호를 목적으로 하며, 회원자격이 모두에게 개방되어 있으며, 지속적으로 존속하는 단체이다.

③ 사회구성원으로서 권리와 책임의식을 갖는다는 점에서 국가와 사회의 분화를 전제로 하며, 자유평등사회를 구현하려는 이념을 갖고 있다.

④ 시민들의 비영리, 공익을 위한 일을 하기 위하여 자발적으로 구성한 단체로서, 조직이나 활동 면에서 자율성이 중시된다.

⑤ 공익을 위한 활동을 한다는 점에서 정당, 민간단체, 주민단체, 이익단체, 관련단체 및 친목단체와 구별된다.

(4) 정부와 비정부조직(NGO)의 관계

대체적 관계	국가가 다양한 정치적·기술적 한계로 인해 시민들에게 제공해야 할 공공재나 집합재의 공급역할을 비영리단체가 담당함으로써, 정부와 비영리단체가 각기 상대방으로 하여금 좀 더 투명하고 생산적이 되도록 상호감시하는 관계
보완적 관계	• 정부와 비정부조직이 서로 긴밀한 협조관계를 형성하는 경우를 의미함 • 보완적 관계가 형성되는 주된 이유는 NGO가 생산하는 공공재나 집합재의 생산비용을 정부가 지원하는 경우가 많기 때문
대립적 관계	국가와 NGO 간에 공공재나 집합재의 성격이나 공급에 대해 근본적으로 시각의 차이를 보이고 있기 때문에 긴장 상태에 있게 되는 경우를 의미함
의존적 관계	• 급속한 산업화 과정에서 국가주도적인 개입이 정부와 기업의 관계만이 아니라 정부와 NGO 간의 관계에도 상당한 영향을 줌 • 정부가 전략산업을 육성하기 위해 직접보조금과 영업허가 등으로 시장에 개입한 것처럼, 정부가 지지나 지원의 필요성을 위해 특정한 NGO 분야의 성장을 유도해 온 경우 양자 간에 나타나는 관계로서, 개발도상국에서 많이 나타나는 유형임

87

「비영리민간단체 지원법」상 정부의 비영리민간단체 지원에 대한 설명으로 옳지 <u>않은</u> 것은?

① 비영리민간단체는 영리가 아닌 공익활동을 수행하는 것을 주된 목적으로 하는 민간단체이어야 한다.

② 등록비영리민간단체는 공익사업의 소요경비를 지원받을 수 있으며 소요경비의 범위는 사업비를 원칙으로 한다.

③ 등록비영리민간단체가 공익사업 추진의 보조금을 교부받고자 할 때에는 사업의 목적과 내용, 소요경비, 기타 필요한 사항을 기재한 사업계획서를 제출해야 한다.

④ 등록비영리민간단체는 보조금을 받아 수행한 공익사업을 완료한 때에는 사업보고서를 대통령에게 제출해야 하며 사업평가, 사업보고서 및 평가결과의 공개 등에 필요한 사항은 대통령령으로 정한다.

88

오늘날 시민사회조직에 대한 설명으로 가장 적절하지 <u>않은</u> 것은?

① 비정부조직이 생산하는 공공재나 집합재의 생산비용을 정부가 지원하는 경우에는 정부와 대체적 관계를 형성한다.

② 정부와 비정부조직 간에 적대적 관계보다는 서로의 존재를 인정하는 동반자적 관계가 점차 확산되고 있다.

③ 비영리조직이 지닌 특징으로는 자발성, 자율성, 이익의 비배분성 등이 있다.

④ 정부가 지지나 지원의 필요성을 위해 특정한 비정부조직 분야의 성장을 유도하여 형성된 의존적 관계는 개발도상국에서 많이 나타난다.

89 2012 지방직 9급

현대 민주주의 국가에서 정부와 시민사회의 관계에 대한 설명으로 적절하지 <u>않은</u> 것은?

① 시민사회의 역량이 커지면서 정부 중심의 통치에서 거버넌스로 관점이 변화하고 있다.

② 정부주도의 성장과정에서 초래된 사회적 부작용을 완화하는 방안으로 시민사회의 역할이 강조되고 있다.

③ 시민의식이 성숙되고 시민의 참여욕구가 증대하면서 정부와 시민사회의 새로운 파트너십이 요구되고 있다.

④ 시민사회에 발생하는 이해관계자 간의 다양한 갈등을 해결하기 위하여 심판자로서의 정부 역할이 강화되고 있다.

90 2005 국회직 8급

비정부조직(NGO)에 관한 다음 설명 중 타당하지 <u>않은</u> 것은?

① 신국정관리(new governance)에서는 정부 – NGO 간 협력체계를 중시한다.

② NGO는 의회, 정당 또는 행정부의 기능을 일부 보완할 수 있다.

③ 정부실패, 시장실패 등의 경제학이론은 NGO의 존립근거를 설명하는 이론이 될 수 있다.

④ NGO의 전문성·책임성 부족 현상은 Salamon의 NGO 실패유형 중 '박애적 불충분성'에 해당한다.

⑤ NGO는 자율적 통제와 신뢰에 바탕을 둔다.

91 2009 지방직 9급

비정부조직(NGO)에 대한 설명으로 가장 옳지 <u>않은</u> 것은?

① 높은 전문성을 보유하고 있어 정책과정에서 영향력이 크다.

② 정부나 시장에 대한 감시와 견제의 역할을 한다.

③ 이상주의에 치우쳐 결과에 무책임하다고 비판을 받기도 한다.

④ 재정상의 독립성 결여로 인해 자율성 확보에 문제가 있다는 비판이 존재한다.

동반자 관계	• 시민사회의 역량이 커지면서 정부 중심의 통치에서 거버넌스로 관점이 변화하고 있으며, 정부주도의 성장과정에서 초래된 사회적 부작용을 완화하는 방안으로 시민사회의 역할이 강조되고 있음 • 시민의식이 성숙되고 시민의 참여욕구가 증대하고 정부와 시민사회의 새로운 파트너십이 요구되면서 등장한 것이 동반자 관계임

(5) 비정부조직(NGO) 실패모형(Salamon, 1995)

정부존재의 정당성을 NGO의 실패, 즉 시민실패(voluntary failure)에 대한 대안적인 수단으로 인식한다. 따라서 정부는 NGO의 활동에 불가피하게 보완하고 개입하게 된다.

① 박애적 불충분성(philanthropic insufficiency): NGO는 강제성이 없으므로 활동에 필요한 자원을 지속적이고 안정적으로 확보하기 어렵다.

② 박애적 배타주의(philanthropic particularism): NGO의 활동영역과 서비스 공급 대상이 한정되어 있어 모든 대상자에게 전달되지 않는다.

③ 박애적 온정주의(philanthropic paternalism): NGO에 가장 많은 자원을 공급하는 사람이나 집단의 결정에 의해 그 활동내용과 방식이 결정된다.

④ 박애적 아마추어리즘(philanthropic amateurism): NGO는 도덕적, 종교적 신념에 바탕을 둘 뿐, 전문성과 책임성을 확보하기 어렵다.

(6) 준정부조직(QUANGO)과 비정부조직(NGO)

구분	준정부조직(QUANGO)	비정부조직(NGO)
발생 원인	• 서비스의 공급을 민간조직에 의존하지 않고도 정부조직의 비효율성을 극복하려는 시도, 즉 시장실패와 정부실패를 동시에 극복하려는 목적에서 발생 • 운영 면에서 준자율적이므로 정부의 공공부문에 대한 책임회피의 수단으로서 준정부조직(QUANGO)을 만들기도 함	• 의회정치가 정치투쟁과 행정의 전문화 현상 등으로 인하여 민의를 제대로 반영하지 못하고 각종 이익단체가 정책을 왜곡하는 현상에 대응하여, 시민의 민주적 참여에 의해 민주적 행정의 기본이념을 실현할 필요성 대두 • 특히 환경문제나 인권문제 등에 대한 자율적인 활동에 의거하여 지속적인 감시자 역할을 할 조직의 필요성 대두
특징	• 민간과 공공부문의 중간영역에 있음 • 법적인 면에서 민간부문의 조직 형태를 취하며, 정부로부터 독립하여 준자율적으로 운영됨 • 행정관료의 이해관계에 따라 퇴직 후 자리보장을 위한 수단으로 악용되기도 함	• 특히 재정적 독립의 확보 필요(자율성) • 조직의 활동에서 공공성과 객관성을 바탕으로 해야 함(신뢰성)
역할과 유용성	• 관료의 경직성 극복, 조직의 자율성과 신축성 유지 • 행정수요에 대한 민주적 대응성 향상 • 민간의 전문성을 활용한 경영의 능률화 • 공공부문의 효율적 감축수단	• 잘못된 정책이나 행정일탈에 대한 감시자 • 정책제언자의 역할 수행 • 정책과정의 정보 제공, 오류 수정 • 사회봉사활동으로 사회서비스 직접 제공 • 국경을 초월한 연대와 협조 가능 • 근린행정, 자발적 참여에 의한 행정
문제점	• 정부팽창의 은닉수단이 될 수 있음 → 던리비(Dunleavy)의 관청형성론 • 정부책임의 회피수단으로 악용될 소지가 있음	• 책임성, 안정성, 구속력이 미흡 • 사업 분야가 제한되고, 규모도 제한적임 • 재정적 미독립 시 관변단체화할 우려

2 신뢰성

① 신뢰는 1990년대 뉴거버넌스의 출현과 관련이 있으며, 1990년대부터 정치·경제적 실체로서 국가자산 및 국력의 중요 요소로 인식되었다.
② 신뢰는 사회적 자본(사회자본)의 바탕이 된다.
③ 후쿠야마(Fukuyama)는 『신뢰(TRUST: Social Virtues and the Creation of Prosperity, 1995)』라는 저서에서 신뢰가 사회자본의 핵심으로 전환된다고 주장하였다.
④ 후쿠야마는 경제적 번영에는 문화적 배경이 중요하다는 말로 이 책의 서술을 시작하면서, 강한 공동체적 연대를 가진 사회는 고신뢰사회(미국, 일본, 독일 등)이며, 공동체적 연대가 무너진 사회는 저신뢰사회(한국, 중국, 프랑스, 이태리 등)라고 규정하고 있다.[24]
⑤ 공동체적 연대와 결속은 경제적 도약의 기초인데, 제임스 콜먼(Coleman)이 말하는 '사회적 자본(social capital)'의 의미이다. 사회적 자본은 경제생활뿐만 아니라 사회적 삶의 모든 국면에 결정적인 영향을 미친다.
⑥ 한 사회의 연대와 결속은 규범과 가치를 공유하고 개인의 이익을 집단의 이익으로 종속시키는 공동체의 능력에 달려 있다. 여기서 신뢰가 탄생하며, 신뢰는 중요한 경제적 가치가 된다.

3 사회자본(사회적 자본)

(1) 사회자본의 개념

① 개념
  ㉠ 사회자본이란 동일한 인적·물적 자본을 보유하고 있더라도 국가 간에 왜 생산력이나 국력, 경제성장률 등에 차이가 생기는 것인가를 설명해 주는 것이다.
  ㉡ 구성원 간의 신뢰, 공동의 문제를 해결하기 위한 참여, 사회적 시스템과 규범, 개인 또는 집단 간의 관계를 맺게 하는 사회적 네트워크 등이 핵심요소로 지적되고 있다.
  ㉢ 사회자본은 국가 간 이동성과 대체성이 낮아 형성되기가 어려운 반면, 한 번 형성되면 장기간 지속되는 특성이 있다.
  ㉣ 사회자본은 과학기술과 함께 물적·인적 자본의 효율성을 높임으로써 잠재성장률을 제고하는 데 중요한 역할을 하고 있다.

② 학자별 정의
  ㉠ **부르디외**(Bourdieu): 서로 알고 지내는 사이에 지속적으로 존재하는 관계의 네트워크를 통하여 얻을 수 있는 실제적이고 잠재적인 자원의 합계이다.
  ㉡ **퍼트남**(Putnam): 사회자본은 상호혜택을 위한 조정을 촉진하는 네트워크, 규범, 사회적 신뢰와 같은 사회조직의 특성이다.
  ㉢ **콜먼**(Coleman): 사회자본은 사회구조의 일정한 측면으로 구성되어 있으며, 그 구조 내에서 개인이든 기업행위자든 간에 행위자들의 일정한 행동을 촉진하는 요소를 공통적으로 갖는 다양한 실체이다.

---

24) 후쿠야마는 한국사회를 문화적 차원에서 저신뢰사회로 규정하고, 한국사회에 만연한 불신은 사회적 비효율성의 원인이 되고 있음을 지적한 바 있다. 혐오시설 입지 결정 등의 사례에서 볼 수 있듯이 정부 신뢰의 상실 및 저하가 추가적인 사회적 비용의 문제로 지적되고 있다.

92   2017 서울시 7급

사회적 자본에 대한 설명으로 가장 옳지 않은 것은?
① 신뢰를 통해 거래비용을 감소시키는 기능이 있다.
② 단기간에 정부 주도하의 국민운동에 의해 형성될 수 있다.
③ 개념적으로 추상적이기에 객관적으로 계량화하기 쉽지 않다.
④ 개인, 집단, 지역공동체, 국가 등 상이한 수준에서 정의될 수 있다.

93   2013 국가직 9급

'사회자본(social capital)'이 형성되는 모습으로 보기 어려운 것은?
① 지역주민들의 소득이 지속적으로 증가하고 있다.
② 많은 사람들이 알고 지내는 관계를 유지하는 가운데 대화·토론하면서 서로에게 도움을 준다.
③ 이웃과 동료에 대한 기본적인 믿음이 존재하며 공동체 구성원들이 서로 신뢰한다.
④ 지역 구성원들이 삶과 세계에 대한 도덕적·윤리적 규범을 공유하고 있다.

94   2019 서울시 7급 제1회

사회적 자본(social capital)에 대한 설명으로 옳은 것을 〈보기〉에서 모두 고른 것은?

┤ 보기 ├
ㄱ. 퍼트남(R. Putnam)은 사회적 자본에 있어 네트워크, 규범, 신뢰를 강조하였다.
ㄴ. 사회적 자본이 형성되는 경우 거래비용 감소의 긍정적 효과가 있다.
ㄷ. 사회적 자본은 조정과 협동을 용이하게 만든다.
ㄹ. 세계은행은 개발도상국 개발사업에 사회적 자본 개념을 활용하고 있다.
ㅁ. 후쿠야마(F. Fukuyama)는 한국사회에 만연한 불신은 사회적 비효율성의 원인이라고 하였다.

① ㄱ, ㄷ, ㅁ
② ㄱ, ㄹ, ㅁ
③ ㄱ, ㄴ, ㄷ, ㅁ
④ ㄱ, ㄴ, ㄷ, ㄹ, ㅁ

95

사회적 자본(social capital)의 주요 속성으로 볼 수 없는 것은?

① 호혜주의적 특성
② 수직적 네트워크의 형성
③ 구성원들의 상호신뢰
④ 공동체주의적 지향성
⑤ 정치·경제발전의 윤리적 기반

96

사회자본에 대한 설명으로 가장 올바른 것은?

① 과학적 관리론에서 시작되었다.
② 후기 행태주의 이론의 기본 개념이다.
③ 신행정학 운동을 자극하였다.
④ 공동체주의를 지향한다.
⑤ 국가경제발전과 관련이 없다.

97

사회적 자본에 대한 설명으로 옳은 것은?

① 사회적 자본이 증가하면 제재력이 약화되는 역기능이 있다.
② 타인에 대한 신뢰는 사회적 자본의 구성요소가 아니다.
③ 호혜주의는 사회적 자본에 영향을 미치지 않는다.
④ 사회적 자본은 거래비용을 감소시키는 순기능이 있다.

98

사회자본의 특징에 대한 설명으로 옳지 않은 것은?

① 사회자본은 행위자들 간의 관계 속에 존재하는 자본이다.
② 사회자본의 사회적 교환관계는 동등한 가치의 등가교환이다.
③ 사회자본은 지속적인 교환과정을 거쳐서 유지되고 재생산된다.
④ 사회자본은 거시적 차원에서 공공재의 속성을 가지고 있다.
⑤ 사회자본의 교환은 시간적으로 동시성을 전제로 하지 않는다.

더 알아보기 사회자본에 대한 다양한 정의

구분	사회자본에 대한 정의
퍼트남 (Putnam)	사람들의 협조행동을 활발하게 함으로써 사회의 효율성을 개선할 수 있는 신뢰, 규범, 네트워크 등 사회조직의 특성
후쿠야마 (Fukuyama)	• 신뢰가 사회 전체 또는 사회의 특정 부분에 널리 퍼져 있는 데서 생기는 능력 • 국가의 복지 수준과 경쟁력은 사회에 내재하는 신뢰 수준이 결정
세계은행 (world bank)	• 사회적인 유대의 양·질을 결정하는 제도, 관계, 규범임 • 사회적인 유대는 경제의 번영이나 발전의 지속에 불가결함 • 사회적 자본은 단순히 사회를 지탱하고 있는 제도는 아니며, 사회적 유대를 강하게 하기 위한 끈 역할을 하고 있는 것임 • 개발도상국 개발사업에 사회적 자본 개념을 활용
OECD	규범이나 가치관을 공유하고 서로 이해하는 사람들로 구성된 네트워크로, 집단 내부 및 집단 간 협력 관계의 증진에 기여하는 것
일반적 개념	• 사회적 관계에서 상호이익을 위해 집합행동을 촉진시키는 규범과 네트워크 • 행위자가 자신이 소속된 집단과 네트워크에 있는 자원에 접근함으로써 얻을 수 있는 자산 • 사회적 네트워크 또는 사회구조의 구성원이 됨으로써 확보할 수 있는 행위자의 능력

(2) 사회자본의 특징

① **협력 가능한 사람들 사이의 사회적 구조**: 사회자본은 공통의 목적을 위해서 협력을 가능하게 하는 사람들 사이의 사회적 구조로서, 신뢰(trust), 사회적 연결(계)망(social network), 상호호혜의 규범(norms of reciprocity), 믿음(beliefs), 규율(rules) 등으로 구성되어 있다고 할 수 있다.

② **사회적 연계망의 구분**
　㉠ **수평적 연계망**
　　ⓐ 동등한 지위와 권력의 사람들을 서로 맺어 주는 연계망이다.
　　ⓑ 수평적 연계망(네트워크)은 사회자본의 주요한 형태로, 지역사회의 이러한 네트워크가 많을수록 시민참여의 연계망은 사람들의 신뢰에 관한 정보의 흐름을 개선하고, 커뮤니케이션을 촉진시킨다. 따라서 사회자본은 사회구조의 일정한 측면으로 구성되어 있다.
　㉡ **수직적 연계망**: 동등하지 않은 관계의 사람들을 서로 연결시키는 연계망이다.

③ **공동체주의 지향**: 사회구조적 자원으로서의 사회자본은 사람들 사이의 관계에 내재한다. 사회자본은 사회적 상호관계 속에서 생성되며, 다른 형태의 자본[25]과 달리 사회자본은 일정한 네트워크에 참여하는 당사자들이 공동으로 소유하는 자산이며, 한 행위자만이 배타적인 소유권을 행사할 수 없다. 즉, 사회자본은 사회적 상호관계 속에서 생성되며, 공동체주의를 지향한다. 따라서 콜먼(Coleman)은 사회자본이 공공재의 성격을 가진다고 보았다.

④ **개인 행동 촉진**: 사회자본은 사회구조와 네트워크 내에서 개인의 행동을 촉진하는 역할을 수행한다.

---

25) 경제적 자본은 사람들의 은행계좌 속에, 인적 자본은 사람들의 머리 안에 있는 반면, 사회자본은 사람들 사이의 관계구조 속에 있다. 따라서 사회자본을 소유하기 위해서 사람은 다른 사람들과 관계를 맺어야 한다.

⑤ **거래비용 감소**: 사회자본은 이것이 없이는 불가능하거나 가외의 비용을 지불해야 얻을 수 있는 목적을 달성할 수 있게 한다. 따라서 사회자본은 사회적 관계에서 거래비용을 감소시켜 주는 기능을 수행한다.

⑥ **형성과정의 불명확**: 사회자본은 경제자본에 비해 형성과정이 불명확하고 불확실하다는 한계를 지닌다.

⑦ **공동의 문제해결에 적극 참여**: 사회자본은 사회구성원들이 공동의 문제를 해결하는 데 적극적으로 참여하는 사회의 조건 또는 특성을 의미한다. 따라서 사회자본을 축적하기 위해서는 자발적 결사체의 결성과 활동이 촉진될 수 있는 여건이 중요하다.

⑧ **동등한 가치의 등가교환이 아님**: 사회자본의 교환은 시간적으로 동시성을 전제로 하지 않으며, 동등한 가치의 등가교환을 의미하지는 않는다.

⑨ **지속적 교환과정**: 사회자본은 물적자본 및 인적자본과 달리 사회적 관계(행위자들 간의 관계) 속에 존재하는 자본으로 지속적인 교환과정을 거쳐서 유지되고 재생산된다.

(3) 사회자본의 기능과 유용성

① **사회자본의 기능·혜택**

　㉠ **정보 획득**: 사회자본의 중요한 한 형태는 사회관계를 이용하여 필요한 정보를 획득한다는 것이다. 즉, 사회자본은 아주 적은 비용으로 정보의 원천에 접근하도록 한다.

　㉡ **효과적인 제재 및 통제**

　　ⓐ 효과적인 규범의 존재는 매우 강력한 사회자본을 형성한다. 범죄를 예방하여 밤에 사람들이 자유롭게 활보하고 두려움 없이 집을 떠나서 여행을 하도록 하며, 젊은이들의 행태를 규제하여 그들이 방탕한 시간을 보내지 않도록 한다.

　　ⓑ 대부분의 사람들이 시민의 규범을 준수하기 때문에 시민참여의 연계망에 의해 특징화된 사회에서는 규범을 지키지 않는 사람들을 처벌하는 것이 용이하다. 특히, 엄격한 지역사회의 네트워크에 의하여 형성된 사회자본은 그 지역의 규율을 유지하고 사람들로부터 복종이나 협력을 요구할 때, 부모, 교사, 경찰당국에게 매우 유용하게 이용될 수 있다.

　㉢ **결속감**

　　ⓐ 사회자본을 가진 사람들 사이에 가치관, 규범, 목적의 공유를 통해서 결속감(solidarity)을 만들어 낼 수 있다.

　　ⓑ 사회적 연결망과 연관된 강력한 사회적 규범과 믿음은 규칙과 관례에 따르도록 하고, 공식적인 통제의 필요성을 감소시킨다.

② **사회자본의 유용성**

　㉠ 경제적 활동의 효율성을 제고할 수 있다.

　㉡ 정치·행정의 효율성을 증진시키고 부패를 방지할 수 있다.

　㉢ 사회문제의 해결이 가능하다.

99 　　　　　　　　　2019 군무원 9급

다음 중 사회적 자본의 특징으로 옳지 못한 것은?

① 사회적 자본은 사용할수록 감소한다.

② 신뢰를 통해 거래비용을 감소시키는 기능이 있다.

③ 사회적 상호관계 속에서 생성되며, 공동체주의를 지향한다.

④ 형성과정이 불명확하고 불확실하다는 한계를 지닌다.

100 　　　　　　　　　2006 충남 9급

사회적 자본(social capital)에 대한 설명으로 거리가 먼 것은?

① 제3의 길이나 뉴거버넌스와 방향을 같이 한다.

② 신뢰와 협력을 중시한다.

③ 시장원리에서처럼 통합 대신 경쟁과 갈등을 중시한다.

④ 인적 자본과는 대조적으로 구성원들이 문제를 자발적으로 해결하려고 한다.

101 　　　　　　　　　2008 선관위 9급

사회적 자본에 대한 설명으로 옳지 않은 것은?

① 사회적 자본이 형성된 지역사회에서 다양성은 갈등의 원천이 된다.

② 사회적 자본의 영향은 전체적으로뿐만 아니라 개별적으로도 나타난다.

③ 사회적 자본의 측정지표는 지역 특성에 따라 달라져야 한다.

④ 사회적 자본의 형성과정은 상향적 속성을 지닌다.

102

2017 국가직 9급 추가채용

사회자본이론(social capital theory)에 대한 설명으로 옳지 <u>않은</u> 것은?

① 신뢰와 네트워크를 통한 과도한 대외적 개방성에 대하여 많은 비판을 받고 있다.

② 정밀한 사회적 연결망은 신뢰를 강화하고, 거래비용을 낮추며, 혁신을 가속화함으로써 경제 발전을 촉진할 수 있다.

③ 퍼트남(R. D. Putnam) 등은 이탈리아에서 사회자본(시민공동체의식)이 지방정부의 제도적 성과 차이를 잘 설명한다고 주장했다.

④ 사회자본은 참여자들이 협력하도록 함으로써 공유한 목적을 보다 효과적으로 성취하게 만드는 신뢰, 규범, 네트워크와 같은 사회조직의 특징으로 정의할 수 있다.

(4) 사회자본의 순기능과 역기능

① 순기능

   ③ 높은 수준의 신뢰를 가진 사회자본은 고비용의 감독 필요성을 감소시켜 준다.

   © 창의성과 학습을 촉진한다는 점에서 긍정적으로 작용한다.

   © 사회자본은 협력적 행태를 촉진함으로써 혁신적 조직의 발전을 가능하게 하고, 제도적 역할, 혁신, 가치창출 등에 핵심적인 위치를 차지한다.

   ② 조직구성원의 개인적인 시민행태를 촉진함으로써 조직 수준의 성과를 제고하는 데 공헌할 수 있다.

② 역기능

   ③ 어떤 집단에 대한 제한된 결속과 신뢰는 그 집단에게 사회·경제적 지위와 기업가적 발전에 대한 원천을 제공하지만, 다른 집단에게 이러한 제한된 결속과 신뢰는 정반대의 부정적인 효과를 갖기도 한다.

   © 지역사회에서 효과적으로 사회적 통제를 하게 하는 사회적인 연대는 개인의 표현의 범위를 제한하고, 지역사회를 넘는 접촉의 정도를 제한함으로써 혁신 및 개혁을 못하게 하고 개인적인 이동을 막을 수 있다.

   © 회원들 간의 강력한 연대의식은 사람들 사이의 관계를 매우 깊게 만드는 경향이 있으며, 이는 편협, 게으름, 관성 등을 초래하면서 그룹 안으로 새롭고 신선한 사상, 생각, 그리고 아이디어의 흐름을 감소시킨다.

   ② 사회자본의 부정적인 효과는 사회자본이 나쁜 목적에 쓰일 수 있기 때문에 사회적 불평등이 사회적 자본 속에 개입되어 있다. 어떤 그룹에는 이로운 규범과 연결망이 되지만, 규범과 연결망이 사회적으로 인종차별적인 요소를 갖고 있다면 이들은 다른 사람들에게는 해롭게 작용하는 것이다.

02 현대행정의 변천

❶ 시장실패와 정부실패에 대한 정부의 대응방식

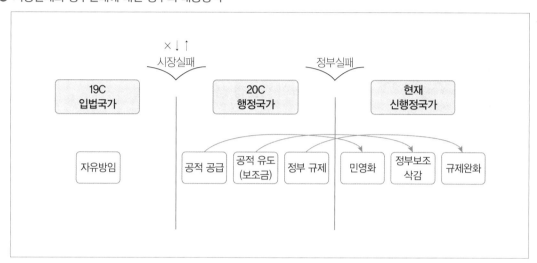

❷ 윌슨(Wilson)의 규제정치 유형

구분		규제의 비용	
		집중	분산
규제의 편익	집중	이익집단정치 ⑩ 한·약분쟁, 의·약분업	고객의 정치 ⑩ 수입규제, 가격규제
	분산	기업가적 정치 ⑩ 환경오염규제, 식품위생규제	대중(다수)의 정치 ⑩ 음란물규제, 낙태규제, 신문·방송·출판물의 윤리규제

정답과 해설 ▶ P.10

바로 확인문제

01   2003 강원 9급

다음 중 사실과 가치에 대한 설명 중 바람직한 것은?

① 가치는 객관적이지만 사실에는 주관적인 판단이 개입된다.
② 사실은 결정의 문제를 주어진 것으로 본다.
③ 사실이란 바람직한 것 내지는 옳고 그름에 대한 판단이다.
④ 가치는 행정의 처방성이나 기술성(art)과 관련되지 않는다.

02   2005 국회직 8급

행정학의 과학성에 관한 설명으로 타당하지 <u>않은</u> 것은?

① 결정론에 기초한 인과적 설명에 초점을 두고 있다.
② 정책문제 해결을 위한 실천적 대안을 모색한다.
③ 현상에 대한 규칙성을 발견하여 이러한 일반론을 체계적으로 연결해서 해당 분야에 대한 이론을 만들게 한다.
④ 사이먼은 가치와 사실을 엄격히 구분하는 논리실증주의에 바탕을 둔 경험적 접근방법을 주장했다.
⑤ 사실은 'X는 Y이다(X is Y)'라는 형식을 취하고 있다.

01 행정학의 학문적 성격과 접근방법

1 행정학의 학문적 성격

> **결정적 코멘트** ▶ 행정학이론 발달의 밑바탕에 해당하는 부분이다. 그러므로 개념을 중심으로 정리해야 한다.

(1) 과학성과 기술성

핵심 꼭 짚기   과학성과 기술성

과학성	기술성
• 설명성, 인과성, 객관성 강조	• 실용성, 실천성, 처방성 강조
• 정치·행정 이원론(행정행태설)	• 정치·행정 일원론(통치·발전기능설)
• 정체성 높음	• 정체성 낮음
• 행정행태론, 사이먼(Simon)	• 신행정론, 왈도(Waldo)

① 과학성
　　㉠ 개념
　　　　ⓐ 과학성은 왜(why)를 중심으로 객관적 자료를 수집하고, 이를 통계적·경험적 방법에 의해 인과성과 패턴성을 정립하여 객관적인 사실에 대한 설명과 규명을 중시한다.
　　　　ⓑ 설명성, 인과성, 객관성, 유형성 등을 강조하며, 행정이론이나 모델을 구성할 때는 논리의 치밀성, 개념의 조작적 정의, 가설의 경험적 검증, 자료의 수량적 처리 등을 강조하고 있다.
　　㉡ **관련 이론:** 정치·행정 이원론, 행정행태론
　　㉢ **대표 학자:** 사이먼(Simon), 랜도(Landau) 등
② 기술성
　　㉠ 개념
　　　　ⓐ 기술성은 어떻게(how)를 중심으로 실용성, 실천성, 처방성 등을 내포하는 것으로, 사회문제에 대한 해결과 처방을 중시한다.
　　　　ⓑ 발전행정론 및 신행정론에서 강조되었다.
　　㉡ **관련 이론:** 정치·행정 일원론, 신행정론
　　㉢ **대표 학자:** 에스만(Esman), 왈도(Waldo) 등
③ 양자의 관계
　　㉠ 행정의 과학성은 전통적 행정이론에서 강조되었으며, 기술성은 현대행정이론에서 상대적으로 중시되었다.

ⓛ 왈도는 행정학을 기술성과 과학성이라는 양면성을 지닌 학문이라고 제시하였다. 즉, 행정학에서 기술성이나 전문성을 강조했던 왈도도 과학성을 부인하지는 않았다. 또한 과학성을 강조했던 사이먼도 행정학의 기술성을 인정했다.[1]

(2) 보편성과 특수성(행정학의 토착화 문제)

① 보편성

ⓐ 우수한 행정이론과 제도는 시대와 상황이 다른 곳에 이식되더라도 통용된다는 것을 말한다.

ⓛ 만병통치약과 같은 행정이론과 제도를 만드는 것은 학자들이 추구하는 지향점이다. 각국의 역사적 상황이나 문화적 장벽을 뛰어넘는 행정학의 일반이론을 구축하려는 학자들의 노력은 행정학의 보편성을 믿기 때문이다.

ⓒ 각종 행정문제를 해결하기 위해서 외국의 제도를 고찰하고 도입하는 것은 행정학의 보편성에 근거를 두고 있다.

② 특수성

ⓐ 행정이론과 제도는 그가 처한 시대와 상황에 따라서 그 효과성이 결정된다는 것을 말하며, 어떤 제도가 한 국가의 체제와 특성에만 국한되는 것은 특수성에 해당한다.

ⓛ 문화적 특수성을 초월하는 일반이론을 구축하기가 어려운 것은 특수성 때문이다. 제2차 세계대전 이후 미국의 행정이론이 신생국에 도입되었을 때 나타났던 각종 부작용에서 행정학의 특수성이 좀 더 설득력을 얻었다.

ⓒ 성공적인 벤치마킹을 위해서는 제도의 보편성과 특수성을 동시에 고려해야 한다.

③ 구체적 사례

외국에서 성공적으로 실시되고 있는 제도라도, 그 제도를 도입하기 위해서는 적어도 그 나라와 우리나라가 처해 있는 상황의 유사성이 전제되어야 한다.
→ 외국의 제도를 도입할 수 있다는 것
⇨ 행정이론의 보편성 때문
→ 동시에 상황의 유사성을 확인해야 한다는 것
⇨ 행정이론의 특수성 때문

(3) 가치중립성과 가치판단성

① 가치중립성

㉠ 의의

ⓐ 사회과학의 몰가치성을 주장하는 학자들은 자료의 수집과 분석과정에서의 객관성 확보를 중시하며, 타인이 확인할 수 있는 증거의 제시를 강조한다.

ⓑ 과학으로서 행정학 정립을 위해서는 연구자의 조사 및 분석과정에서 편향된 사고를 줄이고 객관성을 높이는 것이 요구된다.

㉡ 관련 이론: 정치·행정 이원론, 행태론, 실증주의

---

[1] 사이먼(Simon)이 'practice'란 용어로 지칭한 기술성은 정해진 목표를 어떻게 효율적으로 달성하는가 하는 방법을 의미한다. 반면, 왈도(Waldo)가 'art' 또는 'professional'이란 용어로 지칭한 기술성은 행정의 활동 자체를 처방하고 치료하는 행위를 의미한다.

03 2004 전북 9급

행정의 기술성(art)과 과학성(science)에 대한 설명 중 맞는 것은?

① 과학성이란 사회문제에 대한 해결과 처방을 중시한다.

② D. Waldo는 기술성을 주장하였지만 과학성도 부정하지는 않았다.

③ 기술성이란 객관적인 사실에 대한 설명과 규명을 중시한다.

④ H. A. Simon은 기술성을 부정하였다.

04 2020 군무원 9급

행정학의 기술성과 과학성에 대한 설명으로 옳지 않은 것은?

① 왈도(D. Waldo)가 'practice'란 용어로 지칭한 기술성은 정해진 목표를 어떻게 효율적으로 달성하는가 하는 방법을 의미한다.

② 윌슨(W. Wilson) 등 초기 행정학자들은 관리기술이나 행정의 원리 등을 발견하려는 데 초점을 두고 행정학의 기술성을 강조하였다.

③ 행태주의 학자들은 행정학 연구에서 처방보다는 학문의 과학화에 역점을 두고 가설의 경험적 검증 등을 강조했다.

④ 현실 문제의 해결은 언제나 과학에만 의존할 수 없으므로 행정학은 기술성과 과학성을 동시에 고려하여야 한다.

05 2006 강원 9급

행정학의 보편성과 특수성에 대한 다음 설명 중 틀린 것은?

① 다른 나라의 제도를 도입하려고 하는 것은 보편성을 추구하는 것이다.

② 어떤 제도가 한 국가의 체제와 특성에만 국한되는 것은 보편성에 해당한다.

③ 문화적 특수성을 초월하는 일반이론을 구축하기가 어려운 것은 특수성 때문이다.

④ 성공적인 벤치마킹을 위해서는 제도의 보편성과 특수성을 동시에 고려해야 한다.

06

다음에서 설명하고 있는 행정학의 성격은?

> 제2차 세계대전 후 미국은 저개발국가에 경제 원조와 함께 미국의 행정이론에 바탕을 둔 제도나 기술을 지원했다. 그러나 저개발국가의 정치제도나 사회문화적 환경이 미국과 달라 새로 도입한 각종 행정제도가 소기의 성과를 거두지 못하는 경우가 많았다. 선진국의 행정이론이 모든 국가에 적용 가능하다고 전제하는 것은 무리가 있기 때문에 외국의 행정이론을 도입하는 경우 사전에 충분한 검토가 필요하다.

① 행정학의 기술성과 과학성
② 행정학의 보편성과 특수성
③ 행정학의 가치판단과 가치중립성
④ 행정학의 전문성과 일반성

07

행정의 가치중립성을 주장하는 논리와 가장 관계가 깊은 것은?

① 행정이 사회의 정의와 민주화에 기여할 수 있는 기반을 마련한다.
② 행정의 과학화에 기여한다.
③ 행정이 정치와의 긴밀한 관계 속에서 작동하여 민의를 빠르게 반영하도록 한다.
④ 공무원들의 신념과 가치관을 행정행위에 최대한 반영하도록 한다.

08

행정학의 접근법과 학문적 성격에서 기술성과 과학성, 특수성과 보편성, 가치중립성과 가치판단성으로 나눌 때 서로 비슷한 (연관된) 것끼리의 조합이 올바른 것은?

① 기술성 – 보편성 – 가치판단성
② 과학성 – 특수성 – 가치판단성
③ 기술성 – 특수성 – 가치중립성
④ 과학성 – 보편성 – 가치중립성

---

② 가치판단성

　　㉠ 의의

　　　　ⓐ 오늘날 행정학을 비롯한 사회과학 분야의 연구에서 가치와 사실을 구분할 수는 있어도 가치판단 문제를 완전히 배제할 수는 없다는 주장도 있다. 사회과학에서 그 연구대상으로 다루는 사회현상은 객관적인 실체로 존재하는 것이 아니라 연구자의 정신이나 의식 자체에 의해 선택되고 구성되기 때문이다.

　　　　ⓑ 사회과학자의 관찰 영역인 사회적 실재나 현상은 그 속에서 살고, 생각하고, 의사소통하고, 행위하는 사람들에게 특정한 의미를 갖는 것이기 때문에, 이러한 의미를 파악하는 것은 사회과학 연구에서 상당히 중요하다.

　　　　ⓒ 이러한 의미 파악 과정에서 연구자의 가치판단이 개입된다는 것이 가치판단성이다.

　　㉡ 관련 이론: 정치·행정 일원론, 현상학, 반(反)실증주의

2 행정학의 접근방법

접근방법(approach)은 무엇을, 어떻게 연구할 것인가에 관한 견해나 관점, 방법론적 도구를 의미한다. 여기서 행정학의 접근방법이란 행정현상을 연구하는 데 어떤 요인을 중심으로 연구하는가의 문제를 말한다.

(1) 행정학 접근방법의 유형

① 방법론적 개인(개체)주의 vs. 방법론적 집단(전체)주의

　　㉠ 방법론적 개인(개체)주의(환원주의): 개인을 중심으로 집단 전체를 설명하는 방법 _예 행태론, 합리적 선택 (신)제도주의, 공공선택이론 등

　　㉡ 방법론적 집단(전체)주의: 집단의 고유한 특성을 중심으로 사회현상을 설명하는 방법 _예 체제론, 사회학적 (신)제도주의, 역사적 (신)제도주의 등

② 결정론 vs. 임의론

　　㉠ 결정론: 특정 현상은 그것을 일으키는 원인에 의해서 결정 _예 상황적응이론

　　㉡ 임의론: 선행 원인이 없이도 특정 결과나 현상이 자발적으로 발생할 수 있다는 입장 _예 전략적 선택이론

③ 거시적 이론과 미시적 이론

　　㉠ 거시적 이론: 연구 대상보다 분석도구가 더 큰 이론으로, 일반화는 용이하지만 구체화가 곤란 _예 체제론, 생태론 등

　　㉡ 미시적 이론: 연구 대상보다 분석도구가 더 작은 이론으로, 구체적이지만 일반화가 곤란 _예 행태론, 현상학

　　㉢ 중범위이론: 거시적 이론의 일반화와 미시적 이론의 구체화의 장점을 조화하기 위해서 등장 _예 관료제이론 등

④ 연역적 접근법과 귀납적 접근법

　　㉠ 연역적(deductive) 접근법: 일반적인 이론이나 법칙에서 출발하여 구체적인 현상에 이를 적용해 보는 논리적 전개과정 _예 공공선택이론 등

　　㉡ 귀납적(inductive) 접근법: 구체적인 관찰에서 시작하여 일반적인 원리나 이론으로 전개되는 논리적 과정 _예 행태론 등

(2) 행정학의 전통적 접근방법

① 역사적 접근방법

⊙ 각종 정치·행정제도의 진정한 성격과 그 제도가 형성되어 온 특수한 방법을 인식하는 수단을 제공하는 접근방법으로, 이를 통한 연구는 현대의 정치·행정적 사건들을 자세하게 묘사해 준다. 그 결과 이러한 연구는 일종의 사례연구가 된다.

⊙ 역사적 접근방법의 기본전제는 과거와 현재의 사건들이 무수한 방식으로 상호연결되어 있으며, 어떠한 시기든 인간의 존재는 과거와 유리되어 있는 것이 아니라 불가피하게 연결되어 있다는 것이다.

⊙ 역사학파들은 인간존재의 순환성을 강조한다. 역사가 반복되든 그렇지 않든 현재의 인간생활을 풍요롭게 할 수 있는 많은 것이 과거에 있다는 것이다. 따라서 과거를 잘 이해하게 되면 현재의 문제를 좀 더 효과적으로 해결할 수 있다고 설명한다.

⊙ 이러한 역사적 접근방법은 어떤 사건·기관·제도·정책 등의 기원과 발전과정을 파악하고 설명하는 데 주로 사용되며, 이런 연구에서는 발생론적 설명(genetic explanation) 방식을 주로 사용하게 된다.

② 법률적·제도론적 접근방법(구제도론)

⊙ 법률적·제도론적 접근방법은 공식적 제도나 법률에 기반을 두고 있기 때문에 제도 이면의 행정의 동태적 측면을 파악하기 어렵다는 비판을 받고 있다.

⊙ 전후 개발도상국가들이 미국으로부터 각종 행정제도를 도입했으나 성공하지 못하고 오히려 제도와 실제 간의 불일치나 괴리현상을 초래한 것은 이 접근방법의 한계를 단적으로 드러낸 것이다.

---

02 행정학의 유래와 발달과정 〔결정적 코멘트〕 ▶ 미국 행정학을 중심으로 정리해야 한다.

1 유럽 행정학(관방학)

(1) 개념과 기원

① **개념**: 관방학(官房學)이란 국내의 자원개발을 통하여 관방 재정의 충실화를 기함으로써 근대 민족통일국가의 형성 및 강대화를 도모하였던 일종의 정책학이다. 즉, 관방학은 국가경영의 학문으로서 관방관리들에게 국가통치에 필요한 행정 기술과 지식을 제공하기 위한 목적에서 형성된 학문체계로서, 절대군주제를 유지하는 데 필요한 정치적·경제적·사회적 활동에 관한 모든 문제를 다루고 있었다.

② **기원**: 오늘날 대부분의 행정학자들은 행정학의 기원을 관방학에서 찾는다. 관방학은 16세기 중엽부터 18세기 말까지 독일 및 오스트리아를 중심으로 발달하였고, 국가관리에 관한 기술 및 이론을 내용으로 하며 절대군주 국가의 통치와 행정의 사상을 담고 있다.

⊙ **독일의 행정학**: 프러시아에서 발달한 관방학을 바탕으로 경찰학과 행정법학(공법학)의 영향을 받았다.

⊙ **영국의 행정학**: 관료제도의 개혁을 시작으로 행정학이 발달하였으며 정부 간 관계와 지방행정에 대한 연구가 활발하였다.

⊙ **프랑스의 행정학**: 17세기 경찰학을 바탕으로 법학의 도움을 얻어 행정학이 발전하였다.

바로 확인문제

09 　　　　　　　　　2008 서울시 9급

다음은 행정학의 접근방법 중 하나를 설명하고 있다. 아래 설명에 가장 가까운 접근방법은?

> • 각종 정치·행정제도의 진정한 성격과 그 제도가 형성되어 온 특수한 방법을 인식하는 수단을 제공한다.
> • 그 결과 이들 연구는 일종의 사례연구가 된다.
> • 소위 발생론적 설명(genetic explation) 방식을 주로 사용하게 된다.

① 법률적·제도론적 접근방법
② 관리기능적 접근방법
③ 생태론적 접근방법
④ 역사적 접근방법
⑤ 행태론적 접근방법

10 　　　　　　　　　2005 경북 9급

다음 각국의 행정학 발달과정에 대한 설명에서 틀린 것은?

① 독일의 행정학은 프러시아에서 발달한 관방학을 바탕으로 경찰학과 행정법학(공법학)의 영향을 받았다.
② 미국은 정실주의로 인한 비효율과 부패 개혁을 위한 정치·행정 일원론의 등장으로 행정학이 성립되기 시작하였다.
③ 영국은 관료제도 개혁을 시작으로 행정학이 발달하였으며 정부 간 관계와 지방행정에 대한 연구가 활발하였다.
④ 프랑스는 17C 경찰학을 바탕으로 법학의 도움을 얻어 행정학이 발전하였다.

11 　　　　　　　　　2007 국가직 7급

전기 관방학에 대한 설명으로 적절하지 않은 것은?

① 왕실재정과 국가재정을 구별하였다.
② 공공복지의 사상적 기초를 신학에서 찾았다.
③ 대표적인 학자는 오제(Osse), 젝켄도르프(Seckendorf) 등이다.
④ 관방학의 강좌가 개설된 1727년을 기준으로 전기와 후기로 나눈다.

12

「행정의 연구(The Study of Administration)」를 발표한 윌슨(W. Wilson)에 관한 내용으로 옳지 **않은** 것은?

① 유럽 국가의 행정을 참고하기보다 미국의 독창적 행정이론 개발을 역설하였다.

② 행정부패를 막기 위해서 그 진원지가 되는 정치를 행정으로부터 격리하려는 논리를 전개하였다.

③ 펜들턴(Pendleton)법의 제정에 따라 추진되기 시작한 공무원인사제도의 개혁에 관한 이론적 뒷받침을 시도하였다.

④ 행정의 영역이 경영의 영역과 크게 다르지 않다고 보고, 경영적 행정의 필요성을 주장하였다.

13

윌슨(Wilson)의 「행정연구(The Study of Administration, 1887)」에 대한 설명으로 옳지 **않은** 것은?

① 정부개혁을 통해 특정 지역 및 계층 중심의 관료파벌을 해체하고자 했다.

② 행정과 경영의 유사성을 강조했다.

③ 정치와 행정을 분리하고자 했다.

④ 효율적 정부 운영에 관심을 두었다.

14

미국의 규범적 관료제모형 가운데 지방분권에 의한 민주적인 행정이 최선임을 강조하는 모형은?

① 매디슨주의　　② 제퍼슨주의
③ 해밀턴주의　　④ 잭슨주의

(2) 관방학의 주요 내용

관방학은 프러시아의 빌헬름 1세(Friedrich Wilhelm I)가 관료양성을 목적으로 1727년, 할레대학과 프랑크푸르트 암 오델대학의 학위과정에 관방학 강좌를 설치한 시점을 기준으로 전기 관방학과 후기 관방학으로 나누어진다. 주요 내용은 다음과 같다.

구분	전기 관방학	후기 관방학
시대	1727년 이전	1727년 이후
사상적 기초	신학(왕권신수설)	계몽사상(자연법 사상)
학문적 성격	재정학·경제정책과 융합·혼돈	재정학·경제정책 등과 분리
대표적 학자	폰 오제(Von. Osse)	유스티(Justi)
재정 구분	왕실재정과 국가재정 미구분	왕실재정과 국가재정 구분

2 미국 행정학

미국의 현대행정학은 윌슨(Wilson)이 「행정의 연구(The Study of Administration, 1887)」라는 논문을 발표하면서 발달하였다.[2]

(1) 미국에서 행정학이 발달한 요인[3]

① 해밀턴주의(연방주의)와 능률적 행정
　㉠ 해밀턴주의는 정부의 적극적인 역할을 통해 행정의 유효성을 지향하며 연방정부 중심의 강력한 중앙집권을 강조한다.
　㉡ 해밀턴(Hamilton)은 워싱턴 대통령 당시 재무장관으로서 초창기 연방정부가 자리를 잡아 나가는 데 아주 중요한 역할을 한 인물이다. 지금까지도 미국에서 가장 위대한 재무장관으로 평가받고 있다.

② 제퍼슨주의(자유주의)
　㉠ 제퍼슨주의는 개인적인 자유를 극대화하기 위해 행정책임을 강조하는 가운데 소박하고 단순한 정부와 분권적 참여과정을 중시한다.
　㉡ 미국의 '독립선언서'를 기초한 인물로도 유명한 제퍼슨(Jefferson)은 주정부 중심의 지방분권을 강조하였다. 워싱턴 대통령 당시 국무장관을 지냈고 미국의 3대 대통령이기도 하다.

③ 잭슨주의(엽관주의)와 민주적 행정

④ 산업사회의 등장(산업화와 도시화)과 행정기능의 확대·강화

⑤ 과학적 관리운동과 행정의 능률성 요구

⑥ 행정조사·개혁운동

---

2) 윌슨은 미국과 유럽의 역사와 전통이 다르다며, 강도의 비유를 들어 관방학의 도입을 찬성하였다. 윌슨은 강도가 강도짓을 하겠다고 칼을 간다고 할 때 강도의 범행의도는 배제한 채 칼 가는 기술만을 배울 수 있다는 것이다. 행정이 정치와 관계가 없는 기술적인 것이라는 점을 칼 가는 기술로 비유하여 "만약 내가 어느 강도가 칼을 정교하게 가는 것을 본다면, 나는 그가 그 칼을 갖고 살인을 하려는 의도는 제외한 채 그의 칼 가는 기술만을 빌려 쓸 수 있다."라고 기술하고 있다. 즉, 유럽의 관방학 등이 절대왕권을 강화하는 통치수단으로 악용되었다 해도 이를 도입하여 미국의 민주주의(fresh air)를 보완하면 된다는 입장이었다. 즉, 절대군주제 아래에서 발전한 유럽행정의 선진적인 면을 받아들여 미국의 민주적 정치체제와 조화롭게 발전시켜 나가는 것이 필요하다고 주장하였던 것이다. 따라서 윌슨은 미국의 독창적 행정이론 개발보다 유럽국가의 행정을 참고할 것을 역설하였다. 윌슨의 행정관은 다음과 같은 그의 말에서 잘 정리되어 있다. 「헌법」도 제정하기보다는 운영하기가 더 어려운 일이다. … 행정은 단지 봉사하는 것이므로 행정의 영역은 관리(business)의 영역이며, 행정은 정치의 고유영역 밖에 존재하고 행정문제는 정치문제가 아니다.'

3) 미국에서 발달한 민주주의의 규범적 관료제모형에는 해밀턴주의, 제퍼슨주의, 매디슨주의(다원주의 – 이익집단의 요구에 대한 조정을 위해 견제와 균형을 중시), 잭슨주의(엽관주의 – 정치적 충성심에 의하여 관직임용)가 있다.

(2) 미국 행정학의 성립

① **기술적 행정학**(정치·행정 이원론, 관리과학으로서 정통 행정학)
- ㉠ 미국 행정학의 학문적 초석을 다진 굿노우(Goodnow)는 「정치와 행정(1900)」에서 정치는 국가의 의지를 표명하고 정책을 구현하는 것이며, 행정은 이를 실천하는 것으로 정치와 행정의 차이를 분명히 하였다.
- ㉡ 행정에 대한 지나친 정당정치의 개입이 정책의 능률적 집행을 저해한다고 보아, 행정이 정치다툼에서 분리되어야 할 뿐만 아니라 정책결정과정으로부터도 분리되어야 한다는 정치·행정 이원론을 체계화하였다.

② **기능적 행정학**(정치·행정 일원론)
- ㉠ 경제대공황을 극복하기 위해 뉴딜 정책을 추진하는 과정에서 행정기능과 대통령의 리더십이 강화되었고, 행정부가 정책입안기능을 담당했으며 입법부보다 우위에 있게 되었다. 이러한 행정권 우월화 현상을 인정한 행정이론으로 정치·행정 일원론이 등장하였다.
- ㉡ 애플비(P. H. Appleby)는 현실의 정부에서 정치와 행정의 관계는 정합·연속·순환적이기 때문에 양자를 구별하는 것은 적절하지 않다고 주장한 정치·행정 일원론의 대표적 학자이다.

03 전통행정학의 주요 이론

> **결정적 코멘트** ▶ 행태론이 기존 이론을 왜 비판했는지, 행태론이 이후 어떤 비판을 받는지를 중심으로 정리해야 한다.

1 과학적 관리론(구조적 접근방법)

(1) 과학적 관리론의 개념과 성립 배경

① **개념**: 19세기 말 이후 주로 미국에서 발전된 경영의 합리화와 능률화를 위한 이론·지식·기술의 체계이다.
② **성립 배경**
- ㉠ **사회·문화적 배경**: 19세기 말 당시 미국사회를 지배하였던 사회·문화는 개인주의와 적자생존의 원리였다.
- ㉡ **경제적 배경**: 개인주의와 적자생존의 원리는 경쟁·대립을 격화시켜 결국 경제공황을 초래하였다. 이러한 경제적 위기를 타개하기 위한 경영합리화의 요청으로 과학적 관리론이 대두하게 되었다.

(2) 과학적 관리론의 내용 및 특징

① **테일러 시스템**(Taylor system)
- ㉠ **목표**: 과학적 관리론의 목표는 최소의 투입으로 최대의 성과(능률성의 추구)를 기하고자 하는 데에 있다. 이는 결국 노동자와 사용자의 공동 번영, 즉 노동자를 위한 높은 임금과 사용자를 위한 낮은 경영비용의 추구라고 표현된다.
- ㉡ **내용**
  - ⓐ **시간과 동작연구**(time & motion study)[4]: 과학적 방법으로 생산공정과정의 요소단위를 발견하고 연구·분석하여 직무수행의 최선의 방안(one best way)을 탐색한다.

---

4) 시간연구(time study)는 작업현장에서 실제로 작업을 하는 데 소요되는 시간의 양을 측정하는 연구이며, 동작연구(motion study)는 분업을 통해 동작의 낭비를 제거함으로써 인체를 가장 적정하고 능률적으로 사용하려는 연구이다.

15   2019 서울시 9급 제1회

행정사상가와 주장하는 내용을 가장 옳게 짝지은 것은?
① 해밀턴(A. Hamilton) – 분권주의를 강조하며 대중에 뿌리를 둔 풀뿌리민주주의를 강조하였다.
② 매디슨(J. Madison) – 이익집단을 중요시하였으며 정치활동의 원천으로 인식하였다.
③ 제퍼슨(T. Jefferson) – 연방정부에 힘이 집중되어 있는 중앙집권주의를 주장하였다.
④ 윌슨(W. Wilson) – 정치와 행정이 분리될 수 없는 정치·행정 일원론을 주장하였다.

16   2018 서울시 7급 제1회

미국의 관리과학으로서 주류 행정학에 대한 설명으로 가장 옳지 <u>않은</u> 것은?
① 1920년대와 30년대의 미국 행정학은 능률에 기초한 관리를 주장하였다.
② 미국 태프트위원회에서 사용한 절약과 능률은 행정관리의 성과를 평가하는 가치 기준이 됐다.
③ 브라운위원회에서 제시된 능률적인 관리활동은 POSDCoRB로 집약된다.
④ 관리과학으로서 주류 행정학은 대공황과 뉴딜(new deal) 정책 이후에도 미국 행정학에서 지배적인 자기 정체성을 유지했다.

17   2022 지방직(= 서울시) 7급

애플비(Appleby)가 주장한 정치행정일원론의 내용에 해당하는 것은?
① 행정은 효율성을 추구하는 관리를 핵심으로 한다.
② 행정은 민의를 중시해야 하며 정책결정과 집행의 혼합작용이다.
③ 시간과 동작연구를 통한 직무의 전문화는 행정조직의 생산성을 극대화할 수 있다.
④ 고위 관료가 능률적으로 관리해야 할 행정원리는 기획, 조직, 인사, 지휘, 조정, 보고, 예산 등이 있다.

18 2021 국가직 9급

테일러(Taylor)의 과학적 관리론에 대한 설명으로 옳지 <u>않은</u> 것은?

① 관리자는 생산증진을 통해서 노·사 모두를 이롭게 해야 한다.

② 조직 내의 인간은 사회적 욕구에 의해 동기가 유발된다고 전제한다.

③ 업무와 인력의 적정한 결합은 노동자가 아닌 관리자에 의해 결정되어야 한다.

④ 업무수행에 관한 유일 최선의 방법을 찾기 위해 동작연구와 시간연구를 사용한다.

19 2012 국가직 9급

행정개혁 수단 가운데 테일러(F. Taylor)의 과학적 관리법 내용을 가장 잘 반영하고 있는 것은?

① 다면평가제(360-degree appraisal)

② 성과상여금제(bonus pay)

③ 고위공무원단제(senior civil service)

④ 목표관리제(MBO)

20 2020 군무원 9급

테일러(F. W. Taylor)의 과학적 관리론에 대한 설명으로 옳지 <u>않은</u> 것은?

① 테일러(F. W. Taylor)는 과학적 관리의 핵심을 개인적 기술에 두고, 노동자가 발전된 과학적 방법에 따라 작업이 되도록 한다.

② 어림식 방법을 지양하고 작업의 기본요소 발견과 수행방법에 대해 과학적 방법을 발전시킨다.

③ 과업은 일류의 노동자만이 달성할 수 있는 충분한 것이어야 한다.

④ 노동자가 과업을 완수하는 경우 높은 보상, 실패하는 경우 손실을 받게 된다.

ⓑ 업무의 표준화·계획화: 발견된 최선의 방법을 통해 모든 공정과정 및 작업조건을 표준화한다.

ⓒ 모든 노동자에게 적정한 일일과업 부여: 표준화된 공정에 따라 개개인에게 적정한 일인과업을 부여한다. 이때 일일과업은 양적으로 충분하고 질적으로 고도의 숙련된 전문성이 요구되는 정도의 것으로 부과한다.

ⓓ 성과상급제도의 확립: 과업의 성공에는 높은 임금이, 실패에는 손해의 부과가 따르는 경제적 유인으로서 동기부여가 강조된다.

ⓒ 4대 기본원리

ⓐ 노동자의 합리적 관리를 위한 진정한 과학의 발견·발전

ⓑ 과학과 노동자의 밀접한 결합

ⓒ 노동자의 과학적인 선발 및 교육·훈련

ⓓ 관리자와 노동자의 친밀한 협동 등

② 과학적 관리론의 특징

㉠ 조직을 기계시하며, 인간(조직구성원)을 기계부품처럼 취급한다(종속변수 시).

㉡ 합리적 경제인관·X이론적 인간관에 기초하여 물질적 유인을 통한 동기부여를 강조한다.

㉢ 조직이 추구하는 단일 가치기준으로 능률(기계적 능률)을 강조한다.

㉣ 공식적 구조에 초점을 두어 비공식적 구조를 무시한다.

㉤ 환경과의 관계에서 폐쇄체제적 입장을 취한다.

③ 포드 시스템과 페이욜 시스템 📖 심화편 ▶ P.24

(3) 과학적 관리론의 평가

① 영향

㉠ 행정을 권력현상이 아닌, 관리현상으로 파악하였다.

㉡ 행정의 능률 향상을 위한 행정조사 및 행정개혁 운동의 원동력이 되었다.

㉢ 행정의 합리화·능률화에 기여하였다.

㉣ 예산회계법과 직위분류제의 성립에 영향을 미쳤다.

㉤ 실적주의와 직업공무원제의 발전에 기여하였다.

㉥ 보수의 과학화와 과학적 인사행정의 발전에 영향을 미쳤다.

② 한계

㉠ 공익을 우선으로 해야 하는 행정에서는 기계적인 능률원리를 적용하는 데 일정한 한계가 있다.

㉡ 조직과 인간을 기계시함으로 인해 인간의 부품화, 인격의 상실, 종속변수만으로서의 인식을 초래하였다(찰리 채플린의 영화 「모던타임즈」에 잘 나타난다).

㉢ 폐쇄형의 이론으로서, 조직과 환경과의 상호의존작용을 무시하고 있다.

㉣ 합리적 경제인관에 입각하여 인간을 합리적·공식적·제도적 존재로서만 지나치게 추상적으로 인식하고 경제적 동기를 지나치게 강조함으로써, 인간의 사회적·심리적 요인 등을 간과하였다.

㉤ 정치가 개입되는 행정을 경영과 동일시하였다.

㉥ 비공식조직을 무시하였다.

㉦ 능률(기계적 능률)을 기계적·물리적으로만 인식하였다.

㉧ 관리자 행태의 연구·분석이 없었다.

2 인간관계론(적 접근방법)

(1) 인간관계론의 개념과 성립 배경

① 개념
  ○ 인간관계론은 조직의 생산성 향상을 위하여 인간의 정서·감정적·사회적·심리적·비합리적·비공식적·비제도적 요인에 중점을 두어 인간을 관리하는 기술 또는 방법에 관한 이론·관리체계이다.
  ○ 조직구성원들의 사회적·심리적 욕구와 조직 내의 비공식 집단을 중시하여 조직의 목표와 조직구성원들의 목표가 서로 일치하지 않음을 지적하였다.
  © 인간의 사회적·심리적 측면을 밝힘으로써 인간에 대한 이해의 폭을 넓혔으나, 인간의 복잡한 측면을 설명하는 데는 실패하였다.

② 성립 배경
  ○ 호손(Hawthorne)실험5)의 결과, 과학적 관리론에 대한 모순이 발견되어 새로운 관리기법이 모색되어야 했다('호손효과'라는 용어 등장).
  ○ 과학적 관리론에 대한 노동조합의 극심한 반대가 있었다.
  © 세계대공황의 발생으로 새로운 관리기법이 요구되었다.
  ② 과학적 관리법 적용에 따른 대규모 조직의 비인격성 및 인간의 기계화 심화가 초래되자, 이러한 문제를 해결할 수 있는 새로운 관리기법이 필요하게 되었다.

(2) 인간관계론의 내용 및 특징6)

① 사회·심리적 요인의 중시
② 비합리적·감정적 요소의 중시
③ 사회인관
④ 비공식 집단의 중시
⑤ 조직관리의 민주화·인간화 강조

---

5) 호손실험이란 서부전기회사의 호손공장에서 록펠러 재단의 원조하에 하버드대학의 메이요(Mayo) 교수를 중심으로 1924년부터 약 10년간에 걸쳐 실시된 일련의 실험을 의미한다.
  ① 제1차 조명실험: 이 실험으로 조명의 질과 양이 노동자의 능률에 미치는 관계를 알아보려고 하였는데, 결과는 예상과 달리 조명도·임금지급방법·휴식시간 등이 작업능률에 별다른 영향을 미치지 않는 것으로 나타났다.
  ② 제2차 계전기 조립실험: 6명의 여공을 대상으로 종래의 작업능률 향상에 도움이 된다고 생각되는 조건들(⑩ 작업시간 단축, 휴식시간의 합리적 배정, 간식의 제공, 임금제도, 작업환경의 개선 등)에 대하여 실험해 보았으나, 결과는 조명실험과 마찬가지로 이들 조건과 생산성 향상과는 관계가 없었다. 따라서 이 결과에서 종업원의 사기나 부하에 대한 감독방법, 인간관계 등의 심리적 조건이 생산성 향상에 영향을 미친다는 결론을 내리게 되었다.
  ③ 제3차 면접실험: 종업원들의 불만에 대한 면접조사를 실시한 결과 물리적 조건이 근로자의 생산성에 영향을 미친다는 종래의 학설과는 달리, 작업장의 사회적 조건과 근로자의 심리적 조건이 근로자의 태도와 생산성에 영향을 미친다는 결론을 얻었다.
  ④ 제4차 배전기 권선실험: 비공식적 집단행동에 관한 연구를 한 결과, 회사가 정한 공식조직과는 별도로 자연발생적으로 형성된 비공식조직의 존재를 인식하게 되었다.
6) 생산성을 향상시킬 수 있는 상황에도 불구하고 생산량이 향상되면 표준작업량이 높아지면서 임률(賃率)이 하락하여 누군가는 해고된다고 인식한다. 따라서 생산량의 억제를 통해 근로자의 해고를 막자는 집단의 규범에 의해 작업량을 억제하는 힘이 존재하게 된다.

21   2004 국회직 8급
다음은 과학적 관리론에 관한 설명이다. 가장 타당하지 않은 것은?
① 조직 내의 인간을 경제적 유인에 의해 동기가 유발되는 타산적 존재로 가정한다.
② X이론의 인간형에 입각한 것이다.
③ 과학적 분석에 의하여 유일 최선의 방법(one best way)을 발견할 수 있다고 가정한다.
④ 과학적 관리학파의 연구활동은 고전적 행정학의 기틀을 다지는 데 기여하였다.
⑤ 조직이 추구하는 가치로서 사회적 능률성을 가장 중요시한다.

22   2012 서울시 9급
다음 중 인간관계론의 주요 내용이 아닌 것은?
① 사회적 능력과 사회적 규범에 의한 생산성 결정
② 시간과 동작에 관한 연구
③ 비경제적 요인의 우월성
④ 비공식 집단 중심의 사기 형성
⑤ 의사소통과 리더십

23   2004 경북 9급
인간관계론에 대한 설명으로 타당하지 않은 것은?
① 환경적 요인을 경시하고 경제적 요인을 중시한다.
② 공식조직과 비공식조직의 조화가 필요함을 주장한다.
③ 협동주의, 집단주의를 강조한다.
④ 생산성 향상을 위해 조직의 팀워크를 중시한다.

24   2016 서울시 7급
다음 중 호손실험에 대한 내용으로 가장 옳은 것은?
① 인간관계론의 이론적 틀을 마련하였다.
② 테일러의 과학적 관리법을 계승한다.
③ 개인의 생산성 향상을 위해서는 물리적 작업환경이 중요하다는 점을 발견하였다.
④ 본래 실험 의도와 다르게 작업의 과학화, 객관화, 분업화의 중요성을 발견하였다.

(3) 인간관계론의 평가

영향 및 공헌	• 조직관의 변화(공식 → 비공식) • 인간의 가치에 대한 새로운 평가 • 인간관리의 민주화·인간화를 초래 • 비공식조직의 존재 발견과 활용 • 적극적 인사행정의 등장 배경	• 인간관의 변화(X이론 → Y이론) • 행태과학의 발전에 공헌 • 중간관리층의 역할의 중요성 인식 • 커뮤니케이션, 리더십, 사기 등의 연구 촉진
한계	• 지나친 비합리주의와 감정주의의 지향 • 인간관리의 기술적 한계 • 관리자를 위한 인간조종의 과학 • 직무 중심의 동기부여를 무시 • 조직에 대한 이원론적 인식 • 사회·심리적 욕구의 충족을 통한 생산성의 실질적 향상이 곤란 • 젖소 사회학[7]	• 합리적 경제인관의 과소평가 • 조직 외부환경의 무시(폐쇄체제이론) • 보수주의적 성향 • 관리자 행태에 대한 연구·분석 결여 • 자아실현인관의 과소평가

(4) 과학적 관리론과 인간관계론의 관계

① 차이점

구분	과학적 관리론	인간관계론
능률관	기계적 능률관	사회적 능률관
조직관	기계적·기술적·합리적·경제적 모형	사회체제모형
인간관	합리적 경제인관	사회인관
주 연구대상	공식적 구조 중심	비공식 구조, 소집단 중심
동기부여	경제적 유인	사회·심리적 유인
의사전달	하향적	상향적·하향적
조직과 개인 간 목표의 균형	여건 조성으로 자동적 균형	적극적 개입전략으로 균형

② 공통점

ⓐ **생산성·능률성 향상 지향**: 생산성 향상을 궁극적인 목표가치로 본다.

ⓑ **관리방법 중심**: 관리방법 중심의 관리이론·과학이다.

ⓒ **수단적 가치로서의 인간상 인정**: 조직의 목표달성을 위해 인간을 조작 가능한 수단적 가치로 인식하고 있다.

ⓓ **조직·개인목표의 양립성 인정**: 조직목표와 개인목표의 양립 가능성을 인정한다.

ⓔ **조직을 폐쇄체제로 인식**: 조직을 폐쇄체제적 관점에서 파악하고 있다.

ⓕ **동기부여의 외재성 가정**: 인간을 피동적 존재로 파악한다.

---

25   2006 선관위 9급

인간관계론의 핵심인 호손(Hawthorne)실험의 결론으로 옳지 <u>않은</u> 것은?

① 비공식 집단의 단점 극복을 위하여 권위주의적 리더십 유형을 필요로 한다.

② 비공식 집단은 개인의 생산성을 제고하는 데 결정적인 역할을 한다.

③ 관리자는 기술적 능력뿐만 아니라 사회적 기술도 갖추어야 한다.

④ 조직관리활동에 참가함으로써 조직구성원은 사회심리적 욕구를 충족시킬 수 있다.

26   2007 대구 9급

Hawthorne실험의 공헌이라고 볼 수 <u>없는</u> 것은?

① 조직 외부환경과 조직 간의 관계를 잘 이해하게 되었다.

② 비공식 집단의 중요성을 알게 되었다.

③ 면접(interview)기법이 이 실험으로 인해 발전되었다.

④ 제2차 세계대전 이후의 행태과학이론에 기초를 제공하였다.

27   2021 지방직(=서울시) 9급

조직이론에 대한 설명으로 옳은 것은?

① 인간관계론은 동기 유발 기제로 사회심리적 측면을 강조한다.

② 귤릭(Gulick)은 시간-동작 연구를 통해 과학적 관리론을 주장하였다.

③ 고전적 조직이론은 조직 내 사회적 능률을 강조하고, 조직 속의 인간을 자아실현인으로 간주한다.

④ 상황이론(contingency theory)은 모든 상황에서 적용되는 유일·최선의 조직구조를 찾는다.

28   2003 경남 9급

합리적 경제인관(과학적 관리론)과 사회인관(인간관계론)의 공통된 인간관은?

① 동기부여 내재성

② 욕구체제의 다양성

③ 인간의 피동성

④ 인간의 합리성

⑤ 능률성

---

7) 기업의 직원 배려정책을, 농장주가 소의 젖을 많이 짜내기 위해서 소에게 잘 대해 주는 것에 빗댄 것이다. 표면적인 배려와 존중 뒤에 결국 이윤을 극대화하기 위한 치밀한 계산이 숨어 있다는 것이다.

3 행태론(적 접근방법)

(1) 행태론의 개념과 접근방법

① 개념
- ㉠ 과학적 관리론이나 인간관계론은 인간관에서 선험적인 가정하에 편향적인 해석을 도모하기 때문에 관리 면에서도 편향적인 성향을 띠게 된다. 따라서 다양한 인간행태를 객관적으로 수집하고 경험적 검증을 거쳐 인간행태의 규칙성을 규명한 후, 이에 따라 종합적인 관리를 도모하고자 하는 것이 행태론이다.
- ㉡ 행태론은 인간이 어떤 가치관·태도·동기를 가지고 있는가를 알아보기 위해 면접이나 설문조사 등의 사회·심리학적 접근을 통하여 개인의 행태를 객관적·실증적으로 분석하는 것이다.

② 행태론적 접근방법
- ㉠ 행태론적 접근방법은 집단이나 개인의 행태의 과학적·경험적 연구를 의미하는데, 사회현상도 행태의 규칙성, 상관성 및 인과성을 경험적으로 입증할 수 있어 자연과학과 마찬가지로 엄밀한 경험적 연구가 가능하다고 주장한다. 즉, 합리적인 제도·조직·절차 등에 연구의 초점을 두었던 전통적 접근방법과는 달리, 인간의 행태를 중심으로 행정현상을 분석하려는 접근방법이다(협동성, 합리적 의사결정).
- ㉡ 행태론자는 제도나 법률이 행정의 중요한 측면이기는 하지만, 이들이 행정의 실체는 아니라고 주장하며(구제도론 비판), 행정학의 주요 관심사가 되어야 하는 것은 정치·행정제도 내의 행정인의 행위나 활동이어야 한다고 본다.

(2) 행태론의 내용 및 특징

① 내용(Simon)
- ㉠ **논리적 실증주의[8]**: 행태론은 인식론적 기초를 논리적 실증주의에 둔다. 논리적 실증주의는 가치와 사실의 분리와 가치중립성, 계량화(양화주의), 조작화(조작주의 – 추상적 개념을 측정 가능한 계량적 변수로 전환) 등의 특징이 있다.
  - ⓐ 행태론은 실증적 연구방법을 강조함에 따라 행정의 공공성보다는 공공부문과 사기업 간의 공통점을 강조한다.
  - ⓑ 논리적 실증주의에 입각한 행태론은 사회현상을 자연현상과 동일시하며, 사회과학의 연구에서 자연과학과 같은 연구방법을 도입할 것을 강조하였다. 이를 위해서 사실과 가치를 구분하여 과학으로서의 행정학은 사실만을 다루어야 한다고 주장하였다(가설의 설정 → 경험적 자료 수집 → 가설의 검증 → 규칙성·체계성·인과성 발견).
- ㉡ **의사결정과정론과 사회·심리학적 접근방법**: 행정은 목표를 결정하고 집행하는 의사결정과정의 연속이라고 보아 의사결정과정에서 일어나는 갈등과 권위를 중시하며 이를 사회·심리학적으로 접근한다.

---

8) 사회과학 분야에서 행태주의 연구 경향이 나타나기 시작한 것은 1930년대 초 유럽의 과학자들이 미국으로 유입되어 정치·사회현상에 대한 새로운 분석방법을 제시하면서부터이다. 논리적 실증주의는 비트겐슈타인(Wittgenstein) 등의 비엔나 학파의 '검증이론'에 기반해 있는 철학적 입장으로서, 우리가 진리로 받아들일 수 있는 것은 오감에 의해 인지될 수 있는 사실에 근거해야 한다고 주장한다. 즉, 객관적 증명이 가능할 때 비로소 진리로 인정하려는 학문적 경향을 말한다.

29 2018 국가직 7급

행태적 접근방법에 대한 설명으로 옳지 않은 것은?
① 집단의 고유한 특성을 인정하지 않는 방법론적 개체주의의 입장을 취한다.
② 행태의 규칙성, 상관성 및 인과성을 경험적으로 입증하고 설명할 수 있다고 본다.
③ 연구에서 가치와 사실을 구분하지 않는다.
④ 사회현상을 관찰 가능한 객관적 대상으로 보며, 인간의 주관이나 의식을 배제하고 인식론적 근거로서 논리실증주의를 신봉한다.

30 2016 서울시 9급

행정학이론의 발달에 대한 설명으로 가장 옳지 않은 것은?
① 행정관리론은 행정학의 기본가치로서 능률성을 강조하였다.
② 행태주의는 과학적 설명보다는 실질적인 처방을 강조하였다.
③ 호손실험에서는 비공식 집단의 역할에 주목하였다.
④ 윌슨(W. Wilson)은 정치·행정 이원론을 주장하였다.

31 2003 서울시 9급

다음의 설명 중 행태론적 접근방법과 가장 관계가 없는 것은?
① 연구의 초점은 행정인의 행태이다.
② 사회현상도 자연과학과 같이 과학적 연구가 가능하다.
③ 행정의 실체는 제도나 법률이다.
④ 가치중립성을 지킨다.
⑤ 인식론적 근거로서 논리실증주의를 신봉한다.

32 2017 서울시 7급

행태론적 접근방법에 대한 설명으로 가장 옳지 않은 것은?

① 행태주의는 사회과학이 행태에 공통된 관심을 갖고 있기 때문에 통합된다고 보고 있다.

② 행정의 실체는 제도나 법률이 아니라고 주장하며 행정인의 행태에 초점을 맞춘다.

③ 논리실증주의를 강조한 사이몬(Simon) 이후 행정학 분야에서 크게 발전하였다.

④ 사회적 문제의 개선에 기여할 수 있는 연구와 가치평가적 정책연구를 지향한다.

33 2004 경기 9급

과학적 지식의 특징과 거리가 먼 것은?

① 경험성   ② 규범성
③ 재생가능성   ④ 객관성

34 2003 서울시 9급

지적(知的) 능력을 IQ시험에 나타난 점수로 정의한다면 이에 사용된 개념정의의 종류는?

① 개념적 정의   ② 개관적 정의
③ 관념적 정의   ④ 과학적 정의
⑤ 조작적 정의

35 2003 행정고시

사이몬(H. A. Simon)의 주장으로 옳지 않은 것은?

① 행정현상을 의사결정과정으로 파악하였다.

② 비엔나학파에서 시도한 사회현상의 과학적 방법론 적용에 그 뿌리를 두고 있다.

③ 인접학문과의 협동연구(interdisciplinary approach)를 중요시한다.

④ 태도, 의견, 개성 등 가치가 내포된 요소들을 행태에 포함시키지 않는다.

⑤ 집단의 고유한 특성을 인정하지 않는 방법론적 개체주의의 입장을 취한다.

ⓐ 행태주의 운동은 논리적 실증주의를 강조하던 사이몬(Simon)이 1945년 「행정행태론(Administrative Behavior)」을 발표한 후에 행정학 분야에서도 크게 발전하였다. 사이몬은 행정현상에 대한 경험적 연구와 방법론적 엄격성을 통해 행정학의 과학화를 기할 수 있다고 보았다.

ⓑ 사이몬은 행정현상을 의사결정과정으로 파악하고 행정가의 행위도 따지고 보면 모두 의사결정과 연결되어 있다고 주장하였다. 따라서 의사결정에 관한 과학적 연구가 행정학 연구의 핵심이라고 보았다.

ⓒ **정치·행정 신이원론**(공·사행정 일원론): 정치와 행정을 연속체로 인식하고 행정에서도 정책결정작용이 있다고 인정하면서도 행정이론의 순수한 과학화 추구를 위하여 가치판단적인 것과 사실판단적인 것을 구분하여 행정의 연구대상을 사실판단적인 것에 국한시켜야 한다고 주장하였다.

② 특징

㉠ **연구대상은 객관적 사실**

ⓐ 객관적인 현상만을 연구대상으로 삼기 때문에 개인적인 경험은 의식적으로 제외된다.

ⓑ 사회현상도 자연과학과 마찬가지로 엄밀한 과학적 연구가 가능하다고 본다. 즉, 사회현상을 관찰 가능한 객관적 대상으로 보며, 인간의 주관이나 의식을 배제하여 인식론적 근거로서 논리적 실증주의를 신봉하고 있다.

㉡ **가치판단의 배제**

ⓐ 연구자 개인의 가치판단이 연구나 실증에 영향을 미치지 않도록 가치문제는 배제한다.

ⓑ 행태주의는 명백한 자극과 반응으로 볼 수 있는 행위 또는 행동만을 연구대상으로 삼는 심리학적 행동주의와는 달리 특정 질문에 따른 반응을 통해 파악해 볼 수 있는 태도, 의견, 개성 등을 행태에 포함시키고 있다.

㉢ **다양한 인간행태의 규칙성을 전제**: 인간행태에는 일정한 규칙성이 있으며 그것은 일반화가 가능하다고 본다. 즉, 행태의 규칙성, 상관성 및 인과성을 경험적으로 입증하고 설명할 수 있다고 본다.

㉣ **계량화**: 개념의 조작적 정의를 통해 객관적인 측정방법을 사용하며, 자료를 계량적 방법에 의해 분석한다. 즉, 행정행태에 관한 계량적 분석에 중점을 둔다.

㉤ **입증·실증**[9]: 이론화는 그와 관련된 사실을 경험적으로 연구함으로써 입증되어야 한다.

㉥ **조사기술의 강조**: 적절한 자료의 수집과 정확한 분석 등을 위해서는 조사기술의 발전 및 체득이 요망된다.

㉦ **순수과학의 추구**: 순수한 과학적 이론이나 원리를 발견·발전시키는 것이 행태론의 목적이다.

㉧ **종합과학**(사회과학의 통합): 집단이나 개인행태의 올바른 이해와 해석을 위해서는 여타 인접 사회과학과의 밀접한 학문상의 통합이 필요하다. 행태주의는 사회과학이 인간행태에 공통된 관심을 갖고 있기 때문에 통합된다고 보고 있다.

---

9) 행정학 연구에 있어서도 자연과학의 연구방법을 이용해야 한다는 것이다. 즉, 가설의 정립, 정보·자료의 수집, 경험적 검증, 가설의 기각 또는 인용, 이론의 체계화 과정을 거쳐 연구를 해야 한다는 것이다. 따라서 사이몬은 행정관리론의 행정원리(원리주의 – 전문화, 명령통일, 통솔범위, 부성화)는 과학적인 실험을 거치지 않은 격언(proverb)에 불과하다고 비판하였다.

ⓩ **방법론적 개체주의**: 행태주의는 집단의 고유한 특성을 인정하지 않는 방법론적 개체주의의 입장을 취한다(미시적 접근).

ⓩ **집단행태 및 행정문화의 중시**

(3) 행태론의 평가

① 영향

ⓝ **행정학의 과학화에 이바지**: 인간행태의 연구에 중점을 두어 행정조직의 내부 동태의 체계적인 인식에 큰 도움을 주었다.

ⓛ **행정학의 정체성 위기의 극복**: 새로운 정치·행정 이원론을 제기함으로써 행정학 정체성의 위기를 극복하는 데 도움을 주었다.

ⓒ **다른 접근방법과 상호보완**: 행정현상은 많은 복합적 요소의 작용에 기인한 것이므로 인간행태에만 의존하는 것은 불충분하며 비합리적이다. 그러므로 행태론적 접근방법은 다른 접근방법과 보완적으로 활용되어야 한다.

② 한계

ⓝ **연구범위 및 대상의 지나친 제약**: 연구방법의 기술 및 과학성에 지나치게 치중하여 연구범위 및 대상을 지나치게 제약하였다.

ⓛ **가치판단 배제의 비현실성과 보수주의**: 사회과학 분야에서 가치와 사실을 분리시키고 가치판단을 배제하는 것은 비현실적이다. 또한 가치중립적 입장은 행정의 사회처방적 성격을 상실하게 하여 경험적 보수주의를 초래할 뿐만 아니라 결국 사회적 불평등을 심화시켰다.

ⓒ **폐쇄적·이중구조적 사회에 대한 적용 곤란성**: 사회구조가 이중구조성을 띠고 있는 신생국의 권위주의적 행정문화 풍토에서는 행정인의 내적 가치관이나 태도가 외부에 표출되기 어려워 행태론의 기법 적용에 제약이 있다. 즉, 행태주의는 인간의 외면적인 객관적 행태를 관찰하고 설명하지만 그 행태 이면의 진정한 의미를 파악하지 못한다. 이는 현상학의 등장 배경이 된다.

ⓔ **정치·행정 이원론의 재생**: 정치와 행정을 또다시 이원화시켜(정치·행정 이원론) 공공행정의 특수성을 무시하고 있다(공·사행정 일원론).

ⓜ **조직과 환경의 작용관계를 무시**: 사회·심리학적 접근방법은 조직과 환경과의 유기적인 상호의존 작용관계를 도외시하였다(폐쇄체제이론).

4 생태론(적 접근방법)

(1) 생태론의 개념과 성립 배경

① **개념**(행정조직 = 유기체)

ⓝ 생태란 살아 있는 유기체와 그 주위 환경과의 상호작용 관계를 의미하며, 생태론은 유기체(organism)와 환경 간의 상호관계를 다루는 생물학의 분야이다. 따라서 생태론적 접근방법이란 다음과 같다.

ⓐ 생태론적 접근방법은 행정현상의 연구에서 행정(조직)과 그를 둘러싸고 있는 환경적 요소들을 파악하지 않고는 이해할 수 없다는 입장이다. 행정조직을 일종의 유기체(생명체)로 파악하여 행정(조직)과 그 환경과의 상호의존작용 관계를 규명하려는 접근방법이다.

ⓑ 생태론적 접근방법은 행정현상을 자연·사회·문화적 환경과 관련시켜 이해하려고 한다. 생태론자들은 서구 행정제도가 후진국에서 잘 작동되지 않는 이유는 사회·문화적 환경이 다르기 때문이라고 보고 있다.

바로 확인문제

36 2005 서울시 7급

체제적 접근방법을 포함한 주요 행정에 관한 내용으로 가장 타당한 것은?

① 체제적 접근방법은 행정현상에서 중요한 권력, 의사전달, 정책결정 등의 문제나 혹은 행정의 가치문제를 중요한 변수로 고려하였다.

② 생태론적 접근방법은 행정이 추구해야 할 목표나 방향을 명확하게 제시한다.

③ 후기 행태주의자들은 행태론자들의 과학적 연구를 반대하고, 사회문제 해결을 강조하였다.

④ 행태론적 접근방법은 특정 질문에 따른 반응을 통해 파악해 볼 수 있는 태도, 의견, 개성 등도 행태에 포함시키고 있다.

⑤ 발전행정론은 가치중립적인 입장을 취하면서 행정의 종속변수적 측면을 강조하고 있다.

37 2023 지방직 7급

다음 글의 저자와 그의 주장으로 옳은 것은?

> 격언에 대한 일반적인 사실의 하나는, 예를 들어 "뛰기 전에 살펴라"라는 격언과 "지체하는 자는 진다"라는 격언에서 볼 수 있듯이, 상호모순적인 경우가 많다는 것이다. 이러한 격언과 같이 기존 행정학의 내용을 구성하고 있는 수많은 원리는 상호모순성이 많다.

① 윌슨(Wilson)은 행정의 탈정치화를 통해 자유로운 행정 영역을 확립하려고 했다.

② 애플비(Appleby)는 정치와 행정의 관계는 연속·순환적이기 때문에 양자를 구별하는 것은 적절하지 않다고 했다.

③ 굿노(Goodnow)는 정치를 국가의지의 표명으로, 행정을 국가의지의 집행으로 정의했다.

④ 사이먼(Simon)은 사실과 가치를 구분해 사실만을 다루는 과학으로서의 행정학을 주장했다.

38 2016 서울시 7급

다음 중 행정학과 관련된 학자에 대한 설명으로 가장 옳지 <u>않은</u> 것은?

① 굿노우(F. J. Goodnow)는 행정은 국가의 의지를 실천하는 것이라고 주장하였다.
② 테일러(F. W. Taylor)는 시간과 동작에 관한 연구를 통해 최선의 방법(one best way)을 추구하였다.
③ 사이먼(H. A. Simon)은 행정원리의 보편성과 과학성을 강조하였다.
④ 귤릭(L. H. Gulick)은 POSDCoRB를 통해 능률적인 관리 활동방법을 제시하였다.

39 2006 경기 9급

행정학의 행태본적 접근방법의 특징에 관한 설명으로 틀린 것은?

① 연구에서 가치와 사실을 구분하고 가치중립성을 지키고 있다.
② 행태의 규칙성, 상관성 및 인과성을 경험적으로 입증할 수 있다고 본다.
③ 집단의 고유한 특성을 인정하지 않는 방법론적 개체주의 입장을 취한다.
④ 행정현상을 자연적, 사회적 환경과 관련시켜 이해하려고 한다.

40 2021 군무원 9급

행정현상에 대한 접근방법의 설명으로 가장 옳지 <u>않은</u> 것은?

① 과학적 방법은 동작연구, 시간연구 등에서 같이 행정현상에 존재하는 규칙성을 찾아내 보편타당한 법칙성을 도출하는 데 가장 유용한 방법이다.
② 생태론적 접근방법은 행정변수 중에서 특히 환경변화와 사람의 행태를 연구대상으로 한다.
③ 역사적 접근방법과 법적·제도적 접근방법은 제도와 구조에 보다 초점을 맞춘 것으로 볼 수 있다.
④ 시스템적 방법의 장점은 시스템을 이루는 부분들 각각의 기능과 부분 간 유기적 상호작용을 잘 이해할 수 있다는 데 있다.

ⓒ 생태론적 접근방법은 행정체제의 개방성을 강조하고 있으며, 분석 수준을 행위자 개인보다는 집합적 행위나 제도에 맞추고 있어 거시적 분석의 성격을 띤다.

ⓛ 이처럼 생태론적 접근방법은 전통적 접근방법이나 인간관계론적 접근방법과는 달리 행정체제와 그를 둘러싸고 있는 환경적 세력들 간의 관계에 연구의 초점을 둔다. 즉, 생태론은 개방체제론적 접근방법을 선호하지만 행정의 종속변수[10]적 측면을 강조하는 입장이다.

② **성립 배경**(1940년대 후반 ~ 1950년대 초)
ⓐ **전통적 행정연구방법의 한계**: 전통적 행정연구방법은 정태적인 제도 중심의 기술적(記述的) 연구방법으로서, 실제적인 행정 현실을 밝히는 데 제약이 있었다.
ⓑ **신생국의 형식주의**: 2차 세계대전 종전 후 신생국에 이식된 선진국의 제도와 실제 운영상의 현격한 괴리, 그리고 역기능의 표출현상이 심화되었다. 이는 선진국과 신생국 간의 문화·환경의 차이에서 비롯된 것이라고 인식되었다.

(2) 가우스(Gaus)의 생태론

① **미국 정부 및 행정에 영향을 미치는 환경요인**: 주민(people), 장소(place), 물리적 기술(physical technology), 사회적 기술(social technology), 욕구와 이념(wishes & ideas), 재난(catastrophe), 인물 또는 개성(personality)
② **가우스의 생태론에 대한 평가**
ⓐ 행정의 외부환경적 요소를 고려한 폭넓은 시도라는 점에서 행정학이론의 발달에 공헌이 크다.
ⓑ 미국에 국한된 특수 지역적 학문에 불과하다.

(3) 리그스(Riggs)의 생태론

리그스는 생태론의 대표적 학자로서, 서구 중심적인 결정론적 견해에 입각하여 일반체제이론모형을 제시하였다.

① **농업사회와 산업사회의 모형**(1961): 사회 이원론에 입각하여 구조·기능적 분석을 활용한 행정의 비교연구모형이다. 농업사회와 산업사회의 모형을 제시하고 행정에 영향을 미치는 환경요인을 다섯 가지로 나누어 행정행태와 관련지으면서 고찰하였다.

┃ 리그스의 농업사회모형과 산업사회모형 비교

구분 환경적 요인	농업사회(융합사회, 후진국)	산업사회(분화사회, 선진국)
정치 면	• 정치권력의 근거는 천명 • 실제로 행사되는 권력 방대	• 정치권력의 근거는 국민 • 행사되는 권력이 적음
경제 면	• 자급자족적 경제체제 • 정부는 질서유지·징세에만 관심	• 고도의 상호의존적 시장경제체제 • 정부기능이 복잡, 좀 더 많은 징세
사회구조 면	• 혈연적·선천적 • 1차 집단 중심 • 폐쇄적	• 실적 중심, 기능적, 특수성 • 2차 집단 중심 • 개방적

---

10) 인과적 조사연구에서 독립변수란 종속변수의 원인으로 추정된 변수이다. 즉, 독립변수는 원인변수이고 종속변수는 그 결과변수를 말한다.

이념적 요인 면	• 육감·직관에 의한 인식 • 지식의 단순성, 의식주의	• 경험적 인식방법(합리주의) • 지식의 다양성, 평등성, 개인주의
의사소통 면 (대화)	• 의사소통이 미약 • 동화성·유동성 낮음 • 정부와 국민 간에 대화가 별로 없음 • 정부 내의 하의상달 장애	• 의사소통이 원활 • 동화성·유동성 높음 • 정부와 국민 간에 대화가 많음 • 정부 내의 종·횡적 전달 원활

② 프리즘사회의 특징(1964, 개도국의 특징)

- ㉠ 고도의 이질성
- ㉡ 기능 및 행태의 중복
- ㉢ 다분파주의와 파벌, 도당
- ㉣ 연고 우선주의
- ㉤ 형식주의
- ㉥ 다규범주의
- ㉦ 가격의 불확정성
- ㉧ 가치의 응집현상
- ㉨ 양초점성[11]
- ㉩ 권한과 통제의 불균형
- ㉪ 신분·계약관계의 혼합
- ㉫ 의존증후군[12]
- ㉬ 정부기구와 관직의 증대
- ㉭ 상·하향적 누수체제와 전략적 지출[13]

▋프리즘사회

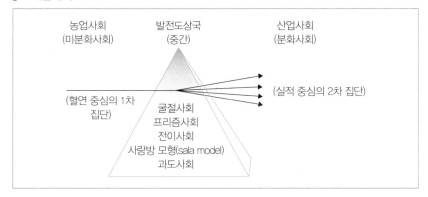

(4) 생태론의 평가

① 영향 및 공헌

- ㉠ **개방체제적 연구**: 행정체제를 개방체제로 파악하여 문화·환경적 맥락에서 행정을 거시적으로 분석·고찰하였다.
- ㉡ **비교행정의 방향 제시**: 행정이론을 보편적인 이론으로 보지 않고, 환경적 요인에 따라 달리 적용될 수 있다는 점을 지적함으로써, 비교행정의 방향을 제시하였다.
- ㉢ **종합과학적 연구 촉진**: 생태론은 인류학·사회학·정치학·심리학 등의 사회과학 지식을 광범위하게 활용하는 행정의 종합과학적 연구를 촉진시켰다.
- ㉣ **행정학의 과학화**: 생태론은 후진국의 행정현상을 설명하는 데 크게 기여했으며, 행정의 보편적 이론보다는 중범위이론의 구축에 자극을 주어 행정의 과학화에 기여했다.

---

11) 관료의 권한이 법제상으로는 상당히 제약되고 있으나, 현실적으로는 큰 영향력을 행사하는 이중적 특징을 가지고 있다.

12) 권력자가 생산에 별로 공헌하는 것은 없으면서 권력을 이용하여 생산자로부터 재화를 수탈하여 이들의 노력에 의존하는 현상이 뚜렷이 나타나고 있다.

13) 상·하관료는 세출예산을 횡령하며 세입금 중 일부는 국고에 들어가지 않는다. 따라서 상납과 위로금 전달 등 전략적 지출이 발생하게 된다.

41 2015 교육행정직 9급

행정학의 접근방법에 관한 설명으로 옳지 않은 것은?

① 생태론적 접근방법은 집단보다 행위자 개인을 분석단위로 한다.

② 행태론적 접근방법은 인식론적 근거로서 논리실증주의를 채택한다.

③ 체제론적 접근방법은 환류를 통한 체제의 지속적인 균형을 중시한다.

④ 공공선택론적 접근방법은 인간이 이기적임을 전제하고, 방법론적 개체주의를 채택한다.

42 2006 군무원 9급

다음 중 생태론적 접근방법에 대한 설명으로 옳지 않은 것은?

① 바너드(C. I. Barnerd), 가우스(J. M. Gaus) 등이 대표적인 학자이다.

② 생물학의 한 분야인 생태론을 행정현상의 규명에 활용한 접근방법이다.

③ 행정조직을 둘러싸고 있는 외부환경의 변화가 행정현상에 어떠한 영향을 주는가를 연구·분석하는 접근방법이다.

④ 생태론적 접근방법은 폐쇄체제론적 접근방법을 선호한다.

43 2012 국가직 9급

가우스(J. M. Gaus)가 지적한 행정에 영향을 미치는 환경요인에 포함되지 않는 것은?

① 국민(people)

② 장소(place)

③ 대화(communication)

④ 재난(catastrophe)

발전도상국가의 행정환경에 대한 다음 설명 중 가장 옳지 <u>않은</u> 것은?

① 전통적인 여러 요소와 현대적 요소가 동시에 존재하는 사회적 특징을 띤다.
② 리그스(F. Riggs)가 말한 융합사회(fused society)가 여기에 해당한다.
③ 외생적인 정치제도와 내생적인 정치문화가 조화되지 않아 정치적으로 대개 불안정하다.
④ 사회적으로 1차 집단에 근거한 연고주의와 규범의 다중성이 존재하는 환경이다.

리그스(Riggs)의 프리즘적 모형(prismatic model)에서 설명하는 프리즘적 사회의 특성으로 옳지 <u>않은</u> 것은?

① 고도의 이질혼합성
② 형식주의
③ 고도의 분화성
④ 다규범성

행정학의 접근방법에 대한 설명으로 옳은 것은?

① 생태론적 접근방법은 행정조직을 개방체제로서 파악하는 입장이며, 발전도상국의 행정현상을 설명하는 데 유용하게 도입되었다.
② 행태론적 접근방법은 인접과학의 협동연구를 중시하는 입장에서 인간행태의 의도에 관심을 가진다.
③ 공공선택론적 접근방법은 방법론적 개체주의 입장에서 공공재의 수요자 간의 공평한 자원배분에 관심을 가진다.
④ 역사적 접근방법은 각종 행정제도의 성격과 그 형성에 있어서 보편적인 방법을 인식하는 수단을 제공한다.

ⓜ **거시적 분석**: 행정관료의 행태 등에 대한 미시적 분석보다는 거시적 차원의 분석이다.

② **한계**

ⓖ **정태적 균형이론**: 근본적으로 구조·기능적 분석에 입각한 정태적 균형관계를 유지하는 체계로 보았을 뿐이며 동태적 관계로 보지 않았으므로, 사회의 역동적인 변화를 설명할 수 없다. 행정현상을 환경과 관련시켜 진단과 설명은 잘 하였지만, 행정이 추구해야 할 목표나 방향을 전혀 제시하지 못하고 있다는 비판을 받고 있다.

ⓛ **결정론적 견해**: 결정론적 견해를 취하여 행정체제를 사회체제에 종속된 하위체제에 불과하다고 본다. 행정을 환경적 요소에 의해 영향을 받는 것으로만 보고 있어 행정환경에 대한 행정의 적극적이고 주체적인 역할을 고려하지 않았다는 비판을 받고 있다.

ⓒ **신생국의 발전 비관시**: 신생국의 발전을 논하는 데에 행정의 운명론적인 환경과의 순환적 인간관계에 따라 매우 비관적·패배주의적인 입장을 취한다.

ⓔ **독립변수적 인간의 역할 무시**(엘리트의 역할 무시): 문화와 역사를 창조하는 인간의 독립변수적 역할을 무시하고 있다.

ⓜ **종속변수라는 의미의 행정**: 모든 행정현상을 환경의 종속변수로만 이해하고 있다.

5 비교행정론

(1) 비교행정론의 개요

① 비교행정이란 세계 여러 나라의 다양한 행정체제의 모든 실제적 자료를 활용하여 행정현상의 변수와 동이성(同異性)을 발견하고, 여러 행정체제에 적용될 수 있는 행정이론을 검증·확장하기 위한 일련의 체계적·과학적 행정연구 및 분석을 의미한다. 따라서 비교행정론은 각국의 행정에 대한 비교연구를 통해 행정학의 과학성을 높이고 일반화된 행정이론을 개발하기 위한 노력의 일환으로 대두되었다.

② 미·소 냉전체제의 전개과정에서 미국이 발전도상국가를 대상으로 공산주의의 영향력 확대를 방지하기 위해 경제원조를 시작했으나 이들 국가의 행정능력이 낮아 원조효과를 충분히 거두지 못하게 되자, 기술원조 제공의 일환으로 발전도상국의 행정문제를 연구하게 되면서 비교행정이 발전하게 되었다.

(2) 비교행정론의 발달요인

① 미국의 대외원조의 실패에 대한 반성
② 전통적 방법론의 비판과 행정학의 과학화를 위한 노력
③ 비교정치론의 영향
④ 유럽 학자들의 영향
⑤ 비교행정연구회의 활동
⑥ 원조계획에 대한 학자들의 참여

(3) 비교행정의 접근방법

① **리그스**(Riggs)**의 분류**
  ㉠ **경험적 접근**: 규범적 접근방법에서 경험적 접근방법으로
  ㉡ **일반법칙적 접근**: 개별사례적 접근방법에서 일반법칙적 접근방법으로
  ㉢ **생태적 접근**: 비생태적 접근방법에서 생태적 접근방법으로

② **헤디**(Heady)**의 분류**
  ㉠ **전통적 수정형**: 전통적 접근방법을 수정한 것으로, 주로 조직이나 제도에 중점을 두어 비교론적으로 서술하는 데 그친다.
  ㉡ **발전지향형**: 비교행정의 연구모형이 사회적 변화를 충분히 고려하지 않고 지나치게 추상적·포괄적이라고 비판하면서 발전행정을 주된 연구대상으로 한다.
  ㉢ **일반체제모형**: 행정을 하나의 체제로 간주하여 환경 등 행정의 모든 측면을 종합적으로 연구·분석하려는 접근방법이다.
  ㉣ **중범위이론모형**: 일반체제이론이 지나치게 포괄적인 까닭에 실증적인 자료에 의한 뒷받침이 어려우므로 연구대상 및 범위를 좁혀 집중적으로 연구하는 것이 효과적이라는 관점에서 제기된 방법론이다.[14]

(4) 리그스(Riggs) 일반체제모형의 평가

① **공헌 및 영향**
  ㉠ 후진국 및 신생국의 행정행태를 개방체제적 관점에서 고찰하여 그들 후진국·신생국의 행정행태의 특성 형성에 관련되는 사회·문화적 환경요인을 규명하였다.
  ㉡ 일반체제모형의 정립으로 비교행정론의 발전에 가장 큰 기여를 하였다.
  ㉢ 행정의 종합과학적 연구를 촉진하였다.
  ㉣ 발전행정론의 대두에 교량역할을 하였다.

② **한계**
  ㉠ 구조·기능분석에 입각한 균형이론으로서 현상유지·균형유지 위주의 이론이므로 보수성을 지닌다.
  ㉡ 생태론적 결정론을 취하여 신생국의 발전에 비관적이다.
  ㉢ 정신적·인간적 요인을 과소평가하고 있다.
  ㉣ 서구적 편견·준거기준에만 의존하고 있으며 프리즘적 행태의 부정적 측면만 지나치게 강조하고 있다.
  ㉤ 독자적인 연구대상을 획정하기가 어렵다.
  ㉥ 환경과 행정의 교류적 관계를 경시한 정태적 접근이다.
  ㉦ 행정을 지나치게 과소평가하면서 행정의 독자성을 무시하고 행정의 종속성을 강조하고 있다.

---

14) 거시이론은 연구대상보다 분석도구가 더 큰 이론(⑩ 체제론, 생태론)이며 일반화는 용이하지만 구체화가 곤란하다. 반면, 미시이론은 연구대상보다 분석도구가 더 작은 이론(⑩ 행태론, 현상학)이며 구체적이지만 일반화가 어렵다. 이에 따라 거시이론의 일반화와 미시이론의 구체화의 장점을 조화하기 위해서 등장한 것이 중범위이론이며, 대표적인 것이 관료제 '조직'을 연구하는 비교행정론이다.

47 2010 지방직 7급

행정학의 주요 접근방법인 생태론적 접근방법의 특징에 대한 설명으로 옳지 않은 것은?

① 생태론적 접근방법을 행정학에 도입한 것은 1947년 가우스(J. M. Gaus)이다.
② 행정현상을 자연·사회·문화적 환경과 관련시켜 이해하려고 한다.
③ 행정이 추구해야 할 목표나 방향을 명확히 제시하고 있다.
④ 서구 행정제도가 후진국에서 잘 작동하지 않는 이유는 사회문화적 환경이 다르기 때문이라고 본다.

48 2023 군무원 9급

다음 중 비교행정론에 대한 설명으로 가장 거리가 먼 것은?

① 리그스(Fred W. Riggs)가 대표적인 학자이다.
② 생태론적 접근방법을 취한다.
③ 후진국의 국가발전에 대한 비관적 숙명론으로 귀결된다.
④ 행정학의 과학성보다는 기술성을 강조한다.

49 2003 경북 9급

1960년대 초 F. W. Riggs의 비교행정에 대한 설명으로 틀린 것은?

① 규범적 접근 → 경험적 접근
② 행태론적 접근 → 체계론적 접근
③ 비생태론적 접근 → 생태론적 접근
④ 개별사례적 접근 → 일반법칙적 접근

50 2005 경기 9급

F. Heady가 각국 행정을 비교하기 위해 채택한 관료제적 접근방법에 대한 설명으로 적절한 것은?

① 구조기능론적 접근
② 중범위이론적 접근
③ 집단 중심의 접근
④ 개인가치 중심의 접근

51

2002 입법고시

행정학의 접근방법에 관한 다음 설명 중 옳지 <u>않은</u> 것은?

① 과학적 관리론과 인간관계론은 조직과 환경과의 상호작용 관계를 다루지 않았다.

② 행정행태론은 행위자의 개인적 심리상태나 행위동기 등은 배제한 채 객관화된 행태만을 경험적으로 증명함으로써 객관적인 행정이론을 도출하려는 것이다.

③ 행정생태론은 행정의 중범위이론의 구축에 자극을 주어 행정학의 과학화에 기여하였으나 환경과의 순환적 인과관계에 따라 행정의 기능과 행태가 결정된다고 보기 때문에 신생국의 발전을 논하는 데 소극적이다.

④ Riggs는 비교행정론의 접근방법이 규범적 접근방법, 개별적 접근방법, 비생태론적 접근방법으로 전환되어야 한다고 주장했다.

⑤ 현상학적 접근방법은 인간의 의도된 행위와 표출된 행태를 구별하고 관심을 기울여야 할 분야는 의도된 행위라고 한다.

52

2007 대전 7급

리그스의 비교행정 연구와 <u>관계없는</u> 것은?

① 과도기적 사회를 살라모형으로 설명하였다.

② 개도국에서 형식주의를 발견하였다.

③ 생태학적 접근을 주장하였다.

④ 미국사회는 항상 안정된 선진산업사회 모형이다.

53

2016 지방직 7급

비교행정의 한계에 대한 설명으로 옳지 <u>않은</u> 것은?

① 독자적인 연구대상을 획정하기가 어렵다.

② 환경과 행정의 교류적 관계를 경시한 정태적 접근이다.

③ 처방성과 문제해결성을 강조함에 따라 행정의 비과학화를 초래하였다.

④ 행정을 지나치게 과소평가함으로써 행정의 독자성을 무시하고 행정의 종속성을 강조하고 있다.

---

6 발전행정론

(1) 발전행정론의 발전 배경

1950년대의 비교행정론은 기능주의의 관점에서 행정학의 과학화에 많은 기여를 하였으나, 후진국 및 신생국의 발전방법을 제시해 주지 못하였다. 이에 발전목표 지향적인 발전행정론이 1960년대에 모색되고 발전되었다.

(2) 발전행정의 개념

① 발전행정의 개념
- ㉠ 적극적 개념: 발전행정은 '국가발전 사업의 관리'와 '행정 자체의 발전'을 포함하는 개념이라고 본다. 이러한 적극적 개념이 일반적 견해이다.
- ㉡ 소극적 개념: 발전행정은 전체 사회체제의 변화의 산물이라고 본다.

② 행정발전의 개념: '국가발전 사업의 관리'와 '행정 자체의 발전'을 포함하되, 후자에 더 중점을 두는 개념이다. 따라서 발전행정과 행정발전의 개념은 비중의 정도 차이에 불과한 것이다.

③ 국가발전의 개념: 정치·경제·사회·문화·행정 등 각 분야의 발전을 포괄하는 개념이다.

(3) 발전행정의 접근방법

① 행정체제적 접근방법(행정발전의 접근방법)
- ㉠ 균형적 접근방법: 조직, 인사, 재무 등의 동시적 발전을 추구한다.
- ㉡ 불균형적 접근방법: 특정 부문만을 발전시킴으로써, 전체의 발전을 도모한다.

② 사회체제적 접근방법(발전행정의 접근방법)
- ㉠ 균형적 접근방법: 정치, 경제, 문화 등의 동시적 발전을 추구한다.
- ㉡ 불균형적 접근방법: 특정 부문만을 발전시킴으로써, 국가 전체의 발전을 도모한다.

(4) 발전행정론의 특징과 문제점

특징	• 정치·행정 신일원론 • 행정인의 독립변수적 역할 강조 • 종합과학적 성격	• 효과성을 중시 • 기술성의 강조 • 사회체제이론과 불균형적 접근방법의 중시
문제점	• 발전개념의 모호성 • 서구적 편견 • 과학성의 결여 • 행정의 비대화 • 행정의 형식화 • 행정행태의 합리성에 한계 • 공정성 확보의 곤란 • 경제 외의 분야 경시	

7 체제론(적 접근방법)

(1) 체제론의 개요

① 체제의 개념: 체제(system)란 상호의존작용 관계 속에서 질서와 통일성을 유지하면서 환경과 끊임없이 영향을 주고받는 모든 구성요소 또는 모든 변수의 집합체 또는 실체를 의미한다.

② 체제론적 접근방법의 주요 내용(행정조직 = system)
- ㉠ 체제론적 접근방법이란 연구대상이나 관리 및 문제를 체제라는 개념을 기본으로 해서 설명하고 분석하는 것이다. 결국 체제론적 접근방법은 하위체제 간의 기능상의 조화·균형관계를 전체 체제적 관점에서 밝히고자 함을 주된 연구목적으로 한다.

ⓒ 체제론적 접근방법은 환경의 요구와 지지를 받아 산출로 전환하고, 환경으로 내보내진 환류를 통해 체제로 다시 환류되는 계속적인 순환과정을 행정현상에 적용한다. 이러한 개방체제이론은 구조기능주의와 관계가 깊다.

③ 대표 학자: 파슨스(Parsons), 베르탈란피(Bertalanffy)[15], 스콧트(Scott), 에치오니(Etzioni) 등

(2) 체제의 특징과 기능

① 특징

전체성	하나의 체제로서 성립되기 위해서는 그것을 구성하는 요소들이 단순히 모여 있는 것에 그쳐서는 안 됨. 즉, 체제는 각 구성요소와 환경과 구분되는 하나의 집합체로서 전체성을 지녀야 함
경계 보유	각 하위 체제는 다른 하위 체제와 구별되는 경계를 가지며, 전체 체제는 그 상위 체제인 환경과 구별되는 경계를 지님
계층성	• 모든 체제는 하위 체제(구성요소)를 가지며 하위 체제는 그 자신의 또 다른 하위 체제를 가지므로, 결국 체제는 계층적인 성격을 띰 • 체제이론에서는 환경과의 상호영향뿐만 아니라 상위 체제와 하위 체제 간의 상호성에도 상당한 비중을 두고 있음
등종국성·상호관련성	전체 체제와 하위 체제는 각기 그들의 목표달성을 위한 자원·정보·에너지 등을 가짐. 그러나 그 각각은 전체 체제의 공통된 목표달성을 지향하여 기능적으로 연결되어 작용해야 함
균형을 유지하고자 하는 속성 (동적 항상성)	체제는 유기체로서 자기 고유의 속성을 유지하려는 성향을 갖고 있으며, 이러한 자기 유지에 혼란을 주는 요소가 들어오면 이것을 균형화시킴으로써 본래의 자기상태로 돌아가려고 함. 이러한 체제의 속성을 항상성(homeostasis)이라고 하는데, 균형은 정태적 균형과 동태적 균형이 있음 ⑩ 요요현상
개방체제와 폐쇄체제	체제는 환경과 상호작용을 하는 개방체제와 환경과 상호작용을 하지 않는 폐쇄체제로 구분됨
투입·전환·산출·환류	사회체제는 투입·전환·산출·환류의 기능적 구조를 가짐
부정적 엔트로피 (entropy)[16]	• 사회체제는 소멸과정을 극복할 수 있는 성격을 지니므로 반영구적으로 존속이 가능함 • 긍정적(+) 엔트로피는 조직이 해체·소멸되는 것을 도와주는 현상을, 부정적(−) 엔트로피는 조직이 해체·소멸되는 것을 방지하는 현상을 말함
환류기능	동태적 균형을 유지하기 위해서는 환류기능·환류작용 장치를 가지고 있어야 함
순기능·역기능 보유	체제는 목표달성에 기여하는 순기능과 상반되는 역기능을 보유함
분화 경향	사회적 체제는 점점 분화·특수화되어 가는 경향이 있음

---

15) 체제론(system theory)은 본래 생물학자인 베르탈란피(Bertalanffy)가 주장한 이론이다. 그는 생물학자로서 하나의 생명체는 여러 구성요소로 구성되어 있으며 외부로부터 영향을 받게 된다고 보았다. 이를 사회학(사회체제론), 정치학(정치체제론), 행정학(행정체제론) 등에서 응용하게 되면서 생물학에서 등장한 이론을 일반체제론(general system theory)이라고 부르게 되었다.

16) 엔트로피란 체제가 자연소화(自然消火)·부패·혼돈·무질서·와해로 가는 경향을 의미한다. 환경과 상호작용하지 않는 모든 폐쇄체제는 환경으로부터 에너지의 투입을 받지 못하기 때문에 엔트로피 작용에 의해 소멸되거나 무질서 상태로 가려는 경향이 있다. 엔트로피 증가의 법칙이란 열역학 제2법칙이라고도 하는데, 무질서가 항상 증가한다는 것이다. 예를 들어 물에 잉크를 떨어뜨리면 점점 퍼지면서 무질서해지는데, 이것을 엔트로피가 증가했다고 한다. 반면, 자연적으로 흩어진 잉크는 다시 모이지 않는데, 이처럼 엔트로피는 항상 증가하는 방향으로만 일어난다. 또한 에너지는 질서 있는 상태에 있을 때는 가지고 있는 에너지를 다 일로 쓸 수 있지만, 에너지가 전환될 때마다 자연적으로 엔트로피가 증가하게 되므로 이런 무질서한 에너지는 일을 할 때 쓸 수가 없다. 이처럼 엔트로피는 물리체제(physical system)에 적용된 열역학 용어였으나, 일부 사회과학자들이 사회현상의 설명에 도입하여 사용하고 있다.

54   1996 국가직 7급

체제적 접근방법의 내용이 아닌 것은?

① 체제는 상호관계를 가진 요소들로 구성된다.
② 체제는 환경과 구분되는 경계를 갖는다.
③ 체제는 공동목표를 가지며 목표지향성을 갖는다.
④ 체제는 인간의 감정적이고 심리적인 측면을 중요시한다.

55   2007 대전 7급

개방체제이론에 관한 설명으로 적절하지 못한 것은?

① 개방체제는 정의 엔트로피를 증가시키려는 경향을 띠고 있다.
② 개방체제는 투입, 전환, 산출, 환류과정을 되풀이한다.
③ 개방체제는 조직을 외부환경 변화에 신축성 있게 적용하는 체제이다.
④ 개방체제이론은 구조기능주의와 관계가 깊다.

56   1997 국가직 7급

개방체제에 대한 설명으로 옳지 않은 것은?

① 개방체제는 환경과의 상호유기적 관계를 강조한다.
② 개방체제를 이해하기 위해서는 하위체제 간의 개별적 분석보다 이들 간의 전체적인 연관성을 중시해야 한다.
③ 개방체제는 유일 최선책(one best way)을 강조하는 과학적 관리와는 달리 체제의 목표를 여러 방식으로 달성할 수 있다.
④ 개방체제는 외부로부터 에너지를 받아들여 엔트로피를 높이려는 것이다.

57   2002 서울시 9급

다음 중 개방체제(open system)에 대한 설명이 아닌 것은?

① 동적 균형유지
② 투입 – 전환 – 산출과정
③ 항상성
④ 엔트로피(entropy)
⑤ 외부환경과 상호작용

58　　　　　　　　　2007 경남 9급

파슨스는 조직의 분류기준을 그 조직의 사회적 필요성을 충속시키기 위해 수행하는 기능에 따라 분류하였다. 사회적 기능에 의한 분류가 아닌 것은?

① 목표달성기능　　② 자원배분기능
③ 통합기능　　　　④ 적응기능

59　　　　　　　　　2003 부산 9급

행정체제의 구성요소 중 투입에 해당하는 요소가 아닌 것은?

① 국민의 지지, 반대
② 법령 제정
③ 국민의 요구
④ 공무원 채용

60　　　　　　　　　2008 국회직 8급

정책과정 중 정책결정단계는 이스턴(D. Easton)의 체제이론에서 어느 단계에 해당되는가?

① 환경　　　② 투입　　　③ 전환
④ 산출　　　⑤ 환류

61　　　　　　　　　2006 충남 9급

체제론적 접근방법으로 거리가 먼 것은?

① 체제론은 투입과 산출이 순환적으로 연결되는 체계적 사고를 전제로 자발적이고 경제적인 인간상을 바탕으로 한다.
② 동적이면서도 항상성(homeostasis)을 갖는다.
③ 엔트로피를 낮춘다.
④ 개방체제는 가치판단을 배제하고 체제를 물화시켜 연구하므로 인간 간 상호작용을 중시하는 현상학과는 다르다.

62　　　　　　　　　2006 경남 9급

행정이론에 대한 다음 설명 중 옳은 것은?

① 행태론은 집단의 특성을 중시하는 방법론적 개체주의이다.
② 생태론은 과학화에 기여하고 후진국 행정연구의 일반화에 기여했다.
③ 현상학은 행정현상을 객관적인 것으로 이해하였다.
④ 체제론은 인물, 개성, 리더십 등을 중시하지 않았다.

---

② **기능**(AGIL기능)

적응기능 (Adaptation)	• 환경 변동에 대한 적응기능을 말함 • 행정체제로서는 공무원의 모집·채용, 징세와 예산의 조달, 국민의 요구에 대한 반응, 사회적 지지와 정당성의 획득 등이 이와 관련됨
목표달성기능 (Goal attainment)	행정체제가 목표를 체계적으로 설정하며 구체화하는 기능
통합기능 (Integration)	• 각 하위 체제의 노력·활동을 원활하게 조직화하고 상호조정하는 기능 • 행정체제로서는 행정지도·기획조정·행정질서의 유지·제재 등이 이와 관련됨
체제유지기능 (Latent pattern maintenance)	• 체제의 자기유지·존속기능 • 행정체제의 경우에는 교육훈련, 보수·연금제도와 상벌제도의 운영, 복지후생제도의 관리 등이 이와 관련됨

(3) 개방체제의 모형(Sharkansky)

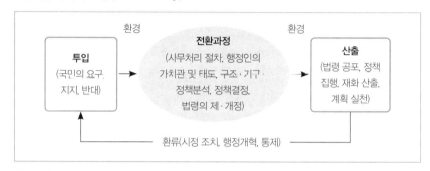

① **환경**
　㉠ 행정체제의 외부환경은 정치적·사회적·문화적 제 현상을 포괄하는 것이다.
　㉡ 환경은 행정체제에 대하여 문제를 제기하며 자극한다.
　㉢ 환경은 그러한 문제를 해결하려는 행정체제의 활동에 도움을 주거나 방해가 되기도 한다.
② **투입**(input): 환경으로부터 행정체제의 전환과정에 전달되는 것을 말한다.
　예 국민의 요구·이해·지지·반대·무관심, 정부부문·입법부·사법부의 요청·판단·지시·법규 등으로 제기되는 요구, 모든 자원, 모든 에너지, 정보 등
③ **전환과정**(conversion process)
　㉠ 전환과정이란 투입물을 산출물로 변형시켜 가는 과정으로서, 행정체제 내의 모든 구성요소의 유기적인 의존작용이 전개되어 이루어진다.
　㉡ 전환은 공식구조나 정책결정 절차, 법령의 제정·개정, 행정인의 개인적 성향·경험과 가치관의 갈등 등의 현상을 조정하고 해결하는 과정에서 이루진다.
④ **산출**(output): 행정활동의 결과를 환경으로 보내는 것으로, 이는 환경에 응답하는 결과라고 할 수 있다.
　예 공공재화·서비스, 법령(공포)·정책·계획, 사회구성원에 대한 행동규제 등
⑤ **환류**(feedback): 특정 시기의 산출이 환경과 상호작용하여 다음 시기의 투입에 미치는 영향으로, 평가 및 시정 조치, 통제 또는 자동조정 등으로 이해되고 있다.
　예 행정책임문제, 행정평가제도, 행정통제, 행정개혁 등

(4) 체제론의 평가

① 체제론의 공헌

    ㉠ 다양성을 띤 여러 행정체제나 행정단위의 비교분석을 위한 일반이론의 정립을 가능하게 해 주었다.

    ㉡ 체제 간의 기능적인 관계의 규명에는 규범적인 것이 개입하지 않으므로, 행정이론의 과학화에 기여하였다.

    ㉢ 거시적 분석하에 구성요소 간의 상호의존작용 관계를 밝혀 준다.

    ㉣ 문제해결과 의사결정의 합리화에 기여한다(체제분석).

② 체제론의 한계

    ㉠ 균형이론에 치중하여 정태적·현상유지적 성격을 띤다. 따라서 사회의 변동을 설명하기가 곤란하며, 사회개혁 및 발전지향성이 미약하여 발전도상국의 경우에는 부적합하고, 안정적인 선진국의 행정현상을 연구하는 데는 적합하다. 즉, 정태성과 현상유지적 성격을 띠고 있어 목적성을 띤 변화나 정치·사회의 변화 또는 발전을 잘 설명하지 못한다는 것이다.

    ㉡ 사회과학 지식의 종합으로 체제론의 본질적 독자성이 희석되어 가고 있다.

    ㉢ 전환과정에 대한 구체적 설명이 부족하다.

    ㉣ 독립변수로서 갖는 개인의 의미를 과소평가하기 쉽다. 정치·행정현상에서 특수한 인물의 성격, 개성, 리더십 등이 큰 비중을 차지하는 경우 이를 과소평가하기 쉬우며, 행정현상에서 중요한 요소인 권력, 의사전달, 정책결정 등의 문제나 행정의 가치문제를 고려하지 못한다는 것이다.

    ㉤ 거시적 접근방법이므로 체제의 전체적인 국면은 잘 다루고 있으나, 체제의 구체적인 운영이나 행태적인 측면은 잘 다루지 못한다.

    ㉥ 제도적·구조적 접근방법에 비해 관찰·연구의 실제적 가능성에 문제가 있다.

    ㉦ 체제 간의 기능관계 규명에 중점을 두고 있으나, 실제 하위 체제 간의 구분·비중·기능의 성질을 밝히기가 어렵다.

8 신행정론(후기행태론)

(1) 신행정론의 개요와 발달 배경

① 개요

    ㉠ 신행정학운동은 행정학의 실천적 성격과 적실성을 회복하기 위해 정책 지향적인 행정학을 요구했으며, 전문직업주의와 가치중립적인 관리론에 대한 집착을 비판하면서 민주적 가치규범에 입각하여 분권화, 고객에 의한 통제, 가치에 대한 합의 등을 강조했다.

    ㉡ 신행정학운동은 행정이 정치적·경제적·사회적으로 불리한 입장에 있는 계층을 위해 양질의 서비스를 제공해 사회적 형평을 실현해야 한다고 주장하면서 행정인의 적극적인 역할을 강조했다.

    ㉢ 신행정학은 정통행정학의 능률지상주의를 탈피하여 사회적 형평, 민주적 가치, 인본주의에 입각한 능동적 행정, 고객 중심 행정을 주창하면서 탈관료제 조직 설계대안을 제시했으며, 논리실증주의와 행태주의를 비판하고 현상학적 접근방법을 제시하였다. 그 지적 전통이 1980년대를 전후하여 등장한 비판행정학이나 행위이론(action theory)으로 이어졌다.

바로 확인문제

63   2006 서울시 9급

아래 제시된 비판들은 행정학의 접근방법 중 어떤 접근방법에 대한 비판인가?

> • 행정과 환경의 교호 작용을 강조하지만 개발도상국과 같이 변화하는 행정현상을 연구하는 데 한계를 지닌다.
> • 거시적인 접근방법을 취함으로써 구체적인 운영의 측면을 다루지 못한다.
> • 현상유지적 성향으로 인해 정치, 사회적 변화를 설명하지 못한다.

① 생태론적 접근방법
② 행태론적 접근방법
③ 현상학적 접근방법
④ 체제론적 접근방법
⑤ 공공선택론적 접근방법

64   2008 국회직 8급

1960년대 신행정학 운동과 가장 관련이 없는 것은?

① 미노브룩(Minnowbrook) 회의
② 현실적합성
③ 고객지향주의
④ 논리실증주의
⑤ 탈관료제

65   2019 지방직 9급(서울시 9급 제2회)

미국에서 등장한 행정이론인 신행정학(New Public Administration)에 대한 설명으로 옳지 않은 것은?

① 신행정학은 미국의 사회문제 해결을 촉구한 반면 발전행정은 제3세계의 근대화 지원에 주력하였다.
② 신행정학은 정치·행정 이원론에 입각하여 독자적인 행정이론의 발전을 이루고자 하였다.
③ 신행정학은 가치에 대한 새로운 인식을 기초로 규범적이며 처방적인 연구를 강조하였다.
④ 신행정학은 왈도(Waldo)가 주도한 1968년 미노브룩(Minnowbrook) 회의를 계기로 태동하였다.

66
2022 국가직 7급

다음의 역사적 배경을 바탕으로 태동한 행정학 연구에 대한 설명으로 옳지 <u>않은</u> 것은?

- 월남전 패배, 흑인 폭동, 소수민족 문제 등 미국사회의 혼란을 해결하지 못하는 학문의 무력함에 대한 반성으로 나타났다.
- 1968년 미국 미노브룩 회의에서 왈도의 주도하에 새로운 행정학의 방향 모색으로 태동하였다.

① 고객중심의 행정, 시민의 참여, 가치문제 등을 중시했다.
② 행정학의 실천적 성격과 적실성을 회복하기 위한 정책 지향적 행정학을 요구하였다.
③ 행정의 능률성을 강조했으며, 논리실증주의 및 행태주의의 주장을 지지하였다.
④ 소외계층을 위한 복지서비스를 확대해 사회적 형평을 실현해야 한다는 행정의 적극적 역할을 강조했다.

67
2020 군무원 9급

행정학에서 가치에 관한 연구가 본격적으로 관심을 끌기 시작한 학문적 계기로 옳은 것은?

① 신행정론의 시작
② 발전행정론의 대두
③ 뉴거버넌스 이론의 등장
④ 공공선택론의 태동

68
2011 국가직 9급

신행정학(New Public Administration)에 대한 설명으로 옳지 <u>않은</u> 것은?

① 왈도(Waldo), 마리니(Marini), 프레드릭슨(Frederickson) 등이 주도하였다.
② 기업식 정부운영을 주장하면서 신자유주의적 행정개혁에 앞장섰다.
③ 행태주의의 한계를 지적하면서 가치문제와 처방적 연구를 강조하였다.
④ 고객인 국민의 요구를 중시하는 행정을 강조하고 시민참여의 확대를 주장하였다.

㉣ 신행정학은 사회적 형평성 및 공익에 대한 새로운 관심을 부각시키고 사회적 형평성 및 공익의 실현을 위한 행정인의 적극적 역할을 강조하는 등 행정학의 새로운 지평을 열어 주었다.

② 발달 배경
  ㉠ **현대사회 문제의 대두**: 1960년대 말 미국은 흑인폭동과 월남전에 대한 반전 시위 등 격동기에 처함으로써 많은 현대사회 문제를 안게 되었으나, 이에 적절히 대처하지 못하자 기존 행정이론(행태론)의 한계를 극복·보완하고자 하는 새로운 학문 경향이 탄생하게 되었다.[17] 신행정론(New Public Administration)에서는 행정의 정책결정기능을 적극적으로 요청하면서도, 이의 관료주의화를 견제하기 위해 이념으로서의 형평성을 강조하고 수혜자로서의 시민참여를 강조하고 있다.
  ㉡ **미노브룩 회의**: 1968년 9월 미국 뉴욕주 시러큐스대학에서 개최된 미노브룩 회의에서 행정학에 대한 새로운 접근방법이 처음 제기되고 모색되었다.
  ㉢ **신행정학자들의 활약**: 몇몇 대표적인 신행정학자들(Waldo, Marini, Frederickson 등)의 괄목할 만한 활약과 그들의 미국 행정학회의 운영 주도 등에 힘입어 신행정학은 널리 확산·발전되어 갔다.
  ㉣ **후기 행태주의**(post behaviorism): 1960년대 미국사회는 흑인폭동과 월남전에 대한 반전 시위 등으로 커다란 혼란에 빠졌지만 기존의 행정이론들은 당면한 사회문제를 해결하는 데 도움을 주지 못했다. 이를 비판하면서, 신행정론은 이스턴(Easton)에 의해 제시된 행정의 적실성과 실천성을 강조하였다. 1960년대 말 이스턴은 후기 행태주의가 시작되었음을 선언하였다.

(2) 신행정론의 주요 내용 및 특징

① **행정학의 새로운 독자성 추구**: 전통이론의 한계를 비판하고 그를 보완하고자 새로운 행정학의 독자성을 추구할 것을 주장한다. 즉, 행정학의 실천적 성격과 적실성 회복을 주장한다.
② **사회적 적실성**: 행정이론은 사회문제의 해결에 중점을 두는 사회적 적실성을 가져야 한다. 이러한 관점에서 행정이론은 다음과 같아야 한다고 강조한다.
  ㉠ 순수이론적이기보다는 응용이론적이어야 한다.
  ㉡ 서술적이기보다 처방적이어야 한다.
  ㉢ 기관지향적이기보다 수익자지향적이어야 한다.
  ㉣ 가치중립적이기보다 가치지향적이어야 한다.
③ **행태론의 지양과 가치주의의 강조**: 가치중립적·현상유지적·보수적인 행태론과 실증주의를 비판하면서 현실 사회문제의 해결을 위한 가치·규범·정책·철학·도덕지향의 학문이 되어야 함을 강조한다. 즉, 행태주의의 한계를 지적하면서 가치문제와 처방적 연구를 강조한다.

---

17) 흔히 미국의 1960년대를 일컬어 '불확실성의 시대'라 한다. 당시 미국은 정보화 사회로의 진입, 베이비붐 세대의 기성세대에 대한 비판, 월남전의 실질적 패전, 흑인폭동, 신좌파운동 등 기존에 경험해 보지 못한 급격한 변화가 나타난다. 그러나 기존의 행태론은 실증주의적 접근방법을 강조하여 가치판단을 배제함으로써 당시 급변하는 환경변화에 아무런 대안을 제시하지 못하였다. 따라서 등장한 이론이 신행정론(New Public Administration)이며, 신행정론의 등장에 따라 사회문제 해결이 강조되면서 정책학에 대한 관심이 제고되었다.

④ 사회적 형평성 강조
   ㉠ 종래 행정의 가치중립적 입장이 사회적 불평등을 심화하였음을 비판하면서 최고의 행정이념으로서 갖는 사회적 형평성을 강조한다.
   ㉡ 기계적 능률성보다는 효과성·민주성·생산성을 강조한다.
⑤ 격동에 대한 대처와 행정의 독립변수적 역할 강조: 격동에 대처하는 데 행정의 독립변수적 역할을 강조한다. 특히 행정인의 독립변수적 역할을 강조하면서 이를 위한 적극적 행정인의 역할을 강조한다.
⑥ 새로운 조직형태의 모색
   ㉠ 내부지향이 아닌, 외부지향·고객지향의 조직이어야 한다.
   ㉡ 기관 중심이 아닌, 문제·사업·정책 중심의 조직이어야 한다.
   ㉢ 관리유지 지향이 아닌, 변동지향의 조직이어야 함을 강조한다. 이는 곧 비관료제적·비계층제적인 협력체계로서 구축하는 조직의 모색, 즉 연합모형의 모색의 필요성을 강조하는 것이다.
⑦ 참여의 강조: 조직구성원 및 시민의 광범위한 참여를 강조하며, 이러한 참여를 통하여 광범위한 합의의 의사결정을 강조한다. 즉, 고객인 국민의 요구를 중시하는 행정을 강조하고 시민참여의 확대를 주장한다.
⑧ 대응성 강조: 고객의 요구에 대한 적절한 대응성을 갖추어야 한다고 강조한다.
⑨ 민주주의 강조: 신행정학을 관통하여 흐르는 근본사상·근본가치는 인본주의이며, 민주주의 철학이라고 강조한다.

(3) 신행정론의 한계

① 자본주의 국가에서 신행정학자들의 사고는 너무 급진적인 점을 내포하고 있다.
② 관료들의 가치지향적 행동을 지나치게 강조·의존하고 있으며, 이로 인한 행정의 통일성·능률성의 저해와 관료의 지나친 권한 확대가 우려된다.
③ 사회적 형평성의 구체적 기준이 불명확하며 후진국에 적용하는 것은 곤란하다.
④ 후진국과 신생국의 경우 참여의 확보가 곤란하다.
⑤ 반(反)관료제·비(非)계층제적 조직의 모색은 현실적으로 어렵다.
⑥ 행정인의 적극적이며 공정한 자세의 확보는 어렵다.
⑦ 시민·특수이익과 행정목표·공익과의 대립이 있는 경우, 그 해결이 곤란하다.

▌ 신행정론(NPA)과 신공공관리론(NPM) 비교

신행정론	신공공관리론
• 관료제 능력에 의문 제기	• 정부실패에 대한 대응 필요
• 사회적 형평성의 제고	• 효율성 제고
• 시민들에 대한 관심 제고	• 고객주권주의
• 참여와 민주화 촉진	• 분권화와 참여의 활성화
• 큰 정부	• 작은 정부

9 현상학(적 접근방법)

(1) 현상학의 개요

① 개요
   ㉠ 현상학적 접근방법(phenomenological approach)은 사회현상의 본질, 인간인식의 특성, 이론의 성격 등 사회과학 연구의 좀 더 본질적인 문제를 둘러싸고

바로 확인문제

69   2017 국가직 9급(사회복지직 9급)
신행정학(New Public Administration)의 핵심 내용으로 옳은 것만을 모두 고른 것은?

> ㄱ. 효율성 강조
> ㄴ. 실증주의적 연구 지향
> ㄷ. 적실성 있는 행정학 연구
> ㄹ. 고객 중심의 행정
> ㅁ. 기업식 정부운영

① ㄱ, ㄴ   ② ㄴ, ㄷ
③ ㄷ, ㄹ   ④ ㄹ, ㅁ

70   2010 지방직 7급
현상학적 접근방법에 대한 설명으로 옳은 것을 모두 고른 것은?

> ㄱ. 행정현상의 본질, 인간인식의 특성, 이론의 성격 등 사회과학 연구의 본질적 문제에 대해 실증주의와 행태주의적 연구방법에 반대한다.
> ㄴ. 진리의 기준을 맥락의존적인 것으로 보며, 상상·해체·영역해체·타자성 등의 핵심개념을 포함하고 있다.
> ㄷ. 사회현상 또는 사회적 실제란 자연현상처럼 사람과 동떨어진 객체로 존재하는 것이 아니라, 사람들의 상호주관적인 경험으로 이루어진다.
> ㄹ. 복잡한 미래 사회에서 정부의 방향잡기 역할이 어렵거나 불가능하기 때문에 행정의 역할은 서비스를 제공해야 하는 데 있음을 강조한다.

① ㄱ, ㄴ   ② ㄱ, ㄷ
③ ㄴ, ㄹ   ④ ㄷ, ㄹ

71 2023 국가직 9급

행정이론에 대한 설명으로 옳은 것은?

① 과학적 관리론은 최고관리자의 운영원리로 POSDCoRB를 제시하였다.
② 행정행태론은 가치와 사실을 구분하고 가치에 기반한 행정의 과학화를 시도하였다.
③ 신행정론은 실증주의적 방법론을 비판하고 사회적 형평성과 적실성을 강조하였다.
④ 신공공관리론은 민간과 공공 부문의 파트너십을 강조하고 기업가 정신보다 시민권을 중요시하였다.

72 2004 서울시 9급

"인간의 행위는 합목적적이고 의도적"이라고 설명하는 하몬(Harmon)의 행위이론과 가장 부합하는 접근방법은?

① 체제론적 접근방법
② 역사적 접근방법
③ 현상학적 접근방법
④ 기능적 접근방법
⑤ 생태론적 접근방법

73 2006 서울시 9급

행정학의 접근방법 중 현상학적 접근방법과 관계가 깊은 개념은?

① 경험적 검증 가능성
② 능동적 자아   ③ 가치중립성
④ 일반법칙성   ⑤ 거시적 관점

74 2004 경북 9급

현상학에 관한 설명 중 옳지 않은 것은?

① 인간을 의식과 의도성을 지닌 능동적 존재로 파악한다.
② 현상학적 접근방법에 있어서 중요한 분석단위는 자아개념, 상호주관성, 현상학적 세계이다.
③ 현상학은 개개인의 사례나 문제 중심적인 방법에 의해서 파악하기보다는 일반법칙적인 방법에 의해서 설명된다.
④ 종래의 객관주의, 논리실증주의가 적절히 다루지 못한 인간의 주관적 개념, 의식 및 동기 등의 의미를 보다 더 적절하게 이해할 수 있는 가능성을 제시하고 있다.

실증주의와 행태주의가 내세우는 과학적인 연구방법에 대해 반기를 들고 있다.

ⓒ 현상학적 접근방법은, 사회현상 또는 사회적 실재(social reality)란 자연현상처럼 사람과 동떨어진 객체로 존재하는 것이 아니라 그 속에 참여하는 사람들의 의식·생각·언어·개념 등으로 구성되며, 그들의 상호주관적인 경험으로 이룩되는 것이기 때문에 사회과학에서 형성하는 사유대상(thought objects) 또는 정신적 구성물은 자연과학의 그것과는 본질적으로 다르다는 것이다.

ⓒ 즉, 사회현상은 상호주관적인 경험으로 이룩되기 때문에 사회과학의 연구대상은 자연과학과는 큰 차이가 난다는 입장이다. 자연과학자가 탐구하는 자연의 세계는 아무런 의미도 없지만, 사회과학자의 관찰 영역인 사회적 실재는 그 속에서 살고, 생각하고, 의사소통하고, 행위하는 사람들에게 특정한 의미와 현실 적합성을 띤다는 것이다.

ⓔ 현상학적 접근방법은 사회과학 연구에서 경험적 관찰을 지나치게 한정시키기보다는, 일상생활의 상식적인 생각 속에서 인간행위를 이해하고, 그 이면에 깔린 동기나 목표로서 설명되는 '경험의 형식'까지도 포함시킨다면 훨씬 더 풍부한 인간행위의 이해가 가능하다고 본다.

ⓜ 이와 같이 현상학적 접근방법은 겉으로 드러난 행태보다는 인간의 주관적이고 내면적인 의식세계를 연구한다.

② 행정학 연구에 현상학적 접근방법을 도입한 연구: 하몬(Michael Harmon)의 행위이론(action theory, 1981)은 행정학 연구에 현상학적 접근방법을 도입한 연구이다.

ⓒ 행위이론은 인간의 행위가 합목적적이고 의도적이며, 인간은 그들이 종사하고 있는 활동과 관련해서 그들 자신을 성찰할 수 있는 책임 있는 행위자임을 암시한다. 즉, 인간을 의식과 의도성을 지닌 능동적 존재로 파악하는 것이다.

ⓒ 행위이론은 주체와 객체 간의 상호작용과정을 통해서 조직은 창조되고 유지될 수 있으며, 행위지향적인 행정은 다른 개인들의 현실을 이해하고 공감할 수 있는 행위지향적인 개인들에 의해서만 가능하다고 주장한다. 현상학적 접근방법은 근본적으로 행정학 연구를 행정가의 일상적인 실제적 측면을 강조하는 미시적 관점으로 방향전환을 시도하는 것이며, 많은 거시적인 문제들은 인간의 상호작용과 이해를 통해 해결될 수 있다는 것이다.

(2) 현상학의 주요 내용 및 특징

현상학(phenomenology)이란 현상에 대한 개개인의 지각(perception)으로부터 그의 행태(behavior)가 나온다고 주장하는 철학적·심리학적 접근방법이다. 이러한 입장에서 행정현상을 볼 때, 현상학에서는 다음과 같은 특징이 나타난다.

① 유명론(唯名論, 명목론): 전통적인 행정학에서는 실재론(realism)에 근거하고 있는 데 반하여, 현상학에서는 유명론(nominalism)에 입각하고 있다.
② 반실증주의: 종래의 방법론에서는 인식론적 기반으로서 논리실증주의(logical positivism)에 근거하는 데 반하여, 현상학적 방법론에서는 반실증주의(현상학)에 근거하고 있다.
③ 연구방법론: 종래의 방법론에서는 일반법칙적(nomothetic)인 연구를 지향하고 있었다. 소위 원리주의에 입각하여 보편적인 행정의 원리를 추구한 것이다. 그러나 현상학적인 방법론에서는 개별문제 중심적(idiographic)인 연구에 치중한다.

④ **기술의 초점**(focus of description): 논리실증주의적인 종래의 방법론이 기술하고자 하는 것은 행정 속에 나타난 사람의 행태(behavior)를 관찰하는 것이다. 그러나 현상학적 방법론에서는 행태가 아니라 행동(action)을 관찰한다.[18] 또한, 이 행동을 나타내는 주체(actor)의 주관적 의미(subjective meaning)를 강조한다. 즉, 인간을 능동적 존재로 파악하며, 행정현실을 이해하는 데 과학적 방법보다 해석학적 방법을 선호한다.

⑤ **설명양식**(mode of explanation): 행정현상을 설명하는 양식이 종래의 방법론에서는 원인(causes), 체제의 기능, 목표가 어떠하다는 식의 서술적인 설명 형태를 띤다. 그러나 현상학적 방법론에서는 사랑, 상호 간의 성취욕구와 같은 것에 의해 인간이 동기화된다고 본다.

⑥ **감정이입**(empathy): 자신을 타인의 입장에서 관찰할 수 있는 능력을 중시한다.

⑦ **상호주관성**(intersubjective, 간주관성)의 강조: 상호주관성 또는 간주관성이란, 객관적 주관성(objective subjectivity)이라고도 불린다. 연구자들이 주관을 달리할지라도 같은 방법을 사용하였을 때에는 같은 해석 또는 설명에 도달할 수 있어야 한다는 것이다. 즉, 어느 한 대상에 부여하는 의미가 자기만이 이해할 수 있는 것이 아니라 그와 같은 의식을 가진 타인에게도 같은 의미로 경험되는 것으로, 타인의 체험을 자신의 체험과 동일화시킬 수 있어야 타인과 사회적 관계를 맺으며 의사소통을 할 수 있다는 것이다. 따라서 조직은 간주관적으로 공유된 의미의 집합으로 본다.

(3) 현상학의 평가

① **공헌**
  ㉠ **주관적 관념의 이해 가능성 증진**: 종래의 객관주의, 논리실증주의적 입장에서 파악하지 못했던 인간의 주관적 관념, 의식 및 동기 등의 의미를 좀 더 적절하게 다루고 이해할 가능성을 높여 주었다.
  ㉡ **철학적 사고방식과 준거의 틀 제공**: 현상학적 접근방법은 조직문제를 파악하는 데 폭넓은 철학적 사고방식과 준거의 틀을 제공한다.
  ㉢ **주관과 객관의 관계 회복**: 공공조직론에서 주관과 객관의 관계 및 우리가 실제 살아가고 있는 생활세계를 구성하고 있는 이 양자의 관계를 회복시켜 주었다.

② **한계**
  ㉠ 지나치게 사변적이고 철학적이기 때문에 주관적인 철학의 범주를 벗어나기 어렵다.
  ㉡ 행위의 목적성과 의도성을 찾아내는 데 주안점을 두고 있지만, 구체적인 기술에 대한 언급이 없다.
  ㉢ 인간행위의 많은 부분이 무의식이나 집단규범 또는 외부의 압력 등으로 발생하나, 이를 간과하는 경향이 있다.
  ㉣ 지나치게 미시적 관점의 이론이다.
  ㉤ 전체적인 시각이 부족하다.

---

18) 현상학의 기본적 사고를 쉽게 이해하기 위해서는 우리가 잘 알고 있는 '청개구리 이야기'를 한 예로 들어 설명할 수 있다. 청개구리의 어머니가 남긴 유언의 의미를 제대로 이해하기 위해서는 그것을 겉으로 표현한 그대로 성급하게 판단할 것이 아니라, 그 표현의 밑바닥에 깔린 근본적 의미를 이해해야 한다는 것이다. 현상학적 접근은 이처럼 인간의 내면적이고 의도하고 있는 의도적 행동(action)과 겉으로 나타내는 표출된 행태(behavior)를 구별하고 의도된 행동에 더욱 관심을 기울여야 한다고 주장하며, 그렇게 함으로써 행동의 의미를 좀 더 근본적으로 이해할 수 있게 한다고 한다.

바로 확인문제

75   2005 울산 9급

다음 중 현상학적 접근방법의 내용이 <u>아닌</u> 것은?

① 인간의 행동을 철학적·심리학적으로 연구하는 것을 말한다.
② 인간의 주관적이고 내면적인 의식세계를 연구한다.
③ 행동이 아니라 행태를 관찰한다.
④ 개별문제 중심적인 연구에 치중한다.
⑤ 조직은 간주관적으로 공유된 의미의 집합으로 본다.

76   2007 서울시 7급

현상학적 접근방법에 대한 비판으로 옳지 <u>않은</u> 것은?

① 주관적인 철학의 범주를 벗어나기 어렵다.
② 행위의 목적성과 의도성을 어떻게 찾아낼 것인가에 대한 방법과 기술에 대해서는 언급이 없다.
③ 인간행위의 많은 부분이 무의식이나 집단규범 또는 외적 환경의 산물이라는 것을 간과하고 있다.
④ 인간은 능동적이라고 가정하고 있지만, 실제에 있어서는 수동적인 경우가 더 많다.
⑤ 개별적인 인간 행위와 개인 간의 상호작용의 해석에 역점을 두기 때문에 그 접근방법이 지나치게 거시적이다.

77   2004 강원 9급

현상학적 접근방법에 관한 설명이 <u>아닌</u> 것은?

① 계량적 분석   ② 간주관성
③ 가치주의   ④ 의식주의

78   2007 인천 9급

다음 중 공공선택이론에 대한 설명이 <u>틀린</u> 것은?

① 정부를 공공재의 생산자, 시민을 소비자로 규정한다.
② 방법론적 개체주의를 특징으로 한다.
③ 개인을 합리적인 이기주의자로 가정한다.
④ 시장적 의사결정에 관한 정치학적 연구이다.
⑤ 재화나 용역의 공공성을 강조한다.

79
2008 지방직 9급

공공선택론(public choice theory)의 접근방법에 관한 설명으로 옳지 <u>않은</u> 것은?

① 방법론적 개인주의에 입각하고 있으며, 인간은 철저하게 자기이익을 추구한다고 가정한다.
② 인간은 모든 대안들에 대하여 등급을 매길 수 있는 합리적인 존재라고 가정한다.
③ 정당 및 관료는 공공재의 소비자이고, 시민 및 이익집단은 공공재의 생산자로 가정한다.
④ 뷰캐넌(J. Buchanan)과 털럭(G. Tullock)이 대표적인 학자이다.

80
2021 지방직(=서울시) 7급

행정학의 접근방법에 대한 설명으로 옳지 <u>않은</u> 것은?

① 생태론적 접근방법은 외부환경이 행정체제에 영향을 미친다는 시각으로 환경에 대한 행정의 주체적인 역할을 경시했다는 비판을 받는다.
② 후기행태주의는 적실성(relevance)과 실천(action)을 강조하고, 가치중립적인 과학적 연구보다는 가치평가적인 정책연구를 지향하였다.
③ 공공선택이론은 권한이 분산된 여러 작은 조직들에 의해 공공서비스가 공급되는 것보다 단일의 대규모 조직에 의해 독점적으로 공급되는 것을 선호한다.
④ 역사적 제도주의에서 제도는 경로의존성과 관성적인 성향으로 인해 새로운 환경의 변화에 적절히 대응하지 못할 수도 있다.

81
2021 군무원 9급

공공선택론(public choice theory)에 대한 설명으로 가장 옳지 <u>않은</u> 것은?

① 방법론적 집단주의를 지향한다.
② 정치·행정현상을 경제학적 논리를 통해 분석하고자 한다.
③ 개인 선호를 중시하여 공공서비스 관할권을 중첩시킬 수도 있다.
④ 중위투표자이론(median vote theorem)도 공공선택론의 일종이다.

---

04 현대행정학의 주요 이론

1 공공선택론

> **결정적 코멘트** 행정현상 연구를 위한 경제학적 분석틀(framework)이다. 전통적 정부관료제의 독점을 비판하고 경쟁의 원리를 강조하며, 합리적 선택 신제도주의, 신공공관리론의 밑바탕이 되는 이론임을 기억해야 한다.

(1) 공공선택론의 개념 및 성립 배경

① 개념

　㉠ 공공선택론(public choice theory)은 비시장적 의사결정(non-market decision making)의 경제학적 연구 또는 정치학에 경제학을 응용하는 것이다(D. Mueller). 즉, 정치적·행정적 결정에 관한 정치·경제학적 연구이론(정치경제학)으로서, 공공부문의 의사결정을 분석하기 위한 접근방법의 하나이다. 공공선택론적 접근방법은 경제학을 응용하여 투표 규칙, 투표 형태 등의 비시장적 의사결정과정을 연구한다.

　㉡ 공공선택론의 핵심은 민주행정패러다임으로 공공재 공급을 행정의 주요 대상으로 삼고, 그의 공급을 위한 정책결정 방식과 조직배열을 연구의 중심으로 한다. 정부를 공공재의 생산자로, 시민을 공공재의 소비자로 규정하여 공공부문을 시장경제화하고, 정부서비스는 순수공공재와 순수민간재의 중간 형태로 보아 시장원리의 도입이 가능하다고 가정한다. 공공서비스를 제공할 때에 시민 개개인의 선호와 선택을 존중하고, 경쟁을 통하여 서비스를 생산하고 공급하게 함으로써 행정의 대응성을 높일 수 있다고 한다.[19]

② 성립 배경과 문제 의식

　㉠ **공공부문의 시장경제화:** 공공선택론에서는 정부를 공공재의 생산자, 시민들을 공공재의 소비자라고 규정한다. 이러한 관점에서 비용의 극소화와 시민의 편익을 극대화할 수 있는 서비스의 공급과 생산은 공공부문을 시장경제화함으로써 달성될 수 있다고 한다.

　㉡ **전통적인 정부관료제의 한계:** 공공서비스를 독점적으로 공급하는 전통적인 정부관료제는 시민의 요구에 민감하게 반응을 보일 수 없는 제도적 장치이다. 동시에 조직화된 압력단체들의 영향력하에 이들에게 공공서비스를 편향적으로 공급하고 주된 소비자인 시민의 선택을 억압한다는 것이다. 이러한 이유가 공공서비스의 생산과 공급에서 성과를 높이지 못하게 되는 정부실패의 원인이라는 것이다.

　㉢ **시민 개개인의 선호 중시:** 공공선택론자들은 공공서비스를 제공할 때에 시민 개개인의 선호와 선택을 존중하고, 경쟁을 통하여 서비스를 생산하고 공급하게 함으로써 행정의 대응성을 높일 수 있다고 주장한다.

(2) 공공선택론의 방법론적 가정 및 특징

① 정치경제학적인 시각에서 행정현상을 설명하였다. 국가(비시장적 의사결정)와 시장(경제학적 분석 틀)을 연계한 연구이다.

② 방법론적 개인(체)주의(methodological individualism)에 입각하여 합리적·이기적 경제인을 가정한다. 즉, 분석의 기본단위는 개인이며, 각 개인은 합리적 경제인(연역적 접근)으로 자기이익을 추구한다고 본다. 따라서 공공선택론은 사회를

---

19) 행정의 능률성 이념을 앞세워, 관료제의 자율성과 정치적 중립 및 공무원의 신분보장을 주장하는 윌슨 – 베버식 행정관(Wilson-Weberian paradigm)이 있다. 이러한 관점은 정부의 대응성보다는 행정의 전문화와 기술화를 통한 능률성 제고에 초점을 맞추고 있다. 공공선택론은 이를 비판하고 등장하였다.

유기체가 아니라 개개인의 결합으로 파악하며, 개인의 효용이 증가하면 사회적 효용이 증가한다고 본다.

③ 정치 역시 일종의 교환행위로, 정치인이나 관료는 공공재를 교환함으로써 자신의 사익의 극대화를 추구한다(교환으로 의미를 갖는 정치). 즉, 정치인과 관료도 일반국민과 마찬가지로 사익을 극대화하려는 존재로 파악한다. 정치는 합리적 개인들 간의 자발적 교환작용이다.

④ 신제도론적 접근(합리적 선택 제도주의)과 정책의 파급효과(spillover effect)를 강조한다.

(3) 공공선택론의 주요 모형

① **오스트롬**(Ostrom)**의 민주행정 패러다임**

　㉠ **개요**: 오스트롬은 『미국 행정의 지적 위기』라는 저서에서, 윌슨주의자의 계층제적인 관료제이론이 고전적 모형이라고 하면서 자신의 패러다임을 민주행정의 패러다임이라고 주장하였다.

　㉡ **특징**

　　ⓐ 주민복지와 급변하는 환경에 적응할 수 있기 위해서는 의사결정센터를 다원화시키는 권한의 분산과 관할권의 중첩이 필요하다.

　　ⓑ 관료들도 다른 인간과 마찬가지로 부패할 수 있기 때문에 권한이 분산되어 있지 않거나 다른 기관들에 의한 견제와 통제가 이루어지지 않으면, 권한은 남용되거나 사익을 위해 사용될 가능성이 커진다.

　　ⓒ 행정은 정치의 영역 안에 놓여 있기 때문에, 공공재의 공급은 정책결정자의 다양성과 정치적 실현 가능성에 의해 결정된다.

　　ⓓ 공공선택론자들에 의하면, 계층제적인 단일의 명령 계통은 다양한 환경의 변화에 따라 다양한 공공재나 공공서비스를 요구하는 주민들의 다양한 선호에 거대한 행정이 대응하지 못할 뿐 아니라 능률성을 가져오는 것도 아니라고 비판한다.

② **다운스**(Downs)**의 정부실패모형**: 정당 대 국민(소비자)관계에서, 국민은 생산자적 소비자(기업)와 소비자적 소비자(국민)로 나뉜다. 정당에 물적·인적 자원을 제공할 수 있는 능력은 생산자적 소비자가 가지고 있기 때문에 정당은 결과적으로 일반 국민들의 이익에 반하게 되는 정책들을 만들어 정부실패가 발생한다는 것이다.

③ **콩도르세**(Condorcet)**의 중위투표(선호)자이론**

　㉠ **개념**: 중위투표자란 선택대안을 둘러싼 그 사람의 선호가 모든 투표자들의 선호체계 중에서 가운데에 위치하고 있는 사람을 지칭하는데, 다수결을 확보하려는 정치인들은 항상 중위투표자(median voter)가 누구인지 확인하려고 한다는 이론이다.

　㉡ **특징**

　　ⓐ 중위투표자의 선호는 정당 간의 경쟁에 관한 다운즈모형(Downsian model)에서 중심적 역할을 하고 있다.

　　ⓑ 양당제하의 정치적 경쟁은 결과적으로 중위투표자의 환심을 사기 위하여 서로 비슷한 합의정치(consensus politics)를 도출하는 경우가 많다고 설명한다. 즉, 양대 정당의 경우, 여야 정당의 강령이 비슷해지는 이유를 설명하는 이론이다.

82   2005 인천 9급

공공선택이론에 관한 다음 설명 중 틀린 것은?

① 정책결정은 많은 사람이 참여할수록 좋다.
② 관료들은 공공성을 극대화하려고 한다.
③ 공공부문에 경제학적 관점을 받아들이는 것이다.
④ 정책의 파급효과를 중시한다.

83   2009 지방직 7급

행정학의 접근방법 중 공공선택론의 특성에 해당하지 <u>않는</u> 것은?

> ㄱ. 방법론적 개체주의
> ㄴ. 국가의지의 강조
> ㄷ. 부서목표의 극대화
> ㄹ. 합리적 경제인
> ㅁ. 교환으로서의 정치
> ㅂ. 예산극대화

① ㄱ, ㄹ   ② ㄴ, ㄷ   ③ ㄷ, ㅁ   ④ ㄷ, ㅂ

84   2007 국가직 7급

공공선택이론에 관한 설명으로 적절하지 <u>않은</u> 것은?

① 연역적 설명 방식을 취함으로써 사물에 관한 추론방법을 이용하는 데 유용하다.
② 합리모형의 정책결정수단으로서의 성격을 인정하면서 공공재와 공공서비스의 특질을 중시하였다.
③ 전통적인 정부실패의 한계에서 출발하였으며 관할구역의 분리와 분권화를 주장한다.
④ 행정에서의 소비자 보호운동을 강화하는 데 기여하였다.

85   2001 서울시 9급

양대 정당의 경우, 여야 정당의 강령이 비슷해지는 이유를 설명하는 이론은?

① 최적투표이론   ② 지대추구이론
③ 승리연합   ④ 중위투표자정리
⑤ 투표의 역설

86 2016 사회복지직 9급

애로우(K. J. Arrow)가 제시한 바람직한 집합적 의사결정방법의 기본조건이 <u>아닌</u> 것은?

① 집단의 선택과정은 합리적이어야 한다.
② 개개인의 선택의 자유가 제한되어서는 안 된다.
③ 어느 누구도 집합적인 선택의 과정에 대해서 결정적인 영향력을 행사해서는 안 된다.
④ 두 대안에 대한 개개인의 선호순위는 두 대안뿐 아니라 다른 제3의 대안도 고려하여 결정되어야 한다.

87 2018 지방직 9급(사회복지직 9급)

공공선택이론에 대한 설명으로 옳지 <u>않은</u> 것은?

① 사회의 비시장적인 영역들에 대해서 경제학적 방식으로 연구한다.
② 시민들의 요구와 선호에 민감하게 부응하는 제도 마련으로 민주행정의 구현에도 의의가 있다.
③ 전통적 관료제를 비판하고 그것을 대체할 공공재 공급 방식의 도입을 강조한다.
④ 효용극대화를 추구한다는 합리적 개인에 대한 가정은 현실적합성이 높다고 평가받는다.

88 2016 지방직 9급

공공선택론에 대한 설명으로 옳지 <u>않은</u> 것은?

① 공공선택론은 역사적으로 누적 및 형성된 개인의 기득권을 타파하기 위한 접근이다.
② 공공선택론은 공공재의 공급에서 경제학적인 분석도구를 적용한다.
③ 공공선택론에서는 공공서비스를 독점 공급하는 전통적인 정부관료제가 시민의 요구에 민감하게 대응할 수 없는 장치라고 본다.
④ 공공선택론은 공공서비스의 효율적 공급을 위해서 분권화된 조직 장치가 필요하다는 입장이다.

ⓒ 중위투표자이론은 단일정점 선호체계하에서 다수결제도에 의한 집단적 선택결과는 중위투표자가 가장 선호하는 대안으로 귀결된다는 것인데, 투표자들의 선호가 합리적(단일정점형 선호: single-peacked preference)이면 중위투표자가 선호하는 것을 다수결에서 선호하게 된다는 것이다.

ⓓ 이러한 과정에서 득표 극대화를 추구하는 정치인들에게 중위투표자이론이 주는 합의를, 다운스는 양대 정당제하에서 두 정당의 강령이 비슷해지는 이유를 설명하는 데 사용하였다(최소 차별화의 원칙, 호텔링의 원리).

④ 애로우의 불가능성의 정리(Arrow's impossibility theorem)

ㄱ 개요: 「Social Choice & Individual Values(1972)」에서, 사회적 선택규칙이 윤리적으로 수용될 수 있기 위해 최소한 준수되어야 할 조건들로서 바람직한 집단적 의사결정제도가 갖추어야 할 다섯 가지의 조건을 언급하였다.

ㄴ 기본조건

ⓐ **집단적 합리성(collective rationality) – 선호의 완비성과 이행성**
 • 집단적 합리성이란 집단의 선호체계도 합리적인 개인이 갖는 선호체계와 마찬가지로 일관성이 있어야 한다는 것을 의미한다.
 • 합리적인 선호체계는 완비성(connexity)과 이행성(transitivity)을 갖추어야 한다.
  – 완비성: 모든 대안이 상호비교가 가능해야 한다는 것으로, 어느 하나라도 다른 어떤 대안과 비교하여 더 좋은지 더 나쁜지 또는 똑같은지를 정할 수 있어야 한다.
  – 이행성: 예컨대 A, B, C의 세 가지 대안이 있을 때, A가 B보다 더 낫고 B가 C보다 더 낫다고 한다면, 당연히 A가 C보다 낫다고 할 수 있다는 것이다.

ⓑ **파레토 원칙(pareto principle):** A와 B라는 두 대안 중 구성원 전부가 A를 더 선호한다면, 채택된 결과도 역시 A를 B보다 선호하는 결과를 보여야 한다는 것이다.

ⓒ **무관한 대안으로부터의 독립성(independence of irrelevant alternatives):** A와 B라는 두 가지 대안 사이의 선호를 결정하는 데 X나 Y와 같은 다른 대안들은 모두 이 둘과는 무관한 것으로 봐야 하며, 이 둘 간의 선호의 결정에 영향을 주어서는 안 된다는 것이다.

ⓓ **비독재성(non-dictatorship):** 어느 한 개인의 선호가 무조건 자동적으로 집단 전체의 선호가 되어서는 안 된다는 것이다.

ⓔ **영역의 비제약성(unrestricted domain):** 누구도 자신이 속한 집단의 의사결정과정에 참여하는 데 제약을 받아서는 안 된다는 것이다.

ㄷ 평가: 애로우의 불가능성의 정리는 애로우가 다섯 가지의 조건을 모두 만족시키는 의사결정 방식이 존재할 가능성에 대해서 논리적으로 고찰해 본 결과, 이런 조건들을 만족시키는 의사결정 방식이 존재하는 것은 불가능하다는 결론에 도달했다고 하여 붙여진 이름이다. 이는 곧 민주주의적인 집단적 의사결정 방식은 비합리적일 수밖에 없다는 것으로, 이는 민주주의 정치체계의 정당성에 심각한 손상을 초래할 수도 있는 것이다.

⑤ 뷰캐넌과 털럭(Buchanan & Tullock)의 최적다수결제 📖 PDF ▶ P.7
⑥ 니스카넨(Niskanen)의 예산극대화모형 📖 PDF ▶ P.9

⑦ 관청형성론 📖 심화편 ▶ P.24

(4) 공공선택론의 평가

① 공헌

ㄱ 행정학의 연구방법론을 정교화시키고 연역적 설명[20]을 가능하게 하며, 행정 현실에 적합한 가정을 통해 행정학의 과학성을 제고시킨다.

ㄴ 정책결정과 집행을 시장체제의 맥락에서 이해하고 설명하였다(행정학의 연구 범위 확대).

ㄷ 공공재와 공공서비스의 결정 공급을 둘러싼 일종의 민주행정 패러다임을 발 전시켰다.

ㄹ 정부규제와 지대추구행위를 해명했다.

ㅁ 이익집단이 구성원에게 제공하는 공통의 이익은 공공재의 성격을 띠고 있으 므로, 합리적 개인은 무임승차를 꾀하여 이익 집단에 자발적으로 참여하지 않 으려 하게 된다. 따라서 이익 집단이 잘 형성되기 위해서는 소규모 집단이 되 거나 대규모 이익 집단이라도 선별적 유인이 제공되어야 한다는 시사점을 제 공했다.

② 한계

ㄱ 방법론적 개인주의와 인간관에 대한 가정에 문제가 있다.

ㄴ 사회적 불평등의 시정기제로서 정부 역할을 간과했다.

ㄷ 시장경제원리를 지나치게 신봉하며 보수적인 성격을 띤다.

ㄹ 집권화된 조정보다 분권화된 소규모의 공공서비스와 공급시스템이 보다 효율 적인 기능을 수행한다는 견해는 너무나 단순하다.

2 신제도주의 ▶결정적 코멘트◀ 구제도주의와의 차이점과 각 분파의 차이점을 중심으로 학습해야 한다.

(1) 신제도주의(new institutionalism)의 개요

① 개념

ㄱ 사회적 현상의 설명에서 행태주의(방법론적 개인주의)와 원자적 설명(atomic explanation)[21] 방식이 갖는 한계점에서부터 출발한 신제도주의는 제도의 중 요성을 강조하는 접근이다.

ㄴ 1980년대 이후 행태주의의 한계를 지적하면서 등장한 신제도주의 접근방법 은 제도를 통해 거시 수준의 구조와 미시 수준(개체주의)의 행위 간의 상이한 분석 수준 간의 이론적 간격을 매개(연계)하여 최근의 정치·경제·사회현상을 설명·예측하려는 새로운 접근방법이다.

ㄷ 개인의 효용을 최적으로 총합하는 기법에 관한 논리적 연구는 다양한 투표방 식과 현실적 제도에 관한 관심으로 증폭되었다.

ㄹ 구(전통적) 제도연구와 신제도주의 연구 간에는 연구방법과 대상에서 약간의 차이가 있다. 구제도주의자들의 연구가 주요 기관의 권한이나 기능을 중심으 로 설명하는 데 초점을 두었다면, 신제도주의자들의 연구대상인 제도란 '인간

---

20) 연역법(deduction)은 일반적인 이론이나 법칙에서 출발해서 구체적인 현상에 이를 적용해 보는 논리적 전개과정이며, 귀납 법(induction)은 구체적인 관찰에서 시작하여 일반적인 원리나 이론으로 전개되는 논리적 과정이다.

21) 원자적 설명이란 방법론적 개인주의 또는 환원주의적 설명(reductionistic explanation)과 같은 의미로, 집단의 행동을 개개 인의 행동의 합으로 보고, 개인의 행동을 설명함으로써 집단의 행동에 대한 설명을 대신하는 설명방법이다. 따라서 원자 적 설명에서는 대체로 집단의 행동을 결정짓는 요소로서 제도의 중요성이 경시된다.

바로 확인문제

89 2005 경기 9급

신제도론에 대한 설명으로서 잘못된 것은?

① 구제도론보다 더 동적(dynamic)이라 고 할 수 있다.

② 행태주의를 계승·발전시킨 것이라고 볼 수 있다.

③ 제도는 인간들의 관계를 규율한다.

④ 거래비용을 줄여 주는 제도적 장치를 모색하는 데 주력한다.

90 2005 서울시 7급

정치학 및 정책연구에서의 구제도주의와 신제도주의의 비교에 관한 내용으로 가장 옳은 것은?

① 신제도주의는 제도를 사회현상을 '설명' 하기 위한 핵심변수로서 설정한다.

② 구제도주의는 '분석적 틀'에 기반한 '설 명'과 '이론의 발전'에 초점을 맞춘다.

③ 신제도주의는 정치체계가 공동체 구성 원들에게 미치는 영향에 대해서는 무 관심하였다.

④ 구제도주의는 제도의 공식적·구조적 측면을 통해 개인의 행위를 설명하려 한다.

⑤ 신제도주의는 정치체제를 둘러싼 도덕 적·규범적 원칙을 논의하고 있다.

91 2020 국가직 9급

행정학의 접근방법에 대한 설명으로 옳은 것은?

① 법적·제도적 접근방법은 개인이나 집 단의 속성과 행태를 행정현상의 설명변 수로 규정한다.

② 신제도주의 접근방법에서는 제도를 공 식적인 구조나 조직 등에 한정하지 않 고, 비공식적인 규범 등도 포함한다.

③ 후기 행태주의 접근방법은 행정을 자 연·문화적 환경과 관련하여 이해하면 서 행정체제의 개방성을 강조한다.

④ 툴민(Toulmin)의 논변적 접근방법은 환경을 포함하여 거시적인 관점에서 행 정현상을 분석하고, 확실성을 지닌 법 칙 발견을 강조한다.

92
2021 군무원 7급

신제도주의에 대한 설명으로 가장 적절하지 않은 것은?

① 신제도주의는 그동안 내생변수로만 다루어 오던 정책 혹은 행정환경을 외생변수와 같이 직접적인 분석대상에 포함시켜 종합·분석적인 연구에 기여하고 있다.
② 역사적 제도주의는 각국에서 채택된 정책의 상이성과 효과를 역사적으로 형성된 각국의 제도에서 찾고자 한다.
③ 합리적 선택 제도주의는 경제학에 이론적 배경을 두고 있다.
④ 사회학적 제도주의에서는 제도의 범위를 가장 넓게 보고 있다.

93
2015 지방직 9급

역사적 신제도주의의 특징으로 옳지 않은 것은?

① 행정기관, 의회, 대통령, 법원 등 유형적인 개별 정치제도가 주된 연구대상이다.
② 제도를 이해하는 데 있어 역사적·사회적 맥락의 중요성을 강조한다.
③ 제도가 형성되면 안정성과 경로의존성을 갖는다고 본다.
④ 제도란 공식적 법규범뿐만 아니라 비공식적 절차, 관례, 관습 등을 포함한다.

94
2019 지방직 7급

신제도주의의 주요 분파에 대한 설명으로 옳은 것은?

① 합리적 선택 제도주의는 개인이 합리적이며 선호는 제도와 밀접하게 연관되어 변화하는 것으로 가정한다.
② 사회학적 제도주의는 제도의 변화과정을 설명할 때 경로의존성을 강조하며, 제도의 운영 및 발전과 관련하여 권력의 비대칭성에 초점을 맞춘다.
③ 역사적 제도주의는 중범위적 제도 변수가 개별 행위자의 행동과 정치적 결과를 어떻게 연계시키는지에 대해 초점을 맞춘다.
④ 사회학적 제도주의는 사회적 딜레마를 해결하기 위해 사람들이 스스로 만드는 게임의 규칙을 제도로 본다.

의 행위현상에 영향을 미치는 일단의 규칙' 또는 '인간의 상호관계의 틀을 형성하는 제약조건'으로 본다. 제도론자들에 의하면 경제적 생산활동의 결과는 경제활동과 사회를 지배하는 정치적·사회적 제도인 일단의 규칙에 크게 달려 있다는 것이다. 신제도경제학에 기반을 두고 있는 이런 접근방법을 신세노론적 접근방법이라고 부른다.

ⓜ 신제도주의는 그동안 외생변수로만 다루어 오던 정책 혹은 행정환경을 내생변수와 같이 직접적인 분석대상에 포함시켜 종합·분석적인 연구에 기여하고 있다. 즉 신제도주의는 제도와 행위자의 상호작용이라는 동태적 관계를 중심으로 그동안 외생변수로 다루어져 오던 정책 또는 행정환경을 내생변수와 같이 직접적인 분석대상에 포함시킴으로써 좀 더 종합적, 분석적 연구에 기여하고 있다.

┃ 구제도주의와 신제도주의 비교

구분	구제도주의	신제도주의
제도의 개념	가시적이고 구체적인 조직 (공식적 법령, 정부조직)	공식적으로 표명되지 않은 조직이나 문제해결기제까지도 제도로 파악
제도의 형성	외생적 요인에 의해 결정된 것	제도와 행위자 간 상호영향력 인정
제도의 인식	제도가 인간의 행동이 나타나는 장(locus)이라는 측면만 파악	제도가 인간의 선호나 유인에 어떤 영향을 미치고 인간행태에 어떤 영향을 미치는지 분석(제도 중심)
분석방법	특정 제도의 개념과 속성을 단순히 기술하고 묘사	제도 자체가 수행하는 독립적인 기능이나 제도가 인간의 유인체계에 미치는 제약을 분석
접근방법	거시적(인간 고려 ×)	거시와 미시의 연계(인간 고려 ○)

② **제도의 정의**[22]

ㄱ **포괄적 정의**: 민주주의 및 자본주의와 관련된 기본적인 조직구조

　　예 선거에 관한 법적 규정, 경제적 제도

ㄴ **중범위적 정의**: 국가와 사회의 기본구조와 관련된 틀로서 사회집단 간의 세력관계, 정책형성과 집행에 영향을 미치는 조직적 특성

ㄷ **협의의 정의**: 공공조직의 표준화된 관행, 규정, 일상적 절차 등

③ **신제도주의의 분파 및 공통점**

ㄱ 제도는 사회의 구조화된 어떤 측면을 말하며, 사회현상을 설명할 때는 이런 구조화된 측면에 초점을 맞출 필요가 있다.

ㄴ 인간은 제도라는 맥락하에서의 개인으로 본다. 즉, 제도는 개인행위를 제약하며, 제도적 맥락 속에서 이루어지는 행위는 규칙성을 띠게 된다.

---

22) 사회과학 분야에서 '제도'는 크게 세 가지의 의미로 사용되고 있다. ① 제도는 어떤 사회에서 구체적인 조직을 의미하며, ② 제도는 어떤 사회 내에서 설정된 인간'관계'를 의미한다(예 가족제도). ③ 제도는 개인들 상호 간의 구체적인 관계에 질서를 부여하기 위해 사용하는 규칙들을 의미하는데, 제도적 접근방법에서 사용하는 제도의 개념은 바로 이를 지칭한다.

ⓒ 제도를 다음과 같이 특징짓는다.

    ⓐ 제도는 독립변수이자 종속변수이다. 즉, 제도가 개인행위를 제약하지만, 개인 간 상호작용의 결과로 제도가 변화될 수도 있다.

    ⓑ 제도는 공식적일 수도 있고(ⓔ 법률 등) 비공식적일 수도 있다(ⓔ 규범이나 관습 등).

    ⓒ 일단 형성된 제도는 쉽게 변화하지 않는다.

ⓔ 구제도주의보다 더 동적(dynamic)이라고 할 수 있다.

ⓜ 제도는 인간들의 관계를 규율한다.

ⓗ 정부활동의 성과에 영향을 미치는 제도적 장치를 규명한다. 정부활동의 결과는 그 활동에 참여하는 사람들의 교호작용의 유형에 따라 달라진다. 이러한 교호작용의 유형은 행위자의 선호, 정보처리능력, 개인의 선택기준 등 행위상황(action situation)에 있는 행위자의 특성과 행위상황에 의해 결정된다는 것이다.

ⓢ 신제도주의 이론에서 행위자들의 상호작용 방식은 제도의 개념에 포함된다.

(2) 역사적 신제도주의(정치학)

① 개념

ⓞ 역사적 신제도주의는 다원주의, 행태주의가 제도를 개인행위의 결과의 부수적 현상으로 취급하는 데 대한 반발로 등장하였다.

ⓛ 역사적 신제도주의는 정책문제가 유사하더라도 국가 간 정책의 차이가 존재하는 이유를 설명하기 위해서 등장하였다. 정책연구에서 역사적 시각과 거시구조적 분석을 통합함으로써 국가 간 정책의 상이성과 한 국가 내 정책패턴의 지속성을 효과적으로 설명한다.

② 역사적 신제도주의에서 '제도'

ⓞ 역사적 신제도주의에서는 제도를 장기간에 걸쳐서 나타나는 인간행동의 정형화된 유형 또는 패턴으로 본다.

ⓛ 역사적 신제도주의는 역사적 변화에 초점을 두고 제도의 진화를 주로 분석한다. 즉, 역사적 신제도주의에서 인식하는 개인의 행위는 제도적 맥락 속에서 형성되고 제약을 받게 되므로 개인의 선호와 그에 따른 의사결정은 제도의 산물로 간주하고, 행위를 형성하고 제약하는 맥락이 형성되는 역사적 과정을 중심으로 분석한다.

ⓒ 역사적 신제도주의에서 정책결정은 개인의 전략적인 의도와는 무관하게 이루어지며, 개인의 합리적 선택이란 인지능력의 한계로 인하여 제약된다고 본다.

③ 기본 입장

ⓞ 방법론적 개체주의보다 전체주의에 입각하고 있다.

ⓛ 개별국가의 특수한 역사적 제도형성을 강조한다.

ⓒ 제도의 공식적 측면과 비공식적 측면 모두를 강조한다. 특히 공식적 측면에 초점을 맞추고 있다.

ⓔ 제도가 행위자의 전략을 형성하기도 하지만, 보다 중요하게는 행위자의 선호형성에도 중대한 영향을 미친다고 본다. 따라서 각 개인의 선호는 주어진 것이 아니라 설명되어야 할 대상이다.

95   2003 입법고시

역사적 신제도주의에 대한 설명 중 옳지 않은 것은?

① 제도는 독립변수인 동시에 종속변수로서 개념화된다.

② 사회에 대한 정치의 의존성이 아니라 정치적 영역의 상대적 자율성을 강조한다.

③ 각 개인이나 집단의 선호가 이익집단이나 정당을 통해 정치적 요구로 표출되며, 정부는 이러한 요구를 수동적으로 전환시키는 역할을 수행한다.

④ 제도의 지속성을 강조하는 동시에 기존 제도에 의해 발생하게 되는 의도하지 않았던 결과와 제도의 비효율성을 강조한다.

⑤ 인과관계를 설명할 때 복잡 다양한 요인의 결합을 중시하며, 변수 간의 인과관계는 항상 맥락 속에서 형성됨을 강조한다.

96   2004 전북 9급

역사적 신제도주의에 대한 다음 설명 중 옳지 않은 것은?

① 역사적 신제도주의에서는 제도를 장기간에 걸쳐서 나타나는 인간행동의 정형화된 유형 또는 패턴이라고 본다.

② 역사적 신제도주의는 분석수준에서는 방법론적 개체주의보다는 전체주의적 입장을 취한다.

③ 역사적 신제도주의는 정책결정은 개인의 전략적인 의도와는 무관하게 이루어지며 개인의 합리적 선택이란 인지능력의 한계로 인하여 제약된다고 본다.

④ 역사적으로 형성된 제도는 지속성과 경로의존성을 가지며 의도하지 않은 결과를 초래하기도 하고 집단 간의 권력을 불균등하게 배분하기도 한다.

⑤ 역사적 신제도주의는 대내적인 정치적 합의 등을 중시하지만, 국가의 자율성이나 국민에 대한 대외적인 정치적 관계는 중시하지 않는다.

97   2015 서울시 9급

신제도주의에 대한 다음 설명 중 가장 옳지 않은 것은?

① 신제도주의는 행태주의에서 규명하고자 했던 개인의 선호체계와 행위결과 간의 직선적 인과관계에 의문을 제기한다.

② 합리적 선택 신제도주의 계열에는 거래비용 경제학, 공공선택이론, 공유재이론 등이 있다.

③ 사회학적 신제도주의는 경제적 효율성이 아니라 사회적 정당성 때문에 새로운 제도적 관행이 채택된다고 주장한다.

④ 역사적 신제도주의는 경로의존적인 사회적 인과관계를 강조하므로 특정 제도가 급격한 변화에 의해 중단될 수 있는 가능성을 부정한다.

98   2007 국가직 9급

거래비용의 개념과 직접적인 관련이 적은 것은?

① 합리적 선택의 신제도주의

② 거래를 준비하기 위한 의사결정비용

③ 공유지의 비극(tragedy of commons)

④ 불확실성, 자산특정성(asset specificity)

99   2020 지방직(=서울시) 7급

사회학적 신제도주의에 대한 설명으로 옳지 않은 것은?

① 개인의 행위는 고립된 상태에서 선택되는 것이 아니라 사회관계에 의하여 영향을 받는다는 의미에서 '배태성(embeddedness)'이라는 개념을 사용한다.

② 조직들이 시장의 압력 속에서 생존하기 위해 경쟁력 있는 조직형태나 조직관리기법을 합리적으로 선택하는 것은 규범적 동형화(normative isomorphism)의 예이다.

③ 정부의 규제정책에 따라 기업들이 오염방지장치를 도입하거나 장애인 고용을 확대하는 것은 강압적 동형화(coercive isomorphism)의 예이다.

④ 정부의 제도개혁에 선진국의 제도를 도입하여 적용하는 것은 모방적 동형화(mimetic isomorphism)의 예이다.

④ 특징

  ㉠ **독립변수와 종속변수로서의 제도**: 역사적 신제도주의에서 개인의 행위는 제도·구조에 의해서 영향을 받는다고 하면서 제도를 '독립변수'로 상정하고 있다. 이러한 제도를 설명하기 위해서는 제도의 역사적 배경을 설명해야 하고, 제도 형성의 역사적 배경을 설명하기 위해서는 개인과 집단의 선택과 행위가 제도 변화에 영향을 미치는 종속변수로서 고려되어야 한다.

  ㉡ **정치적 영역의 상대적 자율성 중시**: 다원주의에서 정부는 중립자이자 중재자로서 아무런 자율성과 정체성을 가지지 못하는 존재로 인식되나, 역사적 신제도주의는 국가의 자율성을 강조한다. 즉, 국가에 초점을 두며, 국가는 하나의 행위자이자 그 자체가 제도로서 단순한 사회적 선호의 반영물 이상이라고 한다.

  ㉢ **권력관계의 불균형과 정책**: 역사적 신제도주의는 집합적 의사결정과정에서 개인이나 집단의 권력관계의 불균등성을 강조하며, 모든 선호와 이익이 포함될 수 있다는 다원주의의 주장을 부정한다. 역사적으로 형성된 제도는 사회집단 사이에 권력을 불균등하게 배분하며, 이에 따라 이익의 대표과정이 심각하게 왜곡될 수 있다는 것이다. 이는 한 사회는 자유롭게 계약하고 거래하는 개인과 집단으로 구성되어 있는 것이 아니며, 제도가 특정 집단이나 이익에 대해 의사결정과정에서 특권적 접근을 허용한다는 것이다.

  ㉣ **정책연구에서의 역사와 맥락에 대한 강조**: 역사적 신제도주의는 정책을 설명할 때 제도적 맥락의 중요성을 강조한다. 정책을 개인이나 집단의 행위로 설명한다면 국가 간의 정책의 상이성과 정책의 지속성을 설명할 수 없기 때문이다.

  ㉤ **제도의 지속성과 경로의존성**[23]: 역사적 신제도주의는 제도의 지속성을 강조하는 동시에 제도의 변화와 발전을 설명하는 데 경로의존(path-dependence)과 의도하지 않은 결과를 중시한다.

> **더 알아보기** **경로의존성**
>
> • t 시점에서 필요에 의해서 만들어진 제도는 t + 1 시점에 환경 변화 등으로 인해 그 폐지·변화를 요구하더라도 그 제도 자체가 지속되는 경향이 있다. 따라서 t 시점에서는 종속변수이지만 t + 1 시점에서는 독립변수인 것이다.
>
> • t 시점에서는 순기능을 하는 제도가, t + 1 시점에서는 역기능이 나타나면서도 폐지되지 않을 수 있음을 의미한다. 이는 특정의 정책이 선택되면 문제해결에 더 효율적·기능적인 제도가 존재해도 쉽게 변하지 않을 수 있음을 의미한다.
>
> • 경로의존성은 환경 변화와 제도 변화의 괴리, 최적의 결과와 실제 결과의 괴리, 역사의 비효율성과 우연성을 강조한다.

⑤ 제도의 변화

  ㉠ 역사적 신제도주의에서도 제도의 변화가 가능하다고 보는데, 이러한 제도의 결정적이고 근본적인 변화는 심각한 경제위기, 군사적 위기, 공황, 전쟁 등에 대응하기 위해서 나타난다. 즉, 역사적 전환점, 중대한 전환점으로 불리는 위

---

23) 아이켄베리(Ikenberry)에 의하면 제도가 지속성을 가지는 이유는 다음과 같다. ① 일단 제도가 형성되면 특정 집단에게 특권적 지위가 부여되기 때문에 특권집단은 현 제도를 고수하려고 할 것이다. ② 환경이 변해도 기득권 유지를 위해서 기존 제도를 유지하는 노력이 존재하며, 제도 변화가 장기에는 모두에게 이익이 되더라도 단기에는 불확실성과 피해를 입는 집단에 의해서 제도 변화에 저항할 것이다. ③ 제도 변화가 현재의 제도와 권력구조하에서 진행될 뿐만 아니라 조직환경이 제도 변화를 거부할 수 있을 것이다. ④ 제도 변화의 비용과 불확실성은 현 제도를 유지하게 할 것이다. 반면, 노스(North)가 설명하는 제도의 경로의존성의 이유는 다음과 같다. 새로운 제도가 높은 고정비용 또는 정착비용을 요구하고 상당한 정도의 학습과 협동을 요구한다면, 그러한 제도는 채택되기 어렵다. 즉, 기존 제도가 비합리적인 면이 있더라고 계속 존속한다는 것이다.

기상황에서는 자원배분과 게임의 규칙을 새롭게 설계해야 하기 때문에 제도변화가 일어난다고 본다. 그리고 위기가 끝나고 나면 변화된 게임의 규칙이 제도화되고 경로의존성을 가질 수 있다.

ⓛ 이와 같이 역사적 신제도주의에서는 제도의 기원이 제도의 유지를 설명할 수 없고, 제도의 유지가 제도의 형성을 설명할 수 없다고 본다. 즉, 제도의 기원과 제도의 유지를 설명하기 위해서는 각기 상이한 변수를 동원하여 설명되어야 한다는 것이다.

(3) 합리적 선택 신제도주의(경제학)

① 개념

  ㉠ 합리적 선택 신제도주의는 모든 개인들은 일정한 제약조건에서 목적·수단을 연계하여 최적 행동을 계산한다는 산술적 접근을 취한다.

  ㉡ 생산활동에 참여하는 인간을 자신의 후생이나 이익을 극대화시키는 합리적·경제적 행위자로 가정하고 연역적 방법론과 방법론적 개체주의의 입장을 지지한다.

  📖 공공선택이론, 대리인이론, 거래비용경제학, 공유재이론 등

② 특징

  ㉠ 제도의 개념

   ⓐ 합리적 선택 신제도주의도 역사적 신제도주의와 마찬가지로 공식적 제도에 초점을 맞추는 경향이 있다.

   ⓑ 각 개인은 합리적이며 자기이익(self-interest)을 추구하지만, 각 개인의 합리성이 집단적 차원에서 결합되면 결코 합리적이지 않은 결과를 창출해 낼 수 있다는 이른바 '집단행동의 딜레마(collective action dilemma)'가 이론의 출발이다. 제도는 이러한 집단행동의 딜레마를 해결해 주는 역할을 한다고 본다.

   📖 낚시면허제, 국립공원 안식년제, 문화유산 안식년제 등

   ⓒ 합리적 선택 신제도주의에서는 제도의 '의식적인 설계'를 핵심 개념으로 보며, 균형(equilibrium) 개념을 강조한다.

   ⓓ 합리적 선택 신제도주의는 제도의 발생을 거래비용 개념으로 설명하며, 거래비용을 줄여 주는 제도적 장치를 모색하는 데 주력한다.

  ㉡ 선호 형성

   ⓐ 쉡슬(Shepsle, 1989)에 의하면, 제도란 개인 간 협력을 촉진하고 합의를 지탱할 수 있도록 하는 행위자들 간의 사전적 약속이다. 즉, 각 개인의 계산에 기초한 집단구성원 간 계약(contract)에 의해 집합적 행위의 딜레마를 해결하기 위한 방안으로서 개인의 행위를 구조화시킬 수 있는 제도를 창조하는 것이다. 따라서 신제도주의의 다른 분파와는 달리 합리적 선택 신제도주의에서는 "제도의 의식적인 설계(conscious design of institutions)"가 핵심 개념으로 등장하게 된다.

   ⓑ 합리적 선택 신제도주의에서는 개인의 선호는 안정적이며 선험적으로 주어진 것으로 가정한다. 따라서 선호 형성에 대해 제도는 아무런 역할을 하지 않으며, 선호 형성은 설명의 대상이 아니라고 본다.

100 2017 지방직 9급

조직의 배태성(embeddedness)과 제도적 동형화(isomorphism)에 대한 설명으로 옳지 않은 것은?

① 제도적으로 조직이 동형화될 경우 조직이 교란되는 것을 막을 수 있다.

② 제도적 동형화에는 강압적 동형화, 모방적 동형화, 규범적 동형화 등이 있다.

③ 조직의 제도적 동형화는 특정 조직이 환경에 있는 다른 조직을 닮는 것을 말한다.

④ 조직 배태성의 특징은 조직구성원들이 정당성보다 경제적 이익을 추구하는 행위를 하려는 것이다.

101 2021 지방직(=서울시) 9급

신제도주의에 대한 설명으로 옳지 않은 것은?

① 제도는 법률, 규범, 관습 등을 포함한다.

② 역사적 제도주의는 제도가 경로의존성을 따른다고 본다.

③ 사회학적 제도주의는 적절성의 논리보다 결과성의 논리를 중시한다.

④ 합리적 선택 제도주의는 제도가 합리적 행위자의 이기적 행태를 제약한다고 본다.

102 2007 경기 9급

다음 중 옳지 않은 것은?

① 신제도주의는 제도를 사회현상을 설명하기 위한 핵심변수로 설정한다.

② 합리적 선택 신제도주의는 개인을 합리적이고 전략적인 행위자로 가정한다.

③ 역사적 신제도주의는 정치체제의 자율성과 경로의존성을 강조하며 권력관계의 불평등성을 강조한다.

④ 사회학적 신제도주의는 개인의 선호는 외생적으로 주어지는 것으로 제도의 공식적 측면을 강조한다.

103

신제도주의에 대한 설명으로 옳은 것만을 모두 고른 것은?

> ㄱ. 합리적 선택 신제도주의가 형성되는 데 거래비용접근법이 많은 영향을 미쳤다.
> ㄴ. 사회학적 신제도주의는 문화가 제도의 형성에 미치는 영향을 간과한다.
> ㄷ. 역사적 신제도주의는 행위자 간의 상호작용을 제약하는 제도의 영향력과 제도적 맥락을 강조한다.

① ㄱ, ㄴ   ② ㄱ, ㄷ
③ ㄴ, ㄷ   ④ ㄱ, ㄴ, ㄷ

104

신제도주의 유형과 그 특징을 바르게 연결한 것은?

	합리적 선택 제도주의	역사적 제도주의	사회학적 제도주의
①	중범위 수준 제도분석	제도동형성	경로의존성
②	거래비용	경로의존성	제도동형성
③	전략적 상호작용	중범위 수준 제도분석	거래비용
④	경로의존성	전략적 상호작용	중범위 수준 제도분석

© 제도의 균형과 변화

ⓐ 합리적 선택 신제도주의에서는 균형(equilibrium) 개념을 강조한다. 집합적 행위의 딜레마를 해결한 상태에서는 더 이상 개인 간의 상호작용 패턴이 변화할 이유가 없다는 의미에서 균형 상태를 강조하며, 이러한 균형 상태를 유지하는 데에 제도의 역할을 중요시한다.

ⓑ 제도나 균형 상태의 변화를 설명하는 데 합리적 선택 신제도주의는 각 개인의 전략적 선택에 초점을 맞춘다. 즉, 제도 변화와 관련하여 각 개인이 경험하는 편익이 비용(특히, 거래비용)보다 커야 제도가 변화할 수 있다는 것이다(Weingast, 1996).

② **방법론**: 합리적 선택 신제도주의에서는 자기이익의 극대화를 추구하는 개인이라는 기본명제로부터 제도가 어떻게 집합적 행위의 딜레마를 해결해 주는가에 대한 일반이론의 구성을 목표로 한다. 따라서 이 이론에서는 이러한 명제와 설명방식이 시간과 공간의 벽을 넘어 어느 상황에서나 적용이 가능하다고 본다.

(4) 사회학적 신제도주의(사회학)

① 개념

㉠ 사회학석 신제도주의는 인간의 인지활동을 정보의 처리과정으로 이해하고 설명하려는 이론으로, 인지이론과 현상학 및 민속학적 방법론을 기반으로 삼고 있다. 즉, 사회학적 신제도주의에서 인식하는 개인의 행위는 제도의 영향을 받기도 하지만 제도 또한 문화·구조와 같은 더 거시적인 변수에 의존하고 있기 때문에, 제도를 인간행동을 지도하는 준거 틀을 제공하는 상징체계, 즉 문화로 본다.

㉡ 사회학적 신제도주의는 현상학이나 민속방법론·인지심리학에 기초하여 특정 사회의 문화적 제약을 제도로 인식하며, 모든 상황에 적용되는 인류의 보편적 제도를 인정하지 않는다.

② 특징

㉠ **제도의 개념**: 제도의 공식적 측면보다는 규범, 문화, 상징체계, 의미 등 비공식적 측면, 특히 당연시되는 신념과 인지구조에 초점을 맞춘다.

㉡ **선호 형성**: 행위자의 이익이나 선호는 단지 주어진 것이 아니라 사회적으로 형성된 것으로 본다. 이러한 점이 합리적 선택 신제도주의와 뚜렷이 구분되는 점이다.

㉢ **제도의 동형화와 변화**: 제도 변화를 동형화(isomorphism)[24]의 과정으로 파악하기 때문에 제도 변화에서 결과성의 논리보다는 적절성의 논리를 강조하게 된다. 제도 변화의 원천을 효율성의 추구에서 찾는 것이 아니라 사회적으로 적절하고 정당하다고 인정받는 구조와 기능을 닮아 가는 과정으로 파악하기 때문이다.

㉣ **배태성**: 배태성(embeddedness)이란 어떤 현상이나 사물이 발생하거나 일어날 원인을 내포하고 있다는 의미이다. 즉, 개인의 행위는 고립된 상태에서 선택되는 것이 아니라 사회적 관계에 의해 영향을 받으며 지속적으로 맥락지어진다는 것을 의미한다. 따라서 조직구성원들이 경제적 이익을 추구하는 행위보다 정당성을 확보하려고 한다.

---

24) • 강압적 동형화(coercive isomorphism): 힘의 우위를 지닌 조직의 영향을 받아 닮아 가는 것 **예** 협력업체가 거래하는 대기업을 닮아 가는 것, 정부의 규제정책에 따라 기업들이 오염방지장치를 도입하거나 장애인 고용을 확대하는 것

• 모방적 동형화(mimetic isomorphism): 불확실성 속에서 좀 더 앞서가는 누군가를 따라 함으로써 닮아 가는 것 **예** 성공적 관행을 벤치마킹하는 것, 정부의 제도개혁에 선진국의 제도를 도입하여 적용하는 것

• 규범적 동형화(normative isomorphism): 교육기관이나 전문가의 의견이나 자문을 통해 조직이 서로 닮아 가는 것

▌신제도주의의 분파별 특징

구분	제도	선호 형성	강조점	제도 변화	방법론
역사적 신제도주의	공식적 측면	내생적	• 권력 불균형 • 역사적 과정	• 단절된 균형 • 외부적 충격	• 사례연구 • 비교연구
합리적 선택 신제도주의	공식적 측면	외생적	• 전략적 행위 • 균형	• 비용·편익비교 • 전략적 선택	• 연역적 • 일반화된 이론
사회학적 신제도주의	비공식적 측면	내생적	인지적 측면	• 동형화 • 적절성의 논리	• 경험적 연구 • 해석학

(5) 신제도주의의 공헌

① **공공행정의 지적 위기 극복**: 오스트롬(Ostrom)은 집권적인 통제 메커니즘에 토대를 두고 효율성을 추구해 왔던 전통적 행정학은 '공공행정의 지적 위기'를 초래하였을 뿐만 아니라, 정부관료제 역시 공공서비스의 바람직한 제도적 장치가 되지 못했음을 지적하였다. 따라서, 공공서비스 공급방식의 종래의 단일적 의사결정 중추의 계층제적 관료제와 소수 전문관료들이 지배하고 있는 독점적인 공급보다는, 다원적인 참여와 권한이 분산된 중첩적 관할구역(overlapping jurisdiction)과 정부의 각 수준에 맞는 분권적이고 다원적 공급장치를 통한 민주적 자원배분을 중시하였다.

② **시장과 공공부문의 이분법적 시각 교정**: 이전의 연구경향을 보면, 시장에 대한 연구는 경제학적 접근으로, 계층제에 대한 연구는 사회학적 접근으로 연구하는 이분법적 체계에 바탕을 두었다고 할 수 있다. 그러나 신제도주의는 이러한 이분법적 연구로서는 현존하는 많은 제도를 연구대상에서 제외시키는 결과를 초래하게 될 것이라고 비판하면서, 존재하는 다양한 제도를 연구대상으로 포함시킬 수 있는 다학문적 접근방법(multi disciplinary approach)의 필요성을 역설하고 있다.

③ **정책의 다양성 설명**: 종래의 행태주의 행정학만으로는 설명이 곤란했던, 나라와 시기에 따라 달라져 왔던 정책의 다양성에 관한 설명이 가능하게 됨으로써 행태론을 보완해 준다.

④ **다양한 참여자 중시**: 신제도주의는 국민을 정책과정의 참여자로 인식하여 정책설계 시 각 개인이 직면하게 되는 친시장적 유인과 선호체계를 파악하는 것이야말로 정책의 성공 가능성을 담보해 준다는 점을 부각시킴으로써, 고객지향적 민주행정 패러다임의 대두 가능성에 기여하였다.

⑤ **종합적 분석적 연구**: 그동안 외생변수로 다루어졌던 정책 또는 행정환경을 내생변수와 같이 직접적인 분석 대상에 포함시킴으로써, 좀 더 종합적이고 분석적인 연구가 가능하도록 기여하였다.

⑥ **공유자원의 비극**(tragedy of common property resources) **해소**: 오스트롬(Ostrom)은 공유자원의 합리적 관리를 위해서 제도(법적 제약)는 공익에 반하지 않고 사익을 추구할 수 있도록 개발되어야 한다고 주장하였으며, 자기통치와 자기조직화의 원리를 중요하게 강조하였다. 이는 공유자원의 비극을 해소하는 데 기여할 수 있는 논거가 되고 있다.[25]

---

25) 아프리카 초원에 사는 '코끼리'를 어떻게 보존할 것이냐에 대해 우파들은 코끼리에 소유권을 설정하게 해서 그 주인이 코끼리를 잘 보호해 주면 된다고 주장(코즈의 정리)하는 반면, 좌파들은 국립공원을 만들어 밀렵꾼들의 밀렵을 방어하여 보호할 것을 주장할 것이다. 한편, 오스트롬(Ostrom)은 주민들의 조직화를 통해서 자율적으로 규칙을 만들고 감시하면 코끼리 보호에 따른 이득이 주민들에게 돌아가게 할 수 있다는 중도적인 대안을 제시하였다. 오스트롬이 제시한 문제해결의

105
2019 군무원 9급 추가채용

신공공관리론(NPM)에 대한 설명으로 옳지 않은 것은?

① 신고전파 경제학에 이론적 근거를 두고 있다.
② 개인의 이익 증진을 공익으로 본다.
③ 공무원을 공공기업자로 본다.
④ 내부 규제를 강화한다.

106
2023 지방직 9급

행정이론의 발달을 오래된 순서대로 바르게 나열한 것은?

(가) 과학적 관리론 – 테일러(Taylor)
(나) 신공공관리론 – 오스본과 게블러 (Osborne & Gaebler)
(다) 신행정론 – 왈도(Waldo)
(라) 행정행태론 – 사이먼(Simon)

① (가) – (다) – (라) – (나)
② (가) – (라) – (다) – (나)
③ (라) – (가) – (나) – (다)
④ (라) – (다) – (나) – (가)

107
2024 국가직 9급

신공공관리론에 입각한 정부개혁의 내용으로 옳지 않은 것은?

① 효율성 대신 형평성에 초점을 맞춘 고객지향적 정부 강조
② 수익자 부담 원칙의 강화
③ 정부 부문 내의 경쟁 원리 도입
④ 결과 혹은 성과 중심주의 강조

108
2021 군무원 9급

신공공관리에 대한 설명으로 가장 옳지 않은 것은?

① 신공공관리는 전통적이고 관료적인 관리방식을 개혁하기 위해 1980년대부터 진행된 개혁 프로그램이다.
② 신공공관리는 정부의 크기와 관계없이 시장지향적인 효율적인 정부를 만들 수 있는 개혁방안에 관심을 갖는다.
③ 시장성 테스트, 경쟁의 도입, 민영화나 규제완화 등 일련의 정부개혁 아이디어가 적용된다.
④ 신공공관리 옹호론자들은 기존 관료제 중심의 패러다임을 대체할 수 있는 새로운 패러다임이 될 수 있다고 주장한다.

---

3 신공공관리론(NPM)

결정적 코멘트 ▶ 전통적 관료제 정부와의 차이점과 정부혁신의 방향성에 관한 학자들의 주장을 중심으로 학습해야 한다.

(1) 신공공관리론 개념 및 성립 배경

① 개념: 시장주의 + 신관리주의(기업가적 정부)

㉠ 신공공관리론(New Public Management)이란 공공조직구조와 관리에서 일어나는 지속적이면서도 새로운 변화를 총칭하는 개념이다. 공공 분야에 대한 합리적인 관리에 대한 대안으로서, 기업체의 경영방식을 원용하자는 의견을 의미한다. 즉, 신공공관리론은 전통적 관료제에 의한 정부운영 방식의 한계를 극복하고 효율성을 확보하기 위해 민간기업의 운영방식을 공공부문에 접목하고자 한다. 영국에서 대처(Thatcher) 수상에 의해 시작된 대처주의(Thatcherism)와 미국의 레이거노믹스(Reaganomics) 및 클린턴(Clinton) 행정부 내의 앨고어(Al Gore) 부통령의 각종 개혁정책 등이 가장 대표적이다.

㉡ 촉진적 정부, 사명지향적 정부, 성과지향적 정부, 고객지향적 정부 등을 제시한 오스본과 개블러(Osborne & Gaebler)의 행정개혁원리도 신공공관리론과 맥락을 같이 한다. 신공공관리는 작은 정부를 지향하면서도 능률성의 강화를 통해 강력한 정부를 강조한다.

㉢ 신공공관리론은 1980년대 이후 영미국가들을 중심으로 등장한 이론으로, 시장주의와 신관리주의가 결합한 이론이다. 그 이면에는 공공선택론, 주인 – 대리인이론, 거래비용이론 등이 배경이 되고 있다. 시장주의는 신자유주의[26] 이념에 기초하여 가격 메커니즘과 경쟁원리를 활용한 공공서비스 제공, 고객지향적 공공서비스 제공을 중시한다. 신관리주의는 행정과 경영의 유사성에 대한 인식에 기초하여 기업의 경영원리와 관리기법을 행정에 도입·접목하여 정부의 성과 향상과 관리의 효율성을 제고하는 것을 강조한다. 이에 따라 기업가정신, 성과에 기초한 관리, 권한이양, 품질관리기법, 인센티브 메커니즘, 마케팅기법, 고객만족경영기법 등을 행정에 도입하는 방안들이 논의된다.

㉣ 신공공관리론은 '구공공관리론'의 존재를 전제로 한다. 구공공관리론은 계획예산제도(PPBS) 등으로 대표되는 정책분석을 강조하는 1960년대 정치경제학자들의 합리주의적 사고와 그 맥락을 같이 한다. 구공공관리론은 사회문제 해결에 필요한 인간의 합리성에 대한 확신에 근거하여, 중앙집권화된 관료제에 의한 합리적 계획을 강조하였으며, 이로 인해 관료제의 팽창을 초래하게 되었다. 구공공관리론이 민간기업에서 사용하는 의사결정기법을 도입하여 정부관료제의 의사결정능력 향상에 관심을 두었다면, 신공공관리론은 어떻게 하면 치열한 시장경쟁에서 살아남을 수 있게 하는 민간기업의 관리기법을 정부관료제에 도입하여 정부의 성과를 향상시킬 수 있는가에 관심을 두었다.

㉤ 신공공관리론은 정부의 역할을 대폭 시장에 맡겨야 한다는 것을 의미하는 것이 아니다. 신공공관리론의 주장은 정부관료제의 운영체제가 경쟁의 원리에 기반한 시장체제를 모방, 계층제적 통제를 대체함으로써 정부관료제의 효율

조건 중 상대적으로 저렴한 감시비용인 당사자들 간의 신뢰를 통해 외부성의 문제를 해결한다는 것이 공동체에 유리한 항목들이다. 실제로 아프리카의 나미비아에서 오스트롬의 연구가 적용되어 주민들이 관광과 사냥 목적의 코끼리를 공유하면서 지역사회의 수익을 올리는 데 성공했다고 WSJ는 보도했다. 오스트롬의 연구의 초점은 자원과 인간 상호작용이 포함된 사회 – 생태학적 체계를 이해하는 틀을 개발하는 것이었고, 여기에는 공동체 간 '신뢰'가 결정적인 역할을 한다. 이는 지구온난화에 따른 환경파괴의 문제가 심각해지고 있는 오늘날 시사하는 점이 크다고 할 수 있다.

26) 신자유주의란 케인지안(keyngian) 이후 탄생하여 유럽좌파에 의해 지지되어 오던 복지국가가 사상의 비효율, 저성장, 고실업, 도덕적 해이 등의 한계에 대한 대안으로 모색된 것으로, 1990년대 유럽우파 정권의 통치노선이다.

성을 높이자는 것이다. 즉, 신공공관리론의 주장은 "시장이 정부를 대신해서 모든 사회문제를 해결해야 한다."가 아니라, "관료들이 자유롭게 정부관료제를 관리하여 사회문제를 해결하게 해야 한다."는 것이다.

▌ 신공공관리론의 정의

- **좁은 의미**: 인사나 예산 등에서 내부적 통제를 대폭 완화하여 일선관리자에게 재량권을 주고, 일선관리자가 책임을 지게 함으로써 성과와 고객만족을 제고하도록 행정을 관리하는 것이다. 즉, 내부규제 완화를 통한 민간기업적인 관리를 공공부문에도 도입하여 민간기업의 경영을 행정에서도 배우자는 주장이다.
- **일반적 의미**: 좁은 의미에 시장주의를 추가한 의미로 사용한다. 시장주의 또는 신제도주의적 경제학은 경쟁원리와 고객주의를 공공부문에 도입하자는 주장으로, 신공공관리의 신보수주의적, 신자유주의적 측면을 대표하는 것이다.
- **넓은 의미**: 일반적 의미에 참여주의와 우파적 공동체주의를 합한 것을 의미한다.

② **성립 배경**
　㉠ 선진국의 재정 위기에 의한 사회복지정책의 후퇴(작은 정부)
　㉡ 케인지안적 복지국가의 쇠퇴
　㉢ 정부실패에 따른 정부능력에 대한 불신
　㉣ 행정의 효율성과 대응성 강화
　㉤ 기업가적 정부에 대한 요구
　㉥ 정부규모의 지나친 비대화에 대한 비판
　㉦ 세계화와 정보화
　㉧ 국제경쟁의 격화

③ **신공공관리적 행정개혁**(미국)
　㉠ 공기업의 민영화
　㉡ 외부위탁(outsourcing)과 민간위탁(contracting out) 또는 바우처(voucher) 제도의 도입
　㉢ 민간자금 활용방안(PFI: Private Finance Initiative)
　㉣ 책임운영기관(performance-based organization)

(2) 신공공관리론의 주요 내용

① **기업가적 정부**: 기업가적 정부는 능률적이고 효과적인 운영방법을 모색하여 관료의 기업가적 행동을 유도할 수 있는 정부를 말한다.

② **고객지향적 행정관리**: 고객 중심 행정이란, 모든 국민에 대하여 이익을 제공하는 행정으로, 국민 본위의 행정을 말하며 행정편의주의와 상호대비되는 행정집행 및 관리방식에 해당된다. 즉, 이전의 행정인 및 행정조직의 편의성에 맞추어 행정을 집행하던 사고방식에서 그 기준을 고객으로 전환시켰음을 의미한다. 그 내용은 다음과 같다.
　㉠ 공공서비스에 대한 고객의 선택기회 제공
　㉡ 다양화된 공공서비스 제공
　㉢ 공공서비스 품질의 개선
　㉣ 고객들에 대한 행정책임의 향상

③ **총체적 품질 관리**(TQM: Total Quality Management): 총체적 품질 관리는 이전의 효과성 등의 행정이념이 지배하고 있던 때의 양적 개념 대신, 고객에 대한 행정서비스 및 공공재의 질 제고에 가장 큰 초점을 둔다.

109　　　　　2023 군무원 9급
다음 중 신공공관리론의 특징에 대한 설명으로 가장 적절한 것은?
① 시장원리 도입으로서 경쟁 도입과 고객지향의 확대이다.
② 급격한 행정조직 확대로 행정의 공동화가 발생하지 않는다.
③ 정부, 시장, 시민사회의 평등한 관계를 중시한다.
④ 결과보다 과정에 가치를 둔다.

110　　　　2020 지방직(=서울시) 9급
작은 정부를 적극적으로 옹호하는 것은?
① 행정권 우월화를 인정하는 정치·행정 일원론
② 경제공황 극복을 위한 뉴딜 정책
③ 사회복지 프로그램의 확대
④ 신공공관리론

111　　　　　2019 지방직 7급
다음 신공공관리론에 대한 설명 중 옳은 것만을 모두 고르면?

ㄱ. 행정서비스 공급의 경쟁 체제를 선호한다.
ㄴ. 예측과 예방을 통한 미래지향적 정부를 강조한다.
ㄷ. 투입 중심의 예산제도를 통해 예산을 관리한다.
ㄹ. 행정관리의 이념으로 효율성을 강조한다.
ㅁ. 집권적 계층제를 통해 행정의 책임성을 확보한다.

① ㄱ, ㄹ　　　　② ㄱ, ㄴ, ㄹ
③ ㄴ, ㄷ, ㄹ　　④ ㄴ, ㄷ, ㅁ

112　　　　　2010 지방직 9급
신공공관리론(New Public Management)에 대한 설명으로 옳은 것은?
① 업무의 결과보다 과정을 중시한다.
② 정부의 역할을 방향 제시보다 노젓기로 본다.
③ 권력의 집중화보다는 분권화를 지향한다.
④ 시장실패의 치유를 위한 국가의 역할을 강조한다.

113
2002 전북 9급

마켓 테스팅(market testing) 또는 시장성 평가에 가장 가까운 것은?

① 민간기업의 평균임금수준을 기준으로 공무원의 보수를 결정해야 한다는 제도
② 행정서비스헌장제도를 달리 일컫는 말
③ 언론을 통해 행정서비스를 홍보하는 제도
④ 내부공무원과 민간입찰업자를 경쟁시켜서 행정서비스의 공급주체를 결정하는 제도
⑤ 행정서비스 수준을 제고하기 위해 민간기업을 벤치마킹(benchmarking)해야 한다는 제도

114
2006 국가직 7급

신공공관리론(NPM)에서 추구하는 정부혁신에 대한 설명으로 옳은 것은?

① 생산성을 향상시키기 위하여 경제규제를 강화한다.
② 효율성을 높이기 위하여 정책결정기능과 정책집행기능을 통합한다.
③ 경쟁을 조장하기 위하여 성과를 중시하며 유인제를 장려한다.
④ 시민으로서의 권리와 의무를 중시하여 시민재창조를 주장한다.

115
2014 군무원 9급

전략적 기획의 접근법으로 옳지 않은 것은?

① SWOT 분석　　② 분권적 결정
③ 하버드 정책모형　④ 장기적 기획

116
2019 서울시 9급 제1회

〈보기〉 정책의 전략적 관리방안을 단계별 순서대로 바르게 나열한 것은?

┌ 보기 ├
ⓐ 총체적인 정책 방향과 통용되는 규범적 가치 파악
ⓑ 전략적 의제 개발
ⓒ 전략적 정책 집행
ⓓ 전략적 대안 모색
ⓔ SWOT 분석을 통한 현재 상황의 파악
ⓕ 전략적 정책대안의 성공 가능성 평가

① ㉠ → ㉣ → ㉤ → ㉥ → ㉢ → ㉡
② ㉠ → ㉤ → ㉡ → ㉣ → ㉥ → ㉢
③ ㉠ → ㉡ → ㉣ → ㉤ → ㉢ → ㉥
④ ㉠ → ㉢ → ㉥ → ㉡ → ㉣ → ㉤

④ 다운사이징(downsizing): 다운사이징은 정부의 비대화에 따른 비효율에 대한 대응으로서, 정부의 인력과 기구 및 기능의 감축을 의미하며 그러한 방법으로서 일선으로의 권한의 위임, 즉 분산처리를 강조한다.

⑤ 벤치마킹 시스템(benchmarking system): 벤치마킹 시스템은 국내의 우수기업이나 국외의 우수조직들에서 이미 성공을 거둔 합리적인 경영방식 등을 수용하여 행정에서 채택하는 방식을 말한다.

⑥ 각종 'Re-' 기법
　ㄱ 리스트럭처링(restructuring): 유형·무형의 사회간접자본을 재구축하자는 것이다. 재구축이라는 말은 일반적인 사회간접자본 외에 투자역량 강화, 교육환경개선과 인적·지적 자본의 형성, 과학기술의 수준 제고와 학습역량의 극대화, 시민참여를 통한 사회통합역량의 강화 등이 포함되는 포괄적인 개념이라 할 수 있다.
　ㄴ 리엔지니어링(reengineering): 프로세스 리엔지니어링을 의미하는 것으로, 기존의 제도를 질 좋은 행정서비스를 제공할 수 있도록 재공정하자는 것이다. 이는 경제성장기의 대량생산체제에 의해 사분오열된 생산공정과 조직을 백지상태에서 재점검하자는 것으로, 흩어진 부분을 통합시키자는 발상이라고 할 수 있다.
　ㄷ 리오리엔테이션(reorientation): 자유경제의 시장원리와 성과지향적 경제원칙을 수용해서 보호보다는 경쟁, 규제보다는 자유를 지향하는 새로운 관리목표의 재설정을 의미한다.

⑦ 시장성 검증제도(market testing)
　ㄱ 영국 정부가 1991년 '품질을 위한 경쟁'이라는 시책에서 강조한 것으로, 정부기능을 원점에서부터 재검토하여 이를 적정히 축소하려는 신공공관리론의 주요 프로그램이다.
　ㄴ 이 제도의 핵심은 중앙정부부처의 개별조직단위 기능의 수행주체를 선정할 때 당해 업무를 수행하던 공무원조직과 이 업무수행을 민간위탁방식에 의해 하고자 하는 민간부문 회사들과의 공개경쟁입찰을 통해 최종 결정하는 것으로, 내부공무원과 민간입찰업자를 경쟁시켜서 행정서비스의 공급주체를 결정하는 제도이다.
　ㄷ 이 제도는 '사전적 대안분석'이라는 것을 통해 5가지 대안 중 하나에 의하여 정부기능 주체를 선정하는 것으로, 캐나다의 사업재검토 등 대부분 OECD 국가들이 채택하고 있다.

> **더 알아보기**　**시장성 검증의 내용**
>
> • 반드시 필요한 업무인가?
> 　→ 반드시 필요하지 않은 업무는 폐지
> • 반드시 정부가 책임을 져야 하는가?
> 　→ 반드시 정부가 책임지지 않아도 되는 업무는 민영화
> • 정부가 직접 수행을 해야 하는가?
> 　→ 반드시 정부가 직접 수행해야 하는 집행업무는 내부경쟁 촉진
> • 정부가 수행할 경우 효율 증대 방안은 무엇인가?

(3) 신공공관리론의 특징

① 정부기능의 대폭적인 감축, 민영화, 계약에 의한 민간위탁 등에 중점을 둔다.
② 투입·과정·절차보다 산출·성과·결과에 중점을 두며, 고위 관리자의 개인적 책임이나 역할을 강조한다.
③ 정부의 경쟁력·생산성을 향상시키기 위하여 공공부문의 시장화와 공공서비스의 시장지향화를 추구하며, 개인도 공동 생산자(co-producer)로서 인식된다.
④ 윤리, 정신, 지위와 같은 비화폐적 유인보다 화폐적 유인을 선호한다.
⑤ 민간부문의 관리방식을 모방한다. 단기 노동계약, 전략적 계획의 개발, 기업계획, 성과계약, 임무계약, 성과연계보상체계의 도입, 관리정보체계의 개발, 기업이미지에 높은 관심을 보인다.
⑥ 신자유주의 사고에 입각하여 시민사회의 자율적 활동을 중시한다.
⑦ 규제완화 및 내부시장의 도입을 통하여 조직의 경쟁을 유도한다.
⑧ 탈관료제, 책임운영기관, 권한의 위임, 전문성을 전제로 한 조직 등을 도입한다.
⑨ 폐쇄적 인사관리에서 개방적 인사관리체제로 전환한다.
⑩ 인사관리에서 중앙인사행정기관의 권한을 축소하고 관리자의 권한을 강화한다.
⑪ 조직·인사·재정 등에서 신축성·탄력성이 요구된다. 경력직(직업) 공무원을 축소하고 계약제에 의한 유능한 인재를 채용하며, 성과급제를 도입하고 근무능력의 대폭적인 개선과 근무성적평정에 주력한다.
⑫ 기업회계의 방식, 즉 발생주의 회계를 도입한다.
⑬ 수익자부담원칙의 강조(응익주의), 경쟁원리를 활용한 공공서비스 제공을 강조한다.
⑭ 민간기업의 전략적 기획 또는 전략적 관리 개념을 도입한다. 전략적 관리는 장기비전의 개발과 우선순위 정책목표의 마련 및 실행을 통해 환경 변화에 효율적으로 대응할 수 있는 관리시스템을 의미한다.
⑮ 정책보다 관리, 특히 일반적인 관리기술에 대한 새로운 강조를 한다.
⑯ 개선된 보고, 감독 및 책임성제도의 발전과 더불어 관리통제를 하부로 위임한다.
⑰ 거대 관료조직을 준자발적 기관(QUANGOS)으로 분산시킨다.
⑱ 장기적이고 일반적으로 덜 구체화된 계약에서, 단기적이고 더욱 엄격히 구체화된 계약으로 관점이 이동된다.

▌전통적 관료제 정부와 기업가적 정부 비교

기준	전통적 관료제 정부	기업가적 정부(신공공관리론)
정부의 역할	노젓기 역할	방향잡기 역할
정부의 활동	직접적인 서비스 제공	할 수 있는 권한 부여
행정의 가치	형평성, 민주성	경제성, 효율성, 효과성
서비스	독점적 공급	경쟁 도입(민영화, 민간위탁 등)
공급방식	행정 메커니즘	시장 메커니즘
행정관리 기제	법령, 규칙 중심 관리	임무 중심 관리
행정관리 방식	• 투입 중심 예산 • 지출지향 • 사후 대처(수습 중심의 재해대책) • 명령과 통제	• 성과 연계 예산 • 수익창출 • 예측과 예방 • 참여와 팀워크 및 네트워크 관리
행정 주도 주체 및 책임성	• 관료 및 행정기관 중심 • 계층제적 책임 확보	• 고객 중심 • 참여적 대응성 확보

117   2007 국가직 9급

전통적인 관료제 정부와 기업가적 정부모형을 대비하여 비교한 조합 중 옳지 <u>않은</u> 것은?

	전통적 관료제	기업가적 정부모형
①	행정 메커니즘	시장 메커니즘
②	투입 중심 예산	성과 연계 예산
③	권한 부여(empowering)	직접적인 서비스 제공
④	계층제적 책임 확보	참여적 대응성 확보

118   2012 서울시 9급

기업가적 정부에 대한 설명으로 옳지 <u>않은</u> 것은?

① 미국에서는 D. Osbornbe과 T. Gaebler가 정부재창조의 방안으로 제시하였다.
② 공공서비스의 소유권과 통제권을 관료로부터 시민에게 넘겨주어야 한다.
③ 업무성과의 측정을 강화하고 그에 따라 유인의 배분을 결정해야 한다.
④ 규칙보다는 결과를 중시하는 임무지향적(mission-driven)정부를 강조하고 있다.
⑤ 정부는 리더십을 발휘하여 직접적인 서비스의 공급자로서 역할을 수행해야 한다.

119   2018 서울시 7급 제2회

오스본(Osborne)과 개블러(Gaebler)가 제시한 기업가적 정부 운영의 원리를 〈보기〉에서 모두 고른 것은?

┤ 보기 ├
ㄱ. 투입, 과정, 성과를 균형 있게 연계한 예산 배분
ㄴ. 권한 분산과 하부 위임을 통한 참여적 의사결정 촉진
ㄷ. 서비스 공급자로서의 정부관료제 역할 강화
ㄹ. 공공서비스 제공에 경쟁 원리를 도입
ㅁ. 목표와 임무 중심의 조직 운영
ㅂ. 문제에 대한 사후수습 역량의 강화

① ㄱ, ㄴ, ㅂ
② ㄴ, ㄹ, ㅁ
③ ㄴ, ㄷ, ㄹ, ㅁ
④ ㄱ, ㄷ, ㄹ, ㅂ

120

2022 국회직 8급

오스본(D. Osborne)과 개블러(T. Gaebler)의 저서 「정부재창조론」에서 제시된 정부 운영의 원리에 대한 설명으로 옳은 것은?

① 정부의 새로운 역할로 종래의 방향잡기보다는 노젓기를 강조한다.
② 규칙 및 역할 중심 관리방식에서 사명지향적 관리방식으로 전환되어야 함을 강조한다.
③ 예방적 정부보다는 치료 중심적 정부로 바뀌어야 함을 강조한다.
④ 행정서비스 제공에 경쟁 개념을 도입하기보다는 독점적 공급을 강조한다.
⑤ 주민에게 권한을 부여하기보다는 서비스를 제공하는 방향으로 전환되어야 함을 강조한다.

121

2004 경기 9급

정부의 DNA구조를 근본적으로 변화시키기 위하여 플라스트릭(Plastrick)과 오스본(Osborne)이 주장한 정부개혁의 5가지 전략에 포함되지 않는 것은?

① 문화전략   ② 통제전략
③ 고객전략   ④ 상담전략

122

2018 서울시 7급 제2회

신공공관리론(New Public Management)에 대한 비판으로 가장 옳지 않은 것은?

① 유인기제가 지나치게 다양하여 공공부문 성과관리에 어려움을 초래하고 있다.
② 민영화에 따른 정부 역할의 약화로 인해 행정의 책임성 문제가 발생될 수 있다.
③ 국민은 단지 소비자인 고객이 아니라 정부정책에 적극적으로 참여하는 존재이다.
④ 정부와 기업 간의 근본적인 환경 차이를 무시하고 정부부문에 시장기제를 적용하고 있다.

(4) 신공공관리론의 주요 이론: 기업가적 정부

① 오스본 & 개블러(Osborne & Gaebler)의 「정부재창조」에서 강조

촉진적 정부	노젓기	→ 방향잡기
지역사회가 주도하는 정부	서비스 제공	→ 지역사회에 권한 부여(empowerment)
경쟁적 정부	공공 독점	→ 경쟁 도입
사명지향적 정부	규칙 중심	→ 사명 중심
성과지향적 정부	투입	→ 성과연계 예산배분
고객지향적 정부	관료제	→ 고객요구 충족
기업가적(수익창출적) 정부	지출	→ 수익창출
미래대비적 정부	치료	→ 예방
분권적 정부	위계조직	→ 참여와 팀워크
시장지향적 정부	행정 메커니즘	→ 시장 메커니즘

② 오스본 & 플라스트릭(Osborne & Plastrick)의 「추방관료제」의 5C 전략

핵심(Core)전략	목저 – 명확한 목표를 설정히라. → 목적·역할·방향의 명확성
결과(Consequence)전략	유인체계 – 직무성과의 결과를 확립하라. → 경쟁·기업·성과관리
고객(Customer)전략	책임성 – 고객을 최우선시하라. → 고객의 선택, 경쟁적 선택, 고객품질 확보
통제(Control)위임전략	권한 – 권한을 이양하라. → 조직권한 위양, 공무원 권한 위양, 지역사회 권한 위양
문화(Culture)전략	문화 – 기업가적 조직문화를 창출하라. → 관습타파, 감동정신, 승리정신

(5) 신공공관리론의 한계

① **이론체계와 정밀성 부족**: 이론적 체계와 엄밀성이 부족하다는 비판이 제기되기도 하며, 이론의 이면에 있는 신자유주의 이데올로기에 대한 문제점도 지적되고 있다. 따라서 공공관리 방식이 적용 가능한 영역들을 면밀히 선정하여 적용 시 발생될 부작용을 최소화하여야 한다.

② **공공부문과 민간부문 사이의 근본적인 환경 차이 도외시**: 신공공관리론은 시장과 민간부문을 지나치게 이상화하는 반면, 정부와 관료제를 지나치게 폄하함으로써 민주행정 및 책임행정의 지향성과 갈등을 일으킬 가능성이 크다. 또한 정부의 정체성을 무시하고 정부와 기업을 동일시하여 기업경영원리와 기법을 그대로 정부에 이식하려 한다는 비판이 제기되고 있다. 즉, 공공부문과 민간부문 사이의 근본적인 환경 차이를 간과하고 있다는 것이다. 따라서 종래 행하고 있던 관리방식을 전면 폐기할 것이 아니라, 효과적으로 평가되는 부분은 그 제도를 더욱 발전시키는 방안을 강구하여야 한다.

③ **조직 내부의 저항**: 새로운 관리기법이 적용될 경우 기존의 행정관리 방식에 익숙한 조직구성원에 의해 저항이 발생될 수 있으므로, 이에 대한 적정한 대비가 필요하다. 특히 분권화와 권한이양에 따른 문제점으로 정책기능과 집행기능 간 기능분담의 적절성 확보가 어렵다.

④ **공공성·책임성 저하와 형평성의 무시**: 민영화로 인하여 행정의 공공성·책임성 문제가 제기될 수 있으며, 시장 중심의 효율성을 강조하여 참여, 형평성, 적실성 등 사회적 문제에 대한 정부의 공적 역할에 지나치게 부정적이라는 비판을 받는다. 또한 시장유사기제의 적용에 따른 문제점으로 민간위탁은 독과점의 폐해를 낳을 수 있다.

⑤ **창조적 사고 억제**: 성과평가에 대한 지나친 집착으로 공무원의 창조적 사고를 억제할 수 있으며, 정부활동의 성과에 대한 평가가 어렵다.

4 신공공관리론(NPM)의 대안이론

(1) 시민재창조론(Schachter)

시민재창조 운동은 정부재창조 운동이 시민을 정부의 고객(customer)으로 본다는 문제점을 지적하면서 등장한 시민주권주의 운동을 의미한다. 시민재창조 운동은 시민을 정부의 고객이 아니라 정부의 소유주(owners)로 간주해야 하며, 시민의 능동적 참여가 정부기관의 효율성과 대응성 제고에 필수적이라고 주장한다.

▍정부재창조론과 시민재창조론 비교

구분	정부재창조론	시민재창조론
기본 모형	고객으로서의 시민모형	소유주로서의 시민모형
주요 목표	'정부가 어떻게 일을 하는가?'의 규명	'정부가 무엇을 해야 하는가?'의 규명
개혁방안	정부구조, 업무절차 및 관료제 문화의 재창조	시민의식의 재창조(공공부문의 의제설정에 시민들의 능동적 참여)

(2) 블랙스버그선언(blacksburg manifesto)

블랙스버그선언은 미국사회에서 일어나고 있는 필요 이상의 관료공격(bureaucrat bashing), 대통령의 반관료적 성향, 정당정치권의 반정부 어조 등의 행정의 정당성을 침해하는 정치사회적 문제점을 지적하고 그 원인의 일부를 행정학 연구의 문제점에서 찾는다. 즉, 규범적 문제는 간과된 채 관리과학의 원리가 정부기능에 적용되고 있고 행태주의와 실증주의가 행정학을 지배하고 있기 때문에 행정의 정당성을 규명하는 데 행정학의 토대는 사실상 잘못되었으며, 행정학의 토대를 국정운영(governance)의 규범성, 특히 입헌주의(constitutionalism)를 통해 다시 닦을 필요가 있다고 제안한다.

(3) 행정재정립운동(refounding movement)

① **등장 배경**: 행정과 직업공무원제에 대한 불신이 높아지면서 엽관주의가 새롭게 확대됐는데, 이에 대한 반작용으로 1980년대 후반부터 1990년대 초반까지 직업공무원제를 옹호하는 행정재정립운동이 등장하였다.

② **주요 내용**: 스바라(Svara)는 기존의 정치·행징 이원론을 재해석히여 정책과정에서 공무원의 적극적인 역할을 옹호하였다. 효과적인 정부를 구현하기 위해서는 미션, 정책, 행정, 관리의 네 가지 기능이 필요한데, 기존의 정치·행정 이원론에서는 정부의 미션과 미션 정립에서 직업공무원의 역할을 간과하고 정책과 행정 간의 관계만을 다루었다는 것이다.

③ **직업공무원제 옹호**: 정부를 '재창조'하기보다는 '재발견'해야 한다고 주장하면서, 직업공무원제를 옹호하였다.

123   2015 국가직 9급

행정학의 접근방법에 대한 설명으로 옳은 것은?

① 법률적·제도론적 접근방법은 공식적 제도나 법률에 기반을 두고 있기 때문에 제도 이면에 존재하는 행정의 동태적 측면을 체계적으로 파악할 수 있다.

② 행태론의 접근방법은 후진국의 행정현상을 설명하는 데 크게 기여했으며, 행정의 보편적 이론보다는 중범위이론의 구축에 자극을 주어 행정학의 과학화에 기여했다.

③ 합리적 선택 신제도주의는 방법론적 전체주의(holism)에, 사회학적 신제도주의는 방법론적 개체주의(individualism)에 기반을 두고 있다.

④ 신공공관리론은 기업경영의 원리와 기법을 그대로 정부에 이식하려고 한다는 비판을 받는다.

124   2023 지방직 9급

블랙스버그선언(Blacksburg Manifesto)과 행정재정립운동(refounding movement)에 대한 설명으로 옳지 않은 것은?

① 블랙스버그선언은 행정의 정당성을 침해하는 정치·사회적 상황을 비판했다.

② 행정재정립운동은 직업공무원제를 옹호했다.

③ 행정재정립운동은 정부를 재창조하기보다는 재발견해야 한다고 주장했다.

④ 블랙스버그선언은 신행정학의 태동을 가져왔다.

125   2021 국가직 9급

신공공서비스론의 특성에 대한 설명으로 옳지 않은 것은?

① 정부의 역할은 시민에 대한 봉사여야 한다.

② 공익은 개인적 이익의 집합체이기 때문에 시민들과 신뢰와 협력의 관계를 확립해야 한다.

③ 책임성이란 단순하지 않기 때문에 관료들은 헌법, 법률, 정치적 규범, 공동체의 가치 등 다양한 측면에 관심을 기울여야 한다.

④ 생산성보다는 사람에게 가치를 부여하기 때문에 공공조직은 공유된 리더십과 협력의 과정을 통해 작동되어야 한다.

④ 대표 학자: 스바라(Svara), 웜슬리[Wamsley, 「행정재정립론(1990)」], 테리(Terry), 굿셀(Goodsell)

(4) 신공공서비스론(NPS: New Public Service)

① 성립 배경

ㄱ 신공공서비스론(NPS)은 신공공관리론(NPM)의 잘못된 시각과 처방에 대한 반작용과 국가에 새로이 가해지고 있는 또 다른 변화에 대한 대응으로 등장하였다.

ㄴ 신공공관리론에 가해지고 있는 변동의 핵심은 정부의 효율성과 대응성을 제고하는 데 정부의 소유주가 시민임에도 불구하고 주체인 시민은 배제된 채, 정부라는 배를 두고 관료들이 방향잡기와 노젓기 중 어디에 치중해야 하는가와 같은 문제에만 관심을 두어 온 결과, 오히려 관료들의 권력만을 강화시켜 왔다는 데 있다.

ㄷ 신공공관리론에서 강조하는 것과 같이 정부가 방향을 잡는 것은 복잡한 미래 사회에서 수행하기 어렵거나 불가능하다고 보기 때문에 관료의 역할도 바뀌어야 한다고 본다. 따라서 관료들로 하여금 자신들에게 집중되었던 권한을 소유주인 시민들에게 위임하고, 대신 소유주인 시민들을 위해 봉사하게 하고, 시민 중심의 공직제도를 구축하도록 하는 데 놓여야 한다는 신공공서비스론이 제기되고 있다.

② 이론적 토대: 신공공서비스론의 이론적 토대는 신공공관리론에서 배제되어 왔던 민주적 시민이론, 지역공동체와 시민사회모델, 조직의 인본주의와 담론이론, 포스트모더니즘 등에 기반을 두고 있다.

ㄱ 신공공서비스론의 이론적 기초를 제공한 민주적 시민이론은 대의민주정치가 지니고 있는 문제점에서 출발한다.

ㄴ 신공공서비스론은 새로운 지역공동체의 개념과 이에 따른 시민사회모델에 기초를 두고 있다.

ㄷ 신공공서비스론은 전통 행정학을 대체하려는 경향을 가진 신제도주의와 공동체주의에 기초를 두고 있다.

③ 특성

ㄱ 이론적 특성: 관료의 권한과 통제를 중시했던 전통행정이론이나 관리를 기업과 같이할 것을 주장했던 신공공관리론과는 달리, 민주주의이론에 입각한 공동체이론과 담론이론에 기초하고 있다.

ㄴ 정부의 역할과 시민관에 대한 특성: 공익을 실천하기 위해 정부가 해야 할 역할이나 책임은 신공공관리론의 주장처럼 관료가 노젓기를 해야 하는가, 아니면 방향 제시를 해야 하는가와 같은 수준에서 벗어나 시민에 대한 봉사라는 주제를 강조한다.

ㄷ 정책과 관료관에 대한 특성: 정책목표를 달성하는 데 중요한 역할을 담당해 온 기제이다. 하향적 집행기구들도 전통적 행정이론이나 신공공관리론에서 강조해 온 개인의 동기부여를 통한 인센티브제도 등과 같은 수단이 아닌, 조직들 간의 연합을 통해 목표를 달성해야 함을 강조한다.

④ 원칙: 신공공관리론에 기초하여 오스본(Osborne)과 개블러(Gaebler)가 주장했던 정부혁신의 10대 원칙과 비교할 수 있을 정도로 신공공서비스론에서는 새로운 관점에서 일곱 가지의 기본 원칙을 다음과 같이 정리했다(Denhardt).

126　　　　　2010 서울시 7급

Denhardt의 신공공서비스(New Public Service) 이론의 원류가 <u>아닌</u> 것은?

① 민주적 시민이론
② 포스트모던 행정이론
③ 조직인본주의
④ 신행정학
⑤ 공공선택이론

127　　　　　2015 국가직 9급

행정이론에 대한 설명으로 옳지 <u>않은</u> 것은?

① 행정관리론(사무관리론·조직관리론)에서는 계획과 집행을 분리하고 권한과 책임을 명확히 규정할 것을 강조하였다.
② 신행정학에서는 정부의 적극적인 역할과 적실성 있는 정책의 수립을 강조하였다.
③ 뉴거버넌스론에서는 공공참여자의 활발한 의사소통, 수평적 합의, 네트워크 촉매자로서의 정부역할을 강조하였다.
④ 신공공서비스론에서는 시민을 주인이 아닌 고객의 관점으로 볼 것을 강조하였다.

128　　　　　2018 지방직 7급

덴하트와 덴하트(J. V. Denhardt & R. B. Denhardt)가 제시한 신공공서비스론(New Public Service)의 일곱 가지 기본 원칙에 대한 설명으로 옳지 <u>않은</u> 것은?

① 민주적으로 생각하고 전략적으로 행동해야 한다.
② 방향을 잡기보다는 시민에 대해 봉사해야 한다.
③ 공익을 공유된 가치를 창출하는 담론의 결과물로 인식해야 한다.
④ 기업주의 정신보다는 시민의식의 가치를 받아들여야 한다.

ⓐ 고객이 아닌 시민에 봉사하라.

→ 공익은 신고전학파의 가정 속에 있는 이기적이고 합리적 개인 이익의 집합이 아닌, 공유된 가치의 담론의 결과물로 인식해야 한다.

ⓑ 공익을 찾으려고 노력하라.

→ 공익은 저절로 생기는 것이 아니기 때문에 집합적이고 공유된 공익 개념을 구축하려는 노력이 필요하다.

ⓒ 기업주의 정신보다는 시민의식(citizenship)의 가치를 받아들여라.

ⓓ 전략적으로 생각하고 민주적으로 행동하라.

ⓔ 책임성이란 것이 단순한 것이 아니라는 점을 인식하라.

ⓕ 방향잡기보다는 봉사하기를 하라.

ⓖ 단순히 생산성이 아니라 '사람'의 가치를 받아들여라.

⇨ 신공공서비스론은 담론의 중요성을 강조한 점, 이를 통해 서비스에 기반한 정부의 새로운 역할을 강조한 점, 민주주의 정신과 협력에 기반한 관료의 특성과 책임을 강조한 점을 특징으로 요약해 볼 수 있다.

⑤ **한계:** 행정가가 책임져야 하는 것은 행정업무 수행에서 '효율성'이 아니라 모든 사람들에게 '더 나은 생활'을 보장하는 것이다. 그러나 신공공서비스론은 규범적 가치에 관한 이론을 제시했으나, 이러한 가치들을 구현하는 데 필요한 구체적 처방을 제시하고 있지 못한다는 한계를 지니고 있다.

▌유파별 패러다임의 비교

구분	전통행정이론	신공공관리론	신공공서비스론
이론과 인식의 토대	초기의 사회과학	• 경제이론 • 실증적 사회과학에 기초한 정교한 토의	• 민주주의 이론 • 실증주의·해석학·비판이론·포스트모더니즘을 포괄하는 다양한 접근
합리성모형과 행태모형	• 개괄적 합리성 • 행정인	• 기술적·경제적 합리성 • 경제인 또는 자기이익에 기초한 의사결정자	• 전략적 합리성 • 정치적·경제적·조직적 합리성에 대한 다원적 검증
공익에 대한 입장	법률로 표현된 정치적 결정	개인들의 총 이익	공유가치에 대한 담론의 결과[27]
관료의 반응 대상	고객과 유권자	고객	시민
정부의 역할	노젓기(정치적으로 결정된 단일목표에 초점을 맞춘 정책의 입안과 집행)	방향잡기(시장의 힘을 활용한 촉매자)	봉사(시민과 지역공동체 내의 이익을 협상하고 중재, 공유가치의 창출)
정책목표의 달성기제	기존의 정부기구를 통한 프로그램	개인 및 비영리기구를 활용해 정책목표를 달성할 기제와 유인체제를 창출	동의된 욕구를 충족시키기 위한 공공기관, 비영리기관, 개인들의 연합체 구축

---

27) 공익을 행정의 부산물이 아닌 목적으로 보아야 한다는 점을 강조한다. 따라서 관료는 시민들이 담론을 통해 공유된 가치(shared value)를 표명하고 이와 함께 공익에 대한 집단적 의미로 발전시킬 수 있는 활동의 장을 만드는 데 기여해야 하는 것으로 본다. 따라서 신공공서비스론이 신공공관리론보다 지역공동체 활성화에 더 적합한 이론이다.

129 2009 국회직 8급

J. Denhardt와 R. Denhardt가 제시한 신공공서비스론에 관한 설명으로 옳지 <u>않은</u> 것은?

① J. Denhardt와 R. Denhardt는 기업가적 신관리주의가 평등성·공정성·대표성·참여 등의 가치를 약화시킨다고 설명하고 있다.

② 신공공서비스론의 이론적·학문적 뿌리는 시민행정학, 인간 중심 조직이론, 신행정학, 포스트모던 행정학 등이라고 할 수 있다.

③ 신공공서비스론에서는 단순한 생산성보다 사람에 대한 가치 부여를 중요하게 여긴다.

④ 신공공서비스론은 규범적 가치에 관한 이론 제시뿐만 아니라, 이러한 가치들을 구현하는 데 필요한 구체적 처방을 제시하고 있다는 점에서 의미가 있다.

⑤ 신공공서비스론에서는 시장 메커니즘보다 공동체 가치를 중시하는 공공책임성의 강화를 중요하게 여긴다.

130 2019 서울시 7급 제3회

신공공서비스(New Public Service)에 대한 설명으로 옳은 것을 〈보기〉에서 모두 고른 것은?

┤ 보기 ├

ㄱ. 민주적으로 선출된 정치지도자에게 책임성 확보

ㄴ. 재량이 필요하지만 제약과 책임 수반

ㄷ. 리더십을 공유하는 협동적 조직구조

ㄹ. 민간기관 및 비영리기구를 활용해 정책목표를 달성할 유인 체계의 창출

ㅁ. 조직 내 주요 통제권이 유보된 분권화된 조직

ㅂ. 정치적으로 정의된 단일의 목표에 초점을 맞춘 정책설계 및 집행

① ㄱ, ㄷ
② ㄴ, ㄷ
③ ㄱ, ㄴ, ㄷ
④ ㄹ, ㅁ, ㅂ

131

행정이론에 대한 설명으로 옳지 않은 것은?

① 신행정학은 행정의 적실성 회복을 강조한다.

② 발전행정론은 환경이 행정에 미치는 영향에 주목한다.

③ 공공선택론은 시민들의 다양한 요구와 선호에 민감하게 부응할 수 있는 제도적 장치 마련을 강조한다.

④ 신공공관리론은 지역사회 문제를 해결하는 과정에서 시민들의 공유된 가치를 관료가 협상하고 중재해야 한다고 주장한다.

132

탈신공공관리(post-NPM)에 대한 설명으로 옳지 않은 것은?

① 성과보다는 공공책임성을 중시하는 인사관리 강조

② 탈관료제 모형에 기반을 둔 경쟁과 분권화 강조

③ 구조적 통합을 통한 분절화의 축소와 조정의 증대

④ '통(通) 정부(whole of government)'적 접근

133

행정이론에 대한 설명으로 가장 옳지 않은 것은?

① 신공공관리론에서는 국민을 납세자나 일방적인 서비스 수혜자가 아닌 정부의 고객으로 인식한다.

② 탈신공공관리론은 신공공관리론의 결과로 나타난 재집권화와 재규제를 경계한다.

③ 뉴거버넌스론의 하나인 유연조직모형에서는 관리의 개혁방안으로 가변적 인사관리를 제시한다.

④ 신공공서비스론에서는 공익을 공유된 가치에 대한 담론의 결과물로 인식한다.

책임에 대한 접근양식	계층제적(행정인은 민주적으로 선출된 정치지도자에 반응)	시장지향적(개인이익의 총화는 시민 또는 고객집단에게 바람직한 결과 창출)	다면적(공무원은 법, 지역공동체의 가치, 정치규범, 전문적 기준 및 시민들의 이익에 참여)
행정재량	관료에게 제한된 재량만을 허용	기업적 목적을 달성하기 위해 넓은 재량 허용	재량은 필요하지만 제약과 책임이 수반
기대하는 조직구조	조직 내에 상명하복으로 움직이는 관료적 조직과 고객에 대한 규제와 통제	기본적 통제를 수행하는 분권화된 공조직	조직 내외적으로 공유된 리더십을 갖는 협동적 구조
관료의 동기유발	• 임금과 편익 • 공무원 보호	• 기업가 정신 • 정부규모를 축소하려는 이데올로기적 욕구	공공서비스 사회에 기여하려는 욕구

(5) 탈신공공관리론(post-NPM)

결정적 코멘트 신공공관리론과의 차이점에 특히 주의해야 한다. 앞으로 출제될 가능성이 매우 높은 영역이다.

① **성립 배경**: 신공공관리론 등장 이후 세계 각국은 공공부문의 능률성 제고를 위한 다양한 조치를 취했고 많은 효과를 창출하였다. 그러나 많은 비판이 제기되면서, 일부 학자들은 비판적 관점에 기초해 신공공관리 개혁의 한계를 보완하기 위한 조치들을 '탈신공공관리(post-NPM)'로 개념화하였다.

② **주요 내용**: 탈신공공관리론의 기본적 목표는 "신공공관리의 역기능적 측면을 교정하고 통치 역량을 강화하며, 정치·행정체제의 통제와 조정을 개선하기 위해 재집권화와 재규제를 주창하는 것"이다.

㉠ 구조적 통합을 통한 분절화의 축소

㉡ 재집권화와 재규제의 주창

㉢ 총체적 정부 또는 합체된 정부(whole of government)의 주도

㉣ 역할 모호성의 제거 및 명확한 역할관계의 안출(案出)

㉤ 민간·공공부문의 파트너십 강조

㉥ 집권화, 역량 및 조정의 증대

㉦ 중앙의 정치·행정적 역량의 강화

㉧ 환경적·역사적·문화적 요소에 대한 유의

▌신공공관리론과 탈신공공관리론 비교

구분		신공공관리론	탈신공공관리론
정부 기능	정부-시장관계의 기본 철학	시장지향주의 • 규제완화	정부의 정치·행정적 역량 강화 • 재규제의 주장 • 정치적 통제 강조
	주요 행정가치	능률성, 경제적 가치 강조	민주성·형평성 등 전통적 행정가치 동시 고려
	정부규모와 기능	정부규모와 기능의 감축 • 민간화·민영화·민간위탁	민간화·민영화의 신중한 접근
	공공서비스 제공 초점	시민과 소비자 관점의 강조	–
	공공서비스 제공방식	시장 메커니즘의 활용 • 민간부문을 공공서비스 제공의 공동생산자 및 경쟁자로 규정 • 내부시장화·계약·외주화	민간-공공부문의 파트너십 강조

	기본 모형	탈관료제모형	관료제모형과 탈관료제모형의 조화
조직구조	조직구조의 특징	비항구적·유기적 구조 • 임시조직·네트워크 활용 • 비계층적 구조 • 구조적 권한 이양과 분권화	재집권화 • 분권화와 집권화의 조화
	조직개편의 방향	소규모의 준자율적 조직으로 분절화 • 책임운영기관	• 분절화 축소 • 총체적 정부 강조 집권화 • 역량 및 조정의 증대
관리기법	조직관리의 기본 철학	경쟁과 자율성을 강조하는 민간부문의 관리기법 도입 • 경쟁의 원리 도입 • 규정과 규제의 완화 • 관리자의 자율성·책임성 강조	자율성과 책임성의 증대
	통제 메커니즘	결과·산출 중심의 통제	–
	인사관리의 특징	경쟁적 인사관리 • 능력·성과 기반 인사관리 • 경쟁적 인센티브 중시 • 개방형 인사제도	공공책임성 중시

5 뉴거버넌스론(네트워크 거버넌스)

결정적 코멘트 ▶ 피터스(Peters)의 모형과 신공공관리와의 차이점을 중심으로 학습해야 한다.

(1) 성립 배경

① 정부가 그동안은 공공서비스의 독점적 공급자로서의 역할을 담당해 왔다. 그러나 공공서비스의 전달에서 공급과 생산기능이 개념적으로 구분되며, 신공공관리론의 등장에 따라 정부개혁이 진행됨에 따라 공공서비스 전달과정에 민간부문의 참여가 확대되었다. 따라서 공공서비스 전달의 효율성과 효과성은 정부부문과 민간부문 및 비영리부문 간 협력적 네트워크의 구축 및 관리에 의해 크게 영향을 받게 되었으며, 그 결과 정부주도의 공공서비스 전달 또는 공공문제 해결방식을 넘어선 대안을 제시하기 위해서 등장한 이론이 바로 거버넌스이론이다. 거버넌스로서의 행정은 공사(公私)를 엄격하게 구분하지 않으며, 자기조직 내의 독립적인 문제해결 역량 제고보다는 정부 외부의 역할자들과의 정치적 상호작용을 통한 상호연계성을 강조한다.

② '정부에서 거버넌스로(from government to governance)'라는 말은 거버넌스의 의미를 집약적으로 설명해 주고 있다. 국가, 시장, 시민사회 및 세계 체제와의 관계를 재정립하는 과정에서 뉴거버넌스론이 등장하였는데, 그 원인은 다음과 같다.

ㄱ 세계화에 따라 전통적인 국민국가의 역할을 시민사회, 시장 및 국제체제가 분담하였다.

ㄴ 정보화에 따라 국가, 사회, 기업 등 국가운영주체 간의 관계가 변화하였다.

ㄷ 배타적인 국가지배체제 대신에 네트워크체제나 파트너십이 공동체 운영의 형태로 나타났다.

③ 거버넌스의 주요 양식으로는 계층제(관료제 또는 전통적 형태의 정부조직), 시장, 네트워크 등이 있으며, 이는 일종의 조정기제라 할 수 있다. 즉, 계층제는 행정명령, 시장은 가격경쟁, 네트워크는 신뢰와 협력을 통한 조정기제라 할 수 있다.

134 2018 서울시 9급

현대 행정학의 주요 이론에 대한 설명으로 가장 옳지 않은 것은?

① 신공공관리론은 공공선택이론의 주장과 같이 정부의 역할을 대폭 시장에 맡겨야 한다는 입장은 아니며, 기존의 계층제적 통제를 경쟁원리에 기초한 시장체제로 대체함으로써 관료제의 효율성과 성과를 높이려 한다.

② 탈신공공관리(post-NPM)는 신공공관리의 역기능적 측면을 교정하고 통치역량을 강화하며, 구조적 통합을 통한 분절화의 확대, 재집권화와 재규제의 축소, 중앙의 정치·행정적 역량의 강화를 강조한다.

③ 피터스(B. Guy Peters)는 뉴거버넌스에 기초한 정부개혁모형으로 시장모형, 참여정부모형, 유연조직모형, 저통제정부모형을 제시한다.

④ 신공공관리론이 시장, 결과, 방향잡기, 공공기업가, 경쟁, 고객지향을 강조한다면 뉴거버넌스는 연계망, 신뢰, 방향잡기, 조정자, 협력체제 임무 중심을 강조한다.

135 2023 군무원 9급

다음 중 뉴거버넌스(New Governance)에 대한 설명으로 가장 거리가 먼 것은?

① 국민을 고객으로만 보는 것을 넘어 국정의 파트너로 본다.

② 행정의 효율성을 중시하지만 신공공관리론적 정부개혁에 대해 비판적으로 접근한다.

③ 행정의 경영화와 시장화를 중시하기 때문에 행정과 정치의 관계를 이원론적으로 보는 경향이 강하다.

④ 파트너십과 유기적 결합관계를 중시한다.

136

행정학의 이론에 대한 설명으로 옳지 않은 것은?

① 신행정론은 적실성, 참여, 변화, 가치, 사회적 형평성 등에 기초한 행정의 독자적 주체성을 강조한다.

② 뉴거버넌스론은 계층제를 제외하고 시장과 네트워크를 조합한 방식을 활용하여 공공문제를 해결한다.

③ 신공공관리론은 공공서비스 제공에 대한 민간부문의 적극적인 역할 분담 및 정부와 민간부문의 협력적 활동을 강조한다.

④ 신공공서비스론은 신공공관리론의 오류에 대한 반작용으로 대두되었으며, 주로 민주적 시민이론, 조직인본주의와 담론이론 등에 기초하고 있다.

137

피터스(B. Guy Peters)의 정부개혁모형 중 참여 정부모형과 가장 관련이 없는 것은?

① 문제의 진단기준은 계층제이다.

② 구조의 개혁방안은 평면조직이다.

③ 관리의 개혁방안은 가변적 인사관리이다.

④ 정책결정의 개혁방안은 협의·협상이다.

138

피터스(B. Guy Peters)의 거버넌스 유형 중 계층제를 문제로 진단하고, 관리측면에서 총체적 품질관리나 팀제를 중시하며, 구조면에서는 평면조직으로의 개편을 통해서 상하단계를 줄이려고 하는 모형으로 다음 중 가장 옳은 것은?

① 신축적 정부모형 ② 참여적 정부모형
③ 시장적 정부모형 ④ 탈규제적 정부모형

과거에는 행정명령을 통한 계층제적 거버넌스가 지배적이었으나, 1980년대 이후부터 계층제 외에 시장과 네트워크를 적절히 조합함으로써 공공문제를 해결하려고 하는 뉴거버넌스의 경향이 나타나고 있다.

(2) 개념 및 주요 내용 📖 심화편 ▶ P.27

① **로즈(Rhodes)에 따른 뉴거버넌스**: 로즈는 뉴거버넌스의 의미를 ㉠ 신공공관리, ㉡ 좋은 거버넌스, ㉢ 최소국가, ㉣ 기업적 거버넌스, ㉤ 사회적 인공지능체계, ㉥ 자기조직화 연결망(네트워크) 등의 여섯 가지로 제시하고, 시장과 계층제의 대안으로 자기조직화 연결망이 등장한다고 예측하였다.

② **서비스 연계망으로서의 뉴거버넌스**: 뉴거버넌스는 다음의 세 가지 요소를 포함한다(정정길).
   ㉠ 다양한 정부 및 비정부조직에 의한 공공서비스 공급
   ㉡ 계층제가 아닌 정부 및 비정부조직과 개인들의 연계망(network)을 통한 공공서비스 공급
   ㉢ 연계망을 구성하는 정부와 민간조직들의 신뢰를 기반으로 한 상호적응(adjustment)

③ **정책네트워크 개념에 기초한 뉴거버넌스 개념의 발전**: 뉴거버넌스의 개념은 당초 정책네트워크(policy network) 개념에 기초하여 발전한 것으로 볼 수 있다. 정책네트워크 개념은 뉴거버넌스의 가장 중요한 측면 중의 하나인 공공부문과 민간부문과의 네트워크 현상에 주목하여 등장한 개념으로, 정책과정이 어느 단일의 조직이나 정책행위자에 의해서 결정되는 것이 아니라, 정부 내 또는 바깥의 다양한 정책공동체(policy community)에서 활동하는 정책의 이해관계자들 사이의 긴밀한 타협과 협상의 결과로서 구성되는 공식적 또는 비공식적 네트워크를 말한다.

④ **상호신뢰와 협력에 기초한 네트워크**: 뉴거버넌스의 핵심은 공공서비스 전달 또는 공공문제를 해결하는 과정에서 정부라는 제도적 장치에 전적으로 의존하기보다 정부와 민간부문 및 비영리부문 간의 협력적 네트워크를 적극 활용하는 것이다. 이러한 과정에서 정부와 시장 및 공동체 간의 관계와 정부의 역할이 새로 정립되고 정부와 민간부문 및 비영리부문 간의 협력체제(partnership)가 등장하게 되며, 이들 부문 간의 조정기제로서 상호신뢰(trust)와 협력에 기초한 네트워크(network)를 활용하게 된다.

(3) 뉴거버넌스의 주요 모형 – 피터스(Peters)의 새로운 국정관리모형

① **시장적 정부모형**: 전통적 정부모형의 독점성을 문제시한다.
   ㉠ 공공부문은 행정서비스를 독점적으로 공급하기에 비효율성이 불가피하고, 이에 시장의 경쟁과 민간부문의 관리기법을 도입하려는 것이 개혁의 기본논리이다. 따라서 시장모형은 정부관료제의 비효율성과 시장의 효율성에 대한 신뢰를 전제로 하고 있다.
   ㉡ 시장모형은 전통적 정부모형의 주요한 문제점을 환경의 신호에 비효과적으로 대응하는 거대하고 독점적인 부처조직에서 찾는다. 거대한 독점조직은 환경에 적응하는 것을 원하지 않고, 자신의 논리로 운영되는 경향이 있다. 시장의 신호 대신에 계층제와 내부규정에 의해 관리되면서 정부조직은 관리자의 혁신성을 저해하고, 환경 변화에 둔감하게 반응한다.

② **참여적 정부모형**: 전통적 정부모형에 나타나는 계층제의 권위주의적 성격을 문제시한다.

  ㉠ 정부조직은 가급적 계층제를 탈피하고 총체적 품질관리(TQM)나 팀제 등 평면조직(수평조직)을 도입하는 것이 좋다.

  ㉡ 국가구성원 또는 조직구성원의 내재된 창의성과 동기부여를 위해서는 행정과정에 참여하는 것을 강조한다. 정부관료제 외부 수준에서는 시민의 참여를 확대하고, 정부관료제 내적으로는 하위층의 정책과정에 참여하는 것을 보장하는 것으로 정부에 대한 민주적 참여를 모색하는 것이다. 공무원의 자율과 유연성을 제고하기 위하여 공무원에게 가급적 많은 재량이 부여되어야 한다.

  ㉢ 기본적으로 참여모형은 조직구조보다는 조직과정의 개혁에 관심이 있다. 따라서 사회구성원 간 협의와 협상에 의하여 정책결정이 이루어져야 한다고 본다.

③ **신축적(유연) 정부모형**: 전통적 정부모형의 영속성을 문제시한다.

  ㉠ 신축적 모형에서의 신축성이란 환경의 변화에 대응하여 적합한 정책을 만들려는 정부기관의 능력을 말한다.

  ㉡ 정부관료제의 영속성은 공무원이 시민 이해와 정책 및 사업의 성과보다는 자신의 직위와 조직 그 자체를 보호하는 데 헌신하는 원천으로, 나아가 사회문제를 관료제의 관점에서 제도화하여 이해함으로써 기존 정책의 변화를 어렵게 하는 문제점이 있다. 특히 행정기관의 영속화에 따라 행정수단이 제도화되면, 그 규제 대상이 되는 사회집단은 그 효과를 최소화시킬 수 있는 방안을 찾게 된다.

  ㉢ 기본적으로 신축모형은 환경 변화에 적극적인 정책대응능력인 신축성을 제고하기 위해서 관료제모형의 종신고용과 조직의 영속성을 해체하는 임시국가를 주장한다. 이러한 관점에서 보면 조직개편 그 자체는 성과와 무관하게 기존 제도의 영속성을 약화시킨다는 긍정적인 측면을 확보한다.

④ **탈(내부)규제 정부모형**: 전통적 정부모형의 내부규제를 문제시한다.

  ㉠ 탈규제모형은 공공부문이 점차 관료화되면서 규정과 번문욕례(red-tape)의 폐해를 지적하면서, 공공관리자의 행정행위에 대한 내부규제를 완화함으로써 공무원의 잠재력과 혁신가적 에너지를 표출시켜 조직효과성을 제고할 수 있다는 입장이다.

  ㉡ 정부관료제의 기능과 공직윤리에 대한 신뢰가 전제되어야 하며, 공무원의 어느 정도의 실수는 허용되어야 한다.

▌피터스의 새로운 국정관리모형 비교

구분	전통적 정부모형	시장적 정부모형	참여적 정부모형	신축적(유연) 정부모형	탈내부규제 정부모형
기존 정부의 문제점	전근대적 권위	독점	계층제	조직의 영속성·경직성	내부규제
구조의 개혁방안	계층제 (관료제)	• 분권화 • 공기업화 • 책임운영기관 • 지방분권	• 수평적 조직 • 평면조직 • 자문위원회	• 가상조직 • 임시과제단 • 준(비)정부기구	없음
관리의 개혁방식	• 직업공무원제 • 절차적 통제	• 성과급 • 목표관리제 • 민간기법 도입	• TQM • 팀제 • 권한 위임	• 가변적·적응적 인사관리 • 임시직	• 재량권 부여 • 공직윤리 강조

바로 확인문제

139 2019 국가직 7급

피터스(G. Peters)의 정부모형에 대한 설명으로 옳은 것은?

① 참여모형에서는 조직의 고위층과 최하위층 간에 계층 수가 많지 않아야 한다.

② 유연정부모형은 변화하는 정책수요에 맞춰 탄력적으로 구성원들을 활용함으로써 이들의 조직과 업무에 대한 몰입도를 높인다.

③ 시장모형은 정치지도자들의 권력을 약화시키고 기업가적 관료들의 정책결정자로서의 역할을 제고하는 결과를 가져왔다.

④ 탈규제모형은 정부역할의 적극성 및 개입성이 높으면 공익 구현이 어렵다는 인식을 전제한다.

140 2019 군무원 9급 추가채용

피터스(G. Peters)가 제시한 국정관리모형에 대한 설명으로 옳지 <u>않은</u> 것은?

① 시장적 정부모형은 공공서비스가 얼마나 저렴하게 공급되느냐를 주된 공익의 판단기준으로 삼으며, 서비스 이용권 등 소비자의 선택권을 중시한다.

② 참여적 정부모형에서는 조직 하층부 일선공무원이나 시민들의 의사결정 참여 기회가 최대한 보장될 때 공익이 확보된다고 가정한다.

③ 탈규제적 정부모형에서는 시장규제 완화를 통한 시장 활성화를 추구하기 위하여 정부의 권한을 축소해야 한다고 본다.

④ 신축적 정부모형에서는 정부조직의 항구성을 타파하여 비용을 절감하고 공익을 증진시킬 수 있다고 본다.

141 2022 국회직 8급

피터스(B. Guy Peters)가 제시한 시장 모형의 구조 개혁 방안으로 옳은 것은?

① 계층제 　　② 분권화

③ 평면조직 　　④ 가상조직

⑤ 기업가적 정부

정책결정의 개혁방안	정치·행정 이원론 (정치-행정의 구분)	• 내부시장 • 시장적 유인	• 전문가 회의 • 협상, 협의	실험	기업가적 정부
공익의 기준	• 안정성 • 평등	비용 최소화	• 참여 • 협의	• 저비용 • 조정	• 창의성 • 활동주의

(4) 신공공관리론과 뉴거버넌스론의 관계

뉴거버넌스가 정부와 사회 간의 새로운 상호작용의 형태를 의미하는 반면, 신공공관리론은 정부관료제를 조직·관리하는 새로운 방법을 의미한다. 즉, 신공공관리론은 신자유주의적 이념을 바탕으로 한 행정관리 시스템의 전환을 의미한다.

신공공관리와 뉴거버넌스 비교

구분	신공공관리	뉴거버넌스(신국정관리)
정부 역할	방향잡기(steering)	
인식론적 기초	신자유주의 (비정치적 개념)	공동체주의[28] (정치적 개념)
관리기구	시장	연계망(network)
관리가치	결과(outcome)	신뢰(trust), 과정
관료역할	공공기업가(public entrepreneur)	조정자(coordinator)
작동원리	경쟁(시장 메커니즘)	협력체제(partnership)
서비스	민영화, 민간위탁 등	공동공급(시민, 기업 등 참여)
관리방식	고객지향	임무 중심
분석수준	조직 내(intra-organizational)	조직 간(inter-organizational)
공통점	• 노젓기(rowing)보다 방향잡기(steering) 중시 • 투입보다 산출에 대한 통제 강조 • 공공과 민간부문의 구분 필요성에는 회의적임	

142
2010 국가직 9급

신공공관리론과 뉴거버넌스론을 비교 설명한 것으로 가장 옳지 않은 것은?

		신공공관리론	뉴거버넌스론
①	작동원리	경쟁	협력
②	서비스	민영화, 민간위탁 등	공동공급
③	관리가치	결과(outcome)	신뢰(trust)
④	인식론적 기초	공동체주의	신자유주의

143
2013 지방직 9급

신공공관리론과 뉴거버넌스론에 대한 설명으로 옳은 것은?

① 신공공관리론에서 관료의 역할은 조정자이며, 뉴거버넌스론에서 관료의 역할은 공공기업가이다.

② 신공공관리론과 뉴거버넌스론에서는 정부의 역할로서 노젓기(rowing)보다는 방향잡기(steering)를 강조한다.

③ 신공공관리론과 뉴거버넌스론에서는 산출(output)보다는 투입(input)에 대한 통제를 강조한다.

④ 신공공관리론에서는 부문 간 협력에, 뉴거버넌스론에서는 부문 간 경쟁에 역점을 둔다.

144
2021 국가직 9급

신공공관리와 뉴거버넌스에 대한 설명으로 옳은 것은?

① 뉴거버넌스가 상정하는 정부의 역할은 방향잡기(stering)이다.

② 신공공관리의 인식론적 기초는 공동체주의이다.

③ 신공공관리가 중시하는 관리가치는 신뢰(trust)이다.

④ 뉴거버넌스의 관리기구는 시장(market)이다.

---

28) 공동체주의는 공적인 문제해결을 주민들에 의해 선출된 주민의 대표자에게만 맡기지 않고, 공동체의 주민들이 직접 참여할 것을 주장한다. 따라서 이는 주민자치와 유사한 성격을 가지나, 주민자치는 지역공동체의 구성원들이 대표자들을 선출하여 이들에게 의존하는 경우와 스스로 참여하여 직접민주주의를 실시하는 경우를 모두 포함하지만, 공동체주의가 강조하는 것은 직접민주주의적 참여이다. 그러나 공동체의 공동문제를 해결하는 것도 공공재적 성격을 지니고 있으므로 구성원들은 무임승차자가 되기 쉽다. 이러한 비판을 극복하기 위해 신우파의 자원봉사주의(volunteerism)와 신좌파의 시민주의(civicism)가 등장하였다. 자원봉사주의는 공동체구성원 중에서 헌신적인 사람들이 많이 있으므로 이들이 공동체를 위하여 봉사활동을 하는 것을 강조한다. 반면, 시민주의는 적극적인 참여 증가를 위해서 정부가 주도하여 시민의 덕성을 함양해야 한다는 것이다. 소극적으로 방치하게 되면, 이기적인 인간들은 공공재적 성격을 띠고 있는 참여를 기피하게 될 것이므로 정부가 앞장서서 이타적이고 헌신적인 시민을 양성해야 한다는 주장이다.

03 행정학이론 발달

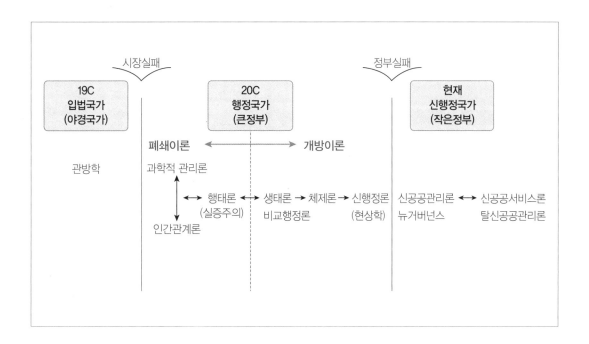

04 행정이념

01 행정문화
02 행정이념

정답과 해설 ▶ P.18

바로 확인문제

01   2012 서울시 9급
행정문화의 특성에 대한 설명으로 옳지
않은 것은?
① 구성원의 사고와 행동을 결정하는 요인
   이다.
② 개인에 의해 표현되지만 문화는 집합적
   이고 공유적이다.
③ 통합성을 유지하면서 하위문화를 포용
   한다.
④ 인간의 본능이 아니라 학습을 통해서
   익힌 것이다.
⑤ 시간이 흘러도 변하지 않는 지속성을
   가진다.

02   2004 경기 9급
다음 중 선진국 행정문화의 특징으로 옳은
것은?
① 권위주의   ② 온정주의
③ 상대주의   ④ 공직사유주의

03   2004 국가직 7급
서구 선진국 행정문화의 일반적인 특징을
설명한 것 중 가장 관련이 없는 것은?
① 자기 주관의 객관화를 추구하기를 좋아
   한다.
② 행정이 추구하는 가치는 상대적이고 유
   동적이다.
③ 행정의 모든 일들은 일반적이고 상식적
   인 수준에서 해결된다고 생각한다.
④ 정책의 결정에서 가장 중요한 것은 현
   실에 기초한 객관적인 사실이다.

01 행정문화

1 행정문화의 개념과 특징

(1) 개념

행정문화는 행정인의 가치관, 태도, 사고방식, 의식구조, 신념체계 등을 뜻한다.

(2) 특징(공유성, 학습성, 축적성, 보편성과 다양성, 변동성)

① 행정문화는 행정인들의 행동지침으로서, 때로는 행동규제의 틀로서 작용하게
   된다.
② 행정문화는 전체 사회문화 속에 존재하는 하위문화로서 사회문화의 상호유기적
   인 의존작용을 하게 된다.
③ 행정문화는 사회적·문화적 환경과 상호의존 작용을 하므로, 역사적·상황적 제
   약성을 지니는 것이며 자연히 동태성과 상대성을 지니게 된다.

2 행정문화의 주요 내용

구분	내용		
선진국의 행정문화	• 상대주의[1] • 모험주의	• 성취주의 • 사실정향주의	• 중립주의 • 합리주의
한국의 행정문화	• 일반주의[2] • 청빈의 사조 • 계층주의(서열의식) • 권위주의 • 연고주의 • 정적 인간주의(온정주의) • 법의 일방적 통치수단성 • 그 외의 무사안일주의, 눈가림 행정, 기분행정, 눈치행정, 의리주의, 할거주의, 집단주의 등		• 형식주의(red-tape, 의식주의)[3] • 계급제 • 관인 지배주의 • 가족주의·족벌주의 • 비물질주의(선비주의) • 운명주의 • 관직 이권주의, 관직 사유관, 출세주의
발전도상국의 행정문화	• 일반주의 • 형식주의 • 권위주의	• 가족주의 • 정적 인간주의 • 관직 이권주의	• 연고주의 • 운명주의

---

1) 상대주의란 어떠한 가치나 관계도 상대적이고 유동적이라는 것이다.
2) 일반주의는 세상 사물이 일반적인 상식적 수준에서 다 이해되고 해결될 수 있다고 생각하는 것이다. 일반주의는 자기만능의
   의식구조에 관계되어 있으며, 결국 권위주의를 강화하고 행정의 전 문화를 저해하는 작용을 한다.

3 행정문화의 변동요인(부정부패의 제거 방안)

① 가치의 다원화
② 엘리트의 분산
③ 민간부문의 확대·강화(정부규제의 축소, 탈규제화)
④ 절차의 간소화
⑤ 생활급의 지급(보수의 현실화)
⑥ 교육훈련의 강화

02 행정이념

1 행정이념의 개념 및 분류

(1) 개념

행정이념은 행정의 철학적인 요소로서, 행정이 지향하고자 하는 방향·이상·이념·지도정신·지도이념·지도원리, 최고가치·최고규범으로 표현된다.

(2) 행정가치의 분류

① **본질적 행정가치**: 행정을 통해 이룩하고자 하는 궁극적 가치이다. 정의, 공익, 복지, 형평, 자유, 평등 등이 있다.
② **수단적 행정가치**: 궁극적 목표로서의 본질적 가치를 실현하는 것을 가능하게 하는 가치를 의미한다. 합리성, 능률성과 효과성, 민주성, 책임성, 합법성, 투명성 등이 있다.

▌**시대별로 강조되는 행정이념**

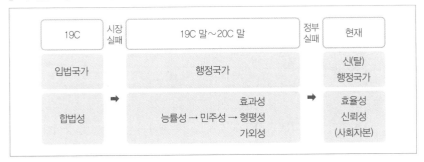

2 행정의 본질적 가치

(1) 공익 　결정적 코멘트 ▶ 사익과의 관계에서 실체설과 과정설의 차이를 정확하게 숙지해야 한다.

① **개념 및 특성**
　㉠ **개념**: 공익은 '일반적인 불특정 다수인의 배분적 이익, 사회 전체에 공유된 가치로서 갖는 사회일반의 공동이익'이라고 정의할 수 있다.
　㉡ **중요성**
　　ⓐ 행정의 이념적 최고가치이다.
　　ⓑ 행정인의 활동에 관한 최고의 규범적 기준이 된다.

---

3) 형식주의가 강조되면 ① 법규 만능주의의 만연으로 인해 행정의 목표나 실적보다 형식과 절차를 더 중시하는 목표대치를 조장, ② 변동저항적 행태를 조장하여 행정의 적극성·신축성 저해, ③ 지위·상징 등에 과다한 경비를 지출함으로써 낭비와 행정효율 저하를 초래, ④ 겉과 속이 다른 행태의 이원화 구조를 조장함으로써 공식적 규범의 위반상태를 초래, ⑤ 진정한 공익의 실현을 외면하는 등의 폐해를 가져오게 된다.

04 　2005 소방직(전북)

행정문화의 특징이 **아닌** 것은?

① 행정문화는 구성원을 스스로 통합하는 기능을 한다.
② 행정문화는 비교적 안정적이다.
③ 사회화기능을 수행한다.
④ 행정문화는 경계를 타파한다.

05 　2010 국가직 7급

행정가치에는 행정을 통해 이루고자 하는 궁극적 가치인 본질적 가치와 본질적 가치를 실현 가능하게 하는 수단적 가치가 있다. 다음 중 본질적 가치로 옳은 것은?

① 형평성(equity)
② 합리성(rationality)
③ 민주성(democracy)
④ 합법성(legality)

06 　2016 사회복지직 9급

행정가치 중 본질적 가치와 가장 거리가 **먼** 것은?

① 정치적 자유
② 가치의 평등한 배분
③ 민주적 의사결정
④ 사회적 형평

07 　2015 지방직 9급

행정에 대한 설명으로 옳지 **않은** 것은?

① 행정은 정부의 단독행위가 아니라 사회의 다양한 주체들이 함께 참여하는 협력행위로 변해 가고 있다.
② 행정은 사회의 공공가치 실현을 목적으로 한다.
③ 행정은 민주주의의 원칙에 따라 재원의 확보와 사용에 있어서 국회의 통제를 받는다.
④ 행정의 본질적 가치로는 능률성, 책임성 등이 있으며 수단적 가치로는 정의, 형평성을 들 수 있다.

08 2006 서울시 7급

공익에 대한 설명을 바르게 나타낸 것이 아닌 것은?

① 행정이념의 최고가치
② 행정권한의 확대
③ 정치 · 행정 이원론의 등장과 연계
④ 동태적인 불확정적 요소 존재
⑤ 행정의 책임성 강화

09 2018 서울시 9급

공익에 대한 설명으로 가장 옳지 않은 것은?

① 과정설은 공익을 서로 충돌하는 이익을 가진 집단들 사이에 상호조정 과정을 거쳐 균형 상태의 결론에 도달했을 때 실현되는 것이라고 본다.
② 실체설에서도 전체 효용의 극대화를 강조하는 입장에서는 사회구성원의 효용을 계산한 다음에 전 구성원의 총 효용을 극대화함으로써 공익에 도달할 수 있다고 본다.
③ 실체설에서 도덕적 절대가치를 공익의 실체로 보는 관점에서는 사회공동체나 국가의 모든 가치를 포괄하는 절대적인 선의 가치가 있다고 가정한다.
④ 실체설에서는 적법절차의 준수를 강조하며 국민주권원리에 의한 행정의 중심적 역할을 강조한다.

10 2022 지방직(= 서울시) 9급

공익에 대한 설명으로 옳은 것만을 모두 고르면?

> ㄱ. 실체설에 의하면 공익은 사익을 초월한 것이다.
> ㄴ. 과정설에 의하면 공익은 사익 간 갈등을 조정 · 타협하는 과정에서 산출되는 것이다.
> ㄷ. 실체설은 다원적 민주주의에 도움을 준다.
> ㄹ. 플라톤(Plato)과 루소(Rousseau) 모두 공익 실체설을 주장하였다.

① ㄱ, ㄴ
② ㄴ, ㄷ
③ ㄱ, ㄴ, ㄹ
④ ㄱ, ㄷ, ㄹ

ⓒ 국민에 대한 행정의 책임성을 판단하는 기준으로서, 정책결정의 기준으로서 그 역할의 중요성이 지대하다.

ⓒ 공익에 대한 관심의 대두요인
ⓐ 정치 · 행정 일원론의 대두
ⓑ 행정인의 재량권 · 자원배분권의 확대
ⓒ 신행정론의 대두와 행정철학의 중시
ⓓ 행정행태의 윤리적 준거기준의 필요성
ⓔ 변화 담당자로서의 행정인의 적극적 역할
ⓕ 쇄신적 정책결정의 중요성

② 공익의 본질에 관한 학설
ⓐ **실체설**(적극설, 규범적 공익 개념)
ⓐ 내용
• 공익과 사익이 명확히 구분된다는 입장으로, 공익은 사익의 단순한 총화가 아니다. 따라서 공익과 사익 간의 갈등이란 있을 수 없다는 입장으로, 국가 우월적 입장이 반영되어 있다.
• 공익은 사익의 단순한 총합이 아니고 사익과는 구별되는 적극적 개념이라고 보아 공익의 존재성을 인정하고 있다.
• 정책결정과정의 투입보다는 산출기능을 중시한다.
ⓑ **대표 학자**: 플라톤(Platon), 루소(Rousseau), 헬드(Held) 등
ⓒ 비판
• 인간의 규범적 가치관에 따라 공익관의 차이가 불가피하므로, 누구의 공익관이 우선하는가에 대한 의견 차이가 불가피하다.
• 소수인의 공익결정으로 비민주적 성격을 띠며, 민주사회의 평등이념에 배치될 수 있다.
• 공익이라는 미명하에 개인의 이익이 침해될 수 있는 위험요소를 내포하고 있다.

ⓑ **과정설**(소극설, 실증적 공익 개념)
ⓐ 내용
• 사익과 구별되는 공익은 본질적으로 존재하지 않는다는 입장이다.
• 공익이란 다수 이익들 간의 조정과 타협의 산물이며, 집단 간 상호작용의 산물이 공익이라고 본다. 따라서 집단이기주의가 발생할 수 있다.
• 정책결정과정의 산출보다는 투입기능을 강조한다. 따라서 협상과 조정 과정에서 약자가 희생되는 결과를 초래할 수 있다.
• 과정설은 절차적 합리성을 강조하여 적법절차의 준수에 의해 공익이 보장된다고 보는 입장이며 국민주권원리에 의한 행정의 중심적 역할을 강조한다.
ⓑ **대표 학자**: 홉스(Hobbes), 벤틀리(Bently) 등
ⓒ 비판
• 사익 이외의 국익이나 사회 전체의 공동이익의 존재를 고려하지 않는다.
• 공익의 사전평가 기준을 제시하고 있지 않다.
• 이기적인 사익이 갈등의 조정 · 타협과정에 의하여 자동적으로 공익으로 승화된다는 기계적 관념을 받아들이고 있다.

© 공리주의

ⓐ 내용

- 사회적 약자에 대한 재분배 여부와 관계없이 사회 전체의 효용이 증가(최대다수의 최대행복)하면 공익이 향상된다는 입장이다.
- 의무론적 윤리론[4]이 아니라 결과를 중시하는 목적론적 윤리론[5]을 따르고 있다.
- 사회 전체의 효용 증가를 강조하므로 합법성(legitimacy)보다는 효율성(efficiency)이 윤리적 행정의 판단기준이다.

ⓑ 대표 학자: 벤담(Bentham)

▌실체설과 과정설 비교

실체설(적극설)	과정설(소극설)
• 공익의 선험적 존재 인정	• 공익의 선험적 존재 부정
• 소수인이 공익결정	• 이해관계자가 공익결정
• 행정인의 적극적 역할	• 행정인의 소극적 역할
• 전체주의 사회의 공익관	• 다원주의 사회의 공익관
• 투입 < 산출	• 투입 > 산출
• 부분의 합(사익의 합) ≠ 전체(공익)	• 부분의 합(사익의 합) = 전체(공익)
• 형이상학적 전체주의	• 방법론적 개체주의

(2) 사회적 형평성(social equity)과 정의(justice)

> **결정적 코멘트** 롤스(Rawls)의 정의론. 특히 정의의 우선순위를 중심으로 정리해야 한다.

① 형평성의 개요

㉠ 형평성은 「헌법」상의 평등에서부터, 혜택을 받은 자가 비용을 부담해야 한다는 수익자부담의 원칙에 이르기까지 다양한 의미를 갖고 있다.

㉡ 전통적 행정학은 몰가치적인 제도적 국면만을 강조하여 결국 제도와 현실의 사회문제 사이에 괴리를 초래하였다. 즉, 기존의 가치중립적 입장(행태론)은 사회적 불평등을 초래하였던 것이다. 따라서 행정이 대외적·대내적으로 공정하고, 특히 사회적 약자에 대한 특별한 배려가 있어야 한다는 사회적 형평성이 요망되었다.

㉢ 사회적 형평성이란 일련의 가치를 내포하는 개념으로, 공공서비스의 평등성, 의사결정과 사업 수행에서의 행정관의 책임성 및 시민의 요구에 대한 대응성의 확보를 의미한다.

㉣ 형평성은 공리주의적 총체적 효용보다는 분배적 공평개념을 강조하며, 형평성이라는 개념은 신행정론의 등장과 더불어 강조되기는 했으나, 오래전부터 사용된 사회적 정의(social justice)의 개념과 유사하다.

② 형평성의 대두 배경

㉠ 1960년대 말 이후 신행정론이 등장하면서 사회적 형평성은 최고의 행정이념으로 강조되기 시작하였다.

㉡ 신행정론자들의 주장에 따르면, 1960년대 이후 미국사회에 실업, 빈곤, 무지 등의 악순환이 계속되는 것은 관료제가 비민주적이고 공리주의적인 총체적

---

[4] 행동이 가져올 결과로서의 윤리성을 판단하지 않고, 행동 자체가 윤리적 원칙을 준수하는가에 따라 윤리성을 판단하는 입장이다.
[5] 행동 자체가 어떠한 윤리기준에 의하여 윤리성을 판단받는 것이 아니고 행동의 목적 내지 결과에 의해 윤리적인지의 여부가 좌우된다고 보는 입장이다.

11 2017 국가직 9급(사회복지직 9급)

공익(public interest) 개념의 실체설과 과정설에 대한 설명으로 옳은 것은?

① 실체설은 집단 간 상호작용의 산물이 공익이라고 본다.
② 과정설의 대표적인 학자에는 플라톤(Platon)과 루소(Rousseau)가 있다.
③ 실체설은 공익이라는 미명하에 개인의 이익이 침해될 수 있는 위험요소를 내포하고 있다.
④ 과정설은 공익과 사익이 명확히 구분된다는 입장이다.

12 2022 군무원 9급

공익(public interest)에 대한 '과정설'의 설명으로 가장 옳지 않은 것은?

① 공익은 인식 가능한 행동결정의 유용한 안내자 역할을 한다는 입장이다.
② 공익은 하나의 실체라기보다 다수의 이익들이 조정되면서 얻어진 결과로 본다.
③ 공무원의 행동을 경쟁관계에 있는 집단들의 이익을 돕는 조정자의 역할로 이해한다.
④ 실체설의 주장을 행정의 정당성 확보를 위해 도입된 상징적 수사로 간주한다.

13 2020 국가직 9급

공리주의적 관점에서 공익을 설명한 것으로 옳은 것만을 모두 고르면?

> ㄱ. 사회 전체의 효용이 증가하면 공익이 향상된다.
> ㄴ. 목적론적 윤리론을 따르고 있다.
> ㄷ. 효율성(efficiency)보다는 합법성(legitimacy)이 윤리적 행정의 판단기준이다.

① ㄱ
② ㄷ
③ ㄱ, ㄴ
④ ㄴ, ㄷ

14 2020 지방직(=서울시) 9급

행정가치에 대한 설명으로 옳지 않은 것은?

① 공익 과정설에 따르면 사익을 초월한 별도의 공익이란 존재할 수 없다.

② 롤스(Rawls)는 사회정의의 제1원리와 제2원리가 충돌할 경우 제1원리가 우선이라고 주장한다.

③ 파레토 최적 상태는 형평성 가치를 뒷받침하는 기준이다.

④ 근대 이후 합리성은 목표를 달성하는 수단과 관련된 개념이다.

15 2022 군무원 7급

정보화 사회로 진입하면서 산업구조의 변화, 질적 성장에 대한 요구 증대, 저출산·고령화로 인한 인구구조 변화, 민주주의 발선에 따른 지방정부의 역할 강화 등의 복합적인 여러 사회변화가 일어나고 있으며 이러한 변화 속에서 형평성에 대한 관심이 증대되고 있다. 다음 중 사회적 형평성과 관련된 설명으로 가장 옳은 것은?

① 대표관료제는 수평적 형평성을 확보하기 위함이다.

② 롤스(J. Rawls)는 원초적 상태하에서 합리적 인간의 최대극소화 원리에 따른다고 한다.

③ 정부의 환경보존사업에 필요한 비용을 공채 발행으로 조달하여 다음 세대에게 그 부담을 전가하는 것은 수직적 형평성에 해당한다.

④ 형평성은 총체적 효용 개념을 강조한다.

효용의 개념에 사로잡혀 정치·경제적으로 소외되어 온 소수집단에 대한 무관심 때문이었다고 한다.

ⓒ 따라서 이를 극복하기 위해서는 행정가가 적극적으로 사회적 형평을 실현해야 한다고 주장하였다.

③ **형평성의 이론적 근거 및 기준**

ⓐ 사회적 형평성은 사회적·경제적으로 소외된 계층·불우한 계층의 편에 서서 사회정의를 실현하고자 하는 이념으로서, 도덕성·윤리성을 바탕으로 하는 개념이다.

ⓑ 배분적 정의와 상대적 평등론(수직적 평등론), 실적이론, 욕구이론 등이 그 이론적 근거 및 기준이 된다.

ⓒ **사회정의론**(Rawls)

ⓐ 롤스(Rawls)에 의하면 사회정의란 사회기관들이 기본적인 의무를 배분하고, 사회적 협조체제 간에 이익분할을 결정하는 것이다. 이는 다시 평균적 정의론과 분배적 정의론으로 구분되며 사회적 형평성은 분배적 정의와 관련된다.[6] 분배적 정의란 사회구성원 각자가 자신이 향유하여야 할 사회적·경제적 가치의 응분의 몫을 누리는 상태를 의미한다.

ⓑ 롤스의 정의론은 복지국가론의 강력한 윤리적 기초를 제공하고 있다. 가장 가난하고 불리한 위치에 있는 자에게 우선적으로 사회후생이 주어지고, 그다음 불리한 위치에 있는 자에게 후생이 주어져야 한다. 이러한 순환과정을 통해 사회 전체가 평등하게 된다는 것이다(최소극대화 원칙). 타고난 차이 때문에 사회적 가치의 획득에서 불평등이 생겨나는 것은 사회적 정의에 어긋난다고 본다. 그러나 이 원칙은 한 사회에서 가장 못사는 사람들의 지위를 향상시키기 위한 정부개입을 옹호하는 논리로 이용되기도 하였다.

ⓓ **평등이론**(보호주의 사상)

ⓐ **절대적 평등론**(수평적 평등론): "동일한 것을 동일하게 취급하는 것"으로, 모든 인간은 그 존엄성과 가치가 동등하다는 논거에서 인간의 능력에 따른 차별적 분배란 있을 수 없다는 주장이다.[7]

　⑩ 모든 선거권자가 한 표의 투표권을 행사, 동일한 노동에 대해 동일한 임금, 똑같은 고속도로를 이용하는 모든 승용차에게 동일한 요금 부과 등

ⓑ **상대적 평등론**(수직적 평등론): "서로 다른 상황에 있는 사람들을 서로 다르게 취급하는 것"으로, 비동일 대상 간에는 합리적인 차별이 필요하다는 주장이다. 즉, 각기 다른 입장에 있는 사람들을 모두 그 사정에 맞게 서비스를 제공하거나 비용을 부담하게 하는 것이다. 사회적 형평성은 상대적 평등론을 논리적 근거로 한다.

　⑩ 가난한 사람에게 등록금을 줄여 주거나 장학금을 지급, 극빈자의 병원비를 정부가 부담, 고소득계층이 좀 더 많은 세금을 부담, 장애인들에게 공직임용상 일정한 쿼터제 적용, 장기공채의 운영을 통해 다음 세대에게 조세 부담, 대표관료제 등

ⓒ **실적이론**(능력이론, 자유경쟁사상): 기회균등을 전제로 능력·실적에 따라 가치의 상이한 분배를 주장하는 입장으로, 기회의 평등, 상대적 평등론과 관련된다.

---

6) 블래스토스(Blastos)는 정당한 분배의 원칙으로서 필요(need), 각자의 가치(worth), 각자의 일(work), 각자의 능력과 업적(merit), 각자가 체결한 계약(agreement)에 따른 분배의 원칙을 제시하였다.

7) 누구나 건강의 문제가 없다면, 병역 의무의 기회가 균등하게 주어져야 한다는 것은 사전적 형평성의 문제이고, 결과적으로 군복무를 한 사람과 하지 않은 사람 사이의 형평성 문제는 결과의 공평으로서 사후적 형평의 문제이다. 이에 따라 헌법재판소는 병역을 필한 자에 대한 공무원시험의 가산점제도를 위헌으로 결정하였다.

ⓑ **욕구이론**: 인간은 실적이나 능력에 관계없이 인간의 기본욕구(ⓜ국민주택의 무주택자에게 일정 분량 우선 배정)를 충족할 권리를 보유하고 있으며, 이에 따라 분배가 이루어져야 한다는 주장이다. 평등이론이나 실적이론 실현의 초기단계에 적용이 가능하다고 볼 수 있다.

④ **롤스(Rawls)의 정의론**

㉠ **정의(justice)의 개념**

ⓐ 롤스는 정의를 '공정성으로서의 정의(justice-as-fairness)'로서 파악하는 절차적 정의관을 제시하면서 정의의 기준을 절차과정의 공정성(procedural justice)에서 찾았다.

ⓑ 롤스는 정의를 공평(fairness)으로 풀이하면서 배분적 정의가 무엇보다도 평등원칙에 입각해야 한다고 주장한다.

㉡ **정의의 전제 조건**

ⓐ 롤스는 원초적 상태(original position, 사회계약론의 자연 상태와 같은 가상의 상태)에서 인간은 '무지의 베일(자신에게 무엇이 유리할지 모르는 상태)'과 '상호무관심적 합리성(mutually disinterested rationality)'에 있음을 전제한다. 이러한 상태에서 인간은 편견 없이 사회적 협동조건에 대한 합의의 약속으로서 두 가지의 원리를 등장시키며, 개인의 이해관계를 보호·개선시킬 수 있는 일반적 이해관계를 보여 주는 원칙에 합의할 수 있다고 언급한다.

ⓑ ⓐ와 같은 원초적 상태, 즉 특정한 규칙 또는 정책이 자신에게 유리할지 불리할지 모르는 상태에서 합리적 인간은 최소극대화(maximin)원리에 입각해 합리적인 규칙을 선택할 것으로 가정한다. 따라서 원초적 상태에서 구성원들이 합의하는 규칙 또는 원칙이 공정할 것이라고 전제한다.

㉢ **정의의 원리**: 정의의 원리는 자유와 기회, 소득과 부, 인간존중의 기반 등 제1차적 사회재는 평등하게 배분되어야 하며 그 불평등한 배분은 사회의 최소 수혜자에게 유리한 경우에만 정당한 것(최소극대화의 원칙)을 말하며, 다음 두 원리로 나누어진다.

정의의 제1원리 (기본적 자유의 평등원리, 평등한 자유원리)	정의의 제2원리 (차등 조정의 원리, 사회적 불평등의 조정에 관한 원리)
• 개개인에 대하여 다른 사람의 유사한 자유와 상충되지 않는 한도 내에서 최대한의 기본적 자유에 대한 평등한 권리가 인정되어야 함. 즉, 모든 사람이 다른 사람의 동일한 자유와 상충되지 않는 한도 내에서 최대한으로 자유에 대하여 동등한 권리를 가짐 • '최대로 평등한 자유의 원칙'은 무지의 베일에 가려졌더라도 구성원들이 '시민의 기본적 자유'를 침해받지 않아야 함을 의미함. 이때 시민의 기본적 자유란 정치적 선거 및 피선거권, 언론과 집회의 자유, 양심과 사상의 자유, 재산권과 신체의 자유 등을 의미함 • 각자는 불확실한 상황에서 최악의 경우 자기에게 초래될 비용을 극소화하고 보상을 극대화하려는 선택의 자유를 가짐	• 기회균등의 원리(equal opportunity principle): 사회·경제적 불평등은 그 모체가 되는 모든 직무와 지위에 대한 기회균등이 공정하게 이루어진 조건하에서 직무나 지위에 부수해 존재해야 한다는 원리 • 차등의 원리(difference principle): 저축원리[8]와 양립하는 범위 내에서 가장 불우한 사람들의 편익을 최대화해야 한다는 원리

---

8) 저축원리란 사회협동의 모든 산물 중 어느 정도 비율의 것을 분배나 재분배에 충당하지 않고 설비나 기타 생산수단 및 교육에 투자하는 것 등의 형태로 미래 세대의 복지를 위해 유보 또는 저축하는 것이 적절한 것인가를 규정하는 원리를 말한다.

16   2006 경기 9급

다음 형평성(equity)의 개념이나 종류에 대한 설명 중 틀린 것은?

① 「헌법」상의 평등에서부터 혜택을 받은 자가 비용을 부담해야 한다는 수익자부담의 원칙에 이르기까지 다양한 의미를 갖고 있다.

② 소득 계층이 높은 사람들이 보다 많은 세금을 부담해야 한다는 것은 수직적 형평성의 원칙에 따른 것이다.

③ 수평적 형평성은 각기 다른 입장에 있는 사람들을 모두 그 사정에 맞게 서비스를 제공하거나 비용을 부담하게 하는 것이다.

④ 누구나 건강의 문제가 없다면, 병역의무의 기회가 균등하게 주어져야 한다는 것은 사전적 형평성의 문제이고, 결과적으로 군복무를 한 사람과 하지 않은 사람 사이 간의 형평성 문제는 결과의 공평으로서 사후적 형평의 문제이다.

17   2021 군무원 9급

행정이념에 대한 설명으로 가장 옳지 않은 것은?

① 행정이념은 절대적인 것이 아니라 시대적 상황과 정치체제에 따라 변할 수 있다.

② 능률성은 투입 대비 산출의 비율을, 효과성은 목표의 달성도를 나타내는 개념이다.

③ 행정의 민주성은 대외적으로 국민 의사를 존중하고 수렴하며 대내적으로 행정조직을 민주적으로 운영한다는 두 가지 측면을 가지고 있다.

④ 수평적 형평성이란 동등하지 않은 것을 서로 다르게 취급하는 것, 수직적 형평성이란 동등한 것을 동등하게 취급하는 것을 의미한다.

18 2010 서울시 7급

롤스(Rawls)의 정의와 관련한 설명으로 가장 거리가 먼 것은?

① 정의를 공평으로 풀이하면서 배분적 정의가 평등원칙에 입각해야 함을 강조한다.

② 정의의 제1원리로서 기본적 자유의 평등원리를 들고 있다.

③ 기본적 자유의 평등원리와 차등조정의 원리가 충돌할 때는 차등조정의 원리가 우선한다.

④ 원초적 상태에서의 인간은 최소극대화 원리에 입각하여 규칙을 선택하는 것으로 가정한다.

⑤ 자유와 평등의 조화를 추구하는 중도적 입장을 취하고 있다.

19 2023 군무원 7급

롤스(J. Rawls)가 주장한 사회 정의의 기본원리에 대한 설명으로 가장 적절하지 않은 것은?

① '기본적 자유의 평등원리'란, 다른 사람의 유사한 자유와 상충되지 않는 범위 내에서 최대한의 기본적 자유에의 평등한 권리가 인정되어야 한다는 것이다.

② '차등원리'란, 저축원리와 양립하는 범위 내에서 가장 불우한 사람들의 편익을 최대화해야 한다는 것이다.

③ '공정한 기회균등의 원리'란, 사회·경제적 불평등은 그 모체가 되는 모든 직무와 지위에 대한 기회균등이 공정하게 이루어진 조건하에서 직무나 지위에 부수해 존재해야 한다는 것이다.

④ '공정한 기회균등의 원리'와 '차등원리'가 충돌할 때에는 후자가 우선되어야 한다.

ⓔ 원리 간의 관계

ⓐ 정의의 제1원리는 기본적인 권리와 의무의 할당에서 평등을 요구하며, 제2원리는 사회적·경제적 불평등은 사회의 혜택받지 못한 구성원을 위한 보상적 편익을 낳게 될 경우에만 정당한 것이다.

ⓑ 제1원리를 운영 가능하게 하려면 기본적 자유체계 및 사회의 모든 구성요소와 이러한 권리 간의 관계를 보다 정확하게 파악해야 하며, 제2원리를 운영 가능하게 하려면 일상적 의미의 경쟁을 없애고 불이익을 당하는 사람들의 몫을 향상시키는 데 사회적 노력을 기울일 필요가 있다.

ⓒ 평등한 자유원리를 밝히는 제1원리는 제2원리에 우선하며 제2원리에서는 기회균등의 원리가 차등의 원리에 우선적으로 적용된다. 즉, 롤스는 두 가지 원리가 충돌할 때에는 제1원리가 제2원리에 우선하고, 제2원리 내에서 충돌이 생길 때에는 '기회균등의 원리'가 '차등의 원리'에 우선되어야 한다고 주장한다.

ⓗ 정의론의 특징 및 비판

특징	• 자유방임주의에 의거한 전통적 자유주의와 생산수단의 사회적 소유를 주장하는 사회주의의 양극단을 지양함 • 자유와 평등의 조화를 추구하는 중도적 입장을 취함
비판	우파로부터는 평등을 지향하는 롤스의 정의관이 자유의 제한을 초래한다는 점에서, 좌파로부터는 롤스가 말하는 '바람직한 불평등'이 아닌 '완전한 불평등'을 추구해야 한다는 점에서 비판을 받음

⑤ 사회적 형평을 확보하기 위한 행정의 역할

㉠ 공정한 기관으로서의 위상 정립

㉡ 가치의 공정한 배분

㉢ 사회적 약자의 이익보호

㉣ 대표관료제의 채택

㉤ 빈곤에 대한 대책

㉥ 적극적 조치(affirmative action)

3 행정의 수단적 가치

(1) 합법성(legality)

① 개념: 합법성은 행정법치주의, 즉 법률에 의한 행정의 원리를 의미하며, 행정과 정의 법률적합성이라고도 할 수 있다.

② 중요성

㉠ 주관적 자의성을 배제하여 예측 가능성을 증대시킨다.

㉡ 행정의 안정성·계속성을 확보해 준다.

㉢ 자의적인 권력의 행사로부터 시민의 자유와 권리를 최대한 보장해 준다.

③ 대두 배경: 합법성은 입법국가 시대에 민주정치·민주행정의 역사적 요청과 자유주의적 이념에 따라 발달되고 강조된 행정이념이다.

④ **행정국가적 의미 수정**: 오늘날 행정의 전문성·기술성·기동성 등으로 인하여 엄격한 의미에서 합법성의 달성은 매우 곤란해졌을 뿐 아니라, 발전적 역할이 강조됨에 따라 합목적성에 의한 법의 신축적 운용 및 해석이 요청되고 있다. 이것은 오늘날 합법성의 비중이 저하되고 있으며 행정인의 재량권 증대가 불가피함을 뜻한다. 합법성은 민주주의의 두 원리, 즉 자유와 평등 중 평등의 확립에 기여하는 반면, 합법성의 지나친 강조는 동조과잉에 따른 수단의 목표화(목표의 대치)를 초래한다.

(2) 능률성(효율성)

능률성이란 일반적으로 투입(input)에 대한 산출(output)의 비율을 말하며, 기계적 능률성과 사회적 능률성으로 나누어 볼 수 있다.

① **기계적 능률성(효율성)**
　ⓐ **개념**: 기계적 능률성은 정치·행정 이원론하의 지상주의적 사고로, 행정의 투입 (input)에 대한 산출(output)의 비율을 의미한다.
　　ⓐ **계량적 개념**: 기계적 능률성은 계량적 개념이며, 가치중립적·객관적·합리적 기준으로서 의의가 있다.
　　ⓑ **과정적·수단적 개념**: 기계적 능률성은 과정 차원에서 사용되는 수단의 합리성에 초점을 두는 가치중립적·기술적 수단 개념으로서 이해되어야 한다.
　ⓛ **특징**
　　ⓐ 기계적 능률성은 찬성 의견을 규합하는 정치적 상징으로서 기능할 수 있다는 점에서 의의가 있다.
　　ⓑ 기계적 능률성은 19세기 말 이후 최고의 행정이념으로 대두된다.
　　ⓒ 과학적 관리론과 행정관리설은 기계적 능률성이 최고의 행정이념이어야 한다고 주장한다.
　ⓒ **대표 학자**: 귤릭(Gulick - 능률성 제1의 공리), 사이몬(Simon)[9] 등
② **사회적 능률성(효율성)**
　ⓐ **개념**: 사회적 능률성(인간적 능률, 합목적적 능률, 상대적 능률)이란 사회목적의 실현, 다원적인 이익들 간의 통합·조정, 인간 존엄성의 구현 등 사회적 유용성의 차원에서 능률이 인식되는 것을 말하며, 민주성의 개념으로 이해되기도 한다.
　ⓛ **특징**
　　ⓐ **대외적 측면**: 사회의 목적·발전에 기여, 사회의 기대수준에 부응
　　ⓑ **대내적 측면**: 인간가치의 실현
　　ⓒ 인간관계론에서 대두되기 시작하여 통치기능설에 이르러 체계화되고 완성된다.
　ⓒ **대표 학자**: 디목(Dimock), 메이요(Mayo) 등

---

9) 사이몬은 기계적 효율성을 대차대조표적 효율성(balance sheet efficiency)이라고 표현하였으며, 성과를 계량화하여 객관적인 기준에 따라 효율성을 평가한다고 보았다.

20 　　　　　　　2022 국회직 8급
행정가치에 대한 설명으로 옳은 것만을 〈보기〉에서 모두 고르면?

┌─ 보기 ─
ㄱ. 공익의 과정설은 집단이기주의의 폐단이 발생할 수 있다는 한계가 있다.
ㄴ. 롤스(J. Rawls)의 사회정의 원칙에 따르면, 기회균등의 원리와 차등의 원리가 충돌할 때 기회균등의 원리가 차등의 원리에 우선한다.
ㄷ. 공익의 실체설은 현실주의 혹은 개인주의적으로 공익 개념을 주장한다.
ㄹ. 롤스(J. Rawls)의 정의관은 자유방임주의에 의거한 전통적 자유주의와 생산수단의 사회적 소유를 주장하는 사회주의의 양극단을 지향한다.
└─

① ㄱ, ㄴ　　　　　② ㄱ, ㄷ
③ ㄴ, ㄷ　　　　　④ ㄱ, ㄴ, ㄹ
⑤ ㄱ, ㄷ, ㄹ

21 　　　　　　　2023 지방직 9급
행정가치에 대한 설명으로 옳지 않은 것은?

① 합리성은 어떤 행위가 궁극적 목표 달성의 최적 수단이 되느냐의 여부를 가리는 개념이다.
② 효율성은 목표의 달성도를 나타내고, 효과성은 투입 대비 산출의 비율을 의미한다.
③ 자율적 책임성은 공무원이 직업윤리와 책임감에 기초해 전문가로서 자발적인 재량을 발휘할 때 확보된다.
④ 행정의 민주성은 국민과의 관계뿐만 아니라 관료조직의 내부 의사결정 과정의 측면에서도 고려된다.

22

행정가치 중 수단적 가치에 대한 설명으로 가장 옳지 않은 것은?

① 대외적 민주성을 확보하기 위해 행정통제가 필요하다.
② 수단적 가치는 본질적 가치의 실현을 가능하게 하는 가치들이다.
③ 전통적으로 책임성은 제도적 책임성(accountability)과 자율적 책임성(responsibility)으로 구분되어 논의되었다.
④ 사회적 효율성(social efficiency)은 과학적 관리론의 등장과 함께 강조되었다.

23

주요 행정이념에 대한 설명으로 가장 옳지 않은 것은?

① 합법성은 정부관료의 자의적인 행정활동을 막아 주는 데 기여한다.
② 사회적 효율성은 구성원의 인간적 가치실현 등을 내용으로 하여 민주성의 개념으로 이해되기도 한다.
③ 환경의 불확실성이 커질수록 가외성은 행정의 안정성과 신뢰성 확보 측면에서 그 필요성이 높아진다.
④ 효과성은 투입에 대한 산출의 비율을 의미하는 것으로 산출에 대한 비용의 관계라는 조직 내의 조건으로 이해된다.

24

아래 두 법률 제1조(목적)의 빈칸에 공통으로 들어갈 행정이념을 차례대로 옳게 연결한 것은?

> 「국가공무원법」 제1조(목적) 이 법은 각급 기관에서 근무하는 모든 국가공무원에게 적용할 인사행정의 근본 기준을 확립하여 그 공정을 기함과 아울러 국가공무원에게 국민 전체의 봉사자로서 행정의 ㅇㅇㅇ이며 ㅁㅁㅁ인 운영을 기하게 하는 것을 목적으로 한다.
> 「지방공무원법」 제1조(목적) 이 법은 지방자치단체의 공무원에게 적용할 인사행정의 근본 기준을 확립하여 지방자치행정의 ㅇㅇㅇ이며 ㅁㅁㅁ인 운영을 도모함을 목적으로 한다.

① 합법적, 민주적   ② 합법적, 중립적
③ 민주적, 중립적   ④ 민주적, 능률적

(3) 민주성(democracy)

① 개념
　㉠ 대외적 측면
　　ⓐ 행정과정의 민주화를 통하여 국민의사가 우선 존중·반영되는 행정(대응성)
　　ⓑ 국민에 대하여 책임을 지는 국민을 위한 행정(책임성)
　　ⓒ 국민에 대한 최대 봉사(봉사성)
　㉡ 대내적 측면
　　ⓐ 행정인의 능력 발전
　　ⓑ 자기실현 욕구의 충족 등에 의한 인간관리의 민주화·인간화

② 대두 배경: 민주성은 모든 시대에 강조되어 왔던 행정이념이라고 볼 수 있으나, 1930년대 이후 정치·행정 일원론(통치기능설)이 등장하면서 최고의 행정이념으로 부각된다. 즉, 과학적 관리론을 비판하면서 행정의 재량권과 가치영역이 확대되던 시기에 등장한 이념이 민주성이다.

③ 행정의 민주화 방안

대외적 측면	대내적 측면
• 행정통제의 확립 • 행정책임의 구현 • 행정윤리의 확립 • 사전 행정절차 등 시민참여의 확대 • 행정구제제도의 확립 • 민·관 협조체제의 구축 • 공개행정의 구현·행정정보 공개 • 관료제의 대표성 확보	• 공무원의 민주적 행정행태의 확립과 민주적 가치관의 형성 • 행정기구의 민주화(합의제, 회의제 등) • 행정체제의 분권화를 통한 참여와 하의상달의 촉진 • Y이론적 인간관리, 자기실현 욕구의 충족, 교육훈련 등을 통한 행정인의 능력 발전 • 민주적 리더십의 확립 • 목표관리(MBO)의 도입

(4) 효과성(effectiveness)

① 개념
　㉠ 효과성은 목표의 달성도를 의미한다. 관주도적인 발전목표를 설정하고 행정의 계획적·인위적 변동을 강조했던 1960년대 발전도상국의 주된 행정이념이 효과성이다.
　㉡ 효과성이 목적적·기능적 이념이라면, 능률성은 수단적·개별적 차원의 이념이다. 따라서 정부가 직업훈련을 통해서 훈련생을 많이 배출하는 것은 능률성이 높은 것이지, 효과성이 높은 것은 아니다.

② 중요성
　㉠ 효과성은 목표에 치중하며 결과적 측면에 중점을 두는 개념이다.
　㉡ 목표의 달성도를 의미하는 효과성은 계량적·질적 개념일 수밖에 없다.

▌효과성과 능률성 비교

효과성	능률성
• 목표에 치중 • 결과적 개념 • 계량적·질적 개념	• 수단·기술에 치중 • 과정적 개념 • 계량적 개념

※ 양자는 상반되는 개념은 아니며, 일반적으로 병행하는 경향이 있으나 반드시 일치하는 것은 아니다.

(5) 생산성

① 개념: 생산성(= 효율성) = 효과성 + 능률성
- ㉠ 생산성은 효과성과 능률성의 조화·균형을 통해 양자의 비율을 최적화시키는 것이다.
- ㉡ 생산성을 매개로 하여 효과성과 능률성은 공생적 관계에 놓일 수 있다.

② **생산성 분석의 필요성**: 생산성 분석정보가 환류됨으로써 생산성 분석은 다음과 같은 점에 도움이 될 수 있다.
- ㉠ 행정의 책임성 확보에 도움을 준다.
- ㉡ 행정서비스의 향상과 예산절약, 정책결정능력의 개선 등에 기여하여 국민의 신뢰의 조성 및 제고에 도움을 줄 수 있다.
- ㉢ 행정의 조정·통제 메커니즘의 개선에 활용될 수 있다.
- ㉣ 조직의 전체적 능력 향상을 통한 조직활력 강화에 기여할 수 있다.
- ㉤ 조직구성원의 실적평가를 통하여 동기부여를 꾀할 수 있다.
- ㉥ 인력수급계획의 합리화에 도움이 될 수 있다.

③ 공공행정의 경우 생산성 측정·제고가 어려운 이유
- ㉠ 공공행정의 다목적성
- ㉡ 생산성의 판단기준 다양
- ㉢ 정보와 자료의 부족
- ㉣ 고객과의 다원적 관계
- ㉤ 계량화 곤란

▎ 능률성 · 효과성 · 생산성의 관계

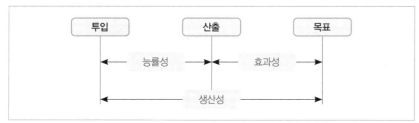

(6) 가외성(redundancy)

> **결정적 코멘트** ▶ 불확실성 시대의 등장에 따라 가외성이 중시되고 있다. 전반적인 내용을 숙지해야 한다.

① 개념 및 대두 배경
- ㉠ 개념
  - ⓐ 남는 것, 잔여분, 초과분, 반복, 중첩 등이 내포된 개념으로, 위기상황과 관련하여 정책오류 방지에 효과적이다. 따라서 불확실한 상황하에서 행정의 신뢰성을 제고시킨다.
  - ⓑ '계란을 한 바구니에 담지 마라.'라는 말은 가외성을 상징적으로 표현한 것으로, 가외성은 최악의 상황에 대비하는 것을 말한다.
  - ⓒ 능률성·경제성과는 대조적인 개념이다.
- ㉡ 대두 배경: 1997년 말 외환위기 이후 우리나라 정부기관에 부분적으로 도입되기 시작하였다.
- ㉢ 이론별 입장
  - ⓐ **전통행정이론의 입장**: 가외성을 비경제적인 것, 비능률적인 것으로 인식하여 행정조사 및 행정개혁을 통하여 제거해야 한다는 소극적 입장을 취한다.

25 　　　　　2010 서울시 9급
행정의 대외적 민주성을 확보하기 위한 것과 가장 거리가 먼 것은?

① 행정인의 행정윤리 확립
② 책임행정의 확보
③ 일반국민의 행정 참여
④ 부당한 침해에 대한 제도적 구제장치
⑤ 파레토 최적

26 　　　　2019 서울시 9급 제1회
행정가치에 대한 설명으로 가장 옳은 것은?

① 과정설에서는 공익은 사익을 초월한 실체·규범·도덕 개념으로 파악한다.
② 사회적 형평성은 1930년대 중반 이후 인간관계론의 등장과 더불어 강조된 개념이다.
③ 사회적 효율성은 동등한 것을 동등한 자에게 처방하는 것이 정당하다고 본다.
④ 효과성은 목표달성의 정도로 1960년대 발전행정론에서 중요시한 개념이다.

27 　　　2017 서울시 사회복지직 9급
행정의 가치에 대한 설명 중 가장 옳은 것은?

① 합목적성을 의미하는 경제성(economy)은 그 자체로 목표가 되는 본질적 가치다.
② 적극적 의미의 합법성(legality)은 상황에 따라 신축성을 부여하는 법의 적합성보다 예외 없이 적용하는 법의 안정성을 강조한다.
③ 가외성(redundancy)은 과정의 공정성(fairness) 확보를 위한 수단적 가치다.
④ 능률성(efficiency)은 떨어지더라도 효과성(effectiveness)은 높을 수 있다.

28 　　　　　2009 서울시 9급
행정이념에 대한 설명으로 가장 타당한 것은?

① 민주성과 합법성은 항상 조화의 관계에 있다.
② 중립성은 공무원 개인의 사회적 욕구의 포기를 요구한다.
③ 효과성과 능률성은 항상 조화의 관계에 있다.
④ 가외성은 최악의 상황에 대비하자는 것이다.
⑤ 절차로서의 민주주의는 사회정의를 보장한다.

29

다음 설명에 해당하는 것은?

이것은 불확실한 상황에서의 오류 발생가능성을 최소화하고 체제의 신뢰성을 높이기 위해 강조되는 행정가치이며, 여러 기관에서 한 가지 기능이 혼합되는 중첩성(overlapping)과 동일 기능이 여러 기관에서 독립적으로 수행되는 중복성(duplication) 등을 포괄하는 개념이다.

① 가외성(redundancy)
② 합리성(rationality)
③ 효율성(effciency)
④ 책무성(accountability)

30

다음과 관련있는 행정가치에 대한 설명으로 옳은 것은?

• 안전을 위하여 자동차의 제동장치를 이중으로 설계하였다.
• 정전에 대비하여 건물 자체적으로 자가발전시설을 갖추도록 하였다.

① 창의성이 제고될 수 있다.
② 수단적 가치보다는 행정의 본질적 가치로서의 성격이 더 강하다.
③ 행정체제의 신뢰성과 안전성을 저하시킨다.
④ 형평성과 상충관계에 있다.

31

행정가치에 대한 설명으로 옳은 것은?

① 가외성은 예측하지 못한 행정수요에 대응이 가능하게 함으로써 행정에 대한 신뢰성을 제고한다.
② 공익 실체설은 공익을 사익의 총합이거나 사익 간 타협 또는 집단 간 상호작용의 산물로 본다.
③ 기계적 효율성은 행정의 사회목적 실현과 다차원적 이익들 간의 통합 조정 등을 내용으로 한다.
④ 수평적 형평성은 '다른 사람은 다르게 취급한다'는 원칙으로, 실적과 능력의 차이로 인한 상이한 배분을 용인한다.

ⓑ **현대행정이론의 입장**: 행정조직을 정보관리체제·정책결정체제로서 인식함에 따라, 가외성을 장기적인 안목에서 능률적인 것으로 재평가, 조성·관리하자는 적극적 입장을 취한다.
ⓒ **예**: 가외성은 분권화와 일치되는 성격이 있다.
  ⓐ 삼권분립에 의한 상호견제와 균형
  ⓑ 연방주의
  ⓒ 계선과 막료
  ⓓ 삼심제
  ⓔ 양원제
  ⓕ 위원회제
  ⓖ 자동차의 이중 브레이크·스페어타이어
  ⓗ 거부권제도
ⓓ **대표 학자**: 랜도우(Landau) 등

② **특성**
  ⓒ **중첩성**(overlapping): 동일한 기능이 여러 기관에서 혼합적으로 수행되는 상태를 말한다. 즉, 여러 조직이 중복적으로 상호이존성을 가지면서 공동 관리하는 현상이다.
    ⑩ 새마을 사업, 인간의 소화작용 등
  ⓛ **반복성**(duplication): 동일한 기능을 여러 기관들이 독자적인 상태에서 수행하는 것이다.
    ⑩ 자동차의 2중 브레이크 장치, 정보제공 업무를 다른 기관들이 서로 간섭하지 않고 독립적인 입장에서 담당하는 경우 등
  ⓒ **등전위현상**(동등잠재력, equi-potentiality): 주된 조직단위의 기능이 장애·마비가 일어날 때 다른 보조적 조직단위가 주된 조직단위의 기능을 인수하여 수행하는 것을 말한다.
    ⑩ 주된 조명장치가 고장났을 때 보조조명 장치를 사용하는 경우 등

③ **정당화되는 근거**
  ⓒ **정책결정의 불확실성 상태**
    ⓐ 복잡·다양하고 가변성이 큰 환경상태에서는 정확한 예측이 불가능하며 정책결정상의 표준적 메커니즘의 장애에 기인하여 많은 갈등이 일어난다.
    ⓑ 이에 대한 대응책으로 정책결정과 문제해결책의 다양성, 적응성이 요구되는 것인데, 조직의 과업환경이 이질적이고 불확정적인 때에 가외적 구조를 가진 조직은 생존 가능성이나 과업성취 가능성을 높일 수 있다.
  ⓛ **조직의 신경구조성**
    ⓐ 조직은 의사전달망, 통합·통제망 등 복잡한 신경구조로 엮어진 정보체제이다.
    ⓑ 오늘날의 문제의 복잡화·다양화에 기인하여 정보체제의 위험성과 미비점은 커지며 이에 대한 보완책이 요구된다.
  ⓒ **조직의 체제성**: 조직은 각기 고유한 기능을 수행하는 부문들의 총체, 즉 체제인 것이다. 이러한 체제에서는 부문체제 간의 불완전한 관계나 부문체제의 이탈 가능성에 대한 보완장치가 요구된다.

ㄹ 협상의 필요성이 요구되는 상황조건
  ⓐ 협상은 커뮤니케이션의 반복성·중첩성을 요구하는 것이며, 현대 사회문제의 복잡성 때문에라도 협상은 필요하다.
  ⓑ 민주사회에서는 계속적·반복적인 협상의 중요성은 강조되어야 한다.
④ 효용과 한계
  ㉠ 효용
    ⓐ 조직의 적응성 제고: 등전위현상 등은 위험사태에 대한 적응성을 증진해 준다.
    ⓑ 안전성과 신뢰성의 증진: 가외성의 산술적 증가는 실패의 확률을 지수적으로 감소시킨다. 또한 가외성이 체계 전체의 신뢰성을 증가시킬 수 있다는 조건은 각 부분이 어느 정도 동의할 수 있는 범위 내에서 독립적으로 움직여야 한다는 것이다. 따라서 관료조직도 어느 정도 하위 부서들 간에 동등 잠재력을 허용함으로써 조직의 신뢰성을 증대할 수 있다.
    ⓒ 창조성의 증가: 제기능 및 요소들이 중첩·반복적으로 엮어질 때 그것의 상호작용으로 인한 창조성이 증가된다.
    ⓓ 정보의 정확성 확보에 기여: 좀 더 다원적이고 경쟁적인 정보체제가 존재할 때 정보의 정확성이 확보된다.
    ⓔ 이밖에 수용범위의 한계 극복, 목표전환현상의 완화 등을 들 수 있다.
  ㉡ 한계
    ⓐ 비용·효과상의 제약: 가외성의 설치비용을 상회하는 효과가 없는 경우, 그 가외성은 설치할 수 없게 된다. 즉, 중요도가 떨어지거나 미미한 것에 대해서는 가외성을 설치하지 않아도 된다.
    ⓑ 운영상의 한계: 조직 내외에서 가외성은 기능상의 충돌·대립 가능성을 내포하게 되므로, 일정한 운영상의 한계에 부닥치게 된다.
    ⓒ 감축관리와 조화문제: 가외성은 감축관리와 충돌될 가능성이 있지만, 양자는 궁극적으로 조직의 건전성과 효과성을 제고하기 위한 것이므로 양립 가능한 것이다.

(7) 합리성 📖 심화편 ▶ P.37

4 행정이념의 발달 순서와 우선순위

(1) 발달 순서
미국을 중심으로 행정이념의 발달 순서를 보면, '합법성 → 능률성 → 민주성 → 효과성 → 사회적 형평성'의 순서로 전개되어 왔다.

(2) 우선순위
행정이념의 우선순위는 국가적인 상황과 시대적인 요청에 따라 다를 수밖에 없으므로, 시대와 장소를 불문하고 엄격하고 절대적인 우선순위란 있을 수 없다. 그러나 우리나라의 행정현실을 감안해 볼 때 우선순위를 '민주성 → 효과성 → 능률성 → 합법성' 순으로 설정하는 것이 바람직하다.

바로 확인문제

32 　　　　　　　2007 인천 9급
행정상 가외성의 효용성과 거리가 먼 것은?
① 행정의 신뢰성과 안정성 확보
② 불확실한 상황에 대한 행정체제의 적응성 증진
③ 행정의 유연성과 탄력성 증진
④ 행정의 능률성 제고
⑤ 정보의 도형화와 정확성의 확보

33 　　　　　　　2007 서울시 9급
다음 중 행정에 있어서 가외성(redundancy)을 통하여 조직이 추구하고자 하는 것과 가장 거리가 먼 것은?
① 적응성 증진　　　② 경제성 제고
③ 신뢰성 확보　　　④ 안정성 증진
⑤ 창조성 제고

34 　　　　　　　2007 대전 7급
가외성의 효용과 한계에 관한 다음 설명 중 틀린 것은?
① 가외성의 산술적 증가는 실패의 확률을 지수적으로 감소한다.
② 조직의 기능들이 중복되어 있을 때 그만큼 적응성도 커진다.
③ 조직의 동질적인 기능들이 중복적으로 엮어질 때 신뢰성은 증진되지만 창의성은 떨어진다.
④ 중요도가 떨어지거나 미미한 것에 대해서는 가외성을 설치하지 않아도 된다.

35 　　　　　　　2005 전남 9급
가외성의 효용과 기능에 대한 설명이 잘못된 것은?
① 불확실한 상황하에서 행정의 신뢰성을 제고시킨다.
② 환경에 대한 적응성을 높인다.
③ 비용 절감과 갈등 감소에 기여한다.
④ 협상과 타협을 유도한다.

36

행정이 추구하는 가치에 대한 설명으로 옳은 것을 〈보기〉에서 모두 고른 것은?

┤ 보기 ├

ㄱ. 효과성을 추구하는 과정에서 능률성의 희생이 발생될 수 있다.
ㄴ. 민주성은 국민과의 관계뿐만 아니라 정부관료제 내부의 의사결정과정의 두 가지 측면에서 논의된다.
ㄷ. 절차적 합리성은 목표에 비추어 적합한 행동이 선택되는 정도를 의미한다.
ㄹ. 투명성은 정보공개뿐만 아니라 정보에 대한 접근권까지 포함하는 개념이다.
ㅁ. 제도적 책임성은 자율적이고 적극적인 행정책임을 의미한다.

① ㄱ, ㄷ, ㅁ
② ㄴ, ㄷ, ㅁ
③ ㄱ, ㄴ, ㄹ
④ ㄴ, ㄷ, ㄹ

37

다음 중 공무원 부패를 방지하기 위해 가장 중요한 가치로서 인식되는 것은?

① 형평성
② 민주성
③ 절차성
④ 투명성

(3) 행정이념의 관계

① 조화(보완) 관계
　㉠ 합법성과 민주성
　㉡ 능률성과 중립성
　㉢ 능률성, 효과성, 생산성
　㉣ 민주성과 형평성

② 갈등(상반) 관계
　㉠ 민주성과 (기계적) 능률성
　㉡ 민주성과 효과성
　㉢ 민주성과 중립성
　㉣ 합법성과 효과성
　㉤ 능률성과 형평성
　㉥ 효과성과 형평성
　㉦ 능률성과 가외성

04 행정이념

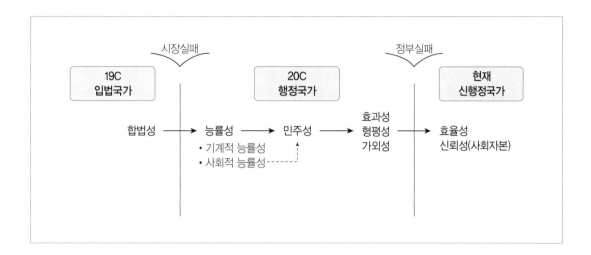

I 행정학 기초이론

교수님 코멘트 ▶ 국민경제의 3대 과제와 정부의 역할을 바탕으로 시장실패와 정부실패의 원인과 정부의 대응방식을 구분할 수 있어야 한다. 또한 정부관의 변화에 따른 이론 발달의 흐름과 이론 간의 관계를 정리하여 문제에 적용할 수 있어야 한다. 정부실패 이후 등장한 새로운 이론들의 관계에도 유의해야 한다.

정답과 해설 ▶ P.102

01
2014 서울시 9급

정부의 역할에 대한 입장을 바르게 설명하는 것만 모두 고른 것은?

ㄱ. 진보주의 정부관에 따르면, 정부에 대한 불신이 강하고 정부실패를 우려한다.

ㄴ. 공공신탁론의 입장은 정부를 공공재의 생산자로 규정하고 대규모 관료제에 의한 행정의 효율성을 높이는 것이 중요하다고 본다.

ㄷ. 보수주의 정부관은 자유방임적 자본주의를 옹호한다.

ㄹ. 신공공서비스론 입장에 따르면, 정부의 역할은 시민들로 하여금 공유된 가치를 창출하고 충족시킬 수 있도록 봉사하는 데 있다.

ㅁ. 행정국가 시대에는 '최대의 봉사가 최선의 정부'로 받아들여졌다.

---

① ㄱ, ㄴ, ㄷ   ② ㄴ, ㄷ, ㄹ
③ ㄷ, ㄹ, ㅁ   ④ ㄱ, ㄹ, ㅁ
⑤ ㄱ, ㄴ, ㅁ

02
2019 서울시 9급 제2회

정치·행정 일원론에 대한 설명으로 가장 옳지 <u>않은</u> 것은?

① 공공조직의 관리자들은 정책결정자를 위한 지원, 정보 제공의 역할만을 수행한다.
② 공공조직의 관리자들은 정책을 구체화하면서 정책결정 기능을 수행한다.
③ 공공조직의 관리자들이 수집, 분석, 제시하는 정보가 가치판단적인 요소를 내포한다.
④ 행정의 파급효과는 정치적인 요소를 내포한다.

03
2010 지방직 7급

다음 표에 제시된 공공서비스의 유형에 대한 설명으로 옳지 <u>않은</u> 것은?

특성		경합성 여부	
		경합성	비경합성
배제성 여부	배제성	㉠	㉡
	비배제성	㉢	㉣

① ㉠ – 기본적인 수요조차 충족하기 어려운 저소득층이나 사회적 약자를 위해 부분적인 정부개입이 필요하다.
② ㉡ – 서비스의 상당 부분이 정부에서 공급되는 이유는 부정적 외부효과로 인한 시장실패에 대응해야 하기 때문이다.
③ ㉢ – '공유재의 비극'을 초래하는 서비스로서 공급비용 부담 규칙과 무분별한 사용에 대한 규제 장치가 요구된다.
④ ㉣ – 과소 또는 과다 공급을 초래하는 만큼 원칙적으로 공공부문에서 공급해야 할 서비스이다.

2015 교육행정직 9급

〈보기〉는 공유재(common pool goods)와 관련된 설명이다. 옳은 것으로만 묶은 것은?

┌─ 보기 ─────────────────────────────────┐
ㄱ. 전기, 상하수도 등이 공유재에 해당한다.
ㄴ. 민간부문이 공유재의 공급주체가 될 수 있다.
ㄷ. 적절한 조치가 없으면 과다소비로 인한 고갈문제가 발생한다.
ㄹ. 소비의 비경합성과 비배제성의 특성을 동시에 갖는 재화 또는 서비스이다.
└──┘

① ㄱ, ㄴ   ② ㄴ, ㄷ
③ ㄷ, ㄹ   ④ ㄱ, ㄹ

2010 국가직 7급

공유재적 성격을 가지는 공공서비스의 특성에 대한 설명으로 옳은 것끼리 짝지어진 것은?

┌──────────────────────────────────────┐
ㄱ. 인간은 합리적이고 이기적인 개인이라고 전제한다.
ㄴ. 소비의 배제는 불가능하지만, 경합성은 있는 공유재에 대한 정부의 실패를 설명해 준다.
ㄷ. 공유재는 비용회피와 과잉소비의 문제가 발생하지 않는다.
ㄹ. 사적 극대화가 공적 극대화를 파괴하여 구성원 모두가 공멸하게 된다.
ㅁ. 1968년에 Hardin의 논문에서 '공유지의 비극(tragedy of commons)'으로 설명되었다.
└──────────────────────────────────────┘

① ㄱ, ㄴ, ㄷ   ② ㄱ, ㄹ, ㅁ
③ ㄴ, ㄷ, ㄹ   ④ ㄷ, ㄹ, ㅁ

2015 국가직 9급

외부효과를 교정하기 위한 방법에 대한 설명으로 옳지 않은 것은?

① 교정적 조세(피구세: Pigouvian tax)는 사회 전체적인 최적의 생산수준에서 발생하는 외부효과의 양에 해당하는 만큼의 조세를 모든 생산물에 대해 부과하는 방법이다.
② 외부효과를 유발하는 기업에게 보조금을 지급하여 사회적으로 최적의 생산량을 생산하도록 유도한다.
③ 코즈(R. Coase)는 소유권을 명확하게 확립하는 것이 부정적 외부효과를 줄이는 방법이라고 주장했다.
④ 직접적 규제의 활용 사례로는 일정한 양의 오염허가서(pollution permits) 혹은 배출권을 보유하고 있는 경제주체만 오염물질을 배출할 수 있게 허용하는 방식이 있다.

2003 행정고시

Coase의 정리와 관련된 설명 중 옳지 않은 것은?

① 거래비용이 아주 적을 때는 자발적 타협에 의한 자원배분이 효율적이다.
② 외부성과 관련된 이해당사자가 다수인 경우에는 적용하기 어려운 이론이다.
③ 재산소유권이 누구에게 있느냐가 파레토 최적의 자원배분이 이루어지느냐의 여부를 결정한다.
④ 효율성은 강조하고 있지만 형평성의 문제에는 소홀하다.
⑤ 외부성으로 인한 시장실패의 경우 정부개입이 최선의 방법이 아님을 보여 준다.

파킨슨의 법칙에 대한 설명으로 옳지 않은 것은?

① 조직의 구조적 특징이 조직의 규모를 결정한다.
② 상승하는 피라미드의 법칙(the law of rising pyramid)
이라고도 불린다.
③ 공무원 수는 업무와 무관하게 일정비율로 증가한다.
④ 부하배증의 법칙과 업무배증의 법칙을 핵심 내용으로
한다.

**정부의 정책이나 규제가 독과점을 조장하는 현상을 설명하는
이론은?**

① 지대추구이론　　　　② 포획이론
③ 하위정부모형　　　　④ 코즈의 정리

**다음은 윌슨(Wilson)의 규제정치 유형에 대한 설명이다. 각 유
형별 사례를 바르게 짝지은 것은?**

> ㄱ. 정부규제로 인해 발생되는 비용은 상대적으로 이질적인
> 불특정 다수집단에 부담되나, 그 편익은 매우 크며 동질
> 적인 소수집단에게 귀속되는 상황
> ㄴ. 정부규제로 인해 감지된 비용과 편익이 쌍방 모두 이질
> 적인 불특정 다수에게 미치기 때문에, 개개인으로 보면
> 그 크기가 작은 상황
> ㄷ. 규제로부터 예상되는 비용과 편익이 모두 소수의 동질적
> 인 집단에 국한되고, 쌍방이 모두 조직적인 힘을 바탕으
> 로 이익 확보를 위해 첨예하게 대립되는 상황
> ㄹ. 피규제 집단에게는 비용이 좁게 집중되지만, 규제로 인
> 한 편익이 일반시민을 포함하여 넓게 분포되는 상황

① ㄱ: 수입규제, ㄴ: 음란물규제, ㄷ: 한약규제, ㄹ: 원자
력발전규제
② ㄱ: 원자력발전규제, ㄴ: 수입규제, ㄷ: 한약규제, ㄹ:
음란물규제
③ ㄱ: 한약규제, ㄴ: 원자력발전규제, ㄷ: 수입규제, ㄹ:
음란물규제
④ ㄱ: 수입규제, ㄴ: 한약규제, ㄷ: 음란물규제, ㄹ: 원자
력발전규제

**〈보기〉는 △△일보의 보도 내용 중 일부이다. 이와 같은 기사
내용을 윌슨(J. Wilson)의 규제정치이론에 적용하면, 가장 적
합한 정치적 상황은?**

> ─ 보기 ─
>
> "캡슐커피 때문에 경비아저씨와 싸웠습니다. 알루미늄과
> 플라스틱 재질이 섞여 있어 플라스틱 전용 재활용 수거함에
> 넣지 않았는데, 재활용함에 넣어야 한다며 언성을 높였습니
> 다. 누구나 헷갈릴 수 있을 것 같아요." (김○○ · 여 · 34)
> "한 번에 마실 양을 쉽게 추출할 수 있어 캡슐커피를 애용
> 했지만, 재활용되지도 않고 잘 썩지도 않는다는 이야기를 듣
> 고 이용을 자제하려고 합니다." (이□□ · 남 · 31)
> 소비자들 사이에서 캡슐커피 사용을 제한하자는 목소리가
> 나오고 있다. 캡슐커피의 크기가 작은 데다 알루미늄과 플라
> 스틱이 동시에 포함돼 있어 재활용이 실질적으로 불가, 환경
> 오염의 주범이 될 수 있다는 이유에서다. 정부 역시 환경에 미
> 치는 영향을 고려해 관련 규제 검토에 나설 것이리고 밝혔다.

① 고객정치(client politics)
② 이익집단정치(interest group politics)
③ 대중정치(majoritarian politics)
④ 기업가정치(entrepreneurial politics)

**규제는 해결할 수단, 관리 방식, 최종 성과를 대상으로 설계될
수 있는데, 이들을 각각 수단규제, 관리규제, 성과규제라고 한
다. 그 사례를 바르게 연결한 것은?**

> ㄱ. 식품안전을 위해 그 효용이 부각되는 위해요소중점관리기
> 준(HACCP: Hazard Analysis Critical Control Point)을
> 지킬 것을 요구하는 것
> ㄴ. 인체건강을 위해 개발된 신약에 대해 부작용의 허용 가
> 능한 발생 수준을 요구하는 것
> ㄷ. 환경오염을 방지하기 위해 기업에 특정한 유형의 환경
> 통제 기술을 사용할 것을 요구하는 것

	수단규제	관리규제	성과규제
①	ㄱ	ㄴ	ㄷ
②	ㄱ	ㄷ	ㄴ
③	ㄷ	ㄴ	ㄱ
④	ㄷ	ㄱ	ㄴ

다음 중 정부규제와 관련된 설명으로 가장 옳은 것은?

① 정부규제를 수단규제와 성과규제로 구분할 경우, 수단규제는 성과규제에 비해 규제대상기관의 자율성이 크다.

② 정부규제를 수행주체에 따라 구분할 경우, 공동규제는 정부로부터 위임을 받은 민간집단에 의해 이루어지는 규제로 자율규제와 직접규제의 중간 성격을 띤다.

③ 정부규제를 포지티브(positive) 규제와 네거티브(negative) 규제로 구분할 경우, 포지티브(positive) 규제는 네거티브(negative) 규제에 비해 규제대상기관의 자율성이 크다.

④ 규제개혁은 규제관리 → 규제품질관리 → 규제완화 등의 단계로 진행되는 것이 일반적이다.

정부규제(행정규제)에 대한 설명으로 옳은 것만을 모두 고르면?

> ㄱ. 정부규제는 파생적 외부효과를 해결한다는 장점이 있다.
> ㄴ. 경제적 규제에서는 피규제산업에 의한 규제기관의 포획현상이 나타날 수 있다.
> ㄷ. 리플리와 프랭클린(R. Ripley & G. Franklin)은 규제정책의 유형을 경쟁적 규제와 보호적 규제로 구분하였다.
> ㄹ. 시장유인적 규제는 규제효과를 담보할 수 있다는 장점이 있으나 기업에 불필요한 비용부담을 주는 단점이 있다.

① ㄱ, ㄴ 　　　　② ㄴ, ㄷ
③ ㄴ, ㄹ 　　　　④ ㄷ, ㄹ

정부의 규모와 역할에 대한 행정이론의 설명으로 옳지 않은 것은?

① X-비효율성은 과열된 경쟁에서 나타나는 정부의 과다한 비용발생을 의미한다.

② 지대추구이론은 규제나 개발계획과 같은 정부의 시장개입이 클수록 지대추구행위가 증가하고 그에 따른 사회적 손실도 증가한다고 주장한다.

③ 거래비용이론에서는 당사자 간의 협상 및 커뮤니케이션 비용과 계약의 준수를 감시하는 비용도 거래비용에 포함한다.

④ 대리인이론은 주인-대리인 사이에 정보 비대칭성이 있고 대리인이 기회주의적으로 행동하는 경우 역선택(adverse selection) 문제가 발생할 수 있다고 주장한다.

정부낭비(government waste)에 대한 설명 중 옳지 않은 것은?

① 최선의 기술을 사용하지 않아 비용최소화·산출극대화에 실패하는 것을 기술적 비효율성(technical inefficiency)에 의한 낭비라고 한다.

② X-비효율성이란 기술적 비효율성을 의미하는 것으로, 일반적으로 경제학자들에 의해서는 중요하지 않은 것으로 간주되었다.

③ 배분적 비효율성(allocative inefficiency)이란 수요와 공급이 균형을 이루지 못하는 경우 발생하는 비효율성을 의미한다.

④ 기술적 비효율성이 존재하지 않는 경우 배분적 비효율성도 존재하지 않는다.

17

다음 중 파생적 외부효과와 관련이 있는 내용은?

① 소득재분배 정책이 필요한 이유를 설명한다.
② 죄인의 딜레마 게임이론으로 설명된다.
③ 하딘(T. Hardin)이 주장한 목초지의 비극(tragedy of commons)으로 설명된다.
④ 시장을 통한 가격에 의하지 아니하고 다른 경제주체에게 영향을 미치는 요인이 있을 때 발생한다.
⑤ 경기불안정을 치유하기 위한 정부개입이 오히려 경기변동을 증폭시킬 가능성을 경계한다.

18

다음 중 정부실패 요인으로 타당한 것을 모두 고르면?

㉠ 파생적 외부효과	㉡ 자연독점
㉢ 불완전경쟁	㉣ 대리인이론
㉤ 권력과 특혜의 남용	㉥ 공공재의 존재

① ㉠, ㉢, ㉣
② ㉠, ㉣, ㉤
③ ㉠, ㉤, ㉥
④ ㉡, ㉢, ㉣
⑤ ㉢, ㉣, ㉤

19

다음 중 계약 및 면허 방식의 공통점에 대한 설명으로 가장 적절하지 않은 것은?

① 두 방식 모두 정부가 민간기업에 재화나 서비스의 공급권을 부여한다.
② 두 방식 모두 정부가 생산자에게 소요비용을 직접 지불한다.
③ 두 방식 모두 관련 행정업무 수행에 소요되는 경비를 절감할 수 있다.
④ 두 방식 모두 시장논리에 의한 민간부문의 경쟁을 유도할 수 있다.
⑤ 두 방식 모두 공공서비스 공급(provision)의 책임은 정부에 귀속되어 있다.

20

민간위탁 방식에 대한 설명으로 옳지 않은 것은?

① 자조활동(self-help) 방식은 레그리에이션, 안전 모니터링, 복지사업 등의 분야에서 많이 활용된다.
② 면허 방식에서는 시민이 서비스 제공자에게 비용을 지불하는 대신 정부는 서비스의 수준과 질을 규제한다.
③ 보조금 방식은 공공서비스에 대한 요건을 구체적으로 명시하기 곤란하거나 서비스가 기술적으로 복잡한 경우에 적합하다.
④ 구입증서(voucher) 방식은 시민들에게 서비스의 선택권을 제공하는 장점이 있다.
⑤ 계약 방식에서는 기업 간 경쟁 입찰을 통해 서비스 생산 주체를 결정하는 것이 일반적이다.

21

성과의 측정은 투입(input)지표, 산출(output)지표, 성과(outcome)지표, 영향(impact)지표 등을 통하여 이루어진다. 아래의 사례에서 성과지표에 해당하는 것은?

> 고용노동부에서는 2013년도에 10억 원의 예산을 투입하여 강사 50명을 채용하고, 200명의 교육생에게 연 300시간의 직업교육을 실시하였다. 교육 이수 후 200명 중에서 50명이 취업하였으며, 이를 통하여 국가경쟁력이 3% 제고되었다.

① 10억 원의 예산
② 200명의 교육생
③ 연 300시간의 교육
④ 50명의 취업
⑤ 3%의 국가경쟁력 제고

22

2015 교육행정직 9급

정책효과의 유형은 산출(output), 성과(outcome), 영향(impact)으로 구분될 수 있다. 〈보기〉는 시립도서관 운영의 효과를 나타내는 지표들이다. 각 유형과 〈보기〉의 지표가 올바르게 짝지어진 것은?

┤ 보기 ├

ㄱ. 시립도서관 이용자 수
ㄴ. 시 정부에 대한 신뢰도
ㄷ. 시립도서관 이용자 만족도

	ㄱ	ㄴ	ㄷ
①	산출	영향	성과
②	산출	성과	영향
③	성과	산출	영향
④	영향	산출	성과

23

2013 서울시 9급

사회자본에 대한 다음 설명 중 옳지 않은 것은?

① 네트워크에 참여하는 당사자들이 공동으로 소유하는 자산이다.
② 한 행위자만이 배타적으로 소유권을 행사할 수 없다.
③ 협력적 행태를 촉진시키지만 혁신적 조직의 발전을 저해한다.
④ 행동의 효율성을 제고시킨다.
⑤ 사회적 관계에서 거래비용을 감소시켜 준다.

24

2005 강원 9급

미국 초기의 정부이념이다. 연결이 틀린 것은?

① 메디슨 – 다원주의
② 잭슨 – 엘리트주의
③ 제퍼슨 – 자유주의
④ 해밀턴 – 연방주의

25

2002 전북 9급

미국의 규범적 관료제모형 가운데 이익집단의 요구에 대한 조정을 위해 견제와 균형을 중시하는 모형은?

① 매디슨주의
② 잭슨주의
③ 해밀턴주의
④ 젠크스주의
⑤ 제퍼슨주의

26

2019 군무원 9급

다음 중 행태주의(행태론적 접근방법)의 특징으로 옳지 않은 것은?

① 종합학문성(다학문성)
② 과학적 연구방법의 적용
③ 자율적 인간관
④ 가치와 사실의 분리

27

2019 군무원 9급 추가채용

행태론적 접근방법에 대한 설명으로 옳지 않은 것은?

① 논리실증주의(logical positivism)
② 계량분석법(quantitative analysis)
③ 가치개입(value-laden)
④ 인간행태의 규칙성을 가정한다.

28

2021 군무원 7급

1960년대 미국의 '신행정학' 운동과 가장 관련이 <u>없는</u> 것은?

① 적실성
② 고객에 의한 통제
③ 선문직업주의
④ 사회적 형평성

29

2006 전북 7급

'신행정학 운동'에 대한 설명으로 가장 <u>부적절한</u> 것은?

① 행정학의 독자적 주체성을 강조했다.
② 전문직업주의, 가치중립적인 관리를 지향했다.
③ 적실성, 참여, 사회적 형평성 등을 강조했다.
④ 현상학적 접근방법을 제시하였다.
⑤ 비판행정학이나 행위이론의 기초를 제공했다.

30

2021 군무원 7급

행정현상이나 정치현상(정책현상)에 경제학 접근을 도입하고 민주행정의 원형으로도 불리고 있는 정책결정 모형은?

① 공공선택모형(public choice model)
② 정치행정모형(politics-administration model)
③ 점증모형(incremental model)
④ 최적모형(optimal model)

31

2019 군무원 9급

다음 중 공공선택이론의 특징으로 가장 적절하지 <u>않은</u> 것은?

① 뷰캐넌(J. Buchanan)이 칭시하고 오스트롬(V. Ostrom)이 발전시킨 이론이다.
② 방법론적 개인주의에 입각하고 있다.
③ 인간은 철저하게 자기이익을 추구한다고 가정한다.
④ 정부실패를 고려하지 않았다.

32

2019 군무원 9급

다음 중 신제도주의에 대한 설명으로 가장 옳지 <u>않은</u> 것은?

① 동형화에는 강압적 동형화, 모방적 동형화, 규범적 동형화가 있다.
② 공식적인 법과 제도만을 제도의 범주에 포함한다.
③ 역사적 신제도주의는 경로의존성을 강조한다.
④ 구제도론보다 더 동적이라고 할 수 있다.

33

2021 군무원 9급

행정이론에 관한 다음의 기술 중 가장 옳지 <u>않은</u> 것은?

① 신공공관리론(New Public Management)은 국민을 고객으로 인식하고 공공부문에 시장원리를 도입하고자 하였다.
② 거버넌스(Governance)이론은 정부, 시장, 시민 사회의 협력과 협치를 지향한다.
③ 신제도주의는 제도가 개인과 조직, 국가의 성패를 결정한다고 보고 있다.
④ 신행정학(New Public Administration)은 행태주의와 논리실증주의를 비판하면서 등장하였다.

34

신자유주의 정부이념 및 관리수단과 연관성이 적은 것은?

① 시장실패의 해결사 역할을 해오던 정부가 오히려 문제의 유발자가 되었다는 인식을 바탕으로 다시 시장을 통한 문제해결을 강조하며 '작은 정부(small government)'를 추구한다.

② 민간기업의 성공적 경영기법을 행정에 접목시켜 효율적인 행정관리를 추구할 뿐 아니라 개방형 임용, 성과급 등을 통하여 행정에 경쟁원리 도입을 추진한다.

③ 케인즈(Keynes) 경제학에 기반을 둔 수요중시 거시 경제정책을 강조하므로 공급 측면의 경제정책에 대하여는 반대 입장을 견지한다.

④ 정부의 민간부문에 대한 간섭과 규제는 최소화 또는 합리적으로 축소·조정되어야 한다는 입장에서 규제완화, 민영화 등을 강조한다.

35

정부기능과 업무의 재구축을 위해 도입한 시장성 검증(market testing)에서 적용하는 원칙으로서 틀린 것은?

① 반드시 필요하지 않은 업무는 폐지

② 반드시 정부가 책임지지 않아도 되는 업무는 민영화

③ 반드시 정부가 직접 수행해야 하는 기획업무는 기업화

④ 반드시 정부가 직접 수행해야 하는 집행업무는 내부경쟁 촉진

⑤ 반드시 정부가 직접 수행하지 않아도 되는 업무는 외부위탁

36

미국, 영국 등 영미국가에서 강조하고 있는 신공공관리 행정개혁의 방향과 거리가 먼 것은?

① 정책기능과 집행기능의 통합에 의한 책임행정체제 확립

② 정부와 시장기능의 재정립을 통한 정부역할 축소

③ 공공부문 내에 경쟁원리와 시장기제 도입

④ 행정서비스의 질 향상 노력을 통한 고객지향적 행정체제의 확립

37

공공서비스 제공 시 사용료 부과 등 수익자부담의 원칙을 적용할 때 발생할 수 있는 현상은?

① 공공서비스의 불필요한 수요를 줄일 수 있다.

② 누진세에 비해 사회적 형평성 제고 효과가 크다.

③ 일반 세금에 비해 조세저항을 강하게 유발한다.

④ 비용편익분석이 곤란하게 되어 경제적 효율성을 저하시킨다.

38

오스본(D. Osborne)과 개블러(T. Gaebler)의 「정부재창조론」(Reinventing Government)에서 제시된 '기업가적 정부 운영의 10대 원리'와 가장 관련이 없는 것은?

① 기업가적 정부는 서비스 공급자보다는 촉매 작용자, 중개자, 그리고 촉진자 역할을 수행해야 한다.

② 경쟁원리의 도입을 통해 행정서비스 공급의 경쟁력을 제고해야 한다.

③ 업무성과를 제고하기 위해서는 투입이 아니라 산출이나 결과를 기준으로 자원을 배분해야 한다.

④ 수입 확보 위주의 정부운영방식에서 탈피하여 예산지출의 개념을 활성화하는 것이 필요하다.

39

다음 중 Osborne과 Plastrick이 주창한 기업형 정부구현을 위한 행정개혁의 DNA전략(5C전략)에 해당되지 않는 것은?

① 기업가적 마인드와 문화를 창조하는 문화전략

② 직무의 결과를 중시하는 성과전략

③ 부하에 대한 통제를 가급적 줄이자는 통제전략

④ 부서 간 협력을 중시하는 협력전략

40

기업형 정부를 구현하기 위한 정부혁신에 관한 다음 설명 중 Osborne과 Plastrick이 미국행정의 유전자(DNA)를 재정립하기 위하여 제시한 5C전략에 해당되지 <u>않는</u> 것은?

① 문화전략 ② 결과전략
③ 고객전략 ④ 조정전략
⑤ 핵심전략

41

다음 중 신공공관리론자들이 지향하는 가치와 거리가 <u>먼</u> 것을 모두 고른 것은?

ㄱ. 하이예크의 「노예에로의 길」
ㄴ. 미국의 '위대한 사회(The Great Society)' 정책
ㄷ. 성과에 의한 관리
ㄹ. 오스본과 개블러의 「정부재창조」
ㅁ. 유럽식의 '최대의 봉사가 최선의 정부'

① ㄱ, ㄴ ② ㄱ, ㄷ
③ ㄴ, ㄹ ④ ㄴ, ㅁ

42

신공공관리론에 대한 다음 설명 중 가장 옳은 것은?

① 신공공관리론은 정부의 역할(steering)을 시장에 맡겨야 한다는 이론이다.
② 신공공관리론의 고객 중심 논리는 국민을 능동적인 존재로 만들 수 있다.
③ 신공공관리론은 행정 효율성을 향상시키기 위해 기업가적 재량권을 선호하므로 공공책임성의 문제를 야기할 수 있다.
④ 신공공관리론은 수익자부담원칙 강화, 경쟁원리 강화, 민영화 확대, 규제강화 등을 제시한다.

43

행정재정립운동(refounding movement)에 대한 설명으로 옳은 것은?

① 직업공무원의 재량권을 축소하고 정치적으로 임명하는 공무원의 수를 상대적으로 증가시키는 것이다.
② 기존의 정치·행정 이원론을 재해석하여 정책과정에서 공무원의 적극적인 역할을 옹호하였다.
③ 정부를 재구축하고 민간부분이 공공서비스 공급에 참여할 필요가 있다고 강조하였다.
④ 고객 중심적 행정을 주요 대상으로 하는 새로운 연구경향이다.

44

피터스(B. Guy Peters)의 뉴거버넌스 정부개혁모형에 대한 설명으로 가장 옳지 <u>않은</u> 것은?

① 시장모형은 구조개혁방안으로 평면조직을 상정한다.
② 참여정부모형의 관리개혁방안은 총품질관리팀제이다.
③ 유연조직모형의 정책결정개혁방안은 실험이다.
④ 저통제정부모형의 공익 기준은 창의성과 활동주의이다.

2022 국가직 9급

(가)~(라)의 행정이론이 등장한 시기를 순서대로 바르게 나열한 것은?

> (가) 정부와 공공부문에 참여하는 다양한 참여자들의 네트워크를 중시하고, 정부는 전체 네트워크를 관리하는 조정자의 입장에 있다고 하였다.
>
> (나) 미국 행정학의 '지적 위기'를 지적하면서 인간을 이기적·합리적 존재로 전제하고, 공공재의 공급이 서비스 기관 간 경쟁과 고객의 선택에 의해 이루어지는 시스템을 제안하였다.
>
> (다) 정치는 국가의 의지를 표명하고 정책을 구현하는 것이며, 행정은 이를 실천하는 관리활동으로서 정치와 행정의 차이를 분명히 하였다.
>
> (라) 왈도(Waldo)를 중심으로 가치와 형평성을 중시하면서 사회의 문제해결에 대한 현실 적합성을 갖는 새로운 행정학의 정립을 시도하였다.

① (다) → (라) → (가) → (나)
② (다) → (라) → (나) → (가)
③ (라) → (다) → (가) → (나)
④ (라) → (다) → (나) → (가)

46

2019 서울시 9급 제2회

공익에 대한 설명으로 가장 옳지 않은 것은?

① 과정설은 개인의 사익을 초월한 공동체 전체의 공익이 따로 있다고 보는 견해이다.
② 실체설은 사회 전 구성원의 총효용을 극대화함으로써 공익에 도달할 수 있다고 보는 견해이다.
③ 과정설은 공익이 사익의 총합이거나 사익 간의 타협·조정 과정을 통해 얻어지는 것으로 보는 견해이다.
④ 실체설은 사회공동체 내지 국가의 모든 가치를 포괄하는 절대적인 선의 가치가 있다고 보는 견해이다.

2019 지방직 9급(서울시 9급 제2회)

행정이 추구하는 가치에 대한 설명으로 옳지 않은 것은?

① 합리성은 어떤 행위가 궁극적인 목표달성을 위한 최적의 수단이 되느냐를 가리키는 개념이다.
② 효과성은 투입 대비 산출의 비율을, 능률성은 목표의 달성도를 나타내는 개념이다.
③ 행정의 민주성은 대외적으로 국민 의사의 존중·수렴과 대내적으로 행정조직의 민주적 운영이라는 두 가지 측면이 있다.
④ 수평적 형평성이란 동등한 것을 동등하게 취급하는 것, 수직적 형평성이란 동등하지 않은 것을 서로 다르게 취급하는 것을 의미한다.

48

2005 경기 7급

행정의 가외성 이념이 적용된 제도라고 보기 어려운 것은?

① 미국의회의 상하양원제
② 만장일치제
③ 법원의 삼심제
④ 민주주의의 삼권분립론

2006 서울시 9급

가외성(redundancy)에 대한 설명으로 잘못 표현된 것은?

① 중복성은 동일한 기능을 여러 기관이 집행한다는 뜻이다.
② 정책오류 방지에 효과적이다.
③ Landau의 이론이다.
④ 동등잠재력은 중복성과 연계된 개념이다.
⑤ 능률성과는 대조된 개념이다.

5개년 챕터별 출제비중 & 출제개념

21%

※최근 5개년(국, 지/서)
출제비중

01 정책학 기초이론

정답과 해설 ▶ P.21

바로 확인문제

01   2018 서울시 기술직 7급

라스웰(Lasswell)의 「정책지향(Policy Orientation)」의 내용에 대한 설명으로 가장 옳지 <u>않은</u> 것은?

① 정책학은 사회문제의 해결을 지향해야 한다.
② '정책과정에 관한 지식'은 규범적, 처방적 지식을 의미한다.
③ 정책적 의사결정을 사회적 과정의 부분에 해당한다고 본다.
④ 다양한 연구방법의 사용을 장려한다.

02   2021 군무원 9급

정책에 대한 설명으로 가장 옳지 <u>않은</u> 것은?

① 정책은 행정학의 발달과정에 있어 통치기능설과 관계가 있다.
② 정책은 공정성과 가치중립성(value-free)을 지향한다.
③ 정책은 행정국가화 경향의 산물이다.
④ 정책은 정부실패의 원인이 될 수 있다.

03   2005 경기 9급

정책학의 등장 배경과 관련하여 라스웰에 관한 설명으로 사실과 <u>다른</u> 것은?

① 정책학은 라스웰의 「정책지향」이라는 논문에서 출발하였다.
② 인간존엄 실현을 위한 민주주의의 정책학을 강조하였다.
③ 정책학의 패러다임으로 묵시적 지식과 경험의 존중을 강조하였다.
④ 라스웰이 제안한 초기 정책학은 행태주의에 밀려났다가 흑인폭동 및 월남전 등 사회적 혼란시기인 1960년대에 재출발하였다.

01 정책의 의의

1 정책학의 전개과정

(1) 정책학의 성립

① 현대적 의미의 정책학은 라스웰(Lasswell)이 「정책지향(Policy Orientation, 1951)」이라는 논문을 발표히먼서 출발하였다. 정책학의 시소인 라스웰은 정책학 연구의 궁극적인 목적은 "사회 속에서 인간이 부딪히는 근본적 문제(the fundamental problems of man in society)를 해결하여 인간의 존엄성을 충실히 구현하는 데 있다."라고 주장하면서 '민주주의 정책학'을 강조하였다.

② 이러한 궁극적 목적을 실현하기 위한 중간 목표는 정책과정의 합리성을 제고하는 것인데, 구체적으로 보면 바람직한 정책결정(⑩ 정책문제의 올바른 파악, 그 문제해결을 위한 최선의 수단선택 등), 바람직한 정책집행, 바람직한 정책평가를 위하여 필요한 지식을 제공하는 것이다.

③ 이와 같은 지식을 라스웰은 다음과 같이 분류하였다.
  ㉠ 정책과정에 대한 경험적 · 실증적 · 과학적 지식
  ㉡ 정책과정에서 필요한 지식

④ 라스웰의 정책연구는 1940년대 미국 정치 · 행정학계를 휩쓴 행태주의에 밀려났다가, 행태주의의 물결이 수그러든 1960년대에 들어서 다시 주목을 받게 되었다.

▌ 정책학의 연구목적

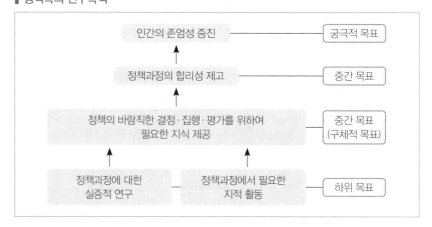

(2) 정책학의 발전

① **라스웰(Lasswell)의 정책학 패러다임**: 라스웰은 정책학적 경향을 바탕으로 크게 두 가지 방향을 지적하였다.
- ㉠ **정책과정에 대한 연구**: 정책과정을 경험적·실증적으로 연구하는 것으로, 정책의제설정, 정책결정, 정책집행과정에 대한 연구가 이에 해당한다.
- ㉡ **정책과정에 필요한 지식에 대한 연구**: 처방적·규범적 성격을 갖는 것으로, 정책분석, 정책평가에 대한 연구가 이에 해당한다.

② **드로어(Dror)의 정책학 패러다임(1970년대)**: 드로어는 학문의 경계를 초월하는 범학문적인 접근이 필요하다고 하면서, '최적모형'을 주장하였다.
- ㉠ 묵시적 지식(tacit knowledge) 강조
- ㉡ 정책결정체제 및 방법에 대한 관심
- ㉢ 거시적 안목과 수준
- ㉣ 학문 간의 경계 타파
- ㉤ 순수연구와 응용연구 간의 통합
- ㉥ 가치선택의 공헌
- ㉦ 창조성·쇄신성의 강조
- ㉧ 시간적 요인의 중시

③ **정책학이 발달한 이유**
- ㉠ 행태주의의 한계에 따른 후기 행태주의의 등장
- ㉡ 1960년대 미국사회의 혼란(후기 행태주의)

(3) 정책학의 특징

① **문제지향성**: 정책문제의 해결이라는 실천적인 목표를 지니므로, 문제지향적 (problem-oriented)이다.

② **범학문적 성격**: 문제해결을 위해 여러 학문 분야로부터 이론·논리·기법 등을 받아들이고 이를 활용하므로 범학문적(inter-disciplinary)이다.

③ **방법론적 다양성과 맥락성**: 방법론적 다양성(methodological diversity)을 지니며, 시간적·공간적 상황이나 역사성을 강조하는 맥락성(contextuality)을 가진다.

④ **순수과학과 응용과학의 융합**: 가치판단을 위한 규범적(normative) 접근과 사실판단을 위한 실증적(positive) 접근을 융합하여 처방적 접근을 시도한다. 따라서 순수과학과 응용과학의 논리를 융합하려 한다.

2 정책의 개념 및 성격

(1) 정책의 개념

정책(policy)이란 공적인 사회문제를 해결함으로써 공익을 달성하기 위하여, 복잡하고 동태적인 과정을 거쳐 정부 및 공공기관에 의해 산출되는 미래지향적 행동지침을 말한다.

08

정책목표(policy goal)에 대한 다음 설명 중 적합한 것은?

① 문제 발생 이전의 상태로 돌아가고자 하는 목표가 창조적 목표이다.

② 정책목표가 이미 달성되었거나 달성 불가능할 때 목표가 종결된다.

③ 상위 목표일수록 이해관계의 대립이 커진다.

④ 목표를 구체화시킬수록 수정의 가능성이 더욱 커진다.

09

정책의 구성요소에 해당하지 않는 것은?

① 정책목표
② 정책수단
③ 정책대상집단
④ 정책효과
⑤ 피해자 집단과 수혜자 집단

10

다음 중 정책(policy)에 대한 설명으로 가장 거리가 먼 것은?

① 정부목표 달성의 수단인 동시에 공적인 문제해결을 위한 수단이라는 이중성을 보유하고 있다.

② 정치행정이원론에 기초한 행정관리설과 밀접한 관련이 있다.

③ 정책은 삼권분립 하에서 입법부의 역할을 위축시킬 수 있다.

④ 정책결정은 공적인 의사결정 과정으로서 복수의 단계와 절차로 이루어진다.

11

다음 중 정책결정과 관련하여 드로어(Dror)가 제시한 최적모형에서 메타정책결정단계(meta-policy making stage)에 해당하지 않는 것은?

① 정책결정전략의 결정
② 정책결정체제의 설계·평가 및 재설계
③ 정책집행을 위한 동기부여
④ 문제·가치 및 자원의 할당
⑤ 자원의 조사·처리 및 개발

(2) 정책의 3대 구성요소

① **정책목표**(policy goal): 정책을 통하여 미래에 이룩하고자 하는 바람직한 상태(desirable state)를 의미하며, 정책의 미래상 또는 비전이라 할 수 있다. 경험성 유무에 따라 치유적 목표와 창조적 목표로 구분할 수 있다.

구분	치유적 목표	창조적 목표
개념	문제 발생 이전에 존재하던 상태를 정책목표로 삼는 것 예 공해 방지	과거에 경험해 보지 못한 새로운 상태를 정책목표로 삼는 것 예 경제개발계획에서 나타나는 목표
채택정부	작은 정부(선진국)에서 많이 나타남	큰 정부(개도국)에서 많이 나타남
한계	양자의 구별이 뚜렷하지 않음 → 현 상태의 과거 경험 여부가 불분명할 수도 있음 → 정책문제 해결로써 도달하는 상태가 반드시 과거에 존재했던 상태만은 아니며, 과거보다 상태가 개선되더라도 오히려 사회문제로 느끼게 되는 경우도 있음	

② **정책수단**(policy means): 정책목표를 달성하기 위하여 정부기관이 사용할 수 있는 각종 수단을 의미한다. 정책수단은 정책의 실질적 내용으로, 가장 중요한 정책의 구성요소이다.

③ **정책대상집단**(policy target group): 정책집행으로 인해 영향을 받는 개인이나 집단을 의미한다. 이는 정책수혜자와 정책비용부담자로 나눌 수 있다.

(3) 정책연구의 방법

① **경험적·실증적 연구**: 경험적·실증적 연구는 행태주의에서 채택하는 과학적 방법과 유사하다. 가장 초보적인 형태는 사실 파악을 위한 기술적 연구이다. 즉, 정책상황에 대한 사실 파악을 위해 피해자는 누구이고, 어느 정도의 피해를 보고 있으며, 이를 해결하기 위해 집행되고 있는 정책수단은 무엇인가 등에 관한 연구이다. 이것이 발전되면 가설을 설정하고 이를 검증하는 과학적 방법을 사용하게 되며, 이를 통해 사회현상에 대한 법칙과 이론의 개발이 가능해진다.

② **규범적·처방적 연구**: 규범적·처방적 연구는 '바람직한 가치가 무엇인가'에 대한 가치판단을 전제로 하며, 무엇이 옳고 그른지에 대한 판단을 시도하고 바람직한 가치를 달성하기 위한 최선의 수단을 선택하는 연구방법이다. 정책학으로 표현하면 사회적으로 달성해야 할 바람직한 가치인 정책목표를 설정하고 이를 달성하기 위한 정책수단을 제시하는 연구가 이에 해당한다.

02 정책과정

1 정책과정의 이론

(1) 라스웰(Lasswell)의 모형

라스웰은 정책과정을 정보의 수집과 처리, 동원, 처방, 행동화, 적용, 종결, 평가의 7단계로 구분하였다.

(2) 드로어(Dror)의 모형

드로어는 최적모형을 제시하면서 이를 다음과 같은 정책과정으로 구체화시켰다.

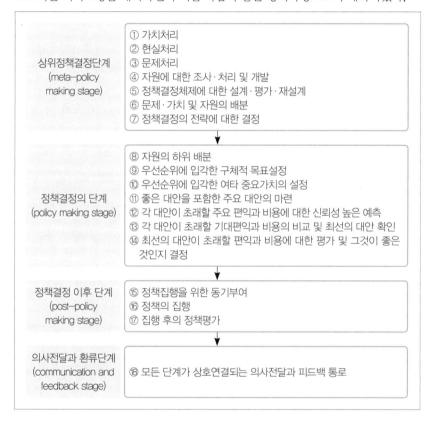

(3) 앤더슨(Anderson)의 모형

정책의제설정단계, 정책대안작성단계, 정책대안채택단계, 정책집행단계, 정책평가단계 등으로 체계화시켰다.

(4) 존스(Jones)의 모형

정책의제설정단계, 정책결정단계, 정책집행단계, 정책평가와 수정·종결단계 등으로 체계화시켰다.

바로 확인문제

12   2006 서울시 9급

Yehezkel Dror가 주장한 최적정책결정모형의 주요 단계 중 '상위정책결정단계'의 내용이 아닌 것은?

① 가치의 처리(processing values)
② 현실의 처리(processing reality)
③ 문제의 처리(processing problems)
④ 실천적 목표의 설정(establishing opera-tional goals)
⑤ 정책결정전략의 결정(determining policy-making strategy)

13   2018 서울시 7급 제2회

드로어(Dror)의 최적모형(optimal model)에서 말하는 메타정책결정(metapolicy making)에 대한 설명으로 가장 옳은 것은?

① 정책을 어떻게 평가할 것인가를 결정하는 '정책평가를 위한 정책결정'을 의미한다.
② 정책을 어떻게 집행할 것인가를 결정하는 '정책집행을 위한 정책결정'을 의미한다.
③ 정책을 어떻게 결정할 것인가를 결정하는 '정책결정을 위한 정책결정'을 의미한다.
④ 정책을 어떻게 종결할 것인가를 결정하는 '정책종결을 위한 정책결정'을 의미한다.

14   2019 국가직 7급

정책결정모형에 대한 설명으로 옳은 것은?

① 쓰레기통모형은 의사결정을 위해서는 문제, 해결책, 참여자의 세 가지 요소가 필요하다고 본다.
② 만족모형은 의사결정자들이 만족할 만하고 괜찮은 해결책을 얻기 위해 몇 개의 대안만을 병렬적으로 탐색한다고 본다.
③ 앨리슨(Allison)모형 Ⅱ는 긴밀하게 연결된 하위 조직체들이 표준운영절차를 통해 상호의존적인 의사결정을 한다고 본다.
④ 최적모형에 따르면 정책결정과 관련해 위험최소화전략 대신 혁신전략을 취하는 것은 상위정책결정(meta-policy making)에 해당한다.

15
2023 지방직 9급

로위(Lowi)의 정책유형과 리플리와 프랭클린(Ripley & Franklin)의 정책유형에는 없지만, 앨먼드와 파월(Almond & Powell)의 정책유형에는 있는 것은?

① 상징정책　　②재분배정책
③ 규제정책　　④ 분배정책

16
2023 군무원 9급

다음 중 로위(T. J. Lowi)가 제시한 정책유형과 사례 간의 연결이 가장 적절하지 <u>않</u>은 것은?

① 규제정책 – 환경규제, 금연정책, 마약단속
② 분배정책 – 종합소득세, 임대주택, 노령연금
③ 상징정책 – 국경일, 한일월드컵, 국군의 날
④ 구성정책 – 정부조직 개편, 선거구 조정, 행정구역 통합

17
2024 국가직 9급

로위(Lowi)의 정책유형에 대한 설명으로 옳지 <u>않</u>은 것은?

① 정부 혹은 정치체제의 정통성과 정당성을 확보하고, 국민의 단결력이나 자부심을 높여 줌으로써 정부의 정책활동을 원활하게 하기 위한 정책은 구성정책에 해당한다.
② 기초생활보장 대상자에 대한 생활 보조금 지급 등과 같이 소득이전과 관련된 정책은 재분배정책에 해당한다.
③ 도로 건설, 하천·항만 사업과 같이 국민에게 공공서비스나 혜택을 제공하기 위한 정책은 분배정책에 해당한다.
④ 사회구성원이나 집단의 활동을 통제해 다른 사람이나 집단을 보호하려는 목적을 가진 정책은 규제정책에 해당한다.

2 시대별 주요 연구 분야

1950년대	정책결정 및 분석
1960년대	정책의제 형성(무의시결정)
1970년대	정책집행 및 평가
1980년대	정책종결

03 정책의 유형

> **결정적 코멘트** 학자의 구분, 개념 및 특징, 전형적인 사례, 특히, 집행의 용이성 등에 주의해야 한다.

과거의 정치학은 정치과정을 연구하고, 그 산출물인 정책을 설명하려 하였다. 즉, 정책을 정치과정의 종속변수로 보았으나, 1960년대에 전개된 정책유형론은 정책의 유형과 성격에 따라 정책과정이 달라진다고 보았다. 특히, 로위(Lowi)는 정책을 독립변수로 전환시키고, 정책과정이나 환경을 정책의 종속변수로 위치시켰다.

1 정책유형의 분류

실질적·기능별 분류		정책을 정부조직이 담당하는 기능에 따라 국방·외교·교육·환경정책 등으로 구분
정책성격에 의한 분류	Lowi	배분(분배)정책, 규제정책, 재분배정책, 구성정책
	Ripley & Franklin	배분(분배)정책, 경쟁적 규제정책, 보호적 규제정책, 재분배정책
	Almond & Powell	배분(분배)정책, 규제정책, 추출적 정책, 상징정책
	Salisbury	배분(분배)정책, 규제정책, 재분배정책, 자율규제정책

(1) 로위(Lowi)의 분류[1]

구분		강제력의 적용대상·영역	
		개인의 행태	개인행태의 환경
강제력의 행사방법	간접적	배분(분배)정책	구성정책
	직접적	규제정책	재분배정책

① 배분(분배)정책
　㉠ 개념
　　ⓐ 특정 개인, 집단, 지역주민들 또는 국민의 일부에게 권리나 이익 또는 서비스를 배분하는 내용을 지닌 정책이다.

---

1) 로위의 정책분류는 다원주의와 엘리트주의를 통합하려는 노력의 일환으로 볼 수 있다. 규제정책은 다원론자의 주장이, 재분배정책은 엘리트주의자들의 주장이 옳다는 것이다. 그러나 기본 개념들의 모호함으로 인해 조작화(operationalization)가 곤란해졌다.

ⓑ 정부가 적극적으로 국민들이 필요로 하는 재화와 서비스를 산출·제공하는 것을 그 내용으로 하며, 모두가 수혜자가 된다는 면에서 집행과정에서 반발과 갈등의 강도가 가장 적은 정책유형이다.

ⓛ 특징

  ⓐ 분배정책은 여러 가지 사업들로 구성되고 이 사업들은 상호 커다란 관련 없이 독립적으로 집행될 수 있기 때문에, 이러한 세부사업들의 집합이 하나의 정책을 구성한다.

  ⓑ 정책의 세부적 의사결정과정에서 돼지구유(pork-barrel)[2]식 갈라먹기 다툼이나 '투표교환(log-rolling[3], vote trade)'의 양상이 벌어진다. 저수지 건설에서 후보지들이 싸우는 것 또는 융자금을 더 많이 받으려고 기업들이 다툼을 벌이는 것이 그 대표적 예이다.

  ⓒ 이러한 다툼이 있지만 승자와 패자가 정면대결을 벌일 필요는 없다.

ⓒ 대표적 예: 고속도로, 공항·항만건설 등의 사회간접자본 구축, <u>국공립학교를 통한 교육 서비스 제공</u>, 주택자금의 대출, 국유지 불하 정책, 택지 분양, 수출 특혜 금융, 지방자치단체에 대한 국고보조금 지급, 기업에 대한 수출보조금·융자금 지원, 농어촌 소득증대사업 지원, 정부에 의한 수출정보의 제공, 국유지 매각, 농민을 위한 영농정보 제공, 연구개발비 지원, 벤처기업 창업지원금 제공 등

② 규제정책

ⓛ 개념: 규제정책은 개인이나 일부 집단에 대해 재산권 행사나 행동의 자유를 구속·억제하여 반사적으로 많은 다른 사람들을 보호하려는 목적을 지닌 정책으로, 기업 간의 불공정 경쟁 및 과대광고의 통제 등이 구체적인 예가 된다.

ⓛ 특징: 로위는 정책의 특징을 정부에 의한 강제력의 행사에서 찾고 있다. 이 강제력이 직접적으로 이용되는 부분 중의 하나가 규제정책 분야인데, 규제는 정부가 개인이나 사회를 통제하기 위한 방법 중의 하나를 말한다.

  ⓐ 정책 불응자에게 강제력을 행사한다.

  ⓑ 법률의 형태를 취하도록 하는 것이 원칙[4]이나, 집행과정에서 집행자에게 재량권을 부여할 수밖에 없다.

  ⓒ 정책으로부터 혜택을 보는 자와 피해를 보는 자(피규제자)를 정책결정 시에 선택하며, 양자 간의 갈등이 심각해진다.

ⓒ 대표적 예: 환경오염과 관련된 규제, 독과점규제, 공공요금규제, 기업활동규제, 근로자를 보호를 위한 기업주규제, 가격 담합 기업에 대한 공정거래위원회의 시정명령 등

---

2) 포크배럴은 특정 배분정책에 관여하는 사람이 그 혜택을 서로 쪼개어 가지려고 노력하는 현상을 말한다.
3) 로그롤링이란 상대방이 나의 안건에 대해 찬성해 주면 내가 상대방의 안건에 대해 찬성해 주겠다는 투표결탁 행위로, 정책과정에서 이해당사자들이 서로에게 이익이 되는 방향으로 협력을 하는 현상을 말한다. 이러한 투표행위는 다수횡포의 결함을 보완하고 소수이익을 반영해 주는 긍정적인 면도 있지만, 소수이익을 과잉대표하는 허점과 아울러 비효율적인 공공정책이 채택되고 재정 적자를 발생시킬 가능성이 커지게 되는 문제점을 지니기도 한다. ⓔ 농민들이 농산물에 대한 가격보조를 확대해 주는 정책을 얻는 대가로 실업자들의 실업보험금을 증대하는 정책에 동의해 주는 현상
4) 과거 전제군주시대에는 이를 함부로 남용하였으나, 이러한 규제정책은 국민 개개인의 권리나 자유를 제한하기 때문에 국가권력에 의한 남용을 두려워한 자유민주주의 국가가 성립한 이래로 반드시 국민의 대표기관인 국회의 의결을 얻도록 하고 있다.

18   2020 국가직 7급

로위(Lowi)의 정책유형에 대한 설명 중 분배정책에 해당하는 것만을 모두 고르면?

> ㄱ. 정책과정에서 이해당사자들 간의 협상을 통해 비교적 안정적인 연합을 형성한다.
> ㄴ. 누진소득세와 같이 이데올로기적인 기반에서 정책결정이 이루어진다.
> ㄷ. 로그롤링(log-rolling)이나 포크배럴(pork-barrel)과 같은 정치적 현상이 나타난다.
> ㄹ. 집단 사이의 갈등 수준이 상당히 높은 편이며, 개인이나 집단의 행위를 통제하기 위하여 정부의 강제력이 직접적으로 동원된다.

① ㄱ, ㄴ   ② ㄱ, ㄷ
③ ㄴ, ㄷ   ④ ㄷ, ㄹ

19   2023 군무원 7급

로그롤링(log rolling)이나 포크배럴(pork barrel)과 같은 정치적 현상이 나타나기 쉬운 정책유형에 가장 가까운 것은?

① 분배정책   ② 규제정책
③ 재분배정책   ④ 상징정책

20   2015 서울시 9급

분배정책에 대한 설명으로 옳지 <u>않은</u> 것은?

① 이해당사자 간 제로섬(zero sum) 게임이 벌어지고 갈등이 발생될 가능성이 규제정책에 비해 상대적으로 더 크다.
② 일반적으로 포크배럴(pork-barrel) 현상이 발생한다.
③ 도로, 다리의 건설, 국·공립학교를 통한 교육서비스의 제공 등이 분배정책에 해당한다.
④ 정책과정에서 이해당사자들이 서로 협력하는 로그롤링(log-rolling) 현상이 발생한다.

21   2019 서울시 9급 제2회

로위(Lowi)의 정책유형 중 선거구의 조정 등 「헌법」상 운영규칙과 관련된 정책으로 가장 옳은 것은?

① 구성정책   ② 배분정책
③ 규제정책   ④ 재분배정책

22 2020 군무원 7급

분배정책과 재분배정책에 대한 설명으로 옳지 <u>않은</u> 것은?

① 분배정책이 효율성을 추구한다면 재분배정책은 형평성을 추구한다.

② 분배정책은 정책순응도가 높은 반면에 재분배정책은 정책순응도가 낮다.

③ 분배정책은 불특정 다수가 비용부담자라면 재분배정책은 고소득층이 비용부담자이다.

④ 분배정책은 대통령이 주요 행위자라면 재분배정책은 관료나 하위정부가 주요 행위자이다.

23 2015 교육행정직 9급

정책의 유형과 관련된 설명으로 옳지 <u>않은</u> 것은?

① 한글날의 공휴일 지정은 상징정책에 속한다.

② 최저임금제도의 시행은 재분배정책에 속한다.

③ 규제정책은 분배정책보다 정책결정과정에서 갈등이 더 심하다.

④ 밀어주기(log-rolling), 나눠먹기(pork-barrel) 등의 문제가 발생하는 정책은 분배정책이다.

③ **재분배정책**

㉠ **개념**: 상속세, 증여세, 소득세 등의 누진세 제도와 같이 가진 자와 못 가진 자, 노동자와 자본가 등의 사회 내 주요 계층 간·집단 간에 나타나는 소득·재산·권리 등의 분포 상태를 변화시키는 정책이다. 즉, 특정 개인이나 집단의 희생하에 다른 집단이나 개인에게 이득을 주는 정책이다. 따라서 계층 또는 계급 간의 소득이나 부의 분배가 시장이 아니라 정부정책에 의해 조정되기 때문에 비용부담자와 수혜자 사이에 이해충돌 또는 갈등이 수반된다.

㉡ **특징**

ⓐ 계급대립적 성격을 지니는 것으로, 계급정책(class policy)이라 부를 수 있다.

ⓑ 재산권의 행사에 관련된 것이 아니라 재산 자체를, 평등한 대우가 아니라 평등한 소유를 문제로 삼고 있다.

㉢ **대표적 예**: 누진(소득)세 제도, <u>임대주택의 건설</u>, 근로장려금제도, 저소득층 조세 감면, 공공근로 사업, 영세민 취로사업, 연방은행의 신용통제 등

구분	분배(배분)정책	재분배정책
행정이념	효율성	형평성
정책순응도(집행용이성)	높음	낮음
비용부담자	불특정 다수	고소득층
주요행위자	관료나 하위정부	대통령

④ **구성정책**

㉠ **개념**

ⓐ 선거구의 조정, 정부의 새로운 조직이나 기구의 설립, 공직자의 보수 등 헌정수행에 필요한 운영규칙과 관련된 정책이다.

ⓑ 정치체제에서 투입을 조직화하고 체제의 구조와 운영에 관련된 정책으로, 정당이 그 결정에 중요한 영향을 미친다.

ⓒ 모든 국민을 대상으로 하는 정책이므로 대외적인 가치배분에는 큰 영향이 없지만, 대내적으로는 게임의 법칙이 일어난다.

㉡ **대표적 예**: 재정경제부와 기획예산처를 기획재정부로 통합, 정부조직 개편, 방송통신위원회 설치, 공직자 보수와 군인 퇴직연금에 관한 정책, 선거구 조정 등

(2) 리플리와 프랭클린(Ripley & Franklin)의 분류[5]

① **배분(분배)정책**: 로위(Lowi)의 분류와 동일

② **재분배정책**: 로위의 분류와 동일

③ **경쟁적 규제정책**(competitive regulatory policy)

㉠ **개념**

ⓐ 특정한 재화 및 용역을 제공할 수 있는 권리를 다수의 경쟁자들 중 특정 소수자에게 제한시키는 정책이다. 많은 이권이 개입하여 경쟁이 치열한 서비스업을 국가가 몇몇 개인을 선정하여 서비스를 제공하도록 규제하는 정책 유형이다.

---

5) 리플리와 프랭클린은 배분정책 < 경쟁적 규제정책 < 보호적 규제정책 < 재분배정책의 순서로 반발이 심하다고 하였다. 즉, 재분배정책이 가장 반발이 심하다고 주장하였다.

ⓑ 승리한 경쟁자에게 공급권을 부여하는 대신 공공이익을 위해서 서비스 제공의 일정한 측면을 규제하려는 것이다.

ⓒ 특징
ⓐ 해당 재화 및 용역의 희소성과 그것의 할당방식에 관하여 일반대중의 이해관계가 얽혀 있기 때문에 정부의 개입이 요구된다.
ⓑ 피규제자에게 부대이익을 제공해 주며, 동시에 각종 규제장치를 통해 공익의 증진을 꾀하는 복합적 성격을 가진다.
ⓒ 특정 소수자에게 권리를 부여하는 배분정책적 성격과 서비스 제공의 일정한 측면을 규제하는 규제정책적 성격을 동시에 지니고 있는 잡종(hybrid)이지만, 그 목표가 대중의 보호에 있고 수단이 규제적인 요소가 많기 때문에 규제정책으로 보는 것이 일반적이다.

ⓒ 대표적 예: 특정 철도회사 및 항공회사에 특정 노선운항권 부여, 특정 운수회사에게 특정 물건의 특정 노선을 통한 운송권 부여, 특정 회사에 특정 라디오 주파수 및 TV채널 운영권 부여, 정보통신부의 유선방송업자 선정 등

④ **보호적 규제정책**(protective regulatory policy)
㉠ 개념: 여러 사적 활동에 대해 특정 조건을 설정하여 일반대중을 보호하고자 하는 것을 목적으로 하는 정책이다. 소비자나 사회적 약자, 일반대중을 보호하기 위해 개인이나 집단의 권리행사, 또는 행동의 자유를 구속·통제하는 정책이다. 규제정책이라면 거의 대부분이 이에 해당하는데, 범죄자를 처벌하기 위한 형법도 넓게 보면 규제정책의 예가 된다.
㉡ 특징: 공중에게 해로운 활동 및 조건(예 공해, 허위광고 등)은 금지되고, 공중에게 이로운 활동 및 조건(예 융자금리의 공표)이 요구된다. 정책집행과정상의 특징은 다음과 같다.
ⓐ 행정부의 중앙부처, 비용부담자(피규제자)가 적극적으로 개입한다.
ⓑ 정책결정과정뿐 아니라 집행과정에서도 공익에 기초한 정부의 강한 규제냐, 기업활동을 위한 정부개입의 최소화(작은 정부, 규제완화)냐에 대한 이념적 논쟁이 지속된다.
ⓒ 참여자들 간의 관계가 불안정하고 가변적이다. 피규제자들이 정책집행에 저항하고 피규제자와 집행 추진 조직과의 갈등이 지속된다.
ⓓ 규제정책의 경우 표준운영절차(SOP)가 어렵고 상례적 절차의 확립이 곤란하다. 또 원만한 집행이 어렵다.
㉢ 대표적 예: 최저임금제, 최대노동시간의 제한, 가격통제, 국가 전체적으로 희소한 자원의 소비에 대한 개별소비세 부과, 식품 및 의약품에 대한 사전허가제, 불공정한 노동계약·일반사업계약의 금지, 대기오염규제, 위험한 작업조건·불공정한 기업경쟁·불공정한 노동쟁의 금지, 화물운송요금 기준 설정, 소비자를 보호하기 위한 「공정거래법」, 개발제한구역 설정 등

24 2018 지방직 7급
리플리와 프랭클린(Ripley & Franklin)이 구분한 네 가지 정책유형에 대한 설명으로 옳지 <u>않은</u> 것은?
① 배분정책(distributive policy) – 정책과정에서 이해당사자들 간에 로그롤링(log-rolling) 또는 포크배럴(pork-barrel)과 같은 정치적 현상이 나타나기도 한다.
② 재분배정책(redistributive policy) – 이념적 논쟁과 소득계층 간 갈등이 첨예하게 대립되어 표준운영절차(SOP)나 일상적 절차의 확립이 비교적 어렵다.
③ 경쟁적 규제정책(competitive regulatory policy) – 배분정책적 성격과 규제정책적 성격을 동시에 지니고 있고 규제정책은 거의 대부분 이러한 경쟁적 규제정책에 해당된다.
④ 보호적 규제정책(protective regulatory policy) – 소비자나 일반대중을 보호하기 위해 특정 집단을 규제하므로 규제집행조직과 피규제집단 간 갈등의 가능성이 높다.

25 2022 국가직 7급
리플리(Ripley)와 프랭클린(Franklin)의 경쟁적 규제정책에 대한 설명으로 옳지 <u>않은</u> 것은?
① 국가가 소유한 희소한 자원에 대해 다수의 경쟁자 중에서 지정된 소수에게만 서비스나 재화를 공급하도록 규제한다.
② 선정된 승리자에게 공급권을 부여하는 대신에 이들에게 규제적인 조치를 하여 공익을 도모할 수 있다.
③ 경쟁적 규제정책의 예로는 주파수 할당, 항공노선 허가 등이 있다.
④ 정책집행 단계에서 규제받는 자들은 규제기관에 강하게 반발하거나 저항하기도 한다.

26　2020 군무원 9급

정책유형별 사례의 연결이 옳지 <u>않은</u> 것은?

① 구성정책: 국경일의 제정, 정부기관 개편
② 보호적 규제정책: 최저임금제, 장시간 근로 제한
③ 추출정책: 조세, 병역
④ 분배정책: 보조금, 사회간접자본

27　2016 교육행정직 9급

정책유형에 관한 설명으로 〈보기〉에서 옳은 것을 모두 고른 것은?

┌ 보기 ┐
ㄱ. 신공항 건설은 재분배정책이다.
ㄴ. 공공건물 금연은 규제정책이다.
ㄷ. 탄소배출권거래제는 분배정책이다.
ㄹ. 공무원연금세의 개성은 구성정책이다.
└────┘

① ㄱ, ㄷ　　　② ㄴ, ㄹ
③ ㄴ, ㄷ, ㄹ　　④ ㄱ, ㄴ, ㄹ

28　2015 서울시 7급

정책유형의 분류에 대한 설명으로 가장 옳지 <u>않은</u> 것은?

① 로위(Lowi)는 정책을 강제력의 행사방법과 강제력의 적용대상에 따라 분배정책, 구성정책, 규제정책, 재분배정책으로 구분하였다.
② 분배정책은 참여자들 간의 정면대결보다는 갈라먹기식(log-rolling)에 의해 이루어지며, 이해관계보다는 이데올로기가 작용한다.
③ 구성정책은 헌정수행에 필요한 운영규칙과 관련된 정책으로 선거구의 조정, 정부의 새로운 조직이나 기구의 설립, 공직자의 보수 등에 관한 정책 등이 이에 해당된다.
④ 규제정책은 분배정책에 비해 피규제자(피해자)와 수혜자가 명백하게 구분된다.

▌정책유형에 따른 집행의 속성

정책 유형＼비교 기준	안정성과 일상화 정도	참여자 간 관계의 안정성	갈등의 정도	정부관료 활동에 관한 반대	이데올로기적 논쟁의 정도	작은 정부에 관한 요구와 압력의 성도
배분정책	높음	높음	낮음	낮음	낮음	낮음
경쟁적 규제정책	중간	낮음	중간	중간	대체로 높음	대체로 높음
보호적 규제정책	낮음	낮음	높음	높음	높음	높음
재분배정책	낮음	높음	높음	높음	높음	높음

(3) 알몬드와 포웰(Almond & Powell)의 분류

① 배분(분배)정책: 로위(Lowi)의 분류와 동일
② 규제정책: 로위의 분류와 동일
③ 추출정책: 정부가 국내 또는 국제적 환경으로부터 정부의 서비스에 대한 비용 또는 대가로서 재화나 사람, 서비스 등과 같은 자원을 추출하는 정책을 말한다. 국가 정책적 목표에 의해 일반 국민에게 인적·물적 자원을 부담시키는 정책이다.
　　⑩ 조세, 병역, 물자 수용, 노력동원, 토지 수용, 준조세 갹출 등
④ 상징정책
　　㉠ 정부가 어떤 목적을 달성하기 위해 이념적인 가치에 호소하는 정책으로 국민 전체의 자긍심을 높이기 위한 정책들이 이에 포함된다.
　　㉡ 국민의 단결력이나 자부심을 높여 주며, 결국 정부의 정통성에 대한 인식을 높이고, 정부정책에 대한 순응을 확보하여 정부의 정책활동을 원활하게 하기 위해 활용된다.
　　⑩ 국경일, 애국지사 동상 건립, 경복궁 복원, 군대 열병, 올림픽과 월드컵 경기대회 개최 등

(4) 솔리스버리(Salisbury)의 분류

① 배분(분배)정책: 로위(Lowi)의 분류와 동일
② 규제정책: 로위의 분류와 동일
③ 재분배정책: 로위의 분류와 동일
④ 자율규제정책: 정부의 규제 권한을 피규제 집단에게 부여함으로써 피규제 집단 스스로가 집단 구성원을 규제하도록 하는 정책이다.
　　⑩ 의사협회, 변호사협회 등 각종 전문직업집단의 면허제도, 신문협회의 경품제공규제 권한 부여 등

2 정책유형별 정책집행의 차이

(1) 배분(분배)정책의 집행

국민에게 서비스를 제공하는 배분(분배)정책의 집행에서는 집행에 개입하는 자들의 핵심이 수혜자들이며, 집행에 개입하는 자들 간에 정책의 집행에 대해서 반대가 거의 없고, 그 감소를 주장하는 사람도 거의 없다. 따라서 집행의 표준운영절차(SOP)가 안정되어 원만한 정책집행이 이루어진다.

(2) 보호적 규제정책의 집행

보호적 규제정책의 집행에서는 정책 때문에 피해를 입는 피규제자들이 가장 활발하게 집행과정에 개입하고 있다. 이들은 정책집행에 계속 저항하고 정부의 규제를 완화·축소하려는 운동을 주도하기 때문에 집행을 추진하는 행정조직 등의 집단과 계속 마찰·갈등을 일으킨다. 따라서 SOP의 수립도 어렵고, 수립된 SOP도 쉽게 깨져서 결국 원만한 정책집행이 어렵다.

(3) 재분배정책의 집행

재분배정책도 보호적 규제정책의 집행과 마찬가지로 이 정책에 반대하는 세력들이 집행에 계속해서 개입하여 이념논쟁을 일으키거나 혜택의 감소를 통해 조세를 삭감하자는 주장 등을 하면서 집행에 반대하기 때문에, 원만한 정책집행이 어렵다.

04 정책과정의 참여자

> **결정적 코멘트** 의회는 공식적 참여자이나, 정당은 비공식적 참여자임을 기억해야 한다.

1 공식적 참여자

(1) 의회(입법부)

의회는 정책의제설정에서 점화 장치의 역할을 수행하고, 집행과정에서도 행정부를 통제하는 등 정책결정과정에서 많은 영향을 미친다.[6] 그러나 최근에 들어서는 그 기능이 약화되고 있다.

(2) 대통령

① 대통령은 국회(의회)에 대해 법률안 제출권을 갖고 있으며 거부권을 행사할 수 있기 때문에 정책의제설정단계에서부터 주도권을 행사할 기회가 있다. 또한 국회의장을 비롯한 상임위원장의 임명추천권을 실질적으로 행사함으로써 국회에 대해 강력한 영향력을 발휘하고 있다.

② 대통령은 대법원장과 대법관에 대한 임면권을 갖고 있기 때문에 실질적으로 사법부에 영향력을 행사하고 있다고 볼 수 있다.

③ 대통령은 행정부 수반으로서 총리를 비롯한 부처 장관 및 고위공무원의 임명과 해임에 대한 일체의 권한을 행사하고 있다. 따라서 대통령은 형식적으로든 실질적으로든 정책과정 전반에 막강한 권한을 행사할 수 있다.

(3) 행정기관과 관료

행정조직의 전통적 기능은 결정된 정책을 충실히 집행하는 것이나, 현대행정에서는 정책결정에 막대한 영향력을 행사하고 있는 것이 사실이다. 행정기관과 관료의 역할이 확장되는 이유는 다음과 같다.

① 사회가 발전함에 따라 입법활동의 기술적 복잡성이 증대되었다.

---

6) 입법부의 역할을 정책과정과 연계하여 구체적으로 살펴보면 다음과 같다. ① 정책의제설정단계에서는 사회문제를 정책문제화하여 정부가 책임지도록 하는 데에 의회의 역할이 매우 큰 편이다. ② 정책결정단계에서는 입법부의 역할이 가장 강하다. 입법부는 국민의 대표기관으로 입법권의 행사를 통해 정부의 중요한 정책을 결정짓는 최종적인 권한을 가진다. 또한 예산과정에서 정부가 제출한 예산안을 수정하여 정책변화를 시도하기도 하면서 정책과정에 영향력을 행사한다. ③ 정책집행단계에서 입법부는 국정조사나 기타 의정활동을 통해 참여한다. 또한 입법부는 정부의 활동에 대한 조사와 질의 등에서 입법부가 의도한 대로 예산 또는 정책이 집행되고 있는지에 대해 계속 통제한다. ④ 정책평가단계에서는 예산결산 심의과정, 국정감사, 대정부 질의 등의 활동을 통해 정책을 평가하고 정책집행상의 잘잘못을 평가한다.

바로 확인문제

29 2022 군무원 9급

정책유형에 대한 설명으로 가장 옳지 <u>않은</u> 것은?

① 구성정책은 대외적으로 가치배분에 직접 영향을 주지 않으나 대내적으로 '게임의 규칙(rule of game)'을 결정한다.

② 규제정책은 국가공권력을 통해 개인이나 집단의 행동에 제약을 가하여 순응을 확보하는 정책이다.

③ 분배정책은 집단 간에 '나눠먹기식 다툼(pork-barrel)'이 일어나는 특징을 지닌다.

④ 추출정책은 정부가 집단 간에 재산, 소득, 권리 등의 배정을 변동시켜 그들로부터 자원을 획득하는 정책이다.

30 2019 군무원 9급 추가채용

로위(T. Lowi)의 정책분류에 대한 설명으로 옳지 <u>않은</u> 것은?

① 누진세제도는 재분배정책에 해당한다.

② 정부의 조직개편과 기구의 설치는 구성정책에 해당한다.

③ 연구보조금의 지급은 분배정책에 해당한다.

④ 분배정책은 재분배정책보다 반발이 심하다.

31 2010 지방직 9급

현대사회에서 행정기관과 관료의 역할이 확장되는 이유로 옳지 <u>않은</u> 것은?

① 사회가 발전함에 따라 입법활동의 기술적 복잡성이 증대되기 때문이다.

② 지속적으로 증가하는 경제사회적 위기에 대한 신속하고 일관성 있는 대응이 필요하기 때문이다.

③ 이익집단들의 의견을 조직화하고 동원하여 효율적인 국정운영을 해야 하기 때문이다.

④ 국회에서 제정된 법 규정의 모호성과 비정밀성으로 인해 집행과정의 재량권이 커지기 때문이다.

32 2006 전북 9급

정책과정에서 정책결정에 관한 설명으로 거리가 먼 것은?

① 사법부는 공식적인 정책결정 관한이 없다.
② 혼합주사모형은 전략적 정책결정모형이라고도 한다.
③ 점증모형은 매몰비용을 인정한다.
④ 합리모형은 개별적인 가치를 보편적인 가치로 전환하려 한다.
⑤ 가치가 배제될수록 민주적 정책결정이 가능하다.

33 2022 군무원 7급

정책과정에 관료가 우월적 위치를 차지하게 되는데 이러한 관료의 우월적 위치의 근원으로 다음 중 가장 옳지 않은 것은?

① 정치자원의 활용 　② 정보의 통제
③ 사회적 신뢰 　　　④ 전략적 지위

34 2009 국가직 9급

정책과정에서 사법부의 역할에 대한 설명으로 옳지 않은 것은?

① 「공직선거 및 선거부정방지법」의 1인 1표제가 「헌법」의 비례대표제 정신을 반영하지 못한다고 한 헌법재판소의 판례는 사법부가 정책과정에 실질적인 영향을 미친다는 것을 보여 주는 주요한 사례이다.
② 헌법재판소는 주로 국가적 정책결정과 관련된 판결을 통해 국민생활에 영향을 미친다.
③ 국민은 국가정책이 「헌법」상 보장된 권리를 침해한다고 판단할 때, 헌법소원을 통해 정책변경을 모색할 수 있다.
④ 사법부의 판결은 기존의 제도나 정책에 대한 사후적 판단의 성격을 띠고 있으나, 그 자체가 정책결정을 의미하는 것은 아니다.

② 정책의 주도자인 행정수반의 역할이 증대되었다.
③ 지속적으로 증가하는 경제사회적 위기에 대한 신속하고 일관성 있는 대응이 필요하다.
④ 국회에서 제정된 법 규정이 모호성과 비정밀성으로 인해 위임입법을 통해 행정과정에서 공무원들에게 정책결정권을 부여하게 되었고, 집행과정에서 공무원들의 재량권이 커졌다.
⑤ 정책과정에서 관료의 우월적 위치를 결정짓는 요인으로 ㉠ 정보의 통제, ㉡ 전문성, ㉢ 사회적 신뢰, ㉣ 전략적 지위, ㉤ 고객집단의 지지 등이 있다.

(4) 법원(사법부)

① 법원은 행정소송 등의 방법을 통해서 정책결정에 간접적인 기준 설정의 역할을 수행하게 된다. 즉, 법원의 판결은 기존의 제도나 정책에 대한 사후적 판단의 성격을 띠고 있으며, 이를 통해 정책과정에 참여하게 된다.
② 행정을 둘러싼 행정부와 사법부의 상호관계는 사법심사제도를 통한 사법부의 국민권리 구제와 행정에 대한 법적 통제기능을 통하거나, 사법심사 및 판례를 통해 실질적으로 수행되는 사법부의 정책형성과 집행과정에서의 영향력을 행사하는 역할을 통해 구체적으로 나타난다.

　　🔘 새만금간척개발사업의 일시 중단 등

(5) 헌법재판소

헌법재판소는 국가적 정책결정과 관련된 판결을 통해 국민생활에 영향을 미친다. 또한 국민은 국가정책이 「헌법」상 보장된 권리를 침해한다고 판단할 때, 헌법소원을 통해 정책변경을 모색할 수 있다.

　　🔘 「공직선거법」의 1인 1표제가 「헌법」의 비례대표제 정신을 반영하지 못한다고 한 헌법재판소의 판례, 군대가산점제도의 폐지, 행정수도의 위헌 판결 등

(6) 지방의 참여자

지방자치단체장, 지방의회, 지방공무원, 일선기관 등은 지방의 중요한 정책과정의 참여자이다.

2 비공식적 참여자

(1) 정당

정당은 정책과정에서 이익집단 등의 요구를 정책대안으로 전환시키는 이익집약기능을 수행하며, 선거공약이나 정강으로 이를 나타낸다. 하지만 정당은 국가기관이나 행정기관이 아닌 사인 간 결사체이기 때문에 공식적인 정책행위자로 분류되지는 않는다.

(2) 이익집단

① 이익집단은 특정 문제에 관해 직·간접적인 이해관계 및 관심을 공유하고 있는 사람들의 자발적인 집단으로, 압력단체라고도 한다.
② 이익집단이 정책과정에 영향을 미치는 전략은 다양하다. 정책결정과정에서 자신들의 제안을 성공시키기 위해 다양한 방법을 동원하기도 하며, 경우에 따라서는 무의사결정(non-decision making)을 유도하기도 한다. 또한 정책집행과정에

서도 최초 의도한 정책의 목표가 자신들의 이해관계와 다를 경우에 집행을 왜곡시키기도 한다.

(3) 일반 국민

일반 국민은 선거를 통하여 정책과정에 영향을 미친다.

(4) 여론과 언론기관(대중매체)

특히 현대행정에서는 여론과 언론기관이 정책의제설정과 평가단계에서 지대한 영향을 미친다.

(5) 전문가와 지식인 및 정책공동체

전문가와 지식인들은 문제해결을 위한 정책대안을 제시하거나 정책의 영향 또는 내용에 대한 비판적 평가 등을 통해 정책과정에 영향을 미친다. 특히 특정 정책 분야별로 형성되는 정책공동체(policy community)가 미국과 같은 나라에서는 큰 기능을 발휘하고 있다.

(6) 시민단체와 비정부조직(NGO)

① 최근 정책과정에 공익을 지향하는 시민단체의 참여가 비약적으로 증가함으로써 정책과정에 큰 변화가 초래되고 있으며, 이들은 시민여론을 동원해 정책의제설정에 영향을 미칠 뿐만 아니라 정책대안의 제시·집행활동의 감시 등을 통해 정책과정 전반에 걸쳐 상당한 영향력을 행사하고 있다.
② 경실련, 참여연대, 환경운동연합 등이 대표적이다. 이들은 사적 이익의 극대화를 목표로 하는 특수 이익집단의 횡포가능성을 줄이는 데 상당히 기여하고 있을 뿐만 아니라, 정부기관의 행정비리나 부조리를 감시하거나 예산집행의 감시, 정부의 정책활동 결과에 대한 평가 등을 통해 정책내용은 물론 정책담당자에 대한 비판과 감시활동을 수행하고 있다.[7]

05 정책참여자 간 관계: 정책네트워크모형

1 정책네트워크모형의 개념 및 변화과정

결정적 코멘트 이슈네트워크와 정책공동체의 비교, 정책공동체의 장점에 특히 주의해야 한다.

(1) 개념

① 정책네트워크모형은 사회학이나 문화인류학의 연구에서 이용되어 왔던 네트워크 분석을 다양한 참여자들의 행위들로 특징지어지는 정책과정의 연구에 적용하는 것으로, 기본적으로 행위자들 간의 관계를 중시한다.
② 네트워크 분석에서 행위자들 간의 관계는 자원의존성을 토대로 한 교환관계를 중심으로 하고 있다. 여기서 행위자들 간의 관계 밀도와 중심성의 개념을 중심으로 점, 선, 파라미터 등을 활용하여 네트워크를 표현한다.

---

7) 현대사회에서 NGO의 역할이 증가하는 이유는 다음과 같다. ① 정부 부문에 대한 불신과 관료조직의 한계에 따른 대안으로 NGO의 공적 역할이 부각되고 있다. 정부, 정치권, 시장의 도덕성에 대한 불신은 우월한 도덕성과 신뢰성을 바탕으로 한 NGO가 이들에 대한 대안으로 인식되게 하고 있다. ② 사회의 다원화현상에 따른 공공적 서비스에 대한 수요 증가와 NGO 리더의 '정책선도자'적 역할 증가 또한 중요한 요인으로 작용하고 있다. ③ NGO를 통한 행정수행 방식의 혁신 등의 이유도 들 수 있다. ④ 시민사회의 발전에 따른 시민의 참여의식 증진도 중요하다. 국내에서도 자발적인 시민사회의 발전과 사회·정치·경제적 환경 변화에 따라 NGO 부문이 비약적인 발전을 해 왔으며, 특히 정부 및 시장부문의 정책에 영향을 미치려는 '대안정치'는 NGO의 중요한 기능으로 자리잡고 있다.

35 　　　　　　　2011 지방직 9급
행정과 법의 관계에 대한 설명으로 옳지 않은 것은?
① 법규는 행정에 합리적·합법적 권위를 부여하는 원천이다.
② 법은 행정활동을 정당화하는 기능을 수행한다.
③ 정부가 행정을 수행하는 과정에서 국민의 권리구제를 위한 사법적 결정을 하는 경우도 있다.
④ 경직적인 법규의 적용은 행정과정에서 목표와 수단이 전도되는 상황을 유발시킬 수 있다.

36 　　　　　　　2024 국가직 9급
정책참여자에 대한 설명으로 옳지 않은 것은?
① 시민단체(NGO)는 비공식적 참여자로서 시민 여론을 동원해 정책의제설정, 정책대안제시, 정부의 집행활동 감시 등 정책과정 전반에 영향을 미친다.
② 정당은 공식적 참여자로서 대중의 여론을 형성하고 일반 국민에게 정책 관련 주요 정보를 전달하는 역할을 통해 정책과정에 영향을 미친다.
③ 사법부는 공식적 참여자로서 정책과 관련된 법적 쟁송이 발생한 경우 그 정책의 타당성에 대한 판결을 통해 정책에 영향을 미친다.
④ 이익집단은 비공식적 참여자로서 특정 이해관계를 공유하는 사람들의 모임이며, 구성원들의 이익을 실현하기 위해 정부에 압력을 가함으로써 정책에 영향을 미친다.

37
2017 서울시 사회복지직 9급
오늘날 정책결정과정에서 정책네트워크(policy network)의 역할이 증대되고 있다. 다음 중 정책네트워크의 유형으로 가장 거리가 먼 것은?

① 하위정부(sub-government)
② 정책공동체(policy community)
③ 이음매 없는 조직(seamless organization)
④ 정책문제망(issue network)

38
2009 서울시 9급
정책네트워크에 대한 설명으로 적절한 것은?

① 정책네트워크에는 참여자들의 상호작용을 규정하는 공식적 규칙이 존재하지 않는다.
② 정책문제망은 정책공동체보다 폐쇄적이다.
③ 정부와 민간의 파트너십이 증대할수록 정책네트워크에 대한 관심은 감소한다.
④ 정책문제망의 권력게임은 대체로 포지티브섬 게임이다.
⑤ 이익집단의 증대와 경쟁의 격화는 하위정부모형의 적실성을 약화시킨다.

39
2024 국가직 9급
정책과정에서 철의 삼각(iron triangle)에 해당하지 않는 것은?

① 의회 상임위원회   ② 행정부 관료
③ 이익집단   ④ 법원

(2) 등장 배경

① 1980년대 들어 조직화된 이익집단뿐 아니라 다양한 비정부조직(NGO)들이 정책과정에 참여하여 영향력을 미침에 따라 기존이 모형들로는 이런 현상을 설명할 수 없게 되었다. 이에 다양한 참여자들 간의 상호작용을 설명하기 위한 모형으로서 정책네트워크모형이 등장하였다.

② 정책네트워크는 정책문제별로 형성되며, 분권적이고 분산적인 정치체제를 전제로 한다.

③ 정책결정의 부분화와 전문화 추세를 반영하기 위해서 등장한 정책네트워크이론은 정책과정에 대한 국가중심 접근방법(조합주의)과 사회중심 접근방법(다원주의)이라는 양자택일의 이분법적 논리를 비판하고 양자를 조화하기 위해서 등장하였다.

(3) 기원

정책네트워크모형의 기원에 대해서는 미국과 영국 간에 차이가 있다. 미국의 경우에 1960년대의 하위정부모형과 1970년대 후반의 이슈네트워크모형을 기원으로 하지만, 영국의 경우 정당과 의회 중심의 정책과정 설명이 한계에 부딪히면서 등장하였다.

① 미국: 헤클로(Heclo, 1978)는 폐쇄적인 상호작용구조를 다루는 하위정부모형을 비판하면서 정책이슈를 중심으로 유동적이고 개방적인 참여자들 간의 상호작용 현상을 묘사하기 위해 이슈네트워크모형을 제안하였다. 그에 의하면 이슈네트워크(issue network)는 정부부처의 고위관료, 의원, 기업가, 로비스트, 학자, 언론인 등을 포함하는, 즉 특정 영역에 이해관계나 관심을 가지는 사람들 간의 의사소통 네트워크이다.

② 영국: 로즈(Rhodes, 1997)가 정책네트워크의 유형화를 시도했다. 특히, 비교적 폐쇄적이고 안정적·지속적인 정책공동체와 개방적·유동적인 이슈네트워크를 대표적인 모형으로 논의하고 있다.

(4) 변화과정

① 1960년대 하위정부론 → 1970년대 후반 이슈네트워크론 → 정책공동체로 발전하였다.

② 로즈(Rhodes)에 의하면 정책네트워크모형의 대표적 유형은 이슈네트워크와 정책공동체이다.

2 하위정부모형(철의 삼각형, sub-government model)

미국적 다원주의에서는 정책 분야별로 실질적 정책결정권을 공유하는 집합체가 있는데, 이를 정책망(policy network)이라고 부른다. 이들 가운데 가장 널리 논의되는 것이 하위정부 또는 하위체제이다.

(1) 개념

① 하위정부모형은 비공식 참여자로 분류되는 이익집단과 공식적 참여자인 관료조직, 그리고 의회의 위원회 간의 연계적인 활동을 통한 정책의 결정과 집행에 주목하는 모형이다.

② 이러한 이익집단, 의회의 해당 (상임)위원회, 해당 관료조직의 3자 연합(철의 삼각형)이 각 정책영역별로 정책의 결정과 집행에 영향을 미친다고 본다.

③ 하위정부는 모든 정책 분야에 걸쳐서 가능한 것이 아니라, 대통령의 관심이 덜하거나 영향력이 비교적 적은 배분(분배)정책 분야에서 주로 형성되고 있다.

(2) 장·단점

① **장점**: 하위정부모형에서 각 정책영역별로 형성된 3자 간의 연계는 외부로부터의 개입을 배제하면서 상당히 독립적인 역할을 수행하고 있다. 따라서 하위정부모형은 구성원 간의 관계가 안정적이며, 정책자율성이 높은 정책네트워크의 유형이다.

② **단점**

ㄱ 하위정부모형은 정책과정에서 이익집단의 역할이나 활동을 지나치게 강조하고 있다. 따라서 분야별 이익집단이 활성화되어 있지 못한 정치체제하의 정책과정을 설명하는 데 한계가 있다.

ㄴ 분야별 이익집단이 활성화되어 있는 정치체제의 경우에 정책문제가 많은 사람들의 관심을 끌고 있고, 논쟁적인 성격을 지닌 경우에 이익집단이 자기들의 이익을 관철하기 위하여 주도적인 역할을 수행하는 것이 여의치 않을 것이라는 점을 간과한다.

3 이슈네트워크(이슈연결망, 정책문제망, issue network)

(1) 개념

① 하위정부모형에 대한 비판적인 관점에서 제시된 것이 이슈연결망이다.

② 헤클로(Heclo)는 권력을 지닌 소수만을 관찰하게 되면 마치 거미줄처럼 엮인 수많은 행위자들 간의 관계를 간과하게 된다고 지적하면서, 거미집같이 수많은 행위자들 간의 유동적이고 불안정한 관계를 은유적으로 표현하여 이슈연결망이라고 지적하였다.

(2) 특징

① 이슈연결망의 관점은 하위정부모형과 같이 안정적인 정책망이 흐트러짐이 없이 일관되게 특정 정책 분야의 정책과정을 지배한다고 보는 견해에 대해 회의적이다. 하위정부모형과 같이 안정된 정책망의 경우도 상황의 변화에 따라 기존의 정책망 자체 내에서 균열이 생길 수도 있고, 또 특정 정책 분야의 정책망에서 배제되어 왔던 외부세력이 성장하여 기존의 정책망에 진입함으로써 참여자들 간의 관계가 유동적이고 불안정한 관계가 이루어진 상태에서 정책과정이 전개된다고 본다.

② 이슈망의 관점은 현대의 복잡한 사회 속에서 대두하는 다양한 집단의 출현과 민주화된 정책과정을 설명하는 데 유용하다고 볼 수 있다. 뿐만 아니라 종전에는 접근이 허락되지 않았던 이질적인 집단이 특정 정책 분야의 정책과정에 등장하면서 기존의 정책망의 균열을 통해 정책변동의 가능성을 설명하는 데도 유용한 개념이라고 할 수 있다.

바로 확인문제

40   2020 지방직 7급(서울시 7급)

정책네트워크의 유형별 특징에 대한 설명으로 옳지 <u>않은</u> 것은?

① 철의 삼각(iron triangle)모형에서는 이익집단, 관련 행정부처(관료조직), 그리고 의회 위원회가 연합하여 실질적인 정책결정이 이루어진다고 본다.

② 하위정부(sub-government)모형은 철의 삼각모형의 경험적 타당성에 대해 의문을 제기하면서 참여자의 범위를 대폭 확대하였다.

③ 정책공동체(policy community)의 주요 구성원에는 하위정부모형의 참여자 외에 전문가집단이 포함된다.

④ 이슈네트워크(issue network)는 정책공동체와 비교할 때 네트워크의 경계가 불분명하여 참여자들의 진입과 퇴장이 쉬운 편이다.

41   2012 지방직 9급

정책네트워크의 유형 중 하위정부(sub-government)모형에 대한 설명으로 옳지 <u>않은</u> 것은?

① 상대적으로 자율성과 안정성이 높다.

② 폐쇄적 관계를 강조하고 다른 이익집단의 참여를 배제한다.

③ 행정수반의 관심이 약하거나 영향력이 적은 재분배정책 분야에서 주로 형성된다.

④ 헤클로(Heclo)는 이익집단이 늘어나고 다원화됨에 따라 적용의 한계가 있다고 지적한다.

42   2006 대구 9급

정책공동체에 대한 설명 중 틀린 것은?

① 정책전문가들이 공식적·비공식적 접촉과 의견 교환을 통해 정책결정에 필요한 전문지식을 창출한다.

② 전문가를 제외한 정책에 대한 이해관계자의 참여로 다양한 요구들이 정책에 반영된다.

③ 전문가들의 지식을 활용할 수 있으므로 정책내용의 합리성이 제고된다.

④ 정책공동체에서 토론이 이루어지면서 관련 인재들에 대한 객관적 평가가 가능해지고 검증된 인재의 발탁이 용이해진다.

정책네트워크에 대한 설명으로 옳지 <u>않은</u> 것은?

① 정책네트워크의 참여자는 정부뿐만 아니라 민간부문까지 포함한다.
② 정책공동체(policy community)에 비해서 이슈네트워크(issue network)는 제한된 행위자들이 정책과정에 참여하며 경계의 개방성이 낮은 특성이 있다.
③ 헤클로(Heclo)는 하위정부모형을 비판적으로 검토하면서 정책이슈를 중심으로 유동적이며 개방적인 참여자들 간의 상호작용 현상을 묘사하기 위한 대안적 모형을 제안하였다.
④ 하위정부(sub-government)는 선출직 의원, 정부관료, 그리고 이익집단의 역할에 초점을 맞춘다.

정책네트워크에 관한 설명으로 <u>부적절한</u> 것은?

① 정책커뮤니티와 이슈네트워크를 총괄하는 의미이다.
② 정책커뮤니티에서는 시민의 참여가 있더라도 공식적인 결정권을 장악한 사람이나 전문가들이 중심적인 역할을 한다.
③ 정책네트워크는 일단 형성되면 변동이 불가능하다.
④ 이슈네트워크는 권력의 다원론과 상관성이 크다.
⑤ 정책이슈별로 다양한 네트워크가 형성될 수 있다.

로즈(Rhodes) 등을 중심으로 논의된 정책네트워크모형의 특징으로 가장 옳지 <u>않은</u> 것은?

① 정책공동체는 비교적 폐쇄적이고 안정적이며 지속적인 네트워크이다.
② 이슈네트워크의 행위자는 매우 유동적이고 불안정하며, 이슈의 성격에 따라 주요 행위자가 수시로 변할 수 있다.
③ 정책네트워크를 구성하는 행위자들 간의 관계 형성 동기는 소유 자원의 상호의존성에 기인한다.
④ 정책네트워크를 통한 정책산출은 처음 의도한 정책내용과 유사하며, 정책산출에 대한 예측이 용이하다.

4 정책공동체(policy community)

(1) 개념

정책공동체란 로즈(Rhodes)가 주장한 일종의 가변적 서비스언계밍으로서, 정책문제에 전문지식을 가진 구성원들이 신뢰와 협조하에 정책에 참여하는 것이다. 즉, 정책공동체란 특정한 정책 분야에 대한 전문지식이 있는 학자, 연구원, 전문가, 관료 등이 공식적·비공식적으로 접촉하면서 형성된 하나의 공동체를 말한다.

예 교육정책공동체, 주택정책공동체 등

(2) 특징

① **정책내용의 합리성 제고:** 정책 분야별로 전문가들의 지혜나 전문지식을 정책결정과정에서 최대한 활용할 수 있으므로, 정책내용의 합리성이 제고된다.
② **다양한 요구 반영:** 어떤 문제에 정책적인 해결을 해야 할 경우 상반되는 많은 주장과 정책대안들이 제시되고 이에 대한 토론이 전개되므로, 다양한 요구들이 정책에 반영될 수 있다. 이에 따라 정책으로 인해 피해를 보는 집단이나 계층의 반대나 저항도 감소시킬 수 있다.
③ **정책혼란 감소:** 성책공동체 내에서 정책대안의 범위나 내용에 대한 토론이 많이 이루어지기 때문에, 정책결정자의 교체에 따라 엉뚱한 정책이 등장하거나 부처의 기본정책이 바뀌어서 정책혼란이나 표류를 가져오는 것을 감소시킬 수 있다.
④ **훌륭한 인재 발탁 가능:** 정책공동체가 형성되어 오랜 시간이 흐르면서 토론과 자기 주장을 되풀이하다 보면, 그 분야에서 활동하는 사람들에 대한 객관적인 평가가 이루어진다. 따라서 인재의 등용이나 정책상의 조언을 얻기 위한 사람을 고를 때에도 각 분야별 정책공동체 내에서 정부의 기본적인 성격에 맞으면서도 훌륭하다고 인정받고 있는 인재의 발탁이 가능해진다.

5 인지공동체(epistemic community)

① 인지공동체는 특정 분야의 전문성과 지식을 지니고, 그 분야의 정책과 관련된 권위 있는 지식을 지닌 것으로 인정되는 전문 직업가들의 연계망이다(R. Haas).
② 인지공동체 내의 전문가들은 공유된 신념을 소유하며, 이는 정책공동체의 한 유형이다.

예 지중해 오염 방지를 위해 수질오염 전문가들이 국적을 초월하여 활동

6 정책네트워크모형의 주요 구성요소

① 정책행위자
② 정책행위자 간의 관계구조
③ 행위자 간의 상호작용 방식
④ 정책결과

▌이슈네트워크와 정책공동체 비교(주요 구성요소를 중심으로)

구분	이슈네트워크	정책공동체
정책 행위자	• 다양한 행위자, 이슈에 따라 수시로 변동 (이익집단, 전문가, 언론, 비조직화된 개인 등 모든 이해관계자) • 개방적·유동적	• 공식적·조직화된 행위자에 한정(공무원, 연구원, 교수, 위원 등) • 폐쇄적·안정적·지속적
상호관계	• 상호경쟁적이며 상호의존성 약함 • 권력의 편차가 심함 • 연합형성전략 • 네거티브섬(negative sum) 게임	• 상호협력적이며 상호의존성 강함 • 비교적 균등한 권력 • 포지티브섬(positive sum) 게임
참여의 목적	• 자기이익 극대화 → 이해 공유도 낮음 • 이슈의 성격에 따라 이합집산	정책에 대한 기본적 이해의 공유와 협조 → 이해 공유도 높음
유형의 구조화	개별 행위자들로서 특별한 구조가 미형성	빈번한 상호작용, 안정된 구조적 관계로 유 형화(언어, 가치관, 문화 등의 공유)
정책결정	정책결정과정에서 정책내용이 많이 변경됨 → 예측 곤란	처음의 정책내용대로 정책결정 → 예측 용이
정책집행	결정된 정책내용과 다르게 집행되는 경우가 많음	결정된 정책내용과 크게 다르지 않음

▌정책네트워크모형의 개괄적 비교

구분	외부 참여	주된 참여자	의존성	배제성	지속성
하위정부 모형	제한적	이익집단, 관료, 의회의 해당 (상임) 위원회	높음	높음	높음
이슈 네트워크	제한 없음	정책이슈 영역에 이해관계나 관심 을 가지는 사람들	낮음	낮음 (개방적)	낮음 (유동적)
정책 공동체	비교적 제한적	전문가집단(공무원, 국회의원, 국회 의원 보좌관 등 포함)	높음	높음	보통

06 정책참여자 간 관계: 권력모형

1 엘리트이론과 다원주의이론

(1) 엘리트이론

엘리트이론(elite theory)은 소수의 엘리트가 정책과정에서 지배적인 위치를 차지한다고 보는 이론이다.

① **고전적 엘리트론**(19C 말)
  ㉠ 사회는 소수 정치 지도자, 정치권 외의 지도자, 즉 부를 소유한 자, 대중 등으로 구분되는데, 소수의 정치 지도자와 가진 자들이 다수의 대중을 지배한다고 본다.
  ㉡ 엘리트들은 동질적·폐쇄적이며 자율적이고, 다른 계층에 대해 책임을 지지 않는다.
  ㉢ **대표 학자**: 파레토(V. Pareto), 모스카(G. Mosca), 미첼스(R. Michels) 등

46　　　　　　　2023 국가직 7급
정책네트워크의 개념과 유형에 대한 설명으로 옳지 않은 것은?

① 수많은 공식·비공식적 참여자가 존재하는 정책네트워크는 정책과정의 참여자들 간 상호작용을 구조적인 차원으로 설명하는 틀이다.
② 정책네트워크의 경계는 구조적인 틀에 따라 달라지는 상호인지의 과정에 의하기보다는 공식기관들에 의해 결정된다.
③ 하위정부 모형은 이익집단, 의회의 상임위원회, 주요 행정부처로 구성되는 네트워크를 말하며, 안정성이 높은 것이 특징이다.
④ 정책공동체 모형은 하위정부 모형에 대한 대안으로 대두되었으나 전문화된 정책영역에서 정책결정이 이루어진다는 측면에서 서로 유사한 점이 있다.

47　　　　　　　2009 국회직 8급
엘리트이론과 다원주의론에 관한 설명으로 옳지 않은 것은?

① 19세기 말의 고전적 엘리트이론가들은 엘리트들이 자율적이며 다른 계층에 대해 책임을 지지 않는다고 인식하였다.
② 1950년대 밀즈(Mills)는 지배적인 엘리트들이 공통의 사회적 배경과 이념 및 상호 관련된 이해관계를 공유하고 있다고 주장하였다.
③ 신엘리트이론에서는 무의사결정이라는 새로운 개념을 제시하였다.
④ 다원주의론에서는 정부가 적극적인 역할을 수행한다고 본다.
⑤ 신다원주의론은 사회에 존재하는 이익집단들 간에 정치이익의 균형과 조정이 민주주의의 핵심적 동력으로 작용한다고 본다.

48

엘리트이론과 다원주의이론에 대한 설명으로 옳지 <u>않은</u> 것은?

① 고전적 엘리트이론에서 엘리트들은 다른 계층에 대해 책임을 지지 않는다.
② 밀즈(Mills)는 명성접근법을 사용하여 엘리트들을 분석한다.
③ 달(Dahl)은 권력이 분산되어 있음을 전제로 다원주의론을 전개한다.
④ 바흐라흐와 바라츠(Bachrach & Baratz)는 무의사결정이 의제설정과정뿐만 아니라 정책결정과정에서도 발생할 수 있다고 주장한다.

49

정책과정을 설명하는 이론의 내용으로 옳은 것은?

① 현대 엘리트이론은 국가가 소수의 지배자와 다수의 피지배자로 구분되기 어렵다고 본다.
② 공공선택론은 사적 이익보다는 집단 이익을 위한 합리적 선택에 초점을 둔다.
③ 다원주의이론은 정부정책을 다양한 행위자들 간의 협상과 경쟁의 결과로 본다.
④ 조합주의이론은 정책과정에서 국가의 역할이 소극적·제한적이라고 본다.

50

다원주의(pluralism)에 대한 설명으로 가장 옳지 <u>않은</u> 것은?

① 권력은 다양한 세력들에게 분산되어 있다.
② 정책영역별로 영향력을 행사하는 엘리트들이 각기 다르다.
③ 이익집단들 간의 영향력 차이는 주로 정부의 정책과정에 대한 상이한 접근 기회에 기인한다.
④ 이익집단들 간의 영향력 차이는 있지만 전체적으로 균형을 유지하고 있다.

② **미국의 엘리트론**(1950년대)
　㉠ **밀즈**(Mills)**의 지위접근법**
　　ⓐ 밀즈는 「The Power Elite(1956)」에서 미국 사회의 전체를 지배하는 권력 엘리트는 경제(대기업), 정치, 군대의 지도자라고 하였다.
　　ⓑ 이들 권력 엘리트들은 서로 깊은 연계성을 가지고 있다고 하면서, 특히 군·산업복합체(military – industry complex)가 중요한 역할을 담당하고 있다고 강조하였다.
　㉡ **헌터**(Hunter)**의 명성적 접근법**(「Community Power Structure(1963)」)
　　ⓐ 인구 약 50만 명인 조지아주의 애틀랜타시를 대상으로, 가장 영향력 있고 명성이 높은 40명을 뽑아내 이들의 성분을 조사하였다. 이들을 직업별로 보면 상업, 금융계, 제조업 분야의 기업가 및 최고경영자가 23명으로 가장 많았고, 노동 지도자 2명, 변호사 5명, 그리고 시 정부 고위 공직자가 4명으로 밝혀졌다.
　　ⓑ 헌터는 지역사회의 엘리트들이 강한 응집성을 가지고 '담배 연기 자욱한 방(smoke – filled rooms)'에서 결정한 정책은 조용한 일반 대중에 의하여 비판 없이 받아들여지고 있다고 주장하였다.

(2) 다원주의론

다원주의론(pluralist theory)은 현대 국가의 민주정부론이다. 다원주의론은 정책에 대해 집단 간의 이익 갈등을 정부가 공정하고 중립적으로 조정한 결과라는 입장을 가지며 정책의 점진적인 변화를 강조한다.[8] 다원주의론에서는 이익집단론을 중시하는데, 한 집단이 정부를 지배하는 것이 아니라 이슈와 상황에 따라 균형을 이루려 하기 때문에 민주적일 수밖에 없다고 본다. 따라서 다원주의론에서는 정책결정과정에서 정부가 소극적·수동적인 역할과 기능을 수행한다고 본다.

① **집단과정이론**(Bentley & Truman)
　㉠ **잠재이익집단론**
　　ⓐ 정책결정자는 잠재집단(potential group)을 염두에 두기 때문에, 소수의 특수이익이 정책을 지나치게 좌우하지 못한다는 것이다.
　　ⓑ 즉, 잠재집단의 조직화 가능성 때문에 정책결정자들은 잠재적인 집단들이 실제로 압력행사 활동을 하지 않더라도 그들의 이익을 보장하도록 한다는 것이다.
　㉡ **중복회원**(multiple membership)**이론**: 이익집단의 구성원은 하나의 집단에만 소속되는 것이 아니라 여러 집단에 소속되므로, 일정 집단의 특수이익을 극대화하기 위하여 다른 집단의 이익을 크게 손상시키지는 못한다는 것이다.
② **다원적 권력이론**(R. Dahl): 다알은 미국의 뉴헤이븐(new haven)시를 대상으로 1780년대부터 1950년대까지 약 170년간에 걸쳐 이 도시의 중요한 정책결정 사항들을 경험적으로 조사하였다. 그 결과 다음과 같은 이유로 이 도시가 과두적인 사회에서 다원주의 사회로 변화되어 왔다고 주장하였다.
　㉠ 각 정책영역별로 영향력을 행사하는 엘리트들이 각기 다르다. 이는 정치적 자원의 배분이 누적적인 것이 아니라 분산되어 있기 때문이다.

---

8) 풍향계이론(weathervane model)은 다원주의 집단이론을 의미하는 것으로, 이익집단 간 경쟁이 정치과정을 지배하고 정책결정의 핵심이 된다. 따라서 국가는 상충되는 다양한 이익을 조정해 주는 공평무사한 중립적 존재이거나 시민사회 내에 존재하는 이익집단 간 힘의 균형결과를 수동적으로 반영하는 단순한 풍향계와 같은 존재에 머물러 있다는 것이다.

ⓛ 엘리트 집단 전체가 대중의 요구에 민감하게 움직인다.

③ 한계

　　㉠ 집단의 중요성을 지나치게 강조하고 있다.

　　㉡ 정부에 가해지는 외적인 환경이나 구조적인 제약 등을 고려하지 못하고 있다.

　　㉢ 잠재적 집단이나 정부 내 부처 간의 견제와 균형으로 인하여 특수이익이 지배하지 못할 것으로 보는 견해도 의문의 여지가 있다.

2 신엘리트이론과 신다원주의론

(1) 신엘리트이론

① 1950년대 미국 사회를 대상으로 논의된 미국의 엘리트론이 다알(R. Dahl) 등의 다원주의자들에 의해 비판을 받게 되자, 소위 신엘리트론자로 불리는 바흐라흐와 바라츠(P. Bachrach & M. Baratz)가 「권력의 두 얼굴: Two Faces of Power」에서 무의사결정론을 근거로 다원주의론을 비판하였다.

② 바흐라흐와 바라츠는 다알의 실증적 접근방법이 단순한 명성에 의하여 엘리트의 권력 행사를 파악하려고 한 헌터의 방법보다는 우수하지만, 엘리트에 의한 권력 행사의 다른 하나의 측면을 고려하지 못하였다고 비판하였다. 즉, 엘리트들은 자신들에게 안전한 이슈만을 논의하고 불리한 문제는 거론조차 못하게 봉쇄하고 있다고 주장하였다.

(2) 신다원주의론

① 신다원주의(neopluralism)는 고전적 다원주의가 기업가의 특권적 지위를 제대로 고려하지 못했음을 비판하고, 자본주의 국가에서는 기업 집단에 특권을 부여할 수밖에 없는 특성이 있음을 인정한다. 불황과 인플레이션은 정부의 존립기반을 위태롭게 하므로, 재집권을 위해서는 사적 영역의 수익성을 보장해야 하기 때문이다. 따라서 신다원주의는 정부가 중립적 조정자가 아닐 수 있음을 인정하며, 정부는 기업의 이익에 더욱 반응적이며 불평등 구조를 심화시켜 왔다고 본다.

② 신다원주의는 현재의 민주주의를 외적 요인보다는 전문적 국가관료들 간의 내적 견제, 정부기구의 분화 등의 내적 요인에서 주로 구한다. 따라서 신다원주의론은 사회에 존재하는 이익집단들 간에 정치이익의 균형과 조정이 민주주의의 핵심적 동력으로 작용한다고 본다.

3 조합주의

(1) 개념과 등장 배경

① 개념

　　㉠ 조합주의(corporatism)라는 용어는 1920~30년대 유럽에서 파시스트 조합주의가 기업가들을 일방적으로 이롭게 할 목적으로 파시스트 당원들을 노조의 대표로 받아들이도록 한 후, 이들 노동자 대표를 기업가 대표들과 유착하도록 강제적으로 이끈 데에서 기인한다.

　　㉡ 파시스트 조합주의는 사회적인 통합을 지나치게 강조한 나머지 자본주의 사회의 가장 기본적인 요소인 경쟁과 갈등의 존재를 무시해 버린 것이다. 제2차 세계대전을 계기로 파시스트 국가가 패망하면서 잊힌 정치 용어가 되었다.

51　　2011 국가직 9급

다원주의적 민주국가의 정책과정에 대한 설명으로 옳은 것은?

① 정책의제설정은 대부분 동원모형에 따라 이루어진다.

② 사법부가 정책결정과정에서 담당하는 역할이 미미하다.

③ 엘리트가 모든 정책영역에서 지배적인 권력을 행사한다.

④ 각종 이익집단은 정책과정에 동등한 정도의 접근기회를 갖는다.

52　　2019 서울시 7급 제1회

다원주의론은 기본적으로 집단과정이론과 다원적 권력이론으로 크게 구분되는데, 이들 이론에 공통된 다원주의의 주요 특성으로 가장 옳지 않은 것은?

① 이익집단들 간의 경쟁은 정치체제의 유지에 순기능적이라고 본다.

② 권력의 원천이 특정 세력에 집중되어 있는 것이 아니고 각기 분산된 불공평성을 띤다.

③ 이익집단들 간에 상호경쟁적이지만 기본적으로는 게임의 규칙을 준수해야 하는 데 합의를 하고 있다고 본다.

④ 다양한 이익집단은 정부의 정책과정에 동등한 접근 기회를 가지고 있으며 이익집단들 간의 영향력에 차이가 있음을 인정하지 않는다.

53　　2016 국가직 7급

조합주의(corporatism)에 대한 설명으로 옳지 않은 것은?

① 정부활동은 다양한 이익집단 간 이익의 소극적 중재자 역할에 한정된다.

② 이익집단은 단일적·위계적인 이익대표체계를 형성한다.

③ 정부는 사회적 공동선을 달성하기 위해 중요 이익집단과 우호적 협력관계를 유지한다.

④ 이익집단은 상호경쟁보다는 국가에 협조함으로써 특정 영역에서 자신의 요구를 정책과정에 투입한다.

54
2004 전북 9급

정책결정의 참여자로서의 이익집단을 설명한 이론에 관한 설명으로 잘못된 것은?

① 조합주의이론 중 국가조합주의는 유럽이나 미국 등 의회민주주의하에서의 이익대표체제와 관련된다.
② 잠재이익집단론은 정책결정자가 잠재집단을 염두에 두기 때문에 소수의 특수이익이 정책을 결코 좌우하지 못한다는 이론이다.
③ 공익집단이론에 의하면 특수이익보다는 공익에 가까운 주장을 하는 이익집단의 이익이 정책에 반영된다.
④ 지대추구이론은 관료의 자기이익추구와 밀접히 관련된다.
⑤ 포획이론이란 정책당국이 이익집단의 요구에 호응하고 농조하는 것을 말한다.

55
2020 지방직(=서울시) 7급

정책참여자의 권력관계 모형에 대한 설명으로 옳지 않은 것은?

① 국가조합주의는 국가가 민간부문의 집단들에 대하여 강력한 주도권을 행사한다고 보는 모형이다.
② 다원주의는 주로 개발도상국가에서 경제개발과정에서의 이익집단에 대한 통제를 설명하기 위한 이론으로 활용되었다.
③ 사회조합주의는 사회경제체제의 변화에 순응하려는 이익집단의 자발적 시도로부터 생성되었다.
④ 다원주의는 이익집단 간의 영향력 차이를 인정하지만 전반적으로 균형이 유지되고 있다는 입장을 지닌다.

56
2013 국가직 9급

다국적 기업과 같은 중요 산업조직이 국가 또는 정부와 긴밀한 동맹관계를 형성하고 이들이 경제 및 산업정책을 함께 만들어 간다고 설명하는 이론은?

① 신마르크스주의이론
② 엘리트이론
③ 공공선택이론
④ 신조합주의이론

② 등장 배경
　ⓐ 조합주의가 새로이 등장하게 된 것은, 제2차 세계대전 후 유럽 각국이 정부 주도의 관료적 경제계획을 수립·집행하면서 미국과는 상이한 자본주의 체제를 구축하면서부터이다.
　ⓑ 이들 유럽 국가에서는 기업가 단체의 대표, 노동자 단체의 대표, 정부의 대표가 3자 연합을 통하여 주요 경제정책을 결정하는 이른바 3자 협의체제가 발전되었는데, 여기에는 조합주의적 요소가 상당히 포함되어 있었다.

(2) 유형(Schmitter)

① **국가조합주의**
　ⓐ 국가가 일방적으로 위로부터 제도적 장치를 강압적으로 부과하는 데서 생성된 것이다. 즉, 국가가 민간부문의 집단들에 대하여 강력한 주도권을 행사한다고 보는 모형이다.
　ⓑ 파시스트 체제, 제3세계, 후진 자본주의 사회의 권위주의적 정치체제하의 이익대표 체제의 특징을 지닌다(후진국). 개발도상국가에서 경제개발과정에서의 이익집단에 대한 통제를 설명하기 위한 이론으로 활용되었다.

② **사회조합주의**
　ⓐ 사회경제체제의 변화에 순응하려는 이익집단의 자발적 시도로부터 생성된 것이다.
　ⓑ 유럽이나 미국 등 서구 선진 자본주의 사회에서 의회 민주주의를 통하여 발전되고 있는 이익대표 체제의 특징을 지닌다(선진국).

③ **신(新)조합주의**: 다국적 기업과 같은 중요 산업조직이 국가 또는 정부와 긴밀한 동맹관계를 형성하고, 이들이 경제 및 산업정책을 함께 만들어 간다고 설명하는 이론이다.

(3) 특징

① 조합주의 체제하의 이익집단은 기능적으로 분화된 범주를 가지고 단일의 강제적·비경쟁적·위계적으로 조직화되어 있다.
② 조합주의에 따른 정부는 자체 이익을 가지면서 이익집단의 활동을 규정하고 포섭 또는 억압하는 독립적 실체로 간주한다.
③ 정책결정과정에서 정부와 이익집단 간에는 합의가 이루어지며, 이러한 합의는 공식화된 제도 속에서 이루어진다.
④ 조합주의에서 이익집단의 결성은 성원의 이익 못지않게 사회적 합의를 유도하려는 정부의 의도가 크게 작용한다고 본다.

4 신베버주의와 계급이론

(1) 신베버주의

① 베버(Weber)는 이상을 실현하는 이념체로 국가를 이해하는 헤겔의 전통에 따라 법과 합리성을 정당성의 근거로 하여 수립된 관료제를 중심으로 국가를 파악하였다.

② 신베버주의(neo-weberianism)에 의하면 국가는 대립되는 이해를 조정하는 수동적인 심판관(다원주의)이나 자본가 계급의 심부름만 하는 것(마르크스주의)이 아니라, 국가가 스스로 결정하는 힘을 지닌 실체로 파악한다. 즉, 국가의 자율성을 강조하는데, "국가의 자율성이란 정부 또는 국가도 정책결정과정에서 수동적인 심판관이 아니라 자율적인 의사결정주체"라는 입장이다.

(2) 계급이론

계급이론(class theory)은 사회를 지배 계급과 피지배 계급으로 나누고, 경제적 부를 소유한 지배 계급이 정치 엘리트로 변하게 되어 결국 정부 또는 정책의 기능은 지배 계급을 위한 봉사수단이라고 보는 입장이다.

바로 확인문제

57   2021 군무원 9급

정책결정의 장에 대한 이론 설명으로 가장 옳지 <u>않은</u> 것은?

① 다원주의는 소수의 개인이나 집단이 아니라 다수의 집단이 정책결정의 장을 주도하고 이들이 정치적 조정과 타협을 거쳐 도달한 합의가 정책이 된다고 본다.

② 엘리트주의는 대중에게 영향력을 행사할 수 있는 위치에 있는 소수의 리더들에 의해서 정책결정이 지배된다고 본다.

③ 정책결정에서 정부의 역할을 줄이고 이익집단과의 상호협력을 보다 중시하는 이론이 조합주의이다.

④ 철의 삼각(iron triangle) 논의는 정부 관료, 선출직 의원, 그리고 이익집단의 3자가 장기적이고 안정적이며 우호적인 연합을 형성하면서 정책결정을 지배하는 것으로 본다.

01 정책학 기초이론

❶ 정책유형별 집행의 용이성

용이

배분(분배)정책 예 다리·도로건설, 국공립학교를 통한 교육서비스, 주택자금대출 등

경쟁적 규제정책 예 방송권 부여, 항공노선취항권 부여 등

보호적 규제정책 예 최저임금제, 식품위생규제 등

곤란

재분배정책 예 누진소득세, 임대주택건설 등

❷ 정책네트워크모형

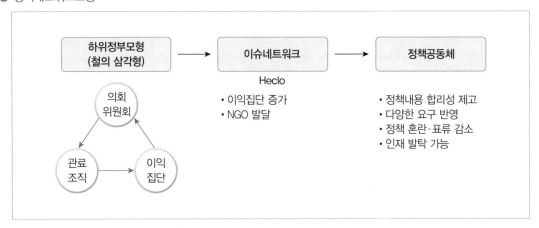

하위정부모형
(철의 삼각형) → 이슈네트워크 → 정책공동체

Heclo

• 이익집단 증가
• NGO 발달

• 정책내용 합리성 제고
• 다양한 요구 반영
• 정책 혼란·표류 감소
• 인재 발탁 가능

의회
위원회

관료
조직

이익
집단

정답과 해설 ▶ P.24

01 정책의제설정의 개념

① 정책의제설정(형성, policy agenda-setting)이란 사회문제가 정부의 관심을 받아 정책의제로 등장하게 될 때까지 일련의 과정을 의미한다.

② 1960년대 흑인폭동을 계기로 어떤 사회문제는 정책의제화가 용이한 반면, 특정 사회문제(흑인들의 문제)는 왜 정책의제화되지 못하고 방치되는가에 대해 관심을 가지면서 정책의제설정에 대한 연구가 활성화되기 시작하였다.

02 정책의제의 형성과정

1 콥(Cobb)과 엘더(Elder)의 모형[1]

사회문제 → 사회적 이슈 → 공중의제 → 정부의제

(1) 사회문제(social problem)

개인 문제가 불특정 다수에게 장기간에 걸쳐 반복적으로 일어나는 문제이다.

(2) 사회적 이슈(social issue)

① 문제의 성격이나 해결방법에 대해 의견일치가 되지 않아 논쟁의 대상이 되는 사회문제를 의미한다.

② 모든 사회문제가 사회적 이슈가 되는 것은 아니다. 사회문제가 사회적 이슈가 되기 위해서는 그 사회문제를 쟁점화하려는 주도자(initiator)가 있어야 하고 점화장치(triggering device)가 있어야 한다.

(3) 공중의제(public agenda)

일반 대중의 주목을 받을 가치가 있는 문제로서, 정부가 문제를 해결해 주는 것이 정당하다고 인정되는 사회문제를 말한다. 사회적 이슈가 공중의제가 되기 위한 전제조건은 다음과 같다.

① 많은 사람들이 관심을 가지고 있거나 알고 있어야 한다.

---

1) 콥과 엘더가 말하는 가의제(pseudo agenda)란 정책결정자가 불만세력을 무마시키기 위해 표면적으로만 관심을 표명한 왜곡된 의제를 말한다.

바로 확인문제

01   2023 군무원 9급

다음 중 '다양한 사회문제 중에서 정부가 적극적으로 개입하여 해결하기 위해 채택한 문제'를 무엇이라고 하는가?

① 정책문제   ② 정책의제
③ 정책대안   ④ 정책주제

02   2004 행정고시

정책의제의 형성 또는 설정에 대한 설명 중 옳지 않은 것은?

① 사회적 이슈(social issue)란 문제의 성격이나 해결방법에 대해 집단 간 의견 일치가 어려워 논쟁의 대상이 되는 사회문제를 말한다.

② Cobb과 Elder의 체제의제(systemic agenda)는 Eyestone이 말하는 공중의제(public agenda)에 해당한다.

③ 공식의제(official agenda)란 일반대중의 주목을 받으며 정부가 문제를 해결하는 것이 마땅한 것으로 인정되는 사회문제를 말한다.

④ 정부의제(governmental agenda)란 해결을 위해 정부가 공식적인 의사결정에 의하여 심각하게 고려하기로 명백히 밝힌 문제들이다.

⑤ Cobb과 Elder가 말하는 가의제(pseudo agenda)란 정책결정자가 불만세력을 무마시키기 위해 표면적으로만 관심을 표명한 왜곡된 의제를 말한다.

03

정책의제설정이론에 관한 설명으로 옳지 않은 것은?

① 킹던(Kingdon)은 문제, 정책, 정치라는 세 변수가 각기 다른 맥락에서 흐르다가 어떤 기회가 주어지면 서로 만나게 되는데, 이때 정부의제가 정책의제로 전환하게 된다고 본다.
② 콥과 그 동료들(Cobb, Ross & Ross)에 따르면, 공식의제가 성립되는 단계는 외부주도모형의 경우에는 진입단계, 동원모형과 내부접근모형의 경우에는 주도단계이다.
③ 콥(Cobb)과 엘더(Elder)가 언급한 '체제의제'는 특정 쟁점에 대해 정책대안이나 수단을 모색할 수 있을 정도로 구체적이다.
④ 존스(Jones)는 정책의제설정과정을 크게 문제의 인지와 정의, 문제에 대한 결집과 조직화, 대표, 의제설정으로 구분하고 있다.

04

Cobb 등의 정책의제설정과정에서 주장되는 이슈(issue) 경로로 올바른 것은?

① 문제 제기 → 구체화 → 확산 → 진입
② 문제 제기 → 확산 → 구체화 → 진입
③ 진입 → 구체화 → 확산 → 문제 제기
④ 진입 → 확산 → 구체화 → 문제 제기

05

존스(C. Jones)의 정책의제형성과정에서 이루어지는 하위 활동이 아닌 것은?

① 문제의 인식
② 대표화 과정
③ 합법화 과정
④ 문제의 정의

---

② 어떤 방식이든 정부의 조치가 필요하다는 사람들이 상당수 있어야 한다.
③ 문제가 정부의 적절한 고려대상이 될 뿐 아니라 그 문제해결이 정부의 권한에 속한다고 많은 사람들이 믿어야 한다.

(4) 정부의제(governmental agenda)

정부의제(공식의제, 제도의제, 행동의제)는 정책결정자가 진지하게 검토하고 적극적인 관심을 가지는 정책의제이다. 즉, 해결을 위해 정부가 공식적인 의사결정에 의하여 심각하게 고려하기로 명백히 밝힌 문제들을 말한다.

▌ 학자별 정책의제의 형성과정

구분	Eyestone	Cobb과 Elder	Anderson
채택 전	공중의제	체제적 의제	토론의제
채택 후	공식의제	제도적 의제(정부의제)	행동의제

2 콥(Cobb)과 로스(Ross)의 모형

(1) 문제(이슈)의 제기

문제나 고충이 표출되고 발생되는 단계이다.

(2) 구체화

일반적 이슈가 특정한 정책적 요구로 전환되는 과정이다.

(3) 확장

정부의 관심을 끌기 위해 더욱 많은 환경집단에 그 논제를 확산시키거나, 그 논제가 기존의 논제들과 밀접한 관계에 있는 것으로 인식시킴으로써, 정책결정자로 하여금 그 논제가 공중의 문제인 것으로 생각하도록 노력하는 과정이다.

(4) 진입

확산된 의제(체제의제)가 정부의제로 전환되는 과정이다.

3 존스(Jones)의 모형

(1) 사건의 인지와 문제의 정의

① 사건의 인지: 어떤 사건에 대한 발견 및 그에 대한 정보를 소유하고 그것을 해석하는 것을 말한다.
② 문제의 정의: 문제를 야기하는 사건의 효과를 분석하고 진단하여 문제의 내용을 명확히 하는 것을 말한다.

(2) 결속화 및 조직화

어떤 문제에 대해서 공통적인 이해관계를 가진 사람(공중)이 자신들의 문제를 더욱 효과적이고 능률적으로 정부에 귀속시키기 위해 뭉치고 조직을 결성하는 것을 말한다.

(3) 대표

공중이나 이익집단들이 자신들의 문제를 정부에 귀속시키고자 하는 모든 노력을 말한다.

(4) 의제 채택

정부가 특정 문제를 정책의제로 채택하는 것을 말한다.

03 정책의제설정과정의 유형

(1) 제1유형

사회문제 ————————————————→ 정부의제

(2) 제2유형

사회문제 ——→ 사회적 쟁점 ————————→ 정부의제

(3) 제3유형

사회문제 ————————————→ 공중의제 ——→ 정부의제

(4) 제4유형

사회문제 ——→ 사회적 쟁점 ——→ 공중의제 ——→ 정부의제

▌ 정책의제설정과정의 유형 비교

구분	제1유형	제2유형	제3유형	제4유형
의의	사회문제가 바로 정책결정자에게 인지되어 정부의제가 되고 정책결정이 뒤따름	사회문제가 쟁점화된 후, 공중의제화되기 이전에 정책결정자가 정부의제로 채택함	사회문제가 갑자기 대중에게 알려져 공중의제화되고 정부의제로 채택됨	네 단계를 모두 거침
발생상황(원인)	최고결정자가 문제의식을 가지고 관심을 갖고 있을 때	사회적 쟁점이 여론지도자층에 큰 주목을 받지 못하고 있을 때, 정부지도자가 먼저 이를 공식 검토하는 경우	극적인 사건이 발생하여 문제의 심각성에 대한 인식이 급속하고 광범위하게 확산되었을 때	다원화·민주화된 정치체제에서 많이 나타남
국가형태	후진국	후진국	무관	선진국(후진국에서도 나타날 수는 있음)
예	노무현 정부의 행정수도 이전, 김대중 정부의 제2건국운동 등	청소년 범죄문제를 관심집단들이 논의하던 중 교육부에서 공식 검토 등	숭례문 방화사고 이후 문화재 안전관리시스템 미비의 사회적 문제화 등	고위공무원단, 개방형 임용제, 소비자보호정책 등

04 정책의제설정의 모형과 주도집단(Cobb & Ross)

└ **결정적 코멘트** 각 모형의 개념과 특징을 중심으로 학습해야 한다.

외부주도모형 → 사회문제 → 사회적 이슈 → 공중의제 → 정부의제

동원모형 → 사회문제 → 정부의제 → 공중의제

내부접근모형 → 사회문제 → 정부의제

06   2004 국회직 8급

다음 정책의제설정모형 중 외부주도형에 관한 설명으로 가장 올바른 것은?

① 허쉬만(Hirshman)은 강요된 정책문제라고 하였다.
② 전문가의 영향력이 크다.
③ 논쟁의 주도자는 국가이며 대중의 지지가 낮을 때 나타나는 현상이다.
④ 주도자들은 정책의 확산이나 정책경쟁의 필요를 느끼지 않는다.
⑤ 새마을운동, 가족계획사업 등이 이에 해당된다.

07   2007 충북 9급

콥(Cobb)과 로스(Ross)의 외부주도형으로 해결하기 가장 적합한 것은?

① 대통령의 행정수도 이전 선거공약 실천
② 한미 FTA협상 계속 여부
③ 환경오염에 대한 시민단체와 지역주민의 항의
④ 북한 핵문제에 대한 정부의 국제사회에의 대응

08   2019 서울시 7급 제3회

콥(Cobb)과 로스(Ross)가 유형화한 정책의제설정모형 중 사회문제 → 정부의제 → 공중의제의 순서로 전개되는 것은?

① 외부주도형   ② 동원형
③ 내부접근형   ④ 음모형

09   2009 국회직 8급

주도집단에 따른 정책의제설정 유형에 관한 설명으로 옳지 않은 것은?

① 내부접근형은 행정관료가 의제설정을 주도하는 유형이다.
② 동원형은 정부의제화한 후 구체적인 정책결정을 하면서 공중의제화한다.
③ 내부접근형에서 정부의제는 정부PR을 통해 공중의제화된다.
④ 외부주도형은 이익집단이 발달하고 정부가 외부의 요구에 민감하게 반응하는 정치체제에서 주로 나타난다.
⑤ 동원형은 정부의 힘이 강하고 민간부문의 힘이 취약한 후진국에서 주로 나타나는 유형이다.

10　　2022 지방직(= 서울시) 7급

10

정책의제 설정과정의 유형에 대한 설명으로 옳지 <u>않은</u> 것은?

① 내부접근모형에서는 일반 시민의 지지를 얻기 위해 관료집단이 주도한 의제가 정부의 홍보활동을 통해 공중의제로 확산된다.

② 동원모형은 정치지도자의 지시에 따라 사회문제가 바로 정부의제로 채택되며 정부의 힘이 강하고 민간 부문이 취약한 후진국에서 자주 볼 수 있다.

③ 외부주도형은 이익집단들에 의해 제기된 문제가 여론을 형성해 공중의제로 전환되며 정부가 외부의 요구에 민감하게 반응하는 정치체제에서 자주 볼 수 있다.

④ 공고화모형에서는 이미 광범위한 일반 대중의 지지가 있는 경우에, 정부는 동원 노력보다는 이미 존재하는 지지를 그대로 공고화해 의제를 설정한다.

11　　2010 국가직 7급

정책의제의 설정에 대한 설명으로 옳지 않은 것은?

① 체제의제(systematic agenda)란 개인이나 민간 차원에서 쉽사리 해결될 수 없어서 정부가 이를 해결해야 한다고 많은 사람들이 생각하는 정책적 해결 필요성이 있는 의제를 의미한다.

② 동원형은 정부의 힘이 강하고 민간부문의 힘이 취약한 후진국에서 많이 나타나며, 의도적이고 일방적으로 국민을 무시하는 정부에서 나타날 수 있는 유형이다.

③ 외부주도형은 정책담당자가 아닌 외부 사람들의 주도에 의해 정책문제의 정부 귀속화가 이루어지는 유형이다.

④ 내부접근형은 정책담당자들에 의해 자발적으로 정책의제화가 진행되는 유형이다.

1 외부주도모형(outside-initiative model)

(1) 개념

① 정책담당자가 아닌, 외부 사람들의 주도에 의해 득정 문제를 정부가 해결해야 할 문제로 받아들이게 되는 경우이다.

② 이 모형의 경우 사회문제로 인해 피해를 입고 있는 집단이 정부에 압력을 가하기 위해, 사회문제의 심각성에 대한 대중의 관심을 유도하려고 노력하기도 한다. 그 결과 많은 사회구성원들이 정부가 이 문제를 해결하기 위해 나서야 한다고 믿게 되면 여러 가지 전략을 사용하여 정부로 하여금 정책의제로 받아들이게 한다.

③ 외부집단이 주도하여 정책의제 채택을 정부에 강요하는 경우이므로, 허쉬만(A. Hirshman)은 이를 '강요된(pressed) 정책문제'라고 하였다.

(2) 특징

① 외부주도형은 이익집단이 발달하고 정부가 외부의 요구에 민감하게 반응하는 정치체제에서 주로 나타나기 때문에 다원화된 선진국의 정책의제설정과정에서 주로 나타나며, '사회문제 → 사회적 이슈 → 공중의제 → 정부이제'의 괴정을 깆는다.

② 외부주도형은 정책과정 전반을 외부집단이 주도하고, 진흙탕 싸움(muddling through), 즉 외부집단 간의 경쟁으로 인하여 점진적인 해결에 머무르는 수가 많다.

(3) 대표적 예

전자상거래제도, 벤처산업육성, 개방형 임용제, 소비자보호정책, 지방자치 실시, 그린벨트 지정 완화, 여성채용목표제 도입, 금융실명거래제 도입 등이 외부주도형에 해당한다.

2 동원모형(mobilization model)

(1) 개념

① 정부 내의 정책결정자들이 주도하여 정책의제를 채택하는 경우로, 정부가 민간을 동원하여 의제를 설정하는 것이다. 즉, 정책담당자들에 의해 정책의제가 형성되는 것인데, 일방적으로 의제화하는 것이 아니라 일반대중이나 관련 집단들의 지원을 유도하기 위한 노력을 수행한 뒤에 의제를 채택한다.

② 의제설정이 비교적 용이하게 이루어지는 유형이므로, 허쉬만(Hirshman)은 이를 '채택된(chosen) 정책문제'라고 한다.

(2) 특징

① 정부의 힘이 강하고 민간부문의 힘이 취약한 후진국에서 많이 나타나는 유형으로서, '사회문제 → 정부의제 → 공중의제'의 과정을 갖는다.

② 동원형은 전문가의 영향력이 크고 정책결정과정과 내용이 좀더 분석적이라는 특징을 갖는데, 일반대중의 지지를 얻어 정책의 집행을 성공적으로 이끌기 위해서 정부의 PR활동을 통해 공중의제가 된다. 즉, 정부에서 문제를 해결할 것으로 미리 결정하고 난 다음에, 정부가 이 문제를 해결해야 된다는 것을 일반대중에게 이해·설득시키기 위해서 PR활동을 하는 것이다.

③ 논쟁의 주도자는 국가이며 대중의 지지가 낮을 때 나타나는 현상이다.

(3) 대표적 예

제2건국운동, 새마을운동, 가족계획사업, 올림픽 유치, 행정수도 이전 선거공약, 한미 FTA협상 등이 동원형에 해당한다.

3 내부접근모형(음모형, inside access model)

(1) 개념

① 관료집단이나 외부집단에 의하여 주도되어 이들이 최고 정책결정자에게 접근하여 정책의제로 채택되는 경우를 말한다.

② '사회문제 → 정부의제'의 과정을 갖고, 후진국에서 주로 나타나지만 일반적으로 부와 권력이 집중된 불평등한 사회에서 흔히 나타나는 유형이다. 선진국의 특수 이익집단이 비밀리에 정부의 혜택을 보려는 경우(⬛ 미국의 무기구입 계약 등)에도 나타날 수 있다. 또한 외교·국방정책의 경우에도 이러한 예가 얼마든지 있을 수 있으며, 후진국의 경우에도 관료들이 주도하는 경제개발계획에서 흔히 나타나는 유형이다.

(2) 특징

① 내부접근형은 동원형처럼 정책담당자들에 의해 자발적으로 정책의제화가 진행되지만, 동원형과 다른 것은 외부 국민들과는 관계없이 정부관료제 내부에서만 정책의제화가 이루어지며 공중의제가 형성되지 않는다는 것이다.

② 내부접근형은 ㉠ 국민이 사전에 알면 곤란한 문제나 ㉡ 시간적 여유가 없을 때, ㉢ 의도적으로 국민을 무시하는 정부에서 나타날 수 있으며, 일반대중에게 알려지는 것을 피하려고 하므로 일종의 음모형에 속한다.

▌동원형과 내부접근형 비교

구분	동원형	내부접근형
유사점	외부주도형보다 정부의제화가 용이함	
차이점	• 주도세력이 최고통치자 또는 고위정책결정자 • 정부의제가 되고 난 후에 정부의 PR을 통해 공중의제화	• 주도세력이 동원형보다 낮은 지위에 있는 고위관료 • 공중의제화를 막고 정책내용을 대중에게 알리지 않으려 함

더 알아보기 메이(May)의 의제설정모형

대중의 관여 정도 정책의제설정의 주도자	높음	낮음
민간	외부주도형	내부접근형
정부	굳히기형(공고화형)	동원형

*굳히기형(공고화형): 대중적 지지가 높을 때 국가가 의제설정을 주도하는 모형

바로 확인문제

12 2022 지방직(= 서울시) 9급

흘릿(Howlett)과 라메쉬(Ramesh)의 모형에 따라 정책의제설정 유형을 분류할 때, (가)~(라)에 대한 설명으로 옳지 않은 것은?

공중의 지지 의제설정 주도자	높음	낮음
사회 행위자(societal actors)	(가)	(나)
국가(state)	(다)	(라)

① (가) - 시민사회단체 등이 이슈를 제기하여 정책의제에 이른다.

② (나) - 특별히 의사결정자들에게 접근할 수 있는 영향력 있는 집단이 정책을 주도한다.

③ (다) - 이미 공중의 지지가 높기 때문에 정책이 결정된 후 집행이 용이하다.

④ (라) - 정책결정자가 이슈를 제기하면 자동적으로 정책의제화되기 때문에 성공적인 집행을 위한 공중의 지지는 필요없다.

13 2020 국가직 7급

정책의제설정모형에 대한 설명으로 옳지 않은 것은?

① 내부접근형(inside access model)에서 정부기관 내부의 집단 혹은 정책결정자와 빈번히 접촉하는 집단은 공중의제화하는 것을 꺼린다.

② 동원형(mobilization model)에서는 주로 정부 내 최고 통치자나 고위정책결정자가 주도적으로 정부의제를 만든다.

③ 외부주도형(outside initiative model) 정책의제설정은 다원화된 정치체제에서 많이 나타난다.

④ 공고화형(consolidation model)은 대중의 지지가 낮은 정책문제에 대한 정부의 주도적 해결을 설명한다.

14 2003 부산 9급

사회문제가 공식적 정책의제가 될 수 없는 이유를 설명하는 것 중에서 틀린 것은?

① 다원주의에서는 어떠한 사회문제든지 모두 정치체제 내로 진입할 수 있다고 주장한다.
② 체제모형은 체제를 지키는 수문장 (gate-keeper)의 심사를 거쳐야만 체제 내로 진입한다고 주장한다.
③ 정책의제설정에 관한 본격적인 연구는 1960년대 대규모 흑인폭동 이후부터이다.
④ 점증주의는 사회문제 중 일부분만 정책 의제화한다고 주장한다.

15 2010 지방직 7급

정책의제설정이론에 대한 설명으로 옳지 않은 것은?

① 사이몬(Simon)의 의사결정론은 왜 특정의 문제가 정책문제로 채택되고 다른 문제는 제외되는가에 대한 설명에 한계가 있다.
② 무의사결정론은 사회문제에 대한 정책 과정이 진행되지 못하도록 막는 행동 등을 설명한 이론으로 엘리트이론의 관점을 반영하는 것이다.
③ 체제이론에서는 체제의 능력을 과시하기 위해 다수의 사회문제를 정책문제로 채택한다고 본다.
④ 다원론에서는 어떤 사회문제로 인하여 고통을 받고 있는 집단이 있으면, 이들의 지지를 필요로 하는 누군가에 의해 그 사회문제가 정책문제로 채택된다고 본다.

05 정책의제의 선택적 설정과 주요 이론

1 다원주의자와 엘리트론자의 논쟁

(1) 다원주의론

① 다원주의자 다알(R. Dahl)은 "어떠한 사회문제든지 정치체제로 침투할 수 있다."라고 하였는데, 실제로 "침투하고 있다."는 것은 아니다. 즉, 실제로는 일부의 문제만이 정책문제로 채택되고 있지만, 어떠한 문제든지 정책문제화할 수 있다고 생각한다.
② 다원주의론은 사회문제가 정책문제로 추출되는 과정은 무작위적인 것으로 본다.
③ 다원주의론에서는 어떤 사회문제로 인하여 고통을 받고 있는 집단이 있으면, 이들의 지지를 필요로 하는 누군가에 의해 그 사회문제가 정책문제로 채택된다고 본다.

(2) 엘리트이론으로서의 무의사결정론

① 엘리트론자들은 엘리트들이 정책과정의 전 과정을 압도할 뿐 아니라, 특히 정책의제의 채택과정에서 그들의 권력을 행사한다고 주장한다.
② 바흐라흐와 바라츠(Bachrach & Baratz)는 '정치권력은 두 얼굴(Two Faces of Power)'을 갖고 있다고 주장하였다.
  ㉠ 하나의 얼굴은 정책문제의 해결을 위해 정책결정과정에서 영향력을 행사하고, 다른 하나의 얼굴은 정책과정에 선행하는 정책문제의 채택과정에서 영향력을 행사한다.
  ㉡ 전자의 얼굴은 다알(R. Dahl) 등이 분석한 것이나, 후자의 얼굴은 이전의 연구들에서 분석되지 못했다고 한다.
③ 무의사결정론은 사회문제에 대한 정책과정이 진행되지 못하도록 막는 행동 등을 설명한 이론으로, 엘리트이론의 관점을 반영한다.

2 의사결정론(만족모형)

(1) 주요 내용

① 의사결정론에서는 거시적 관점보다는 미시적 관점에서 체제 내의 개별적 구성원에 초점을 두고 있다. 따라서 체제 내 정책(의사)결정자의 능력상 한계를 중심으로 정책의제 채택과정을 설명하고 있다.
② 사이몬(Simon)은 의사결정활동을 다음과 같이 세 가지 국면으로 구분하고 있다.
  ㉠ 주의집중(attentive directing) 활동
  ㉡ 설계(design) 활동
  ㉢ 선택(choice) 활동
③ 사이몬은 선택활동은 종래 학자들이 관심을 가지고 연구한 국면으로서 가장 중요시된 반면, 주의집중활동과 설계활동은 상대적으로 소홀히 다루어졌다고 주장하면서 이 세 가지 국면을 모두 연구하여 동태적인 이론을 수립하려 하였다.
④ 사이몬에 따르면, 무수한 사회문제를 정책의제화할 때 개별적 정책결정자나 조직체, 정치체제 모두 능력상 한계가 있으므로, 여러 이슈를 동시에 파악하거나 검토하지 못하고 순차적으로 파악하여 일부의 문제만 정책의제화된다. 대안의

탐색단계인 설계활동에서도 비슷한 제약이 있기 때문에 모든 대안을 동시에 고려할 수 없고, 먼저 머리에 떠오른 대안을 검토한 후에 큰 무리가 없이 만족스럽다고 생각하면 거기서 탐색을 멈추게 된다. 이때 먼저 떠오른 대안은 대부분 기존의 정책이라는 것이 점진주의자들의 주장이다.

(2) 평가

① 공헌: 이와 같은 의사결정론은 인간능력의 제한된 합리성과 만족 수준에 입각하여 무수한 사회문제 중에서 일부만이 정책의제화된다는 것을 설명해 준다.

② 한계: 왜 특정의 문제가 정책의제로 채택되고 어떤 문제는 제외되는가에 대해서는 설명을 해 주지 못한다.

3 체제이론(system theory)

(1) 주요 내용

① 체제이론에서는 정치체제의 능력상 한계로 인해 사회의 모든 문제가 체제 내로 투입되지 못한다고 본다. 즉, 정치·행정체제도 유기체와 같이 능력상 한계가 있다는 것이다.

② 체제이론에 의하면 환경으로부터의 수많은 요구는 그대로 정책의제화되기는 어렵고, 일단 이슈로 전환됨으로써 더욱 용이하게 정책의제화될 수 있다. 왜냐하면 이슈로 전환됨으로써 이슈의 가시성(visibility)이 증대되고 관련되는 공중이 증가하기 때문이다. 그러나 요구 또는 이슈가 정책의제화되려면 정치체제의 문지기(gate-keeper)를 통과해야 한다.

  ㉠ 정치체제의 문지기란 환경에서의 요구 또는 이슈를, 정치체제를 들여보내느냐, 안 들여보내느냐를 결정하는 개인이나 집단을 의미한다. 대표적인 정치체제의 문지기로서는 대통령을 비롯하여 고위공무원, 국회의원, 정당 간부 등을 들 수 있다.

  ㉡ 무수한 사회적 요구나 이슈가 모두 정치체제의 문지기를 통과하는 것은 아니고, 그 일부만 문지기를 통과하여 정책의제화된다. 이와 같은 이유는 문지기의 입장에서 보아 체제가 능력상의 한계가 있기 때문에 투입을 억제함으로써, 즉 정책의제의 숫자를 줄임으로써 정치체제가 부담하고 있는 전체 부하업무량을 줄이기 위해서이다.

(2) 평가

① 체제이론은 어떠한 사회문제가 왜 정책의제로 채택되고 다른 의제는 방치되는가에 대한 해답을 얻으려고 노력하였으나, 이 문제에 대해서 직접적인 해답을 주지는 않았다.

② 다만 체제의 과중한 부담을 피하기 위해 소수의 사회문제만이 정책의제로 채택되는데, 그중에서도 체제의 문지기가 선호하는 사회문제가 정책의제로 채택될 확률이 높게 나타난다고 주장하였다.

③ 그러나 어떤 문제를 체제의 문지기가 선호하게 되는 것인지에 대한 종합적인 설명은 없다.

16   2006 국가직 7급

정책문제의 채택에 대한 설명 중 옳지 않은 것은?

① 다원론자들은 어떠한 사회문제든지 정책의제화될 수 있다고 본다.

② 미국과 같은 다원적 사회에서는 이익집단의 영향력이 강하기 때문에 이익집단으로 인한 무의사결정의 가능성이 크다.

③ 엘리트론자들은 사회의 지배엘리트가 허용하는 문제만이 의제로 형성된다고 본다.

④ 체제이론에 의하면 정치체제 내부의 능력상 한계보다는 외부환경으로부터 발생한 요구의 다양성 때문에 선택의 문제가 등장하게 된다.

17   2014 국가직 9급

정책의제설정과 관련된 이론과 설명이 바르게 연결된 것은?

A. 사이먼(H. Simon)의 의사결정론
B. 체제이론
C. 다원주의론
D. 무의사결정론

ㄱ. 조직의 주의 집중력은 한계가 있어 일부의 사회문제만이 정책의제로 선택된다.
ㄴ. 문지기(gate-keeper)가 선호하는 문제가 정책의제로 채택된다.
ㄷ. 이익집단들이나 일반대중이 정책의제설정에 상당한 영향력을 행사한다.
ㄹ. 대중에 대한 억압과 통제를 통해 엘리트들에게 유리한 이슈만 정책의제로 설정된다.

	A	B	C	D
①	ㄱ	ㄴ	ㄷ	ㄹ
②	ㄱ	ㄷ	ㄴ	ㄹ
③	ㄹ	ㄴ	ㄷ	ㄱ
④	ㄹ	ㄷ	ㄴ	ㄱ

18

2014 서울시 9급

정책의제의 설정에 영향을 미치는 요인에 대한 설명으로 옳지 않은 것은?

① 일상화된 정책문제보다는 새로운 문제가 보다 쉽게 정책의제화된다.

② 정책 이해관계자가 넓게 분포하고 조직화 정도가 낮은 경우에는 정책의제화가 상당히 어렵다.

③ 사회 이슈와 관련된 행위자가 많고, 이 문제를 해결하기 위한 정책의 영향이 많은 집단에 영향을 미치거나 정책으로 인한 영향이 중요한 것일 경우 상대적으로 쉽게 정책의제화된다.

④ 국민의 관심 집결도가 높거나 특정 사회 이슈에 대해 정치인의 관심이 큰 경우에는 정책의제화가 쉽게 진행된다.

⑤ 정책문제가 상대적으로 쉽게 해결될 것으로 인지되는 경우에는 쉽게 정책의제화가 된다.

19

2015 국가직 9급

다음 중 어떠한 정책문제가 정책의제로 채택될 가능성이 가장 낮은 경우는?

① 정책문제의 해결 가능성이 높은 경우

② 이해관계자의 분포가 넓고 조직화 정도가 낮은 경우

③ 선례가 있어 관례화(routinized)된 경우

④ 정책의제화를 요구하는 집단의 규모가 큰 경우

---

06 정책의제설정에 영향을 미치는 요인

1 정책문제의 성격

(1) 정책문제의 중요성

① 정책문제의 중요성은 의제설정에 영향을 미친다. 사회 발전에 대한 가능성을 현격히 높이는 정책문제, 사회 발전을 심각히 저해하게 될 정책문제는 정책의제화의 가능성이 높다. 영향을 받는 집단이 크고 영향력의 질, 즉 내용이 중요한 것일수록 우선순위가 높아 의제화 가능성이 크다.

② 반면에 중요도가 떨어지는 것일수록 의제화되지 못하고 차일피일 미루게 된다.

(2) 정책문제의 관례화 및 일상화

① 정책문제가 관례화 혹은 일상화된 것이면 거의 자동적으로 정책의제화된다.

② 정책체제가 안정될수록 선례 답습식으로 의제화한다.

(3) 정책문제의 해결 가능성

① 정책문제의 해결 가능성은 의제설정에 영향을 미치는 또 다른 요인이다. 정책체제나 담당자의 입장에서 충분히 이해 가능하고 해결할 수 있다고 판단할 때 의제화가 쉽다.

② 문제 자체가 복잡해서 수단 선택은 물론 이해조차 하기 어렵다면 의제화는 어려워진다.

③ 관련 집단들에 의해 예민하게 쟁점화된 것일수록 의제화의 가능성이 크다. 이는 갈등의 해결이란 측면에서 중요성이 부각되는 것이다.

2 정책 이해관계자의 특성(조직비용)

① 이해관계자는 정책으로 인해 이익을 얻거나 손해를 감내해야 하는 집단을 의미한다. 이들 집단 중 정책의제화를 요구하는 집단의 규모가 클수록, 정책영향력이 클수록 정책의제화될 가능성이 높다.

② 정책 이해관계자의 조직화 정도도 영향을 미친다.

  ㉠ 조직화 정도가 높은 경우에는 조직비용이 낮기 때문에 상대적으로 쉽게 의제화된다. 예를 들어 정책 이해관계자가 넓게 분포하고 조직화 정도가 낮은 경우(조직비용이 높은 경우)에는 정책의제화가 상당히 어렵다.

  ㉡ 정책 이해관계자가 좁게 분포하지만 조직화 정도가 낮은 경우(조직비용이 높은 경우)에도 정책의제화는 쉽지 않을 수 있다.

  ㉢ 한편 정책 이해관계자가 좁게 분포하고 조직화 정도가 높은 경우(조직비용이 낮은 경우)에는 상대적으로 쉽게 정책의제화될 것이다.

  ㉣ 정책 이해관계자가 넓게 분포하고 조직화 정도가 높은 경우(조직비용이 낮은 경우)에도 정책의제화될 가능성이 높다.

▌ 조직화 정도에 따른 의제화의 가능성

구분	낮은 조직화(조직비용↑)	높은 조직화(조직비용↓)
좁은 이해관계자	곤란	용이
넓은 이해관계자	곤란	용이

1 등장 배경

① 무의사결정은 바흐라흐와 바라츠(Bachrach & Baratz) 등의 신엘리트론자가 「권력의 두 얼굴: Two Faces of Power」에서 다원론자인 다알(R. Dahl)의 뉴헤이븐(new haven)시의 연구를 비판한 데서 비롯된다. 즉, 정치권력은 두 가지 모습을 가지고 있는데, 하나는 정책문제를 해결하기 위한 정책결정에 행사되는 권력이고, 다른 하나는 정책의제의 채택과정에서 갈등을 억압하고 갈등이 정치과정에 진입하는 것을 방지하는 데 행사되는 권력이라고 주장하였다.

② 엘리트들은 정책의제 채택과정뿐 아니라 집행과정에서도 권력을 사용하여 특정 의제를 배제시키려 하기도 한다. 즉, 무의사결정은 모든 사회문제가 거의 자동적으로 정책의제화한다는 다원적인 점증모형에 대한 반발에서 등장하였다.

2 개념

① 각종 사회문제 중 일부만이 정책의제로 채택되고 일부는 기각·방치되는데, 이러한 기각·방치는 정책대안을 마련하지 않겠다는 소극적 의사결정이므로 이를 '무의사결정(non-decision making)'이라 한다.

② 정책문제의 채택과정에서 엘리트들에게 안전한 이슈만을 논의하고 불리한 문제는 거론조차 못하게 하는 것으로, 지배엘리트들이 현실적 문제를 의도적으로 무시할 때에 발생한다. 따라서 다원화된 선진국보다는 후진국에서 주로 발생한다.

③ 바흐라흐와 바라츠는 무의사결정을 의사결정자의 가치와 이익에 대한 잠재적이거나 현재적인 도전을 억압하거나 방해하는 결정이라고 정의하였다.[2]

3 발생 원인과 방법

(1) 발생 원인

① 지배계급에 대한 이해관계의 침해
② 지배계급의 가치관에 대한 도전
③ 문제해결이 저지되도록 정치체제의 구조화가 되어 있는 경우
④ 특정 개인 및 집단의 이익에 편파되는 편견의 존재
⑤ 과잉충성

(2) 방법

① 폭력·권력의 행사
② 특혜의 부여
③ 편견의 동원·강화·수정
④ 문제 자체의 은폐 및 지연전략

---

2) 바흐라흐와 바라츠는 무의사결정이 정책과정의 전반에 걸쳐 일어난다고 주장하였다. 좁은 의미의 무의사결정은 정책문제 채택과정에서 기존 세력에 도전하는 요구는 정책문제화하지 않고 억압을 당한다고 보았다. 이들이 처음 무의사결정을 주장할 당시에는 여기에 초점이 있었다. 그러나 정책결정과 집행과정에서도 무의사결정이 일어난다. 정책문제 채택과정에서 개혁요구세력이 주장하는 논리를 기존세력이 저지하지 못했을 경우에 정책결정과정에서 고려되는 정책대안의 범위나 내용을 한정·수정시키려고 노력할 것이며, 여기에서도 실패할 경우에는 집행과정에서 집행을 저지하기 위해 배정되는 예산이나 인력을 최소화하려고 노력하게 된다. 따라서 넓은 의미의 무의사결정은 정책의 전 과정에서 발생한다.

---

20 2017 국가직 9급(사회복지직 9급)

무의사결정(non-decision making)에 대한 설명으로 옳은 것은?

① 지배적인 엘리트집단은 자신들의 이해관계와 부합하지 않은 이슈라도 정책의 제설정단계에서 논의하려고 한다.
② 무의사결정은 중립적인 행동으로 다원주의이론의 관점을 반영한다.
③ 집행과정에서는 무의사결정이 일어나지 않는다.
④ 정책문제 채택과정에서 기존 세력에 도전하는 요구는 정책문제화하지 않고 억압한다.

21 2009 국가직 9급

바흐라흐와 바라츠(Bachrach & Baratz)가 주장한 무의사결정의 유형에 해당하지 않는 것은?

① 공익 및 엘리트의 가치나 이익에 대한 잠재적·현재적인 도전을 억제한다.
② 정치과정에 진입하려는 요구를 제한하여 정책문제화되는 것을 억제한다.
③ 기존의 규칙이나 제도적 과정을 이용한다.
④ 넓은 의미의 무의사결정은 정책의 전 과정에서 일어난다.

22 2015 지방직 9급

무의사결정(non-decision making)에 대한 설명 중 옳지 않은 것은?

① 사회문제에 대한 정책과정이 진행되지 못하도록 막는 행동이다.
② 기득권 세력이 그 권력을 이용해 기존의 이익배분 상태에 대한 변동을 요구하는 것이다.
③ 기득권 세력의 특권이나 이익 그리고 가치관이나 신념에 대한 잠재적 또는 현재적 도전을 좌절시키려는 것을 의미한다.
④ 변화를 주장하는 사람으로부터 기존에 누리는 혜택을 박탈하거나 새로운 혜택을 제시하여 매수한다.

23

2010 지방직 9급

무의사결정론(non-decision making theory)에 내한 설명으로 옳지 <u>않은</u> 것은?

① 무의사결정은 특정 사회적 쟁점이 공식적 정책과정에 진입하지 못하도록 막는 엘리트집단의 행동이다.

② 무의사결정은 정책의제설정단계뿐만 아니라 정책결정이나 집행단계에서도 나타날 수 있다.

③ 무의사결정은 고전적 다원주의를 비판하며 등장한 이론으로 신다원주의론이라 불린다.

④ 무의사결정론은 정치권력이 두 얼굴을 가지고 있다고 주장한다.

24

2023 국가직 9급

비흐라흐(Bachrach)와 바라즈(Baratz)의 무의사결정론에 대한 설명으로 옳지 <u>않은</u> 것은?

① 무의사결정의 행태는 정책과정 중 정책문제 채택단계 이외에서도 일어난다.

② 기존 정치체제 내의 규범이나 절차를 동원하여 변화 요구를 봉쇄한다.

③ 정책문제화를 막기 위해 폭력과 같은 강제력을 사용하기도 한다.

④ 엘리트의 두 얼굴 중 권력행사의 어두운 측면을 고려하지 못한다고 비판했기 때문에 신다원주의로 불린다.

25

2020 국가직 9급

무의사결정론에 대한 설명으로 옳지 <u>않은</u> 것은?

① 정치체제 내의 지배적 규범이나 절차가 강조되어 변화를 위한 주장은 통제된다고 본다.

② 엘리트들에게 안전한 이슈만이 논의되고 불리한 이슈는 거론조차 못하게 봉쇄된다고 한다.

③ 위협과 같은 폭력적 방법을 통해 특정한 이슈의 등장이 방해받기도 한다고 주장한다.

④ 조직의 주의집중력과 가용자원은 한계가 있어 일부 사회문제만이 정책의제로 선택된다고 주장한다.

4 우리나라에서의 무의사결정

① 1960~70년대에 노동문제·환경문제·사회복지문제 등이 경제성장 제일주의라는 정치이념에 억눌려 정책의제화되지 못하였다.

② 1980~90년대에는 남북통일문제, 지역감정문제, 대표관료제 도입문제 등에 관한 일반 국민의 의견이 정부의제화되지 못하였다.

5 정책결정자의 무관심과 무의사결정

정책결정자들의 무관심으로 말미암아 쟁점화되지 못하는 정책문제는 정책과정에 제약을 가하지 않는다는 면에서 무의사결정과 구별되어야 한다.

02 정책의제설정론

03 정책분석론

정답과 해설 ▶ P.26

바로 확인문제

01 　　　　　　　　　2007 인천 9급
정책결정과 의사결정에 대한 다음 설명이 잘못된 것은?

① 정책결정은 정부나 공공기관이 하는 의사결정이다.
② 의사결정은 정부, 사기업이 하는 것이다.
③ 정책결정과 의사결정은 본질이 다르지 않다.
④ 둘 다 계량화가 가능하다.
⑤ 정책결정은 공익을 목적으로 하는 경우가 많다.

02 　　　　　　　　　2011 서울시 9급
정책문제를 올바르게 정의하기 위해서 고려해야 할 요소로 보기 어려운 것은?

① 정책목표의 설정
② 관련 요소 파악
③ 역사적 맥락 파악
④ 인과관계 파악
⑤ 가치판단

03 　　　　　　　　　2013 서울시 9급
합리적 정책결정 과정에서 정책문제를 정의할 때의 주요 요인이라고 보기 어려운 것은?

① 관련 요소 파악
② 관련된 사람들이 원하는 가치에 대한 판단
③ 정책대안의 탐색
④ 관련 요소들 간의 인과관계 파악
⑤ 관련 요소들 간의 역사적 맥락 파악

---

01 정책결정의 의의

1 개념

정책결정이란 정부의 미래 행동대안을 복잡하고 동태적 과정을 통하여 의도적으로 공익을 구현하기 위해 정부가 내리는 결정을 의미한다.

2 특징

정책결정은 정부기관의 공공정책에 관한 의사결정이다. 정책결정과 의사결정은 문제해결이나 목표달성을 위하여 가능한 여러 대안들 중에서 최적의 대안을 선택한다는 점에서 동일하나 다음과 같은 차이점이 있다.

구분	정책결정	의사결정
주체	정부	정부 또는 기업
결정사항	정부활동지침	모든 합리적인 대안 선택
성격	공적 성격	공·사적 성격
계량화	곤란	용이
근본이념	공익성	공익에 근거하지 않음

02 합리적 정책결정의 과정(합리모형의 과정)

📖 심화편 ▶ P.55

일단 정책의제로 선정된 문제는 그 해결대안을 마련하기 위한 단계로 들어가게 된다. 합리적 정책결정을 위해서는 ① 문제의 인지와 정의, 이를 바탕으로 한 ② 정책목표의 설정, ③ 자료·정보의 수집 및 분석, ④ 정책목표를 달성하기 위한 정책대안의 탐색과 ⑤ 정책대안의 결과 예측, ⑥ 예측된 결과에 대한 비교·평가 및 최적대안의 선택 등의 활동이 진행되어야 한다.

1 문제의 인지 및 정의(definition)

(1) 정책문제의 인지

정책과정은 문제 인식에서부터 비롯된다. '문제'라는 것은 어떤 사항에 대해 관련 있는 사람들이 해결의 필요성을 느끼게 하는 것이다. 문제 중에서 많은 사람들과 관련되어 있는 것은 공공문제이고, 그중에서 정부에 의해 정책적으로 해결해야 한다고 여기는 것들이 정책문제이다.

(2) 정책문제의 정의

정책문제의 정의는 정책문제의 구성요소, 원인·결과 등의 내용을 규정하여 '무엇이 문제인지'를 밝히는 것이다.

① **관련 요소 파악**: 정책문제를 유발하는 사람들과 사물의 존재, 상황 요소들을 찾아내는 것이 첫 작업이다. 관련 요소들은 그 중요성에 따라 구분하여 이해할 필요가 있다.

② **가치판단**: 관련된 사람들이 원하는 가치가 무엇인가를 판단하고 가치들 사이의 보완, 경쟁관계, 주종 상태를 파악한다.

③ **인과관계 파악**: 관련 요소들의 관계를 원인, 매개, 결과로 나누어 보고 이들 변수를 관계식으로 연결시켜 이해하는 것이다.

④ **역사적 맥락 파악**: 관련 요소들 사이의 관계를 단순히 정태적으로만 파악할 것이 아니라, 각 요소들의 역사적 발전과정, 변수들 사이의 관계 변화과정에 대해서도 살펴보아야 한다.

(3) 정책문제의 속성

① **공공성**: 정책문제는 공공성을 띤다. 공공성이라는 것은 정책대상 집단의 규모나 정책결과의 영향력이 얼마나 큰가의 여부도 중요한 고려요인이지만, 얼마나 많은 사람들이 관심을 보이고 있느냐도 중요한 요인이다.

② **주관적·인공적**: 정책문제는 주관적이고 인공적 성격을 띤다. 문제를 유발하는 외부적 상황은 선택적으로 정의·분류되며 설명·평가된다. 주관적이라는 면에서 볼 때 정책문제는 관련된 개인 및 집단, 그리고 사회의 영향 아래 인공적으로 만들어진 것이기도 하다.

③ **복잡다양·상호의존적**: 정책문제는 복잡다양하며 상호의존적이다. 정책문제는 복합요인에 의해 동시다발적으로 생겨난다. 단일 요인이 단일 문제를 유발하기도 하지만 대개는 '한 요인 → 많은 문제', '여러 요인 → 한 문제' 식으로 생겨난다. 그래서 정책문제는 '문제의 덩어리' 형태로 다룰 필요가 있다.

④ **역사적 산물**: 정책문제는 역사적 산물인 경우가 많다. 현재의 문제는 오랜 기간 동안 형성되어 온 것일 수 있다. 이럴 때 눈에 보이는 현실만을 고려해서 문제를 인식한다면 그 원인을 제대로 밝혀낼 수 없게 된다.

⑤ **동태적**: 정책문제는 동태적 성격을 띤다. '문제의 덩어리'는 기계적 실체가 아니라 목적론적 체제이다.[1]

---

[1] '문제의 덩어리'는 ① 속성이나 형태가 서로 똑같은 문제들이란 결코 없으며, ② 각 문제들의 속성이나 형태는 전체의 속성이나 행태에 영향을 미치고 있으며, ③ 이런 속성이나 형태, 전체에 영향을 미치는 방법들은 체제 속의 다른 문제들로부터 영향을 받고, ④ 모든 하위 문제 집단들도 상호연관적으로 전체와 영향을 주고 받는다. 요컨대 '문제의 덩어리' 전체는 그 속의 부분적 문제나 요인들의 단순한 합이 아니라 그 이상의 다른 무엇을 내포하고 있다.

04   2007 서울시 9급

정책문제의 특징으로 보기 어려운 것은?

① 공공성   ② 인공성
③ 상호의존성   ④ 주관성
⑤ 소망성

05   2010 국가직 7급

정책문제에 대한 설명으로 옳은 것으로만 연결된 것은?

> ㄱ. 정책문제는 사익성을 띤다.
> ㄴ. 정책문제는 객관적이고 자연적이다.
> ㄷ. 정책문제는 복잡다양하며 상호의존적이다.
> ㄹ. 정책문제는 정태적 성격을 갖는다.
> ㅁ. 정책문제는 역사적 산물인 경우가 많다.

① ㄱ, ㄴ   ② ㄱ, ㄷ
③ ㄷ, ㄹ   ④ ㄷ, ㅁ

06   2017 서울시 7급

정책문제의 특성에 대한 설명으로 가장 옳지 않은 것은?

① 정책문제는 당위론적 가치관의 입장에서 정의하는 것이 중요하다.
② 정책주체와 객체의 행태는 주관적이지만 정책문제는 객관적이다.
③ 특정 문제의 발생 원인이나 해결방안 등은 다른 문제들과 상호연관성을 갖는다.
④ 정책수혜집단과 정책비용집단이 있다는 것을 의미하는 차별적 이해성을 갖는다.

2 정책목표의 설정

정책분석에서 3종 오류에 대한 설명으로 가장 적절한 것은?

① 정책수단이 효과가 없는데 채택한 오류이다.
② 정책문제를 잘못 인지한 것과 관련된다.
③ 체계적 오류이다.
④ 정책목표 설정의 오류이다.
⑤ 정책 실현가능성 평가의 오류이다.

정책의제설정에 관한 설명 중 옳지 <u>않은</u> 것은?

① 일반적으로 정책의제는 정치성, 주관성, 동태성 등의 성격을 가진다.
② 정책대안이 아무리 훌륭하더라도 정책 문제를 잘못 인지하고 채택하여 정책 문제가 여전히 해결되지 않은 상태로 남아 있는 현상을 2종 오류라 한다.
③ 킹던(Kingdon)의 정책의 창 모형은 정 책문제의 흐름, 정책대안의 흐름, 정치 의 흐름이 어떤 계기로 서로 결합함으로써 새로운 정책의제로 형성되는 것 을 말한다.
④ 콥(R. W. Cobb)과 엘더(C. D. Elder) 의 이론에 의하면 정책의제 설정과정 은 사회문제–사회적 이슈–체제의제– 제도의제의 순서로 정책의제로 선택됨 을 설명하고 있다.
⑤ 정책의제의 설정은 목표설정기능 및 적절한 정책수단을 선택하는 기능을 하고 있다.

(1) 정책목표의 개념과 특성

① **개념**: 정책목표는 정책을 통해서 달성하고자 하는 바람직한 상태를 의미한다. 따라서 정책목표는 정책의 존재 이유가 되며, 합리적인 정책결정을 위해서는 우선적으로 정책목표를 분명히 할 필요가 있다.
② **특성**: 정책목표는 미래에 도달하고자 하는 바람직한 상태를 의미하므로 미래지향적이며, 무엇이 바람직한 상태인가를 판단하는 가치판단에 의존하기 때문에 주관적이고 타당성, 규범성을 가지고 있다.

(2) 정책목표의 적합성과 적절성

① **정책목표의 적합성(appropriateness)**: 달성할 가치가 있는 여러 가지 목표들 중에서 가장 바람직한 것을 목표로 채택했는가를 의미하는 것으로서, 결국 정책문제의 여러 가지 요소 중에서 가장 중요한 문제요소를 선택했는지 여부를 의미하는 것이다.
② **정책목표의 적절성(adequacy)**: 정책목표의 달성 수준과 관련된 것으로, 목표의 수준이 지나치게 높거나 낮지 않고 적당한 수준인지 여부를 의미하는 것이다.

(3) 정책목표의 잘못된 설정(제3종 오류)

문제의 인지·파악 시에는 필요한 정보가 부족하고 문제의 중요성을 파악하는 데 편견이나 선입견이 작용함으로써 '제3종 오류[2]'를 범할 수 있다. 제3종 오류(메타 오류, meta error)란 잘못된 문제규정이 잘못된 정책목표의 설정으로 연결되는 현상을 의미하며[3], 문제의 구성요소 중에서 해결하고자 하는 것을 잘못 선택한 것을 의미한다.

(4) 정책문제의 구조화 기법   📖 심화편 ▶ P.45

(5) 목표의 변동

① **목표의 대치(displacement)**: 조직의 목표 추구가 왜곡되는 현상으로, 조직이 정당하게 추구하는 종국적 목표가 다른 목표나 수단과 뒤바뀌는 것을 말한다.

---

2) '제1종 오류(type I error, α오류)'란 귀무가설(영가설)이 실제로 옳은데도 검정 결과가 그 가설을 기각하는 오류를 말한다. 즉, 받아들여야 할 영가설을 거부하는 데서 나타내는 오류로, 대안이 실제로 효과가 없는데 효과가 있다고 평가하여 채택하는 경우를 말한다. '제2종 오류(type II error, β오류)'란 귀무가설(영가설)이 실제로는 틀린데도 그것을 옳은 것으로 잘못 받아들이는 오류를 말한다. 거부해야 할 영가설을 받아들이는 데서 나타나는 오류로, 대안이 실제로 효과가 있는데 효과가 없다고 평가하여 기각하는 경우를 말한다. '제3종 오류'는 정책문제를 잘못 정의하고 있는 것이고, '제1종 오류'와 '제2종 오류'는 정책대안 선택을 잘못하고 있는 것이다. 귀무가설이란 직접 검증의 대상이 되는 가설로, 영가설 또는 당초가설이라고도 하는데, 연구가설에 대한 논리적 대안으로서 연구결과로 나타난 통계적인 차이 또는 분석된 관계들이 우연에 의한 것이거나 무작위 오차 때문에 생긴 것이라고 진술하는 형태이다.

3) 대표적인 예는 다음과 같다. ① 잘못된 교통 신호체계가 실제로 더 큰 문제임에도 자가용 증대문제를 도심 교통 혼잡의 핵심이라고 잘못 정의하고 이를 해결하려 하는 경우, ② 사회 전체의 입장에서 보아 만원 대중교통 문제가 더욱 심각하고 중요한데도 교통체증문제를 교통문제의 가장 중요한 핵심으로 보고 이를 해결하려고 하는 경우, ③ 살인재판에서 배심원들이 피고가 무죄라는 가설과 그가 유죄라는 가설 사이에서 결정을 하도록 요구를 받고 있을 때 무고한 사람을 유죄라고 하면 제1종 오류를 범하는 것이 되고, 죄인을 석방하면 제2종 오류를 범하는 것이 된다. ④ 10년 동안 지속되어 온 청년실업의 문제를 극복하기 위한 정책을 담당하고 있는 부서에서 다음과 같은 결정을 하였다. 각 기업들로 하여금 신규 채용되는 직원의 모집인원을 전년대비 축소할 수 없도록 규제하고, 동시에 취업을 하지 못한 사람들을 위해 실업급여를 대폭 인상하는 정책을 실시하였다. 그러나 청년실업에는 아무런 영향을 미치지 못했다. 전문기관에 의뢰해 조사한 결과, 청년실업의 주된 원인은 자발적 실업이 대부분을 차지하고 있는 것으로 나타났다.

㉠ 대표 학자

미첼스(Michels)	목표의 전환을 처음 체계적으로 전개하였으며, 과두제의 철칙을 주장함
머튼(Merton)과 굴드너(Gouldner)	수단으로써의 법규를 목표보다 더 중시하는 동조과잉 현상을 주장함
셀즈닉(Selznick)	권한위임을 전체 목표보다 더 중시함
워너(Warner)와 해븐스(Havens)	상위 목표 대신에 하위 목표가 사실상 조직행동의 기준이 된다고 봄

㉡ 목표 대치의 발생원인

ⓐ **유형적 목표 추구(목표의 무형성):** 무형적 목표의 추상적·개괄적 성격으로 인하여 유형적 목표에 치중하게 된다.

⑩ 노태우 정부의 범죄와의 전쟁. 민생치안의 확립(무형적 목표) → 조직폭력배 검거(유형적 목표)

ⓑ **과두제의 철칙(iron law of oligarchy):** 미첼스(Michels)는 소수 지도층의 권력욕구에서 조직이 과두화된다고 하였다. 권력을 집중 장악한 소수 지도층은 조직 본래 목표를 추구하기보다 자신의 권력이나 지위를 강화시키는 데 조직을 이용하는 현상, 즉 목표의 대치 현상을 일으킨다.

ⓒ **동조과잉(overconformity)현상:** 조직의 관리자들은 통제 욕구에서 조직 내의 규칙이나 절차의 엄수를 강조하며, 이는 결국 수단에 불과한 규칙과 절차를 목표 가치보다 더 존중·중시하게 되는 동조과잉현상을 가져오게 된다.

ⓓ 조직의 내부 문제 중시

ⓔ 목표의 과다 측정

② **목표의 전환(diversion):** 조직이 추구한 최초의 목표는 달성하지 못했으나 조직이 소멸하지 않고 성격이 다른 새로운 목표가 과거의 목표를 대체한 것을 의미한다.

③ **목표의 승계(succession):** 애초에 설정된 목표가 달성 불가능하거나 완전히 달성된 경우, 같은 유형의 다른 목표로 교체되는 형태로 목표가 변동되는 것을 말한다.

⑩ 소아마비 예방백신(추가) 개발 → 관절염과 불구아 출생 예방 및 치료

④ **목표의 다원화(추가) 및 확대**

㉠ **목표의 다원화(multiplication):** 기존 목표에 새로운 목표가 추가되는 것이다.

㉡ **목표의 확대(expansion):** 기존 목표의 범위가 넓어지는 것이다.

⑩ 월드컵 16강 → 8강

⑤ **목표 간의 비중 변동:** 목표 간의 우선순위 또는 비중이 달라지는 현상을 말한다.

3 정책대안의 탐색

(1) 정책대안

정책대안이란 정책목표와 정책수단을 포함하는 개념으로, 정책목표를 설정하고 이를 달성하기 위한 정책수단을 탐색할 때 서로 다른 정책수단을 채택하게 되면 이에 따라 정책목표의 내용도 조금씩 변화하게 된다. 이와 같이 서로 다른 정책목표와 정책수단의 배합들을 각각의 정책대안이라고 부른다.

(2) 정책대안의 탐색과정

① 정책대안의 탐색과정에서는 목표의 달성 또는 문제해결을 위하여 모든 중요한 대체적인 방안이나 정책을 탐색하고 비교·분석 및 평가한다.

---

09   2015 국가직 9급

통계적 결론의 타당성 확보에 있어서 발생할 수 있는 오류와 그에 대한 설명으로 바르게 연결된 것은?

> ㄱ. 정책이나 프로그램의 효과가 실제로 발생하였음에도 불구하고 통계적으로 효과가 나타나지 않은 것으로 결론을 내리는 경우
> ㄴ. 정책의 대상이 되는 문제 자체에 대한 정의를 잘못 내리는 경우
> ㄷ. 정책이나 프로그램의 효과가 실제로 발생하지 않았음에도 불구하고 통계적으로 효과가 나타난 것으로 결론을 내리는 경우

	제1종 오류	제2종 오류	제3종 오류
①	ㄱ	ㄴ	ㄷ
②	ㄱ	ㄷ	ㄴ
③	ㄴ	ㄱ	ㄷ
④	ㄷ	ㄱ	ㄴ

10   2017 국가직 7급

미첼스(Michels)의 '과두제의 철칙(iron law of oligarchy)' 현상에 가장 부합하는 조직목표 변동 유형은?

① 목표 승계(succession)
② 목표 추가(multiplication)
③ 목표 확대(expansion)
④ 목표 대치(displacement)

11   2019 서울시 9급 제1회

조직목표의 변동에 대한 설명으로 가장 옳은 것은?

① 목표의 대치(displacement)는 조직목표 달성이 어려울 때 기존 목표를 새로운 목표로 전환하는 것이다.
② 목표의 다원화(multiplication)는 조직목표 달성이 어려울 때 기존 목표에 새로운 목표를 추가하는 것이다.
③ 목표의 확대(expansion)는 본래 조직목표를 달성하였을 때, 새로운 목표를 발견하여 선택하는 것이다.
④ 목표의 승계(succession)는 본래 조직목표 달성이 불가능할 때 기존 목표의 범위를 확장하는 것이다.

12

2018 지방직 7급

조직목표에 대한 설명으로 옳지 <u>않은</u> 것은?

① 목표의 다원화(multiplication) 및 목표의 확대(expansion)는 기존 목표에 새로운 목표가 추가되거나 기존 목표의 범위가 넓어지는 것을 말한다.

② 목표의 전환(diversion)은 애초에 설정된 목표를 달성할 수 없거나 목표가 완전히 달성된 경우 같은 유형의 다른 목표로 교체되는 것을 말한다.

③ 목표의 대치(displacement)란 조직의 목표 추구가 왜곡되는 현상으로, 조직이 정당하게 추구하는 종국적 목표가 다른 목표나 수단과 뒤바뀌는 것을 말한다.

④ 조직의 운영상 목표는 공식목표를 추진하는 과정에서 추구하는 목표로, 비공식적 목표다.

13

2022 국회직 8급

다음 표는 던(W. Dunn)이 분류한 정책대안 예측유형과 그에 따른 기법이다. 분류가 옳지 <u>않은</u> 것만을 모두 고르면?

예측유형	기법
투사(project)	ㄱ. 시계열 분석 ㄴ. 최소자승 경향 추정 ㄷ. 경로분석
예견(predict)	ㄹ. 선형기법법 ㅁ. 자료전환법 ㅂ. 회귀분석
추정(conjecture)	ㅅ. 격변예측기법 ㅇ. 정책 델파이 ㅈ. 교차영향분석

① ㄱ, ㄹ, ㅁ   ② ㄴ, ㄷ, ㅈ
③ ㄴ, ㄹ, ㅇ   ④ ㄷ, ㅁ, ㅅ
⑤ ㄷ, ㅂ, ㅇ

14

2021 군무원 7급

주관적 판단에 의한 정책대안의 결과를 예측하는 방법으로 가장 적절한 것은?

① 델파이   ② 시나리오분석
③ 회귀모형   ④ 경로분석

---

② 대안의 탐색과 평가의 과정에서 체제분석·관리과학이나 OR이 가장 많이 활용된다.

4 정책대안의 결과예측

(1) 정책대안의 결과예측방법(W. Dunn)

정책미래를 예측하는 방법에는 추세 연장적 예측(투사), 인과모형을 통한 이론적 예측(예견), 통찰력 있는 판단(추측) 등 크게 세 가지 유형이 있다.

① 투사(projection, 양적 기법)
  ㉠ 개념: 현재까지의 역사적 경향(trend)을 귀납적 논리에 입각하여 장래로 연결하여 미래를 예측하는 것으로, 보외적 예측(외삽법 또는 투시적 예측: 과거치를 그대로 연장시키는 방법)의 접근방법이 활용된다.
  ㉡ 기법
    ⓐ 시계열분석: 시간적 변동추이를 분석하여 경향을 파악한 다음 이를 토대로 미래를 예측하는 기법
    ⓑ 흑선기법: 시계열상의 직선 경사를 눈으로 보아 짐작하면서 도포상에 흑선을 긋는 것
    ⓒ 최소자승 경향 추정: 시계열상의 과거 값에 의하여 미래를 예측하는 수학적 절차
    ⓓ 격변예측기법: 선형성이나 규칙성이 없는 시계열자료를 분석하는 '비선형적 시계열분석'에 해당
    ⓔ 자료전환법: 시계열변수값을 전환하여 얻은 선형방정식을 이용하여 경향 추정

② 예견(prediction, 양적 기법)
  ㉠ 개념: 명확한 이론적인 가정을 통한 연역적 논리에 기초한 예측을 말한다. 예측의 본질은 어떤 하나의 관계에 내재하고 있는 원인과 결과를 구체화시켜 주는 것이며, 유사한 과정이나 관계성을 유추(analogy)하는 것이다.
  ㉡ 기법
    ⓐ 선형계획(LP): 2 이상의 독립변수와 하나의 종속변수관계
    ⓑ 회귀분석: 독립변수에 의해 종속변수를 예언
    ⓒ 구간 추정: 표본을 통해 얻은 평균값으로 신뢰도 90%, 95%, 99%에 따라 모집단의 평균값이 있을 만한 구간을 추정하는 것
    ⓓ 상관분석: 독립변수와 종속변수 간의 정(正)·부(負) 또는 친·소 관계 파악
    ⓔ 경로분석: 인과관계의 원인을 확률적으로 해석

③ 추측(conjecture, 질적 기법)
  ㉠ 개념: 미래 상태에 대한 주관적인 판단이나 직관적인 진술의 형태를 취하는 것으로, 주관적인 판단에 기초를 둔다는 점에서 본질적인 성격을 지닌다.
  ㉡ 기법
    ⓐ 상호영향분석: 예측된 사안 간의 상호작용의 잠재적인 효과를 분석하는 것
    ⓑ 실현가능성 평가기법: 정치적 실현가능성 중시
  ㉢ 델파이기법

(2) 델파이(delphi)기법

① 개념 및 등장 배경
　　㉠ 델파이기법은 전통적인 회의식 기법이 갈등이 심하고 토의 분위기에 영향을 받아 주관적인 판단이 흐려진다는 비판[4]에서 등장하였다.
　　㉡ 델파이기법은 예측하려는 현상에 대하여 관련 있는 전문가의 자문을 설문지를 통하여 근접한 의견에 이를 때까지 체계적으로 유도하고 분석하는 직관적인 미래예측기법을 말한다. 직관적 미래예측은 문제가 복잡하고 애매한 경우 도움이 될 경험적 자료도 없고(투사 ×), 이론도 존재하지 않는 경우(예견 ×)에 사용된다. 델파이기법은 단기보다는 중장기적 미래를 예측하기 위하여 통계분석을 활용하는 주관적 미래예측방법이다.
　　㉢ 18C 말 유럽 경마에서 실험적으로 이용되었는데, 1948년에 이르러 미공군성 내의 랜드연구소(RAND corporation)에서 본격적으로 연구·개발되었다.
　　㉣ 델파이란 그리스의 아폴로 신전이 있던 성지의 이름이다.

② 특징
　　㉠ **익명성**: 참여한 모든 전문가는 익명성이 철저히 보장되고, 격리된 독립적 개인일 것을 요구한다.
　　㉡ **반복**: 개개인의 의견은 하나로 통합되고 다시 참가한 모든 전문가들에게 회람되는 과정을 여러 차례 반복함으로써, 참여자들은 학습기회를 얻게 되고 자신의 의견을 수정할 수 있게 된다.
　　㉢ **통제된 환류(controlled feedback)**: 종합된 의견의 전달은 질문서에 대한 답을 집계하는 형식으로 이루어진다.
　　㉣ **통계적 처리**: 개개인의 답안자료는 통계적으로 처리되어 집중 정도, 확산 정도, 빈도 분석 등의 형식으로 표현된다.
　　㉤ **합의**: 델파이기법의 가장 중요한 목표는 전문가들의 최종적인 합의를 구하는 것이다.

③ 장·단점

장점	• 외부적인 영향력으로 결론이 왜곡되는 것을 방지할 수 있음(익명성) • 통제된 환류과정을 반복함으로써 주제에 대한 관심을 제고할 수 있음 • 응답의 결과가 통계적으로 처리됨으로써 비교적 객관적인 결론을 도출할 수 있음(그러나 미래예측의 근거는 전문가의 주관과 직관임) • 전문가 집단을 동원하게 되므로 예측 분야와 관련되는 많은 변수를 고려할 수 있음 • 다루어질 정보의 양이 증가될 수 있음 • 집단적 상호작용을 통하여 보다 많은 지식과 자극을 나눌 수 있음 • 미래예측에 있어서 위험 부담이 적음
단점	• 동원된 전문가들의 자질과 역량이 문제될 수 있음 • 델파이과정에서 응답이 불성실하거나 조작될 가능성이 있음 • 설문 여하에 따라 응답이 크게 달라질 수 있음 • 예측된 사건들 사이의 잠재적인 관계가 무시될 수 있음 • 예측이 상호보강적이거나 상호배타적인 항목을 포함하는 경우가 있음 • 그릇된 정보를 더 많이 이용하기 쉬움 • 소수 의견이 묵살될 가능성이 많음 • 전문가로서 체면을 세우기 위하여 의견을 고집하는 경우가 많음 • 이해관계가 작용하는 정치적 의사결정의 가능성이 있음

---

4) 외향적이고 공격적인 성격을 지닌 몇몇 사람이 발언을 독점하거나, 공개적으로 다른 사람의 의견에 반대하기가 어렵다거나, 한번 공개적으로 제시한 의견을 바꾸기 싫어한다거나 하는 약점들이 생기게 되기 때문에 진실로 합리적인 아이디어를 얻기가 힘들어진다.

바로 확인문제

15 　　　　　　　　2008 지방직 9급
집단적 의사결정방식으로 익명성을 유지하면서 아이디어를 교환하여 문제를 해결하는 방식은?
① 전통적 델파이기법
② 브레인스토밍
③ 정책델파이 기법
④ 변증법적 토론기법

16 　　　　　　　　2020 국가직 7급
다음 설명을 특징으로 하는 정책분석기법의 기본 원칙이 아닌 것은?

　　그리스 현인들이 미래를 예견하던 아폴로 신전이 위치한 도시의 이름을 따서 붙여졌다. 1948년 미국 랜드(RAND)연구소의 연구진에 의해 개발되어 공공부문이나 민간부문의 예측 활동에서 활용된다.

① 조건부확률과 교차영향행렬의 적용
② 익명성 보장과 반복
③ 통제된 환류와 응답의 통계처리
④ 전문가 합의

17 　　　　　　2017 국가직 9급 추가채용
미래 예측을 위한 일반적 델파이기법에 대한 설명으로 옳지 않은 것은?
① 전문가들의 의견을 종합하여 보다 합리적인 아이디어를 만들려는 시도이며, 정책대안의 결과 예측뿐 아니라 정책대안의 개발·창출에도 사용된다.
② 전문가집단의 의사소통은 구조화된 설문지를 통한 반복적으로 이루어진다.
③ 불확실한 먼 미래보다는 가까운 미래를 예측하기 위하여 통계분석을 활용하는 객관적 미래예측방법이다.
④ 전문가집단은 익명성이 보장된 상태에서 답변하며 자신의 답변을 수정할 수 있다.

18

2009 국회직 8급

델파이기법(delphi method)에 관한 설명으로 옳은 것은?

① 해당 분야에 대한 체계적인 이론과 지식이 풍부할 때 유용한 객관적 정책분석 방법이다.

② 형식이 정해지지 않은 집단토론 상황에서 구성원들이 아이디어와 문제해결 대안들을 자유롭게 토론하는 방법이다.

③ 문제해결에 참여하는 개인들이 개별적으로 해결방안을 구상하고 집단토론을 거쳐 해결방안에 대해 표결하는 방법이다.

④ 상호 토론 없이 독자적으로 형성된 전문가들의 판단을 종합 정리하는 방법이다.

⑤ 전형적인 대면토론 방식의 집단적 문제해결방법으로 구성원 간 마찰이 심화될 수 있으며 다수의견의 횡포가 발생할 수 있는 방법이다.

19

2012 지방직 9급

정책델파이에 대한 설명으로 옳지 않은 것은?

① 일반적인 델파이와 달리 개인의 이해관계나 가치판단이 개입될 수 있다.

② 정책문제 해결을 위한 정책대안을 개발하고 그 결과를 예측하기 위해 만들어진 방법이다.

③ 대립되는 정책대안이나 결과가 표면화되더라도 모든 단계에서 익명성이 보장되어야 한다.

④ 정책문제의 성격이나 원인, 결과 등에 대해 전문성과 통찰력을 지닌 사람들이 참여한다.

20

2021 국가직 7급

정책델파이(policy delphi) 기법에 대한 설명으로 옳지 않은 것은?

① 대립되는 입장에 내재된 가정과 논증을 표면화시키고 명백하게 하기 위하여 노력한다.

② 개인의 판단을 집약할 때, 불일치와 갈등을 의도적으로 강조하는 수치를 사용한다.

③ 정책대안에 대한 주장들이 표면화된 후에는 참가자들로 하여금 비공개적으로 토론을 벌이게 한다.

④ 참가자를 선발하는 과정은 '전문성' 자체보다는 이해관계와 식견이라는 기준에 바탕을 둔다.

(3) 정책델파이

개인의 이해관계나 가치판단과는 관계없이 객관적인 입장에서 지혜를 모으려는 일반적인 델파이와는 달리 정책델파이의 목적은 정반대의 입장에 있는 관련자의 서로 대립되는 의견을 표출시키는 것이다.[5] 따라서 정책델파이는 일반적인 델파이와는 다른, 다음과 같은 특징을 지닌다.

① **선택적 익명성**: 정책델파이에 참여하는 사람들은 예측이 행해지는 초기단계에만 익명성이 보장된다. 정책대안들에 대한 논쟁이 표면화되고 나면 참여자들은 공공연한 입장에서 토론을 벌이게 된다.

② **양식 있는 주창**: 참여자들의 선발은 전문성뿐만 아니라 흥미와 통찰력을 가지고 있는가의 여부도 고려해서 이루어져야 한다. 그래서 책임자는 델파이집단을 구성하는 데에 여러 상황을 대표하는 양식 있는 주창자들을 선정할 수 있도록 노력해야 한다. 따라서 정책델파이에서는 전문가집단뿐만 아니라 다양한 이해관계자의 참여가 도모된다.

③ **차이를 부각시키는 통계 처리**: 개개인들의 판단을 통합하여 통계적 처리를 할 때에는 의도적으로 불일치나 갈등을 유발하고 있는 부분에 초점을 두어, 그 차이를 분명하게 부각시키는 방향으로 적용한다.

④ **조성된 갈등**

　　㉠ 의견의 불일치나 각종 갈등의 밑바닥에 깔려 있는 가정이나 진술들을 표면화하고 명백화하여 갈등을 창의적으로 활용하고자 노력한다.

　　㉡ 정책델파이의 산출은 완전히 개방적인데, 이것은 정책델파이의 결과가 합의 형식이 되기도 하지만 계속해서 갈등 형식으로 남기도 한다는 것을 뜻한다.

⑤ **컴퓨터 시스템을 통한 회의방식**: 격리된 모든 참여자들이 컴퓨터 단말기를 통해 같은 시기에 서로의 의견을 교환·집계·토론해 가는 방식도 쓰이고 있다.

▌전통적 델파이와 정책델파이 비교

구분	전통적 델파이	정책델파이
개념	일반문제에 대한 예측	정책문제에 대한 예측
응답자	동일 영역의 일반전문가를 응답자로 선정	정책전문가와 이해관계자 등 다양한 대상자 선정
익명성	철저한 격리성과 익명성 보장	선택적 익명성(중간에 상호교차 토론 허용)
통계 처리	의견의 대푯값·평균치(중윗값) 중시	의견 차이나 갈등을 부각시키는 이원화된 통계 처리 (극단적이거나 대립된 견해도 존중하고 이를 유도)

5 예측결과의 비교·평가 및 최적 대안의 선택

소망성(desirability)	노력, 능률성, 효과성, 형평성, 대응성
실현가능성(feasibility)	기술적 실현가능성, 재정적 실현가능성(예산), 행정적 실현가능성(조직, 인력), 법적·윤리적 실현가능성, 정치적 실현가능성

5) 정책델파이는 델파이의 기본 논리를 적용하여 정책문제해결을 위해 정책대안을 개발하고 정책대안의 결과를 예측하기 위해서 만들어 낸 방법이다. 정책대안 또는 정책수단을 통하여 이루어지는 정책문제의 해결 또는 정책목표의 달성은 수혜자와 희생자를 산출하며, 이에 따라 갈등이 불가피하게 나타나고 관련자들은 자신들에게 유리한 정책을 추진하려고 한다. 따라서 정책관계자들의 입장에 따라서 선호하는 정책이 달라지고 어떠한 정책대안이 추진되었을 때 발생하리라 예상되는 결과에 대해서도 민감하게 생각하는 부분들이 달라지므로, 객관적인 입장에 있는 전문가나 정책결정자가 심각하게 생각하지 못했거나 전혀 생각하지 못한 것을 생각할 수 있다. 즉, 정책델파이는 기존의 델파이와 달리 이러한 정책대안이나 결과들을 밝혀 내는 데 목적이 있는 것이다.

03 관리과학과 체제분석

1 관리과학 📖 심화편 ▶ P.47

(1) 개념

관리(경영)과학(MS: Management Science)이란 문제해결이나 의사결정에서 최적대안을 탐색하는 데 활용되는 과학적, 계량적, 체제적 접근방법 또는 분석기법을 의미한다.

(2) 특징

① 과학적인 원리와 기법 및 절차의 사용을 강조한다.
② 문제해결에 대하여 체계적 접근방법을 취한다(단, 폐쇄체제를 전제한다).
③ 수리적 모형 구성과 계량적 분석을 강조하며 분석수단으로 컴퓨터를 활용한다.
④ 사회심리적 측면보다 경제적이고 기술적 측면에 관심을 가진다.
⑤ 최적의 합리적 결정을 추구한다.
⑥ 현실적·실증적 모형보다 규범적 모형을 따른다.

(3) 단점

① 가치문제, 질적 분석을 경시한다.
② 정치적 합리성의 요구를 무시하며 정책문제를 둘러싼 제도적 맥락성을 소홀히 한다.
③ 비합리적 요소와 현상 등을 무시한다.
④ 근본적으로 고도의 판단이나 쇄신을 필요로 하는 대안의 탐색은 기대할 수 없다.
⑤ 전체 사회목표, 기본정책 등의 문제를 등한시한다.
⑥ 수리적 모형에 의존하므로 복잡한 사회문제를 등한시하거나 적절히 다루지 못한다.
⑦ 격변하는 시대에 수리적 모형과 과학적 방법으로 사회의 기본적 동향을 예측하기는 곤란하다.

2 체제분석

(1) 개념

① 체제분석(SA: System Analysis)이란 의사결정자가 문제해결을 위한 최적의 대안을 선택하는 데 도움을 주기 위한 체계적이고 과학적인 접근방법이다.
② 계량 평가를 전제로 하여 질적 가치문제에 대한 평가를 하게 된다. 따라서 관리과학보다는 분석범위나 활용범위가 넓다.
③ 계획예산제도(PPBS)는 체제분석을 이용한 예산제도이며, 비용편익분석과 비용효과분석은 체제분석의 주된 기법이다.

(2) 특징

① 체제라는 관점에서 문제에 접근하며 대안을 체계적으로 모색 및 검토·평가한다.
② 체제의 개방성을 전제하므로 불확실한 상황이나 요인이 고려된다.
③ 가능한 한 미시적이고 계량적인 분석방법의 활용이 강조되나 질적 가치 문제의 판단도 한다.

바로 확인문제

21   2003 행정고시

정책델파이기법에 관한 설명으로 옳지 않은 것은?

① 정책델파이에 참여하는 사람들은 초기 단계에서만 익명성이 요구되며, 논쟁이 표면화되고 나면 참여자들은 공개적으로 토론하게 된다.
② 정책델파이에 참여하는 사람들의 선발은 전문성뿐만 아니라 그 문제에 관해서 관심과 통찰력을 가지고 있는가의 여부도 고려해서 이루어지게 된다.
③ 정책델파이에서는 의견 차이를 부각시키는 통계처리와 의도적인 갈등의 조성을 중시한다.
④ 정책델파이기법은 객관적인 판단을 근거로 한 예측기법으로 가능한 한 컴퓨터를 통해서 참여자들 사이의 상호작용을 계속적으로 조성해 나간다.
⑤ 정책델파이는 전통적인 델파이기법의 약점을 보완하기 위한 기법으로 전통적인 델파이기법의 특징이라 할 수 있는 질문의 반복과 회람, 통제된 환류라는 원칙 외에도 새로운 요소를 내포하고 있다.

22   2011 지방직 9급

나카무라(R. Nakamura)와 스몰우드(F. Smallwood)가 정책대안의 소망스러움(desirability)을 평가하는 기준으로 제시하지 않은 것은?

① 노력   ② 능률성
③ 효과성   ④ 실현가능성

23   2004 서울시 9급

다음 중 정책대안의 실현가능성의 기준으로 볼 수 없는 것은?

① 기술적 실현가능성
② 관리적 실현가능성
③ 행정적 실현가능성
④ 정치적 실현가능성
⑤ 재정적 실현가능성

정책을 세웠으나 인력 부족으로 실현할 수 없을 때는 어떤 실현가능성을 고려하지 못한 것인가?

① 기술적 실현가능성
② 정치적 실현가능성
③ 재정적 실현가능성
④ 행정적 실현가능성

비용효과분석에 대한 설명으로 옳은 것은?

① 모든 관련 요소를 공통의 가치 단위로 측정한다.
② 경제적 합리성과 정책대안의 효과성을 강조한다.
③ 시장가격에 대한 의존도가 낮으므로 민간부문의 사업대안 분석에 적용가능성이 낮다.
④ 외부효과와 무형적 가치 분석에 적합하지 않다.
⑤ 변동하는 비용과 효과의 문제 분석에 활용한다.

비용효과(cost-effectiveness)분석에 대한 설명으로 옳은 것은?

① 정책대안의 비용과 효과는 모두 화폐단위로 측정된다.
② 분석결과는 사회적 후생의 문제와 쉽게 연계시킬 수 있다.
③ 시장가격의 메커니즘에 전적으로 의존한다.
④ 국방, 치안, 보건 등의 영역에 적용할 수 있다.

다음 중 비용편익분석에서 가장 먼저 전제되어야 하는 것은?

① 화폐가치로 환산이 가능해야 한다.
② 편익비용비율이 1보다 커야 한다.
③ 이자율보다 투자수익률이 높아야 한다.
④ 현재가치로 나타낼 수 있어야 한다.

④ 대안의 선택과 관련되는 모든 문제를 동시에 분석하기보다, 부분적 분석으로 해결책을 모색하려는 부분적 최적화를 추구한다.

▌관리과학과 체제분석 비교

관리과학(OR)	체제분석(SA)
• 방법지향적이고 전술적 성격 • 분석범위가 좁고 엄격한 규칙에 의거 • 계량적 측정 • 목표가 명확(부여된 것) • 당면문제 위주(단기적) • 수단의 최적화	• 문제지향적이며 전략적 성격 • 분석범위가 넓고 다양한 방법 이용 • 불확실한 요인이나 질적 요인을 포함하여 계량적 측정과 논리적 사고 병행 • 목표 그 자체가 검토의 대상이 됨 • 장래문제 위주(장기적) • 경제적 측면에서의 대안의 최적화

(3) 비용편익분석과 비용효과분석

① 비용편익분석(CBA: Cost-Benefit Analysis)
   ㉠ 투입되는 비용과 산출량의 상관관계를 고려하여 편익이 큰 것을 기준으로 대안 선택 여부 혹은 우선순위를 명백히 하는 것을 의미한다. 편익은 금액으로 표현하거나 환산될 수 있다.
   ㉡ 비용편익분석(CBA)과 비용효과분석(CEA)의 가장 중요한 차이점은 비용과 편익(효과)이 화폐가치(금전)로 표현되는지의 여부이다.

② 비용효과분석(CEA: Cost-Effectiveness Analysis)
   ㉠ 각 대안의 소요비용과 그 효과를 대비하여 대안을 선택하는 것이다. 효과인 목표달성도를 금액 이외의 계량적 척도로 나타내며, 화폐가치로 측정될 수 없는 분야에서 비용편익분석의 대안으로 이용된다.
   ㉡ 비용편익분석은 후생경제학 분야에서 개발되었지만, 비용효과분석은 1950년대에 미국방부의 재정업무와 관련하여 생겨난 것이다. 즉, 랜드연구소(RAND Corporation)가 군사전략과 무기체계의 대안들을 평가하는 과정에서 개발된 것이다. 이 같은 기법이 국방부 내의 사업예산을 편성하는 데 사용되었고, 1960년대에 와서는 다른 정부기관들도 확대·적용하게 되었다.

(4) 장·단점

장점	• 복잡하고 불확실성이 개재된 상황에서의 과학적이고 객관적인 의사결정에 기여함 • 의사결정자의 과학적이고 분석적인 사고를 촉진하며, 비합리적 요인을 배제하여 합리적 판단에 기여함 • 제한된 자원의 합리적 배분 및 그 사용 효과의 극대화에 기여하며, 이를 통해 목표달성에 기여할 수 있음 • 미래의 불확실한 상황을 분석 및 판단하여 의사결정의 위험도를 줄일 수 있음
단점	• 시간과 자료 및 비용의 제약과 목표 및 목표달성의 유동성 등의 제약이 따름 • 목표의 계량적 측정이 곤란함 • 계량적 분석의 강조로 질적 요인 및 분석이 경시되기 쉬움 • 복잡하고 불확실한 문제를 분석하는 데에 과학성과 객관성은 일정한 한계가 있음

04 비용편익분석(CBA: Cost-Benefit Analysis)

결정적 코멘트 ▶ 비용편익분석은 행정학 중 가장 논리적인 영역에 해당한다. 따라서 집중적 학습을 통해 확실히 이해해 두어야 한다.

1 개념과 연구대상

(1) 개념

① 정부가 지출할 수 있는 재원은 한정되어 있으나 정부지출을 필요로 하는 부문은 수없이 많다. 따라서 정부는 이질적이고 다양한 사업 간에 어떤 부문에 우선적으로 지출해야 하는가를 결정해야 하기 때문에 비용편익분석이 필요하다. 즉, 비용편익분석이란 대안에 관련된 모든 비용과 편익을 열거하고 평가하여 최적의 합리적 대안의 선택을 위한 기법으로, 공공투자의 타당성 분석이며 한정된 재원을 효율적으로 배분하기 위해 우선순위를 산정하는 작업이다.

② 비용편익분석의 핵심은 ㉠ 타당성 분석(단수의 대안), ㉡ 우선순위(복수의 대안)이며, 그 과정은 다음과 같다.

> 모든 편익과 비용의 열거 ⟶ 화폐액으로 환산 ⟶
> 할인율을 적용하여 현재가치로 계산 ⟶ 우선순위 선정

(2) 연구대상

비용편익분석에서는 공공투자사업의 타당성을 분석하는 주된 기준을 경제적 능률성에 두고 다음과 같은 문제를 연구대상으로 한다.

① 여러 대안이 동일한 편익을 가져오는 경우에는 비용극소화 대안을 식별해 내는 문제

② 동일한 비용을 수반하는 대안들인 경우에는 편익극대화 대안을 식별해 내는 문제

③ 비용, 편익이 변동되는 경우에는 그 변동치를 따져 가장 바람직한 대안을 식별해 내는 문제

2 공공투자의 총편익과 총비용 – 비용과 편익의 추계

(1) 비용의 추계

비용은 미래에 발생할 비용만 계상되며, 매몰비용(과거에 이미 발생한 비용)은 고려하지 않지만 기회비용[6]은 고려한다. 기회비용은 편익비용분석에서 자원의 비용에 대한 올바른 측정수단이라 할 수 있다.

(2) 편익의 추계

미래에 발생할 편익을 현재의 화폐가치로 환산하여 평가하되 직접적인 편익과 간접적인 편익, 무형적인 편익과 유형적 편익, 파급효과를 고려해야 한다. 실질적 편익은 고려하나, 금전적인 편익은 사회 전체적으로 보면 순이득이 아니므로 비용편익분석 시 이를 고려하지 말아야 한다. 이 경우 비용효과분석에서의 편익은 화폐로 환산되지 않는다.

---

6) 기회비용이란 그것을 선택함으로 말미암아 포기할 수밖에 없는 많은 선택가능성 중에서 가장 가치 있는 것이 보유하고 있는 가치를 말한다.

28 2005 국가직 7급

투자사업의 대안선택에 필요한 정보를 산출해 내기 위하여 사용되는 주된 분석틀 가운데 편익비용분석(Benefit Cost Analysis)이 있다. 다음의 편익분석에 관한 설명으로 옳지 <u>않은</u> 것은?

① 순현재가치(NPV)가 큰 값을 가질수록 보다 나은 대안이다.

② 일반적으로 편익비용분석이라고 할 때에는 경제적인 편익비용분석을 말한다.

③ 기회비용(opportunity cost)은 편익비용분석에서 자원의 비용에 대한 올바른 측정수단이라 할 수 없다.

④ 편익과 비용의 추정결과가 동일한 경우에도 할인율이 높고 낮음에 따라 동일한 사업대안에 대한 평가결과가 그 사업을 채택하도록 하거나 부결하도록 하는 서로 다른 결론에 도달하게 하는 등의 큰 차이를 가져올 수도 있다.

29 2005 경기 9급

다음 비용효과분석에 대한 설명 중 틀린 것은?

① 화폐단위로 측정하는 문제를 피하기 때문에 비용편익분석보다 훨씬 쉽게 적용할 수 있다.

② 비용효과분석은 기술적 합리성을 요약해서 나타낸다.

③ 비용효과분석은 시장가격에 의존한다.

④ 비용효과분석은 외부효과나 무형적인 것의 분석에 적합하다.

30 2005 전북 7급

공공재는 비용측정이 용이하지 않기 때문에 간접적으로 비용을 측정하는 잠재가격(shadow price)방법을 사용한다. 잠재가격을 측정하는 데 사용되는 방법이 <u>아닌</u> 것은?

① 비교가격   ② 소비자선택

③ 유추수요   ④ 보상비용

⑤ 시장가격

31

비용편익분석에 관한 다음 설명 중 틀린 것은?

① 할인율이 높아지면 현재가치가 높아진다.
② 비용편익분석은 이질적인 다양한 사업 간에도 사용할 수 있다.
③ 높은 할인율일 경우 단기사업에 유리하다.
④ 규모가 다른 사업의 경우에는 편익비용비(B/C)기준을 적용하기 곤란하다.

32

비용편익분석(Cost-Benefit Analysis)에 관한 설명으로 옳지 않은 것은?

① 기회비용에 의해 모든 가치가 평가되어야 한다는 가정하에서 이루어진다.
② 미래에 발생할 비용과 편익을 화폐적 단위로 표시하고 계량적인 환산을 한다.
③ 비용에 비해 편익이 장기적으로 발생한다면, 할인율이 높을수록 순현재가치가 커져 경제적 타당성이 높게 나타난다.
④ 적절한 할인율이 주어지지 않을 때는 내부수익률 기준을 사용하며, 내부수익률이 시장이자율을 상회하면 일단 투자가치가 있다고 판단한다.

33

공공부문에서의 비용편익분석의 특징에 해당되지 않는 것은?

① 계량적 척도를 이용하여 모든 가치를 금전적 가치로 환산하여 평가한다.
② 비용과 편익이 발생하는 시점이 멀면 멀수록 그 현재가치는 높아진다.
③ 장기간에 걸친 편익과 비용의 평가란 점에서 시점 간 비교를 위한 일관된 척도를 요하게 된다.
④ 편익의 평가기준과 할인율의 선택 등에서 사적 부문의 분석과 다를 수 있다.

3 화폐액으로 환산 📖 PDF ▶ P.16

① 비용은 민간의 원가개념이 아니라 기회비용적 입장에서 평가되며, 자원의 투입에 따른 진정한 가치, 즉 완전경쟁시장에서 형성되는 가격(잠재가격, shadow price)으로 평가한다.
② 잠재가격이라는 것은 시장가격이 존재하지 않거나 존재하더라도 신뢰할 수 없을 때에 주관적으로 부여한 가격을 말한다. 즉, 잠재가격이란 어떤 재화의 기회비용을 정확히 반영한 가격으로, 시장기구의 불완전성으로 인해 시장가격이 그 재화의 기회비용을 잘 반영하지 못하는 경우에 대비하여 고안된 개념이다. 완전경쟁시장에서는 시장가격과 일치한다.

4 현재가치로 환산 – 할인율의 선정   결정적 코멘트▶ 할인율이 높으면 현재가치가 낮아진다는 점을 반드시 기억해 두어야 한다.

(1) 할인율의 개념
① 할인율이란 미래의 가치를 현재의 가치와 같게 하는 비율을 말한다.
② 공공투자의 경우 장기간에 걸친 편익과 비용의 평가란 점에서 시점 간 비교를 위한 일관된 척도를 요하게 되며, 이로 인해 할인율의 선정이 요구된다.

(2) 할인율의 적용
① 할인율이 낮으면 장기적인 사업이, 할인율이 높으면 단기적인 사업이 유리하다. 즉, 높은 할인율은 편익이 단기간에 걸쳐 집약적으로 발생하는 단기투자에 유리하고, 낮은 할인율은 장기간에 걸쳐 편익이 발생하는 장기투자에 유리하다.
② 할인율을 높이면 미래의 가치를 더욱 낮게 평가하므로, 비용에 비해서 편익(효과)을 상대적으로 낮게 평가한다. 즉, 할인율이 지나치게 높으면 미래세대에게 돌아가는 편익이나 비용이 과소평가되고, 할인율이 지나치게 낮으면 그 반대현상이 일어나게 되는 것이다.
　　㉠ 할인율이 높아지면 현재가치가 낮아지고, 할인율이 낮아지면 현재가치가 높아진다.
　　㉡ 할인율이 일정할 경우, 비용과 편익이 발생하는 시점이 멀면 멀수록 그 현재가치는 작아진다.
③ 편익과 비용의 추정결과가 동일한 경우에도 할인율이 높고 낮음에 따라 동일한 사업대안에 대한 평가결과가 그 사업을 채택하도록 하거나 부결하도록 하는, 서로 다른 결론에 도달하게 하는 등의 큰 차이를 가져올 수도 있다.

(3) 할인율 선택의 중요성
할인율의 적절한 선택은 다음과 같은 두 가지 이유에서 공공투자사업의 경우에 매우 중요하다.
① 할인율을 너무 낮게 잡으면 사회적으로 비효율적인 프로젝트도 선정될 수 있고, 반대로 너무 높게 잡으면 사회적으로 효율적인 사업도 타당성의 시험을 통과하지 못한다.
② 할인율의 선정은 단순히 특정 프로젝트의 타당성 평가뿐만 아니라 경제 전체에서 공공투자와 민간투자 간의 자원배분과도 연결된다.

(4) 할인율의 종류

① 민간할인율(private discount rate)
- ㉠ 민간 자본시장에서 형성된 시장이자율(금리)을 중심으로 결정되는 할인율이다.
- ㉡ 위험 보상이나 수익률 보장에 따라 지나치게 높게 책정된다.

② 사회적 할인율(social discount rate)
- ㉠ 공공사업의 경우에 주로 사용되는 할인율로, 시장이자율보다 낮다.
- ㉡ 공공사업에서 창출되는 미래의 외부효과를 반영시키기 위하여 시장이자율보다 낮은 할인율이 사용되어야 한다.[7]

③ 자본의 기회비용
- ㉠ 사회적 할인율은 자본의 기회비용을 반영하여 결정한다. 즉, 자원이 공공사업에 사용되지 않고 사회 전체적 관점에서 사용되었을 때 획득할 수 있는 수익률을 공공사업의 할인율로 하는 것이다.
- ㉡ 따라서 전사업의 평균수익률(자본의 기회비용)이 공공사업의 할인율로 사용될 수 있다.

5 대안의 평가기준 및 방법
> **결정적 코멘트** ▶ NPV, B/C ratio, IRR이 클수록 우수한 대안임을 기억해 두어야 한다.

평가기준	계산방법
순현재가치 (NPV)	• 순현재가치 = 편익의 총현재가치 − 비용의 총현재가치 • 한계순현재가치 = D편익의 현재가치 − D비용의 현재가치
편익비용비율 (B/C ratio)	• 편익비용비율 = 편익의 총현재가치 / 비용의 총현재가치 • 한계편익비용비율 = D편익의 현재가치 / D비용의 현재가치
내부수익률 (IRR)	• 'NPV = 0' 또는 'B/C ratio = 1'이 되도록 하는 할인율 • '한계순현재가치(MNPV) = 0'이 되도록 하는 할인율
회수기간법	비용의 회수기간을 계산

(1) 순현재가치기법(NPV: Net Present Value)

① 편익과 비용이 모두 금전적 단위로 측정되었을 경우에는 순현재가치기법이 경제적 능률성에 대한 최선의 척도라 할 수 있다. 미래에 발생하는 비용과 편익은 현재의 가치로 할인하여 평가하여야 한다.

② 순현재가치기법에서는 순현재가치가 0보다 큰 사업일 때 실현가치가 있다고 평가(단수의 대안)되며, 순현재가치의 값이 가장 큰 사업대안이 최선의 사업대안이라고 평가(복수의 대안)된다.

③ 순현재가치가 (+)라는 의미는 예상되는 수익률이 요구수익률을 만족시키고도 남는다는 것을 의미하며, 순현재가치(NPV)가 큰 값을 가질수록 보다 나은 대안이다.

④ 순현재가치기법은 수학적으로 빼기의 개념이므로, 그 기준은 항상 '0'이 된다는 것에 주의해야 한다.

⑤ 순현재가치는 장래의 비용과 편익을 현재가치로 할인해서 분석하므로 '현재가치', '현가화', '할인'이라는 표현이 반드시 포함되어야 한다.

---

7) 사회적 할인율이 시장이자율(민간할인율)보다 낮아야 하는 이유는 ① 민간의 시장이자율은 현재소비를 과대평가하여 결정된 것이기 때문이다. 즉, 사람들의 선호가 근시안적이므로 이를 반영해서 설정된 시장이자율이 채택되어서는 안 된다. ② 사람들은 저축의 중요성을 과소 평가한다. 즉, 저축이 미래의 자본 형성에 기여하고 미래의 자본형성이 이루어지면 이는 곧 미래세대의 생산성 증가에 기여하는 것이므로 높게 평가되어야 함에도 저축에 대한 적정한 평가가 이루어지지 않고 있다. 따라서 공공투자의 타당성 평가를 위해 시장이자율을 인하조정한 사회적 할인율이 이용되어야 한다.

34   2017 서울시 7급

정부의 예산 분석에 활용되는 비용편익분석에 대한 설명으로 가장 옳지 않은 것은?

① 예산편성과정에서 사업의 타당성과 우선순위를 식별하는 분석도구로 사용된다.
② 완전경쟁적인 가격으로 조정된 시장가격을 잠재가격(shadow price)이라 한다.
③ 전체 이자를 계산하는 데 사용되는 일반적인 방법은 복리 접근방법이다.
④ 높은 할인율을 적용하면 장기간에 걸쳐 편익이 발생하는 장기 투자에 유리하다.

35   2007 인천 9급

다음 중 비용편익분석에서 순현재가치기법에 대한 설명이 틀린 것은?

① 높은 시간적 할인율은 장기투자에 유리하다.
② 순현재가치가 0보다 클 때 그 사업은 추진할 가치가 있다.
③ 순현재가치가 큰 값을 가질수록 우수한 대안이다.
④ 편익의 총현재가치에서 비용의 총현재가치를 뺀 것이다.
⑤ 내부수익률법보다 순현재가치법이 오류가 적다.

36   2021 국가직 9급

공공사업의 경제성 분석에 대한 설명으로 옳은 것만을 모두 고르면?

> ㄱ. 할인율이 높을 때는 편익이 장기간에 실현되는 장기투자사업보다 단기간에 실현되는 단기투자사업이 유리하다.
> ㄴ. 직접적이고 유형적인 비용과 편익은 반영하고, 간접적이고 무형적인 비용과 편익은 포함하지 않는다.
> ㄷ. 순현재가치(NPV)는 비용의 총현재가치에서 편익의 총현재가치를 뺀 것이며 0보다 클 경우 사업의 타당성을 인정할 수 있다.
> ㄹ. 내부수익률은 할인율을 알지 못해도 사업평가가 가능하도록 하는 분석기법이다.

① ㄱ, ㄴ   ② ㄱ, ㄹ
③ ㄴ, ㄷ   ④ ㄱ, ㄷ, ㄹ

37

2001 국가직 9급

비용편익분석에 대한 설명으로 부의 효과 (외부불경제효과)를 비용의 증가 또는 편익의 감소 어느 쪽에 포함시키느냐에 따라 달라질 수 있는 것은?

① 순현재가치(NPV)
② 편익비용비(B/C)
③ 한계순현재가치(MNPV)
④ 내부수익률(IRR)

38

2014 서울시 9급

A사업을 집행하기 위하여 소요된 총비용은 80억 원이고, 1년 후의 예상총편익은 120억 원일 경우에, 내부수익률은 얼마인가?

① 67%　　　② 50%
③ 40%　　　④ 25%
⑤ 20%

39

2016 지방직 9급

비용편익분석과 비용효과분석에 대한 설명으로 옳지 <u>않은</u> 것은?

① 순현재가치(NPV)는 할인율의 크기에 따라 그 값이 달라지지만, 편익 · 비용비(B/C ratio)는 할인율의 크기에 영향을 받지 않는다.
② 내부수익률은 공공프로젝트를 평가하는 데 적절한 할인율이 알려져 있지 않을 경우 유용하게 사용할 수 있다.
③ 비용효과분석은 비용과 효과가 서로 다른 단위로 측정되기 때문에 총효과가 총비용을 초과하는지의 여부에 대한 직접적 증거는 제시하지 못한다.
④ 비용효과분석은 산출물을 금전적 가치로 환산하기 어렵거나, 산출물이 동일한 사업의 평가에 주로 이용되고 있다.

(2) 편익비용비율법(B/C ratio: Benefit Cost ratio, 수익률지수기법)

① 편익의 현재가치가 비용의 현재가치보다 클 경우, 즉 편익비용비율이 1보다 클 경우에 실현가치가 있다고 평가(단수의 대안)되며, 편익비용비율이 가장 큰 사업대안이 최선의 사업대인이라고 평가(복수의 대안)된다.

② 사업에 불리한 간접적인 부의 외부효과를 비용의 증가에 포함시킬 것인가 또는 편익의 감소로 처리하느냐에 따라 결과에 영향을 받는다.[8] 따라서 편익비용비율 기준을 적용하면 편익과 비용의 정의에 따라 사업의 우선순위가 바뀌는 문제가 발생할 수 있고, 편익비용비율기법과 순현재가치기법은 사업의 우선순위를 파악할 때 다른 결과가 나올 수 있다. 이때 예산이 충분할 경우에는 비용편익비(B/C ratio)보다는 순현재가치(NPV) 기준이 더 바람직한 경우가 많다.

③ 편익비용비율기법은 수학적으로 나누기의 개념이므로, 그 기준은 항상 '1'이 된다는 것에 주의해야 한다.

> B/C ratio > 1 → NPV > 0 (투자채택)
> B/C ratio < 1 → NPV < 0 (투자기각)

(3) 내부수익률법(IRR: Internal Rate of Return)

① 내부수익률법은 사업평가에 적용할 적절한 할인율이 알려져 있지 않은 경우 사업평가에 유용한 기법이다.[9]

② 내부수익률법은 투자안 자체의 수익률로, 기대수익률을 의미하며 순현재가치가 '0' 또는 편익비용비율이 '1'이 되도록 하는 할인율이다(투자수익률).

③ 정책결정자는 여러 가지 요인을 고려하여 최저한도선(필수수익률, 사회적 할인율, 기준할인율, 이자율 등)을 미리 설정해 놓고 사업의 평가결과, 내부수익률(IRR)이 최저한도선(r)을 넘을 경우 이 사업을 실현가치가 있다고 보게 된다(IRR > r, 단수의 대안).

④ 복수의 대안평가 시 내부수익률이 큰 사업을 선택해야 오류가 없다.

> 내부수익률(기대수익률) > 필수수익률(요구수익률)　NPV > 0 (투자채택)
> 내부수익률(기대수익률) < 필수수익률(요구수익률)　NPV < 0 (투자기각)

(4) 회수기간법(payback period)

① 총비용을 회수할 수 있는 기간을 계산하여 총비용을 가장 빨리 회수해 주는 사업을 선정하게 되는데, 재정력이 부족한 경우에는 자금의 회수가 가장 중요하므로 이럴 때 유용한 기법이다.

② 일반적으로 회수기간이 짧을수록 우수한 사업이다.

---

8) 비용편익분석에서 부의 효과를 비용으로 보면 비용을 증가시키는 요인이 되며, 편익으로 보면 편익을 감소시키는 요인이 된다. 이때 부의 외부효과를 어느 쪽으로 보든 순현재가치는 달라지지 않지만, 편익비용비는 달라지게 된다. 예컨대 댐건설을 하는 데에 편익(benefit)이 300억, 비용(cost)이 100억, 환경파괴로 인한 외부효과가 100억이라 할 때, 순현재가치는 환경파괴로 인한 외부효과 100억을 어느 쪽으로 보든 100억이 되지만(300억에서 100억을 빼서 100억을 더하나, 300억에서 100억에 100억을 더하여 200억을 빼나), 편익비용비는 편익으로 보면 200/100으로 2가 되고, 비용으로 보면 300/200으로 1.5가 된다. 따라서 편익비용비율법은 분석자의 자의성이 개입될 수 있다.

9) 따라서 순현재가치(NPV)와 편익비용비(B/C ratio)는 할인율의 크기에 따라 그 값이 달라지지만, 내부수익률은 할인율의 크기에 영향을 받지 않는다.

순현재가치법(NPV)과 내부수익률법(IRR) 비교

- 독립된 투자안(단수)에서 NPV와 IRR은 동일한 결과를 얻는다.
- 상호배타적인 투자안(복수) 선택의 경우에 NPV와 IRR의 결과는 서로 다를 수 있으며, IRR에 의한 사업의 우선순위는 사회적 할인율을 적용한 NPV에 의한 사업의 우선순위가 다를 수 있다. 즉, 사업의 우선순위를 파악할 때 다른 결과가 나타날 수 있다.
- 일반적으로 NPV가 IRR보다 이론적으로 우월하다.[10]

6 공공부문 적용가능성에 대한 평가와 한계

① 목표에 대한 합의 도출이 어렵다.
② 현실적이고 타당한 대안의 모색이 좀 더 어렵다.
③ 편익을 화폐로 환산하는 작업이 곤란하다.
④ 잠재가격의 환산 등 비용의 계산이 어렵다.
⑤ 경제적 효과만 중시하기 때문에 정치적 고려가 되지 않으며, 소득재분배를 악화시킬 수 있다(형평성 간과).
⑥ 분석가의 정치적 중립, 윤리가 요구된다.
⑦ 분석의 결과가 비윤리적인 결과를 유도할 수 있다.
⑧ 정치경제학적 입장에 대한 근본적인 비판이 제기되고 있다.

05 정책분석

1 개념

① 정책분석(PA: Policy Analysis)이란 여러 정책대안을 체계적으로 탐색하고 검토 및 분석함으로써 합리적 대안이 선택될 수 있게 하는 창의적이고 쇄신적인 활동을 의미한다.
② 정책결정자들이 더 나은 판단을 할 수 있도록 필요한 정보를 창출하고 제시하는 일체의 지적·인지적 활동으로, 정책의제설정에 관련된 지식을 창출하는 사전적 활동인 것이다.
③ 정책분석의 범위는 '관리(경영)과학＋체제분석＋정치적 실현가능성 분석'이다.

정책분석의 광의·협의의 개념

광의	정책 또는 정책과정에 관한 분석이나 정책과정에 필요한 지식을 제공하기 위한 분석
협의	정책결정을 위한 사전 분석 또는 정책결정에 필요한 지식과 정보를 창출·제공하는 합리적·체계적인 방법과 기술

---

10) 내부수익률과 순현재가치법은 사업의 우선순위를 파악할 때 투자의 규모가 비슷하면 같은 결과가 나오지만, 투자규모가 큰 차이가 나면 결과가 달라진다. 따라서 비용편익분석과정에서 내부수익률을 근거로 판단을 하면 오류가 발생할 가능성이 높아지며, 이론적으로 순현재가치법이 우수하다고 볼 수 있다. 예를 들어 A사업은 편익이 2억이고, 비용이 1억이면, 순현가는 1억이고, 내부수익률은 100%이다. 반면 B사업은 편익이 1,200억이고, 비용이 1,000억이면, 순현가는 200억이고, 내부수익률은 20%이다. 이때 순현재가치법으로 판단하면 B사업이 우수하지만, 내부수익률법으로 판단하면 A사업이 우수하다. 일반적으로 투자자의 목적이 부의 극대화에 있다고 본다면 당연히 B사업이 우수한 것이다. 이렇게 투자규모의 현격한 차이가 존재할 경우에 내부수익률보다는 순현재가치법을 기준으로 투자 여부를 판단하는 것이 오류를 줄일 수 있는 가능성이 높다.

40   2018 국가직 7급

비용편익분석에 대한 내용으로 옳지 않은 것은?

① 재화에 대한 잠재가격(shadow price)의 측정과정에서 실제가치를 왜곡할 수 있다.
② 내부수익률(internal rate of return)은 순현재가치를 영으로 만드는 할인율을 말한다.
③ 칼도－힉스기준(Kaldor－Hicks criterion)은 재분배적 편익의 문제를 중시한다.
④ 정책대안이 가져오는 모든 비용과 편익을 측정하려고 하며, 화폐적 비용이나 편익으로 쉽게 측정할 수 없는 무형적인 것도 포함된다.

41   2010 국가직 9급

정책대안의 비교평가기준 중 내부수익률 (IRR: Internal Rate of Return)에 대한 설명으로 옳지 않은 것은?

① 여러 가지 정책대안들을 비교할 때, 내부수익률이 낮은 대안일수록 좋은 대안이다.
② 정책대안의 순현재가치를 0으로 만드는 할인율을 의미한다.
③ 사업이 종료된 후 또다시 투자비가 소요되는 변이된 사업 유형에서는 복수의 내부수익률이 존재할 수 있다.
④ 내부수익률에 의한 사업의 우선순위는 사회적 할인율을 적용한 순현재가치에 의한 사업의 우선순위가 다를 수 있다.

42   2004 울산 9급

비용편익분석 중 B/C분석과 관련한 설명이 틀린 것은?

① B/C를 1로 만들어 주는 할인율을 내부수익률이라 한다.
② B/C가 1보다 크면 경제적으로 타당하다.
③ B/C기준은 외부효과를 비용이나 편익 중 어디에 넣느냐에 따라 값이 달라진다.
④ B/C분석과 현재가치법은 사업의 우선순위를 파악함에 있어서는 같은 결과가 나온다.

2 특징

① 정책이 지향하는 기본 가치를 탐구하고 장기 목표를 연구한다.
② 사회현상의 복잡한 측면도 검토하며, 불확실성 등과 관련되는 복잡하고 광범위한 문제를 검토한다.
③ 쇄신적이고 창조적인 정책대안의 적극적인 발굴과 모색에 가장 역점을 두며, 기존의 정책대안의 쇄신을 주로 다룬다.
④ 경제적 분석모형과 정치적 점증모형을 혼합 적용한다. 즉, 경제적 합리성과 아울러 정치적 합리성에 대한 배려도 한다.
⑤ 계량적 분석과 질적 분석 모두를 강조한다.
⑥ 사회적 합리성과 형평성, 공익성, 초합리성 등이 고려된다.
⑦ 규범적 타당성과 현실적 실현가능성의 동시 추구가 강조된다.
⑧ 광의의 합리성을 추구한다.
⑨ 정책분석의 목표로서 정책의 최적화 대신 정책의 선호화를 받아들인다. 선호화란 최적화의 기준을 충족시키지는 않으나 다른 모든 대안보다는 나은 대안을 밝히는 것을 말한다.

3 정책분석과 체제분석 비교

① 경영조직에서 의사결정은 '어떤 대안이 가장 능률적이고 경제적인가' 하는 경제적 합리성의 측면에서 전개되고 있다. 하지만 행정조직하에서는 아무리 경제적·능률적인 대안이라 하더라도 많은 국민의 이해관계를 적절히 조정할 수 없거나 정치적 실현가능성이 없다면 채택될 수 없다.
② 따라서 체제분석(SA)에서 분석된 대안·자료를 고려하면서도 어떠한 대안이 정치적 실현가능성이 큰 것인지를 질적·규범적·가치적·동태적·불확실한 측면에서 다시 비교 분석·평가하게 되는데, 이를 정책분석(PA)이라 한다.
③ 정책분석은 체제분석에 비해 포괄적·목적적인 의미를 지니는 활동으로, 체제분석을 배제하는 것이 아니라 이를 바탕으로 하여 전개되기 때문에 유기적인 관련성도 갖는다. 하지만 분석대상이 사실에 한정되는 것이 아니고 사실을 개입시키면서 가치·규범을 중심으로 한다.

> 정책분석(PA) = 체제분석(SA) + 질적·정치적·사회적 요인분석

④ 공통점
  ㉠ 문제와 대안을 체제의 관점에서 고찰한다.
  ㉡ 여러 대안 중에서 최적 대안이나 명백히 좀 더 나은 대안을 탐색한다.
  ㉢ 구체적인 목표에 비추어서 기대효과를 비교하고 합리적 대안을 선택한다.
  ㉣ 경제적 합리성을 강조한다.

⑤ 차이점

정책분석(PA)	체제분석(SA)
• 비용·효과의 사회적 배분 고려(형평성)	• 자원배분의 내적 효과성 중시(효율성)
• 정치적 합리성과 공익성(정치적 실현가능성)	• 경제적 합리성
• 계량분석(비용편익분석) 외에 질적 분석 중시	• 계량분석(비용편익분석) 위주
• 가치문제 고려	• 가치문제를 고려하지 않음
• 정치적·비합리적 요인 고려	• 정치적 요인 고려하지 않음
• 정치학·행정학·심리학·정책과학 활용	• 경제학·응용조사·계량적 결정이론 활용

---

43 2013 지방직 9급

경제적 비용편익분석(Benefit Cost Analysis)에 대한 설명으로 옳지 <u>않은</u> 것은?

① 비용과 편익을 가치의 공통단위인 화폐로 측정한다.
② 장기적인 안목에서 사업의 바람직한 정도를 평가할 수 있는 방법이다.
③ 편익비용비(B/C ratio)로 여러 분야의 프로그램들을 비교할 수 있다.
④ 형평성과 대응성을 정확하게 대변할 수 있는 수치를 제공한다.

44 2009 국회직 8급

정책결정자들이 더 나은 판단을 할 수 있도록 필요한 정보를 창출하고 제시하는 일체의 지적·인지적 활동으로, 정책의제 설정에 관련된 지식을 창출하는 사전적 활동을 무엇이라고 하는가?

① 정책형성   ② 정책집행
③ 정책평가   ④ 정책분석
⑤ 정책점검

45 2004 대구 9급

정책분석에 대한 다음의 설명 중 타당한 것은?

① 인간의 이성을 중시한다.
② 권력적 관계가 큰 영향을 미친다.
③ 협상과 타협을 중시한다.
④ 정책전문가만이 이를 수행할 수 있다.

46 2020 지방직(=서울시) 9급

비용·편익분석에 대한 설명으로 옳지 <u>않은</u> 것은?

① 분야가 다른 정책이나 프로그램은 비교할 수 없다.
② 정책대안의 비용과 편익을 모두 가시적인 화폐 가치로 바꾸어 측정한다.
③ 미래의 비용과 편익의 가치를 현재가치로 환산하는 데 할인율(discount rate)을 적용한다.
④ 편익의 현재가치가 비용의 현재가치를 초과하면 순현재가치(NPV)는 0보다 크다.

06 합리적 정책결정의 제약요인

1 구조적 요인

(1) 집권적 조직구조

정책결정 권한이 상급 기관이나 상위 계층에 집중되는 경우에 정책대안의 작성과 평가에 참여하는 기회가 제한되고, 대안의 충분한 검토가 어려워지므로 합리적 정책결정을 제약한다.

(2) 의사소통의 장애

상하계층 간이나 횡적인 관계기관 간에 의사소통이 원활하지 않고 장애나 왜곡이 있는 경우 합리적 정책결정은 어려워진다.

(3) 정책전담기구의 결여

정책수립과 분석, 정책집행의 평가 등을 효과적으로 관리할 정책전담기구가 없으면 합리적 정책결정이 어렵게 된다.

(4) 행정선례 답습적 보수주의와 표준운영절차(SOP)에 대한 집착

장기간에 걸쳐 확립되어 온 행정선례나 표준운영절차(SOP: Standard Operating Procedure), 조직의 규범 등을 답습·존중하는 경우 쇄신적이고 창조적인 정책결정이 어렵다. 표준운영절차는 조직이 존속해 오는 동안 오랜 경험으로 터득한 '학습된 행동 규칙'을 의미한다. 표준운영절차가 확립되면 업무 담당자가 바뀌어도 업무처리의 연속성을 유지할 수 있으나, 정책집행 현장의 특수성을 반영하기가 곤란하다.

(5) 정보·자료의 부족 및 부정확

합리적인 정책결정은 충분하고 정확한 자료와 정보가 뒷받침되어야만 가능하다.

(6) 계선과 막료의 갈등(막료기능의 약화)

계선과 막료 간의 갈등이 있거나 막료의 능력과 기능이 약화되면 전문성을 확보한 막료들의 충분한 지원이 뒷받침되지 않아 합리적 결정은 어려워진다.

(7) 집단적 사고방식[11]의 작용

응집성이 강하고 적은 인원 수로 구성된 정책결정 집단일수록 집단 사고방식으로 인하여 합리적 정책결정을 벗어나는 경우가 많다.

11) 집단사고(集團思考, group think)는 응집력 있는 집단의 조직원들이 갈등을 최소화하며, 의견의 일치를 유도하여 비판적인 생각을 하지 않는 것을 뜻한다. 이 용어는 1972년 미국의 사회 심리학자 어빙 재니스(Irving Janis)에 의해 "응집력이 높은 집단의 사람들은 만장일치를 추진하기 위해 노력하며, 다른 사람들이 내놓은 생각들을 뒤엎으려고 노력하는 일종의 상태"로 규정하고 있다. 집단사고가 이뤄지는 그룹에 속한 사람들은 외곽부분의 사고를 차단하고, 대신 자신들이 편한 쪽으로 이끌어 가려고 한다. 또한 집단사고가 일어나는 동안 반대자들을 바보로 보기도 하며, 조직 내의 다른 사람들을 당황하게 하거나 화를 낸다. 집단사고는 조직을 경솔하게 만들며, 불합리한 결정을 내리며, 주변 사람들의 말을 무시하며, 조직 내에서 소란을 일으키는 것을 두려워한다. 집단사고로 인해서 세계사에서는 여러 가지 일들이 발생되었는데, 대표적인 집단사고로 인한 사고에는 미국의 피그스만 침공실패, 챌린저 우주왕복선 폭발사고 등이 있다.

47   2002 대구 9급

정책결정의 합리적 결정을 저해하는 요인이 아닌 것은?

① 관료들의 권위적인 태도
② 미래예측의 불확실성
③ 문제와 목표의 다양성
④ 분권적인 구조

48   2008 경기 9급

다음 중 합리성의 제약요인이 아닌 것은?

① 자원(정보, 시간, 비용)의 부족
② 목표의 모호성
③ 기득권자의 저항
④ 선례 무시 태도

49   2007 국가직 7급

정책결정은 합리성을 지향하지만 행정조직에 있어서 합리성을 제약하는 여러 요인이 있는데, 다음 중 구조적 요인에 해당하는 것은?

① 정보의 제약
② 개인의 가치관 및 태도
③ 외부준거집단의 영향
④ 문제와 목표의 다양성

50   2004 울산 9급

다음 중 합리적인 정책결정의 제약요인이 아닌 것은?

① 표준운영절차(SOP)
② 매몰비용의 고려
③ 정보의 불충분(과소)
④ 막료기능의 강화
⑤ 가치관과 태도의 차이

51

2018 지방직 9급(사회복지직 9급)

표준운영절차(SOP)에 대한 설명으로 옳은 것은?

① 업무 담당자가 바뀌게 되면 표준운영절차로 인해 업무처리의 연속성을 유지하는 것이 어렵게 된다.

② 표준운영절차는 업무처리의 공평성을 확보하는 데 기여한다.

③ 표준운영절차에 따른 업무처리는 정책집행 현장의 특수성을 반영하기에 용이하다.

④ 정책결정모형 중 앨리슨(Allison)모형의 Model I은 표준운영절차에 따른 의사결정을 가정한다.

52

2018 교육행정직 9급

재니스(I. L. Janis)가 말하는 집단사고(group think)의 내용에 속하지 <u>않는</u> 것은?

① 응집성이 강한 집단에서 일어나는 경향이 있다.

② 동조에 대한 압력이 강해 비판적인 대안이 무시되는 경향이 있다.

③ 위험을 회피하고 어떠한 혁신이나 도전도 하지 않으려는 경향이 있다.

④ 집단구성원들은 침묵도 동의로 간주하는 만장일치의 환상을 갖는 경향이 있다.

53

2016 국가직 9급

재니스(Janis)가 주장한 집단사고(group think) 예방 전략에 대한 설명으로 옳지 <u>않은</u> 것은?

① 조직에서 결정하는 사안이나 정책에 대해서 외부 인사들이 재평가할 수 있는 체계를 구축해야 한다.

② 최고 의사결정자는 대안 탐색 단계마다 참여자 중 한 명에게 악역을 맡겨 다수 의견에 반대되는 의견을 강제로 개진하게 한다.

③ 집단적 의사결정에서 의사결정단위를 2개 이상으로 나눈다.

④ 최종 대안을 도출한 후에는 각 참여자들에게 반대의견을 제시할 수 있는 기회를 부여하지 않는다.

2 인간적 요인

(1) 가치관 및 태도의 차이

결정인의 가치관 및 태도의 차이, 인지, 개성, 감정, 동기 등의 차이가 정책결정의 합리성을 확보하는 데 큰 장애가 된다.[12]

(2) 능력의 결여

정책결정에 관한 이해의 부족, 전문지식의 결여, 인식 능력의 제약, 미래 예측의 제약 등이 정책결정의 합리성을 제약한다.

(3) 권위주의적 사고방식

① 권위주의적 사고방식은 하급자가 정책결정과정에서 충분한 기능을 발휘하지 못하게 한다.

② 상호 간의 의사전달이 무시되고 충분한 민주적 토의가 이루어지지 못하게 함으로써 합리적 정책결정을 어렵게 한다.

(4) 병리적 관료행태

사회변동에 대한 저항, 관료주의직 행태, 형식주의, 의식수의, 무사안일주의 등 행정인의 병리적 관료행태는 정책결정의 합리성을 지나치게 제약한다.

(5) 자기 경험·선입관의 영향

자기 경험에 지나치게 의존하기, 과거의 경력이나 사무처리 방법에 의존하기, 선입관의 영향 등도 정책결정의 합리성을 제약한다.

---

12) 앤더슨(Anderson)은 정책결정자의 행동에 영향을 미치는 여러 가치를 다음과 같이 다섯 가지 범주로 나누고 있다. ① 정치적 가치: 정책결정자는 정책대안을 평가할 때 특정 정당이나 고객집단의 정치적 이해관계를 고려하지 않을 수 없다. 정치적 이해관계에 의해 결정이 이루어질 때, 정책은 정당이나 이익집단의 목표를 달성하기 위한 수단으로 간주된다. ② 조직의 가치: 정책결정자(그중에서도 특히 관료)들은 조직의 가치 영향을 많이 받는다. 행정부처와 같은 조직은 조직 차원에서 결정된 가치들을 구성원들이 수용하도록 하기 위해 다양한 보상과 제재의 수단을 이용한다. 구성원 개개인의 결정은 이 경우 조직의 생존이나 영향력의 유지 및 확대, 그리고 사업의 확장에 도움이 되느냐의 여부에 따라 영향을 받게 된다. ③ 개인의 가치: 개인의 경제적 이해관계나 평판 등도 역시 정책결정의 기준이 된다(⑩ 뇌물을 염두에 둔 인·허가나 계약 체결 등). ④ 정책의 가치: 정책결정자들은 공익 또는 어느 정책이 도덕적으로 바람직한가 하는 정책의 가치에 의해 정책 대안을 평가하기도 한다. 다양한 정책을 통해 사회적 가치를 배분함으로써 구성원들의 사회경제적 지위에 큰 영향을 미치게 되는 행정인에게 특히 요구되는 가치준거는 이러한 정책의 가치가 되어야 할 것이다(⑩ 자신의 정치적 위험을 무릅쓰고, 경제 정의의 실현을 위해 토지공개념과 금융실명제를 도입하자고 주장했던 개혁 지향적인 경제관료들). ⑤ 이념적 가치: 민족주의와 사회주의 그리고 자본주의와 같은 이데올로기도 일부 국가에서는 정책조치들을 합리화하거나 정당화하는 수단 또는 사회경제적 변화를 위한 처방으로 작용한다.

3 환경적 요인

(1) 문제와 목표의 다양성

문제와 목표가 복잡하고 다양할 경우, 목표의 유동성 등이 합리적인 목표의 선택을 어렵게 한다.

(2) 투입기능의 취약성

환경으로부터 투입되는 요구나 지지가 정책결정과정에 반영되지 않음으로써 합리적인 정책결정은 제약된다.

(3) 매몰비용(sunk cost)

어느 시기에 어떤 일에 착수하여 경비, 노력, 시간을 들인 경우, 장래의 대안을 선택할 수 있는 범위는 제약된다.

(4) 자원 및 시간상의 제약

합리적인 정책결정이 이루어지기 위해서 자원 및 시간상의 충분한 뒷받침이 전제되어야 한다.

(5) 외부의 압력·통제의 미약

외부의 압력이나 통제가 미약하면 자의적 결정을 하게 될 것이다.

(6) 외부준거집단의 영향

정책결정자가 사회에서 일체 의식을 느끼는 사람들이 속한 집단인 외부준거집단이 정책결정의 합리성을 제약하기도 한다.

(7) 대내·외 참여자 간의 이해관계의 대립

정책결정을 둘러싸고 참여자들 간에 이해관계가 대립될 경우에도 합리적 정책결정과는 거리가 멀어진다.

54 2023 국가직 9급

재니스(Janis)의 집단사고(groupthink)의 특성에 해당하지 <u>않는</u> 것은?

① 토론을 바탕으로 한 집단지성의 활용
② 침묵을 합의로 간주하는 만장일치의 환상
③ 집단적 합의에 대한 이의 제기에 대한 자기 검열
④ 집단에 대한 과대평가로 집단이 실패할 리 없다는 환상

55 2019 서울시 9급 제2회

합리성의 제약요인으로 가장 옳지 <u>않은</u> 것은?

① 다수 간의 조화된 가치선호
② 감정적 요소
③ 비용의 과다
④ 지식 및 정보의 불완전성

56 2011 서울시 9급

다음 중 Anderson(1984)이 정책결정자의 행동을 인도하는 가치 범주로 제시한 것을 모두 고른 것은?

① 정치적 가치, 사익의 가치, 집단의 가치
② 정치적 가치, 조직의 가치, 개인의 가치, 정책의 가치, 이념적 가치
③ 개인의 가치, 조직의 가치, 이념적 가치
④ 개인의 가치, 헌법적 가치, 정책의 가치, 조직의 가치
⑤ 개체의 가치, 지역적 가치, 국가적 가치, 초국적 가치, 이념적 가치

03 정책분석론

❶ 합리적 결정과정

(1) 문제의 인지 및 정의

① 정책문제의 정의
- 관련 요소 파악
- 가치 판단
- 인과관계 파악
- 역사적 맥락 파악

② 정책문제의 속성
- 공공성
- 주관적 · 인공적 성격
- 복잡다양 · 상호의존성
- 역사적 산물
- 동태적 성격

(2) 목표설정

(3) 정책대안의 탐색

(4) 정책대안의 결과예측

(5) 예측결과의 비교 · 평가 및 최적대안의 선택
① 소망성: 노력, 능률성, 효과성, 형평성, 대응성
② 실현가능성: 기술적 · 재정적 · 행정적 · 법적 · 윤리적 · 정치적 실현가능성

❷ 비용편익분석의 과정

(1) 모든 편익과 비용의 열거

실질적 편익 ○   기회비용 ○
금전적 편익 ×   매몰비용 ×

(2) 화폐액으로 환산

시장가격 × → 잠재가격

(3) 할인율 ↑ → 현재가치 ↓

민간 할인율 > 사회적 할인율

(4) 우선순위 ┬ 순현재가치(법) > 0
　　　　　　├ 편익비용비율(법) > 1
　　　　　　└ 내부수익률(법) > r

04 정책결정이론모형

01 개인적 의사(정책)결정이론모형: 합리(포괄)모형, 만족모형, 점증모형, 혼합(주사)모형, 최적모형
02 집단적 의사(정책)결정이론모형: 회사(연합)모형, 쓰레기통모형, 앨리슨모형

정답과 해설 ▶ P.29

01 개인적 의사(정책)결정이론모형

1 의사결정이론모형의 개요

결정적 코멘트 의사결정이론모형은 출제빈도가 가장 높은 영역이다. 모형 간 관계를 중심으로 학습해 두어야 한다.

(1) 산출지향적 정책 중심 모형

행정학자들이 주로 다루는 이론모형으로, 정책결정의 산출·결과의 분석에 중점을 두는 모형이다. 처방적 성격이 강하며 정책결정의 방법 및 정책내용의 개선에 중점을 둔다.

① **규범적·이상적 접근방법**: 경제적 합리성을 강조하며 결정의 규범적 측면이나 당위성과 대안 결과의 평가가 중시된다. 합리모형이 이에 해당된다.

② **현실적·실증적 접근방법**
　㉠ 정치적 합리성을 강조하며 절대적 합리성의 발견보다는 타당한 대안의 발견에 주력한다.
　㉡ 정책결정에 따르는 여러 가지 현실적 제약의 연구에 중점을 둔다.
　㉢ 점증모형과 만족모형이 이에 해당된다.

③ **혼합적 접근방법**: 규범적 접근방법과 현실적 접근방법을 혼합한 접근방법으로, 혼합모형이 이에 해당된다.

(2) 과정지향적 의사결정모형

정치학자들이 주로 다루는 이론모형으로, 정책결정의 과정을 분석하는 데 중점을 두어 학문상 기술·서술에 목적을 둔다. 엘리트모형, 집단모형, 체제모형, 제도모형 등이 이에 해당된다.

❚ 의사결정이론모형의 주요 내용

구분	결정기준	학자	한계	집단모형
합리모형 (경제학)	• 경제적 합리성 • 인간의 전지전능성 (완전한 정보)	경제학자 –CBA	• 이상적·비현실적 • 인간의 한계	• 공공선택모형 • Allison의 제1모형
⇕ 만족모형	• 제한된 합리성 • 심리적 만족도	Simon & March	• 주관적·보수적 • 모형의 일반화 곤란	• 연합모형, 회사모형 • Allison의 제2모형
⇕ 점증모형	• 제＋정치적 합리성 • 현재보다 나은 수준	Lindblom & Wildavsky	• 보수적 • 선진국형 개도국 적용 곤란	• 쓰레기통모형 • Allison의 제3모형

01   2003 전남 9급
다음 중 이상적이고 규범적인 정책결정모형은?

① 합리포괄모형 　② 만족모형
③ 혼합주사모형 　④ 최적모형

02   2011 지방직 9급
정책결정모형에 대한 설명 중 옳은 것을 모두 고른 것은?

> ㄱ. 점증주의모형에 따르면 합리적 방법에 의한 쇄신보다는 기존의 상태에 바탕을 둔 점진적 변동을 시도한다고 본다.
> ㄴ. 공공선택모형은 관료들의 자기이익 추구를 배제한 공익 차원의 집단적 의사결정 방식이다.
> ㄷ. 앨리슨모형은 정책결정모형을 합리모형, 조직과정모형, 관료정치모형 관점에서 정리한 것이다.
> ㄹ. 쓰레기통모형에 따르면 문제 흐름, 선택기회 흐름 및 참여자 흐름이 만나 무의사결정을 하게 된다고 본다.

① ㄱ, ㄴ 　② ㄱ, ㄷ
③ ㄴ, ㄹ 　④ ㄷ, ㄹ

03   2007 인천 9급
정책결정모형과 그 내용이 옳지 않은 것은?

① 합리모형 – 귀납적 접근 사용
② 만족모형 – 제한된 합리성 추구
③ 혼합관조모형 – A. Etzioni의 모형으로 기본결정(합리모형)과 부분결정(점증모형)
④ 최적모형 – 초합리성 추구
⑤ 쓰레기통모형 – 해결할 문제, 해결책, 의사결정기회, 참여자

혼합모형	• 기본 – 합리모형 – 숲 • 부분 – 점증모형 – 나무	Etzioni	혼합에 불과	–
최적모형	• 합리모형+초합리성 • 환류	Dror	• 합리모형의 한계 답습 • 초합리성의 개념 모호	–

04　　　　　　2004 강원 9급

다음은 정책결정모형에 대한 설명이다. 이 중 합리모형의 특징이 아닌 것은?

① 참여자들의 상호조절에 의한 문제해결을 중시한다.
② 목표수단분석을 실시한다.
③ 포괄적인 가치 변화를 추구한다.
④ 결정과정이 폐쇄적이다.

05　　　　　　2001 국가직 7급

정책결정모형에 관한 설명 중 옳지 않은 것은?

① 만족모형은 인간의 절대적 합리성보다는 제한된 합리성을 전제로 한다.
② 합리모형은 매몰비용을 전제로 한다.
③ 점증모형은 정책의 실현가능성을 전제로 한다.
④ 최적모형은 합리적 요소와 초합리적 요소를 동시에 고려한다.

06　　　　　　2019 서울시 7급 제3회

의사결정모형에 대한 설명으로 가장 옳지 않은 것은?

① 합리모형은 대안을 포괄적으로 탐색하고 대안의 결과도 포괄적으로 고려한다.
② 합리모형은 국가권력이 사회 각 계층에 분산된 사회에서 주로 활용된다.
③ 점증모형은 다원화된 민주사회에 적합하다.
④ 혼합주사모형은 범사회적 지도체제(societal guidance system)로서의 틀을 갖춘 능동적 사회에 적용하는 것이 바람직하다.

2 합리(포괄)모형(rational model)

(1) 합리모형의 개념과 전제

① 개념
　⊙ 인간은 누구나 이성과 고도의 합리성에 따라 행동하고 결정한다고 보는 이론모형으로, 규범적이고 이상적인 접근이론이다. 따라서 정책결정자나 정책분석가가 절대적 합리성을 가지고 있고, 주어진 상황 아래에서 목표의 달성을 극대화할 수 있는 최선의 정책대안을 찾아낼 수 있다고 본다.
　ⓒ 경제학이나 수학의 의사결정모형으로, 관리과학, 체제분석, 공공선택이론모형 등이 합리모형에 속한다.

② 전제
　⊙ 합리모형은 인간의 전지전능을 전제로 하여, 모든 대안을 포괄적으로 탐색하고 대응하여 최적의 합리적 대안의 선택이 가능하다고 본다.
　ⓒ 합리모형은 합리적 경제인관에 입각하여 연역적 접근을 사용하며, 비용편익분석을 통해 대안을 도출한다.

(2) 합리모형의 주요 내용

① 총체적인 문제 상황의 인지 및 명확한 목표의 설정을 꾀한다.
② 가능한 한 모든 대안을 총체적, 체계적, 포괄적으로 탐색하고 분석한다.
③ 계량적 모형을 사용하며, 대안 간의 비용편익분석 및 비용효과분석을 한다.
④ 정치적 합리성은 고려되지 않으며, 경제적 합리성만을 추구한다.
⑤ 최적의 합리적 대안을 선택한다.

(3) 합리모형의 비판

① 실제의 의사결정에는 습관적인 결정이나 직관에 의한 결정도 이루어지고 있다. 즉, 목표를 명확히 하지도 않으며, 고려하는 대안의 숫자도 매우 한정되어 있고, 결과예측도 부분적으로만 하는 등의 방식으로 정책결정이 이루어지고 있다.
② 합리모형은 불가능한 일을 정책결정자에게 강요함으로써 바람직한 의사결정에 도움을 주지 못하고 있다는 비판도 있다. 즉, 인간의 부족한 능력을 전제로 하여 불확실한 상황을 극복할 수 있는 방법은 알려 주지 않고, 모든 대안을 탐색하고 모든 결과를 예측하게 함으로써 엄청난 분석비용과 시간을 낭비하게 하고 있다.
③ 주관적 가치판단을 무시하며 원하는 궁극적 가치를 제시하지 못한다.
④ 인간사회의 동태적 요소를 경시하는 폐쇄이론이다.
⑤ 인간의 완벽한 미래예측 능력은 불가능하며 지적능력에도 한계가 있다.
⑥ 완전한 대안의 발견 및 선택에는 현실적으로 자원과 시간, 비용면에서 제약이 따르며, 자료와 정보의 제약, 만족스러운 분석과 평가기준의 결여 등이 문제가 된다.

⑦ 정책목표는 상황 변화에 따른 유동성과 변동성을 지닌다.
⑧ 매몰비용이 존재하는 경우에 합리적 선택범위는 제약된다(기회비용 고려, 매몰비용 무시).
⑨ 정책결정자는 사회목표 달성의 극대화 및 최적 대안의 탐색에 치중하기보다는 일반적인 향상 또는 개선 요구의 충족이나 자기 이익의 극대화에 주력하는 것이 일반적이다.
⑩ 다양한 가치와 이해관계의 대립을 해결할 수 없다.

3 만족모형(satisficing model)

(1) 만족모형의 개요

① 사이먼(Simon)과 마치(March)는 합리모형은 규범적이고 처방적인 의미는 있지만 비현실적이라고 비판하면서 사회심리학에 기초한 현실적이고 실증적인 모형으로서 만족모형(satisficing model)[1]을 제시하였다. 즉, 합리모형의 의사결정은 당위적으로는 바람직하지만, 합리적 의사결정에 필요한 정보와 분석능력의 부족으로 현실적으로 불가능하다고 비판하면서, 인간의 의사결정은 현실적으로 심리적 만족을 주는 정도의 대안 선택, 즉 최적화의 기준이 아니라 만족화의 기준에 의해 지배된다고 인식한다.

② 사이먼은 객관적·실질적 합리성이 이상적이지만 비현실적이므로, 주관적·절차적 합리성을 중시함으로써 합리모형보다 실증적인 모형인 만족모형을 주장하게 되었다. 따라서 순수한 합리성이 아닌 주관적인 합리성에 따라 대안이 선택될 수밖에 없다고 보는 것이다.

(2) 만족모형의 주요 내용

① 합리모형의 한계성을 보완한 것으로, 완전한 합리성이 아닌, 인간의 심리적 만족화의 수준에서 대안을 선택한다.
② 대안을 총체적으로 검토하는 것은 불가능하며, 결정자는 한정된 대안을 순차적으로 탐색하여 만족 수준에 이른 대안을 발견하면 대안의 탐색을 중단하고 그 대안을 선택한다.
③ 인간의 심리적 만족화의 수준은 정적 요소의 개입과 인식적 제약에 의한다.
④ 현실적으로 완전한 합리성이란 불가능하다고 보아 제약된 합리성[2], 의도적 합리성을 추구한다.

(3) 만족모형의 비판

① 의사결정이 인간의 주관에 지나치게 지배된다.
② 만족화의 척도를 어떠한 기준에 의해서 결정할 것인가 하는 문제가 있으며, 만족화 수준의 일치를 이루기가 곤란하다.

---

1) satisficing = satisfying + sufficing. 즉, '그 정도면 충분하다. 충분히 만족스러운 수준이다.'라는 의미의 합성어이다.
2) 사이먼은 합리모형에서 가정하는 의사결정자를 경제인(economic man)이라고 부르고, 자신이 제시하는 합리성의 제약을 받는 의사결정자를 행정인(administrative man)이라고 부른다. ① 경제인은 목표달성의 극대화를 도모하여 모든 가능한 대안 중에서 최선의 대안을 선택하지만, 행정인은 만족화를 도모하여 만족할 만한 또는 그 정도면 괜찮은 대안을 선택한다. 따라서 행정인은 모든 대안을 검토하지 않고 만족할 만한 대안을 발견하면 선택한다. ② 따라서 실제의 의사결정자는 모든 대안을 탐색하지 않고 몇 개의 대안만을 무작위적이고 순차적으로 탐색한다. ③ 경제인은 복잡하고 동태적인 상황을 있는 그대로 모두 고려하여 대안의 결과예측을 시도하지만, 행정인은 불확실성이나 불충분한 정보·자료 때문에 대안의 결과를 정확하게 예측할 수 없음을 알고 있다.

07 2020 군무원 9급

사이먼(H. A. Simon)의 정책결정만족모형에 대한 설명으로 옳지 않은 것은?
① 사이먼(H. A. Simon)은 합리모형의 의사 결정자를 경제인으로, 자신이 제시한 의사 결정자를 행정인으로 제시한다.
② 경제인은 목표달성의 극대화를, 행정인은 만족하는 선에서 그친다.
③ 경제인은 합리적·분석적 결정을, 행정인은 직관, 영감에 기초한 결정을 한다.
④ 경제인은 복잡하고 동태적인 모든 상황을 고려하지만, 행정인은 실제 상황을 단순화시키고, 무작위적이고 순차적으로 대안을 탐색한다.

08 2005 서울시 7급

1,000만 원을 투자하려는 경우, 시중 금리가 연 6% 정도의 이윤이 있을 것이 예견되면 6% 내외의 수준에서 적정한 것으로 보고, 보다 높은 이윤을 얻을 수 있는 기회나 대안의 모색을 중지한다고 할 때, 여기에 해당되는 이론적 유형은?
① March와 Simon의 만족모형
② Lindblom과 Wildavsky의 점증모형
③ Etzioni의 혼합모형
④ Dror의 최적모형
⑤ Cohen과 Olsen의 쓰레기통모형

09 2008 지방직 7급

정책결정모형에 관한 설명으로 적절하지 않은 것은?
① 점증모형: 합리모형의 의사결정은 당위적으로는 바람직하지만, 합리적 의사결정에 필요한 정보와 분석능력의 부족으로 현실적으로 불가능하다고 비판한다.
② 합리모형: 정책결정의 기준이 되는 목표와 가치는 그 중요성에 따라 분명히 제시되고 서열화될 수 있다.
③ 만족모형: 정책결정의 합리성을 제약하는 요인들을 고려할 때 한정된 대안의 비교분석을 통해 최선을 모색하는 선에서 만족하는 것이 합리적이다.
④ 혼합주사모형: 근본적 결정과 세부적 결정으로 나누어 근본적 결정의 경우 합리모형을, 세부결정의 경우 점증모형을 선별적으로 적용하는 것이 합리적이다.

10 2006 국회직 8급

점증주의에 입각한 정책결정 방식을 설명한 것으로 적합하지 않은 것은?

① 이해관계의 원만한 타협과 조정을 중시한다.

② 정책의 목표와 수단 간의 관계가 분명하지 않다.

③ 정책대안의 분석과 비교가 총체적·종합적으로 이루어진다.

④ 정책목표와 정책수단은 상황에 따라 수정될 수 있다.

⑤ 차기년도 예산결정은 금년도 예산규모에 좌우될 가능성이 높다.

11 2005 경기 7급

정책을 '가치의 권위적 배분'이라는 관점에서 보았을 때 가장 적절하지 않은 것은?

① 어떤 사회적 조건이나 상황은 적용되는 가치에 따라 사회문제로 인식될 수도 있고 그렇지 않을 수도 있다.

② 특허정책의 경우 시장의 자유로운 진입과 같은 경제적 자유의 가치를 희생하고 대신 기술의 진보라는 가치를 실현하는 경향이 있다.

③ 가치를 권위적으로 배분하기 위한 가장 현실적인 방법은 합리적 정책결정모형이다.

④ 규제정책의 경우 가치를 둘러싼 갈등과 대립이 배분정책보다 첨예화될 가능성이 높다.

12 2005 경기 9급

정책결정의 점증모형에 관한 다음 설명 중 가장 타당성이 약한 것은?

① 유일한 하나의 결정이나 올바른 해결책은 존재하지 않는다고 본다.

② 상황이 복잡하여 정책대안의 결과가 극히 불확실할 때 점증주의는 불확실성을 극복하는 좋은 방법이 될 수 있다.

③ 불안정하고 과도기적인 사회보다 안정적인 사회의 정책결정을 더 잘 설명해 준다.

④ 점증주의에서는 이론이나 분석을 소홀히 하기 때문에 무엇이 최선의 정책인가에 대한 판단기준이 없다.

③ 만족화 관련 변수의 불명확성 및 통제에 문제가 있다.

④ 지극히 현실 만족적인 것에 그쳐 보수주의에 빠지기 쉽고, 쇄신적이고 창조적인 대안의 발굴과 탐색을 기대하기 어렵다.

⑤ 정치체제와 행정체제의 특징을 충분히 고려하지 않고 있으며, 고급공무원의 행정결정과 소비자의 구매결정을 동일시하고 있다.

⑥ 개인적 의사결정에 치중하여 집단적 결정에 설명력을 갖추지 못하고 있다.

┃ 합리모형과 만족모형 비교

구분	합리모형	만족모형
목표설정	극대화	만족 수준
대안탐색	모든 대안	몇 개의 대안
결과예측	복잡한 상황 고려	상황의 단순화
대안선택	최적 대안	만족할 만한 대안

4 점증모형(incremental model)

(1) 점증모형의 개념과 선호 이유

① 개념

㉠ 점증모형은 린드블롬(Lindblom)과 윌다브스키(Wildavsky)가 제시한 모형으로, 현실적으로 여러 가지 합리성의 제약 조건이 존재한다는 인식에 기초를 둔 현실적이고 실증적인 접근모형이다. 즉, 점증모형은 인간의 제한된 합리성과 다원주의의 정치적 정당성을 정교하게 결합하여 등장한 모형이다.

㉡ 점증모형은 정책결정자가 분석력 및 시간이 부족하고 정보도 제약되어 있기 때문에, 현재의 정책에서 소폭적인 변화만을 대안으로 고려하여 정책을 결정하는 것을 의미한다. 따라서 정책결정이란 이해관계 당사자들의 정치적 타협의 산물로서, 종래의 결정 수준에서 부분적이고 순차적인 수정 또는 약간 향상된 수준에서 이루어진다. 즉, 점증모형은 정책결정의 상황적 특성에 초점을 맞추고 있다.

㉢ 점증모형은 일명 계속적이고 제한적인 비교접근법, 지분법(branch method)이라고도 하며 인간의 지적능력의 한계와 정책결정의 기술적 제약을 인정한다. 또한 정치적 다원주의의 입장을 취하여 경제적 합리성보다 정치적 합리성(정치적 실현가능성, political feasibility)을 중요시한다.

㉣ 다양한 이해관계가 서로 복잡하게 얽혀 있는 사회에서 상호 이해관계의 조정은 점진적으로 이루어질 수밖에 없기 때문에 '분할적 점증주의(disjointed incrementalism)'라고 불리기도 하고, 의사결정은 마치 사람이 진흙 속을 비비적거리면서 간신히 헤쳐나가는 것과 같다고 하여 'muddling through model'이라고 불리기도 한다.

㉤ 점증주의는 조금씩 상황에 따라 적응하면서 결정하는 것이므로 현실적인 측면에서의 합리적 결정으로, 현실적·실증적 성격의 모형이다. 즉, 점증모형은 합리모형에서의 이론이나 분석을 소홀히 하지만, 무엇이 최선의 정책인가에 대한 판단기준은 정치적 합리성에 따른다. 따라서 점증모형이란 기존 정책을 토대로 하여 그보다 약간씩 향상된 정책을 추구하는 방식으로 정책을 결정하는 것이다.

② **선호 이유**: 점증모형의 정책결정이 선호되는 이유는 다음과 같다.
　㉠ 시간, 비용, 노력의 절약
　㉡ 정책체제와 정책담당자의 보수성
　㉢ 선례의 존중 또는 강요당함
　㉣ 대안 창출능력 부족
　㉤ 위험부담을 줄이기 위한 방편
　㉥ 매몰비용
　㉦ 한 번 태어난 정책은 스스로 생명력을 갖는 경향

(2) 점증모형의 주요 내용

① 한정된 수의 정책대안과 중요한 미래 결과만 중점적으로 검토 및 분석한다.
② 현존 정책에 비하여 향상된 정책에만 관심을 기울인다.
③ 완전하고 유일한 결정은 없다고 보아, 부분적이고 순차적인 검토 및 분석에 의하여 당면 문제의 목적과 수단을 계속 재조정하고 재검토한다.
④ 장기적인 미래의 사회목표 추구보다 현재 당면한 구체적인 사회결함의 경감에 역점을 둔다(즉, 총체적 변화보다 부분적 변화에 기여한다).

(3) 점증모형의 비판

① 이해관계의 원만한 타협과 조정이 가능한 안정적이고 다원적인 민주사회에서 적용이 가능한 모형이다. 따라서 불안정하고 과도기적인 사회보다 안정적인 사회의 정책결정을 더 잘 설명해 주기 때문에 사회가 불안정할 때는 적용이 곤란하다.
② 보수주의 경향이 강하여 사회 전반에 걸친 발전이 시급한 발전도상국에는 부적합하다.
③ 바람직한 기본정책이 수립된 경우에 적용 가능한 모형으로, 기본정책이 없는 경우 점증적인 결정은 방향 없는 행동이 된다.
④ 장기적이고 근본적인 정책이 무시되고, 단기적이고 임기응변적인 정책에 치중하게 된다. 따라서 획기적인 정책 전환과 혁신이 요구되는 상황에는 부적절하다.
⑤ 좀 더 합리적인 정책결정을 시도하지 않을 구실이 될 수 있다.
⑥ 사회적 약자나 참여에 소외된 계층의 이익이 무시될 우려가 있다.
⑦ 매몰비용이 존재할 경우에만 비교적 타당할 수 있다.
⑧ 잘못된 정책에 대한 악순환이 일어날 가능성이 높은 모형이다. 즉, 정책과정이 소수 몇몇 사람이나 힘 있는 일부 집단들에 의해 좌우된다면 '잘못된 정책에 의한 악순환' 현상이 일어날 가능성이 높다.
⑨ 혁신을 저해하여 환경변화에 대한 적응력이 약하다.
⑩ '눈덩이 굴리기식'으로 결정이 오래 계속되다 보면 그 정책의 축소·종결 작업이 매우 어려워진다.

┃ 합리모형과 점증모형 비교

정책결정의 구성요소	합리모형	점증모형
정책선택의 범위	• 합리적 세계 • 현실과 무관	• 정치적 세계 • 현실과 관련
대안의 범위	• 대안의 수는 무한 • 현상과의 괴리 많음	• 대안의 수는 한정 • 현상과의 괴리 적음

바로 확인문제

13　　　　　　　　　2007 대전 9급
다음 개념과 특징을 갖고 있는 정책결정모형에 대해 올바르게 기술한 것은?

> 가. 지적능력 한계
> 나. 다원주의사회
> 다. 정치적 합리성

① 보다 합리적인 정책결정방법을 시도하지 않을 구실이 될 수 있다.
② 복잡하고 급격한 변화가 일어나는 사회문제를 해결하는 데 적합하다.
③ 합리적 판단과 직관이 중요한 요소이다.
④ 시간과 자원의 제약을 인정한 최선의 합리성을 선택한다.

14　　　　　　　2022 지방직(= 서울시) 7급
정책결정모형 중 점증모형에 대한 설명으로 옳지 **않은** 것은?

① 정책대안을 모두 분석하기보다 한정된 정책대안에 주목한다.
② 시행착오를 반복하면서도 문제를 해결하려는 특성이 있다.
③ 인간의 인지적 한계를 인정하므로 급격한 개혁과 새로운 환경을 반영하는 혁신적 정책결정을 설명하기가 용이하다.
④ 정책결정에서 집단 참여의 합의 과정이 중시되고 목표와 수단이 탄력적으로 상호 조정된다.

15　　　　　　　　　2005 노동부 9급
다음 중 점증모형이 갖는 한계가 **아닌** 것은?

① 획기적인 정책 전환과 혁신이 요구되는 상황에는 부적절하다.
② 사회 내 약자계층의 이익을 간과할 우려가 있다.
③ 기본적인 결정과 세부적인 결정을 명확히 구분하기가 어렵다.
④ 계획성이 부족하고 기회주의적 결정이 되기 쉽다.

16

다음 중 점증모형의 논리적 근거로 가장 거리가 먼 것은?

① 매몰 비용 ② 실현가능성
③ 제한적 합리성 ④ 정보접근성

17

다음 설명에 해당하는 정책결정모형은?

> 지난 30년간 자료를 중심으로 전국의 자연재난 발생현황을 개략적으로 파악한 다음, 홍수와 지진 등 두 가지 이상의 재난이 한 해에 동시에 발생한 지역을 중심으로 다시 면밀하게 관찰하며 정책을 결정한다.

① 만족모형 ② 점증모형
③ 최적모형 ④ 혼합탐사모형

18

혼합주사모형(mixed-scanning model)에 대한 설명으로 옳은 것은?

① 정책결정과정을 이미 프로그램화되어 있는 특정한 상태를 유지하기 위한 것으로 파악한다.
② 정책의 결정을 근본적 결정과 세부적 결정으로 구분한다.
③ 갈등의 준해결, 문제 중심의 탐색, 불확실성의 회피, 조직의 학습, 표준운영절차(SOP)의 활용 등을 특징으로 한다.
④ 상황 변화에 따른 새로운 정보에 초점을 맞추는 것이 아니라 극히 제한된 투입 변수의 변동에 주의를 집중하여 의사결정을 한다.

정책집행 결과의 범위	넓음	좁음
목표와 수단의 상호관계	수단을 목표에 합치되도록 선택	목표를 수단에 합치되도록 수정
문제의 구성	재구성·재정의가 거의 없음	재구성·재정의가 빈번함
분석·평가과정	단발적	계속적
정책의 평가기준	목표의 달성도(경제적 합리성)	바람직하지 않은 상황 수정 (정치적 합리성)
분석·평가 주체	의사결정자 (분석적·집중적·통일적·포괄적)	다양한 이해관계 집단 (비분석적·비통일적)

5 혼합(주사)모형(mixed-scanning model)

(1) 혼합모형의 개요

① 에치오니(Etzioni)는 규범적이고 이상적인 접근방법인 합리모형과 현실적이고 실증적인 접근방법인 점증모형을 상호보완적으로 혼용함으로써 현실적이면서도 합리적인 결정을 할 수 있다는 혼합모형을 제시하였다.
② 혼합모형은 합리모형의 이상주의적 특성에서 나오는 단점(비현실성)과 점증모형의 지나친 보수성이라는 약점을 극복할 수 있는 전략으로 제시되었으며, 양자의 장점이 합쳐진 이론모형이다.

(2) 혼합모형의 주요 내용[3]

① 기본적(근본적) 결정에는 합리모형을 적용하되, 부분적(세부적, 점증적) 결정에는 점증모형을 적용한다. 기본적 결정이란 나무보다는 숲을 개괄적으로 파악하는 유형의 결정을 말하며, 부분적 결정이란 숲보다는 나무를 미시적으로 파악하는 유형의 결정을 말한다.
② 상황에 따라 융통성 있게 활용되어야 한다.
③ 합리모형과 점증모형은 여건의 변화에 따라 신축성 있는 전환으로 상호보완되어야 한다.

(3) 혼합모형의 비판

① 전혀 새롭거나 독창적인 모형이 아니고 기존의 두 모형의 결합에 불과하다.
② 두 가지 모형을 적용하는 상황에 대한 구체적 기준이 불명확하다.
③ 현실적으로 혼합모형의 순서와 접근방법에 의하여 정책결정이 이루어지는 것은 아니다. 특히, 상황에 따른 융통성 부여 및 신축성 있는 전환 사용 등에 현실적인 어려움이 있다.
④ 합리모형과 점증모형의 결함을 극복하지 못하고 있다.
⑤ 기본적인 결정과 부분적인 결정을 명확히 구분하기가 어렵다.

---

3) 에치오니는 태풍의 발생 등을 미리 탐색하기 위한 기상 관측을 예로 들고 있다. 이때 만약 합리모형대로 관측을 한다면 하늘의 한쪽 끝에서 다른 쪽 끝까지 샅샅이 정밀관측을 할 것인데, 이것은 미세한 사항에 대한 엄청난 분량의 자료 때문에 분석이 불가능할 것이다. 한편 점증모형은 과거에 태풍이 발생하던 지역과 그 근처에만 초점을 두고 관측하게 되는데, 이 방식으로는 다른 지역에서 발생할 가능성이 있는 태풍을 전혀 관측하지 못하게 된다. 반면, 혼합탐사의 방법에서는 두 가지 서로 다른 카메라를 이용하는데, 넓은 시야를 가진 카메라를 이용하여 거시적으로 하늘 전체를 조감하되 미세한 부분은 관측하지 않으며, 이렇게 거시적·개략적 관측에서 정밀한 검토가 필요하다고 판단되는 지역만 중점적으로, 자세히 미시적인 관측을 행한다는 것이다.

(4) 혼합모형과 정치체제와의 관계

① 점증모형과 민주사회체제
- ㉠ 점증모형은 합의지향적이고 다원주의적인 민주사회체제에 적용되는 모형이다.
- ㉡ 민주사회체제에는 포괄적인 정책결정이나 기획을 할 수 있는 강력한 중앙권력이 존재하지 않기 때문이다.

② 합리모형과 전체주의 사회체제: 합리모형은 결정권이 집중되어 있는 계획지향적인 전체주의 사회체제에 적용되는 모형이다.

③ 혼합모형과 능동적 사회체제
- ㉠ 능동적 사회체제란 좀 더 높은 수준의 합의형성능력과 보다 효과적인 통제 수단을 보유하며, 합리주의와 점증주의를 절충한 혼합적 전략에 중점을 두고 있는 사회를 말한다.
- ㉡ 혼합모형은 범사회적 지도체제(societal guidance system)[4]로서의 틀을 갖춘 능동적 사회에 적용하는 것이 바람직하다.

6 최적모형(optimal model)

(1) 최적모형의 개요

① 드로어(Dror)가 제시한 최적모형은 경제적 합리성과 초합리성을 함께 고려하는 최적치 중심의 규범적 모형이다.

② 체제론적 관점에서 전체적인 정책결정체제의 합리적 운영과 개선에 의하여 최적치를 추구하는 규범적 최적모형은 정책결정을 체계론적 시각에서 파악하고, 정책성과를 최적화하려는 정책결정모형이다.

(2) 정책결정의 단계

① 초정책결정단계(meta-policymaking stage): 정책결정을 어떻게 할 것인가에 대한 결정이다. 즉, 결정참여자, 시기, 결정을 위한 조직과 비용, 결정방식들을 미리 결정하는 것이다.

② 정책결정단계(policymaking stage): 일반적인 결정과정이다.

③ 후정책결정단계(post-policymaking stage): 결정이 이루어진 이후에 집행준비와 집행과정에서 나타나는 정보에 따른 결정의 수정작업이 이에 포함된다.

(3) 최적모형의 주요 내용

① 대안의 탐색과 선택에서 합리모형을 사용할 것을 강조한다. 즉, 경제적 합리성을 중요시한다. 이러한 면에서 계량적 모형의 성격을 갖는다.

② 현실 여건이 합리성을 제약하므로 경제적 합리성과 더불어 육감, 직관, 판단력, 창의력, 영감과 같은 초합리적 요인(초합리성)을 고려하며, 양적 분석뿐만 아니라 질적 분석도 고려한다.

③ 점증모형을 혼합 사용할 것을 강조한다.

④ 초정책결정(meta-policymaking)을 중요시한다.

19

정책결정 모형에 대한 설명으로 가장 적절하지 **않은** 것은?

① 합리모형은 신제도주의에서 설명한 합리적 선택모형과 맥을 같이 한다.

② 합리모형은 완전한 정보를 가지고 효용 극대화의 논리에 따라 행동을 하는 경제인의 가정과 매우 유사하다.

③ 점증모형은 실제의 결정상황에 기초한 현실적이고 기술적인 모형이다.

④ 점증모형의 장점을 합리모형과의 통합으로 보완하려는 시도가 최적모형에서 나타난다.

20

정책결정모형에 대한 설명으로 옳지 **않은** 것은?

① 점증주의모형은 정책이 결정되는 현실적인 모습을 반영하고 있다.

② 쓰레기통모형은 정책결정의 우연성을 강조하여 정책결정이 이루어지게 되는 계기에 주목한다.

③ 혼합주사모형에서 세부적 결정은 합리모형의 의사결정방식으로 개선된 대안을 제시한다.

④ 최적모형은 계량적 분석뿐만 아니라 직관적 판단에 의한 결정의 중요성을 강조한다.

21

정책결정모형 중에서 합리적인 요소와 초합리적인 요소의 조화를 강조하는 모형은?

① 최적모형(optimal model)

② 점증주의(incrementalism)

③ 혼합탐사모형(mixed-scanning model)

④ 만족모형(satisficing model)

22 2017 서울시 사회복지직 9급

정책결정모형에 대한 설명 중 가장 옳지 않은 것은?

① 쓰레기통모형은 불확실한 상황에서의 의사결정을 설명한다.
② 최적모형은 정책결정자의 직관적 판단을 배제하고 있다.
③ 점증모형은 정책결정의 상황적 특성에 초점을 맞추고 있다.
④ 합리모형은 정책결정자가 확실성을 갖고 행위 결과를 예측할 수 있다고 전제한다.

23 2017 국가직 9급(사회복지직 9급)

정책결정모형에 대한 설명으로 옳지 않은 것은?

① 점증모형 – 기존의 정책을 수정·보완해 약간 개선된 상태의 정책대안이 선택된다.
② 최적모형 – 정책결정자의 직관적 판단은 정책결정의 중요한 요인으로 인정되지 않는다.
③ 혼합주사모형 – 거시적 맥락의 근본적 결정에 해당하는 부분에서는 합리모형이 의사결정방식을 따른다.
④ 쓰레기통모형 – 조직화된 무질서상태에서 어떠한 계기로 인해 우연히 정책이 결정된다.

24 2017 서울시 9급

정책결정모형에 대한 설명 중 가장 옳지 않은 것은?

① 만족모형은 제한된 합리성을 반영하고 있다.
② 점증모형은 기존 정책을 중요시한다.
③ 회사모형은 의사결정자에 의해 조직의 의사결정이 통제된다고 본다.
④ 앨리슨(G. T. Allison)은 관료정치모형의 중요성을 언급하였다.

⑤ 정책집행의 평가와 환류 작용, 정책결정구조의 계속적인 검토와 개선을 강조함으로써, 정책결정능력이 최적 수준까지 향상될 수 있다는 가능성을 제시하고자 하였다.
⑥ 시간과 자원들의 제약을 고려하면서 최선의 합리성을 추구한다.

(4) 최적모형의 비판

① 근본적으로 경제적 합리성을 지향하고 있으므로, 정책결정의 사회적 과정에 대한 고찰이 불충분하다.
② 초합리성의 구체적 성격 및 본질·달성방법이 불명확하고 합리성과의 관계가 불분명하다.
③ 합리성의 비중이 매우 높아 엘리트 집단에 의한 비민주적 정책결정이 초래될 우려가 있다.
④ 최적치의 개념이 불명확하며 비현실적인 모형으로, 유토피아적인 합리모형에 그치고 있다.

02 집단적 의사(정책)결정이론모형

1 회사(연합)모형(firm model) ▶ 결정적 코멘트 만족모형과 함께 학습해야 한다.

(1) 회사모형의 등장 배경과 개념

① 등장 배경
　㉠ 이전의 미시경제이론에서 '사기업의 목표는 이윤극대화에 있다(단일의 목표).', '사기업의 사장은 유기체의 두뇌와 같고 부하직원을 손발과 같이 움직인다.', '완전경쟁시장하에서 기업의 구성원은 경제인과 같다.'는 가정을 하였다.
　㉡ 이러한 가정에 대해서 사이어트(Cyert)와 마치(March)가 실제로 조사를 해 보니 이와 다른 사실이 발견되었다. 즉, 실제로는 사기업체도 정치체제와 유사한 속성을 지니고 있으며, 부하들이 손발과 같이 움직이지도 않을 뿐만 아니라 협상·정략·타협 등이 조직과정에서 난무하고 있다는 것이다.
　㉢ 회사모형은 회사라는 조직의 형태를 경제적인 시장 중심적 시각을 떠나 조직의 구조·목표의 변동이나 기대의 형성과 선택의 관점에서 파악하고자 하였다.
② 개념
　㉠ 회사모형은 사이어트와 마치가 개인적 의사결정에 치중한 만족모형을 발전시켜 느슨하게 연결된 조직의 의사결정에 적용시킨 모형으로, 연합모형[5]이라고도 한다.
　㉡ 상호제약된 독립적 합리성을 추구하는 조직의 하위 단위 간에는 목표가 서로 대립하여 상호갈등적 관계에 놓이게 된다.
　㉢ 회사모형은 조직 하위 단위 간의 이러한 갈등의 해결이 곧 조직의 의사결정이라고 보며, 갈등은 협상을 통하여 불완전하게 해결된다고 인식한다.

---

5) 회사모형은 느슨하게 연결되어 있는 조직의 결정을 다룬다. 많은 조직은 각 단위사업 부서별로 준독립적인 운영이 이루어지는 경우가 많은데, 이런 조직에서는 다른 부서의 상황을 고려하면서 조직 전체의 목적을 극대화하는 결정을 해야 하므로 연합모형이라고도 한다.

(2) 회사모형의 특징

① 갈등의 준해결(quasi-resolution of conflict)

    ㉠ 조직이라는 것은 단일의 유기체가 아니라 하위 조직(sub-units)으로 구성된 일종의 연합체이다. 이러한 하위 조직들은 단일의 목표를 가지고 있는 것이 아니라, 각각 독립적 목표를 지니고 있기 때문에 각 하위 조직들 간에는 갈등이 불가피하다.

    ㉡ 하위 조직 간에 발생하는 갈등은 전체 목표라는 단일 기준에 의해 완전히 해결된다기보다는 상호양보 또는 상호손해를 내용으로 하는 협상을 통해 잠정적으로 해결되는 준해결 상태로 머물게 된다고 인식한다.

② 불확실성의 회피(uncertainty avoidance): 조직은 장래에 일어날 사건들과 그 발생확률을 예측하여 불확실성에 대응하기보다는 오히려 그러한 불확실성 자체를 회피하려고 한다. 따라서 다음과 같은 특징이 나타난다.

    ㉠ 장기전략을 개발하기보다는 현재 당면한 문제를 해결하는 데 치중한다. 즉, 단기의 피드백을 강조하는 의사결정방법을 이용함으로써 상대적으로 신속하고 정확한 행동에 의존하게 된다.

    ㉡ 환경 및 다른 조직과 안정적인 관계를 맺거나 타협함으로써 조직과 관련된 다른 행위자들의 반응을 규칙화한다.

    ㉢ 돌발사태에 대처하기 위한 표준시나리오(standard scenarios)를 만들어 놓는다. 즉, 단기적 전략과 환경과의 타협에 의하여 대안이 가져올 미래결과의 불확실성을 회피하고자 한다. 예컨대 환경의 불확실성을 제거하기 위해, 거래관행을 수립하거나 표준운영절차를 통하여 불확실성을 회피한다.

③ 문제 중심적 탐색(problemistic search): 조직의 대안탐색은 목표나 문제를 확인한 후에 시작하는 것이 아니라, 문제가 발생한 경우에야 비로소 탐색을 시작한다.

④ 조직체의 학습(organizational learning): 조직은 매우 동태적인 과정 속에서 경험을 얻게 되며, 그에 따라 환경에 적응하여 변동을 일으킨다. 즉, 시간이 지남에 따라 인간이 학습하는 것처럼 조직도 학습하며, 그에 따라 목표·관심의 규칙 및 대안의 탐색 절차 등에 변동을 가져온다.

⑤ 표준운영절차(SOP: Standard Operating Process)의 중시: 조직의 의사결정은 대개 SOP를 답습한다.

⑥ 상호협상을 통한 의사결정

    ㉠ 회사모형은 목표가 서로 충돌하여 상호갈등적 관계에 놓여 있는 하위 조직들 간의 갈등해결이 의사결정이라고 본다.

    ㉡ 이러한 갈등해결방법에 있어서, 유기체론적 입장에서 보면 최상부 조직이 조정·통제함으로써 갈등을 해결하겠지만, 연합모형에서는 이와는 달리 갈등당사자로서의 단위조직들은 각자 다른 단위조직과 연합하여 상호협상(bargaining)이라는 수단을 통해서 의사결정을 해 나간다고 본다.

(3) 회사모형의 비판(한계)

① 회사조직을 대상으로 하고 있으므로 공공부문의 적용에 한계가 있다.

② SOP에 따르는 결정방식은 급격한 변동상황에 부적합하며 경직성을 초래하게 된다. 따라서 상황이 불안정적인 개발도상국의 경우에는 적용이 곤란하다.

25   2022 국가직 9급

의사결정 모형에 대한 설명으로 옳지 않은 것은?

① '최적모형'은 정책결정자의 합리성뿐 아니라 직관·판단·통찰 등과 같은 초합리성을 아울러 고려한다.

② '쓰레기통 모형'은 대학조직과 같이 조직구성원 사이의 응집력이 아주 약한 상태, 즉 조직화된 무정부상태(organized anarchy)에서 의사결정이 이루어지는 과정을 설명하려고 시도한다.

③ '점증모형'은 실제 정책의 결정이 점증적인 방식으로 이루어질 뿐 아니라 정책을 점증적으로 결정하는 것이 바람직하다는 입장을 견지한다.

④ '회사모형'은 조직의 불확실한 환경을 회피하고 조직 내 갈등을 극복하기 위하여 장기적인 전략과 기획의 중요성을 강조한다.

26   2014 서울시 9급

사이어트(R. Cyert)와 마치(J. March)가 주장한 회사모형(firm model)의 내용이 아닌 것은?

① 조직의 전체적 목표달성의 극대화를 위하여 장기적 비전과 전략을 수립·집행한다.

② 조직 내 갈등의 완전한 해결은 불가능하며 타협적 준해결에 불과하다.

③ 정책결정능력의 한계로 인하여 관심이 가는 문제 중심으로 대안을 탐색한다.

④ 조직은 반복적인 의사결정의 경험을 통하여 결정의 수준이 개선되고 목표달성도가 높아진다.

⑤ 표준운영절차(SOP: Standard Operation Procedure)를 적극적으로 활용한다.

27

정책결정모형 중에서 회사모형에 대한 설명으로 옳지 <u>않은</u> 것은?

① 회사조직이 서로 다른 목표를 지닌 구성원들의 연합체(coalition)라고 가정한다.
② 연합모형 또는 조직모형이라고 불리기도 한다.
③ 조직이 환경에 대해 장기적으로 대응하고 환경 변화에 수동적으로 적응한다고 한다.
④ 문제를 여러 하위 문제로 분해하고 이들을 하위 조직에게 분담시킨다고 가정한다.

28

Cyert와 March의 회사모형(firm model)에 대한 설명으로 옳지 <u>않은</u> 것은?

① 의사결정에 참여하는 사람들 간에 무엇을 선호하는지 불분명하며, 목표와 수단 사이에 존재하는 인과관계를 의미하는 기술도 불명확하다.
② 환경의 불확실성을 제거하기 위해, 예컨대 거래관행을 수립하거나 장기계약을 맺는 등 환경을 통제할 수 있는 방법을 찾는다.
③ 문제상황의 복잡성과 동태성 때문에 조직이 직면하는 불확실성은 대안이 가져올 결과에 대한 예측을 극히 어렵게 하므로, 단기적 환류에 의존하는 의사결정절차를 이용하여 불확실성을 회피하려고 한다.
④ 회사의 하위 조직들 간에 생겨나는 갈등·모순되는 목표들은 하나의 차원이나 기준으로 통합하는 방법이 없기 때문에 갈등은 완전한 해결이 아니라 갈등의 준해결에 머문다.

29

대형 참사를 계기로 그동안 해결하지 못했던 정책문제에 대한 대책을 마련하게 되는 상황을 설명하는 데 적합한 정책결정모형은?

① 합리모형   ② 만족모형
③ 점증모형   ④ 혼합모형
⑤ 쓰레기통모형

③ 광범위한 권한위임 및 자율성이 강한 조직을 전제하고 있으므로 권위주의적 조직의 적용에 한계가 있다.

2 쓰레기통모형(garbage can model)

> **결정적 코멘트** ▷ 점증모형과 함께 학습해야 한다.

(1) 쓰레기통모형의 개요

① 쓰레기통모형은 복잡하고 급격한 변화 및 혼란한 상황 속에서 조직의 현실적인 결정 형태에 초점을 둔 이론모형이다.
② 쓰레기통모형은 혼란한 상황에서의 현실적인 결정 형태에 관한 한 설득력과 설명력을 지니지만, 가장 비합리적인 모형이다.
③ 쓰레기통모형은 '조직화된 무정부 상태' 속에서 나타나는 몇 가지 흐름에 의하여 정책결정이 우연히 이루어진다고 보는 정책모형이다.

(2) 쓰레기통모형의 주요 내용

① 쓰레기통모형은 올슨(Olsen)이 코헨(Cohen), 마치(March) 등과 공동으로 발표한 논문에서 제시한 정책결정의 이론모형으로, 정책결정은 어떤 일정한 규칙에 따라 이루어지는 것이 아니라 혼란상황 속에서 마치 쓰레기통에 던져 넣은 쓰레기들이 뒤죽박죽 엉켜 있는 것과 같이 우연한 결정이 이루어진다고 설명한다.
② 쓰레기통모형은 극도로 불합리한 집단결정에 대한 대표적인 모형으로, 복합적이고 급격한 변화가 일어나는 문제를 설명하는 데 적합한 모형이다. 즉, 의회·행정기관·법원·대학 또는 기업 등까지도 조직의 목표와 선호에 있어서 일관성이 없으며 결정체계상의 혼란과 조직화된 무정부 상태에 놓여 있는 경우가 많은데, 이 경우 목표를 달성하기 위해서 사용하는 기술이 분명하지 않고 오히려 시행착오에 의존하거나 과거의 경험이나 실용적 발명 또는 필요성에서 우연히 얻은 교훈에 의하여 정책을 결정하게 된다는 것이다.

(3) 쓰레기통모형의 전제조건

쓰레기통모형의 전제가 되는 조직화된 무정부 상태의 속성을 보면 다음과 같다.

① **문제성 있는 선호**(불분명한 선호): 결정에 참여하는 사람들 간에 무엇을 선택하는 것이 바람직한지에 대해 합의가 없다는 점과, 참여자 중에서 어느 개인을 두고 보더라도 스스로 자신이 무엇을 좋아하는지조차 모르면서 결정에 참여하는 경우가 많다.
② **불명확한 기술**(불명확한 목표·수단 간의 인과관계)
  ㉠ 의사결정에서 달성하려는 목표와 이를 달성하기 위한 수단 사이에 존재하는 인과관계인 기술이 불명확하다.
  ㉡ 의사결정에 참여하는 사람이 목표를 명확히 알아도 무엇을 수단으로 선택해야 하는지 잘 모르는 경우가 많으며, 이 경우에는 시행착오를 통해 운영되는 것이 보통이라는 것이다.
③ **일시적**(유동적) **참여자**: 모든 결정과정에 참여하는 사람들은 그 자신의 시간적 제약 때문에 어떤 경우에는 결정에 참여하기도 하고, 어떤 경우에는 참여하지 않기도 한다.

▎쓰레기통모형의 전제조건 요약

- 결정자 스스로가 자신이 무엇을 선호하는지조차 모른다.
- 목표달성을 위해서 어떤 수단을 선택해야 하는지도 모른다.
- 결정과정에 참여하기도 하고 안 하기도 한다.

(4) 의사결정의 네 가지 구성요소

① **문제의 흐름**: 사회문제가 정부문제로 채택되는 것이 어려워 상당한 시간이 소요될 수 있다. 그전에 사회문제는 흘러다니게 된다.

② **해결책의 흐름**: 심각한 사회문제가 존재할 때 정책공동체가 이에 대한 대비책을 미리 준비하고 정책결정의 기회를 기다릴 수 있다.

③ **참여자의 흐름**: 정책결정자들은 정책의제화 또는 정책결정의 순간까지 문제에 대해 모르고 있거나 해결책을 모르고 있는 경우가 있다.

④ **의사결정기회의 흐름**: 장관의 결재나 국무회의 개최 등이 있어도, 사회문제가 의제화되지 않았거나 해결책이 되는 정책대안이 마련되지 않았으면 문제해결을 위한 정책결정을 할 수 없다.

(5) 의사결정의 계기

① 조직화된 무정부 상태에서 이들 네 요소들이 합쳐져야 의사결정이 이루어진다.

② 네 요소의 흐름이 합쳐지는 계기를 '점화계기(triggering event)'라 하는데, 문제를 크게 부각시키는 극적 사건이나 정치적 사건이 이에 해당한다.

(6) 의사결정의 방식

합리모형에서는 문제의 해결(resolution)이 의사결정을 통해서 이루어지는 것으로 암암리에 가정하고, 회사모형에서는 하위 집단의 연합에 의한 갈등의 준해결(quasi-resolution)을 대표적인 의사결정 방식으로 지적하고 있다. 그러나 쓰레기통모형에서는 조직화된 무정부 상태에서 다음의 두 가지 의사결정 방식이 대표적으로 나타난다.

① **진빼기 결정**(choice by flight)

   ⊙ 해결해야 할 주된 문제와 관련된 다른 문제들에서 결정이 이루어지지 않을 때, 관련된 문제들이 스스로 다른 의사결정기회를 찾아서 떠날 때(flight)까지 기다렸다가 결정을 하는 것이다.

   ⓒ 즉, 관련된 문제의 주장자들이 자신의 주장을 되풀이하다가 힘이 빠져 다른 기회를 찾을 때에 의사결정을 하는 것이다.

   예 교육부 예산을 심의하면서 초등학교 교과서에 통일에 관한 내용이 부족하다는 이유로 예산통과를 반대하는 국회의원이 있다고 생각해 보자. 이 국회의원이 이러한 이유를 들어 계속하여 예산통과를 거부할 때에 통일부의 예산심의에서 이 문제를 거론하기로 하고, 교육부 예산을 통과시키는 경우가 이에 해당한다.

② **날치기 통과**(choice by oversight): 관련된 다른 문제들이 제기되기 전에 재빨리 의사결정을 하는 것이다.

   예 다른 문제의 해결도 동시에 할 것을 주장하리라고 예상되는 참여자가 있을 경우, 이 사람이 참여하기 전에 결정을 하는 것이다.

---

30   2019 서울시 7급 제1회

〈보기〉는 정책결정에 관한 어떤 모형을 설명하고 있다. 이 모형을 제안한 학자는?

┤ 보기 ├

  이 모형은 조직화된 혼란 상태에서의 의사결정을 다루고 있다. 이 모형은 합리모형이 전제하고 있는 것처럼 모든 대안을 비교, 평가해 최선의 대안을 선택할 수 없다고 전제하고 문제의 선호, 불분명한 기술, 유동적 참여의 세 가지 요인이 의사결정기회를 찾아 끊임없이 움직이며 이들의 흐름이 교차하는 시점에서 의사결정이 이루어진다고 설명한다.

① 드로어(Y. Dror)
② 스미스와 메이(Smith & May)
③ 코헨, 마치와 올슨(Cohen, March & Olsen)
④ 에치오니(A. W. Etzioni)

31   2003 국가직 9급

쓰레기통 정책결정모형에 대한 설명으로 옳지 않은 것은?

① 문제성 있는 선호
② 정책결정 요소들 간 상호의존성
③ 불명확한 목표·수단 간 인과관계
④ 유동적 참여자

32   2021 군무원 7급

쓰레기통모형의 기본적인 전제와 가장 관련이 없는 것은?

① 갈등의 준해결: 정책결정과정에서 집단 간에 요구가 모두 수용되지 않고 타협하는 수준에서 대안을 찾는다.

② 문제있는 선호: 정책결정에 참여하는 자들 간에 무엇을 선택하는 것이 바람직한지에 대해서 합의가 없다.

③ 불명확한 기술: 목표와 수단 사이에 존재하는 인과관계가 명확하지 않아 조직은 시행착오를 거침으로써 이를 파악한다.

④ 수시적 참여자: 동일한 개인이 시간이 변함에 따라 어떤 경우에는 결정에 참여했다가 어떤 경우에는 참여하지 않는다.

33   2020 지방직(=서울시) 9급

정책결정모형에 대한 설명으로 옳은 것만을 모두 고르면?

> ㄱ. 만족모형에서는 정책결정을 근본적 결정과 세부적 결정으로 구분한다.
> ㄴ. 점증주의모형은 현상유지를 옹호하므로 보수적이라는 비판을 받고 있다.
> ㄷ. 쓰레기통모형에서 의사결정의 4가지 요소는 문제, 해결책, 선택기회, 참여자이다.
> ㄹ. 갈등의 준해결과 표준운영절차(SOP)의 활용은 최적모형의 특징이다.

① ㄱ, ㄴ   ② ㄱ, ㄹ
③ ㄴ, ㄷ   ④ ㄷ, ㄹ

34   2021 국가직 7급

쓰레기통 모형에 대한 설명으로 옳은 것은?

① 조직구성원의 응집성이 아주 강한 혼란 상태에 있는 조직에서 의사결정이 어떻게 이루어지는가를 기술하고 설명한다.
② 불명확한 기술(unclear technology)은 조직에서 의사결정참여자의 범위와 그들이 투입하는 에너지가 유동적임을 의미한다.
③ 쓰레기통 모형의 의사결정 방식에는 끼워넣기(by oversight)와 미뤄두기(by flight)가 포함된다.
④ 문제성 있는 선호(problematic preferences)는 목표와 수단 사이의 인과관계가 명확하지 않음을 의미한다.

35   2005 경기 7급

Allison모형 중에서 하위 계층에의 적용이 가능하며 정책결정의 양태에 있어서는 표준운영절차(SOP)를 추구하는 회사모형과 유사한 모형은?

① 합리모형   ② 조직모형
③ 점증모형   ④ 정치모형

(7) 쓰레기통모형의 비판

쓰레기통모형은 조직화된 무정부 상태라는 전제하에 마치 갖가지 쓰레기가 우연히 한 쓰레기통 속에 모여지듯이 정책결정이 이루어진다고 보는 것이다. 그러나 대부분의 조직은 쓰레기통모형에서 전세로 하는 조직보다 훨씬 더 체계적이며, 여러 가지 정책결정과 관련된 요소들이 무질서하게 쓰레기통 속에 들어가 있으면 이것이 정책결정으로 전환될 가능성은 희박하다는 비판을 받는다.

3 앨리슨(Allison)모형 ▸ **결정적 코멘트** 합리모형·만족모형·점증모형과 연계하여 학습 해야 한다.

(1) 앨리슨모형의 개요

① 앨리슨(Allison)은 정부의 의사결정에 관한 모형으로서 합리모형, 조직과정모형, 관료정치모형 등 세 가지 모형을 제시하고 1962년의 쿠바 미사일 위기를 설명하였다.
  ㉠ 쿠바 미사일 위기를 합리모형으로 설명해 보았는데 설명이 되지 않는 부분이 많았다.
  ㉡ 그러나 이를 조직모형으로 설명할 수 있었으며, 조직모형으로 설명되지 않는 부분은 정치모형으로 설명했다.
  ㉢ 실제의 정책결정에서는 어느 하나의 모형이 아니라 세 가지가 모두 적용될 수 있는 것이다.
② 이 세 모형의 상호관계를 보면 다음과 같다.
  ㉠ 먼저 합리모형(모형 I)을 들고 이를 비판 또는 보완하는 형식으로 다른 두 모형이 제시되고 있다.
  ㉡ 합리모형에서 설정되고 있는 목표·수단체계에서 최적 수단 선택 도식에 대하여 조직의 정형화된 대응 행동에 주목한 것이 조직과정모형(모형 II)이다.
  ㉢ 정부의 의사결정이 실제로는 복수의 의사결정에 의하여 행하여지므로 목표·수단 간의 통합성이 결여되고 있다는 데 초점을 맞춘 것이 관료정치모형(모형 III)이다.

(2) 앨리슨모형의 특징

① 합리모형(모형 I)
  ㉠ 한 나라의 정부를 단일적·합리적인 행동주체로서 파악하여 정부의 의사결정을 분석하려는 모형이다.
  ㉡ 정부는 통합된 목표를 가지며 이 목표의 달성을 위하여 모든 수단을 강구하고 이들 수단 중에서 가장 적절한 것을 선택한다고 본다.
  ㉢ 개인적 차원의 합리적 결정을 설명하는 합리모형의 시각을 집단적으로 결정되는 국가 정책설정과정에 적용한 것이다.
② 조직과정모형(모형 II)
  ㉠ 정부의 행동을 목표에 부합되는 선택보다, 오히려 정부를 구성하는 다양한 조직의 표준운영절차(SOP)에 따르는 정형적 행동의 표출로 본다.
  ㉡ 정부는 느슨하게 연결된 반독립적인 하위 조직의 집합체로 간주된다. 거대하고 복잡한 환경에 대응하기 위하여 정부는 여러 다양한 조직으로 구성되어 있으며, 이들 조직은 소관 분야에 관하여 과거의 경험이나 장래 발생할 문제에 대한 일정한 표준운영절차나 프로그램을 가지고 있다. 어떤 문제가 발생하면

조직은 합리적 선택을 시도하기보다 오히려 표준운영절차나 기존 프로그램을 발동한다.

③ 관료정치(정부내정치)모형(모형 Ⅲ)
　㉠ 정부의 의사결정이 참여자 간의 타협·흥정으로 이루어지는 정치활동으로 본다.
　㉡ 참여자는 서로 다른 인지구조, 문제에 대한 상이한 인식·해석, 옹호할 목표 또는 대안에 차이가 있다는 것을 전제하고, 각자의 고유한 신념체계와 자기 소속 부처의 이익이 의사결정에 작용한다고 본다.
　㉢ 문제 자체에 대한 해석, 목표설정과 그 수단 선택에 관하여 논의·설득·흥정이 진행된다.

앨리슨의 세 가지 모형 비교(참여자의 응집도에 따라)

구분	합리모형(모형 Ⅰ) ⟺	조직과정모형(모형 Ⅱ) ⟹	관료정치모형(모형 Ⅲ)
조직관	조정과 통제가 잘 된 유기체	느슨하게 연결된 하위 조직들의 연합체	독립적인 개인적 행위자들의 집합체
권력의 소재	조직의 두뇌와 같은 최고 지도자가 보유	반독립적인 하위 조직들이 분산 소유	개인적 행위자들의 정치적 자원에 의존
행위자의 목표	조직 전체의 목표	조직 전체의 목표 + 하위 조직들의 목표	조직 전체의 목표 + 하위 조직의 목표 + 개인적 행위자들의 목표
목표의 공유도	매우 강함	약함	매우 약함
정책결정의 양태	최고지도자가 조직의 두뇌와 같이 명령·지시	SOP에 대한 프로그램 목록에서 대안 추출	정치적 게임의 규칙에 따라 타협·흥정
정책결정의 일관성	매우 강함 (항상 일관성 유지)	약함 (자주 바뀜)	매우 약함 (거의 일치하지 않음)
적용 계층	전체 계층	하위 계층	상위 계층

(3) 앨리슨모형의 평가

① 응집성의 측면
　㉠ 합리모형은 집단의 강한 응집성을 전제하고 조직의 전체 계층에 적용될 수 있다.
　㉡ 의사결정에 작용하는 심리적 요인이나 참여자의 개성, 지도자에 대한 충성심, 인맥 등을 과소평가한다.
　㉢ 조직과정모형(모형 Ⅱ)은 집단의 응집성을 중간 정도로 보고 조직의 하위 계층에 적용될 수 있으나, 다음과 같은 전제가 있다.
　　ⓐ 의사결정에 다양한 수준이 있는 것처럼 조직구조에도 다양한 수준이 있다.
　　ⓑ 관료조직은 상위 조직이나 의사결정집단이 설정한 목표에 따라서 언제든지 충실히 행동한다고 할 수 없다.
　　ⓒ 조직은 정보의 수집·분석과 대안의 탐색·평가 등 의사결정에 중요한 기능을 수행한다. 하지만 이러한 기능이 바로 의사결정 자체는 아니다.

36　2019 국가직 9급

앨리슨(Allison)모형에 대한 설명으로 옳은 것은?

① 합리적 행위자 모형에서는 국가 전체의 이익과 국가목표 추구를 위해서 개인의 이익을 고려하지 않는 것을 경계하며 국가가 단일적인 결정자임을 부정한다.
② 조직과정모형에서 조직은 불확실성을 회피하기 위하여 정책결정을 할 때 표준운영절차(SOP)나 프로그램 목록(program repertory)에 의존하지 않는다.
③ 관료정치모형은 여러 다양한 문제에 관심을 갖는 다수의 행위자를 상정하며 이들의 목표는 일관되지 않는다.
④ 외교안보문제 분석에 있어서 설명력을 높이기 위한 대안적 모형으로 조직과정모형을 고려하지는 않는다.

37　2019 서울시 9급 제1회

앨리슨(G. Allison)모형에 대한 설명으로 가장 옳지 않은 것은?

① 쿠바 미사일 사건에 대한 세 가지 상이한 이론모형을 제시한다.
② 합리적 행위자 모형은 정책이 최고지도자와 같은 단일 행위자의 합리적 선택이라고 간주한다.
③ 조직과정모형은 정책결정 결과가 참여자들 간 타협, 협상 등에 의해 좌우된다고 본다.
④ 관료정치모형은 조직 내 권력이 독립적 개인 행위자들의 정치적 자원에 의존한다고 본다.

38　2023 국가직 9급

앨리슨(Allison)의 관료정치모형(모형 Ⅲ)에 대한 설명으로 옳은 것은?

① 정책결정은 준해결(quasi-resolution)적 상태에 머무르는 경우가 많다.
② 정책결정자들은 국가 전체의 이익이나 전략적 목표를 극대화하기 위한 결정을 한다.
③ 정책결정에 참여하는 구성원들 간의 목표 공유 정도와 정책결정의 일관성이 모두 매우 낮다.
④ 정부는 단일한 결정주체가 아니며 반독립적(semi-autonomous) 하위조직들이 느슨하게 연결된 집합체이다.

39

2015 국가직 9급

앨리슨(G. Allison)의 세 가지 의사결정모형에 대한 설명으로 옳지 않은 것은?

① 집단적 의사결정을 국가의 정책결정에 적용하기 위해 합리적 행위자 모형, 조직과정모형, 관료정치모형으로 분류하였다.

② 관료정치모형은 조직 하위 계층에의 적용 가능성이 높고, 조직과정모형은 조직 상위 계층에서의 적용 가능성이 높다.

③ 실제 정책결정과정에서는 어느 하나의 모형이 아니라 3가지 모형이 모두 적용될 수 있다.

④ 원래 국제 정치적 사건과 위기적 사건에 대응하는 정책결정을 설명하기 위한 모형으로 고안되었으나, 일반 정책에도 적용 가능하다.

40

2021 지방직(=서울시) 9급

앨리슨(Alison)모형 중 다음 내용에 초점을 두고 정책결정을 설명하는 것은?

> 1960년대 쿠바 미사일 사태에서 미국은 해안봉쇄로 위기를 극복하였다. 정부의 각 부처를 대표하는 사람들은 위기상황에서 각자가 선호하는 대안을 제시하였다. 대표자들은 여러 대안에 대하여 갈등과 타협의 과정을 거쳤고, 결국 해안봉쇄 결정이 내려졌다. 이는 대통령이 사태 초기에 선호했던 국지적 공습과는 다른 결정이었다. 물론 해안봉쇄가 위기를 해소하는 최선의 대안이라는 보장은 없었고, 부처에 따라서는 불만을 가진 대표자도 있었다.

① 합리적 행위자모형
② 쓰레기통모형
③ 조직과정모형
④ 관료정치모형

② **조직계층의 측면**: 조직계층의 측면에서 보면 앨리슨모형은 각각 적용 계층이 다르다.

  ㉠ 관료정치모형(모형Ⅲ)은 조직의 상위 계층에 적용가능성이 높은 모형이다.

  ㉡ 기능적 권위와 SOP로 특징짓는 조직과정모형(모형Ⅱ)은 조직의 하위 계층에 적용할 수 있는 가능성이 높은 모형이다.

  ㉢ 합리모형(모형Ⅰ)은 조직계층에 따라 큰 차이가 없다.

③ **우리나라에 적용**: 우리나라는 과거 대통령의 영향력이 지나치게 압도적이어서 미국에서는 쉽게 적용되는 앨리슨모형을 적용하기가 어려웠지만, 그동안 진행된 민주화의 결과로 그 적용가능성이 점차 높아지고 있다.

04 정책결정이론모형

❶ 개인적 의사(정책)결정이론모형

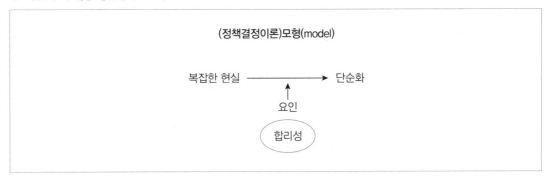

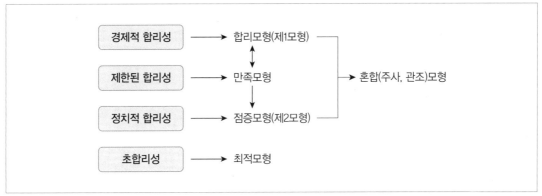

❷ 집단적 의사(정책)결정이론모형

05 정책집행론

정답과 해설 ▶ P.31

바로 확인문제

01   2002 부산 9급

정책집행에 관한 올바른 시각이 <u>아닌</u> 것은?

① 정책집행은 정책결정과는 독립된 하나의 영역이다.
② 전통적 입장은 정책집행을 중시하지 않았다.
③ 현대적 입장은 상황적응성을 중시한다.
④ 전통적 입장에서 하향적 접근을 중시한다.

02   2005 소방직(전북)

정책집행과정의 특징에 대해 <u>틀린</u> 설명은?

① 정책결정과는 독립된 과정이다.
② 정책목표를 구체적으로 구현하는 과정이다.
③ 기계적 과정이 아니라 여러 가지 변수가 작용하는 역동적 과정이다.
④ 1970년대 이후 본격 연구되었다.

03   2003 경북 9급

정책집행에 관한 설명으로 <u>틀린</u> 것은?

① 미국 존슨행정부의 "위대한 사회" 정책 실패 후 관심이 고조되었다.
② 정책집행은 정책결정과 독립적 과정이다.
③ 정책집행은 정책지시를 실천하는 과정이다.
④ 성공적 정책집행을 위해서는 정책결정 과정에 집행대상 집단의 참여를 유도해야 한다.

01 정책집행의 개념 및 특징

1 정책집행의 개념

① 정책집행이란 권위 있는 정책지시를 실천하는 과정 또는 사업계획의 실천을 지향하는 활동을 의미한다.
② 정책집행은 정책결정과 유기적으로 연결된 과정으로, 정책결정과정을 통해 얻은 정책은 문서로 작성된 서류에 불과하다. 이 속에 포함되어 있는 수많은 정책수단과 계획들은 집행작업을 거쳐 현실로 나타나야만 원하는 목표를 달성할 수 있고, 정책문제를 해결할 수 있다.

2 정책집행의 과정

결정된 정책을 집행하기 위해서는 다음과 같은 4단계를 거치게 된다.
① 정책지침 작성
② 자원의 확보 및 배분 조직화
③ 실현활동
④ 감시·통제

3 정책집행의 특징

① 각종 공공재와 용역을 정책환경에 산출하여 정책결과 또는 정책영향을 야기한다.
② 정책결정과정 및 정책평가과정과 상호작용하는 복합적 성격을 지닌다.
③ 정책과 집행자, 정책과 현지 실정과의 상호적응성을 지닌다.
④ 정책을 결정하거나 수정하는 측면을 내포하게 된다.[1]

---

1) ① 각기 다른 집단들 간의 협상이나 타협을 폭넓게 수용하기 위해, 입법가들의 입법적 정책결정의 내용이 추상적이며 모호한 경우가 많다. 이 경우 실질적이고 세부적인 결정은 집행과정에서 구체화되어야 한다. ② 상황이 불확실하거나 복잡할 경우에는 결정단계에서 사전에 구체화된 내용을 규정하기 곤란하며, 이를 집행단계에 위임하게 되는 경우가 많다. ③ 결정단계에서 마련된 정책이 비현실적이거나 기존의 관례를 크게 수정하도록 하는 경우에 집행자들이 이러한 정책의 집행을 지연시키거나 성과를 낮추는 경우도 있다.

02 정책집행 연구의 전개

1 1960년대 이전

① 정책집행 연구에 관하여 1960년대 이전에는 무관심하였다. 전통적인 정치·행정 이원론이나 1930년대의 정치·행정 일원론은 정책집행은 합리적으로 정책이 결정만 되면 자동적으로 이루어지는 것이라고 보아, 정책집행에 대한 본격적인 연구를 하지 않았다.

② 하그로브(Hargrove)는 정책집행에 대한 연구가 소외된 것을 '잃어버린 연계(missing link)'라고 표현하였다.

2 정책집행에 대한 관심 대두

① 정책결정 및 형성에만 집착

② 실현가능성을 고려하지 않은 국회의 입법 및 정책의 양산

③ 존슨(Johnson) 대통령의 '위대한 사회(great society) 정책'의 실패

④ 오클랜드(Oakland) 사업(소수민족 취업계획)의 부진 📖 PDF ▶ P.20

3 정책집행 연구의 배경

① **정책대상집단**(target group)**의 비협조**: 정책대상집단이 비협조적인 태도를 보여 정책이 실패하는 경우

② **중간매개자**(intermediaries): 중간매개자의 개입에 따른 정책집행 실패

③ **사회문제에 관한 입법**: 법률 규정의 모호성[2]

④ **권력분립과 조직 변화**: 엄격한 권력분립에 따른 집행의 곤란

4 정책집행 연구의 전개과정

① 프레스만(Pressman)과 윌다브스키(Wildavsky)에 의해 본격적으로 연구되어 「정책집행론」 출간(1973)[3]

② 윌다브스키의 집행연구 이론모형(점증주의적 예산 전략과 관련)

바로 확인문제

04   2007 국가직 9급

정책집행의 중요성이 대두된 배경이 아닌 것은?

① 법 규정의 명확성
② 중간매개자의 개입
③ 정책대상집단의 비협조
④ 권력분립과 조직 변화

05   2004 부산 9급

프레스만(Pressman)과 윌다브스키(Wildavsky)가 지적한 정책집행의 실패원인이 아닌 것은?

① 집행과정에 참여자가 너무 적어서 정책집행에 어려움을 겪었다.
② 중요한 지위에 있는 자들이 교체되어서 집행에 대한 지지와 협조가 줄어들었다.
③ 정책목표를 달성할 수 있는 적절한 수단 마련에 실패했다.
④ 정책집행을 담당하는 기구가 적절치 못하였다.

---

2) 1960년대 중반에 존슨(Johnson) 대통령의 노력에 의해서 '위대한 사회' 입법이 의회에서 통과되었다. 존슨 대통령은 이러한 법률을 보수파의 반대를 물리치고 의회에서 통과시키기 위해서 타협이 필요했는데, 이의 일환으로 법률 규정을 애매모호하게 추상적으로 표현하였다. 이와 같은 법 규정의 모호성은 집행과정에서 여러 가지 복잡성과 혼란을 일으켰으며 결국 집행에 커다란 장애요소가 되었다.

3) 1970년대 현대적 정책집행론이 폭발적으로 유행하게 된 것은 프레스만과 윌다브스키의 「정책집행론」 때문이다. 미국 연방정부 상무부(경제발전단)에서는 1966년 흑인 실업자를 취업시키기 위해 오클랜드에 2천 3백만 달러를 투입하여 비행장의 비행기격납고, 항구의 하역시설 등 공공시설을 건설하고 여기서 2,200여 개의 새로운 일자리를 마련하였다. 추가적으로 160만 달러를 사기업체에 대여하여 800여 개의 일자리를 마련한다고 발표하였다. 그러나 1969년에 약 3백만 달러가 지출되었고, 새로운 일자리가 마련된 것은 약 10개 정도에 불과하였다. 지출된 돈의 액수가 적은 것은 말할 것도 없지만 마련된 새로운 일자리의 숫자는 너무나 충격적으로 적었다. 실패요인은 다음과 같다. ① 참여자가 너무 많아 거부점이 과다하였다. ② 집행 추진집단의 빈번한 교체가 있었다. ③ 정책내용의 결정 시 집행에 대한 고려가 없었다. ④ 적절하지 않은 기관이 집행을 담당하였다.

다음 설명에 해당하는 정책집행 모형을 제시한 학자는?

- 효과적인 정책집행을 위해 갖추어야 할 조건으로서 정책결정의 내용은 타당한 인과이론에 바탕을 두어야 하며 정책내용으로서 법령은 명확한 정책지침을 가지고 있어야 한다.
- 집행과정에서 발생할 수 있는 변수들을 미리 예견할 수 있도록 해 주는 체크리스트로서의 기능을 한다는 장점이 있다.
- 정책집행 현장의 일선관료들이나 대상집단의 전략 등을 과소평가하거나 쉽게 파악할 수 없다는 단점이 있다.

① 사바티어(Sabatier)와 마즈매니언(Mazmanian)
② 린드블롬(Lindblom)
③ 프레스만(Pressman)과 윌다브스키(Wildavsky)
④ 레인(Rein)과 라비노비츠(Rabinovitz)

하향적 정책집행에 대한 설명으로 적절하지 <u>않은</u> 것은?

① 정책집행의 객관적인 평가가 가능하다.
② 집행과정에서 현장을 강조하고 재량권을 부여한다.
③ 정책목표와 수단 간의 타당한 인과관계를 전제로 한다.
④ 다원화된 사회에서는 하향적 접근이 불가능한 경우가 많다.

정책집행의 상향적 접근방법에 대한 설명으로 옳은 것은?

① 대표적인 모형은 사바티어(Sabatier)의 정책지지연합모형(advocacy coalition framework)이다.
② 정책결정과 정책집행은 뚜렷하게 구분된다고 본다.
③ 집행현장에서 일선관료의 재량과 자율을 강조한다.
④ 안정되고 구조화된 정책상황을 전제로 한다.

03　정책집행 연구의 접근방법　　　━ **결정적 코멘트** 하향적·상향적 접근방법의 차이를 중심으로 정리하고, 일선관료제의 특징에 주의해야 한다.

1 하향적 접근방법(top-down approach, forward mapping)

하향적 접근방법은 정책집행을 정책결정단계의 정책목표를 달성해 가는 과정으로 이해한다. 사바티어(P. Sabatier)와 마즈매니언(D. Mazmanian)은 문제처리의 용이성, 집행에 대한 법규의 구조화 능력, 집행에 영향을 미치는 비법규적 변수 등 크게 세 가지 범주로 정책집행의 이상적인 조건을 분류하였으며, 효과적인 정책집행을 위해서는 다음 다섯 가지의 조건이 필요하다고 보았다.

① 정책결정의 내용은 타당한 인과이론에 바탕을 둔 것이어야 한다. 이는 기술적 타당성이라고도 하며 정책목표와 정책수단 간의 인과관계를 포함한다.
② 법령이 정확한 정책지침을 갖고 있어야 하며 대상집단의 순응을 극대화하도록 구성되어야 한다.
③ 유능하고 헌신적인 관료가 집행을 담당해야 한다.
④ 결정된 정책에 대해 행정부와 입법부를 포함한 다수의 이해관계 집단으로부터 지속적인 지지를 받아야 한다.
⑤ 정책목표의 집행과정 동안 우선순위가 변하지 않고 안정적이어야 한다.

2 상향적 접근방법(bottom-up approach, backward mapping)

상향적 접근방법이란 정책집행에 영향력을 행사하는 집단은 전문성을 갖추고 일선에서 일하는 정책집행 담당자를 기점으로 정책집행 현장을 이해하는 방법이다.

(1) 엘모어(R. F. Elmore)의 접근방법

① 일선집행관료들이 집행문제를 해결하기 위해 어떤 조치를 취하는지를 서술하고 그런 행동절차를 유발하는 조직의 운영절차를 파악한다.
② 일선집행계층부터 상위 계층으로 탐색해 가면서 집행에 필요한 재량과 자원을 파악하고 집행에 가장 큰 영향력을 행사하는 조직 단위에 그 재량과 자원을 집중시킨다.
③ 이런 접근방법은 시스템의 문제해결을 계층제적 통제 메커니즘에서 찾는 것이 아니라, 문제에 가장 접근해 있는 지점의 재량을 극대화하는 것에 달려 있다고 본다.

(2) 버먼(P. Berman)의 적응적 집행(adaptive implementation)

버먼은 적응적 집행(adaptive implementation)이라는 개념을 도입하고 있다. 적응적 집행의 목표는 하나의 정책과 그 정책이 처한 제도적 상황 간의 원활한 관계를 바탕으로 정책을 수정하고 구체화하여 채택하는 과정을 확립하는 것이다. 버먼이 주장하는 것은 정책결정자의 결정을 그대로 집행하는 것이 최선의 집행이 아니라, 개별적인 집행환경에 부합하는 적응적 정책집행이 필요하다는 것이다.

① 분명하고 일관된 정책목표의 존재가능성을 부인하고, 정책목표 대신 집행문제의 해결에 논의의 초점을 맞춘다.
② 집행의 성공 또는 실패의 판단기준은 '정책결정권자의 의도에 얼마나 순응하였는가'가 아니라 '일선집행관료의 바람직한 행동이 얼마나 유발되었는가'이다.

③ 말단 집행계층부터 차상위 계층으로 올라가면서 바람직한 행동과 조직운용절차를 유발하기 위하여 필요한 재량과 자원을 파악한다.

④ 일선집행관료의 재량권을 확대하고 통제를 완화한다. 따라서 대리인 문제를 유발할 수 있다.

▌하향적 접근방법과 상향적 접근방법 비교

구분	고전적·하향적·집권적 집행 (top-down)	현대적·상향적·분권적 집행 (bottom-up)[4]
정책상황	안정적·구조적 상황	유동적·동태적 상황
정책목표의 수정	목표가 명확하여 수정 필요성 낮음	수정 필요성 높음
관리자의 참여	• 참여 제한 • 충실한 집행이 중시됨	참여 필요
집행자의 재량	집행자의 재량 불인정	집행자의 재량 인정
정책평가의 기준	집행의 충실성과 정책 결과	• 환경에 대한 적응성 중시 • 정책 성과는 2차적 기준
결정과 집행	정책집행은 결정과 독립적 과정 (정치·행정 이원론)	정책집행은 결정과 유기적 과정 (정치·행정 일원론)
Berman	정형적 집행	적응적 집행[5]
Elmore	전향적 집행(forward mapping)	후향적 집행(backward mapping)
Nakamura	고전적 기술자형, 지시적 위임형	재량적 실험가형, 관료적 기업가형
일선관료제	무관심	관심(재량권 확대)

3 통합모형

(1) 등장 배경

통합모형은 1980년대 이후 하향적 접근방법과 상향적 접근방법의 장·단점을 보완하려는 학문적 노력으로 등장하였다.

(2) 대표적 통합모형: 정책지지연합모형 📖심화편 ▶ P.65

가장 대표적인 통합모형은 사바티어(Sabatier)의 정책지지(옹호)연합모형(advocacy coalition framework)으로, 내용은 다음과 같다.

① 정책지지연합모형은 상향식 접근방법의 분석 단위를 채택하고, 이에 영향을 미치는 요인으로 하향식 접근방법의 여러 가지 변수를 결합한다. 즉, 상향식 접근방법에 의해 정책문제나 일선 조직에서 검토를 시작하여 다양한 공공부문과 민간부문에서 행위자들의 전략적 행위에 초점을 맞추며, 하향식 접근방법의 관점에서 법적·사회경제적 변수들의 영향을 분석한다.

---

4) 상향적(하의상달적), 분권적 집행은 정책집행의 유연화에 도움을 준다. 정책집행의 유연화란 상황적응적 집행을 의미한다.
   🔵 정책실명제는 집행 담당공무원의 소속과 직급, 성명을 실명으로 공개하는 제도이므로 집행과정상의 책임문제로 인해 정책집행의 유연화가 어려워질 수 있다.
5) 버먼의 적응적 집행(adaptive implementation)의 내용은 다음과 같다. ① 적응적 집행의 이상은 하나의 정책과 그 정책이 처한 제도적 상황 간의 원활한 관계를 바탕으로 정책을 수정하고 구체화하여 채택하는 과정을 확립하는 것이다. ② 적응적 집행에서는 목표에 관한 일반적이고 모호한 합의를 하게 된다. ③ 가급적 관련 당사자의 능동적인 참여를 요청하고 있으며, 이들에게 재량권을 부여한다. ④ 각각의 집행기관들은 특이한 상황에 적응해 나가며, 추구하는 목표를 분명히 해 나간다.

09 2010 국가직 9급

정책집행에 대한 연구방법 중 상향적 접근방법(bottom-up approach 또는 backward mapping)에 대한 설명으로 옳지 <u>않은</u> 것은?

① 분명하고 일관된 정책목표의 존재가능성을 부인하고, 정책목표 대신 집행문제의 해결에 논의의 초점을 맞춘다.

② 집행의 성공 또는 실패의 판단기준은 '정책결정권자의 의도에 얼마나 순응하였는가'가 아니라 '일선집행관료의 바람직한 행동이 얼마나 유발되었는가'이다.

③ 말단 집행계층부터 차상위 계층으로 올라가면서 바람직한 행동과 조직운용절차를 유발하기 위하여 필요한 재량과 자원을 파악한다.

④ 일선집행관료의 재량권을 축소하고 통제를 강화한다.

10 2019 서울시 9급 제1회

현대적·상향적 집행(bottom-up) 방식에 대한 설명으로 가장 옳은 것은?

① 정책목표의 설정과 정책목표 간 우선순위는 명확하다.

② 엘모어(Elmore)는 전향적 집행이라고 하였다.

③ 버먼(Berman)은 정형적 집행이라고 하였다.

④ 일선관료는 정책집행과정에서 가장 큰 영향력을 행사한다.

11 2019 서울시 7급 제3회

사바티어(Sabatier)의 통합모형에 대한 설명으로 가장 옳지 <u>않은</u> 것은?

① 정책변화 이해에 가장 유효한 분석 단위는 정책하위시스템이다.

② 정책하위시스템에는 서로 다른 목표를 가진 지지연합이 있다.

③ 정책하위시스템 참여자의 활동에 영향을 미치는 요소는 상향식 접근방법으로 도출하였다.

④ 정책집행을 한 번의 과정이 아니라 연속적인 정책변동으로 보았다.

12 2022 지방직(= 서울시) 9급

정책집행 연구 중 상향적 접근방법(bottom-up approach)으로 옳은 것만을 모두 고르면?

> ㄱ. 엘모어(Elmore)의 후방향적 집행연구
> ㄴ. 사바티어(Sabatier)와 매즈매니언(Mazmanian)의 집행과정 모형
> ㄷ. 립스키(Lipsky)의 일선관료제
> ㄹ. 반 미터(Van Meter)와 반 호른(Van Horn)의 집행연구

① ㄱ, ㄷ   ② ㄱ, ㄹ
③ ㄴ, ㄷ   ④ ㄴ, ㄹ

13 2023 국가직 7급

립스키(Lipsky)의 일선관료제(street level bureaucracy)에 대한 설명으로 옳지 <u>않은</u> 것은?

① 일선관료에 대한 재량권 강화는 집행현장의 특수성 및 예상치 못한 사태에 대비하게 할 수 있다.
② 일선관료는 만성적으로 부족한 자원, 모호한 역할 기대, 그들의 권위에 대한 위협과 도전이라는 업무환경에 처해 있다.
③ 일선관료는 일반시민을 분류하지 않고, 모든 계층을 공평하게 대우한다.
④ 일선관료는 정부를 대신하여 시민에게 정책을 직접 전달하는 존재로, 특히 사회경제적 취약계층의 삶에 큰 영향력을 미친다.

14 2022 국가직 9급

립스키(Lipsky)의 '일선관료제'에서 일선관료들이 처하는 업무환경의 특징으로 옳지 <u>않은</u> 것은?

① 자원의 부족
② 일선관료 권위에 대한 도전
③ 모호하고 대립되는 기대
④ 단순하고 정형화된 정책대상집단

---

② 정책지지연합모형은 행위자의 집단을 구분하는 기준으로 신념체계를 사용하고 있으며, 이에 따라 행위자 집단인 지지연합의 정책학습을 강조한다. 따라서 신념체계별로 여러 개의 연합으로 구성된 정책행위자 집단이 자신들의 신념을 정책으로 관철하기 위하여 경쟁한다는 점을 강조하며, 정책문제나 쟁점에 적극적으로 관심을 가지는 공공 및 민간 조직의 행위자들로 구성되는 정책하위체계(policy subsystem)라는 개념을 활용한다.

4 립스키(Lipsky)의 일선집행관료이론

(1) 개념
① 립스키는 업무수행과정에서 시민과 직접적으로 접촉하며 업무수행상 상당한 재량을 보유하는 공무원을 '일선관료'라 하며, 그 구성원의 상당 부분이 일선관료로서 구성되는 공공서비스 기관을 '일선관료제'라고 규정하고 있다.
② 사회복지요원, 경찰, 교사 등이 일선관료에 포함된다.

(2) 일선관료제의 특징
① 서면 처리적 업무보다는 대면 처리적 업무가 주이다.
② 고객을 범주화하여 선별한다.
③ 많은 재량을 행사한다.
④ 업무과다와 자원의 부족에 직면한다.

(3) 일선관료의 업무환경
일선집행관료이론을 주장한 립스키는 일선의 문제성 있는 업무환경을 다음 세 가지로 제시한다.
① **자원의 부족 문제**: 시간과 정보의 부족, 기술적인 지원의 부족 등은 불확실성이 높은 일선관료의 업무환경을 더욱 악화시키는 것으로 보고 있다.
② **권위에 대한 도전**: 경찰이나 교사 등과 같이 일선집행 현장에서 육체적·정신적 위협이 큰 환경에 처한 경우 자신들의 권위를 보장받으려는 경향이 커진다.
③ **모호하고 대립되는 기대의 존재**: 일선관료의 업무 성과 중에는 비현실적이거나 상호갈등을 발생시키는 경우가 많다. 이런 경우 일선관료는 그중 하나의 기대만을 선택하게 되는 경향이 있다.

(4) 고정관념의 영향
불충분한 자원, 신체적·심리적 위협, 모호하고 대립되는 기대라는 집행환경에서 일선관료는 단순화와 정형화를 통해 복잡한 문제와 불확실한 상황에 대처한다. 단순화, 정형화와 같은 적응 메커니즘을 형성하는 데 가장 큰 영향을 미치는 것은 일선관료들의 고정관념이다.
① 집행에 필요한 자원이 부족할 경우 부분적 또는 간헐적 집행을 한다.
② 위협을 공개적으로 과장시켜 공식적인 징계를 경감시킨다.
③ 역할에 대한 기대를 변경시키고, 고객집단을 재정의하거나 고객이나 사회에 책임을 전가시켜 상호모순되거나 모호한 역할기대를 회피한다.

5 버먼(Berman)의 상황론적 집행모형

상황론적 집행모형의 대표적인 학자인 버먼은 집행현장을 거시적 집행구조와 미시적 집행구조로 구분하여 이해한다.

(1) 거시적 집행구조

① 행정은 정책결정을 구체적인 정부프로그램으로 전환하는 것을 말한다.
② 채택은 행정을 통해 구체화된 정부프로그램이 집행을 담당하는 지방정부의 사업으로 받아들여지는 것을 의미한다.
③ 미시적 집행은 지방정부가 채택한 사업을 실행사업으로 변화시키는 것을 의미한다.
④ 기술적 타당성은 미시적 집행을 통과하면서 실행사업으로 변화된 후에 실행사업이 정책성과로 산출되는 것을 의미한다.

(2) 미시적 집행구조

① 미시적 집행구조는 지방정부가 채택한 사업을 실행하는 것을 의미한다.
② 집행구조에 따라 동일한 정책이라 할지라도 그 결과는 달라진다.
③ 미시적 집행구조는 동원, 전달자의 집행, 제도화의 세 단계로 구분된다.

04 정책집행의 유형(정책집행자와 정책결정자의 관계)

결정적 코멘트 각 유형의 키워드를 숙지해야 한다.

나카무라(Nakamura)와 스몰우드(Smallwood)는 정책집행자와 정책결정자의 관계를 다섯 가지로 유형화하였다.

1 고전적 기술관료(자)형(classical technocrats)

① 고전적 기술관료형은 정책결정과 정책집행의 업무성질 및 담당주체 면에서 엄격한 분리에 입각하여, 정책결정자가 결정한 정책내용을 정책집행자가 충실히 집행하는 유형을 말한다.
② 정책집행자는 목표의 달성을 위한 수단적이고 기술적인 사항에 대해서만 위임을 받았을 뿐이며, 정책목표의 설정은 정책집행자를 통제하는 정책결정자에 의해 지배된다는 유형이다.
③ 정책결정자는 정책목표를 명확히 결정하고 정책집행자는 이러한 목표를 지지한다. 정책집행자들이 정책의 내용에서 핵심이 되는 정책목표를 바람직스러운 것으로 받아들이고 이것의 달성을 위해서 노력하는 것을 의미한다. 즉, 정책목표는 정책결정자의 명령에 정책집행자가 따르게 되는 심리적 배경이 된다.
④ 정책결정자는 계층제적인 명령체계를 구축하고 집행자를 통제하며, 구체적인 정책집행자에게 정책목표달성을 위해서 필요한 조치(⑩ 정책수단의 마련 등)를 강구할 수 있는 기술적 권위(technical authority)를 위임한다.
⑤ 정책집행자는 이러한 기술적 권위, 또는 전문지식에 입각한 전문적 권위를 가지고 합리적인 정책수단을 마련하여 이를 집행할 수 있는 능력을 갖추고 있다.

바로 확인문제

15 2009 국회직 8급
립스키(Lipsky)가 말하는 일선관료의 업무환경과 거리가 먼 것은?

① 자원이 만성적으로 부족하다.
② 서비스 수요는 증가하는 경향이 있다.
③ 업무를 수행하는 기관에 대한 목표기대는 애매하고, 모호하며, 갈등적이다.
④ 목표달성을 지향하는 성과의 측정이 용이하다.
⑤ 고객들은 대체로 비자발적이다.

16 2018 국가직 9급
립스키(M. Lipsky)의 일선관료제(street-level bureaucracy)이론에 대한 설명으로 옳은 것은?

① 일선관료는 고객에 대한 고정관념(stereotype)을 타파함으로써 복잡한 문제와 불확실한 상황에 대처한다.
② 일선관료가 업무를 수행하는 기관에 대한 고객들의 목표기대는 서로 일치하고 명확하다.
③ 일선관료는 집행에 필요한 자원이 부족할 경우 대체로 부분적이고 간헐적으로 정책을 집행한다.
④ 일선관료는 계층제의 하위에 위치하기 때문에, 직무의 자율성이 거의 없고 의사결정에 있어서 재량권의 범위가 좁다.

17 2018 지방직 9급(사회복지직 9급)
버먼(Berman)의 '적응적 집행'에 대한 설명으로 옳은 것은?

① 미시 집행 국면에서 발생하는 정책과 집행조직 사이의 상호적응이 이루어질 때 성공적으로 집행된다.
② 거시적 집행구조는 동원, 전달자의 집행, 제도화의 세 단계로 구분된다.
③ '행정'은 행정을 통해 구체화된 정부프로그램이 집행을 담당하는 지방정부의 사업으로 받아들여지는 것을 의미한다.
④ '채택'은 지방정부가 채택한 사업을 실행사업으로 변화시키는 것을 의미한다.

18

2023 군무원 9급

나카무라와 스몰우드(R. T. Nakamura & F. Smallwood)는 정책결정자와 정책집행자 간의 관계에 착안하여 정책집행자 유형을 5가지로 나누었다. 다음 중 고전적 기술자형의 특징으로 가장 적절한 것은?

① 정책결정자가 추상적인 목표를 지지하지만 구체적인 정책목표를 결정할 수 없기에 정책결정자가 집행자에게 광범위한 재량권을 위임하게 되는 유형이다.

② 집행자가 많은 권한을 위임받아 정책을 집행하는 경우로서 많은 재량권을 갖게 되는 유형이다.

③ 정책결정자가 집행과정에 대해서 엄격하게 통제를 하는 것을 의미하며, 정책집행자는 약간의 정책적 재량만을 갖는 유형이다.

④ 정책결정자가 목표를 수립하고, 집행자들은 정책결정자와 목표나 목표달성을 위한 수단에 관하여 협상한다.

19

2022 국가직 9급

나카무라(Nakamura)와 스몰우드(Smallwood)의 정책결정자와 정책집행자의 관계에 따른 정책집행의 유형에 대한 설명으로 옳지 <u>않은</u> 것은?

① '고전적 기술자형'은 정책결정자가 구체적인 목표를 설정하면, 정책집행자는 그 목표를 지지하고 목표달성을 위한 기술적인 수단을 강구하는 역할을 담당한다고 본다.

② '재량적 실험형'은 정책결정자가 추상적인 목표를 설정하면, 정책집행자는 정책결정자를 위해 목표와 수단을 명확하게 하는 역할을 담당한다고 본다.

③ '관료적 기업가형'은 정책집행자가 목표와 수단을 강구한 다음 정책결정자를 설득하고, 정책결정자는 정책집행자가 수립한 목표와 수단을 기술하는 역할을 담당한다고 본다.

④ '지시적 위임형'은 정책결정자가 구체적인 목표와 수단을 설정하면, 정책집행자는 정책결정자의 지시와 위임을 받아 정책대상집단과 협상하는 역할을 담당한다고 본다.

2 지시적 위임(가)형(instructed delegates)

① 정책결정자들에 의해 목표가 수립되고 대체적인 방침만 정해진 뒤 나머지 부분은 정책집행자에게 위임된다. 집행자들은 이 목표와 방침에 합의한 상태에서 집행 시에는 충분한 재량권을 부여받는다.

② 이 유형은 정책결정자가 정책집행자에게 고전적 기술자형보다는 많은 권한을 위임한다. 정책결정자는 정책집행자에게 광범위한 행정적 권한을 부여하며, 정책집행자는 목표의 필요성에 합의하고 목표달성에 필요한 기술적, 행정적, 협상적 능력을 보유한다.

③ 집행자가 보다 많은 재량권을 행사하는 경우로, 이 재량권은 정책수단의 선택에서 주로 행사된다.

3 협상(자)형(bargainers)

① 협상형은 앞의 두 유형과는 달리 정책결정자와 정책집행자가 목표와 목표달성 수단에 반드시 합의를 하고 있지는 않으며, 정책결정자와 정책집행자 간의 협상에 의한 타협에 따라 집행이 이루어진다.

② 이 유형에서는 정책집행자가 정책수단만이 아니라 정책목표에 대해서도 정책결정자(집행자가 많으면 집행자들 간에서도)와 협상·흥정을 하게 된다.

③ 협상형은 미국 연방정부(정책결정자)와 주정부(정책집행자) 사이에 흔히 나타나는 현상으로, 사회정책적 사업들에서 전형적으로 나타난다. 양자 간의 흥정은 흔히 '상호적응'이라고 불린다.

4 재량적 실험(가)형(discretionary experimentaters)

(1) 개념

① 재량적 실험형은 현실적 여건으로 인해 정책결정자들이 구체적인 정책이나 목표를 설정하지 못하고 추상적인 수준에 머물러 있기 때문에 정책의 대부분을 정책집행자에게 위임하는 유형이다.

② 즉, 정책결정자가 막연하고 추상적인 정책목표를 결정하여 정책집행자에게 정책목표와 수단 등의 구체적인 내용 결정에서 광범위한 재량권을 위임하는 것이다.

(2) 발생 이유

① 재량적 실험형이 나타나는 이유는 심각한 정책문제가 있고 이를 해결해야 할 필요성을 정책결정자들이 느끼고 있지만, 즉 일반 여론이나 언론기관에서 주택문제, 교육문제 등에 대해서 정부가 '무엇인가 해야 된다.'라는 강한 압력을 받고 있지만 정책결정자들이 무엇을 어떻게 해야 할지 모르기 때문이다.

② 이는 정책결정자가 전문지식이 부족하여 불확실한 상황에서 정보가 부족하고 상황도 복잡한 경우를 말하는데, 이런 상태에서 정책목표만 막연히 결정하고 전문가인 정책집행자에게 구체적인 내용을 결정하도록 하되, 실험적으로 결정·추진하게 하고 집행과정에서 환류되는 정보를 이용하여 문제를 해결하도록 하는 것이다.

(3) 대표적 예

① 전문적인 보건의료기관에서 많이 볼 수 있다. 국가보건연구소나 의과대학이 암이나 뇌내출혈, 심장병 등의 연구를 수행할 수 있도록 정부가 자금을 보조해 주는 경우이다.

② 복잡한 사회문제를 해결하기 위한 '빈곤과의 전쟁'과 관련된 사업계획의 경우도 대부분 이 유형에 해당된다. 이러한 분야의 문제들은 정책결정자가 쉽게 판단할 수 없는 고도의 전문성이나 기술성을 요구할 뿐만 아니라, 복잡한 정치적 이해관계가 얽혀 있기 때문에 정책결정자는 이의 해결을 집행자에게 위임해 버린다.

5 관료적 기업가형(bureaucratic entrepreneurs)

(1) 개념

① 나카무라(Nakamura)와 스몰우드(Smallwood)는 고전적 기술관료형을 정책결정자가 가장 강력하게 집행자를 통제하는 유형으로, 관료적 기업가형은 그 정반대의 유형으로 제시하고 있다.

② 정책집행자가 정책결정자와 협상하여 수단을 확보하고 목표를 달성하며 정책결정자의 권한을 장악하고 결정과정을 지배하는 유형으로, 정책집행자가 정책결정자의 결정권을 장악하고 정책과정 전반을 완전히 통제한다.[6]

(2) 전제조건

① 정책집행자가 정책목표를 결정하고, 공식적 정책결정자를 설득 또는 강제하여 이 정책목표를 받아들이도록 한다.

② 정책집행자는 정책목표달성에 필요한 정책수단을 확보하기 위해서 정책결정자와 협상·흥정을 한다.

｜ 나카무라(Nakamura)와 스몰우드(Smallwood)의 정책집행 유형

구분	정책결정자	정책집행자	평가기준
고전적 기술관료(자)형	명확한 목표 제시	목표달성을 위한 기술적 권한만 위임	정책목표의 달성도 (효과성)
지시적 위임(가)형	명확한 목표 제시	목표달성을 위한 기술적 권한 + 행정적·관리적 권한을 위임	효과성 또는 능률성
협상(자)형	결정자와 집행자 간에 정책목표와 정책수단에 대해 협상		정책지지 및 유권자의 만족도
재량적 실험(가)형	결정자의 지식 부족 등으로 인해 추상적·일반적 목표만 설정	목표 구체화와 수단의 개발에 관한 광범위한 재량을 위임	정책수혜집단의 대응도
관료적 기업가형	결정자와 수단에 대해 협상	집행자가 정책과정 전반을 완전히 통제	체제 유지

---

6) 나카무라와 스몰우드가 예로 들고 있는 정책집행자들은 대통령에 의하여 임명된 장관이나 미연방 경찰국장 등인데, 이들이 정책결정자인 대통령에 대항하여 권력을 행사할 수 있는 것으로 크게 세 가지 이유를 들고 있다. ① 정책결정 및 집행에 필요한 정보를 생산하고 통제할 수 있는 힘이다. ② 거대한 관료조직이 새로운 혁신과 변화를 추구하는 정책결정자에게 대항하는 것이다. ③ 정책집행자 개인의 정치적 수완과 창업가적 노력과 공적으로 정책결정자를 압도하는 힘을 발휘하는 경우이다.

바로 확인문제

20   2017 지방직 7급

나카무라(Nakamura)와 스몰우드(Smallwood)가 제시한 가장 광범위한 재량을 갖는 정책집행자의 유형은?

① 지시적 위임자형
② 관료적 기업가형
③ 협상가형
④ 재량적 실험가형

21   2009 국가직 7급

나카무라(R. T. Nakamura)와 스몰우드(F. Smallwood)가 분류한 정책집행의 유형 중 '관료적 기업가형'에 대한 설명으로 옳은 것은?

① 정책결정가는 명백한 목표를 설정하고, 정책집행가는 이러한 목표의 바람직성에 동의한다.
② 정책결정가와 정책집행가는 정책목표의 바람직성에 대해서 반드시 의견을 같이 하지는 않는다.
③ 정책결정가가 정책형성에 정통하고 있지 않아 많은 재량권을 정책집행가에게 위임한다.
④ 정책집행가는 정책결정에 필요한 정보를 산출하고 통제함으로써 정책과정을 지배한다.

22   2019 국가직 9급

나카무라(Nakamura)와 스몰우드(Smallwood)의 정책결정자와 정책집행자의 관계 유형 중 다음 설명에 해당하는 것은?

- 정책집행자는 공식적 정책결정자로 하여금 자신이 결정한 정책목표를 받아들이도록 설득 또는 강제할 수 있다.
- 정책집행자는 목표를 달성하기 위한 수단을 획득하기 위해 정책결정자와 협상한다.
- 미국 FBI의 국장직을 수행했던 후버(Hoover) 국장이 대표적인 예이다.

① 지시적 위임형
② 협상형
③ 재량적 실험가형
④ 관료적 기업가형

05 정책(행정)수단

1 직접성 정도에 의한 분류(Salamon)

직접성	정책수단	효과성	효율성	형평성	관리 가능성	정당성 (정치적 지지)
낮음	손해책임법, 대출보증, 정부출자 기업, 바우처, 보조금	낮음	높음	낮음	낮음	높음
중간	조세지출, 계약, 사회적 규제, 벌금	낮음/중간	중간	낮음	낮음	높음
높음	보험, 직접 대출, 공기업, 정부 소비, 경제적 규제, 정보 제공	높음	중간	높음	높음	낮음

2 강제성 정도에 의한 분류

강제성	정책수단	효과성	효율성	형평성	관리 가능성	정당성 (정치적 지지)
낮음	손해책임법, 정보 제공, 조세지출	낮음	중간	낮음	중간	높음
중간	바우처, 보험, 보조금, 공기업, 대출 보증, 직접 대출, 계약, 벌금	중간	높음	중간	중간	중간
높음	경제적 규제, 사회적 규제	높음	높음/낮음	높음	낮음	높음/낮음

3 일반적(정부개입의 정도에 의한) 분류

강제적 수단	정부의 직접 시행, 법과 규제, 공기업, 서비스 공급 등
혼합적 수단	보조금, 조세감면, 지급보증, 세금, 기타 경제적 수단
자발적 수단	민간부문(시민단체, 시장경제 등)의 자율적 활동

06 정책대상집단의 조직화 정도와 순응방안

1 정책대상집단의 조직화 정도

(1) 대상집단의 성격, 조직화 정도

구분		규모 및 조직화 정도	
		강	약
집단의 성격	수혜집단	집행내용의 변화(용이)	집행 용이
	희생집단	집행 곤란	집행 용이

23 2011 국가직 7급

살라몬(L. M. Salamon)의 정책수단 분류에서 직접성의 정도가 낮은 유형에 속하는 것끼리 묶은 것은?

ㄱ. 경제규제(economic regulation)
ㄴ. 보조금(grant)
ㄷ. 바우처(voucher)
ㄹ. 공기업(government corporations)

① ㄱ, ㄷ ② ㄱ, ㄹ
③ ㄴ, ㄷ ④ ㄴ, ㄹ

24 2015 서울시 9급

살라몬(Salamon)의 '직접성의 정도에 따른 행정(정책)수단 분류'에 의할 때 다음 중 직접성이 가장 높은 행정(정책)수단은?

① 조세지출 ② 정부출자기업
③ 사회적 규제 ④ 정부 소비

25 2016 국가직 7급

살라몬(Salamon)의 정책수단 유형 중 간접수단에 해당하는 것은?

① 경제적 규제 ② 조세지출
③ 직접대출 ④ 공기업

26 2018 국가직 9급

살라몬(L. M. Salamon)이 제시한 정책수단의 유형에서 직접적 수단으로만 묶인 것은?

ㄱ. 조세지출(tax expenditure)
ㄴ. 경제적 규제(economic regulation)
ㄷ. 정부 소비(direct government)
ㄹ. 사회적 규제(social regulation)
ㅁ. 공기업(government corporation)
ㅂ. 보조금(grant)

① ㄱ, ㄴ, ㄷ ② ㄱ, ㄹ, ㅂ
③ ㄴ, ㄷ, ㅁ ④ ㄹ, ㅁ, ㅂ

(2) 집단의 구성, 조직화 정도

구분		규모 및 조직화 정도	
		강	약
집단의 구성	수혜집단 > 희생집단	집행 용이	집행 용이
	수혜집단 = 희생집단	집행 곤란	집행 용이
	수혜집단 < 희생집단	집행 곤란	집행 용이

2 정책의 3대 순응확보수단

(1) 도덕적 설득(normative persuasion)

순응주체에게 특정한 정책에 순응하는 것이 국가적·사회적으로, 윤리적·도덕적으로 올바른 것 또는 좋은 것임을 인식시키기 위한 설득을 의미한다. 일선집행관료나 중간매개자는 원래 적극적으로 정책집행을 해야 할 도덕적·윤리적·법적 책임이 있기 때문에 이들에 대한 도덕적 설득은 큰 저항이 없다. 반면 정책대상집단은 자신들에게 피해를 주는 정책의 경우 그 정책내용의 소망성과 이를 결정하고 집행하는 결정기관과 집행기관의 정통성과 신뢰성에 대하여 의문을 품는 수가 있어서 의도적으로 불응의 핑계를 여기에서 찾으려고 한다. 이런 경우에 이들에게 도덕적 설득이 필요한 것이다.

(2) 유인(incentives) 또는 보상(rewards)

순응할 경우 혜택을 제공하여 순응자가 자발적으로 순응하도록 하는 방법이다. 유인 또는 보상의 단점은 도덕적 자각이나 이타주의적 고려에 의해 자발적으로 순응하는 사람들의 명예나 체면을 손상시키고 사람의 타락을 유발할 수 있고, 경제적 유인이 순응에 미치는 영향력을 정확하게 확인할 수 없으며, 비용이 많이 든다는 것이다.

(3) 처벌(punishment or penalty) 또는 강압(coercion)

순응하지 않을 경우 처벌하거나 처벌하겠다고 위협하여 순응을 확보하는 방법이다. 처벌 또는 강압의 단점은 개인의 인권, 재산 등을 침해하고, 감정적인 적개심을 유발시켜 처벌만 없으면 불응을 쉽게 하도록 하는 심리적 역효과를 가져오며, 불응의 형태를 정확하게 점검 및 파악하기 어려운 경우가 많다.

27 2021 국가직 7급

살라몬(Salamon)의 정책수단 유형 중 직접수단에 해당하는 것은?

① 사회적 규제　　② 보조금
③ 조세지출　　④ 공기업

28 2022 지방직(= 서울시) 9급

살라몬(Salamon)의 정책도구 분류에서 강제성이 가장 높은 것은?

① 경제적 규제　　② 바우처
③ 조세지출　　④ 직접대출

29 2022 국가직 7급

다음은 정책순응을 확보하기 위한 수단과 그 특징에 대한 설명이다. (가)~(다)에 들어갈 말을 바르게 연결한 것은?

- (가): 일선 집행관료는 큰 저항을 하지 않으나 정책에 의해 피해를 입는 대상집단은 의도적으로 불응의 핑계를 찾으려 한다.
- (나): 도덕적 자각이나 이타주의적 고려에 의해 자발적으로 순응하는 사람들의 명예나 체면을 손상시키고 사람의 타락을 유발할 수 있다.
- (다): 불응의 형태를 정확하게 점검 및 파악하기 어려운 경우가 많다는 약점이 있다.

	(가)	(나)	(다)
①	도덕적 설득	유인	처벌
②	도덕적 설득	처벌	유인
③	유인	도덕적 설득	처벌
④	처벌	유인	도덕적 설득

05 정책집행론

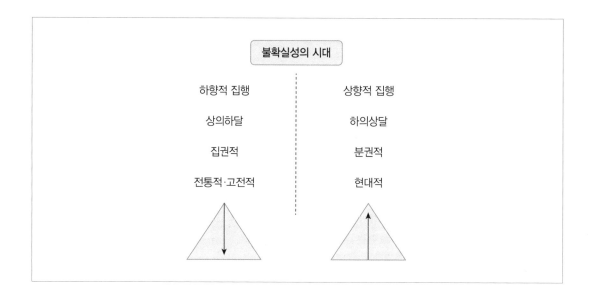

06 정책평가론

정답과 해설 ▶ P.32

01 정책평가의 의의

1 정책평가의 개념

① 정책평가란 정책집행의 결과 또는 집행되고 있는 결과에 대한 사후평가 및 분석을 말한다.

② 정책평가는 정책결정의 환류장치로서, 행정활동의 합리성과 일관성을 확보해 준다.

2 정책평가의 등장 배경

① 1960년대 중반 미국 연방정부의 '위대한 사회(great society)'의 건설을 위한 사회정책적 사업들이 대부분 실패하자, 보수주의자들이 사회정책적 사업 전반에 대한 평가보고서를 발표하였다.

② 1960년대 미국에서 계획예산제도(PPBS)를 도입하였으나 실패하였다.

③ 국립무료유아원사업(head start program)이 실패하였다.

④ 장기적 관점에서 정책과정의 비용 절감이 필요하였다.

3 정책평가의 목적과 필요성

(1) 목적

① 정책이 국민의 요망에 어느 정도 대응하고 있는가, 즉 정책에 대한 국민의 만족도를 파악할 수 있게 한다.

② 정책평가의 결과 정보는 합리적인 정책의 결정, 수정, 보완, 종결 등에 도움이 된다.

③ 합리적인 자원의 재배분을 가능하게 한다.

④ 행정인이 평가를 통하여 자기 활동을 새로운 관점에서 파악할 수 있게 한다.

(2) 필요성

① 목표가 얼마나 잘 충족되었는가를 파악하기 위해

② 성공과 실패의 원인을 구체적으로 제기하기 위해

③ 프로그램의 성공을 위한 원칙을 발견하기 위해

④ 효과성을 증진시키기 위해 여러 기법을 사용하는 실험과정으로 유도하기 위해

⑤ 대안적 기법을 상대적인 성공을 위한 근거에서 더 향상된 연구를 위한 기초를 마련하기 위해

⑥ 목표달성을 위해 사용된 수단과 하위 목표들을 재규정하기 위해

바로 확인문제

01   2005 노동부 9급

최근 정책과정에서 정책평가단계가 중시되고 있는 이유로 옳지 <u>않은</u> 것은?

① 단기적으로 정책과정의 비용을 줄일 수 있기 때문이다.

② 선진행정기법의 도입과도 관련이 있다.

③ 정책의 효과성을 높이기 위하여 필요하기 때문이다.

④ 정책에 대한 책임성을 높이기 위해서이다.

02   2010 서울시 9급

정책평가의 목적으로 적절하지 <u>않은</u> 것은?

① 정책대안의 예측 결과에 대한 비교평가

② 목표의 충족 여부 파악

③ 성공과 실패의 원인 제시

④ 목표달성을 위해 사용된 수단과 하위 목표의 재규정

⑤ 효과성을 증진시키기 위해 여러 기법을 사용하는 실험과정으로의 유도

03
2021 국가직 7급
정책평가의 일반적인 절차를 순서대로 바르게 나열한 것은?

> ㄱ. 정책평가 대상 확정
> ㄴ. 평가 결과 제시
> ㄷ. 인과모형 설정
> ㄹ. 자료 수집 및 분석
> ㅁ. 정책목표 확인

① ㄱ → ㅁ → ㄷ → ㄹ → ㄴ
② ㅁ → ㄱ → ㄷ → ㄴ → ㄹ
③ ㅁ → ㄱ → ㄷ → ㄹ → ㄴ
④ ㅁ → ㄷ → ㄱ → ㄹ → ㄴ

04
2018 서울시 9급
정책평가에 대한 설명으로 가장 옳지 <u>않은</u> 것은?

① 총괄평가(summative evaluation)는 정책이 종료된 후에 그 정책이 당초 의도했던 효과를 가져왔는지의 여부를 판단하는 활동이다.
② 메타평가(meta evaluation)는 평가자체를 대상으로 하며, 평가활동과 평가체제를 평가해 정책평가의 질을 높이고 결과활용을 증진하기 위한 목적으로 활용된다.
③ 평가성 사정(evaluability assessment)은 영향평가 또는 총괄평가를 실시한 후에 평가의 유용성, 평가의 성과증진 효과 등을 평가하는 활동이다.
④ 형성평가(formative evaluation)란 프로그램이 집행과정에 있으며 여전히 유동적일 때 프로그램의 개선을 위해서 실시하는 평가이다.

05
2023 국가직 7급
정책평가의 유형에 대한 설명으로 옳지 <u>않은</u> 것은?

① 평가성 사정(evaluability assessment)은 평가의 실행가능성을 검토하는 일종의 예비평가이다.
② 정책영향평가는 사후평가이며 동시에 효과성 평가로 볼 수 있다.
③ 모니터링은 과정평가에 속하지만 집행의 능률성과 효과성을 확보하기 위한 평가이다.
④ 형성평가는 집행이 종료된 후 정책이 의도했던 목적을 달성했는지에 초점을 맞춘다.

4 정책평가과정(절차)

① 정책개요 작성 및 정책목표 규명
② 평가성 사정[1]
③ 평가기준의 설정
④ 인과모형의 작성
⑤ 평가연구설계
⑥ 자료의 수집 및 분석
⑦ 평가결과의 환류 및 활용

02 정책평가의 유형

1 시기에 따른 분류: 형성적 평가 + 총괄적 평가 = 종합적 평가

(1) 형성적 평가

집행과정에서 나타나는 여러 문제점을 해결하여 좀 더 나은 집행전략과 방법을 구하고자 하는 평가이다. 질적 방법에 의존한다.

(2) 총괄적 평가

정책이 집행된 후 그 정책이 의도했던 효과를 초래했는가를 평가하는 것으로, 정책수단과 목표 사이에 존재하는 인과관계를 검증하는 평가이다. 총괄평가에는 효과성평가, 능률성평가, 형평성평가가 있다. 양적 방법에 의존한다.

2 목적에 따른 분류: 과정평가 + 영향평가 = 포괄적 평가

(1) 과정평가

제시된 지침에 따라 정책이 구체화되었는가에 관한 평가이다.

(2) 영향평가

정책이 의도하는 방향에 따라서 어느 정도의 변화와 영향을 불러일으켰는가를 검토하는 평가이다.

---

1) 평가성 사정(평가성 검토, evaluability assessment)은 본격적인 평가를 시작하기 전에 실시하는 평가의 소망성과 가능성을 검토하는 것이다. 즉, 어떠한 사업 또는 사업의 어떠한 부분을 평가하여야 유용한 평가가 될 것인지를 결정하기 위해서 행해지는 사업의 개략적 검토방법의 하나로, 일종의 예비평가이다.

3 기타 정책평가

(1) 사전평가

사전평가는 정책집행이 이루어지기 전에 하는 평가이다.

(2) 사후평가

사후평가는 정책집행이 이루어진 후에 실시하는 평가이다. 일반적으로 사후평가만을 진정한 의미의 평가라고 하는 경우가 많다.

(3) 계속적 평가

계속적 평가란 사전평가와 사후평가를 계속적으로 수행하는 것을 의미한다.

03 정책평가의 타당성과 신뢰성

1 정책평가의 타당성

정책평가는 정책수단과 정책목표 사이에 존재하는 인과관계를 검증하고 정책이 집행된 후 정책이 의도한 정책효과가 발생하였는가 여부를 판단하는 데 그 목적이 있다.[2] 따라서 정책평가가 정책의 효과를 얼마나 진실에 가깝게 추정해 내고 있느냐하는 정도를 나타내는 개념인 정책평가의 타당도는 매우 중요하다. 쿡과 캠벨(Cook & Campbell)은 타당성을 네 가지로 분류하였다.

(1) 구성적 타당성

① 처리, 결과, 모집단 및 상황들에 대한 이론적 구성요소들이 성공적으로 조작화된 정도를 의미한다.
② 연구에 사용된 이론적 구성개념과 이를 측정하는 측정도구(수단)가 얼마나 일치되는지의 정도를 나타낸다.

(2) 통계적 결론의 타당성

① 진정한 정책효과를 분석할 수 있을 만큼 정밀하게 설계되어야 함을 의미한다. 만일 정책결과가 존재하고 이것이 제대로 조작되었다고 할 때, 이에 대한 효과를 찾아낼 만큼 충분히 정밀하고 강력하게 연구설계가 이루어진 정도를 말한다.
② 추정된 원인(정책 또는 프로그램)과 추정된 결과(정책환경적 상황 및 조건의 변화) 사이에 관련이 있는가에 관한 통계적인 의사결정의 타당성이다.[3]
③ 통계학에서 말하는 제1종 오류(type I error)와 제2종 오류(type II error)를 범하게 되면 통계적 결론의 타당성은 낮아진다.

바로 확인문제

06   2004 경기 9급

정책평가에 있어서 과정평가의 내용과 관련이 없는 것은?

① 정책목표의 달성 여부를 판단한다.
② 정책지침의 준수 여부를 확인한다.
③ 계획된 대로 자원이 투입되었는지 확인한다.
④ 정책이 의도한 대로 집행되었는지 점검한다.

07   2017 국가직 7급 추가채용

정책평가의 종류에 대한 설명으로 옳지 않은 것은?

① 형성평가는 집행 도중에 이루어지는 평가로서, 집행관리와 전략의 수정 및 보완을 위한 것이다.
② 정책비용의 측면을 고려하는 능률성평가는 총괄평가에서 검토될 수 없다.
③ 평가주체에 따른 분류에서 시민단체에 의한 평가는 외부적 평가이다.
④ 평가성 사정은 본격적인 평가기능 여부와 평가결과의 프로그램 개선가능성 등을 진단하는 일종의 예비적 평가이다.

08   2020 지방직(=서울시) 9급

정책평가의 논리에서 수단과 목표 간의 인과관계에 대한 설명으로 옳은 것만을 모두 고르면?

> ㄱ. 정책목표의 달성이 정책수단의 실현에 선행해서 존재해야 한다.
> ㄴ. 특정 정책수단 실현과 정책목표 달성 간 관계를 설명하는 다른 요인이 배제되어야 한다.
> ㄷ. 정책수단의 변화 정도에 따라 정책목표의 달성 정도도 변해야 한다.

① ㄱ   ② ㄷ
③ ㄱ, ㄴ   ④ ㄴ, ㄷ

---

2) 정책의 실시와 정책목표의 달성에 있어 두 사건 간에 인과관계를 단정하기 위해서는 적어도 세 가지 조건이 충족되어야 한다. ① 정책(독립변수)은 목표달성(종속변수)보다 시간적으로 선행해야 하고(시간적 선행성), ② 정책수단의 변화 정도에 따라 달성 정도도 변화해야 하며(공동 변화), ③ 그 정책 이외의 다른 요인이 목표달성에 영향을 미치지 않았음을 입증해야 한다(경쟁가설 배제 혹은 비허위적 관계).

3) 쿡과 캠벨이 내적 타당성을 논의하기 전에 통계적 결론의 타당성을 먼저 언급한 것은, 정책과 상황 변화 간의 통계적 관계의 존재가 내적 타당성의 전제조건이 되기 때문이다. 일단 추정된 원인(정책 또는 프로그램)과 추정된 결과(상황 및 조건의 변화) 사이에 관련이 있다는 전제하에서 그와 같은 결과(상황 및 조건의 변화)가 과연 추정된 원인(정책 또는 프로그램)에 기인한 것인가, 아니면 다른 원인에 기인한 것인가를 판단하는 것이 내적 타당성의 초점이 되기 때문이다.

09 2008 국가직 9급

정책평가의 타당성에 관한 설명으로 옳지 않은 것은?

① 외적 타당성은 조사연구의 결론을 다른 모집단, 상황 및 시점에 어느 정도까지 일반화시킬 수 있는지의 정도를 나타낸다.

② 구성적 타당성은 연구설계를 정밀하게 구성하여 평가과정에서 제1종 및 제2종 오류가 발생하지 않는 정도를 나타낸다.

③ 내적 타당성은 추정된 원인과 그 결과 사이에 존재하는 인과적 추론의 정확성에 관한 것이다.

④ 통계적 결론의 타당성은 추정된 원인과 추정된 결과 사이에 관련이 있는지에 관한 통계적인 의사결정의 타당성을 말한다.

10 2014 지방직 9급

정책평가의 내적 타당성을 저해하는 요인들 중 외재적 요인은?

① 선발요인　② 역사요인
③ 측정요인　④ 도구요인

11 2020 지방직(=서울시) 7급

다음 사례에서 제시된 '경쟁가설'과 관련한 정책평가의 내적 타당성 위협요인은?

> 정부는 ○○하천의 수질오염을 방지하기 위해 주변 모든 공장에 폐수정화시설을 의무적으로 갖추도록 하는 정책을 시행했다. 1년 후 정부는 정책평가를 통해 ○○하천의 오염 정도가 정책실시 이전보다 훨씬 낮게 나타났다는 결과를 발표했다. ○○하천의 수질개선은 정책의 효과라는 정부의 입장에 대해, A교수는 "○○하천이 깨끗해진 것은 정책 시행기간 중 불경기가 극심하여 많은 공장들이 문을 닫았고, 정책평가를 위한 오염수준 측정 직전에 갑자기 비가 많이 왔기 때문"이라는 경쟁가설을 제기했다.

① 역사요인　② 검사요인
③ 선발요인　④ 상실요인

(3) 내적 타당성(제1차적 목적)

① 개념

㉠ 내적 타당성은 원인변수와 결과변수 간의 인과관계 추론의 정확도를 말하며, 정책이 집행된 후에 일어난 변화가 정책 때문인지 또는 다른 요인에 의한 것인지 명백히 하는 것이다.

㉡ 어떤 특정한 상황에서 정책이 집행된 후에 결과 변수상에서 변화가 일어났을 때 이 변화가 정책 때문에 발생했는지 아니면 다른 요인에 의해서 발생하게 되었는지를 명백히 하게 되면 정책평가는 내적 타당성이 있게 된다. 즉, 밝혀낸 원인과 결과에 대한 설명이 허위적 요인에 기인하지 않아야 함을 의미한다.

② 내적 타당성의 저해요인 분류: 내적 타당성을 위태롭게 하는 요소들은 외재적인 요소들과 내재적 요소들로 구분되는데, 이들은 개별적 또는 복합적으로 내적 타당성을 저해할 수 있다.

㉠ **외재적 요소**: 실험집단과 통제집단을 구성할 때 두 집단에 서로 다른 개인들을 할당함으로써 발생하게 되는 편견으로, 선발(selection)요소라고 부르기도 한다.

㉡ **내재적 요소**: 정책을 집행하는 동안에 평가과정에 스며들어 나타나는 변화를 의미한다. 역사적 요소, 성숙효과, 피실험자 상실, 측성요소, 통계적 회귀, 측정도구의 변화 등이 있다.

③ 내적 타당성의 저해요인

㉠ **역사적 요소(history)**: 연구기간 동안에 실험자의 의도와 관계없이 일어나는 사건이 정책효과의 연구대상이 되고 있는 개인이나 집단에 영향을 미쳐 대상변수에 중요한 영향을 끼치는 경우이다. 프로그램을 집행하기 전과 후에 측정을 하는데, 이때 그 기간이 길면 길수록 역사적 사건이 나타나게 될 확률은 더욱 높아진다.

> **예** 정부는 혼잡통행료 제도의 효과를 측정하기 위해 혼잡통행료 실시 이전과 실시 후의 도심의 교통 흐름도를 측정·비교하였다. 그런데 두 측정시점 사이에 유류가격이 급등하는 상황이 발생하였다.

㉡ **통계적 회귀요소(regression artifact)**: 실험집단으로 선정된 집단이 잘못 선정되어 측정하고자 하는 결과변수의 수준이 지나치게 높거나 낮았다가 다음 측정에서는 평균치로 향하는 것을 의미한다. 실험 직전의 측정결과를 토대로 집단을 구성할 때, 평소와는 달리 유별나게 좋거나 나쁜 결과를 얻은 사람들이 선발되는 수가 있다. 이런 사람들은 실험이 진행되는 동안에 자신의 원래 위치로 돌아가게 되는데, 그렇게 되면 측정결과에 대한 해석이 제대로 될 수 없다. 즉, 극단적인 성향을 가진 여러 실험대상자들에 대해 실험 직전 시험을 단 1회 쳐 보고 그 시험결과를 토대로 실험대상자를 선정하여 실험의 효과를 측정하려고 할 때에 나타날 수 있는 현상과 관련된 것이다. 실험집단의 구성에서 극단치가 포함되는 경우에 그 효과는 재실험을 통해 감소되는 경향을 보인다는 것이다. 회귀요인(regression)을 제거하기 위해서는 장기간에 걸쳐 객관적인 방법으로 측정한 결과를 바탕으로 집단을 구성해야 한다.

> **예** 공무원 교육원에서는 연수생을 대상으로 영어시험을 치른 후 최하위 20%에 해당하는 연수생들에게 영어특강을 실시하고 그 효과를 평가하려고 한다. 이때 평가의 내적 타당성을 위협하는 요인 중에서 가장 유의해야 할 것이 통계적 회귀요인이다.

㉢ **성숙효과(maturation effect)**: 평가에 동원된 집단구성원들이 정책의 효과와는 관계없이 스스로 성장함으로써 나타날 수 있는 효과이다. 시간의 흐름에 따라 자연스럽게 나타나는 실험 전과 실험 후 상태의 차이를 정책효과로 잘못

평가하는 경우에 발생하는데, 결국 실험기간 중 실험집단의 특성이 변화함으로써 결과에 영향을 미치는 것을 의미한다. 관찰기간이 길면 길수록 성숙효과가 나타날 가능성이 높다.

ㄹ. **피실험자 상실**(experimental mortality, 상실요소): 피조사자의 일부가 연구기간 동안에 이사, 전보 등으로 변화를 보였을 때 나타나며, 정책집행기간 중 대상집단의 일부가 탈락해서 남아 있는 대상이 처음과 다른 경우에 발생한다. 이것이 실험집단과 비교집단에서 서로 다른 성격과 비율로 탈락한다면, 이들 두 집단의 구성을 처음과 다르게 함으로써 결과에 대한 잠재적 편견의 원천이 될 수 있다.

ㅁ. **실험**(testing)**효과**(측정요소): 정책 및 프로그램의 실시 전후 유사한 검사를 반복하는 경우에 시험에 친숙도가 높아져 측정값에 영향을 미치는 경우이다. 즉, 실험 대상자들이 사전측정의 내용에 친숙해져서 사후 측정값이 달라지는 것이다.

ㅂ. **측정도구의 변화**(instrumentation): 정책이나 프로그램의 진행 전과 집행 후에 측정하는 절차나 측정도구가 변화되는 것을 말한다.

ㅅ. **선발과 성숙의 상호작용**: 실험집단과 통제집단의 동등화가 이루어지지 않았을 뿐만 아니라, 그들 두 집단의 성장 또는 성숙의 비율이 다를 수도 있다. 즉, 실험집단과 통제집단 간의 성숙효과가 차이가 나는 현상을 말한다. 이것이 정책효과를 왜곡하는 편견의 원천이 될 수 있다.

ㅇ. **처치와 상실의 상호작용**: 실험집단과 통제집단에 무작위 배정이 이루어진 경우라 할지라도 이들 집단들에 서로 다른 처치로 인해서 두 집단으로부터 처치기간 동안에 서로 다른 성질의 구성원들이 상실될 수 있다. 남아 있는 개인들을 대상으로 처치효과를 추정하게 되면 그 결과가 왜곡될 가능성이 있다.

(4) 외적 타당성

① **개념**: 특정 상황에서 내적 타당성을 확보한 정책평가가 다른 상황에서도 적용될 가능성, 즉 일반화의 가능성을 말한다. 예를 들어, 정책평가의 구성내용이 특정 지역에서만 적용되는 것이 아니라 다른 지역, 환경에서도 폭넓게 적용될 수 있어야 한다는 것을 의미한다.

② **외적 타당성의 저해요인**

ㄱ. **실험조작의 반응효과**(호손효과): 인위적인 실험환경에서 얻은 실험적 변수의 결과를 모집단에 일반화하기 어려운 점이 있다.

ㄴ. **크리밍효과**(creaming effect): 조건이 양호한 집단을 대상으로 정책수단을 실시한 후, 그 결과가 좋게 나타난 정책수단을 다른 상황에 적용하려고 하는 경우에 나타나는 외적 타당성상의 문제를 크리밍효과라고 한다.[4]

ㄷ. **실험조작과 측정의 상호작용**: 실험 전 측정이 피조사자의 실험조작에 대한 감각에 영향을 줄 수 있으므로, 이렇게 하여 얻은 결과를 일반적인 모집단에도 일반화할 수 있는가 하는 문제이다.

ㄹ. **표본의 대표성 부족**: 통제집단과 실험집단 간에 동질성이 있더라도 각 집단의 구성원이 사회적 대표성이 없으면 일반화가 곤란하다.

---

[4] 크리밍(creaming)이라는 것은 원래 우유 위에 떠 있는 크림의 좋은 부분만을 퍼내는 것을 의미하는데, 실험과 조사에서 이와 같이 좋은 대상만을 취해서 실험이나 조사를 행하는 경우 그 결과를 일반화시키는 데 한계가 있음을 비유하는 의미로 사용된다.

12   2021 지방직(=서울시) 9급

정책실험에서 내적 타당성을 위협하는 요인 중 다음 설명에 해당하는 것은?

> 사전측정을 경험한 실험 대상자들이 측정 내용에 대해 친숙해지거나 학습 효과를 얻음으로써 사후측정 때 실험집단의 측정값에 영향을 주는 효과이며, '눈에 띄지 않는 관찰' 방법 등으로 통제할 수 있다.

① 검사요인   ② 선발요인
③ 상실요인   ④ 역사요인

13   2019 국가직 7급

정책평가에서 내적 타당성에 대한 설명으로 옳지 않은 것은?

① 역사요인은 외부환경에서 발생하여 사전 및 사후 측정값이 달라지게 만드는 어떤 사건을 말한다.
② 성숙효과는 실험 대상들이 사전측정의 내용에 대해 친숙하게 되어 사후 측정값이 달라지는 것이다.
③ 상실요인은 정책집행 기간에 대상자 일부가 이탈하여 사전 및 사후 측정값이 달라지는 것과 관련이 있다.
④ 선발요인은 실험집단 및 통제집단에 대한 무작위 배정과 사전측정을 통해 어느 정도 통제할 수 있다.

14   2019 군무원 9급 추가채용

정책평가의 외적 타당성 저해요인에 해당하는 것은?

① 성숙효과, 선정효과
② 성숙효과, 크리밍효과
③ 크리밍효과, 호손효과
④ 역사효과, 호손효과

15   2020 국회직 8급

정책평가과정에서 효과가 크게 나타날 사람들만을 의도적으로 실험집단에 포함시킴으로써 실제보다 정책의 효과가 과대평가되는 경우를 설명하는 개념은?

① 선정효과
② 회귀효과
③ 오염효과
④ 크리밍효과(creaming effect)
⑤ 대표효과

16 2021 국가직 9급

정책평가와 관련하여 실험결과의 외적 타당성을 저해하는 유인으로 옳지 <u>않은</u> 것은?

① 연구자의 측정기준이나 측정도구가 변화되는 경우
② 표본으로 선택된 집단의 대표성이 약할 경우
③ 실험집단 구성원 자신이 실험대상임을 인지하고 평소와 다른 특별한 반응을 보일 경우
④ 실험의 효과가 크게 나타날 것으로 예상되는 집단만을 의도적으로 실험집단에 배정하는 경우

17 2020 군무원 7급

정책평가의 타당성과 신뢰성에 대한 설명으로 옳은 것은?

① 신뢰성이 없는 측정은 항상 타당성이 없다.
② 타당성은 척도 또는 측정도구가 얼마나 일관성 있게 작용하는가에 영향을 받는다.
③ 타당성이 있는 측정은 신뢰성이 있을 수도 있고 없을 수도 있다.
④ 신뢰성은 척도 또는 측정도구가 측정하고자 하는 것을 얼마나 정확히 반영하는가에 영향을 받는다.

18 2020 국가직 9급

정책평가를 위한 측정도구의 타당성과 신뢰성에 대한 설명으로 옳지 <u>않은</u> 것은?

① 타당성은 없지만 신뢰성이 높은 측정도구가 있을 수 있다.
② 신뢰성이 없지만 타당성이 높은 측정도구는 있을 수 없다.
③ 신뢰성은 측정도구의 타당성을 담보할 수 있는 충분조건이다.
④ 타당성이 없는 측정도구는 제1종 오류를 범하는 원인이 될 수 있다.

ⓛ 다수적 처리에 의한 간섭: 동일 집단에 여러 번의 실험적 처리를 실시하는 경우에 실험조작에 어느 정도 익숙함으로 인한 영향을 생각할 때, 실험집단으로부터 얻은 결과를 그러한 처치를 전혀 받지 않은 일반적인 모집단에 일반화할 수 있을 것인가가 문제가 된다.

2 정책평가의 신뢰성

(1) 개념

① 신뢰성(신뢰도)은 측정도구가 어떤 현상을 되풀이해서 측정했을 때 얼마나 일관성 있게 측정할 수 있느냐 하는 정도를 의미한다.
② 신뢰도는 동일한 측정도구를 반복해서 사용했을 때 동일한 결과를 얻을 확률을 나타낸다.
③ 신뢰도에 대한 기준은 평가의 신빙성과 안정성의 측면을 나타낸다.

(2) 방법

신뢰도를 측정하는 방법으로는 재검사법(test-retest method), 평행양식법(parallel forms technique), 반분법(split-half method) 등이 이용되고 있다.

04 정책평가의 방법[5]

1 비실험적 방법

비실험적 방법의 경우, 진실험적 방법 및 준실험적 방법의 경우와 같이 비교집단이 구성되지 않은 인과추론방법이라고 할 수 있다. 사실상 대다수의 정책효과에 대한 평가에서 비실험적 방법이 많이 활용되고 있다. 통계적 통제에 의한 평가, 인과모형에 의한 평가, 포괄적 통제와 잠재적 통제에 의한 평가 등이 대표적이다.

(1) 대표적 비실험

① 사후적 비교집단 구성방법
　　㉠ 개념: 정책대상집단과 다른 집단을 정책집행 후에 사후적으로 찾아내 일정한 시점에서 비교하는 설계이다.
　　㉡ 문제점: 선정효과(어떤 비교 집단을 선정하느냐에 따라 정책효과가 달라지는 정도)가 나타나기 쉬운 문제점이 있다.

---

5) 논리모형(logic model) 혹은 정책 프로그램 논리모형은 정책 프로그램의 요소들과 정책 프로그램이 해결하려고 하는 문제들 사이의 논리적 인과관계를 투입 → 활동 → 산출 → 결과로 정리해 표현해 주는 하나의 다이어그램이자 텍스트로 볼 수 있다. 프로그램 논리모형은 ① 정책 프로그램이 특정 성과를 산출하기 위해 어떤 논리적 인과구조를 가지고 있는지를 명시적으로 보여 주어 정책집행 과정 및 성과를 명확히 평가할 수 있도록 해 준다는 장점이 있다. ② 프로그램이 핵심적으로 해결하려는 정책문제 및 정책의 결과물이 무엇인지를 명확히 해 주기 때문에 정책형성 과정의 인과관계에 대한 가정의 오류와 정책집행 실패를 구분할 수 있도록 해서 평가의 타당성을 제고한다. ③ 프로그램 논리의 분석 및 정리 과정이 이해관계자의 정책 프로그램에 대한 이해를 높이고 정책 프로그램의 논리적 구조적 문제를 해결할 수 있는 소통의 장을 제공한다.
목표모형(target model) 혹은 목적 달성 평가모형은 정책이 달성하려는 장기 목표와 중단기 목표들을 잘 달성했는지에 초점을 맞춘 평가모형이다. 이 모형에서는 정책집행 결과가 당초 설정됐던 정책 프로그램 목표와 일치하는지를 확인하는 목표 달성에 대한 측정과 발생한 정책 결과물이 프로그램의 실행으로 인해 발생한 것인가를 평가해 확인한다. 평가과정은 정책 프로그램 목적의 인식 및 구별 → 정책 프로그램 목적의 의미 명확화 및 우선순위 결정 → 확인된 목적을 측정 가능한 지표로 전환 → 정책 프로그램의 목적 달성 정도의 측정 → 정책 프로그램이 목적 달성을 촉진 혹은 저해했는지 여부 판단 등의 절차를 거친다. 목적 달성 평가모형은 프로그램의 목적 달성 여부를 선별적으로 보여 준다는 점에서 명확성과 단순성을 주요한 특징으로 한다.

② 정책 실시 전후 비교설계방법
  ㉠ 개념: 정책대상집단에 대한 정책 실시 전의 측정치와 실시 후의 측정치를 비교하는 방법이다.
  ㉡ 문제점: 성숙효과(정책에 의한 영향이 아닌 집단구성원의 자연 성장 결과로 나타나는 효과)가 나타나기 쉬운 문제점이 있다.

(2) 비실험적 방법의 문제점

허위변수(결과에 영향을 미치지 못하였음에도 불구하고 영향을 미친 것과 같이 평가된 변수)와 혼란변수(다른 변수와 같이 결과 변수에 영향을 미친 변수)가 개입할 가능성이 높으며, 허위변수나 혼란변수가 존재하면 정책효과의 추정은 부정확해진다.[6] 선정효과나 성숙효과는 모두 허위변수 또는 혼란변수에 해당하며, 이들 변수의 영향을 제거하려는 것이 실험적 방법에 의한 정책평가이다.

2 실험적 방법

(1) 진실험(true experiment)

① 개념

  ㉠ 진실험방법이란 실험대상을 무작위 배정(실험집단이나 통제집단에 배정될 기회가 동일)함으로써, 실험집단과 통제집단의 동질성을 확보하여 행하는 사회실험방법이다. 즉, 진실험방법은 대상이 되는 사람들로부터 무작위로 추출한 표본집단을 실험집단과 통제집단으로 나누어 실험집단에는 프로그램을 집행하고 통제집단에는 집행하지 않음으로써 두 집단의 결과를 비교하여 정책의 효과를 추정하는 방법이다.
  ㉡ 이 방법은 특정 정책의 순수한 영향인 순효과를 파악하는 데 중점을 두며, 정책이나 프로그램의 효과와 사회상황 변화의 인과관계에 관하여 매우 신뢰할 수 있는 증거를 제공하는 방법이다.
  ㉢ 진실험과 준실험의 가장 큰 차이는 실험집단과 통제집단의 완전한 동질성을 확보한다는 점이며, 이는 다음과 같은 세 가지를 요구한다.
    ⓐ 동일한 구성: 양 집단은 유사한 대상이나 단위들이 혼합되어야 한다.
    ⓑ 동일한 경험: 양 집단은 관찰기간 동안에 동일한 시간과 관련된 과정을 경험해야 한다.
    ⓒ 동일한 성향: 양 집단은 프로그램에 대해서 동등한 경향을 가지고 있어야 한다.

② 문제점

  ㉠ 통제집단이 스스로의 역할을 알면 오염되어 당초의 조건을 유지할 수 없고, 통제집단의 구성원이 실험집단의 태도를 모방하는 효과(내적 타당성 저하)가 나타난다.
  ㉡ 평가의 성과가 밝혀지는 데는 많은 시간과 비용이 소요된다.

---

6) X(공직자의 윤리)가 Y(부정부패)의 원인으로 추론되었지만, 사실은 Z(상벌제도)라는 제3의 변수가 X와 Y에 동시에 영향을 미치는 독립변수(원인)로 작용하고 있기 때문에, 결과적으로 X와 Y 간에 인과관계가 있는 것으로 나타났다고 하자. 이때 X와 Y 사이에는 전혀 관계가 없는데 Z로 인해서 그렇게 보였다면 X는 허위변수이며, X와 Y 사이에는 약간의 관계만 있는데 Z로 인해서 과장되었다면 X는 혼란변수가 되며, X와 Y의 이러한 잘못된 상관관계를 허위상관관계라고 한다. 즉, 실제로는 관계가 없는데도 겉으로는 관계가 있는 듯이 보이는 관계를 허위상관이라 부르고, 이를 일으키는 변수를 허위변수라고 부른다.

19 2023 국가직 9급
정책분석 및 평가연구에 적용되는 기준 중 내적 타당성에 대한 설명으로 옳은 것은?
① 분석 및 평가 결과를 다른 상황에서도 적용할 수 있는 정도를 의미한다.
② 이론적 구성요소들의 추상적 개념을 성공적으로 조작화한 정도를 의미한다.
③ 집행된 정책내용과 발생한 정책효과 간의 관계에 대한 인과적 추론의 정확성 정도를 의미한다.
④ 반복해서 측정했을 때 일관성 있는 결과를 얻는 정도를 의미한다.

20 2005 국가직 7급
정책평가에 관한 설명으로 타당하지 않은 것은?
① 선정효과나 성숙효과는 혼란변수로 작용할 수는 있으나 허위변수로 작용할 가능성은 없다.
② 혼란변수가 존재하면 정책효과의 추정은 부정확해진다.
③ 실제로는 관계가 없는데도 겉으로는 관계가 있는 듯이 보이는 관계를 허위상관이라 부르고 이를 일으키는 변수를 허위변수라고 부른다.
④ 실험이라는 특수한 상황에서 평가된 정책효과가 일상적 상황하에서는 타당하지 못할 가능성이 있는데 이것은 바로 호손효과(Hawthorne effect) 때문이다.

21 2020 국가직 9급
정책변수에 대한 설명으로 옳은 것만을 모두 고르면?

ㄱ. 매개변수 - 독립변수의 원인인 동시에 종속변수의 원인이 되는 제3의 변수
ㄴ. 조절변수 - 독립변수와 종속변수 간에 상호작용 효과를 나타나게 하는 제3의 변수
ㄷ. 억제변수 - 독립변수와 종속변수 간에 상관관계가 없는데도 있는 것으로 나타나게 하는 제3의 변수
ㄹ. 허위변수 - 독립변수와 종속변수 모두에게 영향을 미치며 이들 사이의 공동변화를 설명하는 제3의 변수

① ㄱ, ㄷ   ② ㄱ, ㄹ
③ ㄴ, ㄷ   ④ ㄴ, ㄹ

22

정책평가의 설계에 대한 설명으로 옳지 <u>않</u>은 것은?

① 사후적 비교집단 구성(비동질적 집단 사후측정설계)은 선정효과로 인해 내적 타당성이 훼손될 수 있다.
② 진실험은 모방효과로 인해 내적 타당성이 훼손될 수 있다.
③ 비동질적 통제집단설계는 진실험과 같은 수준의 내적 타당성을 확보할 수 있다.
④ 진실험과 준실험을 비교하면 실행가능성 측면에서는 준실험이, 내적 타당성 측면에서는 진실험이 더 우수하다.

23

「정부업무평가 기본법」상 우리나라 정부업무평가제도에 대한 설명으로 옳지 <u>않은</u> 것은?

① 특정평가는 국무총리가 중앙행정기관과 공공기관을 대상으로 국정을 통합적으로 관리하기 위한 목적을 갖는다.
② 국무총리 소속하에 심의·의결기구로서 정부업무평가위원회를 둔다.
③ 지방자치단체의 자체평가에 있어서 행정안전부장관은 평가 관련 사항에 대하여 지방자치단체를 지원할 수 있다.
④ 자체평가는 중앙행정기관 또는 지방자치단체가 소관 정책 등을 스스로 평가하는 것을 말한다.

24

정부업무평가에 대한 설명으로 옳지 <u>않은</u> 것은?

① 정부업무평가위원회는 대통령 직속하에 설치한다.
② 행정안전부장관은 평가의 객관성 및 공정성을 위해서 지방자치단체의 평가를 지원한다.
③ 중앙행정기관장은 성과관리 전략계획에 기초하여 연도별 시행계획을 수립 및 시행한다.
④ 중앙행정기관장과 지방자치단체장은 매년 자체평가위원회를 통해 자체평가를 실시한다.

ⓒ 실험대상자들이 실험대상으로 관찰되고 있다는 사실을 알게 되면 평소와 다른 행동을 하게 되는 호손효과(외적 타당성 저하)가 나타난다.

(2) 준실험(quasi-experiment)

① 개념
  ㉠ 실험집단과 통제집단의 동질성을 확보하지 않고 행하는 실험을 말한다.
  ㉡ 준실험적 방법은 무작위 배정방법이 아닌, 짝짓기(matching)방법 등을 사용하여 두 집단이 비동질적일지라도 잠재적인 혼란변수나 허위변수의 측면에서 가능한 한 유사한 실험집단과 비교집단을 구성하려고 노력한다.
  ㉢ 변수 간의 인과관계를 밝히는 데에는 진실험방법이 이상적이지만, 실험집단과 통제집단의 동질성을 확보하기 어려운 경우에는 준실험방법에 의한 정책평가를 하게 된다. 진실험방법이 갖는 정치적·기술적 문제를 완화하려는 방법으로서 현실적으로 준실험 방법이 많이 이용되고 있다.

② 종류: 준실험적 평가방법에는 비동질적 통제집단 설계에 의한 평가, 회귀불연속 설계, 단절적 시계열설계 등이 있다.

▌ 진실험과 준실험 비교

내적 타당성	진실험 > 준실험
외적 타당성	진실험보다 준실험이 약간 우수함
실행가능성	진실험 < 준실험

05 「정부업무평가 기본법」의 주요 내용

(1) 정부업무평가의 대상기관(제2조)

정부업무평가는 국정운영의 능률성·효과성 및 책임성을 확보하기 위하여 다음의 기관·법인 또는 단체(평가대상기관)가 행하는 정책 등을 평가하는 것을 말한다.

① 중앙행정기관
② 지방자치단체
③ 중앙행정기관 또는 지방자치단체의 소속기관
④ 공공기관

(2) 정부업무평가의 종류(제2조)

① 자체평가란 중앙행정기관 또는 지방자치단체가 소관 정책 등을 스스로 평가하는 것을 말한다.
② 특정평가란 국무총리가 중앙행정기관을 대상으로 국정을 통합적으로 관리하기 위하여 필요한 정책 등을 평가하는 것을 말한다.
③ 재평가란 이미 실시된 평가의 결과·방법 및 절차에 관하여 그 평가를 실시한 기관 외의 기관이 다시 평가하는 것을 말한다.

(3) 통합적 정부업무평가제도의 구축(제3조)

정부업무평가는 원칙적으로 이 법의 규정에 의하여 통합적으로 실시하도록 하되, 업무의 특성·평가시기 등으로 인하여 통합실시가 곤란한 경우에는 정부업무평가위원회와 협의하여 평가를 실시한 후 그 결과를 정부업무평가위원회에 제출하여야 한다.

(4) 성과관리전략계획의 수립 등(제5조~제6조)

① 중앙행정기관의 장은 소속기관을 포함한 당해 기관의 전략목표를 달성하기 위한 중·장기계획(성과관리전략계획에 당해 기관의 임무·전략목표 등을 포함하여야 하고 최소한 3년마다 그 계획의 타당성을 검토하여 수정·보완 등의 조치)을 수립하고, 이를 국회 소관상임위원회에 보고하여야 한다.

② 중앙행정기관의 장은 성과관리전략계획에 기초하여 당해 연도의 성과목표를 달성하기 위한 연도별 시행계획(성과관리시행계획)을 수립·시행하여야 한다.

(5) 정부업무평가기본계획의 수립(제8조)

국무총리는 정부업무평가위원회의 심의·의결을 거쳐 정부업무의 성과관리 및 정부업무평가에 관한 정책목표와 방향을 설정한 정부업무평가기본계획을 수립하고, 그 계획을 바탕으로 매년 정부업무평가시행계획을 수립하여야 한다.

(6) 정부업무평가위원회의 설치(제9조)

정부업무평가의 실시와 평가기반의 구축을 체계적·효율적으로 추진하기 위하여 국무총리 소속하에 정부업무평가위원회를 둔다.

(7) 정부업무평가위원회의 구성 및 운영(제10조)

정부업무평가위원회는 위원장 2인을 포함한 15인 이내의 위원[7]으로 구성하고, 국무총리 및 위원 중에서 대통령이 지명하는 자를 위원장으로 하며, 정부업무평가에 관한 주요사항을 심의·의결한다.

(8) 정부업무평가의 근간으로서의 자체평가제도 내실화(제14조~제18조)

① 중앙행정기관은 소관 정책 전반에 대한 자체평가계획을 수립·시행하도록 하고, 재평가를 통하여 자체평가의 신뢰성·공정성을 확보할 수 있도록 한다.

② 지방자치단체의 경우에도 자체평가계획을 스스로 수립·시행할 수 있도록 한다.

③ 평가의 공정성과 객관성을 확보하기 위하여 자체평가위원의 3분의 2 이상은 민간위원으로 하여야 한다.

(9) 통합적 국정관리를 위한 특정평가제도(제19조~제20조)

여러 기관이 협조하여야 하는 정책 등 국정을 통합적으로 운영하기 위하여 필요한 정책의 경우에는 국무총리가 각 중앙행정기관으로부터 특정평가에 필요한 자료를 받아 정부업무평가위원회의 심의·의결을 거쳐 평가하여야 한다.

(10) 지방자치단체에 대한 합동평가(제21조)

① 지방자치단체 또는 그 장이 위임받아 처리하는 국가사무, 국고보조사업, 그 밖에 대통령령이 정하는 국가의 주요 시책 등에 대하여 국정의 효율적인 수행을 위한 평가가 필요한 경우에는 행정안전부장관이 관계중앙행정기관의 장과 합동으로 평가(합동평가)를 실시할 수 있다.

---

7) 기획재정부장관, 행정안전부장관, 국무조정실장과 다음 어느 하나에 해당하는 자로서 대통령이 위촉하는 자 ① 평가 관련 분야를 전공한 자로서 대학이나 공인된 연구기관에서 부교수 이상 또는 이에 상당하는 직에 있거나 있었던 자, ② 1급 이상 또는 이에 상당하는 공무원의 직에 있었던 자, ③ 그 밖에 평가 또는 행정에 관하여 ① 또는 ②의 자와 동등한 정도로 학식과 경험이 풍부하다고 인정되는 자이다.

25   2019 국가직 9급

「정부업무평가 기본법」상 정책평가제도에 대한 설명으로 옳지 않은 것은?

① 정부업무평가위원회는 위원장 1인과 14인 이내의 위원으로 구성한다.

② 중앙행정기관 또는 지방자치단체의 소속기관이 행하는 정책은 정부업무평가의 대상에 포함된다.

③ 국무총리는 2 이상의 중앙행정기관 관련 시책, 주요 현안시책, 혁신관리 및 대통령령이 정하는 대상부문에 대하여 특정평가를 실시하고, 그 결과를 공개하여야 한다.

④ 지방자치단체의 장은 정부업무평가시행계획에 기초하여 자체 평가계획을 매년 수립하여야 한다.

26   2023 지방직 7급

「정부업무평가 기본법」상 정부업무평가제도에 대한 설명으로 옳은 것은?

① 기획재정부장관은 중앙행정기관의 자체평가결과를 확인·점검 후 평가의 객관성과 신뢰성에 문제가 있어 다시 평가가 필요하다고 판단되는 경우, 위원회의 심의·의결을 거쳐 재평가를 실시할 수 있다.

② 중앙행정기관의 장은 자체평가조직 및 자체평가위원회를 구성·운영하여야 하며, 이 경우 평가의 공정성과 객관성을 확보하기 위하여 자체평가위원의 3분의 2 이상은 민간위원으로 하여야 한다.

③ 행정안전부장관은 둘 이상의 중앙행정기관 관련 시책, 주요 현안시책, 혁신관리 및 대통령령이 정하는 부문에 대하여 특정평가를 실시하고 그 결과를 공개하여야 한다.

④ 지방자치단체 또는 그 장이 위임받아 처리하는 국가사무, 국고보조사업 그리고 국가의 주요 시책사업 등에 대해 국무총리는 관계중앙행정기관의 장과 합동으로 평가를 실시할 수 있다.

27　　　　　　　　2017 서울시 사회복지직 9급

「정부업무평가 기본법」에 따른 정부업무 평가의 종류가 <u>아닌</u> 것은?

① 중앙행정기관의 자체평가
② 지방자치단체의 자체평가
③ 중앙행정기관에 대한 합동평가
④ 공공기관에 대한 평가

28　　　　　　　2017 국가직 9급(사회복지직 9급)

「정부업무평가 기본법」에 의한 정부업무 평가제도에 대한 설명으로 옳지 <u>않은</u> 것은?

① 김포시와 도로교통공단은 평가대상에 포함된다.
② 관세청장은 자체평가위원회를 운영한다.
③ 행정안전부장관은 지방자치단체합동평가위원회의 당연직 위원장이다.
④ 기획재정부장관은 정부업무평가위원회의 위원이다.

29　　　　　　　　　2020 국회직 8급

「정부업무평가 기본법」상 평가결과의 환류 및 활용에 대한 설명으로 옳지 <u>않은</u> 것은?

① 행정안전부장관은 평가제도의 운영실태를 확인·점검하고, 그 결과에 따라 제도개선방안의 강구 등 필요한 조치를 할 수 있다.
② 중앙행정기관의 장은 평가결과를 다음 연도의 예산요구 시 반영하여야 한다.
③ 기획재정부장관은 평가결과를 중앙행정기관의 다음 연도 예산편성 시 반영하여야 한다.
④ 중앙행정기관의 장은 전년도 정책 등에 대한 자체평가결과를 지체 없이 국회 소관 상임위원회에 보고하여야 한다.
⑤ 평가를 실시하는 기관의 장은 평가결과를 전자통합평가체계 및 인터넷 홈페이지 등을 통하여 공개하여야 한다.

② 지방자치단체합동평가위원회의 위원장은 민간위원 중에서 행정안전부장관이 지명한다.

(11) 공공기관에 대한 평가(제22조)

공공기관의 특수성·전문성을 고려하고 평가의 객관성 및 공정성을 확보하기 위하여 공공기관 외부의 기관이 실시하되, 다른 법령에 의하여 체계적인 평가가 이루어지는 경우에는 중복평가를 방지하기 위하여 공공기관평가를 실시하는 기관이 그 평가계획과 평가결과를 정부업무평가위원회에 제출하여야 한다.

(12) 정부업무평가기반 구축 지원(제23조~제25조)

① 정부는 평가역량의 강화를 위한 조직과 예산 등을 최대한 지원하여야 한다.
② 정부는 평가방법·평가지표 등을 개발·보급하며, 평가전문인력의 활용방안을 강구하여야 한다.
③ 국무총리는 평가제도의 운영실태를 확인·점검하고, 그 결과에 따라 제도개선방안의 강구 등 필요한 조치를 할 수 있다.

(13) 평가결과의 활용(제26조~제30조)

① 평가를 실시하는 기관의 장은 평가결과를 전자통합평가체계 및 인터넷 홈페이지 등을 통하여 공개하고, 그 결과가 정책 등에 환류되도록 하는 동시에 예산·인사 등에 연계하여야 한다. 중앙행정기관의 장은 전년도 정책 등에 대한 자체평가결과를 지체 없이 국회 소관 상임위원회에 보고하여야 한다.
② 중앙행정기관의 장은 평가결과를 다음 연도의 예산요구 시 반영하여야 한다.
③ 기획재정부장관은 평가결과를 중앙행정기관의 다음 연도 예산편성 시 반영하여야 한다.
④ 우수기관 또는 개인에게는 보상 등의 조치를 할 수 있다.

06　정책변동론

📖 심화편 ▶ P.64

06 정책평가론

❶ 타당성과 신뢰성

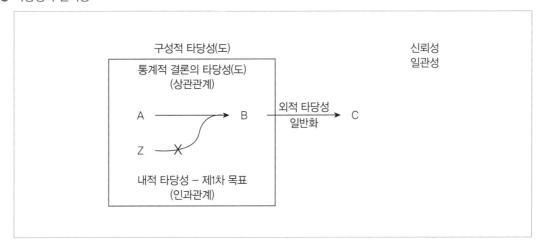

❷ 상관관계와 인과관계

07 기획이론

정답과 해설 ▶ P.34

바로 확인문제

01   2001 경북 9급

행정기획에 관한 설명 가운데 <u>틀린</u> 것은?

① 기획은 미래지향적이다.
② 기획과정이 민주적이다.
③ 기획은 집권성을 띤다.
④ 기획은 기간지향성을 띤다.

02   2021 군무원 7급

기획의 효용에 관한 설명으로 가장 적절하지 <u>않은</u> 것은?

① 목표달성이 핵심이 되는 전략적 요인에 관심을 집중시켜 목표를 더욱 명확히 한다.
② 기획은 한정된 자원을 최대한 효율적으로 이용하여 행정수요를 충족시킨다.
③ 여러 대안 중에서 최적 대안을 선택함으로써 경비를 절약할 수 있다.
④ 기획은 장래의 상태를 정확하게 예측하여 확실한 가정하에서 계획을 작성할 수 있다.

01   기획의 의의

1 기획의 개념

① **광의**: 행정목표를 설정하고 제 달성수단과 방법을 선택하고 결정하는 과정을 말한다.
② **협의**: 특정한 목표와 정책을 달성하기 위하여 최상의 이용가능한 미래의 방법 및 수단·절차를 개발하고 선택하는 과정을 말한다.

2 기획의 특성

① **문제상황**: 기획은 어떤 체제에서 그 체제의 구성원이나 체제 자체가 인지하게 된 문제를 갖고 있어야 한다.
② **설계행위**: 기획은 체제나 그 체제가 놓여진 환경에 대해 어떠한 설계를 하는 행위를 포함한다(설계 = 기획).
③ **간섭·개입행위**: 기획은 설계를 통해 문제상황에 대한 목적 창출적인 간섭 또는 개입을 하는 것이다.
④ **미래지향성**: 기획에서 결정은 미래의 상태를 전제로 한 것이므로, 기획의 미래지향적 성격은 필연적인 것이다.
⑤ **목표지향성**: 기획은 설정된 목표나 정책을 달성하기 위한 효율적인 수단을 제시하는 과정이다.
⑥ **계속적 준비과정**: 기획은 문제해결을 위한 계속적 준비과정이다.
⑦ **일련의 합리적 의사결정과정**: 기획은 의식적으로 최적 수단을 탐색하고 선택하는 합리적 의사결정이며 일련의 제 의사결정, 즉 상호의존적이고 시간적 순서가 정연하며, 체계적 관련성을 지닌 제 의사결정의 모체를 다룬다.
⑧ **동태적인 성격**: 기획은 상황 변화에 따라 적절히 수정·보완되어야 한다.
⑨ **집권성**: 행정기획은 일반적으로 집권성을 띠기 때문에 기획과정이 민주적이라고 보기 어렵다.
⑩ **기간지향성**: 기획은 미래를 준비하는 과정으로 일정한 기간을 정해서 이루어지는 경우가 많다.
⑪ **정치적 성격**: 기획은 현재의 상태를 변화시키고자 하므로 정치적 대립이 불가피하다.
⑫ **국민의 지지 획득 수단성**: 기획은 통치의 정당성·전문성을 확보하는 수단이다.

3 기획제도의 발달요인

① **도시계획의 발전:** 종합적인 도시계획이 시작된 것은 19세기 말에 시작된 인구 도시 집중의 결과였다.

② **세계대공황의 발생과 그 영향:** 이른바 '보이지 않는 손'에 의한 자본주의 경제의 자동조절기능의 무력함을 폭로한 세계대공황의 진행은 자본주의 자체의 보전을 위하여 정부의 적극적인 개입을 불가피하게 만들었다. 즉, 기획원리에 의한 계획경제의 도입이 불가피했던 것이다.

③ **세계대전의 발발:** 전쟁 수행이라는 지상 목표를 위하여 인적·물적 자원을 총동원, 통제할 수 있도록 하는 계획을 활용하지 않을 수 없었다. 아울러 전후의 복구사업을 강력히 추진하는 데도 기획은 효과적인 수단이 되었다.

④ **사회과학의 발전:** 사회과학의 발전은 기획이론 발전의 기반을 마련해 주었다.

⑤ **소련의 국가기획제도의 성공과 세계 각국의 도입:** 소련은 광범위한 계획통제 경제제도를 확립하고 5개년 계획을 추진하였다. 자유경제체제가 1930년대에 세계대공황으로 몸살을 앓고 있을 때에도 소련은 국가기획제도를 성공적으로 운영하였고, 이를 세계 각국에서 도입하게 되었다.[1]

4 국가기획과 민주주의

① **국가기획 반대론:** 하이에크(F. Hayek)는 「노예로의 길」이라는 저서에서 국가기획제도를 도입하면 ㉠ 의회제도의 파괴 및 무력화 초래, ㉡ 시민의 자유와 권리의 침해, ㉢ 이질성, 복합성, 융통성이 없는 극히 단조로운 경제사회의 탄생 등으로, 자유민주주의 국가들이 전체주의 국가로 전락할 것이라고 경고하였다.

② **국가기획 찬성론:** 파이너(H. Finer)는 「반동에의 길」이라는 저서에서 시민의 자유와 권리를 보장하는 기획이 가능하며, 자본주의의 균형 있는 발전 및 질서가 있는 현대사회로 발전하기 위해서는 국가기획의 도입은 불가피하고 타당한 것이라고 역설하였다.

③ **홀콤(A. N. Holcomb):** 「계획적 민주정부론」에서 사유재산과 사기업의 절대성을 전제하면서 정부가 재정, 금융, 공공사업 등에 적극적 정책이 필요하다고 하고, 관료제에 의하여 뒷받침되는 계획적 민주주의의 중요성을 강조하며 기획에 대해 찬성하였다.

④ **만하임(K. Mannheim):** 「자유·권력 및 민주적 기획론」에서 자유방임적 경쟁사회로부터 기획사회로의 이행이 불가피하다고 하면서 자유사회를 위한 민주적 기획을 지향할 것을 주장하였다.

---

1) 소련이 1917년 볼셰비키 혁명에 성공을 거두고 1928년 경제개발 5개년 계획을 수립한다. 그 결과 군사적·경제적으로 급성장하여 1957년에 최초의 인공위성인 스푸트니크(sputnik)를 발사하게 된다. 이에 미국은 기획예산제도(PPBS)를 도입하여 우주개발에 박차를 가하게 되고, 1969년에 아폴로호가 달에 가게 된다. 이때 사용된 것이 프로그램평가검토기법(PERT)이다.

바로 확인문제

03   2012 서울시 9급

다음 중 기획이 시장질서를 교란시키고 국민의 자유권을 침해하며 자유민주주의에 위배된다고 주장한 학자는?

① 하이에크(F. A. Hayek)
② 파이너(H. Finer)
③ 오스트롬(V. Ostrom)
④ 사이몬(H. Simon)
⑤ 테일러(F. Taylor)

04   2015 군무원 9급

다음 중 국가기획에 대한 주장으로 옳지 <u>않은</u> 것은?

① 하이에크(F. A. Hayek)는 「노예로의 길(The Road to Serfdom)」에서 신자유주의 사상을 바탕으로 큰 정부를 통한 국가기획을 주장하였다.

② 홀콤(A. N. Holcomb)은 「계획적 민주정부론」에서 사유재산과 사기업의 절대성을 전제하면서 정부가 재정, 금융, 공공사업 등에 적극적 정책이 필요하다고 하고, 관료제에 의하여 뒷받침되는 계획적 민주주의의 중요성을 강조하며 기획에 대해 찬성하였다.

③ 파이너(H. Finer)는 「반동에의 길(The Road to Reaction)」에서 국가의 기획이 오히려 개인의 자유를 확보 가능하게 도와주는 기능을 수행한다고 주장하였다.

④ 만하임(K. Mannheim)은 「자유·권력 및 민주적 기획론」에서 자유방임적 경쟁사회로부터 기획사회로의 이행이 불가피하다고 하면서 자유사회를 위한 민주적 기획을 지향할 것을 주장하였다.

다음 기획의 원칙 중 비능률성과 낭비를 피하고 그 효과성을 높이려는 적용원칙은?

① 단순성의 원칙
② 목적성의 원칙
③ 표준화의 원칙
④ 신축성의 원칙

02   기획의 원칙과 과정

1 기획의 원칙

① **목적성의 원칙**: 비능률성과 낭비를 피하고 효과성을 높이기 위하여 명확하고 구체적인 기획의 목표가 제시되어야 한다.
② **단순성의 원칙**: 간명하고 명료한 술어를 사용해야 하며, 난해하고 지나치게 전문적인 술어는 피해야 한다.
③ **표준성의 원칙**: 기획의 대상이 되는 재화 및 서비스, 작업방법 등은 표준화를 기해야 한다.
④ **신축성의 원칙**: 유동적인 상황에 따라 탄력적으로 수정·변화될 수 있어야 한다.
⑤ **안정성의 원칙**: 너무 빈번하고 자의적인 수정은 피해야 한다.
⑥ **경제성의 원칙**: 현재 사용가능한 인적·물적 자원을 경제적으로 활용이 가능하도록 해야 한다.
⑦ **계속성의 원칙**: 기획은 조직의 계층에 따라 구체화하고 연결되고 계속되어야 한다.
⑧ **징래예측성의 원직**: 기획활동은 미래 예측활동을 전제로 하는 것이기 때문에, 이러한 미래 예측활동은 정확성을 기해야 한다.

2 기획의 과정

① **문제의 인지 및 목표설정**: 기획목표는 정책의 테두리 안에 설정되어야 하는데, 가능한 한 구체적·계량적으로 명확하게 설정되어야 한다.
② **자료·정보의 수집 및 분석**: 기획 대상에 관한 광범위한 자료·정보를 수집하여 해결하고자 하는 문제와 어떤 상호관계가 있는가를 분석해야 한다.
③ **기획 전제의 설정**: 미래 예측을 통하여 기획의 전제를 설정한다. 기획의 전제란 기획의 가설 또는 가정이라고도 하는데, 기획의 중요 변수들의 미래 변화에 대한 전망·가정이라고 할 수 있다.
④ **대안의 탐색 및 비교·평가**: 목표달성에 도움을 줄 수 있는 대안들을 탐색하고 비교·평가한다.
⑤ **최적 대안의 선택**: 대안 간의 비교·평가의 결과에 따라 최적 대안을 선택한다.
⑥ **파생계획의 수립**: 선택된 최종 대안과 관련된 구체적 계획을 작성한다.
⑦ **기획의 심사분석과 평가 및 통제**: 집행을 비롯한 기획 전반의 활동에 대하여 심사분석·평가 및 환류를 하여야 한다.

03   기획의 제약요인

1 기획수립상의 제약요인

① 기획목표 설정상의 갈등·대립
② 미래 예측능력의 한계
③ 자료·정보의 부족과 부정확성
④ 비용 및 시간상의 제약
⑤ 개인적 창의력의 위축

⑥ 기획의 그레샴 법칙[2]

개념	특별한 노력이 요구되지 않는 정형적 기획에 주력하고 비정형적 기획을 기피하려는 경향을 가지게 됨. 즉, 일상적이고 진부한 업무와 쇄신적 기획업무 두 가지 중, 전자가 후자를 구축한다는 법칙을 말하며, 관리자가 실행이 용이한 정형적 결정을 선호하여 쇄신적인 기획을 등한시할 가능성이 높은 현상을 말함
원인	• 목표의 무형성 • 미래 예측능력의 부족과 무사안일주의 • 기획에 소요되는 인적·물적·시간적 자원의 부족 • 과두제의 철칙

2 기획집행상의 제약요인

① 이해관계자의 저항
② 경직화 경향과 수정의 곤란성
③ 수정의 불가피성
④ 즉흥적 결정에 의한 빈번한 수정
⑤ 반복적 사용의 제한
⑥ 자원배분의 비효율성

3 기획평가상의 제약요인

① 평가자료의 정확성·객관성 확보 곤란
② 질적인 기획의 측정·평가의 곤란
③ 평가의 왜곡·저항

4 기획에 대한 정치적·행정적 저해요인

① 기획요원의 능력 부족
② 번잡한 행정절차
③ 재원의 부족
④ 조정의 결여
⑤ 정치적 불안정과 정치적 개입
⑥ 회계제도·통제제도의 비효율성
⑦ 기획과정의 참여 부족
⑧ 행정조직의 비효율성

---

2) 영국의 재무장관이었던 그레샴(Gresham)이 "악화는 양화를 구축한다(Bad money drives out good)."라고 표현한 데에서 유래된 것으로, 소재 가치가 큰 화폐와 작은 화폐가 똑같은 명목가치의 화폐로 동시에 통용될 때 소재가치가 큰 화폐가 화폐 유통과정에서 사라지고 소재 가치가 작은 화폐만 통용된다는 것이다. 레몬시장(중고차시장 – 정보의 비대칭성에 따른 역선택)을 설명하는 개념으로도 사용된다.

07 기획이론

II 정책학

교수님 코멘트 ▶ 정책유형의 개념, 사례 등을 구분하고 정책네트워크모형의 변화과정과 모형 간의 관계를 구분할 수 있어야 한다. 합리적 결정을 위한 비용편익분석의 의미와 분석기법을 숙지하고, 합리성을 중심으로 정책결정이론모형의 의미와 차이를 알아야 한다. 또한 정책집행의 하향적 접근과 상향적 접근, 나카무라와 스몰우드(Nakamura & Smallwood)의 정책집행유형을 구분하여 이해하고, 정책평가의 타당성과 신뢰성과의 차이, 정책평가방법의 차이를 구분할 수 있어야 한다.

정답과 해설 ▶ P.105

01
2017 국가직 7급

리플리와 프랭클린(Ripley & Franklin)은 정책유형에 따라 집행과정의 특징이 다르다고 주장한다. 다음과 같은 특징이 있는 정책유형은?

> • 집행과정의 안정성과 정형화의 정도가 높다.
> • 집행에 대한 갈등의 정도가 낮다.
> • 집행을 둘러싼 이념적 논쟁의 정도가 낮다.
> • 참여자 간 관계의 안정성이 높다.
> • 작은 정부에 대한 요구와 압력의 정도가 낮다.

① 분배정책
② 경쟁적 규제정책
③ 보호적 규제정책
④ 재분배정책

02
2014 지방직 9급

로위(Lowi)의 정책분류와 그 특징을 연결한 것 중 옳지 않은 것은?

① 배분정책 – 재화와 서비스를 사회의 특정 부분에 배분하는 정책으로 수혜자와 비용부담자 간 갈등이 발생한다.
② 규제정책 – 특정 개인이나 집단에 대한 선택의 자유를 제한하는 유형의 정책으로 정책 불응자에게는 강제력을 행사한다.
③ 재분배정책 – 고소득층으로부터 저소득층으로의 소득 이전을 목적으로 하기 때문에 계급대립적 성격을 지닌다.
④ 구성정책 – 정부기관의 신설과 선거구 조정 등과 같이 정부기구의 구성 및 조정과 관련된 정책이다.

03
2021 지방직(=서울시) 7급

정부규제에 대한 설명으로 옳지 않은 것은?

① 종합편성 채널의 운영권을 부여하고, 이를 확보한 방송사에 대한 규제는 리플리와 프랭클린(Ripley & Franklin)의 보호적 규제정책을 시행한 것으로 볼 수 있다.
② 네거티브규제(negative regulation)는 포지티브규제(positive regulation)보다 자율성을 적극적으로 부여한다는 측면에서 피규제자가 선호하는 방식이다.
③ 우리나라는 신기술과 신산업을 육성하기 위하여 규제샌드박스 제도를 도입하였다.
④ 윌슨(Wilson)의 규제정치이론에 따르면, 대체로 경제적 규제는 고객정치의 상황으로 분류되며 사회적 규제는 기업가정치의 상황으로 분류된다.

04
2019 지방직 9급(서울시 9급 제2회)

로위(Lowi)가 제시한 구성정책의 사례로 옳지 않은 것은?

① 공직자 보수에 관한 정책
② 선거구 조정 정책
③ 정부기관이나 기구 신설에 관한 정책
④ 국유지 불하 정책

정책유형과 그 사례를 바르게 연결한 것은?

① 분배정책(distribution policy) – 사회간접자본의 구축, 환경오염방지를 위한 기업규제

② 경쟁적 규제정책(competitive regulatory policy) – TV·라디오 방송권의 부여, 국공립학교를 통한 교육서비스

③ 보호적 규제정책(protective regulatory policy) – 작업장 안전을 위한 기업규제, 국민건강보호를 위한 식품위생규제

④ 재분배정책(redistribution policy) – 누진세를 통한 사회보장 지출 확대, 항공노선 취항권의 부여

정책네트워크이론(모형)에 대한 설명으로 옳지 <u>않은</u> 것은?

① 정책네트워크이론의 대두 배경은 정책결정의 부분화와 전문화 추세를 반영한다.

② 철의 삼각(iron triangle)모형은 소수 엘리트 행위자들이 특정 정책의 결정을 지배한다는 점을 강조한다.

③ 이슈네트워크(issue network)모형은 쟁점을 둘러싼 정책참여자들 간의 상호작용을 중시한다.

④ 정책과정에 대한 국가 중심 접근방법과 사회 중심 접근방법이라는 이분법적 논리를 극복하지 못하고 있다.

정책커뮤니티와 이슈네트워크를 비교한 것으로 옳지 <u>않은</u> 것은?

① 네트워크 내 자원배분과 관련하여 정책커뮤니티는 근본적인 관계가 교환관계이고 모든 참여자가 자원을 보유하고 있으나, 이슈네트워크는 근본적인 관계가 제한적 합의이고 어떤 참여자는 자원 보유가 한정적이다.

② 참여자 수와 관련하여 정책커뮤니티는 극히 제한적이며 의식적으로 일부 집단의 참여를 배제하기도 하나, 이슈네트워크는 개방적이며 다양한 행위자들이 참여한다.

③ 이익의 종류와 관련하여 정책커뮤니티는 경제적 또는 전문직업적 이익이 지배적이나, 이슈네트워크는 관련된 모든 이익이 망라된다.

④ 합의와 관련하여 정책커뮤니티는 어느 정도의 합의는 있으나 항상 갈등이 있고, 이슈네트워크는 모든 참여자가 기본적인 가치관을 공유하며 성과의 정통성을 수용한다.

㉠, ㉡에 해당하는 권력모형을 옳게 짝지은 것은?

- (㉠)은 전국적 차원이 아니라 지역사회의 지배구조에 초점을 맞추면서, 소수 엘리트가 강한 응집성을 가지고 정책을 결정하고 정치에 무관심한 일반대중들은 비판 없이 이를 수용한다고 설명한다.
- (㉡)은 정치권력에 두 얼굴(two faces of power)이 있음을 주장하는 입장으로부터 권력의 어두운 측면이 갖는 영향력에 대해 관심을 가지지 않았다는 점을 비판받았다.

	㉠	㉡
①	밀즈의 지위접근법	다알의 다원주의론
②	밀즈의 지위접근법	바흐라흐와 바라츠의 무의사결정론
③	헌터의 명성접근법	다알의 다원주의론
④	헌터의 명성접근법	바흐라흐아 바라츠의 무의사결정론

다음은 콥과 로스(Cobb & Ross)가 제시한 의제 설정 과정이다. (가) ~ (다)에 들어갈 유형을 바르게 연결한 것은?

- (가): 사회문제 → 정부의제
- (나): 사회문제 → 공중의제 → 정부의제
- (다): 사회문제 → 정부의제 → 공중의제

	(가)	(나)	(다)
①	동원형	외부주도형	내부접근형
②	내부접근형	동원형	외부주도형
③	외부주도형	내부접근형	동원형
④	내부접근형	외부주도형	동원형

다음 〈보기〉에 해당하는 의제설정모형은?

—| 보기 |—

　　정부기관 내의 관료집단이나 정책결정자에게 쉽게 접근할 수 있는 외부집단에 의하여 주도되어 최고정책결정자에게 접근하여 문제를 정부의제화하는 경우로, 주도집단이 정책의 내용도 미리 결정하고, 이 결정된 내용을 그대로, 또는 최소한의 수정만으로 집행하려고 시도한다. 그래서 자신들이 준비한 정책내용을 그대로 결정하거나, 집행하는 데 꼭 필요한 집단에게만 내용을 알리고 반대할 가능성이 있는 사람에게는 이를 숨기려고 한다. 일반대중에게 알리지 않으려고 하므로 일종의 음모형에 속한다. 일반적으로 보면 부나 권력 등이 집중된 나라에서 가장 흔히 나타나는 유형이다.

① 외부주도형　　　　② 동원형
③ 내부접근형　　　　④ 굳히기형

공공사업에 대한 투자의 타당성을 입증하기 위하여 비용편익분석이 많이 사용된다. A사업에 대한 비용편익분석 결과 내부수익률(IRR)이 6%로 계산되었다면, A사업은 투자할 가치가 있다고 보여지는가?

① IRR이 0%보다 크므로 A사업은 투자할 가치가 있다.
② IRR이 10%보다 작으므로 A사업은 투자할 가치가 없다.
③ 사회적 이자율(시중금리)이 IRR보다 높으면 A사업은 투자가치가 있다.
④ 사회적 이자율(시중금리)이 IRR보다 낮으면 A사업은 투자가치가 있다.

다음에서 제시하는 정책결정모형에 대한 설명으로 옳은 것은?

- 정책의 본질이 미래지향적 문제해결에 있고, 정책결정에서 가치비판적 발전관에 기초한 가치지향적 행동 추구의 중요성을 고려할 때 매우 중요한 의의가 있다.
- 대안을 선택할 수 있는 기준이 명확해야 한다.
- 기존 정책이나 사업의 매몰 비용으로 인해 현실 적합성이 떨어지는 한계가 있다.

① 시간의 흐름에 따라 환류되는 정보를 분석하여 잘못한 점이 있으면 수정·보완하는 방식이다.
② 문제성 있는 선호(problematic preferences), 불명확한 기술(unclear technology), 일시적 참여자(part-time participants)가 전제조건이다.
③ 갈등을 완전히 해결하지 못하고, 타협을 통한 봉합을 모색한다.
④ 같은 비용으로 최대의 목표산출을 얻을 수 있는 대안을 선택하는 행위를 의미한다.

정책결정모형에 대한 설명으로 옳지 않은 것은?

① 린드블롬(Lindblom) 같은 점증주의자들은 합리모형이 불가능한 일을 정책결정자에게 강요함으로써 바람직한 정책결정에 도움을 주지 못한다고 주장한다.
② 사이몬(Simon)의 만족모형은 합리모형에 대한 심각한 도전이자, 인간의 인지능력이라는 기본적인 요소에서 출발했기에 이론적 영향이 컸다.
③ 에치오니(Etzioni)는 합리모형과 점증모형의 단점을 극복하기 위하여 최적모형을 주장하였다.
④ 스타인부르너(Steinbruner)는 시스템 공학의 사이버네틱스 개념을 응용하여 관료제에서 이루어지는 정책결정을 단순하게 묘사하고자 노력하였다.

앨리슨(Allison)의 정책결정모형 중 model Ⅱ(조직과정모형)에 대한 설명으로 옳지 않은 것은?

① 정부는 느슨하게 연결된 연합체이다.
② 권력은 반독립적인 하위 조직에 분산된다.
③ 정책결정은 SOP에 의해 프로그램 목록에서 대안을 추출한다.
④ 정책결정의 일관성이 강하다.

15

(하향적) 정책집행의 성공조건으로 옳지 <u>않은</u> 것은?

① 기술적 타당성
② 절차, 규정의 명확성
③ 정책목표 우선순위의 유연성
④ 집단의 지속적인 지지

16

정책집행의 하향식 접근(top-down approach)에 대한 설명으로 옳은 것만을 모두 고르면?

> ㄱ. 집행이 일어나는 현장에 초점을 맞춘다.
> ㄴ. 일선공무원의 전문지식과 문제해결능력을 중시한다.
> ㄷ. 하위직보다는 고위직이 주도한다.
> ㄹ. 정책결정자는 정책집행에 영향을 미치는 정치적·조직적·기술적 과정을 충분히 통제할 수 있다.

① ㄱ, ㄴ   ② ㄱ, ㄷ
③ ㄴ, ㄹ   ④ ㄷ, ㄹ

17

Nakamura & Smallwood의 정책집행에 있어 5가지 유형 중 다음은 어느 유형인가?

> • 일반 여론이나 언론기관에서 주택문제, 교육문제 등에 대해서 정부가 '무엇인가를 해야 한다'는 강한 압력을 받고 있지만 정책결정자들이 무엇을 어떻게 해야 할지 모르는 경우
> • 대립, 갈등하고 있는 정책결정자들 간에 구체적 정책목표 및 정책수단에 대해 합의를 보지 못하고 있는 경우

① 관료적 기업가형   ② 지시적 위임가형
③ 협상자형   ④ 재량적 실험가형

18

정책집행에 대한 다음 설명 중 옳지 <u>않은</u> 것은?

① 프레스만과 윌다브스키(Pressman & Wildavsky)는 집행과정상의 공동행위의 복잡성을 강조하였다.
② 버먼(Berman)은 집행현장에서 집행조직과 정책사업 사이의 상호적응의 중요성을 강조하였다.
③ 나카무라와 스몰우드(Nakamura & Smallwood)의 정책집행자 유형 중 관료적 기업가형은 정책의 대략적인 방향을 정책결정자가 정하고 정책집행자들은 이 목표의 구체적 집행에 필요한 폭넓은 재량권을 위임받아 정책을 집행하는 유형이다.
④ 사바티어(Sabatier)는 정책집행의 하향식 접근법과 상향식 접근법의 통합모형을 제시했다.

19

나카무라(Nakamura)와 스몰우드(Smallwood)의 정책집행자 모형 중 '재량적 실험가형 모형'에서 정책을 평가하는 주요한 기준은 무엇인가?

① 능률성
② 목표달성도(효과성)
③ 체제 유지도
④ 수익자 대응성

20

다음 정책집행 수단 중 그 본질과 성격이 <u>다른</u> 것은?

① 공기업
② 서비스공급
③ 법
④ 보조금

21

정책집행에 대한 설명 중 옳지 <u>않은</u> 것은?

① 정책의 희생집단보다 수혜집단의 조직화가 강하면 정책 집행이 곤란하다.
② 집행은 명확하고 일관되게 이루어져야 한다.
③ 규제정책의 집행과정에서도 갈등은 존재한다고 본다.
④ 정책집행 유형은 집행자와 결정자와의 관계에 따라 달라진다.
⑤ 정책집행에는 환경적 요인도 작용한다.

22

정책집단의 규모 및 조직화 정도와 정책집행의 용이성 정도 간의 관계에 대한 설명으로 옳지 <u>않은</u> 것은?

① 수혜집단이 희생집단보다 크고 양 집단의 조직화 정도가 강할 경우에는 정책집행이 용이하다.
② 희생집단이 수혜집단보다 크고 양 집단의 조직화 정도가 약할 경우에는 정책집행이 곤란하다.
③ 수혜집단과 희생집단의 규모가 비슷하고 양 집단의 조직화 정도가 강할 경우에는 정책집행이 곤란하다.
④ 수혜집단과 희생집단의 규모에 관계없이 각 집단의 조직화 정도가 약할 경우 정책집행이 용이하다.

23

정책평가방법에 대한 설명으로 옳지 <u>않은</u> 것은?

① 진실험설계는 정책을 집행하는 실험집단과 집행하지 않는 통제집단을 구성하되, 두 집단이 동질적인 집단이 되도록 한다.
② 정책의 실험과정에서 실험대상자와 통제대상자들이 서로 접촉하는 경우에는, 모방효과가 나타날 수 있다.
③ 준실험설계는 짝짓기(matching)방법으로 실험집단과 통제집단을 구성하여 정책영향을 평가하거나, 시계열적인 방법으로 정책영향을 평가한다.
④ 준실험설계는 자연과학 실험과 같이 대상자들을 격리시켜 실험하기 때문에, 호손효과(Hawthorne effects)를 강화시킨다.

24

사회실험에 대한 설명으로 옳은 것만을 모두 고르면?

> ㄱ. 자연과학의 실험실 실험과는 달리 상황에 따라 통제집단(control group) 또는 비교집단(comparison group) 없이 진행할 수 있다.
> ㄴ. 진실험 방법을 활용하여 사회실험을 진행하면 호손효과(Hawthorne Effect)를 방지할 수 있다는 점이 가장 큰 장점이다.
> ㄷ. 아직 검증되지 않은 정책 프로그램에 대규모 투자를 하기 전에 그 결과를 미리 평가해 보는 것이 중요한 목적 중 하나이다.
> ㄹ. 실험집단과 비교집단을 무작위배정(random assignment)할 수 없어 집단 간 동질성 확보가 불가능하면, 준실험(quasi-experiment) 방법을 채택하여 진행할 수 있다.

① ㄱ, ㄴ   ② ㄱ, ㄹ
③ ㄴ, ㄷ   ④ ㄷ, ㄹ

25

정책평가에 있어서 평가대상 프로그램과 성과 간에 실질적인 상관관계가 없음에도 불구하고 관계가 있는 것으로 나타나는 경우가 종종 있다. 이때 정책평가자가 가장 우려해야 할 제3의 변수는?

① 허위(외재)변수
② 매개(교량)변수
③ 선행변수
④ 억압(억제)변수
⑤ 독립변수

PART

III

조직이론

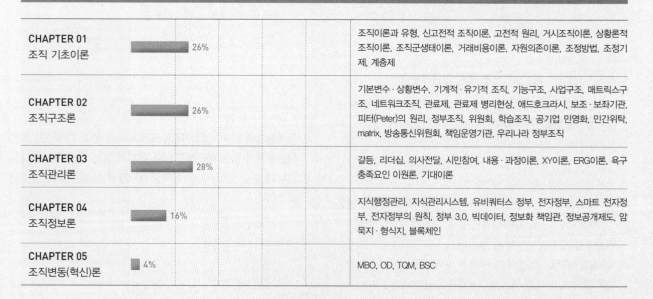

20% ※최근 5개년(국, 지/서)
출제비중

학습목표

01 조직 기초이론

정답과 해설 ▶ P.35

바로 확인문제

01   2021 지방직(=서울시) 7급

모건(Morgan)이 제시한 조직의 8가지 이미지에 해당하지 <u>않는</u> 것은?

① 문화로서의 조직(organizations as culture)
② 적응적 사회구조로서의 조직(organizations as adaptive social structure)
③ 심리적 감옥으로서의 조직(organizations as prison metaphor)
④ 흐름과 변환과정으로서의 조직(organizations as flux and transformation)

02   2018 서울시 9급

조직문화의 일반적 기능에 관한 설명으로 가장 옳지 <u>않은</u> 것은?

① 조직문화는 조직구성원들에게 소속 조직원으로서의 정체성을 제공한다.
② 조직문화는 조직구성원들의 행동을 형성시킨다.
③ 조직이 처음 형성되면 조직문화는 조직을 묶어 주는 접착제 역할을 한다.
④ 조직이 성숙 및 쇠퇴단계에 이르면 조직문화는 조직혁신을 촉진하는 요인이 된다.

03   2021 국가직 9급

조직목표의 기능에 대한 설명으로 옳지 <u>않은</u> 것은?

① 조직구성원들이 목표로 인해 일체감을 느끼기 때문에 구성원들의 동기를 유발해 준다.
② 조직의 구조와 과정을 설계하는 준거를 제공하고 성과를 평가하는 기준이 되기도 한다.
③ 미래의 바람직한 상태를 밝혀 조직활동의 방향을 제시한다.
④ 조직이 존재하는 정당성의 근거가 될 수는 없다.

01 조직의 개요와 유형

1 조직의 개요

(1) 조직의 개념

조직은 일정한 환경하에서 목표달성을 위하여 두 사람 이상이 의도적으로 협동하는 사회적 실체이다. 조직은 인간의 사회적 목적을 달성하기 위한 수단이라는 성격을 띠고 있으나 그 개념에 내포되어 있는 고도의 추상성 때문에 정확한 개념을 밝히기 어렵다.[1]

(2) 조직문화

① 조직이 처음 형성되면 조직문화는 조직을 묶어 주는 접착제 역할을 한다.
② 조직문화는 조직구성원들에게 소속 조직원으로서의 정체성을 제공한다.
③ 조직문화는 조직구성원들의 행동을 형성시킨다.
④ 조직이 성숙 및 쇠퇴단계에 이르면 조직문화는 조직혁신을 저해하는 요인이 된다.

(3) 조직목표의 기능

① 미래의 바람직한 상태를 밝혀 조직활동의 방향과 구성원의 행동기준을 제시한다.
② 조직구성원들이 목표로 인해 일체감을 느끼기 때문에 구성원들의 동기를 유발해 준다.
③ 조직이 존재하고 활동하는 정당성의 근거가 된다.
④ 조직의 구조와 과정을 설계하는 준거를 제공하고 성과를 평가하는 기준이 된다.
⑤ 조직 내부의 갈등을 조정하는 기능을 수행한다.

2 조직의 유형

(1) 블라우와 스콧트(Blau & Scott)의 분류 – 수익자 기준

① **호혜적 조직, 공익결사**: 조직의 구성원이 주된 수익자가 된다.
     예 정당, 노동조합, 직업단체, 클럽, 이익단체 등
② **사업조직**: 조직의 소유자가 주된 수익자가 된다.
     예 사기업 등
③ **서비스조직(봉사조직)**: 조직과 직접적인 접촉·관계가 있는 고객 집단이 주된 수익자가 된다.
     예 병원, 학교, 사회사업기관, 법률상담소 등

---

1) 모건(Morgan)이 제시한 조직의 8가지 이미지는 문화, 심리적 감옥, 흐름과 변환과정, 기계(장치), 유기체, 두뇌, 정치(체제), 지배(수단)이다.

④ 공익조직: 일반 대중이 주된 수익자가 된다.
  예 일반행정기관, 군대, 경찰 등

(2) 에치오니(Etzioni)의 분류 – 복종관계 기준[2]

권력의 종류 \ 관여의 종류	소외적 관여	타산적 관여	도덕적 관여
강제적 권력	강제적 복종관계		
공리적(보수적) 권력		공리적 복종관계	
규범적 권력			규범적 복종관계

① 강제적 조직
  ㉠ 통제의 수단이 물리적인 강제·강압에 있고, 조직구성원들이 고도의 소외의
    식을 갖는 조직이다. 주로 질서 목표를 추구한다.
  ㉡ 교도소, 강제수용소, 포로수용소, 감금적 정신병원, 전통적인 교정시설 등이
    이에 해당한다.
② 공리적 조직
  ㉠ 통제의 주된 수단이 물질적 보수이며, 조직구성원들이 타산적 이해관계에 따
    라 관여하는 조직이다. 주로 경제 목표를 추구한다.
  ㉡ 사기업, 각종 경제단체, 이익단체, 평시의 군대조직 등이 이에 해당한다.
③ 규범적 조직
  ㉠ 통제의 주된 수단이 규범이며, 조직구성원들이 조직에 대하여 높은 일체감을
    갖는 조직이다. 주로 문화 목표를 추구한다.
  ㉡ 이데올로기적 정치조직, 학교, 종교단체, 전문적 조직, 일반병원, 치료적 정
    신병원, 자발적 결사 등이 이에 해당한다.

(3) 파슨스(Parsons)와 카츠와 칸(Katz & Kahn)의 분류 – 체제의 AGIL 기능 기준

구분	파슨스(Parsons)	카츠와 칸(Katz & Kahn)
적응기능	경제조직(회사, 공기업 등)	적응조직(연구소, 조사기관, 대학 등)
목표달성기능	정치조직(행정기관, 정당 등)	경제적·생산적 조직(산업조직)
통합기능	통합조직 (사법기관, 경찰, 정신병원 등)	정치적·관리적 조직 (행정기관, 정당, 노동조합, 압력단체 등)
체제유지기능	형상유지조직(학교, 종교단체 등)	형상유지조직(학교, 종교단체 등)

(4) 민츠버그(Mintzberg)의 5가지 조직유형 – 조직의 특징 기준

민츠버그는 조직구조를 주요 구성 부분, 조정기제, 상황요인이라는 복수 국면적 접
근방법에 의하여 다음 다섯 가지 범주의 조직양태를 제시하였다.
① 단순구조 – 전략적 정점(strategic apex)
  ㉠ 신생조직이나 소규모 조직으로, 권력이 최고관리층으로 집권화된 유기적 구
    조이다.
  ㉡ 상대적으로 소규모 조직이지만 조직환경이 매우 동태적이며, 조직기술은 정
    교하지 않다. 또한 장기적인 전략 결정을 소홀히 할 수 있다는 문제가 있다.

---

2) 베딩(E. Vedung)은 에치오니(A. Etzioni)의 권력삼원론(강제적 권력, 보상적 권력, 규범적 권력)을 원용하여 행정 수단이 지니
  는 강제성의 정도에 따라 ① 강제적 권력을 사용하는 규제 도구(몽둥이, stick), ② 보상적 권력을 사용하는 경제적 도구(당
  근, carrot), ③ 규범적 권력을 사용하는 정보 도구(설교, sermon)로 분류하였다.

04 2019 서울시 7급 제3회

조직의 유형구분에 대한 설명으로 가장 옳지 않은 것은?

① 블라우(Blau)와 스콧트(Scott)는 기능을 중심으로 조직의 유형을 분류하였다.
② 블라우와 스콧트는 병원, 학교 등을 봉사조직으로 분류한다.
③ 파슨스(Parsons)는 경찰조직을 사회통합 기능을 수행하는 통합조직으로 분류한다.
④ 에치오니(Etzioni)는 민간기업체를 공리적 조직으로 분류한다.

05 2020 군무원 9급

에치오니(Etzioni)의 조직목표 유형으로 옳지 않은 것은?

① 질서 목표 ② 문화적 목표
③ 경제적 목표 ④ 사회적 목표

06 2007 경남 9급

파슨스는 조직의 분류 기준을 그 조직의 사회적 필요성을 충족시키기 위해 수행하는 기능에 따라 분류하였다. 사회적 기능에 의한 분류가 아닌 것은?

① 목표달성기능 ② 자원배분기능
③ 통합기능 ④ 적응기능

07 2020 군무원 9급

파슨스(Parsons)의 조직유형 중 조직체제의 목표달성기능과 관련된 유형으로 옳은 것은?

① 경제적 생산조직 ② 정치조직
③ 통합조직 ④ 형상유지조직

08 2018 지방직 7급

민츠버그(Mintzberg)의 조직성장경로모형에 따르면, 조직 내에서 어떤 부문을 강조할 것인가에 따라 조직의 구조(유형)가 달라진다. 강조된 조직구성 부문과 이에 상응하는 구조의 연결로 옳지 않은 것은?

① 전략적 정점(strategic apex) – 기계적 관료제 구조
② 핵심운영(operation core) – 전문적 관료제 구조
③ 중간계선(middle line) – 사업부제 구조
④ 지원참모(support staff) – 애드호크라시 (adhocracy)

09 2021 군무원 7급

민츠버그(H. Mintzberg)의 조직유형에 대한 설명으로 가장 적절하지 <u>않은</u> 것은?

① 단순구조(simple structure)는 유기적이고 융통성 있는 구조이다.
② 기계적 관료제(machine bureaucracy)는 낮은 분화·전문화 수준을 가진다.
③ 전문적 관료제(professional bureau-cracy)의 주된 조정방법은 기술의 표준화이다.
④ 임시체제(adhocracy)의 사업단위는 기능 또는 시장에 따라 구성된다.

10 2019 서울시 7급 제1회

민츠버그(H. Mintzberg)의 조직성장경로모형에 대한 설명으로 가장 옳지 <u>않은</u> 것은?

① 지원스태프 부문은 기본적인 과업 흐름 내에서 발생하는 조직의 문제에 대해 지원하는 모든 전문가로 구성되어 있다.
② 조직은 핵심운영 부문, 전략 부문, 중간 라인 부문, 기술구조 부문, 지원스태프 부문으로 구성된다.
③ 전략 부문은 조직을 가장 포괄적인 관점에서 관리하는 최고관리층이 있는 곳으로 조직의 전략을 형성한다.
④ 핵심운영 부문은 조직의 제품이나 서비스를 생산해 내는 기본적인 일들이 발생하는 곳이다.

11 2023 지방직 9급

민츠버그(Mintzberg)가 제시한 조직유형이 <u>아닌</u> 것은?

① 기계적 관료제
② 애드호크라시(adhocracy)
③ 사업부제 구조
④ 홀라크라시(holacracy)

② 기계적 관료제 구조 – 기술구조(techno structure)
  ㉠ 전형적으로 단순하고 안정적 환경에서 작업(업무)의 표준화를 중시하는 조직으로, 일반적으로 조직의 규모가 크고 조직환경이 안정되어 있으며, 전문화는 높은 반면 환경 적응에는 부적합하다.
  ㉡ 기계적 관료제는 표준화를 특징으로 하며 과업이 철저히 분화되어 있고, 일상적이며 반복적으로 업무를 수행한다.
  ㉢ 공식화의 정도가 높고 의사결정은 명령계통에 따라 이루어지며 계선과 막료의 활동이 구분되어 있는 관리구조를 지닌 조직이다.
③ 전문적 관료제 구조 – 핵심운영(operation core)
  ㉠ 복잡하고 안정적인 환경에 적합한 수평·수직적으로 분권화된 조직이다.
  ㉡ 전문가들로 구성된 핵심운영층이 오랜 경험과 훈련으로 표준화된 기술을 내면화하여 자율권을 가지고 과업을 조정한다.
  ㉢ 기술의 표준화를 중시하며 조직환경이 상대적으로 안정되고 외부통제가 없다.
  ㉣ 전문성 확보에는 유리한 반면, 수직적 집권화에 따른 환경변화에 적응하는 속도가 느리다는 문제가 있다.
④ 사업부제 구조 – 중간계선(middle line)
  ㉠ 제한된 수직적 분권화 구조로, 고객이나 시장의 다양성을 고려하여 각 사업부는 책임하에 있는 시장을 중심으로 스스로 자율적인 영업활동을 수행한다.
  ㉡ 산출물의 표준화를 중시하며, 성과관리에 적합한 조직이다. 사업영역 간 갈등이 발생하므로 할거적 구조라고도 한다.
  ㉢ 사업부제 구조는 중간관리층을 핵심부문으로 하는 대규모 조직에서 나타나는데, 간혹 관리자 간 영업영역의 마찰이 일어날 수 있다.
⑤ 임시특별조직(adhocracy) – 지원참모(support staff)
  ㉠ 동태적이고 복잡한 환경에 적합한 조직으로, 표준화를 거부하며 창의성을 바탕으로 하는 불확실한 업무에 적합하나 책임소재가 불분명하여 갈등과 혼동을 유발할 수 있다.
  ㉡ 지원참모(지원스태프) 부문은 기본적인 과업 흐름 이외의 조직 문제에 대한 지원을 제공하는 모든 전문가들로 구성되어 있으며, 조직을 간접적으로 지원하며 직접 작업 흐름에 관여하지 않는 집단이다. 예컨대 법무팀이 이에 해당한다.

02 조직이론의 발달

조직이론은 고전적 조직이론(19C 말, 구조), 신고전적 조직이론(1930~, 인간), 현대적 조직이론(1960~, 환경)으로 분류하는 것이 일반적이다.

핵심 꼭 짚기 조직이론의 발달

구분	고전적 조직이론	신고전적 조직이론	현대적 조직이론
기초이론	과학적 관리론	인간관계론	체제이론
인간관	합리적 경제인관	사회인관	복잡인관
추구하는 가치	기계적 능률	사회적 능률	다원적 가치
주 연구대상	공식적 구조	비공식적 구조	동태적·유기적 구조
환경	폐쇄형	폐쇄형	개방형
연구방법	원리 접근법	경험적 접근법	복합적 접근법

1 고전적 조직이론(19C 말, 구조)

(1) 개요
① 고전적 조직이론은 과학적 관리법의 영향하에 성립·발전된 이론으로, 합리주의에 입각하여 공식적·합리적 조직에 중점을 둔다.
② 조직을 폐쇄체제로 인식하여 환경과의 관계를 고려하지 않으며, 조직의 원리, 부처 편성의 기준, 관리자의 기능 등을 중시한다.

(2) 여러 유파
① 과학적 관리론
② 베버(Weber)의 관료제이론
③ 행정관리론

(3) 특징
① **능률지상주의**: 관리의 기술적 능률화와 절약이 조직의 목표로 강조된다.
② **기계적 조직관**: 인간조직을 기계적·기술적·합리적·경제적 모형으로 간주하며, 내부 중심적인 정태적·폐쇄적 조직관이다.
③ **원리주의적 접근법 중시**: 조직의 변수 중 공식구조를 중시하며 관리의 과학화는 오직 원리의 준수를 통해서 이루어질 수 있다고 본다. 또한 원리주의는 어떤 상황에도 보편타당하게 적용되는 최선의 방법을 탐색한다.
④ **합리적·경제적 인간모형**: 합리적·경제적 인간모형 또는 X이론적 인간관에 기초를 둔 연구이며, 최고관리층에 의한 행정통제에 중점을 둔다.
⑤ **구조·기술 중심의 행정개혁**: 조직·구조나 관리·기술 중심의 행정개혁을 중시한다.
⑥ **공·사행정 일원론**: 고전적 조직이론은 공·사행정 일원론 또는 정치·행정 이원론의 입장을 취한다.
⑦ **수단 중시**: 목적·가치·이상보다는 수단·사실·현실을 중시한다.
⑧ **과학적 관리론**: 이론적으로 과학적 관리론을 기초로 한다.

(4) 평가
① **공헌**: 고전적 조직이론의 가정과 전제는 현대의 조직이론에 초석을 제공했다는 점에서 크게 공헌했다. 효율성과 합리성은 조직관리의 가장 기본적인 원칙이라는 점에서 오늘날의 조직관리에서도 무시할 수 없는 가치를 제공한다. 즉, 고전적 조직이론의 가장 중요한 기본 전제는 효율성과 합리성을 지향한다는 점이다.
    ㉠ 조직은 생산과 관련된 경제적 목표를 달성하기 위하여 존재한다.
    ㉡ 조직은 환경의 영향과 개인적인 선호가 억제되고 합리성의 규범에 따를 때 가장 효과적으로 움직일 수 있다고 전제한다. 조직이 합법적인 규칙과 권위에 기초할 때 개인의 오류를 제거할 수 있다는 전제이다.
    ㉢ 조직의 효과적인 운영을 위하여 전문화와 분업을 통해 조직의 생산성을 극대화하고 조직의 효과성을 제고할 수 있다는 것이다.
    ㉣ 조직의 구성원들은 합리적인 경제원리에 따라 행동한다는 가정을 한다. 따라서 인간은 경제적·물질적 보상에 의해서만 동기가 유발될 수 있다는 합리적 또는 경제적 인간관에 기초하고 있다.

바로 확인문제

12   2015 서울시 7급
민츠버그(Mintzberg)는 조직을 단순구조, 기계적 관료제, 전문적 관료제, 할거적 양태(사업부제), 임시체제 등으로 구분하였다. 이 중 전문적 관료제의 특징으로 가장 옳지 <u>않은</u> 것은?
① 높은 수평적 분화 수준
② 복잡하고 불안정적인 환경
③ 낮고 불명확한 공식화 수준
④ 높은 연결·연락 수준

13   2006 군무원 9급
다음은 행정이론의 시대적 발달순서이다. 바르게 나열한 것은?

ㄱ. 비교행정론	ㄴ. 과학적 관리론
ㄷ. 인간관계론	ㄹ. 신행정론
ㅁ. 행정행태론	

① ㄱ → ㄴ → ㄹ → ㄷ → ㅁ
② ㄴ → ㄱ → ㄷ → ㄹ → ㅁ
③ ㄴ → ㄷ → ㅁ → ㄱ → ㄹ
④ ㄷ → ㄱ → ㄹ → ㄴ → ㅁ

14   2010 서울시 7급
고전적 조직이론이 갖고 있는 특징에 대한 설명으로 가장 <u>부적합한</u> 것은?
① 조직은 생산과 관련된 경제적 목표를 달성하기 위하여 존재한다.
② 조직의 구성원들은 합리적인 경제적 원리에 따라 행동하지 못한다고 가정한다.
③ 전문화와 분업을 통하여 조직의 효과적 운영과 생산성 극대화를 추구한다.
④ 조직이 합법적 규칙과 권위에 기초할 때 개인의 오류 제거가 가능하다고 가정한다.
⑤ 현대적 조직이론의 초석을 제공하였다는 점에서 긍정적 평가를 받기도 한다.

15

신고전적 조직이론인 인간관계론이 강조한 내용으로 옳은 것은?

① 기계적 능률성
② 공식적 조직구조
③ 합리적·경제적 인간관
④ 인간의 사회·심리적 요인

16

신고전 조직이론의 특징으로 가장 옳지 않은 것은?

① 사회적 능력과 사회적 규범에 의한 생산성 결정
② 계층적 구조와 분업의 중시
③ 비경제적 요인과 비공식 집단의 중시
④ 의사소통과 참여의 중시

17

신고전 조직이론에 대한 설명으로 옳은 것은?

① 조직군생태론, 자원의존이론 등이 대표적이다.
② 인간을 복잡한 내면구조를 가진 복잡인으로 간주한다.
③ 환경과 상호작용하는 개방적·동태적·유기적 조직을 강조한다.
④ 조직 내 사회적 능률을 강조하고, 조직의 비공식적 구조나 요인에 초점을 둔다.

18

후기 인간관계론에 대한 설명으로 옳지 않은 것은?

① 합리적·경제적 인간관보다는 자아실현적 인간관과 더 부합한다.
② 개인은 다양한 차원에서 다양한 특성을 지니고 있으므로 상황에 따라 개인을 다양한 시각으로 이해할 필요가 있다.
③ 대표하는 이론으로는 맥그리거(McGregor)의 Y이론, 아지리스(Argyris)의 성숙인 등을 들 수 있다.
④ 의사결정과정에 개인을 참여시키는 관리전략이 필요하다.

---

② **비판**: 고전적 조직이론은 현대 조직이론에 초석을 제공하는 데 크게 공헌했지만, 현대적인 관점에서 다음과 같은 비판도 받는다.
  ㉠ 인간의 사회적 성격을 무시하고 합리적 인간으로만 가정한다.
  ㉡ 조직을 환경으로부터 유리시킴으로써 조직의 경직성을 선제하였다.

2 신고전적 조직이론(1930~, 인간)

(1) 개요

① 신고전적 조직이론은 호손실험과 인간관계론에 이론적 근거를 두고 성립·발전되었다.
② 고전적 조직이론과는 달리 행정조직 내의 비공식적·비합리적·정서적 구성 부분에 대한 이론을 중심으로 하여 조직의 인간 감정과 사회적 요인을 중시하는 이론이다.[3]

(2) 여러 유파

① 인간관계론
② 경험주의 이론(실증주의 이론, Simon)
③ 환경유관론(Selznick)

(3) 특징

① **사회적 능률성 추구**: 새로운 가치기준으로 사회적 능률성을 제시하고 이를 조직의 목표 가치로 강조한다.
② **사회적 모형으로서의 조직관**: 인간조직을 인간의 사회적 상호의존작용 관계의 총화로 보고, 조직 내의 비합리적·비공식적·정서적·사회적·심리적 측면의 중요성을 강조한다.
③ **인간관계를 중시**: 인간관계·대인관계를 중시하며 관리의 과학화는 동태적인 인간상호작용의 연구에 의하여 이루어진다고 본다.
④ **사회적 인간 모형**: 사회적 인간모형 또는 Y이론적 인간모형에 기초를 둔 연구이며, 대인관계 갈등의 해결방안으로 참여, 의사소통, 위원회 방식 등을 제시하였다.
⑤ **실증주의·인간주의**: 고전이론의 허구적인 과학성을 공격하면서 실증주의·인간주의를 제창하였다. 이에 따른 경험적 접근법과 사회적 능률성이 강조된다.

3 현대적 조직이론(1960~, 환경)

(1) 의의

① 현대조직이론은 통합된 학파·이론적 입장을 확립하지 못하고 있으나 일반적으로 체계적·구조적·행태적·환경적·상황적 접근방법에 의하여 쇄신적·능률적·인본적·적응적 조직의 설계와 관리에 관한 이론으로서 파악된다.
② 현대적 조직이론의 발달에 혼란을 가져온 근본적인 요인은 환경의 변화이며, 조

---

3) 후기 인간관계론은 인간관계론에 의해 밝혀진 조직 내 인간의 성격과 사회적 관계를 본격적으로 연구하면서 1930년대부터 1960년대에 등장한 이론이다. 후기 인간관계론은 조직목표의 효과적인 달성을 위해 조직구성원들을 활용할 여러 가지 방법을 강구하는 데 관심을 기울였으며, 그 결과 인간을 합리적 존재가 아닌 사회적 존재로 인식해야 하며, 이를 실현하기 위해서는 의사결정 등 조직의 주된 활동에 개인을 참여시켜야 한다는 결론에 이르게 되었다. 이러한 측면에서 후기 인간관계론을 참여관리론이라고 부르며, 대표적 학자로는 아지리스(Argyris), 리커트(Likert), 맥그리거(McGregor) 등이 있다. 후기 인간관계론에서 주장하는 인간성 존중을 위한 관리전략으로는 직무확충(직무확대와 직무충실), 비공식 집단의 활용, 개방적인 의사전달체계 등이 있다.

직의 환경에 대한 적합성을 강조한 이론을 일반적으로 상황적응이론(contingency theory)이라 한다.

③ 조직과 환경에 관한 대표적인 연구로는 번스(Burns)와 스토커(Stalker), 로렌스(Lawrence)와 로쉬(Lorsch)가 있다.

(2) 여러 유파

① 체제이론　　② 행태과학　　③ 관리과학　　④ 발전행정론
⑤ 행동이론　　⑥ 비교조직론　⑦ 상황적응이론

(3) 특징

① **가치기준의 다원화**: 가치기준의 획일성을 배제하여 다원화를 받아들인다.

② **체제적 접근**: 조직을 개인, 공식적 구조, 비공식조직, 역할 유형, 직무 환경 등으로 이루어지는 체제로서 파악한다.

③ **개방체제적 관점**: 조직을 환경과 끊임없이 상호작용을 하는 개방체제로 보아 조직과 환경의 상호작용을 연구·관찰한다.

④ **통합적 관점**
　　㉠ 조직현상을 온전히 파악하려면 균형 잡힌 안목을 가지고, 포괄적인 접근을 해야 한다.
　　㉡ 조직현상의 다양성·인간 존재의 복잡성을 인정하고 다양한 접근방법을 광범위하게 활용한다(복합과학적 성격).
　　㉢ 고전적 조직이론과 신고전적 조직이론의 통합을 시도하며 공식적·비공식적 요인 간의 상호관계성을 분석한다.

⑤ **자기실현인관·복잡인관**: 자아실현적 인간모형과 복잡한 인간모형에 기초를 둔 연구이다.

⑥ **조직발전 중시**: 조직의 변동과 갈등의 역할에 관한 분석을 강조하고 조직발전(OD) 문제를 중시한다.

⑦ **동태적 조직 중시**: 관료제적 조직이 지닌 한계점 극복과 동태적 조직의 확립 방안을 모색한다.

⑧ **정치·행정 일원론, 공·사행정 이원론**: 정치·행정 일원론과 공·사행정 이원론의 입장이며 수단·사실보다 목적·가치를 더 중시한다.

⑨ **상황적응적 요인 중시**: 최근 이론은 통합적 조직이론을 모색하고 있으며 상황적응적 요인을 중시하여 상황적응이론에 대한 관심이 높아지고 있다. 현대적 이론은 환경을 상수(常數, 변하지 아니하는 일정한 값을 가진 수나 양)가 아니라 변수(變數, 어떤 상황의 가변적 요인)로 본다. 즉, 환경을 가변적(可變的)인 것으로 본다.

4 지식정보사회와 조직이론

(1) 의의

① 지식정보사회는 1990년대 초반 다수의 미래학자들에 의해 제기되었다. 토플러(Toffler)는 지식이 권력의 원천인 동시에 권력이동의 핵심이라고 주장하였으며, 드러커(Drucker)는 지식을 탈자본주의 사회로 이동시키는 원동력이라고 하였다.

② 20세기 후반의 정보통신기술의 발달은 사회의 모든 부문에 걸쳐서 혁명적인 변화를 가져왔으며, 컴퓨터 기술에 의한 정보기술의 발달이 전통적인 산업사회를 지식정보사회로 변화시켜 왔다.

바로 확인문제

19　　　　　　　　　　2005 대전 9급
현대적 행정관리이론의 특성이 <u>아닌</u> 것은?
① 분권적 행정관리를 추구한다.
② 환경을 상수(常數)로 본다.
③ 산출지향적 관리를 중시한다.
④ 고객 위주의 관리를 지향한다.

20　　　　2005 경북 9급, 2004 대전 9급
정보화사회의 특징과 거리가 <u>먼</u> 것은?
① 다품종 소량생산
② 경계의 연성화
③ 지식과 창의의 중요성
④ 조직계층 수의 증가

21　　　　　　　　　　2005 국가직 9급
최근 정보사회화 과정에 수반되어 나타나고 있는 조직 변화상의 특징과 거리가 <u>먼</u> 것은?
① 조직 내부 또는 조직들 사이의 경쟁이 더욱 치열해지고 있다.
② 계층적 분화가 더욱 촉진되어 가고 있다.
③ 조직구조가 수평화되어 가고 있다.
④ 구성원들의 자율성이 확대되어 가고 있다.

22　　　　　　　　　　2009 국가직 9급
지식정보사회의 도래와 함께 급속히 진행된 정보화가 조직구조 및 조직행태에 미친 변화에 대한 설명으로 옳지 <u>않은</u> 것은?
① 지식정보사회의 조직은 수평적으로 연결된 네트워크 구조나 가상조직의 형태를 띠게 되는 경향이 있다.
② 린덴(R. M. Linden)이 정의한 '이음매 없는 조직'의 출현이 확산된다.
③ 지식정보사회의 조직에서는 개인의 역량이 강조되기 때문에 조직의 협력적 행태가 저해된다.
④ 지식정보사회에서는 조직구조의 신축성과 유연성을 보다 강조한다.

23

2004 입법고시 변형

지식정보사회에 따른 조직구성원의 행태 변화로서 옳지 <u>않은</u> 것은?

① 정보기술의 발달로 인해 조직 내에서 개인이 자신의 업무를 수행하는 데 있어서의 자율성은 약화되었다.

② 조직 내, 조직 간의 경쟁은 가속화된다.

③ 인력의 이동성이 증가하고 있다.

④ 연공서열에 따른 보상은 감소하고 개인의 능력과 기술에 따른 보상으로 바뀌고 있다.

24

2020 군무원 7급

상황론적 조직이론에 대한 설명으로 옳지 <u>않은</u> 것은?

① 경험적 조직이론으로서 관료제이론과 행정원리론에서 추구한 보편적인 조직원리를 비판하면서 등장했다.

② 중범위라는 제한된 수준 내에서 일반성과 규칙성의 발견을 추구한다.

③ 상대적인 입장을 취해 조직설계와 관리방식의 융통성을 꾀한다.

④ 독립변수나 상황적 조건들을 한정하거나 유형화하지 않는 유연한 분석을 통해 문제에 대한 처방을 추구한다.

25

2022 지방직(= 서울시) 7급

현대조직이론에 대한 설명으로 옳은 것은?

① 조직군생태론은 단일조직을 기본 분석단위로 하며, 환경에 대한 조직 적합도에 초점을 둔다.

② 거래비용이론은 자원의존이론의 한 접근법으로, 조직 간 거래비용보다는 조직 내 거래비용에 더 많은 관심을 둔다.

③ 상황론적 조직이론은 독립변수를 한정하고 상황적 조건들을 유형화해 중범위라는 제한된 수준 내의 일반성과 규칙성을 발견하려고 한다.

④ 대리인이론에 따르면 정보의 대칭성과 자산 불특정성이 합리적 선택을 제약하며, 주인-대리인 관계는 조직 내에서 나타나지 않는다.

(2) 조직구조의 변화

① 지식정보사회의 조직은 조직의 신축성과 유연성을 보장하기 위해 수평적으로 연결된 네트워크구조나 가상조직의 형태가 된다. 이러한 새로운 형태의 조직구조는 관료제의 수직적 계층제를 완화시켜 새로운 환경 변화에 대한 조직의 신축적인 대응을 가능하게 하기 위한 것이다.

② 구조적 측면에서 정보기술의 발달에 의한 정보화는 조직을 수평화 또는 네트워크화하는 중요한 요인으로 작용했다. 그 결과 21세기의 조직은 신축성과 유연성을 발휘할 수 있는 방향으로 그 형태를 잡아 가고 있다. 수평화는 전통적인 조직의 계층제를 완화하거나 제거하는 방향으로 진행되고 있으며, 네트워크화는 환경의 변화에 유연하고도 신속하게 적응할 수 있는 신축성을 확보할 수 있게 만들어 준다.

(3) 조직행태의 변화

① **경쟁의 가속화**: 정보화의 영향으로 조직 간 또는 개인 간의 경쟁이 가속화될 것이다. 안정적인 환경에서의 전통적 조직은 경쟁보다는 상호협력을 미덕으로 간주하였으나, 정보기술의 발달로 인해 조직환경이 급격하게 변화하면서 다른 조직과의 경쟁을 통해 생존을 확보해야 하기 때문이다.

② **질적인 측면의 변화**: 노동력 또는 인력의 구성과 질적인 측면이 변화하게 될 것이다. 전문성을 갖춘 집단과 임시직 또는 계약직 근로자 집단으로 이원화되고, 연공서열보다는 전문적 기술과 능력에 의한 보상체계로 변화하면서 동기유발의 기본적 패러다임의 변화가 나타날 것이다.

③ **유연한 문화**: 신축성과 유연성을 강조하는 조직구조로 인해 조직문화를 근본적으로 변화시킬 것이다. 전통적인 경직된 문화에서 유연한 문화로 변화하게 된다.

④ **개인의 자율성 향상**: 조직 내 개인의 자율성이 현저하게 향상될 것이다. 개인은 조직의 간섭이나 통제에서 벗어나 자유롭게 자신의 업무를 수행함으로써 창의성을 발휘하게 된다.

03 조직과 환경에 관한 거시조직이론의 체계

1 거시조직이론 분류

결정적 코멘트 개별이론의 숙지를 통해 이론 분류의 큰 틀을 기억해 두어야 한다.

(1) 결정론과 임의론(환경 변화에 대한 조직의 대처 정도에 따른 구별)

① **결정론**: 환경이 고정불변의 것으로 정해져 있어 조직이 이를 변경할 수 없고 조직은 수동적으로 환경에 적응해야만 하는 것으로 본다.

② **임의론**: 조직이 환경에 대해 능동적으로 대처하고 환경을 조절할 수 있는 것으로 본다.

(2) 개별조직과 조직군이론

① **개별조직적 관점**: 개별조직 하나하나를 미시적 수준으로 보는 것이다.

② **조직군 관점**: 조직 전체를 거시적 수준으로 보는 것이다.

▌거시조직이론의 분류

환경인식 분석수준	결정론	임의론
개별조직	〈체제구조적 관점〉 구조적 상황이론(상황적응이론)	〈전략적 선택 관점〉 • 전략적 선택이론 • 자원의존이론
조직군	〈자연적 선택 관점〉 • 조직군 생태학 이론 • 조직 경제학(대리이론/거래비용이론)	〈집단적 행동 관점〉 공동체 생태학 이론

2 환경결정론적 관점

(1) 상황적응이론(contingency theory)

① 개요: 체제이론에서 유래한 상황적응이론은 조직의 환경적 요인을 강조하면서 고도의 불확실한 상황에서 최선의 관리방법이란 있을 수 없으며, 다만 효과적인 방법만이 있을 뿐이라는 점을 강조하는 입장이다. 즉, 조직이 처해 있는 상황에 따라 기계적 모형이 유리한가, 유기적 모형이 유리한가를 인식하고 이에 입각하여 조직을 설계하도록 하는 것을 뒷받침해 주는 이론이다. 따라서 상황적응이론은 조직과 환경의 적합성·조화성의 관계를 중시하며, 외부환경에 기술 조건적으로 대응하는 유일한 방법이 있다는 가정을 부정한다(유기적 조직이론). 또한 환경의 영향에 대한 조직관리자의 역할이 소극적이다. 로렌스(Lawrence)와 로쉬(Lorsch)는 「조직과 환경(organization and environment)」이라는 저서에서 상황적응이론을 통해 분화와 통합을 강조하였다.

② 특징

  ㉠ **최선의 방법 부인**: 고전적 이론이 주장한 모든 조직의 설계에 적용될 수 있는, 유일 최선의 방법(one best way)은 존재할 수 없다고 본다. 고전적 이론에서 강조하는 원리주의를 비판한다.

  ㉡ **효과적 방법 인정**: 조직은 지극히 복잡하고 그 종류도 다양하지만 조직 설계에 지침이 될 수 있는 상황적응적 측면에서 비교적 효과적인 방법이 있을 수 있다.

  ㉢ **조직과 환경의 관계 중시**: 조직구조에 관한 결정이 환경적 요인에 달려 있고, 환경이 조직의 내부구조에 결정적 영향을 미친다.

  ㉣ **상황적 요인 중시**: 조직의 내부 특성과 조직이 직면하는 상황 사이의 적합성·조화성 관계를 유지하고 있는 조직일수록 유효성이 높아진다.

  ㉤ **객관적 결과 중시**: 원인보다는 객관적인 결과를 중시한다.

  ㉥ **분석단위**: 조직을 분석단위로 하여 분석한다.

  ㉦ **중범위이론 지향**: 중범위이론을 지향·추구한다.

③ 결론: 관료제와 애드호크라시를 조직 형성에서 완전히 서로 대립되는 모델이 아니라 장기적으로 서로 보완관계로 보아, 조직발전을 위하여 상호유기적인 조화를 이루고자 한다. 따라서 현실에는 순수한 관료제도, 순수한 애드호크라시도 존재하지 않으며, 상황에 따라 이를 적절하게 운용하자는 것이 상황적응이론이다.

  ㉠ **동질적이고 안정된 상황·환경**: 좀 더 형식화·정형화되고 계층적인 조직(기계적 조직)이 적합하다.

바로 확인문제

26   2018 국가직 9급

상황적응적 접근방법(contingency approach)에 대한 설명으로 옳지 <u>않은</u> 것은?

① 체제이론의 거시적 관점에 따라 모든 상황에 적합한 유일 최선의 관리방법을 모색한다.

② 체제이론에서와 같이 조직은 일정한 경계를 가지고 환경과 구분되는 체제의 하나로 본다.

③ 조직을 구성하고 운영하는 방법의 효율성은 그것이 처한 상황에 의존한다고 가정한다.

④ 연구대상이 될 변수를 한정하고 복잡한 상황적 조건들을 유형화함으로써 거대이론보다 분석의 틀을 단순화한다.

27   2019 서울시 7급 제3회

거시조직이론에 대한 설명으로 가장 옳은 것은?

① 공동체 생태학이론은 조직의 내적 논리를 강조한다.

② 자원의존이론은 환경에 피동적인 조직의 특성을 강조한다.

③ 구조적 상황이론은 환경에 적응하는 조직의 구조 설계를 강조한다.

④ 조직군 생태학이론은 조직의 주도적 선택을 강조한다.

28   2020 국가직 7급

조직이론에 관한 설명으로 옳지 <u>않은</u> 것은?

① 전략적 선택론은 조직 설계의 문제를 단순히 상황적응의 차원이 아니라 설계자의 자유재량에 의한 의사결정 산물로 파악한다.

② 번스(Burns)와 스토커(Stalker)는 조직을 둘러싼 환경의 성격 및 특성이 조직구조와 어떻게 관련되는지를 설명한다.

③ 조직군생태학은 조직을 외부환경의 선택에 영향을 받을 뿐만 아니라 적극적으로 영향을 끼치는 능동적인 존재로 이해한다.

④ 버나드(Barnard)는 조직 내 인간적·사회적 측면을 강조한다.

29

다음 상황과 관련 있는 이론은?

> • A 보험회사는 보험 가입 대상자의 건
> 강 상태 및 사고 확률에 대한 특수정
> 보를 가지고 있지 않다.
> • A 보험회사는 질병 확률 및 사고 확
> 률이 **높은** B를 보험에 가입시켜 회사
> 의 보험재정이 악화되었다.

① 카오스이론   ② 상황조건적합 이론
③ 자원의존이론   ④ 대리인이론

30

조직이론에 대한 설명으로 옳지 **않은** 것은?

① 구조적 상황이론 – 상황과 조직특성
간의 적합 여부가 조직의 효과성을 결
정한다.
② 전략적 선택이론 – 상황이 구조를 결
정하기보다는 관리자의 상황판단과 전
략이 구조를 결정한다.
③ 자원의존이론 – 조직의 안정과 생존을
위해서 조직의 주도적·능동적 행동을
중시한다.
④ 대리인이론 – 주인·대리인의 정보 비
대칭 문제를 해결하기 위해 대리인에
게 대폭 권한을 위임한다.

31

주인–대리인이론(principal-agent theory)
에 대한 설명으로 옳지 **않은** 것은?

① 경제적 능력을 중시하는 인간관에 기반
한 이론으로, 행위자들이 이기적 존재
임을 전제한다.
② 주인과 대리인의 목표 상충으로 인해
X–비효율성이 나타난다.
③ 인간의 인지적 한계와 정보 부족 등 상
황적 제약으로 인해 합리성은 제약된다
고 본다.
④ 주인과 대리인 사이에 정보비대칭성이
존재하고, 대리인이 기회주의적으로
행동하는 경우 역선택이나 도덕적 해이
가 발생할 수 있다.

ⓛ 다양하고 변동하는 상황·환경: 형식화·정형화 정도가 덜하고 유기적인 조직
이 적합하다.

(2) 조직군생태론(organization population ecology theory)

① 개요
    ㉠ 조직군생태론은 조직 변동이 외부환경의 선택에 의하여 좌우된다고 보며 조
직환경의 절대성을 강조하는 극단적인 환경이론이다.
    ㉡ 조직군생태론은 생물학의 자연선택(도태) 또는 적자생존(survival of the
fittest)·약육강식(the law of the jungle) 이론을 적용함으로써 분석수준을 개
별조직 단위로부터 유사한 조직구조를 가진 조직군으로 전환시키고, 어떤 유
형의 조직들은 왜 존속·발전하고, 어떤 유형의 조직들은 왜 소멸하는가를 밝
히려고 한다. 따라서 조직군생태론은 조직이 환경에 적응해 나갈 능력이 없음
을 인정하고 환경이 조직을 선택한다는 점을 강조하는 이론으로, 관리자를 주
어진 환경에서 무기력한 존재로 본다.
② 특징: 조직은 환경에 가장 잘 적응하는 방향으로 변화해 나가며 환경에 잘 적응해
나가지 못하는 조직은 존속할 수 없다. 조직의 적자생존은 ㉠ 변이, ㉡ 선택, ㉢
보존의 세 단계로 이루어진다. 이러한 단계에서 가장 중요한 개념은 특정 조직군
이 다른 조직군과 경쟁하여 생존할 수 있는 공간인 적소(niche)라 할 수 있으며,
모든 조직은 생존을 위하여 환경의 수용 능력을 내포하는 적소를 찾으려고 한다.
③ 평가: 조직군생태론은 환경 변화에 따른 조직의 대응에 초점을 두면서 조직환경
이 조직생존에 결정적 의미를 갖는다는 점을 인식하고 있으나, 다음과 같은 비판
이 제기되고 있다.
    ㉠ 조직을 수동적·소극적 존재로 파악한다.
    ㉡ 조직의 전략적 선택을 도외시한다.
    ㉢ 자연도태·적자생존의 생물학적 개념을 인간의 조직군에 적용한다.
    ㉣ 조직 형태와 환경특성 간의 적합성과 관련되는 조직의 관리과정을 무시한다.

(3) 조직경제학이론(신제도주의 경제학)

조직이 발생하고 조직을 운영하는 것을 의사결정에 따른 비용을 최소화하기 위한
하나의 전략이라고 생각한다.
① 대리인이론(Donaldson, Perrow)
    ㉠ 위임자(본인, 소유자, 구매자)와 대리인(근로자, 판매자)의 관계에 관한 경제학
적 모형을 조직연구에 적용하는 접근방법으로, 개인을 합리적이며 자기이익
을 추구하는 존재로 본다.
    ㉡ 주인과 대리인 간의 이해상충으로 대리손실이 발생하며 효율적인 계약관계를
유지하기 위해서는 대리손실의 최소화가 관건이라고 본다. 대리인이론은 시
민의 권한위임을 받은 관료가 시민의 통제에서 벗어나고, 시민이 관료를 통제
하는 방법을 설명하는 데 적절한 이론이다.
    ㉢ 행위자들이 이기적인 존재임을 전제하고 위임자–대리인 간의 정보 불균형
(비대칭성), 역선택[4], 도덕적 해이[5], 상황적 조건의 불확실성, 그리고 대리인

---

4) 역선택이란 정보의 비대칭성 때문에 위임자는 자질이 부족한 대리인을 선택할 수도 있고 대리인의 능력에 비해 너무 많은
보수를 주는 계약을 체결할 수도 있는 현상을 의미한다. 일반적으로 한 사람이 어떤 상품의 속성에 대해 더 많은 정보를 가
지고 있기 때문에 상대적으로 더 적은 정보를 가진 사람이 질 나쁜 상품을 사게 되는 현상을 말한다. **에** 생명보험, 레몬마켓
(중고차 시장) 등

을 움직이는 유인(성과급과 고정급)의 역할을 중시한다. 주인-대리인이론에 따르면, 대리인 선임 전에는 역선택 문제가 발생하고 대리인 선임 후에는 도 덕적 해이 문제가 발생한다.

    ② 위임자와 대리인 간의 비대칭적 정보를 감소시키는 제도적 절차에는 행정정 보의 공개, 「행정절차법」(청문, 공청회의 개최, 입법예고제, 행정예고제)의 제정, 내부고발자의 보호, 정책결정과정의 주민참여, 시민헌장제도, 성과급제도와 같은 것이 있다.

② **거래비용이론**(Williamson)

    ⊙ 조직의 대규모화 현상 또는 거대기업의 출현을 설명하기 위해 등장한 거래비 용이론은 시장과 기업(계층제) 가운데 어떠한 방식(mode)이 어떠한 경우에 좀 더 효율적일 수 있는가를 분석하는 데 연구의 초점이 있다. 불확실성이 대단 히 높은 상황에서 내부조직은 의사결정자의 제한된 합리성을 경제화하여 주 는 존재라는 것이다.

    ⊙ 거래비용이론은 대리인이론을 조직이론에 적용한 것으로, 의사결정에 따른 거래비용을 최소화하기 위한 조직화의 원리를 추구한다. 조직은 경제활동에 서 재화나 용역의 거래비용을 줄이기 위해 만들어지는 장치이다.

    © 거래비용이론은 시장에서 이뤄지는 개인 및 조직 간 거래를 미시적으로 분석 하며, 거래비용[6]은 통제비용, 거래관례의 유지비용, 정보비용 등 경제적 교환 과 관련된 모든 비용을 의미한다. 거래비용이론에서는 자산의 특정성(자산 전 속성, 자산이 다른 용도에 사용되기 어려운 정도)과 정보의 편재성(불확실성), 거래빈도 등이 거래비용을 증가시키는 요인이라고 본다.

    ② 투자속성에서 전속적 투자가 높을 경우 시장거래보다 기업 내부조직 거래를 관계적인 계약으로 선호하게 된다. 시장의 자발적인 교환행위에서 발생하는 거래비용이 관료제적 조정비용보다 크면 거래비용의 최소화를 위하여 거래의 내부화(insourcing), 즉 조직의 통합이 이루어진다는 이론이다.

    ⑩ 조직 내 거래비용을 극소화하기 위해 종전의 U형(Unitary: 단일·단순) 관리 에서 M형(Multi-divisionalized: 다차원적) 관리로 전환할 것을 주장한다. 여 러 가지의 가능한 조직구조 중 사업부제 조직모형인 M형 구조가 U형 구조보 다 효율적이라고 주장한다.

    ⑭ 거래비용이론은 동일한 업무를 기업 안에서 처리할 때의 조직관리비용과 기 업 밖에서 처리할 때의 거래비용을 비교하여, 해당 업무를 내부조직에서 직접 수행할지 아니면 외부와의 거래를 통해 수행할지를 결정하는 이론이다.

(4) 제도화이론(Meyer & Scott, Rowan, Powell, Zucker, 1983)

① 조직은 사회문화적 규범이나 가치체계 등의 제도적 환경과 부합되도록 그 형태 와 구조를 적응해야 한다는 것이다.

---

5) 도덕적 해이(moral hazard)란 정보의 비대칭성 때문에 위임자는 대리인의 업무수행과정을 감시·통제하기 어렵고, 대리인 은 무성의하거나 수준 이하의 노력을 할 가능성이 있는 현상을 의미한다. 정보의 비대칭성으로 인해 주인이 대리인의 행태 를 완벽하게 감시·감독할 수 없기 때문에 대리인은 주인이 생각할 때 최상이라고 생각하는 만큼의 노력을 기울이지 않는 현상을 의미한다. **웹** 화재보험 등

6) 거래비용이란 경제제도를 운영하는 비용으로 이는 마치 물리학에서의 마찰과 동등한 개념이다. 거래비용에는 사전 거래비 용과 사후 거래비용이 있다. 사전 거래비용은 거래조건에 대한 합의 사항을 작성하고, 협상하며, 이행을 보장하는 비용을 포함한다. 사후 거래비용은 ① 거래가 계약 조건이나 이행과 협력에서 벗어나 발생하는 부적합의 조정비용, ② 사후 부대 등 관계를 시정하기 위해 양자가 노력할 경우 발생하는 협상비용, ③ 분쟁 관련 비용, ④ 확실한 계약 이행을 위한 보증비용 등을 말한다.

32   2020 지방직(=서울시) 7급

대리인이론에서 주인-대리인 관계의 효 율성을 제약하는 요인이 **아닌** 것은?

① 인간의 인지적 한계와 정보 부족 등으 로 인한 합리성 제약
② 정보 비대칭성 혹은 정보 불균형
③ 대리인의 기회주의적 행동 성향
④ 대리인 관계를 설정할 수 있는 다수의 잠재적 당사자(대리인) 존재

33   2021 국가직 7급

거래비용이론에 대한 설명으로 옳지 **않은** 것은?

① 기회주의적 행동을 제어하는 데에는 시 장이 계층제보다 효율적인 수단이다.
② 거래비용은 탐색비용, 거래의 이행 및 감시비용 등을 포함한다.
③ 시장의 자발적 교환행위에서 발생하는 거래비용이 계층제의 조정비용보다 크 면 내부화하는 것이 효율적이다.
④ 거래비용이론은 조직이 생겨나고 일정 한 구조를 가지는 이유를 조직경제학 적으로 설명하는 접근방법이다.

34   2009 국회직 8급

거래비용이론(transaction cost theory)에 관한 설명으로 옳은 것을 모두 고르면?

ㄱ. 조직은 경제활동에서 재화나 용역 의 거래비용을 줄이기 위해 만들어 지는 장치이다.
ㄴ. 대리인이론과 함께 신제도주의 경 제학 이론에 해당된다.
ㄷ. 공공분야의 민영화, 민간위탁, 계약 제 등에 응용되고 있다.
ㄹ. 조직은 능률성을 높일 수 있는 유일 한 방안이다.
ㅁ. 행정의 효율성뿐만 아니라 민주성 이나 형평성도 적절히 고려한다.

① ㄱ, ㄴ, ㄷ   ② ㄱ, ㄴ, ㅁ
③ ㄱ, ㄷ, ㄹ   ④ ㄴ, ㄷ, ㅁ
⑤ ㄷ, ㄹ, ㅁ

35 2016 서울시 9급

다음 중 거시적 조직이론에 대한 설명으로 가장 옳지 <u>않은</u> 것은?

① 전략적 선택이론은 임의론이다.
② 조직군생태론은 자연선택론을 취한다.
③ 조직군생태론은 결정론적이다.
④ 전략적 선택이론의 분석단위는 조직군이다.

36 2005 경기 9급

"조직의 구조가 환경의 영향을 받지만, 조직이 환경에 그대로 따르는 것만은 아니다."라고 보는 이론적 관점은?

① 조직군생태론 ② 개방체제론
③ 제도화이론 ④ 전략적 선택이론

37 2005 전남 9급

전략적 선택이론에 대한 설명이 옳은 것은?

① 관리자의 재량적 결정이 환경을 능동적으로 결정한다.
② 조직이 처한 상황이 조직구조를 결정한다.
③ 희소자원에 대한 관리자의 통제능력이 조직의 역량을 결정한다.
④ 조직은 종속변수로서 환경에 피동적으로 대응한다.

38 2004 선관위 9급

최근 조직과 환경에 관한 거시조직이론이 활발히 연구되어 왔다. 다음에 해당하는 거시조직이론은?

> 어떠한 조직도 외부환경으로부터 필요로 하는 다양한 모든 자원을 획득할 수 없다는 것을 전제하면서, 조직이 환경적 요인을 피동적으로 받아들이지 않고 스스로의 이익을 위하여 적극적으로 환경에 대처하며 조직 내의 대내적, 정치적 맥락에서 조직의 환경적응을 위한 전략적 결정을 내린다.

① 제도화 이론
② 개체군 생태학이론
③ 자원의존모형
④ 전략적 선택이론

② 조직의 합리성과 효율성보다는 사회규범적 환경에 순응함으로써 정당성을 확보하는 것이 조직 생존의 기초라고 주장한다.
③ 조직이 환경에 영향을 강하게 받는 개방체제이지만, 조직에 가장 결정적으로 작용하는 요인은 인습적인 신념에 부합되도록 하는 사회적·문화적 압력의 결과라고 본다.
④ 상황적응이론은 환경을 낭비와 비능률을 지양하는 실체로 보는 데 비하여, 제도화이론은 환경을 그 자체 모순과 비능률이 존재하는 것으로 보고 있다.

3 임의론

(1) 전략적 선택이론(strategic choice theory)

① 주요 내용
  ㉠ 차일드(Child, 1972)의 이론이다. 환경은 객관적으로 실재하는 것이 아니며, 조직은 상황이론에서 보는 것처럼 환경과 견고하게 연결되는 것이 아니라, 관리자에 따라 관계의 강도가 달라진다는 것이다.
  ㉡ 환경과 조직활동 간에 조정을 담당하는 관리자는 그의 환경을 조직에게 유리하도록 조징하거나 동세할 수 있는 영향력을 가지고 있어 환경을 스스로 창조할 수 있다고 보며, 관리자의 재량적 결정이 환경을 능동적으로 결정한다고 본다.
  ㉢ 전략적 선택이론은 조직의 구조가 환경의 영향을 받는다. 하지만 조직이 환경에 그대로 따르는 것만은 아니라고 보며 관리자의 자율적인 판단이나 인지를 중시하는 임의적 환경관이라 할 수 있다.
② 상황이론과의 비교: 상황이론은 상황이 조직의 특성을 결정하는 상황결정론적 입장이다. 이에 비해 전략적 선택이론은 조직을 움직여 나가는 주체로서의 인간의 자율성을 강조하는 이론이다.

(2) 자원의존이론(resource dependancy theory)

① 주요 내용
  ㉠ 페퍼(Pfeffer)와 살랜시크(Salancik)가 주장한 것으로, 조직의 유효성 증대라는 최종 목표를 위해서는 조직의 환경에 대한 자원 의존도와 불확실성을 감소시키는 것이 필요하다는 입장이다.
  ㉡ 자원의존이론은 어떠한 조직도 외부환경으로부터 필요로 하는 다양한 모든 자원을 획득할 수 없다는 것을 전제하면서, 조직이 환경적 요인을 피동적으로 받아들이지 않고 스스로의 이익을 위하여 적극적으로 환경에 대처하며 조직 내의 대내적·정치적 맥락에서 조직의 환경적응을 위한 전략적 결정을 내린다고 본다. 즉, 조직은 환경에 대한 의존 정도의 변화를 통하여 영향을 미칠 수 있다고 보는 것이다.
② 상황이론과의 비교: 조직이 환경에 의하여 영향을 받는다는 점에서 상황이론과 동일하지만, 환경을 변화시킬 수도 있다고 보는 점에서 상황이론과 다르다.
③ 전략적 선택이론과의 비교: 환경관리자의 인지에 의하여 달라질 수 있다는 전략적 선택이론과는 달리, 자원의존이론에서는 환경은 여전히 조직의 활동에 영향을 미치고 있는 제약점이 된다. 조직은 가급적 환경에 대한 의존 정도를 변화시키고자 노력한다는 데서 차이가 난다.

(3) 공동체 생태학이론(Beard & Dess, Oliver, 1988)

① 주요 내용

　ㄱ 조직군 생태학이론은 환경에 능동적으로 대처해 나가는 조직들의 공동적인 노력을 설명해 주지 못한다고 비판하면서, 조직을 생태학적 공동체 속에서 상호의존적인 조직군들의 한 구성원으로서 파악하고 조직의 공동전략에 의한 능동적 환경적응과정을 설명한다. 즉, 공동체 생태학이론은 관리자의 상호의존적 역할을 강조한다.

　ㄴ 다원화된 이익단체들의 결속 등 집단적 행동을 정당화하는 이론이다.

② 조직 간 호혜적 관계(공동전략)를 형성하는 이유(Oliver)

　ㄱ **필요성**: 정부규제에 대응하기 위하여 조직 간에 교환관계나 연합을 형성하는 것

　ㄴ **불균형**: 중요자원이 조직 간에 산재된 경우 이의 획득을 위해 조직 간에 관계를 형성하는 것

　ㄷ **호혜성**: 공동목표나 이익추구를 위해 조직 간에 관계를 형성하는 것

　ㄹ **효율성**: 조직 내부의 투입 대 산출의 비(比)의 향상을 위한 조직 간의 관계를 형성하는 것

　ㅁ **안정성**: 자원의 희소성이나 환경 변화에 대한 불완전한 지식에 의해 유발되는 환경의 불확실성 감소를 위한 조직 간의 관계를 형성하는 것

　ㅂ **정당성**: 조직의 명성이나 이미지를 제고하고 기존의 사회적 규범, 신념, 외부 기관들의 기대에 부응하기 위한 조직 간의 관계를 형성하는 것

③ **자원의존이론과의 비교**: 자원의존이론은 개별조직에 초점을 맞추고 개별조직이 환경에 대한 자원의존을 탈피하기 위한 전략적 수단으로서의 조직 간 네트워크를 고려하고 있다. 반면, 공동체 생태학이론은 좀 더 거시적으로 조직 간 관계 그 자체에 연구의 초점을 둔다는 점에서 서로 다르다.

▎조직군 생태학이론과 공동체 생태학이론 비교

비교 차원	조직군 생태학이론	공동체 생태학이론
환경에 대한 관점	통제 불가능하며 단순히 주어짐 (자연적 환경)	조직공동체에 의해 형성되고 통제가 가능
적응 방식	환경에 의한 선택	공동 노력에 의한 능동적 적응
분석 수준	개체군 (비교적 동질적인 조직들의 경제적 집합체)	공동체 (정치적이고 의도적인 조직공동체)
조직 간 관계	경쟁적	호혜적
관리자 역할	무기력, 상징적	전향적, 상호작용적
학문적 바탕	개체군 생태학	사회생태학, 인간생태학

04　조직의 원리

1　조직원리의 개요

(1) 개념

조직의 원리란 조직목표의 효율적 달성을 위한 조직의 합리적 편제 및 능률적인 관리 원칙을 말한다.

바로 확인문제

39 　　　　　　　　　　2005 전북 9급

거시적 조직이론에 대한 다음 설명 중 타당하지 않은 것은?

① 전략적 선택이론은 임의적 환경관을 가지고 있다.

② 공동체 생태학이론은 관리자의 상호의존적 역할을 강조한다.

③ 조직군 생태학이론은 관리자를 주어진 환경에 무기력한 존재로 본다.

④ 자원의존이론은 조직이 외부자원에 의존적이라고 보는 점에서 환경결정론에 해당한다.

⑤ Lawrence와 Lorsch는 상황적응이론을 통해 분화와 통합을 강조했다.

40 　　　　　　　　　　2002 행정고시

현대 조직이론 또는 모형에 대한 설명으로 옳지 않은 것은?

① 신제도론은 사람들의 상호작용 양식을 제도의 개념에 포함시킨다.

② 대리인이론은 위임자와 피위임자 간의 관계에 관한 경제학적 모형을 조직연구에 적용한다.

③ 자원의존모형은 조직과 환경의 관계에 있어서 조직의 피동적 적응을 중시한다.

④ 거래비용모형은 시장에서의 개인 및 조직 간 거래를 미시적으로 분석한다.

⑤ 혼돈이론은 탈관료화의 관점에서 자율적·창의적 개혁을 강조한다.

41 　　　　　　　　2017 국가직 9급 추가채용

조직이론에 대한 설명으로 옳지 않은 것은?

① 상황론적 조직이론에 따르면, 모든 상황에 적용되는 유일·최선의 조직구조나 관리방법은 없다.

② 거래비용이론에 따르면, 시장의 자발적인 교환행위에서 발생하는 거래비용이 관료제의 조정비용보다 클 경우 거래를 내부화하는 것이 효율적이다.

③ 주인–대리인이론에 따르면, 주인과 대리인 간에는 정보의 비대칭성으로 인해 대리인의 도덕적 해이와 주인의 역선택이 발생할 수 있다.

④ 자원의존이론에 따르면, 조직은 환경으로부터 필요한 자원을 획득하기 위하여 환경에 피동적으로 순응하여야 한다.

42

다음 조직을 구성하는 원리 중 성격이 <u>다른</u> 하나는?

① 명령통일의 원리 ② 통솔범위의 원리
③ 명령계통의 원리 ④ 전문화의 원리

43

계층제의 순기능으로 옳지 <u>않은</u> 것은?

① 질서와 통일성의 확보
② 책임한계의 명확성
③ 신속하고 능률적인 업무수행
④ 유연성 있는 조직의 변화

44

계층제와 관련된 다음 설명이 <u>틀린</u> 것은?

① 계층의 수와 통솔범위는 역관계이다.
② 통솔범위의 한계로 인하여 계층제가 발생한다.
③ 계층의 존재는 조직 내 분쟁과 갈등의 요인이 된다.
④ 분권화된 저층구조일수록 조정의 필요성이 높아진다.

45

조직에 관한 원리를 설명한 것 중에서 옳지 <u>않은</u> 것은?

① 계층제의 원리는 직무를 권한과 책임의 정도에 따라 등급화하고 상하계층 간에 지휘와 명령복종관계를 확립하여 구성원의 귀속감과 참여감을 증진시키는 순기능을 가지고 있다.
② 전문화(분업)의 원리는 업무를 종류와 성질별로 구분하여 구성원에게 가급적 한 가지의 주된 업무를 분담시켜 조직의 능률을 향상시키려는 것이나 업무수행에 대한 흥미상실과 비인간화라는 역기능을 가지고 있다.
③ 조정의 원리는 공동목적을 달성하기 위하여 구성원의 행동 통일을 기하도록 집단적 노력을 질서 있게 배열하는 과정이며 전문화에 의한 할거주의, 비협조 등을 해소하는 순기능을 가지고 있다.
④ 통솔범위의 원리는 1인의 상관 또는 감독자가 효과적으로 직접 감독할 수 있는 부하의 수에 관한 원리로서 계층의 수가 많아지면 통솔범위가 축소된다.

(2) 특성

① 고전적 조직이론에서 중시되었던 조직의 원리는 오늘날 많은 비판을 받고 있으나 효율적인 조직관리를 위하여 무시될 수 없는 행정조직의 이론적 틀이며 유용한 지침이 되고 있다.
② 규범적이며 직관적 성찰의 산물로서 경험적·실증적 측면에서 많은 한계를 지니고 있다.

2 계층제의 원리

(1) 개요

① 계층제란 직무를 권한과 책임의 정도에 따라 등급화·계층화하고 상하계층 간에 지휘·명령복종 관계를 확립하는 것을 말한다.
② 오늘날 관료제 조직은 피라미드형의 수직적인 계층제를 확립하고 있다.
③ 계층제는 계선조직을 중심으로 형성된다.
예 장관 – 차관 – 국장 – 과장 – 직원

(2) 특징

① **조직의 규모와의 관계**: 조직의 규모가 확대되고 구성원의 수가 증가할수록 계층의 수는 증가한다.
② **조직의 전문화와의 관계**: 조직의 전문화가 확대되고 업무의 다양성이 증대되면 조직의 계층도 증가한다.
③ **통솔범위와의 관계**: 통솔범위가 넓어지면 계층의 수는 적어지고, 통솔범위가 좁아지면 계층의 수는 많아진다.
④ **업무의 성격**: 계층 수준이 높을수록 비정형적·쇄신적 업무에, 계층 수준이 낮을수록 정형적·일상적 업무에 중점을 두게 된다.
⑤ **관료제 병리와의 관계**: 계층제가 지나치게 확대되면 의사소통이 막히고 인간관계가 등한시되며, 사기가 떨어지는 한계점에 이르게 되어 협조를 확보하기가 어렵게 된다. 즉, 계층제의 수준 확대는 관료제의 병리를 초래하는 주요한 원인이 된다.

(3) 순기능과 역기능

① 순기능
  ㉠ 지휘·명령의 통로, 상하 간의 커뮤니케이션의 통로가 된다.
  ㉡ 행정목표 설정의 통로, 적정한 업무배분의 통로가 된다.
  ㉢ 권한이 체제적으로 위임된다.
  ㉣ 내부통제와 조정의 효율적 수단이 된다.
  ㉤ 조직의 질서와 통일성을 확보할 수 있다.
  ㉥ 행정의 능률성과 책임의 명확성을 보장하는 수단이 된다.
  ㉦ 승진의 경로가 되어 동기부여·사기앙양에 기여한다.
② 역기능
  ㉠ 계층이 심화될수록 커뮤니케이션의 장애와 왜곡이 초래되기 쉽다.
  ㉡ 조직의 경직성을 초래하여 환경변동에 신축성 있게 적응하기 어렵다.
  ㉢ 인간을 지배하는 신분상의 상하관계로 오인되기 쉬워 동태적이고 융통성 있는 인간관계의 형성을 저해한다.

② 집단기능보다 개인에게 의존하게 되어 기관장의 독단화가 우려되며 조직구성원의 쇄신적·창조적 활동이 어렵다.
⑩ 자율성이 강한 전문가는 계층제의 권위와 대립·갈등을 빚는다.
⑭ 인간의 자아실현 욕구와 잘 조화되지 않는다.
⑭ 할거주의를 초래하기 쉽다.

3 통솔범위 적정화의 원리

(1) 개요

① 통솔범위(span of control)란 한 사람의 상관이 효과적으로 직접 통솔할 수 있는 부하의 수를 말한다.
② 인간의 주의력의 범위에는 심리적·생리적으로 한계가 있으므로 적정한 통솔범위를 정하여 줌으로써 관리의 효율화를 기할 수 있다. 이러한 통솔범위의 한계 때문에 생기는 조직의 형태가 계층제이다.
③ 최근의 조직이론에서는 비용효율성, 신속한 의사결정, 관리 권한의 위임을 위해 넓은 통솔범위를 가지는 저층조직을 선호한다.

(2) 통솔범위에 관한 이론

① 그레이쿠나스(Graicunas)는 감독자와 부하의 관계에서 부하와의 직접 관계뿐만 아니라 부하집단과 부하 사이에 이루어지는 교차관계도 고려되어야 한다고 주장하고 적정 인원수를 6인으로 보았다.

$$N = n\left\{\frac{2^n}{2} + (n-1)\right\} \quad (N = \text{관계의 수}, \ n = \text{부하의 수})$$

② 사이먼(Simon)은 이를 마술적인 수에 불과하다고 비판하였다(원리주의 비판).
③ 계층의 수가 많아질수록 통솔범위는 좁아진다.

(3) 통솔범위의 결정요인

① **시간적 요인:** 신설된 조직이나 발전적 사업을 다루는 조직에 비하여 기성조직이나 안정된 조직에서 통솔범위는 넓어진다.
② **공간적 요인:** 작업 장소의 지리적 분산의 정도가 심할수록 통솔범위는 좁아진다.
③ **업무의 성질:** 업무의 성질이 단순하고 표준적·동질적·반복적·규칙적·정형적·비전문적일수록 통솔범위는 넓어지며, 비일상적인 업무하에서는 통솔범위가 축소된다.
④ **감독자와 부하의 능력:** 감독자와 부하의 능력과 창의력이 클수록 통솔범위는 확대된다.
⑤ **감독자의 신임도와 부하집단의 특징:** 감독자가 부하로부터 받는 신임도가 높을수록, 부하집단의 사기가 높을수록, 인간관계가 원만할수록 통솔범위는 넓어진다.
⑥ **참모기관과 정보관리체제:** 능률적인 참모제도나 정보관리체제는 통솔범위를 넓혀 준다.
⑦ **직접 결정의 필요성:** 감독자가 직접 결정해야 할 필요성이 많을수록 통솔범위는 좁아진다.
⑧ **커뮤니케이션의 기술:** 커뮤니케이션의 기술이 발달할수록 통솔범위는 넓어진다.
⑨ **부하의 사기:** 부하의 사기를 높여 주려면 통솔범위를 넓혀서 통제를 적게 해야 한다.

46   2016 지방직 9급

계층제에 대한 설명으로 옳지 <u>않은</u> 것은?

① 조직의 수직적 분화가 많이 이루어졌을 때 고층구조라 하고 수직적 분화가 작을 때 저층구조라 한다.
② 조직 내의 권한과 책임 및 의무의 정도가 상하의 계층에 따라 달라지도록 조직을 설계하는 것을 말한다.
③ 조직에서 지휘명령 등 의사소통, 특히 상의하달의 통로가 확보되는 순기능이 있다.
④ 엄격한 명령계통에 따라 상명하복의 관계 유지를 위해서는 통솔범위를 넓게 설정한다.

47   2005 국가직 9급

다음 중 계층제가 성립하게 되는 가장 근본적인 이유는 무엇인가?

① 법규에 의한 지배
② 지배권의 분화
③ 업무영역의 확대
④ 통솔범위의 한계

48   2005 충남 9급

통솔범위 적정화에 대한 설명으로 <u>틀린</u> 것은?

① 표준화된 업무하에서 통솔범위는 확대되고 비일상적인 업무하에서는 통솔범위가 축소된다.
② 구성원의 능력과 창의력이 높을 때는 통솔범위를 확대한다.
③ 참모조직이 있을 때 통솔범위가 확대된다.
④ 부하의 사기를 높여 주려면 통솔범위를 좁혀서 일을 적게 준다.

49 2020 지방직(=서울시) 9급

조직구성 원리에 대한 설명으로 옳지 <u>않은</u> 것은?

① 분업의 원리 – 일은 가능한 한 세분해야 한다.
② 통솔범위의 원리 – 한 명의 상관이 감독하는 부하의 수는 상관의 통제능력 범위 내로 한정해야 한다.
③ 명령통일의 원리 – 여러 상관이 지시한 명령이 서로 다를 경우 내용이 통일될 때까지 명령을 따르지 않아야 한다.
④ 조정의 원리 – 권한 배분의 구조를 통해 분화된 활동들을 통합해야 한다.

50 2021 국가직 7급

일반적인 조직구조 설계원리에 대한 설명으로 옳은 것만을 모두 고르면?

> ㄱ. 계선은 부하에게 업무를 지시하고, 참모는 정보제공, 자료분석, 기획 등의 전문지식을 제공한다.
> ㄴ. 부문화의 원리는 일정한 기준에 따라 서로 기능이 같거나 유사한 업무를 조직단위로 묶는 것을 의미한다.
> ㄷ. 통솔범위가 넓을수록 고도의 수직적 분화가 일어나 고층구조가 형성되고, 좁을수록 평면구조가 이뤄진다.
> ㄹ. 명령통일의 원리는 부하가 한 사람의 상관으로부터 명령을 받게 해야 함을 의미한다.

① ㄱ, ㄴ, ㄷ
② ㄱ, ㄴ, ㄹ
③ ㄱ, ㄷ, ㄹ
④ ㄴ, ㄷ, ㄹ

(4) 통솔범위의 한계이론에 대한 비판

① 기계적 조직론에 입각하고 있다.
② 경험과 실제를 떠나 가공적으로 숫자를 확정하고 있다.
③ 인간의 적응적·창조적 능력을 과소평가하고 있다.

4 명령통일의 원리

(1) 개요

① 명령통일의 원리란 조직 내의 각 구성원은 한 사람의 상관으로부터만 명령을 받아야 한다는 원리이다.
② 명령통일의 원리가 적용될 때 결국 조직에는 한 명의 장(長)에게만 조직 운영의 최종적인 권위가 부여될 수 있다.

(2) 효율성

① 조직의 장에 의한 전체적인 조정과 통제가 가능하다.
② 부하는 조직적·능률적이며 책임 있게 일을 할 수 있게 한다.
③ 책임의 소재를 명백히 밝혀 조직 내의 혼란을 방지해 준다.
④ 보고·명령 계통을 명시해 줌으로써 지위의 안정감·심리적 안정감을 갖게 한다.

5 전문화(분업)의 원리

(1) 개요

① 전문화 또는 분업이란 업무를 종류별·성질별로 나누어 가능하면 한 가지의 주된 업무를 분담시키는 것으로, 이를 통해 조직관리의 능률을 향상시키려는 것이다.
② 현대 행정국가의 주요한 특징은 행정의 전문화라 할 수 있다.

(2) 전문화의 종류

① 수평적 전문화와 수직적 전문화
　㉠ 수평적 전문화: 업무·기능 동일성을 기준으로 조직편성을 하는 것이다.
　㉡ 수직적 전문화: 주로 상급기관과 하급기관 간의 의사결정에 관한 업무가 분담되는 것을 말한다.
② 일의 전문화와 사람의 전문화
　㉠ 일의 전문화: 업무를 세분하여 기계적·반복적 업무로 단순화시키는 것을 말한다. 고전적 조직이론은 전문화를 이러한 뜻으로 파악하여 전문화를 기계적 과정으로 인식하였으나, 오늘날은 사회적 과정으로 인식하고 있다.
　㉡ 사람의 전문화: 사람이 교육과 훈련에 의하여 전문가가 되는 것을 말한다.
③ 하향적 전문화와 상향적 전문화: 조직의 분업구조를 어떤 방향으로 해 나가는가에 따른 분류이다.

┃ 직무전문화와 과제 성격

구분		수평적 전문화	
		높음	낮음
수직적 전문화	높음	비숙련 직무	일선관리업무
	낮음	전문가적 직무	고위관리업무

(3) 전문화의 필요성

① 전문화는 목표달성을 위한 능률적 수단이다.
② 업무처리를 위한 최선의 방법으로 기능하는 도구와 기계의 발전이 가능해진다.
③ 기계화를 통하여 개인적 격차를 줄이고 인간의 능력을 기계적으로 이용할 수 있다.
④ 업무가 전문화될수록 인간은 능률적으로 업무를 수행할 수 있다.
⑤ 사람은 전문화에 의하여 전문가가 될 수 있다.
⑥ 업무 습득시간을 단축시킬 수 있다.

(4) 전문화의 문제점[7]

① 업무가 정형화·단순화·기계화·반복화되어 사람이 일에 대한 흥미를 잃게 된다.
② 전문화가 심화될수록 조정·통합이 어려워진다.
③ 지나친 전문화·분업화가 오히려 비능률적일 가능성도 있다.
④ 고도로 전문화된 대규모 조직의 비정의성으로 구성원은 소외감을 느끼게 되고 참여의식을 가지기 어렵다.
⑤ 업무의 지나친 세분화는 업무관계의 예측 가능성을 저하시켜 불확실한 업무환경을 조성하게 된다.

6 조정의 원리

(1) 개요

① **개념**: 조정이란 공동 목적을 달성하기 위하여 집단적 노력을 질서정연하게 배열하여 행동 통일을 이루어 가는 과정을 의미한다.
② **중요성**
　㉠ 현대행정의 전문화 심화에 따라 조정의 중요성이 증대되고 있다.
　㉡ 조직의 제 원리는 조정을 위한 수단적 원리들이므로, 무니(Mooney)는 조정의 원리를 여러 조직의 원리 중에서 제일의 원리라고 하였다.

(2) 조정의 방법

① **조직의 제 원리에 의한 방법**: 계층제·통솔범위·명령통일의 원리는 조정에 도움을 주는 수단적 원리이다.
② **권한 및 책임 한계의 명확화**: 각 구성원의 권한 및 책임 한계를 명확히 설정하여 상호 간의 갈등·대립을 방지하여야 한다.
③ **목표에 의한 조정**: 조직의 목표를 명확하게 설정하고 조직구성원에게 명백히 주지·인식시키며, 조직목표의 효율적 달성방법을 구체적으로 제시함으로써 조정을 촉진할 수 있다.
④ **이념에 의한 조정**: 국가나 사회가 추구해야 할 이념에 의하여 정책과 계획을 조정할 수 있다.

---

7) 이러한 전문화의 문제점에 대해 인간관계론에서는 직무확충, 즉 직무의 범위를 확대하는 직무확장(job enlargement)과 직무의 깊이를 확대하는 직무충실(job enrichment)의 처방을 제안한다.

51　2017 지방직 9급

조직의 원리에 대한 설명으로 옳지 <u>않은</u> 것은?

① 계층제의 원리는 조직 내의 권한과 책임 및 의무의 정도가 상하의 계층에 따라 달라지도록 조직을 설계하는 것이다.
② 통솔범위란 한 사람의 상관 또는 감독자가 효과적으로 통솔할 수 있는 부하 또는 조직단위의 수를 말하며, 감독자의 능력, 업무의 난이도, 돌발상황의 발생가능성 등 다양한 요소를 고려하여 정해진다.
③ 분업의 원리에 따라 조직 전체의 업무를 종류와 성질별로 나누어 조직구성원이 가급적 한 가지의 주된 업무만을 전담하게 하면, 부서 간 의사소통과 조정의 필요성이 없어진다.
④ 부성화의 원리는 한 조직 내에서 유사한 업무를 묶어 여러 개의 하위기구를 만들 때 활용되는 것으로 기능부서화, 사업부서화, 지역부서화, 혼합부서화 등의 방식이 있다.

52　2008 선관위 9급

직무설계에 대한 설명으로 옳지 <u>않은</u> 것은?

① 직무의 분업 정도를 전문화라고 한다.
② 비숙련 직무일수록 수평적·수직적 전문화가 낮다.
③ 지나친 전문화의 문제점은 직무의 포괄성과 복합적 직무설계로 보완할 수 있다.
④ 전문화는 수평적 차원에서 직무의 범위를 결정한다.

53　2008 국회직 8급

직무의 완결도와 직무담당자의 책임성·자율성을 높이고 직무수행에 관한 환류가 원활히 이루어지도록 직무를 설계하는 방법은?

① job enrichment
② job enlargement
③ job analysis
④ job involvement
⑤ job rotation

54 2004 국가직 7급

직무만족과 관련한 내용으로 옳지 <u>않은</u> 것은?

① 직무순환이란 세분화된 업무를 일정한 시간적 간격을 두고서 두루 역임하게 하여, 업무의 단조성이나 무의미성을 극복하도록 하는 것이다.

② 근로생활의 질(QWL)은 직무만족의 수준 향상과 노동환경의 민주화를 통한 근로생활에 있어서 인간성 회복운동이라 할 수 있다.

③ 근무담당자에게 기존 업무에 관리적 요소를 부여하여 자율성과 책임성을 높여 주고자 하는 것을 직무확대(job enlargement)라 한다.

④ 직무만족도의 측정기법 중 행동경향법은 응답자에게 자기직무와 관련하여 어떻게 행동하고 싶은가를 묻는 방법이다.

55 2013 국가직 7급

다음 중 수직적 연결조정기제가 <u>아닌</u> 것은?

① 계층제
② 계층직위의 추가
③ 임시작업단(task force)
④ 규칙과 계획

56 2018 국가직 9급

조직구조의 설계에 있어서 '조정의 원리'에 대한 설명으로 옳지 <u>않은</u> 것은?

① 수직적 연결은 상위계층의 관리자가 하위계층의 관리자를 통제하고 하위계층 간 활동을 조정하는 것을 목적으로 한다.

② 수직적 연결방법으로는 임시적으로 조직 내의 인적·물적 자원을 결합하는 프로젝트팀(project team)의 설치 등이 있다.

③ 수평적 연결은 동일한 계층의 부서 간 조정과 의사소통을 목적으로 한다.

④ 수평적 연결방법으로는 다수 부서 간의 긴밀한 연결과 조정을 위한 태스크포스(task force)의 설치 등이 있다.

⑤ **조정기구의 설치**: 조정을 전담하는 기구를 설치하고, 이를 통해 조정을 원활히 한다.

⑥ **회의·위원회에 의한 방법**: 회의·위원회 방식을 통하여 의사소통이 원활히 이루어지게 한다. 이를 통해 이해관계와 의견의 조정이 가능하게 된다.

⑦ **사전 계획 및 사후 환류에 의한 조정**: 사전에 수립된 계획과 스케줄에 의한 조정, 새로운 정보의 전달에 의한 조정을 말한다.

⑧ **절차의 정형화·규칙**: 일상적 성격의 업무를 정형화된 절차를 통하여 용이하게 조정할 수 있으며, 규칙을 통하여 조정을 확보할 수도 있다.

⑨ **자율적인 조정**: 자율적으로 통합시키려는 의욕이 있으면 조정이 잘 된다.

⑩ **인사에 대한 배려**: 소속 집단·파벌의 이익을 앞세우고 자기 세력 확대에 주력하는 사람은 임용하지 말아야 한다.

⑪ **기타**: 조직성원에 대한 일체감의 주입, 교육훈련, 행정책임자의 리더십 발휘, 커뮤니케이션의 개선과 촉진, 조직의 간소화, 수평적 인간관계에 중점을 두고 비공식적 관계도 활용하는 등의 방법을 통하여 원활한 조정을 기할 수 있다.

(3) 조정기제(Daft)

① **수직연결**: 계층제, 규칙과 계획, 계층 직위의 추가, 수직정보 시스템[8] 등
② **수평연결**: 정보시스템[9], 직접접촉, 임시작업단, 프로젝트 매니저, 프로젝트팀, 연락 역할 담당자 등

(4) 조정의 저해요인

① **행정조직의 확산 현상**: 행정조직의 비대화·확산은 계층의 증대와 기능의 다원화를 가져와 조정을 어렵게 한다.

② **행정의 전문화**: 현대행정의 고도의 전문화 현상은 조정을 어렵게 하고 있다.

③ **행정기관의 할거성**: 다른 기관에 대하여 배타적 입장을 취함으로써 횡적 조정이 어려워진다.

④ **목표·이해관계의 대립**: 조직목표가 개인의 목표나 이해관계와 대립되는 경우 조정이 저해된다.

⑤ **능력 및 의욕 결여**: 관리자의 지도력이 불충분하거나 조직성원의 능력이 부족한 경우, 또 동기의 결여로 의욕이 부진한 경우 조정이 곤란해진다.

⑥ **계선과 참모 간의 갈등**: 양자 간의 갈등이 조정을 곤란하게 한다.

⑦ **정치적·사회적 요인**: 각종 정치집단이나 사회집단의 압력·이해 대립의 격화는 조정을 어렵게 한다.

⑧ **가치관·태도의 전근대성**: 타협이 어려운 비민주적 사고방식, 혈연·지연·학벌·파벌 등에 의한 폐쇄적·비합리적 인간관계 등은 조정을 저해하는 요인이 된다.

---

8) 상관에 대한 정기보고서, 문서화된 정보, 전산에 기초한 의사소통제도를 마련하여 조직 상하 간 수직적 의사소통의 능력을 제고하고, 효율적 정보의 이동을 가져온다.

9) 컴퓨터를 통한 정보체계의 구축은 부서 간 정보를 공유하는 통합정보 체계를 가져왔고, 이러한 정보시스템을 통해 조직 전체의 구성원들은 정규적으로 정보를 교환할 수 있다.

05 조직과 환경

1 환경의 개념과 변화과정

(1) 개념

① 환경이란 좁은 의미로는 조직의 경계 밖에 존재하는 외부적 조건의 총체를 말하나, 넓은 의미로는 외부적·내부적 조건의 총체를 말한다. 일반적으로 환경은 좁은 의미로 파악되고 있다.

② 조직은 환경과 끊임없이 상호작용하는 상대적 개방체제로서 인식되고 있다. 조직은 독립변수로서 환경 변화를 직접 또는 간접으로 유도할 수 있고, 또 종속변수로서 환경의 영향을 받기도 한다.

(2) 환경의 변화과정(Emery & Trist)

① 제1단계 – 정적·임의적 환경: 환경요소가 안정되고 분산되어 있는, 가장 단순한 환경 유형이다.

② 제2단계 – 정적·집약적 환경: 환경요소가 안정적이지만 일정한 방식으로 결합이 시작되고 그 분포가 무작위적인 것은 아니다.

③ 제3단계 – 교란·반응적 환경: 동태적 환경이며 복수의 체제가 상호작용하면서 경쟁하는 것이 주요한 특징이다.

④ 제4단계 – 소용돌이의 장(격동의 장): 매우 복잡하고 격변하는 환경 유형으로서 복잡성·급변성·불확실성의 특징을 지닌다.

2 조직과 환경의 관계

(1) 일반환경이 조직에 미치는 영향(Selznick)

① 적응적 변화: 변화하는 환경에 조직을 적응시킴으로써 그 안정과 발전을 유지하는 방안으로서, 최근의 정부의 경쟁력 제고 방안 등이 있다.

② 적응적 흡수(호선): 조직이 그 안정과 존속에 대한 위협을 피하기 위하여 조직의 지도층과 정책결정 지위에 외부 환경으로부터 새로운 요소(인물)를 받아들이는 것이다.

(2) 조직이 일반환경에 미치는 영향

① 직접적 변화: 공공조직은 변동 담당자로서 의식적·직접적으로 사회 환경을 개조·혁신하여 사회 변동을 유도하는 방안을 의미한다.

② 간접적 변화: 조직의 내부 변화를 통하여 부수적·결과적으로 환경변화를 초래하는 방안을 의미한다.

③ 기관을 형성한다.

(3) 조직과 조직 간의 관계(Thompson & McEwen)

① 경쟁(competition): 복수의 조직이 희소한 자원, 고객, 미래의 구성원을 둘러싸고 대립·경합하는 것이다.

② 협상(bargaining): 복수의 조직이 재화나 서비스의 제공을 위한 직접적 교섭을 벌이는 것을 말한다.

바로 확인문제

57 2016 국가직 9급

조직의 통합 및 조정방법에 대한 설명으로 옳지 않은 것은?

① 민츠버그(Mintzberg)에 의하면 연락 역할 담당자는 상당한 공식적 권한을 부여받아 조직 내 부문 간 의사전달 문제를 처리한다.

② 태스크포스는 여러 부서에서 차출된 직원으로 구성되며 특정 과업이 해결된 후에는 해체된다.

③ 리커트(Likert)의 연결핀 모형에 의하면 관리자는 연결핀으로서 자신이 관리하는 집단의 구성원인 동시에 상사에게 보고하는 관리자 집단의 구성원이다.

④ 차관회의는 조직 간 조정방법 중 하나이다.

58 2005 국가직 9급

조직이 안정과 존속을 유지하고, 안정과 존속에 대한 위협을 회피하고, 조직의 발전을 도모하기 위하여 조직의 정책이나 리더십 및 의사결정기구에 환경의 새로운 요소를 흡수하여 적응하는 과정은?

① 적응적 흡수 ② 연합
③ 협상 ④ 경쟁

59 2004 대구 9급

정치적 이익을 위해 노조 등 외부에서 인사를 영입하는 것은?

① 연합(coalition)
② 협상(bargaining)
③ 경쟁(competition)
④ 호선(co-optation)

60 2005 수자원공사

조직과 환경에 관한 Scott의 완충전략에 대한 설명으로 옳지 <u>않은</u> 것은?

① 분류(coding): 환경의 요구가 투입되기 전에 그 중요성을 파악하고, 처리할 부처를 결정·신설

② 비축(stock-filing): 필요한 자원을 비축하는 것으로서 유류나 곡물 비축 등

③ 형평화(leveling): 타 조직과의 경쟁을 통하여 능력을 향상시키거나 서비스의 질을 개선하는 것

④ 예측(forecasting): 비축이나 형평화로 해결 곤란 시 사용하는 전략으로 수요와 공급의 변화를 사전에 예견하여 대비하는 것

⑤ 성장(growth): 조직의 규모와 권력, 기술, 수단 등을 늘려 조직의 기술적 핵심을 확장시키는 전략

61 2004 울산 9급

조직의 대응전략에서 완충전략이 <u>아닌</u> 것은?

① 필요한 자원이나 산출물을 비축하여 요구가 있을 때 방출한다.

② 수요와 공급의 변화를 사전에 예견하여 대비한다.

③ 조직의 기술적 핵심을 확장한다.

④ 다단계와 인원의 증가로 잉여자원을 늘리고 산출을 다양화한다.

⑤ 외부에서 중요한 조직이나 사람들을 수용하여 조직을 확장한다.

62 2007 국가직 9급

조직의 보수화와 사회변동의 관계를 <u>잘못</u> 설명한 것은?

① 조직은 특성상 보수적인 성향을 띠는 것이 일반적 현상이다.

② 조직은 보수성 때문에 격동하는 사회환경 속에서 생존할 수 있다.

③ 조직이 사회변동에 적응하지 못할 경우 더욱 보수화되는 속성을 지니고 있다.

④ 조직이 보수화되는 이유는 조직구성원들의 이해관계 때문인 경우가 많다.

③ 연합(coalition): 복수의 조직이 공통의 목표를 달성하고자 결합 또는 합작하는 것이다.

④ 적응적 흡수(co-optation): 조직이 안정과 존속을 유지하고, 안정과 존속에 대한 위협을 회피하고, 조직의 발전을 도모하기 위하여 조직의 정책이나 리더십, 의사결정기구에 환경의 새로운 요소(인물)를 흡수하여 적응하는 과정을 이르는 말이다.

> ⓔ 대조직의 이사회나 고문직에 외부의 유력 인사를 임명하는 경우

❸ 스콧트(Scott)의 환경에 대한 조직의 대응전략

(1) 완충전략(대내적 전략)

① **분류**: 환경의 요구를 투입하기 전에 사전 심의하여 그 요구를 배척하거나 처리할 부서를 결정하는 것

② **비축**: 필요한 자원이나 산출물을 비축하여 환경으로 방출되는 과정을 통제하는 소극적인 전략

> ⓔ 곡물이나 유류 비축 등

③ **형평화(평준화)**: 좀 더 적극적인 방법으로서 환경에 적극 접근하여 투입이나 산출요인의 변이성을 감소시키는 전략

> ⓔ 심야전기요금할인제도, 10부제의 채택, 특정 시간대를 정하여 순차적으로 행정요구를 접수시키는 경우 등

④ **예측**: 비축이나 형평화로 해결이 곤란할 때 자원 공급이나 수요의 변화를 예견하고 그에 적응하는 것

> ⓔ 장마철 수해에 대비하여 행정적 준비를 하는 경우

⑤ **배급**: 수요에 비하여 공급이 부족한 경우에 사용하는 마지막 수단

> ⓔ 비상시에 곡물이나 유류를 우선순위에 따라 공급하는 경우

⑥ **성장**: 가장 일반적 방법으로 조직의 규모와 권력, 기술, 수단 등을 늘려 기술적 핵심을 확장(조직의 성장)하는 것

(2) 연결전략(대외적 전략)

① **권위주의**: 중심조직이 지배적 위치를 차지하여 외부조직이 필요로 하는 자원과 정보를 통제하는 전략

> ⓔ 정부가 기생충박멸협회에 기생충박멸에 대한 업무를 위임할 때 소외계층에게 우선적 서비스를 제공하게 요구

② **경쟁**: 타조직과의 경쟁을 통하여 서비스의 질을 높이는 것

> ⓔ 지방의료원의 공사화

③ **계약**: 두 조직 간에 공식적·비공식적으로 자원교환을 협상하여 합의하는 전략

> ⓔ 경찰이 비행청소년에 대한 사회교육을 시민단체(YMCA, YWCA), 종교단체 등에 위탁하는 경우

④ **합병**: 여러 조직이 자원을 통합하고 연대하는 전략(TVA)

⑤ **적응적 흡수**: 외부의 유력 인사를 받아들이는 경우

⑥ **로비 활동**: 자기들의 유리한 결과를 얻기 위하여 제3자를 통해 탄원하는 행위

⑦ **광고**: 잠재적 소비자들에게 자사 제품이 타사 제품보다 낫다는 것을 알려 호의적 태도를 갖게 함으로써 환경을 효과적으로 관리하고 환경의 불확실성을 감소시키는 방법

01 조직 기초이론

❶ 왈도(Waldo)의 조직이론 분류

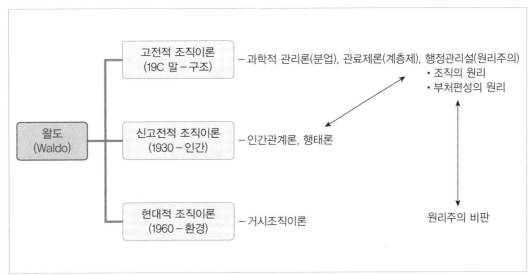

❷ 민츠버그(Mintzberg)의 5가지 조직유형

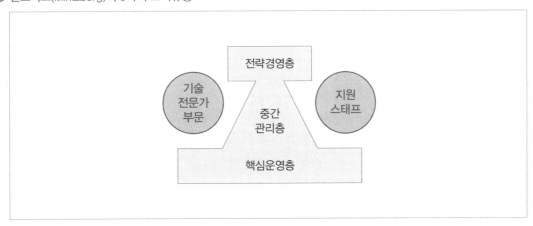

02 조직구조론

정답과 해설 ▶ P.38

바로 확인문제

01　2018 서울시 7급 제2회

조직구조의 상황요인에 대한 설명으로 옳은 것을 〈보기〉에서 모두 고른 것은?

┤ 보기 ├
- ㄱ. 비일상적 기술일 경우 공식화가 높아질 것이다.
- ㄴ. 조직규모가 커짐에 따라 공식화가 높아질 것이다.
- ㄷ. 환경의 불확실성이 높을수록 집권화가 높아질 것이다.
- ㄹ. 비일상적 기술일수록 집권화가 낮아질 것이다.
- ㅁ. 환경의 불확실성이 높을수록 공식화가 낮아질 것이다.

① ㄱ, ㄷ, ㄹ　　② ㄴ, ㄹ, ㅁ
③ ㄷ, ㄹ, ㅁ　　④ ㄱ, ㄴ, ㅁ

02　2019 군무원 9급 추가채용

조직의 구조적 특성에 대한 설명으로 옳지 않은 것은?

① 규모가 커질수록 과업은 더욱 분업화되고 단위 부서가 더욱 차별화되면서 복잡성이 높아진다.
② 조직의 규모가 커질수록 구성원들의 공식화가 낮아진다.
③ 비일상적 기술일수록 복잡성이 높아질 것이다.
④ 불확실성이 높을수록 복잡성이 낮아진다.

---

01 조직의 구조와 변수

1 조직구조의 기본변수

핵심 꼭 짚기　조직구조의 기본변수 비교

구분	복잡성	공식화	집권화
규모(↑)	↑	↑	↓
(일상적) 기술	↓	↑	↑
(동태적) 환경	↓	↓	↓

(1) 복잡성

복잡성이란 조직 내의 분화 정도로서 수평적 분화, 수직적 분화, 장소적 분화의 세 가지 요소로 구성되어 있다. 이들 세 요소의 정도가 높을수록 조직의 복잡성은 증가한다.

① **수평적 분화**(horizontal differentiation): 조직이 수행하는 업무를 조직구성원들이 나누어 수행하는 양태를 말한다.
　⊙ 행정부 각 부처의 구분

② **수직적 분화**(vertical differentiation): 조직 내의 책임과 권한이 나뉘어 있는 계층의 양태를 의미한다.
　⊙ 조직 내의 계층의 수, 계층제의 깊이 또는 조직구조의 깊이

③ **장소적 분화**(spatial dispersion): 특정 조직의 하위 단위나 자원이 지역적·지리적·장소적으로 분산되어 있는 것을 의미한다.

(2) 공식화

공식화(formalization) 또는 공식성이란 조직 내의 규칙, 절차, 지시 및 의사전달 등 직무가 표준화되어 있는 정도 또는 조직구성원의 형태에 대하여 조직이 규칙·절차에 의존하는 정도를 말한다. 공식화는 문서화 정도와 관련이 있으며, 조직 내 문서의 쪽수를 계산해서 측정하기도 한다.

① **기능**
　㉠ 조직구성원의 행위를 용이하게 규제할 수 있다.
　㉡ 조직의 활동비용을 줄일 수 있다. 즉, 조직구성원은 표준운영절차(SOP)를 통해 시간과 노력을 절약하여 업무를 수행할 수 있다.

ⓒ 공식화는 행정의 예측가능성과 안전성을 높임으로써, 구성원 간의 분쟁이 감소되며 조직 활동의 혼란을 막을 수 있다.

ⓔ 정확하고 신속한 업무의 이행이 가능하다.

ⓜ 대외 관계의 일관성을 유지할 수 있다.

② 문제점

　ⓐ 형식주의(red-tape)와 같은 부정적 문제를 유발하기도 한다. 공식화의 수준이 너무 높으면 구성원의 자율성과 창조성에 제약을 가하고, 구성원의 소외감을 초래한다. 또한 행정관의 재량 범위가 축소되어 조직이 변화하는 조직환경에 적응하기가 힘들어진다.

　ⓑ 관료의 모든 형태를 규정하려는 공식적 규칙의 범람은 집권화를 촉진하는 등 연쇄적 작용을 일으켜 다시 공식적 규칙의 확대를 조장한다(관료제적 악순환).

　ⓒ 신공공관리론에서는 내부규제를 완화하여 조직의 신축성을 제고하고, 조직구성원의 재량권을 강조하고 있다. 즉, 공식화가 완화되어야 한다고 주장하는 것이다.

③ 조직 공식화에 영향을 미치는 변수

　ⓐ 직무의 성질이 단순 반복적일수록 공식화의 정도가 높아진다.

　ⓑ 조직의 규모가 클수록 공식화의 정도는 높아진다. 조직의 규모가 작으면 사람에 의해 조직을 관리할 수 있으나, 규모가 커지면 법령이나 규정, 관례 등에 의한 조직관리가 좀 더 효과적이다.

　ⓒ 조직환경이 안정적일수록 공식화의 정도가 높아진다.

(3) 집권화

① 집권화란 조직 내의 권력 배분의 양태에 대한 것으로, 주로 의사결정의 권한이 어느 개인, 계층, 집단에게 집중되는 현상을 말한다.

② 높은 공식화는 집권화와 긍정적으로 상관되어 있으며 양자는 서로를 강화한다. 즉, 높은 공식화는 집권화와 공식화를 유발하며 양자의 관계는 비례관계를 형성한다.

③ 최근 정보통신 기술의 확산에 따라 정보공유의 기회가 확대되고, 정보관리의 기회비용이 감소하여 분권조직을 선호한다.

▌집권화 vs. 분권화

집권화	분권화
• 조직이 동원하고 배분하는 재정자원이 규모가 커지는 경우 • 조직이 규칙과 절차의 합리성과 효과성에 대해 신뢰하는 경우 • 부서 간·개인 간 횡적 조정이 어려운 경우 • 조직활동의 통일성·일관성이 요청되는 경우 • 신설 조직 등 조직의 역사가 짧은 경우 • 전시 등 조직에 위기상황이 발생한 경우 • 최고관리층이 권력욕을 추구하는 경우 등	• 기술과 환경변화가 역동적으로 이루어지는 경우 • 조직의 규모가 확대되는 경우 • 조직이 속한 사회의 민주화가 촉진된 경우 • 조직구성원의 자발성과 창의성을 고무하고자 하는 경우 • 정보기술이 발달해 지식 공유가 원활하고 구성원의 전문성이 높은 경우 • 고객에 신속하고 상황적응적인 서비스를 해야 하는 경우 • 조직의 역사가 긴 대규모 조직인 경우 등

바로 확인문제

03　2017 국가직 7급

조직구조에 대한 설명으로 옳은 것은?

① 복잡성은 '조직이 얼마나 나누어지고 흩어져 있는가'의 분화 정도를 말한다.

② 고객에 대한 신속한 서비스 제공 요구는 집권화를 촉진한다.

③ 통솔범위가 넓은 조직은 일반적으로 고층구조를 갖는다.

④ 공식화의 수준이 높을수록 조직구성원들의 재량이 증가한다.

04　2020 국회직 8급

조직구조에 대한 설명으로 옳지 <u>않은</u> 것은?

① 일반적으로 단순하고 반복적 직무일수록, 조직의 규모가 클수록 그리고 안정적인 조직환경일수록 공식화가 높아진다.

② 조직구조의 구성요소 중 집권화란 조직 내에 존재하는 활동이 분화되어 있는 정도를 말한다.

③ 지나친 전문화는 조직구성원을 기계화하고 비인간화시키며, 조직구성원 간의 조정을 어렵게 하는 단점이 있다.

④ 공식화의 정도가 높을수록 조직적응력은 떨어진다.

⑤ 유기적인 조직일수록 책임관계가 모호할 가능성이 크다.

05　2020 군무원 7급

조직의 분권화가 필요한 상황으로 옳지 <u>않은</u> 것은?

① 지식공유가 원활하고 구성원의 전문성이 높은 경우

② 부서 간 횡적 조정이 어려운 경우

③ 기술과 환경변화가 역동적으로 이루어지는 경우

④ 고객에게 신속하고 상황적응적인 서비스를 제공하여야 하는 경우

06

집권화와 분권화에 대한 설명으로 옳지 않은 것은?

① 집권화는 조직의 규모가 작고 신설 조직일 때 유리하다.
② 집권화의 장점으로는 전문적 기술의 활용가능성 향상과 경비절감을 들 수 있다.
③ 탄력적 업무수행은 분권화의 장점이다.
④ 분권화는 행정기능의 중복과 혼란을 회피할 수 있고 분열을 억제할 수 있다.

07

조직구조에 대한 설명으로 가장 옳지 않은 것은?

① 기술(technology)과 집권화의 관계는 상관도가 높다.
② 우드워드(J. Woodward)는 대량 생산기술에는 관료제와 같은 기계적 구조가 효과적이라고 주장했다.
③ 톰슨(V. A. Thompson)은 업무 처리 과정에서 일어나는 조직 간·개인 간 상호의존도를 기준으로 기술을 분류했다.
④ 페로우(C. Perrow)는 과업의 다양성과 문제의 분석가능성을 기준으로 조직의 기술을 유형화했다.

08

톰슨(Thompson)의 기술 분류에 따른 상호의존성과 조정 형태를 바르게 연결한 것은?

① 집약형 기술(intensive technology) - 연속적 상호의존성(sequential interdependence) - 정기적 회의, 수직적 의사전달
② 공학형 기술(engineering technology) - 연속적 상호의존성(sequential interdependence) - 사전계획, 예정표
③ 연속형 기술(long-linked technology) - 교호적 상호의존성(reciprocal interdependence) - 상호조정, 수평적 의사전달
④ 중개형 기술(mediating technology) - 집합적 상호의존성(pooled interdependence) - 규칙, 표준화

2 조직구조의 상황변수

(1) 조직규모

① 조직규모에 대하여 아직까지 정확하게 정의하기 어려우나, 인력(조직구성원의 수), 물적 수용 능력, 투입 또는 산출 및 자원을 조직규모의 주요 구성 요소로 제시할 수 있다.
② 조직규모가 커지게 되면 초기에 복잡성이 증대하다가 어느 수준부터는 체감하게 되며, 조직규모가 커질수록 조직의 행동은 공식화되며 분권화가 촉진된다.

(2) 조직기술

기술(technology)은 조직 내에서 투입물을 산출물로 변화시키는 과정 또는 방법으로, 일상적인 기술일수록 복잡성은 낮고 공식성은 높을 가능성이 있다. 기술과 집권화의 관계는 상관도가 낮은데, 기술이 집권화에 미치는 영향이 다른 변수의 개입으로 달라지기 때문이다.

① **우드워드(Woodward)의 기술유형론**
  ㉠ 우드워드는 제조업체의 생산기술에 따라 조직이 사용하는 기술의 유형을 3가지, 즉 ⓐ 단위상품 생산기술, ⓑ 대량 생산기술, ⓒ 연속공정 생산기술로 분류하였다.
  ㉡ 대량 생산기술에는 관료제와 같은 기계적 구조가 효과적이라고 주장하였다.

② **톰슨(Thompson)의 기술유형론**
  ㉠ 길게 연계된 기술(long-linked technology): 순차적으로 의존관계(한 부분씩 연결)에 있는 여러 가지 기술이 연계된 경우로서 표준화된 상품을 반복적으로 대량생산할 때 유용하다. 즉, B라는 일이 이루어지기 전에 A라는 일이 반드시 이루어져야 하고, C라는 일이 시작되기 위해서는 B라는 일이 꼭 이루어져야 하는 등 최초 투입물이 최종 산출물로 바뀌는 과정에서 전 작업이 연결되어 있는 것을 말한다. 따라서 연속적 상호의존성(sequential interdependence)이 발생하며 정기적 회의, 수직적 의사전달을 통한 조정이 이루어진다.
    ⓔ 대규모 자동차 공장의 조립과정
  ㉡ 중개기술(중개적 기술, mediating technology): 의존관계에 있는 고객들을 연결하는 기술로서 역시 표준화를 추구하며(ⓔ 은행에 돈을 맡기는 사람과 빌리는 사람을 연결시키는 기술), 표준화된 운용을 필요로 하고, 시간적·공간적으로 분산된 광범위한 고객을 대상으로 한다. 한 부문이 침체하면 전체 조직이 위기에 처한다. 따라서 집합적 상호의존성(pooled interdependence)이 발생하며 규칙, 표준화를 통한 조정이 이루어진다.
    ⓔ 은행, 부동산 중개업, 그 외 각종 중개 업무
  ㉢ 집약형 기술(intensive technology)
    ⓐ 다양한 기술의 복합체로서 다양한 기술이 개별적인 고객의 성격과 상태에 따라 다르게 배합되는 기술이다.
    ⓑ 표준화가 곤란하고 갈등이 수반되며, 고비용을 요구하는 기술이다. A의 일을 B가 받아서 행하는 형태로서 가장 복잡한 상호의존성을 지닌다. 따라서 교호적 상호의존성(reciprocal interdependence)이 발생하며 부정기적 회의, 수평적 의사전달을 통한 조정이 이루어진다.
    ⓔ 종합병원

③ **페로우(Perrow)의 기술유형론**: 조직이 다루는 원자재의 성격과 그에 결부된 기술은 조직의 구조와 운영에 영향을 미친다는 전제하에 기술유형을 분류한 것으로, 원자재의 성격과 탐색과정의 예외적 사례의 수에 따라 분류하였다.

　㉠ 특징

　　ⓐ 일반적으로 일상기술은 기계적 구조가 적합하다. 즉, 일상기술이 필요한 부서는 광범위한 공식화, 높은 집권화, 엄격한 명령체계, 수직적 계층제, 높은 전문화를 속성으로 갖는 기능구조 유형이 효과적이다.

　　ⓑ 비일상기술은 유기적 구조가 적합하다. 즉, 비일상기술이 요구되는 부서는 낮은 공식화, 높은 분권화, 광범위한 수평적 조정을 특성으로 하는 수평조직이 효과적이다.

　　ⓒ 공학기술은 대체적으로 기계적인 구조가, 장인기술은 대체적으로 유기적인 구조가 효과적이다.

　　ⓓ 유의할 점은 하나의 조직 내 각 부서들이 상이한 조직기술을 사용하면서 그에 맞는 조직구조를 요구한다는 사실이다. 조직 전반적으로는 제조기술을 사용하는 경우 전체 조직은 기계적인 구조에 의해 운영되지만, 조직 내 연구개발부서와 같이 비일상기술을 사용하는 부분은 유기적 접근을 취해야 한다. 따라서 조직구조의 논의가 복잡함을 알 수 있다.

　㉡ 유형

　　ⓐ **일상적 기술**(routine technology): 예외의 수도 적고 업무내용을 분석하기가 용이한 기술로서, 과업의 다양성은 낮으나 과업의 분석가능성은 높다. 일상적 기술의 경우 의사결정이 집권화되며 계획에 의한 조정이 이루어진다.

　　　🔘 표준화된 제품의 대량 생산, TV조립 공정 등

　　ⓑ **장인기술**(기능, craft): 업무분석이 어렵지만(분석가능성 낮음) 과제다양성이 낮아 업무가 단순할 경우 조직운영에서 장인 형태의 기술이 적합하다. 이 경우 과업 자체는 단순하지만 업무 내용을 분석하기 어렵기 때문에 장인처럼 특정 업무에 대해 광범위한 경험을 쌓고 오랫동안 훈련을 받은 사람이 필요하다.

　　　🔘 고급 유리그릇, 고급 도자기 생산 등

　　ⓒ **공학적 기술**(engineering technology): 업무분석이 상대적으로 쉽지만(분석가능성 높음) 과제다양성이 높을 경우 공학적 수준의 기술을 요구한다. 이 경우 일상적 수준의 기술에만 의존하기에는 직무가 너무 복잡하기 때문에, 체계적 지식으로 구성된 업무수행 절차 및 매뉴얼과 같은 공학적 기술을 활용해 업무를 처리하는 것이 효과적이다.

　　ⓓ **비일상적 기술**(non-routine technology): 예외의 빈도가 많고 과업을 분석하기 어려운 기술을 말한다. 비일상적 기술의 경우 의사결정이 분권화되며 과제를 해결하기 위한 방법을 탐색하는 절차가 매우 복잡하다. 따라서 페로우의 과제기술 유형 중 가장 높은 수준의 유기적 조직구조가 효과적인 경우이다.

　　　🔘 원자력 추진장치

09　2019 국가직 7급

페로우(C. Perrow)의 기술유형 중 과업의 다양성과 문제의 분석가능성이 모두 높은 경우에 해당하는 기술은?

① 장인기술　　② 비일상적 기술
③ 공학적 기술　④ 일상적 기술

10　2010 서울시 7급

C. Perrow의 과제기술 유형 중 가장 높은 수준의 유기적 조직구조가 효과적인 경우는?

① 장인기술(craft technology)
② 일상적 기술(routine technology)
③ 비일상적 기술(non-routine technology)
④ 공학기술(engineering technology)
⑤ 서비스기술(service technology)

11　2009 국가직 9급

조직기술을 과제다양성과 분석가능성의 정도에 따라 범주화할 때 이에 대한 설명으로 옳지 않은 것은?

① 일상기술은 과제다양성이 낮고 분석가능성이 높아 표준화 가능성이 크다.
② 비일상기술은 과업의 다양성이 높고 성공적인 방법을 발견하는 탐색절차가 복잡하여 통제·규격화된 조직구조가 필요하다.
③ 장인기술은 발생하는 문제가 일상적이지 않아 분권화된 의사결정구조가 필요하다.
④ 공학기술은 과제다양성이 높지만 분석가능성도 높아 일반적 탐색과정에 의하여 문제가 해결될 수 있다.

12　2020 지방직(=서울시) 9급

기술과 조직구조의 관계에 대한 페로우(Perrow)의 설명으로 옳지 않은 것은?

① 정형화된(routine) 기술은 공식성 및 집권성이 높은 조직구조와 부합한다.
② 비정형화된(non-routine) 기술은 부하들에 대한 상사의 통솔범위를 넓힐 수밖에 없을 것이다.
③ 공학적(engineering) 기술은 문제의 분석가능성이 높다.
④ 기예적(craft) 기술은 대체로 유기적 조직구조와 부합한다.

페로우(Perrow)의 기술유형론

구분		과제다양성(예외적 사건의 빈도)	
		낮음	높음
분석 가능성	낮음	〈장인기술〉 • 대체로 유기적 • 중간의 공식화 • 중간의 집권화 • 작업 경험 • 중간의 통솔범위 • 수평적, 구두 의사소통	〈비일상기술〉 • 유기적 구조 • 낮은 공식화 • 낮은 집권화 • 훈련 및 경험 • 좁은 통솔범위 • 수평적 의사소통, 회의
	높음	〈일상기술〉 • 기계적 구조 • 높은 공식화 • 높은 집권화 • 적은 훈련 및 경험 • 넓은 통솔범위 • 수직적 문서 의사소통	〈공학기술〉 • 대체로 기계적 • 중간의 공식화 • 중간의 집권화 • 공식훈련 • 중간의 통솔범위 • 문서, 구두 의사소통

13 2010 국가직 7급

조직구조에 대한 특징 중 옳지 <u>않은</u> 것으로만 연결된 것은?

구분		기계적 구조	유기적 구조
장점	ㄱ	예측가능성	적응성
	ㄴ	좁은 직무범위	넓은 직무범위
	ㄷ	적은 규칙·절차	표준운영절차
조직 특성	ㄹ	분명한 책임관계	모호한 책임관계
	ㅁ	분화된 채널	계층제
	ㅂ	비공식적·인간적 대면관계	공식적·몰인간적 대면관계
	ㅅ	명확한 조직 목표와 과제	모호한 조직 목표와 과제
상황 조건	ㅇ	분업적 과제	분업이 어려운 과제
	ㅈ	단순한 과제	복합적 과제
	ㅊ	성과측정이 어려움	성과측정이 가능
	ㅋ	금전적 동기부여	복합적 동기부여
	ㅌ	권위의 정당성 확보	도전받는 권위

① ㄱ, ㄷ   ② ㄷ, ㅁ
③ ㅁ, ㅅ   ④ ㅅ, ㅈ

(3) 환경

환경이란 조직을 둘러싸고 있는 제 요인을 말하는데, 동태적 환경일수록 조직의 복잡성·집권성·공식성이 낮아진다.

환경의 역동성과 복잡성

구분		환경의 복잡성	
		단순	복잡
환경의 역동성	안정	낮은 불확실성 • 기계적 구조: 공식적, 집권적 • 적은 부서 • 통합 역할이 없음 • 적은 모방 • 현재의 운영 지향	중저 불확실성 • 기계적 구조: 공식적, 집권적 • 많은 부서 – 약간의 경계관리 • 적은 통합 역할 • 약간의 모방 • 약간의 계획
	불안정	중고 불확실성 • 유기적 구조: 참여적, 분권적 • 적은 부서 – 많은 경계관리 • 적은 통합 역할 • 빠른 모방 • 계획 지향성	높은 불확실성 • 유기적 구조: 참여적, 분권적 • 많은 부서 – 분화, 광범한 경계관리 • 많은 통합 역할 • 광범위한 모방 • 광범위한 계획과 예측

14 2015 국가직 9급

외부환경의 불확실성에 대응하는 조직구조상의 특징에 따라 기계적 조직과 유기적 조직으로 구분하는 경우에, 유기적 조직의 특성에 해당하는 것만을 모두 고른 것은?

> ㄱ. 넓은 직무범위
> ㄴ. 분명한 책임관계
> ㄷ. 몰인간적 대면관계
> ㄹ. 다원화된 의사소통채널
> ㅁ. 높은 공식화 수준
> ㅂ. 모호한 책임관계

① ㄱ, ㄹ, ㅂ   ② ㄴ, ㄷ, ㅁ
③ ㄴ, ㄹ, ㅁ   ④ ㄱ, ㄷ, ㅂ

1 조직구조 유형

구분	기계적 구조	유기적 구조
	예측가능성	적응성
조직 특성	• 좁은 직무 범위 • 표준운영절차 • 분명한 책임관계 • 계층제 • 공식적·몰인간적 대면관계	• 넓은 직무 범위 • 적은 규칙과 절차 • 모호한 책임관계 • 분화된 채널 • 비공식적·인간적 대면관계
상황 조건	• 명확한 조직목표와 과제 • 분업적 과제 • 단순한 과제 • 성과측정이 가능 • 금전적 동기부여 • 권위의 정당성 확보	• 모호한 조직목표와 과제 • 분업이 어려운 과제 • 복합적 과제 • 성과측정이 어려움 • 복합적 동기부여 • 도전받는 권위

(1) 특징

① **기계적 구조**: 엄격히 규정된 직무, 많은 규칙과 규정 등 높은 공식화, 집권적 권한, 분명한 명령체계, 좁은 통솔범위, 낮은 팀워크를 특징으로 하는 조직구조로, 내적 통제에 따른 예측가능성이 높다는 장점이 있다.

② **유기적 구조**: 적은 규칙과 규정 등 낮은 공식화, 분권적 권한, 광범위한 직무, 넓은 통솔범위, 높은 팀워크를 특징으로 하는 조직구조로, 환경의 적응성이 높다는 장점이 있다.

(2) 대표적 조직

① **기계적 구조의 대표적인 조직**: 베버(Weber)의 관료제모형
   ㉠ 관료제는 정규적인 매우 전문화된 과제, 서류화된 규정과 절차를 강조하는 높은 공식화, 좁은 통솔범위, 몰인격성, 엄격한 명령체계, 계층제적 조정을 특징으로 하는 매우 기계적인 조직구조를 의미한다.
   ㉡ 이는 대규모조직에서 합리성과 효율성을 극대화할 수 있는 효과적인 조직구조로서, 1960년대까지는 지배적인 조직구조의 패러다임으로 인정을 받아 왔다. 1970년대 이후 급변하는 조직환경에 따라 탈관료모형이 대안적으로 제기되었으며, 1980년대 신공공관리론에 의해 도전받기 전까지 관료제가 각국 정부조직의 지배적인 구조화 방식이었다.

② **유기적 구조의 대표적인 조직**: 학습조직
   ㉠ 공동의 과업, 소수의 규정과 절차, 비공식적이고 분권적인 의사결정을 특징으로 한다.
   ㉡ 모든 조직구성원이 문제정의와 해결에 관여하고, 조직역량을 증진하기 위해 지속적인 실험을 가능하게 하는 매우 유기적인 조직구조의 특성을 가지고 있으며, 세계경제의 통합에 따른 경쟁의 심화와 정보통신기술의 확산에 따라 환경에 좀 더 탄력적이고 대응적인 새로운 조직구조로 관심이 높아지고 있다.

바로 확인문제

15 2004 국가직 9급
유기적 조직구조의 특징이 <u>아닌</u> 것은?

① 적은 규칙과 규정을 보유하는 등 낮은 공식화 정도를 보인다.
② 직무 및 통솔범위가 좁다.
③ 인간적 대면관계와 팀워크를 중시하는 특징을 보인다.
④ 학습조직이 대표적인 예이다.

16 2004 서울시 9급
조직구조의 특징으로서 유기적 구조와 거리가 가장 <u>먼</u> 것은?

① 넓은 직무범위
② 적은 규칙과 절차
③ 분명한 책임관계
④ 분화된 채널
⑤ 비공식적·인간적 대면관계

17 2017 서울시 사회복지직 9급
다음 조직구조의 유형들을 수직적 계층을 강조하는 구조에서 수평적 조정을 강조하는 구조로 옳게 배열한 것은?

ㄱ. 네트워크구조	ㄴ. 매트릭스구조
ㄷ. 사업부제구조	ㄹ. 수평구조
ㅁ. 관료제	

① ㄷ - ㅁ - ㄴ - ㄹ - ㄱ
② ㄷ - ㅁ - ㄹ - ㄱ - ㄴ
③ ㅁ - ㄷ - ㄴ - ㄹ - ㄱ
④ ㅁ - ㄷ - ㄹ - ㄴ - ㄱ

18 2019 서울시 9급 제1회
데프트(Daft)가 제시한 조직구조 유형에 해당하지 <u>않는</u> 것은?

① 기능구조(functional structure)
② 매트릭스구조(matrix structure)
③ 단순구조(simple structure)
④ 사업구조(divisional structure)

19

조직구조 유형에 대한 설명으로 옳지 <u>않은</u> 것은?

① 네트워크구조 조직 – 핵심역량이 독립적으로 결집되고, 전체적으로 유기적으로 협력한다.

② 기능구조 조직 – 수평적인 조정이 필요한 곳에 사용된다.

③ 매트릭스구조 조직 – 변화하는 환경에 적응하기 유리하다.

④ 사업구조 조직 – 사업부제 조직과 유사하다.

20

사업구조(divisional structure)에 대한 설명과 가장 거리가 <u>먼</u> 것은?

① 산출물에 기반한 사업부서화 방식이다.

② 사업부서들은 자율적으로 운영되므로 각 기능의 조정은 부서 내에서 이루어진다.

③ 규모의 경제에 따른 효율성을 확보할 수 있다.

④ 기능구조보다 환경변화에 신축적이고 대응적일 수 있다.

⑤ 성과에 대한 책임성의 소재가 분명해져 성과관리에 유리하다.

21

조직구조의 유형 중에서 기능별 구조(functional structure)와 비교하여 사업별 구조(divisional structure)가 가지는 장점으로 보기 <u>어려운</u> 것은?

① 사업부서 내의 기능 간 조정이 용이하고 변화하는 환경에 신속하게 대응할 수 있다.

② 성과책임의 소재가 분명해 성과관리 체제에 유리하다.

③ 특정 산출물별로 운영되기 때문에 고객만족도를 제고할 수 있다.

④ 중복과 낭비를 예방하고 기능 내에서 규모의 경제를 구현할 수 있다.

▌ 조직의 전략과 구조

자료: Daft(2001), P.116

2 기능구조

(1) 개요

① 기능구조(functional structure)는 기능부서화 방식에 기초한 조직구조 유형으로, 조직의 전체 업무를 공동기능별로 부서화하게 된다.

② 기본적으로 수평적 조정의 필요가 낮을 때 효과적인 조직구조이며, 특정 기능에 관련된 조직구성원들의 지식과 기술이 통합적으로 활용되므로 그 전문지식과 기술의 깊이를 제고할 수 있는 조직구조이다.

③ 기능구조는 조직목표달성에 깊은 전문지식이 필수적인 경우, 안정적 조직환경과 일상적 조직기술, 그리고 조직이 수직적인 계층제로 통제·조정될 필요가 있는 경우, 수평적인 조정의 필요가 적은 경우, 내적 능률성이 중요한 경우에 효과적인 조직구조이다. 즉, 기능구조는 집권적 권한, 좁고 전문화된 직무, 부서 간 팀워크가 적게 요구된다는 측면에서 일반적으로 기계적 구조에 속하게 된다.

(2) 장·단점

① 장점

ⓐ 기능 내에서 규모의 경제를 제고할 수 있다. 같은 기능적 업무를 묶어 시설과 자원을 공유함으로써 중복과 낭비를 막아 효율성을 높일 수 있는 것이다.

ⓑ 비슷한 기능을 수행하는 조직구성원들 간의 분업을 통해 전문기술을 더욱 발전시킬 수 있다.

ⓒ 비슷한 기술과 경력을 가진 조직구성원들 간에 응집력이 강화되어 부서 내 의사소통과 조정이 유리해진다.

② 단점

ⓐ 부서들 간의 조정과 협력이 요구되는 환경 변화에 둔감하다. 부서별로 상이한 기능을 수행하면서 각각 독특한 목표관을 갖게 되어 부서들 간에 조정이 어려워진다. 즉, 할거주의를 유발할 가능성이 높다.

© 의사결정 권한이 계층제를 따라 고위관리자에게 집중되면서 업무의 과부하에 걸려 빠르게 대처하지 못하게 될 우려가 있다.
© 고도의 전문화에 따라 일상적이고 동기부여에 불리하다.

3 사업구조

(1) 개요

① 사업구조(divisional structure)는 산출물에 기반한 사업부서화 방식의 조직구조 유형으로 산출물구조, 사업구조, 전략사업 단위라고도 한다.
② 사업구조의 각 부서는 한 제품을 생산하거나, 한 지역에 봉사하거나, 또는 특정 고객집단에 봉사할 때 필요한 모든 기능적 직위들이 부서 내로 배치된 자기완결적 단위이므로, 기능 간 조정이 극대화될 수 있는 조직구조이다.
③ 서로 다른 시장에 대한 상품을 생산하는 대규모 기업의 경우, 각 사업부서들은 자율적으로 운영되며, 각 기능의 조정이 부서 내에서 이루어지므로 기능구조보다 분권적인 조직구조를 갖는다.
④ 사업구조는 기능 간 조정이 우수하므로, 불확실한 조직환경, 비정규적인 조직기술, 높은 부서 간 상호의존성, 외부지향적 조직목표인 상황에 적합한 조직구조이다.

(2) 장·단점

① 장점
　⊙ 사업구조의 각 부서는 자기완결적 기능단위로 기능 간 조정이 용이하므로 환경 변화에 좀 더 신축적이고, 대응력을 높일 수 있다.
　© 특정 산출물별로 운영되기 때문에 고객만족도를 제고할 수 있다.
　© 성과에 대한 책임성의 소재가 더욱 분명해져 성과관리에 유리하다.
　② 조직구성원들에게 기능구조보다 포괄적인 목표관을 갖게 해 준다.
② 단점
　⊙ 산출물별 생산라인의 중복에 따른 규모경제와 효율성에 손실이 있다.
　© 기능직위가 부서별로 분산되므로 기술적 전문지식과 기술발전에 불리하다.
　© 사업구조의 부서 내 조정은 증진되지만, 자율적으로 운영되는 부서 간의 조정은 더욱 어려워진다.
　② 사업부서 간의 경쟁이 지나치면 조직 전반에 부정적 결과를 초래할 수 있다.

바로 확인문제

22   2011 서울시 9급
어떠한 조직도 배타적으로 기계적 또는 유기적 구조에 해당되는 것은 아니다. 두 가지 구조의 양 극단 사이에 대안적 구조들이 위치하고 있다. 이들 대안적 구조에 대한 설명으로 가장 적절하지 않은 것은?
① 기능구조 – 기본적으로 수평적 조정의 필요가 낮을 때 가장 효과적이다.
② 사업구조 – 기능 간 조정이 극대화될 수 있는 조직구조이다.
③ 매트릭스구조 – 각 부서는 자기완결적 기능단위로 기능 간 조정이 용이하다.
④ 팀구조 – 조직구성원을 핵심업무과정 중심으로 조직하는 방식이다.
⑤ 네트워크구조 – 유기적 조직유형의 하나로 정보통신기술의 확산으로 채택된 새로운 조직구조 접근법이다.

23   2023 국가직 9급
조직구조의 유형에 대한 설명으로 옳지 않은 것은?
① 사업(부)구조는 조직의 산출물에 기반을 둔 구조화 방식으로 사업(부) 간 기능 조정이 용이하다.
② 매트릭스구조는 수직적 기능구조에 수평적 사업구조를 결합시켜 조직운영상의 신축성을 확보한다.
③ 네트워크구조는 복수의 조직이 각자의 경계를 넘어 연결고리를 통해 결합 관계를 이루어 환경 변화에 대처한다.
④ 수평(팀제)구조는 핵심업무 과정 중심의 구조화 방식으로 부서 사이의 경계를 제거하여 의사소통을 원활하게 한다.

기능구조와 사업구조의 장·단점

구분	기능구조	사업구조
장점	• 중복과 낭비를 예방하고 기능 내에서 규모의 경제 구현 • 유사 기능을 수행하는 조직구성원 간에 분업을 통해 전문기술을 발전시킴	• 사업부서 내의 기능 간 조정이 용이하고 신속한 환경 변화에 적합 • 특정 산출물별로 운영되기 때문에 고객만족도 제고 • 성과책임의 소재가 분명해 성과관리 체제에 유리 • 조직구성원들의 목표가 기능구조보다 포괄적으로 형성 • 의사결정의 분권화
단점	• 각 기능부서들 간의 조정과 협력이 요구되는 환경에 적응하기 곤란 • 의사결정의 상위 집중화로 최고관리층의 업무부담 증가 • 기능전문화에 따른 비효율	• 산출물별 기능의 중복에 따른 규모의 불경제와 비효율 • 사업부서 내의 조정은 용이하지만, 사업부서 간 조정 곤란 • 사업부서 간 경쟁이 심화될 경우, 조직 전반적인 목표달성 애로 • 각 기능에 맞는 기술 개발 곤란

4 매트릭스구조

(1) 개요

① 매트릭스구조(matrix structure)는 기능구조와 사업구조의 화학적 결합을 시도하는 조직구조이다.

② 조직환경이 복잡해지면서 기능부서의 기술적 전문성이 요구되는 동시에 사업부서의 신속한 대응성의 필요가 증대되면서 등장한 조직 형태이다. 즉, 기능구조는 전문가의 집합으로 전문성을 살릴 수 있으나 조정이 어렵고, 사업구조는 전문가의 조정은 용이하나 비용이 중복된다는 문제가 있어 양자의 장점을 채택한 조직구조인 것이다.

> 📖 지역에 있는 영업점이 본사의 재무, 인사, 영업 등의 지시·감독을 받으면서, 한편으로는 해당 지역의 본부장으로부터 지시·감독을 받는 조직이다.

(2) 특성

① 매트릭스구조의 기본적 특성은 이원적 권한체계를 갖는 데 있다.

② 기능부서 통제 권한의 계층은 수직적으로 흐르고, 사업부서 간 조정 권한의 계층은 수평적으로 흐르게 된다. 이러한 이중구조에서 조직구성원은 동시에 두 명의 상관에 보고하는 체계를 가지므로, 명령통일의 원리에 위배되며 기능적·사업적 권한 체계의 적절한 균형을 찾는 것이 중요한 문제가 된다.

③ 따라서 두 상관의 갈등적인 요구를 해결해야 하는 매트릭스조직의 구성원은 탁월한 인간관계기술이 필요하다. 매트릭스구조의 상관은 부하에 대해 완전한 통

---

24 2021 군무원 9급

조직형태나 구조에 대한 설명으로 가장 옳지 않은 것은?

① 학습조직은 시스템적 사고에 의한 유기적, 체제적 조직관을 바탕으로 한다.

② 네트워크조직에서는 서비스나 재화의 생산과 공급, 유통 등을 서로 다양한 조직에서 따로 수행한다.

③ 매트릭스구조는 기능구조와 계층구조를 결합시킨 이원적 형태이다.

④ 가상조직은 영구적이라기보다는 잠정적이고 임시적 조직으로 볼 수 있다.

25 2024 국가직 9급

다음 내용에 해당하는 조직유형에 대한 설명으로 옳지 않은 것은?

> A회사는 장기적인 제품개발 프로젝트 수행을 위해 각 부서에서 총 10명을 차출하여 팀을 운영하려고 한다. 이 팀에 소속된 팀원들은 원부서에서 주어진 고유 기능을 수행하면서 제품개발을 위한 별도 직무가 부여된다. 따라서 프로젝트 수행 기간 중 팀원들은 프로젝트 팀장과 원소속 부서장의 지휘를 동시에 받게 된다.

① 기능구조와 사업구조를 결합한 혼합형 구조이다.

② 동태적 환경 및 부서 간 상호 의존성이 높은 상황에서 효과적이다.

③ 조직 내부의 갈등 가능성이 커질 우려가 있다.

④ 명령 계통의 다원화로 유연한 인적자원 활용이 어렵다.

26 2022 군무원 7급

다음 중 매트릭스(matrix)구조에 대한 설명으로 가장 옳지 않은 것은?

① 개인들이 다양한 경험을 통해 전문기술의 개발과 넓은 안목을 갖출 수 있다.

② 기능부서 통제권한의 계층은 수평적으로 흐르고, 사업부서 간 조정권한의 계층은 수직적으로 흐르게 된다.

③ 구성원 간의 역할갈등, 역할모호성, 과업조정의 어려움 등이 발생할 우려가 있다.

④ 경직화되어 가는 대규모 관료제 조직에 융통성을 부여해 줄 수 있다.

제력을 갖지 못하며, 상관들 간의 대면, 협력, 갈등을 조정할 수 있는 관리능력이 요구된다.

④ 매트릭스조직은 다음과 같은 조건에 알맞은 구조이다.

　㉠ 생산라인 간에 부족한 자원을 공유해야 할 압력이 존재하는 경우: 보통 중간규모의 조직에서 많지 않은 수의 생산라인을 갖고 있는 경우, 생산라인 간의 인력과 자원의 공유와 신축적 운영을 필요로 한다.

　㉡ 두 개 이상의 핵심적 산출물에 대해 기술적 품질성과 수시적 제품 개발의 압력이 있을 경우: 이중의 압력은 기능부서의 장점과 사업부서의 장점이 필요하고, 두 권한 체계 간의 권력균형이 요구된다.

　㉢ 조직의 환경영역이 복잡하고 불확실한 경우: 빈번한 외부 변화와 부서 간 상호의존성의 증가는 조직의 수평적, 수직적인 방향으로 정보처리와 조정의 필요를 크게 한다.

(3) 장·단점

① 장점

　㉠ 신축성과 적응성이 요구되는 불안정하고 급변하는 조직환경에 효과적인 구조이다.

　㉡ 잦은 대면과 회의를 통해 예상치 못한 문제를 파악하고, 새로운 해결책을 찾는 데 기여할 수 있는 조직구조이다.

　㉢ 구성원들을 부서 간에 공유함으로써 조직은 자원의 효율성을 제고할 수 있다.

　㉣ 개인들은 다양한 경험을 통해 전문기술 개발과 함께 더 넓은 시야와 목표관을 갖게 할 수 있는 기회를 가진다. 조직구성원의 직무 동기부여에 기능적으로 작용한다.

② 단점

　㉠ 이중권한 체계가 개인에게 미치는 혼란, 갈등, 좌절의 가능성이 높다.

　㉡ 기능부서와 사업부서 간의 갈등의 가능성이 높다.

　㉢ 갈등해결에 요구되는 시간과 노력의 낭비가 불가피하다.

　㉣ 기능부서와 사업부서 간의 적절한 권력균형을 찾는 것이 쉽지 않다.

▌ 매트릭스조직의 장·단점

장점	• 각 기능과 사업별 간 조정 원활, 조직원의 협동작업으로 상호이해와 통합 확보 • 이중구조로 인적 자원의 경제적 활용 도모 • 불안정하고 변화가 빈번한 환경에서 적절한 대응과 복잡한 의사결정 가능 • 조직단위 간에 정보 흐름의 활성화
단점	• 이중구조로 조직원이 혼란을 느낄 수 있고, 경우에 따라서 책임과 권한의 한계 불명확 • 기능부서와 사업부서 간 갈등 발생 • 조직 간에 할거주의가 있을 경우 조정 애로 • 조직원이 매트릭스구조의 특성을 이해하지 못하면 업무 처리에 혼선 초래

27 　2020 지방직(=서울시) 7급

조직유형에 대한 설명으로 옳지 <u>않은</u> 것은?

① 매트릭스조직은 기능 중심의 수직적 계층구조에 수평적 조직구조를 결합한 조직으로 명령통일의 원리에 부합한다.

② 태스크포스는 특수한 과업 완수를 목표로 기존의 다른 부서나 외부업체 등에서 사람들을 선발하여 구성한 조직이며, 본래 목적을 달성하면 해체되는 임시조직이다.

③ 프로젝트팀은 전략적으로 중요하거나 창의성이 요구되는 프로젝트를 진행하기 위해 여러 부서에서 프로젝트 목적에 적합한 사람들을 선발해 구성한 조직이다.

④ 네트워크조직은 각기 높은 독자성을 지닌 조직 단위나 조직들 간에 협력적 연계를 통해 구성된 조직이며, 환경변화에 신속하게 적응할 수 있다.

28 　2020 군무원 9급

매트릭스조직에 대한 설명으로 옳지 <u>않은</u> 것은?

① 이중의 명령 및 보고체제가 허용되어야 한다.

② 기능부서의 장과 사업부서의 장이 자원 배분권을 공유할 수 있어야 한다.

③ 조직구성원 간 원만한 인간관계 형성에 기여한다.

④ 조직의 성과를 저해하는 권력투쟁이 발생하기 쉽다.

29 　2020 지방직(=서울시) 9급

기능(functional)구조와 사업(project)구조의 통합을 시도하는 조직 형태는?

① 팀제 조직　　　　② 위원회 조직
③ 매트릭스조직　　④ 네트워크조직

5 수평구조(팀구조)

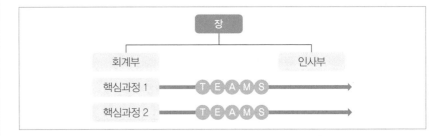

(1) 개요

① 개념
- ㉠ 새로 등장한 유기적 구조모형의 하나는 수평구조 또는 팀구조이며, 조직구성원을 핵심업무과정 중심으로 조직하는 방식이다.
- ㉡ 특정한 업무과정에서 일하는 개인을 팀으로 모아 의사소통과 조정을 쉽게 하고, 고객에게 직접적으로 가치를 제공하도록 한다.

② 등장 배경: 이러한 조직구조 접근법은 최근의 새로운 사업환경 변화에 대한 대응으로 등장하게 되었다. 기술의 진보로 정보통신기술에 기초한 조정과 통합이 가능해졌으며, 고객은 더욱 빠르고 좋은 서비스를 기대한다. 조직구성원은 새로운 기술을 학습하고, 좀 더 큰 책임감을 감수하려고 한다.

(2) 특징

많은 조직들이 부서 간 조정을 위한 교차기능팀, 임시과제 수행을 위한 임시작업단(task forces) 등 수평적 기제를 실험해 왔으며, 1990년대 이후에는 리엔지니어링의 결과 상설 팀제를 조직 전반에 도입하는 사례가 적지 않게 확인된다. 수평구조는 팀제를 전반적으로 채택하여 수직계층과 부서 간 경계를 실질적으로 제거하는 대단히 유기적인 조직구조인데, 특성은 다음과 같다.

① 조직구조가 과업, 기능, 지리에 기반하지 않고 핵심과정에 기초한다.
② 수평구조의 기본 구성단위는 자율팀으로 과업수행에 필요한 자원에 접근할 수 있고, 의사결정 권한을 가진다.
③ 핵심과정에 대한 전체적인 책임은 각 과정조정자가 진다.
④ 팀원은 여러 직무를 수행할 수 있게 훈련을 받는다.
⑤ 조직효과성은 핵심과정별 최종성과지표, 고객만족도, 종업원만족도, 재정기여도 등에 의해 평가된다.

(3) 장점

① 수평구조의 큰 장점은 고객수요 변화에 신속히 대응할 수 있는 조직의 신축성을 크게 제고할 수 있다는 점이다. 구조 자체가 모든 구성원들의 관심을 고객만족도의 증진에 두게 된다.
② 부서 간의 경계가 없어 개인들은 조직 전체의 관점에서 업무를 이해하게 되고, 팀워크와 조정에 유리한 조직이다.
③ 조직구성원들에게 자율관리, 의사결정 권한과 책임을 위임함으로써 사기와 직무동기부여에 기여한다.

30   2018 지방직 7급

매트릭스(matrix)조직의 특징에 대한 설명으로 옳지 않은 것은?

① 조직 활동을 기능 부문으로 전문화하는 동시에 전문된 부문들을 프로젝트로 통합하기 위한 장치이다.
② 정보화 시대에서 팀제가 '규모의 경제'를 구현한 방식이라면 매트릭스조직은 '스피드의 경제'를 보장한 방식이다.
③ 기존 조직구조 내의 인력을 활용할 수 있기 때문에 인력 사용에서 경제성을 확보할 수 있다.
④ 기능부서와 사업부서 간에 할거주의가 존재할 경우 원만하게 조정하기가 어려운 경우가 많다.

31   2009 국회직 8급

조직의 구조가 과업, 기능, 지리가 아닌 핵심과정에 기초하고 있어서, 핵심과정에 대한 책임을 각 과정조정자가 지게 되는 조직구조는?

① 네트워크구조   ② 수평구조
③ 기능구조   ④ 사업구조
⑤ 매트릭스구조

32   2014 행정사

우리나라 공공조직의 팀제(team system)에 관한 설명으로 옳지 않은 것은?

① 조직의 인력을 신축적으로 운영하고, 실무 차원에서 팀장 및 팀원의 권한을 향상시킨다.
② 조직구성원들의 신속한 의사결정을 저해시킨다.
③ 팀제를 통해 조직구성원의 참여를 제고시키고 개인적 의견 반영이 용이하다.
④ 조직의 경직성을 탈피하고 팀 내 전문능력 및 기술을 활용하게 한다.
⑤ 종전 수직적 조직을 수평적 조직으로 전환해 전략적 업무를 수행하는 조직에 적합하다.

(4) 방향

① 수평구조는 먼저 조직목표달성에 핵심적인 업무과정을 분석해야 하는 준비가 필요하다.
② 수평구조로 변화하는 데에는 직무설계, 관리철학, 정보 및 보상체계 등에 대한 대대적인 혁신을 요구하는 장기적이고도 어려운 준비과정이 필요하다.
③ 관리자는 권한을 행사하는 감독자에게 팀을 후원하는 코치로 역할이 변화하는 것을 인정하고, 부하들은 자율적이고 신축적인 업무환경에서 일할 준비가 되어 있어야 한다.

▌팀조직과 전통적 조직(기능조직) 비교

구분		팀조직	전통적 조직(기능조직)
장·단점	장점	• 환경 변화에 탄력적 대응 용이 • 신속한 의사결정 • 인력의 소수 정예화 • 다기능 전문인력 양성에 적합 • 창의성 발휘 및 정보 교류의 활성화	• 조직이 공식적이고 안정적 • 신중한 의사결정 • 책임 및 권한의 소재가 분명
	단점	• 팀장에 대한 팀의 높은 의존 • 직급 중심의 전통적 사고와 괴리 • 자리 상실로 중간관리층의 의욕 저하 • 책임과 권한의 소재가 불분명	• 환경 변화에 신속한 대응 곤란 • 의사결정의 지연 • 구성원의 창의성 발휘에 부적합 • 부서이기주의
환경		• 변화가 심하고 예측이 어려운 환경에 적합 • 고객 요구에 신속한 대응이 요구되는 환경에 적합 • 창의성과 혁신이 성장 원동력 • 다품종 소량생산체제에 적합	• 변화가 적고 안정적인 환경에 적합 • 공급자 중심 • 효율성이 성장 원동력 • 소품종 대량생산체제에 적합

6 네트워크구조

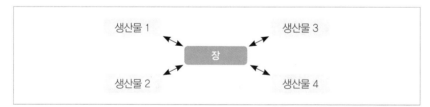

(1) 개요

① 네트워크구조란 조직의 자체 기능은 핵심역량 위주로 합리화하고, 여타 기능은 외부기관들과 계약관계를 통해 수행하는 조직구조 방식이다.
② 네트워크구조는 유기적 조직유형의 하나로, 정보통신기술의 확산으로 채택된 새로운 조직구조 접근법이다.
③ 네트워크구조는 한 조직 내에서 모든 기능을 수행하는 방식을 탈피하는데, 예를 들면 회계, 제조, 포장, 유통기능 등을 외부기관들에 아웃소싱하여 조직본부와 전자적으로 연결하고 있다. 즉, A기업이 봉급에 관한 업무는 '갑' 회사에, 광고에 관한 업무는 '을' 회사에, 생산은 '병' 공장에 각각 위탁하고, 전략수립과 판매는 A기업이 직접 담당한다. 따라서 환경 변화에 따라 신속하게 외부계약 관계를 재

바로 확인문제

33   2009 서울시 9급

조직구조의 모형 중 조직 자체 기능은 핵심역량 위주로 합리화하고, 여타 기능은 외부 기관들과 계약관계를 통해 수행하는 조직구조 방식은?

① 기능구조   ② 수평구조
③ 네트워크구조   ④ 사업구조
⑤ 매트릭스구조

34   2021 국가직 9급

결정과 기획 같은 핵심기능만 수행하는 조직을 중심에 놓고 다수의 독립된 조직들을 협력관계로 묶어 일을 수행하는 조직형태는?

① 태스크포스   ② 프로젝트팀
③ 네트워크조직   ④ 매트릭스조직

35   2015 국가직 9급

네트워크조직에 대한 설명으로 옳은 것만을 모두 고른 것은?

> ㄱ. 구조의 유연성이 강조된다.
> ㄴ. 조직 간 연계장치는 수직적인 협력관계에 바탕을 둔다.
> ㄷ. 개방적 의사전달과 참여보다는 타율적 관리가 강조된다.
> ㄹ. 조직의 경계는 유동적이며 모호하다.

① ㄱ, ㄴ   ② ㄱ, ㄹ
③ ㄴ, ㄷ   ④ ㄷ, ㄹ

36   2006 국가직 7급

네트워크조직의 특성으로 옳지 않은 것은?

① 기능부서의 기술적 전문성과 사업부서의 신속한 대응성이 동시에 요구되면서 등장한 조직 형태이다.
② 정보통신망에 의하여 조정되므로 직접 감독에 필요한 많은 지원과 관리인력이 불필요하게 된다.
③ 환경변화에 신축적이고 신속한 대응이 가능해진다.
④ 조직 내 개인들은 도전적인 과업을 수행하면서 직무의 확충에 따라 직무동기가 유발된다.

37

2009 국가직 7급

네트워크조직의 특징을 설명한 것으로 가장 거리가 먼 것은?

① 수평적, 공개적 의사전달이 강조된다.
② 고도의 적응성과 유연성을 가진 유기적 구조를 가진다.
③ 외부기관과의 협력이 강화되기 때문에 대리인문제의 발생가능성이 낮다.
④ 의사결정체계는 분권적이며 동시에 집권적이다.

38

2019 서울시 9급 제2회

네트워크 조직구조가 가지는 일반적인 장점에 대한 설명으로 가장 옳지 않은 것은?

① 조직의 유연성과 자율성 강화를 통해 창의력을 발휘할 수 있다.
② 통합과 학습을 통해 경쟁력을 제고할 수 있다.
③ 조직의 네트워크화를 통해 환경 변화에 따른 불확실성을 감소시킬 수 있다.
④ 조직의 정체성과 응집력을 강화시킬 수 있다.

39

2023 군무원 9급

애드호크라시(Adhocracy)에 속하는 조직 유형에 대한 설명으로 가장 적절하지 않은 것은?

① 태스크포스는 특수한 과업 완수를 목표로 기존의 서로 다른 부서에서 선발하여 구성한 팀으로, 목적을 달성하면 해체되는 임시조직이다.
② 프로젝트팀은 태스크포스와 마찬가지로 한시적이고 횡적으로 연결된 조직유형이지만 태스크포스에 비해 참여자의 전문성과 팀에 대한 소속감이 강하다는 특성을 가지고 있다.
③ 매트릭스조직은 기능 중심의 수직적 분화가 되어 있는 기존의 지시 라인에 횡적으로 연결된 또 하나의 지시 라인을 인정하는 이원적 권위계통을 가진다.
④ 네트워크조직은 전체 기능을 포괄하는 조직을 중심에 놓고 다수의 협력체를 묶어 일을 수행하는 조직형태이다.

조정할 수 있다. 이러한 네트워크구조에는 정보통신기술의 속도와 편리성이 필수적인 기반시설이 된다.

(2) 장·단점

① 장점

⊙ 전(全) 지구적으로 최고품질과 최저비용의 자원들을 활용할 수 있으면서도, 대단히 간소화된 조직구조를 갖는 데 있다. 정보통신망에 의해 조정되므로 직접 감독에 필요한 많은 지원, 관리인력이 불필요하게 된다.
ⓒ 환경 변화에 신축적이고 신속한 대응이 가능해진다. 경쟁력 있는 기술을 가진 활동에 집중하고, 나머지 활동은 계약 관계로 수행하므로, 환경 변화에 따라 거대한 초기 투자 없이도 새로운 제품을 신속히 출시할 수 있다.
ⓒ 네트워크조직 내 개인들은 도전적인 과업을 수행하면서 직무의 확장과 확충에 따라 직무동기가 유발된다.
ⓔ 조직 구성단위의 자율성이 높으며, 조직구성원의 관계가 수평적이다. 따라서 수평적, 공개적 의사전달이 강조된다.
ⓜ 네트워크조직은 조직망 속의 중심점들(nodes) 간의 지속적인 교환관계에서 정보이 새로운 종합과 지식의 산출을 증진시킴으로써 학습이 촉진된다.

② 단점

⊙ 계약관계에 있는 외부기관을 직접 통제하기 어렵다는 점이다. 외부기관들의 협력으로 대리인 문제가 발생하기 쉬워, 조정과 감시비용이 증가한다.
ⓒ 제품의 안정적 공급과 품질관리에 어려움이 있을 수 있다.
ⓒ 네트워크구조에서 조직은 모호한 조직경계에 따라 조직의 정체성이 약해 응집성 있는 조직문화를 가지기 어렵고, 구성원의 충성을 기대하기 쉽지 않다. 따라서 조직구성원들이 자주 이직하는 경향이 있다.

┃ 네트워크조직의 장·단점

장점	• 최고품질과 최저비용의 자원들을 활용 • 환경 변화에 신축적이고, 신속한 대응 가능 • 직무의 확장과 확충에 따라 직무동기 유발 • 조직의 네트워크화를 통해 환경에 대한 불확실성 감소 • 통합과 학습을 통해 경쟁력 제고 • 정보통신기술을 활용해 시간·공간적 제약 완화
단점	• 계약관계에 있는 외부기관을 직접 통제하기 곤란 • 대리인의 기회주의 행위방지를 위한 조정과 감시비용 증가 • 제품의 안정적 공급과 품질관리의 어려움 • 응집성 있는 조직문화, 구성원의 충성 곤란 • 네트워크가 구축되면 폐쇄성으로 인해 네트워크 외부의 조직에 대한 배타성 우려

03 관료제와 탈관료제

1 (근대)관료제의 개념

> **결정적 코멘트** 관료제의 특징과 병리현상을 중심으로 학습해야 한다.

관료제(官僚制)는 지극히 다의적·불확정적 개념이다.[1]

---

1) 관료제(bureaucracy)란 말은 18C의 프랑스 상업상이었던 뱅상 드 구르네(V. de Gournay)가 처음으로 사용한 용어이다. 사무실을 의미하는 bureau와 지배·힘을 뜻하는 cracy를 합친 말이다.

(1) 구조적 측면(계층제적 대규모조직)

베버(Max Weber, 1864~1920)의 관료제이론에 입각한 견해로서, 관료제를 합법적·합리적 지배가 제도화되어 있는 계층제 형태를 지닌 대규모 조직이라고 보는 입장이다.

① **구조적 특성**: 이러한 의미로 파악되는 관료제는 그 구조적 특성으로서 계층제 구조, 전문화·분업, 일반적인 법규체계, 비정의성 등을 지닌다.

② **계층적 구조**: 관료제는 계층제 형태의 대규모 조직으로서 조직의 최고 상층부에 단일한 의사결정 센터를 지닌다.

③ **보편성**: 관료제는 국가뿐만 아니라 대규모의 모든 사회조직에서도 보편적으로 찾아볼 수 있다. 즉, 관료제는 공·사부문의 대규모 조직에서 공통적으로 나타나는 구조적 특징을 의미한다.

④ **순기능 강조**: 순기능을 강조한다.

(2) 기능적 측면(특권적 정치집단)

관료제는 기능을 중심으로 합리적·병리적·권력적 측면으로 나누어서 그 행태적 특징을 살펴볼 수 있다.

① **관료제의 합리성**: 관료제를 조직의 목표달성을 극대화하는 합리적·능률적 기능을 가진 조직으로서 파악한다.

② **관료제의 역기능**: 관료제는 비능률적인 조직으로서 관료의 행태는 역기능적·병리적 경향을 가진다는 점을 강조한다.

③ **관료제의 권력성**: 관료제란 관료집단이 정치권력의 주요한 장악자로서의 지위에 있으며 광범한 권력을 행사하는 관료에 의한 지배를 의미한다고 본다. 이러한 관점에 입각한 대표적 견해는 다음과 같다.

　㉠ **관료주의**: 행정관료가 정치권력을 장악하면서 국민의 의견을 수렴하려 들지 않고, 일방적으로 국민을 지배하려 하는 관료 지배성의 병폐를 강조한다.

　㉡ **행정통치**(administocracy): 클레어(Guy. S. Claire)도 이러한 관점에서 관료제는 행정관료가 통치기능을 집중 장악하여 통치·정치를 좌우하는 행정통치라고 지적하고 있다.

(3) 구조기능적 개념

리그스(Riggs)가 구조적 개념과 기능적 개념을 합한 것으로, 관료제를 계층제적 대규모 조직이면서, 기능적으로는 권력적·합리적·병리적 측면 등을 지닌 조직으로 파악한다.

2 베버(Weber)의 관료제이론

(1) 지배의 세 유형과 근대관료제

권위의 유형	지배의 유형	관료제의 유형
전통적 권위	전통적 지배	가산관료제
카리스마적 권위	카리스마적 지배	카리스마적 관료제
합법적 권위	합법적 지배	합법적 관료제(근대관료제)

바로 확인문제

40　　2022 군무원 9급

베버(Max Weber)의 관료제에 대한 설명으로 가장 옳지 <u>않은</u> 것은?

① 합리성을 조직에 적용하여 목표달성을 위한 효과적인 수단으로 관료제를 간주한다.

② 실적을 인사행정의 기준으로 채택하는 실적주의를 바탕으로 한다.

③ 조직의 목표달성을 위해 절차나 방법을 문서화된 법규형태로 가진다.

④ 관료제의 구성원들은 조직 전반의 일반적인 업무에 대해 책임을 진다.

41　　2023 국가직 9급

베버(Weber)의 이념형(ideal type) 관료제에 대한 설명으로 옳지 <u>않은</u> 것은?

① 관료제 성립의 배경은 봉건적 지배체제의 확립이다.

② 법적·합리적 권위에 기초를 둔 조직구조와 형태이다.

③ 직위의 권한과 임무는 문서화된 법규로 규정된다.

④ 관료는 원칙적으로 상관이 임명한다.

42　　2021 군무원 9급

막스 베버(Max Weber)의 관료제에 대한 설명으로 가장 옳지 <u>않은</u> 것은?

① 관료제는 계층제 구조를 본질로 하고 있다.

② 관료제를 현대사회의 보편적인 조직모형으로 보고 있다.

③ 신행정학에서는 탈(脫)관료제 모형으로서 수평적이고 임시적인 조직모형을 제안한다.

④ 행정조직 발전에 대한 패러다임(paradigm)의 관점에서 관료제 모형을 제시했다.

43

베버(Weber)의 관료제모형에 대한 설명으로 옳지 <u>않은</u> 것은?

① 관료에게 지급되는 봉급은 업무수행 실적에 대한 평가에 따라 결정된다.
② 관료제모형은 계층제의 원리를 근간으로 한다.
③ 베버(Weber)는 정당성을 기준으로 권위의 유형을 전통적 권위, 카리스마적 권위, 법적·합리적 권위로 나누었는데 근대적 관료제는 법적·합리적 권위에 기초를 두고 있다고 주장한다.
④ 관료제모형은 '전문화로 인한 무능 (trained incapacity)' 등 역기능을 초래할 수도 있다.

44

관료제에 대한 설명으로 옳지 <u>않은</u> 것은?

① 관료제(bureaucracy)는 관료(bureau-crat)에 의하여 통치(cracy)된다는 의미로서 왕정이나 민주정(民主政)에 비해 관료가 국가정치와 행정의 중심역할을 수행한다는 의미가 있다.
② 관료제는 소수의 상관과 다수의 부하로 구성되는 피라미드 형태를 취하며 과두제(oligarchy)의 철칙이 나타날 수 있다.
③ 관료제의 병리현상으로 과잉동조에 따른 목표대치, 할거주의, 훈련된 무능력 등을 들 수 있다.
④ 베버(Weber)의 이념형 관료제는 성과급 제도와 부합한다.

(2) 베버이론의 성격

① **이념형**: 현존하는 관료제의 속성을 평균화해서 정립한 것이 아니라 고도의 사유작용에 의하여 구성된 이념형(ideal type)이다.
② **보편성**: 근대사회에서 공·사행정을 막론하고 계층제 구조를 지닌 대규모조직인 관료제가 널리 존재한다는 것이다.
③ **합리성**: 관료제 조직은 소기의 목적 달성을 위하여 기능하는 가장 합리적인 지배형식이다.

(3) 근대관료제의 성립·발달 요인

① 화폐경제의 발달   ② 행정사무의 양적 증대와 질적 변화
③ 물적 관리수단의 집중화   ④ 관료제 조직의 기술적 우위성
⑤ 사회적 차별의 평균화

(4) 근대관료제의 특징(병리현상의 원인)

① **법규의 지배**: 법규의 지배가 확립되어 있어 관료의 직무 및 권한의 배분, 관료의 자격요건 등이 명확하게 법규에 규정되어 있으며 모든 직무수행은 법규에 따라 수행된다. 따라서 베버의 관료제론에서는 규칙이나 절차가 관료의 전문가적인 판단보다 우선적으로 적용된다.
② **계층제**: 지휘·통제체계로서의 계층제(hierarchy)구조를 지닌다. 하위 직위는 상위 직위의 감독과 통제하에 있다.
③ **문서주의**: 직무수행은 철저하게 문서에 의해 행해진다.
④ **공·사의 분리**: 직무 면, 자원 및 시설 면으로 공과 사는 엄격히 분리된다. 이상적인 관료제는 증오나 열정 없이 형식주의적인 비정의성(impersonality)의 정신에 따라 움직인다. 이는 합리적인 결정을 내리기 위해서는 부하들과 고객과의 감정적 연계를 피해야 한다는 것이며, 관료들은 법규 적용 등 임무수행에서 개인적 친분관계나 상대방의 지위 등에 구애됨이 없이 공평무사하게 임하여야 한다는 것이다. 즉, 관료들은 민원인에 따라 업무를 차별적으로 처리하여서는 안 되며, 주민등록번호를 보고 법률에 따라 공평하게 처리하여야 한다.
⑤ **전문적 자격**: 관료의 충원 시 귀속적 기준(혈연, 지연, 학연 등)보다 전문적(기술적) 자격과 지식이 요구된다. 기술적 자격에 의한 충원은 관료를 자의적인 해고로부터 보호하고, 연공서열이나 업적에 따라 승진시킬 수 있는 기초가 된다.
⑥ **능률성**: 관료제가 추구하는 근본 가치는 능률성이며, 관료제는 탁월한 능률성을 발휘한다.
⑦ **전임직**: 직무수행에서는 관료의 전 능력과 지식을 요구한다.
⑧ **고용관계의 자유계약성**: 근대관료제에서는 형식적으로는 고용관계가 쌍방의 자유의사에 따른 자유로운 계약으로 이루어진다.
⑨ **계속성·예측가능성**: 법규의 지배가 확립되어 있어 계속성, 예측가능성이 확보되며, 질서와 안정이 유지된다.
⑩ **분업의 원리**: 관료제는 자격 또는 능력에 따라 규정된 기능을 수행하는 분업(division of labor)의 원리에 따른다. 일정한 직위를 차지하고 있는 사람에게는 필요한 권한이 부여되고 강제의 수단이 명확하게 규정되며, 이러한 수단의 이용은 엄격한 조건에서 이루어진다.

3 관료제의 병리(病理)

(1) 동조과잉과 수단의 목표화(목표의 대치)

규칙 준수의 강조는 관료들이 목표보다는 그 수단으로써 규칙·절차에 지나치게 영합·동조하려는 경향을 가지게 한다. 따라서 제정된 규칙과 절차에 대한 지나친 강조는 오히려 조직목표 달성을 어렵게 한다.

(2) 형식주의(번문욕례, red-tape)

대규모 조직에서는 사무처리의 비합리성을 배제하고 책임의 한계를 명확히 하기 위하여 주로 문서에 의한 업무처리를 함으로써 번문욕례(繁文縟禮), 문서다작, 형식·의식주의 등의 현상이 나타난다. 그러나 최근 전자정부의 도입은 관료제의 번문욕례(red-tape)를 시정할 수 있는 가능성을 높여 주고 있다.

(3) 전문화로 인한 무능(훈련된 무능)

전문가는 타 분야에 대한 이해가 부족할 뿐만 아니라 자기 아집화, 할거주의에 젖어 들게 된다.

(4) 할거주의(sectionalism)

관료는 전문화로 인해 자기가 소속한 조직단위에만 관심을 가질 뿐, 다른 조직에 대한 배려를 하지 않아 협조·조정이 잘 되지 않는다.

(5) 인격적 관계의 상실

대규모 조직의 부속품처럼 인간은 기계화되어 인격적 관계를 상실하게 된다.

(6) 무사안일주의·변동에 대한 저항

① 관료는 대개 문제해결에 적극적·쇄신적 태도를 취하지 않는다.
② 관료제는 본질적으로 보수주의적·현상유지적인 특징을 지니고 있으며 변동에 대한 적응성이 결여되고 있다.

(7) 책임의 회피와 분산

① 부하에게 책임을 전가하려 들거나 책임을 회피하기 위하여 상관의 권위 또는 SOP 및 선례에 의존하려 드는 경우가 빈번하다.
② 회의나 위원회를 이용하여 책임을 분산하려고도 한다.

(8) 독선 권위주의

권력성·계층성·전문성 등으로 인하여 독선 권위주의가 조장된다.

(9) 관료제 외적 가치·이익의 추구

관료제 외적 가치인 신분보장·권력·지위 등을 추구하기 위하여 공익을 망각하고 법규를 왜곡하며 출세주의나 관직의 사유화 경향을 보인다.

⑽ 무능력자의 승진

계층제적 관료조직의 구성원이 각자의 능력을 넘는 수준까지 승진한다는 피터의 원리(Peter's principle)[2]가 작용하여 상당수의 직위가 무능자로 채워지는 경향이 나타난다.

---

2) 조직의 규모가 팽창하고 학연이나 혈연, 지연 등에 의해 승진하다 보면 자신이 감당할 수 없는 직위까지 승진하게 된다는 법칙으로, 농업·폐쇄·계급사회에서 주로 나타난다.

45   2021 군무원 9급

조직이론과 인간관에 대한 설명으로 가장 옳지 <u>않은</u> 것은?

① 조직이론의 시작은 테일러의 과학적 관리론에서 찾을 수 있으며, 1900년대 초까지 효율성과 구조중심의 사상을 담고 있었다.
② 기계적 조직으로서의 관료제는 합리적 경제인의 인간관을 반영하고 있는데 테일러의 차등 성과급제가 이러한 인간관에 기초한 보상 시스템이다.
③ 계층구조는 피라미드 모양의 구조를 가지며 명령과 통제가 위로부터 아래로 전달되는 특성을 가진다.
④ 관료제하에서 구성원들은 인간으로서의 감정이나 충동을 멀리하는 정의적 행동(personal conduct)이 기대된다.

46   2021 지방직(=서울시) 7급

관료제 모형에서 베버(Weber)가 강조한 행정 가치는?

① 민주성   ② 형평성
③ 능률성   ④ 대응성

47   2017 국가직 7급 추가채용

전통적 관료제의 특징과 그 역기능을 연결한 것으로 옳지 <u>않은</u> 것은?

① 문서주의 – 형식주의와 번문욕례(繁文縟禮)
② 전문화 – 훈련된 무능과 할거주의
③ 비정의성(비인간화) – 주관적이고 재량적인 관료 행태
④ 계층제 – 의사결정 지연과 상급자 권위에 대한 지나친 의존

48   2022 국가직 7급

관료제에 대한 설명으로 옳지 <u>않은</u> 것은?

① 계층제의 원리에 의해 체계가 확립된다.
② 업무에 대한 훈련을 받고 지식을 갖춘 전문적인 관료가 업무를 담당할 것을 요구한다.
③ 훈련된 무능은 관료가 제한된 분야에서 전문성은 있으나 새로운 상황에서 적응력과 업무능력이 떨어지는 현상이다.
④ 동조과잉은 적극적으로 새로운 과업을 찾아서 실행하기보다 현재의 주어진 업무만을 소극적으로 수행하는 것이다.

49 2022 지방직(= 서울시) 9급

관료제 병리현상과 그 특징을 짝지은 것으로 옳지 <u>않은</u> 것은?

① 할거주의 – 조정과 협조 곤란
② 형식주의 – 번거로운 문서 처리
③ 피터(Peter)의 원리 – 관료들의 세력 팽창 욕구로 인한 기구와 인력의 증대
④ 전문화로 인한 무능 – 한정된 분야의 전문성 강조로 타 분야에 대한 이해력 부족

50 2008 서울시 7급

Peter는 '관료제는 궁극적으로 무능화된다'는 내용의 피터의 원리를 제시한 바 있다. 여기서 관료의 궁극적 무능화를 유발하는 요인을 설명하는 내용과 거리가 먼 것은?

① 평생고용의 원리   ② 정치적 중립
③ 연공주의   ④ 폐쇄형 인사
⑤ 신분보장

51 2012 지방직 7급

관료제의 역기능모형에 대한 설명으로 옳지 <u>않은</u> 것은?

① 머튼(Merton)모형은 관료에 대한 최고 관리자의 지나친 통제가 관료들의 경직성을 초래한다고 본다.
② 셀즈닉(Selznick)모형은 권한의 위임과 전문화가 조직 하위체제의 이해관계를 지나치게 분열시킨다고 본다.
③ 맥커디(McCurdy)모형은 계층제적 관료조직 내에서 구성원이 각자의 능력을 넘는 수준까지 승진하게 된다고 본다.
④ 골드너(Gouldner)모형은 관료들이 규칙의 범위 내에서 최소한 행태만을 추구하여 무사안일주의를 초래한다고 본다.

52 2011 서울시 9급

상사의 계서적 권한과 부하의 전문적 권력이 충돌하는 관료제의 역기능과 관련된 요소는?

① 양적 복종
② 훈련된 무능
③ 권력구조의 이원화
④ 국지주의
⑤ 권위주의

(11) 인간소외 현상

공식적 측면만을 강조하므로 인간소외 현상이 대두된다.

(12) 권력구조의 이원화

상사의 계서적(階序的) 권한과 지시할 능력 사이에는 괴리가 있으며, 계서적 권한은 전문적 권한에 의하여 제약된다.

(13) 민주성·대표성의 제약

행정에 대한 외부통제력이 약화되면 행정의 자율성이 지나치게 되어 국민의 자유를 침해하는 등의 관료제의 민주성·대표성을 저해할 수 있다.

(14) 기타의 병리

극단적인 비밀주의, 권력에 대한 욕구, 공익의 망각, 출세주의 등을 들 수 있다.

4 관료제와 민주주의

(1) 관료제와 민주주의의 상호관계

① 블라우(Blau)에 의하면 조직의 목적·기능은 목표설정과 목표달성으로 나누어 고찰할 수 있다. 이때 목표설정과정은 민주적 절차가 요구되며, 목표달성은 능률적인 관료제 조직이 요구된다.
② 관료제와 민주주의는 이론상으로는 구별될 수 있다 하여도 현실적으로는 대부분의 조직이 두 가지 목적·기능을 아울러 가지고 있으므로 능률의 요구와 민주적 결정의 요구가 양립되기 어려운 경우가 빈번하다.

(2) 관료제의 민주주의에 대한 역작용

① **권력의 집중**: 관료의 기술, 권력의 독점으로 권력의 불균형을 초래하여 민주주의를 저해할 위험이 있다.
② **관료의 특권집단화**: 관료들이 정부를 좌우하면서 국민의 이익보다 관료 자신들의 이익을 추구하는 특권집단화할 수 있다.
③ **행정통치(administocracy)**: 행정국가화의 경향에 따라 관료제는 정책결정을 실질적으로 주도하고 있으며 국가의 통치·정치를 좌우하거나 지배하고 있다.
④ **과두제의 철칙**: 미첼스(Michels)는 1차 세계대전 전의 유럽의 사회주의정당과 노동조합을 연구하였다. 그는 정당과 조합이 원래는 사회주의 혁명을 추진하고, 민주주의적 체제를 유지하기 위하여 수립된 것이었으나, 소수 지도자들이 자기들의 지위 유지와 기득권 유지에 집착하여 목적과 수단 간의 우위성이 뒤바뀌는 '목표전환' 현상을 지적하였다. 이러한 현상은 소수의 지배가 행해지기 때문에 과두제, 예외가 없다는 데서 철칙이라 하였다.
⑤ **임의단체의 비민주적 보수화**: 임의단체도 점차적으로 비민주적 보수화, 관료제화의 경향으로 나아가게 된다.
⑥ **기타**: 민중의 요구에 부적응, 정책결정권 장악, 독단적 결정, 정보의 독점, 외부통제의 약화 등

(3) 관료제의 민주주의에 대한 공헌

① **민주적 목표의 능률적 달성**: 조직의 목표는 고도의 기술적 합리성과 능률성을 지닌 관료제를 통해서 능률적으로 달성될 수 있다.

② 법 앞의 평등 확립: 관료제는 정실이나 자의에 의한 개별주의를 배격하고 일반적 법규에 의한 보편주의를 추구함으로써 법 앞의 평등을 확립하는 데 기여한다.
③ 공직 임용의 기회균등: 관료제는 전문적 지식·능력에 따른 관료의 임용을 원칙으로 하기 때문에 공직의 임용 기회를 균등하게 보장한다.
④ 국민에게 좀 더 많은 봉사: 설정된 목표의 능률적이고 신속한 수행에 의하여 국민에게 좀 더 많은 봉사를 한다.

(4) 관료제와 민주주의의 조화
① 관료기구의 민주화: 관료기구의 비민주적 성격을 완화하기 위하여 회의제·위원회제 등으로 참여를 확대하고 분권화를 강화해야 할 것이다.
② 민주통제의 강화: 관료제의 비대해진 권력에 대한 효과적인 민주통제의 확립이 절실하다.
③ 행정윤리의 확립: 행정윤리의 확립이 이루어져야 하며 행정관료는 이러한 행동윤리에 따라 스스로 비민주적 권력행사를 자제·통제해야 한다.

5 후기(반) 관료제이론

(1) 애드호크라시(adhocracy = adhoc + cracy)
① 개념
　㉠ 행정조직의 동태화(動態化)란 행정조직이 환경 변화에 신축성 있게 적응하고 끊임없이 제기되는 새로운 행정수요를 충족시킬 수 있도록, 경직화된 수직적 구조의 행정조직(관료제 조직)을 변동 대응능력을 가진 쇄신적 조직(애드호크라시)으로 전환시켜 문제해결 중심의 협동체제를 구성해 나가는 과정을 의미한다.
　㉡ 애드호크라시는 관료제의 결함을 보완하고자 등장한 임시적·동태적·유기적 조직을 총칭하는 개념으로, 토플러(Toffler)가 「미래의 충격」이라는 저서에서 최초로 사용한 바 있다.

▎행정조직의 동태화

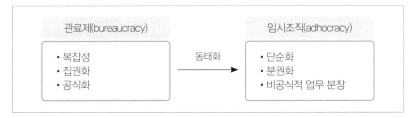

② 구조적 특징
　㉠ 높은 수준의 수평적 분화·직무 전문화
　㉡ 낮은 수준의 수직적 분화·직무 전문화
　㉢ 낮은 수준의 집권화, 분권적·전문적 의사결정
　㉣ 높은 수준의 전문화로 낮은 수준의 공식화·표준화 강조
　㉤ 고도의 유기적 구조

바로 확인문제

53 2004 국가직 9급
관료제가 민주주의 발전에 공헌하는 요소가 아닌 것은?
① 변화의 요구에 대한 기여이다.
② 공직취임에 있어서 기회균등을 제공한다.
③ 법 앞의 평등사상 구현에 기여한다.
④ 민주적 목적을 효율적으로 집행하는 데 기여한다.

54 2021 군무원 7급
관료제 조직의 폐단을 극복하기 위한 대안에 대한 설명으로 가장 적절하지 않은 것은?
① 업무의 명확한 구분에서 야기되는 문제점은 기계적 구조(mechanistic structure)로 처방한다.
② 집권화의 문제점은 참여관리와 조직민주주의로 처방한다.
③ 공식화의 문제점은 태스크포스(task-force) 구조로 처방한다.
④ 계층제 조직의 문제점을 극복하기 위해서는 위원회조직을 고려한다.

55 2019 국가직 7급
애드호크라시(adhocracy)에 대한 설명으로 옳지 않은 것은?
① 대표적인 예로는 네트워크조직, 매트릭스조직 등을 들 수 있다.
② 변화에 신속하게 대응할 수 있다는 장점으로 인해 최근에는 전통적 관료제 조직모형을 대체할 정도로 많이 활용되고 있다.
③ 구조적으로 수평적 분화는 높은 반면 수직적 분화는 낮고, 공식화 및 집권화의 수준이 낮다.
④ 과업의 표준화나 공식화 정도가 상대적으로 낮기 때문에 구성원 간 업무상 갈등이 일어날 우려가 있다.

56 2022 군무원 9급

애드호크라시(adhocracy)에 대한 설명으로 가장 옳지 <u>않은</u> 것은?

① 탈관료화 현상의 하나로 등장했다.
② 구조적으로 높은 수준의 복잡성, 낮은 수준의 공식화, 낮은 수준의 집권화를 특징으로 한다.
③ 고도의 창의성과 환경적응성이 필요한 상황에서 유효한 조직이다.
④ 업무처리과정에서 갈등과 비협조가 일어나고, 창의적인 업무 수행 과정에서 직원들이 심적 스트레스를 많이 받는다는 단점이 있다.

57 2017 사회복지직 9급

애드호크라시(adhocracy)에 대한 설명 중 가장 옳지 <u>않은</u> 것은?

① 일상적 업무수행의 내부 효율성을 제고한다.
② 구성원의 능력을 최대한 발휘하게 하여 혁신을 촉진할 수 있다.
③ 동태적이고 복잡한 환경에 적합한 조직구조이다.
④ 낮은 수준의 공식화를 특징으로 하는 유기적 조직구조이다.

58 2006 경기 7급

애드호크라시(adhocracy)의 장점이 <u>아닌</u> 것은?

① 사회환경의 변화에 적응력이 있다.
② 민주성이 강하다.
③ 권한과 책임의 한계가 명확하다.
④ 전문성을 살릴 수 있다.

③ 장·단점

장점	• 적응성·창조성이 제고됨 • 다양한 전문가 간의 유기적인 협조가 확보될 수 있음 • 비정형적 업무·고도의 전문적 업무·상호의존도가 높은 업무에 좀 더 유용함
단점	• 명확한 서열 구분이 없어 구성원 간에 갈등과 비협조가 불가피함 • 책임·과업의 불명확성으로 책임 의식이 약화됨 • 임시성에 따른 심리적 불안감이 야기됨 • 비효율적 구조이며 기계적 편의성·정밀성이 결여되어 있음 • 창의적인 업무수행과정에서 직원들이 심적 스트레스를 많이 받음

④ **전개 방향**: 애드호크라시와 관료제는 조직 형성에서 완전히 서로 대립되는 모델이 아니라, 장기적으로 볼 때 이들은 서로 보완관계에 있으며 조직발전을 위하여 상호유기적인 조화가 요청된다. 그러므로 현실에는 순수한 관료제도, 순수한 애드호크라시도 존재하지 않으며, 이를 적절하게 운용하는 것이 상황이론(contingency theory)이다.

⑤ **애드호크라시 주요 형태**

㉠ **프로젝트팀**(특별작업반, project team)

ⓐ **개념**: 프로젝트팀이란 특정 사업·과제의 수행을 위하여 조직 내의 관련 전문가 중심으로 결합되는 수평적·임시적·동태적 조직을 말한다.

ⓑ **특징**
• 구성원은 대등한 관계에 있고 상하 구별이 없다.
• 할거주의의 방지에 도움을 준다.
• 과제가 해결되면 해체된다.
• 팀의 장은 업무의 조정자 또는 연락 책임자에 지나지 않는다.

ⓒ 장·단점

장점	• 비일상적·비정형적 업무에 좀 더 효과적임 • 할거주의의 방지에 도움을 줌 • 신축성·적응성을 제고함 • 횡적 관계를 중시하여 전문가로서의 자율성·자발성에 따른 동기부여에 효과적이며, 전문가들의 최고도 역량 발휘를 도모할 수 있음
단점	• 원래의 소속 조직의 직위를 이탈하지 않으므로 소속 조직의 대변자라는 소극적 자세가 우려됨 • 임시성에 따른 심리적 불안감이 있음 • 전문성을 경시하는 사회적 풍토에서는 제 기능을 발휘하기가 어려움

㉡ **태스크포스**(전문조사반, 전문담당반, 전문기동반, task force)

ⓐ **개념**: 태스크포스란 특정 목적·임무를 수행하기 위하여 여러 조직의 관련 전문가를 결합하는 입체적·임시적·동태적 조직을 의미한다. 따라서 관련 부서를 횡적으로 연결시켜 여러 부서가 관련된 현안 문제를 해결하는 데 효과적인 조직 유형이다.

🔴 이동통신 사업자 선정을 위한 평가단, 수학능력시험 출제를 위한 출제단 등

ⓑ **특징**: 태스크포스의 특징은 프로젝트팀의 특징과 유사하지만 다음과 같은 점에서 다소 차이가 있다.
• 좀 더 대규모의 공식조직이다.
• 좀 더 장기적으로 존속하며, 업무 내용이 변경될 수 있다.

ⓒ 장·단점

장점	• 외부 전문가의 도입과 활용이 이루어짐 • 변화하는 행정수요에 대한 정확한 판단으로 문제해결의 합리화를 도모할 수 있음
단점	• 일반행정가를 무시하여 행정의 일관성을 저해하기 쉬움 • 임시성에 따른 심리적 불안감이 야기됨

프로젝트팀(project team)**과 태스크포스**(task force) **비교**

구분	프로젝트팀	태스크포스
구조	수평적 구조	수직적·입체적·계층적 구조
존속 시기	임시적·단기적 성향	장기적 성향
설치 규모	부문 내에 설치(소규모)	부문 간에 설치(대규모)
설치 근거	법적 근거를 요하지 않음	법적 근거를 요함
정부조직 도표상	표시되지 않음	표시됨

ⓒ 매트릭스조직(행렬조직, matrix organization)
ⓐ 개념: 매트릭스조직이란 전통적인 기능구조(관료제)에 프로젝트팀을 혼합함으로써 수직적 구조와 수평적 구조가 혼합 편성된 임시적·동태적 조직을 말한다.
ⓑ 특징
• 조직구성원은 기능구조와 사업구조에 중첩적으로 속하게 된다.
• 조직구성원은 중첩적인 지휘·명령을 받게 된다.
• 다원적인 지휘·명령 체계를 지닌다.
ⓒ 장·단점

장점	• 전문화된 것의 종합화에 효과적임 • 이질적 전문가 간의 상호작용으로 아이디어와 창조의 원천이 됨 • 내부 인적 자원의 신축적 활용이 이루어지므로 경제적임 • 조직단위 간의 커뮤니케이션을 활성화하며, 이를 바탕으로 조정이 촉진됨 • 대등한 권한·책임의 부여로 자신의 역할에 대한 중요성을 인식하게 하고 긍지와 자신감을 제고할 뿐만 아니라 최고도의 능력 발휘 및 능력 개발을 도모할 수 있음. 따라서 심리적 만족감·자아실현 욕구를 충족시켜 줌
단점	• 각자의 대표성 주장으로 대표조직 중심의 할거화를 초래하기 쉬움 • 전문가의 아집적 태도로 갈등이 심화되기 쉬움 • 직원평가제의 결여로 능력 개발과 적극적인 동기부여가 부족할 수 있음 • 집단적 의사결정, 모조직에 대한 눈치나 지시에 따른 행동 등으로 결정이 지연됨

ⓓ 예: 대사관에는 대사 외에 각 행정부처에서 파견한 상무관, 재무관, 농무관, 관세관 등이 있다. 대사관, 영사관 등 재외공관은 본연의 외교업무는 외교부장관의 명령을 받고, 상무관 등은 본국 소속 중앙행정기관으로부터 지시를 받는 이중적 조직으로서 매트릭스조직에 해당한다.
ⓔ 과도한 부문체제의 폐지(大局大課制): 계제 또는 과제를 폐지하자는 것으로, 각 계·과의 할거성이나 업무의 중복을 해소하려는 데 목적이 있다.
ⓕ 네트워크조직의 활용
ⓖ 자유형 조직구조(free structure), Link-Pin 형성, 담당관제, 위원회 등

59 2007 인천 9급
다음 중 애드호크라시(adhocracy)의 특징으로 거리가 먼 것은?
① 애드호크라시는 표준화된 작업으로 인해 조직구성원들 간의 책임한계가 분명하게 나타난다.
② 환경의 변화에 신속하게 대응할 수 있고 다양한 전문가들의 조정이 중시된다.
③ 구성원의 능력을 최대한 발휘할 수 있고 조직혁신의 촉진이 용이하다.
④ 의사결정의 속도를 빠르게 하고 유연성을 확보하기 위해서 의사결정 권한을 분권화한다.
⑤ 다각화 전략, 변화 전략, 위험부담이 높은 전략을 선택할 때 적합한 조직구조이다.

60 2022 지방직(= 서울시) 7급
애드호크라시(adhocracy)에 대한 설명으로 옳지 않은 것은?
① 업무가 비정형적일 때 유용하다.
② 변화에 신속하게 대응할 수 있는 장점이 있다.
③ 책임소재가 명확하여 갈등이 생길 가능성이 작다.
④ 조직 목표 달성을 위해 조직 내 전문 능력이 있는 구성원들을 연결하는 구조이다.

61 2004 전북 9급
다음은 여러 가지 동태적 조직모형에 대한 설명이다. 잘못된 것은?
① 학습조직은 환류에 의한 의사소통을 특히 중시한다.
② 프로젝트팀은 조직 내 계층이 존재하지 않는 조직으로 부문 간에 설치되는 임시조직이다.
③ 매트릭스조직은 두 명의 상관을 가지는 조직이다.
④ 네트워크조직은 핵심적인 기능만 하부조직화하고 여타의 기능은 아웃소싱으로 해결하는 공동화된 조직이다.

62   2005 국회직 8급

다음 설명 중 타당하지 <u>않은</u> 것은?

① 애드호크라시(adhocracy)는 현장에서 문제해결 중심으로 일을 하기 때문에 행정지원계층의 규모가 작아지는 경향이 있다.

② 태스크포스(task force)는 관련 부서를 횡적으로 연결시켜 여러 부서가 관련된 현안 문제를 해결하는 데 효과적인 조직 유형이다.

③ 지역에 있는 영업점이 본사의 재무, 인사, 영업 등의 지시·감독을 받으면서 한편으로 해당 지역의 본부장으로부터 지시·감독을 받는 조직은 전형적인 네트워크조직에 속한다.

④ 영국이나 뉴질랜드에서 활용한 에이전시(agency)는 내부시장이 형성되는 경우에 적용 가능하다.

⑤ 애드호크라시(adhocracy)는 업무가 특수하고 비정형적이며 기술이 비일상적이고 환경이 역동적으로 변하는 상황에서 유효한 조직유형이다.

63   2004 경북 9급

매트릭스조직의 장점에 해당하지 <u>않는</u> 것은?

① 특수사업의 추진에 용이하다.

② 권한과 책임한계가 명확하다.

③ 새로운 아이디어를 개발할 수 있다.

④ 인적자원을 신축적으로 활용할 수 있다.

64   2003 서울시 9급

대사관에는 대사 외에 각 행정부처에서 파견한 상무관, 재무관, 농무관, 관세관 등이 있다. 이러한 조직을 무엇이라 하는가?

① 매트릭스(matrix)조직

② 프로젝트(project)조직

③ 계선조직

④ 계층조직

⑤ 위원회조직

(2) 베니스(Bennis)의 적응적·유기적 조직

베니스는 조직의 임시성을 강조하면서 유기적·적응적 조직을 제시하고 관료제의 종말을 주장하였다.

① 구조적 배열은 잠정적이나.

② 구조는 해결하여야 할 문제를 중심으로 형성한다.

③ 문제의 해결은 다양한 전문분야의 사람들이 모여 구성하는 집단이 맡는다.

④ 다양한 사업 간의 조정을 위해 접합점 또는 연결침의 구실을 할 사람을 지정해 둔다.

(3) 커크하트(Kirkhart)의 연합적 이념형

① 기초적 업무단위는 사업담당반이다.

② 조직 내의 권한구조는 다원적이며 여러 사업담당반에서 볼 수 있는 권한관계는 다양하다.

③ 조직 전체와 그 하위 단위들은 시간적 요청과 시간적 제약에 따라야 한다.

④ 같은 목표를 추구하는 사업담당반들은 각기 다른 사업적 방법을 통해 목표를 달성할 수 있다.

⑤ 조직 내의 사회관계는 고도의 독자성과 상호의존성을 보인다.

⑥ 봉사 대상인 고객집단의 대표들이 조직에 참여한다.

⑦ 조직에 취업하는 것은 잠정적이다.

(4) 화이트(White)의 변증법적 조직

고객 중심의 조직원리로 화이트가 제시한 것 가운데 핵심이 되는 것은, 구조의 유동화에 관한 원리와 전통적인 경계개념의 타파에 관한 원리이다.

(5) 타이어(Thayer)의 반계층제적인 구조

타이어는 의사결정권의 위임, 고객의 참여, 조직경계의 개방, 작업과정의 개편 등을 통해 계층제를 소멸시키고 그 자리에 집단적 의지 형성의 장치를 들여놓을 수 있다고 주장하였다.

(6) 맥커디(McCurdy)의 종합적 견해

맥커디는 반관료제를 지향하면서 융통성 있고 적응성이 높은 구조형성을 모색한 다양한 접근방법을 종합적으로 검토한 다음, 반관료제적 구조형성의 원리를 다음과 같이 제시하였다.

① 문제해결의 능력을 가진 사람이 권한을 행사한다.

② 업무수행의 기준과 절차는 상황적응적이다.

③ 고객을 동료와 같이 여긴다.

④ 비계층제적 구조를 형성한다.

⑤ 직업상의 유동성을 보장한다.

⑥ 집단적인 과정을 통해서 문제해결과 의사결정을 한다.

⑦ 조직 내의 구조적 배열뿐만 아니라 조직 자체도 필요에 따라 생성·변화·소멸되는 잠정성을 갖는다.

⑧ 모든 의사전달은 공개된다.

│ 베버(Weber)의 관료제와 탈관료주의적 조직 비교

베버의 관료제	탈관료주의적 조직
• 권위의 업무영역 고정	• 문제해결 능력자에게 권한 부여
• 성문화된 공식적인 틀	• 상황에 적응하는 변증법적 조직
• 비정의성	• 동료로 여기는 고객
• 계층제	• 비계층제
• 전문화	• 팀에 의한 문제해결과 집단적 의사결정
• 항구성	• 임시조직
• 비밀성	• 개방적인 의사소통

04 지식정보사회의 조직: 학습조직

결정적 코멘트 지식정보사회 도래에 따라 급변하는 환경 변화에 대응하기 위해 등장한 학습조직과 기존조직을 비교해서 정리해야 한다.

1 학습조직의 개념

(1) 개념

① 지식정보화 시대의 조직모형을 탐색하려는 문제의식에서 조직이론가들은 관료제모형의 대안으로 불확실한 환경에 요구되는 조직의 기억과 학습의 가능성에 주목하고, 이를 강조하는 학습조직을 주창하고 있다.

② 학습조직은 문제지향적 학습과정, 집단적 학습의 강조, 의식적 학습의 자극과 규칙, 통찰력과 병렬적 학습을 강조한다. 즉, 학습조직은 모든 구성원이 문제인지와 해결에 관여하면서, 조직능력을 제고시키기 위해 시행착오를 거치면서 지속적으로 실험을 할 수 있는 조직을 말하며, 집단적인 학습과정을 통해 조직행태를 변화시키는 조직을 말한다.

③ 학습조직은 유기적 조직의 한 유형으로서 전통적 조직 유형의 대안으로 나타났다(원자적 구조 ×).

(2) 셍게(Senge)의 정의

① 규범이 개인적 자치에 의해 결정되고, 업무에 대한 의미 부여와 판단은 관리자가 아닌 전문가인 동료들과의 관계 속에서 이루어진다.

② 초점은 문제의 발견과 해결, 그리고 개선을 위한 지식의 습득에 두는 조직이라고 정의한다.

(3) 가빈(Garvin)의 정의

지식을 창출하고 획득하고 전달하는 데 능숙하며, 새로운 지식과 통찰력을 경영에 반영하기 위하여 기존의 행동방식을 바꾸는 데 능숙한 조직으로 정의한다.

2 학습조직의 특징

(1) 리더의 마음에서 출발하는 학습조직

학습조직은 리더의 마음에서 출발한다. 리더는 조직구성원의 기본 행태를 안내할 조직의 목표, 사명, 핵심 가치들에 대한 통치 이념을 설계하고, 구성원이 공유하는 미래에 대한 비전을 창조하며, 구성원들에게 봉사자로서 조직의 임무와 조직구성원을 지원하는 데 헌신한다.

65 2019 서울시 7급 제1회

커크하트(Larry Kirkhart)는 연합적 이념형이라고 하는 반관료제적 모형을 제시하였는데, 이 모형이 강조하는 조직구조 설계원리의 처방에 해당하지 <u>않는</u> 것은?

① 컴퓨터 활용
② 사회적 층화의 억제
③ 고용관계의 안정성·영속성
④ 권한체제의 상황적응성

66 2011 국가직 7급

타이어(F. C. Thayer)가 주장하는 '계서제 없는 조직'의 특징으로 옳지 <u>않은</u> 것은?

① 소집단의 연합체 형성
② 책임과 권한에 따른 보수의 차등화
③ 집단 내 또는 집단 간 협동적 과정을 통한 의사결정
④ 모호하고 유동적인 집단과 조직의 경계

67 2008 선관위 9급

학습조직의 특성에 대한 설명으로 옳지 <u>않은</u> 것은?

① 기본단위는 통합 기능팀이며 구성원의 권한 강화를 강조한다.
② 부서 간 경계를 최소화해야 한다는 조직문화가 중요하다.
③ 선발된 조직구성원이 문제인지와 해결에 관여하는 실험조직이다.
④ 신축성을 제고할 수 있는 네트워크조직과 가상조직을 활용한다.

68 2019 군무원 9급

다음 중 학습조직의 특징으로 옳지 <u>않은</u> 것은?

① 조직일체감과 정보 공유를 실현한다.
② 부서 간 경계를 최소화해야 한다는 조직문화가 중요하다.
③ 중간관리자의 기능이 강화된다.
④ 학습조직의 기본 구성단위는 업무 프로세스 중심의 팀이다.

학습조직을 구현하기 위한 조직관리기법으로 가장 옳은 것은?

① 정책집행의 합법성을 강조한 책임행정의 확립
② 부분보다 전체를 중시하고 의사소통을 원활하게 하는 공동체 문화의 강조
③ 성과주의를 제고하기 위한 성과급제도의 강화
④ 신상필벌을 강조한 행정윤리의 강화

지식정보화 시대에 필요한 학습조직의 특성에 대한 설명으로 옳은 것만 묶은 것은?

> ㄱ. 조직의 기본구성 단위는 팀으로, 수식적 조직구조를 강조한다.
> ㄴ. 불확실한 환경에 요구되는 조직의 기억과 학습의 가능성에 주목한다.
> ㄷ. 리더에게는 구성원들이 공유할 수 있는 미래비전 창조의 역할이 요구된다.
> ㄹ. 체계화된 학습이 강조됨에 따라 조직구성원의 권한은 약화된다.

① ㄱ, ㄴ   ② ㄱ, ㄹ
③ ㄴ, ㄷ   ④ ㄷ, ㄹ

학습조직에 대한 설명으로 옳지 <u>않은</u> 것은?

① 학습조직은 유기적 조직의 한 유형으로서 전통적 조직 유형의 대안으로 나타났다.
② 학습조직의 보상체계는 개인별 성과급 위주로 구성되어 있다.
③ 학습조직은 조직구성원에게 충분한 학습 기회를 제공할 수 있는 훈련을 강조한다.
④ 학습조직은 부분보다 전체를 중시하고 경계를 최소화하려는 조직문화가 필요하다.

(2) 구성원들에게 권한 강화(empowerment) 강조

학습조직은 구성원들에게 권한의 강화를 강조한다. 팀으로 조직 기본단위를 구성하고 문제해결에 창의성과 혁신을 유도하기 위해서 권한을 부여하며, 조직의 수평화와 네트워크화를 유도한다.

(3) 일선조직원(관료)의 조직전략 수립

조직의 전략을 수립하는 곳은 일선조직원(관료)이다. 수요와 변화를 민감하게 대처하기 위해서는 조직구성원들에게 조직전략과 계획을 수립하게 한다.

(4) 강한 학습조직의 강한 조직문화

강한 학습조직은 강한 조직문화를 가져야 한다. 강한 조직문화는 부처할거주의가 없는 문화로서, 부분보다 전체가 중요하기 때문에 부처 간의 경계를 최소화하고 구성원들 상호 간에는 동정과 지원의 정서가 형성되어야 한다.

(5) 정보의 공유 실현

학습조직은 정보의 공유를 실현한다. 학습의 기본단위는 정보이고 조직적 차원에서 정보는 공유되어야 한다. 이를 위해 조직은 정보관리시스템을 건설하고 정보의 사소통을 지원해야 하며, 조직구성원 간의 광범위한 의사소통을 장려한다.

(6) 수평적 조직구조 강조

학습조직의 기본 구성단위는 팀으로, 수평적 조직구조를 강조한다. 정보와 지식의 생산에 대한 이윤공유 보너스와 지식급 등을 실시하여 학습장려 메커니즘을 실현한다.

▍기존조직과 학습조직 비교

구분	기존조직	학습조직
계층단계	많음	적음
구조	분업원리, 수직적 구조	수평적, 과정적 중심
전문성	단기능적	다기능적
경계선	고정적	투과 기능적
공동체의식	통제에 의함	신뢰와 목표의 공유에 의함
관계	관료적	대등
권한의 소재	집중	분산
책임의 소재	책임의 전가	스스로 책임
정보활동	정보의 독점	정보 공유
정보의 흐름	공식적 의사소통	비공식적 의사소통
변화의 대응	지연, 경직	신속, 유연

3 학습조직을 위한 다섯 가지 훈련(Senge)

(1) 자아 완성(개인적 숙련, personal mastery)

① 자기 일상과 업무에 대해서 개인이 가지는 사고방식과 접근법을 성숙시키는 것이다. 즉, 각 개인은 원하는 결과를 창출할 수 있는 자기역량의 확대방법을 학습해야 한다.

② 조직은 그 구성원들이 선택한 목표를 향해 스스로를 개발할 수 있는 여건을 조성해 주어야 한다.

(2) 사고의 틀(사고모형, mental models)

① 뇌리에 깊이 박힌 전제(관성, 타성) 또는 정신적 이미지를 성찰하고 새롭게 하는 것이다.

② 세상에 관한 사람들의 생각과 관점, 그것이 선택과 행동에 어떤 영향을 미치는지에 대해 끊임없이 성찰하고 가다듬어야 한다.

(3) 공동의 비전(비전 공유, shared vision)

조직구성원들이 조직의 목표와 원칙에 대해 공감대를 형성하는 것을 말한다.

(4) 집단적 학습(팀 학습, team learning)

집단 구성원들이 진정한 대화와 집단적인 사고의 과정을 통해 개인적 능력의 합계를 능가하는 지혜와 능력을 갖출 수 있게 한다.

(5) 시스템 중심의 사고(시스템적 사고, system thinking)

체제를 구성하는 여러 연관 요인들을 통합적인 이론체계 또는 실천체계로 융합시키는 능력을 키우는 통합적 훈련이다.

4 학습조직의 효용

학습조직의 효용 또는 목표는 조직을 구성하는 개인들의 지속적 발전과 조직의 탁월한 성과달성이다. 즉, 품질향상, 고객만족, 경쟁우위 확보, 신속한 변동대응성, 진실한 조직활동, 주인의식 있는 인력의 양성, 첨단기술의 발전과 세계화에 대한 대응을 의미한다.

5 기타 지식정보사회의 조직모형

(1) 공동정부(空洞政府, hollow organization)

① 정부가 공급하는 행정서비스의 생산 및 공급 업무를 제3자에게 위임 또는 위탁하여 정부의 업무가 축소된 형태가 된다. 이러한 형태의 정부조직은 기업에서 중요한 조직 기능, 예컨대 통제, 조정, 통합, 계획 등의 기능만을 본부에 두고 기타 생산, 제조 등의 현업활동을 직접적으로 수행하지 않는 조직을 지칭하는 공동기업(hollow corporation)에서 유래된 것이다.

② 이러한 형태는 고객에 대한 복지서비스의 공급에 중요한 역할을 수행하는 그림자 국가(shadow state), 정부가 제3자와의 계약을 강조하는 대리정부(government by proxy)[3], 제3자 정부(third-party government), 계약정권(contract regime) 등으로 일컬어지기도 한다.

---

3) 케틀(Kettle)의 대리정부(proxy government)는 정책결정은 중앙정부가 집행은 민영화, 민간위탁 등에 의해서 하위정부나 제3자에 의해 수행하는 방법을 말한다. 따라서 대리정부는 분권화 전략에 의해서 자원의 낭비와 남용을 유발하는 문제점이 있다.

바로 확인문제

72   2007 대전 7급

다음 중 학습조직의 특징으로 맞는 것을 옳게 고른 것은?

> 가. 시스템적 사고
> 나. 조직일체감과 정보 공유
> 다. 원자적 구조
> 라. 수평적 조직구조 강조
> 마. 구성원의 권한 강화
> 바. 유동적 과정

① 가, 나, 라
② 다, 라, 마, 바
③ 가, 나, 라, 마, 바
④ 가, 나, 다, 라, 마, 바

73   2001 행정고시

학습조직(learning organization)에 대한 설명으로 옳지 않은 것은?

① 체제 중심적 사고방식은 학습조직의 확립에 기여한다.
② 개방체제모형과 타인지향적 인간관에 기초한다.
③ 조직구성원이 더불어 학습하는 방법을 지속한다.
④ 공동의 갈망이 자유롭게 분출되는 조직이다.
⑤ 낡은 사고방식과 답습되는 표준적 관례를 배척한다.

74   2020 국가직 7급

학습조직에 대한 설명으로 옳지 않은 것은?

① 개방체제와 자아실현적 인간관을 바탕으로 새로운 지식을 창출하고자 한다.
② 연결된 체계 간의 상호작용을 이해하고, 이를 효과적으로 활용하기 위한 체계적 사고(systems thinking)를 강조한다.
③ 조직구성원들의 비전 공유를 중시한다.
④ 조직구성원의 합이 조직이 된다는 점에서, 조직 내 구성원 각자의 개인적 학습을 강조한다.

75

센게(P. Senge)가 제시한 학습조직 (Learning Organization) 구축을 위한 다섯 가지 방법에 해당하지 <u>않는</u> 것은?

① 조직이 달성하고자 하는 목표, 가치 등에 관한 비전 공유가 필요하다.

② 공동학습을 통해 지식을 공유하고 토론을 활성화하는 집단학습이 필요하다.

③ 개인의 전문지식 습득 노력을 통한 자기완성이 필요하다.

④ 조직에 대한 종합적·동태적 이해를 위해 시스템적 사고가 필요하다.

⑤ 학습효과를 극대화하기 위해 관리자의 리더십이 필요하다.

76

지식정보사회를 반영하는 새로운 조직 형태를 설명한 것 중 옳지 <u>않은</u> 것은?

① 후기 기업가조직(post-entrepreneurial organization)은 신속한 행동, 창의적 탐색, 더 많은 신축성, 직원과 고객과의 밀접한 관계 등을 강조하는 조직 형태이다.

② 삼엽조직(shamrock organization)은 소규모 전문직 근로자들, 계약직 근로자들, 신축적인 근로자들로 구성된 조직 형태이다.

③ 혼돈조직(chaos organization)은 혼돈이론, 비선형동학, 복잡성이론 등을 적용한 조직 형태이다.

④ 공동화조직(hollowing organization)은 조정, 기획 등의 기능을 제3자에게 위임 또는 위탁하여 업무를 축소한 조직 형태이다.

77

대리정부(proxy government)의 특징에 대한 설명으로 옳지 <u>않은</u> 것은?

① 정보의 왜곡현상이 발생할 수 있다.

② 분권화 전략에 의해서 자원의 낭비와 남용을 줄일 수 있다.

③ 대리정부의 형태가 다양하므로 행정관리자의 전문적 리더십이 중요하다.

④ 시민 개개인의 행동이 정부정책의 성과를 결정하기 때문에 높은 시민의식하에 대리정부에 대한 시민의 통제가 중요하다.

(2) 삼엽(三葉)조직(shamrock organization)

① 핵심자인 소규모 전문적 근로자들, 계약직 근로자들, 신축적인 근로자들로 구성된 계층의 수가 적은 날씬한 조직을 의미하며, 직원의 수를 소규모로 유지하는 반면에 사출의 극대화가 가능하도록 설계된다.

② 조직구조는 계층의 수가 적은 날씬한 조직이 되며, 고품질의 상품과 서비스를 적시에 공급할 수 있는 장점이 있다.

(3) 혼돈정부(chaos government) 📖심화편 ▶ P.70

① 혼돈정부는 자연과학에서 비롯된 카오스이론(chaos theory), 비선형동학 (nonlinear dynamics), 또는 복잡성이론(complexity theory) 등을 정부조직에 적용한 조직형태이다.

② 일부 조직이론가들은 비선형적 동학을 적용하여 정부조직의 혼돈에 숨어 있는 질서를 발견하고 조직 간 활동의 조정과 정부예산의 개혁을 도모할 수 있는 것으로 주장하였다. 즉, 조직이 무질서, 불안정, 변동 상태에 놓여 있기 때문에 비선형적 동학과 카오스이론을 적용하면 조직변동 과정의 분석과 이해에 도움을 얻을 수 있다는 것이다.

(4) 후기 기업가조직(post-entrepreneurial organization)

① 신속한 행동, 창의적인 탐색, 더 많은 신축성, 직원과 고객 간의 밀접한 관계 등을 강조한다.

② 마치 거대한 몸집을 가진 코끼리가 생쥐같이 유연하고 신속하게 활동할 수 있는 조직을 말한다.

(5) 모래시계조직

① 모래시계와 같이 중간조직이 홀쭉한 모양의 조직을 말한다.

② 정보화의 영향으로 중간관리층이 대폭 줄어들고 소수의 최고관리층과 다수의 종업원으로 구성되는 형태이다.

(6) 꽃송이조직

① 팀 단위로 조직이 구성되어 최고관리층의 팀과 중간관리층의 팀이 서로 중복되어 교차기능팀이 활성화되는 형태이다.

② 다양한 기능을 갖춘 구성원들은 여러 프로젝트를 오가며 업무를 보게 된다.

05 계선과 막료

1 계선과 막료의 개념

행정기관은 그 기능·직무의 성격에 따라 계선기관과 막료기관으로 대별할 수 있다.

(1) 계선(보조)의 개념(「정부조직법」 제2조 제3항)

① 계선(系線, line)이란 행정기관의 의사 또는 판단의 결정이나 표시를 보조함으로써 행정기관의 목적달성에 공헌하는 기관을 말한다.

② 중앙행정기관의 보조기관은 「정부조직법」과 다른 법률에 특별한 규정이 있는 경우를 제외하고는 차관·차장·실장·국장 및 과장으로 한다. 다만, 실장·국장 및 과장의 명칭은 대통령령으로 정하는 바에 따라 본부장·단장·부장·팀장 등으로 달리 정할 수 있으며, 실장·국장 및 과장의 명칭을 달리 정한 보조기관은 이 법을 적용할 때 실장·국장 및 과장으로 본다.

(2) 막료(보좌, 참모)의 개념(「정부조직법」 제2조 제5항)

① 막료(幕僚, staff)란 행정기관이 그 기능을 원활하게 수행할 수 있도록 그 기관장이나 보조기관을 보좌함으로써 행정기관의 목적달성에 공헌하는 기관을 말한다.
② 행정각부에는 대통령령으로 정하는 특정 업무에 관하여 장관과 차관(행정안전부 및 산업통상자원부에 두는 본부장을 포함)을 직접 보좌하기 위하여 차관보를 둘 수 있으며, 중앙행정기관에는 그 기관의 장, 차관(과학기술정보통신부·행정안전부 및 산업통상자원부에 두는 본부장을 포함)·차장·실장·국장 밑에 정책의 기획, 계획의 입안, 연구·조사, 심사·평가 및 홍보 등을 통하여 그를 보좌하는 보좌기관을 대통령령으로 정하는 바에 따라 둘 수 있다. 다만, 과에 상당하는 보좌기관은 총리령 또는 부령으로 정할 수 있다.

▌계선기관과 막료기관 비교

구분	계선기관(보조기관)	막료기관(보좌기관)
직무	목표달성에 직접적 기여	목표달성에 간접적 기여
권한	결정권·명령권·집행권 보유	결정권·명령권·집행권 비보유
조직·구조	계층제·명령통일·통솔범위의 원리 적용	계층제·명령통일·통솔범위의 원리 비적용
접촉 면	국민에 직접 접촉·봉사	계선에 직접 접촉·봉사
책임	직접적 행정책임	간접적 행정책임
실례	장관—차관—실·국장—과장—직원(담당)	차관보, 심의관, 담당관, 기획관리실, 총무과, 비서실, 막료적 위원회, 각종 조사 연구소 등
업무의 유형	실시·집행·수행·지휘·명령·감독·결정	계선의 업무를 지원·조성·촉진(자문, 권고, 협의, 조정, 정보의 수집·분석, 기획·통제, 인사·회계·법무·공보·조달·연구 등)

(3) 막료기관의 중요성

① 계선기능의 결함 보완: 막료기관은 계선기능의 결함을 개선·보완하여 준다.
② 쇄신적·창의적 행정의 요청: 행정의 국가발전 역할에서 막료의 쇄신적·창의적 행정활동이 매우 긴요하다.
③ 정책결정 기능의 비중 증대: 현대사회의 복잡성 증대에 따라 정책결정은 막료기능에 한층 더 의존하는 경향으로 나아가고 있다.

78 2010 서울시 7급

지식정보화사회에서의 다양한 정부 논의에 대한 설명으로 가장 적절하게 제시된 것은?

① 삼엽조직 – 소규모 전문적 근로자, 계약직 근로자, 신축적 근로자로 구성된 조직
② 혼돈정부 – 조직 내에 존재하는 혼동을 제거함으로써 질서를 확보하는 조직
③ 공동(空洞)조직 – 정부의 업무가 미치지 않는 영역까지 영역이 확장된 확대 조직
④ 그림자 국가 – 고객에 대한 복지서비스 공급보다는 생산활동을 강조하는 국가
⑤ 후기 기업가조직 – 신속성, 창의성, 신축성보다는 안정성과 지속성을 강조하는 조직

79 2011 지방직 9급

혼돈이론(chaos theory)에 대한 설명으로 옳지 않은 것은?

① 현실의 복잡성과 불확실성을 극복하기 위해 단순화, 정형화를 추구한다.
② 비선형적, 역동적 체제에서의 불규칙성을 중시한다.
③ 전통적 관료제 조직의 통제 중심적 성향을 타파하도록 처방한다.
④ 조직의 자생적 학습능력과 자기조직화 능력을 전제한다.

80 2002 경기 9급

다음 중 「정부조직법」상 막료(보좌기관)가 아닌 기관은?

① 기획관리실장 ② 심의관
③ 차관보 ④ 담당관

81 2008 국가직 7급

우리나라 행정조직에 관한 설명으로 옳지 않은 것은?

① 중앙행정기관의 차관·차관보·실장·국장은 보조기관이다.
② 특별지방행정기관은 중앙행정기관의 일선기관으로서 기능을 담당하고 있다.
③ 지방병무청, 경찰서, 보훈지청, 세무서 등은 특별지방행정기관이다.
④ 시험연구기관·교육훈련기관·문화기관·의료기관·제조기관 및 자문기관은 부속기관이다.

82

2001 국가직 7급

차관보의 역할로서 바람직하지 않은 것은?

① 정책의 입안과 기획·보좌
② 정책관련 조사와 연구
③ 장관과 차관 보좌
④ 하부조직의 감독과 결재

83 2003 충북 9급

우리나라의 담당관 제도의 특징이 아닌 것은?

① 조정 촉진
② 분권화 및 민주화 촉진
③ 전형적 막료기관
④ 계선화 경향

84 2006 대전 9급

조직구조에 대한 설명 중 적절하지 않은 것은?

① 특정 부서들과 직무들 간의 분업관계를 구성한다.
② 공식적 권한의 흐름을 반영한다.
③ 계선부서는 조직의 일차적 목표에 관한 과업을 수행한다.
④ 참모부서는 계선부서를 통제하고 감독한다.

85 2007 국가직 9급

계선기관의 특징을 가장 잘 설명한 것은?

① 기관장과 빈번하게 교류한다.
② 정책을 결정하는 데 주로 조언의 권한을 가진다.
③ 수평적인 업무 조정이 용이하다.
④ 권한과 책임의 한계가 명확하다.

86 2008 국가직 9급

참모의 순기능에 대한 설명으로 옳지 않은 것은?

① 조직의 운영에 융통성을 부여한다.
② 권한과 책임의 한계를 분명히 하는 장치가 된다.
③ 계선의 통솔범위를 확대시켜 준다.
④ 합리적인 의사결정을 가능하게 한다.

2 계선기관과 막료기관의 장·단점

(1) 계선기관의 장·단점

장점	• 권한과 책임의 한계가 명확함 • 신속한 결정을 내릴 수 있음 • 업무 수행이 능률적임 • 명령복종관계에 의하여 강력한 통솔력을 행사할 수 있음 • 조직의 안정화에 좋음 • 경비가 절약됨 • 업무가 단순한 소규모 조직에 적합함
단점	• 기관장이 주관적·독단적 결정이나 조치를 취할 가능성이 있음 • 전문가의 전문적 지식·기술·경험을 활용하기 곤란함 • 조직의 경직성을 초래함 • 업무가 복잡한 대규모 조직에 부적합함 • 계선기관, 특히 최고관리층의 업무량이 과중하게 됨 • 효과적인 조정이 곤란하여 조직 운영의 능률 및 효과가 약화되고 혼란을 초래하기 쉬움

(2) 막료기관의 장·단점

장점	• 기관장(계선)의 통솔범위를 확대해 줌(기관장의 인격적 보완기구) • 전문적인 지식·경험을 활용할 수 있게 됨으로써 좀 더 합리적인 결정·명령을 내릴 수 있음. 정책을 결정하는 데 주로 조언의 권한을 가짐 • 조직에 신축성(융통성)을 부여해 줌 • 조직운영의 조정이 원활해짐 • 수평적인 업무 조정이 용이함
단점	• 계선과 막료 간에 권한 및 책임의 한계가 불명확해지며, 막료가 계선의 권한을 침해할 가능성이 있음 • 조직 내의 인간관계가 복잡해지며, 계선과 참모 간에 불화와 갈등이 조성될 가능성이 많음 • 행정의 지연, 경비의 증대 등을 가져옴 • 의사전달의 경로가 혼란에 빠질 우려가 있음 • 서로 책임을 전가할 우려가 있음 • 막료기관의 권한이 확대됨에 따라 지나친 중앙집권화의 경향이 나타남

더 알아보기　행정농도(Pondy)

• 행정농도란 조직규모 대비 유지관리 조직의 크기, 전체 인력 중에서 참모가 차지하는 비율, 계선에 대한 막료의 비율을 의미한다.
• 참모의 비율이 클수록, 관리직 비율이 높을수록 행정농도는 높다고 본다.
• 일반적으로 후진국의 경우 행정농도가 낮고 선진국의 경우 행정농도가 높다.
• 행정농도는 측정하기가 용이하지는 않지만 불가능하지도 않으며, 막료의 비율이 높아짐으로써 동태화 등 행정조직개혁의 자료로 사용될 수 있다.

06 위원회

1 위원회제의 개념과 특징

(1) 개념

위원회란 단독제에 대응되는 개념으로서, 결정에 다수인이 참여하는 합의제 기관을 말한다.

(2) 특징(↔ 관료제)

① **합의성**: 위원회는 복수인의 합의에 의해 결정을 내리는 다수지배형의 기관이다.
② **민주적 성격**: 행정에 대한 참여의식을 높이고 다수의 의견을 널리 반영시키며 다수인의 토론을 거쳐 결정할 수 있다. 또한 위원회제는 분권화와 관련된다.
③ **계층제의 경직성 완화**: 위원회제는 계층제의 경직성을 완화시키는 제도로서, 행정조직의 동태화를 위해서 활용되기도 한다.
④ **사회·경제 문제의 규제기능**: 위원회제는 행정국가의 대두, 경제·사회의 변동에 따르는 규제기능을 담당하여 사회·경제 문제를 합리적·집단적 판단을 통하여 공정하게 해결하려는 것이다(독립규제위원회).

2 위원회제의 장·단점

(1) 장점(민주성 제고)

① **집단적 결정·합의 결정**: 다수의 참여·토론을 통한 민주적인 합의 결정·집단적 결정을 이룰 수 있다.
② **신중하고 공정한 결정**: 다수의 의견이 반영된 좀 더 신중하고 공정한 결정을 내릴 수 있으며, 따라서 결정이 지지·수용될 가능성이 높아진다.
③ **합리적 결정**: 의원들이 전문적 지식·경험을 살려 합리적 결정을 내릴 수 있다.
④ **관료주의의 지양**: 민간인의 지식을 흡수하고 전문가를 활용함으로써 관료 독선적 경향을 지양하고 민중 통제의 철저를 기할 수 있다.
⑤ **조정의 촉진**: 각 부문 간의 이해관계·의견의 대립을 조정하고 통합할 수 있다.
⑥ **커뮤니케이션·인간관계·협조의 촉진**: 서로 대면하여 토의함으로써 커뮤니케이션을 원활히 하며 유기적인 인간관계의 조성과 협동의식의 고취에 도움을 준다.
⑦ **동기 유발·사기앙양**: 다수의 참여를 가능하게 함으로써 참여자들의 과업 수행에 대한 동기 유발과 열의·사기를 높이는 데 도움을 줄 수 있다.
⑧ **관리자의 양성**: 결정과정의 폭넓은 참여 경험을 통하여 관리자로서 지녀야 할 자질·능력을 양성해 가는 기회를 제공해 준다.
⑨ **정치적 중립성·계속성·안정성**: 정치적 중립성을 견지할 수 있으므로 행정의 고도의 중립성과 정책의 계속성을 확보하고 조직의 안정도(부분교체제)를 높일 수 있다.

(2) 단점(능률성 저하)

① **결정의 신속성·비밀성의 확보 곤란**: 결정과정이 더디므로 결정이 지연되며, 심의과정으로 인하여 비밀의 확보가 곤란하다.
② **경비과다**: 위원회의 운영에는 많은 경비를 필요로 한다.

바로 확인문제

87   2014 지방직 7급

보조기관과 보좌기관에 대한 설명으로 옳지 <u>않은</u> 것은?

① 보조기관은 위임·전결권의 범위 내에서 의사결정과 집행의 권한을 가진다.
② 보좌기관은 정책에 대한 최종적인 책임을 지지 않는 경우가 많으며 보조기관과 갈등을 유발할 수도 있다.
③ 보좌기관이 보조기관보다는 더 현실적이고 보수적인 속성을 가질 가능성이 높다.
④ 보좌기관은 목표달성 및 정책수행에 간접적으로 기여한다.

88   2022 지방직(= 서울시) 9급

정부위원회에 대한 설명으로 옳은 것만을 모두 고르면?

> ㄱ. 책임성이 결여될 수 있다.
> ㄴ. 자문위원회는 업무가 계속성·상시성이 있어야 한다.
> ㄷ. 민주성을 제고하는 장점이 있다.
> ㄹ. 방송통신위원회, 공정거래위원회, 국민권익위원회, 금융위원회, 개인정보 보호위원회, 원자력안전위원회는 중앙행정기관이다.

① ㄱ, ㄷ   ② ㄴ, ㄷ
③ ㄴ, ㄹ   ④ ㄱ, ㄷ, ㄹ

89   2004 국회직 8급

위원회조직의 장점에 관한 다음 설명 중 가장 타당하지 <u>않은</u> 것은?

① 행정의 중립성과 정책의 안정성·일관성·계속성을 유지할 수 있다.
② 신중·공정한 결정을 할 수 있으므로 결정에 대한 신뢰성과 다수의 지지와 수락 가능성을 증대시킨다.
③ 이해관계의 조정이 비교적 용이하므로 갈등해소에 도움을 줄 수 있다.
④ 독단적 결정이 방지되어 창의적 행정과 행정의 민주화에 기여할 수 있다.
⑤ 신속하고 소신에 찬 의사결정이 가능하다.

90

2012 지방직 9급

위원회(committee)조직의 장점으로 보기 어려운 것은?

① 집단결정을 통해 행정의 안전성과 지속성을 확보할 수 있다.

② 조직 각 부문 간의 조정을 촉진한다.

③ 경험과 지식을 지닌 전문가를 활용할 수 있다.

④ 의사결정과정이 신속하고 합의가 용이하다.

91

2015 지방직 9급

우리나라 행정기관 소속위원회에 대한 설명으로 옳지 <u>않은</u> 것은?

① 행정위원회와 자문위원회 등으로 크게 구분할 수 있다.

② 방송통신위원회, 금융위원회, 국민권익위원회는 행정위원회에 해당된다.

③ 관련 분야 전문지식이 있는 외부전문가만으로 구성하여야 한다.

④ 자문위원회의 의사결정은 일반적으로 구속력을 갖지 않는다.

92

2005 노동부 9급

다음 중 독립규제위원회(independent regulatory commission)의 성격을 가진 것으로 가장 보기 <u>어려운</u> 것은?

① 금융통화위원회

② 노동위원회

③ 소청심사위원회

④ 선거관리위원회

③ **책임한계의 불명확**: 구성원이 복수이므로 책임의 분산·혼란을 가져오게 되며 책임의식을 희박하게 만드는 경향이 있다(Everybody's business is nobody's business).

④ **타협적 결정의 가능성**: 위원회의 결정이 전후가 모순된 타협안으로 낙착될 위험성이 높다.

⑤ **통솔력의 약화**: 강력하고 뚜렷한 리더십 결여로 통솔력이 약화되기 쉽다.

⑥ **소수의 전제화**: 일부 소수의 유력하거나 유능한 위원들을 중심으로 위원회의 운영이 전제화될 위험이 있다.

⑦ **사무국의 우월화 가능성**: 사무국이 위원회를 지배하고 실질적으로 무력하게 만들 가능성이 있다.

3 행정위원회(합의제 행정관청, 관청적 위원회)

(1) 개념

행정위원회는 행정관청의 성격을 가진 합의제 기관이며, 그 결정은 법적 구속력을 가진다.

(2) 종류

방송통신위원회, 공정거래위원회, 금융위원회, 소청심사위원회, 한국저작권위원회 등이 있다.

4 막료적 위원회

(1) 개념

막료적 역할을 하는 위원회로서, 종국적인 결정권을 보유하지 않으며 결정에 법적 구속력을 수반하지 않는다. 단, 조정위원회는 예외적인 경우가 때로 있다.

(2) 종류

자문위원회, 조정위원회, 조사위원회, 심사위원회 등이 있다.

5 교차기능조직

(1) 개념

교차기능조직(criss-cross organizations)은 행정체제 전반에 걸쳐 관리작용을 분담하여 수행하는 참모적 조직단위를 의미한다.

(2) 종류

기획재정부(예산), 행정안전부(조직과 정원), 인사혁신처(인사), 조달청(정부물품조달) 등이 있다.

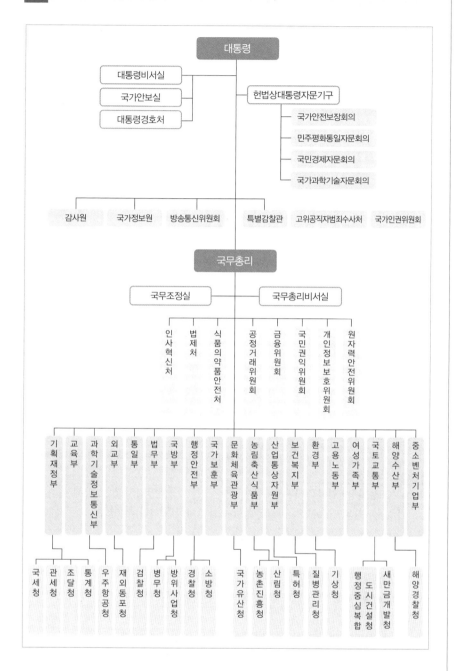

93 　　　　　　　　　　2017 지방직 9급

행정통제에 대한 설명으로 옳지 않은 것은?

① 국무총리 소속 국민권익위원회는 옴부즈만적 성격을 가지며, 국민권익위원회의 위원장과 부위원장은 국무총리의 제청으로 대통령이 임명한다.

② 교차기능조직(criss-cross organizations)은 행정체제 전반에 걸쳐 관리작용을 분담하여 수행하는 참모적 조직단위들로서 내부적 통제체제로부터 완전히 독립되어 있다.

③ 헌법재판제도는 헌법을 수호하고 부당한 국가권력으로부터 국민의 권리와 자유를 보호하는 과정에서 행정에 대한 통제기능을 수행한다.

④ 독립통제기관(separate monitoring agency)은 일반행정기관과 대통령 그리고 외부적 통제중추들의 중간 정도에 위치하며, 상당한 수준의 독자성과 자율성을 누린다.

94 　　　　　　　　　　2019 군무원 9급

다음 중 대통령 소속 위원회에 해당하는 것은?

① 공정거래위원회　② 방송통신위원회
③ 금융위원회　　　④ 국민권익위원회

95 　　　　　　　　　　2013 군무원 9급

다음 중 정부조직의 개편에 따른 행정각부 장관과 그 소속기관을 바르게 짝지은 것을 모두 고르면?

> ㄱ. 교육부장관 – 교육청
> ㄴ. 환경부장관 – 기상청
> ㄷ. 농림축산식품부장관 – 식품의약품안전처
> ㄹ. 산업통상자원부장관 – 특허청

① ㄱ, ㄴ　② ㄱ, ㄷ　③ ㄴ, ㄹ　④ ㄷ, ㄹ

96

「정부조직법」상 행정기관의 소속으로 옳지 않은 것은?

① 법제처 – 국무총리
② 국가정보원 – 대통령
③ 소방청 – 행정안전부장관
④ 특허청 – 기획재정부장관

97

다음 중 「정부조직법」에 근거하여 설치된 기관이 아닌 것은?

① 검찰청
② 병무청
③ 행정중심복합도시건설청
④ 경찰청
⑤ 특허청

98

다음 중 현재 그 설치와 직무범위를 법률로 정하고 있는 우리나라의 중앙행정기관은 어느 것인가?

① 중앙도시계획위원회
② 국가경찰위원회
③ 개인정보보호위원회
④ 정보공개위원회

99

역대 정부의 조직개편에 대한 설명으로 옳지 않은 것은?

① 김대중 정부는 대통령 소속의 중앙인사위원회를 신설하고, 내무부와 총무처를 행정자치부로 통합하였다.
② 노무현 정부는 국무총리 소속의 국정홍보처를 신설하고, 행정자치부 산하에 소방방재청을 신설하였다.
③ 이명박 정부는 기획예산처, 국정홍보처, 정보통신부, 해양수산부, 과학기술부 등을 다른 부처와 통폐합하였다.
④ 박근혜 정부는 행정안전부를 안전행정부로 개편하고, 식품의약품안전청을 식품의약품안전처로 개편하였다.

1 행정권의 수탁자로서의 국민

① 대한민국은 민주공화국이다.
② 대한민국의 주권은 국민에게 있고, 모든 권력은 국민으로부터 나온다.

2 대통령

① 대통령은 국가의 원수이며, 외국에 대하여 국가를 대표한다.
② 행정권은 대통령을 수반으로 하는 정부에 속한다.
③ 대통령은 법률에서 구체적으로 범위를 정하여 위임받은 사항과 법률을 집행하기 위하여 필요한 사항에 관하여 대통령령을 발할 수 있다.
④ 대통령은 「헌법」과 법률이 정하는 바에 의하여 공무원을 임면한다.
⑤ 대통령은 정부의 수반으로서 법령에 따라 모든 중앙행정기관의 장을 지휘·감독한다.
⑥ 대통령은 국무총리와 중앙행정기관의 장의 명령이나 처분이 위법 또는 부당하다고 인정하면 이를 중지 또는 취소할 수 있다.

3 국무회의

① 국부회의는 정부의 권한에 속하는 중요한 정책을 심의한다.
② 국무회의는 대통령·국무총리와 15인 이상 30인 이하의 국무위원으로 구성한다.
③ 대통령은 국무회의의 의장이 되고, 국무총리는 부의장이 된다.
④ 대통령은 국무회의 의장으로서 회의를 소집하고 이를 주재한다.
⑤ 의장이 사고로 직무를 수행할 수 없는 경우에는 부의장인 국무총리가 그 직무를 대행하고, 의장과 부의장이 모두 사고로 직무를 수행할 수 없는 경우에는 기획재정부장관이 겸임하는 부총리, 교육부장관이 겸임하는 부총리 및 「정부조직법」에 규정된 순서에 따라 국무위원이 그 직무를 대행한다.
⑥ 국무위원은 정무직으로 하며 의장에게 의안을 제출하고 국무회의의 소집을 요구할 수 있다.
⑦ 국무조정실장·인사혁신처장·법제처장·식품의약품안전처장 그 밖에 법률로 정하는 공무원은 필요한 경우 국무회의에 출석하여 발언할 수 있다.

4 국무총리

① 국무총리는 국회의 동의를 얻어 대통령이 임명한다.
② 국무총리는 대통령을 보좌하며, 행정에 관하여 대통령의 명을 받아 행정각부를 통할한다.
③ 군인은 현역을 면한 후가 아니면 국무총리로 임명될 수 없다.
④ 국무총리는 대통령의 명을 받아 각 중앙행정기관의 장을 지휘·감독한다.
⑤ 국무총리는 중앙행정기관의 장의 명령이나 처분이 위법 또는 부당하다고 인정될 경우에는 대통령의 승인을 받아 이를 중지 또는 취소할 수 있다.

5 부총리

> **결정적 코멘트** 「헌법」적 근거가 아니라, 「정부조직법」에 근거함을 기억해야 한다.

① 국무총리가 특별히 위임하는 사무를 수행하기 위하여 부총리 2명을 둔다.
② 부총리는 국무위원으로 보한다.
③ 부총리는 기획재정부장관과 교육부장관이 각각 겸임한다.

④ 기획재정부장관은 경제정책에 관하여 국무총리의 명을 받아 관계 중앙행정기관을 총괄·조정한다.

⑤ 교육부장관은 교육·사회 및 문화 정책에 관하여 국무총리의 명을 받아 관계 중앙행정기관을 총괄·조정한다.

6 국무위원

① 국무위원은 국무총리의 제청으로 대통령이 임명한다.

② 국무위원은 국정에 관하여 대통령을 보좌하며, 국무회의의 구성원으로서 국정을 심의한다.

③ 국무총리는 국무위원의 해임을 대통령에게 건의할 수 있다.

④ 군인은 현역을 면한 후가 아니면 국무위원으로 임명될 수 없다.

7 행정각부와 중앙행정기관의 구성

(1) 행정각부

① 행정각부의 장은 국무위원 중에서 국무총리의 제청으로 대통령이 임명한다.

② 국무총리 또는 행정각부의 장은 소관사무에 관하여 법률이나 대통령령의 위임 또는 직권으로 총리령 또는 부령을 발할 수 있다.

(2) 중앙행정기관의 개념

중앙행정기관은 「정부조직법」에 따라 설치된 부·처·청과 다음의 행정기관으로 하되, 중앙행정기관은 「정부조직법」 및 다음의 법률[4]에 따르지 아니하고는 설치할 수 없다.

① 부

　　㉠ 고유의 행정사무를 수행하기 위한 기능별·대상별 기관으로, 정책결정과 집행을 수행하며, 장관은 소관사무에 관하여 지방행정의 장을 지휘·감독한다.

　　㉡ 행정각부에 장관 1명과 차관 1명을 두되, 장관은 국무위원으로 보하고, 차관은 정무직으로 한다. 다만, 기획재정부·과학기술정보통신부·외교부·문화체육관광부·산업통상자원부[5]·보건복지부·국토교통부에는 차관 2명을 둔다.

② 처

　　㉠ 국무총리 소속으로 여러 부의 업무를 총괄하는 막료업무를 수행한다.

　　㉡ 처장은 정무직으로 하고, 차장은 고위공무원단에 속하는 일반직 공무원으로 보한다.

③ 청

　　㉠ 행정각부의 소속으로 업무의 독자성이 높고 집행 위주의 사무를 수행한다.

　　㉡ 행정중심복합도시건설청과 새만금개발청은 특별법상 중앙행정기관이다.

(3) 행정기관의 유형

① 부속기관: 행정권의 직접적인 행사를 임무로 하는 기관에 부속하여 그 기관을 지원하는 행정기관을 말한다.

4) 1. 「방송통신위원회의 설치 및 운영에 관한 법률」 제3조에 따른 방송통신위원회. 2. 「독점규제 및 공정거래에 관한 법률」 제54조에 따른 공정거래위원회. 3. 「부패방지 및 국민권익위원회의 설치와 운영에 관한 법률」 제11조에 따른 국민권익위원회. 4. 「금융위원회의 설치 등에 관한 법률」 제3조에 따른 금융위원회. 5. 「개인정보보호법」 제7조에 따른 개인정보보호위원회. 6. 「원자력안전위원회의 설치 및 운영에 관한 법률」 제3조에 따른 원자력안전위원회. 7. 「우주항공청의 설치 및 운영에 관한 법률」 제3조에 따른 우주항공청. 8. 「신행정수도 후속대책을 위한 연기·공주지역 행정중심복합도시 건설을 위한 특별법」 제38조에 따른 행정중심복합도시건설청. 9. 「새만금사업 추진 및 지원에 관한 특별법」 제34조에 따른 새만금개발청

5) 정부의 2050 탄소중립 선언에 따라 경제구조의 저탄소화, 저탄소산업 육성 등 탄소중립 정책을 효과적으로 추진하기 위하여 산업통상자원부에 에너지 관련 정책 기능을 전담하는 차관을 별도로 두려는 것이다.

100　　　　2015 국회직 8급

다음 중 한국의 행정개혁에 관한 내용을 시대적 순서대로 배열한 것은?

　　ㄱ. 정보통신정책과 국가정보화를 전담하여 추진하던 정보통신부를 폐지하고 방송통신 융합을 주도할 방송통신위원회를 설치했다.
　　ㄴ. 대통령 소속의 중앙인사위원회를 설치해 대통령의 인사권 행사를 강화했다.
　　ㄷ. 부총리제가 부활되고 외교통상부의 통상 교섭기능이 산업통상자원부로 이관됐다.
　　ㄹ. 법제처와 국가보훈처를 장관급 기구로 격상하고, 소방방재청을 신설했다.

① ㄱ－ㄹ－ㄴ－ㄷ
② ㄴ－ㄱ－ㄹ－ㄷ
③ ㄴ－ㄹ－ㄱ－ㄷ
④ ㄹ－ㄱ－ㄴ－ㄷ
⑤ ㄹ－ㄴ－ㄱ－ㄷ

101　　　　2020 국회직 8급

「정부조직법」상 우리나라 정부조직 체계에 대한 설명으로 옳은 것만을 〈보기〉에서 모두 고르면?

　┤ 보기 ├
　　ㄱ. 행정기관에는 그 소관사무의 일부를 독립하여 수행할 필요가 있는 때에는 법률로 정하는 바에 따라 행정위원회 등 합의제 행정기관을 둘 수 있다.
　　ㄴ. 과학기술정보통신부·문화체육관광부에는 차관 2명을 둔다.
　　ㄷ. 행정각부의 장은 국무위원이다.
　　ㄹ. 각 부(部) 밑에 처(處)를 둔다.
　　ㅁ. 각 위원회 밑에 청(廳)을 둔다.

① ㄱ, ㄹ　　　　② ㄱ, ㄴ, ㄷ
③ ㄱ, ㄴ, ㅁ　　　④ ㄴ, ㄷ, ㅁ
⑤ ㄷ, ㄹ, ㅁ

102

2018 국가직 9급

행정기관에 대하여 관계법령에 규정된 내용으로 옳은 것은?

① 부속기관이란 행정권의 직접적인 행사를 임무로 하는 기관에 부속하여 그 기관을 지원하는 행정기관을 말한다.

② 보조기관이란 행정기관이 그 기능을 원활하게 수행할 수 있도록 그 기관장을 보좌함으로써 행정기관의 목적달성에 공헌하는 기관을 말한다.

③ 하부기관이란 중앙행정기관에 소속된 기관으로서, 특별지방행정기관과 부속기관을 말한다.

④ 방송통신위원회, 공정거래위원회, 소청심사위원회 등은 행정기관의 소관사무에 관하여 자문에 응하거나 조정, 협의, 심의, 또는 의결 등을 하기 위해 복수의 구성원으로 이루어진 합의제 기관으로 행정기관이 아니다.

103

2012 국가직 9급

우리나라의 정부조직과 기능 간의 연결이 바르지 않은 것은?

① 과학기술정보통신부 – 원자력 연구
② 기획재정부 – 예산편성지침 수립
③ 국무총리실 – 공기업 평가
④ 문화체육관광부 – 국정의 홍보

② **자문기관**: 부속기관 중 행정기관의 자문에 응하여 행정기관에 전문적인 의견을 제공하거나, 자문을 구하는 사항에 관하여 심의·조정·협의하는 등 행정기관의 의사결정에 도움을 주는 행정기관을 말한다.

③ **소속기관**: 중앙행정기관에 소속된 기관으로서, 특별지방행정기관과 부속기관을 말한다.

④ **보조기관**: 행정기관의 의사 또는 판단의 결정이나 표시를 보조함으로써 행정기관의 목적달성에 공헌하는 기관을 말한다.

⑤ **보좌기관**: 행정기관이 그 기능을 원활하게 수행할 수 있도록 그 기관장이나 보조기관을 보좌함으로써 행정기관의 목적달성에 공헌하는 기관을 말한다.

⑥ **하부조직**: 행정기관의 보조기관과 보좌기관을 말한다.

(4) 기타

① **특별지방행정기관의 설치**: 중앙행정기관에는 소관사무를 수행하기 위하여 필요한 때에는 특히 법률로 정한 경우를 제외하고는 대통령령으로 정하는 바에 따라 지방행정기관을 둘 수 있다.

② 행정기관에는 그 소관사무의 범위에서 필요한 때에는 대통령령으로 정하는 바에 따라 시험연구기관·교육훈련기관·문화기관·의료기관·제조기관 및 자문기관 등을 둘 수 있다.

③ 행정기관에는 그 소관사무의 일부를 독립하여 수행할 필요가 있는 때에는 법률로 정하는 바에 따라 행정위원회 등 합의제 행정기관을 둘 수 있다.

8 행정각부와 주요 업무(「정부조직법」)

대통령의 통할하에 다음의 행정각부를 둔다.

(1) 기획재정부

기획재정부장관은 <u>중장기 국가발전전략수립</u>, 경제·재정정책의 수립·총괄·조정, <u>예산·기금의 편성·집행·성과관리</u>, 화폐·외환·국고·정부회계·내국세제·관세·국제금융, <u>공공기관 관리</u>, 경제협력·국유재산·민간투자 및 국가채무에 관한 사무를 관장한다.

(2) 교육부

교육부장관은 인적자원개발정책, 영·유아 보육·교육, 학교교육·평생교육, 학술에 관한 사무를 관장한다.

(3) 과학기술정보통신부

과학기술정보통신부장관은 과학기술정책의 수립·총괄·조정·평가, 과학기술의 연구개발·협력·진흥, 과학기술인력 양성, 원자력 연구·개발·생산·이용, 국가정보화 기획·정보보호·정보문화, 방송·통신의 융합·진흥 및 전파관리, 정보통신산업, 우편·우편환 및 우편대체에 관한 사무를 관장한다. 과학기술정보통신부에 과학기술혁신사무를 담당하는 본부장 1명을 두되, 본부장은 정무직으로 한다.

(4) 외교부

① 외교부장관은 외교, 경제외교 및 국제경제협력외교, 국제관계 업무에 관한 조정, 조약 기타 국제협정, 재외국민의 보호·지원, 국제정세의 조사·분석에 관한 사무를 관장한다.

② 외교부에 차관보 1명을 둘 수 있다.

③ 재외동포에 관한 사무를 관장하기 위하여 외교부장관 소속으로 재외동포청을 둔다.

④ 재외동포청에 청장 1명과 차장 1명을 두되, 청장은 정무직으로 하고, 차장은 고위공무원단에 속하는 일반직 공무원 또는 외무공무원으로 보한다.

(5) 통일부

통일부장관은 통일 및 남북대화·교류·협력에 관한 정책의 수립, 통일교육 기타 통일에 관한 사무를 관장한다.

(6) 법무부

법무부장관은 검찰·행형·인권옹호·출입국관리(외교부 ×)와 그 밖에 법무에 관한 사무를 관장한다.

(7) 국방부

국방부장관은 국방에 관련된 군정 및 군령과 그 밖에 군사에 관한 사무를 관장한다.

(8) 행정안전부

① 행정안전부장관은 국무회의의 서무, 법령 및 조약의 공포, 정부조직과 정원, 상훈, 정부혁신, 행정능률, 전자정부, 정부청사의 관리, 지방자치제도, 지방자치단체의 사무지원·재정·세제, 낙후지역 등 지원, 지방자치단체 간 분쟁조정, 선거·국민투표의 지원, 안전 및 재난에 관한 정책의 수립·총괄·조정, 비상대비, 민방위 및 방재에 관한 사무를 관장한다.

② 국가의 행정사무로서 다른 중앙행정기관의 소관에 속하지 아니하는 사무는 행정안전부장관이 이를 처리한다.

③ 행정안전부에 재난안전관리사무를 담당하는 본부장 1명을 두되, 본부장은 정무직으로 한다.

(9) 국가보훈부

국가보훈부장관은 국가유공자 및 그 유족에 대한 보훈, 제대군인의 보상·보호, 보훈선양에 관한 사무를 관장한다.

(10) 문화체육관광부

문화체육관광부장관은 문화·예술·영상·광고·출판·간행물·체육·관광에 관한 사무와 국정에 대한 홍보 및 정부발표에 관한 사무를 관장한다.

(11) 농림축산식품부

농림축산식품부장관은 농산·축산, 식량·농지·수리, 식품산업진흥, 농촌개발 및 농산물 유통에 관한 사무를 관장한다.

(12) 산업통상자원부

산업통상자원부장관은 상업·무역·공업·통상, 통상교섭 및 통상교섭에 관한 총괄·조정, 외국인 투자, 중견기업, 산업기술 연구개발정책 및 에너지·지하자원에 관한 사무를 관장한다. 산업통상자원부에 통상교섭사무를 담당하는 본부장 1명을 두되, 본부장은 정무직으로 한다.

104 2004 국가직 7급 변형

전자정부의 비전과 전략을 제시하고, 한국 정부기관의 정보화(행정정보화)사업을 주관하는 행정기관은?

① 국무총리
② 과학기술정보통신부
③ 행정안전부
④ 기획재정부

105 2018 서울시 기술직 7급 변형

문재인 정부에서 이루어진 조직개편의 내용에 해당하는 것을 〈보기〉에서 모두 고른 것은?

┤ 보기 ├

ㄱ. 중소기업청을 중소벤처기업부로 승격·신설하였다.

ㄴ. 국민안전처를 해체하고 소방청과 해양경찰청 조직은 외청으로 독립시켜 행정안전부 산하에 두었다.

ㄷ. 미래창조과학부는 과학기술정보통신부로 명칭을 변경하고 과학기술혁신의 컨트롤타워 기능을 강화하기 위해 과학기술혁신본부를 차관급 기구로 두었다.

ㄹ. 일관성 있는 수자원 관리를 위해 환경부가 물관리 일원화를 담당하게 하였다.

ㅁ. 국가보훈처는 장관급으로 격상하고 대통령경호실은 차관급으로 하향 조정하며 명칭을 대통령경호처로 변경했다.

① ㄱ, ㄴ, ㄷ, ㄹ   ② ㄱ, ㄷ, ㄹ, ㅁ

③ ㄱ, ㄴ, ㄹ, ㅁ   ④ ㄴ, ㄷ, ㄹ, ㅁ

(13) 보건복지부

보건복지부장관은 생활보호·자활지원·사회보장·아동(영·유아 보육은 제외한다)· 노인·장애인·보건위생·의정(醫政) 및 약정(藥政)에 관한 사무를 관장한다.

(14) 환경부

환경부장관은 자연환경, 생활환경의 보전, 환경오염방지, <u>수자원의 보전·이용·개발 및 하천</u>에 관한 사무를 관장한다.

(15) 고용노동부

고용노동부장관은 고용정책의 총괄, 고용보험, 직업능력개발훈련, 근로조건의 기준, 근로자의 복지후생, 노사관계의 조정, 산업안전보건, 산업재해보상보험과 그 밖에 고용과 노동에 관한 사무를 관장한다.

(16) 여성가족부

여성가족부장관은 여성정책의 기획·종합, 여성의 권익증진 등 지위향상, 청소년 및 가족(다문화가족과 건강가정사업을 위한 아동업무를 포함)에 관한 사무를 관장한다.

(17) 국토교통부

국토교통부장관은 국토종합계획의 수립·조정, 국토의 보전·이용 및 개발, 도시·도로 및 주택의 건설, 해안 및 간척, 육운·철도 및 항공에 관한 사무를 관장한다.

(18) 해양수산부

해양수산부장관은 해양정책, 수산, 어촌개발 및 수산물 유통, 해운·항만, 해양환경, 해양조사, 해양자원개발, 해양과학기술연구·개발 및 해양안전심판에 관한 사무를 관장한다.

(19) 중소벤처기업부

중소벤처기업부장관은 중소기업 정책의 기획·종합, 중소기업의 보호·육성, 창업·벤처기업의 지원, 대·중소기업 간 협력 및 소상공인에 대한 보호·지원에 관한 사무를 관장한다.

08 책임운영기관

1 책임운영기관의 도입 배경과 개념

(1) 도입 배경

① 책임운영기관은 1988년도에 영국에서 Next Steps라는 행정개혁의 일환으로 국방·보건·교도소 등 140여 개의 부서를 '책임운영기관(executive agency)'으로 지정하면서 처음으로 등장하였다. 당시 지정된 기관의 공무원은 약 37만 명으로 전체 국가공무원의 80%를 차지할 정도였다.
② 영국에 이어 뉴질랜드, 호주, 캐나다 등 다수의 국가들이 이 제도를 도입하였고 우리나라에도 도입(1999년)되어 있다.

(2) 개념

① 책임운영기관은 신공공관리론에서 주장하는 민간 기업의 관리 방식을 도입하고

106　　2007 대전 7급

책임운영기관제도의 특징에 관한 다음 설명 중 맞는 것은?

① 고객주의 정신을 강조한다.
② 민간부문에 대한 공공부문의 상대적 역할 혹은 범위를 축소한다.
③ 민영화 또는 공기업화가 가능한 분야에 우선 적용한다.
④ 단순한 집행기능에서 정책결정기능을 분리·수행한다.

107　　2005 서울시 9급

책임운영기관에 대한 설명 중 올바르지 않은 것은?

① 각각의 기관은 분리된 활동 분야에 대한 구체적인 목표를 설정한다.
② 신공공관리론의 조직원리에 따라 등장한 새로운 형태의 정부조직이다.
③ 우리나라의 경우 기관장은 공개모집에 의하여 충원된다.
④ 일반행정기관에 비해 예산 및 인사에 대한 재량권이 크다.
⑤ 공기업에 비해 이윤추구를 더욱 중요시하는 기관이다.

108　　2004 국가직 9급

책임운영기관의 성격에 대한 설명으로 옳지 않은 것은?

① 기관장의 책임하에 기관운영의 독립성과 자율성이 보장된다.
② 예산에 있어서 책임운영기관 특별회계를 채택하고 「정부기업예산법」의 적용을 받는다.
③ 기관운영에 있어서 탄력적 회계운용, 운영시스템의 개선 등을 통해 결과보다 과정 중심의 행정을 추구한다.
④ 시장경쟁원리의 도입을 통해 행정서비스의 질 개선 및 결과에 대한 책임을 강화하고자 하는 것이다.

관리자에게 좀 더 많은 신축성을 부여한 다음, 그 성과에 따라 책임을 묻도록 하는 기관이다.

② 인사·보수·조직관리 등에서 책임운영기관이 자율적으로 운영하고 장관(또는 청장)과 에이전시(agency)장 사이에 계약한 사업 계획·재정 목표 등의 달성 정도에 따라 열심히 일한 사람이 인사·보수(성과금) 등에서 우대를 받도록 하는 제도를 말한다.

2 책임운영기관의 특징

(1) 정책결정과 정책집행의 분리

① 정책결정을 담당하는 기관과 정책의 집행 또는 서비스의 전달(delivery)을 담당하는 기관을 분리하였다.

② 정책결정은 전통적인 정부기관에 맡기되, 정책의 집행이나 서비스의 전달은 많은 규제가 있는 정부기관에 맡길 필요가 없으며, 신축성과 자유 재량이 풍부한 새로운 형태의 정부기관에 맡겨 능률의 제고를 이룩하자는 것이 책임운영기관의 도입의 취지이다.

(2) 경쟁의 도입

책임운영기관이 담당하는 정책의 집행이나 서비스의 전달은 정책결정과 달라서 민간 부문과의 경쟁이나 같은 정부 부문 간의 경쟁이 가능한 분야이므로, 기업문화의 바탕 위에서 능률의 제고를 위한 경쟁의 도입이 가능한 기관을 설치하는 데 그 목적이 있다.

(3) 관리자에의 재량권 부여

① 공공관리론은 정부부문을 민간기업과 같이 운영하기 위해서는 관리자에게 조직·인사·재정 면에서 재량권을 부여할 것을 강조한다.

② 모든 정부 기관에 이러한 신축성을 부여하기는 어려우므로 민간 기업 관리 방식의 도입이 용이한 일부 정부 기관에 대해 선별적으로 신축성을 부여하자는 것이며, 그 일부 정부 기관이 바로 책임운영기관이다.

(4) 성과에 대한 책임

① 전통적인 관료 조직 내에서는 공무원이 누리는 신분보장 등으로 성과에 대한 책임을 묻기가 실질적으로 불가능하다.

② 책임운영기관에서는 관리자의 재량을 크게 늘리는 대신에 관리자에게 그 성과에 대하여 책임을 지도록 하는 것이다.

(5) 기관장의 임기제

관리자(기관장)의 성과에 대한 책임 추구를 용이하게 하기 위하여 영국과 뉴질랜드에서 기관장은 직업 공무원이 담당하는 것이 아니라 계약직이 담당한다. 이들은 계약 기간 중 신분이 보장되는 것이 아니라, 계약의 해지 사유가 발생하면 계약 기간이라고 해도 해임될 수 있다.

(6) 기관의 성격과 구성원 신분

기관의 성격은 정부조직이며, 구성원의 신분은 공무원이다.

109 2019 서울시 9급 제2회

우리나라의 책임운영기관(executive agency)에 대한 설명으로 가장 옳지 <u>않은</u> 것은?

① 신공공관리론(NPM)의 조직원리에 따라 등장한 성과 중심 정부 실현의 한 방안으로 도입되었다.

② 책임운영기관의 장에게 행정 및 재정상의 자율성을 부여하고 그 운영 성과에 대하여 책임을 지도록 하는 행정기관을 말한다.

③ 책임운영기관은 사무성격에 따라 조사연구형, 교육훈련형, 문화형, 의료형, 시설관리형, 그 밖에 대통령령으로 정하는 기타 유형으로 구분된다.

④ 「책임운영기관의 설치·운영에 관한 법률」에 근거하여 1995년부터 제도가 시행되었다.

110 2020 국가직 9급

책임운영기관에 대한 설명으로 옳지 <u>않은</u> 것은?

① 기관장에게 기관운영의 자율성을 보장하고, 기관 운영성과에 대해 책임을 지도록 한다.

② 공공성이 크기 때문에 민영화하기 어려운 업무를 정부가 직접 수행하기 위해 고안된 것이다.

③ 객관적이고 신뢰할 수 있는 성과평가 시스템 구축은 책임운영기관의 성공 여부를 결정짓는 요건 중의 하나이다.

④ 1970년대 영국에서 집행기관(executive agency)이라는 이름으로 처음 도입되었고, 우리나라는 1990년부터 운영하고 있다.

111

책임운영기관제도에 관한 설명 중 틀린 것은?

① 책임운영기관의 장에게 재정상의 자율성은 제약하지만, 행정상의 자율성을 부여한다.
② 정책집행 및 서비스기능을 기획 내지 정책결정기능에서 분리시켜 집행의 효율성을 높였다.
③ 성과 중심의 관리 방식을 중시한다.
④ 미국의 PBO와 같은 맥락이다.
⑤ 우리나라도 시행되고 있다.

112

우리나라에서 실시하고 있는 책임운영기관 제도에 대한 기술 중 잘못된 것은?

① 책임운영기관은 공공성과 경쟁성을 동시에 추구한다.
② 책임운영기관의 장은 공개채용한다.
③ 책임운영기관은 조직운영의 독립성은 있으나, 예산운영의 자율성은 없다.
④ 책임운영기관은 인사의 자율성은 있으나, 운영 성과에 대한 평가를 받아야 한다.

113

정부조직에 대한 설명으로 옳은 것은?

① 감사원은 「정부조직법」에서 정하는 합의제 행정기관에 해당한다.
② 금융감독원은 「정부조직법」에 따라 설치된 중앙행정기관이다.
③ 소청심사위원회는 행정안전부 소속으로 행정기관 소속 공무원의 징계처분에 관한 사무를 관장한다.
④ 특허청은 행정 및 재정상의 자율성이 부여되고 성과에 대해 책임을 지도록 하는 책임운영기관에 해당한다.

(7) 던리비(Dunleavy)의 관청형성론

던리비는 관청형성론에서 책임운영기관이 정부팽창의 은폐수단 또는 민영화의 회피수단으로 사용될 가능성이 있다고 지적하였다.

3 책임운영기관의 제도 도입 대상 분야

① 민영화 또는 공사화 추진이 곤란한 분야
② 내부시장을 창출할 수 있는 분야
③ 사용료, 수수료 등 활용이 가능한 분야

4 「책임운영기관의 설치·운영에 관한 법률」의 주요 내용

제2조【정의】 ① 이 법에서 "책임운영기관"이란 정부가 수행하는 사무 중 공공성을 유지하면서도 경쟁 원리에 따라 운영하는 것이 바람직하거나 전문성이 있어 성과관리를 강화할 필요가 있는 사무에 대하여 책임운영기관의 장에게 행정 및 재정상의 자율성을 부여하고 그 운영 성과에 대하여 책임을 지도록 하는 행정기관을 말한다.

② 책임운영기관은 기관의 지위에 따라 다음과 같이 소속 책임운영기관과 중앙책임운영기관으로 구분한다.

   1. 소속 책임운영기관: 중앙행정기관의 소속기관으로서 제4조의 규정에 의하여 대통령령으로 설치된 기관
   2. 중앙책임운영기관: 「정부조직법」 제2조 제2항[6]에 따른 청으로서 제4조의 규정에 의하여 대통령령으로 설치된 기관

③ 책임운영기관은 기관의 사무성격에 따라 다음 각 호와 같이 구분한다.

   1. 조사연구형 책임운영기관
   2. 교육훈련형 책임운영기관
   3. 문화형 책임운영기관
   4. 의료형 책임운영기관
   5. 시설관리형 책임운영기관
   6. 그 밖에 대통령령으로 정하는 유형의 책임운영기관

④ 제3항 각 호에 따른 책임운영기관 간의 구분은 대통령령으로 정한다. 이 경우 제3항 각 호에 따른 책임운영기관은 효율적인 관리·운영을 위하여 세분할 수 있다.

구분		소속 책임운영기관	중앙 책임운영기관
조사 연구형 기관	조사 및 품질관리형 기관	국립종자원, 화학물질안전원, 국토지리정보원, 항공교통본부, 국립해양측위정보원, 항공기상청 등	–
	연구형 기관	국립과학수사연구원, 국립수산과학원, 국립생물자원관, 통계개발원, 국립문화재연구원, 국립원예특작과학원, 국립축산과학원, 국립산림과학원 등	–
교육훈련형 기관		국립국제교육원, 한국농수산대학 등	–
문화형 기관		국립중앙과학관, 국립과천과학관, 국방홍보원, 국립중앙극장, 국립현대미술관, 한국정책방송원 등	–
의료형 기관		국립정신건강센터, 국립나주병원, 국립부곡병원, 국립춘천병원, 국립공주병원, 국립마산병원, 국립목포병원, 국립재활원, 경찰병원 등	–

6) 「**정부조직법**」제2조 ② 중앙행정기관은 이 법에 따라 설치된 부·처·청과 다음 각 호의 행정기관으로 하되, 중앙행정기관은 이 법 및 다음 각 호의 법률에 따르지 아니하고는 설치할 수 없다.

| 시설관리형 기관 | 국립자연휴양림관리소, 해양경찰정비창 등 | – |
| 기타 유형의 기관 | 국세상담센터 등 | 특허청 |

※ 비고

1. 조사연구형 기관 중 "조사 및 품질관리형 기관"이란 기관의 주된 사무가 제1조의2 제1항 제1호 또는 제2호에 해당하는 기관을 말한다.
2. 조사연구형 기관 중 "연구형 기관"이란 기관의 주된 사무가 제1조의2 제1항 제3호에 해당하는 기관을 말한다.

제3조【운영 원칙】 ① 책임운영기관은 그 기관이 소속된 중앙행정기관 또는 국무총리가 부여한 사업목표를 달성하는 데에 필요한 기관 운영의 독립성과 자율성이 보장된다.

② 책임운영기관의 장은 그 기관의 경영혁신을 위하여 필요한 조치를 하여야 한다.

③ 소속 중앙행정기관의 장은 기관장이 제2항에 따른 조치를 성실히 이행할 수 있도록 지원하여야 한다.

제3조의2【중기관리계획의 수립 등】 ① 행정안전부장관은 5년 단위로 책임운영기관의 관리 및 운영 전반에 관한 기본계획을 수립하여야 한다.

② 중기관리계획에는 다음 각 호[7]의 사항이 포함되어야 한다.

제4조【책임운영기관의 설치 및 해제】 ① 책임운영기관은 그 사무가 다음 각 호의 기준 중 어느 하나에 맞는 경우에 대통령령으로 설치한다.

1. 기관의 주된 사무가 사업적·집행적 성질의 행정 서비스를 제공하는 업무로서 성과 측정기준을 개발하여 성과를 측정할 수 있는 사무
2. 기관 운영에 필요한 재정수입의 전부 또는 일부를 자체적으로 확보할 수 있는 사무

② 행정안전부장관은 기획재정부 및 해당 중앙행정기관의 장과 협의하여 제1항에 따른 책임운영기관을 설치하거나 해제할 수 있다. 이 경우 행정안전부장관은 해당 중앙행정기관의 장의 의견을 존중하여야 한다.

③ 중앙행정기관의 장은 소관 사무 중 책임운영기관이 수행하는 것이 효율적이라고 인정되는 사무에 대하여는 책임운영기관의 설치를, 책임운영기관이 그 설치 목적을 달성할 수 없다고 인정하는 경우에는 책임운영기관의 해제를 행정안전부장관에게 요청할 수 있다.

제7조【기관장의 임용】 ① 소속 중앙행정기관의 장은 공개모집 절차에 따라 행정이나 경영에 관한 지식·능력 또는 관련 분야의 경험이 풍부한 사람 중에서 기관장을 선발하여 「국가공무원법」 제26조의 5에 따른 임기제 공무원으로 임용한다. 이 경우 대통령령으로 정하는 바에 따라 기관장으로 임용하려는 사람의 능력과 자질을 평가하여 채용 여부에 활용하여야 한다.

② 기관장의 임용요건은 소속 중앙행정기관의 장이 정하여 인사혁신처장에게 통보하여야 한다.

③ 기관장의 근무기간은 5년의 범위 안에서 소속 중앙행정기관의 장이 정하되, 최소한 2년 이상으로 하여야 한다.

④ 소속 중앙행정기관의 장은 책임운영기관 평가 결과가 탁월한 경우 등 대통령령으로 정하는 기준에 해당하는 때에는 제3항 후단에 따른 총 근무기간 5년을 초과하여 3년의 범위에서 대통령령으로 정하는 바에 따라 추가로 기관장의 근무기간을 연장할 수 있다.

⑤ 기관장의 공개모집 및 임용절차, 임용사항 등에 관하여는 대통령령으로 정한다.

⑥ 경력직 공무원이 기관장으로 임용되기 위하여 퇴직한 경우에 기관장 근무기간이 만료되거나 면직된 경우에는 퇴직 시 재직한 직급의 경력직 공무원으로 우선하여 경력경쟁 채용할 수 있다.

제8조의2【기관장의 면직】 ① 소속 중앙행정기관의 장은 제51조에 따른 소속 책임운영기관에 대한 종합평가 결과 사업 실적이 매우 부진하게 나타나는 등 소속 책임운영기관

---

7) 1. 책임운영기관제도 운영의 기본방향에 관한 사항, 2. 책임운영기관의 설치 및 해제에 관한 사항, 3. 책임운영기관 전반의 운영점검 및 제도의 개선에 관한 사항

바로 확인문제

114 2004 부산 9급

책임운영기관에 관한 설명 중 틀린 것은?

① 책임운영기관의 장이 독립적으로 운영하고 성과에 대한 책임을 진다.

② 중앙행정기관의 장은 책임운영기관의 설치를 행정안전부장관에게 요청할 수 있다.

③ 책임운영기관의 설치는 조례로 정한다.

④ 최종책임은 중앙행정기관의 장이 진다.

115 2013 서울시 9급

책임운영기관에 대한 설명으로 옳지 않은 것은?

① 책임운영기관은 집행기능 중심의 조직이다.

② 책임운영기관의 성격은 정부기관이며 구성원은 공무원이다.

③ 책임운영기관은 융통성과 책임성을 조화시킬 수 있다.

④ 책임운영기관은 공공성이 강하고 성과관리가 어려운 분야에 적용할 필요가 있다.

⑤ 책임운영기관은 정부팽창의 은폐수단 혹은 민영화의 회피수단으로 사용될 가능성이 있다.

116 2020 국회직 8급

우리나라의 중앙행정기관 소속 책임운영기관에 대한 설명으로 옳은 것은?

① 「정부조직법」에 근거하여 설치 및 운영된다.

② 소속 중앙행정기관의 장은 소속 책임운영기관의 조직 및 운영에 관한 기본운영규정을 제정하여야 한다.

③ 기관장은 공개모집절차에 따라 5년 범위 내에서 임기제 공무원으로 채용한다.

④ 기관장은 전 직원에 대한 임용권을 갖는다.

⑤ 계급별 정원은 4급 이상 공무원의 경우 대통령령으로, 5급 이하 공무원의 경우 부령으로 정한다.

117 2022 국회직 8급

「책임운영기관의 설치·운영에 관한 법률」의 내용으로 옳지 <u>않은</u> 것은?

① 행정안전부장관은 5년 단위로 책임운영기관의 관리 및 운영 전반에 관한 중기관리계획을 수립한다.

② 중앙책임운영기관의 장의 임기는 2년으로 하되, 한 차례만 연임할 수 있다.

③ 소속 책임운영기관에는 소속 기관을 둘 수 없다.

④ 중앙책임운영기관의 장은 고위공무원단에 속하는 공무원을 제외한 소속 공무원에 대한 일체의 임용권을 가진다.

⑤ 책임운영기관운영위원회는 위원장 및 부위원장 각 1명을 포함한 15명 이내의 위원으로 구성한다.

118 2019 국가직 9급

「책임운영기관의 설치·운영에 관한 법률」상 책임운영기관에 대한 설명으로 옳지 <u>않은</u> 것은?

① 책임운영기관은 기관장에게 재정상의 자율성을 부여하고 그 운영 성과에 대해 책임을 지도록 하는 행정기관의 특성을 갖는다.

② 소속 책임운영기관에 두는 공무원의 총 정원 한도는 총리령으로 정하며, 이 경우 고위공무원단에 속하는 공무원의 정원은 부령으로 정한다.

③ 소속 책임운영기관 소속 공무원의 임용시험은 기관장이 실시함을 원칙으로 한다.

④ 기관장의 근무기간은 5년의 범위에서 소속 중앙행정기관의 장이 정하되, 최소한 2년 이상으로 하여야 한다.

119 2003 국가직 9급

우리나라의 책임운영기관에 대한 설명으로 옳지 <u>않은</u> 것은?

① 결정과 집행을 분리시키는 제도이다.

② 소속 직원들은 공무원이며, 다른 부처와 인사 교류도 가능하다.

③ 직원의 임용권은 원칙적으로 책임운영기관의 장이 갖는다.

④ 「정부기업예산법」이 준용된다.

의 사업 성과가 매우 불량한 경우에는 제12조에 따른 소속 책임운영기관운영심의회의 심의를 거쳐 그 기관장을 면직할 수 있다.

② 제1항에 따른 소속 책임운영기관의 사업 성과가 매우 불량한 경우에 해당하는지에 관한 판단기준은 대통령령으로 정한다.

③ 소속 중앙행정기관의 장은 기관장에게 다음 각 호의 어느 하나에 해당하는 사유가 있으면 지체 없이 면직하여야 한다.

    1. 소속 책임운영기관의 해제

    2. 형사사건으로 기소되어 정상적인 직무수행이 곤란한 경우. 다만, 직무와 관련 없는 과실로 죄를 범하여 기소된 경우와 약식명령이 청구된 경우는 제외한다.

제12조【소속 책임운영기관운영심의회】 ① 소속 책임운영기관의 사업성과의 평가 기타 소속 책임운영기관의 운영에 관한 중요사항을 심의하기 위하여 중앙행정기관의 장 소속 하에 소속 책임운영기관운영심의회를 둔다.

제15조【소속기관 및 하부조직의 설치】 ① 소속 책임운영기관에는 대통령령으로 정하는 바에 따라 소속기관을 둘 수 있다.

② 소속 책임운영기관 및 그 소속기관의 하부조직 설치와 분장(分掌) 사무는 기본운영규정으로 정한다.

제16조【공무원의 정원】 ① 소속 책임운영기관에 두는 공무원의 총 정원 한도는 대통령령으로 정한다. 이 경우 다음 각 호의 정원은 총리령 또는 부령으로 정하되, 대통령령으로 정하는 바에 따라 통합하여 정할 수 있다.

    1. 공무원의 종류별·계급별 정원

    2. 고위공무원단에 속하는 공무원의 정원

제18조【임용권자】 중앙행정기관의 장은 「국가공무원법」 제32조 제1항 및 제2항[8]. 그 밖의 공무원 인사 관계 법령에도 불구하고 소속 책임운영기관 소속 공무원에 대한 일체의 임용권을 가진다. 이 경우 중앙행정기관의 장은 대통령령으로 정하는 바에 따라 그 임용권의 일부를 기관장에게 위임할 수 있다.

제19조【임용시험】 ① 소속 책임운영기관 소속 공무원의 임용시험은 기관장이 실시한다.

제20조【기관 간 인사교류】 ① 소속 책임운영기관과 소속 중앙행정기관 및 그 소속기관 간 공무원의 전보가 필요하다고 인정되는 경우에는 소속 중앙행정기관의 장이 기관장과 협의하여 실시할 수 있다.

제26조【「국가공무원법」 등의 적용】 소속 책임운영기관 소속 공무원의 인사관리에 관하여 이 법에서 정하지 아니한 사항은 「국가공무원법」이나 그 밖의 공무원 인사 관계 법령을 적용한다.

제27조【특별회계의 설치 등】 ① 제4조 제1항 제2호의 사무를 주로 하는 소속 책임운영기관의 사업을 효율적으로 운영하기 위하여 책임운영기관특별회계를 둔다.

② 제1항에 따라 책임운영기관특별회계로 운영할 필요가 있는 소속 책임운영기관은 재정수입 중 자체 수입의 비율 등 대통령령으로 정하는 기준에 따라 기획재정부장관이 행정안전부장관 및 해당 중앙행정기관의 장과 협의를 거쳐 정한다.

③ 제2항에 따라 정하여진 소속 책임운영기관(책임운영기관특별회계기관)을 제외한 소속 책임운영기관은 일반회계로 운영하되, 대통령령으로 정하는 회계변경이 곤란한 특별한 사유가 있는 경우에는 다른 법률에 따라 설치된 특별회계로 운영할 수 있다. 이 경우 일반회계 또는 특별회계에 별도의 책임운영기관 항목을 설치하고 책임운영기관특별회계기관에 준하는 예산 운영상의 자율성을 보장하여야 한다.

---

8) 제32조(임용권자) ① 행정기관 소속 5급 이상 공무원 및 고위공무원단에 속하는 일반직 공무원은 소속 장관의 제청으로 행정안전부장관과 협의를 거친 후에 국무총리를 거쳐 대통령이 임용하되, 고위공무원단에 속하는 일반직 공무원의 경우 소속 장관은 해당 기관에 소속되지 아니한 공무원에 대하여도 임용제청할 수 있다. 이 경우 국세청장은 국회의 인사청문을 거쳐 대통령이 임명한다. ② 소속 장관은 소속 공무원에 대하여 제1항 외의 모든 임용권을 가진다.

제28조 【계정의 구분】① 제27조 제1항에 따른 책임운영기관특별회계(이하 "특별회계"라 한다)는 책임운영기관특별회계기관별로 계정(計定)을 구분한다.

제29조 【특별회계의 운용·관리】특별회계는 계정별로 중앙행정기관의 장이 운용하고, 기획재정부장관이 통합하여 관리한다.

제29조의2 【국유재산 등의 특별회계 귀속】책임운영기관특별회계기관을 설치함에 따라 행정기관이 사무의 전부 또는 일부를 책임운영기관특별회계기관으로 이관하는 경우에는 행정기관이 그 업무상 점유·사용 또는 관리하는 국유재산 및 물품 중에서 중앙행정기관의 장이 기관장과 협의하여 책임운영기관특별회계기관의 운영에 필요하다고 인정하는 것은 특별회계에 속하는 것으로 한다.

제30조 【「정부기업예산법」의 적용 등】① 책임운영기관특별회계기관의 사업은 「정부기업예산법」제2조[9]에도 불구하고 정부기업으로 본다.
② 특별회계의 예산 및 회계에 관하여 이 법에 규정된 것 외에는 「정부기업예산법」을 적용한다. 다만, 기획재정부장관은 책임운영기관특별회계기관의 자체수입 규모 및 사무의 성격 등을 고려하여 기관 운영 경비의 시급한 충당 등 대통령령으로 정하는 경우에 한하여 손익계정과 자본계정 간에 서로 융통하게 할 수 있다.

제36조 【예산의 전용】① 기관장은 「국가재정법」제46조[10]와 「정부기업예산법」제20조[11]에도 불구하고 예산 집행에 특히 필요한 경우에는 대통령령으로 정하는 바에 따라 특별회계의 계정별 세출예산 또는 일반회계의 세출예산 각각의 총액 범위에서 각 과목 간에 전용할 수 있다.

제39조의2 【기탁물품의 접수에 관한 특례】① 대통령령으로 정하는 책임운영기관의 장은 「기부금품의 모집 및 사용에 관한 법률」제5조 제2항 본문에도 불구하고 자발적으로 기탁되는 물품(금전은 제외한다. 이하 이 조에서 같다)을 그 기관의 사업 목적에 부합하는 범위에서 접수할 수 있다.

제40조 【중앙책임운영기관의 장의 임기】중앙책임운영기관의 장의 임기는 2년으로 하되, 한 차례만 연임할 수 있다.

제43조 【중앙책임운영기관운영심의회】① 중앙책임운영기관의 사업성과를 평가하고 기관의 운영에 관한 중요 사항을 심의하기 위하여 중앙책임운영기관의 장 소속으로 중앙책임운영기관운영심의회를 둔다.

제47조 【인사관리】① 중앙책임운영기관의 장은 「국가공무원법」제32조 제1항 및 제2항이나 그 밖의 공무원 인사 관계 법령의 규정에 불구하고 고위공무원단에 속하는 공무원을 제외한 소속 공무원에 대한 일체의 임용권을 가진다.
② 중앙책임운영기관 소속 공무원의 임용시험은 중앙책임운영기관의 장이 실시한다. 다만, 중앙책임운영기관의 장이 필요하다고 인정하면 임용시험의 일부 또는 전부를 다른 시험실시기관의 장과 공동으로 실시하거나 대통령령으로 정하는 다른 기관의 장에게 위탁하여 실시할 수 있다.

제49조 【책임운영기관운영위원회의 설치 및 기능 등】① 책임운영기관의 존속 여부 및 제도의 개선 등에 관한 중요 사항을 심의하기 위하여 행정안전부장관 소속으로 책임운영기관운영위원회를 둔다.

---

9) 제2조(정부기업) 이 법에서 "정부기업"이란 기업형태로 운영하는 우편사업·우체국예금사업·양곡관리사업 및 조달사업을 말한다.
10) 제46조(예산의 전용) ① 각 중앙관서의 장은 예산의 목적범위 안에서 재원의 효율적 활용을 위하여 대통령령으로 정하는 바에 따라 기획재정부장관의 승인을 얻어 각 세항 또는 목의 금액을 전용할 수 있다. 이 경우 사업 간의 유사성이 있는지, 재해대책 재원 등으로 사용할 시급한 필요가 있는지, 기관운영을 위한 경비의 충당을 위한 것인지 여부 등을 종합적으로 고려하여야 한다.
11) 제20조(예산의 전용) ① 관계 중앙관서의 장은 「국가재정법」제46조 제1항에도 불구하고 예산집행을 위하여 특히 필요한 경우에는 대통령령으로 정하는 바에 따라 세출예산의 각 세항 또는 목의 비용을 전용할 수 있다.

120 2004 행정고시

우리나라 책임운영기관제도에 대한 설명 중 옳지 않은 것은?

① 책임운영기관은 행정·재정상의 자율성을 부여하고 운영 성과에 대해 책임지도록 하는 행정기관을 의미한다.
② 책임운영기관 특별회계는 해당 법률에 정해진 것을 제외하고는 「정부기업예산법」의 적용을 받는다.
③ 책임운영기관 특별회계는 계정별로 기획재정부장관이 운용한다.
④ 책임운영기관의 사업은 정부기업으로 본다.
⑤ 책임운영기관 특별회계의 세입은 사업 관련 수입과 타 회계로부터의 전입금, 비용부담금 등으로 구성된다.

121 2007 경남 7급

책임운영기관에 대한 설명으로 옳지 않은 것은?

① 책임운영기관의 구성원은 공무원 신분이다.
② 임용시험은 기관장이 실시한다.
③ 책임운영기관의 특별회계는 책임운영기관 계정별로 기획재정부장관이 운용하고 중앙관서의 장이 통합하여 관리한다.
④ Dunleavy가 관청형성론에서 지적했듯이 책임운영기관은 정부팽창의 은폐수단으로 활용될 수 있다.

122 2004 부산 9급

책임운영기관에 대한 설명이 틀린 것은?

① 자율과 성과와 책임을 조화시킨 조직이다.
② 재정운영상 「국가재정법」이 적용된다.
③ 집행기능과 정책기능을 분리시키는 것이다.
④ 기업식의 관리로 인하여 행정의 형평성을 저해할 소지가 있다.

09 공기업

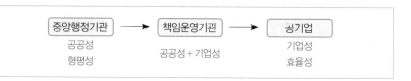

1 공기업의 개념과 특성

(1) 개념

공기업이란 국가 또는 공공단체의 출자와 관리·지배하에 공공 수요의 충족을 목적으로 수지적합주의에 입각하여 경영하는 사업을 말한다.

(2) 특성

① **공공성**(민주성): 공기업은 공익을 증진시키는 데 목적이 있으므로 공익의 증진을 추구해야 하며, 따라서 그 활동에 대한 민주통제가 요구된다.
② **기업성**(능률성): 공기업은 기업적으로 성영되어야 한다. 즉, 수지면(收支面)을 고려하는 합리적인 경영이 요구된다.

2 공기업의 발달요인

(1) 일반적 발달요인 – 프리드만(Friedman), 디목(Dimock)

① **민간자본의 부족**: 산업화를 추진할 때 자본과 기술이 빈약한 민간기업들에게 의존할 수 없는 경우가 많이 나타나게 된다. 국가는 이런 경우에 공기업을 설립하게 되는 것이다.
② **국방상·전략상의 고려**: 국가는 국방상·전략상의 고려로 많은 산업을 국유화(國有化)하거나 민간기업과 계약을 체결하여 무기개발과 생산을 의뢰하게 된다. 국가가 직접 운영하는 경우는 물론이고 계약생산의 경우도 공기업의 예에서 벗어나지 않는다.
③ **경제정책적·사회정책적 요구**: 예컨대 독점의 폐해 제거, 완전고용의 실현, 근로조건의 개선, 높은 수준의 투자 유치 등의 정책적 필요에서 공기업을 운영하는 경우가 많다.
④ **정치적 이념에 의한 동기**: 공기업이 하나의 정치 현상인 까닭에 그 발전이 정치적 동기에 있다는 것은 명백하다.
⑤ **독점적 서비스**: 전기·전신·수도·가스·철도 등 국민생활에 직결되며, 독점적 성격을 띤 공익사업은 공기업으로 운영한다(공적 공급－공기업).

(2) 우리나라의 경우

① **경제성장 및 경제안정을 위한 경우**: 우리나라에서 공기업이 설립되는 이유로서 가장 중요한 것은 경제성장의 촉진이라 할 수 있다. 그 외에 경제안정을 위한 경우도 있다.
② **재정적 수입을 위한 경우**: 국가는 단순히 재정수입상의 이유로 공기업을 운영하는 경우가 있는데, 우리나라의 경우 전매사업이 이에 해당한다.

123   2006 군무원 9급

다음 중 공기업의 설립요인에 해당하지 <u>않는</u> 것은?

① 국방·전략상 고려
② 정치적 신조
③ 균형예산의 달성
④ 자연독점적 사업

124   2008 지방직 7급

공기업의 기능으로 적절하지 <u>않은</u> 것은?

① 국가안보기능
② 재정적 수요 억제 기능
③ 독과점 억제 기능
④ 낙후 지역 등 특수지역 개발 기능

③ **역사적 유산:** 우리나라에 공기업이 많은 이유 중의 하나는 기간산업을 담당했던 많은 기업들이 해방 전에는 일본인 소유의 귀속사업체였다는 점에 있다.

④ **독점적 사업의 경우:** 철도·가스·전기·수도 등을 대표적인 예로 들 수 있다.

⑤ **공공수요의 충족:** 우리나라에서도 독점적 사업을 공기업이 담당하고 있다.

3 공기업의 종류

(1) 정부부처형 공기업(정부기업)

① 개념
- ㉠ 정부부처형 공기업은 독립된 법인격을 지니지 않고, 정부조직의 일부로서 조직화된 공기업이다.
- ㉡ 「정부조직법」의 근거하에 설치되며, 「정부조직법」에 따라 운영된다.
  - ⓔ 우편, 우체국예금. 양곡관리사업, 조달 등

② 특징
- ㉠ 직원은 모두 공무원이다.
- ㉡ 「정부기업예산법」의 적용으로 다음과 같은 특징을 지닌다.
  - ⓐ 특별회계로 운영
  - ⓑ 발생주의회계 원칙
  - ⓒ 감가상각제도
  - ⓓ 원가계산제
  - ⓔ 재무제표의 작성
  - ⓕ 수지적합의 원칙
  - ⓖ 기획재정부장관의 승인 없이 목 간 전용이 가능
- ㉢ 저요금정책 등 철저한 공공성이 확보된다.
- ㉣ 자금조달이 용이하다.
- ㉤ 직원이 공무원이므로 관료주의적 경향이 나타난다.
- ㉥ 탄력적 기업운영·인사관리의 확보가 곤란하다.

(2) 준시장형 공기업

① 개념
- ㉠ 시장형 공기업이 아닌 공기업을 말한다. ⓔ 한국마사회, 한국철도공사 등
- ㉡ 일반회사법 또는 특별법에 의해 설치되며 「상법」의 적용에 따라 운영된다.

② 특징
- ㉠ 정부소유 주식의 매입·매도를 통하여 탄력적인 경제정책을 추진할 수 있다.
- ㉡ 직원은 공무원이 아니다.
- ㉢ 「공공기관의 운영에 관한 법률」의 적용으로 다음과 같은 특징을 지닌다.
  - ⓐ 발생주의회계 원칙
  - ⓑ 감가상각제도
  - ⓒ 원가계산제
  - ⓓ 재무제표의 작성
  - ⓔ 독립채산제의 적용
  - ⓕ 경영조직은 집행기구와 의결기구로 이원화
- ㉣ 운영이 매우 복잡하다는 난점을 지닌다.

125 2004 국가직 7급

정부부처형 공기업 또는 정부기업에 해당되는 사항이 아닌 것은?

① 독립채산제 채택
② 「정부기업예산법」의 적용 대상
③ 감가상각 실시
④ 발생주의회계 방식의 적용

126 2004 국회직 8급

다음 특별회계 중 「정부기업예산법」의 적용을 받지 않는 것은?

① 교통시설특별회계
② 양곡관리특별회계
③ 우편사업특별회계
④ 조달특별회계
⑤ 책임운영기관특별회계

127 2021 국가직 9급

공기업에 대한 설명으로 옳지 않은 것은?

① 공공수요가 있으나 민간부문의 자본이 부족한 경우 공기업 설립이 정당화된다.
② 시장에서 독점성이 나타나는 경우 공기업 설립이 정당화된다.
③ 전통적인 자본주의적 사기업 질서에 반하여 사회주의적 간섭을 하는 것으로 볼 수 있다.
④ 주식회사형 공기업은 특별법 혹은 「상법」에 의해 설립되지만 일반행정기관에 적용되는 조직·인사 원칙이 적용된다.

(3) 시장형 공기업

① 개념

  ㉠ 시장형 공기업이란 자산규모가 2조 원 이상이고, 총수입액 중 자체수입액이 100분의 85 이상인 공기업을 말한다.

    예 한국전력공사, 한국공항공사 등

  ㉡ 특별법에 의해 설치되며 특별법의 적용에 따라 운영된다.

② 특징

  ㉠ 공사형 공기업은 독립된 특별법인으로서 법률상 당사자 능력을 보유한다.

  ㉡ 직원은 공무원이 아니다.

  ㉢ 「공공기관의 운영에 관한 법률」의 적용으로 다음과 같은 특징을 지닌다.

    ⓐ 발생주의회계 원칙

    ⓑ 감가상각제도

    ⓒ 원가계산제

    ⓓ 재무제표의 작성

    ⓔ 독립채산제의 적용

    ⓕ 경영기구는 집행기구와 의결기구로 이원화

  ㉣ 최종적 운영책임은 정부가 지지만(무한책임), 일상적 업무책임은 정부가 임명한 임원이 진다(임원이 일상적 운영을 담당하며 경영의 자주성을 가진다).

▌공기업의 조직유형 비교

구분	정부부처형	시장형	준시장형
설치 근거	「정부조직법」	특별법	「상법」·특별법
출자재원	국가예산(특별회계[12])	자산규모 2조 원 이상 (자체수입비율이 85% 이상)	공동출자(5할 이상) (자체수입비율이 50% 이상)
이념	공공성	공공성·기업성	기업성
직원 신분	공무원	임원: 준공무원, 사원: 회사원	
회계법	「정부기업예산법」[13]	「공공기관의 운영에 관한 법률」	
예산 성립	국회 의결로 성립	이사회 의결로 성립	
법인격·당사자능력	없음	인정	
정부부처에 대한 독립성	없음	있음	
독립채산제	적용하지 않음	적용됨	
발생주의	적용됨		

---

12) 「정부기업예산법」 제3조(특별회계의 설치) 정부기업을 운영하기 위하여 다음 각 호의 특별회계를 설치하고 그 세입으로써 그 세출에 충당한다. 1. 우편사업특별회계, 2. 우체국예금특별회계, 3. 양곡관리특별회계, 4. 조달특별회계
　제4조(특별회계의 관리·운용) 제3조에 따라 설치된 특별회계는 관계 중앙관서의 장이 관리·운용한다.

13) 「정부기업예산법」 제2조(정부기업) 이 법에서 "정부기업"이란 기업형태로 운영하는 우편사업, 우체국예금사업, 양곡관리사업 및 조달사업을 말한다.

4 공기업의 민영화

(1) 개념

① 일반적으로 민영화라고 하면 공기업을 민간에 매각하는 것, 즉 국가나 공공단체가 특정 기업에 대하여 갖는 법적 소유권을 주식매각 등을 통하여 민간 부문으로 이전되는 과정을 의미한다.

② 민영화는 완전 민영화와 부분적 민영화로 나눌 수 있다. 완전 민영화는 공기업을 완전히 민간에 매각하는 방법이고, 부분적 민영화는 공사를 주식회사로 전환하거나 공기업의 출자회사를 매각하는 방법이다.

(2) 목적

공기업의 민영화는 1970년대 들어서 나타난 '자원난의 시대'의 여파와 정부실패(government failure)로 인하여 그 필요성이 부각되었다. 민영화의 목적은 다음과 같다.

① 경제적 자유의 증진

② 능률의 제고

③ 재정적자의 감축

④ 행정서비스의 향상

⑤ 보수인상 요구의 억제

(3) 방법

① **보유주식 매각**: 영국과 프랑스에서 주로 이용되고 있다. 매각방법은 주식매각의 정도에 따라 완전 민영화, 부분적 민영화, 선별적 민영화로 나눌 수 있고, 매수자집단에 따라서 국민주, 종업원지주제, 기업의 매수 및 외국인에 의한 매입 등으로 나눌 수 있다.

② **계약제도**: 소유권 이전 여부와는 관계없이 재화나 용역에 대한 생산을 일정 기간 사기업이 담당하되 그에 필요한 재원을 정부가 담당하는 제도로서 주로 미국에서 많이 이루어지고 있다.

③ **대여제도**: 정부가 기업을 소유하되 기업 전체를 사기업체로 전환 대여를 하며 사기업의 장점을 모두 취할 수 있도록 해 주는 제도를 말한다.

④ **정부규제 완화 또는 자유화**: 공기업에 대한 경쟁을 제한하는 여러 가지 법적 규제를 제거하거나 완화하고 현재 정부 또는 공기업이 독점하고 있는 재화나 서비스의 공급을 민간 영역에서도 공급하는 것을 허용함으로써 경쟁이 가능하도록 하는 것을 말한다.

⑤ **프랜차이즈제도**(franchising system): 특정한 재화나 서비스의 분배권 또는 공급권을 특정인이나 특정 기업에 부여하고 정부는 그 요금만을 규제하는 것을 말한다.

⑥ **보조금제도**(voucher): 민간조직 또는 개인이 서비스 제공활동에 대한 재정 또는 현물을 지급하는 것을 말한다.

바로 확인문제

128   2005 경기 9급

공기업이나 정부기관의 민영화를 추구하는 이유로 가장 적합한 것은?

① 형평성의 증대

② 부패 방지

③ 능률성의 증대

④ 규제 완화

129   2015 국가직 9급

최근 쓰레기 수거와 같이 전통적으로 정부의 고유영역으로 간주되어 온 서비스를 민간에 위탁하는 경우가 있는데, 그 목적이라고 보기 힘든 것은?

① 행정의 효율성 향상

② 행정의 책임성 확보

③ 경쟁의 촉진

④ 작은 정부의 실현

130

2005 국가직 7급

공기업의 민영화에 따른 문제점으로 볼 수 없는 것은?

① 요금 인상 우려
② 자본시장 및 통화의 안정적 관리 저해
③ 서비스 공급의 형평성에 의문
④ 정부와 공급자 간의 책임소재 불분명

131

2020 군무원 9급

민영화에 대한 문제점으로 가장 옳지 <u>않은</u> 것은?

① 공공성의 침해
② 서비스 품질의 저하
③ 경쟁의 심화
④ 행정책임 확보의 곤란성

(4) 한계

① 국가의 주권 기능은 민영화의 대상이 될 수 없으며 민영화는 시민의 「헌법」상의 권리보호에 배치될 수 있다.

② 요금 인상 우려 등 공공성의 보장을 어렵게 하여 서비스 공급의 형평성을 저해할 우려가 있으며, 정부와 공급자 간의 책임의 약화를 초래할 수 있다.

③ 실업률 상승, 부패 확산, 관리책임의 약화 등을 가져올 수 있다.

④ 국가의 안보나 국민의 안전을 침해할 우려가 있다.

⑤ 민영화 이후에 공공서비스가 제대로 공급되지 못하는 역대리인이론이 나타날 수 있다.

02 조직구조론

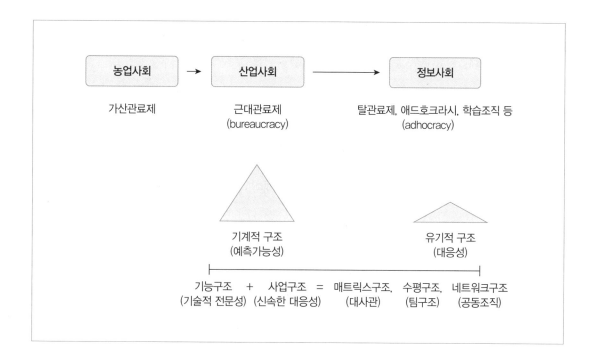

03 조직관리론

□ 1회독 월 일
□ 2회독 월 일
□ 3회독 월 일
□ 4회독 월 일
□ 5회독 월 일

정답과 해설 ▶ P.46

바로 확인문제

---

01 조직과 인간(동기부여이론)

1 조직과 개인의 상호관계

(1) 조직과 개인의 상호관계

① 조직 속 개인의 행동
- ㉠ 공식적 행동: 소식 속의 개인은 공식조직의 구성원으로서 공식적 역할·행동을 하게 되며, 이를 통해 조직목표의 달성에 기여를 하게 된다.
- ㉡ 비공식적 행동: 조직 속의 개인은 때로는 비공식적인 사회적 활동을 한다.
- ㉢ 개인적 행동: 조직 속의 개인의 목표를 달성하거나 개인적 욕구를 충족하고자 개인적 행동을 하게 된다.

② 조직과 개인의 상호의존과 교류
- ㉠ 개인이 조직에 부여하는 요인: 개인적 특성과 자질
- ㉡ 조직이 개인에 부여하는 요인: 역할, 권한, 자격, 지위 등
- ㉢ 상호교류에 의하여 생기는 결과: 상호기대와 역할 보강, 업적 등

(2) 샤인(Schein)의 인간관과 인간관리전략

샤인은 인간관이 각 시대의 철학적 관점을 반영한다고 보면서 인간관을 네 가지로 분류하고 있다.

① 합리적 경제인관
- ㉠ 인간모형: 인간은 자기이익의 극대화를 추구하는 합리적·타산적·경제적인 존재라고 본다.
- ㉡ 관리전략: 관리자는 공식조직, 통제, 경제적 유인 등에 의한 능률적인 업무수행을 중요시하여야 한다.
- ㉢ 관련 이론: 고전적 조직이론, 과학적 관리론 등

② 사회인관
- ㉠ 인간모형: 인간은 사회·심리적 욕구를 지닌 사회적 존재라고 본다.
- ㉡ 관리전략: 관리자는 직원의 욕구에 관심을 가져야 하며, 인정감·소속감·일체감·안정감·참여 욕구 등과 같은 감정을 중요시하여야 한다. 또한 소집단의 기능을 적극적으로 활용하여야 한다.
- ㉢ 관련 이론: 신고전적 조직이론, 인간관계론 등

③ 자기실현인관(성장인모형 – 조직과 개인목표의 통합)
- ㉠ 인간모형: 인간은 자기의 능력·자질을 최대한 생산적으로 활용하고자 하는 자기실현 욕구를 가지고 있으며, 자율적으로 자기 규제를 할 수 있다고 본다.

01 2019 국가직 9급

다음 설명에 해당하는 조직의 인간관은?

- 인간을 자신의 이익을 극대화하기 위해 행동하는 존재로 본다.
- 인간은 조직에 의해 통제·동기화되는 수동적 존재이며, 조직은 인간의 감정과 같은 주관적 요소를 통제할 수 있도록 설계돼야 한다.

① 합리적·경제적 인간관
② 사회적 인간관
③ 자아실현적 인간관
④ 복잡한 인간관

ⓛ 관리전략

ⓐ 조직구성원이 자신들의 직무에서 의미를 발견하고, 그에 대한 긍지와 자존심을 갖고 도전적으로 직무를 담당할 수 있도록 한다.

ⓑ 관리자는 조직구성원을 지시하고 통제하기보다는 면담자나 촉매자의 역할을 수행한다.

ⓒ 조직구성원들 스스로 자기통제와 자기계발을 통해 문제를 해결하도록 한다.

ⓓ 구성원들에게 외부에서 부여하는 경제적·사회적인 보상보다는 성취감이나 만족감과 같은 내재적 보상을 얻도록 하는 것이 더 중요하다.

ⓒ 관련 이론: 현대적 조직이론, 매슬로(Maslow)의 욕구단계이론, 맥그리거(McGregor)의 Y이론, 아지리스(Argyris)의 성숙인, 앨더퍼(Alderfer)의 성장 욕구 등

④ 복잡한 인간관(복잡인관)

ⓧ 인간모형: 인간은 다양한 욕구와 잠재력을 지닌 복잡하고 다양한 존재이며 인간의 동기는 상황·역할에 따라 달라진다고 본다. 따라서 인간은 조직생활을 통하여 새로운 욕구를 계속 터득해 간다고 본다.

ⓛ 관리전략: 관리자는 훌륭한 진단자로서 직원의 다양한 욕구·능력을 감지할 수 있는 감수성과 진단능력을 가져야 하며, 인간의 변이성과 개인차를 파악하여 유연성 있는 관리전략을 세워 나가야 한다. 즉, 부하들의 욕구와 동기가 서로 다르기 때문에 서로 다른 전략에 따라 융통성이 있는 관리형태를 견지하여야 한다. 아울러 조직구성원들의 개인적 차이를 존중하고 이를 발견하는 진단과정이 중요하다.

ⓒ 관련 이론: 현대조직이론

2 동기부여이론

결정적 코멘트 내용이론과 과정이론의 차이와 개별이론의 핵심을 숙지해야 한다.

(1) 동기부여이론의 개요

① 개념

ⓧ 동기부여란 개인의 자발적·적극적 행위를 유도함으로써 개인의 목표와 조직의 목표가 합치되는 상황을 조성하는 과정을 말한다.

ⓛ 동기부여이론은 내용이론과 과정이론으로 구분된다. 두 이론은 동기부여의 내재성과 계산가능성을 전제로 한다는 점에서 공통적이다. 하지만 내용이론은 동기부여의 원인이 되는 인간욕구의 내용에 초점을, 과정이론은 동기가 부여되는 과정에 초점을 둔다는 점에서 차이가 있다.

② 이론의 구분

ⓧ 내용이론(what?): 인간의 동기를 유발하는 요인의 내용에 초점을 두며, 인간의 행동을 작동시키고 에너지를 일정한 방향으로 조정하며 유지시키는 내적 요인에 초점을 맞추는 이론으로, 인간의 욕구와 욕구에서 비롯되는 충동, 욕구의 배열, 유인 또는 달성하려는 목표 등을 설명한다.

ⓐ **맥그리거(McGregor)**: X·Y이론

ⓑ **매슬로(Maslow)**: 생리적·안전·사회적·존경·자아실현의 욕구

ⓒ **앨더퍼(Alderfer)**: ERG이론

ⓓ **허즈버그(Herzberg)**: 위생요인, 동기요인

02 2005 울산 9급

다음 Schein이 제기한 복잡인관과 조직관리전략에 대한 설명이다. 틀린 것은?

① 인간은 다양한 욕구와 잠재력을 지닌 복잡한 존재이다.

② 조직관리는 구성원에 대한 지시와 통제보다는 개인과 조직의 목표를 통합시킬 수 있는 전략을 우선적으로 취하여야 한다.

③ 부하들의 욕구와 동기가 서로 다르기 때문에 서로 다른 전략에 따라 융통성이 있는 관리형태를 견지하여야 한다.

④ 조직구성원들의 개인적 차이를 존중하고 이를 발견하는 진단과정이 중요하다.

⑤ 인간은 조직생활을 통하여 새로운 욕구를 계속 터득해 간다.

03 2022 국가직 9급

동기유발의 과정을 설명하는 '과정이론'에 해당하는 것만을 모두 고르면?

ㄱ. 브룸(Vroom)의 기대이론
ㄴ. 애덤스(Adams)의 공정성이론
ㄷ. 로크(Locke)의 목표설정이론
ㄹ. 앨더퍼(Alderfer)의 ERG이론
ㅁ. 맥그리거(McGregor)의 X이론·Y이론

① ㄱ, ㄴ, ㄷ ② ㄱ, ㄴ, ㄹ
③ ㄴ, ㄷ, ㅁ ④ ㄷ, ㄹ, ㅁ

04 2021 군무원 7급

동기부여이론의 양대 이론이라고 할 수 있는 과정이론과 내용이론에 대한 설명으로 가장 적절하지 않은 것은?

① 과정이론의 범주로 분류되는 것으로는 합리적 또는 경제적 인간모형, 사회적 인간모형을 들 수 있다.

② 내용이론은 주로 어떤 요인이 동기 유발을 하는가에 관심이 있다.

③ 과정이론은 인간의 행동이 어떻게 동기유발이 되는가에 중점을 둔다.

④ 내용이론의 범주로 분류되는 것으로는 매슬로(Maslow)의 욕구계층이론, 맥그리거(Mcgregor)의 X·Y이론을 들 수 있다.

05

동기부여에 관한 욕구이론 중 그 성격이 가장 <u>다른</u> 것은?

① 맥클리랜드(McClelland)의 친교욕구
② 앨더퍼(Alderfer)의 성장욕구
③ 허즈버그(Herzberg)의 위생요인
④ 아지리스(Argyris)의 미성숙인

06

동기이론에 대한 설명으로 가장 옳은 것은?

① 매슬로(A. Maslow)는 욕구를 하위 욕구부터 상위 욕구까지 총 5단계로 분류하면서, 하위 욕구를 충족하게 되면 상위 욕구를 추구하게 되나, 하위 욕구인 생리적 욕구와 안전 욕구는 충족되더라도 필수적 욕구로 동기유발이 지속된다고 주장하였다.
② 허즈버그(F. Herzberg)의 욕구충족요인 이원론은 불만요인(위생요인)은 개인의 불만족을 방지하는 효과를 가져오는 요인으로 충족이 되지 않으면 심한 불만을 일으키지만 충족이 되면 강한 동기요인이 되기 때문에 개인의 불만에 대하여 관심을 갖고 관리해야 한다고 주장하였다.
③ 앨더퍼(C. Alderfer)의 ERG이론은 매슬로의 욕구 5단계이론과 달리, 욕구 추구는 분절적으로 일어날 수도 있지만, 두 가지 이상의 욕구를 동시에 추구하기도 한다고 주장하였다.
④ 맥클리랜드(D. McClelland)는 성취동기이론에서 공식조직이 개인의 행태에 미치는 영향 연구를 통하여 미성숙 상태에서 성숙 상태로 발전하는 성격 변화의 경험이 성취동기의 기본이 된다고 주장하였다.

ⓔ **샤인**(Schein): 경제적·합리적 인간관, 사회인관, 자아실현인관, 복잡인관
ⓕ **아지리스**(Argyris): 성숙인, 미성숙인
ⓖ **리커트**(Likert): 체제 Ⅰ·Ⅱ·Ⅲ·Ⅳ

ⓛ **과정이론**(how?): 무엇에 의해 동기유발이 되는가보다 어떻게 동기가 유발되는가라는 과정을 설명하기 때문에 좀 더 복잡하고 역동적 모형을 취하게 된다. 내용이론은 어떠한 요인이 동기유발을 하는가에 관심을 두는 반면, 과정이론은 인간의 행동이 어떻게 동기유발이 되는가에 중점을 둔다. 즉, 과정이론은 사람들이 어떠한 방법으로 그들의 욕구를 충족시키고, 욕구충족을 위해 여러 가지 행동의 대안 중에서 어떠한 방법으로 행동선택을 하는가에 중점을 둔다고 할 수 있다.

ⓐ **브룸**(Vroom)과 **포터**(Porter): 기대이론
ⓑ **조고풀로스**(Georgopoulos): 통로·목적이론
ⓒ **포터**(Porter)와 **롤러**(Lawler): 업적·만족이론
ⓓ **애덤스**(Adams): 공정성이론

❚ 동기부여이론의 학자별 비교

구분	Ramos	McGregor	Maslow	Alderfer	Herzberg	Argyris	Schein	Likert
저차원적 욕구 ↑	작전인	X이론	생리적 욕구	생존욕구 (E)	위생요인 (불만요인)	미성숙인 (미성숙인관)	경제적·합리적 인간관	체제 I, II
			안전의 욕구					
	반응인	Y이론	사회적 욕구 (애정)	관계욕구 (R)	동기요인 (만족요인, 동기부여 요인)	성숙인 (성숙인관)	사회인관	체제 III, IV
			존경의 욕구					
고차원적 욕구 ↓			자아실현 욕구	성장욕구 (G)			자아실현 인관	
	괄호인	Z이론	–	–	–	–	복잡인관	–

(2) 내용이론

① **매슬로**(Maslow)−욕구단계이론
  ㉠ 매슬로이론의 내용
    ⓐ 주요 내용
      • 매슬로는 인간의 욕구는 다섯 계층으로 이루어지며 하위 욕구로부터 상위 욕구로 발달한다고 보았다.
      • 욕구의 충족 또는 억제에 의하여 동기부여가 가능하다고 한다.
      • 인간의 동기는 다섯 가지 욕구계층에 따라 순차적으로 유발되는데, 동기로서 작용하는 욕구는 충족되지 않는 욕구이며, 충족된 욕구는 그 욕구가 나타날 때까지 동기로서의 힘을 상실한다.
      • 대개의 경우, 인간은 다섯 가지의 욕구들을 부분적으로밖에 충족시키지 못하기 때문에 항구적으로 무엇인가를 원하는 동물이다.

ⓑ 다섯 가지 욕구
- 생리적 욕구: 최하위에 있는 가장 기초적인 욕구로서, 우선순위가 가장 높은 욕구이다. 의·식·주·휴식에 대한 욕구, 성적 욕구 등이 이에 해당된다.
- 안전 욕구: 위험·위협에 대한 보호, 경제적 안정, 질서에 대한 욕구 등이 이에 해당된다.
- 사회적 욕구(애정 욕구): 친밀한 인간관계, 집단에 대한 소속감, 애정·우정을 주고받는 것 등에 대한 욕구를 의미한다. 성과상여금을 받은 공무원들이 성과상여금을 전 공무원들이 함께 나누어 분배하는 것과도 관계가 있다.
- 존경 욕구: 다른 사람의 존경을 받으려는 욕구, 긍지·자존심에 대한 욕구를 말하며, 지위·명예·위신·인정 등에 대한 욕구 등이 이에 해당한다.
- 자기실현 욕구: 자아 성취·자기 발전·창의성과 관련되는 욕구이다.

ⓒ 앨더퍼(Alderfer) – ERG이론(매슬로이론의 수정·보완)
ⓐ 앨더퍼는 인간의 욕구를 계층화하고 계층에 따라 욕구의 발로가 이루어진다고 규정한 점에서 매슬로와 공통된 견해를 가지고 있다.
ⓑ 매슬로는 다섯 가지 욕구 중에서 가장 우세한 하나의 욕구에 의해 하나의 행동이 유발된다고 보는 반면, 앨더퍼는 두 가지 이상의 욕구가 동시에 작용하여 복합적으로 하나의 행동을 유발한다고 주장하였다.
ⓒ 앨더퍼는 매슬로의 5단계 욕구를 생존욕구(Existence needs), 관계욕구(Relatedness needs), 성장욕구(Growth needs)의 3단계로 통합하여 재분류하였다. 현실적으로 인간은 여러 욕구를 동시에 충족받고자 행동하는 존재이므로, 욕구단계를 종합화하는 것이 보다 타당하다는 것이다.
ⓓ 매슬로의 '만족 → 진행·상승'에 '좌절 → 퇴행'을 추가 설명하였다. 즉, 인간은 욕구가 충족되지 못할 때, 때로는 하위 욕구 단계로 퇴행할 수도 있다는 것이다.

ⓒ 매슬로이론의 평가
ⓐ 욕구의 각 단계는 명확히 분리되어 있는 것이 아니고 중복되면서 하위 욕구로부터 상위 욕구로 발달된다.
ⓑ 개인별·상황별 차이를 무시하고 있다.
ⓒ 모든 개인들이 동일 욕구에서 동일 행동을 하는 것이 아니며 동일 행동을 하였다고 해서 반드시 동일 욕구에서 비롯되는 것은 아니다.
ⓓ 욕구 불충족의 경우 개인은 새로운 대안을 모색하고 개발할 수도 있다는 점을 간과하고 있다.
ⓔ 인간은 욕구 이외에 사회규범·의무·이념에 따라서 행동할 수 있는 것이다.
ⓕ 하나의 행동은 단일 욕구가 아니라 복합적 욕구에 의해 동기가 부여될 수 있다.
ⓖ 생리적 욕구는 완전히 충족될 수 없고 주기적으로 반복된다. 즉, 저차 욕구가 100%로 충족되어야만 고차 욕구가 나타나는 것은 아니다.

바로 확인문제

07 2019 지방직 7급

동기이론에 대한 설명으로 옳은 것은?

① 매슬로(Maslow)의 욕구 5단계론은 욕구가 상위 수준에서 하위 수준으로 후퇴할 수도 있다고 본다.
② 앨더퍼(Alderfer)의 ERG이론은 상위 욕구가 만족되지 않으면, 하위 욕구를 더욱 충족시키고자 한다고 주장한다.
③ 허즈버그(Herzberg)의 욕구충족 이원론은 '감독자와 부하의 관계'를 만족요인 중 하나로 제시한다.
④ 포터와 롤러(Porter & Lawler)의 업적·만족이론은 성과보다는 구성원의 만족이 직무성취를 가져 온다고 지적한다.

08 2022 국가직 7급

동기부여이론에 대한 설명으로 옳지 않은 것은?

① 앨더퍼(Alderfer)의 욕구내용 중 관계욕구는 매슬로(Maslow)의 생리적 욕구와 안전욕구에 해당한다.
② 브룸(Vroom)의 기대이론은 과정이론에 해당한다.
③ 허즈버그(Herzberg)는 위생요인이 충족되었다고 하더라도 동기부여가 되는 것은 아니라고 하였다.
④ 애덤스(Adams)는 투입한 노력 대비 얻은 보상에 대해서 준거인과 비교해 상대적으로 느끼는 공평함의 정도가 동기부여에 영향을 미친다고 하였다.

09 2017 국가직 7급

매슬로(Maslow)의 욕구단계이론에 대한 설명으로 옳은 것은?

① 가장 낮은 안전의 욕구부터 시작하여 다섯 가지의 위계적 욕구단계가 존재한다.
② 안전의 욕구와 사회적 욕구는 앨더퍼(Alderfer)의 ERG이론의 첫 번째 욕구단계인 존재욕구에 해당한다.
③ 어느 한 단계의 욕구가 완전히 충족되어야만 다음 단계의 욕구를 추구하게 되는 것은 아니다.
④ 사회적 욕구는 어떤 일을 행함으로써 느끼게 되는 자신감, 성취감 등을 의미한다.

10
2018 서울시 7급 제2회

〈보기〉이론의 내용과 잘 부합하는 조직관리 전략으로 가장 옳지 <u>않은</u> 것은?

┤ 보기 ├

　　대부분의 사람들은 본질적으로 일을 싫어하며 가능하면 일을 하지 않으려고 한다. 또한 안전을 원하고 변화에 저항적이다.

① 정확한 업무 지시와 감독을 강화해야 한다.
② 의사결정 시 부하직원을 참여시키고 권한을 확대해서 자율적으로 업무를 수행할 수 있게 한다.
③ 업무평가 결과에 따른 엄격한 상벌의 원칙을 제시한다.
④ 관리자가 조직구성원에게 적절한 업무량을 부과하여 업무를 수행하게 해야 한다.

11
2015 서울시 7급

신고전적 조직이론을 태동시킨 인간관계론 주창자들에 대한 설명 중 가장 옳지 <u>않은</u> 것은?

① 메이요(E. Mayo) 등은 호손(Hawthorne) 공장 실험을 통해 조직의 생산성에 대한 구성원들 간의 사회적 관계의 중요성을 확인하였다.
② 맥그리거(D. McGregor)는 전통적 조직이론의 인간관을 위생이론(hygene theory), 새로운 조직이론의 인간관을 동기이론(motivation theory)으로 구분하였다.
③ 리커트(R. Likert)는 지원적 관계의 원리와 참여관리의 가치에 따라 구성원의 참여를 통해 조직의 효과성을 제고할 수 있다고 주장하였다.
④ 아지리스(C. Argyris)는 개인의 성격은 미성숙한 상태에서 성숙한 상태로 변하며 이러한 성격 변화는 하나의 연속 선상에 있다고 주장하였다.

② 맥그리거(McGregor)-X이론, Y이론
　㉠ X이론
　　ⓐ 인간모형
　　　• 인간은 생리적 욕구나 안정 욕구를 추구한다.
　　　• 인간은 합리적·경제적 동물이다.
　　　• 인간은 철저하게 이기적이며 자기 중심적이다.
　　　• 인간은 게으르며 일을 싫어한다.
　　　• 인간은 자기 행위에 대하여 책임지기를 싫어하여 남에게 의존하며 수동적이다.
　　　• 인간은 자기 보존이나 안전만을 희구하여 변화나 개혁에 대하여 저항적이다.
　　　• 인간은 피동적 존재이기 때문에 기계부품처럼 외부조건에 의해서 얼마든지 조종될 수 있다.
　　ⓑ 관리전략
　　　• 생리적 욕구 및 안전 욕구의 충족
　　　• 경제적 보상체계의 강화
　　　• 강제적 명령·엄격한 통제 등의 권위적 관리
　　　• 집권화와 참여의 제한
　　　• 조직구조의 고층성(hierarchy)
　　　• 상부책임제도의 강화
　　　• 공식적 조직에 대한 의존
　㉡ Y이론
　　ⓐ 인간모형
　　　• 인간은 하위 욕구보다 상위 욕구를 추구한다.
　　　• 인간은 특히 사회심리적 욕구를 강하게 추구하는 사회적 존재이다.
　　　• 인간은 이타적이며 사회 중심적이다.
　　　• 인간은 천성적으로 일을 싫어하지 않는다. 경우에 따라 노동이 행복이나 만족의 원천이 된다는 것이다. 조직목표에 헌신적으로 기여하려는 동기는 그 일의 성취에서 얻어지는 보상 때문이다. 이때 가장 값진 보상은 심리적 만족이고 자기실현 욕구의 충족이다.
　　　• 인간은 개혁·변화에 저항적인 자세를 취하지 않으며 오히려 창조적·진취적이다.
　　　• 인간은 조직의 목표달성을 위하여 자기 규제를 자율적으로 할 수 있다.
　　ⓑ 관리전략
　　　• 개인의 목표(자아실현 욕구)와 조직의 목표의 조화·통합
　　　• 민주적 리더십
　　　• 분권화와 권한의 위임 촉진 및 조직구조의 수평화
　　　• 목표관리(MBO)
　　　• 직무확장
　　　• 비공식조직의 활용
　　　• 자기평가제도

③ 허즈버그(Herzberg)−욕구충족요인 이원론

핵심 꼭 짚기 | 불만요인과 동기요인

불만요인(위생요인)	동기요인(만족요인)
〈직무의 조건·환경〉	〈직무 자체〉
• 조직의 정책·방침·관리	• 직무상의 성취(감)
• 감독	• 직무성취에 대한 인정
• 근무(작업)조건	• 보람 있는 일
• 보수	• 책임의 증대
• 대인관계(상사와의 인간관계)	• 발전·성장
• 복지시설	• 승진·자아계발

○ 개요: 허즈버그는 인간의 욕구 차원을 불만과 만족으로 구분하고 불만을 일으키는 요인(불만요인)과 만족을 주는 요인(만족요인)은 서로 다르다는 욕구충족요인 이원론을 제시하였다.

　ⓐ 위생/불만요인(hygiene factors): 첫 번째 범주의 욕구를 충족시키는 요인은 주로 환경에 관한 것으로, 직무에 불만족을 느끼게 하거나 예방하는 데 작용한다고 보면서 이를 위생요인이라고 했다.

　ⓑ 동기/만족요인(motivator): 두 번째 범주의 욕구를 충족시키는 요인은 인간에게 만족을 주고 우수한 직무수행을 위해 동기를 유발하는 데 작용하는 것으로 보고, 이를 동기요인이라고 했다.

○ 위생/불만요인과 동기/만족요인: 동기요인(만족요인)은 직무와 구성원 사이의 관계에 관한 것으로, 더 나은 직무수행과 노력을 위한 동기부여의 요인이 되며 이러한 것이 갖춰지지 않더라도 불만족을 유발하지는 않는다고 한다. 반면 불만요인(위생요인)은 그러한 요인이 없으면 구성원에게 불만족을 유발하지만 그것이 갖추어져 있어도 구성원의 직무수행의 동기를 유발시키지는 못한다. 즉, 만족의 반대는 불만족이 아니고 만족이 없다는 것이며, 불만족의 반대는 만족이 아니라 불만족이 없다는 것이다. 이 두 가지 요인이 인간 행동의 동기를 자극하게 되므로, 관리자 입장에서는 구성원을 만족시키기 위하여 위생요인과 동기요인을 모두 고려하여야 한다.

　ⓐ 위생/불만요인
　　• 직무의 조건, 환경과 관련되며 하위 욕구와 관련된다(생리적 욕구·안전 욕구).
　　• 충족되지 않으면 심한 불만을 일으키지만, 충족되어도 적극적으로 만족감을 느끼게 하여 근무의욕을 향상시키지는 못한다.
　　• 불만요인이 개선되면 불만을 줄이거나 방지하게 되지만, 장기적 효과는 없다.

　ⓑ 동기/만족요인
　　• 직무 자체에 대한 욕구로서 인간의 정신적 측면에 관련되며 상위 욕구와 관련된다(존경욕구·자기실현 욕구).
　　• 좀 더 많은 책임을 부여받거나, 상사로부터 직무성취에 대한 인정을 받거나, 좀 더 많은 개인적 성장과 발전을 경험하는 것이다.
　　• 충족되면 적극적인 만족감을 느끼고 근무의욕이 향상되며, 장기적 효과를 가진다.

12　2023 군무원 9급

다음 중 조직 구성원의 동기부여 이론에 대한 설명으로 가장 거리가 먼 것은?

① 매슬로(A. H. Maslow)의 5단계 욕구이론은 욕구계층의 고정성을 전제로 한다.
② 허즈버그(F. Herzberg)의 욕구충족이론에 의하면 위생요인(hygiene factor)이 충족되는 경우 동기가 부여된다.
③ 샤인(E. H. Schein)의 복잡 인간관에서는 구성원의 맞춤형 관리전략의 필요성을 강조한다.
④ 맥그리거(D. McGregor)의 X·Y이론은 욕구와 관리전략의 성장측면을 강조한다.

13　2022 지방직(= 서울시) 9급

허즈버그(Herzberg)의 욕구충족요인 이원론에서 위생요인에 해당하지 않는 것은?

① 감독　　　　② 대인관계
③ 보수　　　　④ 성취감

14　2010 서울시 7급

Hackman과 Oldham의 직무특성이론에서 업무결과에 대한 책임성 인식을 제고하는 직무설계의 측면은?

① 기술다양성(skill variety)
② 과제정체성(task identity)
③ 과제중요성(task significance)
④ 자율성(autonomy)
⑤ 환류(feedback)

15　2011 지방직 9급

해크만(J. Hackman)과 올드햄(G. Oldham)의 직무특성모델에 대한 설명으로 옳지 않은 것은?

① 잠재적 동기지수(Motivating Potential Score: MPS) 공식에 의하면 제시된 직무특성들 중 직무정체성과 직무중요성이 동기부여에 가장 중요한 역할을 한다.
② 허즈버그의 욕구충족요인 이원론보다 진일보한 것으로 이해할 수 있다.
③ 직무정체성이란 주어진 직무의 내용이 하나의 제품 혹은 서비스를 처음부터 끝까지 완성시킬 수 있도록 구성되어 있는지에 관한 것이다.
④ 이 모델은 기술다양성, 직무정체성, 직무중요성, 자율성, 환류 등 다섯 가지의 핵심 직무특성을 제시한다.

16

2021 국가직 7급(인사조직론)

해크만(Hackman)과 올드햄(Oldham)이 제시한 직무특성이론에 대한 설명으로 옳지 않은 것은?

① 직무정체성(task identity)이란 작업자가 작업 결과의 효과에 대해 직접적이고도 명확한 정보를 얻을 수 있는 정도를 말한다.

② 기술다양성(skill variety)은 일정한 직무를 수행하는 데 요구되는 기술의 종류나 수를 의미한다.

③ 직무의 자율성(autonomy)은 직무를 수행하는 자에게 직무수행에 관한 계획, 절차, 방법을 결정하는 재량권이 부여되는 정도를 의미한다.

④ 동기부여 잠재적 점수(MPS: Motivating Potential Score)를 구할 때 직무의 중요성(significance)과 환류(feedback)가 구성 요소에 포함된다.

17

2010 국가직 7급

동기부여이론에 대한 설명으로 옳지 않은 것은?

① Maslow는 개인의 욕구는 학습되는 것이므로 개인마다 그 욕구의 계층에 차이가 많이 난다고 주장했다.

② Alderfer의 ERG이론은 Maslow와는 달리 순차적인 욕구발로뿐만 아니라 욕구좌절로 인한 욕구발로의 후진적·하향적 퇴행을 제시하고 있다.

③ Herzberg의 욕구충족요인 이원론에 대해 직무요소와 동기 및 성과 간의 관계가 충분히 분석되어 있지 않다는 비판이 있다.

④ Locke의 목표설정이론은 인간의 행동이 의식적인 목표와 성취의도에 의해 결정된다고 가정한다.

ⓒ 한계

ⓐ 이론을 개발할 당시의 연구대상이 기사와 회계사 등 전문직에 종사하는 사람들이었기 때문에 다른 업종의 사람들에게 연구결과를 일반화하는 데에는 무리가 있다.

ⓑ 연구자료가 중요사건기록법을 근거로 수집되었기 때문에 연구대상표본들의 자아보호적 편견이 내포되었을 가능성이 높다. 따라서 동기요인이 과대평가되어 있다고 볼 수 있다. 또한 다른 조사방법을 사용하여 연구를 수행하는 경우, 허즈버그의 연구결과와 다른 결론이 도출될 수 있다.

ⓒ 개인차에 대한 고려가 없으며, 허즈버그가 제시하는 여러 가지 위생요인이나 동기요인이 개인에게 미치는 영향은 개인의 연령이나 조직 내의 직위 등에 따라 다를 수 있다. 또한 위생요인으로 제시된 봉급, 지위가 문화권과 경제발전의 단계에 따라 조직구성원들에게 불만족을 방지하는 요인으로만 작용하는 것이 아니라 만족을 주는 요인으로도 작용할 수도 있다.

ⓓ 직무요소와 동기 및 성과 간의 관계가 충분히 분석되어 있지 않고, 개인의 만족도와 동기수준의 관계에 대해서도 제대로 설명하지 못하고 있다.

④ **해크만(Hackman)과 올드햄(Oldham) – 직무특성이론**

M(잠재적 동기지수) = (기술다양성 + 직무정체성 + 직무중요성) / 3 × 자율성 × 환류

㉠ 해크만과 올드햄의 직무특성이론은 직무의 특성이 직무수행자의 성장욕구 수준에 부합될 때 직무가 그 직무수행자에게 더 큰 의미와 책임감을 주고, 그로 인해 동기유발의 측면에서 긍정적인 성과를 얻게 된다는 것을 제시한다.

㉡ 직무특성이론은 직무수행자의 성장욕구 수준이라는 개인차를 고려하고 구체적으로 직무특성, 심리 상태 변수, 성과 변수 등의 관계를 제시했다는 측면에서 허즈버그의 욕구충족요인 이원론보다 진일보한 것으로 볼 수 있다. 직무특성들 중에서도 자율성과 환류가 동기부여에 가장 중요한 역할을 한다고 본다.

㉢ 직무특성이론은 다섯 가지 직무특성(기술다양성, 직무정체성[1], 직무중요성, 자율성, 환류)과 세 가지 심리상태 변수들(작업에 대한 경험적 의미 부여, 작업성과에 대한 책임감, 작업결과에 대한 지식), 그리고 네 가지 성과 변수들(높은 내재적 동기, 작업성과의 질적 향상, 높은 직업만족도, 이직과 결근율 저하)로 구성되어 있는데, 개인의 성장욕구 수준이 직무특성과 심리상태, 심리상태와 성과 간의 관계를 조절해 주는 변인으로 작용한다는 것을 제시한다.

㉣ 직무수행자의 성장욕구 수준이 높은 경우, 그가 수행하는 직무를 재구성하여 직무수행을 위해 다양한 기술을 필요하게 하고, 직무정체성과 중요성을 높여주며, 더 많은 자율성을 부여하고, 직무수행의 결과를 즉각 알 수 있도록 한다. 그 직무수행자는 자신의 직무에 대해 큰 의미와 책임감을 경험하게 되고 직무수행 결과를 알게 됨에 따라 직무 자체에 대한 내재적 동기가 유발되고 작업의 질과 만족도가 상승하여 이직과 결근이 줄어들게 된다는 것이다.

㉤ 직무수행자의 성장욕구 수준이 낮은 경우에는 그 직무수행자에게 정형화할 수 있다. 단순한 직무를 제공함으로써 직무자체에 대한 내재적 동기가 유발되고 작업의 질과 만족도가 상승하여 이직과 결근이 줄어들게 된다.

---

1) 주어진 직무의 내용이 하나의 제품 또는 서비스를 처음부터 끝까지 완성시킬 수 있도록 구성되어 있는지에 관한 것이다.

⑤ 맥클리랜드(McClelland) – 성취동기이론(성격유형 분류)
  ㉠ 개요
    ⓐ 맥클리랜드는 모든 사람이 공통적으로 비슷한 욕구의 계층을 가지고 있다고 주장한 매슬로의 이론을 비판하고, 개인의 행동을 동기화시키는 잠재력을 지니고 있는 욕구는 학습되는 것이므로 개인마다 그 욕구의 계층에 차이가 있다고 주장하였다.
    ⓑ 개인의 동기는 개인이 사회·문화적 환경과 상호작용하는 과정에서 취득된다고 보면서, 학습을 통하여 개인의 동기가 개발될 수 있다는 전제를 기초로 하여 조직 내 성취욕구의 중요성을 강조하는 성취동기이론을 제시하였다.
  ㉡ 동기의 분류: 개인의 동기를 다음과 같이 세 가지로 분류하고 성취욕구가 높을수록 생산성이 높아진다고 주장하였다.
    ⓐ 성취동기: 자아실현 욕구와 관련되는 동기
    ⓑ 권력동기: 존경욕구와 관련되는 동기
    ⓒ 소속동기: 사회적 욕구와 관련되는 동기
  ㉢ 성취동기가 강한 사람(성취자)의 특징
    ⓐ 문제해결에 대한 개인적 책임을 지는 상황을 좋아한다.
    ⓑ 목표설정을 달성 가능한 수준에서 시작하여 도전적인 상승(계산된 위험)을 해 나간다.
    ⓒ 자기활동에 대한 구체적인 환류를 원한다.
    ⓓ 성취지향적 동료관계를 맺고자 한다.

⑥ 아지리스(Argyris) – 미성숙·성숙이론: 아지리스는 인간의 퍼스낼리티·성격이 미성숙 상태로부터 성숙 상태로 변화하며 조직의 구성원을 성숙한 인간으로 관리하여야 한다고 주장하였다. 또한 조직의 목표와 개인의 목표가 일치해야 조직의 건강이 유지된다고 보았다.
  ㉠ 퍼스낼리티(personality)의 변화모형

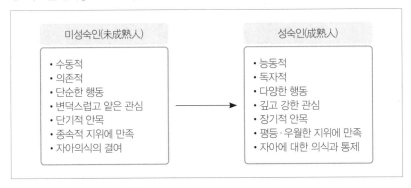

  ㉡ 악순환모형(惡循環模型)
    ⓐ 아지리스는 조직의 활성화를 위해서는 성공의 경험이 축적됨에 따라 생기는 심리적 에너지가 가장 중요시되어야 한다고 본다.

바로 확인문제

18 　　　　　　　　　　　2011 서울시 9급
조직 내 인간의 행동은 여러 가지 개인 수준의 변수의 영향으로 인해 다양하게 나타난다. 다음 동기이론에 대한 설명 중 적절한 것은?
① 매슬로(Maslow)는 두 가지 이상의 복합적인 욕구가 하나의 행동을 유발할 수 있다고 보았다.
② 앨더퍼(Alderfer)도 매슬로와 같이 욕구 만족 시 욕구발로의 전진적·상향적 진행만을 강조하는 공통점이 있다.
③ 맥클리랜드(McClelland)는 개인의 행동을 동기화시키는 잠재력을 지니고 있는 욕구는 학습되는 것이므로 개인마다 욕구의 계층에 차이가 있다고 주장했다.
④ 샤인(Schein)의 복잡한 인간관은 연구자료가 중요사건기록법을 근거로 수집되었다는 한계를 갖는다.
⑤ 허즈버그(Herzberg)는 직무수행자의 성장욕구가 낮은 경우에는 단순한 직무를 제공하는 동기 유발 전략이 필요하다고 한다.

19 　　　　　　　　　　　2004 부산 9급
동기부여이론에 관한 아래 설명 중 옳은 것은?
① C. Argyris는 조직의 목표와 개인의 목표가 일치해야 조직의 건강이 유지된다고 보았다.
② 인간은 노동을 놀이처럼 즐길 수 있다고 주장한 것은 V. Vroom의 기대이론이다.
③ A. Maslow에 따르면 근로자는 하위 욕구가 100% 충족되어야 상위 욕구를 추구하기 시작한다고 본다.
④ F. Herzberg는 위생요인을 제거하면 조직구성원의 근로의욕이 고취된다고 보았다.

20   2005 강원 9급

동기부여이론에 대한 설명으로 옳지 <u>않은</u> 것은?

① 허즈버그가 강조한 위생요인은 정책, 관리, 임금, 대인관계 등이다.
② 아지리스는 성공의 경험이 축적됨에 따라 생기는 심리적 에너지가 중요하다고 강조하였다.
③ 매슬로는 순차적 단계의 욕구가 5단계라고 설명하였다.
④ 브룸은 객관적인 기대가 동기를 좌우한다고 보았다.

21   2019 국가직 9급

동기이론에 대한 설명으로 옳지 <u>않은</u> 것은?

① 브룸(Vroom)의 기대이론에서 수단성(Instrumentality)은 득정한 결과에 내한 선호의 강도를 의미한다.
② 허즈버그(Herzberg)는 불만요인(위생요인)을 없앤다고 해서 적극적으로 만족감을 느끼는 것은 아니라고 했다.
③ 앨더퍼(Alderfer)는 매슬로의 5단계 욕구이론을 수정해서 인간의 욕구를 3단계로 나누었다.
④ 매슬로(Maslow)는 충족된 욕구는 동기부여의 역할이 약화되고 그다음 단계의 욕구가 새로운 동기요인이 된다고 하였다.

22   2006 대구 9급

브룸(V. H. Vroom)의 기대이론에서 동기결정의 요인이 <u>아닌</u> 것은?

① 자신의 노력이 일정한 수준의 성과를 달성한다는 기대
② 성과가 보상을 가져올 주관적 확률판단
③ 보상에 대한 주관적 가치판단
④ 자신이 그 일에 성공하고 싶은 욕구의 강도

23   2003 서울시 9급

기대이론모형에서 기대치는 무엇인가?

① 노력과 목표달성 간의 관계에 대한 인식
② 실적과 보상 간의 관계에 대한 인식
③ 보상이 자신에게 얼마나 만족스러울 것인가에 대한 믿음
④ 의도적인 행동이 가져올 산출물
⑤ 보상의 정도

ⓑ 조직과 개인은 각각 그 나름의 목표를 추구하는 가운데 상호작용을 하는데, 아지리스는 양자의 상호작용과정을 악순환과정으로 파악하였다.

ⓒ 관리전략

    ⓐ 조직성원이 스스로의 욕구 충족으로 성장·성숙의 기회를 얻게 됨으로써 조직의 목표와 인간 개인의 욕구(복표)가 조화·통합될 수 있다.

    ⓑ 조직구조를 직무 확대(고도의 직무 완결성을 갖도록 전문적 직무의 범위를 확장하는 것), 참여적·직원 중심적 리더십, 현실적 리더십 등에 의하여 개편함으로써 인간의 자기실현을 가능하게 해야 한다.

⑦ 리커트(Likert) – 관리체제이론

   ㉠ 관리체제의 유형: 리커트는 행태적 조사연구의 결과에 따라 관리체제를 체제 1부터 체제 4까지 분류하였다.

    ⓐ 1(system 1) – 수탈적 권위형: 관리자는 부하를 신뢰하지 않으며 부하의 의사결정 참여는 배제된다.

    ⓑ 2(system 2) – 온정적 권위형: 관리자는 부하에게 은혜적 온정을 베푸는 관계를 가지며 커뮤니케이션은 대체로 하향적이다.

    ⓒ 3(system 3) – 협의적 민주형: 관리자는 부하에게 상당한 신뢰를 가지며 커뮤니케이션이 활발하고 부하의 의사결정 참여도 널리 인정된다.

    ⓓ 4(system 4) – 참여적 민주형: 관리자는 부하를 전적으로 신뢰하며 부하의 의사결정 참여는 광범위하여 상향적·하향적·횡적 커뮤니케이션이 매우 활발하다.

   ㉡ 관리전략

    ⓐ 리커트는 실증적인 연구결과 생산성 및 사기가 체제 1, 2, 3, 4로 갈수록 좀 더 높아지는 것을 밝히고 있다.

    ⓑ 리커트 이론에서는 X이론보다 Y이론, 미성숙행동보다 성숙행동, 위생요인보다 동기부여요인을 중시하는 것이 바람직하다는 의도가 나타난다.

(3) 과정이론

① 브룸(Vroom) – 기대이론(VIE)

   ㉠ 개요

    ⓐ 브룸의 기대이론은 동기부여의 과정적 측면을 중시하였다.

    ⓑ 욕구 충족(만족감)과 직무수행의 관계에서 직접적인 인과관계를 찾기 어렵다고 보아 욕구 충족과 동기 유발 사이에 인간의 주관적인 평가과정이 끼어든다고 보는 입장이다.

    ⓒ 브룸은 동기부여가 보상의 내용이나 실체보다는 조직구성원이 보상에 대해서 얼마나 매력을 느끼고 있는가에 달려 있다고 본다.

    ⓓ 브룸의 기대이론에 의하면 동기부여의 강도는 유의성(V), 수단성(I), 기대감(E)의 곱의 함수라고 한다.

    ⓔ 예를 들어, 어떤 사람이 자신의 노력만큼 높은 근무성적을 낼 수 있다고 생각할 때(기대감, Expectancy), 그 근무성적이 자신이 승진하는 데 주요 수단이 된다고 판단될 때(수단성, Instrumentality), 승진이 매력적인 것으로 간주될 경우(유의성 또는 유인가, Valence)에 동기부여가 될 것이라고 가정하는 이론이다.

$$f\,[\Sigma\ 유인가(V) \times 수단성(I) \times 기대감(E)]$$

ⓒ 주요 내용

ⓐ 기대감(Expectancy)

- 기대감은 특정 결과가 특정한 노력으로 인해 나타날 수 있다는 가능성에 대한 개인의 신념으로 주관적 확률로 표시된다. 즉, 일정한 노력을 기울이면 근무성과를 가져올 수 있으리라는 가능성에 대한 인간의 주관적인 확률과 관련된 믿음을 기대감이라고 한다.
- 브룸은 성과에 영향을 미치는 요인으로 노력 이외에도 직무수행 능력과 직무수행에 필요한 여러 가지 환경적 요인을 들었다. 기대감을 수치로 표현할 경우, 기대감은 일정한 노력이 어떠한 성과를 초래할 것이라는 완전한 의심인 0부터 시작하여 일정한 노력이 어떠한 성과를 초래할 것이라는 것에 대한 완전한 믿음인 1 사이에 존재한다.

ⓑ 수단성(Instrumentality)

- 수단성은 1차 수준의 결과(과업목표달성)가 2차 수준의 결과(과업달성에 따른 보상이나 제재, 처벌 등)를 가져오게 될 것이라는 개인의 믿음의 강도를 말한다. 즉, 개인이 지각하기에 어떤 특정한 수준의 성과를 달성하면 바람직한 보상이 주어지리라고 믿는 정도를 수단성이라고 한다.
- 수치로 표현할 경우, 이것은 높은 성과가 항상 반대로 낮은 보상을 초래할 것이라는 것에 대한 완전한 믿음인 −1에서부터 성과와 보상 사이에 전혀 관계가 없다고 믿는 0, 높은 성과가 항상 높은 보상을 초래할 것이라는 완전한 믿음인 1 사이에 존재한다. 결국 기대감이 노력과 성과의 관계에 대한 믿음이라면 수단성은 성과와 보상의 관계에 대한 믿음이다.

ⓒ 유의성(Valence)

- 특정 결과에 대해 개인이 갖는 선호의 강도를 말한다. 즉, 어느 개인이 원하는 특정한 보상에 대한 선호의 강도를 유의성이라고 한다.
- 유의성은 직무상에서 받을 수 있는 보상에 대해 그 개인이 느끼는 보상의 중요성을 의미한다. 이러한 선호의 강도는 개인이 보상을 받지 않았을 때보다 받았을 때 더 선호를 느끼게 되면 정(正)의 유의성을 갖고, 무관심할 때는 0의 유의성, 싫어하면 부(負)의 유의성을 갖는다.

ⓓ 결과(행동의 소산)

- 결과는 개인행동의 성과와 같은 1차적 결과와 성과에 따른 승진 등과 같은 2차적 결과, 즉 보상으로 구분할 수 있다.
- 높은 수준의 성과는 봉급인상, 승진, 상사로부터 받는 인정, 피로, 스트레스, 휴식시간의 부족 등을 초래할 수 있다.
- 봉급인상, 승진, 상사의 인정 등은 일반적으로 정(正)의 유의성을 갖는 반면에, 피로, 스트레스, 휴식시간의 부족 등은 일반적으로 부(負)의 유의성을 갖는다.

$$M = f\left[\sum(A \rightarrow P_1)(P_1 \rightarrow P_2) \times V\right]$$

- M: 동기부여 강도
- P_1: 1차 결과(성과, 생산성)
- V: 1차 결과(보상)에 대한 선호의 강도
- A: 개인의 능력·노력
- P_2: 2차 결과(보상)

바로 확인문제

24 2021 국가직 7급

브룸(Vroom)의 기대이론에 대한 설명으로 옳지 않은 것은?

① 동기부여의 과정이론(process theory) 중 하나이다.
② 기대감(Expectancy)은 개인의 노력(Effort)이 공정한 보상(reward)으로 이어질 것이라는 주관적 믿음을 의미한다.
③ 수단성(Instrumentality)은 개인의 성과(performance)와 보상(reward) 간의 관계에 대한 인식이다.
④ 유인가(Valence)는 개인이 특정 보상(reward)에 대해 갖는 선호의 강도를 의미한다.

25 2017 서울시 7급

주요 동기부여이론과 그로부터 도출할 수 있는 올바른 동기부여 방안이 가장 바르게 연결된 것은?

① 브룸(Vroom)의 기대이론 – 개인의 선호에 부합하는 결과를 유인으로 제시한다.
② 로크(Locke)의 목표설정이론 – 평이하고 구체적인 목표를 제시한다.
③ 허즈버그(Herzberg)의 2요인이론 – 낮은 보수를 인상한다.
④ 애덤스(Adams)의 형평성이론 – 프로젝트에 참여한 모든 사람에게 동일한 보상을 한다.

26 2022 지방직(= 서울시) 7급

동기부여이론에 대한 설명으로 옳은 것은?

① 스키너(Skinner)의 강화이론은 인간의 내면적 과정에 초점을 맞추며, 행동의 결과보다 원인을 더 강조한다.
② 로크(Locke)의 목표설정이론에 따르면, 개인의 강력한 동기유발을 위해서는 추상적인 목표를 채택해야 한다.
③ 포터(Porter)와 롤러(Lawler)의 업적·만족 이론은 직무성취 수준이 직무 만족의 요인이 될 수 있다고 주장한다.
④ 공공봉사동기(public service motivation)이론은 공공부문 종사자와 민간부문 종사자의 가치체계는 차이가 없고, 개인이 공공부문에 근무하면서 공공봉사 동기를 처음으로 획득하므로, 조직문화와 외재적 보상을 강조한다.

27

2021 국가직 9급

동기요인이론에 대한 설명으로 옳지 않은 것은?

① 애덤스(Adams)의 공정성이론에 따르면 공정하다고 인식할 때 동기가 유발된다.

② 맥클리랜드(McCleland)의 성취동기이론에 따르면 개인들의 욕구가 학습을 통해 개발될 수 있다.

③ 브룸(Vrom)의 기대이론에서 기대감은 특정 결과는 특정한 노력으로 인해 나타날 수 있다는 가능성에 대한 개인의 신념으로 통상 주관적 확률로 표시된다.

④ 앨더퍼(Alderfer)의 ERG이론에 따르면 상위 욕구 충족이 좌절되면 하위 욕구를 충족시키고자 할 수 있다.

28

2019 서울시 7급 제3회

동기이론에 대한 설명으로 가장 옳지 않은 것은?

① 브룸(Vroom)의 기대이론 – 개인은 투입한 노력 대비 결과의 비율을 준거인물의 그것과 비교하여 불균형이 발생했을 때 이를 조정하려 한다.

② 앨더퍼(Alderfer)의 ERG이론 – 개인의 욕구 동기는 생존욕구, 관계욕구, 성장욕구 세 단계로 구분된다.

③ 맥클리랜드(McClelland)의 성취동기이론 – 개인의 욕구는 성취욕구, 친교욕구, 권력욕구로 구분되며, 성취욕구의 중요성을 강조한다.

④ 허즈버그(Herzberg)의 2요인이론 – 개인은 서로 별개인 만족과 불만족의 감정을 가지는데, 위생요인은 개인의 불만족을 방지해 주는 요인이며, 동기요인은 개인의 만족을 제고하는 요인이다.

② **포터(Porter)와 롤러(Lawler) – 업적·만족이론**

ⓐ 포터와 롤러는 사람이 바라는 목적과 결과를 성취하려는 노력에 의하여 업적이 결정되며 만족은 업적에 의하여 결정된다고 전제한다.

ⓑ 성취 노력은 업적과 보상에 부여하는 가치와 보상에 대한 기대에 의하여 좌우된다고 한다.

ⓒ 포터와 롤러의 이론을 업적·만족이론이라 부르는 것은 종래의 사기(士氣)이론 등이 조직에서 업적의 달성을 만족의 결과로 보아 온 반면에, 이 이론은 업적의 달성이 만족을 가져온다고 하는 원인과 결과의 자리바꿈 현상을 보여 주고 있기 때문이다. 간단히 말해서 종래의 이론은 '만족 → 업적'의 관계를, 이 이론은 '업적 → 만족'의 관계를 상정하고 있다.[2]

③ **애덤스(Adams) – 공정성(형평성)이론**

ⓐ 서로가 교환하는 보상에 대해 또는 자신이 받는 보상에 대한 공평성을 평가하여, 자신의 편익·투입을 준거인의 그것과 비교한다. 즉, 타인과 비교하여 최소보상이나 과다보상을 받게 되면 불만이나 부담감을 느끼게 되고 그것을 감소시키는 방향으로 행동하게 된다.[3]

ⓑ 내용이론과 브룸의 이론이 주로 사람의 욕구와 이를 충족시켜 주는 요인으로부터 행위유발요인을 찾고자 하는 반면, 형평이론은 사람의 호혜주의 규범(norm of reciprocity)이나 인지 일관성 정향(cognitive consonance orientation)으로부터 행위유발요인을 찾고자 한다.

ⓐ **호혜주의 규범**: 일상의 대인관계에서 사람들은 공평한 교환을 하려는 경향을 말한다.

　　ⓔ A라는 사람이 그의 동료인 B에게 점심을 대접했을 경우에 B는 여기에 부담을 느껴서 적당한 기회에 이를 보답하고자 하는 것이다.

ⓑ **인지 일관성 정향**: 페스팅거(Leon Festinger)의 인지부조화이론(cognitive dissonance theory)이 밝히고 있는 바와 같이, 사람이 그의 행위와 태도를 일치시키고자 하는 정향을 말한다.

ⓒ 애덤스의 공정성(형평성)이론에서는 자신의 노력과 그 결과로 얻어지는 보상과의 관계를 다른 사람의 것과 비교해 상대적으로 느끼는 공평한 정도가 행동 동기에 영향을 준다고 한다. 따라서 개인이 지각하는 산출–투입 비율이 다른 사람의 산출–투입비율과 대등한 경우 개인은 공정하다고 느끼게 되고 동기는 유발되지 않는다. 그러나 양쪽의 비율이 불균형하다고 생각되면 불공정성을 느끼고 심리적 불균형과 불안감이 뒤따르며, 이러한 불공정성을 해소시키는 과정에서 개인의 동기가 형성된다고 한다.

---

2) 직무만족과 같은 전반적인 태도와 생산성과 같은 구체적인 행동 사이의 관계를 살펴본다는 것은 정당하지 못하다고 할 수 있다. 직원의 직무만족도와 생산성의 관계는 높은 정(正)의 상관관계를 보일 수 없는데, 직원들의 생산성에 영향을 주는 요소에는 작업만족도와 인과관계가 있다고 하는 직원들의 동기수준 이외에도 능력수준, 기술수준, 직무숙지도, 직원들의 통제 밖에 있으면서 생산성을 제고하거나 저해하는 각종 작업환경 등 여러 가지가 있기 때문이다.

3) 첫째, 사람은 서로가 교환하는 보상에 대해 또는 자신이 받는 보상에 대해 어떠한 것이 공평한지에 대한 신념이 형성되어 있다. 우리가 동료나 친지의 집을 방문할 때 가지고 가는 선물과 동료나 친지가 우리집을 방문할 때 가지고 오는 그것이 가격 면에서 반드시 동일하지는 않더라도 서로의 경제적 능력이나 기타 상황에 비추어 어느 정도가 공평한지에 대한 신념은 서로가 나누어 가지고 있는 것이다. 둘째, 사람은 자신이 직무를 수행하는 데 투입하는 노력, 솜씨, 정성 등과 조직으로부터 받는 급료, 승진, 인정 등을 형량하여 자신과 동종의 직무에 종사하는 친구의 그것과 비교한다. 다시 말해서 자신의 편익·투입을 준거인(referent person)의 그것과 계속적으로 비교를 한다는 것이다. 셋째, 이 비교과정에서 양자의 투입·산출비가 일치하면 만족하고, 자신의 것이 작으면 급료를 올려 달라는 등의 편익 증대를 요구하거나 생산량을 감축하는 등의 투입을 감소시킨다. 반면에 자신의 투입·산출비가 크면 편익 감소를 요청하거나 노력을 더하는 등의 투입 증대를 꾀한다는 것이다.

ⓔ 불공정을 해소하기 위한 전략적 대응은 다음과 같다.

　　ⓐ 일을 열심히 하지 않는 등 투입을 줄인다.

　　ⓑ 산출물의 양을 변화시킨다.

　　ⓒ 준거인물이 자신보다 훨씬 더 많은 시간을 일했을 것이라고 태도변화를 일으킨다.

　　ⓓ 준거인물을 교체하거나 이직을 한다.

④ 로크(Locke) - 목표설정이론

　ⓐ 목표설정이론의 기본적 가정은 인간의 행동이 의식적인 목표와 성취의도에 의해 결정된다는 것이며, 목표의 곤란성(난이도)과 구체성에 의하여 직무성과가 결정된다는 것이 그 핵심적 내용이다.

　ⓑ 로크는 목표설정이론에서 곤란하고 구체적인 목표가 용이하거나 애매한 목표 또는 무(無) 목표보다 더 직무성과를 향상시킬 수 있다고 주장하였다.

⑤ 조고풀로스(Georgopoulos) - 통로·목적이론

　ⓐ 일정한 생활활동을 하려는 개인 동기는 그가 추구하려는 목적에 반영된 개인의 욕구와 그러한 목표달성에 이르는 수단 또는 통로로서 생산성 제고·행동이 갖는 상대적 유용성에 대한 개인의 지각에 달려 있다는 것이다.

　ⓑ 어떤 근로자가 생산을 증대시킴으로써 개인의 목표를 달성할 수 있다고 생각하면 높은 생산성 달성이 가능할 것이고, 반대의 경우에는 반대의 결과를 낳을 것이다. 출세를 하는 것이 생산성 증대활동으로 가능하다고 생각하고 이를 강력하게 바라면 생산성 증대가 이루어질 것이다. 반대로 생산을 줄이는 것이 노조의 압력이나 동료와의 갈등을 줄이는 일이라 생각하면 생산성이 감축되는 결과가 초래될 것이다.

⑥ 애킨슨(Atkinson) - 기대모형

　ⓐ 개인은 한 작업에 대하여 한편으로는 그것을 성공적으로 이루고자 하는 동기를 갖고 있고 다른 한편으로는 그 작업을 하지 않음으로써 실패를 피하려는 동기를 갖고 있어, 이 쌍방 간의 상호작용에 의하여 개인 동기가 결정된다고 본다.

　ⓑ 애킨슨에 따르면 사람들이 어떤 행위를 선택하는 데는 첫째, 그 결과가 가져다 줄 유인과 둘째, 그 행위를 달성할 수 있는 가능성, 그 행위를 얼마나 하고 싶어 하느냐 하는 요인이 복합적으로 작용한다고 본다.

　ⓒ 애킨슨은 사람이 어떤 행위의 선택에 임하여 두 가지의 경우를 고려한다고 본다. 하나는 그 행위를 성공적으로 수행하고자 하는 경우이고, 또 하나는 실패를 회피하려고 하는 경우이다.

　　ⓐ **성공을 바라는 경우의 선택**: 성공하고 싶은 동기의 강도, 성공 가능성, 성공하는 경우의 유인가를 고려한다.

　　ⓑ **실패를 회피하려는 선택**: 실패를 회피하고자 하는 동기의 강도, 실패 회피의 가능성, 실패 회피의 경우 유인가를 고려한다.

⑦ 강화(순치)이론

　ⓐ 외부자극에 의하여 학습된 행동이 유발되는 과정 또는 어떤 행동이 왜 지속되는가를 밝히려는 이론이다.

　ⓑ 행동의 원인보다 결과에 초점을 두며 보상받는 행태는 반복되지만 보상받지 않는 행태는 중단·소멸된다는 손다이크(Thorndike)의 효과의 법칙에 근거를 두고 있다.

29 　　　　　　　　　2018 서울시 7급 제2회

공정성(형평성)이론에서 자신(A)과 준거인물(B)을 비교하여 보상이 불공정하다고 느낄 때, 이를 해소하기 위한 자신(A)의 전략적 대응에 대한 추론으로 가장 옳지 <u>않은</u> 것은?

① 일을 열심히 하지 않는다.

② 준거인물(B)의 업무 방식을 참고하여 배울 점을 찾는다.

③ 준거인물(B)이 자신(A)보다 훨씬 더 많은 시간을 일했을 것이라고 생각을 바꾼다.

④ 다른 비교대상을 찾는다.

30 　　　　　　　　　2019 서울시 9급 제2회

조직 내에서 구성원 A는 구성원 B와 동일한 정도로 일을 하였음에도 구성원 B에 비하여 보상을 적게 받았다고 느낄 때 애덤스(J. Stacy Adams)의 공정성이론에 의거하여 취할 수 있는 구성원 A의 행동 전략으로 가장 옳지 <u>않은</u> 것은?

① 자신의 투입을 변화시킨다.

② 구성원 B의 투입과 산출에 대해 의도적으로 자신의 지각을 변경한다.

③ 이직을 한다.

④ 구성원 B의 투입과 산출의 실제량을 자신의 것과 객관적으로 비교하여 보상의 재산정을 요구한다.

31 　　　　　　　　　2023 지방직 9급

동기부여 이론에 대한 설명으로 옳은 것은?

① 로크(Locke)의 목표설정이론에서는 목표의 도전성(난이도)과 명확성(구체성)을 강조했다.

② 매슬로(Maslow)의 욕구 5단계설에서는 욕구의 좌절과 퇴행을 강조했다.

③ 해크만과 올드햄(Hackman & Oldham)의 직무특성이론에서는 유의성, 수단성, 기대감을 동기부여의 핵심으로 보았다.

④ 앨더퍼(Alderfer)의 ERG이론에서는 위생요인이 충족되었다고 하더라도 동기부여가 되는 것은 아니라고 주장했다.

2007 인천 9급

32

리더십이론에 대한 다음 설명 중 **틀린** 것은?

① 과학적 관리론에서부터 연구되기 시작하였다.
② 행태론은 리더의 행동유형을 연구하였다.
③ 상황론은 상황에 따라 리더십의 효율성이 달라진다고 보았다.
④ 최근에는 변혁적 리더십 등이 강조되고 있다.
⑤ 리더십이론은 1930년대 인간관계론에서 연구가 시작되어 행태론에서 경험적으로 연구되었다.

33

2013 서울시 9급

리더십이론에 대한 설명으로 옳지 **않은** 것은?

① 로쉬(J. W. Lorsch)와 블랜차드(K. H. Blanchard)는 상황변수를 강조하였다.
② 행태론적 접근은 리더의 행위에 초점을 둔다.
③ 리더의 특성론적 접근은 지적 능력을 중요시하지 않는다.
④ 변혁적 리더십은 가치관이 중요하다고 본다.
⑤ 브룸(V. Vroom)은 규범적 리더십모형을 제시하였다.

⑧ 번(Berne) – 의사거래분석

  ㉠ 인간에게는 어버이 · 어른 · 어린이의 자아 상태가 있으며, 이러한 자아 상태가 자극을 받으면서 반응을 일으키는 것이 인간의 행동이라 한다.
  ㉡ 관리자는 그 자아 상태 중에서 어느 것이 지배적인가를 판단해서 관리해야 한다.

(4) 정보화사회의 동기부여

과거 산업사회의 동기부여 수단의 상당수가 정보화사회의 등장에 따라 무용지물로 변화하였다. 따라서 정보화사회에서 동기부여는 과거의 산업사회에서의 복종과 근면보다는 상상력과 유연성의 결과에 대한 책임과 몰입이 이루어지는 방향으로 이루어져야 한다.

① 구성원들에게 자신들이 하는 과업의 중요성을 인식시키는 것이 중요하다.
② 절차보다는 결과의 강조, 작업과 의사결정의 위임을 통해 스스로 결정하고, 신나게 일할 수 있도록 유도한다.
③ 학습이 매우 중요한 동기부여 수단이 된다. 정보화사회는 불확실성이 높은 사회로, 새로운 기술을 배우고 그것을 새로운 분야에 적용하는 것이 중요하다.
④ 평판을 높일 수 있는 기회는 농기부여의 주요 수단이다. 정보화사회에서 평판은 전문적 경력을 쌓을 수 있는 주요한 원천이기 때문이다.
⑤ 가치창조 활동의 참여가 중요하다. 예컨대 예산절감액 중 일정 부분을 기여자에게 제공하는 것, 성과달성을 조건으로 제공하는 상여금 등을 의미한다.

02 리더십

> **결정적 코멘트** 이론의 흐름과 거래적 · 변혁적 리더십의 차이를 정확히 숙지해야 한다.

1 리더십의 개요

(1) 개념

① 리더십(leadership)이란 조직목표의 달성을 위하여 자발적 · 적극적 · 협동적 행동을 유도하고 촉진하며 조정하는 영향력과 능력 · 기술을 의미한다.
② 1930년대 인간관계론에서 연구가 시작되어 행태론에서 경험적으로 연구되었으며 최근에는 변혁적 리더십 등이 강조되고 있다.

(2) 특징

① 리더십은 목표와 관련되며 목표지향성을 지닌다.
② 리더십은 지도자와 추종자 간의 상호관계이며, 상호작용의 과정을 통해서 발휘된다.
③ 리더십은 권위를 통해서 발휘된다.
④ 리더십은 공식적 계층제의 책임자만이 갖는 것은 아니다.
⑤ 리더십은 타인에게 영향력을 미치는 과정이다.
⑥ 리더십은 상황에 따라 가변적이며 동태적 · 신축적 성격을 띠고 있다.
⑦ 리더십은 지도자 · 부하 · 상황 등의 관련 변수가 상호의존성을 가지면서 작용하는 과정이다.

(3) 기능

① 조직의 목표를 설정하고 부하의 임무·역할을 명확히 한다.
② 인적·물적·정치적 자원의 동원·조작을 한다.
③ 조직활동을 통합·조정·통제하여 효과적인 목표달성에 기여하도록 한다.
④ 조직의 일체감·적응성을 확보한다.
⑤ 동기부여 등에 기여한다.

2 리더십이론

(1) 자질론(특성론)

① 개념

㉠ 자질론은 리더십의 능력을 구성하는 고유한 자질·특성이 있다고 보아 리더십이 인간의 자질·특성에 따라 발휘된다고 한다.

㉡ 지도자는 하나의 균일적 능력을 가지며, 그는 어떤 상황에서도 지도자가 된다는 학설이다.

㉢ 리더의 상황 판단 능력, 신체적 특성, 사회적 배경, 지적 능력, 성격, 사회적 특성, 과업과 관련된 지식 등에 연구의 초점이 맞추어져 있다. 즉, 지도자의 특성으로 지능과 인성뿐 아니라 육체적 특징을 들고 있다.

② 유형

㉠ **단일적 자질론**: 지도자는 하나의 단일적·통일적 자질을 구비한다고 본다.

㉡ **성좌적 자질론**: 몇 개의 자질의 결합에 의하여 지도자의 퍼스낼리티를 특징지으려는 이론이다.

③ 비판

㉠ 리더십의 자질은 리더가 아닌 사람에게도 널리 발견된다.

㉡ 리더 간에도 자질이 상이하게 나타난다.

㉢ 모든 상황·조직에 보편타당한 일반적인 자질은 없다.

㉣ 동일한 자질이라도 개성에 따라서는 달리 기능한다.

㉤ 여러 자질 간의 상호관계가 불명확하다.

(2) 행태이론

① 개념

㉠ 행태이론은 성공적인 지도자들이 보이고 있는 리더십 행태를 분석하여 바람직한 리더십 행태를 밝히고자 하는 접근방법이다. 따라서 행태이론가들은 훈련에 의해 효과적인 리더를 양성할 수 있다고 주장한다.

㉡ 상이한 지도유형이 구성원의 과업 성과에 어떤 영향을 주는가를 분석한다.

② 내용

㉠ **베일즈(Bales)의 연구**: 하버드대학의 베일즈는 리더십 행태를 분석·연구한 결과, 리더십 행태에는 활동, 과업수행능력, 호감의 세 가지 측면이 있으며 이것들이 모두 탁월한 사람이 가장 유능한 지도자라는 결론에 도달했다.

㉡ **오하이오(Ohio) 주립대학의 연구**: 오하이오 주립대학의 연구에서는 지도자의 행동 차원을 조직화의 차원과 배려의 차원으로 나누고 두 가지 행동 차원의 결합에 따라 네 가지 지도자의 행태 유형을 제시하였다. 이러한 네 가지 지도자의 행태 유형 중, Ⅳ의 유형이 가장 바람직하고 유효한 행태라고 설명했다.

---

34   2021 군무원 7급

리더십상황이론에서 중요시하는 상황적 요소로서 학자들이 흔히 주장하는 요소와 가장 관련이 없는 것은?

① 조직구성원의 심리적·업무적 성숙도
② 리더의 상황 판단 능력
③ 과업의 구조화 또는 비구조화의 정도
④ 리더와 부하와의 인간 관계

35   2005 경기 9급

상황론적 리더십이론이 행정조직 운영에 가장 크게 기여한 점은?

① 리더의 특성과 자질의 발굴과 교육
② 조직구성원의 개인적 특성에 대한 관심 제고
③ 조직 내 인간관계의 공식화에 기여
④ 신상필벌의 책임행정 구현

36   2019 서울시 9급 제1회

피들러(F. Fiedler)의 상황적합적 리더십이론에서 제시된 상황변수가 아닌 것은?

① 리더와 부하의 관계(leader-member relations)
② 부하의 성숙도(maturity)
③ 직위 권력(position power)
④ 과업구조(task structure)

37   2021 국가직 7급

피들러(Fiedler)의 상황적합적 리더십 이론에 대한 설명으로 옳지 않은 것은?

① 리더와 부하의 관계, 부하의 성숙도, 과업구조의 조합에 따라 리더의 상황적 유리성(situational favorableness)을 설명한다.
② 리더에게 매우 유리한 상황인 경우 과업 지향적 리더십이 효과적이다.
③ LPC(Least Preferred Coworker) 점수를 사용하여 리더를 과업 지향적 리더와 관계 지향적 리더로 분류했다.
④ 리더가 처한 상황에 따라서 리더십의 효과성이 달라질 수 있다.

38

피들러(Fiedler)의 상황적응적 리더십 유형에 대한 설명이 잘못된 것은?

① 리더십의 효과성 여부는 특정 상황이 리더에게 유리한가의 여부에 의해 결정된다.

② 상황이 매우 유리할 때에는 인간관계 중심적 리더십이 효과적이다.

③ 상황의 유리성이 중간 정도일 때에는 인간관계 중심적 리더십이 효과적이다.

④ 상황이 매우 불리할 때에는 과업중심적 리더십이 매우 효과적이다.

39

리더십에 대한 설명으로 가장 옳지 않은 것은?

① 리더십에 있어 자질론적 접근은 리더가 만들어지기보다는 특별한 역량을 타고나는 것임을 강조한다.

② 민주형 리더십은 권위와 최종책임을 위임하며 부하가 의사결정에 참여하도록 하는 쌍방향 의사전달의 특징을 지닌다.

③ 리더십에 있어 경로 – 목표모형은 리더의 행태가 어떻게 조직원으로 하여금 목표를 달성시키도록 하는 리더십 효과로 이어지는지를 설명해 준다.

④ 상황론적 관점에서 보면 부하의 지식이 부족하고 공식적 규정이 마련되어 있지 않은 과업환경에서는 지원적 리더십보다 지시적 리더십이 보다 부하의 만족을 높이고 효과적일 수 있다.

40

리더십이론에 대한 설명으로 옳지 않은 것은?

① 피들러(Fiedler)는 리더의 행태에 따라 권위주의형, 민주형, 자유방임형의 세 가지 유형으로 구분하였다.

② 행태이론은 리더의 자질보다 리더의 행태적 특성이 조직성과에 영향을 미친다고 본다.

③ 허시(Hersey)와 블랜차드(Blanchard)는 부하의 성숙도에 따라 리더의 역할이 달라져야 한다고 주장한다.

④ 하우스(House)의 경로–목표이론에 의하면 참여적 리더십은 부하들이 구조화되지 않은 과업을 수행할 때 필요하다.

© **미시건(Michigan) 대학의 연구**: 미시건 대학의 연구에서는 종업원지향적 리더십이 생산지향적 리더십보다 생산성과 만족감이 높다는 결론에 도달하였다.

③ 비판

㉠ 제각기 다른 리더십 행태 요소를 사용함으로써 방법론적 결함이 있다.

㉡ 최선의 유형에 대한 합의가 없다.

㉢ 상황적 변수를 고려하지 않았다.

(3) 상황론(상황적 접근법)

① 개념

㉠ 상황론에서는 리더십은 조직이 처한 상황적 조건(조직이 속하는 사회·문화의 성격, 조직의 목표, 구조, 업무의 성격 등)에 따라서 결정된다고 본다.

㉡ 피들러(Fiedler)는 리더의 행태조사에서 '가장 좋아하지 않는 동료(LPC: Least Preferred Coworker)'를 평가하게 하는 조사표를 사용하였다.

② **피들러(Fiedler)의 상황호의성이론**

㉠ **상황호의성의 변수**

ⓐ 리더와 부하의 신임관계

ⓑ 과업구조의 구체성·명확성·장기 예측 가능성

ⓒ 지위 권력·권위의 수용성 정도

㉡ **결론**

ⓐ 조직이 처한 상황이 유리하거나 불리한 경우는 과업지향적 리더십이 효과적이다.

ⓑ 상황의 유리성이 중간적일 경우에는 인간관계지향적 리더십이 효과적이다.

③ 비판: 동일한 상황에서 다른 사람들을 물리치고 어느 특정인이 리더가 되는 이유를 설명하지 못한다.

(4) 상호작용이론(상황·집단론, 집단이론)

① **주요 내용**: 오늘날에는 자질론과 상황론을 종합한 상호작용이론이 등장하였다. 이 이론에서는 리더십이 지도자·추종자·상황의 3대 변수의 상호작용에 의하여 형성된다고 본다. 따라서 지도자 행태, 부하의 성숙도, 그리고 특정 상황에 따른 각 지도자 행태의 효과성에 관심을 갖는다.

② 비판: 많은 변수를 결합시키고 있으므로 엄밀한 과학성을 결여하고 있다.

3 리더십의 유형

(1) 화이트와 리피트(White & Lippitt)의 유형

① 권위형: 지도자가 혼자서 주요한 결정을 내리고 부하에게 명령·지시하는 유형이며, 직무수행에 중점을 둔다.

② 민주형: 부하를 적극적으로 참여시켜 주요한 정책이나 문제를 함께 검토하고 해결책을 모색하며, 인간관계에 중점을 두는 유형이다.

③ 자유방임형: 지도자가 결정권을 대폭적으로 위임하여 부하가 업무수행의 목표를 확립하도록 하는 유형이며, 사실상 리더십으로서는 의미가 없다.

(2) 탄넨바움과 슈미트(Tannenbaum & Schmidt)의 유형

다음을 양 극단으로 하는 연속선상에 리더십이 분포되어 있으며, 효율적인 리더십 유형은 상황에 따라 신축성 있게 결정된다고 주장한다.

① 보스 중심의 권위형 리더십

② 부하 중심의 민주형 리더십

(3) 리커트(Likert)의 유형

리커트는 행태적 조사연구의 결과에 따라 리더십의 유형을 다음과 같이 분류하였다.

① 착취적 권위형(체제 I): 리더는 부하를 신임하지 않으며, 부하의 의사결정에 참여는 배제된다.

② 온정적 권위형(체제 II): 리더는 부하에 대하여 은혜적 온정을 베푸는 관계를 가지며, 커뮤니케이션은 대체로 하향적이다.

③ 협의적 민주형(체제 III): 리더는 부하에게 상당한 신뢰를 가지며, 커뮤니케이션이 활발하고 부하의 의사결정 참여도 널리 인정된다.

④ 참여적 민주형(체제 IV): 리더는 부하를 전적으로 신뢰하며, 부하의 의사결정 참여는 광범위하여 상향적·하향적·횡적 커뮤니케이션이 매우 활발하다.

(4) 허시와 블랜차드(Hersey & Blanchard)의 유형 – 생애주기이론

① 지도자의 행태, 부하의 성숙도, 특정 상황에 따른 각 지도자 행태의 효과성에 관심을 갖는다.

② 지도자의 과업 지향 행태는 부하들의 성숙도가 높아감에 따라 꾸준히 감소한다.

③ 지도자의 관계 지향 행태는 부하들의 성숙도가 높아감에 따라 꾸준히 증가하다가 일정 시점이 지나서 부하들이 거의 완전한 성숙 수준에 도달하게 되면 관계 지향적 행태는 줄어든다.

④ 부하들이 미성숙한 상태에서 성숙한 상태로 성장해 가면 바람직한 리더십 행태도 지시형, 설득형, 참여형, 위임형 리더십 유형으로 바뀌어 감을 지적하고 있다.

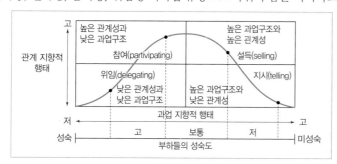

바로 확인문제

41   2019 서울시 9급 제2회

허시(Hersey)와 블랜차드(Blanchard)는 부하의 성숙도(maturity)에 따른 효과적인 리더십을 제시하였다. 부하가 가장 미성숙한 상황에서 점점 성숙해 간다고 할 때, 가장 효과적인 리더십 유형을 〈보기〉에서 골라 순서대로 나열한 것은?

┌─ 보기 ─────────────┐
  (가) 참여형   (나) 설득형
  (다) 위임형   (라) 지시형
└────────────────┘

① (다) → (가) → (나) → (라)

② (라) → (가) → (나) → (다)

③ (라) → (나) → (가) → (다)

④ (라) → (나) → (다) → (가)

42   2021 지방직(=서울시) 7급

조직이론에 대한 설명으로 옳지 않은 것은?

① 카플란(Kaplan)과 노턴(Norton)은 균형성과표(BSC)의 네가지 관점으로 고객 관점, 내부프로세스 관점, 재무적 관점, 학습과 성장 관점을 제시하였다.

② 민츠버그(Mintzberg)는 조직의 5개 구성요소로 전략적 최고 관리층, 중간계선관리층, 작업층, 기술구조, 지원막료를 제시하였다.

③ 허시(Hersey)와 블랜차드(Blanchard)는 부하의 성숙도가 높은 경우 지시적 리더십이 효과적이라고 보았다.

④ 베버(Weber)는 법적·합리적 권한에 기초를 둔 이념형(ideal type) 관료제의 특징으로 법과 규칙의 지배, 계층제, 문서에 의한 직무수행, 비개인성(impersonality), 분업과 전문화 등을 제시하였다.

리더십에 대한 설명으로 가장 적절하지 않은 것은?

① 초기 리더십이론에서는 리더가 갖추어야 할 기본적인 자질과 행태가 중요한 연구대상이었다.

② 리더십에 있어 행태론적 접근은 공식적인 권위가 아니라 개인에 대한 관심과 배려를 보여주는 리더가 보다 효과적이라는 주장과 관련된다.

③ 행태론의 대표적 연구로 리더십 격자모형은 리더의 행태를 사람과 상황의 통합으로 다룬다.

④ 리더십 효과는 리더와 구성원 관계, 과업구조, 그리고 리더의 직위에서 나오는 권력에 의존한다는 것이 상황론이다.

거래적 리더십과 대비되는 변혁적 리더십에 대한 설명 중 옳지 않은 것은?

① 리더가 부하에게 자긍심과 신념을 심어준다.

② 리더가 부하로 하여금 미래에 대한 비전을 열정적으로 수용하고 계속 추구하도록 격려한다.

③ 리더가 부하에 대해 개인적으로 존중한다는 것을 전달한다.

④ 리더는 부하가 적절한 수준의 노력과 성과를 보이면 그만큼의 보상을 제공한다.

⑤ 리더는 부하로 하여금 형식적 관례와 사고를 다시 생각하게 함으로써 새로운 관념을 촉발시킨다.

변혁적 리더십의 핵심가치에 관한 설명으로 옳지 않은 것은?

① 리더는 부하로부터 존경심을 이끌어 내는 카리스마를 가져야 한다.

② 부하직원이 미래지향적 비전을 가지고 목표달성에 몰입하도록 영감을 제시한다.

③ 부하직원의 성과에 따라 보상을 제공하는 교환관계를 동기부여의 핵심기제로 강조한다.

④ 부하직원이 기존 관행을 넘어 혁신적 아이디어를 가질 수 있도록 자극한다.

⑤ 부하직원 개개인에게 관심을 가지고 인간적으로 배려하며 격려한다.

---

(5) 브레이크와 머튼(Blake & Mouton)**의 관리망**(managerial grid) **모형**

브레이크와 머튼은 리더십 유형을 리더십 행태의 과업지향 및 인간관계지향의 정도에 따라 다음과 같은 다섯 가지로 분류하고 있다.

▌관리유형도

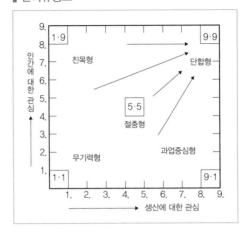

① 1·9형(친목형)
② 1·1형(무기력형)
③ 5·5형(절충형)
④ 9·9형(단합형) – 가장 이상적
⑤ 9·1형(과업중심형)

4 변혁적(변형적) 이론

(1) 변혁적 리더십(transformational leadership)**의 개요**

최근 많은 관심을 끌고 있는 변혁적 리더십은 조직 성공에 결정적인 영향을 미치고 있는 특정 개인의 뛰어난 자질 또는 카리스마에 초점을 맞추고 있기 때문에 카리스마적 리더십의 한 유형 또는 특성(자질)이론의 재등장이라고도 일컬어지고 있다.

① 변혁적 리더십이란 용어를 처음 사용한 학자는 번스(Burns)였으며, 이를 체계적으로 발전시킨 사람은 배스(Bass)이다. 번스는 변혁적 리더십을 리더와 추종자가 높은 수준의 도덕성과 동기부여의 상태로 상호고양시켜 주는 과정으로 정의하였으며, 정치적 리더십을 거래적 리더십과 변혁적 리더십으로 구분하였다.

② 번스의 영향을 받은 배스는 리더의 기능을 크게 '안정지향기능'과 '변화지향기능'으로 나누어, 전자를 강조하면 거래적 리더십, 후자에 치중하면 변혁적 리더십이라고 구분하였다. 배스는 번스가 제시한 거래적 리더십과 변혁적 리더십의 차이점을 근거로 거래적 리더십과 변혁적 리더십으로 이루어지는 2요인모형(two-factor model)을 제안하였다.

③ 거래적 리더십은 일반적으로 리더의 요구에 부하가 순응하는 결과를 가져오는 교환과정을 포함하지만, 부하들의 과업목표에 대한 열의와 몰입까지는 발생시키지 않는 것이 일반적이다. 즉, 거래적 리더는 부하 직원들의 욕구를 파악해서 그 부하들이 적절한 수준의 노력과 성과를 보이면 그러한 노력과 성과만큼의 보상을 제공하는 교환적 과정을 기반으로 한다는 것이다.

④ 통합이 강조되고 고도의 다양성과 적응성이 요구되는 탈관료제적 조직에서는 거래적 리더십보다 변혁적 리더십이 효과적일 가능성이 높다.

(2) 거래적 리더십과 변혁적 리더십 비교

① **거래적 리더십**
　㉠ **개요**
　　ⓐ 거래적 리더십은 무엇인가 가치있는 것을 교환함으로써 추종자에게 영향력을 행사하는 것이다.
　　ⓑ 거래적 리더는 추종자들과 심리적으로 일체가 되어 통합적인 관계를 설정하려 하기보다 합리적·타산적·공리적 교환관계를 설정하려 한다.
　　ⓒ 거래적 리더십은 논리적·기술적·점진적 접근을 특색으로 한다. 이러한 부분 때문에 거래적 리더십을 보수적·현상유지적이라고 평가하기도 한다.
　㉡ **주요 내용**
　　ⓐ **구성원 간 상호작용 강조**: 거래적 리더십은 사전에 정해진 기준이나 규칙에 의거하여 조직목표달성에 필요한 작업들을 선정·배분하는 것과 같은 반복적이고 일상적인 기능에 중점을 두는 동시에, 할당된 업무를 효과적으로 수행할 수 있도록 부하들에게 동기부여를 한다. 그 결과에 대하여 적절한 평가와 보상을 하는 등 리더와 구성원 간의 상호작용을 강조하는 리더십이다.
　　ⓑ **교환거래관계**: 거래적 리더십의 가장 큰 특징은 리더와 부하 간의 교환거래관계에 바탕을 둔다는 점이다. 즉, 부하의 이익을 자극함으로써 동기를 부여하는 것이다.
　　ⓒ **유사이론**: 이러한 점에서 거래적 리더십은 종래의 행태론적·상황적응적 리더십이론과 유사하다.

② **변혁적 리더십**
　㉠ **개요**
　　ⓐ 변혁적 리더십은 조직에 대한 사람들의 인식을 변화시키는 전략적 리더십이다.
　　ⓑ 변혁적 리더십은 인간의 의식 수준을 높이고, 일에 의미를 부여하여, 행동 에너지의 원천인 인간의 의무를 고무시키는 방법으로, 다른 사람들의 영혼에 접근하는 리더십이다.
　㉡ **주요 내용**
　　ⓐ **새로운 비전의 제시 능력 요구**: 변혁적 리더십은 조직구성원들로 하여금 리더에 대하여 신뢰를 갖게 하는 카리스마는 물론 조직 변화의 필요성을 감지하고, 그러한 변화를 이끌어 낼 수 있는 새로운 비전을 제시할 수 있는 능력을 요구한다.
　　ⓑ **각종 장치들의 개발능력의 요구**: 변혁적 리더는 구성원 전체가 공유하여야 할 가치를 내면화시켜 그들에게 자긍심과 함께 동기를 부여하고, 자기 이익보다는 조직의 이익을 우선시하게 해야 한다. 또한 부하에게 권한을 부여하여 구성원들의 높은 참여와 성과를 이끌 수 있는 각종 장치들의 개발 능력이 있어야 한다.
　㉢ **네 가지 구성요소**

비전·사명 제시	변혁적 리더십은 권력, 지위와 신뢰를 소유하고 있는 자로서 매력 있는 비전이나 사명을 제시함으로써 부하들로 하여금 자신이나 조직의 목표에 대한 열정을 갖게 하고 나아가 리더와 자신들의 바람직한 가치관이 일치되도록 함

46   2007 국회직 8급

배스(B. M. Bass)가 주장한 변혁적 리더십의 구성요소가 <u>아닌</u> 것은?
① 영향의 이상화
② 지적 자극
③ 업적에 따른 보상
④ 영감적 동기유발
⑤ 개별적 배려

47   2020 국가직 7급

리더십에 대한 설명으로 옳지 <u>않은</u> 것은?
① 변혁적(transformational) 리더십의 특성에는 영감적 동기부여, 자유방임, 지적 자극, 개별적 배려 등이 있다.
② 진성(authentic) 리더십의 특성은 리더가 정직성, 가치의식, 도덕성을 바탕으로 팔로워들의 믿음을 이끌고, 팔로워들이 리더의 윤리성과 투명성을 믿으며 긍정적 감정을 느낀다는 것이다.
③ 서번트(servant) 리더십은 자기 자신보다는 다른 사람에게 초점을 두고, 부하들의 창의성과 잠재력을 발휘할 수 있도록 봉사하는 리더십이다.
④ 거래적(transactional) 리더십은 적극적 보상이나 소극적 보상을 통해 영향력을 행사한다.

48   2023 지방직 9급

변혁적 리더십에 대한 설명으로 옳지 <u>않은</u> 것은?
① 도전적 목표와 임무, 미래에 대한 비전을 추구하도록 격려한다.
② 구성원 개개인에게 관심을 가지고 배려한다.
③ 상황적 보상과 예외관리를 특징으로 한다.
④ 새로운 관점에서 문제를 재구성하고 해결책을 찾도록 자극한다.

49

변혁적 리더십(transformational leadership)에 대한 설명으로 옳지 않은 것은?

① 조직 변동 추구에 초점을 둔다.
② 거래적 리더십(transactional leadership)에 대응되는 개념이다.
③ H. Rainey와 S. Watson에 의하면 주로 하위관리자에게 나타나는 유형이다.
④ 조직구성원들의 높은 실적과 관여를 유인하는 장치를 강조한다.

50

리더십에 대한 설명으로 옳지 않은 것은?

① 특성론에 대한 비판은 지도자의 자질이 집단의 특성·조직목표·상황에 따라 완전히 달라질 수 있고, 동일한 자질을 갖는 것은 아니며, 반드시 갖춰야 할 보편적인 자질은 없다는 것이다.
② 행태이론에서는 눈에 보이지 않는 능력 등 리더가 갖춘 속성보다 리더가 실제 어떤 행동을 하는가에 초점을 맞춘다.
③ 상황론에서는 리더십을 특정한 맥락 속에서 발휘되는 것으로 파악해, 상황 유형별로 효율적인 리더의 행태를 찾아내기 위한 연구를 수행하였다.
④ 번스(Burns)의 리더십이론에서 거래적 리더십은 카리스마적 리더십을 기반으로 하므로 카리스마적 리더십과 중첩되는 측면이 있다.

51

변혁적(transformational) 리더십에 대한 설명으로 옳은 것은?

① 적응보다 조직의 안정을 강조한다.
② 기계적 조직체계에 적합하며, 개인적 배려는 하지 않는다.
③ 부하에게 새로운 비전을 제시하며, 지적 자극을 통한 동기부여를 강조한다.
④ 리더와 부하의 관계를 경제적 교환관계로 인식하고, 보상에 관심을 둔다.

개별적 배려(관심)	리더는 부하 개개인들의 욕구를 이해함은 물론 이의 충족을 통하여 개인적 성장을 이룰 수 있도록 도와주는 것
영감적 동기	변혁적 리더는 영감적 동기를 줌으로써 부하들이 비전 성취를 위하여 무엇을 하여야 하며 그 의미가 무엇인지를 인식하게 힘
지적 자극	• 변혁적 리더는 부하의 아이디어와 가치관에 지적 자극을 가함으로써 문제를 새로운 각도에서 바라보게 함 • 변혁적 리더는 대응적이라기보다는 예방적이며, 창의적이고 변신적이며, 개방적이면서 급진적인 성향을 보임

ⓓ **변혁적 리더십에 적합한 조직의 조건**
  ⓐ 변혁적 리더십은 능률지향보다는 적응지향이 더 강조되는 조직에 적합하다.
  ⓑ 변혁적 리더십은 기술구조보다 경계작용적 구조가 더 지배적인 조직에 적합하다.

기술구조	기술을 운용하여 투입을 처리하는 부서
경계작용적 구조	조직과 그 환경의 연계작용을 유지하는 기능을 수행하는 부서

  ⓒ 변혁적 리더십은 기계적 관료제·전문적 관료제·할거적 구조보다는 단순구조와 임시체제에 더 적합하다.
  ⓓ 변혁적 리더십은 시장적 교환관계나 관료적 통제보다는 개인적 이익과 조직의 이익을 통합시키는 관리전략에 의해 공동목표성취를 위한 구성원들의 동기를 유발하려는 조직에 더 적합하다.

┃ 거래적 리더십과 변혁적 리더십 비교 요약

구분	거래적(교환적) 리더십	변혁적 리더십
목표	현상과 너무 괴리되지 않는 목표	현상보다 매우 높은 이상적 목표
시간	단기적 조망, 기본적, 가시적 보상	장기적 조망, 장기적, 잠재적 보상
변화	안정지향, 폐쇄적	변화지향, 개방체제적
동기부여전략	저차적 욕구 충족, 외재적 보상	고차적·내재적 욕구 충족
행동표준	관리표준	변혁적, 창의적
문제해결	know-how를 줌	know-how를 찾도록 함
초점	하급관리자	최고관리층
관리전략	리더와 부하 간의 교환관계나 통제	영감과 비전 제시에 의한 동기 유발
이념	능률지향	적응지향
조직구조	• 기술구조(기술 위주) • 기계적 관료제에 적합	• 경계작용적 구조(환경과 연계작용) • 단순구조나 임시조직에 적합

5 서번트(servant) 리더십

① 서번트 리더십은 구성원의 성장을 지원하기 위한 후원자로서 지도자의 역할을 강조하며, 지도자와 구성원 간의 신뢰를 바탕으로 조직성과 달성 및 긍정적 조직변화를 도모하고자 한다.
② 구성원의 역량에 대한 믿음을 바탕으로 구성원이 성장하기까지 인내하고 자신의 희생을 아끼지 않으며, 구성원과의 민주적 관계 속에서 개인적 욕구보다는 구성원의 욕구 충족을 위한 봉사적 활동에 많은 노력을 할애한다.

③ 구성원의 자율성과 도덕적 발전을 강조하며 단순한 조직목표보다는 포괄적인 공동선 실현에 궁극적인 목적을 둔다.
④ 구성원의 변화를 이끌어내기 위해 소요되는 상당한 시간과 비용으로 인해 조직관리의 효율성이 저하될 수 있다.

6 지식정보사회의 리더십

지식정보사회에서 리더란 '변화의 담당자'가 되어야 하며, 탭스코트(Tapscott)에 의하면 리더나 리더십은 상호연계성을 지녀야 한다.
① 상호연계적 리더십을 체득하는 것이 개인의 책임이자 기회이다.
② 조직구성원 각자가 복잡한 정보사회에 대한 이해를 바탕으로 한 명백하고 공유된 비전을 가져야 한다. 이를 위해 조직구성원 전체가 끊임없는 학습의지를 지녀야 한다.
③ 다양한 개인들의 역량이 효과적으로 결합되어야만 창조적 사고가 충만해지고 바람직한 조직문화가 형성될 수 있다.
④ 조직구성원들의 창의력을 자극하고, 자신과 조직에 대한 문제의식을 갖게 하는 것이 변혁의 원동력이 된다.
⑤ 최고관리자의 지원과 관심이 필수적이다.

03 갈등

결정적 코멘트 갈등관의 변천과 토마스(Thomas)의 모형을 중심으로 학습해야 한다.

1 갈등의 개념

① 사이몬(Simon)은 갈등이란 의사결정과정에서 대안의 선택기준이 명확하지 못하여 개인이나 집단·조직이 대안의 선택에 심리적 곤란을 겪는 상황을 의미하는 것으로 본다.
② 갈등이란 일반적으로 인간의 심리적 대립이나 대립적 상호작용·행동을 가리키는 매우 다양성을 띤 개념이다.

2 갈등관의 변천(Robbins)

갈등역기능론의 전통적인 견해에서 갈등수용론의 행태론적 관점, 갈등조장론의 상호작용적 관점 순으로 변해 왔다.

(1) 전통적 견해(1940년대 중반 이전)

갈등을 부정적으로만 보고 조직관리자들은 그러한 갈등의 원인을 찾아내서 그것을 제거하는 것이 조직과 집단의 성과를 개선하는 길이라고 보았다.

(2) 행태주의적 견해(1940년대 후반~1970년대 중반)

갈등이란 조직 내에서 필연적으로 발생할 수밖에 없는 현상으로, 이를 완전히 제거한다는 것은 불가능하고 때로는 갈등이 집단의 성과를 향상시킨다고 보았다.

(3) 상호작용주의적 견해(1970년대 중반 이후)

갈등이 오히려 조직 내에서 하나의 추진력으로 작용할 수도 있다는 것을 제시하면서, 갈등의 형태에 따라 바람직하지 못한 것과 바람직한 것을 구분하여 조직의 목표

바로 확인문제

52   2022 지방직(= 서울시) 9급

서번트(servant) 리더십에 대한 설명으로 옳은 것만을 모두 고르면?

ㄱ. 구성원들이 공동의 목표를 이뤄 나갈 수 있도록 환경을 조성하고 도와준다.
ㄴ. 보상과 처벌을 핵심 관리수단으로 한다.
ㄷ. 그린리프(Greenleaf)는 존중, 봉사, 정의, 정직, 공동체 윤리를 강조했다.
ㄹ. 리더의 최우선적인 역할은 업무를 명확하게 지시하는 것이다.

① ㄱ, ㄷ   ② ㄱ, ㄹ
③ ㄴ, ㄷ   ④ ㄴ, ㄹ

53   2009 서울시 7급

지식정보사회 리더십에 대한 D. Tapscott의 주장으로 옳지 않은 것은?

① 정보화사회의 리더십은 특정 상관이 아닌 여러 가지 원천을 기반으로 하기 때문에 상호연계적 리더십을 체득하여야 한다.
② 정보화사회의 조직구성원은 각자가 복잡한 정보사회에 대한 이해를 바탕으로 한 명백하고 공유된 비전을 가져야 하고, 이를 위해 조직구성원 전체가 끊임없는 학습의지를 지녀야 한다.
③ 정보화사회의 조직은 상호연계적 리더십의 발휘를 통해 다양한 개인들의 역량이 효과적으로 결합되어야 한다.
④ 정보화사회에서 상호연계적 리더십을 형성하고 발휘하는 데 중간관리자의 지원과 관심은 필수적이다.
⑤ 조직구성원 누구나 리더로서의 기능을 수행해야 하는 네트워크화된 지능의 시대에 적절하게 효과적으로 기술을 사용하는 것은 획기적 변혁의 원동력이 된다.

54 2013 국가직 9급
조직 내부에서 발생하는 갈등에 대한 설명으로 옳지 <u>않은</u> 것은?

① 갈등은 양립할 수 없는 둘 이상의 목표를 추구하는 상황에서도 발생한다.

② 고전적 조직이론에서는 갈등을 중요하게 고려하지 않는다.

③ 행태론적 입장에서는 모든 갈등이 조직 성과에 부정적 영향을 미치므로 제거되어야 한다고 본다.

④ 현대적 접근방식은 갈등을 정상적인 현상으로 보고 경우에 따라서는 조직 발전의 원동력으로 본다.

55 2009 국회직 8급
갈등관리에 관한 설명으로 옳은 것은?

① 지위부조화(status incongruence)는 행동주체 간 교호작용을 예측불가능하게 하여 갈등을 감소시킨다.

② 과업 상호의존성(mutual task dependence)은 반드시 갈등을 동반하게 된다.

③ 1970년대 중반 이후 각광을 받고 있는 상호주의적 견해는 갈등을 긍정적인 갈등과 부정적인 갈등으로 분류하고, 긍정적인 갈등은 조직 내에서 하나의 추진력으로 작용할 수 있다고 본다.

④ 계층제는 조직 내 수평적으로 발생한 갈등 해결에 유용하지만 명령과 강제가 수반되지 않는다.

⑤ 회피(avoiding)는 갈등 당사자들의 차이점을 감추고 유사성과 공동의 이익을 내세워 갈등을 해소하는 방안이다.

56 2020 국가직 9급
조직 내 갈등에 대한 설명으로 옳지 <u>않은</u> 것은?

① 과업의 상호의존성이 높은 경우 잠재적 갈등이 야기될 수 있다.

② 고전적 관점에서 갈등은 조직 효과성에 부정적인 영향을 끼친다고 가정한다.

③ 의사소통 과정에서 충분한 양의 정보도 갈등을 유발하는 경우가 있다.

④ 진행단계별로 분류할 때 지각된 갈등은 갈등이 야기될 수 있는 상황 또는 조건을 의미한다.

달성에 긍정적인 영향을 미치는 갈등은 어느 정도 조장[4]하고, 부정적인 영향을 미치는 것은 제거해야 한다고 주장하였다.

3 갈등의 기능

구분	내용	대표 학자
순기능	• 선의의 경쟁을 유발·촉진시킬 수 있음 • 창의적·쇄신적 행정의 원동력이 될 수 있음 • 개인·집단의 동태적인 성장과 발전의 계기가 될 수 있음 • 행정의 획일성을 배제하고 다양성·민주성을 확보하는 데 기여함 • 조직의 새로운 조화와 통합을 이룰 수 있음 • 조직발전과 쇄신의 계기가 될 수 있음	코제(Coser), 폴렛(Follett) 등
역기능	• 관계자의 심리적·신체적 안정이 동요되며 인간관계의 안정적 균형을 교란함 • 직원이나 기관 간에 적대 감정·반목이 격화됨 • 직원이나 기관 간에 위계질서를 문란하게 하며 관계자의 사기가 저하됨 • 갈등이 격화되면 목표달성에 대한 관심이 줄어들고 행정의 조정이 어려워짐 • 조직의 안정성·생산성·효과성·적응력을 저하시킴	메이요(Mayo), 뢰스리스버거 (Roethlisberger) 등

4 갈등의 유형

(1) 사이몬과 마치(Simon & March)의 분류 – 갈등의 주체·단위 기준

① 개인적 갈등: 결정자인 개인이 대안 선택에 곤란을 겪는 경우이다.

② 복수의사 주체 간의 갈등: 조직 내의 집단 간 갈등, 조직 간의 갈등으로 나누어진다.

(2) 밀러와 달라드(Miller & Dollard)의 분류 – 심리적 유인가 기준

① 접근-접근 갈등: 긍정적인 유인가를 가진 두 가지 대안 중에서 선택해야 하는 경우에 나타나는 갈등이다.

② 회피-회피 갈등: 부정적인 유인가를 가진 두 가지 대안 중에서 선택해야 하는 경우에 나타나는 갈등이다.

③ 접근-회피 갈등: 긍정적인 유인가와 부정적인 유인가를 함께 가진 대안 중에서 선택해야 하는 경우의 갈등이다.

(3) 폰디(Pondy)의 분류

① 성격 기준
  ㉠ 협상적 갈등: 희소한 가치를 둘러싼 이해당사자 간의 갈등을 말한다.
  ㉡ 관료제적 갈등: 계층제의 상하 간에 발생하는 갈등을 의미한다.
  ㉢ 체제적 갈등: 동일 수준의 개인 간·기관 간의 갈등이다.

② 조직에 대한 영향 기준
  ㉠ 마찰적 갈등: 조직구조상의 변화를 수반하지 않는 갈등이다.
  ㉡ 전략적 갈등: 조직구조상의 변화를 수반하는 갈등이다.

---

4) 갈등의 조성전략으로 의사전달 통로의 변경, 정보전달 억제 또는 정보과다 조성, 구조의 분화, 인사이동 또는 직위 간 관계 재설정, 리더십 스타일 변경, 태도가 다른 사람들의 접촉 유도 등이 있다.

③ **진행과정 기준**

ⓐ **잠재적 갈등**(latent conflict): 갈등이 야기될 수 있는 상황 또는 조건을 의미한다. 갈등 상황(conflict situation) 또는 갈등의 원인이라고 할 수 있다.

ⓑ **지각된 갈등**(perceived conflict): 갈등 상황을 지각하는 단계로 아직 갈등을 심각하게 느끼고 있지 않다.

ⓒ **정서적 갈등**(felt conflict): 갈등 상황에서 적개심이나 분노 등의 감정을 지니게 된다.

ⓓ **표면적 갈등**(manifest conflict): 갈등의 감정이 현실적으로 표면화되어 행동으로 나타나는 단계이다.

ⓔ **갈등의 여파**(conflict aftermath): 갈등의 후유증이나 잠재적 갈등이 더욱 심각해진 상황 또는 조건이다.

5 갈등의 원인(사이몬과 마치의 분류)

(1) 개인적 갈등의 원인

① **불확실성**: 결정자가 각 대안의 성격·미래 결과를 알 수 없는 경우이다.

② **수락 불가능성**: 결정자가 각 대안의 성격·미래 결과를 알지만 만족 수준을 충족시키지 못하여 수락할 수 없는 경우이다.

③ **비교 불가능성**: 결정자가 각 대안의 미래 결과는 알지만 성격을 몰라 최선의 대안이 어느 것인지 비교할 수 없는 경우이다.

(2) 복수의사 주체 간의 갈등의 원인

① 공동 의사결정의 필요성이 있는 경우

② 목표·이해관계의 상충과 자원의 희소성

③ 가치관·경험·지식의 차이나 인지 및 태도의 차이

④ 역할·지위의 분화 및 차이

⑤ 상호기대의 차이

⑥ 구조적 분화와 전문화·분업의 성격이 강할 때

⑦ 의사소통의 장애, 왜곡 등

6 갈등의 해결방법

(1) 개인적 갈등의 해결방법

① **수락 불가능성의 경우**: 대안들이 만족 수준을 충족시키지 못하여 대안을 수락할 수 없는 경우이므로, 만족 수준을 변경하거나 만족 수준에 이를 수 있는 새로운 대안을 탐색하는 등의 해결방법이 있다.

② **좋은 대안 간의 비교 불가능성의 경우**: 이 경우에는 대안이 발상된 순서별로 채택하거나, 대안이 지니는 심리적 유인가가 고려되어야 한다.

③ **나쁜 대안 간의 비교 불가능성의 경우**: 이 경우에는 새로운 대안의 탐색활동을 해야 한다.

④ **불확실성의 경우**: 자료·정보의 수집 및 분석을 통하여 각 대안의 성격·미래 결과를 알기 위한 탐색활동을 확대해야 한다.

바로 확인문제

57 2019 국가직 7급(인사조직론)

조직갈등에 대한 설명으로 옳은 것은?

① 폰디(Pondy)는 갈등을 진행과정에 따라 지각되는 갈등, 표면화된 갈등, 감정적으로 느끼는 갈등과 같이 3단계로 구분하였다.

② 수평 갈등과 수직 갈등으로 구분할 때, 수평 갈등의 원인은 조직 운영 목표의 불일치, 분화, 상호의존적 업무체계 등이다.

③ 갈등요인으로 지위부조화란 같은 사물을 서로 다르게 지각하는 것을 의미하며, 의사소통의 장애로 인한 갈등을 유발한다.

④ 완화(smoothing)는 희소자원을 위한 경쟁에서 초래되는 갈등을 해소하는 효과적인 방법으로, 갈등을 야기하는 차이를 제거하는 데 초점을 둔다.

58 2017 서울시 9급

다음 중 의사결정자가 각 대안의 결과를 알고는 있으나 대안 간 비교 결과 어떤 것이 최선의 결과인지를 알 수 없어 발생하는 개인적 갈등의 원인은?

① 비수락성(unacceptability)

② 불확실성(uncertainty)

③ 비비교성(incomparability)

④ 창의성(creativity)

59 2016 서울시 9급

다음 중 조직에서 갈등이 발생할 수 있는 소지가 가장 적은 경우는?

① 자원의 희소성이 강할 때

② 업무의 일방향 집중형 상호의존성이 강할 때

③ 개인 사이의 가치관 격차가 클 때

④ 분업구조의 성격이 강할 때

60

조직 내부에서 발생하는 갈등에 대한 설명으로 가장 옳지 <u>않은</u> 것은?

① 전통적인 시각에서 갈등은 비용과 비합리성을 초래하는 해로운 것이다.
② 조직 내 하위 목표를 강조함으로써 갈등을 해소할 수 있다.
③ 새로운 아이디어 촉발, 문제해결력 개선 등 순기능이 있다.
④ 행태론적 시각은 조직 내 갈등을 불가피하고 정상적인 것으로 간주한다.

61

다음은 토머스(Thomas)가 제시한 대인적 갈등관리방안과 관련되는 내용이다. 각각의 내용이 바르게 연결된 것은?

> ㄱ. 상대방의 이익을 희생하여 자신의 이익을 추구하는 경우이다.
> ㄴ. 자신의 이익이나 상대방의 이익 모두에 무관심한 경우이다.
> ㄷ. 자신과 상대방 이익의 중간 정도를 만족시키려는 경우이다.
> ㄹ. 자신의 이익을 희생하여 상대방의 이익을 만족시키려는 경우이다.

	ㄱ	ㄴ	ㄷ	ㄹ
①	강제	회피	타협	포기
②	경쟁	회피	타협	순응
③	위협	순응	타협	양보
④	경쟁	회피	순응	양보

62

갈등관리 유형에 대한 설명으로 옳지 <u>않은</u> 것은?

① 회피(avoiding)는 갈등이 존재함을 알면서도 표면상으로는 그것을 무시하거나 인정하지 않음으로써 갈등 상황에 소극적으로 대응한다.
② 수용(accommodating)은 자신의 이익을 양보하고 상대방의 이익을 배려해 협조한다.
③ 타협(compromising)은 갈등 당사자 간 서로 존중하고 자신과 상대방 모두의 이익을 극대화하려는 유형으로 'win-win' 전략을 취한다.
④ 경쟁(competing)은 갈등 당사자가 자기 이익은 극대화하고 상대방의 이익은 최소화한다.

(2) 복수의사 주체 간의 갈등의 해결방법 - 사이몬(Simon)

① **문제해결**: 목표의 합의가 이루어져 있으며 합의를 본 목표 기준을 충족시키는 수단을 밝히는 데 의미를 두는 경우로서, 자료·정보의 수집 및 분석과 새로운 대안의 탐색에 중점을 둔다.
② **설득**: 공동 목표에 하위 목표가 의견 대립이 있는 경우로서, 하위 목표가 공동 목표와 조화되는가를 검증하고 설득·이해를 통하여 의견대립을 조정하는 데 중점을 둔다.
③ **협상**: 목표에 대한 의견대립은 움직일 수 없는 것으로서 받아들이고 설득 없이 합의를 추구하는 것이며 공갈·위장·책략 등의 방법이 사용된다.
④ **정략**: 기본적인 상황은 협상의 경우와 동일하지만 관계당사자의 범위를 확대시켜 잠재적인 동맹자(제3자)를 끌어넣는 기본전략을 취하게 된다는 것이 다르다.

(3) 그 이외의 일반적인 주요 갈등의 해결방법

① **상위 목표의 제시**: 개별적 목표의 대립을 극복하는 데에는 갈등의 당사자가 공동으로 추구해야 할 상위 목표를 제시하는 방법이 효과적이다.
② **자원의 증대**: 희소한 자원을 둘러싸고 갈등이 일어나는 경우에는 자원을 증대하는 방법이 효과적이다.
③ **회피**: 단기적 해결방법으로 결정을 보류 회피하거나, 갈등 당사자와의 접촉을 피하게 하거나, 또는 갈등 행동을 억제시키는 방법 등이 이에 속한다.
④ **완화**: 대립적인 의견이나 이해관계를 모호하게 하고 공통적인 요인을 내세우려는 잠정적인 해결책이다.
⑤ **타협**: 대립적인 주장을 부분적으로 양보하게 하여 공동 결정에 도달하려는 방법이다.
⑥ **상관의 명령**: 상관의 명령에 의해서 강제적·권위적으로 해결하려는 방법이다.
⑦ **행태 변화**: 행태 변화는 장기적으로 갈등을 예방·해소하려는 방법이다.
⑧ **제도개혁**: 분업체제·보상체제의 개선, 조정·통합 기능의 합리화, 인사교류 등이 이에 관련된다.

(4) 토머스(Thomas)의 이차원모형

대인적 갈등이란 개인과 개인 사이에서 발생하는 갈등으로, 조직구성원 각자의 역할, 추구하는 목표, 가치관, 신념 체계, 사고방식, 태도 등이 서로 상이하기 때문에 발생하는 갈등이다. 대인적 갈등의 관리방안에 대한 토머스의 이차원모형은 다음과 같다.

① 대인적 갈등의 관리방안을 자신의 이익을 만족시키려는 정도와 상대방의 이익을 만족시키려는 정도에 따라 다음과 같이 구분하였다.
  ㉠ **회피**: 자신의 이익이나 상대방의 이익 모두에 무관심한 것이다.
  ㉡ **경쟁**: 상대방의 이익을 희생하여 자신의 이익을 추구하는 것이다.
  ㉢ **순응**: 자신의 이익은 희생하면서 상대방의 이익을 만족시키는 것이다.
  ㉣ **협동**: 자신과 상대방의 이익 모두를 만족시키는 것이다.
  ㉤ **타협**: 자신과 상대방 이익의 중간 정도를 만족시키려는 대인적 갈등관리 방안이다.
② 대인적 갈등의 관리방안을 결정하는 상황적 요인에는 구성원 간의 상대적 지위가 있다.

③ 우리나라 중앙부처 공무원들이 하급자와의 관계에서는 주로 경쟁방식, 동료와의 관계에서는 타협방식, 상급자와의 관계에서는 순응 또는 회피 방식을 빈번하게 사용했다는 연구가 있다.

▌토머스가 제시한 대인적 갈등의 관리방안에 관한 이차원모형

(5) 협상방식의 비교

협상의 특징	배분적 협상	통합적 협상
이용 가능 자원	고정적인 양	유동적인 양
주요 동기	승－패게임(제로섬게임)	승－승게임(원윈게임)
이해관계	서로 상반	조화, 상호수렴
관계의 지속성	단기간	장기간

63   2018 교육행정직 9급

조직 내 협상의 유형은 배분적 협상과 통합적 협상으로 구분된다. 각각의 특징으로 옳지 <u>않은</u> 것은?

	협상의 특징	배분적 협상	통합적 협상
①	이용 가능 자원	고정적인 양	유동적인 양
②	주요 동기	승－승게임	승－패게임
③	이해관계	서로 상반	조화, 상호수렴
④	관계의 지속성	단기간	장기간

64   2016 교육행정직 9급

조직의 갈등관리에 대한 설명으로 옳지 <u>않은</u> 것은?

① 통합형 협상은 자원이 제한되어 있어 제로섬 방식을 기본 전제로 하는 협상이다.
② 수평적 갈등은 목표의 분업 구조, 과업의 상호의존성, 제한된 자원으로 인해 발생한다.
③ 집단 간 목표의 차이로 인해 발생한 갈등은 상위 목표를 제시하거나 계층제 또는 권위를 이용하여 해결한다.
④ 조직의 불확실성을 높이거나 위기감을 불러일으키는 것과 같이 조직의 갈등을 인위적으로 조성하는 전략은 조직의 생존·발전에 필요한 전략 중 하나이다.

65   2021 국가직 7급(인사조직론)

배분적 협상과 통합적 협상에 대한 설명으로 옳지 <u>않은</u> 것은?

① 배분적 협상은 이용 가능한 자원의 양이 고정적이며 단기적인 인간관계에서 행해진다.
② 통합적 협상은 정보 공유도가 낮은 반면 배분적 협상은 정보 공유도가 높다.
③ 통합적 협상은 배분적 협상과는 달리 서로 이익이 되는 플러스 섬(plus-sum) 또는 윈－윈(win-win) 해결책을 얻고자 하는 것을 목표로 한다.
④ 배분적 협상의 대표적인 사례로 노동자와 경영자 사이의 노사 임금 협상을 들 수 있다.

03 조직관리론

❶ 시대별 주요 인간관

❷ 동기부여이론

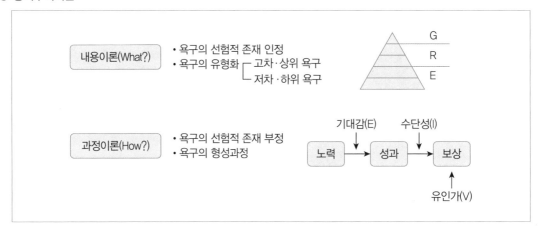

❸ 리더십이론의 발달

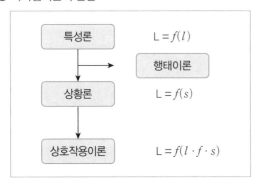

❹ 거래적 리더십과 변혁적 리더십

거래적 리더십	변혁적 리더십
타산적	매력 있는 비전·사명 제시
교환적	개별적 배려
공리적	영감적 동기
합리적	지적 자극

04 조직정보론

정답과 해설 ▶ P.50

바로 확인문제

01 행정과 정보

1 정보사회

(1) 개념

① 벨(Bell)은 정보사회를 정보가 사회경제활동에 가장 중요한 자원으로 간주되는 사회로 파악하였고, 토플러(Toffler)는 정보가 그 사회경제 수요의 핵심이 되는 사회라고 파악하였다.

② 정보사회란 컴퓨터와 정보기술의 발달에 따른 정보의 처리 축적 및 전달 능력이 향상되면서, 정보의 가치가 산업사회의 물질이나 에너지처럼 중요해지는 사회를 말한다.

(2) 지식정보사회의 특징

① 노동, 자본, 토지와 같은 전통적인 생산요소들의 '이동의 제약성'이 사라지게 된다.

② 새로운 생산요소인 지식과 정보는 그 성질상 무한 공급이 가능하기 때문에 '희소성의 원칙'도 허물어지고 있다.

③ 사이버 공간의 확장에 따라 실체적 '공간(space)'의 경제적 가치가 줄어들고 '시간(time)'이 갖는 경제적 가치가 증가한다. 이는 곧 '규모의 경제'보다 '스피드의 경제'가 중요해진 것을 의미한다.

④ 정보통신기술 사용의 보편화로 개인문제 해결에 정보활용이 증가하여, 고부가가치 창출 지식산업이 등장하고, 개인의 심리적 거리감이 축소되며, 소품종 대량생산에서 다품종 소량생산으로 변화된다.

⑤ 정보통신기술을 활용한 원스톱(one-stop)·논스톱(non-stop) 행정서비스가 가능해지므로, 전자정부가 출현하고 문서 없는 정부가 구현될 수 있다.

⑥ 피라미드형 조직구조에서 수평적 네트워크구조로 전환된다.

2 정보화가 행정체제에 미치는 영향

(1) 조직에 대한 영향

① 조직구조의 변화

　㉠ **정부 대 민간관계**: 정보화가 진전되면 거래비용과 조직비용 등이 낮아질 가능성이 크고 이에 따라 정부와 민간의 관계에서 정부 대신 시장이 활성화될 것이다. 따라서 가능한 한 모든 기능은 민간 영역이 담당하도록 하고 정부는 방향잡기에 주력하도록 하는 것이 선진국을 포함한 정부혁신의 기본적인 방향이 되고 있다.

01 2000 국가직 9급

Leavitt와 Whisler의 예상에 따를 경우 정보화가 조직 형태에 미치는 영향은?

① 조직의 하위 계층을 상대적으로 축소시킬 것이다.
② 조직의 모든 계층을 상대적으로 축소시킬 것이다.
③ 조직의 상위 계층을 상대적으로 축소시킬 것이다.
④ 조직의 중간관리계층을 상대적으로 축소시킬 것이다.

02 2008 지방직 7급

행정정보화가 행정조직에 미치는 영향을 잘못 설명하고 있는 것은?

① 정보의 기획 및 통제기능이 중요해짐에 따라 조직의 집권화가 촉진되는 측면이 있다.
② 조직 중간층의 기능이 강화되어 중간관리층이 확대된다.
③ 조직은 전통적인 수직적 피라미드 형태에서 수평적 조직형태로 변화한다.
④ 종래의 계선과 참모의 구별이 모호해진다.

03 2005 국가직 9급

최근 정보사회화 과정에 수반되어 나타나고 있는 조직 변화상의 특징과 거리가 먼 것은?

① 조직 내부 또는 조직들 사이의 경쟁이 더욱 치열해지고 있다.
② 계층적 분화가 더욱 촉진되어 가고 있다.
③ 조직구조가 수평화되어 가고 있다.
④ 구성원들의 자율성이 확대되어 가고 있다.

　　ⓒ 조직 간의 관계
　　　　ⓐ 산업사회에서 정보사회로 바뀌면 대규모 조직보다는 소규모 조직이 유리하게 된다. 산업사회에서는 거래비용이 높아서 대규모 조직이 유리했고 중앙집권적인 관리가 효율성을 발휘했다. 그러나 정보화 시대에는 생산요소에 대한 이동의 제약성이 사라져 국제적인 경쟁이 치열해지고, 이러한 경쟁에서 속도가 승패의 관건이 되기 때문에 몸집이 둔한 대규모 조직보다는 소규모 조직이 유리해진다.
　　　　ⓑ 관리도 중앙집권적·관료적 조직보다는 기민성, 유연성이 중시되고 총체적 연결성이 중시된다.
　　ⓒ 레비트(Leavitt)와 휘슬러(Whisler): 컴퓨터 시스템이 조직에 도입될 경우, 조직의 형태는 전통적인 피라미드구조로부터 '종 위에 럭비공을 올려놓은 것과 같은' 형태로 변한다고 하였다. 즉, 일상적인 의사결정은 컴퓨터가 수행하고, 중요한 의사결정은 대부분 최고관리층에서 수행함으로써 중요한 정보의 처리·판단·결정이 중앙으로 집중된다는 것이다. 이에 따라 단기적으로 중하위 계층의 업무에 진공 상태가 발생하며, 이를 극복하기 위하여 상위 계층에 속하던 결정권을 하위 계층으로 폭포수처럼 내려 주는 '폭포현상(cascade effect)'이 발생한다는 것이다.
　　ⓔ 크래머(Kraemer)와 킹(King): 중간 및 하위 관리층이 수행하던 구조적·일상적·반복적인 업무가 전산화되면서, 이들의 직무가 기획·연구개발·대외관계 등 좀 더 창의적인 업무로 전환되고 전문직화가 진행된다는 것이다. 또한 업무가 전산화되더라도 절대적인 인원이 감소되기보다는 종전과 같은 인원으로 좀 더 많은 업무를 수행하게 된다. 그 결과 감소될 인원이 새로이 증가되는 행정업무를 감당하면서 인력증가를 억제하는 효과를 가져오게 된다는 것이다.
　　ⓜ 종합
　　　　ⓐ 정보화가 진행될수록 조직은 전통적인 수직적 피라미드 형태에서 수평적 조직 형태로 변화한다.
　　　　ⓑ 수직적 계층성이 완화된다.
　　　　ⓒ 수평적인 기능분화는 더욱 촉진된다.
　　　　ⓓ 업무계통별 통솔범위는 단순업무의 전산화로 인한 축소와 새로운 유형의 업무 발생 및 업무 내용의 전문화·복잡화 등으로 인하여 점점 협소화될 것이다.
　　　　ⓔ 조직 간의 연계성과 상호의존성이 확대될 것이다.

② 조직의 권력관계에 미치는 영향
　　ⓐ 시분할 시스템을 통하여 정보처리 권한을 분산화할 경우에는 하위층·하급기관·지방조직의 정보력이 강화되고 권한의 분산이 이루어질 것이다.
　　ⓑ 정보체계를 통합적으로 관리·운영하는 경우, 행정정보화의 진전은 오히려 관료제에 의한 정보의 집중화 또는 독점적 소유를 더욱 용이하게 함으로써 관료제의 강화, 집권화를 초래할 수 있다. 아울러 정보의 기획과 통제기능이 중요해지면서 조직의 집권화가 촉진되는 측면이 있다.

(2) 정책과정에 대한 영향

정보화의 진전은 정책과정의 각 단계에 영향을 미친다.

① **정책의제형성단계**: 사회·경제상황에 대한 광범위한 자료가 수집·분석되면서 정책의제형성의 능률화·민주화가 촉진될 수 있다.

② **정책결정단계**: 다양한 정책대안의 검토가 가능하고 그 불확실성이 감소될 수 있으며 이해관계가 엇갈리는 집단 간의 대립요인을 밝혀 합의도출에 기여하게 된다.

③ **정책집행단계**: 정보네트워크의 연결과 정보의 분산처리로 정책집행의 효율화에 도움이 된다.

④ **정책평가단계**: 정책평가의 객관성·정확성·투명성이 제고될 수 있다.

(3) 업무내용의 변화

대체로 구조화된 단순·반복적 업무가 전산화됨으로써 정보활용에 필요한 판단력·분석력·창의력이 요구되는 업무가 증가되고 직무내용의 질적 향상이 나타나게 된다. 이에 따라 종래의 계선과 참모의 구별이 모호해진다.

(4) 행정서비스의 변화

① 행정전산화에 따라 서비스가 신속하게 이루어지고 서비스를 기다리는 대기비용도 격감되며 행정기관 간의 네트워크 형성은 서비스의 동시화·광역화를 가능하게 한다.

② 다양한 행정수요에 따라 행정서비스는 다양화되고 서식은 단순화되며, 창구서비스가 강화된다.

3 행정정보화와 전자정부의 역기능

(1) 조직구성원에 대한 통제와 인간소외

구성원의 신상에 관한 자세한 정보가 수집·관리됨으로써 이루어지는 엄격한 통제가 역작용을 빚을 수 있으며, 정보처리능력이 떨어지는 고위계층의 소외감과 하위계층의 심리적 갈등을 유발할 수 있다.

(2) 조직단위·지역·개인 간의 정보 불균형

컴퓨터의 활용에서 정보처리능력에 차이가 있는 조직단위 간, 중앙·지방 간, 컴퓨터 사용자와 비사용자 간에 정보 불균형과 갈등이 심화될 수 있다.

(3) 국민의 사생활 침해 우려

국민 개개인에 대한 인적·물적 정보가 확보됨으로써 개인의 사생활을 침해할 우려가 높아진다.

(4) 컴퓨터범죄와 정보 왜곡

데이터조작에 의한 컴퓨터범죄가 늘어날 가능성이 높아지고 왜곡된 정보의 신속한 전파에 의한 악영향이 우려된다.

(5) 관료제의 권력강화 우려

사회의 정보화에 따라 사회관계가 정형화·자동화되고 사회의 관료제화가 촉진되면서 객관성·정확성·일관성을 특징으로 하는 관료제 조직의 운영에 대하여 컴퓨터 중심의 정보기술은 그 효율성을 높여 주게 된다. 따라서 정보자원과 처리수단이

바로 확인문제

04   2005 경남 9급

다음 중 행정정보화에 따른 변화가 **아닌** 것은?

① 서식의 다양화
② 업무의 신속화
③ 결정권한의 단축(결정체계의 간소화)
④ 창구서비스의 강화

05   2000 국가직 7급

행정정보화가 사회에 미치는 역기능이 **아닌** 것은?

① 정보의 그레샴 법칙
② 정보의 중앙집권화와 독점
③ 정보의 균형화
④ 사생활 침해

06   2003 전남 9급

행정정보화의 역기능이 **아닌** 것은?

① 정보의 균형화   ② 인간성 상실
③ 컴퓨터범죄   ④ 사생활 침해

07   2020 군무원 7급

전자정부의 역기능에 대한 설명으로 옳은 것을 모두 고르면?

> ⊙ 행정의 민주화를 저해할 수 있다.
> ⓛ 사이버 범죄가 발생할 수 있다.
> ⓒ 전자감시의 위험이 심화될 수 있다.
> ② 정보격차가 심화될 수 있다.

① ⊙, ⓛ   ② ⓛ, ⓒ
③ ⊙, ⓛ, ⓒ   ④ ⓛ, ⓒ, ②

08　2010 국가직 9급

정보화사회의 특징으로 가장 옳지 <u>않은</u> 것은?

① 피라미드형 조직구조에서 수평적 네트워크구조로 전환되고 있다.
② 관료가 정보를 독점하여 권력의 오·남용 문제가 없어진다.
③ 전자정부가 출현하고 문서 없는 정부가 구현될 수 있다.
④ 정보통신기술을 활용한 원스톱(one-stop)·논스톱(non-stop) 행정서비스가 가능해진다.

09　2010 지방직 7급

전자정부 및 지역정보화에 대한 설명으로 옳지 <u>않은</u> 것은?

① UN이 전자정부 발달단계에서 최종단계로 본 것은 통합처리(seamless) 단계이다.
② 지역정보화에는 기존의 산업화 과정에서 나타난 지역 간 격차 문제해결을 위해 지방정부의 주체적 노력이 요구된다.
③ 지역정보화는 지역 간 정보격차를 해소하는 지역의 정보화와 지역의 균형적 발전을 위한 정보의 지방화를 포함한다.
④ 정보의 그레샴(Gresham) 법칙은 공개되는 공적 정보시스템에는 사적 정보시스템에 비해서 상대적으로 가치가 큰 정보가 축적되는 현상을 말한다.

10　2018 서울시 7급 제2회

전자정부의 역기능에 해당하는 내용과 그 원인을 〈보기〉에서 모두 고른 것은?

┌─ 보기 ─────────────
│ ㄱ. 인포데믹스(infodemics)
│ ㄴ. 집단극화(group polarization)
│ ㄷ. 선택적 정보접촉(selective exposure to information)
│ ㄹ. 정보격차(digital divide)
└──────────────────

① ㄱ, ㄴ　　　② ㄷ, ㄹ
③ ㄱ, ㄴ, ㄹ　④ ㄱ, ㄴ, ㄷ, ㄹ

관료제의 통제하에 놓이게 되고 그 권력이 강화되면서 정보를 독점할 우려가 발생한다.

(6) 정보의 그레샴 법칙

정보의 그레샴 법칙은 인간은 가치가 낮은 정보를 공공정보시스템에 남기고, 가치가 높은 정보는 사적으로 보유하는 성향을 가진다는 것을 말한다. 이로 인해 쓸모없는 정보가 공공정보 시스템에 많이 잔여함에 따라 컴퓨터의 체증현상과 비용상승을 유발한다.

(7) 인포데믹스(infodemics)

인포데믹스는 정보(information)와 전염병(epidemics)의 합성어로, 정보 확산으로 인한 각종 부작용을 의미한다. 추측이나 루머가 결합된 부정확한 정보가 인터넷이나 휴대 전화를 통해 전염병과 같이 빠르게 전파됨으로써 개인의 사생활 침해는 물론 경제, 정치, 안보 등에 치명적인 영향을 미치는 현상을 의미한다.

(8) 집단극화(group polarization)

집단극화는 집단의 의사결정이 구성원 개개인이 평균치보다 극단으로 치우치게 되는 현상을 의미한다. 집단이라는 익명성 뒤에 숨어 다른 사람들보다 선명하고 모험적인 결정을 택하거나, 다른 구성원들도 자신의 의견에 동의할 것이라는 경향으로 인해 발생하게 된다.

(9) 선택적 정보접촉(selective exposure to information)

선택적 정보접촉은 본인에게 유리한 정보만을 선별적으로 선택하는 현상을 의미한다.

(10) 정보격차(digital divide)

정보격차는 개인, 가정, 기업 및 지역들 간에 상이한 사회·경제적 여건에서 비롯된 정보통신기술에 대한 접근 기회와 다양한 활동을 위한 인터넷 이용에서의 차이를 의미한다.

02　행정정보체계

1 행정정보체계의 개념과 특징

(1) 개념

① 행정정보체계(PMIS: Public Management Information System)는 정책의 형성·집행, 행정관리업무의 수행, 대민 행정서비스 제공 등 행정과정 전반을 지원하기 위하여 각종 정보를 산출·제공해 주며, 행정업무나 서비스를 컴퓨터에 의하여 직접 처리·제공해 주는 시스템이다.
② 행정에 필요한 정보를 제공할 목적으로 시설·절차·사람으로 구성된 체계를 말한다.

(2) 특징

① 행정정보체계는 그 자체가 목적이 아니라 행정의 효과성·능률성과 함께 대응성을 달성하기 위한 도구이다.

② 행정정보체계는 공공부문뿐만이 아니라 민간부문에서도 활용되는 정보체계이다.

③ 행정정보체계는 자연스럽게 형성된 체계가 아니라 인위적으로 설계·개발된 체계이다.

④ 행정정보체계는 수직적 관계보다 수평적 관계를 더 중시하며, 수행업무는 관리적인 내용보다 정책결정지원과 서비스를 더 중요시한다.

⑤ 행정정보체계는 기계적 요소와 인간적 요소의 상호유기적 관계로 형성된 종합시스템이다.

▌관리정보체계(MIS)와 행정정보체계(PMIS) 비교

구분	MIS	PMIS
목표설정	계량적 목표 추구	추상적 목표 추구
정보해석과 대안탐색기법	알고리즘적[1] 정보해석	휴리스틱적[2] 정보해석
경쟁과 대기비용	경쟁성	대기비용[3]의 과다
정보평가기준	경제성, 능률성	민주성, 형평성
정보수집	능동적	수동적, 강제적, 의무적

2 행정정보체계의 발달

(1) EDPS(전자자료처리체계, Electronic Data Processing System)

컴퓨터에 의하여 복잡한 계산과 대량의 자료처리 등을 수행하는 시스템이다.

(2) IPS(정보처리체계, Information Processing System)

조직의 정보처리라는 측면이 강조된다.

(3) MIS(관리정보체계, Management Information System)

① 정보처리체계를 경영관리의 효율화를 위하여 도입·활용하기 시작한 시스템이다.

② MIS가 제공하는 관리정보는 일상화된 관리적 의사결정에 필요한 것으로 본다.

(4) DSS(의사결정지원체계, Decision Support System)

① DSS는 MIS보다 한층 발전된 비정형적·비일상적인 관리문제의 해결에 사용하도록 고안된 것이다. 즉, 의사결정자가 반구조적 또는 비구조적 의사결정을 하는 데 필요한 정보·모형 등을 제공하는 대화식 시스템을 말한다.

② 의사결정지원체계는 문제의 일부분만 해결하여 주고 나머지 부문은 의사결정자의 판단과 경험에 맡긴다.

③ 대표적인 의사결정 지원체제로서는 SAS 등의 통계 패키지, 시뮬레이션 등이 있다.

(5) ES(전문가체계, Expert System)

① 전문 분야의 문제를 진단하고 해결하도록 도와주는 인공지능의 한 응용 분야로

바로 확인문제

11 2011 지방직 9급

인공지능의 한 응용 분야로서 컴퓨터시스템이 특정 분야의 문제해결을 자동적으로 지원하는 시스템은?

① 관리정보시스템(MIS)
② 의사결정지원시스템(DSS)
③ 전문가시스템(ES)
④ 거래처리시스템(TPS)

---

1) 알고리즘적(algorithm) 접근이란 문제해결에 도달하는 과정이 알려져 있는 상황에서 그 기계적 절차에 따라 목표 상태에 도달하게 되는 계량적·수학적 연산기법을 의미한다.

2) 휴리스틱적(heuristic) 접근이란 복잡한 문제를 푸는 데에 알려진 과정이 없이 시행착오를 반복·평가하여 자기 발견적으로 문제를 해결하는 방법을 의미한다.

3) 대기비용(waiting cost)이란 시스템의 처리능력을 초과하는 자료량으로 인한 대기시간이 초래하는 사회적 비용을 의미한다.

서 컴퓨터시스템이 특정 분야의 문제해결을 자동적으로 지원하는 시스템이다. 여기에서 사용되는 컴퓨터는 지속적으로 학습해 가는 능력을 갖춘 전문가처럼 역할을 하도록 프로그램이 된다.

② DSS에서는 사용자가 컴퓨터에게 질문하나 ES에서의 컴퓨터는 사용자에게 문제에 관한 질문을 하고, 그에 따라 스스로 추론하면서 해결방안을 결정한다.

EDPS · MIS · DSS 비교

구분	EDPS	MIS	DSS
조직 계층	운영 계층	중간관리층	최고관리층
대상 업무	일상운영업무	관리통제업무	예측 · 결정지원업무
중점 사항	자료의 처리 · 저장	정형 정보제공	의사결정에 중점
처리 특성	능률적 처리	기능별 자료 종합	신속한 대응
주요 관심	컴퓨터 활용의 최적화	관리정보의 산출	사용자 중심의 정보산출
정보 요약	구체적 자료	요약 정보	요약 · 개별 정보관리
대상 정보	단기정보	단기 또는 중기정보	중 · 장기정보

3 정보자원관리

정보자원관리(IRM: Information Resource Management)란 조직이 필요한 정보를 생산하는 데 사용되는 자원을 관리하는 것을 말한다.

(1) 시스템 자원

① **하드웨어 자원**: 컴퓨터, 정보통신망(인터넷)

② **소프트웨어 자원**: 프로그램과 절차의 집합으로, 프로그래밍(기계가 실행할 명령을 만드는 작업)이 핵심이다.

(2) 자료 자원

① **파일시스템**: 공유할 수 없는 분리된 파일로, 각 응용업무마다 따로 파일을 작성한다.

> 📌 수강 신청 업무를 처리하기 위한 수강 신청 파일을 작성, 성적관리 업무처리 시 수강 신청 파일과 별도로 파일이 작성되어야 한다.

② **DB(Data Base)**: 공유할 수 있는 응용프로그램으로, 자료(자료집)를 한곳에 집합시켜 관리한다.

(3) 조직 · 인력 자원

① **인력 자원**: 정보시스템 책임자(전략적 의사결정을 담당하는 정보담당 최고관리자), 정보시스템 인력

② **조직 자원**: 정보시스템을 개발하고 운용하는 조직이나 부서

③ **기타**: 정보시스템 적용대상 행정업무, 정보시스템 개발 · 관리방법, 정보 관련 문화 · 행태, 정보자원 관리를 지원할 수 있는 제도적 · 법적 요소(각종 제도, 법률, 예산 등)

---

12   2001 국가직 9급

다음 중 정보자원에 속하지 않는 것은?

① 조직발전 전략   ② 데이터 베이스

③ 정보 전문인력   ④ 정보 예산

13   2008 서울시 9급

지식관리의 효과가 아닌 것은?

① 조직구성원의 전문적 자질 향상

② 지식공유를 통한 지식가치의 확대 재생산

③ 지식의 조직 공동재산화 촉진

④ 조직 프로세스의 리엔지니어링 촉진

⑤ 학습조직의 기반 구축

14   2014 지방직 9급

전통적 행정관리와 비교한 새로운 지식행정관리의 특징으로 보기 어려운 것은?

① 공유를 통한 지식가치 향상 및 확대 재생산

② 지식의 조직 공동재산화

③ 계층제적 조직 기반

④ 구성원의 전문가적 자질 향상

4 지식행정

> **결정적 코멘트** 기존행정관리와 지식행정관리의 차이를 정확히 구분해야 한다.

(1) 개념

① 지식행정은 지식사회를 설계하고, 지식 창출·형식화·전파·활용 등 지식관리를 통해 가치를 창출하고 극대화하는 행정이다. 또한 예측할 수 없을 정도로 급변하는 환경에서 경쟁력을 갖춘 지능적 행정으로서 그 외연적 모습은 지식정부로 나타난다.

② 지식행정은 장래의 기회와 위협요소에 대응하기 위해 행정활동의 프로세스를 끊임없이 개선하는 학습과정으로서, 조직프로세스를 급격히 변화시키는 리엔지니어링과 구분된다. 이에 따라 행정조직은 창조력을 지닌 유기체로 기능하도록 스스로 인도하는 자기지시적(self-guiding) 능력을 발휘하며 여기서 자신의 행위과정을 결정하고 변화시키는 능력을 갖게 된다.

③ 지식행정은 전문화된 행정으로서 지식창출·전달·응용과정에서 반응적 양상을 보여 준다.

▌기존행정관리와 지식행정관리 비교

구분	기존행정관리	지식행정관리
조직 성격	계층제적 조직	학습조직 기반 구축
지식 소유	지식의 개인 사유화	지식의 조직 공동재산화
지식 활용	정보, 지식의 중복 활용	조직의 업무능력 향상
조직구성원 능력	조직구성원의 기량과 경험이 일과성으로 소모	개인의 전문적 자질 향상
지식 공유	조직 내 정보 및 지식의 분절, 파편화	공유를 통한 지식가치 향상과 확대 재생산

(2) 암묵지(tacit knowledge)와 형식지(explicit knowledge)

① 지식은 표현되지 않은 자신만의 경험으로 나타나는 암묵지와 객관적으로 공감할 수 있는 형태인 형식지로 구분된다.

② 조직 내 암묵적 지식과 명시적 지식이 사회화, 외재화, 결합화, 내재화 등의 변환과정을 거치면서 개인 지식에서부터 팀, 조직 지식으로 발전한다.

▌암묵지와 형식지 비교

구분	암묵지	형식지
정의	언어로 표현하기 힘든 주관적 지식	언어로 표현 가능한 객관적 지식
획득	경험을 통해 습득된 지식	언어를 통해 습득된 지식
축적	은유를 통한 전달	언어를 통한 전달
전달	타인에게 전달이 곤란	타인에게 전달이 상대적으로 용이
예	자전거 타기	문서, 규정, 공식 매뉴얼

5 우리나라의 행정정보화 현황

(1) 정보화책임관

① 정보화책임관(CIO: Chief Information Officer)은 조직 전반의 정보관리정책의 수립과 집행을 책임지며, 총괄적으로 효율적인 정보자원관리의 수행을 책임지는 고위관리자를 말한다.

바로 확인문제

15 2012 국가직 9급

전자정부와 지식관리에 대한 설명으로 옳지 않은 것은?

① 전자정부의 발달과 함께 공공정보의 개인 사유화가 심화되었다.

② 지식관리는 계층제적 조직보다는 학습조직을 기반으로 한다.

③ 전자거버넌스의 확대는 직접민주주의에 대한 가능성을 높인다.

④ 정보이용 계층에 대한 정보화정책으로써 정보격차해소 정책이 중요해졌다.

16 2015 서울시 7급

다음 중 지식행정관리의 기대효과로 가장 옳지 않은 것은?

① 조직구성원의 전문적 자질 향상

② 지식공유를 통한 지식가치의 확대 재생산

③ 학습조직 기반 구축

④ 지식의 개인 사유화 촉진

17 2010 서울시 7급

지식정부 공공행정의 기대효과로 보기 어려운 것은?

① 개인의 전문성 증진

② 조직의 업무능력 향상

③ 지식의 조직 공동재산화

④ 정보와 지식의 중복 활용

⑤ 학습조직의 기반 구축

18 2013 지방직 9급

지식을 암묵지(tacit knowledge)와 형식지(explicit knowledge)로 구분할 경우, 암묵지에 해당하는 것만을 모두 고른 것은?

> ㄱ. 업무매뉴얼
> ㄴ. 조직의 경험
> ㄷ. 숙련된 기능
> ㄹ. 개인적 노하우(know-how)
> ㅁ. 컴퓨터 프로그램
> ㅂ. 정부 보고서

① ㄱ, ㄴ, ㄷ 　② ㄴ, ㄷ, ㄹ

③ ㄷ, ㄹ, ㅁ 　④ ㄹ, ㅁ, ㅂ

19   2013 국가직 7급 변형

「지능정보화 기본법」상 정보화책임관의 담당업무가 아닌 것은?

① 지능정보사회 정책의 총괄, 조정 지원 및 평가
② 건전한 정보문화의 창달 및 지능정보사회 윤리의 확립
③ 중요 지식정보자원의 지정
④ 「전자정부법」 제2조 제12호에 따른 정보기술 아키텍처의 도입·활용

20   2010 전환직 9급

전자정부는 아래의 개념을 기반으로 한다. 다음 중 아래의 개념에 해당하는 것은?

> 업무수행에 필요한 데이터, 업무지원 응용시스템의 실행에 필요한 정보기술 등을 체계적으로 정리한 청사진으로서 전자정부추진의 기본 밑그림

① GPKI & NPKI
② G4C & G2G
③ ERM(정보자원관리) & ERP(전사적 자원관리)
④ 정보기술 아키텍처(ITA)

21   2022 국가직 9급

「전자정부법」에서 정의하고 있는 다음의 개념은?

> 일정한 기준과 절차에 따라 업무, 응용, 데이터, 기술, 보안 등 조직 전체의 구성요소들을 통합적으로 분석한 뒤 이들 간의 관계를 구조적으로 정리한 체제 및 이를 바탕으로 정보화 등을 통하여 구성요소들을 최적화하기 위한 방법

① 전자문서
② 정보기술 아키텍처
③ 정보시스템
④ 정보자원

② 정보화책임관은 기술적 전문성을 바탕으로 부처 내 각 부서의 정보화 관련 업무를 총괄조정한다.
③ 정보화책임관은 기관장에게 직접 조언할 수 있는 지위에 있는 고위관리자이다.

「지능정보화 기본법」
제8조 【지능정보화책임관】 ① 중앙행정기관의 장과 지방자치단체의 장은 해당 기관의 지능정보사회 시책의 효율적인 수립·시행과 지능정보화 사업의 조정 등 대통령령으로 정하는 업무를 총괄하는 책임관을 임명하여야 한다.
② 중앙행정기관의 장과 지방자치단체의 장은 제1항에 따라 지능정보화책임관을 임명한 때에는 제9조 제2항에 따른 지능정보화책임관 협의회의 의장에게 이를 통보하여야 한다. 지능정보화책임관을 변경한 때에도 또한 같다.

「지능정보화 기본법 시행령」
제6조 【지능정보화책임관의 업무】 법 제8조 제1항에서 "지능정보화 사업의 조정 등 대통령령으로 정하는 업무"란 다음 각 호의 업무를 말한다.
   1. 지능정보화 사업의 조정, 지원 및 평가
   2. 지능정보사회 정책의 총괄, 조정 지원 및 평가
   3. 지능정보사회 정책과 기관 내 다른 정책 등과의 연계·조정
   4. 지능정보기술을 이용한 행정업무의 지원
   5. 정보자원의 현황 및 통계자료의 체계적 작성·관리
   6. 「전자정부법」 제2조 제12호에 따른 정보기술 아키텍처[4]의 도입·활용
   7. 건전한 정보문화의 창달 및 지능정보사회 윤리의 확립
   8. 지능정보화 및 지능정보사회 관련 교육 및 역량강화
   9. 그 밖에 다른 법령에서 법 제8조 제1항에 따른 지능정보화책임관의 업무로 정하는 사항

(2) 국가기간 전산망

국가기간 전산망은 1983년 이래 국가전산화를 목표로 정부가 추진하고 있는 주요 공공부문의 종합정보통신망이다. 1986년 「전산망 보급확장과 이용촉진 및 정보보호 등에 관한 법률」을 제정하면서 본격화되었다.

① 행정전산망
   ㉠ 1단계: 1987~1991년까지 주민등록·부동산·경제통계·고용·자동차·통관관리 업무를 전산입력하였다.
   ㉡ 2단계: 1992~1996년까지 업무별 전산망을 행정종합정보시스템으로 통합하였다. 이에 따라 1991년부터 전국 시·읍·면·동사무소에서 컴퓨터를 통한 주민등록 등·초본 발급업무가 시작되었고, 경제통계관리망·자동차관리전산망·고용관리망·통관관리망 등도 운용되고 있다. 제2차 행정전산망 사업의 추진대상사업은 국민복지, 우체국서비스, 기상정보, 산업재산권정보(특허정

---

4) 정보기술 아키텍처란 일정한 기준과 절차에 따라 업무, 응용, 데이터, 기술, 보안 등 조직 전체의 구성요소들을 통합적으로 분석한 뒤 이들 간 관계를 구조적으로 정리한 체제 및 이를 바탕으로 정보화 등을 통하여 구성요소들을 최적화하기 위한 방법을 말한다. 정보기술 아키텍처는 건축물의 설계도 기능을 수행한다. 즉, 조직의 정보화 환경을 정확히 묘사한 밑그림으로서 조직의 비전, 전략, 업무, 정보기술 간 관계에 대한 현재와 목표를 문서화한 것이다. 정보기술 아키텍처를 구성하는 핵심 요소는 참조모형(reference model)이다. 참조모형의 유형에는 기술참조모형(TRM), 데이터참조모형(DRM), 서비스참조모형(SRM), 업무참조모형(BRM)과 성과참조모형(PRM) 등이 있다. 참조모형에 따라 현재 조직의 아키텍처의 모습을 파악하여 정리하고(현행 아키텍처), 향후 변화와 혁신과정을 거쳐 완성하고자 하는 목표 이미지(목표 아키텍처)를 명확히 하여 전체 조직의 정보기술 아키텍처를 관리하게 된다. 이러한 정보기술 아키텍처에 대한 관리에 기반하여 기관 전체 정보자원 관리활동이 이루어지는 것을 정보기술 아키텍처 기반의 정보자원관리라고 할 수 있다. 즉, 정보기술 아키텍처는 정보화 기획 및 투자관리, 시스템 구축 및 운영 등의 전반적인 정보자원관리 활동에서 중요한 의사결정에 참조 및 기준이 된다.

보), 조달관리, 해상화물, 어선관리 등 7개 분야이다. 제2차 행정망 사업의 특징은 다음과 같다.

 ⓐ 추진대상업무가 주민등록·부동산 등 대민서비스를 위한 기초업무 수준으로부터 국민복지·산업재산권 정보 등 행정정보 공동활용을 중심으로 하는 정책업무 수준으로까지 확대되었다.

 ⓑ 시스템을 EDPS 수준으로부터 MIS, DSS 수준으로 발전시키기 위한 행정종합정보시스템의 구축을 지향하였다.

 ⓒ 정부 내에 행정정보 종합유통센터를 구축하고자 하였다.

 ⓓ 농산물 유통, 경제, 통상, 환경 등 UR(우루과이 라운드) 관련 정부시책정보의 지원에 역점을 두었다.

② **금융전산망**: 현금자동인출기의 공동이용, 은행 간 결제시스템, 은행 간, 기업과 기업 간, 가정과 은행 간 전산망 구축이 주요 내용으로 2003년 이후 전반적으로 시행되고 있다.

③ **교육부가 주관하는 교육전산망**

 ㉠ 학교컴퓨터교육·대학전산화·도서관망·학술정보망 등으로 진행되고 있다.

 ㉡ 5대 국가기간 전산망 사업의 대상 분야는 행정, 금융, 연구·교육, 공안, 국방 분야 등이다.

(3) 행정업무의 전자적 처리

① **전자민원처리**

 ㉠ 전자민원처리는 '사이버 민원행정', '재택 민원처리', '논스톱·원스톱 행정' 등 다양한 명칭으로 사용된다.

 ㉡ 전자민원처리는 민원인들이 사이버 공간에서 쌍방향(민원인의 민원 신청 ⇆ 행정기관의 민원 처리)으로 이루어지는 민원처리 방식이다. 따라서 민원 신청과 발급 등의 모든 과정이 사이버상에서 이루어진다. 국민의 입장에서는 행정기관을 방문할 필요가 없으며, 언제 어디서나 24시간 서비스가 가능하다. 전자문서를 사용하기 때문에 종이 없는 서비스가 실현된다.

② **전자정보 공개**: 정보공개제도는 정부정보에 대한 자유로운 접근을 보장하고 이를 이용하여 국민의 권리 및 이익을 보호하고 나아가 국정에 대한 감시와 비판 그리고 참여를 촉진시킴으로써 민주주의의 존립을 가능하게 하는 필수적인 제도이다. 또한 정치·행정의 비밀주의를 지양하고 부정부패를 방지하여 행정의 책임성을 제고할 수 있는 행정개혁의 수단이기도 하다.

 ㉠ **정보공개제도의 입법화**: 1990년대에 들어서면서 사회의 민주화와 정보화를 향한 이행이 진척되고 국민의 국정에 대한 관심과 참여 욕구가 증대됨에 따라 행정정보에 대한 수요가 급증했다. 정부도 이에 부응하고자 행정개혁의 일환으로 정보공개제도를 입법화했다.

 ㉡ **전자적 정보공개의 역할**

  ⓐ 정보통신기술의 발달은 정보에 대한 국민의 전반적인 관심과 욕구를 더욱 증대시켰고, 아울러 정보처리를 통한 대규모 데이터베이스의 관리와 공개에 효과적으로 대응할 수 있는 수단이라는 역할도 수행하게 되었다. 국민들이 용이하게 접근할 수 있는 매체에 대한 정보공개가 가능해진 것이다.

> **바로 확인문제**

22   2009 국가직 7급
전자정부의 미래 모습을 나타내는 요인들을 모두 고르면?

> ㄱ. Zero-Stop 서비스
> ㄴ. 전자정부 대표 포털
> ㄷ. 접근수단의 단일화
> ㄹ. 조직구조·프로세스 혁신
> ㅁ. 부처별·기관별 업무처리
> ㅂ. e-Governance 구현
> ㅅ. 정부 중심의 전자정부
> ㅇ. 백오피스와 프런트오피스 간격 확대

① ㄱ, ㄴ, ㄷ, ㄹ   ② ㄱ, ㄴ, ㄹ, ㅂ
③ ㄴ, ㄹ, ㅂ, ㅅ   ④ ㄴ, ㄹ, ㅂ, ㅇ

23 2010 서울시 9급

서로 다른 조직 간에 약속된 포맷을 사용하여 행정상의 거래를 컴퓨터와 컴퓨터 간에 행하는 것은?

① 행정정보 공동활용
② 전자문서 교환
③ 전자민원처리
④ 전자정보공개
⑤ 원스톱행정

24 2017 국가직 7급

정보통신기술을 활용한 행정개선 사례로 옳지 않은 것은?

① 정부서울청사 등에 스마트 워크센터를 설치하여 운영하고 있다.
② 민원서비스를 통합적으로 제공하는 '민원24'를 도입하였다.
③ 정부에 대한 불편사항 제기, 국민제안, 부패 및 공익 신고 등을 위해 '국민신문고'를 도입하였다.
④ 공공기관의 공사, 용역, 물품 등의 발주정보를 공개하고 조달절차를 인터넷으로 처리하도록 '온나라시스템'을 도입하였다.

25 2022 국가직 7급

전자정부 구현사례에 대한 설명으로 옳지 않은 것은?

① 'G2B'의 대표적 사례는 '나라장터'이다.
② 'G2C'는 조달 관련 온라인 서비스를 통합적으로 제공하는 것이다.
③ 'G4C'는 단일창구를 통한 민원업무혁신사업으로 데이터베이스 공동활용시스템 구축을 내용으로 한다.
④ 'G2G'는 정부 내 업무처리의 전자화를 내용으로 하고 있으며 대표적 사례로는 '온나라시스템'이 있다.

26 2015 국회직 8급

다음 중 한국의 대민 전자정부(G2C 또는 G2B)의 사례가 아닌 것은?

① 민원24   ② 국민신문고
③ 전자조달 나라장터 ④ 온나라시스템
⑤ 전자통관시스템

따라서 전자적인 정보공개는 통합정보관리라는 논리적 흐름에서 실제 국민생활과 접합되어 있으면서 정보화와 관련된 성과물을 평가·환류하는 마지막 단계라고 할 수 있다.

　ⓑ 전자적 정보공개는 정부기관들이 업무수행에서 발생된 각종 행정정보와 자료를 전자문서화해서 인터넷 홈페이지 등 네트워크를 활용하여 조직 내외의 이용자들에게 제공하는 방법이다.

③ 전자문서 교환

　㉠ 전자문서 교환(EDI: Electronic Data Interchange)은 서로 다른 조직 간에 약속된 포맷을 사용하여 상업적 또는 행정상의 거래를 컴퓨터와 컴퓨터 간에 행하는 것이다. 독립된 조직이 독자적으로 정보시스템을 구축하기 때문에 개별 조직이 이질적인 정보시스템을 사용한다고 해도 각 조직의 정보가 전자화된 형태로 서로 교환하고 공유할 수 있는 기반을 제공할 수 있다.

　㉡ CALS와 같은 지속적 획득, 물류 지원의 개념과 EC와 같은 전자상거래의 개념이 확산되면서 다양한 유형의 조직 간 정보시스템이 구현되고 있다. 우리나라에서 전자문서 교환의 도입은 1980년대 무역 부문에서 도입하기 시작해 물류 EDI, 의료 EDI, 유통 EDI, 조달 EDI 등 전 부문으로 확산되고 있다.

④ 행정정보 공동활용

　㉠ 국가기관과 공공기관이 각 기관별로 업무수행 목적상 보유하고 있는 전자적 정보를 효율적인 업무수행과 행정의 투명성 확보와 대민서비스를 제공하기 위해 기관 간에 정보를 공동으로 사용하는 것을 의미한다.

　㉡ 행정정보의 공동활용은 합리적인 정책을 수립하기 위해 과거로부터 축적된 지식, 정보, 경험을 각 부처에서 쉽게 활용할 수 있도록 정보시스템을 구축하는 것이다. 구체적으로 조직의 노하우 축적을 위한 범정부적 정책관리 정보시스템의 구축과 관련 기관 간 업무용 데이터베이스의 공동활용 체계를 구축하는 것이다.

　㉢ 정보 공동활용을 실질적으로 가능하게 하는 정부정보연계센터는 각 정부기관이 개별적으로 구축한 데이터베이스 중에서 공동활용이 필요한 정보를 수요기관이 필요로 하는 상태로 상시 이용할 수 있도록 제공하는 기능을 수행한다. 이로써 정보의 공동활용에 의한 정부의 생산성이 획기적으로 제고될 뿐만 아니라 원스톱·논스톱과 같은 민원 서비스의 제공을 가능하게 한다.

⑤ 정보통신기술을 활용한 행정개선 사례

　㉠ 정부24(G2C[5]): 민원서비스를 통합적으로 제공하는 정부24를 도입하였다.

　㉡ 국민신문고(G2C): 정부에 대한 불편사항 제기, 국민제안, 부패 및 공익 신고 등을 위해 국민신문고를 도입하였다.

　㉢ 나라장터(G2B[6]): 공공기관의 공사, 용역, 물품 등의 발주정보를 공개하고 조달절차를 인터넷으로 처리하도록 전자 조달 나라장터를 도입하였다(조달청).

　㉣ 전자통관시스템(G2B): 온라인 수출입 통관, 관세환급 업무, 전자민원 서비스 제공을 위해 전자통관시스템(UNI-PASS)을 도입하였다(관세청).

　㉤ 온나라시스템(G2G[7]): 행정 업무의 효율성을 제고하고 비용 절감을 위해 정부

---

5) Government to Citizens or Customers
6) Government to Business
7) Government to Government

가 수행하는 모든 업무를 체계적으로 분류하고, 온라인상에서 실시간으로 업무를 처리하는 전산 시스템이다(행정안전부).

ⓑ **스마트 워크센터**: 정부서울청사 등에 스마트 워크센터를 설치하여 운영하고 있다. 스마트 워크센터는 출장지 등 원격지에서 업무가 가능하도록 정보통신기술 기반의 원격업무시스템을 갖춘 사무공간을 말한다.

03 행정정보화와 전자정부

1 정보시스템의 개념 및 유형

① 전자정부는 정보시스템을 활용하여 업무를 수행하는 정부이며, 정보시스템이나 지식시스템은 전자정부나 지식정부를 구성하는 기본적 요소이다.

② 정보시스템은 기술적인 측면에서 컴퓨터, 소프트웨어, 네트워크 등의 요소가 조합되어 자료, 정보, 지식을 처리하고 업무를 지원하는 시스템으로, 정보를 처리하는 시스템이지만 궁극적으로는 업무를 지원하는 시스템이다.

③ 정보처리는 업무처리의 일부분으로, 정보시스템은 정보 자체를 관리하는 기능과 업무를 지원하는 기능을 동시에 수행한다.

2 전자정부

(1) 개념과 연혁

① 개념

㉠ 전자정부(electronic government)는 디지털정보기술과 네트워크, 초고속정보통신 기반기술 등 정보기술을 이용하여 행정업무를 효율적으로 재설계하고 번거로운 문서와 절차 등을 감축하여 문서 없는 정부를 구현한다.

㉡ 이로써 고객의 요구에 민감하게 대응하고 대국민서비스를 증진시킬 수 있다. 즉, 국민의 삶의 질을 향상시키고 민주주의 행정이념을 구현하려는 고객 감성적이고 열린 정부를 의미한다.

② 연혁

㉠ 미국 클린턴(Clinton)행정부의 국가성과심의회(NPR)에 의한 '미국으로의 접근(Access America, 1994)'에서 처음 사용하였다. 미국은 1993년부터 '정보기술을 이용한 행정업무 재설계' 계획을 수립·추진하여 PC나 키오스크(KIOSK) 등을 이용한 전자적 행정서비스를 제공하고 있다.

㉡ 영국은 1996년에 '전자정부 구현정책'을 발표하여 전자간이합동민원실을 설치했고, 정부서비스의 온라인 목표를 2001년까지 25%, 2005년까지 50%, 2008년까지 100%로 설정하여 단계적 전자정부 구현을 추진하였다.

㉢ 일본의 경우에도 1995년에 '행정정보화 추진기본계획'을 수립하여 2003년까지 행정업무의 전자화를 완료한다는 목표 아래 전자정부 구현을 추진하였다.

(2) 전자정부의 목표

① 국민을 위해 누구에게나, 언제나, 어디서나 한번에 서비스가 제공되는 정부를 구현한다.

② 행정의 생산성이 획기적으로 향상되는 정부를 구현한다.

③ 행정정보가 풍부한 정보네트워크를 통해 국민과 하나가 되는 정부를 구현한다.

바로 확인문제

27 　　　　　　　　　　2020 국가직 7급
전자정부에 대한 설명으로 옳지 <u>않은</u> 것은?

① 온라인 참여포털 국민신문고는 국민의 고충 민원과 제안을 원스톱으로 접수 및 처리하는 것을 목적으로 한다.

② 디지털예산회계시스템(D-Brain)은 재정업무의 전 과정을 온라인으로 수행하고 재정사업의 현황을 실시간으로 파악할 수 있는 통합재정정보시스템이다.

③ 스마트워크(smart work)란 통신, 방송, 인터넷 등을 통합한 멀티미디어 서비스를 안전하게 제공하는 통합네트워크를 의미한다.

④ 전자정부 2020 기본계획은 「전자정부법」에 따라 2016년부터 2020년까지 5개년 계획으로 수립되었다.

28 　　　　　　　　　　2018 지방직 7급
전자적 행정서비스를 제공받는 집단에 대한 설명으로 옳은 것은?

① G2G(Government, Government)에서는 그룹웨어시스템을 통한 원격지 연결, 정보 공유, 업무의 공동처리, 업무 유연성 등으로 행정의 생산성이 저하된다.

② G2C(Government, Citizen)의 관계 변화를 통해 시민요구에 부응하는 질 높은 행정서비스를 제공하고 시민참여를 촉진할 수 있지만 공공서비스 수요에 대한 대응성이 낮아진다.

③ G2G(Government, Government)에서는 정부부처 간, 중앙과 지방정부 간에 정보를 공동활용하여 행정업무의 정확성과 효율성이 증대되고 거래비용이 감소한다.

④ G2B(Government, Business)의 관계 변화로 정부의 정책수행을 위한 권고, 지침전달 등을 위한 정보교류 비용이 감소하지만 조달행정 비용은 증가한다.

29

전자정부의 발전단계에 대한 설명으로 가장 옳지 않은 것은?

① 우리나라의 나라장터(G2B)는 2002년 개설된 범정부적 전자조달사업으로서 입찰공고 및 조달정보 제공, 제한서 제출시스템 등을 갖추고 있다.

② 미국의 'challenge.gov' 프로그램은 국민을 프로슈머 협력자로 보기보다는 정부정책을 홍보해야 할 대상으로 여긴다.

③ 정부의 '국민신문고'나 서울시의 '천만상상 오아시스' 시스템은 참여형 전자거버넌스의 예이다.

④ 공동생산형 전자정부 단계에서는 정부와 국민이 공동 생산자로 등장하기 때문에 GNC(Government and Citizen)로 약칭된다.

30

우리나라 전자정부에 대한 설명 중 옳지 않은 것은?

① 1978년부터 정부행정전산화 사업을 총괄한 부처는 총무처이다.

② 행정전산망 사업이 행정전산화 사업에 앞서 시행되었다.

③ '작지만 생산성이 높은 정부'를 지향한다.

④ 현재 전자정부 주무부처는 행정안전부이다.

31

우리나라의 전자정부에 대한 설명으로 옳지 않은 것은?

① 정부는 '지능정보사회 종합계획'을 3년 단위로 수립하여야 한다.

② 과학기술정보통신부장관은 5년마다 행정기관 등의 기관별 계획을 종합하여 '전자정부기본계획'을 수립하여야 한다.

③ 「전자정부법」상 '전자화문서'는 종이문서와 그 밖에 전자적 형태로 작성되지 아니한 문서를 정보시스템이 처리할 수 있는 형태로 변환한 문서를 말한다.

④ 중앙행정기관의 장과 지방자치단체의 장은 해당기관의 지능정보사회 시책의 효율적 수립·시행과 대통령령이 정하는 업무를 총괄하는 '지능정보화책임관'을 임명하여야 한다.

(3) 우리나라 전자정부

우리나라의 전자정부사업은 1996년부터 시작되었다.

① 1978년부터 정부행정전산화 사업을 총괄한 부처는 총무처이다.

② 1987년 행정전산망사업, 1994년 초고속 정보통신망사업으로 진행되었고, 1995년에 정보화사업의 구상을 시작하여 1998년 김대중 행정부가 들어서면서 '전자정부'의 개념을 도입하게 되었다.

③ 1996년 6월 11일 정보화촉진기본계획을 확정하고 '작지만 효율적인 전자정부의 구현'을 포함하는 정보화 촉진 10대 중점 과제를 선정하였다.

④ 1998년에는 '사이버코리아 21' 계획이 수립되어 전자정부 구현을 위한 구체적인 사업이 추진되었다.

⑤ 종이문서 위주로 되어 있던 행정업무나 민원처리, 세금·수수료 납부 등을 전자적으로 간단히 처리하도록 한 「전자정부 구현을 위한 행정업무 등의 전자화 촉진에 관한 법률」이 제정되어, 2001년 7월부터 시행되었다.

⑥ 행정업무의 전자적 처리를 위한 기본 원칙·절차 및 추진방법 등을 규정함으로써 전자정부의 구현을 위한 사업을 촉진시키고, 행정기관의 생산성·투명성과 민주성을 높여 지식정보화시대의 국민의 삶의 질을 향상시키기기 위해 「전자정부법」이 개정되어, 2007년 7월부터 본격적으로 시행되고 있다.

⑦ 전자정부 구현을 촉진하기 위하여 2004년 3월 「정부조직법」을 개정하여 행정안전부의 소관사무에 전자정부에 관한 사무를 추가하였고, 현재 전자정부 주무부처는 행정안전부이다.

(4) 「전자정부법」의 주요 내용

① 전자정부의 원칙(제4조)
  ㉠ 행정기관 등은 전자정부의 구현·운영 및 발전을 추진할 때 다음의 사항을 우선적으로 고려하고 이에 필요한 대책을 마련하여야 한다.
    ⓐ 대민서비스의 전자화 및 국민편익의 증진
    ⓑ 행정업무의 혁신 및 생산성·효율성의 향상
    ⓒ 정보시스템의 안전성·신뢰성의 확보
    ⓓ 개인정보 및 사생활의 보호
    ⓔ 행정정보의 공개 및 공동이용의 확대
    ⓕ 중복투자의 방지 및 상호운용성 증진
  ㉡ 행정기관 등은 전자정부의 구현·운영 및 발전을 추진할 때 정보기술 아키텍처를 기반으로 하여야 한다.
  ㉢ 행정기관 등은 상호 간에 행정정보의 공동이용을 통하여 전자적으로 확인할 수 있는 사항을 민원인에게 제출하도록 요구하여서는 아니 된다.
  ㉣ 행정기관 등이 보유·관리하는 개인정보는 법령에서 정하는 경우를 제외하고는 당사자의 의사에 반하여 사용되어서는 아니 된다.

② 전자정부서비스의 제공 및 활용(제7조~제24조)
  ㉠ 전자적인 민원의 신청·처리뿐만 아니라 복지와 안전, 기업활동 촉진 등을 위한 전자정부서비스의 개발·제공 및 이용실태 조사·분석을 통한 효율적인 관리 등을 규정하였다.
  ㉡ 단순히 전자적으로 민원을 신청·처리하는 것에서 벗어나 유비쿼터스 기반을

활용하여 국민들이 원하는 행정서비스를 적극적으로 개발·제공함으로써 서비스 이용을 활성화하고, 국민들의 편익을 향상시킬 수 있을 것으로 기대된다.

③ **행정정보의 공동이용**(제36조~제44조)

　　㉠ 공동이용 대상 및 방법과 절차 등을 규정하고, 개인정보의 경우에는 정보주체의 사전 동의를 받도록 하며 열람청구권을 규정하여 자신의 신상정보를 통제할 수 있도록 하고, 공동이용에 따른 금지행위 등을 각각 규정하였다.

　　㉡ 공동이용을 확대함으로써, 행정업무를 효율적으로 추진할 수 있을 뿐만 아니라 국민들이 민원신청을 위해 많은 서류를 제출할 필요가 없어 부담이 경감될 것으로 기대된다.

④ **전자정부 운영기반의 강화**(제45조~제63조)

　　㉠ 전자정부의 운영기반을 강화하기 위하여 정보통신망 등의 체계적인 보호대책을 마련하고, 정보화 기본설계도인 정보기술 아키텍처를 기반으로 전자정부 사업을 추진하도록 하며, 행정기관의 정보자원을 통합적으로 관리할 수 있도록 하였다.

　　㉡ 전자정부의 안전성·신뢰성을 강화하여 국민들이 전자정부서비스를 보다 안심하고 접근·활용할 수 있고, 행정기관의 정보자원을 더욱 효율적으로 운영·관리할 수 있을 것으로 기대된다.

⑤ **전자정부 구현을 위한 시책 등 추진**(제64조~제75조)

　　㉠ 전자정부사업 추진 시 다른 행정기관 등과 관련된 경우에는 기관 간의 사전협의를 거치도록 하고, 사업에 대한 성과분석을 실시하도록 하며, 전문기관에서 전문적인 기술지원을 할 수 있도록 하였다.

　　㉡ 전자정부사업을 효율적으로 추진하고 전자정부사업계획과 성과 분석을 연계하여 기관별 중복적인 투자를 해소할 수 있을 것으로 기대되며, 더불어 새로운 기술의 도입·활용이 촉진될 것이다.

(5) 행정업무처리 재설계

① **의미**

　　㉠ 정보기술에 의해 뒷받침되는 행정업무 혁신은 행정업무처리 재설계(PAPR: Public Administration Process Reengineering)라고 하며, 정부의 행정서비스를 향상시키고 업무 수행비용을 줄이는 데 획기적인 기회를 제공한다.

　　㉡ 업무처리 재설계는 비용, 품질, 서비스, 속도와 같은 핵심적 성과에서 극적인 향상을 이루기 위해 업무 프로세스를 기본적으로 다시 생각하고 근본적으로 고치는 것이다. 핵심적 개념은 다음과 같다.

　　　ⓐ '**기본적**': 지금 있는 것을 무시하고 반드시 있어야 할 것에 집중한다는 의미이다.

　　　ⓑ '**근본적**'인 변화: 근본적인 재설계는 현존하는 모든 구조와 절차를 버리고 완전히 새로운 업무처리방법을 만들어 내는 것을 의미한다.

　　　ⓒ '**극적**'인 혁신: 이는 낡은 것을 버리고 새로운 어떤 것으로 대체한다는 의미이다.

　　㉢ 이처럼 업무처리 재설계는 정보기술을 이용하여 기존의 모든 방식을 버리고 새로운 방식으로 업무를 수행하는 것을 말한다.

　　㉣ 업무처리 재설계는 정보기술의 바탕 위에서 이루어지며, 정보기술은 업무처리 재설계를 실질적으로 가능하게 하는 가장 기본적인 수단인 것이다.

32 2021 지방직(=서울시) 7급

「전자정부법」상 전자정부추진에 대한 설명으로 옳지 않은 것은?

① 「고등교육법」상 사립대학은 적용받지 않는다.

② 행정기관 등의 장은 해당기관의 전자정부의 구현·운영 및 발전을 위한 기본계획을 5년마다 수립하여야 한다.

③ 전자정부의 날이 지정되었다.

④ 필요한 경우 둘 이상의 지방자치단체가 공동으로 지역정보통합센터를 설립·운영할 수 있다.

33 2014 지방직 7급

「전자정부법」에서 규정하는 전자정부의 원칙에 해당되지 않는 것은?

① 개인정보 및 사생활의 보호

② 행정정보의 공개 및 공동이용의 확대

③ 중복투자의 방지 및 상호운용성 증진

④ 행정기관 및 국가공무원의 통제 효율성 확대

34 2023 군무원 7급

현행 「전자정부법」에 명시된 전자정부의 원칙이 아닌 것은?

① 대민서비스의 전자화 및 국민편익의 증진

② 행정업무의 혁신 및 생산성·효율성의 향상

③ 중복투자의 방지 및 상호운용성 증진

④ 전자정부의 국제협력 강화

35 2004 대전 9급

전자정부 구현정책으로서의 행정업무 처리의 재설계를 위한 서비스 처리방안 개혁 중 옳지 않은 것은?

① 업무의 자동화　　② 업무의 통합화

③ 매개물 제거　　④ 전자신분증

행정업무처리 재설계(PAPR: Public Administration Process Reengineering)를 설명하는 내용과 거리가 먼 것은?

① 정보기술의 바탕 위에서 이루어진다.
② 새로운 방식으로 업무를 수행한다.
③ 정부정보에의 자유로운 접근을 보장하고 국민의 권리 및 이익을 보호한다.
④ 조직의 업무성과를 향상시키는 데 기여한다.
⑤ 프로세스 분석에서 모형화 도구를 제공하기도 한다.

행정개혁으로서의 리엔지니어링(BPR)에 대한 설명으로 옳은 것은?

① 조직의 점진적 변화가 필요할 때 사용되며, 조직문화는 개혁의 대상이 아니다.
② 조직 개선을 위한 논의는 구조, 기술, 형태 등과 같은 변수를 중심으로 이루어진다.
③ 공공부문과 민간부문의 리엔지니어링 환경은 차이가 없다.
④ 고객만족 가치를 창출하는 프로세스 개선에 초점을 둔다.

공공조직 업무개선을 위해 정보통신기술을 활용한 리엔지니어링에 관한 설명으로 옳지 않은 것은?

① 조직 내 부서별 고도 분업화에 따른 폐단을 극복하기 위한 방안으로 등장하였다.
② 리엔지니어링의 궁극적인 목적은 성과 향상과 고객만족의 극대화에 있다.
③ 리엔지니어링에는 조직 및 인력감축이 필수적이다.
④ 리엔지니어링은 프로세스의 변화뿐만 아니라 조직구조나 문화 등 다양한 측면에서 변화가 요구된다.
⑤ 공공서비스의 비분할성 및 비경합성 등과 같은 특징으로 인해 리엔지니어링 추진이 쉽지 않다.

② **역할**
ㄱ 정보기술은 프로세스의 변화를 가능하게 하고, 개선된 프로세스는 다시 조직의 업무성과를 향상시키는 데 기여한다.
ㄴ 정보기술은 업무처리 재설계를 추진시키는 요인으로서 역할을 하며, 다른 한편으로는 재설계된 프로세스를 실행시키는 도구로서 역할을 한다.
ㄷ 정보기술은 자동화, 통합화, 매개물 제거 등의 기회를 제공해서 업무처리 재설계의 가능성을 제시한다. 동시에 정보기술은 프로세스 분석에서 모형화 도구를 제공하기도 하고 정보시스템은 새로운 업무수행의 가장 기초적인 기반이 된다.
ㄹ 최근 기업에서 이루어지고 있는 기업업무절차혁신(BPR: Business Process Reengineering)과 비슷한 의미로 사용된다.

③ **공공부문의 리엔지니어링**
ㄱ 리엔지니어링은 프로세스의 변화뿐만 아니라 조직구조나 문화 등 다양한 측면에서 변화가 요구된다.
ㄴ 리엔지니어링의 궁극적인 목적은 성과 향상과 고객만족의 극대화에 있다.
ㄷ 조직 내 부서별 고도 분업화에 따른 폐단을 극복하기 위한 방안으로 등장하였다.
ㄹ 공공서비스의 비분할성 및 비경합성 등과 같은 특징으로 인해 리엔지니어링 추진이 쉽지 않다.

(6) 전자정부의 발전단계

전자정부에서는 정보기술을 활용하여 사무를 전자화하는데, 정보기술의 발전 정도와 사무의 전자화 범위 및 전자화 정도에 따라 발전 수준이 다르다. 전자정부에도 발전단계를 구분하는 연구기관 및 국제기구들이 있다.

① **통합 1단계**
ㄱ 전자정부 서비스가 출현하는 초기 단계로서, 정부가 온라인으로 각종 행정정보를 일방향적으로 제공하는 단계이다.
ㄴ UN에서는 이를 1, 2단계로 구분하여 좀 더 발전된 형태로서의 '출현조정단계(enhanced presence)'를 설정하고 있다. 이 단계에서 정보제공의 형태가 각 정부기관 사이트들 간에 상호연계되고, 정보의 최신 내용이 실시간으로 제공되며 좀 더 특화된 내용들이 제공되는 점을 강조한다.

② **통합 2단계**
ㄱ 정보제공자와 이용자 간에 상호작용이 이루어진다는 점이 특징이다.
ㄴ 정보제공자가 온라인상에 제공하는 정보를 이용자가 수동적으로 볼 수 있을 뿐 아니라, 온라인상에서 질문하고 답을 받아 볼 수 있다. 또한 온라인상에서 제공되는 이메일 주소를 이용해 담당자와 연결할 수 있고, 이용자가 필요로 하는 정부문서 서식 등을 온라인으로 다운로드할 수 있다.

③ **통합 3단계**
ㄱ 제공자와 이용자 간에 좀 더 적극적인 상호거래가 이루어진다. 여권이나 비자를 온라인으로 발급받는다든지, 출생, 사망, 면허와 관련된 신고 및 관련 서류를 발급받을 수 있는 단계이다.
ㄴ UN, 가트너그룹, 그리고 OECD는 좀 더 세분하여 '연계(connected)'단계와 '전환(transformation)'단계를 제안했다.

ⓒ 기관 간 상호연계되므로 서비스가 여러 기관 간에 관련되어 복합적으로 처리되어 제공되는 서비스라 하더라도 이용자 입장에서는 '하나의 창구'를 통해 원스톱으로 제공받을 수 있다는 의미를 포함하고 있다.

④ **UN의 '연계'**: UN에서는 2008년도에 '연계' 개념을 전자정부 발전단계에 도입하면서 연계의 의미를 다음과 같이 다섯 가지의 의미를 포함하고 있는 것으로 설명하고 있다.

  ㉠ 정부기관 간 수평적 연계

  ㉡ 중앙부처와 지방정부 간의 수직적 연계

  ㉢ 상호운용성(interoperability) 확보를 위한 인프라 간의 연계

  ㉣ 정부기관과 시민 간 연계

  ㉤ 정책 이해관련자들 간의 연계정책에 관련되는 정부기관, 민간기업, 학계뿐만 아니라 각종 다양한 시민단체들 간의 상호연계의 내용은 마지막 단계에 포함

▎ **전자정부의 발전단계**

구분	UN	세계은행	가트너그룹	OECD
통합 1단계	• 자동 출현 • 출현 조정	출현	출현	정보
통합 2단계	상호작용	상호작용	상호작용	상호작용
통합 3단계	• 상호거래 • 연계	상호거래	• 상호거래 • 전환	• 상호거래 • 전환

(7) 전자거버넌스와 전자민주주의

① **개념**

  ㉠ **전자거버넌스**(e-governance)

    ⓐ 전자거버넌스는 '전자공간을 활용하여 거버넌스를 구현하는 것'을 말한다.

    ⓑ 정보기술의 발전으로 인간의 시간적·공간적 제약을 극복하게 되고, 나아가 전자공간에서의 다양한 관계의 네트워크 형성이 가능해지면서 전자공간을 수단으로 정부정책과정에의 다양한 이해관계자의 적극적인 참여가 촉구된다.

  ㉡ **전자민주주의**(e-democracy)

    ⓐ 전자거버넌스는 곧 참여와 공개를 그 요체로 하는 민주성을 제고하는 촉발제가 되고 전자민주주의의 가능성의 지평을 넓히게 되는 계기가 되기도 한다. 정책과정에 대해 모든 사람이 온라인상에서 자유롭게 보고 들을 수 있고, 의사를 표명할 수 있으며 의견을 개진할 수 있게 된다.

    ⓑ 오프라인상의 거버넌스가 시간·공간적 제약을 받는 것에 비해 전자거버넌스는 이를 극복함으로써 거버넌스의 실효성과 효율성을 높여 주고, 거버넌스 대상이 되는 정책적 사안에 대한 온라인상에서의 충분한 정보제공과 상호작용으로 정책결정의 합리성을 제고하기도 한다.

② **전자적 참여 형태**: UN(2008)에서는 전자거버넌스로서의 전자적 참여의 형태에 대해 세 가지 형태로 진화·발전하는 것으로 본다.

  ㉠ **전자정보화**(e-information) **단계**: 이는 정부기관의 웹사이트에서 각종 전자적 채널을 통해 정부기관의 다양한 정보가 공개되는 단계이다. 이때는 다소 일방향적인 정보의 공개가 일어난다.

39
2011 국가직 9급

UN에서 제시하는 세 가지 전자적 참여형태에 해당하지 <u>않는</u> 것은?

① 전자정보화(e-information) 단계
② 전자자문(e-consultation) 단계
③ 전자결정(e-decision) 단계
④ 전자홍보(e-public relation) 단계

40
2010 서울시 9급

다음 중 UN에서 본 전자거버넌스로서의 전자적 참여의 형태가 진화하는 단계로 옳은 것은?

① 전자정보화 – 전자자문 – 전자결정
② 전자문서화 – 전자결정 – 전자자문
③ 전자자문 – 전자문서화 – 전자결정
④ 전자정보화 – 전자결정 – 전자무서화
⑤ 전자자문 – 전자정보화 – 전자결정

41
2010 서울시 9급

다음 중 고객정보를 바탕으로 업무프로세스, 조직, 인력을 정비하고 운용하는 전략을 나타내는 개념은?

① e-consultation ② CRM
③ EDI ④ TRM
⑤ DRM

42
2017 국가직 9급 추가채용

정보격차에 대한 설명으로 옳지 <u>않은</u> 것은?

① 경제협력개발기구(OECD)는 정보격차를 '개인, 가정, 기업 및 지역들 간에 상이한 사회·경제적 여건에서 비롯된 정보통신기술에 대한 접근 기회와 다양한 활동을 위한 인터넷 이용에서의 차이'로 정의했다.
② '정보화 마을'은 우리나라에서 도농 간 정보격차 해소를 위해 시행한 지역정보화 정책의 사례이다.
③ 「지능정보화 기본법」은 국가기관과 지방자치단체뿐 아니라 민간기업에 대해서도 정보격차 해소 시책을 마련할 의무를 규정하고 있다.
④ 「장애인차별금지 및 권리구제 등에 관한 법률」은 정보통신·의사소통 등에서의 정당한 편의제공 의무에 관한 규정을 두고 있다.

ⓛ 전자자문(e-consultation) 단계: 시민과 선거직 공무원 간의 상호소통이 이루어지고, 사이버 공간상에서의 청원활동이 이루어지며, 선거직 공무원은 유권자들과 직접적으로 토론을 벌인다. 이러한 정책토론은 축척되고 그에 대한 피드백이 시민들에게 이루어진다.

ⓒ 전자결정(e-decision) 단계: 이 단계에서는 정부기관이 주요 정책과정에 시민들의 의견을 고려하여 반영하는 활동이 이루어진다. 전 단계인 자문단계에서의 자문활동이 단순히 자문활동에 그치는 것이 아니라 그러한 토론 결과가 어떠한 정책결정에 직접적으로 반영되었는가에 대해 시민들에게 정보를 제공해 주게 된다.

③ **역할**: 전자거버넌스의 확대는 사람들로 하여금 직접 민주주의로의 회귀가능성에 대한 생각을 강화시켜 주기도 한다. 간접 민주주의나 대의 민주주의가 당초 시간적·공간적 제약에 의해 발생되었다면, 이제는 그러한 한계를 극복하고 만인에 의한, 만인을 위한, 만인의 토론과 참여가 가능한 전자거버넌스와 전자민주주의를 통해 대표를 통하지 않고 의사결정이 가능한 직접 민주주의로 가는 것이 가능함을 예측하기도 한다.

(8) 고객관계관리와 정보행정서비스 📖 PDF ▶ P.41

① 고객관계관리(CRM: Customer Relationship Management)의 개념은 민간기업에서 수익을 창출하기 위한 전략개념으로 도입된 개념이다. CRM이란 기업이 고객에 대한 정보를 바탕으로 업무프로세스, 조직, 인력을 정비하고 운용하는 전략이다. 고객에 대한 정보는 매우 다양한데, 성(性), 연령, 소득 수준, 소비 형태 등과 관련된 정보가 이에 해당한다.

② CRM은 이러한 전체 고객에 대한 다양한 정보를 바탕으로 고객을 세분화하고 주된 목표 대상이 되는 고객을 선정하며 목표 고객에 대한 체계적인 정보를 중심으로 분석하여 마케팅 전략을 실행한다. 그리고 고객의 반응을 분석한 후 이를 이용하여 다시 고객관리 수준을 강화하는 순환적인 경로를 밟는다.

3 보편적 정보서비스

(1) 정보격차 문제와 대응방안

① 정보격차 문제는 1990년대에는 컴퓨터의 보유 여부가 중요하였으나, 2000년대 이후 인터넷 접근 및 활용을 포함하여 정보에 대한 불평등한 접근이나 활용을 의미한다.

② 경제협력개발기구(OECD)는 정보격차를 '개인, 가정, 기업 및 지역들 간에 상이한 사회·경제적 여건에서 비롯된 정보통신기술에 대한 접근 기회와 다양한 활동을 위한 인터넷 이용에서의 차이'로 정의하였다.

③ 정보화 마을은 우리나라에서 도농 간 정보격차 해소를 위해 시행한 지역정보화 정책의 사례이다.

④ 국가기관과 지방자치단체는 모든 국민이 지능정보서비스에 원활하게 접근하고 이를 유익하게 활용할 기본적 권리를 누구나 격차 없이 실질적으로 누릴 수 있도록 필요한 시책을 마련하여야 한다(「지능정보화 기본법」 제45조).

⑤ 「장애인차별금지 및 권리구제 등에 관한 법률」은 정보통신·의사소통 등에서의 정당한 편의제공 의무에 관한 규정을 두고 있다.

(2) 보편적 서비스의 필요성

① 개요
- ㉠ 보편적 서비스는 가능한 한 모든 국민들에게 합리적인 요금으로 정보통신서비스 등 공공서비스를 널리, 공평하게 제공하는 서비스를 말한다.
- ㉡ 지식정보사회에서는 전자정부, 원격진료, 전자상거래 등 전자적 서비스가 일반화되는데, 이에 접근할 수 없는 국민들은 기본권을 박탈당하는 결과를 초래한다. 이에 따라 정부에서는 국민들이 어디든지 이용가능하고(availability), 경제적으로 저렴한 요금으로 접속가능한(affordability) 정보서비스가 가능하도록 다양한 정책을 고려할 필요가 있다.

② 주요 내용: 보편적 서비스정책은 일반적으로 접근성, 활용가능성, 훈련과 지원, 유의미한 목적성, 요금의 저렴성의 준거를 바탕으로 실행되는 것이 바람직하다.
- ㉠ 접근성: 국민들이 살고 있는 장소에 관계없이 정보서비스를 받을 수 있어야 한다는 것을 의미한다.
- ㉡ 활용가능성: 정보능력과 신체조건에 관계없이 정보서비스를 받도록 하는 것이다.
- ㉢ 훈련과 지원: 사람들이 인터넷 등을 활용할 수 있는 능력을 갖추도록 어느 정도 수준까지는 교육을 받도록 정부에서 지원하는 것을 말한다.
- ㉣ 유의미한 목적성: 정보시스템이 개인적으로나 사회적으로 의미 있는 일, 즉 개인적 만족, 경제적 성취에 도움이 되도록 구축되어야 한다는 것이다.
- ㉤ 요금의 저렴성: 시스템이 다른 대안들에 비해 상대적으로 비용효과적이고 보편적으로 사용가능하게 하여 빈부격차 등의 경제적인 이유 때문에 배제되지 않아야 한다는 것이다.

4 정부 3.0

(1) 개념

공공정보를 적극적으로 개방·공유하며 부처 간 칸막이를 없애 소통하고 협력함으로써, 국민맞춤형 서비스를 제공한다. 동시에 일자리 창출과 창조경제를 지원하는 새로운 정부운영 패러다임이다.

(2) 정부운영 패러다임의 변화

구분	정부 1.0	정부 2.0	정부 3.0(u-Gov)[8]
운영방향	정부 중심	국민 중심	국민 개개인 중심
핵심가치	효율성	민주성	확장된 민주성
참여	관주도·동원방식	제한된 공개·참여	• 능동적 공개·참여 • 개방·공유·소통·협력
행정서비스	일방향 제공	양방향 제공	양방향·맞춤형 제공
수단(채널)	직접방문	인터넷	무선인터넷, 스마트모바일

---

8) 유비쿼터스(ubiquitous)는 '언제 어디서나 존재한다.'라는 뜻의 라틴어로, 사용자가 컴퓨터나 네트워크를 의식하지 않고 시간과 장소에 상관없이 자유롭게 네트워크에 접속할 수 있는 환경을 말한다. 유비쿼터스 정부는 국민이 언제 어디서나 통신망에 접속하여 원하는 행정서비스를 받을 수 있는 환경을 갖춘 정부를 의미한다. 기술적으로 브로드밴드와 무선, 모바일 네트워크, 센싱, 칩 등을 기반으로 하며, 서비스 전달 측면에서 지능적인 업무수행과 개개인의 수요에 맞는 맞춤형 서비스를 제공한다. 유비쿼터스 정부는 5Any(Any-time, Any-where, Any-device, Any-network, Any-service) 환경에서 실현되는 정부를 지향한다.

43 2013 국가직 9급

유비쿼터스 정부(u-Government)의 특성과 거리가 먼 것은?
① 중단 없는 정보서비스 제공
② 맞춤 정보 제공
③ 고객지향성, 실시간성, 형평성 등의 가치 추구
④ 일방향 정보 제공

44 2020 지방직(=서울시) 9급

유비쿼터스 전자정부에 대한 설명으로 옳은 것만을 모두 고르면?

> ㄱ. 기술적으로 브로드밴드와 무선, 모바일 네트워크, 센싱, 칩 등을 기반으로 한다.
> ㄴ. 서비스 전달 측면에서 지능적인 업무수행과 개개인의 수요에 맞는 맞춤형 서비스를 제공한다.
> ㄷ. Any-time, Any-where, Any-device, Any-network, Any-service 환경에서 실현되는 정부를 지향한다.

① ㄱ, ㄴ   ② ㄱ, ㄷ
③ ㄴ, ㄷ   ④ ㄱ, ㄴ, ㄷ

45 2016 서울시 9급

우리나라 정부 3.0에 대한 설명으로 가장 옳지 않은 것은?
① 정부 3.0은 공공정보를 적극 개방하고 공유하여 부처 간 소통과 협력을 중시한다.
② 정부 3.0은 원스톱서비스 제공을 위해 직접방문과 인터넷을 중심기반으로 설계되었다.
③ 정부 3.0에서의 행정서비스는 양방향·맞춤형 제공을 지향한다.
④ 정부 3.0은 민원24 서비스를 확대하여 개인별 생활민원정보를 하나의 창구에서 통합안내한다.

정부운영의 새로운 패러다임인 정부 3.0의 내용으로 옳지 <u>않은</u> 것은?

① 정부 3.0의 핵심 키워드는 협력, 소통, 맞춤형 서비스, 일자리 창출, 칸막이 해소 등이다.

② 정부 3.0의 운영 방향은 공공정보의 개방과 공유, 정부−국민 간의 소통과 협력을 포함하고 있다.

③ 정부 3.0에서는 공공기관의 정보제공에 초점을 둔 정부 중심의 국가운영 거버넌스를 의미한다.

④ 정부 3.0은 기술적 관점에서 모바일 스마트 기반의 차세대 전자정부로 이해할 수 있다.

우리나라에서 정부개혁의 일환으로 추진하고 있는 '정부 3.0'의 내용을 <u>잘못</u> 설명하고 있는 것은?

① 정부 내 칸막이 해소에 역점을 둔다.

② 빅데이터를 이용한 개인정보의 유출을 방지하는 데 역점을 둔다.

③ 온라인 민관협업공간을 구축하는 데 역점을 둔다.

④ 공공데이터의 민간활용 활성화에 역점을 둔다.

⑤ 개인별 맞춤정보 제공에 역점을 둔다.

정보화와 전자정부 등에 대한 설명으로 옳지 <u>않은</u> 것은?

① e−거버넌스는 모범적인 거버넌스를 실현하기 위하여 다양한 차원의 정부와 공공부문에서 정보통신기술의 잠재력을 활용하기 위한 과정과 구조의 실현을 추구한다.

② 웹접근성이란 장애인 등 정보 소외계층이 웹사이트에 있는 정보에 접근할 수 있도록 편의를 제공하는 것을 말한다.

③ 빅데이터(big data)의 3대 특징은 크기, 정형성, 임시성이다.

④ 지역정보화 정책의 기본목표는 지역경제의 활성화, 주민의 삶의 질 향상, 행정의 효율성 강화이다.

---

(3) 3대 전략과 10대 추진 과제

3대 전략	10대 추진 과제
투명한 정부	① 공공정보 적극 공개로 국민의 알권리 충족 ② 공공데이터의 민간활용 활성화 ③ 민관협치를 강화한 플랫폼 정부
유능한 정부	④ 정부 내 칸막이 해소 ⑤ 협업·소통 지원을 위한 정부운영 시스템 개선 ⑥ 빅데이터[9]를 활용한 과학적 행정 구현
서비스 정부	⑦ 수요자 맞춤형 서비스 통합 제공 ⑧ 창업 및 기업활동 원스톱 지원 강화 ⑨ 정보 취약계층의 서비스 접근성 제고 ⑩ 새로운 정보기술을 활용한 맞춤형 서비스 창출

04 의사전달

1 의사전달의 의의

(1) 개념

의사전달이란 상호 간에 정보·메시지·생각·감정·사실 등의 교류를 통하여 상호 간의 공통된 이해에 도달하며, 더 나아가서는 상호 간의 행동과 태도에 영향을 미치거나 계획적인 변화를 가져오게 하는 일련의 과정 및 기능을 말한다.

(2) 구성요소와 과정

① 라스웰(Lasswell)은 커뮤니케이션의 구성요소로서 전달자, 전달행위, 정보·메시지, 수신자, 반응·영향 등의 다섯 가지를 들고 있다.

② 의사전달의 과정은 발신자, 코드화, 발송, 통로, 수신자, 해독, 환류로 이루어진다.

(3) 기능

① 조정·통제·리더십의 효과적 수단이 된다.

② 필요한 정보의 획득에 도움이 되며 합리적 의사결정에 기여한다.

③ 사기의 앙양과 동기부여에 도움이 되며 행정능률을 향상시킨다.

④ 바람직한 여론 및 태도의 형성을 도모해 준다.

2 공식적 커뮤니케이션

(1) 장점

① 합리적·계획적·체계적 커뮤니케이션을 확보해 준다.

② 상관의 부하에 대한 권위 관계를 유지·향상시킬 수 있다.

③ 의사의 전달이 확실하고 편리하며, 조정과 통제가 용이하다.

④ 전달자와 피전달자가 분명하여 책임 소재가 명확하다.

⑤ 정보를 사전에 얻을 수 있으므로 비전문가라도 의사결정이 용이하다.

---

9) 빅데이터(big data)란 데이터의 생성, 양·주기·형식 등이 기존 데이터에 비해 매우 크기 때문에, 종래의 방법으로는 수집·저장·검색·분석이 어려운 방대한 데이터를 의미한다. 빅데이터의 주요 특징으로 크기, 다양성, 속도를 들 수 있다.

(2) 단점

① 일반적으로 계층제의 모든 단계를 거치게 되므로 커뮤니케이션이 지체되기 쉽다.
② 법규에 의거하기 때문에 융통성·신축성이 없고 형식주의의 경향에 흐르기 쉽다.
③ 끊임없이 변동하는 사태에 즉각적으로 적응할 수 없다.
④ 배후의 사정을 전달하기 어렵다.
⑤ 복잡하고 다양한 인간활동·욕구를 표현하기에는 편협하다.

(3) 유형[10]

① 하향적 커뮤니케이션(상의하달)
   ㉠ 명령
      ⓐ 형식상: 구두명령, 문서명령
      ⓑ 내용상: 지시·지령(구체성을 지니는 명령), 훈령(일반성을 지니는 명령)
   ㉡ 일반적인 정보: 일반적인 정보를 제공하는 방법으로는 기관지, 편람, 예규집, 구내방송, 핸드북, 게시판, 벽신문, 강연회, 강습회, 영화, 슬라이드 등이 있다.
② 상향적 커뮤니케이션(하의상달)
   ㉠ 보고   ㉡ 제안제도
   ㉢ 품의제도(내부결제제도)   ㉣ 직원 의견조사
   ㉤ 상담   ㉥ 면접
   ㉦ 진정(개진)   ㉧ 부하직원의 관리 참여 제도
③ 횡적 커뮤니케이션(수평적 의사전달)
   ㉠ 회람   ㉡ 회의
   ㉢ 위원회   ㉣ 사전심사
   ㉤ 조회   ㉥ 통보·통지
   ㉦ 협조전

3 비공식적 커뮤니케이션

비공식적 커뮤니케이션의 주요한 형태는 소문·풍문·그레이프바인(grape-vine)[11]이다.

(1) 장점

① 신속성을 지닌다.
② 형식에 구애되지 않아 신축성·융통성을 지닌다.
③ 상황 적응력이 높다.
④ 배후의 사정·비화 등을 소상히 알려 준다.
⑤ 여론·감정·욕구 등을 좀 더 정확히 표현해 준다.
⑥ 관리자에게 유익한 정보를 제공하여 줄 수 있다.

---

10) 대각선적 의사전달이란 조직 내의 여러 가지 기능과 계층을 가로질러 이루어지는 의사전달을 말한다. 이는 조직구성원들이 하향적, 상향적, 수평적 의사전달 통로 중 어떠한 것도 이용하는 것이 용이하지 않거나 그러한 경로를 이용하면 의사전달의 효과성이 떨어질 경우에 사용된다. 대각선적 의사전달은 공식업무를 촉진하기 위한 것과 개인적·사회적 욕구의 충족을 위한 것으로 구분될 수 있다. 이러한 의사전달은 공식적인 조직도에는 나타나지 않지만 구성원들 간에는 상당히 많이 이용되고 있다.
11) 미국의 남북전쟁(1861~1865) 당시 기자들은 최전방 전쟁터의 소식을 후방의 사람들에게 전하기 위해 구리 전선을 통해 전보를 쳤다. 나무로 만든 전봇대에는 전보를 보내기 위한 구리 전선들이 어지럽게 얽혀 있었는데, 이는 마치 포도나무 덩굴처럼 보이기도 했다. 그런데 당시 전선을 통한 전보 시스템은 너무나 엉성해서 정확한 정보가 전달되지 않았을 뿐만 아니라 헛소문이 퍼지는 게 다반사였다. 포도덩굴 같은 전보시스템에서 받은 소식은 정설보다는 낭설이 더 많더라는 데서 유래한 것이다.

49   2017 지방직 9급

기존 데이터와 비교할 때 빅데이터의 주요 특징이 아닌 것은?

① 속도(velocity)   ② 다양성(variety)
③ 크기(volume)   ④ 수동성(passivity)

50   2021 국가직 7급

빅데이터에 대한 설명으로 옳지 않은 것은?

① 사진은 빅데이터에 포함되지 않는다.
② 정형 데이터도 포함하는 개념이다.
③ 각종 센서 장비의 발달로 데이터가 늘어나면서 나타났다.
④ 데이터를 실시간으로 처리하기도 한다.

51   2016 지방직 9급

조직의 의사전달에 대한 설명으로 옳지 않은 것은?

① 공식적 의사전달은 의사소통이 객관적이고 책임소재가 명확하다는 장점이 있다.
② 비공식적 의사전달은 의사소통 과정에서의 긴장과 소외감을 극복하고 개인적 욕구를 충족시킨다는 장점이 있다.
③ 공식적 의사전달은 조정과 통제가 곤란하다는 단점이 있다.
④ 참여인원이 적고 접근가능성이 낮은 경우 의사전달체제의 제한성은 높다.

52   2005 울산 9급

다음의 의사소통 유형에 대한 설명 중 적절하지 못한 것은?

① 공식적 의사소통은 공식조직 내에서 공식적 통로와 수단에 의하여 전달되는 것이다.
② 전통적 행정이론은 상의하달적 의사소통에 중점을 두고 있다.
③ 횡적(수평적) 의사소통은 계층제에 있어서 동일한 수준에 있는 개인 또는 집단 간에 행하여지는 의사소통이다.
④ 비공식적 의사소통으로 소문이나 풍문 등이 있다.
⑤ 상의하달적 의사소통으로 보고, 내부결제제도, 제안제도 등이 있다.

53 2009 서울시 7급

포도덩굴 커뮤니케이션으로 불리는 비공식적 의사소통의 특징으로 볼 수 <u>없는</u> 것은?

① 왜곡된 정보를 전달할 가능성이 있다.
② 공식적 의사소통의 결함을 보완할 수 있다.
③ 관리 차원에서 중요한 의미를 가진다.
④ 많은 조직에서 실제 의사결정과정에 활용된다.
⑤ 공식적 권위를 유지, 향상시키는 데에 기여한다.

54 2017 교육행정직 9급

다음 설명에 해당하는 의사전달 네트워크 (communication network)의 유형으로 가장 적합한 것은?

> 이 유형은 조직 내 각 구성원이 다른 모든 구성원들과 직접적인 의사전달을 하는 형태로서, 구성원들 모두가 서로 정보를 교환하기 때문에 문제해결에 시간이 많이 걸리나 상황판단의 정확성이 높은 장점을 가지고 있다. 그리고 이 유형에는 중심적 위치(구심성: centrality)를 차지하는 단일의 리더는 없다.

① 원(circle)형
② 연쇄(chain)형
③ 바퀴(wheel)형
④ 개방(all channel)형

55 2004 인천 9급

의사소통의 장애요인이 <u>아닌</u> 것은?

① 의사전달의 반복과 환류
② 구성원의 가치관과 준거기준의 차이
③ 지위상의 격차
④ 적절치 못한 문자와 언어 사용
⑤ 지리적인 격차

(2) 단점

① 조직의 합리적인 커뮤니케이션 체제를 혼란에 빠뜨릴 위험성이 있다.
② 공식적인 권위관계를 파괴·무력화한다.
③ 조직의 조정을 곤란하게 한다.
④ 왜곡 가능성이 높다.
⑤ 목표의 대치현상이 흔히 일어난다. 즉, 개인적 목적을 추구하기 위하여 비공식적 커뮤니케이션 체제가 이용되는 경우가 흔히 있다.
⑥ 감정과 정서에 치중된다.
⑦ 커뮤니케이션이 애매할 뿐만 아니라 불확실하여 책임 추궁이 곤란해진다.

> **더 알아보기** **의사전달 네트워크 유형**
>
> • **원형**: 원탁모양으로 의사전달이 둥글게 전개된다.
> • **직선형(연쇄형)**: 송신자와 수신자가 일직선으로 연결된다.
> • **Y형**: 1인의 전달자가 2인에게, 또는 2인의 전달자가 1인에게 정보를 전달한다.
> • **바퀴형(윤형)**: 1인의 전달자가 여러 사람에게 획일적·일방적으로 정보를 전달한다.
> • **개방형(전체경로형)**: 모든 사람과 종적·횡적·대각선으로 의사전달이 활발하게 전개된다.

4 커뮤니케이션의 장애요인

(1) 인적 요인

① **사고 기준의 차이**: 커뮤니케이션의 과정은 커뮤니케이션의 개시자·전달자·피전달자의 사고 기준의 차이에 의해 장애를 받게 된다.
② **지위상의 차이**: 지위상의 차이는 상의하달, 하의상달 모두 커뮤니케이션을 왜곡시키는 데 영향을 미치고 있다.
③ **전달자의 의식적 제한**: 비밀주의 등에 기인한 전달자의 의식적 제한이 장애를 일으킨다.
④ **전달자의 자기방어**: 전달자는 자기방어를 위하여 좋은 반응을 일으킬 정보는 과장하게 되고 과오·실책은 허위로 보고하거나 은폐하는 경향이 있다.
⑤ **능력의 부족**: 전달자·피전달자의 능력 부족이 장애를 가져온다.
⑥ **불신·편견**: 전달에 대한 불신과 편견이 있을 때 장애가 초래된다.
⑦ **원만하지 못한 인간관계**: 원만하지 못한 인간관계도 원활한 커뮤니케이션을 저해한다.

(2) 수단·과정·조직구조에 기인하는 요인

① **언어**: 부정확한 용어, 지나친 경어, 지나치게 전문적인 용어 등의 사용은 효과적인 커뮤니케이션을 방해하는 요인이 된다.
② **지리적 거리**: 전달자와 피전달자 사이에 지리적 거리가 멀수록 의사소통은 곤란하게 된다.
③ **업무의 과다**: 타업무의 압박이 있으면 다른 사람과의 커뮤니케이션을 하는 데는 좀 더 낮은 순위를 두게 된다.
④ **과다한 정보**: 피전달자의 처리 능력을 초과할 정도로 정보가 과다할 때에는 커뮤니케이션의 장애가 일어난다.
⑤ **계층제와 집권화**: 계층제는 경직성·비신축성을 지니므로 커뮤니케이션의 효율성을 저해한다. 또한 일반적으로 최고관리층을 중심으로 집권화되는 경우 실제와 유리되는 정보가 전달되기 쉽다.

⑥ **전문화**: 전문화는 조직상의 할거주의·편협성 등을 야기하여 커뮤니케이션을 저해하는 경향이 있다.

⑦ **환류의 차단**: 발신자의 의사전달에 대해 정보를 전달받은 수신자가 그 정보의 내용을 확인하거나 다른 의견을 전달할 수 있는 길이 차단된 상태를 말한다. 환류의 차단은 의사전달의 신속성이 제고될지는 모르나 정확성이 무엇보다 우선되는 상황에서는 큰 장애가 된다.

⑧ **기타**

ⓐ 메시지의 부적절한 표현 ⓛ 전달과정의 유실·불충분한 보존
ⓒ 잘못된 해석과 성급한 평가 ⓔ 커뮤니케이션 채널의 부족
ⓜ 비공식조직의 역기능

5 커뮤니케이션의 원칙과 개선방안

(1) 일반원칙

① **명료성**: 정보구조는 체계화되어 있어야 하고 언어는 정확해야 하며 알기 쉬워야 한다.

② **일관성**: 전달 내용은 서로 모순되어서는 안 되며 일관성이 있어야 한다.

③ **적량성**: 적절한 정보량이 제공되어야 한다.

④ **적시성**: 커뮤니케이션은 적기·적시에 행하여야 한다.

⑤ **분포성**: 커뮤니케이션은 전달 범위·대상자가 명확하게 확정되어 틀림없이 전달되어야 한다.

⑥ **적응성**: 커뮤니케이션은 융통성·개별성·현실 합치성을 지녀야 한다.

⑦ **통일성**: 커뮤니케이션은 각각 전체로서 통일된 표현이 되어야 한다.

⑧ **관심과 수용**: 커뮤니케이션은 피전달자의 관심과 수용가능성이 제고될 수 있도록 행해져야 한다.

(2) 개선방안

① **인적 측면**

ⓐ 바람직한 행태면의 개선과 커뮤니케이션의 중요성에 대한 인식 제고가 필요하다.
ⓛ 하의상달은 권장되고 개선되어야 한다.
ⓒ 회의와 토론을 통한 상호접촉의 장려가 요구된다.
ⓔ 대인관계의 개선과 인사교류의 촉진이 있어야 한다.

② **매체·구조적 측면**

ⓐ 매체(언어·문자 등)의 정확성·명료성·일관성을 확보·유지하여야 한다.
ⓛ 효율적인 정보관리 체제의 확립과 시설의 개선이 있어야 한다.
ⓒ 정보 통로의 다원화를 기해야 한다.
ⓔ 계층제의 완화와 분권화를 기해야 한다.
ⓜ 반복과 환류·확인 메커니즘을 확립하여 정확성을 제고하여야 한다.
ⓗ 한 조직 내의 구성원은 가능한 한 동일 지역과 동일 건물에 집합되도록 개선되어야 한다.

56 2009 국가직 9급

조직 내 의사전달과 의사결정 현상에 대한 설명으로 옳지 **않은** 것은?

① 조직 내 의사전달에는 공식적·비공식적 전달유형이 있다.

② 대각선적 의사전달은 공식업무를 촉진하거나 개인적·사회적 욕구충족을 위해 나타난다.

③ 의사전달의 과정은 발신자, 코드화, 발송, 통로, 수신자, 해독, 환류로 이루어진다.

④ 의사전달과정에서 환류의 차단은 의사전달의 신속성을 저해할 수 있다.

57 2010 국가직 7급

의사전달의 장애요인에 대한 설명으로 옳지 **않은** 것은?

① 어의상 문제, 의사전달 기술의 부족 등 매체의 불완전성으로 인해 의사전달의 장애가 발생할 수 있다.

② 수신자의 선입관은 준거틀을 형성하여 발신자의 의도를 왜곡할 수 있다.

③ 환류의 차단은 의사전달의 정확성을 제고할지 모르나 신속성이 우선시되는 상황에서는 장애가 될 수 있다.

④ 시간의 압박, 의사전달의 분위기, 계서제적 문화는 의사전달에 영향을 미칠 수 있다.

58
2007 국가직 7급

행정정보공개제도에 관한 설명 중 옳지 않은 것은?

① 우리나라 행정정보공개제도는 먼저 기초자치단체에서 조례로 제도화되었다.
② 미국과 일본의 경우는 우리나라와 달리 중앙정부 차원에서 「정보공개법」이 제정된 후에 지방정부에 파급되었다.
③ 우리나라 공공기관의 정보공개에 관한 법률은 국민의 알권리를 보장하고 국정에 대한 국민의 참여와 국정운영의 투명성을 확보하기 위한 제도이다.
④ 우리나라는 「개인정보 보호법」, 「공공기관의 정보공개에 관한 법률」, 「행정절차법」이 모두 제정되어 있다.

59
2004 선관위 9급

우리나라의 정보공개제도에 관한 다음 설명 중 맞는 것은?

① 정보공개청구에서 청구인이 청구를 한 지 14일 이내에 공개 여부를 결정해야 한다.
② 「정보공개법」은 특수한 이익을 보호하지 않는다.
③ 정보공개비용을 행정청이 부담한다.
④ 「헌법」상 표현의 자유에서 도출되는 것이다.

60
2014 국가직 9급

우리나라의 행정정보공개제도에 대한 설명으로 옳지 않은 것은?

① 국정에 대한 국민의 참여와 국정운영의 투명성 확보를 목적으로 한다.
② 중앙행정기관의 경우 전자적 형태의 정보 중 공개대상으로 분류된 정보는 공개청구가 없더라도 공개하여야 한다.
③ 정보의 공개 및 우송 등에 드는 비용은 실비 범위에서 청구인이 부담한다.
④ 정보공개 청구는 말로써도 할 수 있으나 외국인은 청구할 수 없다.

---

05 정보공개

1 개요

(1) 개념

① 정보공개란 국가·지방자치단체 등 공공기관이 보유하고 있는 정보를 국민이나 주민의 청구에 의하여 공개하는 것이다.
② 정보공개제도에 의하여 국민의 정보공개청구권이 인정되고 공공기관의 정보공개가 의무화된다. 이는 「헌법」상 표현의 자유에서 도출되는 것이다.

(2) 정보공개제도의 도입

① 1992년에 청주시를 비롯한 여러 지방자치단체에서 조례가 제정되었고, 중앙정부의 경우는 「공공기관의 정보공개에 관한 법률」이 1996년 12월에 국회의 의결을 거침에 따라 실시하게 되었다. 즉, 우리나라 행정정보공개제도는 먼저 기초자치단체에서 조례로 제도화되었다.
② 미국의 경우는 우리나라와 달리 중앙정부 차원에서 「공공기관의 정보공개에 관한 법률」(1966년)이 제정된 후에 지방정부에 파급되었다.

(3) 정보공개의 목적 및 필요성(「공공기관의 정보공개에 관한 법률」 제1조)

① 국민의 알권리 보장
② 국정에 대한 국민의 참여 확보
③ 국정운영의 투명성 확보
④ 정보의 비대칭성 극복(대리인이론)

2 정보공개제도의 내용

(1) 정보공개청구권자

① 모든 국민이 정보공개를 청구할 수 있으며, 외국인의 정보공개 청구에 관하여는 대통령령으로 정한다.
② 국내에 일정한 주소를 두고 거주하거나 학술·연구를 위하여 일시적으로 체류하는 자나, 국내에 사무소를 두고 있는 법인 또는 단체는 외국인도 정보공개를 청구할 수 있다.

(2) 정보공개기관의 범위

① 국가기관[12], 지방자치단체, 「공공기관의 운영에 관한 법률」 제2조에 따른 공공기관, 「지방공기업법」에 따른 지방공사 및 지방공단, 그 밖에 대통령령이 정하는 기관을 말한다.
② 지방자치단체는 그 소관사무에 관하여 법령의 범위 안에서 정보공개에 관한 조례를 정할 수 있다.

---

12) 1. 국회, 법원, 헌법재판소, 중앙선거관리위원회, 2. 중앙행정기관(대통령 소속기관과 국무총리 소속기관을 포함한다) 및 그 소속기관, 3. 「행정기관 소속 위원회의 설치·운영에 관한 법률」에 따른 위원회

(3) 정보의 사전적 공개

① 공공기관은 다음 어느 하나에 해당하는 정보에 대해서는 공개의 구체적 범위, 주기·시기 및 방법 등을 미리 정하여 정보통신망 등을 통하여 알리고, 이에 따라 정기적으로 공개하여야 한다. 다만, 비공개대상 정보에 해당하는 정보에 대해서는 그러하지 아니하다.
　　㉠ 국민생활에 매우 큰 영향을 미치는 정책에 관한 정보
　　㉡ 국가의 시책으로 시행하는 공사(工事) 등 대규모 예산이 투입되는 사업에 관한 정보
　　㉢ 예산집행의 내용과 사업평가 결과 등 행정감시를 위하여 필요한 정보
　　㉣ 그 밖에 공공기관의 장이 정하는 정보
② 공공기관은 국민이 알아야 할 필요가 있는 정보를 국민에게 공개하도록 적극적으로 노력하여야 한다.

(4) 정보목록의 작성·비치 등

① 공공기관은 그 기관이 보유·관리하는 정보에 대하여 국민이 쉽게 알 수 있도록 정보목록을 작성하여 갖추어 두고, 그 목록을 정보통신망을 활용한 정보공개시스템 등을 통하여 공개하여야 한다. 다만, 정보목록 중 제9조 제1항에 따라 공개하지 아니할 수 있는 정보가 포함되어 있는 경우에는 해당 부분을 갖추어 두지 아니하거나 공개하지 아니할 수 있다.
② 공공기관은 정보의 공개에 관한 사무를 신속하고 원활하게 수행하기 위하여 정보공개 장소를 확보하고 공개에 필요한 시설을 갖추어야 한다.

(5) 비공개대상 정보

공공기관이 보유·관리하는 정보는 공개 대상이 된다. 다만, 다음 어느 하나에 해당하는 정보는 공개하지 아니할 수 있다.
① 다른 법률 또는 법률에서 위임한 명령(국회규칙·대법원규칙·헌법재판소규칙·중앙선거관리위원회규칙·대통령령 및 조례로 한정한다)에 따라 비밀이나 비공개 사항으로 규정된 정보
② 국가안전보장·국방·통일·외교관계 등에 관한 사항으로서 공개될 경우 국가의 중대한 이익을 현저히 해칠 우려가 있다고 인정되는 정보
③ 공개될 경우 국민의 생명·신체 및 재산의 보호에 현저한 지장을 초래할 우려가 있다고 인정되는 정보
④ 진행 중인 재판에 관련된 정보와 범죄의 예방, 수사, 공소의 제기 및 유지, 형의 집행, 교정(矯正), 보안처분에 관한 사항으로서 공개될 경우 그 직무수행을 현저히 곤란하게 하거나 형사피고인의 공정한 재판을 받을 권리를 침해한다고 인정할 만한 상당한 이유가 있는 정보
⑤ 감사·감독·검사·시험·규제·입찰계약·기술개발·인사관리에 관한 사항이나 의사결정 과정 또는 내부검토 과정에 있는 사항 등으로서 공개될 경우 업무의 공정한 수행이나 연구·개발에 현저한 지장을 초래한다고 인정할 만한 상당한 이유가 있는 정보. 다만, 의사결정 과정 또는 내부검토 과정을 이유로 비공개할 경우에는 제13조 제5항에 따라 통지를 할 때 의사결정 과정 또는 내부검토 과정의 단계 및 종료 예정일을 함께 안내하여야 하며, 의사결정 과정 및 내부검토 과정이 종료되면 제10조에 따른 청구인에게 이를 통지하여야 한다.

바로 확인문제

61 　　2022 국가직 7급

우리나라 공공기관의 정보공개제도에 대한 설명으로 옳지 <u>않은</u> 것은?
① 당시 법률의 구체적 위임은 없었으나 청주시에서 우리나라 최초로 행정정보공개조례가 제정되었다.
② 청구에 의한 공개도 가능하지만 특정 정보는 별도의 청구 없이도 사전에 공개해야 한다.
③ 비공개 대상 정보를 제외한 모든 정보를 공개 대상으로 하는 네거티브 방식을 취하고 있다.
④ 정보목록은 비공개 대상 정보가 포함된 경우라도 공공기관이 작성, 공개하여야 한다.

62 　　2008 국가직 9급

행정정보공개제도에 대한 설명으로 옳지 <u>않은</u> 것은?
① 행정정보공개는 행정비용과 업무량의 증가를 초래할 수 있다.
② 행정정보공개는 국민의 알권리를 보장하여 국정운영의 투명성을 확보함을 목적으로 한다.
③ 「공공기관의 정보공개에 관한 법률」에 따르면 직무를 수행한 공무원의 성명·직위는 비공개대상 정보이다.
④ 행정정보공개는 행정책임과 관련하여 정보의 조작 또는 왜곡을 초래할 수 있다.

63 　　2010 지방직 9급

다음은 우리나라의 「공공기관의 정보공개에 관한 법률」에 대한 설명이다. 옳은 것으로 짝지어진 것은?

> ㄱ. 「헌법」상의 '알권리'를 구체화하기 위하여 1996년에 제정되었다.
> ㄴ. 공공기관에 의한 자발적, 능동적인 정보제공을 주된 내용으로 하고 있다.
> ㄷ. 외국인은 행정정보의 공개를 청구할 수 없다.
> ㄹ. 직무를 수행한 공무원의 성명·직위는 공개할 수 있다.
> ㅁ. 공공기관은 부득이한 사유가 없는 한 정보공개 청구를 받은 날부터 10일 이내에 공개 여부를 결정해야 한다.

① ㄱ, ㄴ, ㅁ
② ㄱ, ㄹ, ㅁ
③ ㄴ, ㄷ, ㄹ
④ ㄷ, ㄹ, ㅁ

⑥ 해당 정보에 포함되어 있는 성명·주민등록번호 등 개인에 관한 사항으로서 공개될 경우 사생활의 비밀 또는 자유를 침해할 우려가 있다고 인정되는 정보. 다만, 다음[13]에 열거한 사항은 제외한다.

⑦ 법인·단체 또는 개인의 경영상·영업상 비밀에 관한 사항으로서 공개될 경우 법인 등의 정당한 이익을 현저히 해칠 우려가 있다고 인정되는 정보. 다만, 다음[14]에 열거한 정보는 제외한다.

⑧ 공개될 경우 부동산 투기, 매점매석 등으로 특정인에게 이익 또는 불이익을 줄 우려가 있다고 인정되는 정보

(6) 정보

공공기관이 직무상 작성 또는 취득하여 관리하고 있는 문서(전자문서를 포함) 및 전자매체를 비롯한 모든 형태의 매체 등에 기록된 사항을 말한다.

(7) 공개

① 공공기관이 정보를 열람하게 하거나 그 사본·복제물을 제공하는 것 또는 「전자정부법」 제2조 제10호에 따른 정보통신망을 통하여 정보를 제공하는 것 등을 말한다. 공공기관이 보유·관리하는 정보는 국민의 알권리 보장 등을 위하여 「공공기관의 정보공개에 관한 법률」에서 정하는 바에 따라 적극적으로 공개하여야 한다.

② 공공기관은 정보공개의 청구를 받으면 그 청구를 받은 날부터 10일 이내에 공개 여부를 결정하여야 한다. 공공기관은 부득이한 사유로 10일 이내에 공개 여부를 결정할 수 없을 때에는 그 기간이 끝나는 날의 다음 날부터 기산(起算)하여 10일의 범위에서 공개 여부 결정기간을 연장할 수 있다. 이 경우 공공기관은 연장된 사실과 연장 사유를 청구인에게 지체 없이 문서로 통지하여야 한다.

3 정보공개 거부의 구제제도

(1) 정보공개 절차

정보공개청구인이 정보공개신청서를 제출하면 해당 국가기관 등은 정보공개 여부를 심의하기 위하여 정보공개심의회를 설치·운영한다.

(2) 불복 청구절차

① 청구인은 비공개결정 또는 부분 공개결정에 대하여 불복이 있거나 정보공개 청구 후 20일이 경과하도록 정보공개 결정이 없는 때에는 공공기관으로부터 정보공개 여부의 결정 통지를 받은 날 또는 정보공개 청구 후 20일이 경과한 날부터 30일 이내에 해당 공공기관에 문서로 이의신청을 할 수 있으며, 공공기관은 이의신청을 받은 날부터 7일 이내에 그 이의신청에 대하여 결정하고 그 결과를 청구인에게 지체 없이 문서로 통지하여야 한다.

② 청구인은 행정심판을 청구하거나 행정소송을 제기할 수 있다.

---

13) 가. 법령에서 정하는 바에 따라 열람할 수 있는 정보, 나. 공공기관이 공표를 목적으로 작성하거나 취득한 정보로서 사생활의 비밀 또는 자유를 부당하게 침해하지 아니하는 정보, 다. 공공기관이 작성하거나 취득한 정보로서 공개하는 것이 공익이나 개인의 권리 구제를 위하여 필요하다고 인정되는 정보, 라. 직무를 수행한 공무원의 성명·직위, 마. 공개하는 것이 공익을 위하여 필요한 경우로서 법령에 따라 국가 또는 지방자치단체가 업무의 일부를 위탁 또는 위촉한 개인의 성명·직업

14) 가. 사업활동에 의하여 발생하는 위해(危害)로부터 사람의 생명·신체 또는 건강을 보호하기 위하여 공개할 필요가 있는 정보, 나. 위법·부당한 사업활동으로부터 국민의 재산 또는 생활을 보호하기 위하여 공개할 필요가 있는 정보

4 정보공개의 한계

① 국민이 청구하지 않으면 정보는 제공되지 않는다. 공공기관에 의한 자발적, 능동적인 정보제공이 아니라 청구에 의한 공개를 원칙으로 한다.
② 정보는 청구인에게만 주어지는 것이므로 국민에게 널리 공개되는 것은 아니다.
③ 공공기관이 새로운 정보를 수집 또는 작성할 의무는 없다.
④ 행정적 책임을 회피하기 위해 정보를 조작·왜곡할 수 있다.
⑤ 공무원의 업무추진에서 소극적 태도가 견지될 수 있다.
⑥ 행정비용의 증가와 정상적인 업무의 적체가 우려된다.
⑦ 개인과 집단 간 정보공개 수혜의 배분에서 형평성을 잃을 수 있다.

64   2005 서울시 9급
행정정보공개의 문제점으로 볼 수 <u>없는</u> 것은?

① 행정비용의 증가를 초래한다.
② 정보공개 혜택의 불공평성을 초래할 수 있다.
③ 공무원이 업무수행에 있어서 소극적이고 위축될 우려가 있다.
④ 공무원의 업무량이 감소된다.
⑤ 행정적 책임을 회피하기 위해 정보를 변조하거나 왜곡할 수 있다.

04 조직정보론

❶ 기존행정관리와 지식행정관리

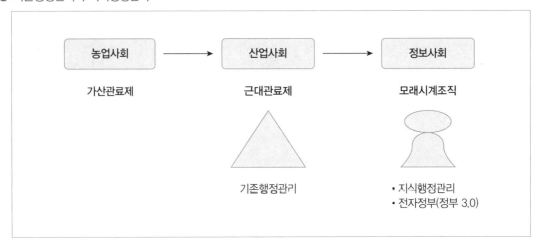

❷ 공식적 의사전달과 비공식적 의사전달의 장·단점

구분	장점	단점
공식적 의사전달	① 의사소통의 객관성 ② 책임 소재 명확성 ③ 상관의 권위 유지 ④ 정책결정에 활용 용이 ⑤ 자료 보존 용이	① 법규에 의거하므로 의사전달의 신축성 저하 형식화 유발 ② 배후 사정 전달 곤란 ③ 변동하는 상황에 신속한 적응 곤란 ④ 근거가 남기 때문에 기밀 유지 곤란
비공식적 의사전달	① 공식적 의사전달 보완 ② 배후 사정 전달 용이 ③ 신속한 전달 ④ 관리자에 대한 조언 기능 ⑤ 의사소통 과정에서의 긴장과 소외감을 극복하고 개인적 욕구를 충족	① 의사결정에 활용할 수 없음 ② 책임 소재 불명확 ③ 상관의 권위 손상 ④ 공식적 의사소통을 마비시킴 ⑤ 조정과 통제가 곤란

CHAPTER

05 조직변동(혁신)론

정답과 해설 ▶ P.53

01 목표관리(MBO)

1 MBO의 개요

(1) 개념

목표관리(MBO: Management By Objective)란 조직의 상하 구성원의 참여과정을 통하여 조직의 공동목표를 명확히 하고, 조직구성원 개개인의 목표를 합의하여 체계적으로 부과하여 그 수행결과를 사후에 평가하여 환류함으로써 궁극적으로 조직의 효율성을 향상시키고자 하는 관리기법 또는 관리체제이다.

(2) 특징

① 목표관리는 참여적 과정을 통한 명확한 목표의 설정과 업적의 평가에 있다. 목표관리는 광범위하고 추상적인 목표를 명확하게 구체화하고 조직단위와 구성원 개인들이 달성해야 할 목표를 계량적으로 제시할 경우에 조직의 전반적 생산성이 제고될 것이라는 가정에 입각해 있다.

② 목표관리는 업적의 평가를 강조하는 결과지향적 관리체제이다. 업적은 일반적으로 작업의 양과 질, 효과성, 완수 일자, 목표비용 등의 기준에 의해 평가된다.

⑩ 어떤 지방자치단체의 도로교통과에서 외곽순환도로 건설사업을 추진하려고 하는 경우. 도로 건설의 궁극적인 목표인 주민의 교통편의성을 높이는 데 관심을 가지는 것이 아니라 도로포장률이나 도로건설 후의 시간 단축과 같은 구체적 목표에 관심을 가진다.

(3) 발전

① 드러커(Drucker)에 의해 처음 소개되어, 경영 부문에서 관리방법으로 발달되어 온 MBO는 1970년 닉슨(Nixon) 대통령에 의해 계획예산제도(PPBS)의 문제점(집권화)을 극복하기 위해 연방정부에 도입, 공공부문에도 채택되었다.

② 하지만 워터게이트 사건으로 인해 이러한 노력은 수포로 돌아갔고, 이어 등장한 카터(Carter) 정부는 연방정부를 관리하기 위한 도구로 MBO 대신 ZBB를 채택하게 되었다.

2 MBO의 과정 및 특징

(1) 과정

① 조직목표(상위 목표)의 명확화
② MBO 도입을 위한 조직구조의 변경(분권화)

01   2022 국가직 9급

목표관리제(MBO)에 대한 설명으로 옳은 것만을 모두 고르면?

> ㄱ. 부하와 상사의 참여를 통해 목표를 설정한다.
> ㄴ. 중·장기목표를 단기목표보다 강조한다.
> ㄷ. 조직 내·외의 상황이 안정적이고 예측가능한 조직에서 성공확률이 높다.
> ㄹ. 개별 구성원의 직무 특수성을 반영하기 위하여 목표의 정성적, 주관적 성격이 강조된다.

① ㄱ, ㄴ   ② ㄱ, ㄷ
③ ㄴ, ㄹ   ④ ㄷ, ㄹ

02   2010 지방직 9급

다음 중 목표관리제(MBO)가 성공하기 쉬운 조직은?

① 집권화되어 있고 계층적 질서가 뚜렷하다.
② 성과와 관련 없이 보수를 균등하게 지급한다.
③ 목표를 계량적으로 측정하기가 용이하다.
④ 업무환경이 가변적이고 불확실성이 크다.

　　　　　　2004 서울시 7급

목표관리제(MBO)의 효용으로 보기 어려운 것은?

① 불확실하고 변동이 심한 상황에서도 명확한 목표설정이 가능하다.

② 구성원들의 자율적 책임을 통해 사기 및 만족감을 강화시킬 수 있다.

③ 조직의 목표를 명확히 하고 조직활동을 집중시킴으로서 조직의 효율화에 기여한다.

④ 참여를 통해 목표를 설정하고 집행함으로써 민주적 관리풍토를 조성한다.

⑤ 수평적, 협의적, 분권적으로 목표관리가 이루어지므로 관료제의 부정적 측면을 제거할 수 있다.

　　　　　　2005 경기 7급

목표관리제(MBO)에 대한 설명으로 잘못된 것은?

① 단기적이고 결과지향적인 목표를 지향한다.

② 구성원의 참여 및 인간발전 중시로 조직원의 사기를 앙양시킨다.

③ 환경이 불확실하여 관리상황이 유동적인 곳에서 유용하다.

④ 분권화된 권위구조를 촉진시킨다.

　　　　　　2006 대전 9급

목표관리제(MBO)의 효용과 한계에 대한 설명으로 옳지 않은 것은?

① 상사와 부하의 공동참여에 의한 목표설정을 통하여 목표에 대한 인식을 공유할 수 있으며 부하의 참여의식을 제고할 수 있다.

② 목표의 상대적 가치평가와 목표달성도의 계량화가 곤란하여 주관적 평가의 위험이 있으므로 공공부문에 대한 적용이 어렵다.

③ 수평적 의사소통 체계보다 수직적 의사소통 체계를 개선하는 데 더욱 유리하다.

④ 단기적 목표보다 장기적 목표에 대한 조직구성원들의 관심을 유도하는 데 도움을 준다.

③ 부하 목표(하위 목표)의 설정(참여)

　　㉠ 상관에 의한 부하의 목표와 평가기준의 설정

　　㉡ 부하에 의한 자신의 목표와 평가기준의 제안

　　㉢ 목표에 대한 상관과 부하의 합의

④ 업무수행과 중간 결과의 평가 및 환류

⑤ 최종 결과의 검토 및 평가

⑥ 환류

(2) 특징

① 조직구성원 전체의 참여적 관리를 강조한다.

② 자아실현인관·Y이론적 인간관에 입각하고 있으며, 민주적 관리·Y이론적 관리를 강조한다.

③ 전체 구성원의 유기적인 협조체제의 중요성을 강조한다.

④ 예측 가능한 결과지향적인 계량적 목표를 중시한다.

⑤ 환류의 중요성을 강조한다.

(3) 성공조건

① 조직의 목표가 명확하게 설정될 수 있을 때: 명확한 목표의 설정 없이는 모든 직원들에게 만족스러운 설득을 할 수 없게 될 것이며, 만약 목표 수준이 어렵게 확정되었다 하여도 그 달성 여부를 평가하기 어렵게 되어 갈등이 표출될 가능성이 높다.

② 능력 있는 중간관리자가 있을 때: MBO가 활성화되기 위해서는 중간관리자의 전문성과 권한의 확대가 필요하다.

③ 권한위임이 가능할 때: 권한위임(empowerment)은 상급자가 부하에게 업무수행 시에 최대한의 자율을 부여하여 부하의 공헌도를 향상시키기 위한 조직게임의 일종이다.

④ 조직몰입의 환경이 조성되어 있을 때: 조직의 목표가 직원에게 동일화(identified)되고, 내재화(internalized)되어야 한다.

3 MBO의 장·단점

(1) 장점

① 조직활동을 조직의 목적 성취에 집중시킴으로써 조직의 효과성을 좀 더 높인다.

② 자아실현인관에 기초하여 조직목표와 개인목표를 통합시킨다(수용모형).

③ 참여적 방법에 의한 관리체제를 통해 조직운영의 민주화를 실현(대내적 민주성)하고, 조직의 인간화를 통해 조직발전에 기여한다.

④ 갈등의 요인 등 관리상의 문제를 인지하고 개선하여 목표·역할의 갈등, 대립을 감소시킨다.

⑤ 조직구성원들에게 업무계획을 수립하게 하고 계획의 집행에 도움을 준다.

⑥ 목표에 입각한 업적평가의 객관적 기준과 책임한계를 밝혀 준다.

⑦ 목표설정과정에 부하를 참여시킴으로써 동기부여와 사기앙양에 기여할 수 있다.

⑧ 분권적·협의적·민주적 관리방식으로서 관료제의 부정적 측면을 완화한다.

⑨ 수평적 의사소통 체계보다 수직적 의사소통 체계를 개선하는 데 더욱 유리하다.

(2) 단점

① 복잡하고 변화가 급격한 환경 속에서는 명확한 목표설정이 어렵다.
② 관리 상황이 불확실하면 목표달성을 기대하기가 어렵다.
③ 실현 가능성에 대한 욕구에 집착하게 되므로 장기적·질적 목표보다 단기적·양적 목표에 치중한다.
④ 운영에 많은 시간이 소요되고 목표에 대한 성과의 측정이 어렵다.
⑤ 권력성·강제성을 띤 조직에는 적용상의 어려움이 있다. 즉, 목표의 상대적 가치 평가와 목표달성도의 계량화가 곤란하여 주관적 평가의 위험이 있으므로 공공부문에 대한 적용이 어렵다.

4 MBO와의 비교 – PPBS, OD, TQM

(1) MBO와 PPBS

① 유사점

㉠ 목표의 설정을 중시한다.
㉡ 목표 성취를 위한 실천계획을 마련한다.
㉢ 결과에 대한 평가를 강조한다.

② 차이점

구분	MBO	PPBS
기획기간	단기적·부분적(보통 1년)	장기적·종합적(보통 5년)
구조	분권적, 참여적 계선기관에 치중	집권적, 체제적 참모기관에 치중
전문성	일반적 관리기술	분석적 전문기술(체제분석)
프로그램	내적이고 산출량에 치중	외적이고 비용·편익에 치중
적용범위	부분적·개별적·후원적	종합적 자원배분
본질	관리기술의 일환	예산제도 개혁의 일환
기획책임	분산	집중

(2) MBO와 OD

① 유사점

㉠ Y이론적 인간관 또는 자아실현인관에 입각하여 민주적 관리전략을 강조한다.
㉡ 결과지향적 목표를 추구한다.
㉢ 인간 발전을 중시한다.
㉣ 개인의 목표와 조직의 목표의 조화·통합을 중시한다.
㉤ 조직 전체의 유기적인 협조체제를 강조한다.
㉥ 실행에 대한 최고관리층의 이해와 지원이 요구된다.
㉦ 평가와 환류를 중시한다.

② 차이점

구분	MBO	OD
성향	단순성(환경 적응 능력에 무관심)	다각적 성향(환경 적응 능력 중시)
관리의 주요 내용	상식적 관리기법 (가치관, 태도 변화 등에 무관심)	전반적 발전을 통한 실적과 효율성의 제고 (가치관, 태도 변화에 관심)

바로 확인문제

06   2005 국가직 9급

목표관리(MBO)에 관한 설명 중 옳지 <u>않은</u> 것은?

① 목표설정과정에 부하를 참여시킴으로써 동기부여 및 사기앙양에 기여할 수 있다.
② 주먹구구식 관리가 아니라 비능률적 관리행위를 배격하며, 성과와 능률을 중시한다.
③ 기대되는 계획과 목적을 달성하는 데 필요한 정책대안과 지출을 묶어 모든 활동들을 평가하고 실체를 상세히 규명하도록 한다.
④ P. Drucker에 의해 소개되었으며, 닉슨 대통령에 의해 미국 연방정부에 도입된 바 있다.

07   2004 국회직 8급

목표에 의한 관리(MBO)와 관계가 <u>없는</u> 것은?

① Y이론의 인간형에 이론적인 기반을 두고 있다.
② 직원들의 참여를 강조하기 때문에 조직 운영에 있어서 민주성을 높일 수 있다.
③ 외부 전문가의 충원을 통해서 전문성을 제고할 수 있다.
④ 자율적인 통제의 가능성이 증대된다.
⑤ 목표의 효과성이 제고된다.

08   2006 서울시 7급

MBO에 관한 설명으로 적절하지 <u>못한</u> 것은?

① 구성원의 참여가 필요하다.
② PPBS의 대체 제도로 도입되었다.
③ 소비자 만족을 중요시한다.
④ Drucker와 McGregor가 체계적으로 연구했다.
⑤ 과업성과를 동기화하는 관리제도이다.

09 2007 소방직(부산)

총체적 품질관리(TQM)의 본질을 설명한 것이다. 옳지 <u>않은</u> 것은?

① 고객만족을 중시하는 관리철학이다.

② TQM 관리철학의 기원은 X이론에 두고 있다.

③ TQM은 지속적 업무 개선, 전체 구성원의 참여, 권한위임 등의 조직문화를 형성한다.

④ TQM 발전은 민간부문에서 처음 이루어졌고, 1980년대 미 국방부와 농무성에서 처음 시행하였다.

10 2005 국가직 9급

행정개혁의 한 수단으로 공공부문에 도입된 TQM(Total Quality Management: 총체적 품질관리)의 효과성을 높이기 위한 전략으로 옳지 <u>않은</u> 것은?

① 공공부문의 품질개선 노력들을 체계적으로 지원할 기구나 조직이 필요할 수 있다.

② 개혁 차원에서 효과성을 극대화하기 위해 수직적 명령계통을 최대한으로 활용하는 전략이 필요하다.

③ 품질경영의 철학을 이해할 수 있는 지도자들의 적극적 관심과 이해 및 노력이 매우 중요하다.

④ 우수부서 및 직원에 대한 각종 인사 및 경제적인 보상을 시행할 필요가 있다.

11 2013 국가직 9급

정부 성과평가에 대한 설명으로 옳지 <u>않은</u> 것은?

① 성과평가는 개인의 성과를 향상시키기 위한 방법을 모색하기 위해서 사용될 수 있다.

② 총체적 품질관리(Total Quality Management)는 개인의 성과평가를 위한 도구로 도입되었다.

③ 관리자와 구성원의 적극적인 참여는 성과평가 성공에 있어서 중요한 역할을 한다.

④ 조직목표의 본질은 성과평가제도의 운영과 직접 관련성을 갖는다.

목적	단기적 목표 성취와 관리기법의 변화	인간의 행태 변화가 목적(감수성 훈련)
추진방향	상향적(상부에 지휘본부가 없음)	하향적(최고층의 의지에 의해 추진되고, 지휘본부가 있음)
추진자	계선기관. 실무자	외부 선부가의 유입
계량화	계량화	계량화 무관. 행태 변화에 관심

(3) MBO와 TQM

① MBO가 개별 구성원에 이르는 세부 조직단위의 명확한 목표설정과 평가를 중시하는 데 비하여, TQM은 개인단위가 아닌 집단·팀 단위의 활동을 바탕으로 하는 점이 다르다.

② MBO가 조직의 내부성과 중심의 효율성에 초점을 두는 데 반해, TQM은 행정서비스의 품질개념 도입을 통하여 고객만족의 대응성을 중시한다.

③ TQM은 개별구성원이 아닌 팀 중심적 활동이 이루어지는 반면, 개인에게까지 세부적 목표가 부여되는 MBO는 TQM체제에서 방해요인이 된다.

④ MBO가 환경이 안정된 개인주의 사회에 적합한 방법이라면, TQM은 집단주의 문화전통이 강한 조직사회에서 좀 더 성과향상을 가져올 수 있는 방안으로 볼 수 있다. MBO에서 중시하는 능력급이나 성과급에 근거한 개인적인 보수차별은 결국 잘못된 결과를 초래할 가능성이 많다고 보는 것이 TQM을 주장하는 사람들의 주장이다.

⑤ MBO 방식으로는 객관적으로 개인적인 성과측정을 하기가 어려울 뿐만 아니라, 최근의 행정관리개혁이 지향하는 시민만족 및 서비스 성과향상의 처방과 원리에 근본적으로 배치된다는 점에 주목할 필요가 있다.

02 총체적 품질관리(TQM)

1 TQM의 개요

(1) 개념

① 총체적 품질관리(TQM: Total Quality Management)는 고객에 대한 서비스의 질을 높이기 위한 관리(세 가지 경영철학: ㉠ 고객만족, ㉡ 전사적(全社的)·전직원(全職員)의 참여, ㉢ 지속적 개선)기법으로 고객만족을 중시하는 관리철학이다. 즉, TQM은 생산성 제고와 국민에 대한 대응적 책임성을 확보하기 위한 전략적 관리방식으로, 공공서비스의 품질 향상을 통한 고객만족을 목표로 하기 때문에 공무원들의 행태를 고객 중심적으로 전환할 수 있다.

② TQM은 지속적 업무 개선, 전체 구성원의 참여, 권한위임 등의 조직문화를 형성한다.

③ TQM의 발전은 민간부문에서 처음 이루어졌고, 1980년대 미 국방부와 농무성에서 처음 시행하였다.

(2) 코헨과 브랜드(Cohen & Brand)의 정의

① "Total": 고객의 욕구를 식별하는 것부터 고객의 만족을 평가하는 것에 이르기까지 업무의 모든 면에 대한 조사를 적용하는 것
② "Quality": 고객의 기대수준을 충족시킬 뿐만 아니라 그것을 초과하는 것
③ "Management": 업무(제품)의 질을 향상시키기 위하여 조직의 능력을 개발하는 것

(3) 특징

① TQM 개념 속에 품질은 고객에 의해 정의되며, 고객감동을 창출하는 재화와 용역을 생산하는 과정을 중시하여 인간 위주의 경영시스템을 지향한다는 철학적 기반이 깔려 있다. 이를 통해 조직의 절차를 표준화하고 지속적으로 적실성 있게 개선하여 고객만족을 달성하며 궁극적으로 조직의 장기적 성장을 추구한다.
② TQM은 품질 향상을 통한 고객만족을 최종목표로 하기 때문에 공무원들의 행태를 고객 중심으로 전환할 수 있다.
③ TQM은 계층제조직과 비교해 보았을 때 탄력성을 그 특징으로 하며, 구성원 전체의 참여와 권한 및 책임 부여를 통해 조직 내 인간관계를 원활하게 하고 사기를 진작하게 된다.

(4) 대두 배경

① 원래 미국 통계학자 데밍(Deming)에 의해 개발되어, 일본기업에 성공적으로 적용되었다.
② 정부가 행정개혁의 해결책을 정부 '내부'에서 구하는 것이다. 정부가 주 공급자로서의 지위를 상실하지 않으면서도 민영화와 같은 시장 확대전략에 대처하기 위해 나온 것으로 해석할 수 있다.

(5) 기본 원칙

① 고객이 품질의 최종 결정자
② 품질은 전 구성원에 의해 결정되고 구성원의 참여 강조
③ 산출과 결과보다는 투입과 과정의 계속적인 개선 요청
④ 전체적인 조직의 책임 강조(조직의 총체적 헌신)
⑤ 산출과정 초기에 품질이 정착
⑥ 서비스의 지나친 변이성 방지
⑦ 조직의 총체적 헌신 요구
⑧ 소비자 중심의 품질
⑨ 명확하고 공유되는 목표
⑩ 참여적 관리(Y이론적 인간관)

2 TQM의 특징과 전통적 관리와의 비교

(1) 특징

① 고객중심주의(고객의 요구와 만족)
② 통합주의(능동적 참여, 기능연대, 집단적 노력)
③ 인간주의(구성원의 자발성·창의성)
④ 총체주의(조직활동 전체에 대한 적용)

바로 확인문제

12   2004 입법고시
총체적 품질관리(TQM)에 대한 논의 중 옳지 않은 것은?
① 소비자의 수요를 중시하는 관리기법이다.
② TQM에서는 팀워크를 매우 중시하는 조직관리철학을 강조한다.
③ TQM에서는 투입과 과정보다는 산출과 결과를 더욱 중시한다.
④ 관료적 문화가 뿌리 깊은 곳에서는 TQM이 정착되기 어렵다.
⑤ TQM에서는 조직구성원 간 공유되는 목표를 중시한다.

13   2009 국회직 8급
총체적 품질관리(TQM)에 관한 설명으로 옳은 것을 모두 고르면?

> ㄱ. 생산성 제고와 국민에 대한 대응적 책임성을 확보하기 위한 전략적 관리 방식이다.
> ㄴ. TQM은 상하 간의 참여적 관리를 의미하며 조직의 목표설정에서 책임의 확정, 실적 평가에 이르기까지 상관과 부하의 합의로 이루어진다.
> ㄷ. 공공부문의 비시장성과 비경쟁성은 TQM의 필요성 인식을 약화시킨다.
> ㄹ. 조직의 환경 변화에 적절히 대응하기 위해 투입 및 과정보다 결과가 중시된다.
> ㅁ. 공공서비스의 품질 향상을 통한 고객만족을 목표로 하기 때문에 공무원들의 행태를 고객 중심적으로 전환할 수 있다.

① ㄱ, ㄴ, ㄷ   ② ㄱ, ㄴ, ㄹ
③ ㄱ, ㄷ, ㅁ   ④ ㄴ, ㄷ, ㅁ
⑤ ㄷ, ㄹ, ㅁ

14

총체적 품질관리(Total Quality Management)에 대한 설명으로 옳은 것만을 모두 고르면?

> ㄱ. 고객의 요구를 존중한다.
> ㄴ. 무결점을 향한 지속적 개선을 중시한다.
> ㄷ. 집권화된 기획과 사후적 통제를 강조한다.
> ㄹ. 문제해결의 주된 방법은 집단적 노력에서 개인적 노력으로 옮아간다.

① ㄱ, ㄴ   ② ㄱ, ㄷ
③ ㄴ, ㄹ   ④ ㄷ, ㄹ

15

총체적 품질관리(TQM)에 관한 설명으로 옳지 **않은** 것은?

① 사실자료에 기초를 두나 과학적인 품질관리기법과는 거리가 멀다.
② 지속적으로 이루어지는 개혁이다.
③ 고객이 품질을 주도하도록 한다.
④ 조직의 분권화를 강조하며, 계획과 문제해결에 있어 집단적인 노력도 중시한다.

16

전통적 관리와 TQM(Total Quality Management)에 대한 설명으로 가장 옳지 **않은** 것은?

① 전통적 관리체제는 기능을 중심으로 구조화되는 데 비해 TQM은 절차를 중심으로 조직이 구조화된다.
② 전통적 관리체제는 개인의 전문성을 장려하는 분업을 강조하는 데 비해 TQM은 주로 팀 안에서 업무를 수행할 것을 강조한다.
③ 전통적 관리체제는 상위층의 의사결정을 위한 정보체제를 운영하는 데 비해 TQM은 절차 내에서 변화를 이루는 사람들이 적시에 정확한 정보를 소유하는 데 초점을 둔다.
④ 전통적 관리체제는 낮은 성과의 원인을 관리자의 책임으로 간주하는 데 비해 TQM은 낮은 성과를 근로자 개인의 책임으로 간주한다.

⑤ 합리주의(과학적 분석기법)
⑥ 개혁주의·무결점주의(무결점을 향한 지속적 개혁)
⑦ 소비자의 수요를 중시
⑧ 사전적 품질관리체계
⑨ 통계적 품질관리체계
⑩ 장기적 관점
⑪ 팀워크 중심의 조직관리

(2) 전통적 관리와의 비교

구분	전통적 관리	TQM
고객욕구 충족	전문가들이 측정	고객에 초점을 두어 규명
자원통제	기준을 초과하지 않는 한 낭비 허용	무가치한 업무, 과오, 낭비 불허
품질관리	문제점을 관찰한 후 사후 수정	문제점에 대한 예방적 관리
의사결정	불확실한 가정과 직감에 근거	통계적 자료와 과학적 절차에 근거
조직구조	통제에 기초한 수직적·집권적 구조 (기능 중심)	수평적 구조(절차 중심)
성과책임	근로자 개인의 책임	관리자의 책임

3 공공부문 TQM의 한계

(1) 공공부문의 불명확한 목표

공공조직은 목표와 역할이 경직되어 있고, 애매모호하고 불분명하기 때문에 TQM의 적용이 곤란하다.

(2) 소비자의 중첩성, 갈등성

공공부문의 소비자는 중첩되어 있고 서로 갈등적 위치에 있는 경우가 많으므로 TQM은 그 시행단계에서 실패할 수가 있다.

(3) 공공조직의 관료적 문화

TQM의 효과성을 높이기 위해서는 공공부문의 품질개선 노력들을 체계적으로 지원할 기구나 조직이 필요하며, 우수부서 및 직원에 대한 각종 인사와 경제적인 보상을 시행할 필요가 있기 때문에, 관료적 문화가 뿌리 깊은 곳에서는 TQM이 정착되기 어렵다.

03 조직발전(OD)

📖 PDF ▶ P.45

1 OD의 개념과 특징

(1) 개념

① 조직발전(OD: Organization Development)이란 조직구성원의 가치관 및 태도의 계획된 변화를 이룸으로써 조직환경의 변화에 능동적으로 대응할 수 있도록 전체 조직의 혁신을 꾀하려는 의도적 노력에 관련된 제반의 기법·도구·개념 등 체계 전체를 의미한다.

② 조직발전은 조직의 인간적 측면을 중요시하며 인간의 잠재력을 최대한으로 개발함으로써 조직 전체의 개혁을 도모하려는 체제론적 접근방법으로, 실천적인 문제를 해결하려는 응용행태과학의 한 유형이다.

(2) 특징

① 조직발전은 인위적·계획적·의도적 변화과정이다.

② 조직발전은 행태과학적 접근방법을 통한 조직혁신이다.

③ 구성원의 가치관 및 태도 등을 변화시키려는 규범적 재교육 전략이다.

④ 과업수행 기능보다는 대인관계 능력에 역점을 둔다(↔ 교육훈련).

⑤ 행태과학의 지식이나 기법을 활용하게 되므로 OD 전문가의 도움을 받게 된다.

⑥ 조직발전은 조직문화의 변화를 포함하여 조직의 전체체제적 변화를 의도한다.

⑦ 조직발전은 최고관리층의 지지하에 관리되는 조직 전체의 유기적 노력에 관련된다.

⑧ 자아실현인관에 입각하여 조직구성원의 자율성과 참여에 중점을 둔다(Y이론적 인간관).

⑨ 조직발전은 개인의 발전·목표와 조직의 목표의 조화·통합을 의도한다.

⑩ 평가기준은 조직의 생존·적응·성장·통합·목표달성 등을 위한 능력이다.

(3) 목적

조직발전은 조직구성원의 행태 변화를 통하여 조직의 생산성과 환경에 대한 적응능력을 향상시키는 것(조직혁신)을 목표로 한다. 이를 구체적으로 살펴보면 다음과 같다.

① 조직의 변동대응 능력의 증진

② 조직의 유지·통합·문제해결 능력의 증진

③ 조직의 효과성·효율성·건전성의 증진

④ 조직의 협동노력을 극대화하여 갈등을 해결

⑤ 조직 내의 개인 간·집단 간의 상호 신뢰감·지지도 제고

⑥ 커뮤니케이션을 활발하게 할 수 있는 개방적 분위기 조성

⑦ 조직의 발전에 기여하는 보상제도의 개발

바로 확인문제

17 2003 국가직 7급

조직발전(OD)에 관한 설명으로 옳지 않은 것은?

① 성장이론의 편견이 반영되었다.

② 조직 속의 인간을 X이론식으로 가정하여 통제, 교화시켜야 한다.

③ 문화적 갈등이 발생할 수 있다.

④ 기존 권력구조 강화에 악용될 수 있다.

18 2008 지방직 7급

조직발전(Organization Development)에 대한 기술 중 잘못된 것으로만 묶인 것은?

> ㄱ. 조직발전은 조직의 실속, 효과성, 건강성을 높이기 위한 조직 전반에 걸친 계획된 노력을 의미한다.
> ㄴ. 조직발전은 조직구성원의 행태변화를 통하여 조직의 생산성과 환경에의 적응능력을 향상시키는 것을 목표로 한다.
> ㄷ. 조직발전에서 인간에 대한 가정은 맥그리거(McGregor)의 X이론이다.
> ㄹ. 조직발전에서 가정하는 조직은 폐쇄체제 속에서 복합적 인과관계를 가진 유기체이다.
> ㅁ. 조직발전에서 추구하는 변화는 조직문화의 변화를 포함한다.

① ㄱ, ㄴ, ㄷ, ㄹ ② ㄴ, ㄷ, ㄹ

③ ㄷ, ㄹ ④ ㄹ, ㅁ

19 2005 국가직 9급

훈련의 참가자들이 그들의 태도와 행동을 성찰하고 자신의 행동이 타인에게 미치는 영향을 검토하도록 함으로써 개인의 태도와 행동의 변화를 유도하는 개인적 차원의 조직발전의 기법은?

① 관리망 훈련 ② 대면회합

③ 팀 구축 ④ 감수성 훈련

20 2005 서울시 9급

감수성 훈련의 가장 중요한 목적은?

① 직무수행능력의 향상

② 조직구성원 상호이해를 통한 협력 도모

③ 조직구성원 상호경쟁을 통한 업무효율성 향상

④ 정보기술의 활용능력 제고

⑤ 책임성 향상

21
2017 교육행정직 9급

다음 설명에 해당하는 공무원 교육훈련 방법으로 가장 적합한 것은?

> 공무원들 간 비정형적 체험을 통해서 자기에 대한 인식과 타인에 대한 이해의 기회를 갖게 하여, 태도와 행동의 변화를 가져오고 궁극적으로 대인관계 기술을 향상시키려는 목적을 갖는다.

① 강의(lecture)
② 액션러닝(action learning)
③ 감수성 훈련(sensitivity training)
④ 현장 훈련(on-the-job-training)

22
2019 국가직 9급

다음 설명에 해당하는 교육훈련 방법은?

> 서로 모르는 사람 10명 내외로 소집단을 만들어 허심탄회하게 자신의 느낌을 말하고 다른 사람이 자신을 어떻게 생각하는지를 귀담아듣는 방법으로 훈련을 진행하기 위한 전문가의 역할이 요구된다.

① 역할연기   ② 직무순환
③ 감수성 훈련   ④ 프로그램화 학습

23
2017 서울시 7급

조직발전(OD)에 대한 설명으로 가장 옳은 것은?

① 조직 전체의 변화를 추구하는 계획적·의도적인 개입방법이다.
② 감수성 훈련은 동료 간·동료와 상사 간의 상호작용을 진작시키기 위해 실제 근무상황에서 실시하는 기법이다.
③ 브레이크와 머튼(Blake & Mouton)은 과업형 리더를 가장 효과적인 관리유형으로 꼽았다.
④ 변화관리자의 도움으로 단기간에 급진적 조직 변화를 추구한다.

24
2008 서울시 9급

균형성과평가의 요소에 해당하지 않는 것은?

① 재정적 관점
② 환경적 관점
③ 고객의 관점
④ 내부업무과정적 관점
⑤ 학습 및 성장의 관점

---

2 OD의 전략(기법)

(1) 감수성 훈련(실험실 훈련·T-Group 훈련)

① 개념
　㉠ 감수성 훈련은 행대과학의 지식을 이용하여 자기·타인·집난에 대한 행태를 변화시킴으로써 조직 내의 개인 역할이나 조직목표를 잘 인식시켜 조직 개선에 기여하게 하려는 것이다. 즉, 훈련의 참가자들이 그들의 태도와 행동을 성찰하고 자신의 행동이 타인에게 미치는 영향을 검토하게 함으로써 개인의 태도와 행동의 변화를 유도하는 개인적 차원의 조직발전의 기법이다.
　㉡ 감수성 훈련은 인간관계의 복잡성이 증대하는 현대의 고도화된 산업사회에서 서로 간에 원활하고 정확한 의사소통을 할 수 있는 능력과 이해하고 협조하는 능력을 배양하고, 대인 간에 생기는 갈등을 해결하는 데 도움을 주는 교육훈련이라고 할 수 있다.

② 목표: 감수성 훈련의 가장 중요한 목적은 조직구성원 간의 상호이해를 통한 협력을 도모하기 위한 것이며, 직무수행능력의 향상은 교육훈련과 관련이 있다.
　㉠ 자기목표: 개방적인 대인 태도의 형성, 감수성의 확대에 기여한다.
　㉡ 역할목표: 조직의 역할에 대한 인식을 증가시키고 상호협력관계를 증진시킨다.
　㉢ 조직목표: 조직의 문제점에 대한 인식 제고와 문제해결 능력의 증진을 통한 조직의 개선에 기여하고자 한다.

③ 훈련과정
　㉠ 10~16명 정도의 이질적 소집단 형태로 피훈련 집단을 구성한다.
　㉡ 공식적 논의사항, 지도자 및 상대방에 대한 제반사항을 모르게 해야 한다.
　㉢ 이전의 모든 조직의 귀속관계로부터 벗어나 자유로운 분위기 속에서 서로 감정 표시·토론하여 문제해결방안을 얻도록 한다.
　㉣ 이러한 과정이 진행되는 가운데 개인적·상호관계적·협동적 행태를 실험하게 된다.
　㉤ 훈련 경험을 자기 조직에 적용해 보고 그 효과성을 검토하게 된다.

④ 문제점
　㉠ 다수의 참여가 곤란하다.
　㉡ 자율적 학습기법이라 수동적인 교육자세에 젖은 사람에게는 효과가 적다.
　㉢ 일시적인 훈련으로 성인들의 행태 변화는 어렵고, 훈련을 통하여 개인의 태도가 변하여도 그것이 곧바로 조직발전에 기여한다고 보기도 어렵다.

(2) 관리망 훈련(grid training)

① 개념
　㉠ 관리망 훈련은 감수성 훈련을 좀 더 발전·확대시킨 접근방법으로, 브레이크(Blake)와 머튼(Mouton)이 개발한 기법이다.
　㉡ 관리망 훈련은 개인 간·집단 간의 관계 개선과 전체 조직의 효율화가 연쇄적으로 진행될 수 있도록 하는 체계적·장기적·종합적 접근방법이다.

② 관리망(managerial grid): 관리망 훈련은 9·9 유형(단합형)의 관리유형을 가장 바람직한 것으로 보아 체계적 훈련계획을 통하여 단계적으로 9·9 유형으로 접근하는 것을 의도한다.

③ 훈련과정: 관리망 훈련의 주요 과정은 다음과 같다.

　　㉠ 관리자의 관리·지도 능력의 향상을 위한 실험실 세미나 훈련

　　㉡ 협동적인 작업관계 확립을 위한 팀 발전의 모색단계

　　㉢ 집단 간의 관계 개선 및 발전

　　㉣ 구체적인 조직발전 목표의 설정

　　㉤ 계속적인 조직발전 전략의 집행

(3) 작업진단 발전

① 작업진단 발전은 만일 개인이 작업진단에 대하여 무관심할 경우에 조직의 목표 달성에 지장을 초래하므로 이러한 결함을 제거하기 위해서 마련된 기법이다.

② 적절한 리더십과 팀의 형성, 갈등의 효과적인 관리와 개방적인 의사소통을 통하여 작업진단의 발전을 도모한다.

(4) 과정상담

① 과정상담은 외부 상담자의 도움을 받아 집단 간에 발생하는 과정을 개선하려는 기법이다.

② 과정상담자가 조직의 당면 문제들을 진단하고 해결하는 데 큰 역할을 할 수 있다는 가정에 입각해 있다.

(5) 태도조사 환류기법

① 태도조사 환류기법은 설문지를 이용하여 작업진단 또는 전체 조직을 조사한 후, 여기서 얻은 자료를 설문지를 제출한 사람들에게 다시 환류시키는 기법이다.

② 종래에는 고급 관리자들에게만 환류시켰지만 여기서는 모든 작업집단의 구성원들에게 자료를 환류시킨다.

3 OD의 제약 및 문제점

(1) OD의 일반적인 제약 및 문제점

① 구조적 측면과 기술적 측면의 쇄신을 과소평가하고 있다.

② 유능한 OD 전문가의 확보에 어려움이 있고 많은 시간·비용이 소요된다.

③ 모든 계층의 조직구성원들의 능동적 참여 의욕의 확보가 어렵다.

④ 행태의 변화는 어렵고 장기적 지속이 불확실하다.

⑤ 경쟁·권력 요인을 경시하고 협동·상호신뢰만을 중시하고 있다.

⑥ 개인·집단 간의 직접적인 대면이 요구되므로 사생활이 침해되기 쉽다.

⑦ 문화적 갈등이 발생할 수 있다.

⑧ 기존 권력구조 강화에 악용될 수 있다.

⑨ 성장이론의 편견이 반영되었다.

(2) 경영조직의 OD를 행정조직에 적용하는 것에 대한 문제점

① 관료제 내의 복잡한 과정(red-tape)

② 관료제 외부의 여러 세력의 개입

③ 미리 배정되는 예산상의 제약

④ 법령에 따른 제약

⑤ 무형적 성격이 강한 공공부문에는 OD의 성과 평가가 곤란

바로 확인문제

25 2022 국회직 8급

균형성과표(Balanced Score Card)를 활용한 성과관리에 대한 설명으로 옳지 <u>않은</u> 것은?

① 결과에 초점을 둔 재무지표 방식의 성과관리에 대한 대안으로 개발되었다.
② 성과관리를 위한 단기적 관점과 장기적 관점의 균형을 중시한다.
③ 고객관점의 성과지표로 고객만족도, 민원인의 불만율 등을 제시한다.
④ 재무적관점은 전통적인 선행 성과지표이다.
⑤ 성과에 대한 조직구성원 간의 커뮤니케이션 도구로 사용할 수 있다.

26 2017 서울시 사회복지직 9급

균형성과표(BSC: Balanced Score Card)의 관점과 측정지표가 바르게 연결된 것은?

① 학습과 성장 관점 – 직무만족도
② 내부 프로세스 관점 – 민원인의 불만율
③ 재무적 관점 – 신규 고객의 증감
④ 고객 관점 – 조직 내 커뮤니케이션 구조

27 2023 군무원 7급

카플란과 노턴(Kaplan & Norton)의 균형성과표(BSC: Balanced Score Card)에서 네 가지 관점에 따른 성과지표가 잘못 연결된 것은?

① 고객 관점: 의사결정과정에 시민참여
② 내부 프로세스 관점: 적법 절차
③ 재무적 관점: 자본수익률
④ 학습과 성장 관점: 정보시스템 구축

28 2015 국가직 9급

균형성과표(BSC)에 대한 설명으로 옳은 것만을 모두 고른 것은?

> ㄱ. 조직의 비전과 목표, 전략으로부터 도출된 성과지표의 집합체이다.
> ㄴ. 재무지표 중심의 기존 성과관리의 한계를 극복하기 위한 것이다.
> ㄷ. 조직의 내부요소보다는 외부요소를 중시한다.
> ㄹ. 재무, 고객, 내부 프로세스, 학습과 성장이라는 4가지 관점 간의 균형을 중시한다.
> ㅁ. 성과관리의 과정보다는 결과를 중시한다.

① ㄱ, ㄴ, ㅁ   ② ㄴ, ㄷ, ㄹ
③ ㄱ, ㄴ, ㄹ   ④ ㄷ, ㄹ, ㅁ

---

04 균형성과관리(BSC)

> **결정적 코멘트** ▶ 균형성과관리의 요소와 사례를 정확하게 학습해야 한다.

1 BSC의 개요

① 균형성과관리(BSC: Balanced Score Card, 1992)는 하버드 비즈니스 스쿨의 로버트 캐플런(Kaplan)과 경영컨설턴트인 데이비드 노튼(Norton)이 재무지표 중심의 기존의 성과관리의 한계를 극복하고 다양한 관점의 균형을 추구하기 위하여 주장하였다. 즉, BSC는 조직의 비전과 전략을 달성하기 위해 수행해야 할 핵심적인 사항을 측정 가능한 형태로 바꾼 성과지표의 집합이며, 성과지표를 도출하는 데에 전통적인 재무제표뿐만 아니라 고객, 비즈니스 프로세스, 학습, 성장과 같은 비재무인 측면도 균형적으로 고려한다.

② e비즈니스 환경에서 중요시되고 있는 고객 중심 경영 및 장기적 성장가능성 등의 개념에 부합되는 것이라 할 수 있다. 경영자는 이러한 지표를 통해 전략 수행을 위한 핵심적인 영역을 조직원에게 명확히 전달할 수 있게 되고, 이를 관리함으로써 조직의 전략수행 여부를 모니터할 수 있게 된다.

2 BSC의 핵심 지표

BSC는 재무적 지표와 비재무적 지표(고객, 학습과 성장, 내부 프로세스), 조직의 내부 요소(직원과 내부 프로세스)와 외부 요소(재무적 투자자와 고객), 결과를 예측해 주는 선행지표와 결과인 후행지표, 단기적 관점(재무 관점)과 장기적 관점(학습과 성장 관점)의 균형을 중시한다. 또한 BSC는 추상성이 높은 비전에서부터 구체적인 성과지표로 이어지는 위계적인 체제를 가진다.

(1) 재정(무)적(financial) 관점

① 주주의 입장에서 기업이라는 투자대상을 바라보는 관점이다. 주주이익의 극대화 또는 기업가치의 극대화를 목표로 한다.
② 재무지표를 의미하는 것으로 전통적인 후행지표이다.

> **예** 매출, 자본수익률, 예산 대비 차이 등

(2) 고객(customer) 관점

고객에게 조직이 전달해야 하는 가치를 확인하는 것으로, 공공부문에서 BSC를 도입할 때 가장 중요하게 고려해야 하는 점이다.

> **예** 고객만족도, 정책순응도, 민원인의 불만율, 신규 고객의 증감 등

(3) 내부 프로세스(internal business process) 관점

내부 프로세스의 효과성을 극대화하여 남보다 뛰어난 경쟁력을 확보하여, 고객의 요구를 가장 신속하게 파악하고 충족시켜 주는 내부 프로세스를 보유함을 의미한다.

> **예** 의사결정과정에 시민참여, 적법적 절차, 커뮤니케이션 구조, 관련 정보의 공개 등

(4) 학습과 성장(learning & growth) 관점

① 장기적 관점으로 조직이 보유한 인적자원의 역량, 지식의 축적, 정보시스템 구축 등과 관련된다.

② 종업원의 지식가치의 극대화가 목표이며, 이는 직무만족도가 높은 경우에 가능하다.

예 학습동아리 수, 내부 제안건수, 직무만족도 등

3 BSC의 기능

(1) 성과측정시스템으로서 BSC

BSC는 재무적 관점, 고객 관점, 내부 프로세스 관점, 학습과 성장 관점이 균형을 이루면서 조직의 목표달성 전략을 구현하기 위해 개발된 핵심 성과지표 간 연계 체계이다.

(2) 전략관리시스템으로서 BSC

① BSC는 조직의 목표달성을 위한 전략을 4개의 관점별로 전략목표, 성과지표, 목표값과 실행계획으로 전환해 완성되는 전략관리시스템이다. 특히, 전략목표가 조직을 구성하는 단위부서와 담당직원 개인에게까지 연결되는 캐스케이딩(cascading) 과정은 전 조직을 전략 집중형 조직으로 변화시키는 기능을 수행한다.

② 성과지표를 달성하기 위해 제시되는 목표값과 실행계획은 전략과 이를 구현하기 위한 조직의 예산과 인적 자원 배분을 연계하는 기회를 제공한다.

(3) 의사소통 도구로서 BSC

① 잘 개발된 BSC는 조직구성원들에게 조직의 전략 목적을 달성하기 위해 필요한 성과가 무엇인지를 알려 주기 때문에 조직전략의 해석지침이 된다.

② 전략과 연계된 성과지표의 방향을 따라가면 조직이 추구하는 비전과 미션, 가치를 발견할 수 있다.

③ 목표달성을 위해 존재하는 조직이 구성원에게 전하고 싶은 메시지가 성과지표의 형태로 전달된다는 점에서 BSC는 의사소통 도구로 기능한다.

4 BSC의 장점

① 이해관계자의 각 입장을 치우침 없이 반영한다.

② 전략이나 비전을 '기업 → 부문 → 개인'의 순으로 낮춤으로써 조직의 말단까지 비전 실현 의지를 높일 수 있다.

③ IT를 도입함으로써 기업경영의 내비게이터 역할을 수행하고 빠른 문제 발견과 대처가 가능해진다.

④ 전략과 비전을 재검토함으로써 피드백(feedback)을 컨트롤 · 피드포워드(feed forward, 징후 계산에 의한 예측과 제어) 컨트롤이 가능해진다.

⑤ 기본적인 수치와 목표를 설정함으로써 '그림의 떡'이 아니라 전략과 비전의 도달 정도를 실감하고 확인할 수 있다.

29   2016 서울시 7급

다음 중 BSC에 대한 설명으로 가장 옳지 않은 것은?

① BSC는 고객 관점에서 고객만족도, 정책순응도, 민원인의 불만율, 신규 고객의 증감 등의 성과지표를 중요시한다.

② BSC는 추상성이 높은 비전에서부터 구체적인 성과지표로 이어지는 위계적인 체제를 가진다.

③ BSC는 조직의 목표를 달성하기 위하여 조직구성원 간 의사소통의 도구로 기능한다.

④ BSC는 정부실패와 시장실패 등의 위기를 극복하기 위하여 비재무적 지표보다는 재무적 지표관리의 중요성을 강조한다.

30   2019 서울시 7급 제1회

균형성과표(BSC: Balanced Score Card)에 대한 설명으로 가장 옳지 않은 것은?

① BSC는 관리자의 성과정보가 재무적 정보에 국한된 약점을 극복하고자 다양한 측면의 정보를 제공하며, 재무적 정보 외에 고객, 내부 절차, 학습과 성장 등 조직운영에 필요한 관점을 추가한 것이다.

② BSC의 장점은 거시적이고 추상적인 조직목표와 실천적 행동지표 간 인과관계를 확보함으로써 조직의 전략과 기획을 실행에 옮길 수 있게 한다는 것이다.

③ BSC는 조직구성원 학습, 내부절차 및 성장과 함께, 정책 관련 고객의 중요성을 강조하지만, 고객이 아닌 이해당사자들에 대한 의사소통 채널에 대해서는 관심의 정도가 낮아 한계로 지적되고 있다.

④ BSC의 기본틀은 성과관리 체계로 이전의 관리 방식인 TQM이나 MBO와 크게 다르지 않고, 다만 거기에서 진화된 종합모형이라 평가받고 있다.

31
2021 지방직(=서울시) 9급

균형성과표(BSC)에 대한 설명으로 옳지 않은 것은?

① 조직의 장기적 전략 목표와 단기적 활동을 연결할 수 있게 한다.
② 재무적 성과지표와 비재무적 성과지표를 통한 균형적인 성과관리도구라고 할 수 있다.
③ 재무적 정보 외에 고객, 내부 절차, 학습과 성장 등 조직 운영에 필요한 관점을 추가한 것이다.
④ 고객 관점에서의 성과지표는 시민참여, 적법절차, 내부 직원의 만족도, 정책 순응도, 공개 등이 있다.

32
2017 지방직 9급 추가채용

균형성과표(BSC)에 대한 설명으로 옳지 않은 것은?

① 학습·성장 관점은 구성원의 능력개발이나 직무만족과 같이 주로 인적자원에 대한 성과를 포함한다.
② 무형자산에 대한 강조는 성과평가의 시간에 대한 관점을 단기에서 장기로 전환시킨다.
③ 고객 관점의 성과지표에는 고객만족도, 신규고객 증가 수 등이 있다.
④ 내부 프로세스 관점에서는 통합적인 일처리절차보다 개별부서별로 따로따로 이루어지는 일처리 방식에 초점을 맞춘다.

33
2018 지방직 7급

공공부문의 성과관리를 강화하기 위해 균형성과표(BSC: Balanced Score Card)를 도입할 경우 중시해야 할 관점으로 옳지 않은 것은?

① 공기업 재정운영의 효율성을 제고하기 위해 직원 보수를 조정한다.
② 공무원의 능력 향상을 위해 전문적 직무교육을 강화한다.
③ 시민들의 행정서비스 만족도를 제고하기 위해 노력한다.
④ 상향식 접근방법에 기초해 공무원의 개인별 실적평가를 중시한다.

5 BSC와 MBO의 관계

① BSC는 거버넌스에 입각한 전략적인 성과관리시스템으로, 조직 전체의 목표(상위 계층 성과표)를 먼저 설정하고 그것을 토대로 부서별 목표(하위 계층 성과표)를 작성한다. 따라서 BSC가 MBO보다 거시적이고 포괄적이다.
② 전통적 성과관리에 비하여 재무적 관점보다 고객만족 등을 중시하는 고객 중심적인 성과관리체제인 BSC는 MBO보다 거시적이고 포괄적이다. BSC는 미시적·상향적·단기적이고 고객만족에 대한 배려가 없는 MBO를 보완하기 위해 등장하였다.

05 조직변동(혁신)론

❶ 조직의 혁신

❷ 조직혁신과 조직발전

조직이론

교수님 코멘트 ▶ 조직구조의 유형 구분과 유형 간의 차이, 관료제와 탈관료제는 매번 반복적으로 출제되므로 정확히 숙지하고 있어야 한다. 동기부여이론의 내용이론과 과정이론의 차이, 거래적 리더십과 변혁적 리더십의 차이를 이해하는 것도 필수이다. 또한 전자정부와 관련된 이론과 법령을 숙지하고, BSC의 등장원인을 이해하고 핵심지표와 기능 등을 숙지해야 한다. 최근 정보화 등을 중심으로 하는 환경 변화에 관한 관심이 높아지고 있음을 아는 것 또한 필요하다.

정답과 해설 ▶ P.107

01
2021 군무원 7급

대리인이론에서 합리적 선택을 제약하는 요인에 대한 설명으로 가장 적절하지 <u>않은</u> 것은?

① 인간의 인지적 한계와 정보부족 등 상황적 제약 때문에 합리성은 제약되며 따라서 불확실성을 통제하기 어렵다.
② 대리인이 자기 자질이나 업무수행에 관한 정보를 위임자보다 더 많이 가지고 있다는 정보불균형 때문에 위임자는 대리인의 재량에 의존할 수밖에 없다.
③ 이기적인 대리인이 노력을 최소화하고 이익을 극대화하려는 기회주의적 행동을 하는 경우 위임자의 불리한 선택이 발생할 수 있다.
④ 조직이 투자한 자산이 유동적이어서 자산 특정성이 낮으면, 조직 내의 여러 관계나 외부공급자들과의 관계가 고착되어 대리인 관계가 비효율적이더라도 이를 바꾸기 어렵다.

02
2011 국가직 9급

윌리암슨(Williamson)의 거래비용이론 관점에서 계층제가 시장보다 효율적일 수 있는 근거로 옳지 <u>않은</u> 것은?

① 계층제는 연속적 의사결정을 용이하게 함으로써 인간의 제한된 합리성을 완화한다.
② 계층제는 집합적 의사결정의 외부비용을 감소시킨다.
③ 계층제는 불확실성을 감소시킨다.
④ 계층제는 정보밀집성의 문제를 극복할 수 있다.

03
2015 서울시 9급

상황론적 조직이론과 자원의존이론에 대한 다음 설명 중 가장 옳지 <u>않은</u> 것은?

① 자원의존이론은 어떤 조직도 필요로 하는 자원을 모두 획득할 수는 없다는 것을 전제로 삼는다.
② 상황론적 조직이론은 모든 상황에 적합한 최선의 조직화 방법은 존재하지 않는다고 전제한다.
③ 자원의존이론은 조직이 생존과 발전에 필요한 자원을 환경에 의존하기 때문에 조직을 환경과의 관계에서 피동적 존재로 본다.
④ 상황론적 조직이론은 효과적인 조직설계와 관리방법은 조직환경에 달려 있다고 주장한다.

04
2000 행정고시

종합병원의 진료비가 일반의원의 진료비보다 비싸야 하는 이유를 종합병원이 사용하는 기술에서 찾는다면 어느 기술을 종합병원이 사용하기 때문인가?

① 길게 연결된 기술(long-linked technology)
② 공학적 기술(engineering technology)
③ 일상적 기술(routine technology)
④ 집약적 기술(intensive technology)
⑤ 중개적 기술(meditation technology)

05

조직구조에 대한 설명으로 옳지 않은 것은?

① 공식화(formalization)의 수준이 높을수록 조직구성원들의 재량이 증가한다.

② 통솔범위(span of control)가 넓은 조직은 일반적으로 저층구조의 형태를 보인다.

③ 집권화(centralization)의 수준이 높은 조직의 의사결정 권한은 조직의 상층부에 집중된다.

④ 명령체계(chain of command)는 조직 내 구성원을 연결하는 연속된 권한의 흐름으로, 누가 누구에게 보고하는지를 결정한다.

06

조직의 규모에 대한 설명으로 가장 옳은 것은?

① 조직의 규모가 클수록 공식화 수준이 낮아진다.

② 조직의 규모가 클수록 조직 내 구성원의 응집력이 강해진다.

③ 조직의 규모가 클수록 분권화되는 경향이 있다.

④ 조직의 규모가 클수록 복잡성이 낮아진다.

07

다음 중 조직구조의 특징으로 적절하지 않은 것은?

① 조직규모가 커짐에 따라 공식화가 높아질 것이다.

② 공식화가 낮아지면 조직구성원들의 재량권이 감소한다.

③ 대부분의 조직에서 위기는 집권화를 초래하기 쉽다.

④ 환경의 불확실성이 높을수록 공식화가 낮아질 것이다.

08

조직구조에 대한 설명 중 가장 알맞은 것은?

① 매트릭스조직은 수평적인 팀제와 유사하다.

② 정보통신기술의 발달로 통솔의 범위는 과거보다 좁아졌다고 판단된다.

③ 기계적 조직구조는 직무의 범위가 넓다.

④ 유기적인 조직은 안정적인 행정환경에서 성과가 상대적으로 높다.

⑤ 수평적 전문화 수준이 높을수록 업무는 단순해진다.

09

네트워크조직의 효용성으로 볼 수 없는 것은?

① 네트워크조직은 조직망 속의 중심점들(nodes) 간의 지속적인 교환관계에서 정보의 새로운 종합과 지식의 산출을 증진시킴으로써 학습이 촉진된다.

② 네트워크조직은 시장 형태의 조직보다 커뮤니케이션을 더욱 촉진시킴으로써 환경변화에 적응이 쉽다.

③ 네트워크조직이 계층제 형태의 조직에 비해 변화에 대한 대응과정에서 조직구조를 수정하기 쉽다.

④ 네트워크조직은 고도의 정보기술을 활용하여 밀접한 감독과 통제가 용이하다.

10

지식정보사회의 조직에 대한 설명으로 옳은 것을 모두 고르면?

> ㄱ. 사회적 지식의 활용에 있어 사회적 학습보다 개인과 집단의 활동이 강조된다.
> ㄴ. 민영화와 민간위탁이 선호되고 정부는 기획, 조정, 통제, 감독 등 핵심적 기능으로 축소된 공동조직(hollow organization)형태를 띠게 된다.
> ㄷ. 지식정보사회의 조직에서 중시되는 사회적 자본은 사회적 관계에서 거래비용을 감소시켜 준다.
> ㄹ. 매트릭스조직은 일상적인 업무를 보다 신속하고 효율적으로 추진하고자 할 때 유용하다.
> ㅁ. 지식정보사회의 네트워크조직은 과다한 초기투자 없이 새로운 사업에 진입할 수 있다.

① ㄱ, ㄴ, ㄷ
② ㄴ, ㄷ, ㄹ
③ ㄴ, ㄷ, ㅁ
④ ㄷ, ㄹ, ㅁ

11

관료제 병리현상에 대한 설명으로 옳지 <u>않은</u> 것은?

① 규칙이나 절차에 지나치게 집착하게 되면 목표와 수단의 대치 현상이 발생한다.
② 모든 업무를 문서로 처리하는 문서주의는 번문욕례(繁文縟禮)를 초래한다.
③ 자신의 소속기관만을 중요시함에 따라 타 기관과의 업무협조나 조정이 어렵게 되는 문제가 나타난다.
④ 법규와 절차 준수의 강조는 관료제 내 구성원들의 비정의성(非情誼性)을 저해한다.

12

베버(M. Weber)가 제시한 관료제의 특징과 가장 관련이 <u>없는</u> 것은?

① 관료 간의 관계는 계서제(hierarchy)적 원칙에 따라 규율되며, 하급자는 상급자의 엄격한 감독과 통제하에 임무를 수행한다.
② 모든 직위의 권한과 임무는 문서화된 규칙으로 규정된다.
③ 관료들은 고객과의 일체감을 중시하며, 구체적인 경우의 특별한 사정을 충분히 고려하여 임무를 수행한다.
④ 관료의 채용기준은 전문적·기술적 능력이며, 관료로서의 직업은 잠정적인 것이 아니라 일생 동안 종사하는 항구적인 생애의 직업이다.

13

관료제 병리현상에 대한 설명으로 옳은 것은?

① 동조과잉과 형식주의로 인해 '전문화로 인한 무능' 현상이 발생한다.
② '피터의 원리(Peter principle)'가 지적하듯이 무능력자가 승진하게 되는 경우가 생긴다.
③ 상관의 권위에 의존하면서 소극적으로 일을 처리하려는 할거주의가 나타난다.
④ 목표가 아닌 수단으로서의 규칙과 절차에 지나치게 집착하는 번문욕례(red-tape) 현상이 나타난다.

14

애드호크라시(adhocracy)에 대한 설명으로 가장 옳지 <u>않은</u> 것은?

① 애드호크라시는 특정 업무를 수행하기 위해 다양한 분야의 전문가가 일시적으로 구성된 후 업무가 끝나면 해체되는 경우가 많다.

② 애드호크라시는 문제해결 지향적인 체계이다.

③ 애드호크라시는 변화가 심하고 적응력이 강한 임시적인 체계이다.

④ 애드호크라시는 수평적 조직 형태를 갖추고 있기 때문에 권한과 책임을 둘러싼 갈등은 발생하지 않는다.

15

매트릭스(matrix) 조직구조의 특징으로 옳지 <u>않은</u> 것은?

① 잦은 대면과 회의를 통해 과업조정이 이루어지기 때문에 신속한 결정이 가능하다.

② 구성원들은 다양한 경험을 통해 전문기술을 개발하면서, 넓은 시야와 목표관을 가질 수 있다.

③ 급변하는 환경변화에 탄력적으로 대응할 수 있다.

④ 경직화되어 가는 대규모 관료제 조직에 융통성을 부여해 줄 수 있다.

16

학습조직의 특성으로 옳지 <u>않은</u> 것은?

① 엄격하게 구분된 부서 간의 경쟁을 통한 학습가능성이 강조된다.

② 전략수립과정에서 일선조직 구성원의 참여가 중요한 역할을 담당한다.

③ 구성원의 권한 강화가 강조된다.

④ 조직 리더의 사려 깊은 리더십이 요구된다.

17

2016년 이후 정부조직의 변화에 대한 설명으로 옳지 <u>않은</u> 것은?

① 중소기업, 벤처기업 등에 관한 사무를 관장하는 중소벤처기업부를 신설하였다.

② 행정안전부의 외청으로 소방청을 신설하였다.

③ 국가보훈처를 국가보훈부로 개편하였다.

④ 한국수자원공사에 대한 관할권을 환경부에서 국토교통부로 이관하였다.

18

우리나라 책임운영기관의 예산 및 회계에 관한 설명으로 옳지 않은 것은?

① 책임운영기관의 장에게 기관운영의 자율성을 보장하고 그 성과에 대하여 책임을 지도록 하고 있다.

② 책임운영기관 특별회계의 예산 및 결산은 소속 책임운영기관의 조직별로 구분할 수 있다.

③ 책임운영기관 특별회계는 계정별로 책임운영기관의 장이 운용하고, 기획재정부장관이 이를 통합하여 관리한다.

④ 자체의 수입만으로는 운영이 곤란한 책임운영기관에 대하여는 경상적 성격의 경비를 일반회계 등에 계상하여 책임운영기관 특별회계에 전입할 수 있다.

19

동기부여 이론가들과 그 주장에 바탕을 둔 관리 방식을 연결한 것이다. 이들 중 동기부여 효과가 가장 낮다고 판단되는 것은?

① 매슬로(Maslow) – 근로자의 자아실현 욕구를 일깨워 준다.

② 허즈버그(Herzberg) – 근로환경 가운데 위생요인을 제거해 준다.

③ 맥그리거(McGregor)의 Y이론 – 근로자들은 작업을 놀이처럼 즐기고 스스로 통제할 줄 아는 존재이므로 자율성을 부여한다.

④ 앨더퍼(Alderfer) – 개인의 능력개발과 창의적 성취감을 북돋운다.

20

허즈버그(Herzberg)의 욕구충족요인 이원론에 대한 설명으로 옳지 않은 것은?

① 욕구의 계층화를 시도한 점에서 매슬로(Maslow)의 욕구단계이론과 유사하다.

② 불만을 주는 요인과 만족을 주는 요인은 서로 다르다고 주장한다.

③ 무엇이 동기를 유발하는가에 초점을 두는 내용이론으로 분류된다.

④ 작업조건에 대한 불만을 해소한다고 하더라도 근무태도에 장기적인 영향을 미치지는 않는다고 본다.

21

다음 중 동기부여이론에 대한 설명으로 가장 옳지 않은 것은?

① 브룸(V. Vroom)의 기대이론 – 성취욕구, 권력욕구, 자율욕구가 구성될 때 동기부여가 기대될 수 있다고 본다.

② 앨더퍼(C. Alderfer)의 ERG이론 – 매슬로의 욕구이론을 수정하여 개인의 기본욕구를 존재욕구, 관계욕구, 성장욕구의 3단계로 구분하였다.

③ 매슬로(A. H. Maslow)의 욕구이론 – 5단계의 욕구 체계 중 가장 하위의 욕구는 '생리적 욕구'이다.

④ 포터(L. Porter)와 롤러(E. Lawler)의 기대이론 – 성과의 수준이 업무만족의 원인이 된다고 본다.

22

조직 내부에서 발생하는 갈등에 대한 설명으로 옳지 않은 것은?

① 갈등은 양립할 수 없는 둘 이상의 목표를 추구하는 상황에서도 발생한다.

② 고전적 조직이론에서는 갈등을 중요하게 고려하지 않는다.

③ 행태론적 입장에서는 모든 갈등이 조직성과에 부정적 영향을 미치므로 제거되어야 한다고 본다.

④ 현대적 접근방식은 갈등을 정상적인 현상으로 보고 경우에 따라서는 조직 발전의 원동력으로 본다.

23

리더십에 관한 다음 설명 중 가장 옳지 않은 것은?

① 특성론적 접근법은 주로 업무의 특성과 리더십 스타일 사이의 관계에 초점을 맞춘다.

② 행태론적 접근법은 리더의 행동과 효과성 사이의 관계에 관심을 갖는다.

③ 상황론적 접근법에 기초한 이론의 예로 피들러(F. Fiedler)의 상황적합적 리더십이론, 하우스(R. J. House)의 경로 – 목표모형 등을 들 수 있다.

④ 변혁적(transformatioinal) 리더십이 거래적(transactional) 리더십보다 늘 행정에 유용한 것은 아니다.

24

리더십에 대한 설명으로 옳은 것은?

① 변혁적(transformational) 리더십 – 무엇인가 가치 있는 것을 교환함으로써 추종자에게 영향력을 행사하는 리더십

② 거래적(transactional) 리더십 – 리더가 부하로 하여금 형식적 관례와 사고를 다시 생각하게 함으로써 새로운 관념을 촉발시키는 리더십

③ 카리스마적(charismatic) 리더십 – 리더가 특출한 성격과 능력으로 추종자들의 강한 헌신과 리더와의 일체화를 이끌어 내는 리더십

④ 서번트(servant) 리더십 – 과업을 구조화하고 과업요건을 명확히 하는 리더십

25

목표관리(MBO)의 주요 특성으로 보기 어려운 것은?

① 대외적 · 종합적 자원배분에 치중

② 참여에 의한 목표설정

③ 상위목표와 하위목표의 연계

④ 결과지향적 계량적 목표의 중시

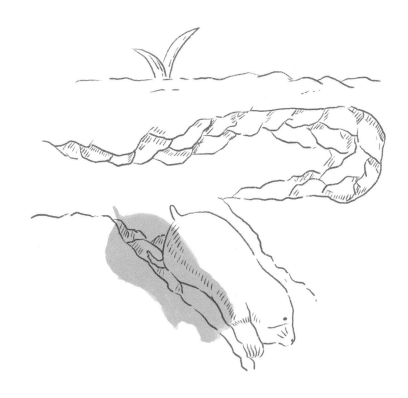

장애물을 만나면 이렇게 생각하라.
"내가 너무 일찍 포기하는 것이 아닌가?"
실패한 사람들이 '현명하게' 포기할 때,
성공한 사람들은 '미련하게' 나아간다.

– 마크 피셔(Mark Fisher)

5개년 챕터별 출제비중 & 출제개념

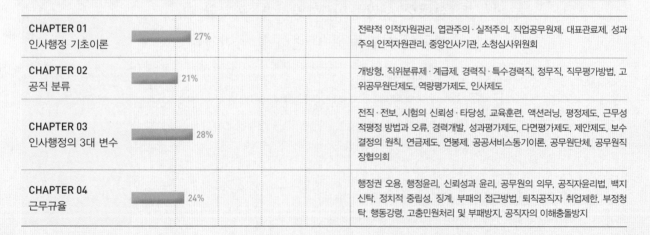

18%

※최근 5개년(국, 지/서)
출제비중

01 인사행정 기초이론

정답과 해설 ▶ P.55

바로 확인문제

01   2009 국회직 8급

인사제도의 변화에 관한 설명으로 옳지 **않은** 것은?

① 엽관제는 관료집단에 대한 정치적 통제를 용이하게 한다.
② 영국의 실적주의는 1870년 추밀원령에 의해 제도적인 기틀을 마련하였다.
③ 대표관료제는 기회의 평등보다 결과의 평등을 강조한다.
④ 팬들턴법과 4년임기법으로 미국의 실적주의가 더욱 강화되었다.
⑤ 계급제는 탄력적인 인사관리를 통해 일반행정가 육성에 기여할 수 있다.

02   2006 군무원 9급

다음 중 현대행정에서 엽관주의를 필요로 하는 이유로 가장 적절한 것은?

① 행정의 안정성 및 계속성 확보
② 공무원의 정치적 중립 확보
③ 정권 교체 시 정책추진력 확보
④ 공직임용의 균등한 기회 부여

03   2005 울산 9급

현재 한국의 지방행정에서 엽관주의(관직교체 임용주의)를 필요로 하는 이유 중 가장 타당한 것은?

① 행정의 전문성 확보
② 공직의 균등한 기회 부여
③ 민선단체장의 정책지향과 추진력 확보
④ 행정의 안정성과 계속성 제공
⑤ 직업공무원제의 확립

---

01 엽관주의(spoils system)

> **결정적 코멘트** 엽관주의는 대응성 제고, 특권화 배제 등과 같은 긍정적인 측면이 있다. 실적주의와의 조화가 요구된다.

1 정실주의와 엽관주의

(1) 영국의 정실주의

① **개념**: 정실주의(情實主義, patronage system)란 정치적 정실(정당관계), 혈연, 지연, 학연, 개인적 친분 등 실적 이외의 요인을 고려하여 관직임용을 행하는 제도를 의미한다.

② **연혁**

　㉠ 정실주의는 영국에서 발달되기 시작한 제도로서, 1688년 명예혁명 이후부터 1714년 하노버 왕조에 이르면서 군주의 절대권력에 맞선 의회·정당제도와 함께 성립·발달되었다.

　㉡ 이에 따라 관료는 군주의 개인적 심복으로서가 아니라 의회·정당의 사용인으로서 변화되었다. 이는 은혜적 정실주의에서 정치적 정실주의로 변화함을 의미하는 것이다.

(2) 미국의 엽관주의

① **개념**

　㉠ 엽관주의(獵官主義, spoils system)란 정치적 충성심(정당에 대한 충성도)에 의하여 관직임용을 행하는 제도[1]로서, 인사권자의 지도력 강화에 기여한다.

　㉡ 엽관주의와 정실주의는 오늘날 동일한 뜻으로 통용되고 있으나, 정실주의는 정치적 요인(정당관계)을 중요시하는 엽관주의보다 넓은 개념으로 인식된다.

　㉢ 우리나라의 경우에 최근 정권 교체 시, 강력한 정책추진력의 확보와 지방자치 실시 후, 민선단체장의 정책지향과 추진력 확보를 위해 그 필요성이 증가되고 있다. 즉, 정책에 큰 변동이 있을 때에는 평상시보다 엽관주의에 의한 인사가 요구될 가능성이 높다.

② **연혁**

　㉠ **성립**: 미국에서 발달되기 시작한 엽관제도는 제3대 제퍼슨(T. Jefferson) 대통령 시절부터 부분적으로 행한 바 있다.[2]

---

1) 마아시(W. L. Marcy)는 "전리품은 승리자에게 속한다(To the victor belong the spoils)."라고 하였다.
2) 초대 대통령인 워싱턴(Washington)이 집권 후반기에 자신과 같은 정치적 신념을 가진 연방주의자들로 정부를 구성하자, 분리주의자인 제3대 대통령인 제퍼슨이 연방주의자들이 독점하던 연방정부에 자기 세력을 끌어들이기 위해, 대통령 임명직의 25%를 경질하면서부터 정당에 대한 기여도를 공직임명의 기준으로 하는 엽관주의가 태동하기 시작하였다.

ⓒ 확립

   ⓐ 1820년 제5대 대통령 제임스 몬로(James Monroe) 시대에 4년임기법 (four year's law)이 법제화되었다.[3]

   ⓑ 1829년 제7대 대통령 앤드류 잭슨(Andrew Jackson)이 연두교서에서 처음으로 공직에 문호를 개방할 것을 주장함으로써, 공무원제도에서 처음으로 엽관주의를 민주주의의 실천적인 정치원리로 채택하였다.[4]

2 엽관주의의 성립요인(발달요인)

(1) 민주정치의 발전과 민주주의의 요청

민주정치의 발전에 따른 평등적 사조는 공직을 새로운 대중에게 개방하는 것이 행정을 민주화하는 것이라는 인식을 보편화하였다.

(2) 정당정치의 발달(수권야당의 존재)

① 미국 특유의 선거제도와 양대 정당이 운영되었던 점 등이 엽관주의의 발달을 촉진시키는 근본 계기가 되었다.

② 현대 민주정치는 정당정치에 기반하고 있고, 정당의 지도자들은 정당의 유지와 선거, 정당원의 통솔 등을 위해서 정당에 대한 충성도를 공직임명의 기준으로 활용할 수 있는 엽관주의가 필요하게 된 것이다.

(3) 행정사무의 단순성

당시의 행정은 법질서의 유지에 국한된 단순한 것으로서 전문적인 지식·훈련을 필요로 하지 않았다. 즉, 엽관주의는 입법국가 시대의 행정의 단순성 때문에 가능하게 된 제도이다.

3 엽관주의의 장·단점

(1) 장점

① 행정의 대응성 제고: 국민다수의 지지를 받은 정당의 당원이 관직에 임명됨으로써 민주통제의 강화 및 행정의 민주화, 정부관료제의 민주화에 기여한다. 즉, 행정의 대응성을 제고한다.

② 관료의 특권화·침체화·관료주의화 방지: 대폭적인 공직의 경질을 통하여 관료의 특권화·침체화·관료주의화를 방지할 수 있다.

③ 평등의 이념에 부합: 관직의 특권화를 배제하기 때문에 평등의 이념에 부합된다.

④ 정당이념의 철저한 실현에 공헌하였다.

⑤ 공무원의 적극적인 충성심을 확보하였다.

⑥ 정당정치의 발달에 공헌하였다.

⑦ 정치지도자의 행정 통솔력을 강화한다.

⑧ 정책 수행 과정의 효율성을 제고한다.

---

3) 몬로 대통령 시기에 4년임기법(four year's law)이 제정되어 많은 연방관리들의 임기가 대통령과 같이 4년이 되었다. 이는 정당의 교체에 따른 관직의 대량 경질원칙을 제도화한 것으로, 집권정당에 대한 공헌도가 관직임명의 기준이 되는 엽관주의 확립의 계기가 된다.

4) 잭슨 대통령은 의회에 보낸 연두교서에서 "모든 공직자의 직무는 이해력이 있는 사람이면 쉽게 수행할 수 있는 간단하고 명백한 성격의 것이다. 공직에 오래 종사함으로써 얻는 경험은 득보다는 실이 더 많다."라고 주장하고, 관직을 특정 집단이 항구적으로 독점해서는 안 되며 모든 국민에게 개방할 것을 선언하였다.

04   2017 국가직 7급 추가채용

인사행정의 주요 원리 및 제도에 대한 설명으로 옳지 않은 것은?

① 직업공무원제 − 절대왕정시기의 관료제에 연원을 두고 있으며 장기 근무를 장려하여 공직을 전문 직업 분야로 인식하게 하였다.

② 대표관료제 − 영국학자 킹슬리(Kingsley)는 정부관료제 구성에서 사회 내 주요 세력의 분포를 반영할 것을 제안하였다.

③ 실적주의 − 미국에서는 펜들턴법의 제정으로 공개경쟁채용시험을 도입하고 연방인사위원회가 설치되었다.

④ 엽관주의 − 미국의 잭슨(Jackson) 대통령은 공무원의 장기 근무의 순기능을 강조하며 공직의 대중화를 도모하였다.

05   2004 국가직 9급

미국 엽관제도의 발달요인이 아닌 것은?

① 잭슨 대통령의 정치철학

② 정당정치 발달

③ 공무원의 정치적 중립성 요망

④ 행정의 단순성

06   2004 경기 9급

엽관제의 문제점이 아닌 것은?

① 공직의 특권계층화 초래

② 실적주의의 약화

③ 정치적 중립 저해와 관료의 사익 추구

④ 정부조직의 비능률화

07   2020 군무원 9급

엽관주의 인사제도가 필요한 이유로 가장 옳은 것은?

① 행정의 안정성과 계속성 확보

② 행정의 공정성 확보

③ 국민의 요구에 대한 관료적 대응성 향상

④ 유능한 인재 등용

08   2021 국가직 7급

엽관주의의 정당화 근거로 옳지 않은 것은?

① 행정 민주화에 기여

② 정치지도자의 행정 통솔력 강화

③ 정당정치 발달에 공헌

④ 행정의 안정성과 지속성 확보

09

정실주의와 엽관제에 대한 설명으로 옳지 않은 것은?

① 실적제로 전환을 위한 영국의 추밀원령은 미국의 펜들턴법보다 시기적으로 앞섰다.

② 엽관제는 전문성을 통한 행정의 효율성 제고와 정부관료의 역량 강화에 기여한 것으로 평가된다.

③ 미국의 잭슨 대통령은 엽관제를 민주주의의 실천적 정치원리로 인식하고 인사행정의 기본 원칙으로 채택하였다.

④ 엽관제는 관료제의 특권화를 방지하고 국민에 대한 대응성을 높인다는 점에서 현재도 일부 정무직에 적용되고 있다.

10

엽관제의 장점에 해당하지 않는 것을 〈보기〉에서 모두 고른 것은?

┤ 보기 ├

ㄱ. 부정부패를 방지하기 쉽다.
ㄴ. 행정의 안정성과 지속성을 확보하기 쉽다.
ㄷ. 정부관료제의 민주화에 기여한다.
ㄹ. 정치적 책임을 확보하기 용이하다.
ㅁ. 직업공무원제 정착에 도움이 된다.
ㅂ. 공무원들의 충성심을 확보하기 용이하다.

① ㄱ, ㄴ, ㅁ
② ㄴ, ㄷ, ㅂ
③ ㄷ, ㄹ, ㅁ
④ ㄱ, ㄴ, ㄹ

11

다음 중 엽관제 공무원제도(spoil system)에 대한 설명으로 가장 거리가 먼 것은?

① 공직에 대한 민주적 교체가 가능하다.

② 우리나라 공무원제도에도 엽관제 요소가 작동하고 있다.

③ 행정의 안정성과 중립성에 도움이 된다.

④ 개방형 인사제도이다.

(2) 단점

① **행정의 능률성 저하**: 자격이나 경험을 갖춘 유능한 인물이 배제되고 인사행정이 정실화됨으로써 행정능률이 저하되었다. 또한 정권이 바뀔 때마다 공무원이 교체됨으로써 행정의 계속성·안정성·지속성이 위협을 받게 되었기 때문에, 행정의 능률성과 전문성이 향상될 수 없었다.

② **관료의 정당 사병화**: 관료의 정당 사병화로 말미암아 관료의 대표성·책임성의 확보가 어려워졌다.

③ **불안정한 신분보장**: 정권변동에 따른 공무원의 빈번한 교체와 불확실한 신분보장으로 인하여, 행정의 안정성·계속성·중립성이 저해되고 전문성·기술성의 확보·유지가 곤란하였다.

④ **예산의 낭비**: 관직의 불필요한 증설과 예산의 낭비를 초래하였다.

⑤ **부패·무질서 만연**: 정치와 행정의 밀착·결탁으로 정치·행정의 부패와 행정기강의 문란을 초래하였다.

⑥ **행정의 정치예속화**: 행정의 정치예속(隸屬)화로 인하여 공무원의 정치적 중립이 저해되었다.

⑦ **금권정치**: 정당 간부들의 특수 이익을 도모하기 위한 금권정치의 도구로 전락하였다.

02 실적주의(merit system)

> **결정적 코멘트** ▶ 실적주의는 많은 장점에도 불구하고 지나친 신분보장으로 인한 관직의 특권화 등의 문제가 발생함을 기억해야 한다.

1 실적주의의 개념과 특징

(1) 개념

실적주의란 인사행정의 기준을 당파성이나 정실·혈연·학벌·지연 등이 아닌, 개인의 능력·자격·실적에 두는 제도를 의미한다. 따라서 각 개인이 가지고 있는 능력에는 차이가 있음을 인정하는 인간의 상대적 평등주의를 신봉한다.

(2) 특징

① 실적주의는 엽관의 폐해를 방지하고자 하는 소극적 성격에서 비롯된 것이나, 오늘날에 이르러 적극적 성격으로 변모되었다.

② 실적주의는 직업공무원제도를 확립하기 위한 기반이 되었다.

2 실적주의의 성립요인

(1) 엽관주의의 폐해와 정당정치의 부패

엽관주의의 폐해가 극심해짐에 따른 엽관주의에 대한 비판운동에서 시작하였다.

(2) 행정국가의 대두와 행정능률화의 요청

행정이 복잡화·전문화되는 등의 사회적 환경변화로 인해 전문 인력을 확보할 수 있는 실적주의가 필요하게 되었다.

(3) 가필드(J. A. Garfield) 대통령의 암살사건

1881년 9월 가필드 대통령이 엽관운동에 실패한 귀토(C. J. Guiteau)에 의하여 암살되었다. 그 결과 1882년의 중간 선거에서 공화당이 패배하였다.

(4) 1882년 공화당의 중간 선거 패배

링컨(Lincoln) 이래 20여 년간에 걸쳐 정권을 장악하여 오던 공화당은 중간 선거 패배 이후 1884년에 있을 대통령 선거에서 승리할 자신을 상실하자, 공무원제도 개혁에 반대를 표명하던 종래의 태도를 바꾸어 개혁에 적극적으로 협력하게 되었다.

3 실적주의의 연혁

(1) 영국

① **실적주의의 본격화**: 정실주의의 극복 및 공무원제도 개혁운동이 1853년 트레벨리언 노스코트(Trevelyan Northcote) 보고서를 계기로 본격화되기 시작한다. 트레벨리언 노스코트 보고서는 공개경쟁채용시험을 통해 공무원을 채용할 것과 시험을 관장할 독립적인 중앙인사위원회를 설치하고, 시험을 정기적으로 실시하여 합격자에게 시보기간을 설정할 것 등을 건의하였다.

② **실적주의의 확립**: 공무원제도 개혁운동은 결국 1855년의 1차 추밀원령을 거쳐 1870년의 2차 추밀원령으로 결실을 보게 된다. 이리하여 영국의 실적주의는 1870년부터 출발하게 된다.[5]

> **더 알아보기** 추밀원령의 주요 내용
>
> - 독립인사위원회의 설치(1차)
> - 공개경쟁시험(2차)
> - 계급의 세분류(2차)
> - 재무성의 인사권 강화(2차)

(2) 미국

① **실적주의의 본격화**: 1860년대 이후부터 공무원제도 개혁이 주창되기 시작하였다.

② **실적주의의 확립**: 미국의 공무원제도 개혁운동은 1883년 연방공무원(인사)법인 팬들턴법(pendleton act)의 제정으로 결실을 보게 된다.

> **더 알아보기** 팬들턴법의 주요 내용
>
> - 초당적·독립적 중앙인사위원회의 설치
> - 공개경쟁시험에 의한 임용
> - 시보제도
> - 제대군인에 대한 특혜의 인정
> - 정치활동·정치헌금의 금지
> - 인사위원회는 개선건의안을 대통령을 통하여 의회에 제출할 것

---

5) 영국의 정치체제는 1688년 명예혁명 이전까지는 군주에 의한 왕정체제였지만, 왕은 자신의 직속기구로 추밀원(privy council)이라는 자문위원회제도를 두고 국정운영에서 이 위원회의 소속위원들로 하여금 자문하도록 하였다.

바로 확인문제

12   2007 국가직 7급

실적주의와 엽관주의에 대한 설명 중 적절하지 <u>않은</u> 것은?

① 실적주의는 공직임용의 기회를 균등히 보장함으로써 민주주의적 평등이념의 실현에 기여한다.
② 실적주의는 엽관주의의 폐해를 방지하고 행정의 효율성 제고에 기여하였다.
③ 엽관주의는 각 개인이 가지고 있는 능력에는 차이가 있음을 인정하는 인간의 상대적 평등주의를 신봉한다.
④ 엽관주의는 정당정치 이념의 구현에 기여한다.

13   2021 지방직(=서울시) 7급

공무원 인사제도에 대한 설명으로 옳지 <u>않은</u> 것은?

① 실적주의는 공무원의 인적 구성이 사회의 인구학적 특성과 비례가 되도록 해야 한다는 대표관료제를 비판하면서 등장하였다.
② 엽관주의는 정당제도 유지에 기여하고 공무원의 정치적 책임성을 확보할 수 있다는 장점이 있어 오늘날에도 부분적으로 남아 있다.
③ 실적주의는 엽관주의의 폐해와 급격한 경제발전으로 행정기능이 양적으로 확대되고 질적으로 복잡해짐에 따라 공무원들의 전문적 지식과 기술이 필요해지면서 정당성이 강화되었다.
④ 엽관주의에 따른 인사는 관료기구와 집권 정당의 동질성을 확보할 수 있으며, 정부가 공무원의 충성심을 확보하고 공무원을 효과적으로 통솔할 수 있다.

14   2005 경남 9급

다음 중 미국 팬들턴법(pendleton act)의 주요 내용이 <u>아닌</u> 것은?

① 제대군인에게 공직임용 시 특혜를 부여하도록 하였다.
② 공무원의 정치적 중립을 최초로 규정하였다.
③ 실적주의보호위원회(MSPB)를 설치하였다.
④ 초당적, 독립적인 인사위원회(CSC)를 설치하였다.

15

엽관주의와 실적주의에 대한 설명으로 옳은 것은?

① 엽관주의는 개인의 능력, 적성, 기술을 공직 임용 기준으로 한다.

② 엽관주의는 정치지도자의 국정 지도력을 약화한다.

③ 실적주의는 국민에 대한 관료의 대응성을 높인다.

④ 실적주의는 공직 임용에 대한 기회의 균등을 보장한다.

16

실적주의 공무원제도에 대한 설명으로 옳은 것은?

① 미국에서는 잭슨(Jackson) 대통령에 의해 공식화되었다.

② 공직의 일은 건전한 상식과 인품을 가진 일반 대중 누구나 수행할 수 있는 것이라고 전제하였다.

③ 공개경쟁시험, 신분보장, 정치적 중립이 핵심적인 요소이다.

④ 사회적 형평성을 가장 중요한 가치로 삼는 인사제도이다.

17

인사행정 제도에 대한 설명으로 가장 옳은 것은?

① 직위분류제는 계급제에 비해 탄력적 인사관리가 가능한 장점을 가진다.

② 엽관주의는 정당에의 충성도와 공헌도를 임용 기준으로 삼았기 때문에 민주주의와 전혀 관련이 없다.

③ 실적주의는 정치적 중립을 지향하여 인사행정을 소극화, 형식화시켰다.

④ 직업공무원제는 원칙적으로 개방형 충원 및 전문가주의에 입각하고 있다.

4 실적주의의 주요 내용

(1) 능력·자격주의

공무원의 임용 등의 인사관리는 능력·자격·실적을 기준으로 하며 정실이나 당파성은 배제된다.

(2) 공직임용상의 기회 균등과 공개경쟁시험

공직은 모든 국민에게 개방되며 성별·신앙·사회신분·출신지역·학벌 등에 의한 차별을 받지 않는다. 이러한 의미에서 공개경쟁시험은 필수적이다.

(3) 정치적 중립

공무원은 어떤 정당이 집권하든지 당파성을 떠나 전문적 지식·경험에 의하여 공평하게 봉사하고 특수이익이 아닌 일반이익(공익)을 추구해야 한다.

(4) 공무원의 신분보장

공무원은 법령에 저촉되지 않는 한, 부당한 정치적 영향력 등으로 인한 신분의 위협을 받지 않아야 한다.

5 실적주의의 장·단점

(1) 장점

① **행정의 능률성 제고:** 시험제도를 통하여 무자격자나 정치적 부정행위자를 배제함으로써 엽관주의의 폐해를 극복하고 행정의 능률성 제고에 기여하였다.

② **민주주의적 평등이념 실현:** 공직임용의 기회를 균등히 보장해 줌으로써 진정한 민주주의적 평등이념의 실현에 기여하였다.

③ **공무원의 질적 수준 향상:** 유능한 인재의 충원을 가능하게 하여 공무원의 질적 수준을 향상시켰다.

④ **공무원의 신분보장:** 공무원의 신분보장을 통하여 행정의 계속성·안정성을 확보할 수 있고, 나아가서는 행정의 전문화를 촉진시켜 직업공무원제의 발전에 기여하였다.

⑤ **공무원의 정치적 중립성 확보:** 공무원의 정치적 중립성이 확립됨으로써 행정관료가 공익의 대변자로서의 역할을 수행할 수 있다.

(2) 단점

① **소극성과 집권성:** 인사행정에 대한 정치적 간섭을 배제하고 정권 교체에 의한 영향을 받지 않도록 하기 위하여, 공무원의 신분을 보장하는 데만 중점을 두는 소극적 성격을 가졌으며 인사행정의 집권화를 초래하였다. 또한 실적주의는 정치적 중립을 지향하여 인사행정을 소극화, 형식화시켰다.

② **인사행정의 행정관리적 측면의 등한시:** 행정책임자가 적재적소의 인사배치를 통하여 업무를 효율적으로 처리하여야 하는 행정관리적 측면이 등한시되었다.

③ **관료주의·관료의 특권화 및 보수화:** 공무원의 지나친 신분보장은 결국 관료주의·관료의 특권화 및 보수화를 초래할 우려가 있으며, 민주 통제를 어렵게 한다.

④ **지나친 과학성·기술성의 강조:** 엽관·정실의 폐해 배제에만 급급하여 지나치게 인사관리의 과학성·기술성을 강조하였다. 이에 따라 법규·절차·기준에 대한

위반 여부만을 따지게 됨으로써 목적보다 수단에 치중하는 지나친 형식화·경직화를 초래하였으며, 비융통성·비인간성을 가지게 되었다. 객관적·과학적 측정 방법을 강조하기는 하나 실제로 공직 후보자의 능력을 정확하게 측정하는 데는 한계가 있다.

⑤ **정당이념 및 정책의 실현·추진 곤란**: 정치적 중립성을 정책에 대한 중립성으로 잘못 인식시킴으로써 정당이념 및 정책의 효과적인 집행에 곤란을 초래하였다.

⑥ **정치성과 가치지향성의 과소평가**: 인사행정은 정치적 환경 속에서 이루어지는 것인데, 그 정치적 성격과 가치지향성을 충분히 인식하지 못하였다.

⑦ **형평성 저해**: 실적제는 시험을 강조함으로써 일부 계층 또는 집단에 대하여 불리한 제도로 작용하여 형평성을 저해할 우려가 있다(대표관료제의 등장 원인).

6 우리나라의 실적주의적 요소

① 공직에 대한 기회 균등
② 정치적 중립성
③ 신분보장
④ 성적·능력주의

▌ 엽관주의와 실적주의 비교

구분		엽관주의	실적주의
임용 기준		정치적 충성심	개개인의 능력, 자격, 적성, 시험
주요 내용		• 대통령 선거 • 정권 교체 • 공직경질제	• 시험 • 정치적 중립성 • 신분보장
주요 장점		• 공직의 특권화 배제 • 행정의 민주성·대응성	• 공직임용의 기회 균등 • 행정의 능률성
추구하는 가치	기본적(궁극적) 가치	민주성, 형평성	
	수단적 가치	정치적·정당적 대응성	• 능률성 • 공무원들의 권익 보호

03 직업공무원제(career civil service system)

1 직업공무원제의 개념과 특징

결정적 코멘트 직업공무원제는 계급제, 폐쇄형, 일반행정가주의와 관련이 있다. 이러한 연결을 잘 이해하는 것이 중요하다.

(1) 개념

직업공무원제[6]란 공직이 유능하고 젊은 인재에게 개방되어 있고 업적에 따라 명예로운 높은 지위로 승진하는 기회가 보장되어, 공직근무를 보람 있는 생애로 생각하고 평생을 공직에 바치도록 조직·운영되는 공무원제도를 말한다.

---

[6] 직업공무원제도는 절대군주국가 시대부터 비로소 체계화되기 시작했다. 절대군주국가는 군주를 정점으로 하는 중앙집권적 통일국가 체제를 유지하기 위해 강력하고 대규모적인 상비군을 양성해야 했으며, 상비군을 유지하기 위한 재원조달을 담당할 관료조직을 확립해야 했다. 따라서 대규모적인 관료조직을 정비하고 관리하기 위해 직업공무원제도가 발달하기 시작했다. 당시 관료제는 군주를 정점으로 하는 중앙집권적인 계층구조를 이루고 있었으며, 관료는 근대적 성격의 임용제도에 의해 충원되었다. 그리고 관료에게는 엄격한 복무규율이 요구되는 대신 관료의 특권과 신분이 보장되었다.

18   2019 군무원 9급

다음 〈보기〉 중 실적주의와 관련이 없는 것은?

┌─ 보기 ─
ⓘ 정치적 중립을 통해 행정의 전문화에 기여한다.
ⓛ 고위공무원의 정치적 임용을 활성화한다.
ⓒ 행정의 대응성과 책임성 확보에 유리하다.
ⓔ 궁극적으로 민주성과 형평성을 구현한다.
└

① ㉠, ㉡   ② ㉡, ㉢
③ ㉠, ㉢   ④ ㉡, ㉣

19   2011 서울시 9급

엽관주의와 실적주의 발전과정에 대한 설명 중 가장 적절하지 않은 것은?

① 엽관주의는 민주정치의 발달과 불가분의 관계가 있다.
② 직업공무원제는 직위분류제와 일반행정가주의를 지향하고 있다.
③ 엽관주의는 관료기구와 국민의 동질성을 확보하기 위한 수단으로 발전했다.
④ 정실주의는 인사권자의 개인적 신임이나 친분관계를 기준으로 한다.
⑤ 대표관료제는 실적주의를 훼손하고 행정능률을 저하시킬 수 있다.

20   2019 지방직 9급

직업공무원제에 대한 설명으로 옳지 않은 것은?

① 젊고 우수한 인재가 공직을 직업으로 선택해 일생을 바쳐 성실히 근무하도록 운영하는 인사제도이다.
② 폐쇄적 임용을 통해 공무원집단의 보수화를 예방하고 전문행정가 양성을 촉진한다.
③ 행정의 안정성을 확보할 수 있고, 높은 수준의 행동규범을 유지하는 데 도움이 된다.
④ 조직 내에 승진적체가 심화되면서 직원들의 불만이 증가할 수 있다.

21 2004 전북 9급

직업공무원제에 대한 설명 중 잘못된 것은?

① 유럽에서는 일찍이 직업공무원제가 확립되었으나 최근에는 실적주의도 강조되고 있다.

② 미국에서 직업공무원제는 1800년대 실적주의 성립 이전부터 확립되어 있었다.

③ 개방형 임용제도를 취할 시에는 직업공무원제를 해치게 된다.

④ 직업공무원제는 영국에서 주로 확립되었다.

⑤ 실적주의와 역사적 배경과 이념이 동일하지는 않다.

22 2022 국가직 9급

직업공무원제의 특징으로 옳지 않은 것은?

① 직무급 중심 보수체계

② 능력발전의 기회 부여

③ 폐쇄형 충원방식

④ 신분의 보장

23 2008 지방직 9급

직업공무원제에 대한 설명으로 옳지 않은 것은?

① 전통적 관료제의 구성 원리와 부합하는 인사제도이다.

② 채용 당시의 직무수행 능력이 장기적인 발전 가능성보다 중요시된다.

③ 행정의 안정성, 계속성, 일관성 유지가 가능하다.

④ 계급제, 폐쇄형 공무원제, 일반행정가주의에 바탕을 둔 제도이다.

24 2009 서울시 9급

직업공무원제를 올바르게 수립하기 위한 요건에 대한 설명으로 잘못된 것은?

① 공직에 대한 높은 사회적 평가가 있어야 한다.

② 공무원 인력계획에 대한 장기적인 계획이 수립되고 운용되어야 한다.

③ 젊은 사람보다는 직무경험이 있는 사람이 채용되도록 하여야 한다.

④ 노력에 대한 보상이 적절해야 하며, 보수가 적절하게 지급되어야 한다.

⑤ 승진·전보·훈련 등을 통한 능력 발전의 기회가 공정하게 주어져야 한다.

(2) 특징

① 직업공무원제는 행정의 독자성과 안정성·계속성·능률성을 확보해 준다.

② 직업공무원제는 정치적 변동 시에도 공무원이 중립적 권력으로서 국가 전체의 통일성·항구성을 유지·확보할 수 있도록 해 준다.

③ 행정의 전문화 경향에 대응할 수 있다.

2 직업공무원제와 실적주의 비교

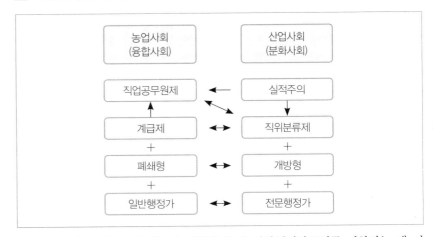

직업공무원제가 계급제와 폐쇄형 공무원제 및 일반행정가주의를 지향하는 데 비해, 실적주의 인사제도는 직위분류제와 개방형 공무원제 및 전문행정가주의에 입각하고 있다. 영국을 비롯한 유럽에서는 일찍이 직업공무원제가 확립되었으나 최근에는 실적주의도 강조되고 있으며, 미국에서는 실적주의가 먼저 확립되고 행정국가의 등장에 따라 직업공무원제가 가미되었다.

(1) 공통점

① 정치적 중립성

② 신분보장

③ 공직취임의 기회 균등

④ 자격이나 능력에 의한 채용·승진

(2) 차이점

① 직업공무원제는 농업사회와 계급제가, 실적주의는 산업사회와 직위분류제가 역사적 발달배경이다.

② 직업공무원제는 폐쇄형을 요구하나, 실적주의는 개방형에 입각한다.

③ 직업공무원제는 실적주의에 비해 평생직(공직의 생애성 부여)을 의미한다.

④ 직업공무원제는 실적주의에 비해 젊고 유능한 인재의 충원을 위해 자격요건으로서 연령·학력요건을 강화한다. 즉, 채용 당시의 직무수행 능력보다 장기적인 발전 가능성이 중요시된다.

3 직업공무원제의 확립요건

① 실적주의의 확립(공무원의 정치적 중립·신분보장)
② 공직에 대한 높은 사회적 평가
③ 보수의 적정화와 적절한 연금제도의 확립
④ 젊고 유능한 인재의 채용(연령과 학력의 제한)
⑤ 합리적인 인사제도와 능력 발전
⑥ 장기적 인력수급계획의 수립
⑦ 폐쇄형의 인사관리

4 직업공무원제의 장·단점

(1) 장점

① 행정의 안정성·계속성 유지
② 행정의 중립성 확보
③ 유능한 인재의 유치
④ 동기 부여
⑤ 강한 전문 직업의식·공복의식
⑥ 공직을 전문 직업 분야로 확립

(2) 단점

① 행정의 전문화 저해(폐쇄형 충원방식 때문에)
② 관직의 폐쇄화·전문가의 임용 곤란
③ 민주통제의 곤란(신분보장 때문에)
④ 환경에 대한 적응력 부족
⑤ 공직임용 기회의 불균등 초래
⑥ 공직 이외의 직업 전환 곤란

5 직업공무원제의 단점 보완 제도

① 개방형 인사제도와 계약제 임용제도
② 대표관료제의 대두
③ 후기 관료제모형
④ 정년 단축과 계급 정년제

바로 확인문제

25 2019 군무원 9급 추가채용

직업공무원제도의 확립요건으로 옳지 <u>않은</u> 것은?

① 행정의 안정성
② 적절한 보수의 지급
③ 평생 고용
④ 개방형 임용(상시 선발)

26 2021 국가직 7급

직업공무원제에 대한 설명으로 옳지 <u>않은</u> 것은?

① 공무원의 신분을 보장해 행정의 연속성과 일관성을 유지하는 데 긍정적인 제도이다.
② 젊고 유능한 인재들이 공직을 보람있는 직업으로 선택하여 일생을 바쳐 성실히 근무하도록 유도하는 인사제도이다.
③ 공무원이 환경적 요청에 민감하지 못하고 특권 집단화할 염려가 있다.
④ 공무원의 일체감과 단결심 및 공직에 헌신하려는 정신을 강화하는 데 불리한 제도이다.

27 2015 사회복지직 9급

직업공무원제에 대한 설명으로 옳지 <u>않은</u> 것은?

① 공무원집단이 환경적 요청에 민감하지 못하고 특권 집단화될 우려가 있다.
② 직업공무원제가 성공적으로 확립되기 위해서는 공직에 대한 사회적 평가가 높아야 한다.
③ 직업공무원제는 행정의 계속성과 안정성 및 일관성 유지에 유리하다.
④ 직업공무원제는 일반적으로 전문행정가 양성에 유리하기 때문에 행정의 전문화 요구에 부응한다.

28 2020 지방직(=서울시) 9급

직업공무원제의 단점을 보완하는 것으로 옳지 <u>않은</u> 것은?

① 개방형 인사제도
② 계약제 임용제도
③ 계급정년제의 도입
④ 정치적 중립의 강화

29 2019 지방직 9급

대표관료제에 대한 설명으로 옳지 <u>않은</u> 것은?

① 소극적 대표가 적극적 대표를 촉진한다는 가정하에 제도를 운영해 왔다.
② 엽관주의 폐단을 시정하기 위해 등장하였으며 역차별의 문제를 완화할 수 있다.
③ 소극적 대표성은 전체 사회의 인구 구성적 특성과 가치를 반영하는 관료제의 인적 구성을 강조한다.
④ 우리나라는 균형인사제도를 통해 장애인·지방인재·저소득층 등에 대한 공직진출 지원을 하고 있다.

30 2010 지방직 7급

「대표관료제(representative bureaucracy)에 대한 설명으로 옳지 <u>않은</u> 것은?

① 킹슬리(D. Kingsley)가 1944년에 처음 사용한 개념이다.
② 임명직 관료집단이 민주적 방법으로 행동하도록 하기 위한 방안으로 도입되었다.
③ 대표관료제는 내부통제를 강화하는 기능을 가지고 있다.
④ 관료들의 객관적 책임을 매우 현실적이라고 주장한다.

31 2020 국가직 7급

다음 제도에 대한 설명으로 옳지 <u>않은</u> 것은?

> 킹슬리(Kingsley)가 처음 사용한 용어로, 그 사회의 주요 인적 구성에 기반하여 정부관료제를 구성함으로써, 정부관료제 내에 민주적 가치를 주입하려는 의도에서 발달되었다.

① 관료들은 누구나 자신의 사회적 배경의 가치나 이익을 정책과정에 반영시키려고 노력한다는 점을 전제로 한다.
② 크란츠(Kranz)는 이 제도의 개념을 비례대표(proportional representation)로까지 확대하는 것에 반대한다.
③ 라이퍼(Riper)는 이 제도의 개념을 확대해 사회적 특성 외에 사회적 가치까지도 포함시키고 있다.
④ 현대 인사행정의 기본 원칙인 실적제를 훼손할 뿐만 아니라 역차별을 야기할 수 있다는 비판을 받는다.

04 대표관료제(representative bureaucracy)

1 대표관료제의 개념 및 필요성

> **결정적 코멘트** 우리 사회의 여러 사회문제를 해결하는 단초를 제공한다는 점에서 매우 중요한 이론이지만, 학자들 사이에 상당히 논란이 많은 이론이다.

(1) 개념

① 대표관료제는 킹슬리(Kingsley)가 처음 사용한 용어로, 실적주의 인사제도의 폐단을 극복하기 위해 등장하였다.
② 대표관료제는 인종·종교·성별·신분·계층·지역 등의 여러 기준에 의하여 분류되는 모든 사회집단들이, 한 나라의 인구 전체 안에서 차지하는 비율에 맞게 관료조직의 직위들을 차지해야 한다는 원리가 적용되는 관료제이다.
③ 대표관료제는 정부관료제가 그 사회의 인적 구성을 반영하도록 구성함으로써 관료제 내에 민주적 가치를 주입시키려는 의도에서 발달된 개념이며(관료제 구성 비율의 적정성), 임명직 관료집단이 민주적 방법으로 행동하도록 하기 위한 방안으로 도입되었다.

(2) 전제

① 대표관료제 이론은 출신성분과 인간의 행동 간에는 밀접한 관련성이 있음을 전제로 한다. 즉, 관료가 자기 출신집단의 가치와 이익을 정책결정에 반영시키는 데 노력하고, 자신이 선호하는 개인적 정책가치의 극대화를 추구하며, 정책관료의 가치관·태도가 출신집단 또는 일반 국민의 가치관·태도에 유사하면 정책의 대응성이 보다 더 제고된다는 것을 전제하고 있다.[7]
② 배경적 대표성이 태도적 대표성으로 이어지며, 이는 다시 실질적 대표성을 낳는다는 논리에 기초하고 있다.
③ 임용할당제(employment quota system)는 관료제의 비례대표성을 확보하기 위한 방안의 하나이다.

(3) 필요성

① 대표관료제는 임명직 관료집단이 민주적 방법으로 행동하도록 하기 위한 방안으로 도입되었다.
② 오늘날의 민주정치제도하에서 정책결정 및 집행과정에 대한 관료들의 재량권이 점차 확대되고 있는 데 반해, 직업공무원들의 대표성을 확보할 수 있는 제도적인 장치는 효율적으로 작동하지 못하고 있다는 점에서 그 필요성을 찾아볼 수 있다. 즉, 행정의 전문화로 인해 직업공무원들에 대한 정치적 상관들의 통제가 효과성을 상실해 가는 상황에서, 관료들의 주관적 책임을 통해 국민의 다양한 요구에 대한 정부의 대응성을 향상시키는 대안이 될 수 있다는 점에서 대표관료제 이론이 주목받고 있다.

---

7) 모셔(F. C. Mosher) 등은 관료들이 출신집단의 이익을 위해 적극적으로 행동할 것을 기대하는 적극적 대표와, 대표관료제가 사회의 인구구성적 특징을 단지 상징적으로 반영할 뿐이라는 소극적 대표로 구분하여 적극적 대표에 대해서 의문을 제기하였다. 즉, 임용 전 출신집단에 의해 이루어진 사회화와 임용 후의 직무 형태 간의 관계에 대해 의문을 제기하면서, 현실적으로는 관료가 출신집단의 이익을 대표할 수 있는 제도적 장치가 마련되어 있지 않으며, 출신집단의 이익을 위해 조직목표를 무시하게 될 경우 조직으로부터 제재를 받게 된다는 것이다.

(4) 관련 학자

① **킹슬리(Kingsley)**: 대표관료제는 서구식 민주주의 정치철학과 정치이론에 바탕을 둔 것으로, 1944년 영국의 킹슬리의 저서의 명칭에서 유래되었다. 킹슬리는 영국에서 시행되는 정책들이 특정한 계층의 이익을 대변하는 현상에 대하여 관심을 가졌는데, 연구결과에 따르면 이러한 현상은 특정 계층 출신들이 공직을 독점하기 때문으로 밝혀졌다. 이에 대한 처방으로 대표관료제가 등장하였다. 킹슬리는 대표관료제의 구성적 측면을 강조하여, 대표관료제를 사회 내의 지배적인 여러 세력을 그대로 반영하는 관료제라고 정의하였다.

② **크란츠(Kranz)**: 대표관료제의 개념을 비례대표로까지 확대하여 관료제 내의 출신집단별 구성 비율이 총인구 구성 비율과 일치하여야 할 뿐만 아니라, 나아가 관료제 내의 직무 분야와 계급의 구성 비율까지도 총인구 비율에 상응하게 분포되어 있어야 한다고 주장하였다.

2 대표관료제의 기능

(1) 정부관료제의 대표성 강화와 대응성·책임성 제고

정부의 고위관료는 각계각층의 이익을 균형 있게 대변해 줄 수 있도록 다양한 출신 배경을 가지고 있어야 하는데, 폐쇄제에 의하여 관료제를 구성할 경우에는 특정한 지역·대학·성별 등에 의하여 구성될 수 있다. 따라서 대표관료제가 이를 보완할 수 있고 이에 따라 국민의 다양한 요구에 대한 정부의 대응성을 제고시킨다.

(2) 내부통제의 강화와 책임성 제고

현대행정에서 외부통제만으로는 비대해진 관료제를 효과적으로 통제하기 어려운 면이 있으므로 행정의 책임성과 대응성이 충분히 확보되지 못하는데, 대표관료제를 통해 효과적인 내부통제를 기할 수 있다. 대표관료제는 행정에 대한 비공식 내부통제의 한 방안으로 기능한다.

(3) 기회 균등의 적극적·실질적 보장과 수직적 형평성 제고

대표관료제는 모든 사회집단, 특히 소외집단에게 적극적으로 실질적인 기회 균등을 보장하는 수단이 된다. 이를 통해 소외계층의 자생력을 강화하여 혜택을 못 받는 소외집단의 참여를 증진시킨다. 즉, 대표관료제는 임용할당제를 통해 공무담임권의 수직적 형평성을 제고한다.

(4) 실적주의의 역기능 시정

실적주의는 개인의 능력·자격·지식 등을 지나치게 중시한 나머지 소외집단이나 여성에게 불리한 결과를 가져왔지만, 대표관료제는 실적주의의 형식주의적 역기능을 시정하는 데 기여한다.

3 대표관료제 도입 시 문제점

(1) 실적제에 대한 갈등

대표관료제는 개인의 능력·자격보다 한 나라의 인구 구성의 특성을 관료제 조직에 그대로 반영시키는 데 중점을 두므로, 실적주의와 갈등을 빚게 된다.

바로 확인문제

32   2010 국회직 8급

대표관료제의 논리가 지니는 문제점으로 옳지 <u>않은</u> 것은?

① 내부통제의 강화
② 피동적 대표성이 능동적 대표성을 보장한다는 전제의 허구성
③ 천부적 자유의 개념과 상충
④ 할당제와 역차별로 인한 사회분열의 조장
⑤ 대표의 집단이기주의화

33   2002 서울시 9급

다음 중 인재할당제, 대표적 관료제와 관련이 <u>없는</u> 것은?

① 소외계층의 자생력을 강화시킨다.
② 공무담임권의 수직적 형평성에 어긋난다.
③ 공무담임권의 수평적 형평성에 어긋난다.
④ 인사권자의 자의에 의해 악용될 소지가 있다.
⑤ 유능한 인재를 역차별하는 현상이 있을 수 있다.

34   2020 군무원 7급

대표관료제에 대한 설명으로 가장 적절하지 <u>않은</u> 것은?

① 소극적 대표성이 적극적 대표성으로 연결되지 않을 수 있다.
② 실적주의와 조화되어 행정능률 향상에 기여한다.
③ 할당제 등으로 인한 역차별의 문제가 발생한다.
④ 공무원의 적극적 대표성은 민주주의에 반할 위험도 존재한다.

35   2023 지방직 9급

대표관료제에 대한 설명으로 옳지 <u>않은</u> 것은?

① 우리나라는 양성채용목표제, 장애인 의무고용제 등 다양한 균형인사제도를 통해 대표관료제의 논리를 반영하고 있다.
② 다양한 집단의 이익을 반영하는 실적주의 이념에 부합하는 인사제도이다.
③ 할당제를 강요하는 결과를 초래하고, 특정 집단에 대한 역차별 문제를 야기할 수 있다.
④ 임용 전 사회화가 임용 후 행태를 자동적으로 보장한다는 가정하에 전개되어 왔다.

36

다음 중에서 대표관료제(representative bureaucracy)에 대한 설명과 거리가 가장 먼 것은?

① 킹슬리(D. Kingsley)가 처음 사용한 개념이다.
② 주기적인 선거 결과에 기초하여 주요 관직을 임명하는 제도이다.
③ 정부정책의 형평성과 대응성을 제고할 수 있다.
④ 실적주의 공무원제도 확립에 저해된다.

37

대표관료제에 대한 설명으로 가장 옳지 않은 것은?

① 관료의 전문성과 생산성 제고에 기여한다.
② 역차별을 초래하여 사회 내 갈등과 분열을 조장할 수 있다.
③ 국민에 대한 관료의 대응성을 향상시킬 수 있다.
④ 사회 각계각층의 이해를 공공정책에 반영하여 사회적 정의 실현에 이바지할 수 있다.

38

대표관료제에 대한 다음 설명 중 거리가 먼 것은?

① 사회집단의 인구구성 비율을 정부관료제에 그대로 반영하려는 것이다.
② 소외계층에 대한 공직취임 기회를 확대하여 사회적 형평성을 제고하려는 제도이다.
③ 행정의 대응성과 책임성을 제고시키려는 것이다.
④ 역차별의 문제를 해소한다.
⑤ 행정에 대한 비공식 내부통제의 한 방안이다.

(2) 행정의 전문성과 능률성·생산성 저하

대표관료제는 공직임용에 개인의 능력·자격을 2차적인 기준으로 삼기 때문에 행정의 전문성과 능률성·생산성을 저해할 우려가 있다.

(3) 재사회화의 비고려

대표관료제는 관료의 가치관·태도 등이 공직임용 전에 형성되어 변동되지 않고 정책과정에 반영된다고 전제하지만, 임용 후 사회화 과정을 거치면서 변동되며 오히려 소속기관의 특성·업무내용·정책 등이 관료의 행태에 큰 영향을 미친다.

(4) 역차별의 우려

임용할당제가 적용되면 종래에 혜택을 받아 온 집단출신이라는 이유만으로 인사관리상 불이익을 받게 되는 역차별 현상이 일어나 사회분열을 초래할 수 있다.

(5) 사회적 형평성 저해

적극적 대표가 지나치게 활성화되어 각 집단이 자신들의 이익을 극대화하기 위해 경쟁할 경우, 소수집단에 불리한 결과를 초래함으로써 사회적 형평성을 오히려 저해할 위험이 있다.

4 관료제의 대표성 제고방안

① 사회적 약자의 공직진출 기회의 확대 및 분야의 다양화
 ᴏ 국공립대 여성교수 채용목표제, 여성관리자 임용확대 5개년 계획, 장애인고용 촉진 및 직업재활법, 양성평등채용목표제 등
② 공직임용의 지역적 안배
 ᴏ 중앙부처 고위 공직자들의 지역적 대표성 확립, 지역인재 추천채용제 등
③ 학력 위주의 공직 및 사회 분위기 개선

05 중앙인사행정기관

1 중앙인사기관의 개념 및 기능

(1) 개념

중앙인사기관은 정부의 인사행정을 전문적으로 연구하고 인사정책을 수립하며, 그 집행을 총괄하는 기관이다.

(2) 설치 이유(목적)

① 공무원의 수적 증가로 인하여 합리적 인사관리를 위한 인사전담기관의 설치가 필요하다.
② 엽관·정실의 개입을 배제하고 인사행정의 공정성·중립성을 확보하는 데는 강력한 권한을 지닌 인사기관이 필요하다(공무원의 권익 보호와 실적주의 및 직업공무원제의 확립·발전의 필요).
③ 인사행정의 전문화·능률화를 추진하는 데는 집권적인 인사기관이 요구된다.
④ 인사행정의 지나친 분산·할거성을 규제하고 인사행정의 효율적인 조정·통제와 인사행정의 통일성을 기할 수 있는 기관이 요구된다.

(3) 기능

① **준입법적 기능**: 관계법률에 의하여 위임받은 범위 내에서 인사에 관한 기준·규칙을 제정할 수 있다.

② **준사법적 기능**: 불이익한 처분에 대하여 공무원이 위법 또는 부당하다는 이유로 제기하는 이의신청(소청)을 재결하는 기능을 말한다.

③ **집행기능**: 인사관계법령을 구체적으로 집행하는 기능으로, 모집·시험·임용·교육훈련·승진·보수·연금·인사기록의 보존 등에 관한 사무의 처리를 말한다.

④ **감사 및 자문기능**(현대적 기능): 중앙인사기관은 각 부처 인사기관에 의한 인사사무의 처리에 대한 감사·통제기능을 가진다.

⑤ **기타**: 그 외 중앙인사기관의 기능으로는 보고 및 권고적 기능, 정책입안기능 또는 기획기능 등이 있다.

2 중앙인사기관의 조직 형태

구분	합의성	단독성
독립성	독립합의형	독립단독형
비독립성	비독립합의형	비독립단독형

(1) 독립합의형 인사기관

① 장점
  ⊙ 엽관주의의 영향력을 배제함으로써 실적주의를 발전시키는 데 유리하다.
  ⊙ 합의제에 의한 신중한 의사결정을 할 수 있다.
  ⊙ 중요한 이익집단의 요구를 균형 있게 수용할 수 있다.

② 단점
  ⊙ 책임소재가 불분명해진다.
  ⊙ 의사결정이 지연된다.
  ⊙ 행정수반으로부터 인사관리 수단을 박탈함으로써 정책을 강력하게 추진할 수 없다.

③ 대표적 예
  ⊙ 미국 연방인사위원회(FCSC: Federal Civil Service Commission, 1883~1978)
  ⊙ 미국 실적제도보호위원회(MSPB: Merit System Protection Board, 1978)
  ⊙ 일본 인사원(人事院)

(2) 비독립단독형 인사기관

① 장점
  ⊙ 인사행정의 책임소재가 분명해진다.
  ⊙ 신속한 의사결정이 가능하다.
  ⊙ 행정수반에게 인사관리 수단을 제공함으로써 국가정책을 신속하고 강력하게 추진할 수 있다.

② 단점
  ⊙ 독립성의 결여로 인사행정의 정실화를 막기 어렵다.
  ⊙ 기관장의 독선적·자의적 결정을 견제하기 어렵다.

바로 확인문제

39   2010 지방직 9급
대표관료제에 대한 설명으로 옳은 것은?
① 행정의 효율성과 효과성 증진을 목표로 하는 제도이다.
② 관료들이 출신집단의 이익과 무관하게 전체적 이익에 봉사할 것이라는 가정에 기반하고 있다.
③ 엄정한 능력에 따른 채용을 통해 관료를 선발한다.
④ 우리나라의 '양성평등채용목표제'는 대표관료제를 반영한 인사제도라 할 수 있다.

40   2010 전환직 9급
중앙인사기관의 전통적 기능이 아닌 것은?
① 감사 및 자문기능 ② 준입법기능
③ 준사법기능   ④ 집행기능

41   2019 군무원 9급 추가채용
독립합의형 중앙인사기관의 장점으로 옳지 않은 것은?
① 엽관주의의 영향력을 배제함으로써 인사행정의 공정성을 확보할 수 있다.
② 다수의 위원들에 의해서 인사행정에 관한 결정을 함으로써 신중한 의사결정을 할 수 있다.
③ 중요한 이익집단의 대표자를 합의체에 참여시킴으로써 인사행정에 대한 이익집단의 요구를 균형 있게 수용할 수 있다.
④ 인사행정의 책임소재를 명확하게 할 수 있다.

42   2014 국가직 9급
2014년 현재 우리나라와 같은 유형의 중앙인사기관이 갖는 특성으로 적절한 것은?
① 인사에 대한 의사결정이 신속하고, 책임소재의 명확화가 가능한 유형이다.
② 행정수반의 적극적인 지원을 받고 있어 인사상의 공정성 확보가 용이하다.
③ 복수 위원들 간의 합의에 의한 결정방식을 특징으로 한다.
④ '1883년 펜들턴(Pendleton)법'에 의해 창설된 미국의 연방인사기구가 이 유형에 속한다.

43

2021 지방직 7급

다음 중앙인사기관의 유형에 대한 설명으로 옳은 것은?

> - 행정수반이 인사관리에 직접적인 책임을 지며, 인사기관의 장은 행정수반을 보좌하여 집행업무를 담당한다.
> - 인적자원 확보, 능력발전, 유지, 보상 등 인사관리에 대한 기능을 부처의 협조하에 통합적으로 수행한다.
> - 인사기관의 결정과 집행의 행위는 행정수반의 승인과 검토의 대상이 된다.

① 정치권력의 부당한 개입을 막아 정치적 중립성과 공직의 안정성을 확보할 수 있다.

② 인사기관의 구성방식을 통해서 인사정책의 일관성을 확보할 수 있다.

③ 합의에 따른 결정방식으로 인사의 공정성을 유지하는 것이 중요하다.

④ 한 명의 인사기관의 장이 조직을 관장하고 행정수반의 지휘 아래 놓이게 된다.

44

2016 지방직 9급

중앙인사기관에 대한 설명으로 옳지 <u>않은</u> 것은?

① 독립합의형은 엽관주의를 배제하고 실적제를 발전시키는 데 유리하지만, 책임소재가 불분명해질 수 있다는 단점이 있다.

② 비독립단독형은 집행부 형태로 인사행정의 책임이 분명하고 신속한 의사결정을 가능하게 해 주지만, 인사행정의 정실화를 막기 어렵다.

③ 독립단독형은 독립합의형과 비독립단독형의 절충적 성격을 가진 형태로서 대표적인 예는 미국의 인사관리처나 영국의 공무원 장관실 등이다.

④ 정부 규모의 확대로 전략적 인적자원관리가 강조되어 중앙인사기관의 설치 및 기능이 중요시된다.

ⓒ 기관장의 잦은 교체로 인해 인사행정의 일관성과 계속성이 결여되기 쉽다.

ⓔ 비독립단독형의 중앙인사기관은 행정수반이나 내각에 소속되므로 양당적이거나 초당적인 문제를 적절히 반영하기 어렵다.

③ **대표적 예**

ⓐ 우리나라의 과거 총무처, 안전행정부, 현재 인사혁신처(2014년 신설)

ⓑ 미국 인사관리처(OPM: Office of Personnel Management, 1978)

ⓒ 일본 총무청 인사국

ⓓ 영국 내각사무처의 공무원 장관실(office of the minister for the civil service)

ⓔ 프랑스 인사행정처

(3) 절충형 인사기관(독립단독형, 비독립합의형)

① 절충형의 중앙인사기관으로는 독립단독형과 비독립합의형을 들 수 있다. 이러한 절충형은 독립합의형과 비독립단독형의 장점을 조화하기 위한 조직 형태로 볼 수 있다.

② 독립성은 없으나 합의체 의사결정 구조를 갖춘 비독립합의형에는 과거 우리나라의 중앙인사위원회와 소청심사위원회, 미국의 연방노동관계청(FLRA: Federal Labor Relation Authority) 등이 있으며, 녹립성은 있으나 합의체가 아닌 독립단독형의 경우는 그 예가 흔하지 않다.

③ 각국의 중앙인사기관

(1) 미국의 중앙인사기관

① **인사관리처**(OPM: Office of Personnel Management): 대통령 직속의 단독제기관으로서, 준사법적 기능을 제외한 기능을 포괄적으로 담당하고 있다.

② **실적제도보호위원회**(MSPB: Merit System Protection Board): 독립적인 합의제 기관으로서, 준사법적 기능(소청의 심사·재결)을 담당한다.

③ **연방노사관계원**(FLRA: Federal Labor Relations Authority): 합의제기관으로서, 준사법적 기능을 담당하고 있으며 노사관계정책을 감독하고 정책시행을 주관한다.

(2) 영국의 중앙인사기관

① 내각부 인사관리처 산하의 인사위원회가 시험 및 선발업무를 관장한다.

② 여타의 기능은 재무성(내장성)과 내각부의 인사관리처가 분담하되, 인사관리처가 인력관리에 대한 지도적 역할을 수행하며 재무성은 인력통제에 대한 책임을 진다.

(3) 일본의 중앙인사기관

① **인사원**: 독립된 합의제기관으로서, 시험·임면·훈련·보수·징계 등의 업무를 관장한다.

② **내각총리대신**: 근무성적평정, 복지후생, 각 기관의 인사관리의 조정·통합기능을 수행한다.

4 우리나라 인사기관

(1) 중앙인사관장기관
① 인사행정에 관한 기본 정책의 수립과 「국가공무원법」의 시행·운영에 관한 사무는 다음 구분에 따라 관장한다.
② 국회는 국회사무총장, 법원은 법원행정처장, 헌법재판소는 헌법재판소사무처장, 선거관리위원회는 중앙선거관리위원회사무총장, 행정부는 인사혁신처장이 관장한다.

(2) 인사혁신처
① 행정부의 중앙인사기관을 안전행정부에서 인사혁신처로 변경하였다.
② 공무원의 인사·윤리·복무 및 연금에 관한 사무를 관장하기 위하여 국무총리 소속으로 인사혁신처를 둔다.
③ 인사혁신처에 처장 1명과 차장 1명을 두되, 처장은 정무직으로 하고, 차장은 고위공무원단에 속하는 일반직 공무원으로 보한다.

(3) 소청심사위원회(訴請審査委員會) 📖 심화편 ▶ P.92
① 행정기관 소속 공무원의 징계처분, 그 밖에 그 의사에 반하는 불리한 처분이나 부작위에 대한 소청을 심사·결정하게 하기 위하여 인사혁신처에 소청심사위원회를 둔다. 국회, 법원, 헌법재판소 및 선거관리위원회 소속 공무원의 소청에 관한 사항을 심사·결정하게 하기 위하여 국회사무처, 법원행정처, 헌법재판소사무처 및 중앙선거관리위원회사무처에 각각 해당 소청심사위원회를 둔다.
② 소청심사제도는 징계처분이나 강임·휴직·직위해제 또는 면직처분과 같이 그의 의사에 반하는 불이익 처분을 받은 공무원이 그에 불복해 이의를 제기하는 경우, 이를 심사해 구제하는 절차이다. 소청은 그의 의사에 반해 불리한 처분을 받은 공무원이 위법적 사항에 한해 제기할 수 있으며, 위법사항이 아닌 부당한 사항은 고충상담의 처리대상이 된다.
③ 국회사무처, 법원행정처, 헌법재판소사무처 및 중앙선거관리위원회사무처에 설치된 소청심사위원회는 위원장 1명을 포함한 위원 5명 이상, 7명 이하의 비상임위원으로 구성하고, 인사혁신처에 설치된 소청심사위원회는 위원장 1명을 포함한 5명 이상, 7명 이하의 상임위원과 상임위원 수의 2분의 1 이상인 비상임위원으로 구성하되, 위원장은 정무직으로 보한다.
④ 소청 사건의 결정은 재적 위원 3분의 2 이상의 출석과 출석 위원 과반수의 합의에 따르되, 의견이 나뉘어 출석 위원 과반수의 합의에 이르지 못하였을 때에는 과반수에 이를 때까지 소청인에게 가장 불리한 의견에 차례로 유리한 의견을 더하여 그중 가장 유리한 의견을 합의된 의견으로 본다.

(4) 고충심사위원회
① 공무원의 인사상담 및 고충을 심사하기 위해 설치한 합의제기관이다.
② 고충심사제도
　㉠ 개념: 고충심사제도는 공무원이 근무조건, 인사관리, 기타 신상 문제에 대하여 불만이 있는 경우에 책임 있는 인사권자에게 고충심사를 청구하여 심사 및 인사 상담을 거쳐 고충에 대한 적절한 해결책을 강구하여 주는 제도로서, 심사기관이 제3자적 입장에서 고충 사안이 원만히 해결되도록 주선하고 권고하

바로 확인문제

45 　　　　　　2022 군무원 9급 변형

중앙인사기관의 조직 형태에 대한 설명으로 가장 옳지 않은 것은?
① 1948년 대한민국 정부 수립 이후 비독립형단독제 기관으로서 총무처를 두고 있었다.
② 1999년 독립형 합의제 기관으로서 중앙인사위원회가 설치되어 행정자치부와 업무를 분담하였으며, 2004년부터는 중앙인사위원회로 통합되어 정부 인사 기능이 일원화되었다.
③ 2008년 중앙인사위원회의 폐지 이후 2013년까지 행정안전부를 거쳐 안전행정부로 인사관리기능이 비독립형 단독제 기관으로 통합되어 운영되었다.
④ 2014년 국무총리 소속으로 인사혁신처가 신설되어 현재까지 비독립형 단독제 기관의 형태로 중앙인사기관이 운영되고 있다.

46 　　　　　　　　2018 지방직 7급

「국가공무원법」상 소청심사위원회를 둘 수 없는 기관은?
① 행정안전부
② 국회사무처
③ 중앙선거관리위원회사무처
④ 법원행정처

47 　　　　　　　　2017 지방직 9급

공무원의 사기관리에 대한 설명으로 옳은 것은?
① 「공무원 제안 규정」상 우수한 제안을 제출한 공무원에게 인사상 특전을 부여할 수 있지만, 상여금은 지급할 수 없다.
② 소청심사제도는 징계처분과 같이 의사에 반하는 불이익 처분을 받은 공무원이 그에 불복하여 이의를 제기했을 때 이를 심사하여 결정하는 절차이다.
③ 우리나라는 공무원의 고충을 심사하기 위하여 행정안전부에 중앙고충심사위원회를 둔다.
④ 성과상여금제도는 공직의 경쟁력을 높이기 위하여 공무원인사와 급여체계를 사람과 연공 중심으로 개편한 것이다.

48

2017 국가직 7급

소청심사제도에 대한 설명으로 옳은 것은?

① 소청심사위원회의 결정은 처분 행정청에 대해 권고와 같은 효력이 있다.
② 강임과 면직은 심사대상이나 휴직과 전보는 심사대상에 해당되지 않는다.
③ 지방소청심사위원회는 기초자치단체별로 설치되어 있다.
④ 지방소청심사위원회 위원은 자치단체의 장이 임명 또는 위촉하나 위원장은 위촉위원 중에서 호선한다.

49

2021 지방직 7급

공무원고충처리에 대한 설명으로 옳지 않은 것은?

① 5급 이상 공무원 및 고위공무원단에 속하는 일반직공무원의 고충을 다루는 중앙고충심사위원회의 기능은 소청심사위원회가 관장한다.
② 고충처리대상은 인사·조직·처우 등의 직무조건과 성폭력범죄, 성희롱 등으로 인한 신상문제에 대하여 광범위하게 인정된다.
③ 소청심사위원회의 결정은 처분청에 대한 법적 기속력이 있지만, 고충심사위원회의 결정은 처분청에 대한 법적 기속력이 없다.
④ 고충심사위원회가 청구서를 접수한 때에는 30일 이내에 고충 심사에 대한 결정을 해야 하고 그 결정은 위원 과반수의 출석과 과반수의 합의에 의한다.

50

2023 국가직 9급

「지방공무원법」상 인사위원회의 위원으로 임명되거나 위촉될 수 없는 사람은?

① 지방의회의원
② 법관·검사 또는 변호사 자격이 있는 사람
③ 공무원으로서 20년 이상 근속하고 퇴직한 사람
④ 초등학교·중학교·고등학교 교장 또는 교감으로 재직하는 사람

는 조정자적 역할을 수행하는 제도이다.

　ⓒ **목적**: 고충심사제도는 공무원의 근무 여건에 애로사항으로 작용하는 여러 문제점들을 살피고, 이를 해소함으로써 공무원의 권익을 보다 확실하게 보장하여 사기를 진작시키고 직무의 능률을 향상시키고자 하는 데 목적이 있다.

③ 중앙고충심사위원회의 기능은 인사혁신처 소청심사위원회에서 관장한다.
④ 현재 인사혁신처 중앙고충심사위원회는 위원장 1명을 포함한 상임위원 5명과 비상임위원 7명으로 구성되어 있고, 위원회 사무를 처리하기 위하여 행정과를 두고 있다.
⑤ 고충심사위원회가 청구서를 접수한 때에는 30일 이내에 고충 심사에 대한 결정을 해야 하고 보통고충심사위원회의 결정은 위원 5명 이상의 출석과 출석위원 과반수의 합의에 따르고, 중앙고충심사위원회의 결정은 위원 3분의 2 이상의 출석과 출석 위원 과반수의 합의에 따른다.

(5) 지방소청심사위원회

① 공무원의 징계, 그 밖에 그 의사에 반하는 불리한 처분이나 부작위(不作爲)에 대한 소청을 심사·결정하기 위하여 시·도에 지방소청심사위원회 및 교육소청심사위원회를 둔다.
② 심사위원회는 16명 이상, 20명 이하의 위원으로 구성한다. 이 경우 다음[8]에 따라 위촉되는 위원이 전체 위원의 2분의 1 이상이어야 한다.
③ 위원은 다음[9]의 어느 하나에 해당하는 사람 중에서 특별시장·광역시장·도지사 또는 특별자치도지사 또는 교육감이 임명하거나 위촉한다. 다만, 인사위원회위원, 「정당법」에 따른 당원, 지방의회 의원 및 공무원 결격사유에 해당하는 사람은 심사위원회의 위원이 될 수 없다.
④ 위원의 임기는 3년으로 하되, 한번만 연임할 수 있다.
⑤ 심사위원회에 위원장 1명을 두며, 위원장은 심사위원회에서 위촉위원 중에서 호선한다.

---

8) 1. 법관·검사 또는 변호사로 재직하는 사람, 2. 대학에서 법률학을 담당하는 부교수 이상으로 재직하는 사람
9) 1. 법관·검사 또는 변호사로 재직하는 사람, 2. 대학에서 법률학을 담당하는 부교수 이상으로 재직하는 사람, 3. 시·도지사 또는 교육감 소속 국장급 이상의 공무원, 4. 시·도의회의 의장 소속 과장급 이상의 공무원

01 인사행정 기초이론

❶ 인사행정제도의 도식적 이해

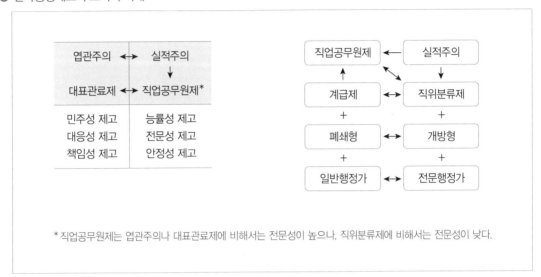

```
엽관주의 ↔ 실적주의              직업공무원제 ← 실적주의
              ↓                        ↕         ↓
대표관료제 ↔ 직업공무원제*          계급제  ↔  직위분류제
                                      +          +
민주성 제고   능률성 제고           폐쇄형  ↔   개방형
대응성 제고   전문성 제고             +          +
책임성 제고   안정성 제고          일반행정가 ↔ 전문행정가
```

* 직업공무원제는 엽관주의나 대표관료제에 비해서는 전문성이 높으나, 직위분류제에 비해서는 전문성이 낮다.

❷ 독립합의형과 비독립단독형의 장 · 단점

구분	독립합의형	비독립단독형
장점	㉠ 엽관주의의 영향력을 배제함으로써 실적주의를 발전시키는 데 유리하다. ㉡ 합의제에 의한 신중한 의사결정을 할 수 있다. ㉢ 중요한 이익집단의 요구를 균형 있게 수용할 수 있다.	㉠ 인사행정의 책임소재가 분명해진다. ㉡ 신속한 의사결정이 가능하다. ㉢ 행정수반에게 인사관리 수단을 제공함으로써 국가정책을 신속하고 강력하게 추진할 수 있다.
단점	㉠ 책임소재가 불분명해진다. ㉡ 의사결정이 지연된다. ㉢ 행정수반으로부터 인사관리 수단을 박탈함으로써 정책을 강력하게 추진할 수 없다.	㉠ 독립성의 결여로 인사행정의 정실화를 막기 어렵다. ㉡ 기관장의 독선적·자의적 결정을 견제하기 어렵다. ㉢ 기관장의 잦은 교체로 인해 인사행정의 일관성과 계속성이 결여되기 쉽다. ㉣ 비독립단독형의 중앙인사기관은 행정수반이나 내각에 소속되므로 양당적이거나 초당적인 문제를 적절히 반영하기 어렵다.
사례	㉠ 미국 연방인사위원회(FCSC: Federal Civil Service Commission, 1883~1978) ㉡ 미국 실적제도보호위원회(MSPB: Merit System Protection Board, 1978)	㉠ 우리나라의 과거 총무처, 안전행정부, 현재 인사혁신처(2014년 신설) ㉡ 미국 인사관리처(OPM: Office of Personnel Management, 1978)

02 공직 분류

정답과 해설 ▶ P.59

바로 확인문제

01   2017 지방직 9급 추가채용
공무원의 구분에 대한 설명으로 옳은 것은?

① 일반직 공무원은 경력직과 특수경력직으로 구분된다.
② 소방사는 특정직 공무원에 해당된다.
③ 행정부 국가공무원 중에서는 일반직 공무원의 수가 가장 많다.
④ 국가정보원 7급 직원은 특수경력직 공무원에 해당된다.

02   2012 서울시 9급
경력직 공무원에 관한 내용으로 옳지 않은 것은?

① 실적과 자격에 의해서 임용된다.
② 신분이 보장되며 정년까지 공무원으로 근무할 것이 예정된다.
③ 특정직 공무원
④ 경찰공무원과 소방공무원
⑤ 별정직 공무원

03   2021 지방직(=서울시) 9급
공직 분류 체계에 대한 설명으로 옳은 것은?

① 소방 공무원은 특수경력직 공무원에 해당한다.
② 국회 수석전문위원은 일반직 공무원에 해당한다.
③ 차관에서 3급 공무원까지는 특정직 공무원에 해당한다.
④ 경력직 공무원은 실적과 자격에 의해 임용되고 신분이 보장된다.

---

01 공무원의 구분과 종류

1 공무원의 개념과 구분

(1) 공무원의 개념

① 공무원이란 국가 또는 지방자치단체와 공법상의 근무관계에 있는 모든 자로서, 공무담당의 기관구성원을 말한다.
② 인사행정의 효율적 수행을 위해서는 다수의 공무원을 일정한 기준에 따라서 분류·관리하여야 할 필요가 있다.
③ 인구수와 대비한 공무원 수를 외국과 비교하면 우리나라의 공무원 수는 상대적으로 적은 편에 속한다. [1]

(2) 임용주체에 따른 분류: 국가공무원과 지방공무원

현재 행정부에 소속된 공무원 중 국가공무원이 지방공무원보다 더 많으며, 국가공무원 중에는 특정직 공무원의 숫자가 가장 많다.

2 경력직과 특수경력직(법률상 구분)

(1) 경력직 공무원(일하는 것이 특기인 공무원)

경력직 공무원이란 채용에서 실적과 자격에 의하여 임용되고 그 신분이 보장되는 공무원으로서, 평생토록 근무할 것이 예정되는 공무원을 말한다.

① 일반직 공무원
  ㉠ 기술·연구 또는 행정일반에 대한 업무를 담당하는 공무원으로서, 직업공무원의 주류를 이루고 있다.
  ㉡ 일반직 공무원은 1급부터 9급까지의 계급으로 구분하며, 직군과 직렬별로 분류한다. 다만, 고위공무원단에 속하는 공무원은 그러하지 아니하다.
  ㉢ 다음 공무원에 대하여는 대통령령 등으로 정하는 바에 따라 계급 구분이나 직군 및 직렬의 분류를 적용하지 아니할 수 있다.
    ⓐ 특수 업무 분야에 종사하는 공무원
    ⓑ 연구·지도·특수기술 직렬의 공무원
    ⓒ 인사관리의 효율성과 기관성과를 높이기 위하여 ㉡의 계급 구분이나 직군

---

[1] 인구 대비 공무원의 비율을 보면 덴마크 13.3%, 스웨덴 11.9%, 미국 7.5%, 영국 6.5%, 일본 3.5%인 데 비해, 우리나라는 1.9%에 불과하며, 공무원 1인당 인구수의 경우 OECD 국가 중 덴마크 7.5명, 미국 13.3명, 영국 15.3명, 일본 28.9명인데, 우리나라는 53.6명에 이른다.

및 직렬의 분류를 달리 적용하는 것이 특히 필요하다고 인정되는 기관에 속한 공무원

ⓔ 전문경력관제도

ⓐ 전문경력관은 계급 구분과 직군 및 직렬의 분류를 적용하지 아니하는 특수 업무 분야에 종사하는 공무원을 의미한다.

ⓑ 소속 장관은 해당 기관의 일반직 공무원 직위 중 순환보직이 곤란하거나 장기 재직 등이 필요한 특수 업무 분야의 직위를 전문경력관직위로 지정할 수 있다.

ⓒ 전문경력관직위의 군은 직무의 특성·난이도 및 직무에 요구되는 숙련도 등에 따라 가군, 나군 및 다군으로 구분한다.

ⓓ 임용권자는 일정한 경우에 전직시험을 거쳐 전문경력관을 다른 일반직 공무원으로 전직시키거나 다른 일반직 공무원을 전문경력관으로 전직시킬 수 있다.

② 특정직 공무원[2]

국가직	지방직
법관, 검사, 외무공무원, 경찰공무원, 소방공무원, 교육공무원, 군인, 군무원, 헌법재판소 헌법연구관, 국가정보원의 직원, 경호공무원	공립 대학 및 전문대학에 근무하는 교육공무원, 교육감 소속의 교육전문직원, 자치경찰공무원

(2) 특수경력직 공무원

특수경력직 공무원이란 경력직 공무원 이외의 공무원으로서, 「국가공무원법」이나 실적주의·직업공무원제의 획일적 적용을 받지 않으며, 정치적 임용이 필요하거나 특수한 직무를 담당하는 자를 말한다. 특수경력직 공무원은 「국가공무원법」의 보수와 복무규정의 적용을 받으며, 계급 구분이 없다.

① 정무직 공무원

㉠ 선거에 의하여 취임하거나 임명하는 데에 국회의 동의를 요하는 공무원이다.

㉡ 고도의 정책결정업무를 담당하거나 이러한 업무를 보조하는 공무원으로서, 법률 또는 대통령령(대통령 비서실의 조직에 관한 대통령령에 한함)에서 정무직으로 지정하는 공무원이다.

㉢ 장·차관, 감사원 원장·사무총장, 국가정보원 원장·차장·기획조정실장, 국회사무총장, 지방의회 의원 등이 이에 해당한다.

② 별정직 공무원

㉠ 특정한 업무를 담당하기 위하여 별도의 자격기준에 의하여 임용되는 공무원으로서, 법령에서 별정직으로 지정하는 공무원을 말한다.

㉡ 국회 수석전문위원, 도지사의 비서 등이 이에 해당한다.

3 개방형(신규채용)과 폐쇄형(승진임용)

(1) 개방형 인사제도

① 개념: 개방형 인사제도(open career system)는 공직의 모든 계급이나 직위를 불문하고 공직 내외의 모두로부터 신규채용이 허용되는 인사체제이다.

---

2) 특정직 공무원은 각 개별 법률에 의해 별도 계급(직급) 체계를 유지하고 있다.

바로 확인문제

04 2018 국가직 9급

전문경력관제도에 대한 설명으로 옳지 않은 것은?

① 소속 장관은 해당 기관의 일반직 공무원 직위 중 순환보직이 곤란하거나 장기 재직 등이 필요한 특수 업무 분야의 직위를 전문경력관직위로 지정할 수 있다.

② 일반직 공무원과 마찬가지로 계급 구분과 직군 및 직렬의 분류를 적용한다.

③ 전문경력관직위의 군은 직무의 특성·난이도 및 직무에 요구되는 숙련도 등에 따라 구분한다.

④ 임용권자는 일정한 경우에 전직시험을 거쳐 전문경력관을 다른 일반직 공무원으로 전직시킬 수 있다.

05 2022 국가직 7급

전문경력관제도에 대한 설명으로 옳지 않은 것은?

① 계급 구분과 직군 및 직렬의 분류를 적용하지 않는다.

② 직무의 특성, 난이도 및 직무에 요구되는 숙련도 등에 따라 가군, 나군, 다군으로 구분한다.

③ 전직시험을 거쳐 다른 일반직 공무원을 전문경력관으로 전직시킬 수 있으나, 전문경력관을 다른 일반직 공무원으로 전직시킬 수는 없다.

④ 소속 장관은 해당 기관의 일반직 공무원 직위 중 순환보직이 곤란하거나 장기 재직 등이 필요한 특수 업무 분야의 직위를 전문경력관직위로 지정할 수 있다.

06 2023 군무원 7급

다음 중 현재 군인·군무원과 같은 특정직 공무원이 아닌 자는?

① 공립학교 교원

② 소방서장

③ 경찰서장

④ 검찰청 검찰사무관

07

공무원 구분에 관한 설명으로 옳은 것을 〈보기〉에서 고른 것은?

┤ 보기 ├
ㄱ. 헌법재판소 헌법연구관은 특정직 공무원이다.
ㄴ. 감사원 사무총장은 별정직 공무원 이다.
ㄷ. 실적주의 적용과 신분보장의 여부 에 따라 경력직과 특수경력직 공무 원으로 구분된다.
ㄹ. 임기제 공무원은 근무기간을 정하여 임용하는 특수경력직 공무원이다.

① ㄱ, ㄴ   ② ㄱ, ㄷ
③ ㄴ, ㄹ   ④ ㄷ, ㄹ

08

정무직 공무원과 직업관료 간의 일반적인 성향 차이에 대한 내용으로 옳지 <u>않은</u> 것은?

① 정무직 공무원은 재임기간이 짧기 때문 에 정책의 필요성이나 성패를 단기적으 로 바라보지만, 직업관료는 신분보장 이 되어 있기 때문에 장기적으로 바라 보는 경향이 있다.
② 정무직 공무원은 행정수반의 정책비전 에 따른 변화를 추구하고, 직업관료는 제도적 건전성을 통한 중립적 공공봉 사를 중시한다.
③ 정무직 공무원은 직업적 전문성 (professionalism)에 따라 정책문제를 바라보고, 직업관료는 정치적 이념에 따라 정책문제를 정의한다.
④ 정책대안을 평가할 때 정무직 공무원은 조직 내부의 이익보다 정치적 반응에 더 큰 비중을 두고, 직업관료는 본인이 소속된 기관의 이익을 중시하는 경향 이 있다.

② 장점
㉠ 인사행정의 적극화에 의한 우수한 인재의 등용에 유리하다.
㉡ 공무원 및 행정의 질적 향상에 기여한다.
㉢ 조직의 신진대사를 촉진하여 공직의 침체를 방지한다.
㉣ 무사안일주의 등 관료주의화를 방지한다.
㉤ 관료에 대한 민주통제가 확보된다.
㉥ 충원·임용의 융통성이 증대된다.
㉦ 인사행정에서 기관장의 적절한 영향력과 리더십이 발휘될 수 있다. 즉, 고위 층의 조직장악력을 강화할 수 있다.
㉧ 전문성이 요구되는 경우 일정한 직무수행요건을 갖춘 자를 공직 내·외부에 서 임용하여 공직의 전문성을 제고할 수 있다.
㉨ 교육훈련 등 인력개발에 소요되는 시간과 비용을 절감할 수 있다.

(2) 폐쇄형 인사제도

① 개념: 폐쇄형 인사제도(closed career system)는 신규채용이 최하위 계층에서만 허용되며, 내부승진을 통해 그들이 상위 계층까지 올라갈 수 있는 제도이다.
② 장점
㉠ 승진기회가 확대되어 재직 공무원의 사기가 앙양된다.
㉡ 소속감을 제고하고 관련 경험이 활용됨으로써 능률이 향상된다.
㉢ 신분보장이 잘 되어 직업공무원제의 확립에 기여한다.
㉣ 임용비용이 절감된다.

(3) 우리나라의 개방형 직위와 공모직위

① 개방형 직위
㉠ 고도의 전문성이 요구되거나 효율적인 정책 수립을 위해 공직 내부 또는 외부 에서 적격자를 임용할 필요가 있는 3급 이상 실국장급과 과장급 직위를 대상 으로 하며, 소속 장관이 실국장급 직위 총수의 20% 범위 내에서 인사혁신처 와 협의해 정하도록 하고 있다.
㉡ 지방자치단체의 경우 시·도의 5급 이상 직위에만 운영되던 개방형 직위제를 시·군·구까지 확대하였다.
㉢ 개방형 직위에 임용되는 공무원의 임용기간은 5년의 범위 안에서 소속 장관 이 정하되, 최소한 2년 이상으로 하여야 한다.
② 경력개방형 직위: 소속 장관은 개방형 직위 중 특히 공직 외부의 경험과 전문성 을 적극 활용할 필요가 있는 직위를 <u>공직 외부에서만 적격자를 선발</u>하는 개방형 직위로 지정할 수 있다.
③ 공모직위
㉠ 효율적인 정책 수립 또는 관리를 위하여 당해 기관 내부 또는 외부의 공무원 중에서 적격자를 임용할 필요가 있는 직위에 대하여 지정할 수 있다.
㉡ 경력직 공무원으로 임명할 수 있는 고위공무원단 직위 총수의 100분의 30의 범위와 과장급 직위 총수의 100분의 20의 범위 안에서 공모직위를 지정한다.

개방형 직위와 공모직위 비교

구분		개방형 직위	공모직위
개념		전문성이 특히 요구되거나 효율적인 정책 수립을 위하여 필요하다고 판단되어 공직 내부나 외부에서 적격자를 임용할 필요가 있는 직위	효율적인 정책 수립 또는 관리를 위하여 해당 기관 내부 또는 외부의 공무원 중에서 적격자를 임용할 필요가 있는 직위
지정 범위	중앙행정기관	고위공무원단 직위와 과장급 직위 총수의 100분의 20의 범위 내	고위공무원단 직위 총수의 100분의 30과 과장급 직위 100분의 20의 범위 내(경력직)
	지방자치단체	시·도별로 1급~5급, 시·군 및 자치구별로 2급~5급까지의 공무원 또는 이에 상당하는 공무원으로 보할 수 있는 직위 총수의 100분의 10의 범위 내	–
임기		최소한 2년 이상, 5년의 범위 내	기간 제한 없음

02 직위분류제

결정적 코멘트 직위분류제의 모든 영역이 중요하다. 특히, 구성요소는 매우 출제빈도가 높은 영역임을 반드시 기억해야 한다.

1 직위분류제의 개념 및 특징

(1) 개념

① 직위분류제란 직위에 내포된 직무의 종류(성질)와 곤란성(난이도) 및 책임성의 정도를 기준으로 공직을 분류하는 제도를 말한다.

② 직위분류제는 미국, 호주, 캐나다, 필리핀 등에서 채택하고 있다.

③ 직위분류를 할 때에는 모든 대상 직위를 직무의 종류와 곤란성 및 책임도에 따라 직군·직렬·직급 또는 직무등급별로 분류하되, 같은 직급이나 같은 직무등급에 속하는 직위에 대하여는 동일하거나 유사한 보수가 지급되도록 분류하여야 한다.

(2) 성립 배경

① 배경: 농업사회의 신분적인 계급제도의 전통이 없는 산업사회를 배경으로, 엽관주의의 폐해를 극복하고자 실적주의가 강조되는 상황하에서 과학적 관리론의 영향(동일직무·동일보수)으로 합리적인 보수제도의 확립을 위한 직무분석과 직무평가가 촉진됨으로써 직위분류제가 성립·발전되었다.

② 연혁: 1912년 시카고시 → 1923년 연방정부(직위분류법 제정) → 1949년 새로운 직위분류법 제정

(3) 특징(↔ 계급제)

① 교육제도의 계층, 사회적 출신성분이나 학력과의 관련성이 적고 특정 직무의 수행능력을 중요시한다.

② 외부인사의 자유로운 충원이 이루어지는 개방형이 채택되고 있다.

③ 직위분류제의 기본구조인 등급은 제도상으로는 사회적 신분·지위를 나타내는 것이 아니므로, 상위직·하위직 간의 대립의식·위화감이 크지 않다.

④ 능률주의적·과학적 인사행정의 기반을 제공한다.

09 2021 국가직 7급

개방형 또는 폐쇄형 인사제도에 대한 설명으로 옳은 것은?

① 개방형 인사제도는 외부전문가나 경력자에게 공직을 개방하여 새로운 지식과 기술, 아이디어를 수용해 공직사회의 침체를 막고 행정의 효율성을 높이는 데 유리하다.

② 일반적으로 폐쇄형 인사제도는 직위분류제에 바탕을 두고 있으며, 일반행정가보다 전문가 중심의 인력구조를 선호한다.

③ 개방형 인사제도는 폐쇄형 인사제도에 비해 안정적인 공직사회를 형성함으로써 공무원의 사기를 높이고 장기근무를 장려한다.

④ 폐쇄형 인사제도는 개방형 인사제도에 비해 내부승진과 경력 발전을 위한 교육훈련의 기회가 적다.

10 2021 군무원 9급

인사행정제도에 대한 설명으로 가장 옳지 않은 것은?

① 공직충원의 개방성을 확대하면 직업공무원제 확립에 보다 더 기여할 수 있다.

② 계급제는 직위분류제에 비해 인적자원의 탄력적 활용이 용이하다.

③ 엽관주의는 행정의 민주성을 강화하는 측면도 있다.

④ 대표관료제는 출신집단의 가치와 이익을 정책과정에 반영시킬 수 있다는 전제에서 출발한다.

11 2015 지방직 9급

개방형 인사제도에 대한 설명으로 옳지 않은 것은?

① 폭넓은 지식을 갖춘 일반행정가를 육성하는 데에 효과적이다.

② 기존 관료들에게 승진기회가 축소될 수 있다는 불안감을 주고 사기를 저하시킬 수 있다.

③ 정실주의로 전락할 가능성이 있다.

④ 기존 내부관료들에게 전문성 축적에 대한 자극제가 된다.

2 직위분류제의 수립 절차

① 계획을 수립한다.

② 분류담당자를 선정하고 분류대상 직위를 결정한다.

③ **직무조사−직무기술서(job description)의 작성**

　㉠ 분류될 직위의 직무에 관한 정보를 수집·조사하여야 한다.

　㉡ 직무조사는 일반적으로 당해 재직자에게 직무기술서를 배부하고 기입하도록 하는 방법을 사용하나, 면접·관찰방법도 활용할 수 있다.

④ **직무분석**(직류 < 직렬 < 직군)

　㉠ 직무분석이란 직무에 관한 자료·정보를 조사·검토하여 직무를 종류에 따라 종적·수직적으로 분류하는 작업을 말한다.

　㉡ 수직적 분류구조를 결정하는 작업으로서, 직류·직렬·직군을 형성·결정하게 된다.

⑤ **직무평가**

　㉠ 직무평가란 각 직위의 직무에 내포되는 곤란성·책임성의 정도에 따라 직위의 상대적인 가치·비중·수준을 결정하는 것을 말한다.

　㉡ 수평적 분류구조를 결정하는 작업으로서, 직급·(직무)등급을 결정·형성하는 절차이다.

　㉢ 직무평가의 방법에는 직무를 총괄적으로 평가하여 상대적 가치를 비교하는 비계량적 방법(서열법, 분류법)과 직무의 각 요인별로 가치를 평가하는 계량적 방법(점수법, 요소비교법)이 있다.

　　ⓐ 비계량적 방법과 계량적 방법

구분		내용
비계량적 방법	서열법	• 직위의 가치를 전체적·종합적으로 평가하여 상하 서열을 정하는 방법 • 직무 전체의 중요도와 난이도를 바탕으로 상대적 가치를 비교하여 직무의 우열을 정하는 방법 • 시간과 비용은 절약되지만 주관성 배제 곤란
	분류법	• 직무 간의 난이도를 평가하는 기준이 되는 등급기준표를 미리 작성해 놓고, 이 등급기준표에 입각하여 개개의 직무를 해당 등급에 배치해 가는 방법 • 등급별로 책임도, 곤란성, 필요한 지식과 기술 등에 관한 기준을 고려하여 직무를 해당되는 등급에 배치하는 방법

12 　2006 대전 9급

직위분류제에 관한 다음 설명 중 옳지 않은 것은?

① 공무원 개개인의 자격과 능력을 기준으로 분류하는 제도이다.

② 담당 직책이 요구하는 능력을 소유한 자를 임용할 수 있으므로 채용, 승진 등의 인사배치에 적합한 기준을 제공한다.

③ 훈련수요를 쉽게 파악할 수 있고 직무급 수립이 용이하다.

④ 행정의 전문화와 정원관리를 용이하게 한다.

13 　2020 국가직 9급

직위분류제와 관련하여 다음 설명에 해당하는 것은?

> • 직무의 곤란성과 책임성을 기준으로 상대적 가치를 결정하는 것이다.
> • 서열법, 분류법, 점수법 등을 활용한다.
> • 개인에게 공정한 보수를 제공하는 데 필요한 작업이다.

① 직무조사　　② 직무분석
③ 직무평가　　④ 정급

14 　2020 국가직 7급

직무분석과 직무평가에 대한 설명으로 옳은 것은?

① 직무분석은 직무들의 상대적인 가치를 체계적으로 분류하여 등급화하는 것이다.

② 직무자료 수집방법에는 관찰, 면접, 설문지, 일지기록법 등이 활용된다.

③ 일반적으로 직무평가 이후에 직무분류를 위한 직무분석이 이루어진다.

④ 직무평가 방법으로 서열법, 요소비교법 등 비계량적 방법과 점수법, 분류법 등 계량적 방법을 사용한다.

15 　2017 국가직 7급 추가채용

다음과 같은 방식으로 직무를 평가하는 방법은?

> 저는 각 답안지를 직관으로 평가하면서 우수한 순서대로 나열해 놓은 후 학점을 줍니다. 구체적으로 어떤 기준에서 그렇게 학점을 주었냐고 하면 금방 답하기는 어렵지만, 어쨌든 이 과정에서 중요한 것은 상대성입니다.

① 서열법　　② 분류법
③ 점수법　　④ 요소비교법

		• 직무의 구성요소별로 계량적 점수를 부여하여 평가해 가는 방법
	점수법	• 체계적이고 과학적인 방법에 의하여 작성된 직무평가기준표를 사용하기 때문에 평가결과의 타당성과 신뢰성이 인정됨
		• 한정된 평가요소만을 사용하는 것이 아니라, 분류대상 직위의 직무에 공통적이며 중요한 특징을 평가요소로 사용하기 때문에 관계인들이 평가결과를 쉽게 수용함
		• 직무평가표 작성에 시간과 노력이 과다 요구됨
계량적 방법	요소 비교법	• 기준직무의 평가요소에 부여된 수치에 각 직무의 평가요소를 상호대비시켜 평점을 함으로써, 평가대상 직무의 상대적 가치를 결정하는 방법
		• 요소비교법은 서열법·분류법·점수법 등에 비하여 가장 늦게 고안된 직무평가 방법임
		• 요소비교법은 점수법의 단점인 평가요소의 비중 결정과 단계 구분에 따른 점수 부여의 임의성을 극복하고자 개발된 기법
		• 점수법처럼 먼저 평가할 직위에 공통되는 평가요소를 선정 → 조직에서 가장 중심이 되는 직위, 즉 대표직위(key position)를 선정하여 대표직위의 평가요소별 서열을 정함 → 대표직위의 보수액을 평가요소별로 배분하여 제시
		• 이러한 기준을 토대로 분류 대상 직위의 평가요소별 서열에 따른 보수액을 배분하여 분류 대상 직위의 보수를 결정
		• 이렇게 하여 분류 대상 직위의 보수액이 결정되고, 분류 대상 직위의 보수액에 차이가 나면 그것이 바로 직무의 상대적 가치를 나타내는 등급결정의 기준이 됨
		• 요소비교법은 직위의 상대적 수준을 현행 보수액과 관련시켜 평가하기 때문에 금액가중치 방식(money weight method)이라고도 함

ⓑ 직무평가방법 비교

비교 기준	직무평가방법			
	서열법	분류법	점수법	요소비교법
사용빈도	가장 적음	둘째나 셋째	가장 많음	둘째나 셋째
비교방법	직무와 직무	직무와 기준표	직무와 기준표	직무와 직무
요소의 수	없음	없음	평균 11개	5~7개
척도의 형태	서열	등급	점수, 평가요소별	점수, 대표직위
다른 방법과의 관계	요소비교법의 조잡한 형태	점수법의 조잡한 형태	분류법의 발전된 형태	서열법의 발전된 형태
평가방법	비계량적 방법	비계량적 방법	계량적 방법	계량적 방법
평가대상	직무 전체	직무 전체	직무의 평가요소	직무의 평가요소

바로 확인문제

16 　　　　　　　　　2011 국가직 7급

직무평가방법에 대한 설명으로 ㉠과 ㉡을 바르게 연결한 것은?

> (㉠)에서는 등급기준표를 미리 정해 놓고 각 직무를 등급정의에 비추어 어떤 등급에 배치할 것인가를 결정해 나간다. 미리 정한 등급기준이 있다는 점에서 (㉡)과 구분되지만, 양자는 직무를 포괄적으로 취급하고 수량적인 분석이 아닌 개괄적 판단에 의지한다는 점에서 서로 유사하다.

	㉠	㉡
①	분류법	서열법
②	분류법	요소비교법
③	서열법	분류법
④	요소비교법	분류법

17 　　　　　　　　　2018 서울시 9급

직무평가의 방법 중 점수법에 대한 설명으로 가장 옳은 것은?

① 직무 전체를 종합적으로 판단해 미리 정해 놓은 등급기준표와 비교해 가면서 등급을 결정한다.

② 대표가 될 만한 직무들을 선정하여 기준 직무(key job)로 정해 놓고 각 요소별로 평가할 직무와 기준 직무를 비교해 가며 점수를 부여한다.

③ 비계량적 방법을 통해 직무기술서의 정보를 검토한 후 직무 상호 간에 직무 전체의 중요도를 종합적으로 비교한다.

④ 직무평가기준표에 따라 직무의 세부 구성요소들을 구분한 후 요소별 가치를 점수화하여 측정하는데, 요소별 점수를 합산한 총점이 직무의 상대적 가치를 나타낸다.

18 2023 국가직 9급

직무평가 방법에 대한 설명으로 옳지 <u>않은</u> 것은?

① 점수법은 직무를 구성하는 하위요소별 점수를 합산하여 평가하는 방법이다.

② 분류법은 미리 정한 등급기준표와 직무 전체를 비교하여 등급을 결정하는 비계량적 방법이다.

③ 서열법은 직무의 구성요소를 구별하지 않고 직무 전체의 중요도를 종합적으로 평가하는 방법이다.

④ 요소비교법은 기준직무(key job)와 평가할 직무를 상호 비교해 가며 평가하는 비계량적 방법이다.

19 2011 국가직 9급

직위분류제에 대한 설명으로 옳은 것을 보두 고르면?

> ㄱ. 과학적 관리운동은 직위분류제의 발달에 많은 자극을 주었다.
> ㄴ. 직무의 종류, 곤란성과 책임도가 상당히 유사한 직위의 군은 직렬이다.
> ㄷ. 조직 내에서 수평적 이동이 용이하여 유연한 인사행정이 가능하다.
> ㄹ. 사회적 출신배경에 관계없이 담당 직무의 수행능력과 지식기술을 중시한다.

① ㄱ, ㄴ   ② ㄱ, ㄹ
③ ㄴ, ㄷ   ④ ㄷ, ㄹ

20 2018 서울시 9급

공직 분류에 대한 설명으로 가장 옳은 것은?

① 직무의 종류는 다르나 곤란도와 책임도가 상당히 유사한 직위의 군을 직렬이라고 한다.

② 직무의 종류는 유사하지만 곤란도와 책임도가 서로 다른 직무의 군을 직급이라고 한다.

③ 비슷한 성격의 직렬들을 모은 직위 분류의 대단위는 직군이라고 한다.

④ 동일한 직급 내에 담당 분야가 동일한 직무의 군으로 세분화한 것을 직류라고 한다.

▎직무분석과 직무평가 비교

구분	직무분석	직무평가
분류구조	직무의 종류에 따라 직군·직렬·직류별로 수직적·종적 분류	상대적인 수준 또는 비중을 결정하는 수평적·횡적 분류
기초자료	직무기술서	직무분석 자료에 기초
선·후	직무평가보다 먼저	직무분석 후
목적	• 직무 중심의 객관화·과학화·합리화 • 직렬의 폭과 수의 결정	• 특히 보수의 공정성 합리화 • 봉급액의 결정서
절차·방법	직무내용의 확인 → 분류요소 확인 → 기준 직위의 선정 → 직렬의 결정	서열법, 분류법, 점수법, 요소비교법 등
결정내용	직군·직렬형성·직무의 내용과 책임에 관한 사실·정보를 조사·검토하는 윤리적 사고과정	등급 결정, 직무에 내포되는 곤란도·책임도

⑥ **직급명세서(class specification)의 작성**: 인사행정의 기초가 되는 직급명세서에는 직급명, 직책의 개요, 최저 자격요건, 채용방법, 보수액 등이 명시되어야 한다.

⑦ **정급**: 모든 직위는 해당 직종(직군·직렬·직류)과 등급·직급에 배정된다.

⑧ 사후 검토와 동태적 관리를 한다.

3 직위분류제의 구성요소 📖 심화편 ▶ P.92

구분	내용	예시
직군 (occupational group)	직무의 성질이 유사한 직렬의 군	행정직군(= 행정직렬, 세무직렬 등), 기술직군, 관리운영직군, 우정직군 등
직렬 (series)	직무의 종류가 유사하고 그 책임과 곤란성의 정도가 상이한 직급의 군	행정직렬(= 일반행정직류, 법무행정직류, 국제통상직류 등), 세무직렬, 관세직렬, 교정직렬 등
직류 (sub-series)	동일한 직렬 내에서의 담당 분야가 동일한 직무의 군	(행정직렬 =) 일반행정직류, 법무행정직류, 국제통상직류 등
직무등급 (grade)	직무의 종류는 상이하나 직무의 곤란성과 책임도가 상당히 유사한 직위의 군	(5급)사무관, (6급)주사, (7급)주사보, (8급)서기, (9급)서기보 등
직급 (class)	직무의 종류·곤란성과 책임도가 상당히 유사한 직위의 군	행정사무관, 행정주사, 행정주사보, 행정서기, 행정서기보 등
직위 (position)	1인의 공무원에게 부여할 수 있는 직무와 책임	○○실장, ○○국장, ○○과장, ○○담당 등

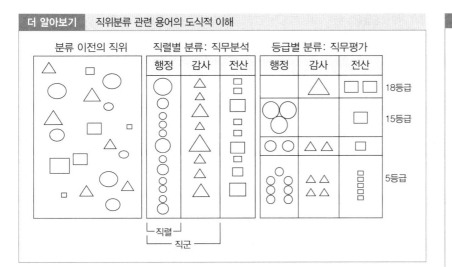

구분	종류	곤란도	내용
직급	○	○	직무의 종류 ~
직렬	○	×	직무의 종류가 유사하고 ~
등급	×	○	(직무의 종류는 상이하나) 직무의 곤란성과 ~

4 직위분류제의 장·단점

(1) 장점

① 보수체계의 합리화(동일직무·동일보수, 직무급 수립에 용이)
② 적재적소의 인사배치
③ 행정의 전문화·분업화에 촉진
④ 시험의 합리화
⑤ 훈련수요의 명확화
⑥ 근무성적평정의 객관적 기준 제시
⑦ 권한·책임한계의 명확화
⑧ 예산행정의 능률화와 행정의 민주적 통제
⑨ 효율적인 정원관리
⑩ 사무관리의 개선
⑪ 정부의 홍보에 도움

(2) 단점(고위공무원단제도의 도입 필요성)

① **인사배치의 신축성·융통성의 결여:** 동일한 직렬에 따라서 전보·승진이 이루어지므로, 인사배치의 신축성·융통성이 결여된다.
② **유능한 일반행정가 확보의 곤란:** 일반교양과 능력을 가진 유능한 일반행정가의 확보·육성이 어렵다.
③ **장기적·종합적 능력 발전과 직업공무원제의 확립 곤란:** 공무원이 특정 직위와 관련되므로 장기적·종합적 능력 발전이 어려워 직업공무원제의 확립이 곤란해진다.

---

21   2016 서울시 9급

다음 중 직위분류제의 분류와 그 예시의 연결이 가장 옳지 **않은** 것은?

① 직류 – 일반행정, 법무행정, 국제통상
② 직렬 – 행정, 세무, 관세, 교정
③ 직군 – 행정, 공안, 시설
④ 직위 – 관리관, 이사관, 서기관

22   2016 국가직 9급

직위분류제의 주요 개념에 대한 설명으로 옳은 것은?

① 등급은 직위에 포함된 직무의 성질, 난이도, 책임의 정도가 유사해 채용과 보수 등에서 동일하게 다룰 수 있는 직위의 집단이다.
② 직류는 직무 종류가 광범위하게 유사한 직렬의 군이다.
③ 직렬은 직무 종류는 유사하나 난이도와 책임 수준이 다른 직급 계열이다.
④ 직군은 동일 직렬 내에서 담당 직책이 유사한 직무군이다.

23   2022 국가직 9급

직위분류제의 주요 개념에 대한 설명으로 옳지 **않은** 것은?

① '직위'는 한 사람의 공무원에게 부여할 수 있는 직무와 책임을 의미한다.
② '직급'은 직무의 종류가 유사하고 곤란도·책임도가 서로 다른 군(群)을 의미한다.
③ '직류'는 동일 직렬 내에서 담당분야가 동일한 직무의 군(群)을 의미한다.
④ '직무등급'은 직무의 곤란도·책임도가 유사해 동일 보수를 줄 수 있는 직위의 군(群)을 의미한다.

24   2023 지방직 7급

직위분류제의 특징이 **아닌** 것은?

① 특정 직무에 대한 능력과 전문성을 갖춘 사람을 임용 대상으로 한다.
② 동일직무에 대한 동일보수의 원칙을 반영한 직무급체계가 확립될 수 있다.
③ 개방형 인사제도를 기반으로 운영되며, 공직 내부에서 수평적 이동 시 인사배치의 유연함과 신축성이 있다.
④ 조직개편이나 직무의 불필요성 등으로 직무 자체가 없어진 경우, 그 직무 담당자는 원칙적으로 퇴직의 대상이 된다.

25 2020 지방직(=서울시) 9급

직위분류제의 단점은?

① 행정의 전문성 결여
② 조직 내 인력 배치의 신축성 부족
③ 계급 간 차별 심화
④ 직무경계의 불명확성

26 2022 지방직(= 서울시) 7급

계급제와 직위분류제에 대한 설명으로 옳지 않은 것은?

① 계급제는 보직 관리 범위를 제한하여 공무원의 시야를 좁게 만드는 측면이 있다.
② 직위분류제는 공무원의 전문성을 강화하고 직무 중심의 동기유발이 가능하다.
③ 계급제는 공무원의 장기 근무를 유도하고 직업공무원제도 확립에 유리하다.
④ 직위분류제는 직무 한계와 책임 소재가 명확하다.

27 2018 서울시 9급

직위분류제의 장점에 대한 설명으로 가장 옳지 않은 것은?

① 근무성적평정을 객관적으로 할 수 있는 기준을 제시해 준다.
② 직위 간의 권한과 책임의 한계를 명확히 해 준다.
③ 전문직업인을 양성하는 데 도움이 되고 행정의 전문화에 기여한다.
④ 조직과 직무의 변화 등에 신속히 대응할 수 있다.

28 2017 국가직 9급(사회복지직 9급)

계급제의 장점에 대한 설명으로 옳지 않은 것은?

① 단체정신과 조직에 대한 충성심 확보에 유리하다.
② 정치적 중립 확보를 통해 행정의 전문성을 제고할 수 있다.
③ 인력활용의 신축성과 융통성이 높다.
④ 공무원의 신분안정과 직업공무원제 확립에 기여한다.

④ **단기적 효용**: 행정계획·조직계획·조직의 발전 면에서 그 효용이 단기적이다.
⑤ **커뮤니케이션·협조·조정의 곤란**: 고도의 전문화로 인하여 전문가 간의 커뮤니케이션이나 협조·조정이 곤란하며 할거주의화가 우려된다.
⑥ **신분 불안**: 공무원의 신분이 특정 직위·직무와 연결되어 있기 때문에 기구개편 등의 영향을 크게 받아 신분보장이 위험받기 쉽기 때문에 행정의 안정성·계속성이 저해된다.
⑦ **사무적 인간관계**: 조직성원 간의 관계가 사무 중심으로 이루어지므로 인간관계가 지나치게 사무적이게 된다.
⑧ **대응성 저하**

03 계급제와 공직 분류의 방향

1 계급제의 개념과 특징

(1) 개념

① 계급제는 사람을 중심으로 개개인의 일반적인 능력과 자격을 기준으로 공무원을 계급으로 분류하는 제도이다. 계급제하에서는 인적자원 활용의 수평적 융통성은 높으나 수직적 융통성은 낮은 편이다.
② 계급제는 농업사회의 전통을 지닌 영국, 프랑스, 독일, 일본 등에서 채택하고 있다.
③ 우리나라는 계급제 중심의 공직분류형에 직위분류제 요소를 가미하고 있다.

(2) 특징(↔ 직위분류제)

① 일반적으로 교육제도상의 계층과 밀접한 관계가 있는 4대 계급제가 확립되고 있다.
② 계급 간의 차이가 심하며 승진이 어렵다.
③ 고급공무원의 수가 적고 높은 학력이 요구되고 있으므로, 고급공무원의 엘리트화 현상이 현저하게 나타나고 있다.
④ 폐쇄형의 인사관리방식이 채택되고 있다.

2 계급제의 장·단점

(1) 장점

① **일반적 교양과 능력 있는 자의 채용**: 담당할 직무의 내용과는 관계없이 일반적 교양·능력을 가진 사람을 채용할 수 있다.
② **인사배치의 신축성·융통성**: 담당할 직무에 내용과는 관계없이 인사배치를 할 수 있어 수평적으로 인사배치의 신축성·융통성을 기할 수 있다.
③ **유능한 일반행정가의 양성**: 공무원의 능력을 여러 분야에 걸쳐 발전시킬 수 있어 유능한 일반행정가를 양성하는 데 유리하다.
④ **장기적·종합적 능력 발전 및 직업공무원제의 발전 촉진**: 직위의 종류에 구애됨이 없이 승진할 수 있으므로, 장기적·종합적 능력 발전에 이바지하며 직업공무원제의 확립·발전을 촉진한다.
⑤ **장기적 효용성**: 행정계획·조직계획·조직의 발전 면에서 그 효용이 장기적이다.
⑥ **커뮤니케이션·협조·조정의 원활화**: 직위분류제하에서는 고도의 전문화가 이루

어지고 있으므로, 전문가 간의 의사소통이나 조정이 어려운 데 반하여 계급제하에서는 좀 더 용이하다.

⑦ **신분보장의 강화**: 공무원이 기구개편에 의한 영향을 받지 않으므로 신분보장이 강하다. 따라서 행정의 안정성·계속성이 유지·확보되며 공무원의 사기가 앙양된다.

(2) 단점

① 행정의 전문화 및 전문행정가의 양성이 어려워진다.
② 권한·책임이 불분명하다.
③ 인사관리의 객관적 합리화 및 객관적 기준 설정이 곤란하다.
④ 인력수급계획의 수립이 곤란하다.
⑤ 강한 서열의식이 지배되어 상·하 간의 의사소통 장애를 초래한다.
⑥ 신분보장과 폐쇄형 임용체제로 인해 무사안일을 부추기고 공무원을 특권화·집단화할 우려가 높다.

3 직위분류제와 계급제의 비교와 발전방향

(1) 직위분류제와 계급제 비교

비교 기준	직위분류제	계급제
분류 기준	직무의 종류·곤란도·책임도	개인의 능력·자격
인사관리	• 직무 중심 • 실적 중심 인사관리	• 사람 중심 • 연공서열 중심 인사관리
채용시험	직무와 관련(합리적)	직무와 관련 적음(비합리적)
보수체계	• 직무급(동일직무·동일보수) • 높은 보수 형평성	• 생활급(연공서열급) • 낮은 보수 형평성
인사배치	비융통성	융통성
행정계획	단기계획에 적합	장기계획에 적합
교육훈련	전문성(훈련이 직무와 관련)	일반성(훈련이 직무와 관련 적음)
전문성	• 전문행정가 중심 • 종합적 시각 확보 곤란	• 일반행정가 중심 • 종합적 시각 확보 가능
협조·조정	저해	원활
충원방식	개방형	폐쇄형
신분보장	약함	강함
발달배경	산업사회	농업사회
채택국가	미국, 호주, 캐나다, 필리핀	영국, 프랑스, 독일, 일본

(2) 직위분류제와 계급제의 관계 및 전망

① 직위분류제와 계급제는 이념적으로 서로 모순·대립되는 제도이다. 하지만 두 제도의 상호접근·보완이 이상적이며 현실적으로 가능한 것이기도 하다.
② 오늘날 세계의 일반적 경향이 실제로 양자가 상호접근·보완되어 가는 방향으로 나아가고 있다.
③ 우리나라는 계급제를 원칙으로 하고 직위분류제를 보완적으로 가미하여 운영하는 것이 바람직하다.

29   2023 지방직 9급

계급제에 대한 설명으로 옳지 <u>않은</u> 것은?

① 직무의 속성을 중심으로 공직을 분류하는 제도이다.
② 폐쇄형 충원방식을 원칙으로 한다.
③ 일반행정가 양성을 지향한다.
④ 탄력적 인사관리에 용이하다.

30   2022 국회직 8급

계급제의 특징에 대한 설명으로 옳은 것은?

① 업무 분담과 직무분석으로 합리적인 정원관리 및 사무관리에 유리하다.
② 계급에 따른 권한과 책임의 명확화를 통해 전문화되고 체계적인 조직관리가 가능하다.
③ 동일 직무에 대한 동일 보수의 원칙을 따르는 직무급 제도를 통해 합리적인 보수체계를 확립할 수 있다.
④ 직무의 종류·책임도·곤란도에 따라 공직을 분류하므로 시험·임용·승진·전직을 위한 기준을 제공해줄 수 있다.
⑤ 담당할 직무와 관계없이 인사배치를 할 수 있어 인사배치의 신축성·융통성을 기할 수 있다.

31   2021 군무원 9급

계급제와 직위분류제에 대한 설명으로 가장 옳지 <u>않은</u> 것은?

① 계급제는 사람의 자격과 능력을 기준으로 분류하는 것이다.
② 직위분류제는 사람이 맡아 수행하는 직무와 그 직무수행에 수반되는 책임을 기준으로 하는 것이다.
③ 직위분류제는 전체 조직업무를 체계적으로 분업화하고 한 사람의 적정 업무량을 조직상 위계에서 고려하는 구조 중심의 접근이다.
④ '동일업무에 대한 동일보수'라는 보수의 형평성 요구가 직위분류제의 출발을 촉진시켰다고 할 수 있다.

32

'고위공무원단'에 대한 설명으로 옳지 <u>않은</u> 것은?

① 우리나라에서 '고위공무원'이 되기 위해서는 '고위공무원후보자과정'을 이수해야 하고, '역량평가'를 통과해야 한다.
② 미국의 '고위공무원단'제도에는 엽관주의적 요소가 혼재되어 있다.
③ 우리나라의 경우 이명박 정부 시기인 2008년 7월 1일에 '고위공무원단'제도를 도입하였다.
④ 미국에서는 '고위공무원단'제도를 카터 행정부 시기인 1978년에 공무원제도개혁법 개정으로 도입하였다.

33

고위공무원단에 대한 설명으로 가장 적절하지 <u>않은</u> 것은?

① 고위공무원단은 실·국장급 공무원을 적재적소에 활용하고 개방과 경쟁을 확대하여 성과책임을 강화하고자 하는 전략적 인사 시스템이다.
② 기존의 1~3급이라는 신분중심의 계급을 폐지하고 직무의 난이도와 책임도에 따라 가급과 나급으로 직무를 구분한다.
③ 민간과 경쟁하는 개방형 직위제도와 타 부처 공무원과 경쟁하는 공모직위제도를 두고 있다.
④ 특히 경력에서 자격이 있는 민간인과 공무원이 지원하여 경쟁할 수 있는 경력개방형 직위제도도 도입되었다.

34

우리나라 고위공무원단제도에 대한 설명으로 옳지 <u>않은</u> 것은?

① 국가의 고위공무원을 범정부적 차원에서 효율적으로 인사관리하기 위하여 도입하였다.
② 개방형 임용 방법, 직위공모 방법, 자율 임용 방법을 실시한다.
③ 국가공무원으로 보하는 부시장, 부지사, 부교육감 등은 해당되지 않는다.
④ 원칙적으로 직무성과급적 연봉제를 적용한다.

---

04 고위공무원단제도

결정적 코멘트 ▷ 제도의 도입 이후 꾸준하게 출제되고 있으며, 최근에는 법률적 측면에서도 자주 출제되고 있다.

1 고위공무원단제도의 개념

(1) 개념

고위공무원단제도는 정부의 주요 정책결정 및 관리에서 핵심적 역할을 담당하는 실·국장급 공무원을 범정부적 차원에서 적재적소에 활용하고 개방과 경쟁을 확대하며 성과책임을 강화함으로써 역량 있는 정부를 구현하는 제도이다. 따라서 고위공무원단제도는 형평성이나 대표성과는 거리가 멀다.

(2) 추진 경과

① 고위공무원단제도는 1978년 미국에서 최초 도입한 이후 영국, 호주, 캐나다 등 OECD 정부혁신 선도국가들이 도입·시행 중이다.
② 우리나라에서는 노무현 정부에 들어와서 본격적으로 도입이 추진되어 2006년 7월 1일에 고위공무원단이 출범하였다.

2 고위공무원단제도의 주요 내용

(1) 행정부 실·국장급 공무원으로 구성

일반직·별정직 및 특정직 공무원의 약 1,500여 명이 고위공무원단의 구성원이 된다. (행정)부시장·부지사, 부교육감 등 지방자치단체 등의 국가 고위직도 고위공무원단에 포함된다. 현재 입법부, 사법부, 지방자치단체에는 도입되어 있지 않다.

(2) 신분보다 일 중심의 인사관리

① 고위공무원에 대해서는 현행 1~3급의 계급을 폐지하고 직무와 직위에 따라 인사관리를 한다. 이에 따라 계급에 구애되지 않는 폭넓은 인사로 적격자를 임용할 수 있다.
② 고위공무원단에 대해서는 계급과 연공서열보다는 업무와 실적에 따라 보수를 지급한다. 즉, 직무의 중요도·난이도 및 성과에 따라 보수를 차등지급한다.

(3) 고위직의 개방 확대 및 경쟁 촉진

① 민간과 경쟁하는 개방형 제도와 함께 타 부처 공무원과 경쟁하는 직위공모제가 도입되어, 고위공무원의 직위를 개방형 직위 20%, 공모직위 30%, 부처 자율인사직위 50%로 구분한다.
② 각 부처장관은 소속에 관계없이 전체 고위공무원단 중에서 적임자를 인선한다. 아울러 부처에 배치된 고위공무원은 소속장관이 인사와 복무를 관리한다.
③ 인사혁신처는 초과현원의 관리와 부처 간 이해관계를 조정하는 역할을 한다.

▍고위공무원 인재의 풀(pool)

(4) 고위공무원에 대한 부처별 인사자율권 확대

① 중앙인사기관의 인사심사 대상이 축소된다. 계급단계별 승진심사에서 고위공무원단 진입 시에만 인사심사가 실시된다.

② 과거 1~3급 공무원과 이에 상당하는 별정직 공무원의 채용과 승진임용에 대하여는 인사심사를 거치도록 되어 있으나, 현재는 고위공무원단에 속하는 공무원의 경우에는 고위공무원단 직위에 신규채용되거나 승진될 때에만 인사심사를 거치도록 한다.

▍인사심사의 범위

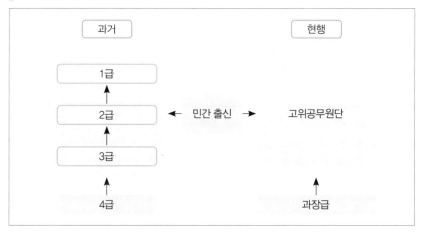

(5) 성과의 체계적 관리 및 능력 개발 강화

① 성과목표·평가기준 등을 직상급자와 협의하여 성과계약을 체결하고, 목표달성도를 평가하는 직무성과계약제가 시행된다.

② 고위공무원이 되기 위해서는 후보자교육과 역량평가[3]를 거치도록 하며, 고위공무원단 재직자에게는 개인별 부족역량을 보완하는 맞춤형 교육을 실시한다.

(6) 직업공무원제의 근간 유지 및 고위직의 책임성 제고

고위공무원 인사의 실적주의 원칙과 정치적 중립성이 보장되며, 정년 및 신분보장제도가 존치된다. 다만, 성과와 능력이 현저하게 미달하는 자는 적격심사를 통해 엄정한 인사조치를 시행한다.

---

3) 고위공무원단제도의 도입에 따라 고위공무원으로서 요구되는 역량을 구비했는지를 사전에 검증하는 제도적 장치이다.

바로 확인문제

35   2018 지방직 7급

우리나라 고위공무원단제도 운영의 효과에 대한 설명으로 옳지 **않은** 것은?

① 민간전문가의 고위직 임용가능성이 증가하였다.

② 연공서열에 의한 인사관리를 강화하여 직위의 안정을 도모하였다.

③ 고위직 공무원이 다른 부처로 이동할 가능성이 증가하였다.

④ 공무원 개개인의 능력발전과 성과관리의 중요성이 더욱 커졌다.

36   2021 지방직(=서울시) 9급

고위공무원단제도에 대한 설명으로 옳지 **않은** 것은?

① 역량 중심의 인사관리

② 계급 중심의 인사관리

③ 성과와 책임 중심의 인사관리

④ 개방과 경쟁 중심의 인사관리

37   2016 지방직 9급

「국가공무원법」상 우리나라 인사제도에 대한 설명으로 옳지 **않은** 것은?

① 인사혁신처장은 고위공무원단에 속하는 공무원이 갖추어야 할 능력과 자질을 설정하고 이를 기준으로 고위공무원단 직위에 임용되려는 자를 평가하여 신규채용·승진임용 등 인사관리에 활용할 수 있다.

② 국가공무원은 경력직 공무원과 특수경력직 공무원으로 구분하고, 경력직 공무원은 다시 일반직 공무원과 특정직 공무원으로 나뉜다.

③ 개방형 직위로 지정된 직위에는 외부적격자뿐만 아니라 내부적격자도 임용할 수 있다.

④ 고위공무원단에 속하는 일반직 공무원의 경우 소속 장관은 해당 기관에 소속되지 아니한 공무원에 대하여 임용제청을 할 수 없다.

적격심사 절차

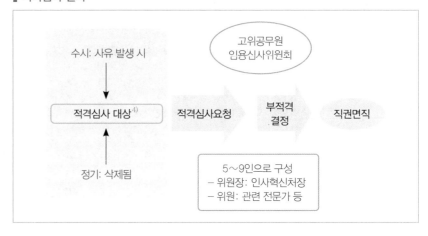

38
2017 국가직 7급

고위공무원단제도에 대한 설명으로 옳은 것은?

① 고위공무원단의 구성은 소속 장관별로 개방형 직위 30%, 공모직위 20%, 기관 자율 직위 50%로 이루어져 있다.

② 고위공무원단 직무등급이 2009년 2등급에서 5등급으로 변경됨에 따라 계급 중심의 인사관리로 회귀할 가능성이 높아졌다.

③ 적격심사에서 부적격 결정을 받은 경우에 한해서만 직권면직이 가능하므로 제도 도입 전보다 고위공무원의 신분 보장이 강화되었다.

④ 고위공무원단으로 관리되는 풀(pool)에는 일반직 공무원뿐만 아니라 외무 공무원도 포함된다.

39
2017 국가직 9급 추가채용

우리나라의 공무원에 대한 설명으로 옳지 않은 것은?

① 특수경력직 공무원은 경력직 공무원 이외의 공무원으로서 실적주의와 직업공무원제의 획일적인 적용을 받지는 않는다.

② 법관, 검사, 외무공무원, 경찰공무원, 소방공무원, 교육공무원, 군인, 군무원, 헌법재판소 헌법연구관, 국가정보원 직원 등은 경력직 공무원 중에서 특정직 공무원에 해당한다.

③ 선거로 취임하거나 임명할 때 국회의 동의가 필요한 공무원은 특수경력직 공무원 중에서 정무직 공무원에 해당한다.

④ 고위공무원단은 중앙행정기관과 지방자치단체의 실장·국장 및 이에 상당하는 보좌기관에 임용되어 재직 중이거나 파견·휴직 등으로 인사관리되고 있는 국가공무원과 지방공무원을 말한다.

---

4) 「국가공무원법」 제70조의2(적격심사) ① 고위공무원단에 속하는 일반직 공무원은 다음 각 호의 어느 하나에 해당하면 고위공무원으로서 적격한지 여부에 대한 심사를 받아야 한다.

1. 삭제 〈2014. 1. 7.〉

2. 근무성적평정에서 최하위 등급의 평정을 총 2년 이상 받은 때. 이 경우 고위공무원단에 속하는 일반직 공무원으로 임용되기 전에 고위공무원단에 속하는 별정직 공무원으로 재직한 경우에는 그 재직기간 중에 받은 최하위 등급의 평정을 포함한다.

3. 대통령령으로 정하는 정당한 사유 없이 직위를 부여받지 못한 기간이 총 1년에 이른 때

4. 다음 각 목의 경우에 모두 해당할 때

　가. 근무성적평정에서 최하위 등급을 1년 이상 받은 사실이 있는 경우. 이 경우 고위공무원단에 속하는 일반직 공무원으로 임용되기 전에 고위공무원단에 속하는 별정직 공무원으로 재직한 경우에는 그 재직기간 중에 받은 최하위 등급을 포함한다.

　나. 대통령령으로 정하는 정당한 사유 없이 6개월 이상 직위를 부여받지 못한 사실이 있는 경우

5. 제3항 단서에 따른 조건부 적격자가 교육훈련을 이수하지 아니하거나 연구과제를 수행하지 아니한 때

02 공직 분류

❶ 경력직과 특수경력직

경력직	특수경력직
• 실적주의(○) • 직업공무원제(○)	• 실적주의(×) • 직업공무원제(×)
• 일반직 • 특정직	• 정무직 • 별정직

❷ 고위공무원단제도

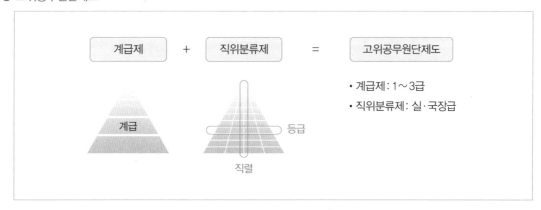

계급제 + 직위분류제 = 고위공무원단제도

• 계급제: 1∼3급
• 직위분류제: 실·국장급

❸ 직위분류제의 구성요소

구성요소	종류	곤란성
직급	○	○
직렬	○	×
(직무)등급	×	○

03 인사행정의 3대 변수

정답과 해설 ▶ P.62

01   2020 국가직 9급

공무원의 인사이동에 대한 설명으로 옳은 것은?

① 겸임은 한 사람에게 둘 이상의 직위를 부여하는 것으로 그 대상은 특정직 공무원이며, 겸임 기간은 3년 이내로 한다.

② 전직은 인사 관할을 달리하는 기관 사이의 수평적 인사이동에 해당하며, 예외적인 경우에만 전직시험을 거치도록 하고 있다.

③ 같은 직급 내에서 직위 등을 변경하는 전보는 수평적 인사이동에 해당하며, 전보의 오용과 남용을 방지하기 위해 전보가 제한되는 기간이나 범위를 두고 있다.

④ 예산 감소 등으로 직위가 폐지되어 하위 계급의 직위에 임용하려면 별도의 심사 절차를 거쳐야 하고, 강임된 공무원에게는 강임된 계급의 봉급이 지급된다.

02   2004 부산 9급 변형

공무원 결격사유에 관한 것 중 틀린 것은?

① 피성년후견인

② 징계로 파면처분을 받은 때부터 5년이 지나지 아니한 자

③ 금고 이상의 실형을 선고받고 그 집행이 끝나거나 집행이 면제된 날부터 5년이 지나지 아니한 자

④ 금고 이상의 형의 집행유예를 선고받고 그 유예기간이 끝난 날부터 5년이 지나지 아니한 자

01 임용

1 임용의 유형

(1) 내부임용

① 수직적 이동

ㄱ 승진: 하위 직급에서 상위 직급 또는 하위 계급에서 상위 계급으로 하는 수직적인 상승이동을 말한다.

ㄴ 강임: 같은 직렬 내에서 하위 직급에 임명 또는 하위 직급이 없어 다른 직렬의 하위 직급으로 임명하거나, 고위공무원단에 속하는 일반직 공무원을 고위공무원단 직위가 아닌 하위 직위에 임명하는 것을 말한다.

② 수평적 이동

ㄱ 전직: 직렬을 달리하는 임명을 말하며, 전직시험을 거쳐야 한다.

ㄴ 전보: 같은 직급 내에서의 보직 변경 또는 고위공무원단 직위 간의 보직 변경을 말한다.

ㄷ 전입

ⓐ 인사 관할을 달리하는 기관 상호 간에 타소속 공무원을 이동시키는 것이다.
　　예 판사 → 검사

ⓑ 국회, 법원, 헌법재판소, 선거관리위원회 및 행정부 상호 간에 다른 기관 소속 공무원을 전입하려는 때에는 시험을 거쳐 임용하여야 한다.

ㄹ 파견근무: 원래의 소속 부서에서 임시로 일정 기간 다른 기관에서 근무하는 것이다.

ㅁ 겸임: 한 사람에게 둘 이상의 직위를 부여하는 것으로 그 대상은 일반직 공무원이며, 겸임 기간은 2년 이내로 한다.

(2) 외부임용과 모집 📖 PDF ▶ P.53

① 인사행정의 3대 변수는 채용, 능력발전, 사기앙양 등으로 집약되며, 다시 채용은 모집 − 시험 − 임용의 3단계로 파악된다.

② 모집이란 가장 적절하고 유능한 인재가 공직을 지원하도록 경쟁에 유치하는 과정 또는 기능을 의미한다.

(3) 임용결격사유와 당연퇴직사유

① **임용결격사유**(「국가공무원법」 제33조)

　⊙ 피성년후견인

　ⓛ 파산선고를 받고 복권되지 아니한 자

　ⓒ 금고 이상의 실형을 선고받고 그 집행이 끝나거나(집행이 끝난 것으로 보는 경우를 포함) 집행이 면제된 날부터 5년이 지나지 아니한 자

　ⓔ 금고 이상의 형의 집행유예를 선고받고 그 유예기간이 끝난 날부터 2년이 지나지 아니한 자

　ⓜ 금고 이상의 형의 선고유예를 받은 경우에 그 선고유예 기간 중에 있는 자

　ⓗ 법원의 판결 또는 다른 법률에 따라 자격이 상실되거나 정지된 자

　ⓢ 공무원으로 재직기간 중 직무와 관련하여 「형법」 제355조 및 제356조에 규정된 죄를 범한 자로서 300만 원 이상의 벌금형을 선고받고 그 형이 확정된 후 2년이 지나지 아니한 자

　ⓞ 다음 어느 하나[1]에 해당하는 죄를 범한 사람으로서 100만 원 이상의 벌금형을 선고받고 그 형이 확정된 후 3년이 지나지 아니한 사람과 미성년자에 대한 다음 어느 하나[2]에 해당하는 죄를 저질러 파면·해임되거나 형 또는 치료감호를 선고받아 그 형 또는 치료감호가 확정된 사람

　ⓩ 징계로 파면처분을 받은 때부터 5년이 지나지 아니한 자, 또는 징계로 해임처분을 받은 때로부터 3년이 지나지 아니한 자

② **당연퇴직사유**(동법 제69조)

　⊙ 제33조 각 호의 어느 하나에 해당하는 경우. 다만, 제33조 제2호는 파산선고를 받은 사람으로서 「채무자 회생 및 파산에 관한 법률」에 따라 신청기한 내에 면책신청을 하지 아니하였거나 면책불허가 결정 또는 면책 취소가 확정된 경우만 해당하고, 제33조 제5호는 「형법」 제129조부터 제132조까지, 「성폭력범죄의 처벌 등에 관한 특례법」 제2조, 「정보통신망 이용촉진 및 정보보호 등에 관한 법률」 제74조 제1항 제2호·제3호, 「스토킹범죄의 처벌 등에 관한 법률」 제2조 제2호, 「아동·청소년기의 성보호에 관한 법률」 제2조 제2호 및 직무와 관련하여 「형법」 제355조 또는 제356조에 규정된 죄를 범한 사람으로서 금고 이상의 형의 선고유예를 받은 경우만 해당한다.

　ⓛ 임기제 공무원의 근무기간이 만료된 경우

2 시험

(1) 시험의 개념

① **개념**

　⊙ 시험이란 응시자 중에서 유능한 적격자를 분별·선발하는 수단·도구를 말한다.

　ⓛ 공개경쟁시험은 실적주의의 확립에 기여하고, 공직에 대한 임용기회 균등에 의하여 행정의 민주성을 확보하여 주며, 행정의 능률성을 보장하여 준다.

---

1) 가. 「성폭력범죄의 처벌 등에 관한 특례법」 제2조에 따른 성폭력범죄. 나. 「정보통신망 이용촉진 및 정보보호 등에 관한 법률」 제74조 제1항 제2호 및 제3호에 규정된 죄. 다. 「스토킹범죄의 처벌 등에 관한 법률」 제2조 제2호에 따른 스토킹범죄
2) 「성폭력범죄의 처벌 등에 관한 특례법」 제2조에 따른 성폭력범죄. 「아동·청소년의 성보호에 관한 법률」 제2조 제2호에 따른 아동·청소년대상 성범죄

바로 확인문제

03   2019 지방직 7급

「국가공무원법」상 공무원의 인사제도에 대한 설명으로 옳지 <u>않은</u> 것은?

① 특수업무 분야에 종사하는 공무원은 대통령령으로 정하는 바에 따라 일반직공무원의 계급구분과 직군분류를 적용받지 않을 수 있다.

② 인사혁신처장은 필요에 따라 인사교류계획을 수립하고, 국무총리의 승인을 받아 이를 실시할 수 있다.

③ 징계로 해임처분을 받은 때부터 5년이 지나지 아니한 자는 공무원으로 임용될 수 없다.

④ 임용권자는 지역인재의 임용을 위한 수습 기간을 3년의 범위에서 정할 수 있다.

04   2022 국가직 7급

2022년 10월 14일 기준, 「국가공무원법」상 공무원으로 임용될 수 <u>없는</u> 사람은? (단, 다른 상황은 고려하지 않음)

① 2021년 10월 13일에 성년후견이 종료된 甲

② 파산선고를 받고 2021년 10월 13일에 복권된 乙

③ 2019년 10월 13일에 공무원으로서 징계로 파면처분을 받은 丙

④ 2017년 금고형을 선고받고 그 집행유예기간이 2019년 10월 13일에 끝난 丁

05   2018 국가직 7급

공무원 임용시험의 효용성을 측정하는 기준에 대한 설명으로 옳지 <u>않은</u> 것은?

① 시험의 타당성은 시험이 측정하고자 하는 것을 실제로 얼마나 정확하게 측정했는가를 의미하며 그 종류에는 기준타당성, 내용타당성, 구성타당성 등이 있다.

② 내용타당성은 시험성적이 직무수행실적과 얼마나 부합하는가를 판단하는 타당성으로 두 요소 간 상관계수로 측정된다.

③ 측정 대상을 일관성 있게 측정하는 정도를 신뢰성이라고 하며 같은 사람이 여러 번 시험을 반복하여 치르더라도 결과가 크게 변하지 않을 때 신뢰성을 갖게 된다.

④ 신뢰도를 측정하는 방법으로는 재시험법(test-retest)과 동질이형법(equivalent forms) 등이 사용된다.

06

선발시험의 효용성에 대한 설명으로 옳지 않은 것은?

① 신뢰성은 시험 그 자체의 문제이지만, 타당성은 시험과 기준의 관계를 말한다.

② 신뢰성이 높다고 해서 반드시 타당성이 높은 시험이라고 할 수 없다.

③ 타당성의 기준측면이 되는 것은 근무성적, 결근율, 이직률 등이다.

④ 재시험법, 복수양식법, 이분법 등은 신뢰성을 검증하는 수단이다.

⑤ 동시적 타당성 검증과 예측적 타당성 검증은 구성타당성을 검증하는 수단이다.

07

시험에 합격한 사람이 일정한 기간 직장생활을 한 다음에 그의 채용시험성적과 업무실적을 비교하여 양자의 상관관계를 확인하여 검증하는 것은?

① 내용적 타당성 ② 구성적 타당성
③ 예측적 타당성 ④ 해석적 타당성
⑤ 동시적 타당성

08

공무원 선발시험과목 중 행정학시험의 타당성을 검증하기 위해 행정학교수들로 패널을 구성하여 전체적인 문항들을 검증하는 방법과 가장 관련이 있는 것은?

① 기준타당성(criterion related validity)
② 예측적 타당성(predictive validity)
③ 내용타당성(content validity)
④ 구성개념타당성(construct validity)

② **시험의 효용성 확보 요건**

㉠ 공정한 절차·척도로서 균등한 기회를 부여하는 시험이어야 한다.

㉡ 대상 직위의 차이에 따른 적절한 시험방법·종류·내용이 선택되어야 한다.

㉢ 합격 후의 직무수행능력 및 근무태도, 잠재적 능력 및 발전 가능성을 예측할 수 있어야 한다.

㉣ 응시자의 성적·능력의 상대적 우열 순위를 정확하게 판정할 수 있어야 한다.

(2) 시험의 효용성 측정 기준 📖 심화편 ▶ P.98

① **타당도(성)**

㉠ **개념**: 타당도란 시험이 측정하려는 내용을 얼마나 정확하게 측정하고 있느냐의 정도를 의미하며, 채용시험 성적이 우수한 사람이 근무성적도 높게 나타나야 한다는 것을 말한다. 따라서 시험의 타당도가 높을수록 근무성적이 우수한 사람을 선발할 수 있다.

㉡ **측정방법**: 채용시험 성적과 채용 후의 근무성적을 비교함으로써 측정할 수 있다.

㉢ **타당도의 유형**

ⓐ **기준타당도**(가장 일반적인 타당도, criterion related validity)

개념	• 기준타당도는 시험성적과 본래 시험으로 예측하고자 했던 기준 사이에 얼마나 밀접한 상관관계가 있는가를 말하며, 측정도구(⑩ 채용시험)가 어떤 변수의 값(⑩ 직무수행능력)을 얼마나 정확하게 예측할 수 있는가를 평가하는 것임 • 공무원 채용시험의 타당도를 평가하기 위해서 채용시험 합격자의 시험성적을 채용 후 일정 기간이 경과한 다음 근무성적과 비교했다면, 근무성적이 채용시험의 타당도를 평가하는 기준이 되며, 둘 사이의 상관관계가 높을수록 기준타당도는 높음
검증방법	기준타당도는 예측적 타당도와 동시적 타당도로 나눌 수 있음

┃ 예측적 타당도와 동시적 타당도

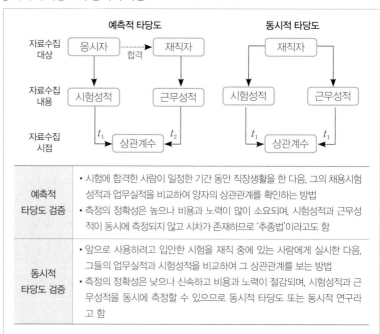

예측적 타당도 검증	• 시험에 합격한 사람이 일정한 기간 동안 직장생활을 한 다음, 그의 채용시험성적과 업무실적을 비교하여 양자의 상관관계를 확인하는 방법 • 측정의 정확성은 높으나 비용과 노력이 많이 소요되며, 시험성적과 근무성적이 동시에 측정되지 않고 시차가 존재하므로 '추종법'이라고도 함
동시적 타당도 검증	• 앞으로 사용하려고 입안한 시험을 재직 중에 있는 사람에게 실시한 다음, 그들의 업무실적과 시험성적을 비교하여 그 상관관계를 보는 방법 • 측정의 정확성은 낮으나 신속하고 비용과 노력이 절감되며, 시험성적과 근무성적을 동시에 측정할 수 있으므로 동시적 타당도 또는 동시적 연구라고 함

ⓑ **내용타당도**(content validity)
- 시험이 직무를 성공적으로 수행하는 데 필요한 지식이나 기술을 시험에 얼마나 반영시키고 있는가의 정도를 의미한다. 따라서 내용타당도를 확보하려면 직무분석이 무엇보다도 필수적이다.
- 타자수 선발시험에서 실제 근무상황에서 사용되는 것과 똑같은 서류 양식을 시험문제로 출제하는 경우, 취재기자 선발시험에서 일반적인 논술 주제가 아닌 구체적인 기사작성을 시험문제로 출제할 경우에 내용타당도가 확보될 수 있다.

ⓒ **구성타당도**(해석적 타당도, construct validity)
- 시험이 직무수행의 성공에 상관되어 있다고 이론적으로 구성·추정한 특성을 얼마나 정확하게 측정할 수 있는가를 의미한다. 예컨대 창의력을 측정하고자 추상적으로 구성된 '민감성', '이해성', '도전성' 등을 제대로 측정해 주었는지의 정도이다.
- 직무수행과 관련된다고 믿는 이론적(가설적)인 구성요소들의 측정정도이다.
- 구성타당도는 행태과학적인 조사를 통한 검증 절차를 거치거나, 추상성이 아주 강해 단순한 판단만으로는 검증이 불가능한 인간의 특성을 측정하고자 하는 것이다.

② **신뢰도**(성)
㉠ **개념**: 신뢰도란 측정 수단으로서 지니는 일관성·일치성을 의미하며, 시험이 측정해 내는 결과의 일관성이 어느 정도인가에 관한 기준을 시험의 신뢰도라 한다. 따라서 동일 응시생이 동일 시험을 시간을 달리하여 치른 경우, 그 성적의 차이가 적을수록 그 시험의 신뢰도는 높다고 할 수 있다.

㉡ **측정방법**
ⓐ 신뢰도를 높이기 위해서는, 채점의 객관도를 높이고 문제를 많이 출제하고 답안 작성시간을 적절하게 주어야 한다.
ⓑ 신뢰도를 검증하는 대표적인 방법으로는 재시험법(test-retest), 동질이형법(同質異形法, equivalent forms), 내적 일관성(internal consistancy) 검증이 있다.

㉢ **신뢰도와 타당도의 관계**: 신뢰도가 있어야 타당도의 문제를 검토할 수 있다. 신뢰도가 없는 측정도구가 타당도를 갖는다는 것은 불가능하다. 즉, 신뢰도는 타당도의 전제조건이다. 조건식으로 보면 신뢰도는 타당도의 필요조건이지 충분조건이 아니다.
ⓐ 신뢰도가 낮다면 타당도도 낮다.
ⓑ 신뢰도가 높다고 해서 타당도도 높다고 단정할 수는 없다.[3)]
ⓒ 타당도가 높다면 신뢰도도 높다.
ⓓ 타당도가 낮다고 해서 신뢰도도 낮다고 단정할 수는 없다.

---

3) 예를 들어, 한국 대학생의 지능검사를 하기 위하여 영어로 된 검사지로 지능검사를 했다면 이 측정방법의 신뢰도는 높게 측정될 확률이 높지만 타당도는 떨어질 가능성이 높다. 왜냐하면 영어로 된 검사지를 사용함으로써 지능보다는 오히려 학생들의 영어실력에 의해서 지능지수가 결정될 가능성이 높기 때문이다.

09 2017 지방직 7급
선발시험의 타당성과 신뢰성에 대한 설명으로 옳은 것은?
① 시험의 신뢰성은 시험과 기준의 관계이며, 재시험법은 시험의 횡적 일관성을 조사하는 것이다.
② 동시적 타당성 검증에서는 시험합격자를 대상으로 시험성적과 일정기간을 기다려야 나타나는 근무실적을 시차를 두고 수집하여 비교하는 것이다.
③ 내용타당성은 직무에 정통한 전문가 집단이 시험의 구체적 내용이나 항목이 직무의 성공적 임무 수행에 얼마나 적합한지를 판단하여 검증하게 된다.
④ 현재 근무하고 있는 재직자에게 시험을 실시한 결과 근무실적이 좋은 재직자가 시험성적도 좋았다면, 그 시험은 구성적 타당성을 갖추었다고 인정할 수 있다.

10 2008 국가직 7급
채용시험의 구성타당성(construct validity)에 관한 설명으로 옳은 것은?
① 채용시험이 이론적으로 추정된 능력요소를 얼마나 정확하게 측정할 수 있는가.
② 채용시험이 장래의 직무수행에 필요한 능력요소를 얼마나 정확하게 예측할 수 있는가.
③ 채용시험이 특정한 직위의 직무수행에 필요한 능력요소를 어느 정도까지 측정할 수 있는가.
④ 채용시험이 개인 간의 능력 차이를 어느 정도까지 식별할 수 있는가.

11 2022 지방직(= 서울시) 7급
선발시험의 신뢰성을 검증하는 방법에 해당하지 않는 것은?
① 하나의 시험유형 내에서 각 문항 간의 상관관계를 종합하여 시험의 일관성을 검증한다.
② 시험성적과 본래 시험으로 예측하고자 했던 기준 사이에 얼마나 밀접한 상관관계가 있는가를 검증한다.
③ 시험을 본 수험자에게 일정한 시간이 지난 뒤, 다시 같은 문제로 시험을 보게 하여 두 점수 간의 일관성을 확인한다.
④ 문제 수준이 비슷한 두 개의 시험유형을 개발하여 동일 통제집단을 대상으로 시험을 보게 한 후 두 집단의 성적 간 상관관계를 분석한다.

12

2006 국가직 7급

국가공무원 임용시험의 타당성과 그 검증 방법에 대한 설명으로 옳지 <u>않은</u> 것은?

① 기준타당성은 시험성적과 본래 시험에서 예측하고자 했던 기준 간의 상관관계를 검토하는 것이다.

② 동시적 타당성 검증은 재직자에게 시험을 실시하여 얻은 시험성적과 그들의 근무실적에 대한 자료를 수집하여 상관관계를 검토하는 것이다.

③ 예측적 타당성 검증은 시험합격자의 시험성적과 근무를 시작하여 일정 기간이 지난 후 평가한 근무실적 간의 상관관계를 분석하여 타당성을 검증하는 것이다.

④ 내용타당성은 측정도구의 측정결과가 보여 주는 일관성을 말하는 것으로 같은 사람에게 여러 번 반복하여 시험을 치르게 하더라도 결과가 크게 변하지 않는 정도를 말한다.

| 신뢰도와 타당도의 관계

구분		신뢰도 유무	
		있음	없음
타당도 유무	있음	가능하고 바람직함	가능하지 않음
	없음	가능하지만, 잘못된 결론을 내릴 수 있음	가능하지만, 바람직하지 않음

③ **객관도**(성)

ⓐ **개념**: 채점기준의 객관화 정도를 의미하며, 시험성적이 채점자에 따라서 심한 차이가 없는 것을 말한다.

ⓑ **측정방법**: 시험의 객관도는 같은 채점자가 하나의 시험을 시간 간격을 두고 두 차례 채점하여 그 결과를 비교하는 방법으로 측정할 수 있다. 일반적으로 객관식 시험이 주관식 시험에 비해 객관도가 현저하게 높다.

ⓒ **객관도와 신뢰도의 관계**: 객관도가 낮으면 신뢰도는 반드시 낮아지나, 신뢰도가 낮다고 해서 반드시 객관도가 낮아지는 것은 아니다.

④ **난이도**

ⓐ **개념**: 시험의 어렵고 쉬운 정도를 말한다.

ⓑ **측정방법**: 적절한 난이도가 유지되도록 측정되어야 한다. 득점의 분포가 적절히 이루어져 응시자들의 우열 순위를 충분히 파악할 수 있기 때문이다.

⑤ **실용도**(성)

ⓐ **개념**: 시험이 지니고 있는 현실적인 이용가치의 정도를 의미한다.

ⓑ **측정방법**: 시험관리 비용의 저렴성, 시험실시의 용이성, 채점의 용이성, 이용가치의 고도성을 포괄한다.

3 임용(임명)

(1) 임용의 개념과 중요성

① **개념**

ⓐ 임용이란 공무원을 특정의 직위에 취임시키는 행위를 말한다. 공무원의 임용은 시험성적·근무성적 등 기타 능력의 실증에 의하여 행한다.

ⓑ 국가기관의 장은 장애인·이공계 전공자·저소득층 등에 대한 채용·승진·전보 등 인사관리상의 우대와 실질적 양성평등을 구현하기 위한 적극적인 정책을 실시할 수 있다(균형인사정책).

ⓒ 임용권자는 우수한 인재를 공직에 유치하기 위하여 학업성적 등이 뛰어난 <u>고등학교 이상</u> 졸업자나 졸업 예정자를 추천·선발하여 3년의 범위에서 수습으로 근무하게 하고, 그 근무기간 동안 근무성적과 자질이 우수하다고 인정되는 자는 6급 이하의 공무원으로 임용할 수 있다(지역별 균형인사 - 지역인재 추천채용).

ⓔ 국가기관의 장은 국가안보 및 보안·기밀에 관계되는 분야를 제외하고 외국인을 공무원으로 임용할 수 있다. 반면, 국가안보 분야, 보안·기밀 분야나 외교, 국가 간 이해관계와 관련된 정책결정 및 집행 등 복수국적자의 임용이 부적합한 분야에서는 복수국적자의 임용을 제한할 수 있다.

② 중요성
  ㉠ 합리적인 임용제도에 의하여 공무원의 신분보장을 기할 수 있다.
  ㉡ 공무원 자신의 미래 진로를 결정하여 준다.
  ㉢ 인재의 적재적소의 배치를 통하여 좀 더 효율적인 행정 수행을 가능하게 한다.

(2) 임용의 절차

① 채용후보자 명부 등록
  ㉠ 등록
    ⓐ 합격자가 결정되면 임명되기 전에 시험 실시기관의 장은 합격자들을 직급별로 시험성적 순에 따라 채용후보자 명부에 등재하여야 한다.
    ⓑ 훈련성적·전공 분야와 기타 필요한 사항을 기재하게 되어 있다.
  ㉡ 등록 유효기간: 공무원 공개경쟁채용시험에 합격한 사람의 채용후보자 명부의 유효기간은 2년으로 한다.

② 추천: 시험 실시기관의 장은 각 기관의 결원 및 결원 예정인원을 감안하여 채용후보자를 임용권 또는 임용제청권을 갖는 기관에 추천하여야 한다.

③ 시보임용
  ㉠ 시보기간
    ⓐ 5급 공무원을 신규채용하는 경우에는 1년으로 한다.
    ⓑ 6급 이하의 공무원을 신규채용하는 경우에는 6개월간 각각 시보(試補)로 임용하고, 그 기간의 근무성적·교육훈련성적과 공무원으로서의 자질을 고려하여 정규 공무원으로 임용한다.
    ⓒ 휴직한 기간, 직위해제 기간 및 징계에 의한 정직 또는 감봉처분을 받은 기간은 시보임용 기간에 산입하지 아니한다.
    ⓓ 고위관리직 공무원의 신규임용에는 적용되지 않는다.
  ㉡ 시보임용의 목적
    ⓐ 채용후보자의 직업공무원으로서의 적격성 심사
    ⓑ 채용후보자의 직무수행능력의 평가
    ⓒ 채용후보자의 적응훈련
  ㉢ 시보의 신분: 시보임용 기간 중에 있는 공무원이 근무성적 또는 교육훈련성적이 불량한 때에는 면직시키거나 면직을 제청할 수 있다. 따라서 시보임용 기간에는 일반공무원에게 인정되는 신분보장이 없다.

02 능력발전

1 교육훈련 📖 심화편 ▶ P.102

(1) 교육훈련의 개념과 필요성

① 개념
  ㉠ 공무원의 교육훈련이란 직무수행상 필요한 지식과 기술의 습득 및 가치관·

바로 확인문제

13   2006 울산 9급
시보임용에 관한 사항 중 옳지 않은 것은?
① 6급 이하 공무원을 신규 채용하는 경우에는 6개월의 기간을 시보로 임용한다.
② 시보임용기간 중에 있는 공무원이 근무성적 또는 교육훈련성적이 불량한 때에도 직권면직할 수 없다.
③ 채용시험제도의 연장으로 볼 수 있다.
④ 징계에 의한 정직 또는 감봉처분을 받은 기간은 시보임용기간에 산입하지 아니한다.

14   2022 군무원 9급
우리나라의 시보제도에 대한 설명으로 가장 옳은 것은?
① 시보기간 동안은 신분이 보장되지 않기 때문에 그 기간은 공무원 경력에 포함되지 아니한다.
② 시보공무원은 공무원법상 공무원에 해당하기 때문에 시보기간 동안에도 보직을 부여받을 수 있다.
③ 시보기간 동안에 직권면직이 되면, 향후 3년간 다시 공무원으로 임용될 수 없는 결격사유에 해당한다.
④ 시보기간 동안은 신분이 보장되지 않기 때문에 징계처분에 대한 소청심사청구를 할 수 없다.

15

교육훈련은 실시되는 장소가 직장 내인가, 외인가에 따라 직상훈련(On the Job Training)과 교육원훈련(Off the Job Training)으로 나뉜다. 다음 중 직장훈련의 장점으로 볼 수 없는 것은?

① 사전에 예정된 계획에 따라 실시하기가 용이하다.
② 상사나 동료 간의 이해와 협동정신을 강화·촉진시킨다.
③ 피훈련자의 습득도와 능력에 맞게 훈련할 수 있다.
④ 훈련으로 구체적인 학습 및 기술향상의 정도를 알 수 있으므로 구성원의 동기를 유발할 수 있다.

16

공무원 근무성적평정제도에 대한 설명으로 옳은 것을 모두 고른 것은?

> ㄱ. 근무성적평정의 목적 중에는 공무원의 능력발전, 시험의 타당성 측정 등이 있다.
> ㄴ. 우리나라는 평정상의 오차나 편파적 평정을 시정하기 위하여 이중평정제를 실시한다.
> ㄷ. 근무성적평정의 기준이 일정하지 않은 경우에 발생하는 오류를 시간적 오류라고 한다.
> ㄹ. 근무성적평정 요소 간의 상대적 비중은 근무성적 50%, 직무수행능력 30%, 직무수행태도 20%이다.

① ㄱ, ㄴ ② ㄱ, ㄷ ③ ㄴ, ㄹ ④ ㄷ, ㄹ

17

근무성적평정에 대한 설명으로 옳지 않은 것은?

① 다면평정법은 상급자, 동료, 부하, 고객 등 다양한 구성원에게 평정에 참여할 기회를 준다.
② 목표관리제 평정법은 참여를 통한 명확한 목표의 설정과 개인과 조직 간 목표의 통합을 추구한다.
③ 강제배분법은 평정치의 편중과 관대화 경향을 막기 위해 등급별로 비율을 미리 정해 놓는다.
④ 도표식 평정척도법은 근무성적을 객관적 사실에 기초하여 평가하므로 평정자의 편견이 개입할 가능성이 작다.

태도의 발전적 변화를 기하고자 하는 인사기능을 의미한다.
   ㉡ 여기서 교육이란 일반적인 교양·지식·기능·태도의 습득 또는 인격의 도야 등을 의미하고, 훈련이란 일반적인 것이 아닌 특정 직무를 수행하는 데 요구되는 전문적 기술이나 직무방법 등을 개발하고 발전시키는 과정을 의미한다.
② 필요성
   ㉠ 행정의 전문화·분화
   ㉡ 행정기능의 확대·강화와 복지국가화의 경향
   ㉢ 변동대응능력의 증진·강화
   ㉣ 기술혁신의 적응·도입
   ㉤ 쇄신적·창조적 엘리트의 육성
   ㉥ 새로운 가치관·행정윤리의 확립 및 정착

(2) 직장훈련과 교육원훈련의 장·단점

구분	직장훈련(OJT: On the Job Training)	교육원훈련(Off JT: Off the Job Training)
장점	• 훈련이 추상적이 아니라 실제적임 • Off JT보다 실시가 용이함 • 훈련으로 학습 및 기술 향상을 알 수 있어 구성원의 동기를 유발할 수 있음 • 상사나 동료 간의 이해와 협동정신을 강화·촉진시킴 • 낮은 비용으로 가능함 • 훈련을 하면서 일을 할 수 있음 • 구성원의 습득도와 능력에 맞게 훈련할 수 있음	• 현장의 업무수행과는 관계없이 예정된 계획에 따라 실시할 수 있음 • 많은 종업원을 동시에 교육할 수 있음 • 전문적인 교관이 실시함 • 교육생은 업무 부담에서 벗어나 훈련에 전념하므로 교육의 효과가 높음
단점	• 우수한 상관이 반드시 우수한 교관은 아님 • 일과 훈련 모두 소홀히 할 가능성이 있음 • 많은 구성원을 한꺼번에 훈련시킬 수 없음 • 교육훈련의 내용과 수준을 통일시키기 곤란함 • 전문적인 고도의 지식과 기능을 가르치기 힘듦	• 교육훈련 결과를 현장에 바로 활용하기가 곤란함 • 직무수행에 필요한 인력이 줄어듦. 즉, 부서에 남아 있는 종업원의 업무 부담이 늘어남 • 비용이 많이 듦

2 근무성적평정   결정적 코멘트 ▶ 평정상의 오차를 중심으로 학습해야 한다.   📖 심화편 ▶ P.107

(1) 근무성적평정의 개념과 중요성

① **개념**: 구성원의 근무실적·직무수행능력·직무수행태도 등을 체계적·객관적·정기적으로 평가하는 것을 말한다.
② **중요성**: 근무성적평정은 인사행정의 합리적인 기준을 제공하여 줌으로써 인사관리의 합리화·객관화에 기여한다. 따라서 우리나라 정부에서는 현재 평정결과에 대해 소청이 아니라 고충처리가 허용되고 있다.

(2) 근무성적평정의 용도(목적 및 효용성)

① **공무원의 직무수행 개선 및 능력발전**: 공무원의 직무수행 개선 및 능력발전은 임상 중심적 접근을 전제하는 경우이며, 오늘날에는 근무성적평정제도의 가장 중요한 목적에 해당한다.

② **인사행정의 공정한 기준 제시**
   ㉠ **적정한 인사배치**: 근무성적평정은 전직·전보 등의 인사배치의 결정에 적절한 기준을 제시해 줄 수 있다.
   ㉡ **상벌 목적의 이용**: 근무성적평정은 승진·승급·면직·휴직·강임·감원·징계 등의 인사조치를 취하는 데 공정한 기준을 제시한다.
③ **시험의 타당성 측정·평가**: 근무성적평정은 지원자격 결정·시험·배치·훈련 등의 인사행정기술의 타당성을 측정·평가하는 객관적 기준이 된다. 예컨대, 공무원의 채용시험 성적과 근무성적이 일치하는 경우 그 시험은 타당도가 높다고 할 수 있는 것이다.
④ **훈련의 필요성 파악 및 기초자료 제공**: 피평정자의 장점과 약점이 분석·파악됨으로써 근무성적평정은 훈련수요를 결정하는 데 도움을 준다.
⑤ **개인의 가치 인정 및 사기양양**: 임상 중심적 접근을 통해 부하 개인의 실적·능력을 인정하고 칭찬을 해 줌으로써 사기를 양양시킬 수 있다.
⑥ **상·하 간의 인간관계 개선**: 임상적 접촉을 계속 가짐으로써 상·하 간의 이해 증진, 상·하 간의 협조 강화 및 인간관계의 개선에 기여할 수 있다.
⑦ **직원의 권익 보호**: 다수인이 평정하는 경우에는 평정자 1인의 자의·편견에 의하여 침해될 수 있는 직원의 권익을 보호할 수 있다.

(3) 근무성적평정의 방법

① **도표식 평정척도법**
   ㉠ **개념**
      ⓐ 도표식 평정척도법이란 여러 평정요소마다 평정척도가 등급으로 표시되어 있으며, 각 평정요소별 척도상에 평가표시된 점수의 총화로 평정하는 것을 말한다.
      ⓑ 도표식 평정척도법은 가장 오래되고 많이 이용되고 있는 방법으로, 우리나라 공무원의 근무성적평정제도의 중추를 이루고 있다.
   ㉡ **우리나라의 도표식 평정척도법**
      ⓐ **평정요소**: 근무실적, 직무수행능력으로 구성되어 있다.
      ⓑ **평정등급**: 평가등급의 수는 3개 이상으로 하며, 최상위 등급의 인원은 평가단위별 인원수의 상위 20퍼센트의 비율로, 최하위 등급의 인원은 하위 10퍼센트의 비율로 분포하도록 평가한다.
② **강제배분법**(정상분포제·제한분포법)
   ㉠ **개념**: 강제배분법은 집중화·관대화 경향을 방지하기 위하여 성적을 강제로 배분하는 것을 말한다.
   ㉡ **장·단점**
      ⓐ **장점**: 피평정자가 많은 경우에는 기관 간의 불균형을 제거할 수 있고, 평정의 객관성과 신뢰성을 어느 정도 보장할 수 있다.
      ⓑ **단점**: 피평정자가 적거나 또는 특별히 선발된 자로 이루어진 조직의 경우에는 오히려 불합리하다.
③ **기타 평정방법**
   ㉠ **대인비교법**(인물비교법): 피평정자 중에서 지식·숙련·능력·성질 등의 각 특성면으로 가장 뛰어난 사람, 가장 뒤떨어지는 사람, 보통 정도인 사람 등 3단

바로 확인문제

18   2023 국가직 7급

근무성적평정 방법 중 강제배분법에 대한 설명으로 옳지 <u>않은</u> 것은?

① 역산식 평정이 불가능하며 관대화 경향을 초래한다.
② 평가의 집중화 경향을 억제하는 효과가 있다.
③ 평정대상 다수가 우수한 경우에도 일정한 비율의 인원은 하위 등급을 받을 수 있다는 단점이 있다.
④ 등급별 할당 비율에 따라 피평가자들을 배정하는 것이다.

19   2019 서울시 9급 제2회

〈보기〉의 설명에 해당하는 근무성적평정 방법으로 가장 옳은 것은?

┤ 보기 ├

    저는 학생들을 평가함에 있어 성적 분포의 비율을 미리 정해 놓고 등급을 줍니다. 비록 평가 대상 전원이 다소 부족하더라도 일정 비율의 인원이 좋은 평가를 받거나, 혹은 전원이 우수하더라도 일부 학생은 낮은 평가를 받게 되지만, 이 방법을 통해 학생들의 성적 분포가 과도하게 한쪽으로 집중되는 것을 막아 평정 오차를 방지할 수 있다는 점에서 유용합니다.

① 강제배분법
② 서열법
③ 도표식 평정척도법
④ 강제선택법

20 2016 사회복지직 9급

평정자가 평정표(평정서)에 나열된 평정요소에 대한 설명 또는 질문을 보고 피평정자에게 해당되는 것을 골라 표시를 하는 평정방법은?

① 도표식 평정척도법 ② 체크리스트법
③ 산출기록법　　　 ④ 직무기준법

21 2010 국가직 9급

평정자인 A팀장은 피평정자인 B팀원이 성실하다는 것을 이유로 창의적이고 청렴하다고 평정하였다. A팀장이 범한 오류에 가장 가까운 것은?

① 연쇄효과(halo effect)
② 근접효과(recency effect)
③ 관대화 경향(tendency of leniency)
④ 선입견과 편견(prejudice)

22 2020 국회직 8급

평정상의 착오에 대한 설명으로 옳은 것은?

① 연쇄적 착오(halo error)란 모호한 상황에 관해 부분적인 정보만을 받아들여 판단을 내리게 되는 데서 범하는 착오이다.
② 일관적 착오(systematic error)란 평정자의 평정기준이 다른 평정자보다 높거나 낮아 다른 평정자들보다 항상 박한 점수를 주거나, 후한 점수를 줄 때 발생하는 착오이다.
③ 유사성의 착오(stereotyping)란 평정자가 자신의 고정관념에 어긋나는 정보를 회피하거나, 정보를 고정관념에 부합되도록 왜곡시킬 때 발생하는 착오이다.
④ 근본적 귀속의 착오(fundamental attribution error)란 평정자가 어떤 사람이나 사물을 볼 때 그들이 속한 집단 또는 범주에 대한 고정관념에 비추어 지각함으로써 발생하는 착오이다.
⑤ 이기적 착오(self-serving bias)란 타인의 실패·성공을 평가할 때 상황적 요인은 과소평가하고 개인적 요인은 과대평가하거나 그 반대인 경우 발생하는 착오이다.

계 또는 4단계에 상당하는 표준적 인물을 뽑아서, 이들 표준적 인물을 각 특성의 평정기준으로 삼아 상대적 평정을 해 가는 방법이다.

ⓛ **강제선택법**: 비슷한 가치가 있다고 보통 생각하기 쉬운 항목들 중에서 피평정자의 특성에 가까운 것을 피평정자 스스로가 골라 표시하도록 강제하는 평정 방법이다. 평정결과의 평가에 쓸 문항별 점수(가중치)는 인사기관이 정한다.

ⓒ **산출기록법**: 직원이 단위시간 내에 성취한 일의 양, 또는 일정한 일을 완성하는 데 소요된 시간을 소정의 서식에 기입하여 그 총계로써 직원의 성적을 결정하는 방법이다.

ⓔ **단계택일법**: 가장 초보적인 방법으로, 평정자가 자기 감독하에 있는 직원을 그 업적에 따라 순위를 매겨 평정하는 단순한 방법이다.

ⓜ **상대비교법**: 이 방법은 피평정자를 한 짝씩 비교하여 각인(各人)이 다른 사람보다 우수하다고 판정된 횟수로써 각인의 점수나 순위를 내는 것이다.

ⓗ **업무보고법**: 직무수행 실적이나 개인적 특성에 대한 평가를 서술적인 문장으로 기록하는 방법이다.

ⓢ **체크리스트법**(Probst법, 사실표시법)
　ⓐ 평정자가 평정표에 나열된 평정요소에 대한 설명 또는 질문을 보고 피평정자에게 해당되는 것을 골라 표시하는 방법이다.
　ⓑ 평정자는 질문 항목마다 가부 또는 유무의 표시를 할 뿐이며, 평정결과를 평가하거나 평정요소마다 가중치를 부여하는 것은 그 용도에 따라 중앙의 인사담당자들이 담당한다.

ⓞ **근무기준법**: 직원이 실제로 행하는 각 과업에 대한 근무기준을 설정하고, 피평정자가 담당하는 몇 가지 과업을 설정된 근무기준과 대비함으로써 성적을 판정하는 방법이다.

ⓩ **기타**
　ⓐ **사실기록법**: 평정과 관련된 구체적 사실을 기록한다.
　ⓑ **서열법**: 피평정자 간의 근무성적을 서열로 표시한다.
　ⓒ **목표관리제(MBO)**: 평가요소 가운데 '결과'를 중시한다.
　ⓓ **중요사건기록법**: 피평정자의 근무실적에 큰 영향을 주는 중요사건들을 평정자에게 기술한다.
　ⓔ **자기평정법**: 평정대상자로 하여금 자신의 근무실적을 스스로 보고하도록 하는 방법이다.

(4) 평정상의 오차와 표준화

① 평정상의 오차

ⓞ **연쇄효과**(halo effect, 후광효과, 현혹효과)
　ⓐ 평정자가 가장 중요시하는 하나의 평정요소에 대한 평가결과가 성격이 다른 평정요소에도 영향을 미치는 것을 말한다.
　ⓑ 어느 한 평정요소에 대한 판단이 다른 평정요소의 평정에 영향을 주는 현상으로, 평정의 대상이 되고 있는 것에 대한 전체적·일반적인 인상에 따라 개인의 특성을 평정해 버리는 경향을 말한다.

ⓛ **집중화**(중심화) **경향**(central tendency)
　ⓐ 평정이 보통 또는 척도상의 중심점에 절대다수가 집중되는 경향을 말한다.
　ⓑ 집중화 경향을 방지하기 위한 강력한 방법은 상대평가를 반영하는 강제배

분법이다.

ⓒ **관대화 경향**: 피평정자를 실제보다도 높게 평정하는 경향으로, 평정결과가 공개되는 경우에 평정대상자와 불편한 관계에 놓이는 것을 피하려는 경우에 흔히 발견된다.

ⓔ **규칙적 오차**(일관적 오차): 다른 평정자들보다 시종 박한 점수를 주는 평정자나 항상 후한 점수를 주는 평정자들이 저지르는 오차를 말한다.

ⓜ **총계적 오차**: 평정자의 평정 기준이 일정하지 않아 관대화 및 엄격화 경향이 불규칙하게 나타나는 현상을 말한다.

ⓗ **논리적 오차**: 연쇄효과에 유사한 오차가 평정자의 머릿속에서 논리적으로 관계가 있다고 생각되는 특성 간에 나타나는 경향을 말한다.

ⓢ **역산제**: 연고·정실 등에 의하여 총점을 우선 부여하고 이에 따라 각 평정요소의 점수를 맞추어 가는 경향을 말한다.

ⓞ **시간적 오류**: 최초효과(primacy effect)는 첫인상에 너무 큰 비중을 두는 데서 일어나는 착오이며, 근접효과(recency effect)는 쉽게 기억할 수 있는 가장 최근의 정보를 지나치게 중요시하는 데서 유발되는 착오이다.

ⓩ **선입견에 의한 오류**(stereotyping, 상동적 오차): 평정의 요소와 관계없는 성별·출신학교·출신지방·종교·연령 등에 대해 평정자가 갖고 있는 편견이 영향을 미치는 현상을 말한다. 즉, 평정자가 어떤 사람이나 사물을 볼 때 그들이 속한 집단 또는 범주에 대한 고정관념에 비추어 지각함으로써 발생하는 착오는 상동적 오차에 해당한다.

ⓒ **유사성 효과**(similar-to-me effect): 평정자가 자기 자신과 성향이 유사한 부하에게 후한 점수를 주는 오차이다.

ⓚ **귀인적 편견**(attributional bias): 귀인이론은 타인의 행동을 관찰할 때 그 행동의 원인이 외재적인가, 내재적인가를 밝히려는 이론이다. 따라서 귀인적 편견은 어떤 행동에 참여하고 있는 사람(행위자)과 참여하지 않는 사람(관찰자)이 원인을 달리 보기 때문에 발생한다.

　　ⓐ **근본적 귀인 오류**: 관찰자가 다른 이들의 행동을 설명할 때 상황 요인들의 영향을 과소평가하고 행위자의 내적, 기질적인 요인들의 영향을 과대평가하는 경향을 말한다.

　　　　🖉 부하의 낮은 성과의 원인을 경쟁업체의 혁신적 제품보다 부하의 무능력으로 돌리는 경향 등

　　ⓑ **이기적 착오**(자존적 편견): 잘된 성과에 대해서는 자신의 내적 요소에 귀인하고 좋지 않은 성과에 대해서는 외적 요소에 귀인한다고 생각하는 경향을 말한다.

② **평정결과의 표준화 방법**(조정방법)

ⓐ 근무성적평정을 실시한 후에는 근무성적평정 결과의 신뢰도·타당도 등의 검토와 평정결과의 조정이 이루어져야 한다. 그래야 근무성적평정이 공정한 인사관리의 기준으로서 적절히 활용될 수 있다.

ⓑ **평정결과의 조정방법**: 강제배분법, 각 기관을 망라한 평정위원회를 통하여 조정하는 방법, 평정의 평균치를 정하여 거기에 일치시키는 방법, 규칙적 오차와 총계적 오차를 계산하는 방법 등이 있다.

23 　　　　2018 국가직 9급

근무성적평정상의 오류 중 평가자가 일관성 있는 평정기준을 갖지 못하여 관대화 및 엄격화 경향이 불규칙하게 나타나는 것은?

① 연쇄효과(halo effect)
② 규칙적 오류(systematic error)
③ 집중화 경향(central tendency)
④ 총계적 오류(total error)

24 　　　　2023 지방직 9급

근무성적평정상의 오류에 대한 설명으로 옳지 **않은** 것은?

① 평정자가 피평정자를 잘 모르는 경우 집중화 경향이 발생할 수 있다.
② 평정자의 평정기준이 일정하지 않은 경우 총계적 오류(total error)가 발생할 수 있다.
③ 연쇄효과(halo effect)는 초기 실적이나 최근의 실적을 중심으로 평가함으로써 발생하는 시간적 오류를 의미한다.
④ 관대화 경향의 폐단을 막기 위해 강제배분법을 활용할 수 있다.

25 　　　　2020 지방직(=서울시) 9급

국내 최고 대학을 졸업했기 때문에 일을 잘했을 것이라고 생각하여 피평정자에게 높은 근무성적평정 등급을 부여할 경우 평정자가 범하는 오류는?

① 선입견에 의한 오류
② 집중화 경향으로 인한 오류
③ 엄격화 경향으로 인한 오류
④ 첫머리 효과에 의한 오류

26 2021 국가직 9급

근무성적평정 과정상의 오류와 완화방법에 대한 설명으로 옳지 않은 것은?

① 일관적 오류는 평정자의 기준이 다른 사람보다 높거나 낮은 데서 비롯되며 강제배분법을 완화방법으로 고려할 수 있다.

② 근접효과는 전체 기간의 실적을 같은 비중으로 평가하지 못할 때 발생하며 중요사건기록법을 완화방법으로 고려할 수 있다.

③ 관대화 경향은 비공식 집단적 유대 때문에 발생하며 평정결과의 공개를 완화방법으로 고려할 수 있다.

④ 연쇄효과는 도표식 평정척도법에서 자주 발생하며 피평가자별이 아닌 평정요소별 평정을 완화방법으로 고려할 수 있다.

27 2016 서울시 9급

공무원을 대상으로 하는 성과평가제도에 대한 설명으로 가장 옳지 않은 것은?

① 성과평가제도의 목적은 공무원의 능력과 성과를 향상시켜 성과 중심의 인사제도를 구성하는 것이 핵심 요소이다.

② 근무성적평가제도는 4급 이상 고위공무원단을 대상으로 시행한다.

③ 현행 평가제도는 직급에 따라 차별적 평가체제를 적용하고 있다.

④ 다면평가제도는 능력보다는 인간관계에 따른 친밀도로 평가가 이루어질 수 있다는 단점이 있다.

28 2017 국가직 7급

성과평가제도에 대한 설명으로 옳은 것은?

① 일반직 공무원의 근무성적평정은 크게 5급 이상을 대상으로 한 '성과계약 등 평가'와 6급 이하를 대상으로 한 '근무성적평가'로 구분된다.

② '성과계약 등 평가'는 정기평가와 수시평가로 나눌 수 있으며 정기평가는 6월 30일과 12월 31일 기준으로 연 2회 실시한다.

③ 다면평가는 평가의 객관성과 공정성을 제고할 수 있으나 각 부처가 반드시 이를 실시해야 하는 것은 아니다.

④ 역량평가제도는 5급 신규 임용자를 대상으로 업무수행에 필요한 충분한 역량을 보유하고 있는지를 평가한다.

(5) 근무성적평정의 한계와 방향

① 한계(비판)

  ㉠ 평정자의 주관을 배제할 수 있는 평정방법은 없다.

  ㉡ 평정의 타당도·신뢰도가 낮다.

  ㉢ 과거의 평가에만 치중하여 미래의 평가를 등한시한다.

  ㉣ 현재의 평가를 통하여 미래를 예측하는 것은 제약·한계가 있다.

  ㉤ 공정한 평정자를 확보하기 어렵다.

  ㉥ 평정을 위한 형식적 평정을 하는 경향이 있다.

  ㉦ 여러 가지 목적에 적합한 단일평정방법은 없다.

  ㉧ 평정상 저항이 따른다.

② 방향

  ㉠ 중요성 인식 및 상호협조·이해의 증진이 필요하다.

  ㉡ 운영하는 사람의 적극적·자발적 노력이 따라야 한다.

  ㉢ 평정의 정실성·불공평성의 극복과 이를 위한 교육훈련의 실시가 요구된다.

  ㉣ 목적에 따른 적절한 평정방법의 선정 및 사용이 있어야 한다.

  ㉤ 직위 자질의 특성에 중점을 두는 기준평정보다 구체적으로 파악할 수 있는 실제의 업적·성과를 기록하는 데 중점을 두는 방향으로 나아가야 한다.

(6) 우리나라의 근무성적평정 📖 심화편 ▶ P.108

구분		공무원평정 규정(개정 전)	공무원성과평가 등에 관한 규정(개정 후)
4급 이상 고위공무원		성과목표달성도의 평정점	성과계약평가(연 1회, 12. 31.)
5급 이하 공무원	근무성적평가	평가 기준 • 근무실적(6할) • 직무수행능력(3할) • 직무수행태도(1할)	• 평가 시기: 연 2회(6. 30., 12. 31.) • 평가 기준 　－ 근무실적 　－ 직무수행능력 　－ 직무수행태도 또는 부서 단위의 운영평가 결과(선택)
	강제배분	수(2할), 우(4할), 양(3할), 가(1할)	3개 이상 평가등급(최상위 2할, 하위 2개 등급 1할)
	공개여부	비공개	공개 • 평가자, 확인자, 평가 단위 확인자가 본인에게 공개 • 이의신청은 피평가자가 확인자에게
	승진후보자 명부	• 근무성적평정점: 50점 • 경력평정점: 30점 • 훈련성적평정점: 20점	• 근무성적평정점: 90점(95점까지 가산) • 경력평정점: 10점(5점까지 감산)

3 다면평가제도(집단평정법)

> **결정적 코멘트** ▷ 다면평가제도는 문제점을 중심으로 학습해야 한다.

(1) 다면평가제도의 개념

① 다면평가제도란 국민의 정부에서 도입된 대표적인 인사제도 중의 하나로, 어느 개인을 평가할 때 직속 상사 한 사람이 평가하는 것이 아니라, 다수의 평가자가 여러 방면에서 평가하는 것을 말한다.

② 종래 상급자 위주의 일방평가제도에서 발생하는 보이지 않는 손, 즉 혈연·학연·지연 등에 의한 평가제도의 문제점이 지적되면서 등장하였다.

③ 「공무원 성과평가 등에 관한 규정」

제28조【다면평가】① 소속 장관은 소속 공무원에 대한 능력개발 및 인사관리 등을 위하여 해당 공무원의 상급 또는 상위 공무원, 동료, 하급 또는 하위 공무원 및 민원인 등에 의한 다면평가를 실시할 수 있다.
② 소속 장관은 제1항에 따른 다면평가의 방법 및 절차 등에 관한 구체적인 사항을 직무의 특성 등을 고려하여 설계·운영하여야 한다.
③ 제1항에 따른 다면평가의 평가자 집단은 다면평가 대상 공무원의 실적·능력 등을 잘 아는 업무 관련자로 구성하되, 소속 공무원의 인적 구성을 고려하여 공정하게 대표되도록 구성하여야 한다.
④ 제1항에 따른 다면평가의 결과는 해당 공무원에게 공개할 수 있다.

(2) 다면평가제도의 장·단점

① 장점: 다면평가제도는 여러 사람을 평정자로 활용하여 평가에 참여하는 소수인의 주관과 편견, 그리고 이들 간의 개인편차를 줄임으로써 객관성과 공정성을 높일 수 있는 제도이다. 또한 감독자 이외에도 동료·부하·고객 등 다양한 사람들의 참여를 통해 평정에 대한 관심도와 지지도를 높일 수 있는 장점이 있다.

　㉠ 고객의 입장
　　ⓐ 서비스에 대한 의견을 제시할 수 있다.
　　ⓑ 서비스의 과정에서 발언권을 가질 수 있다.
　　ⓒ 새로운 아이디어를 제안할 기회를 가질 수 있다.
　　ⓓ 고객 중심적인 충성심 강화에 기여한다.
　㉡ 상사의 입장
　　ⓐ 자신의 관리능력을 파악할 수 있다.
　　ⓑ 조직관리에 필요한 양질의 정보를 얻을 수 있다.
　　ⓒ 부하의 과오에 대한 믿을 만한 정보를 얻을 수 있다.
　　ⓓ 감독자의 리더십 발전에 기여한다.
　㉢ 구성원의 입장
　　ⓐ 자신에게 영향을 미치는 의사결정과정에 참여할 수 있다.
　　ⓑ 경력개발의 기회가 된다.
　　ⓒ 상급자의 지도력 스타일에 대한 의견을 제시할 수 있다.
　　ⓓ 보상을 받고 자질을 인정받을 기회가 될 수 있다.
　　ⓔ 평가대상자의 자기계발을 촉진하는 교육효과로 말미암아 능력발전에 기여할 수 있다.
　㉣ 조직의 입장
　　ⓐ 인적 자원에 대한 보다 나은 결정을 위한 정보를 얻을 수 있다.
　　ⓑ 구성원의 사기를 높일 수 있다.
　　ⓒ 성과와 보상을 연계시킬 수 있다.
　　ⓓ 집권적 인사평가를 분권화하는 데 기여한다.
　　ⓔ 평가의 객관성·공정성·신뢰성 및 수용성을 높여 준다.
　　ⓕ 평가자가 많음에 따라 좀 더 신중한 평가가 가능해진다.
　　ⓖ 조직의 계층적 구조가 완화되고 팀워크가 강조되는 현대사회의 새로운 조직유형에 부합되는 제도이다. 즉, 매트릭스조직, 팀제 등 동태적 조직에 적합하다.

29 　　　　　　　2013 지방직 9급
다면평가제도에 대한 설명으로 옳지 <u>않은</u> 것은?
① 평가대상자의 동료와 부하를 제외하고 상급자가 다양한 측면에서 평가한다.
② 일면평가보다는 평가의 객관성과 신뢰성을 확보할 수 있다.
③ 평가결과의 환류를 통하여 평가대상자의 자기역량 강화에 활용할 수 있다.
④ 평가항목을 부처별, 직급별, 직종별, 특성에 따라 다양하게 설계하는 것이 바람직하다.

30 　　　　　2017 국가직 9급 추가채용
우리나라의 다면평가제도에 대한 설명으로 옳지 <u>않은</u> 것은?
① 민원인은 해당 공무원에 대한 다면평가에 참여할 수 없다.
② 다면평가의 결과는 해당 공무원에게 공개할 수 있다.
③ 다면평가의 결과는 승진, 전보, 성과급 지급 등에 참고자료로 활용될 수 있다.
④ 해당 공무원에게 평가정보를 다각적으로 제공하는 경우에는 능력개발을 유도할 수 있다.

31 　　　　　　　　2005 울산 9급
다면평가제에 관한 내용 중 가장 거리가 먼 것은?
① 인기보다는 능력 있는 사람이 더 우수한 평가를 받을 수 있는 제도이다.
② 여러 사람이 평가자로 참여해 평가함으로써 평가를 공정하게 하려는 제도이다.
③ 평가의 형평성이 저해될 수 있다.
④ 평가의 공정성, 정확성, 신뢰성을 높여 준다.
⑤ 담합에 의해 평가결과에 왜곡이 나타날 수 있다.

32

공무원 평정제도로서 다양한 계급의 평가자가 피평가자를 평가하는 다면평가제도의 장점으로 옳지 <u>않은</u> 것은?

① 입체적·다면적 평가를 통해 평가의 객관성과 공정성을 높일 수 있다.

② 상급자가 직원들을 의식하지 않고 강력하게 업무를 추진할 수 있다.

③ 조직 내 원활한 인간관계를 증진시키려는 동기부여를 통해 업무의 효율성과 상호 간 이해의 폭을 높일 수 있다.

④ 계층구조의 완화와 팀워크가 강조되는 새로운 조직유형에 적합한 평가제도이다.

33

근무성적평정방법 중 집단평정법에 대한 설명으로 올바르지 <u>않은</u> 것은?

① 평정에 감독자, 동료, 부하 등 다양한 사람들이 참여한다.

② 참여의 범위가 크면 클수록 정확성을 높이는 데 유리하다.

③ 소수인의 편견을 배제할 수 있다.

④ 평가자 개인 간의 편차를 줄임으로써 객관성을 높일 수 있다.

⑤ 평정에의 관심과 지지를 높일 수 있다.

34

다면평가제도의 장점에 관한 설명으로 옳지 <u>않은</u> 것은?

① 다면평가는 평정자들이 평정의 취지와 방법을 잘 알고 있기 때문에 담합을 하거나 모략성 응답을 할 가능성이 적다.

② 다면평가는 조직구성원들로 하여금 자신의 장단점을 파악하여 자기역량 강화의 기회를 늘릴 수 있다.

③ 다면평가는 조직구성원들로 하여금 조직 내외의 모든 사람들과 원활한 인간관계를 증진시키려는 동기를 부여하게 된다.

④ 다면평가는 다수의 평가자에 의해 입체적이고 다면적인 평가를 시행하기 때문에 평가의 객관성과 공정성을 높일 수 있다.

② **단점**

　㉠ **수용성 여부**

　　ⓐ 아직까지도 공무원들은 인기투표의 가능성과 평가의 주관성과 불공정성의 문제로 다면평가제도에 대한 수용성이 높지 않다. 인간관계 중심의 평가가 되어 조직 내 포퓰리즘(populism, 대중영합주의를 의미하며 이는 다면평가가 인기투표식으로 전락할 수 있음을 의미)을 일으킬 수 있다는 것을 말한다. 이로 인해 상급자가 업무 추진보다는 부하의 눈치를 보는 행정이 이루어질 가능성이 높다.

　　ⓑ 우리나라처럼 계층제 문화가 강한 경우 관리자가 부하들의 평가를 받는 것에 대한 저항과 불쾌감으로 자칫 상사와 부하 간의 갈등을 일으켜 조직 간 화합을 저해할 수 있다.

　㉡ **다면평가의 활용**: 현재 승진에서 중요한 판단자료로 사용되고 있는 다면평가제도는 본래 실적에 대한 평가라기보다 태도와 역량에 대한 평가라는 점에서 인사관리의 기준(승진기준)보다는 능력발전 수단으로 이해되어야 하지만 현실에서는 그렇지 않다.

　㉢ **평가제도의 실시과정**: 다면평가제도의 실시과정에서 공정성과 신뢰성이 저하되는 문제점이 지적된디.

　㉣ **정확성의 저하**: 참여의 범위를 지나치게 확대하여 평정대상자를 정확히 모르는 상태에서 평가가 이루어진다면 오히려 정확성을 떨어뜨릴 위험을 내포하고 있다.

　㉤ **부처이기주의**: 신설조직이나 부처가 통합된 경우에는, 능력보다는 출신부처에 따른 평가로 부처이기주의가 발생하고 소규모 부처 출신자들이 부당한 평가를 받을 가능성이 높다.

　㉥ **담합과 모략적 응답**: 다면평가제도는 평정자들이 평정의 취지와 방법을 잘 모를 경우에는 담합을 하거나 모략성 응답을 할 가능성이 높다.

03 사기앙양

1 경제적 요인: 보수와 연금

(1) 공무원의 보수

① **보수의 개념**

　㉠ **개념**: 보수란 공무원이 근무에 대한 대가로 받는 금전적인 보상을 말한다.

　㉡ **중요성**

　　ⓐ 보수는 공무원의 사기와 행정능률에 지대한 영향을 미치는 경제적 유인이다.

　　ⓑ 적정한 보수가 보장되지 않는 경우에는 공무원의 사기와 행정능률이 저하되고 부정·부패와 인간관계에 악영향을 초래하며, 사회적·경제적 발전에 장애를 가져온다.

　　ⓒ 공무원 보수를 지나치게 높게 책정하면 사회 다른 부문의 우수한 인재를 빼앗아 오게 되어 사회 전체의 효율을 떨어뜨리게 된다.

　㉢ **공무원 보수의 특징**(↔ 민간기업의 임금)

　　ⓐ 공무원 보수의 전체 수준은 사회 일반의 보수 수준에 비해 낮다.

ⓑ 보수의 책정 면에서 근로의 대가로서의 보수는 동일노동 동일대가를 지불하는 것이 원칙이지만, 정부의 업무는 엄격한 직위분류제를 이용하는 경우에도 노동의 비교치를 찾는 것이 힘든 경우가 많다.

ⓒ 사기업의 보수는 근로자와 사용자의 합의에 의해 결정되는 것이 원칙이지만, 공무원의 경우 노동권이 제약을 받고 있기 때문에 보수결정에 불리한 영향을 미친다.

ⓓ 우리나라의 경우, 전통적인 관직에 대한 사고와 기대, 국가의 경제적 사정 등이 영향을 미쳐서 더욱 불리한 보수결정을 하게 되는 요인으로 작용하기도 한다.

② 보수의 결정요인

㉠ 보수 결정의 접근방법

ⓐ **공무원보수 결정의 세 가지 접근방법**: 미국과 영국은 대체로 세 번째 방식을 따르며, 우리나라도 이를 기본으로 한다.

첫째, 납세자의 압력을 의식하여 가능한 한 낮은 수준에서 책정하는 방법

둘째, 모범을 보이기 위해 민간부문보다 더 많이 지불하는 방법

셋째, 민간부문과 비교하여 지불하는 방법

ⓑ 보수 수준을 결정할 때에는 먼저 보수의 일반 수준을 결정한 다음, 조직 내의 상대적 균형관계를 고려하여 차별 수준을 결정해야 한다. 공무원의 보수 수준은 정부의 재정력을 상한선으로 하고, 공무원의 생계비를 하한선으로 하여 그 사이에서 직책과 능력에 따라 결정하는 것이 바람직하다.

㉡ 보수의 결정요인

ⓐ **일반 수준의 결정요인**(대외적 비교성): 공무원의 경우, 민간부문과 비교해 보수를 지급한다 하더라도 직책의 시장가격의 결정이 어렵기 때문에 민간기업 보수의 평균치를 기준으로 하여 보수를 결정하는 것이 일반적이다. 그러나 이 경우에도 공무원과 민간기업의 직종이 서로 다르고 직급이 다양하기 때문에 기준치의 설정이 어렵기는 마찬가지이다. 따라서 비교의 기준을 설정하기 위한 또 하나의 기준이 설정되어야 한다. 비교할 행정직의 대표 직급의 선정과 비교할 기업의 산업별·규모별·지역별 평균치의 설정과 비교기간의 설정, 비교시기의 결정 등이 그에 해당된다.

경제적 요인 (상한선)	• 국민소득 수준(조세부담능력), 정부의 지불능력(재정능력), 민간의 임금 수준, 일반물가 수준, 경제정책 등 • 보수를 지나치게 낮게 책정하면 우수한 인재를 사회의 다른 부문에 빼앗기게 되고, 지나치게 높게 책정하면 사회의 다른 부문의 인력을 빼앗아 오게 되어 사회 전체의 효율을 떨어뜨릴 우려가 있음
사회·윤리적 요인(하한선)	• 정부는 모범 고용주로서 공무원에게 생계비를 지급하여야 할 특별한 사회적·윤리적 의무를 가지고 있음 • 생계비를 결정하는 데에 생활 수준(빈곤 수준, 최저 생활 수준, 건강 및 체면 유지 수준, 안락 수준, 문화 수준 등)이 문제가 됨 • 공무원의 생계비는 건강 및 체면 유지 수준 정도는 지급되어야 함
정책적 요인	• 보수를 근무에 대한 반대급부로 지급한다는 소극적 입장을 지양하고 근무의욕을 제고하고 자극하는 수단으로서 이용이 가능하도록 정책적 고려가 있어야 함
부가적 요인	• 공무원이 보수 이외에 받는 편익·특혜를 말함 • 근무조건, 사회복지제도, 휴가·병가제도, 연금·퇴직수당, 신분보장, 기타 부수입 등

바로 확인문제

35 2002 입법고시

공무원 보수의 결정에 관한 다음 내용 중 가장 옳지 <u>않은</u> 것은?

① 민간부문에 비해 업무수행에 대한 성과를 금전적으로 환산하는 것이 상대적으로 어렵다.

② 보수의 전체 수준이 민간부문에 비해 낮은 편이고 경제발전이나 물가인상에 따른 조정시기도 사기업에 비해 늦은 경향이 있다.

③ 일반적으로 공직자에게 청빈성을 강조하는 전통과 인플레이션을 초래할 가능성에 대한 우려 때문에 공무원 보수를 높이지 않으려는 경향이 있다.

④ 공무원의 경우 노동권의 제약을 받는다는 사실이 공무원 보수를 사기업에 비해 상대적으로 적게 만드는 원인의 하나로 보기 힘들다.

⑤ 공직의 경우 엄격한 직위분류를 이용한다고 해도 민간부문에서 노동의 비교치를 찾기 곤란한 직무들이 많이 있다.

36 2009 지방직 7급

공무원 보수에 대한 설명으로 옳지 <u>않은</u> 것은?

① 계급제를 채택하고 있는 나라의 경우 수당의 종류가 많은 것이 일반적이다.

② 한국, 영국, 미국에서의 공무원 보수 수준 결정은 주로 대내적 상대성 원칙을 따르고 있다.

③ 우리나라에서는 총액인건비 내에서 조직, 보수제도를 성과 향상을 위한 인센티브제로 활용하여 성과 중심의 조직을 운영할 수 있다.

④ 성과급제도는 개인 및 집단이 수행한 작업성과에 기초하여 보수를 차등하여 지급하는 것을 의미하며 우리나라에서는 1990년대 후반에 도입되었다.

37

"공무원의 보수 수준은 ( )을(를) 상한선으로 하고, ( )을(를) 하한선으로 하여 결정되는 것이 바람직하다."라고 할 때 ( ) 안에 들어갈 내용으로 적합한 것은?

① 민간부문의 최고임금, 민간부문의 평균임금
② 공무원의 성과, 공직의 시장가격
③ 정부의 재정력, 공무원의 생계비
④ 민간부문의 평균임금, 공직의 시장가격

38

공무원의 보수 수준 결정 시 고려해야 할 요인과 가장 거리가 먼 것은?

① 생계비
② 민간부문의 임금 수준
③ 정부의 지불능력
④ 물가 및 인사정책
⑤ 외국공무원의 보수 수준

39

공무원 보수를 결정하는 데 있어서 고려사항으로 보기 어려운 것은?

① 최저생계비
② 국내 민간기업의 보수 수준
③ 국가의 재정부담능력
④ 선진국의 공무원 보수 수준

40

공무원 보수의 유형에 대한 설명으로 옳지 않은 것은?

① 직능급은 자격증을 갖춘 유능한 인재의 확보에 유리하다.
② 연공급은 근속연수를 기준으로 하기 때문에 전문기술인력 확보에 유리하다.
③ 직무급은 동일노동에 대한 동일임금이라는 합리적인 보수 책정이 가능하다.
④ 성과급은 결과를 중시하며 변동급의 성격을 가진다.

ⓑ **차별 수준의 결정요인**(대내적 상대성): 조직 내부의 상대적 관계를 고려하여 보수액의 고저를 결정하는 경우의 고려 요인으로는, 근무조건·근무내용·근무능력·근무연한·부양가족 수·근무성적·학력·자격 등을 들 수 있다.

▌공무원 보수의 일반 수준

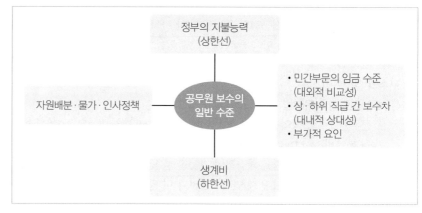

③ 보수의 제계

㉠ **기본급과 부가급**
　ⓐ **기본급**(봉급): 기본급은 일반적으로 공무원의 자격·능력·학력·연령·근무연한, 계급, 직무의 질과 양, 직무환경 등에 의하여 결정되며, 일정 시간의 근무에 대하여 지급되는 고정급을 의미한다.
　ⓑ **부가급**(수당): 기본급을 보충하는 성질을 가진 것으로서, 특수한 근무조건·생활조건을 고려하거나 또는 능률 증진의 목적을 위하여 지급되는 부수적 보수이다. 보수행정의 합리화 정도가 낮거나 계급제를 채택하고 있는 나라의 경우, 수당의 종류가 많은 것이 일반적이다.
㉡ **생활급 체계**
　ⓐ 공무원의 생계비를 기준으로 한 보수이다.
　ⓑ 계급제를 채택하고 있는 국가와 대부분의 신생국에서 보수체계의 기초로 삼고 있다.
㉢ **연공급 체계**
　ⓐ 연령·근속연수 등을 기준으로 한 보수를 말하며, 장기근속자 확보에 유리하다.
　ⓑ 연령급(연령을 기준으로 보수를 결정)과 근속급(근속연수를 기준으로 보수를 결정)으로 구분된다.

ⓔ **직무급 체계**
  ⓐ 직무의 내용·곤란성·책임도를 기준으로 한 보수를 말한다.
  ⓑ 직위분류제를 채택하고 있는 국가에서 보수체계의 기초로 삼고 있다.
ⓜ **직능급 체계**
  ⓐ 직무수행능력(노동력의 가치)을 기준으로 한 보수를 말한다.
  ⓑ 보수와 직무수행능력을 연계시키는 것은 개인에게 학습과 자기개발, 생산성 향상에 동기를 제공하는 효과를 가진다.

(2) 공무원의 연금 📖 심화편 ▶ P.116

① **연금의 의의**
  ㉠ **개념**: 연금이란 공무원의 노령·퇴직·질병·부상·사망 등에 대하여 상실된 소득을 보충해 주고자 공무원이나 그 가족에게 지급되는 급여를 말한다.
  ㉡ **연금의 법적 성질에 관한 학설**: 은혜설(공로보상설), 생계보장설, 위자료설, 거치보수 등이 있으나, 연금은 당연히 받을 수 있는 거치된 보수로서 공무원의 권리로 인식되는 거치보수설이 통설이다.

② **연금제도의 목적(효용)**
  ㉠ **사회보장적 측면**: 연금제도는 공무원 및 그 가족의 경제적 생활안정 및 복지 향상에 기여한다.
  ㉡ **인사관리적 측면**: 연금제도는 공무원제의 질적 개선 및 행정의 질적 향상, 인사관리의 신진대사 촉진, 공무원의 사기앙양 및 근무성적의 향상 등에 기여한다.

③ **연금재원의 조성방법**
  ㉠ **기금제와 비기금제**
    ⓐ **기금제(적립방식)**: 공무원의 기여금과 정부의 부담금으로 기금을 조성하고, 기금과 기금 수익으로 연금 지급에 충당하는 제도이다. 따라서 기금 수익을 통해 장기 비용 부담을 덜어 제도의 안정적인 운영과 연금재정 및 급여의 안정성 유지가 가능하며, 인구구조의 변화나 경기 변동에 영향을 덜 받는다.
    ⓑ **비기금제(부과방식)**: 재직 공무원으로부터 갹출한 수입과 정부예산으로 연금지출에 소요되는 자원을 충당하는 방식이다.
  ㉡ **기여제와 비기여제**
    ⓐ **기여제**: 기여제는 연금재원을 정부와 공무원이 공동으로 부담하는 제도를 말한다.
    ⓑ **비기여제**: 비기여제는 재원 조성을 정부만이 부담하는 제도이다.

④ **우리나라의 연금제도**
  ㉠ **연금재원의 조성방법**: 연금기금의 재원은 정부의 부담금과 공무원의 기여금에 의하여 조성되고 있다. 즉, 기금제 및 기여제를 채택하고 있다.
  ㉡ **연금법 적용 대상**: 국가 및 지방공무원 등이 포함된다.[4] 단, 군인과 선거에 의하여 취임하는 공무원은 제외한다.

---

4) 공무원 연금제도의 적용 대상을 시간선택제 채용 공무원, 청원경찰 등으로 확대하여 공무원 간의 형평성을 제고하였다.

41   2011 국가직 7급
공무원연금제도에 대한 설명으로 옳지 <u>않은</u> 것은?
① 우리나라 「공무원연금법」의 적용 대상에는 장관도 포함된다.
② 우리나라의 공무원연금제도는 기금제(pre-funding system 또는 funded plan)를 채택하고 있다.
③ 기금제는 운용·관리 비용이 적게 든다는 장점이 있다.
④ 기금제를 채택하는 경우 기금 조성의 비용을 정부에서 단독 부담하는 제도를 비기여제(non-contributory system)라 한다.

42   2017 지방직 9급 추가채용
공무원연금은 재원의 형성방식에 따라 부과방식과 적립방식으로 나눌 수 있다. 부과방식과 비교한 적립방식의 장점이 <u>아닌</u> 것은?
① 인구구조의 변화나 경기 변동에 영향을 덜 받는다.
② 인플레이션이 심하더라도 연금급여의 실질가치를 유지할 수 있다.
③ 연금재정 및 급여의 안정성을 꾀할 수 있다.
④ 기금 수익을 통해 장기 비용 부담을 덜어 제도의 안정적인 운영이 가능하다.

43   2019 국가직 7급
공무원연금제도에 대한 설명으로 옳은 것은?
① 비기금제는 적립된 기금 없이 연금급여가 발생할 때마다 필요한 비용을 조달하여 지급하는 방식으로 미국 등이 채택하고 있다.
② 2009년 연금 개혁으로 공무원연금의 적용대상이 확대됨에 따라 공무원연금공단 직원도 대상에 포함하게 되었다.
③ 공무원연금제도는 행정안전부가 관장하고, 그 집행은 공무원연금공단에서 실시하고 있다.
④ 비기여제는 정부가 연금재원의 전액을 부담하는 제도이다.

우리나라 공무원연금제도에 대한 설명으로 옳지 않은 것은?

① 공무원연금제도의 주무부처는 인사혁신처이며, 공무원연금기금은 공무원연금공단이 관리·운용한다.
② 공무원연금제도는 기금제를 채택하고 있다.
③ 공무원연금제도는 기여제를 채택하고 있다.
④ 기여금을 부담하는 재직기간은 최대 36년까지이다.
⑤ 퇴직수당은 공무원과 정부가 분담한다.

공무원단체활동 제한론의 근거로 옳지 않은 것은?

① 실적주의 원칙을 침해할 우려가 있다.
② 공무원의 정치적 중립성이 훼손될 수 있다.
③ 공직 내 의사소통을 약화시킨다.
④ 보수 인상 등 복지 요구 확대는 국민 부담으로 이어진다.

2 인간관계관리: 인사상담, 제안제도, 공무원단체 등

(1) 인사상담, 제안제도 📖 PDF ▶ P.58

(2) 공무원단체

① 개념
　㉠ 광의: 공무원의 권익을 옹호하고 근무조건을 유지·개선하기 위하여 공무원이 조직하는 모든 단체·연합체를 말한다.
　㉡ 협의: 공무원 노동조합의 형태를 갖춘 공식적인 단체만을 의미한다.

② 필요성(효용)
　㉠ 공무원의 집단의견·이익의 효율적 표출·반영을 가능하게 하며, 이를 통해 공무원의 복리 증진에 기여할 수 있다.
　㉡ 관리층이 일반직원들의 실태·태도·의견을 파악하는 데에 유용한 수단이 된다.
　㉢ 관리층과의 협상과정에서 관리층과 직원 간의 의사통로를 마련해 주며, 상호 이해의 증진과 인간관계의 개선에 기여하고 협의를 통한 대내행정의 민주화를 꾀할 수 있다.
　㉣ 귀속감·일체감·참여감·세력감·성취감 등의 충족으로 사기가 높아진다.
　㉤ 행정윤리의 확립, 실적주의의 강화, 행정관리의 개선과 공무원의 질적 향상, 부패의 방지 등 행정 개선에 기여한다.

③ 활동내용
　㉠ 단결권
　　ⓐ 단결권은 공무원들이 근로조건의 유지·개선을 목적으로 관리층과 대등한 교섭력을 가지는 자주적 단체를 구성할 수 있는 권리이다.
　　ⓑ 대부분의 국가에서 공무원의 단결권을 인정하고 있다.
　㉡ 단체교섭권
　　ⓐ 단체교섭권이란 공무원의 근로조건 개선(⑩ 근로시간, 휴가, 주차공간, 작업안전, 보수·임금 등)에 관하여 공무원조합이 관리층과 자주적으로 협의·교섭할 수 있는 권리를 말한다.
　　ⓑ 공무원의 단결권을 인정하고 있는 국가에서는 많고 적음에 관계없이 어떤 형태로든 단체교섭권이 인정되고 있다.
　㉢ 단체행동권
　　ⓐ 단체행동권이란 단체교섭이 순조롭게 진행되지 않아 분쟁 상태가 생긴 경우에 공무원단체가 파업이나 태업 등으로 실력행사를 할 수 있는 권리를 말한다.
　　ⓑ 행정의 공공적 성격으로 공무원의 단체행동권은 대부분의 국가에서 금지 또는 제한되고 있다.

④ 우리나라 공무원단체의 현황
　㉠ 「헌법」(제33조 제2항)은 "공무원인 근로자는 법률이 정하는 자에 한하여 단결권·단체교섭권 및 단체행동권을 가진다."라고 규정하고 있다.
　㉡ 「국가공무원법」(제66조)은 "공무원은 노동운동이나 그 밖에 공무 외의 일을 위한 집단적 행위를 하여서는 아니 된다. 다만, 대통령령 등으로 정하는 사실상 노무에 종사하는 공무원(우정직 공무원)은 예외로 한다."라고 규정하고 있다.

ⓒ 「공무원직장협의회의 설립·운영에 관한 법률」에 근거하여 1999년 이후 직장협의회가 인정되고 있다.

ⓔ 「공무원의 노동조합 설립 및 운영 등에 관한 법률」이 2005년 제정되어 2006년 시행되었다.

⑤ 「공무원의 노동조합 설립 및 운영 등에 관한 법률」의 주요 내용

제2조 【정의】 이 법에서 "공무원"이란 「국가공무원법」 제2조 및 「지방공무원법」 제2조에서 규정하고 있는 공무원을 말한다. 다만, 「국가공무원법」 제66조 제1항 단서 및 「지방공무원법」 제58조 제1항 단서에 따른 사실상 노무에 종사하는 공무원과 「교원의 노동조합 설립 및 운영 등에 관한 법률」의 적용을 받는 교원인 공무원은 제외한다.

제4조 【정치활동의 금지】 노동조합과 그 조합원은 정치활동을 하여서는 아니 된다.

제5조 【노동조합의 설립】 ① 공무원이 노동조합을 설립하려는 경우에는 국회·법원·헌법재판소·선거관리위원회·행정부·특별시·광역시·특별자치시·도·특별자치도·시·군·(자치)구 및 특별시·광역시·특별자치시·도·특별자치도의 교육청을 최소 단위로 한다.
② 노동조합을 설립하려는 사람은 고용노동부장관에게 설립신고서를 제출하여야 한다.

제6조 【가입 범위】 ① 노동조합에 가입할 수 있는 사람의 범위는 다음 각 호와 같다.
1. 일반직 공무원
2. 특정직 공무원 중 외무영사직렬·외교정보기술직렬 외무공무원, 소방공무원 및 교육공무원(다만, 교원은 제외한다)
3. 별정직 공무원
4. 제1호부터 제3호까지의 어느 하나에 해당하는 공무원이었던 사람으로서 노동조합 규약으로 정하는 사람
5. 삭제 〈2011. 5. 23.〉
② 제1항에도 불구하고 다음 각 호의 어느 하나에 해당하는 공무원은 노동조합에 가입할 수 없다.
1. 업무의 주된 내용이 다른 공무원에 대하여 지휘·감독권을 행사하거나 다른 공무원의 업무를 총괄하는 업무에 종사하는 공무원
2. 업무의 주된 내용이 인사·보수 또는 노동관계의 조정·감독 등 노동조합의 조합원 지위를 가지고 수행하기에 적절하지 아니한 업무에 종사하는 공무원
3. 교정·수사 등 공공의 안녕과 국가안전보장에 관한 업무에 종사하는 공무원
4. 삭제 〈2021. 1. 5.〉
③ 삭제 〈2021. 1. 5.〉

제7조 【노동조합 전임자의 지위】 ① 공무원은 임용권자의 동의를 받아 노동조합으로부터 급여를 지급받으면서 노동조합의 업무에만 종사할 수 있다.
② 제1항에 따른 동의를 받아 노동조합의 업무에만 종사하는 사람[이하 "전임자"(專任者)라 한다]에 대하여는 그 기간 중 「국가공무원법」 제71조 또는 「지방공무원법」 제63조에 따라 휴직명령을 하여야 한다.
③ 삭제 〈2022. 6. 10.〉
④ 국가와 지방자치단체는 공무원이 전임자임을 이유로 승급이나 그 밖에 신분과 관련하여 불리한 처우를 하여서는 아니 된다.

제7조의2 【근무시간 면제자 등】 ① 공무원은 단체협약으로 정하거나 제8조 제1항의 정부교섭대표(이하 이 조 및 제7조의3에서 "정부교섭대표"라 한다)가 동의하는 경우 제2항 및 제3항에 따라 결정된 근무시간 면제 한도를 초과하지 아니하는 범위에서 보수의 손실 없이 정부교섭대표와의 협의·교섭, 고충처리, 안전·보건활동 등 이 법 또는 다른 법률에서 정하는 업무와 건전한 노사관계 발전을 위한 노동조합의 유지·관리업무를 할 수 있다.
② 근무시간 면제 시간 및 사용인원의 한도(이하 "근무시간 면제 한도"라 한다)를 정하기 위하여 공무원근무시간면제심의위원회(이하 이 조에서 "심의위원회"라 한다)를 「경제사회노동위원회법」에 따른 경제사회노동위원회에 둔다.

46 2004 국회직 8급

최근 공무원단체의 존재 여부 및 그 활동 범위에 대한 논의가 활발하다. 다음 설명 중 공무원단체 설립이 가져올 수 있는 긍정적 효과로 볼 수 없는 것은?

① 공무원단체 활동은 구성원들의 귀속감과 일체감 형성에 도움을 주기 때문에 하위직 공무원들의 사기진작에 긍정적 영향을 미친다.

② 공무원단체는 행정관리 개선과 공무원의 질적 향상, 행정윤리의 확립, 공무원부패 방지, 행정과정의 민주화 등에 이바지할 수 있다.

③ 공무원단체는 관리층이 구성원들의 의견을 파악하고자 하는 경우 도움을 줄 수 있다.

④ 공무원은 공무원단체를 통하여 입법부와 관리층에 그들의 입장과 의견을 표시할 수 있다.

⑤ 공무원단체 설립은 공공부문 인력관리의 탄력성을 제고시키고 관리층의 인사권을 확대할 수 있다.

47 2020 국회직 8급

우리나라 공무원 노동조합에 대한 설명으로 옳지 않은 것은?

① 공무원 노동조합 활동을 전담하는 전임자는 인정되지 않는다.

② 공무원 노동조합은 고용노동부장관에게 설립신고를 하여야 한다.

③ 공무원 노동조합은 2개 이상의 단위에 걸치는 노동조합이나 그 연합단체도 허용하고 있다.

④ 단체교섭의 대상은 조합원의 보수·복지, 그 밖의 근무조건 등에 관한 사항이다.

⑤ 5급 이상의 일반직 공무원은 공무원 노동조합에 가입할 수 있다.

48

공무원 노동조합에 대한 설명으로 옳은 것은?

① 노동조합과 그 조합원은 정치활동이 허용된다.

② 6급 이하의 일반직 공무원만 노동조합에 가입할 수 있다.

③ 퇴직공무원도 노동조합에 가입할 수 있다.

④ 소방공무원과 교원은 노동조합 가입이 허용되지 않는다.

⑤ 교정·수사 등에 관한 업무에 종사하는 공무원은 노동조합에 가입할 수 있다.

49

공무원에게 노동조합의 결성을 허용하고 단체교섭권을 부여할 때 단체교섭의 대상으로 가장 거리가 먼 것은?

① 임금 및 승진   ② 휴가
③ 근로시간   ④ 작업안전

50

「공무원의 노동조합 설립 및 운영 등에 관한 법률」상 단체교섭 대상은?

① 기관의 조직 및 정원에 관한 사항

② 조합원의 보수에 관한 사항

③ 예산·기금의 편성 및 집행에 관한 사항

④ 정책의 기획 등 정책결정에 관한 사항

③ 심의위원회는 제5조 제1항에 따른 노동조합 설립 최소 단위를 기준으로 조합원(제6조 제1항 제1호부터 제3호까지의 규정에 해당하는 조합원을 말한다)의 수를 고려하되 노동조합의 조직형태, 교섭구조·범위 등 공무원 노사관계의 특성을 반영하여 근무시간 면제 한도를 심의·의결하고, 3년마다 그 적정성 여부를 재심의하여 의결할 수 있다.

④ 제1항을 위반하여 근무시간 면제 한도를 초과하는 내용을 정한 단체협약 또는 정부교섭대표의 동의는 그 부분에 한정하여 무효로 한다.

제7조의3【근무시간 면제 사용의 정보 공개】 정부교섭대표는 국민이 알 수 있도록 전년도에 노동조합별로 근무시간을 면제받은 시간 및 사용인원, 지급된 보수 등에 관한 정보를 대통령령으로 정하는 바에 따라 공개하여야 한다. 이 경우 정부교섭대표가 아닌 임용권자는 정부교섭대표에게 해당 기관의 근무시간 면제 관련 자료를 제출하여야 한다.

제8조【교섭 및 체결 권한 등】 ① 노동조합의 대표자는 그 노동조합에 관한 사항 또는 조합원의 보수·복지, 그 밖의 근무조건에 관하여 국회사무총장·법원행정처장·헌법재판소사무처장·중앙선거관리위원회사무총장·인사혁신처장(행정부를 대표)·특별시장·광역시장·특별자치시장·도지사·특별자치도지사·시장·군수·(자치)구청장 또는 특별시·광역시·특별자치시·도·특별자치도의 교육감 중 어느 하나에 해당하는 사람(정부교섭대표)과 각각 교섭하고 단체협약을 체결할 권한을 가진다. 다만, 법령 등에 따라 국가나 지방자치단체가 그 권한으로 행하는 정책결정에 관한 사항, 임용권의 행사 등 그 기관의 관리·운영에 관한 사항으로서 근무조건과 직접 관련되지 아니하는 사항은 교섭의 대상이 될 수 없다.

제11조【쟁의행위의 금지】 노동조합과 그 조합원은 파업, 태업 또는 그 밖에 업무의 정상적인 운영을 방해하는 어떠한 행위도 하여서는 아니 된다.

제17조【다른 법률과의 관계】 ① 이 법의 규정은 공무원이 「공무원직장협의회의 설립·운영에 관한 법률」에 따라 직장협의회를 설립·운영하는 것을 방해하지 아니한다.

제18조【벌칙】 제11조를 위반하여 파업, 태업 또는 그 밖에 업무의 정상적인 운영을 방해하는 행위를 한 자는 5년 이하의 징역 또는 5천만 원 이하의 벌금에 처한다.

03 인사행정의 3대 변수

❶ 임용

- 결격사유와 당연퇴직
- 시험의 타당도와 신뢰도

시험성적 ──타당도──▶ 근무 성적
신뢰도

- 실적주의 ◀▶ 4대 균형인사 = (장애인, 이공계, 양성평등, 지역별 균형인사)
  \+
  저소득층
  ॥
  대표관료제

❷ 능력발전

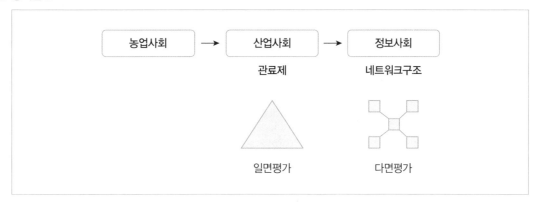

농업사회 → 산업사회 → 정보사회
관료제   네트워크구조

일면평가   다면평가

❸ 사기앙양

경제적 요인 ─┬─ 보수 – 대외적 비교성, 대내적 상대성
            └─ 연금 – 기금제·비기금제, 기여제·비기여제

심리적 요인 ─┬─ 인사상담 제안제도
            └─ 공무원단체   지휘·감독 등
                           직급 제한 폐지

CHAPTER

04 근무규율

☐ 1 회독   월   일
☐ 2 회독   월   일
☐ 3 회독   월   일
☐ 4 회독   월   일
☐ 5 회독   월   일

01 공직윤리(행정윤리)
02 신분보장
03 공직부패

정답과 해설 ▶ P.66

바로 확인문제

01   2020 지방직(=서울시) 7급

「국가공무원법」상 공직윤리에 위배되는 행위는?

① 공무원 甲은 소속 상관에게 직무상 관계가 없는 증여를 하였다.
② 공무원 乙은 소속기관장의 허가를 받아 다른 직무를 겸하였다.
③ 수사기관이 현행범인 공무원 丙을 소속 기관의 장에게 미리 통보하지 않고 구속하였다.
④ 공무원 丁은 대통령의 허가를 받고 외국 정부로부터 증여를 받았다.

02   2023 국가직 7급

우리나라의 공무원 복무와 징계에 대한 설명으로 옳은 것은?

① 공무원은 직무상의 관계가 있든 없든 그 소속 상관에게 증여하거나 소속 공무원으로부터 증여를 받아서는 아니 된다.
② 중징계의 일종인 파면의 경우 5년간 공무원으로 재임용될 수 없으나, 연금급여의 불이익은 없다.
③ 공무원은 어떠한 경우에도 자신의 직무권한을 행사하여 직무관련자로부터 사적 노무를 제공받아서는 아니 된다.
④ 감봉은 경징계에 해당하며 1개월 이상 3개월 이하 기간 동안 직무에 종사하지 못하고, 보수의 1/3을 삭감하는 처분이다.

01 공직윤리(행정윤리)

1 공무원의 행동규범

「국가공무원법」과 「공직자윤리법」은 기본적으로 부정부패를 방지하기 위한 추상적이고 소극적 윤리를 강조하고 있는 반면, 취임선서와 복무선서 및 공무원의 윤리헌장과 신조 등은 봉사와 충성, 창의성과 책임성 등 구체적이고 적극적 윤리를 강조하고 있다.

(1) 「국가공무원법」상 법적 의무

기본적 의무	성실의무
직무상 의무	선서의 의무, 복종의 의무, 직장이탈의 금지, 친절·공정의 의무, 종교 중립의 의무, 영리업무 및 겸직금지
신분상 의무	비밀 엄수의 의무, 청렴의 의무, 품위 유지의 의무, 영예 등의 수령 규제, 정치운동의 금지, 집단행위의 금지

① **성실의무**: 「국가공무원법」상의 다른 의무를 파생시키는 근원적인 의무이다. 이는 법치국가에서 당연시되는 의무이다.
② **선서의 의무**: 공무원은 취임할 때 소속기관장 앞에서 선서하여야 한다.
③ **복종의 의무**: 직무를 수행하는 데 소속 상관의 직무상의 명령에 복종하여야 한다.
④ **직장이탈의 금지**: 소속 상관의 허가 또는 정당한 이유 없이 직장을 이탈하지 못한다.
⑤ **친절·공정의 의무**: 공무원은 국민 전체의 봉사자로서 친절·공정하게 직무를 수행하여야 한다.
⑥ **종교 중립의 의무**: 공무원은 종교에 따른 차별 없이 직무를 수행하여야 하며, 소속 상관이 이에 위배되는 직무상 명령을 한 경우에는 이에 따르지 아니할 수 있다.
⑦ **영리업무 및 겸직 금지**: 공무원은 공무 이외의 영리를 목적으로 하는 업무에 종사하지 못하며 소속기관장의 허가 없이 다른 직무를 겸할 수 없다.
⑧ **비밀 엄수의 의무**: 공무원은 재직 중은 물론 퇴직 후에도 직무상 지득한 비밀을 엄수하여야 한다.
⑨ **청렴의 의무**: 공무원은 직무와 관련하여 직접 또는 간접을 불문하고 사례·증여 또는 향응을 수수할 수 없다.

⑩ **품위 유지의 의무**: 공무원은 직무의 내외를 불문하고 품위를 손상하는 행위를 하여서는 아니 된다.

⑪ **영예 등의 수령 규제**: 공무원이 외국 정부로부터 영예 또는 증여를 받을 경우에는 대통령의 허가를 얻어야 한다.

⑫ **정치운동의 금지**: 공무원은 정당이나 그 밖의 정치단체의 결성에 관여하거나 가입할 수 없다. 이는 정치적 중립성에 관련되는 의무로서 정치적 중립성을 다루는 부분에서 구체적으로 살펴볼 것이다.

⑬ **집단행위의 금지**: 공무원은 노동운동이나 그 밖에 공무 외의 일을 위한 집단행위를 하여서는 아니 된다. 다만, 사실상 노무에 종사하는 공무원은 예외로 하며, 노동조합에 가입된 자가 조합 업무에 전임하려면 소속 장관의 허가를 받아야 한다.

(2) 「공직자윤리법」상 법적 의무

① **이해충돌 방지의 의무**: 국가 또는 지방자치단체는 공직자가 수행하는 직무가 공직자의 재산상 이해와 관련되어 공정한 직무수행이 어려운 상황이 일어나지 아니하도록 노력하여야 한다.

② **재산등록 및 재산공개의 의무**
　㉠ 일반직 공무원의 경우 4급 이상(정부출연기관 임원 포함)이 등록 대상이고, 1급 이상이 공개 대상이 된다.
　㉡ 등록의무자가 정당한 사유 없이 재산등록을 거부한 때에는 1년 이하의 징역 또는 1천만 원 이하의 벌금에 처한다.

③ **주식의 매각 또는 신탁 의무**
　㉠ 재산공개대상자와 기획재정부 및 금융위원회 소속 공무원 중 대통령령으로 정하는 사람(4급 이상)은 본인 및 그 이해관계자 모두가 보유한 주식의 총 가액이 1천만 원 이상 5천만 원 이하의 범위에서 대통령령으로 정하는 금액(3천만 원)을 초과할 때에는 초과하게 된 날부터 2개월 이내에 해당 주식의 매각 또는 주식백지신탁을 직접하거나 이해관계자로 하여금 하도록 하고 그 행위를 한 사실을 등록기관에 신고하여야 한다.
　㉡ 공개대상자 등이 정당한 사유 없이 자신이 보유하는 주식을 매각 또는 백지신탁하지 아니한 때에는 1년 이하의 징역 또는 1천만 원 이하의 벌금에 처한다.

④ **선물신고의 의무**: 공무원(지방의회의원 포함) 또는 공직유관단체의 임·직원과 이들의 가족이 외국 또는 그 직무와 관련하여 외국인(외국단체를 포함)으로부터 일정가액 이상의 선물(10만 원 이상)을 받은 때에는 지체 없이 소속기관·단체의 장에게 신고하고 당해 선물을 인도하여야 하며 신고된 선물은 신고 즉시 국가 또는 지방자치단체에 귀속된다.

⑤ **퇴직 공직자의 취업 제한 의무**
　㉠ 「공직자윤리법」상 재산등록의무자와 부당한 영향력 행사 가능성 및 공정한 직무수행을 저해할 가능성 등을 고려하여 대통령령 등으로 정하는 공무원과 공직유관단체의 직원(취업심사대상자)은 퇴직일부터 3년간 취업심사대상기관에 취업할 수 없다. 다만, 관할 공직자윤리위원회로부터 취업심사대상자가 퇴직전 5년 동안 소속하였던 부서 또는 기관의 업무와 취업심사대상기관 간에 밀접한 관련성이 없다는 확인을 받거나 취업승인을 받은 때에는 취업할 수 있다.

03   2021 국가직 9급

「국가공무원법」에 명시된 공무원의 의무에 해당하지 않는 것은?

① 부패행위 신고의무
② 품위 유지의 의무
③ 복종의 의무
④ 성실 의무

04   2023 지방직 7급

공직윤리 관련 제도에 대한 설명으로 옳지 않은 것은?

① 공익신고자의 동의 없이 공익신고자의 인적사항 등을 다른 사람에게 알려주거나 공개할 경우, 징역 또는 벌금 등 법적 제재 대상이 된다.
② 지방공무원이 외국 정부로부터 영예나 증여를 받을 경우에는 소속 지방자치단체장의 허가를 받아야 한다.
③ 「공직자윤리법」을 통해 이해 충돌 방지 의무를 규정하고 주식백지신탁 제도를 도입하였다.
④ 「공직자윤리법」상 재산 등록의무자 모두가 등록재산 공개대상은 아니다.

05   2021 군무원 9급

우리나라 「공직자윤리법」에 규정된 내용에 해당하지 않은 것은?

① 주식백지신탁
② 퇴직공직자의 취업제한
③ 선물신고
④ 상벌사항 공개

06   2020 군무원 9급

「공직자윤리법」상 재산등록 및 공개에 대한 설명으로 가장 옳지 않은 것은?

① 공직유관 단체에는 공기업이 포함된다.
② 재산등록의무자는 5급 이상의 국가공무원 및 지방공무원과 이에 상당하는 보수를 받는 별정직 공무원이다.
③ 등록할 재산에는 본인의 직계존속 것도 포함된다.
④ 등록할 재산에 혼인한 직계비속인 여성 것은 제외한다.

07

공직윤리확보를 위한 제도에 대한 설명으로 옳지 않은 것은?

① 국민권익위원회는 공익신고자 등으로부터 보호조치를 신청 받은 때에는 바로 공익신고자 등이 공익신고 등을 이유로 불이익조치를 받았는지에 대한 조사를 시작하여야 한다.

② 취업심사대상자는 퇴직 전 3년 동안 소속하였던 부서의 업무와 밀접한 관련이 있는 기관에 퇴직일로부터 5년간 취업할 수 없다. 단, 관할 공직자윤리위원회로부터 취업 승인을 받은 경우는 예외로 한다.

③ 재직자는 퇴직공직자로부터 직무와 관련한 청탁 또는 알선을 받은 경우 이를 소속기관의 장에게 신고하여야 한다.

④ 국민권익위원회는 접수된 부패행위신고사항을 그 접수일부터 60일 이내에 처리하여야 한다. 단, 신고내용의 특정에 필요한 사항을 확인하기 위한 보완 등이 필요하다고 인정되는 경우에는 그 기간을 30일 이내에서 연장할 수 있다.

08

「부정청탁 및 금품 등 수수의 금지에 관한 법률」(일명 김영란법) 및 동법 시행령에 규정된 내용 중 가장 옳지 **않은** 것은?

① 누구든지 직접 또는 제3자를 통하여 법에 규정된 직무를 수행하는 공직자 등에게 부정청탁을 해서는 아니 된다.

② 공직자 등이 직무와 관련하여 1회 100만 원 이하의 금품을 수수하는 경우 형사 처벌할 수 있다.

③ 이 법의 적용대상은 언론사의 임직원은 물론 그 배우자를 포함한다.

④ 경조사비는 축의금, 조의금은 5만 원까지 가능하고, 축의금과 조의금을 대신하는 화환이나 조화는 10만 원까지 가능하다.

ⓛ 관할 공직자윤리위원회는 이를 위반하여 취업한 사람이 있는 때에는 국가기관의 장 또는 지방자치단체의 장에게 해당인에 대한 취업해제조치를 하도록 요청하여야 하며, 요청을 받은 국가기관의 장 또는 지방자치단체의 장은 해당인이 취업하고 있는 취업심사대상기관의 장에게 해당인의 해임을 요구하여야 한다. 해임 요구를 받은 취업심사대상기관의 장은 지체 없이 이에 응하여야 한다. 이 경우 취업심사대상기관의 장은 그 결과를 국가기관의 장 또는 지방자치단체의 장에게 통보하고, 국가기관의 장 또는 지방자치단체의 장은 관할 공직자윤리위원회에 통보하여야 한다. 취업승인을 받지 않고 밀접한 업무관련성이 있는 취업심사대상기관에 취업한 사람은 2년 이하의 징역 또는 2천만 원 이하의 벌금에 처한다.

(3) 「부정청탁 및 금품 등 수수의 금지에 관한 법률」의 주요 내용

① **적용대상**: 공무원뿐만 아니라 사립학교 교직원 및 학교법인 임직원, 언론사의 임직원은 물론 그 배우자를 포함한다.

② **부정청탁의 금지**: 누구든지 직접 또는 제3자를 통하여 법에 규정된 직무를 수행하는 공직자 등에게 부정청탁을 해서는 아니 된다. 공개적으로 공직자 등에게 특성한 행위를 요구하는 행위는 제외한다.

③ **금품 등의 수수 금지**

　ⓐ 공직자 등은 직무 관련 여부 및 기부·후원·증여 등 그 명목에 관계없이 동일인으로부터 1회에 100만 원 또는 매 회계연도에 300만 원을 초과하는 금품 등을 받거나 요구 또는 약속해서는 아니 된다. 이를 위반한 공직자 등은 3년 이하의 징역 또는 3천만 원 이하의 벌금에 처한다.

　ⓑ 공직자 등은 직무와 관련하여 대가성 여부를 불문하고 동일인으로부터 1회에 100만 원 또는 매 회계연도에 300만 원 이하의 금품 등을 받거나 요구 또는 약속해서는 아니 된다. 이를 위반한 공직자 등은 그 위반행위와 관련된 금품 등 가액의 2배 이상, 5배 이하에 상당하는 금액의 과태료를 부과한다.

　ⓒ 음식물은 3만 원, 선물은 5만 원(농수산물, 농수산가공품은 15만 원, 설날·추석 전 24일부터, 후 5일까지 2배(30만원)), 경조사비(축의금·조의금)는 5만 원(화환, 조화는 10만 원)까지 가능하다.

(4) 「공무원 행동강령」의 주요 내용

① **근거**: 「공무원 행동강령」은 공무원이 준수하여야 할 행동기준으로 「부패방지 및 국민권익위원회의 설치와 운영에 관한 법률」에 근거하여 대통령령으로 제정되었다.

② **금품 등의 수수 금지**

　ⓐ 공무원은 직무 관련 여부 및 기부·후원·증여 등 그 명목에 관계없이 동일인으로부터 1회에 100만 원 또는 매 회계연도에 300만 원을 초과하는 금품 등을 받거나 요구 또는 약속해서는 아니 된다.

　ⓑ 공무원은 직무와 관련하여 대가성 여부를 불문하고 동일인으로부터 1회에 100만 원 또는 매 회계연도에 300만 원 이하의 금품 등을 받거나 요구 또는 약속해서는 아니 된다.

ⓒ 외부강의 등에 관한 사례금 또는 다음[1]의 어느 하나에 해당하는 금품 등은 제외한다.

③ OECD 국가들의 행동강령은 1990년대부터 집중적으로 제정되었으며, OECD 국가들은 공무원에게 기대되는 바람직한 행위를 행동강령만이 아니라 법과 지침서 등 다양한 방식으로 규정하고 있다.

(5) 자율적 규제

① **공무원 헌장**(1981년 제정 → 2016년 개정, 대통령 훈령)

우리는 자랑스러운 대한민국의 공무원이다.
우리는 「헌법」이 지향하는 가치를 실현하며 국가에 헌신하고 국민에게 봉사한다.
우리는 국민의 안녕과 행복을 추구하고 조국의 평화 통일과 지속 가능한 발전에 기여한다.
이에 굳은 각오와 다짐으로 다음을 실천한다.
하나. 공익을 우선시하며 투명하고 공정하게 맡은 바 책임을 다한다.
하나. 창의성과 전문성을 바탕으로 업무를 적극적으로 수행한다.
하나. 우리 사회의 다양성을 존중하고 국민과 함께 하는 민주 행정을 구현한다.
하나. 청렴을 생활화하고 규범과 건전한 상식에 따라 행동한다.

② **공무원 복무선서**: 공무원은 취임할 때 복무선서를 하여야 한다.

나는 대한민국 공무원으로서 「헌법」과 법령을 준수하고, 국가를 수호하며, 국민에 대한 봉사자로서의 임무를 성실히 수행할 것을 엄숙히 선서합니다.

2 공무원의 정치적 중립

(1) 정치적 중립의 의의

① **개념**: 공무원이 그 직무를 수행하면서 어떤 정당이 집권하더라도 정치적 특수 이익을 추구하지 않고 법적 의무 또는 공직윤리로서 공평성·비당파성·중립성을 준수하는 것을 의미한다.
② **필요성**(실적주의의 장점과 관련): 공익의 증진, 행정의 안정성·계속성의 유지, 행정의 능률성·전문성의 확보, 공직부패의 방지를 위해 정치적 중립이 필요하다.

(2) 각국의 정치적 중립

① **미국**: 팬들턴(Pendleton)법 및 해치(Hatch)법으로 엄격히 규제되고 있다.
② **한국**: 「국가공무원법」상 엄격히 규제되고 있으나, 현실적으로는 공무원의 정치적 중립이 보장되지 않고 있다.
③ **영국**: 상위 계급만 다소 제약되고 있다.
④ **유럽국가**: 대부분의 유럽대륙국가는 공무원의 정치활동이 자유롭다.

---

1) 1. 중앙행정기관의 장 등이 소속 공무원이나 파견 공무원에게 지급하거나 상급자가 위로·격려·포상 등의 목적으로 하급자에게 제공하는 금품 등. 2. 원활한 직무수행 또는 사교·의례 또는 부조의 목적으로 제공되는 음식물·경조사비·선물 등으로서 중앙행정기관의 장 등이 정하는 가액 범위 안의 금품 등. 3. 사적 거래(증여는 제외한다)로 인한 채무의 이행 등 정당한 권원(權原)에 의하여 제공되는 금품 등. 4. 공무원의 친족(「민법」 제777조에 따른 친족을 말한다)이 제공하는 금품 등. 5. 공무원과 관련된 직원상조회·동호인회·동창회·향우회·친목회·종교단체·사회단체 등이 정하는 기준에 따라 구성원에게 제공하는 금품 등 및 그 소속 구성원 등 공무원과 특별히 장기적·지속적인 친분관계를 맺고 있는 자가 질병·재난 등으로 어려운 처지에 있는 공무원에게 제공하는 금품 등. 6. 공무원의 직무와 관련된 공식적인 행사에서 주최자가 참석자에게 통상적인 범위에서 일률적으로 제공하는 교통, 숙박, 음식물 등의 금품 등. 7. 불특정 다수인에게 배포하기 위한 기념품 또는 홍보용품 등이나 경연·추첨을 통하여 받는 보상 또는 상품 등. 8. 그 밖에 사회상규(社會常規)에 따라 허용되는 금품 등

바로 확인문제

09   2017 서울시 사회복지직 9급
「공무원 행동강령」에 따르면 공무원은 직무 관련 여부 및 기부·후원·증여 등 그 명목에 관계없이 동일인으로부터 1회에 100만 원 또는 매 회계연도에 300만 원을 초과하는 금품 등을 받거나 요구 또는 약속해서는 아니 된다. 그 예외에 해당하지 않는 것은?

① 특정인에게 배포하기 위한 기념품 또는 홍보용품 등이나 경연·추첨을 통하여 받는 보상 또는 상품 등
② 공무원의 친족(「민법」 제777조에 따른 친족)이 제공하는 금품 등
③ 원활한 직무수행 또는 사교·의례 또는 부조의 목적으로 제공되는 음식물·경조사비·선물 등으로서 중앙행정기관의 장 등이 정하는 가액 범위 안의 금품 등
④ 공무원과 관련된 직원상조회·동호인회·동창회·향우회·친목회·종교단체·사회단체 등이 정하는 기준에 따라 구성원에게 제공하는 금품 등 및 그 소속 구성원 등 공무원과 특별히 장기적·지속적인 친분관계를 맺고 있는 자가 질병·재난 등으로 어려운 처지에 있는 공무원에게 제공하는 금품 등

10   2016 국가직 9급
공직윤리 확보를 위한 행동강령(code of conduct)에 대한 설명으로 옳지 않은 것은?

① 행동강령은 공무원에게 기대되는 바람직한 가치판단이나 의사결정을 담고 있으며, 공무원이 준수하여야 할 행동기준으로 작용한다.
② 「공무원 행동강령」은 「부패방지 및 국민권익위원회의 설치와 운영에 관한 법률」 제8조에 근거해 대통령령으로 제정되었다.
③ 「공무원 행동강령」은 중앙행정기관의 장 등에게 「공무원 행동강령」의 시행에 필요한 범위에서 해당 기관의 특성에 적합한 세부적인 기관별 공무원 행동강령을 제정하도록 규정하고 있다.
④ OECD 국가들의 행동강령은 1970년대부터 집중적으로 제정되었으며, 주로 법률 형식으로 규정하고 있다.

11

공익에 대한 설명으로 옳은 것은?

① 「국가공무원법」은 제1조에서 공무원은 국민 전체의 봉사자로서 공익을 추구해야 함을 명시하고 있다.

② 공무원 헌장은 공무원이 실천해야 하는 가치로 공익을 명시하고 있다.

③ 신공공서비스론에서는 공익을 행정의 목적이 아닌 부산물로 보아야 한다는 점을 강조한다.

④ 공익에 대한 실체설에서는 공익을 사익 간 타협 또는 집단 간 상호작용의 산물로 본다.

12

우리나라 「지방공무원법」은 공무원이 선거에서 특정 정당 또는 특정인을 지지하거나 반대하기 위해 다음 중 어떤 행위를 하면 안 되도록 규정하고 있는가?

① 타인에게 정치단체에 가입하게 하거나 가입하지 아니하도록 권유

② 특정 후보에 대한 자신의 지지 또는 반대의사를 나타냄

③ 타인이 어떤 후보나 정당을 지지하고 있는지를 말하도록 유도

④ 집권 정당에 대한 비판

⑤ 야당에 대한 지지 의사 표현

13

공무원의 정치적 중립의 정당화 근거로 옳지 않은 것은?

① 엽관주의의 폐해를 극복하여 행정의 안정성과 전문성을 제고할 수 있다.

② 공무원은 국민 전체의 이익을 위해 공평무사하게 봉사해야 하는 신분이다.

③ 공무원의 정치적 기본권을 강화하여 공직의 계속성을 제고할 수 있다.

④ 공명선거를 통해 민주적 기본질서를 제고할 수 있다.

(3) 우리나라의 정치적 중립

① 「헌법」 제7조: "공무원은 국민 전체에 대한 봉사자로서 국민에 대하여 책임을 진다. 공무원의 신분과 정치적 중립성은 법률이 정하는 바에 의하여 보장된다."라고 규정하여 공무원의 정치적 중립성 원칙을 밝히고 있다.

② 「국가공무원법」 제65조: 공무원은 정당이나 그 밖의 정치단체의 결성에 관여하거나 이에 가입할 수 없고, 선거에서 특정 정당 또는 특정인을 지지 또는 반대하기 위한 다음[2]의 행위를 하여서는 아니 되며, 다른 공무원에게 이와 같은 위배되는 행위를 하도록 요구하거나, 정치적 행위에 대한 보상 또는 보복으로서 이익 또는 불이익을 약속하여서는 아니 된다고 규정하고 있다.

(4) 정치적 중립의 문제점

① **정당정치의 발전 저해**: 정당정치의 활성화와 발전을 위해서는 어느 정도의 엽관제는 수반되어야 한다.

② **공평성 확보 문제**

　ⓐ 킹슬리(Kingsley)는 공무원의 구성에서 출신성분 등의 조화·균형이 이루어지지 않으면 사실상 공평성 확보는 불가능하다고 주장하였다.

　ⓑ 공무원의 정치적 중립성을 지나치게 강조하면 공무원을 폐쇄집단화할 가능성도 있다.

③ 공무원 참정권이 제한된다.

02 신분보장

1 신분보장의 개념과 필요성

(1) 개념

① **개념**: 신분보장이란 공무원으로서 결격사유가 없으면 그의 의사에 반해 법에 정하는 이유 없이 휴직·강임·면직 등의 신분상의 불이익을 당하지 않게 하는 것이다.

② **「국가공무원법」(제68조)상 신분보장의 규정**: "공무원은 형의 선고, 징계처분 또는 이 법에 정하는 사유에 따르지 아니하고는 본인의 의사에 반하여 휴직·강임 또는 면직을 당하지 아니한다."라고 규정하여 신분보장의 원칙을 밝히고 있다. 다만, <u>1급 공무원과 직무등급이 가장 높은 등급의 직위에 임용된 고위공무원단에 속하는 공무원은 그러하지 아니하다.</u>

(2) 필요성과 한계

① **필요성**(실적주의의 장점과 관련)

　ⓐ 행정의 안정성·계속성을 확보하고 전문성·능률성을 유지 및 향상시킬 수 있다.

　ⓑ 외부의 부당한 압력이나 정치적 영향을 배제하고 행정의 중립성·공평성을 보장할 수 있다.

　ⓒ 심리적 안정감을 느끼게 됨으로써 사기를 높일 수 있다.

　ⓓ 공무원의 창의적이고 자율적인 직무수행을 촉진시킬 수 있다.

---

2) 1. 투표를 하거나 하지 아니하도록 권유운동을 하는 것, 2. 서명운동을 기도(企圖)·주재(主宰)하거나 권유하는 것, 3. 문서나 도서를 공공시설 등에 게시하거나 게시하게 하는 것, 4. 기부금을 모집 또는 모집하게 하거나 공공자금을 이용 또는 이용하게 하는 것, 5. 타인에게 정당이나 그 밖의 정치단체에 가입하게 하거나 가입하지 아니하도록 권유운동을 하는 것

ⓜ 공무원 개인의 인권을 보호·존중할 수 있다.

② 한계
  ㉠ 지나치게 강력한 신분보장은 관료주의화·특권화를 초래하며, 민주통제를 곤란하게 한다.
  ㉡ 관리자의 감독 곤란 및 무능자·부패자의 제거 곤란으로 무사안일주의·부정부패를 초래할 우려가 있다.

2 징계제도

(1) 징계의 개념

① 징계란 공무원 관계에서 질서 유지를 위해 공무원의 복무의무 위반에 대해서 가하여지는 제재를 말한다.

② 징계는 조직 전체의 규율을 유지하며 공무원이 직무를 충실히 수행하고 행동규범을 준수하도록 하려는 데 그 의의가 있다.

③ 공무원에 대하여 징계처분을 행할 때나 강임·휴직·직위해제 또는 면직처분을 행할 때에는 그 처분권자 또는 처분제청권자는 처분의 사유를 기재한 설명서를 교부하여야 한다. 다만, 본인의 원에 의한 강임·휴직 또는 면직처분은 그러하지 아니하다.

(2) 징계의 사유(「국가공무원법」 제78조)

① 이 법 및 이 법에 따른 명령을 위반한 경우

② 직무상의 의무를 위반하거나 직무를 태만히 한 때

③ 직무의 내외를 불문하고 그 체면 또는 위신을 손상하는 행위를 한 때

(3) 징계의 종류

결정적 코멘트 강임, 직권면직, 직위해제는 징계 처분에 해당하지 않음을 반드시 기억해야 한다.

견책	전과에 대해 훈계·회개하게 하는 것이며 공식 절차에 의하고 인사기록에 남으며, 6개월간 승급이 정지된다.
감봉	1개월 이상 3개월 이하의 기간 동안 보수의 3분의 1을 감한다.
정직	1개월 이상 3개월 이하의 기간 동안 공무원의 신분은 보유하나 직무에 종사하지 못하며 보수의 전액을 감한다.
강등	1계급 아래로 직급을 내리고 공무원 신분은 보유하나 3개월간 직무에 종사하지 못하며 그 기간 중 보수의 전액을 감한다.
해임	3년간 임용자격이 제한되나 퇴직급여에는 영향이 없다.[3]
파면	강제로 5년간 임용자격이 제한되고 재직 기간 5년 이상일 경우 퇴직 급여의 1/2을, 5년 미만일 경우에는 1/4을 감한다.

03 공직부패

결정적 코멘트 공직부패는 접근방법과 유형을 중심으로 학습해야 한다.

1 공직부패의 개념과 의의

(1) 개념

공무원은 국민 전체에 대한 봉사자로서 국민의 이익을 위해 일정한 규범을 준수해

---

3) 다만, 금품 및 향응수수, 공금의 횡령·유용으로 징계 해임된 경우 재직 기간 5년 미만은 1/8, 5년 이상은 1/4을 감한다.

14 　　　　　　　　　　2022 국가직 9급

공무원 신분의 변경과 소멸에 대한 설명으로 옳지 않은 것은?

① 직권면직은 법률상 징계의 종류로 규정되어 있지 않다.

② 정직은 징계처분의 일종으로, 정직 기간 중에는 보수의 1/2을 감하도록 되어 있다.

③ 임용권자는 사정에 따라서는 공무원 본인의 의사에도 불구하고 휴직을 명해야 한다.

④ 임용권자는 직무수행 능력 부족을 이유로 직위해제를 받은 공무원이 직위해제 기간에 능력의 향상을 기대하기 어렵다고 인정된 때에 직권면직을 통해 공무원의 신분을 박탈할 수 있다.

15 　　　　2018 지방직 9급(사회복지직 9급)

「국가공무원법」상 공무원 인사에 대한 설명으로 옳지 않은 것은?

① 당연퇴직은 법이 정한 사유가 발생한 경우 별도의 처분 없이 공무원 관계가 소멸되는 것을 말한다.

② 직권면직은 법이 정한 사유가 발생한 경우 임용권자가 일방적으로 공무원 관계를 소멸시키는 것을 말한다.

③ 직위해제는 직무수행능력이 부족하거나 근무성적이 극히 나쁜 경우 공무원의 신분은 유지하지만 강제로 직무를 담당하지 못하게 하는 것이다.

④ 강임은 한 계급 아래로 직급을 내리는 것으로 징계의 종류 중 하나이다.

16

「국가공무원법」상 징계의 내용과 효력을 바르게 설명한 것은?

① 강등은 1계급 아래로 직급을 내리고 공무원의 신분은 보유하나 3개월간 직무에 종사하지 못하며 그 기간 중 보수의 3분의 2를 감한다.
② 정직은 1개월 이상 3개월 이하의 기간으로 하고 정직 처분을 받은 자는 그 기간 중 공무원의 신분은 보유하나 직무에 종사하지 못하며 보수의 3분의 2를 감한다.
③ 감봉은 1개월 이상 3개월 이하의 기간 동안 보수의 3분의 2를 감한다.
④ 파면 처분을 받은 때부터 5년이 지나지 아니하면 공무원으로 임용될 수 없다.

17

우리나라 내부임용제도에 대한 설명으로 옳지 않은 것은?

① 승급은 같은 계급 또는 등급 내에서 호봉이 높아지는 것을 말한다.
② 전보는 동일한 직급 내에서 보직을 변경하는 것을 말한다.
③ 파면은 연금법상의 불이익은 없으나, 3년 동안 공무원 피임용권을 박탈하는 것을 말한다.
④ 직권면직은 폐직 또는 과원발생 등의 경우 임용권자가 직권에 의해 공무원의 신분을 박탈하는 것을 말한다.

18

공무원부패를 연구하는 시각이나 접근방법은 상이한데 다음 설명 중 사회문화적 접근법에 해당하는 것은?

① 개인들의 윤리, 자질이 부패를 야기한다.
② 특정한 지배적 관습이나 경험적 습성에서 부패가 비롯된다.
③ 사회의 법과 제도상의 결함이나 부작용이 부패를 발생시킨다.
④ 문화적 특성, 제도상 결함, 구조상 모순, 공무원의 부정적 행태 등 다양한 요인에 의해 부패는 야기된다.

야 하는데, 이를 일탈하는 공무원의 행위 또는 부정행위를 부패라고 한다. 즉, 부패는 부정, 부조리, 비위, 비리 등으로도 표현되는데, "공직을 이용해서 사적 이익을 추구하는 행위 또는 공직자가 공권력을 남용하거나 또는 공직에 있음을 기회로 공익과는 다른 사익을 추구 또는 확장하는 행위"라고 할 수 있다.

(2) 부패에 대한 연구의 의의

부패는 민주주의의 기둥을 위협하며 정권의 몰락에 큰 영향을 주는 것이기에 현대 행정조직의 발달 또는 관료제 병리의 극복, 그리고 민주주의의 정착·발달을 위하여 부패에 대한 연구는 매우 큰 의미가 있다.

2 공직부패의 접근방법

기능주의적 입장에서 1960년대까지는 관료부패를 국가가 성장하여 어느 정도 발전단계에 들어서면 소멸되는 것으로 이해하였다. 그러나 1970년대 이후에 들어와서 부패를 국가가 발전한다고 해서 소멸되는 것이 아니라 다양한 먹이를 먹고 사는 하나의 유기체로서 파악하는 후기 기능주의가 등장하였다. 이렇게 다양하게 접근할 수 있는 관료부패는 크게 다음과 같이 네 가지 접근법으로 논의되고 있다.

(1) 도덕적 접근법

① 관료부패를 개인 행동의 결과로 보아 개인이나 소규모 집단이 공적 역할을 지배하는 법규를 침해한 경우, 부패의 원인을 이러한 행위에 참여한 개인들의 윤리, 자질의 탓으로 돌리는 경우를 말한다.
② 개인의 성격이라든가 독특한 습성과 윤리문제가 부패행태와 밀접한 관련이 있다고 보는 입장이다.

(2) 사회문화적 접근법

① 특정한 지배적 관습이나 경험적 습성과 같은 것이 관료부패를 조장한다고 보는 입장이다.
② 우리에게는 전통적으로 선물관행이나 보은의식 또는 인사문화가 있는데, 이것이 관료부패의 한 원인이라고 한다면, 이는 바로 사회문화적 입장에서 관료부패를 파악하는 것이다.

(3) 제도적 접근법

① 사회의 법과 제도상의 결함이나 또는 이러한 것들에 대한 관리기구들과 그 운영상의 문제들이나 예기치 않았던 부작용들이 부정부패의 원인으로 작용한다고 보는 입장이다.
② 행정통제장치의 미비는 제도적 접근법에서 나타나는 대표적인 관료부패의 원인이다.

(4) 체제론적 접근법

① 관료부패는 어느 하나의 변수에 의하여 설명되는 것이 아니라, 그 나라의 문화적 특성, 제도상의 결함, 구조상의 모순, 관료의 비윤리적 행태 등 다양한 요인에 의하여 복합적으로 나타난다고 보는 입장이다.
② 체제론적 관점에서 볼 경우 공무원 부패는 부분적인 대응으로는 억제하기가 매우 어려운 문제라고 할 수 있다.

3 행정권의 오용

행정권의 오용은 공무원의 비윤리적 일탈행위를 말한다.

① **부정행위**: 수수료 착복, 영수증 허위 작성, 공공기금 횡령, 계약의 대가로서 커미션 수수 등

② **비윤리적 행위**: 금전을 수수하지는 않았더라도 친구 또는 특정 정파에 특혜를 베풀거나 자신의 경제적 이익을 위해 어떠한 결정을 내리는 행위 등

③ **법규의 경시**: 법규를 무시하거나 자신의 행위를 정당화하는 방향으로 법규를 해석하는 경우

> ⓔ 예산이나 현실적 어려움 등을 이유로 법 규정대로 시행하기를 거부하고 집행을 끝없이 미루는 경우. 말로만 하는 약속 등

④ **입법 의도의 편향된 해석**: 행정기관이 법규를 위반하지 않는 합법적인 테두리 안에서 특정 이익을 옹호하는 경우

> ⓔ 정부가 환경보호 의견을 무시한 채 관련 법규에서 개발업자나 목재회사 측의 편을 들어 벌목을 허용하는 경우 등

⑤ **불공정한 인사**: 업무수행능력과 무관한 이유로 해임되거나 징계받는 공무원, 솔직한 의견에 따른 징계 등

⑥ **무능**: 부주의로 인한 막대한 예산낭비, 지나친 비능률 등

⑦ **실책의 은폐**: 자신의 실책을 은폐하려 하거나 입법부 또는 시민과의 협력을 거부한 경우

⑧ **무사안일**: 부여된 재량권을 행사하지 않거나 적극적인 조치를 꺼리는 경우

4 공직부패의 유형

(1) 부패 발생의 수준에 따른 분류

① **개인부패**: 개인 수준에서 발생하는 부패로, 대부분의 부패 유형들은 이에 속한다.

> ⓔ 금품 수수, 공금 횡령 등

② **조직부패**: 하나의 부패사건에 여러 사람이 조직적 또는 집단적으로 연루되어 있는 경우로, 외부에 잘 드러나지 않는다.

(2) 부패의 제도화 정도에 따른 분류

① **일탈형(우발적) 부패**: 개인적 부패에서 많이 발생하며, 부정적인 관행이나 구조보다는 개인의 윤리적 일탈에 의해 발생한다.

> ⓔ 무허가 업소를 단속하던 공무원이 정상적인 단속활동을 수행하다가 금품을 제공하는 특정 업소에 대해서는 단속을 하지 않는다.

② **제도화된 부패(구조화된 부패, 체제적 부패)**: 부패가 일상화·제도화되어, 부패를 저지르는 사람은 죄의식을 느끼지 못하면서 조직의 보호를 받도록 체제화된 것을 말한다. 부패 중에서도 매우 심각한 형태이다.

> ⓔ 인·허가와 관련된 업무를 담당하는 공무원의 대부분은 업무를 처리하면서 민원인으로부터 의례적으로 '급행료'를 받는다.

(3) 부패의 영향(부패의 용인 가능성)에 따른 분류

① **백색부패**: '선의의 거짓말'이 있듯이, 부패에도 '선의의 목적'으로 행해지는 부패행위가 있다. 이러한 행위는 대개 의사결정이나 발언의 형태를 통해 나타나게 된다. 그러나 이러한 발언은 공무원이 사적인 이익을 취하기 위한 것이라기보다는

바로 확인문제

19 2009 군무원 9급

통제수단이나 제도의 미비로 인해 부패가 발생한다고 보는 부패의 접근방법은?

① 도덕적 접근방법
② 사회문화적 접근방법
③ 제도적 접근방법
④ 체제론적 접근방법

20 2020 지방직(=서울시) 7급

부패의 원인에 관한 도덕적 접근방법의 입장과 가장 가까운 것은?

① 부패는 관료 개인의 윤리의식과 자질로 인하여 발생한다.
② 부패는 관료 개인의 속성, 제도, 사회문화적 환경 등의 여러 요인이 복합적으로 상호작용한 결과이다.
③ 부패는 현실과 괴리된 법령의 이중적인 규제 기준과 모호한 법규정, 적절한 통제장치의 미비 등에 의해 발생한다.
④ 부패는 공식적 법규나 규범보다는 관습과 같은 사회문화적 환경에 의해 유발된다.

21 2006 서울시 7급

다음 중 행정권의 오용으로 볼 수 없는 것은?

① 재량권의 행사　② 실책의 은폐
③ 비윤리적 행위　④ 불공정한 인사
⑤ 무사안일

22 2006 대구 9급

행정권 오용이 아닌 것은?

① 입법의도의 편향된 해석을 통한 행정행위
② 부여된 재량권을 행사하지 않고 적극적 조치를 취하지 않은 무사안일
③ 정보의 선별적 배포를 통한 실책의 은폐
④ 법규 중심의 융통성 없는 인사

바로 확인문제

23 2016 교육행정직 9급

공무원의 부패 유형에 대한 설명으로 옳지 않은 것은?

① 공금횡령, 개인적인 이익의 편취, 회계 부정 등은 사기형 부패에 속한다.
② 법에 규정하기는 곤란하여 윤리강령에 규정하는 부패의 유형은 회색부패에 속한다.
③ 대부분의 부패행위는 개인 수준에서 발생하는데, 일반적으로 잘 드러나는 부패는 조직 수준의 부패이다.
④ 인·허가와 관련된 업무를 처리할 때 이른바 '급행료'를 지불하는 것을 당연시하는 것은 제도화된 부패의 예이다.

24 2009 국회직 8급

부패의 유형에 관한 설명으로 옳지 않은 것은?

① 일탈형 부패는 부패의 제도화 정도에 따른 유형 구분으로서 개인부패에서 많이 발생한다.
② 공금 횡령, 개인적 이익의 편취, 회계 부정 등은 사기형 부패에 해당한다.
③ 선의의 목적으로 행해지는 부패를 회색부패(gray corruption)라고 한다.
④ 뇌물을 주고받음으로써 금전적 이익을 보는 사람과 이를 대가로 특혜를 제공받은 사람 간에 발생하는 부패를 거래형 부패라고 한다.
⑤ 생계형 부패를 작은 부패(petty corruption)라고 부르기도 한다.

25 2009 지방직 9급

부패의 유형에 대한 설명으로 옳지 않은 것은?

① 민원처리 과정에서 소위 '급행료'가 당연시되는 관행은 제도화된 부패에 해당된다.
② 과도한 선물의 수수와 같이 공무원 윤리강령에 규정될 수는 있지만, 법률로 규정하는 것에 대하여 논란이 있는 경우는 회색부패에 해당된다.
③ 공금 횡령이나 회계 부정은 거래를 하는 상대방 없이 공무원에 의해 일방적으로 발생하는 백색부패에 해당된다.
④ 공무원과 기업인 간의 뇌물과 특혜의 교환은 거래형 부패에 해당된다.

공적인 이익을 위한 것이라는 점에서 일반적인 부패와 구분하여 '백색부패'라고 한다. 그렇다고 이런 백색부패와 같은 유형의 행위가 용인될 수 있는 것은 아니다. 당연히 부패의 범주에 들어가지만, 일반적인 부패의 유형과는 구별되는 특징을 지니고 있기 때문에 백색부패라는 용어를 사용하고 있다.

예 금융위기가 심각함에도 불구하고 국민들의 동요나 기업활동의 위축을 방지하기 위해 금융위기가 전혀 없다고 관련 공무원이 거짓말을 한다.

② **흑색부패**: 백색부패와는 반대로 부당하게 사익을 추구하는 부패의 유형은 '흑색부패'라는 용어로 불리고 있다.

③ **회색부패**(gray corruption)

㉠ 백색부패와 흑색부패의 중간 점이지대에서 발생하는 유형의 부패를 의미한다.
㉡ 명백한 부패에 해당한다고 할 수 있는 흑색부패의 유형들은 대개 「형법」이나 「공직자윤리법」, 「부패방지법」 등에 규정될 수 있다. 하지만 아직까지 일부 논란이 있거나 가치판단을 요하는 유형들은 법률보다는 공무원 윤리강령이나 혹은 행동강령 등에 규정된다.

예 과도한 선물의 수수를 윤리강령에 규정할 수 있지만, 이를 법률 등에 규정하는 것에 대해서는 반론이 있는 경우 등

(4) 부패의 원인에 따른 분류

① **생계형 부패**

㉠ 경제가 어려웠던 시절에 주로 발생했던 부패들을 '생계형 부패'라고 부르기도 했다. 대단한 이익을 얻기 위해서라기보다는 적은 소득을 보충하여 생계를 유지하기 위해 부패행위가 이루어지는 형태로서, 일반 국민들도 이러한 부분에 대해서는 어느 정도 관용적인 입장을 취하기도 했다.
㉡ 이러한 부패 유형은 주로 민원 업무와 관련하여 하위직에서 주로 발생한다. 외국에서는 이러한 유형의 부패를 '작은 부패(petty corruption)'라고 부르기도 한다.

② **권력형 부패**

㉠ 부패는 권력에서 나온다는 말과 같이, 특히 정치인이나 일반 공무원들 중에서도 상위직 공무원들에 의해 행해지는 부패를 '권력형 부패'라고 부른다.
㉡ 이러한 유형의 부패는 사회적으로 희소한 '권력'을 갖고 있는 사람들에 의한 부패로서, 생계형 부패와 명백히 구분된다. 즉, 권력형 부패는 '초과적인 막대한 이익'을 부당하게 얻기 위해 이루어지는 것으로서, 대개 사회적 지탄의 대상이 된다.

(5) 거래의 여부에 따른 분류

① **거래형 부패**

㉠ 가장 전형적인 부패의 형태로 수단이 '뇌물'이다. 뇌물을 주고받음으로써 금전적 이익을 보는 사람과 이를 대가로 특혜를 제공하는 '거래'가 성립된다. 일반적으로 우리가 논의하는 부패들은 이렇게 거래의 형태를 취하고 있다.
㉡ 전형적인 부패가 이와 같이 양 당사자가 상호작용하는 '거래형'의 특징을 지니고 있음에도, 그동안 부패방지를 위한 방안의 설계에서는 거래의 일방인 공무원에 대해서만 주로 논의가 진행되었다. 그런데 최근에는 일반 시민들의 역할이나 책임성 문제가 논의의 대상으로 확장되고 있어 바람직한 흐름이라 할 수 있다.

② 비거래형(사기형) 부패

ⓐ 공금 횡령, 개인적인 이익의 편취, 회계 부정 등은 거래를 하는 당사자가 없이 공무원에 의해 일방적으로 발생하는 부패의 유형이다.

ⓑ 상호작용이 발생하지 않는다는 점에서 '거래형'이라는 부패의 전형적인 특징이 발견되지 않는 유형이다.

ⓒ 이런 유형의 것들은 대개 형법에 규정되어 있어, 다른 유형의 경우와 비교했을 때 상대적으로 엄정하게 적발과 처벌이 이루어지고 있다.

5 공직부패의 기능

(1) 부패의 순기능

① 행정능률을 촉진시킨다.

② 소득을 재분배시킨다.

③ 자본 형성에 기여한다.

④ 권력행사자의 갈등을 완화시킨다.

⑤ 엄격한 관료제를 완화한다.

(2) 부패의 역기능

① 부패는 행정의 불신, 국가에 대한 정통성에 위협을 주고 사회적 불신풍조나 사회 기강의 해이를 가져온다.

② 가진 자 위주의 특혜를 조장한다.

③ 행정 내에서 이권개입상의 갈등 증대와 살벌한 분위기를 조장한다.

④ 쉽게 번 돈은 사치풍조나 인플레이션을 조장한다.

⑤ 민관 간의 부패가 개입된 공사는 부실공사를 낳고, 부실공사는 수리비를 가중시켜 행정비의 인상과 국고의 손실을 야기한다.

6 「부패방지 및 국민권익위원회의 설치와 운영에 관한 법률」의 주요 내용

제2조 【정의】 이 법에서 사용하는 용어의 뜻은 다음과 같다.

7. "불이익조치"란 다음 각 목[4]의 어느 하나에 해당하는 조치를 말한다.

제57조 【신고자의 성실의무】 제55조 및 제56조에 따른 부패행위 신고를 한 자가 신고의 내용이 허위라는 사실을 알았거나 알 수 있었음에도 불구하고 신고한 경우에는 이 법의 보호를 받지 못한다.

제57조의2 【정부 및 지방자치단체의 책무】 중앙행정기관의 장 및 지방자치단체의 장은 신고자 보호 및 불이익 방지를 위하여 노력하여야 한다.

제58조 【신고의 방법】 신고를 하려는 자는 본인의 인적사항과 신고취지 및 이유를 기재한 기명의 문서로써 하여야 하며, 신고대상과 부패행위의 증거 등을 함께 제시하여야 한다.

---

4) 가. 파면, 해임, 해고, 그 밖에 신분상실에 해당하는 불이익조치, 나. 징계, 정직, 감봉, 강등, 승진 제한, 그 밖에 부당한 인사조치, 다. 전보, 전근, 직무 미부여, 직무 재배치, 그 밖에 본인의 의사에 반하는 인사조치, 라. 성과평가 또는 동료평가 등의 차별과 그에 따른 임금 또는 상여금 등의 차별 지급, 마. 교육 또는 훈련 등 자기계발 기회의 취소, 예산 또는 인력 등 가용자원의 제한 또는 제거, 보안정보 또는 비밀정보 사용의 정지 또는 취급 자격의 취소, 그 밖에 근무조건 등에 부정적 영향을 미치는 차별 또는 조치, 바. 주의 대상자 명단 작성 또는 그 명단의 공개, 집단 따돌림, 폭행 또는 폭언, 그 밖에 정신적·신체적 손상을 가져오는 행위, 사. 직무에 대한 부당한 감사(監査) 또는 조사나 그 결과의 공개, 아. 인가·허가 등의 취소, 그 밖에 행정적 불이익을 주는 행위, 자. 물품계약 또는 용역계약의 해지(解止), 그 밖에 경제적 불이익을 주는 조치

26 2022 국가직 7급

공직부패의 유형에 대한 설명으로 옳지 않은 것은?

① 인·허가 업무처리 시 소위 '급행료'를 당연하게 요구하는 행위를 일탈형 부패라고 한다.

② 정치인이나 고위공무원이 자신의 권력을 남용해 사적 이익을 추구하는 것을 권력형 부패라고 한다.

③ 공금 횡령, 회계 부정 등 거래 당사자 없이 공무원에 의해 일방적으로 발생하는 부패를 사기형 부패라고 한다.

④ 사회체제에 파괴적 영향을 미칠 잠재성이 있음에도 불구하고, 일부 집단은 처벌을 원하는 반면, 다른 집단은 처벌을 원하지 않는 경우를 회색부패라고 한다.

27 2018 국가직 9급

공무원부패의 사례와 그 유형을 바르게 연결한 것은?

ㄱ. 무허가 업소를 단속하던 공무원이 정상적인 단속활동을 수행하다가 금품을 제공하는 특정 업소에 대해서는 단속을 하지 않는다.

ㄴ. 금융 위기가 심각함에도 불구하고 국민들의 동요나 기업활동의 위축을 방지하기 위해 금융 위기가 전혀 없다고 관련 공무원이 거짓말을 한다.

ㄷ. 인·허가와 관련된 업무를 담당하는 공무원의 대부분은 업무를 처리하면서 민원인으로부터 의례적으로 '급행료'를 받는다.

ㄹ. 거래당사자 없이 공금 횡령, 개인적 이익 편취, 회계 부정 등이 공무원에 의해 일방적으로 발생한다.

	ㄱ	ㄴ	ㄷ	ㄹ
①	제도화된 부패	회색 부패	일탈형 부패	생계형 부패
②	일탈형 부패	생계형 부패	조직 부패	회색 부패
③	일탈형 부패	백색 부패	제도화된 부패	비거래형 부패
④	조직 부패	백색 부패	생계형 부패	비거래형 부패

28   2002 입법고시

부패의 역기능이라고 주장할 수 <u>없는</u> 것은
다음 중 어느 것인가?

① 공신력의 약화
② 엄격한 관료제의 완화
③ 사회와 국가기강의 해이
④ 불평과 불만의 확산으로 갈등 조성
⑤ 생산비의 상승

29   2019 서울시 7급 제3회

공무원의 부패방지 대책으로 가장 옳지 <u>않은</u>
것은?

① 행정정보 공개
② 내부고발자 보호
③ 행정절차의 간소화
④ 사회적 규제 강화

30   2007 인천 9급, 2005 경기 9급

공직자 재산등록 등 우리나라의 행정윤리
및 공무원부패와 관련된 다음 설명 중 옳
지 <u>않은</u> 것은?

① 「공직자윤리법」에 의하여 1급 이상의
   일반직인 국가 및 지방공무원과 이에
   상당하는 보수를 받는 별정직 공무원은
   재산을 등록·공개하고 있다.
② 공공기관의 사무처리에 관하여 국민감
   사청구제를 시행하고 있다.
③ 부패행위를 신고한 사람에 대한 내부고
   발자 제도가 시행되고 있다.
④ 법관 및 검사에 대하여는 별도의 법으
   로 규정하고 있다.
⑤ 4급 이상의 공무원은 재산을 등록하고
   그 변동사항을 매년 신고하도록 되어
   있다.

제59조【신고내용의 확인 및 이첩 등】 ⑥ 위원회에 신고가 접수된 당해 부패행위의 혐의
대상자가 다음 각 호에 해당하는 고위공직자로서 부패혐의의 내용이 형사처벌을 위한 수
사 및 공소제기의 필요성이 있는 경우에는 위원회의 명의로 검찰, 수사처, 경찰 등 관할
수사기관에 고발을 하여야 한다.

   1. 차관급 이상의 공직자, 2. 특별시장, 광역시장, 특별자치시장, 도지사 및 특별자치도지
   사, 3. 경무관급 이상의 경찰공무원, 4. 법관 및 검사, 5. 장성급(將星級) 장교, 6. 국회의원
⑧ 위원회는 접수된 신고사항을 그 접수일부터 60일 이내에 처리하여야 한다. 이 경우 제
   1항 제1호에 따른 사항을 확인하기 위한 보완 등이 필요하다고 인정되는 경우에는 그
   기간을 30일 이내에서 연장할 수 있다.

제62조【불이익조치 등의 금지】 ① 누구든지 신고자에게 신고나 이와 관련한 진술, 자료
제출 등을 한 이유로 불이익조치를 하여서는 아니 된다.
② 누구든지 신고 등을 하지 못하도록 방해하거나 신고자에게 신고 등을 취소하도록 강
   요해서는 아니 된다.

제62조의2【신분보장 등의 조치 신청 등】 ① 신고자는 신고 등을 이유로 불이익조치를
받았거나 받을 것으로 예상되는 경우에는 대통령령으로 정하는 바에 따라 위원회에 해당
불이익조치에 대한 원상회복이나 그 밖에 필요한 조치를 신청할 수 있다.
② 신분보장 등 조치는 불이익조치가 있었던 날(불이익조치가 계속된 경우에는 그 종료
   일)부터 1년 이내에 신청하여야 한다. 다만, 신고자가 천재지변, 전쟁, 사변, 그 밖에 불
   가항력의 사유로 1년 이내에 신분보장 등 조치를 신청할 수 없었을 때에는 그 사유가
   소멸한 날부터 14일(국외에서의 신분보장 등 조치 신청은 30일) 이내에 신청할 수 있다.
③ 위원회는 신분보장 등 조치의 신청이 다음 각 호[5]의 어느 하나에 해당하는 경우에는
   결정으로 신청을 각하하고, 신분보장 등 조치를 신청한 사람(이하 "신분보장신청인"이
   라 한다)과 그가 소속된 기관·단체·기업 등의 장 또는 관계 기관·단체·기업 등의 장
   (이하 "소속기관장 등"이라 한다)에게 각각 서면으로 통보하여야 한다. 다만, 통보로 인
   하여 신분보장신청인이 불이익조치 등을 받을 우려가 있는 경우 소속기관장 등에게는
   통보하지 아니할 수 있다.
④ 위원회는 제1항에 따른 신청에 대하여 조사를 하여야 한다. 이 경우 다음 각 호[6]의 어
   느 하나에 해당하는 자에게 출석을 요구하여 진술을 청취하거나 진술서·자료의 제출,
   사실·정보의 조회를 요구할 수 있으며, 위원회로부터 이러한 요구를 받은 자는 성실
   히 따라야 한다.
⑤ 위원회는 조사과정에서 소속기관장 등에게 충분한 소명(疏明)기회를 주어야 한다.

제62조의3【신분보장 등의 조치 결정 등】 ① 위원회는 조사 결과 신분보장신청인이 신고
등을 이유로 불이익조치를 받았거나 받을 것으로 예상되는 경우에는 소속기관장 등에게
30일 이내의 기간을 정하여 다음 각 호[7]의 신분보장 등 조치를 취하도록 요구하는 결정
을 하여야 하며, 소속기관장 등은 정당한 사유가 없으면 이에 따라야 한다.
② 위원회는 조사 결과 신분보장신청인이 신고 등을 이유로 제2조 제7호 아목 또는 자목
   에 해당하는 불이익조치를 받았거나 받을 것으로 예상되는 경우에는 소속기관장 등에
   게 30일 이내의 기간을 정하여 인가·허가 또는 계약의 효력 유지 등 필요한 신분보장
   등 조치를 할 것을 권고할 수 있다.
③ 위원회는 조사 결과 신분보장신청인이 신고 등을 이유로 불이익조치를 받지 않았거나
   받을 것으로 예상되지 아니하는 경우에는 신분보장 등 조치 신청을 기각하는 결정을

---

5) 1. 제2항에 따른 신청기간이 지나 신청한 경우, 2. 신고자 또는 「행정절차법」 제12조 제1항에 따른 대리인이 아닌 사람이 신
   청한 경우, 3. 각하결정, 제62조의3 제1항에 따른 신분보장 등 조치를 취하도록 요구하는 결정, 같은 조 제2항에 따른 신분보
   장 등 조치의 권고 또는 같은 조 제3항에 따른 신분보장 등 조치 신청을 기각하는 결정을 받은 동일한 불이익조치에 대하여
   다시 신청한 경우, 4. 다른 법령에 따른 구제절차에 의하여 이미 구제를 받은 경우, 5. 제59조 제3항 각 호의 어느 하나에 해당
   하여 신분보장 등 조치 신청의 요건을 갖추지 못하는 경우로서 신분보장 등 조치가 필요하지 아니하다고 인정되는 경우
6) 1. 신분보장신청인, 2. 불이익조치를 한 자, 3. 참고인, 4. 관계 기관·단체·기업 등
7) 1. 원상회복 조치, 2. 차별 지급되거나 체불(滯拂)된 보수 등(이자를 포함한다)의 지급. 이 경우 보수 등의 지급기준 및 산정
   방법 등은 대통령령으로 정한다. 3. 불이익조치에 대한 취소 또는 금지, 4. 전보, 그 밖에 필요한 조치

하여야 한다.

④ 위원회는 신분보장 등 조치결정을 하는 경우에는 신고 등을 이유로 불이익조치를 한 자의 징계권자에게 그에 대한 징계를 요구할 수 있다.

⑤ 공직자인 신분보장신청인이 위원회에 전직, 전출·전입 및 파견근무 등의 인사에 관한 조치를 요청하는 경우 위원회는 타당하다고 인정하면 인사혁신처장 등 인사조치 요청과 관계된 기관의 장에게 필요한 조치를 요구할 수 있다. 이 경우 인사혁신처장 등 관계 기관의 장은 위원회로부터 받은 요구를 우선적으로 고려하여야 하며, 그 결과를 위원회에 통보하여야 한다.

⑥ 신분보장 등 조치결정, 신분보장 등 조치권고 또는 기각결정을 하는 경우에는 신분보장신청인과 소속기관장 등에게 각각 서면으로 통보하여야 한다.

제62조의4【행정소송의 제기 등】 ① 소속기관장 등은 신분보장 등 조치결정에 대하여 「행정소송법」에 따른 행정소송을 제기하는 경우에는 같은 법 제20조 제1항에도 불구하고 신분보장 등 조치결정을 통보받은 날부터 30일 이내에 제기하여야 한다.

② 소속기관장 등은 신분보장 등 조치결정에 대해서는 「행정심판법」에 따른 행정심판을 청구할 수 없다.

제62조의5【불이익조치 절차의 일시정지】 ① 위원장은 다음 각 호[8]의 어느 하나에 해당하는 사유가 있고, 이를 방치할 경우 회복하기 어려운 피해가 발생할 우려가 있으며, 신분보장 등 조치 신청에 대한 위원회의 결정을 기다릴 시간적인 여유가 없다고 인정되면 신분보장신청인의 신청에 따라 또는 직권으로 45일 이내의 기간을 정하여 소속기관장 등에게 불이익조치 절차의 잠정적인 중지 조치를 요구할 수 있다.

② 제1항에 따른 요구를 받은 소속기관장 등은 정당한 사유가 없으면 이에 따라야 한다.

제62조의6【이행강제금】 ① 위원회는 신분보장 등 조치결정을 받은 후 그 정해진 기한까지 신분보장 등 조치를 하지 아니한 자에게 3천만 원 이하의 이행강제금을 부과한다. 다만, 국가 또는 지방자치단체는 제외한다.

② 제1항에 따른 이행강제금의 부과절차 등에 관하여는 「공익신고자 보호법」 제21조의2 제2항부터 제6항까지의 규정을 준용한다. 이 경우 "보호조치결정"은 "신분보장 등 조치결정"으로, "보호조치"는 "신분보장 등 조치"로, "불이익조치를 한 자"는 "소속기관장 등"으로 본다.

제63조【불이익 추정】 신고자가 신고한 뒤 제62조의2 제1항에 따라 위원회에 신분보장 등 조치를 신청하거나 법원에 원상회복 등에 관한 소를 제기하는 경우 해당 신고와 관련하여 불이익을 당한 것으로 추정한다.

제63조의2【화해의 권고 등】 ① 위원회는 신분보장 등 조치 신청을 받은 경우에는 신분보장 등 조치결정, 신분보장 등 조치권고 또는 기각결정을 하기 전까지 직권으로 또는 관계 당사자의 신청에 따라 신분보장 등 조치 등에 대하여 화해를 권고하거나 화해안을 제시할 수 있다. 이 경우 화해 권고나 화해안에 공무원의 징계에 관한 사항을 포함하거나 이 법의 목적을 위반하는 조건을 붙여서는 아니 된다.

② 제1항에 따른 화해안의 작성, 화해조서의 작성 및 효력 등에 관하여는 「공익신고자 보호법」 제24조 제2항부터 제4항까지의 규정을 준용한다.

제64조【신고자의 비밀보장】 ① 누구든지 이 법에 따른 신고라는 사정을 알면서 그의 인적사항이나 그가 신고자임을 미루어 알 수 있는 사실을 다른 사람에게 알려 주거나 공개 또는 보도하여서는 아니 된다. 다만, 이 법에 따른 신고자가 동의한 때에는 그러하지 아니하다.

② 위원회는 제1항을 위반하여 신고자의 인적사항이나 신고자임을 미루어 알 수 있는 사실이 공개 또는 보도되었을 때에는 그 경위를 확인할 수 있다.

---

8) 1. 신고로 인하여 신분보장신청인에 대한 불이익조치 절차가 예정되어 있거나 이미 진행 중인 경우, 2. 신고로 인하여 신분보장신청인에 대한 불이익조치가 행하여졌고 추가적인 불이익조치 절차가 예정되어 있거나 이미 진행 중인 경우

바로 확인문제

31

2020 국가직 7급

우리나라의 행정윤리에 대한 설명으로 옳은 것만을 모두 고르면?

> ㄱ. 「공직자윤리법」상 지방의회 의원은 외국 정부 등으로부터 받은 선물의 신고 의무가 없다.
> ㄴ. 우리나라에서는 내부고발자보호제도를 법률로 규정하고 있다.
> ㄷ. 「공직자윤리법」에 따르면 총경 이상의 경찰공무원과 소방정 이상의 소방공무원은 재산을 등록해야 한다.
> ㄹ. 공무원의 주식백지신탁 의무는 「부패방지 및 국민권익위원회의 설치와 운영에 관한 법률」에 규정되어 있다.

① ㄱ, ㄴ   ② ㄱ, ㄷ
③ ㄴ, ㄷ   ④ ㄷ, ㄹ

32

행정통제에 관한 다음 설명 중 옳은 것은?

① 우리나라의 「행정절차법」은 행정예고제를 포함하고 있지 않다.

② 우리나라의 「부패방지법」은 내부고발인 자신과 친족 또는 동거인의 신변을 보호하는 장치를 포함하고 있다.

③ 행정정보공개의 제도화는 행정책임을 확보하는 장점을 지니고 있지만, 통제비용이 증가하는 단점이 있다.

④ 궁극적으로 실질적인 행정통제가 이루어지기 위해서는 내부통제보다는 외부통제를 더욱 효과적으로 활용해야 한다.

33

고충민원 처리 및 부패방지와 관련된 설명으로 옳지 <u>않은</u> 것은?

① 내부고발자를 보호하기 위한 제도가 시행되고 있다.

② 공공기관의 부패행위에 대해 국민권익위원회에 감사를 청구할 수 있는 국민감사청구제도가 시행되고 있다.

③ 국민권익위원회 위원장과 위원의 임기는 각각 3년으로 하되, 1차에 한하여 연임할 수 있다.

④ 지방자치단체는 고충민원을 처리하기 위해 시민고충처리 위원회를 둘 수 있다.

③위원회는 제2항에 따른 경위를 확인하는 데 필요하다고 인정하면 관계 기관에 관련 자료의 제출이나 의견의 진술 등을 요청할 수 있다. 이 경우 자료의 제출이나 의견의 진술을 요청받은 해당 기관은 특별한 사유가 없으면 그 요청에 협조하여야 한다.

④위원회는 제1항을 위반하여 신고자의 인적사항이나 신고자임을 미루어 알 수 있는 사실을 다른 사람에게 알려 주거나 공개 또는 보도한 사람의 징계권자에게 그 사람에 대한 징계 등 필요한 조치를 요구할 수 있다.

제64조의2【신변보호조치】① 신고자는 신고를 한 이유로 자신과 친족 또는 동거인의 신변에 불안이 있는 경우에는 위원회에 신변보호조치를 요구할 수 있다. 이 경우 위원회는 필요하다고 인정한 때에는 경찰청장, 관할 시·도경찰청장, 관할 경찰서장에게 신변보호조치를 요구할 수 있다.

②제1항에 따른 신변보호조치를 요구받은 경찰청장, 관할 시·도경찰청장, 관할 경찰서장은 대통령령으로 정하는 바에 따라 즉시 신변보호조치를 하여야 한다.

제66조【책임의 감면 등】① 신고 등과 관련하여 신고자의 범죄행위가 발견된 경우 그 신고자에 대하여 형을 감경하거나 면제할 수 있다.

제68조【포상 및 보상 등】① 위원회는 위원회 또는 공공기관에 부패행위 신고를 하여 현저히 공공기관에 재산상 이익을 가져오거나 손실을 방지한 경우 또는 공익의 증진을 가져온 경우에는 신고를 한 자에 대하여 「상훈법」 등의 규정에 따라 포상을 추천할 수 있으며, 대통령령으로 정하는 바에 따라 포상금을 지급할 수 있다. 다만, 공공기관에 부패행위 신고를 한 경우에는 해당 공공기관이 포상 추천 또는 포상금 지급을 요청한 경우만 해당한다.

제72조【감사청구권】① 18세 이상의 국민은 공공기관의 사무처리가 법령위반 또는 부패행위로 인하여 공익을 현저히 해하는 경우 대통령령으로 정하는 일정한 수 이상의 국민의 연서로 감사원에 감사를 청구할 수 있다. 다만, 국회·법원·헌법재판소·선거관리위원회 또는 감사원의 사무에 대하여는 국회의장·대법원장·헌법재판소장·중앙선거관리위원회 위원장 또는 감사원장(당해 기관의 장)에게 감사를 청구하여야 한다.

제90조【불이익조치 및 신분보장 등 조치결정 불이행의 죄】① 다음 각 호[9]의 어느 하나에 해당하는 자는 3년 이하의 징역 또는 3천만 원 이하의 벌금에 처한다.

②다음 각 호[10]의 어느 하나에 해당하는 자는 2년 이하의 징역 또는 2천만 원 이하의 벌금에 처한다.

③제62조의5(제65조 및 제67조에서 준용하는 경우를 포함한다)에 따른 잠정적인 중지조치 요구를 정당한 사유 없이 이행하지 아니한 자는 1년 이하의 징역 또는 1천만 원 이하의 벌금에 처한다.

제91조【과태료】① 제62조의2 제4항(제65조 및 제67조에서 준용하는 경우를 포함한다)을 위반하여 출석, 진술서·자료의 제출, 사실·정보의 조회 요구에 따르지 아니한 자에게는 3천만 원 이하의 과태료를 부과한다.

②정당한 사유 없이 제83조 제1항 및 제2항에 따른 요구를 거부한 취업제한기관의 장에게는 1천만 원 이하의 과태료를 부과한다.

③다음 각 호[11]의 어느 하나에 해당하는 자에게는 500만 원 이하의 과태료를 부과한다.

④제1항부터 제3항까지의 규정에 따른 과태료는 대통령령으로 정하는 바에 따라 위원회가 부과·징수한다.

---

9) 1. 제62조 제1항(제65조 및 제67조에서 준용하는 경우를 포함한다)을 위반하여 제2조 제7호 가목에 해당하는 불이익조치를 한 자, 2. 제62조의3 제1항(제65조 및 제67조에서 준용하는 경우를 포함한다)에 따른 신분보장 등 조치결정을 이행하지 아니한 자

10) 1. 제62조 제1항(제65조 및 제67조에서 준용하는 경우를 포함한다)을 위반하여 제2조 제7호 나목부터 사목까지의 어느 하나에 해당하는 불이익조치를 한 자, 2. 제62조 제2항을 위반하여 신고 등을 방해하거나 신고 등을 취소하도록 강요한 자

11) 1. 정당한 사유 없이 제42조에 따른 업무수행을 방해·거부 또는 기피하거나 고의로 지연시킨 자, 2. 정당한 사유 없이 제82조의2에 따른 자료 제출 요구를 거부한 공공기관의 장

04 근무규율

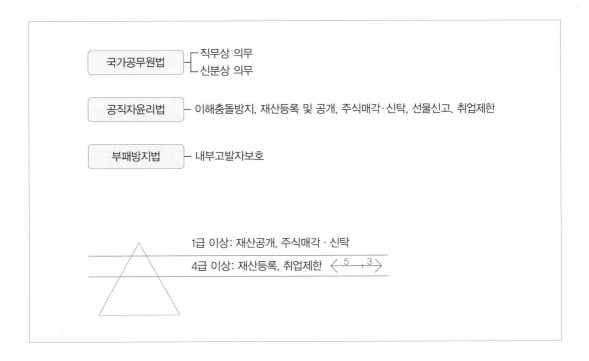

Ⅳ 인사행정론

교수님 코멘트 ▶ 엽관주의, 실적주의, 직업공무원제, 대표관료제의 관계를 이해하고, 공직 분류의 기준과 내용을 숙지해야 한다. 반드시 1~2문항 정도 출제되는 부분이다. 또한 최근 다면평가의 출제비중이 높아지고 있으며, 시험의 타당성과 신뢰성, 근무성적평정, 공무원단체의 주요 내용을 숙지하고, 공직윤리와 관련된 법령을 이해해야 한다.

정답과 해설 ▶ P.108

01
2014 지방직 9급

인사행정제도에 관한 설명 중 적절하지 않은 것은?

① 엽관주의는 정당에의 충성도와 공헌도를 관직 임용의 기준으로 삼는 제도이다.

② 엽관주의는 국민의 요구에 대한 관료적 대응성을 확보하기 어렵다는 단점을 갖는다.

③ 행정국가 현상의 등장은 실적주의 수립의 환경적 기반을 제공하였다.

④ 직업공무원제는 계급제와 폐쇄형 공무원제, 그리고 일반행정가주의를 지향한다.

02
2014 국가직 9급

엽관주의와 실적주의에 대한 설명으로 옳은 것만을 모두 고르면?

> ㄱ. 엽관주의는 실적 이외의 요인을 고려하여 임용하는 방식으로 정치적 요인, 혈연, 지연 등이 포함된다.
> ㄴ. 엽관주의는 정실임용에 기초하고 있기 때문에 초기부터 민주주의의 실천원리와는 거리가 멀었다.
> ㄷ. 엽관주의는 정치지도자의 국정지도력을 강화함으로써 공공정책의 실현을 용이하게 해 준다.
> ㄹ. 실적주의는 정치적 중립에 집착하여 인사행정을 소극화·형식화시켰다.
> ㅁ. 실적주의는 국민에 대한 관료의 대응성을 높일 수 있다는 장점이 있다.

① ㄱ, ㄷ　　　　　② ㄴ, ㄹ
③ ㄴ, ㅁ　　　　　④ ㄷ, ㄹ

03
2015 서울시 9급

엽관주의 인사의 단점에 대한 다음 설명 중 가장 옳지 않은 것은?

① 행정의 안정성을 저해할 수 있다.

② 공무원의 정치적 중립을 저해한다.

③ 행정의 전문성을 저하시킬 수 있다.

④ 행정에 대한 민주적 통제를 약화시킨다.

04
2019 지방직 7급

실적주의(merit system)에 대한 설명으로 옳지 않은 것은?

① 실적주의의 도입은 중앙인사기관의 권한과 기능을 분산시키는 결과를 가져왔다.

② 사회적 약자의 공직진출을 제약할 수 있다는 점은 실적주의의 한계이다.

③ 미국의 실적주의는 펜들턴법(pendleton act)이 통과됨으로써 연방정부에 적용되기 시작하였다.

④ 실적주의에서 공무원은 자의적인 제재로부터 적법절차에 의해 구제받을 권리를 보장받는다.

05

우리나라에서의 대표관료제(representative bureaucracy) 실천 노력으로 옳지 <u>않은</u> 것은?

① 국공립대 여성교수 채용목표제
② 여성관리자 임용확대 5개년 계획
③ 대우공무원제도
④ 장애인고용촉진 및 직업재활법

06

대표관료제와 관련이 <u>적은</u> 것은?

① 양성평등채용목표제
② 지방인재채용목표제
③ 총액인건비제
④ 장애인 고용촉진제

07

정무직 공무원에 해당하지 <u>않는</u> 것은?

① 감사원 사무차장
② 헌법재판소 사무차장
③ 국무조정실 국무차장
④ 국가정보원 차장

08

다음 〈보기〉에 제시된 공무원 인사제도에 대한 설명 중 옳은 것은?

> ┤ 보기 ├
>
> ㉠ 경찰공무원은 경력직 공무원 중 특정직 공무원이다.
> ㉡ 차관은 특수경력직 중 별정직이다.
> ㉢ 국가직과 지방직 공무원 모두 고위공무원단이 운영되고 있다.
> ㉣ 국가직과 지방직 공무원 모두 「공무원연금법」의 적용을 받는다.

① ㉠, ㉡   ② ㉡, ㉢
③ ㉠, ㉣   ④ ㉡, ㉣

09

개방형 인사관리에 관한 설명으로 틀린 것은?

① 충원된 전문가들이 관료집단에서 중요한 역할을 수행하게 한다.
② 개방형은 승진기회의 제약으로, 직무의 폐지는 대개 퇴직으로 이어진다.
③ 정치적 리더십의 요구에 따른 고위층의 조직장악력의 약화를 초래한다.
④ 공직의 침체, 무사안일주의 등 관료제의 병리를 억제한다.
⑤ 민간부문과의 인사교류로 적극적 인사행정이 가능하다.

10

중앙행정기관의 개방형 임용제도에 대한 설명으로 옳지 <u>않은</u> 것은?

① 경력개방형 직위제도는 공무원과 민간인이 경쟁하여 최적임자를 선발하는 것이다.
② 개방형 직위는 고위공무원단 또는 과장급 직위 총수의 20% 범위에서 지정한다.
③ 공무원이 개방형 직위나 공모직위를 통해 임용된 경우 공히 임용기간 만료 후 원소속으로 복귀가 가능하다.
④ 공모직위제도는 타 부처 공무원들과의 경쟁을 통해 최적임자를 선발하는 제도로 경력직 고위공무원단 직위수의 30% 범위에서 지정한다.

11

직무평가방법과 설명이 바르게 연결된 것은?

> A. 서열법(job ranking)
> B. 분류법(classification)
> C. 점수법(point method)
> D. 요소비교법(factor comparison)

> ㄱ. 직무 전체를 종합적으로 판단해 미리 정해 놓은 등급기준표와 비교해 가면서 등급을 결정한다.
> ㄴ. 대표가 될 만한 직무들을 선정하여 기준직무(key job)로 정해 놓고 각 요소별로 평가할 직무와 기준 직무를 비교해 가며 점수를 부여한다.
> ㄷ. 비계량적 방법을 통해 직무기술서의 정보를 검토한 후 직무 상호 간에 직무 전체의 중요도를 종합적으로 비교한다.
> ㄹ. 직무평가표에 따라 직무의 세부 구성요소들을 구분한 후 요소별 가치를 점수화하여 측정하는데, 요소별 점수를 합산한 총점이 직무의 상대적 가치를 나타낸다.

	A	B	C	D
①	ㄱ	ㄴ	ㄷ	ㄹ
②	ㄱ	ㄷ	ㄹ	ㄴ
③	ㄷ	ㄴ	ㄱ	ㄹ
④	ㄷ	ㄱ	ㄹ	ㄴ

12

직위분류제를 형성하는 기본개념들에 대한 다음 설명 중 옳지 않은 것은?

① 직급 – 직무의 종류는 다르지만 그 곤란성·책임도 및 자격 수준이 상당히 유사하여 동일한 보수를 지급할 수 있는 모든 직위를 포함하는 것
② 직류 – 동일한 직렬 내에서 담당 직책이 유사한 직무의 군
③ 직렬 – 난이도와 책임도는 서로 다르지만 직무의 종류가 유사한 직급의 군
④ 직군 – 직무의 종류가 광범위하게 유사한 직렬의 범주

13

계급제와 직위분류제에 대한 설명으로 가장 옳은 것은?

① 과학적 관리론과 실적제의 발달은 직위분류제의 쇠퇴와 계급제의 발전에 기여했다.
② 우리나라 「국가공무원법」에는 직위분류제 주요 구성개념인 '직위, 직군, 직렬, 직류, 직급' 등이 제시되어 있다.
③ 직위분류제는 공무원 개인의 능력이나 자격을 기준으로 공직분류체계를 형성한다.
④ 계급제와 직위분류제는 절대 양립 불가능하며 우리나라는 계급제를 기반으로 한다.

14

역대 정부의 행정개혁에 대한 기술로 옳지 않은 것은?

① 노무현 행정부는 예산효율화를 위해 사업별 예산제도를 도입하였다.
② 김영삼 행정부는 지방분권화를 위해 내무부의 지방통제 기능을 축소하였다.
③ 이명박 행정부는 공기업 선진화를 위해 민영화, 통폐합 등의 조치를 단행하였다.
④ 김대중 행정부는 공무원의 전문성과 역량 강화를 위해 고위공무원단제도를 도입하였다.

15

다음에서 검증하고자 하는 선발시험의 효용성 기준은?

> 행정안전부는 2010년도 국가직 9급 공개경쟁채용시험을 통해 채용된 직원들의 시험 성적을 이들의 채용 이후 1년 동안의 근무성적 결과와 비교하려고 한다.

① 타당성(validity)
② 능률성(efficiency)
③ 실용성(practicability)
④ 신뢰성(reliability)

16

다음의 설명과 근무성적평정방법을 바르게 연결한 것은?

> ㄱ. 피평정자들의 성적분포가 과도하게 집중되는 것을 방지
> 하기 위해 등급별로 비율을 정하여 준수하도록 하는 방법
> ㄴ. 시간당 수행한 공무원의 업무량을 전체 평정기간 동안 계속
> 적으로 조사해 평균치를 측정하거나, 일정한 업무량을 달
> 성하는 데 소요된 시간을 계산해 그 성적을 평정하는 방법
> ㄷ. 선정된 중요 과업 분야에 대해서 가장 이상적인 과업수
> 행 행태에서부터 가장 바람직하지 못한 과업수행 행태까
> 지를 몇 개의 등급으로 구분하고, 등급마다 중요 행태를
> 명확하게 기술하고 점수를 할당하는 방법

	ㄱ	ㄴ	ㄷ
①	강제배분법	산출기록법	행태기준평정척도법
②	강제선택법	주기적 검사법	행태기준평정척도법
③	강제선택법	산출기록법	행태관찰척도법
④	강제배분법	주기적 검사법	행태관찰척도법

17

공무원의 근무성적평정에 대한 설명으로 옳은 것은?

① 평정대상자의 근무실적과 직무수행능력을 평가하지만
적성, 근무태도 등은 평가하지 않는다.
② 중요사건기록법은 평정대상자로 하여금 자신의 근무실
적을 스스로 보고하도록 하는 방법이다.
③ 평정자가 평정대상자를 다른 평정대상자와 비교함으로
써 발생하는 오류는 대비오차이다.
④ 우리나라의 6급 이하 공무원에게는 직무성과계약제가
적용되고 있다.

18

다면평가제도의 장점에 대한 설명 중 가장 거리가 먼 것은?

① 평가의 객관성과 공정성 제고에 기여할 수 있다.
② 계층제적 문화가 강한 사회에서 조직 간 화합을 제고해
준다.
③ 피평가자가 자기의 역량을 강화할 수 있는 기회를 제공
해 준다.
④ 조직 내 상하 간, 동료 간, 부서 간 의사소통을 촉진할 수
있다.
⑤ 팀워크가 강조되는 현대사회의 새로운 조직 유형에 부
합한다.

19

행정윤리에 대한 설명으로 옳은 것을 모두 고르면?

> ㄱ. 정치와 행정의 상호작용이 활발해지면 행정윤리의 확보
> 가 어려워질 가능성이 높아진다.
> ㄴ. 「국가공무원법」, 「공직자윤리법」은 부정부패 방지 등을
> 위한 구체적이고 적극적인 행정윤리를 강조한다.
> ㄷ. 정무직 공무원, 4급 이상 일반직 고위공무원은 재산등록
> 대상이지만 정부출연기관의 임원은 제외된다.
> ㄹ. 공무원의 개인적 윤리기준은 공공의 신탁(public trust)
> 과 관련된다.
> ㅁ. 행정윤리는 공무원이 수행하는 행정업무와 관련된 윤리
> 를 의미한다.

① ㄱ, ㄴ, ㄷ   ② ㄱ, ㄹ, ㅁ
③ ㄴ, ㄹ, ㅁ   ④ ㄷ, ㄹ, ㅁ

5개년 챕터별 출제비중 & 출제개념

CHAPTER 01 재무행정 기초이론	51%	재정의 기능, 특별회계, 기금, 추가경정예산, 준예산, 조세지출예산제도, 수입대체경비, 예산원칙, 통합재정, 재정사업, 성과관리제도, 공공기관 유형, 국가채무, 예산기능, 예산분류
CHAPTER 02 예산과정론	33%	예산편성과정, 예산안 첨부서류, 총액배분·자율편성, 예산심의, 재정통제·신축성 유지, 이용·전용, 국고채무부담행위, 예비타당성 조사, 예산성과금, 긴급배정, 지출특례, 결산심사, 재무제표, 발생주의·복식부기, 발생주의·현금주의, 재정민주주의, 프로그램예산제도
CHAPTER 03 예산제도론	16%	점증주의·합리주의, 니스카넨(Niskanen), LIBS, PPBS, PBS, ZBB, 예산제도

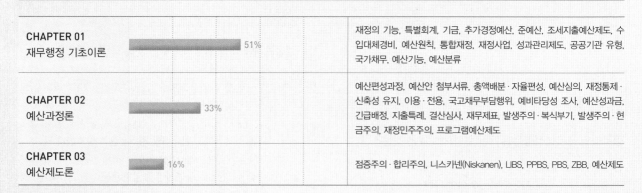

14%

학습목표

| CHAPTER 01 | ❶ 예산의 종류, 원칙을 구분하여 정리한다. |
| 재무행정 기초이론 | ❷ 예산회계와 관련된 법령을 숙지한다. |

CHAPTER 02	❶ 예산편성과 관련된 4대 재정개혁, 예산집행과 관련된 BTL의 주요 내용을 숙지한다.
예산과정론	❷ 예산집행의 재정통제와 신축성 유지의 차이를 구분하고 관련 법령을 숙지한다.
	❸ 현금주의와 발생주의, 단식부기와 복식부기의 차이를 정확하게 구분한다.

| CHAPTER 03 | ❶ 시대별 흐름에 따른 예산제도의 변화를 이해한다. |
| 예산제도론 | ❷ 자본예산제도의 주요 내용과 장·단점을 숙지한다. |

01 재무행정 기초이론

정답과 해설 ▶ P.69

바로 확인문제

01   2007 충남 9급

예산(budget)에 대한 다음 설명 중 **틀린** 것은?

① 'budget'의 어원은 미국 재무상(chancellor of the exchequer)이 매년 의회에서 재정연설을 할 때 재정계획서를 넣어 가지고 다니던 가죽주머니(bougette)에서 유래된 것으로 그 가죽주머니에서 재정서류를 꺼냈다는 데서 기원한 것이다.

② 예산은 국가사업계획을 국가재정수립을 통해서 구체화시키는 역할을 하므로 사실상 국가철학의 회계적 표현이다.

③ 예산은 「헌법」 또는 「국가재정법」에 따라 일년 단위로 정부가 편성하고 의회의 심의·의결을 거쳐 확정된 국가재정계획이다.

④ 예산은 국가의 세입과 세출을 일정 기간 단위로 계획한 예정적 수치로서 정부지출의 기준이 된다.

02   2006 경남 9급

예산의 성격과 특징에 관한 설명으로 **틀린** 것은?

① 예산결정은 다양한 주체들 간의 상호작용을 통해 이루어지는 정치적 과정이다.

② 예산의 결과와 집행은 정부정책 중 가장 진보적인 성격을 지니는 영역이다.

③ 예산은 관료들의 책임성을 확보하기 위한 회계도구로 작용할 수 있다.

④ 예산서는 다양한 정책과 관련한 정보를 창출하는 도구로서의 기능을 갖는다.

01 예산의 개념과 기능

1 예산의 개념과 성격

(1) 개념

① **일반적 개념**: 예산[1]이란 일정 기간(1회계연도)의 국가의 수입·지출의 예정액 또는 계획안을 말한다. 이를 문건으로 만들어 발간한 것이 예산서인데, 여기에는 정책결정의 결과와 우선순위, 사업의 목적, 정부가 제공하는 공공서비스의 전반적인 수준이 담겨 있다.

② **형식적 개념(법률적 개념)**: 예산은 「헌법」 또는 「국가재정법」에 따라 일년 단위로 정부가 편성하고 의회의 심의·의결을 거쳐 확정된 1회계연도 동안의 국가재정계획으로, 국가사업계획을 국가재정수립을 통해서 구체화시키는 역할을 하므로 사실상 국가철학의 회계적 표현이다.

(2) 성격

① **공공재원 배분 계획의 예산**

　㉠ 예산은 희소한 공공재원의 배분에 관한 계획으로, 정부와 민간의 자원배분 기준, 정부 내에서 다양한 부문들 간 우선순위 조정에서 기회비용 개념이 적용된다. 이에 따라 예산은 관리 또는 행정적인 도구이다.

　㉡ 예산은 공공사업과 서비스를 제공하는 방법과 수단, 그리고 정부의 활동을 효율성과 공평성이라는 측면에서 평가하는 기준을 제시해 준다.

② **정치적 과정의 예산결정과정**: 예산이 이루어지는 활동무대에는 다양한 주체들 간의 상호작용이 발생한다. 따라서 예산결정과정은 하나의 정치적 과정이다.

③ **정보 창출 도구로서의 예산**: 예산에는 다양한 형태의 정보들이 집적된다. 따라서 예산서는 다양한 정책과 관련한 정보를 창출하는 도구적 기능을 갖는다.

④ **예산의 보수성**: 예산은 정부정책 중 가장 보수적인 영역에 속하며, 전년 대비 일정 비율의 변화에 국한되는 점증주의적 특징이 강하다.

⑤ **책임성 확보 도구로서의 예산**: 예산은 정부자금 지출의 통로이며, 부여된 자금을 사용하는 관료들의 책임성을 확보하기 위한 회계도구이다.

---

1) 예산에 해당되는 영어 'budget'은 주머니 또는 돈주머니를 뜻하는 'bougette'에서 유래한 말로, 'bougette'는 영국의 재무상이 의회에서 재정연설을 할 때 서류를 넣어 가지고 가는 가방을 의미한다. 따라서 'open the budget'은 예산안을 제출하는 · 것을 의미한다.

2 예산의 기능

(1) 재정통제기능

① 근대 예산제도는 의회의 행정부에 대한 민주통제 수단으로서 발전되었다.
② 1920년대 초 서구의 예산운영은 품목별 지출이 중요한 방법이었으며, 예산형식은 구체적인 지출소요액 기록과 이후의 집행에 초점이 맞추어졌다. 이는 가장 효과적인 재정통제 수단이 되었으며, 품목별 예산제도는 재무회계시스템의 발전과 병행하여 재정통제의 목적을 효과적으로 수행하였다.

(2) 정치적 기능

① 예산은 정치과정을 통하여 현실적으로 가치를 배분하고 국민의 이해관계를 조정하는 정치적 기능을 가진다.
② 입법국가에서 예산의 정치적 역할은 소극적이었으나, 행정국가 이후 예산의 정치적 역할은 적극화되었다. 따라서 예산은 정치활동의 초점이 되었고 고도의 정치적 성격을 지니게 되었다.

(3) 경제적 기능

머스그레이브(Musgrave)는 재정의 3대 기능을 자원배분기능, 소득재분배기능, 경제안정기능으로 분류하였다. 경제성장 촉진기능은 예산의 경제적 기능이지만, 머스그레이브의 분류에는 속하지 않는다.

① **자원배분기능**: 시장경제를 통해 생산되지 않는 재화를 공급하기 위하여 자원을 할당하는 기능을 말한다.
② **소득재분배기능**: 시장경제에서 결정된 분배 상태가 바람직하지 못할 때 이를 시정하는 기능을 말한다.
③ **경제안정기능**: 불경기로 실업이 증가할 때 실업률을 감소시키기 위해 총지출을 증가시키는 기능을 말한다.
④ **경제성장 촉진기능**: 개발도상국의 경제성장을 위한 자본을 형성하는 기능을 말한다.

(4) 법적 기능

① 입법부는 예산이라는 형식을 통하여 행정부에 대하여 재정권을 부여해 준다.
② 의회의 심의를 통과한 예산은 법적 구속력을 갖게 된다.

(5) 관리적 기능

① 예산은 행정부가 가용자원을 효과적으로 동원하고 효율적으로 관리할 수 있도록 해 주며, 이는 국가발전을 위한 각종 사업계획을 뒷받침해 주는 역할을 한다.
② 관리적 기능은 기관에서 구입하는 투입요소나 자원보다 정부활동의 성과에 초점을 맞추는 것이다. 즉, 인력·물품·설비 등의 소요되는 자원보다는 이루어지는 일이나 제공되는 서비스의 성격과 상대적인 중요성에 초점을 맞춘다. 소요되는 자원은 목적을 달성하기 위해 투입하는 수단에 불과하기 때문에 예산에서 가장 중요한 일은 사업 또는 성취해야 할 서비스의 비용이 얼마인가를 파악하는 일이다.
③ 1949년 미국의 후버위원회는 이러한 접근방법을 통해 성과주의 예산제도를 제안했다. 성과주의 예산제도는 1930년대의 비용회계와 과학적 관리론의 개념과 기술적인 기반을 원용하고 있으며, 1940년대와 1950년대에 주류를 이루었던

03   2012 서울시 9급

배분기구로서의 정부 예산에 대한 설명으로 옳지 않은 것은?

① 예산의 본질적 모습은 예산을 통해 추진하고자 하는 정책과 사업이라고 할 수 있다.
② 예산에는 정책결정자의 사실판단에 근거하며 가치판단은 배제되어 있다.
③ 공공부문의 희소성은 공공자원을 사용할 수 있는 제약 상태를 반영한 개념이다.
④ 거시적 배분은 민간부문과 공공부문 간의 자원배분에 관한 결정이다.
⑤ 미시적 배분은 주어진 예산의 총액 범위 내에서 각 대안 간에 자금을 배분하는 것이다.

04   2003 서울시 7급

다음 중 예산의 경제적 기능이 아닌 것은?

① 경제안정화기능
② 경제성장 촉진기능
③ 소득재분배기능
④ 자원배분기능
⑤ 예산공개기능

05   2003 경기 9급

머스그레이브(Musgrave)의 예산의 기능이 아닌 것은?

① 경제안정기능
② 소득분배기능
③ 경제성장 촉진기능
④ 자원배분기능

성과주의 예산의 요소들이 아직까지 남아 있어 재정관리의 효과적인 관리수단으로 작용하고 있다.

(6) 정책결정 및 기획기능

① 중앙예산기관은 각 부처의 정책 및 사업계획을 검토 · 평가 · 조정하여 여기에 소요되는 경비의 사정을 하게 된다. 이를 통하여 계획과 예산을 일치시켜 사업계획의 효율적 수행을 가능하게 하는 것이다.

② 예산은 계획의 기능을 수행하는 것으로, 사업을 계속하거나 새로운 사업을 개발하거나 또는 자원을 배분하는 의사결정의 수단으로 작용한다. 예산개혁에서 이러한 지향은 계획예산제도(PPBS)를 통해 추구되었다. 이는 기업에서 발전한 프로그램 예산제도의 기법에서 나온 것이다. 프로그램 예산제도의 기본적인 목적은 통합적인 목적에 의해 지출을 요구하는 것이 아니라, 프로그램 패키지에 의해 지출하려는 것이다. 즉, 최종적인 목적의 기술, 광범위한 프로그램 대안의 식별, 프로그램과 재정계획과의 연계 등을 강조한다.

(7) 감축기능(ZBB)

저성장시대에 대응하기 위해 예산의 감축기능이 중요시된다. 1970년대 이후부터 서구에서는 물가상승과 재정적자, 경기침체의 영향으로 성장의 한계가 인식됨에 따라 재정팽창에 대항하는 조세저항운동이 발생하였다. 이에 따라 재정낭비를 줄이고 능률성을 제고하기 위한 감축관리가 추진되었다. 그러나 감축기능을 별도로 구분하지 않고 종래의 관리 또는 계획기능으로 보는 견해도 있다.

(8) 참여기능(의회와 주민참여)

① 전통적인 예산개혁은 주로 예산편성의 주체인 행정부가 예산기능의 변화에 적합한 예산제도를 도입하는 측면에서 예산제도가 어떻게 다른가를 파악하는 것이었다. 그런데 정부의 지출을 통제하고 책임성을 높이기 위한 예산개혁에서 의회와 시민사회의 비중이 점차 증대되고 있다. 이는 장기적인 경기침체 속에서 정부의 재정지출활동에 대한 불신이 높아졌기 때문이다.

② 이에 따라 의회에서는 성과지향적인 정책운영을 위해 강도 높은 입법을 추진하고, 시민사회에서는 예산운영에서 예산감시운동을 통해 성과에 대한 감시와 평가활동을 강화하게 되었다. 또한 행정부의 일방적인 정책성과라는 전통적인 방식을 개선하여 실제 서비스 수요자인 주민들과의 유기적인 협력관계가 중요해지면서 행정부 스스로도 예산과정에서 시민참여를 적극 유도하게 되었다.

3 현대행정과 예산기능의 변동

(1) 입법국가의 예산기능

입법국가에서는 소극적인 재정통제기능과 정치적 기능, 법적 기능 정도가 예산기능으로서 다소 의의를 지녔다.

(2) 행정국가의 예산기능

① 행정국가의 대두와 함께 정책결정의 중요성과 행정의 국가발전적 역할이 강조됨에 따라 기획기능이 예산의 주기능으로 등장했으며, 최근에는 감축관리지향의 관리적 기능이 중시되어 왔다. 또한 경제적 기능이 적지 않게 강조되고 있으며,

정치적 기능이 적극적으로 강조되어 왔다.

② 쉬크(Schick)는 미국 예산개혁의 단계를 그 정향에 따라 통제지향, 관리지향, 기획지향으로 구분했다.

(3) 1990년대 이후 예산기능

① 1990년대부터 본격적으로 부각되었던 성과지향적인 예산개혁은 새로운 형식보다는 공공사업의 성과를 향상시키기 위한 예산과정에 초점을 맞추고 있다.

② 전략기획과 예산, 그리고 구체적인 성과물(결과)이 체계적으로 연계될 수 있는 예산운영체제의 개혁이 주목을 받고 있다.

▍예산의 기능과 제도

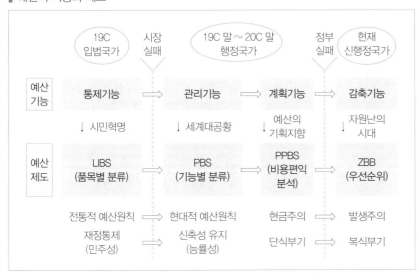

바로 확인문제

06   2012 국가직 9급

미국의 예산개혁과 결부시켜 쉬크(A. Schick)가 도출한 예산제도의 주된 지향점으로 볼 수 없는 것은?

① 성과지향   ② 통제지향
③ 기획지향   ④ 관리지향

07   2013 서울시 9급

다음 중에서 예산개혁의 경향이 시대에 따라 변화해 온 것을 시기 순으로 가장 잘 나타낸 것은?

① 통제지향－관리지향－기획지향－감축지향－참여지향
② 통제지향－감축지향－기획지향－관리지향－참여지향
③ 관리지향－감축지향－통제지향－기획지향－참여지향
④ 관리지향－기획지향－통제지향－감축지향－참여지향
⑤ 기획지향－감축지향－통제지향－관리지향－참여지향

---

02 예산의 종류

결정적 코멘트 각각의 개념을 정확하게 숙지해야 한다. 특히, 특별회계와 기금의 개념상 차이를 주의해야 한다.

1 세입·세출의 성질에 따른 분류

(1) 일반회계예산

① 개념: 일반회계는 조세수입 등을 주요 세입(歲入)으로 하여 국가의 일반적인 세출(歲出)에 충당하기 위하여 설치한다. 즉, 일반회계는 일반적 세입으로 일반적인 지출을 수행하는 회계로, 국가예산의 근간을 이룬다.

② 일반회계의 세입과 세출

    ㉠ 일반회계 세입: 크게 소득세·법인세·부가가치세 등의 국세와 공기업주식매각수입 등 세외수입, 국채발행 수입으로 구성된다.

    ㉡ 일반회계 세출: 중앙행정기관의 운영비와 사업비가 포함된다. 기능별로 분류하면 경제개발비, 교육비, 방위비, 사회개발비, 지방재정교부금, 일반행정경비, 채무상환, 예비비 등으로 구성된다.

③ 특징

    ㉠ 일반회계는 통제지향적 관점에서 일반적인 정부의 예산활동을 관리·감독하는 회계이다. 즉, 예산 통일성의 원칙에 따라 모든 재정활동들은 원칙적으로 일반회계 하나에 망라되어야 한다.

08

우리나라 특별회계에 대한 설명으로 옳지 않은 것은?

① 특별회계는 법률로써 설치한다.
② 예산팽창을 예방할 수 있다.
③ 「국가재정법」에 규정된 개별 법률에 의하지 아니하고는 이를 설치할 수 없다.
④ 예산 단일성과 통일성의 원칙의 예외에 해당한다.

09

예산의 종류에 관한 설명으로 옳지 않은 것은?

① 일반회계예산의 세입은 조세수입에 의존한다.
② 기금은 세입·세출예산에 의하지 않고 예산 외로 운용할 수 있다.
③ 특정한 세입으로 특정한 세출에 충당함으로써 일반회계와 별도로 구분해서 경리할 필요가 있을 때 특별회계예산을 설치한다.
④ 특별회계예산의 세입은 자체 세입이나 일반회계로부터의 전입금으로 구성된다.
⑤ 특별회계예산은 국가에서 특정 사업을 운영할 때 대통령령으로 설치한다.

10

다음 중 특별회계예산의 특징으로 가장 옳지 않은 것은?

① 특별회계예산은 세입과 세출의 수지가 명백하다.
② 특별회계예산에서는 행정부의 재량이 확대된다.
③ 특별회계예산은 국가재정의 전체적인 관련성을 파악하기 곤란하다.
④ 특별회계예산에서는 입법부의 예산통제가 용이해진다.

ⓒ 중앙예산부서의 입장에서는 모든 정부 자금들이 일반회계로 통합·운영되면 재원배분의 칸막이 병리가 줄어들어 자원배분의 효율성을 높일 수 있다. 따라서 가능한 한 예외적인 수단으로서 특별회계는 축소하거나 신설을 억제하려고 노력하고 있다.

ⓒ 정부의 총지출 규모는 일반회계 > 기금 > 특별회계 순이다.

(2) 특별회계예산(예산 단일성·통일성의 원칙 예외)

① 특징

ⓐ 특별회계는 국가에서 특정한 세입으로 특정한 세출에 충당함으로써 일반회계와 구분하여 계리할 필요가 있을 때 설치하며, 예산 단일성과 통일성의 원칙에 대한 예외가 된다. 따라서 일반회계보다 신축성이 높다.

ⓑ 특별회계도 정부예산이므로, 입법부의 심의를 받는다.

ⓒ 정부의 예산사업이 다양해지면서 특별회계의 수와 규모가 점차 증대되는 경향이 있다. 그러나 입법부와 국민들의 예산통제의 관점에서는 특별회계의 수가 적은 것이 바람직하다. 특별회계의 수가 과도하게 많으면 재원배분 구조를 왜곡시킬 우려가 있으며, 재정운영에서도 일관된 기준을 적용하기 힘들기 때문이다. 경우에 따라서는 예산팽창을 효과적으로 통제하지 못해 재정 인플레이션을 창출할 수도 있다.

ⓓ 다만, 집행부서에 따라서는 예산운영에서 유연성을 발휘할 수 있는 특별회계를 일반회계보다 선호하는 경향이 있고, 집중적인 예산대응이 필요한 국가적 사안에 적극적으로 대응하기에는 일반회계보다 특별회계가 효과적이라는 긍정적인 측면도 있다.

② 설치요건: 특별회계는 ⓐ~ⓒ과 같은 때에 법률로써 설치한다(「국가재정법」 제4조 제3항). 그러나 다음의 규정된 법률[2]에 의하지 아니하고는 이를 설치할 수 없다.

ⓐ 국가에서 특정한 사업을 운영할 때(⑩ 정부부처형 공기업)

ⓑ 특정한 자금을 보유하여 운영할 때

ⓒ 특정한 세입(歲入)으로 특정한 세출(歲出)에 충당함으로써 일반회계와 구분하여 회계처리할 필요가 있을 때

③ 장·단점

장점	• 정부가 사업을 운영하는 경우에 사업과 그 수지의 명확화를 기할 수 있음 • 행정기관의 재량 확대로 경영의 능률화·합리화에 기여할 수 있음 • 행정의 경제적·재정적 기능의 다양화·전문화에 부응할 수 있음
단점	• 예산구조가 복잡하게 됨(예산 단일성 원칙의 예외) • 국가재정의 통합성이 저하되어 국가재정의 전체적 관계가 불명확해짐 • 의회 및 국민의 민주적 통제가 확보되기 어려움(재정 통제 곤란)

---

2) 1. 「교도작업의 운영 및 특별회계에 관한 법률」, 2. 「국가균형발전 특별법」, 3. 삭제 〈2021. 12. 21.〉, 4. 삭제 〈2006. 12. 30.〉, 5. 「정부기업예산법」, 6. 「농어촌구조개선특별회계법」, 7. 삭제 〈2021. 12. 21.〉, 8. 「등기특별회계법」, 9. 「신행정수도 후속대책을 위한 연기·공주지역 행정중심복합도시 건설을 위한 특별법」, 10. 「아시아문화중심도시 조성에 관한 특별법」, 11. 「에너지 및 자원사업특별회계법」, 12. 「우체국보험특별회계법」, 13. 삭제 〈2006. 12. 30.〉, 14. 「주한미군기지 이전에 따른 평택시 등의 지원 등에 관한 특별법」, 15. 「책임운영기관의 설치·운영에 관한 법률」, 16. 삭제 〈2021. 12. 21.〉, 17. 「환경정책기본법」, 18. 「국방·군사시설이전특별회계법」, 19. 「혁신도시 조성 및 발전에 관한 특별법」, 20. 「교통시설특별회계법」, 21. 「유아교육지원특별회계법」, 22. 「소재·부품·장비산업 경쟁력강화를 위한 특별조치법」, 23. 「고등·평생교육지원 특별회계법」

2 기금

(1) 개념

① 「국가재정법」 제5조는 국가가 특정한 목적을 위하여 특정한 자금을 신축적으로 운용할 필요가 있을 때에 한정하여 법률로써 특별한 기금을 설치할 수 있고, 이렇게 설치된 기금은 세입·세출예산에 의하지 아니하고 운용할 수 있다고 규정하고 있다.

② 기금은 각종 연금사업, 보험사업 등이 예산으로 운영될 때 예산에 적용되는 일반적인 제약 때문에 사업목적을 효과적으로 달성할 수 없는 경우에 설치된다. 즉 기금이란, 복잡다기하고 급변하는 현실에서 국가의 특수한 정책목적을 실현하기 위하여 예산원칙의 일반적인 제약으로부터 벗어나 좀 더 탄력적으로 운용할 수 있도록 세입·세출예산에 의하지 않고 특정 사업을 위해 보유·운용하는 특정 자금이라고 할 수 있다.

(2) 기금과 예산

① **특징**: 공공기금은 통합예산의 범위에 포함되며, 예산 통일성·단일성·완전성의 원칙에 대한 예외이다.

② **재원**: 예산은 조세수입을 재원으로 하여 무상적 급부를 원칙으로 하나, 기금은 조세가 아닌 일반회계로부터의 전입금이나 정부출연금 등에 의존하며 유상적 급부가 원칙이다.

③ **기금운용계획**: 기금관리주체(중앙관서의 장)는 회계연도마다 기금운용계획안을 수립하고 기획재정부장관의 협의와 국무회의의 심의, 대통령의 승인을 거쳐 회계연도 개시 120일 전까지 국회에 기금운용계획안을 제출하여야 한다.

④ **기금결산**: 기금관리주체는 기금결산보고서를 작성하여 기획재정부장관에게 제출해야 하며, 기획재정부장관은 이를 토대로 정부기금결산서를 작성, 감사원의 검사를 거친 후 다음 연도 5월 31일까지 국회에 제출해야 한다.

▌일반회계·특별회계·기금 비교

구분	일반회계	특별회계	기금
설치 사유	국가 고유의 일반적 재정활동	• 특정 사업 운영 • 특정 자금 운용 • 특정 세입으로 특정 세출 충당	• 특정 목적을 위해 특정 자금 운용 • 일정 자금을 활용하여 특정 사업을 안정적으로 운영
재원조달 및 운용형태	공권력에 의한 조세수입과 무상급부 원칙	일반회계와 기금의 운용형태 혼재	출연금, 부담금 등 다양한 수입원으로 융자사업 등 기금 고유 사업 수행
확정 절차	• 부처의 예산 요구 • 기획재정부가 정부예산안 편성 • 국회 심의·의결로 확정	• 부처의 예산 요구 • 기획재정부가 정부예산안 편성 • 국회 심의·의결로 확정	• 기금관리주체가 운영계획(안) 수립 • 기획재정부장관과의 협의·조정 • 국회 심의·의결로 확정
집행 절차	• 합법성에 입각하여 엄격히 통제 • 예산의 목적 외 사용금지 원칙	• 합법성에 입각하여 엄격히 통제 • 예산의 목적 외 사용금지 원칙	합목적성 차원에서 상대적으로 자율성과 탄력성 보장

바로 확인문제

11   2020 지방직(=서울시) 7급

우리나라의 특별회계에 대한 설명으로 옳지 않은 것은?

① 설치근거가 되는 법률을 별도로 정하고 있다.

② 세출예산뿐 아니라 세입예산도 일반회계와 특별회계로 구분한다.

③ 특별회계의 설치요건 중에는 특정한 세입으로 특정한 세출에 충당함으로써 일반회계와 구분하여 회계처리할 필요가 있을 경우도 포함된다.

④ 예산의 이용 및 전용과 마찬가지로 예산 한정성의 원칙이 적용되지 않는다.

12   2023 지방직 9급

정부예산의 종류에 대한 설명으로 옳지 않은 것은?

① 기금은 예산원칙의 일반적 제약으로부터 벗어나 탄력적으로 운용된다.

② 특별회계예산은 국가의 회계 중 특정한 세입으로 특정한 세출을 충당하기 위한 예산이다.

③ 특별회계예산은 일반회계예산과 달리 예산편성에 있어 국회의 심의 및 의결을 받지 않는다.

④ 기금은 예산 통일성 원칙의 예외가 된다.

13   2017 국가직 7급

「국가재정법」상 특별회계를 설치할 수 있는 근거법률이 아닌 것은?

① 「국가균형발전 특별법」

② 「정부기업예산법」

③ 「군인연금특별회계법」

④ 「책임운영기관의 설치·운영에 관한 법률」

14   2022 지방직(=서울시) 9급

일반회계, 특별회계, 기금에 대한 설명으로 옳지 않은 것은?

① 일반회계는 조세수입 등을 주요 세입으로 하여 국가의 일반적인 세출에 충당하기 위하여 설치한다.

② 특별회계와 기금은 예산총계주의 원칙의 예외이다.

③ 일반회계, 특별회계, 기금 모두 국회로부터 결산의 심의 및 의결을 받아야 한다.

④ 일반회계와 특별회계는 전쟁이나 대규모 재해가 발생한 경우 추가경정예산을 편성할 수 있다.

수입과 지출의 연계	특정한 수입과 지출의 연계 배제	특정한 수입과 지출의 연계	특정한 수입과 지출의 연계
계획 변경	추경예산의 편성	추경예산의 편성	주요 항목 지출금액의 20% 이상 변경 시 국회 심의·의결 필요(금융성 기금은 30%)
결산	국회의 결산심의와 승인		

15

정부지출에 대한 설명으로 옳지 <u>않은</u> 것은?

① 정부의 총지출 규모는 일반회계 > 기금 > 특별회계의 순으로 크다.

② 기금은 특별회계처럼 국회의 심의·의결로 확정되며, 집행부의 재량이 상대적으로 큰 편이다.

③ 「국가재정법」상 금융성 기금의 주요 항목 지출금액의 변경 범위가 20%를 초과하면 국회의 의결이 필요하다.

④ 「국가재정법」상 기금관리장치로 국정감사, 자산운용위원회, 기금운용심의회 등이 있다.

16

예산에 대한 설명으로 옳지 <u>않은</u> 것은?

① 정기국회 심의를 거쳐 확정된 최초 예산을 본예산 혹은 당초예산이라고 한다.

② 준예산 제도는 국회에서 예산안이 의결될 때까지 전년도 예산에 준해 집행할 권한을 정부에 부여하는 제도이다.

③ 예산이 성립되면 잠정예산은 그 유효기간이나 지출 잔액 유무에 관계없이 본예산에 흡수된다.

④ 적자예산으로 인한 재정적자는 국채발행, 한국은행으로부터의 차입, 해외차입 등으로 보전한다.

⑤ 수정예산은 예산성립 후에 발생한 사유로 인하여 필요한 경비의 과부족이 발생한 때 본예산에 수정을 가한 예산이다.

17

다음 중 추가경정예산에 대한 설명으로 가장 적절하지 <u>않은</u> 것은?

① 추가경정예산은 예산이 성립한 후의 사후적인 예산변경제도이다.

② 추가경정예산은 일반회계·특별회계·기금을 대상으로 한다.

③ 추가경정예산은 대내·외 여건에 중대한 변화가 발생하였거나 발생할 우려가 있는 경우에 편성할 수 있다.

④ 정부는 국회에서 추가경정예산안이 확정되기 전에 긴급한 상황이 발생한 경우 이를 미리 배정하거나 집행할 수 있다.

3 성립시기·예산절차상 특징에 따른 분류

(1) 본예산(당초예산)

① 개념: 본예산이란 정상적인 절차를 거쳐 편성·심의·확정된 최초의 예산을 말한다. 즉, 국회에 상정되어 정기국회에서 다음 회계연도 예산에 대하여 정상적으로 의결·확정한 당초예산을 말한다.

② 특징: 본예산만으로는 국제정세나 사회·경제사정의 변화 등에 적절히 대응할 수 없는 경우가 있다. 이에 대비하기 위하여 수정예산과 추가경정예산이 요구된다.

(2) 수정예산

① 개념: 수정예산이란 예산안이 국회에 제출된 후, 심의를 거쳐 성립되기 이전에 부득이한 사유로 인하여 그 내용의 일부를 수정하고자 하는 경우에 작성되는 예산안을 말한다.

② 특징

　㉠ 정부는 국무회의 심의를 거친 후 대통령의 승인을 얻어 수정예산안을 국회에 제출할 수 있으며, 수정예산안은 상임위원회와 예산결산특별위원회의 심의를 거쳐야 한다.

　㉡ 이미 제출한 예산안이 예비심사나 종합심사 중에 있을 때에는 수정예산을 함께 심사하고, 심사가 종료된 경우에는 별도로 심사를 거쳐야 한다.

③ 사례: 우리나라의 경우에도 사용한 예가 있다.

(3) 추가경정예산(예산 단일성의 원칙 예외)

① 개념: 추가경정예산이란 예산이 국회를 통과하여 성립한 후에 생긴 불가피한 사유로 인하여, 이미 성립된 예산에 변경을 가할 필요가 있을 때 편성되는 예산을 말한다. 정부는 국회에서 추가경정예산안이 확정되기 전에 이를 미리 배정하거나 집행할 수 없다.

② 특징

　㉠ 추가경정예산은 본예산과는 달리, 별개로 성립되는 것이어서 예산 단일성의 원칙에 예외가 되며, 자원의 적정배분을 저해하고 국회의 예산통제제도도 약화시키게 된다.

　㉡ 추가경정예산은 본예산과 별개로 성립되지만 일단 성립되면 통합하여 운용된다.

③ 사례: 추가경정예산은 횟수의 제한이 없으며, 우리나라의 경우 사용한 예가 많다.

④ 편성요건: 「국가재정법」상 추가경정예산의 편성요건은 다음과 같다.

　㉠ 전쟁이나 대규모 자연재해가 발생한 경우

　㉡ 경기침체, 대량실업, 남북관계의 변화, 경제협력과 같은 대내·외 여건에 중대한 변화가 발생하였거나 발생할 우려가 있는 경우

　㉢ 법령에 따라 국가가 지급하여야 하는 지출이 발생하거나 증가하는 경우

4 예산 불성립 시 예산제도

(1) 의의

① 예산이 회계연도 개시 전까지 국회에서 통과되지 못하는 경우에도 정부활동은 계속되어야 하므로, 필요한 경비가 지출될 수 있는 제도가 마련되어야 한다. 이처럼 예산 불성립 시에 대비하기 위한 탄력적인 예산집행제도라는 점에서 준예산·잠정예산·가예산은 공통된 의의를 지니고 있다.

② 미국·일본·영국·캐나다는 잠정예산을 사용하며, 우리나라는 제1공화국 때 가예산을 채택하였고 1960년 3차 개헌 이후 준예산을 채택하고 있다.

(2) 준예산

① **개념**: 준예산이란 새로운 회계연도가 개시될 때까지 예산이 국회에서 의결되지 못한 때에 정부가 국회에서 예산안이 의결될 때까지 전년도 예산에 준하여 경비를 지출할 수 있는 예산을 말한다. 국회의 예산안 의결기한은 회계연도 개시 전 30일(12월 2일)까지이나 준예산은 회계연도 개시일(1월 1일)까지 예산안이 의결되지 못할 경우에 편성하는 것이므로, 국회의 예산안 의결기한이 초과되었다 하여 바로 준예산이 편성되는 것은 아니다.

② **적용되는 경비**: 「헌법」제54조 제3항

　　㉠ 「헌법」이나 법률에 의하여 설치된 기관 또는 시설의 유지비·운영비

　　　　⑩ 인건비, 관서운영비 등

　　㉡ 법률상 지출의 의무가 있는 경비

　　　　⑩ 기초생활보장, 보훈보상금, 교부금, 부담금 등

　　㉢ 이미 예산으로 승인된 사업의 계속을 위한 경비(계속비)

③ **특징**: 준예산은 해당 연도의 예산이 정식으로 성립되면 그 성립된 예산에 의하여 집행된 것으로 간주한다.

④ **사례**: 준예산제도는 1960년 제3차 개헌 때 우리나라 「헌법」에 도입되었으나, 중앙정부의 경우 사용된 예는 현재까지 없었다.

(3) 잠정예산

① **개념**: 잠정예산이란 회계연도 개시일 전까지 예산이 국회를 통과하지 못하는 경우, 일정 기간(최초 4, 5개월분) 동안 일정 금액 예산의 국고지출을 잠정적으로 허용하는 제도를 말한다.

② **특징**: 예산이 성립되면 잠정예산의 유효 기간이나 지출 잔액 유무에 관계없이 본예산에 흡수된다.

③ **사례**: 우리나라에서는 채택한 적이 없다.

(4) 가예산

① **개념**: 가예산이란 부득이한 사유로 예산이 국회에서 의결되지 못한 경우에 최초의 1개월분을 국회의 의결로 집행할 수 있도록 한 제도이다.

② **사례**: 우리나라는 1955년도까지는 거의 매년 가예산을 편성·집행해 왔다(1948~1960년까지는 가예산제도를 채택하여 6차례 편성).

바로 확인문제

18   2023 군무원 7급

현행 「국가재정법」상 추가경정예산안을 편성할 수 있는 경우가 **아닌** 것은?

① 전쟁이나 대규모 재해(재난 및 안전관리기본법상 자연재난과 사회재난에 따른 피해)가 발생한 경우

② 전쟁이나 대규모 재해(재난 및 안전관리기본법상 자연재난과 사회재난에 따른 피해)가 발생할 우려가 있는 경우

③ 경기침체, 대량실업, 남북관계의 변화, 경제협력과 같은 대내·외 여건에 중대한 변화가 발생한 경우

④ 경기침체, 대량실업, 남북관계의 변화, 경제협력과 같은 대내·외 여건에 중대한 변화가 발생할 우려가 있는 경우

19   2018 국가직 9급

예산과 재정관리에 대한 설명으로 옳지 **않은** 것은?

① 우리나라의 예산은 행정부가 제출하고 국회가 심의·확정하지만, 미국과 같은 세출예산법률의 형식은 아니다.

② 조세는 현 세대의 의사결정에 대한 재정 부담을 미래 세대로 전가하지 않는다는 장점이 있다.

③ 성과주의 예산제도의 도입에도 불구하고 품목별 예산제도는 우리나라에서 여전히 활용되고 있다.

④ 추가경정예산은 예산의 신축성 확보를 위한 제도로서, 최소 1회의 추가경정예산을 편성하도록 「국가재정법」에 규정되어 있다.

20   2022 국가직 9급

동일 회계연도 예산의 성립을 기준으로 볼 때 시기적으로 빠른 것부터 순서대로 바르게 나열한 것은?

① 본예산, 수정예산, 준예산

② 준예산, 추가경정예산, 본예산

③ 수정예산, 본예산, 추가경정예산

④ 잠정예산, 본예산, 준예산

21 2021 국가직 7급

준예산에 대한 설명으로 옳지 <u>않은</u> 것은?

① 예산안이 회계연도 개시일까지 국회에서 의결되지 못한 경우에 활용된다.
② 국회의 의결을 필요로 한다.
③ 법률상 지출 의무를 이행하기 위한 경우에 집행할 수 있다.
④ 이미 예산으로 승인된 사업의 계속을 위해 집행할 수 있다.

22 2023 지방직 9급

예산 불성립에 따른 예산 종류에 대한 설명으로 옳지 <u>않은</u> 것은?

① 준예산은 전년도 예산을 기준으로 예산을 편성해 운영하는 제도이다.
② 현재 우리나라는 준예산제도를 채택하고 있다.
③ 가예산은 1개월분의 예산을 국회의 의결을 거쳐 집행하는 것으로 우리나라가 운영한 경험이 있다.
④ 잠정예산은 수개월 단위로 임시예산을 편성해 운영하는 것으로 가예산과 달리 국회의 의결이 불필요하다.

23 2006 경남 9급, 2005 경기 7급

예산 불성립 시 「헌법」 규정에 의해 전년도 예산에 준하여 집행할 수 있음에도 불구하고 그에 해당하는 경비로 볼 수 <u>없는</u> 것은?

① 공무원 보수
② 명시이월비
③ 예산상 승인된 계속비
④ 법률상 지출의무가 있는 경비

24 2006 경북 9급

다음 예산에 관한 설명 중 <u>틀린</u> 것은?

① 세입·세출예산 모두를 포함하여 계상해야 한다는 것은 완전성의 원칙이다.
② 순계예산이란 일반회계와 특별회계를 합한 것 중 중복된 부분을 제외한 것이다.
③ 목적세 및 기금은 통일성 원칙의 예외이다.
④ 준예산은 사전의결원칙의 예외이다.

▎ 준예산·잠정예산·가예산 제도 비교

구분	기간 제한	국회의결	지출 항목	채택 국가	한국 채택 여부
준예산	없음	불필요	한정적	한국·독일	3차 개헌 이후
잠정예산	4~5개월	필요	전반적	미국·영국·캐나다·일본	물채택
가예산	1개월	필요	전반적	프랑스(제3·4공화국)·한국(제1공화국)	제1공화국

▎ 우리나라의 예산제도 사례

사용 ○	사용 ×
• 수정예산: 1970년, 1981년 • 추가경정예산: 최근 거의 매년 사용 • 가예산 : 1948~1960년까지 6차례 편성	• 준예산: 중앙정부 사용 안 함 • 잠정예산: 불채택

5 총계예산·순계예산과 예산총계·예산순계

(1) 총계예산과 순계예산

① 총계예산: 예산총계주의를 반영하여 모든 수입을 세입으로 계상한 예산을 말한다.
② 순계예산: 징세비를 공제한 순수입을 세입으로 계상한 것을 말한다.

(2) 예산총계와 예산순계

① 예산총계(= 일반회계 + 특별회계): 예산은 일반회계와 특별회계 간 또는 회계 내 계정 간에 전입금 또는 전출금, 예탁금 또는 예수금의 형태로 이전되는 경우가 많다. 이때 이전된 금액은 양쪽에서 중복 계산되는데, 이렇게 이중 계산된 규모로 예산을 파악하는 것을 예산총계라고 한다.
② 예산순계(= 예산총계 – 중복 부분): 예산총계에서 중복 계산 부분을 제외한 것을 예산순계라고 한다. 즉, 예산순계는 예산총계에서 회계 간, 회계 내 계정 간, 부문 간 지출 및 영업지출을 모두 차감한 규모를 말한다. 실질적인 정부의 예산규모를 파악하는 데에는 예산순계가 더 유용하다.

6 통합재정(통합예산)

(1) 개념

① 통합재정이란 한 나라의 정부부문에서 1년 동안 지출하는 재원의 총체적인 규모로서, 현대국가에서 다양한 형태로 이루어지고 있는 정부부문의 모든 재정활동을 포괄하여 재정이 국민소득·통화·국제수지에 미치는 효과를 파악하고자 하는 예산분류체계이다.
② 통합재정은 이처럼 정부의 전체적인 예산규모 및 예산의 경제적 효과를 파악하려는 목적으로 만들어졌다.

(2) 포괄범위 및 작성방식

① 통합재정의 범위는 공기업을 제외한 일반정부의 재정(중앙정부와 지방자치단체의 일반회계, 특별회계, 기금)을 말하며, 기획재정부가 통합재정을 작성하는 기준은 국제통화기금(IMF)의 2001년 재정통계편람(Government Finance Statistics Manual: GFSM)으로, 1986년 재정통계편람(GFSM) 기준에는 포함되지 않았던 중앙정부의 금융성기금, 외국환평형기금, 공공비영리기관과 지방자치단체의 공공비영리기관이 일반정부 통합재정에 포함된다.

② 통합재정 산출 시 내부거래와 보전거래를 제외함으로써 세입·세출을 순계 개념으로 파악한다. 통합재정은 예산과 기금을 모두 통합하므로 회계와 기금 간 내부거래를 제외해야 하며 순수한 재정 활동을 파악하는 것이 목적이므로 수지 차 보전을 위한 거래인 보전거래(국채 발행 수입/국채 원금 상환, 차입금·차관 수입/차입금·차관 상환 등)를 제외해야 한다.

③ 세입과 세출은 경상거래와 자본거래로 구분하여 작성한다.

7 신임예산

① 신임예산은 정상적인 예산절차의 예외적인 장치이다. 전시 등의 경우, 지출의 예측이 어렵고 안전보장상 내역을 밝히기 어려운 경우, 의회는 총액만 결정하고 구체적인 용도는 행정부가 결정하여 지출하는 장치로, 이는 어디까지나 비상시를 전제로 예외적으로 사용되는 예산이다.

② 우리나라의 경우에는 예비비 중 국가정보원이 사용하는 부분이 이러한 성격을 가진다.

8 재정정책 지향적인 예산

(1) 조세지출 예산제도

① 개념
- ㉠ 조세지출(tax expenditure)은 특정 경제활동을 장려하기 위하여 비과세, 감면 등 세제상의 유인을 제공함으로써 포기된 세수를 의미한다.
- ㉡ 형식적으로는 조세의 일종이지만, 실제로는 지출의 성격을 가지며 일종의 감추어진 보조금의 역할을 한다.
- ㉢ 조세제도 안에 조세지출의 요소가 많이 포함되어 있으면 자원배분의 비효율성이 발생할 수 있다.

② 특징
- ㉠ 조세지출 예산제도는 조세감면의 구체적인 내역을 예산구조를 통해 밝히는 것이다.
- ㉡ 조세지출 예산제도가 운영되면 재정정책의 효과를 판단하기 위한 기초자료로 이용될 수 있다. 조세지출 예산제도는 다음을 위한 정책자료가 된다.
  - ⓐ 불공정한 조세지출의 폐지
  - ⓑ 재정부담의 형평성 제고
  - ⓒ 세수 인상

25   2020 국회직 8급

우리나라 통합재정수지에 대한 설명으로 옳은 것은?

① 2009년 이전까지는 지방재정이 통합재정수지에 포함되지 않았지만, 현재는 지방재정의 일반회계, 기금, 교육특별회계까지 모두 통합재정수지에 포함된다.

② 통합재정수지를 통해 국가재정을 통합하여 관리할 수 있게 되어 예산운용의 신축성이 제고되었다.

③ 통합재정수지를 계산할 때 국민연금기금 등의 사회보장성 기금의 수지는 제외된다.

④ 통합재정수지는 정부가 실제 수행하고 있는 활동영역별 예산을 파악하기 위해 도입되었다.

⑤ 일반회계, 특별회계, 기금을 포괄한 정부 예산의 규모를 정확하게 파악하기 위한 것이다.

26   2016 교육행정직 9급

우리나라 통합재정과 관련된 설명으로 옳지 않은 것은?

① 국제통화기금(IMF)의 재정통계 작성기준을 기초로 작성 및 발표한다.

② 금융 공공부문 및 비금융 공공부문의 일반회계와 특별회계 외에 기금과 세입세출 외 자금을 포함한다.

③ 회계 간 내부거래와 보전거래를 세입과 세출에서 각각 제외한다는 점에서 기업의 연결재무제표와 유사하다.

④ 정부 전체의 재정규모를 파악하고 재정이 국민경제에 미치는 영향을 효과적으로 파악하고자 하는 제도이다.

27   2015 서울시 7급

통합재정 또는 통합예산에 대한 설명으로 가장 옳지 않은 것은?

① 국가예산의 세입·세출을 총계 개념으로 파악하여 재정건전성을 판단한다.

② 중앙재정을 일반회계와 특별회계 외에 기금 및 세입세출 외 자금을 포함해 파악한다.

③ 통합재정은 중앙재정, 지방재정, 지방교육재정(교육비특별회계)을 포함한다.

④ 재정이 국민경제에 미치는 효과를 효과적으로 파악하게 한다.

28

조세지출 예산제도에 대한 설명으로 옳지
않은 것은?

① 세제 지원을 통해 제공한 혜택을 예산
지출로 인정하는 것이다.
② 예산지출이 직접적 예산집행이라면 조
세지출은 세제상의 혜택을 통한 간접
지출의 성격을 띤다.
③ 직접 보조금과 대비해 눈에 보이지 않는
숨겨진 보조금이라고 이해할 수 있다.
④ 세금 자체를 부과하지 않는 비과세는
조세지출의 방법으로 볼 수 없다.

29

조세지출(tax expenditure)에 관한 설명 중
옳지 않은 것은?

① 일종의 감추어진 보조금의 역할을 한다.
② 민간부문의 특정한 행위를 촉진하기 위
해 조세상의 특혜를 부여하는 것이다.
③ 형식적으로는 지출의 일종이지만 실제
로는 조세의 성격을 갖는다.
④ 우리나라는 현재 중앙정부에서 조세지
출 예산제도를 도입하고 있다.
⑤ 조세제도 안에 조세지출의 요소가 많이
포함되어 있으면 자원배분의 비효율성
이 야기될 수 있다.

30

우리나라의 재정정책 관련 예산제도에 대
한 설명으로 옳은 것은?

① 지출통제예산은 구체적 항목별 지출에
대한 집행부의 재량행위를 통제하기 위
한 예산이다.
② 우리나라의 통합재정수지에 지방정부
예산은 포함되지 않는다.
③ 우리나라의 통합재정수지에서는 융자
지출을 재정수지의 흑자요인으로 간주
한다.
④ 조세지출 예산제도는 국회 차원에서 조
세감면의 내역을 통제하고 정책효과를
판단하기 위한 제도이다.

© 조세지출은 법률(「조세특례제한법」, 「지방세특례제한법」 등)에 따라 집행되기
때문에 일단 법률로 제정되면 관심을 두지 않는 한 계속되는 경직성이 강하
며, 특정 분야에 지원되어 특혜의 가능성이 크다. 따라서 국회에서 이를 통제
하고 정책효과를 판단하기 위해 조세지출 예산제도가 필요하다.

③ 연혁
　㉠ 서독: 1959년 서독에서 처음 발표되었고, 1967년에 도입되었다.
　㉡ 미국: 1968년에 비공식적으로 시안을 마련했고, 1974년에 도입하였다.
　㉢ 우리나라: 1999년 중앙정부에 조세지출 예산제도를 도입(외환위기 극복과정)
　　하였으며, 「국가재정법」(2007) 제정에 따라 기획재정부장관의 조세지출예
　　산서 작성 및 국회 제출, 「지방세특례제한법」(2011년) 제정에 따라 지방자치
　　단체장의 지방세지출보고서 작성 및 지방의회 제출이 의무화되었다.

(2) 지출통제 예산제도

① 개념: 지출통제 예산(expenditure control budget)이란 개개의 항목에 대한 통제
가 아니라 예산총액만을 통제하고, 구체적인 항목별 지출에 대해서는 집행부에
대해 재량을 확대하는 성과지향적 예산제도의 한 유형이다.

② 특징
　㉠ 전통적인 예산은 회계담당자의 불신에서 출발해 통제 위주로 운영하였으나,
　　지출통제예산은 총액의 규모만을 간단하고 핵심적인 숫자로 표시하며, 구체
　　적인 집행에 대해서는 과감하게 권한을 이양하고 융통성을 보장한다.
　㉡ 지출통제예산은 총괄예산이나 캐나다의 지출대예산(envelope budget)의 맥
　　락에서 이해되고 공공서비스의 품질을 개선하려는 신관리주의 행정개혁의 일
　　환으로 소개되었으며, 관료적 절차를 바꾸는 노력이 아니라 담당자의 정신을
　　바꾸는 새로운 체제로서 도입되고 있다.
　㉢ 미국의 페어필스시에 도입되어 있으며, 1994년 뉴질랜드의 재정책임법에서
　　도 이러한 정신이 반영되었다.
　㉣ 지출통제 예산제도는 지나치게 세분화되어 있는 예산항목을 통합하였다. 특
　　히, 운영경비의 항목 간 전용을 용이하게 해 주는 운영예산(operating budget)
　　제도 또한 이 범주에 포함된다.

③ 장·단점

장점	• 예산절감효과와 예산집행에서의 창의적인 아이디어 창출과 활용이 가능함 • 환경 변화에 대한 정부예산의 신축적인 대응이 가능함 • 예산결정과정이 단순화되어 의사결정비용을 줄일 수 있음
단점	예산운영과정에 대한 지나친 재량의 허용이 자금의 오용이나 유용을 유발할 수 있음

(3) 산출예산제도

산출예산제도는 1990년대 초 뉴질랜드 정부가 도입한 제도로서, 공공재 및 서비스를 생산하는 과정을 '투입 – 산출 – 효과'의 단계로 구분할 경우 재화 및 서비스의 산출에 좀 더 초점을 맞추어 예산을 편성한다.

03 예산의 원칙

결정적 코멘트 전통적 예산원칙의 예외는 예산집행의 신축성 유지방안과 관련이 많아 출제비중이 높다. 확실히 숙지하고 넘어가야 한다.

예산의 원칙이란 예산의 편성·심의·집행 등 예산과정에서 준수되어야 할 원칙을 말한다. 정부는 예산을 편성하거나 집행할 때 다음의 원칙을 준수하여야 한다(「국가재정법」 제16조).

1. 정부는 재정건전성의 확보를 위하여 최선을 다하여야 한다.
2. 정부는 국민부담의 최소화를 위하여 최선을 다하여야 한다.
3. 정부는 재정을 운용할 때 재정지출 및 「조세특례제한법」 제142조의2 제1항*에 따른 조세지출의 성과를 제고하여야 한다.
4. 정부는 예산과정의 투명성과 예산과정에의 국민참여를 제고하기 위하여 노력하여야 한다.
5. 정부는 「성별영향평가법」 제2조 제1호에 따른 성별영향평가의 결과를 포함하여 예산이 여성과 남성에게 미치는 효과를 평가하고, 그 결과를 정부의 예산편성에 반영하기 위하여 노력하여야 한다.
6. 정부는 예산이 「기후위기 대응을 위한 탄소중립·녹색성장 기본법」 제2조 제5호에 따른 온실가스 감축에 미치는 효과를 평가하고, 그 결과를 정부의 예산편성에 반영하기 위하여 노력하여야 한다.
   * 「조세특례제한법」 제142조의2 제1항: 기획재정부장관은 조세감면·비과세·소득공제·세액공제·우대세율적용 또는 과세이연 등 조세특례에 따른 재정지원의 직전 연도 실적과 해당 연도 및 다음 연도의 추정금액을 기능별·세목별로 분석한 보고서를 작성하여야 한다.

1 전통적 예산원칙

(1) 개요

① **시대적 배경**: 전통적 예산원칙(= 입법부 우위 예산원칙, 통제지향적 예산원칙)은 자본주의 경제의 자율성을 충분히 보장하고 국가를 필요악으로 생각하여 필요한 최소한의 기능만을 수행하도록 요청되었던 자본주의의 자유주의 단계에서 성립되고 준수될 수 있었던 예산원칙이다.
② **목적**: 예산에 대한 국민·의회의 통제·감독권을 충분히 보장할 수 있게 함으로써, 행정부의 독단적 행동의 여지를 방지하는 데 목적이 있다.
③ **주창자**: 노이마르크(Neumark), 선델슨(Sundelson), 세이(Say) 등

바로 확인문제

31   2020 군무원 9급
조세지출 예산제도에 대한 설명으로 옳지 않은 것은?
① 비과세, 감면 등의 세제혜택을 통해 포기한 액수를 조세지출이라 한다.
② 지방재정에는 지방세지출제도가 도입되지 않았다.
③ 조세지출의 내용과 규모를 주기적으로 공표해 관리하는 제도이다.
④ 「국가재정법」에 따라 조세지출예산서를 작성해 국가에 보고한다.

32   2006 국가직 7급
조세지출에 대한 설명 중 옳은 것은?
① 조세지출은 세출예산상 보조금과 같은 경제적 효과를 발생시킨다.
② 조세지출 예산제도는 1967년 미국에서 처음 도입되었다.
③ 조세지출은 세제상의 특혜를 통한 직접지출이라고 볼 수 있다.
④ 조세지출은 예산지출에 비해 지속성과 경직성이 덜한 편이다.

33   2010 지방직 9급
예산에 관한 설명으로 옳지 않은 것은?
① 지출통제예산은 예산의 구체적인 항목별 지출에 대해 통제하는 예산제도이다.
② 추가경정예산은 본예산과 별개로 성립되지만 일단 성립되면 통합하여 운용된다.
③ 통합예산에서는 융자지출도 재정수지상의 적자요인으로 파악한다.
④ 우리나라는 「국가재정법」에서 성인지(性認知) 예산제도를 명문화하고 있다.

34   2009 전환직 8·9급
우리나라 「국가재정법」 제16조에 규정된 예산운용의 기본 원칙이 아닌 것은?
① 재정건전성을 확보해야 한다.
② 국민부담을 최소화해야 한다.
③ 예산과정의 투명성과 예산과정의 국민참여 제고에 노력해야 한다.
④ 여성과 남성에게 미치는 효과는 평가하지 않는다.

35

「국가재정법」상 온실가스감축인지 예산제도에 대한 설명으로 옳지 않은 것은?

① 온실가스감축인지 예산제도는 정부예산의 원칙 중 하나이다.

② 온실가스감축인지 예산서에는 온실가스 감축에 대한 기대효과, 성과목표, 효과분석 등을 포함해야 한다.

③ 정부의 기금은 온실가스감축인지 예산제도의 대상에 포함되지 않는다.

④ 정부는 예산이 온실가스를 감축하는 방향으로 집행되었는지를 평가하는 보고서를 작성하여야 한다.

36

다음 중 노이마르크(F. Neumark)가 제시한 예산의 원칙으로 옳지 않은 것은?

① 보고의 원칙　　② 공개성의 원칙
③ 사전의결의 원칙　④ 통일성의 원칙

37

다음 중 예산의 한정성 원칙의 예외에 해당하는 것은?

㉠ 이용과 전용	㉡ 기금
㉢ 신임예산	㉣ 예비비

① ㉠, ㉡　　　　② ㉡, ㉢
③ ㉠, ㉣　　　　④ ㉡, ㉣

38

전통적 예산원칙에 대한 설명 중 가장 옳지 않은 것은?

① 예산단일의 원칙은 특정한 세입과 특정한 세출을 직접 연계시켜서는 안 된다는 원칙이다.

② 예산공개의 원칙은 예산 운영의 전반적인 내용이 국민에게 공개되어야 한다는 원칙이다.

③ 예산 사전의결의 원칙은 예산이 집행되기 전에 입법부의 의결을 거쳐야 한다는 원칙이다.

④ 예산완전성의 원칙은 모든 세입과 세출이 예산에 계상되어야 한다는 원칙이다.

---

(2) 내용

① 공개성의 원칙

　㉠ 개념

　　ⓐ 공개성의 원칙은 예산의 편성·심의·집행 등 예산과정의 주요한 단계는 국민에게 공개되어 국민으로 하여금 정부의 활동을 알게 하여야 하며, 예산에 대한 국민의 자유로운 비판을 보장하여야 한다는 것이다.

　　ⓑ 우리나라는 매년 「예산개요」를 발간하고 이를 인터넷에 공개하지만, 국방비·국가정보원 예산 등 체제유지비의 경우는 안보를 이유로 공개하지 않는다.

　　ⓒ 공개성의 원칙은 최근에 더욱 강화되어 기획재정부가 운영하는 '열린재정(www.openfiscaldata.go.kr)'과 행정안전부의 '지방재정365(lofin.mois.go.kr)'에서는 각각 중앙과 지방정부의 재정정보들을 체계적으로 정리·공개하고 있다.

　㉡ 예외: 신임예산, 국가기밀에 속하는 국방비·외교활동비 등

② 명료성(명확성)의 원칙

　㉠ 개념: 예산은 합리적 관점에서 분류되고 명료·정확하게 표시되어 모든 시민들이 이해할 수 있는 것이어야 한다.

　㉡ 예외: 총괄예산 등

③ 사전의결(사전승인)의 원칙

　㉠ 개념: 예산은 지출이 행하여질 기간에 앞서 의회에 의하여 심의·의결되어야 한다는 것이다.

　㉡ 예외: 준예산, 전용, 사고이월, 예비비, 재정상 긴급명령(긴급재정명령), 선결처분

④ 엄밀성(정확성)의 원칙

　㉠ 개념: 세입원과 세출 대상을 정확하고 엄밀하게 밝혀야 한다는 것이다.

　㉡ 예외: 예비비, 총괄예산제도, 목간 전용 등

⑤ 한정성(한계성)의 원칙

　㉠ 개념: 예산은 사용목적·금액 및 기간에서 명확한 한계가 있어야 한다는 것이다.

　㉡ 특징

　　ⓐ 질적 한정성의 원칙: 목적 외 사용 금지

　　ⓑ 양적 한정성의 원칙: 계상된 금액 이상의 지출 금지

　　ⓒ 기간 한정성의 원칙(회계연도 독립의 원칙): 회계연도 경과 지출 금지

　㉢ 예외: 이월, 이용, 전용, 계속비, 예비비, 초과 지출, 과년도 지출, 조상충용[3] 등

⑥ 단일성의 원칙

　㉠ 개념: 예산은 구조 면에서 단일한 것이어야 한다는 것이다. 회계 장부가 너무 많으면 재정구조를 이해하기가 어렵기 때문이다.

　㉡ 예외: 특별회계, 기금, 추가경정예산 등

---

3) 조상충용(繰上充用)이란 당해 연도의 세입으로 세출을 충당하지 못할 경우 다음 연도의 세입을 미리 당겨 충당하여 사용하는 것을 말한다.

⑦ 통일성의 원칙(비영향의 원칙, non-affection)
　　㉠ 개념
　　　　ⓐ 특정한 세입을 특정한 세출에 충당하여서는 안 된다는 원칙이다. 국가의 모든 수입은 일단 국고에 편입된 후에 모든 지출이 이루어져야 한다는 것을 의미한다. 이 원칙을 달리 표현하면 조세를 포함한 모든 정부수입이 일단 국고에 귀속되었다가 그곳에서 정부의 모든 지출이 이루어져야 한다는 것이다.
　　　　ⓑ 1787년 영국의 통일국고법(consolidated fund act)에서 유래한 원칙이다.
　　㉡ 예외: 목적세, 특별회계예산, 기금, 수입대체경비[4]
⑧ 완전성의 원칙(예산총계주의, 포괄성의 원칙, 총계예산)
　　㉠ 개념: 정부의 모든 수입과 지출은 예산에 계상되어야 한다는 것이다.[5]
　　㉡ 예외: 순계예산, 기금, 수입대체경비의 초과수입·초과지출, 국가의 현물출자, 전대차관(외국차관을 도입하여 전대하는 경우[6]), 차관물자대의 초과세입·초과지출 등
⑨ 균형성의 원칙
　　㉠ 개념: 세입과 세출은 균형을 맞춰야 한다는 원칙이다.
　　㉡ 예외: 적자예산, 흑자예산 등

2 현대적 예산원칙

(1) 개요
① 시대적 배경: 자본주의의 모순과 함께 정부의 기능과 책임이 확대됨에 따라 전통적 예산원칙을 고수하기가 어렵게 되었다. 따라서 행정부는 현대의 극히 복잡하고 어려운 정치적·경제적·사회적 여러 문제를 해결하는 수단으로서 예산을 활용하지 않을 수 없게 되어 행정부의 관리를 위한 현대적 예산원칙(행정국가론적 예산원칙, 관리지향적 예산원칙)이 제기되기에 이른다.
② 주창자: 스미스(H. Smith)

(2) 내용
① 행정부 사업계획의 원칙: 예산은 행정수반의 사업계획을 반영하는 것이어야 하므로, 예산의 편성은 행정수반의 사업계획의 수립과 밀접하게 직접적으로 관련성을 갖지 않으면 안 된다.
② 행정부 책임의 원칙: 행정부는 예산이 허용하는 금액의 범위 내에서 가급적 경제적인 방법으로 예산을 집행해야 할 책임이 있다는 것을 말한다.

---

4) 「국가재정법」 제53조(예산총계주의 원칙의 예외) ① 각 중앙관서의 장은 용역 또는 시설을 제공하여 발생하는 수입과 관련되는 경비로서 대통령령으로 정하는 경비(수입대체경비)의 경우 수입이 예산을 초과하거나 초과할 것이 예상되는 때에는 그 초과수입을 대통령령으로 정하는 바에 따라 그 초과수입에 직접 관련되는 경비 및 이에 수반되는 경비에 초과지출할 수 있다. ② 국가가 현물로 출자하는 경우와 외국차관을 도입하여 전대(轉貸)하는 경우에는 이를 세입세출예산 외로 처리할 수 있다. ③ 차관물자대(借款物資貸)의 경우 전년도 인출예정분의 부득이한 이월 또는 환율 및 금리의 변동으로 인하여 세입이 그 세입예산을 초과하게 되는 때에는 그 세출예산을 초과하여 지출할 수 있다.
5) 지방정부가 각종 개발부담금을 징수하여 중앙정부의 세입장부로 이전시킬 때, 징수비용을 제외한 순수 수입만을 중앙정부 세입예산에 반영시켜서는 안 된다는 것이다. 현물출자나 외국차관을 도입하여 전대하는 경우는 예외가 인정된다. 즉, 1,000원을 징수하면서 100원의 비용이 발생하는 경우, 비용을 제외한 순수익 900만을 이전시켜서는 안 되며, 1,000원을 보고하고 사후적으로 100원을 보상받는 방식을 채택해야 한다는 것이다.
6) 현물출자나 외국차관을 정부 이름으로 대신 빌려서 실제 그 돈을 사용할 차관사업 수행재(⑳ 한국산업은행 등)에게 그대로 넘겨주는 것을 의미한다.

39 　　　　　　　　2015 지방직 9급
예산의 원칙과 그 예외사항에 대한 설명으로 옳은 것은?
① 특정 수입과 특정 지출이 연계되어서는 안 된다는 것은 단일성의 원칙이다.
② 예산은 주어진 목적, 규모 그리고 시간에 따라 집행되어야 한다는 원칙은 예산총계주의이다.
③ 예산구조나 과목은 이해하기 쉽도록 단순해야 한다는 것은 통일성의 원칙이다.
④ 특별회계는 통일성의 원칙과 단일성의 원칙의 예외적인 장치에 해당된다.

40 　　　　　　　2019 서울시 9급 제1회
예산의 원칙과 내용을 가장 옳게 짝지은 것은?
① 예산 단일성의 원칙 – 예산은 모든 국민이 알기 쉽게 분류, 정리되어야 한다는 원칙
② 예산 완전성의 원칙 – 모든 수입과 지출은 예산에 계상되어야 한다는 원칙
③ 예산 엄밀성의 원칙 – 정해진 목표를 위해서 정해진 금액을 정해진 기간 내에 사용해야 한다는 원칙
④ 예산 한정성의 원칙 – 국가의 예산은 하나로 존재해야 한다는 원칙

41 　　　　　　　　2016 국가직 9급
다음 〈보기〉에서 ㉠과 ㉡에 해당하는 내용을 바르게 연결한 것은?

┌─ 보기 ─
(㉠)은(는) 국가가 특별한 용역 또는 시설을 제공하고 그 제공을 받은 자로부터 비용을 징수하는 경우의 당해 경비로서 기획재정부장관이 정하는 경비를 의미하며, 「국가재정법」상 (㉡)의 예외로 규정되어 있다.
└

	㉠	㉡
①	수입대체경비	예산총계주의 원칙
②	전대차관	예산총계주의 원칙
③	전대차관	예산공개의 원칙
④	수입대체경비	예산공개의 원칙

42 2017 지방직 9급

「국가재정법」상 다음 원칙의 예외에 대한 규정으로 옳지 <u>않은</u> 것은?

> • 한 회계연도의 모든 수입을 세입으로 하고, 모든 지출을 세출로 한다.
> • 한 회계연도의 세입과 세출은 모두 예산에 계상하여야 한다.

① 수입대체경비에 있어 수입이 예산을 초과하거나 초과할 것이 예상되는 때에는 그 초과수입을 대통령령이 정하는 바에 따라 그 초과수입에 직접 관련되는 경비 및 이에 수반되는 경비에 초과지출할 수 있다.
② 국가가 현물로 출자하는 경우에는 이를 세입세출예산 외로 처리할 수 있다.
③ 국가가 외국차관을 도입하여 전대하는 경우에는 이를 세입세출예산 외로 처리할 수 있다.
④ 출연금이 지원된 국가연구개발사업의 개발 성과물 사용에 따른 대가를 사용하는 경우에는 이를 세입세출예산 외로 처리할 수 있다.

43 2005 경기 9급

다음 중 현대적 예산의 원칙 중 하나는?

① 계획과 책임의 원칙
② 공개성의 원칙
③ 명확성의 원칙
④ 정확성의 원칙

44 2012 지방직 9급

현대적 예산원칙과 거리가 <u>먼</u> 것은?

① 사전승인의 원칙
② 보고와 수단구비의 원칙
③ 다원과 신축의 원칙
④ 계획과 책임의 원칙

45 2016 서울시 9급

다음 예산의 원칙 중 스미스(H. Smith)가 주장한 현대적 예산의 원칙은?

① 예산은 미리 결정되어 회계연도가 시작되면 바로 집행할 수 있도록 해야 한다.
② 예산의 편성, 심의, 집행은 공식적인 형식을 가진 재정 보고 및 업무 보고에 기초를 두어야 한다.
③ 모든 예산은 공개되어야 한다.
④ 예산구조나 과목은 국민들이 이해하기 쉽게 단순해야 한다.

③ **보고의 원칙**: 예산의 편성·심의·집행은 정부의 각 행정기관으로부터 올라온 재정보고 및 업무보고에 근거를 두어야 한다는 원칙이다.
④ **적절한 수단구비의 원칙**: 행정부가 예산에 관한 책임을 다하기 위해서는 적절한 수단을 구비하고 있어야 한다. 행정수반은 직접 감독하에 유능한 공무원이 배치되어 있는 예산기관을 가져야 하며, 예산배정 및 예비비 계상에 관한 권한 등을 포함하여 필요한 권한이 부여되어 있어야 한다.
⑤ **다원적 절차의 원칙**: 현대 정부는 다양한 형태·종류의 활동을 수행하고 있는데, 이러한 활동들을 유효 적절하게 수행하기 위해서는 상이한 형태·종류의 활동에 따라 다양한 예산절차가 필요하다.
⑥ **상호교류적 예산기구의 원칙**: 능률적인 예산운영을 위해서는 중앙예산기관과 각 행정기관의 기획·예산담당의 국·과는 상호교류적·협력적 관계가 확립되어 있어야 한다.
⑦ **행정부 재량의 원칙**: 입법부의 심의는 엄격해야 하나 의결은 총괄예산 정도의 대체적인 한정에 그치도록 함으로써 입법부의 정치적 방침에 위배되지 않는 한 구체적인 사항은 행정부의 재량에 맡겨야 한다.
⑧ **시기탄력성의 원칙**: 예산에는 경제 상태의 변화에 신속히 적응할 수 있는 규정을 마련함으로써 사업계획을 실시하는 시기를 행정부가 경제적 필요에 따라 융통성 있게 조정할 수 있어야 한다.

04 예산회계의 법적 기초

1 「국가재정법」   <small>결정적 코멘트</small> 과거의 「예산회계법」과의 차이를 잘 구분해야 한다.

(1) 재정운용의 효율성 제고

① 선진 재정운용 방식의 도입
　㉠ 국가재정운용계획의 수립
　　ⓐ 정부는 매년 해당 회계연도부터 5회계연도 이상의 기간에 대한 국가재정운용계획을 수립하여 회계연도 개시 120일 전까지 예산안과 함께 국회에 의무적으로 제출해야 한다.
　　ⓑ 국가재정운용계획에는 재정운용의 기본방향과 목표, 중·장기 재정전망, 분야별 재원배분계획, 조세부담률·국민부담률 전망 등이 포함된다.
　㉡ **예산 총액배분·자율편성(top-down) 제도의 도입**: 각 부처는 해당 회계연도부터 5회계연도 이상의 기간에 대한 중기사업계획서를 1월 말까지 기획재정부장관에게 제출하며, 기획재정부장관은 각 부처에 3월 말까지 예산안편성지침과 부처별 지출한도(총액배분)를 함께 통보한다.
　㉢ **예산 및 결산순기 조정**: 부처별 지출한도 설정을 위한 국가재정운용계획 수립, 부처 자율편성 일정 등을 고려하여 예산순기를 조정하였으며, 예·결산 분리심의를 위해 결산을 조기에 국회 제출하여 정기국회는 예산심의에 집중하였다.

「예산회계법」과 「국가재정법」 비교 ①: 예산순기와 결산순기

- 예산순기

구분	예산회계법	국가재정법
사업계획서 제출(각 부처 → 기획재정부)	2월 말	1월 말
예산안편성지침통보(기획재정부 → 각 부처)	3월 말	3월 말
예산요구서 제출(각 부처 → 기획재정부)	5월 말	5월 말
예산안 국회 제출	10월 2일	9월 2일

- 결산순기

구분	예산회계법	국가재정법
결산보고서 제출(각 부처 → 기획재정부)	다음 연도 2월 말	다음 연도 2월 말
정부결산 제출(기획재정부 → 감사원)	다음 연도 6월 10일	다음 연도 4월 10일
결산검사 보고서 송부(감사원 → 기획재정부)	다음 연도 8월 20일	다음 연도 5월 20일
정부결산 국회 제출	다음 연도 9월 2일	다음 연도 5월 31일

ㄹ 회계 · 기금 간 여유재원의 신축적 운용

   ⓐ 국가재정의 효율적 운용을 위해 일반회계에서 특별회계 · 기금으로의 일방적인 재정지원제도를 회계 · 기금 간 여유재원의 상호전입 · 전출이 가능한 제도로 변경하였다.

   ⓑ 회계 · 기금의 여유재원을 해당 회계 · 기금의 목적 수행에 지장을 초래하지 않는 범위 내에서 회계와 기금 간, 회계 상호 간 및 기금 상호 간 전입 · 전출하여 활용할 수 있도록 하였다.

「예산회계법」과 「국가재정법」 비교 ②: 재정운용의 효율성 제고

구분	예산회계법	국가재정법
중 · 장기 재정운용계획	수립 근거만 규정 ('수립할 수 있다')	수립 및 국회 제출 의무(제7조)
예산 총액배분 · 자율편성 (top-down) 제도	미규정	예산안편성지침 및 기금운용계획안 작성지침에 지출한도를 포함하여 통보 가능(제29조 제2항, 제66조 제3항)
예산 · 결산순기	• 예산 요구: 5월 말 • 결산 국회 제출: 9월 초	• 예산 요구: 5월 말(제31조 제1항) • 결산 국회 제출: 5월 말(제61조)
회계 · 기금 간 여유재원의 신축적 운용	미규정	회계와 기금 간, 회계 상호 간 및 기금 상호 간 여유재원의 전입 · 전출 가능(제13조)

② 성과 중심의 재정운용

  ㄱ 재정사업에 대한 성과관리 강화

   ⓐ 재정운용에 대한 부처의 자율권 확대에 상응하여 재정사업의 성과에 대한 관리를 강화하여, 각 부처는 재정사업 추진으로 기대되는 성과와 이의 측정방법 등을 작성(성과계획서)하여 예산요구서와 함께 기획재정부에 제출한다. 기획재정부는 각 부처의 성과계획서를 취합하여 예산안 첨부서류로 국회에 제출하며, 국회는 성과계획서를 참고하여 예산을 심의한다.

바로 확인문제

46   2017 지방직 7급

자원관리의 효율성과 계획성을 강조하는 현대적 예산제도의 원칙에 해당하지 <u>않는</u> 것은?

① 행정부에 의한 책임부담의 원칙
② 예산관리수단 확보의 원칙
③ 공개의 원칙
④ 다원적 절차채택의 원칙

47   2007 국회직 8급 변형

다음 중 「국가재정법」에 담긴 예산운영과 과정에 관한 내용으로 옳지 <u>않은</u> 것은?

① 재정운용의 효율화와 건전화를 위하여 매년 당해 회계연도부터 5회계연도 이상의 기간에 대한 국가재정운용계획을 수립하여 회계연도 개시 120일 전까지 국회에 제출하여야 한다.
② 재정지출 또는 조세감면을 수반하는 법률안을 제출하고자 하는 때에는 법률이 시행되는 연도부터 5회계연도의 재정 수입, 지출의 증감액에 관한 추계자료와 이에 상응하는 재원조달방안을 그 법률안에 첨부하여야 한다.
③ 감사원의 결산검사를 거친 결산 및 첨부서류를 다음 연도 5월 31일까지 국회에 제출하여야 한다.
④ 예산이 여성과 남성에게 미칠 영향을 미리 분석한 보고서를 작성하여야 한다.
⑤ 특정 목적을 위해 설치한 특별회계와 기금은 여유재원이 있는 경우라 할지라도 회계와 기금 간 또는 회계 및 기금 상호 간에 여유재원을 전입 또는 전출할 수 없다.

48   2014 지방직 9급

우리나라 특별회계에 대한 설명으로 옳지 <u>않은</u> 것은?

① 예산 단일성과 예산 통일성 원칙에 대한 예외이다.
② 일반회계와 구분해 경리할 필요가 있을 때 설치하므로, 일반회계로부터의 전입은 금지된다.
③ 정부가 "2014년 세출예산은 약 367.5조 원이다."라고 발표했다면, 여기에는 특별회계 지출이 포함된 규모이다.
④ 2014년 현재 정부기업 특별회계로는 '양곡관리', '조달' 등이 운영되고 있다.

49 2007 경기 9급

1961년 제정된 「예산회계법」을 전면 개편한 「국가재정법」이 2006년 9월 8일 국회 본회의에서 통과한 후 2007년 1월 1일부터 발효되었다. 다음 중 「국가재정법」에서 새롭게 도입된 제도라고 볼 수 <u>없는</u> 것은?

① 중앙정부 재정정보의 공개제도
② 조세감면 한도 제도
③ 재정지출에 대한 국민감시제도
④ 성(性)인지 예·결산 작성 및 국회제출 제도

50 2023 국가직 7급

재정투명성에 대한 설명으로 옳지 <u>않은</u> 것은?

① 재정투명성이란 재정에 관한 정보를 체계적으로 적시에 공개하는 것을 의미한다.
② 2007년의 IMF 「재정투명성 규약」에는 '예산과정의 공개', '재정정보의 완전성 보장', '정부의 역할과 책임에 대한 명확성' 등이 규정되어 있다.
③ 「국가재정법」에서는 공공부문을 제외한 일반정부의 재정통계를 매년 1회 이상 투명하게 공표하도록 규정하고 있다.
④ 「국가재정법」은 예산·기금의 불법 지출에 대한 국민감시 규정을 두고 있다.

51 2008 국가직 7급

우리나라 세계잉여금에 관한 설명으로 옳지 <u>않은</u> 것은?

① 지방교부세 및 지방교육재정교부금의 정산에 사용할 수 있다.
② 추가경정예산안의 편성에 사용할 수 있다.
③ 사용하거나 출연한 금액을 공제한 잔액은 다음 연도의 세입에 이입하여야 한다.
④ 사용 또는 출연은 국회의 사전동의를 받아야 한다.

52 2014 서울시 9급

「국가재정법」상 정부가 국회에 제출하는 예산안에 첨부하는 서류가 <u>아닌</u> 것은?

① 세입세출예산 총계표 및 순계표
② 세입세출예산사업별 설명서
③ 국고채무부담행위 설명서
④ 예산정원표와 예산안편성기준단가
⑤ 국가채무관리계획

ⓑ 각 부처는 재정사업의 집행으로 당초 기대했던 성과가 달성되었는지를 성과보고서로 작성하여 결산보고서와 함께 기획재정부에 제출하여야 한다. 기획재정부는 각 부처의 성과보고서를 취합하여 결산첨부서류로 국회에 제출하며, 국회는 성과보고서를 참고하여 결산심사를 한다.

ⓒ **예산낭비 사례에 대한 종합적 대응시스템 구축:** 언론·시민단체 등에서 제기하는 연례적·반복적 예산낭비 사례에 대한 각 부처의 시정조치를 제도화하였으며, 기획재정부장관이 각 부처장관에게 예산낭비 실태 점검 및 예산낭비 방지를 위한 조치시행을 요구하는 것이 가능해졌다.

ⓒ **예비타당성조사 및 타당성재검증제도의 실시근거 마련:** 제도 실시근거를 시행령이 아닌 법률로 격상하여 규정하였다.

    ⓐ 「예산회계법 시행령」: 예비타당성조사 용어만 규정

    ⓑ 「국가재정법」: 대상사업 및 선정 방식 등 규정

ⓒ **프로그램 예산제도의 근거 마련**

    ⓐ 국민들이 나라살림을 쉽게 이해하고 재정사업의 성과평가가 용이하도록 예산체계를 변경하였다.

    ⓑ 현행 예산체계는 투입·품목 중심으로, 사업이 지나치게 세분화되어 재정사업을 정책목표 중심으로 통폐합하고(9천 개 → 3~4천 개), 성과관리가 용이한 프로그램 예산체계로 개편하였다.

    ⓒ 과거에는 일반회계·특별회계부터 구분한 후 각 회계 내에서 부처를 구분하여 예산서를 작성하였으나, 프로그램 예산제도에서는 예산서를 부처별로 우선 구분한 후 부처 내에서 일반회계·특별회계로 구분하여 작성하게 되며, 부처별로 여러 회계를 통해 추진하려는 각종 사업(프로그램) 내역을 일목요연하게 파악할 수 있다.

| 「예산회계법」과 「국가재정법」 비교 ③: 성과 중심의 재정 운영

구분	예산회계법	국가재정법
재정사업에 대한 성과관리	미규정	• 성과계획서 제출(제87조의7, 제34조 제8호) 　– 각 부처 → 기획재정부: 2007년부터 　– 정부 → 국회: 2008년부터 • 성과보고서 제출(제87조의7, 제61조) 　– 각 부처 → 기획재정부: 2009년부터 　– 정부 → 국회: 2010년부터
예산낭비에 대한 대응시스템 구축	미규정	기획재정부장관이 각 부처장관에게 예산낭비 실태 점검 및 예산낭비 방지를 위한 조치시행 요구 가능(제97조 제2항)
예비타당성조사 및 타당성재검증제도 실시근거	시행령에 규정	법률에 규정(제38조, 제50조)
프로그램 예산제도 근거	미규정	예산서를 프로그램 분류체계에 따라 작성(제21조 제2항)

(2) 재정의 투명성 제고[7]

① **재정정보의 공개 확대:** 중앙정부와 지방정부의 재정에 관한 정보를 매년 1회 이상 인터넷, 인쇄물 등으로 국민에게 공표하며, 기획재정부장관은 각 중앙관서의

---

7) 재정의 투명성이란 재정의 편성부터 심의, 집행에 이르는 과정에서의 제반 사항 및 경과를 일반 국민들의 확인할 수 있는 정도를 의미한다.

장(행정안전부장관 등)에게 공표를 위해 필요한 자료 제출의 요구가 가능하다.

② **불법 재정지출에 대한 국민감시제도 도입:** 예산·기금의 불법 지출에 대해 일반 국민 누구나 해당 부처장관에게 시정요구가 가능하다. 해당 부처장관은 시정요구자에게 처리결과를 의무적으로 통지하며, 처리결과에 따라 예산이 절감된 경우 시정요구자에게 성과금 지급이 가능하다.

┃ 「예산회계법」과 「국가재정법」 비교 ④: 재정의 투명성 제고

구분	예산회계법	국가재정법
재정정보의 공개	• 중앙정부 재정정보만 공개 • 인쇄물로 공개	• 중앙정부 이외에 지방정부 재정정보도 함께 공개(제9조) • 인터넷 공개 추가(제9조)
불법 재정지출에 대한 국민감시제	미규정	불법 재정 지출에 대한 일반 국민의 시정요구 제도화(제100조)

(3) 재정의 건전성 유지[8]

① **추경편성요건 강화:** 「예산회계법」은 '예산 성립 후 생긴 사유로 예산을 변경할 필요가 있을 때' 추경편성이 가능하도록 포괄적으로 규정하였으나, 「국가재정법」에서는 편성요건을 구체적으로 명시하였다.

② **세계잉여금을 국가채무 상환에 우선 사용:** 「예산회계법」상 세계잉여금은 추경소요 발생 시 우선 사용이 가능하였으나, 「국가재정법」에서는 국가채무 상환에 세계잉여금을 우선 사용한 후 잔액을 추경재원으로 사용하도록 규정하였다.

🖴 PDF ▶ P.67

③ **국가채무관리계획의 수립(예산안 첨부서류 없음):** 기획재정부장관은 매년 국채·차입금 상환실적 및 상환계획, 증감전망 등을 포함하는 국가채무관리계획을 수립하여 10월 초 국회에 의무적으로 제출하여야 한다.

④ **국세감면의 제한:** 기획재정부장관은 대통령령으로 정하는 해당 연도 국세수입총액과 국세감면액 총액을 합한 금액에서 국세감면액 총액이 차지하는 비율(국세감면율)이 대통령령으로 정하는 비율 이하가 되도록 노력하여야 한다. 각 중앙관서의 장은 새로운 국세감면을 요청하는 때에는 대통령령으로 정하는 바에 따라 감면액을 보충하기 위한 기존 국세감면의 축소 또는 폐지방안이나 재정지출의 축소방안과 그 밖의 필요한 사항을 작성하여 기획재정부장관에게 제출하여야 한다.

⑤ **재정부담을 수반하는 법령의 제정 및 개정**

　㉠ 정부는 재정지출 또는 조세감면을 수반하는 법률안을 제출하고자 하는 때에는 법률이 시행되는 연도부터 5회계연도의 재정수입·지출의 증감액에 관한 추계자료와 이에 상응하는 재원조달방안을 그 법률안에 첨부하여야 한다.

　㉡ 각 중앙관서의 장은 입안하는 법령이 재정지출을 수반하는 때에는 대통령령이 정하는 바에 따라 추계자료와 재원조달방안을 작성하여 그 법령안에 대한 입법예고 전에 기획재정부장관과 협의하여야 한다.

　㉢ 각 중앙관서의 장은 협의를 한 후 법령안의 변경으로 대통령령으로 정하는 사항이 변경되는 경우에는 그 법령안에 대하여 추계자료와 재원조달방안을 작성하여 기획재정부장관과 재협의하여야 한다.

---

8) 재정 건전성은 지출이 수입의 범위 내에서 충당되어 국채발행이나 차입이 없는 재정운용 또는 다소 적자가 발생하더라도 장기적으로 상환 가능할 정도로 크지 않은 재정운용을 의미한다.

53 　　　　　　　　　　2018 국가직 7급

「국가재정법」상 재정건전화에 대한 설명으로 옳지 <u>않은</u> 것은?

① 국세감면율이란 해당 연도 국세 수입총액 대비 국세감면액 총액의 비율을 말한다.

② 국가의 회계 또는 기금의 국고채무부담행위는 국가채무에 해당한다.

③ 국가가 보증채무를 부담하고자 하는 때에는 미리 국회의 동의를 얻어야 한다.

④ 정부는 국회에서 추가경정예산안이 확정되기 전에 이를 미리 배정하거나 집행할 수 없다.

54 　　　　　　　　2018 서울시 7급 제2회

현행 「국가재정법」에서 규율하고 있는 제도들 중 재정운용의 건전성 강화 목적과 직접적 관련이 있는 사항을 〈보기〉에서 모두 고른 것은?

┌─ 보기 ├─
ㄱ. 성인지 예산서 및 결산서 도입
ㄴ. 예산·기금 지출에 대한 국민 감시와 예산성과금 지급
ㄷ. 추가경정예산안 편성의 제한
ㄹ. 세계잉여금 일정 비율의 공적 자금 등 상환 의무화
ㅁ. 국가채무관리계획 수립
ㅂ. 국가보증채무 부담의 국회 사전 동의
ㅅ. 국세 감면의 제한
ㅇ. 재정정보의 연 1회 이상 공개 의무화
ㅈ. 법률안 재정 소요 추계제도
ㅊ. 예산, 기금 간 여유재원의 상호 전출·입

① ㄱ, ㄴ, ㄷ, ㄹ, ㅁ, ㅂ
② ㄴ, ㄹ, ㅂ, ㅅ, ㅇ, ㅈ
③ ㄴ, ㄷ, ㅁ, ㅅ, ㅇ, ㅊ
④ ㄷ, ㄹ, ㅁ, ㅂ, ㅅ, ㅈ

⑥ **국가보증채무의 부담 및 관리:** 국가가 보증채무를 부담하고자 하는 때에는 미리 국회의 동의를 얻어야 한다. 기획재정부장관은 매년 국가보증채무의 부담 및 관리에 관한 국가보증채무관리계획을 작성하여야 한다.

▌「예산회계법」과「국가재정법」비교 ⑤: 재정의 건전성 유지

구분	예산회계법	국가재정법
추경편성 요건	사실상 모든 경우 가능 → 예산 성립 후 생긴 사유로 인하여 예산 변경 필요시	다음 세 가지 경우 가능(제89조) • 전쟁, 대규모 재해 발생 • 경기침체·대량실업 등 대내외 여건의 중대변화 발생 및 발생 우려 • 법령에 의한 지출소요 발생
세계잉여금 사용 순서	추경소요 발생 시 우선 사용 가능	국가채무 상환에 의무적으로 사용 후 잔액을 추경재원으로 사용(제90조 제1항~제4항)
세계잉여금 사용 시기	미규정	결산에 대한 대통령의 승인을 얻은 때부터 사용 가능 (제90조 제6항)
국가채무관리 계획의 수립 및 국회 제출	미규정	기획재정부장관은 매년 국가채무관리계획을 수립하여 10월 초 의무적으로 국회 제출 * 국채·차입금 상환실적 및 상환계획, 증감전망 등을 포함
조세감면 관리제도	미규정	• 국세감면 한도제 도입(제88조) • 조세지출예산서 작성 및 국회 제출 의무화

(4) 기타 제도 개선 📖 심화편 ▶ P.124

① 독립기관의 예산

ⓐ 정부는 독립기관의 예산편성 시 독립기관의 장의 의견을 최대한 존중하여야 하며, 국가재정상황 등에 따라 조정이 필요한 때에는 해당 독립기관의 장과 미리 협의해야 한다. 이러한 협의에도 불구하고 정부가 독립기관 예산요구액을 감액하고자 할 때에는 국무회의에서 해당 독립기관의 장의 의견을 들어야 한다.

ⓑ 한편, 정부가 독립기관의 예산요구액을 감액한 때에는 규모 및 이유, 감액에 대한 독립기관의 장의 의견을 국회에 제출하여야 한다.

② 성인지(性認知) 예·결산제도 신설: 정부는 예산이 성별에 미치는 영향을 분석한 보고서(예산서 및 결산서)를 작성하여 국회에 제출하여야 한다. [9]

▌「예산회계법」과「국가재정법」비교 ⑥: 기타 제도 개선

구분	예산회계법	국가재정법
독립기관의 예산	미규정	정부는 독립기관의 예산편성 시 독립기관의 장의 의견을 최대한 존중(제40조 제1항)
	미규정	국가재정상황 등에 따라 조정이 필요한 때에는 해당 독립기관의 장과 미리 협의(제40조 제1항)
	정부가 독립기관 예산을 감액할 때에는 국무회의에서 독립기관의 장의 의견을 구함	정부가 독립기관 예산을 감액할 때에는 국무회의에서 독립기관의 장의 의견을 구함(제40조 제2항)

---

9) 재정운영의 형평성은 구성원 사이의 재화와 서비스를 공평하게 나누는 것을 의미하며, 이를 위하여 성인지 예산제도를 규정하고 있다.

	감액한 때에는 삭감 이유와 독립 기관의 장의 의견을 국회 제출	감액한 때에는 삭감 이유와 독립기관의 장의 의견을 국회 제출(제34조 제11호, 제40조 제2항)
성인지 예·결산 제도	미규정	• 성인지 관점에서의 재정운용원칙 명시 • 성인지 예·결산서 작성 및 국회 제출 의무화

2 「정부기업예산법」

(1) 「정부기업예산법」의 제정

① 「국가회계법」에서 국가회계 및 결산에 관한 일반적인 사항을 규정하기로 함에 따라, 「기업예산회계법」에서 정하고 있던 정부기업의 회계·결산 관련 조항을 삭제하여 국가회계에 관한 법체계를 정비하고, 각 정부기업별 특별회계의 세입·세출 내용에 관한 규정을 신설하는 등 현행 제도의 운영상 나타난 일부 미비점을 개선·보완하기 위해서 제정되었다.

② 정부부처의 형태를 지니는 정부기업인 우편사업, 우체국예금사업, 양곡관리사업, 조달사업과 책임운영기관특별회계기관도 「정부기업예산법」을 적용한다.

(2) 특징

① **발생주의 회계원칙**: 재산의 증감 및 변동을 발생사실에 따라 계리하도록 함으로써 현금주의 대신 발생주의 원칙을 채택하였다.

② **원가계산제도**: 사업능률의 증진, 경영관리 및 요금결정의 기초를 제공하기 위하여 원가계산을 하도록 하고 있다.

③ **감가상각제도**: 고정자산 중 감가상각을 필요로 하는 자산에 대하여는 회계연도마다 감가상각처리를 하도록 하고 있다.

④ **손익계산의 명확화**: 재무상태표·손익계산서 등 재무제표의 작성에 의하여 자산상태를 정확히 파악하고 경영성과, 즉 손익계산을 명확히 하도록 하였다.

⑤ **예산의 신축성**: 사업을 합리적으로 운영할 수 있도록 수입금 마련 지출제도를 두었고, 회계연도마다 대통령령으로 정한 범위 내에서 목간 전용(目間轉用)을 할 수 있도록 하였다. 예산을 전용한 때에는 그 전용을 한 과목별 금액 및 이유를 명시한 명세서를 기획재정부장관 및 감사원에 송부하여야 한다.

3 「공공기관의 운영에 관한 법률」

> **결정적 코멘트** ▶ 공공기관의 구분과 그 사례를 기억해 두어야 한다.

(1) 제정 이유

공공기관의 자율책임경영체제의 확립을 통해 공공기관의 대국민 서비스 증진에 기여할 수 있도록 하기 위하여 공공기관의 범위 설정과 유형 구분 및 평가·감독 시스템 등 공공기관의 운영에 관하여 필요한 사항을 정하려는 것이다(「정부투자기관관리기본법」, 「정부산하기관관리기본법」 폐지).

(2) 주요 내용

① **공공기관의 지정 및 구분**(제4조~제6조) 📖 PDF ▶ P.65

ㄱ 공공기관 운영을 위한 기본적인 체제를 마련하기 위하여 법률에 따라 직접 설립되고 정부가 출연을 하였거나 정부로부터 재정적 지원을 받은 기관 등을 기획재정부장관이 공공기관으로 지정한다.

바로 확인문제

55   2017 지방직 9급
우편사업, 우체국예금사업, 양곡관리사업, 조달사업을 수행하기 위한 특별회계예산의 운용에 관한 사항을 규정하고 있는 현행법은?

① 「공공기관의 운영에 관한 법률」
② 「정부기업예산법」
③ 「예산회계법」
④ 「정부산하기관관리기본법」

56   2004 울산 9급
다음 중 기업특별회계에 대한 설명이 맞는 것은?

① 우편, 우체국예금, 양곡, 조달사업이 이에 해당한다.
② 이사회의 의결로 예산이 성립된다.
③ 일반 정부조직에 비하여 기업성이 약하다.
④ 순수정부활동이 아니므로 통합재정에 포함되지 않는다.

57   2004 국회직 8급
다음 특별회계 중 「정부기업예산법」의 적용을 받지 <u>않는</u> 것은?

① 교통시설특별회계
② 양곡관리특별회계
③ 우편사업특별회계
④ 조달특별회계
⑤ 책임운영기관특별회계

58   2017 국가직 7급
「공공기관의 운영에 관한 법률」의 내용에 대한 설명으로 옳지 <u>않은</u> 것은?

① 공공기관의 자율경영 및 책임경영체제의 확립, 경영합리화, 투명성 제고를 목적으로 한다.
② 기획재정부장관은 매년 직원 정원 100인 이상의 공공기관 중에서 공기업과 준정부기관을 지정한다.
③ 공기업은 시장형과 준시장형으로, 준정부기관은 위탁집행형과 기금관리형으로 구분된다.
④ 공기업과 준정부기관은 신규 지정된 해를 제외하고 매년 경영실적 평가를 받는다.

59

현행 법령상 공공기관에 대한 규정으로 옳은 것은?

① 공기업과 준정부기관의 지정기준은 직원 정원 50명 이상, 총수입액 30억 원 이상, 자산규모 10억 원 이상이다.
② 기획재정부장관은 총수입액 중 자체수입액이 차지하는 비중이 대통령령으로 정하는 기준 이상인 기관은 공기업으로 지정하고, 공기업이 아닌 공공기관은 준정부기관으로 지정한다.
③ 기획재정부장관은 필요한 경우 구성원 상호 간의 상호부조·복리증진·권익향상 또는 영업질서 유지 등을 목적으로 설립된 기관도 공공기관으로 지정할 수 있다.
④ 기획재정부장관은 기타공공기관의 일부만을 세분하여 지정하여서는 아니 된다.

60

「공공기관의 운영에 관한 법률」상 공공기관에 대한 설명으로 옳지 않은 것은?

① 위탁집행형 준정부기관은 기금관리형 준정부기관이 아닌 준정부기관을 의미한다.
② 기금관리형 준정부기관은 「국가재정법」에 따라 기금을 관리하거나 기금의 관리를 위탁받은 준정부기관을 의미한다.
③ 기획재정부장관은 공공기관을 공기업·준정부기관과 기타 공공기관으로 구분하여 지정하되, 공기업과 준정부기관은 직원 정원, 수입액 및 자산규모가 대통령령으로 정하는 기준에 해당하는 공공기관 중에서 지정한다.
④ 기획재정부장관은 지방자치단체가 설립하고 그 운영에 관여하는 기관을 공공기관으로 지정할 수 있다.

61

우리나라 공공기관의 유형과 그 사례가 잘못 연결된 것은?

① 시장형 공기업 – 한국마사회
② 준시장형 공기업 – 한국토지주택공사
③ 위탁집행형 준정부기관 – 한국농어촌공사
④ 기금관리형 준정부기관 – 국민연금공단

ⓛ 직원 정원, 수입액 및 자산규모가 대통령령으로 정하는 기준(직원 정원: 300명 이상, 수입액: 200억 원 이상, 자산규모: 30억 원 이상)에 해당하는 공공기관 중에서 공기업과 준정부기관을 지정하되, 총수입액 중 자체수입액이 차지하는 비중이 대통령령으로 정하는 기준(100분의 50) 이상인 기관은 공기업으로 지정하고, 공기업이 아닌 공공기관은 준정부기관으로 지정한다.

공공기관(공기업, 준정부기관, 기타 공공기관)

1. 다른 법률에 따라 직접 설립되고 정부가 출연한 기관
2. 정부지원액이 총수입액의 2분의 1을 초과하는 기관
3. 정부 + 정부와 전항기관 + 단독 또는 두 개 이상의 기관이 합하여 해당 기관의 정책결정에 사실상 지배력을 확보하고 있는 기관(지분 50/100 이상, 30/100 이상 + 임원 임명권 행사)
4. 전항의 어느 하나에 해당하는 기관이 설립하고, 정부 또는 설립 기관이 출연한 기관

※ 공공기관 지정 불가

1. 구성원 상호 간의 상호부조·복리 증진·권익 향상 또는 영업질서 유지 등을 목적으로 설립된 기관
2. 지방자치단체가 설립하고, 그 운영에 관여하는 기관
3. 「방송법」에 따른 한국방송공사와 「한국교육방송공사법」에 따른 한국교육방송공사

	시장형[10]	자산규모가 2조 원 이상, 자체수입비율이 85% 이상
공기업	준시장형	시장형 공기업이 아닌 공기업 ⓔ 한국마사회, 한국철도공사 등
준정부기관	기금관리형	「국가재정법」에 따라 기금관리를 관리하거나 기금관리를 위탁받은 준정부기관 ⓔ 국민연금공단, 공무원연금공단 등
	위탁집행형	기금관리형 준정부기관이 아닌 준정부기관 ⓔ 한국소비자원, 한국연구재단, 한국가스안전공사, 한국산업인력공단, 대한무역투자진흥공사, 한국고용정보원 등
기타 공공기관		공공기관 중 공기업과 준정부기관을 제외한 기관

＊ 공기업과 준정부기관은 직원 정원, 수입액 및 자산규모가 대통령령으로 정하는 기준에 해당하는 공공기관으로 지정한다.

② **공공기관 수시 지정 근거 마련**(제6조 제1항): 회계연도 중 공공기관으로 지정될 요건에 해당하는 기관이 신설되거나 종전의 공공기관이 민영화·통폐합 등에 따라 공공기관 지정 해제 또는 변경 지정 등을 하여야 하는 상황이 발생할 경우, 수시로 공공기관 신규 지정, 지정 해제 또는 변경 지정을 할 수 있도록 하였다.

③ **공공기관운영위원회의 설치 및 구성**(제8조~제10조): 공공기관의 지정 및 구분에 관한 사항 등을 심의·의결하기 위하여 기획재정부장관 소속하에 공공기관운영위원회를 두고, 동 위원회의 회의는 위원장, 부위원장, 관계부처의 차관급 공무원과 대통령이 위촉하는 민간위원을 포함하여 20인 이내의 위원으로 구성하도록 하되, 민간위원의 수는 위원 정수의 과반수가 되도록 한다.

④ **공공기관에 대한 경영공시 의무화 등**(제11조~제12조): 공공기관의 투명한 운영을 도모하기 위하여 공공기관은 경영목표 및 운영계획, 결산서, 임원 현황 등에 관한 사항을 인터넷 홈페이지를 통하여 공시하도록 하고, 이와 별도로 기획재정부장관은 각 공공기관의 주요 경영공시사항을 표준화하여 통합공시할 수 있도록 한다.

⑤ **공기업 및 준정부기관의 이사회 설치 및 구성**(제17조~제22조)

ⓛ 공기업 및 준정부기관의 경영목표와 예산 및 운영계획 등에 관한 사항을 심

---

10) 한국지역난방공사, 한국가스공사, 한국석유공사, 한국전력공사, 인천국제공항공사, 한국공항공사, 한국수력원자력(주), 한국남동발전(주), 한국남부발전(주), 한국동서발전(주), 한국서부발전(주), 한국중부발전(주), (주)강원랜드, 한국도로공사(공공기관 알리오)

의·의결하기 위하여 이사회를 두도록 하고, 이사회는 기관장이 법령 등 위반 행위나 직무를 게을리한 경우 주무기관의 장에게 기관장의 해임 등 필요한 조치를 요청할 수 있도록 한다. 이사회는 기관장을 포함한 15인 이내의 이사로 구성하며, 시장형 공기업과 자산규모 2조 원 이상인 준시장형 공기업의 이사회 의장은 선임비상임이사가 된다. 시장형 공기업과 자산규모 2조 원 이상인 준시장형 공기업의 선임비상임이사는 비상임이사 중에서 기획재정부장관이 운영위원회의 심의·의결을 거쳐 임명한다.

ⓛ 시장형 공기업에는 이사회에 감사위원회를 설치하여야 하며, 자산규모가 2조 원 이상인 대규모 준시장형 공기업에 대하여도 이사회 의장 분리, 감사위원회 도입 등을 통해 경영의 투명성을 높일 필요가 있으므로, 이들 기관에 대하여는 선임비상임이사를 이사회 의장으로 하고 감사위원회 설치를 의무화하였다.

⑥ **공기업 및 준정부기관의 임원 임면 절차**(제25조~제26조)
ⓐ 공기업 및 준정부기관 임원 임면의 객관성·공정성을 확보하기 위하여, 공기업의 장은 비상임이사 등으로 구성되는 임원추천위원회가 복수로 추천하여 공공기관운영위원회의 심의·의결을 거친 사람 중에서 주무기관의 장의 제청으로 대통령이 임명하도록 한다.
ⓑ 준정부기관의 장은 임원추천위원회가 복수로 추천한 사람 중에서 주무기관의 장이 임명하도록 하며, 그 밖에 비상임이사 및 감사의 임명도 임원추천위원회의 추천 및 공공기관운영위원회의 심의·의결을 거치도록 한다.

⑦ **공기업 및 준정부기관의 경영실적 평가**(제48조): 공기업 및 준정부기관의 경영효율을 높이기 위하여 기획재정부장관은 경영목표 및 공기업·준정부기관이 제출한 경영실적보고서 등을 기초로 공기업 및 준정부기관의 경영실적을 평가하고, 평가 결과 경영실적이 부진한 공기업·준정부기관의 기관장 또는 상임이사의 해임을 건의하거나 요구할 수 있도록 한다.

⑧ **예산안 확정**(제40조): 예산안은 이사회의 의결로 확정한다.

4 기타

「국가회계법」, 「국고금 관리법」 등

05 예산의 분류

1 예산분류의 개념과 목적

(1) 개념

예산의 분류란 세입과 세출을 일정한 기준에 따라 유형별로 나누어 체계적으로 배열하는 것을 말한다.

(2) 목적

① 사업계획의 수립을 용이하게 한다.
② 예산집행의 효율화를 기할 수 있게 한다.
③ 회계책임을 명확화할 수 있다.
④ 정부활동의 경제적 효과에 대한 분석을 가능하게 한다.
⑤ 국회의 예산심의를 용이(효율화)하게 한다.

2 예산분류의 일반적 기준

입법과목			행정과목	
장	관	항	세항	목
기능별 분류	조직별·사업별·활동별 분류			품목별 분류

(1) 기능별 분류(시민의 분류)

① 개념: 정부의 기능(활동영역)에 따라 '세출예산'을 분류하는 방법이다.

② 장·단점

장점	• 정부활동의 포괄적인 정보 제공으로 국민이 정부예산을 이해하기가 용이하므로, '시민을 위한 분류(시민의 분류)'라고 함 • 행정수반의 정책수립을 용이하게 하고 입법부의 예산심의를 용이하게 함 • 장기간에 걸쳐 연차적으로 정부활동을 분석하는 데 효과적임 • 정부의 사업계획·활동의 변동 파악에 유리하며, 여러 정부 간의 사업계획·행정활동을 비교하는 데 활용도가 높음 • 예산집행의 신축성을 제고함
단점	• 회계책임이 불명확함 • 여러 부처의 활동을 포괄하므로 어느 부처에서 무엇을 하는지 명백하지 않게 됨 • 정부의 활동이나 사업은 두 개 이상의 기능에 중복되는 것이 많아 중첩 계상될 우려가 있음 • 예산에 대한 입법부의 효율적인 통제가 곤란함

(2) 조직체별 분류

① 개념

  ㉠ 예산을 부처별·기관별·소관별로 분류하는 것으로, 예산의 편성·심의·집행·회계검사 등 모든 예산과정상의 예산주체에 따라서 분류하는 방법이다.

  ㉡ 예산의 총괄계정으로는 기능별 분류가 가장 적절하지만 그다음으로는 조직체별 분류가 적절하다.

② 장·단점

장점	• 입법부의 예산통제에 가장 효과적이므로, 국회의 예산심의를 위한 가장 의의 있는 분류방법임 • 경비지출의 주체를 명백히 함으로써 경비 지출의 책임소재가 분명해짐 • 예산과정의 제 단계를 명백히 함 • 효율적인 예산집행이 가능함
단점	• 지출목적을 밝히지 못함 • 예산의 전체적인 경제적 효과를 파악할 수 없음 • 조직활동의 전반적인 성과나 사업계획의 효과 및 진도를 평가하기 어려움

(3) 사업계획별 분류

① 개념: 각 부처의 업무를 구체적으로 몇 개의 사업계획으로 나누고, 그에 따라 예산을 배분하는 분류방법이다.

② 장·단점

장점	• 예산요구로서 작성에 기틀을 제공해 주어 예산편성에 도움을 줌 • 사업계획 및 그 수행에 필요한 예산 및 사업진도 등을 분석하는 데 유익함 • 환류를 통하여 사업계획 수립의 합리화에 기여할 수 있음 • 예산심의가 용이해짐　　　　　　　• 예산집행의 신축성을 높여 줌
단점	사업계획은 측정 가능한 최종 산물로써 표시되는 것이 바람직하지만, 어려운 경우가 많음

---

66 2002 입법고시

다음 중 '시민을 위한 분류'라 할 수 있는 것은?

① 기관별 분류
② 품목별 분류
③ 경제성질별 분류
④ 기능별 분류
⑤ 사업별 분류

67 2005 광주 9급

예산분류 방식이 잘못 설명된 것은?

① 우리나라에서 일반회계 세입예산은 수입원에 따라 조세수입과 세외수입으로 분류한다.
② 품목별 분류는 지출대상·구입물품의 종류 중심으로 분류한다.
③ 기능별 분류는 전문적, 포괄적이어서 일반시민이 이해하기 힘들다.
④ 경제성질별 분류를 통해 정부활동이 국민경제에 미치는 영향을 알 수 있다.

68 2017 국가직 9급(사회복지직 9급)

정부활동의 일반적이며 총체적인 내용을 보여 주어 일반납세자가 정부의 예산내용을 쉽게 이해할 수 있도록 설계된 예산의 분류방법은?

① 품목별 분류
② 기능별 분류
③ 경제성질별 분류
④ 조직별 분류

69 2021 지방직 7급

예산 분류별 장단점에 대한 설명으로 옳지 않은 것은?

① 예산의 기능별 분류의 단점은 회계 책임이 불명확하다는 점이다.
② 예산의 조직별 분류의 장점은 예산지출의 목적(대상)을 파악하기 쉽다는 점이다.
③ 예산의 기능별 분류의 장점은 국민이 정부 예산을 이해하기 쉽다는 점이다.
④ 예산의 품목별 분류의 단점은 예산집행의 신축성을 저해한다는 점이다.

(4) 품목별 분류

① 개념

- ㉠ 품목별 분류란 정부가 구입하고자 하는 용역(지출하고자 하는 대상)별로 세출예산을 분류하는 것이다.
- ㉡ 우리나라의 예산과목 중에서 '목(目)'이 품목별 분류에 해당된다.
- ㉢ 다른 분류방법과 병행하여 사용한다.

② 장·단점

장점	• 인건비가 별도의 항목으로 구성되기 때문에, 이를 통해 정원의 명백한 표시가 가능하여 인사행정에 유용한 자료·정보를 제공함 • 세출예산을 엄격히 통제할 수 있음 • 회계검사가 용이하며, 회계책임을 명백히 함 • 입법부의 행정부에 대한 민주적 통제가 용이하며, 행정권의 남용을 제한하고 입법부의 지위를 강화할 수 있음
단점	• 예산집행의 신축성을 저해함 • 사업 간 비교가 불가능하고 정부활동의 전체적인 윤곽을 파악할 수 없음 • 행정부의 창의적 활동·재량권의 제약을 가져옴 • 사업계획의 성과 및 진도 파악이 곤란함 • 각 행정기관을 포괄적으로 다루는 총괄계정에는 부적당함 • 예산의 점증을 초래함 • 정책·사업계획의 수립에 도움되는 자료를 제공하지 못함

(5) 경제성질별 분류

① 개념

- ㉠ 경제성질별 분류란 예산이 국민경제(생산, 소득, 소비, 투자, 저축 등)에 미치는 영향을 기준으로 하는 분류방법이다.
- ㉡ 정부의 예산이 국민경제에 미치는 영향을 파악함으로써 경제정책(인플레이션·디플레이션의 방지, 경제발전·안정 등)의 수립에 유용한 자료를 제공해 준다는 점에 경제성질별 분류의 주된 목적이 있다.
- ㉢ 우리나라의 경상계정과 자본계정의 구분이 이에 해당한다.

② 장·단점

장점	• 정부의 예산이 국민경제에 미치는 영향을 파악할 수 있음 • 정부거래의 경제적 효과분석이 용이함 • 경제정책·재무정책의 수립이 용이함 • 국가 간의 예산경비의 비중 비교가 가능함 • 인플레이션·디플레이션을 방지할 수 있음
단점	• 경제성질별 분류 자체가 경제정책이 될 수 없고, 정부예산의 경제적 영향의 일부만을 개략적 근사치로 측정할 수 있음 • 경제성질별 분류는 그 자체로 소득의 분배나 산업부문별 영향을 측정하지는 못함 • 정책결정을 담당하는 고위공무원에게는 유용하나 사업계획을 수립·집행하는 공무원에게는 그리 유용한 것이 못 됨 • 경제성질별 분류는 다른 분류방법과 분리되어서는 안 되며, 항상 다른 분류방법과 병행하여야 함 • 세입·세출 이외의 요인에 의한 것은 알 수 없음

바로 확인문제

70   2004 입법고시

다음 중 인사행정을 위하여 가장 유용한 자료를 제공해 주는 예산분류방법은 무엇인가?

① 품목별 분류
② 사업계획별 분류
③ 기능별 분류
④ 경제성질별 분류
⑤ 조직별 분류

71   2022 지방직(= 서울시) 7급

예산의 분류 방법과 분류 기준을 바르게 연결한 것은?

	분류 방법	분류 기준
①	기능별 분류	정부가 무슨 일을 하는 데 얼마를 쓰느냐
②	조직별 분류	정부가 무엇을 구입하는 데 얼마를 쓰느냐
③	경제성질별 분류	누가 얼마를 쓰느냐
④	시민을 위한 분류	국민경제에 미치는 총체적인 효과가 어떠한가

72

2022 국회직 8급

우리나라 예산에 대한 설명으로 옳은 것은?

① 세입세출예산은 일반회계와 특별회계 및 기금으로 구분한다.

② 국회의 예산에 예비금을 두며 국회의장이 이를 관리한다.

③ 세입예산은 관·항·목으로 구분한다.

④ 특별회계는 국가가 특정한 목적을 위해 특정한 자금을 신축적으로 운영하기 위해 법률로써 설치한다.

⑤ 국회에 예산안이 제출되면 상임위원회 회의에서 정부의 시정연설이 이루어진다.

73

2018 지방직 7급

2000년대 초반 도입된 한국의 프로그램 예산제도에 대한 설명으로 옳지 <u>않은</u> 것은?

① 프로그램 예산제도는 현재 운영되지 않는 제도이다.

② 프로그램 예산분류(과목) 체계는 분야 – 부문 – 프로그램 – 단위사업 – 세부사업 등으로 구성된다.

③ 프로그램 예산제도 도입 시 비목(품목)의 개수를 대폭 축소함으로써 비목 간 칸막이를 최대한 줄였다.

④ 프로그램 예산제도는 정책과 성과 중심의 예산운영을 위해 설계·도입된 제도이다.

74

2016 국가직 7급

프로그램 예산제도에 대한 설명으로 옳지 <u>않은</u> 것은?

① 동일한 정책목표를 가진 단위사업들을 하나의 프로그램으로 묶어 예산 및 성과 관리의 기본 단위로 삼는다.

② 우리나라에서는 지방자치단체가 2004년부터, 중앙정부는 2008년부터 공식적으로 채택하였다.

③ 자원배분의 투명성을 높일 수 있고 일반 국민이 예산사업을 쉽게 이해할 수 있게 된다.

④ 우리나라가 도입한 배경에는 투입 중심 예산운용의 한계를 극복하고자 하는 측면이 있었다.

(6) 우리나라의 예산분류 📖 심화편 ▶ P.127

우리나라의 일반회계 예산은 총계주의 원칙에 따라 세입과 세출로 분리·관리되고 있다.

① **세입예산**: 정부 수입의 성질에 따라 과목구조가 관, 항으로 구분·관리된다.

② **세출예산**: 상당히 복잡한 구조로 분류·관리된다. 전통적으로 장(분야) – 관(부문) – 항(프로그램) – 세항(단위사업) – 세세항(세부사업)의 분류와 경비 성질을 중심으로 한 목별 분류로 구분되었으나, 2007년도부터 프로그램 예산제도가 도입(지자체는 2008년)되면서, 소관(조직)별로 구분한 후 회계별로 구분하고 기능을 중심으로 한 '장(분야) – 관(부문) – 항(프로그램) – 세항(단위사업) – 세세항(세부사업)'의 분류와 경비 성질을 중심으로 한 23개 목별 분류로 구분된다.

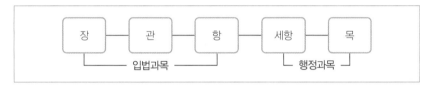

ㄱ **입법과목(장, 관, 항)**: 장, 관, 항은 국회 의결이 없이 과목 간 예산내역과 규모 변경이 불가능한 입법과목이다.

ㄴ **행정과목(세항, 목)**: 세항과 목은 행정부 재량으로 전용이 가능한 행정과목이다.

ㄷ 모든 예산의 경비는 성질에 따라 인건비, 물건비, 이전지출, 자산취득, 상환지출, 전출금 등의 예비비 및 기타의 7개의 대분류와 23개의 목으로 세분류되어 있으며, 각각 고유성질별 그룹 코드가 있다.

③ **문제점**: 우리나라 예산은 관리통제 특성이 강한 품목별 분류의 성격을 띠고 있다. 형식적으로 예산분류는 조직, 기능, 프로그램별 분류 특성을 다양하게 반영하고 있지만, 실제 운영이 품목 단위로 관리되는 경향이 있으며 공식적으로 허용되어 있다고 해도 목 간에 전용이 쉽지 않기 때문이다.

06 중앙예산기관

📖 심화편 ▶ P.129

01 재무행정 기초이론

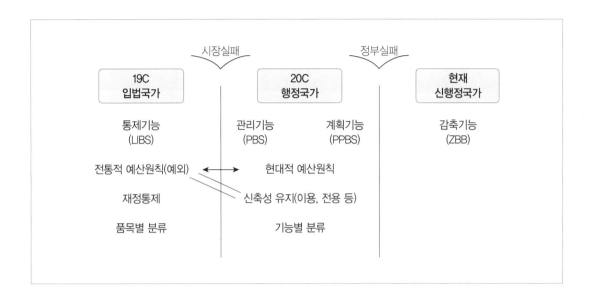

02 예산과정론

정답과 해설 ▶ P.75

01   2008 국회직 8급

예산과정에 관한 설명으로 옳지 <u>않은</u> 것은?

① 예산안과 결산은 소관 상임위원회에 회부하고, 소관 상임위원회는 예비심사를 하여 그 결과를 의장에게 보고한다.
② 예산결산특별위원회는 활동 기한이 없다.
③ 예산과정에 있어 본회의는 형식적 성격이 강하다.
④ 우리나라 예산의 회계연도는 3년이다.

---

01 예산과정의 개념과 성격

1 예산과정의 개념

예산과정은 행정부의 예산안 편성 및 국회 제출, 국회의 예산안 심의·확정, 각 부처의 예산집행을 거쳐 국회의 결산승인으로 종료되는 과정이다. 이러한 일련의 연속적인 순환과정은 매 회계연도마다 반복적으로 이루어진다. 따라서 특정 연도를 기준으로 보면 해당 연도의 예산집행과 함께 다음 연도의 예산편성, 전년도의 결산이 동시에 이루어진다.

❚ 예산과정

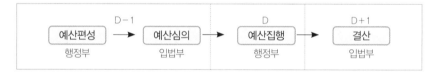

2 예산과정의 성격

(1) 정치성

예산과정은 가치배분을 둘러싼 정치투쟁의 과정이며, 고도의 정치적 성격을 지닌다. 따라서 다음과 같은 특성을 보인다.

① 예산이 결정되는 과정에서 다양한 이해 관련 당사자의 이익이 조정된다.
② 조정과 타협의 과정에서 점증주의적 행태가 나타난다.
③ 예산 증대를 요구하는 주창자와 예산을 지키려는 옹호자 간의 관계로 파악할 수 있다.

(2) 합리성

예산과정은 한정된 자원의 합리적 배분에 관한 의사결정과정이자 정책결정과정이다.

(3) 동태적 성격

예산은 여러 가지 복합적인 요인이 작용하는 과정이며 경제변동 등 상황의 변동에 따라 신축성이 인정되어야 하므로, 동태적 성격을 지닌다.

(4) 순환적 성격

예산과정은 대체로 3년을 주기로 하는 순환적·계속적 과정이다.

02 예산의 편성 　 결정적 코멘트 예산편성의 과정과 형식을 반드시 숙지해야 한다.

1 예산편성의 개념 및 성격

(1) 개념

① 예산편성은 정부가 다음 회계연도에 수행할 정책·사업계획을 재정적인 용어와 금액으로 표시한 계획(예산안)을 작성하는 과정이다.
② 의원내각제에서는 의회다수당이 집행부를 구성하기 때문에 의회과정보다는 행정부의 편성과정이 특히 중요하며, 행정부의 각 부처에는 기획예산담당관이 있어 개별 부처 단위의 예산을 편성한다. 중앙예산기관(기획재정부)이 이러한 개별부처의 예산을 행정부의 예산으로 종합하여 편성하는 조직에 해당한다.

(2) 성격

① **정치적 성격**: 예산은 편성과정에서 대체로 확정되기 때문에 이 과정에서 예산 확보를 위한 치열한 정치적 투쟁이 전개된다. 정당·행정기관·이익집단·국민 간의 이해관계가 가장 첨예하게 대립되는 예산과정이 예산편성과정인 것이다.[1]
② **정책결정의 과정**: 예산과정은 본질적으로 정책결정의 과정이며, 의사결정과정이다. 예산과정은 고도의 정치적 성격을 띠고 있으나 한정된 자원의 합리적 배분에 중점을 두어야 하는 것이며, 정치적 합리성과 아울러 경제적 합리성을 추구해야 하는 것이 정책결정과정인 것이다.
③ **사업계획의 조정**: 예산편성과정에서 중앙예산기관은 국가정책에 입각하여 각 부처의 사업계획을 조정한다. 이러한 사업계획의 조정을 통하여 자원의 합리적 배분과 행정부 내부의 재정통제가 확보된다.

(3) 행정부 예산제도

① 개념
　㉠ 행정부 예산제도는 예산안의 편성·제출에 대한 권한 및 책임을 행정부에 부여하는 제도를 말한다.
　㉡ 예산편성은 입법적인 것이므로 엄격한 권력분립의 원리에 따른다면 편성권은 입법부가 행사하여야 하지만, 우리나라를 비롯하여 오늘날 대다수의 국가는 행정부 예산제도를 채택하고 있다.

② 필요성
　㉠ 행정의 복잡성·전문성
　㉡ 방대한 자료·정보의 필요와 그에 대한 분석·평가능력의 필요성

---

1) 예산은 관료정치과정을 거치며 부서별 권력관계에 의해 결정되는 경향이 있다. 주창자로서의 이익집단과 각 부처 기획예산담당관이 활동하고, 옹호인으로 기획재정부가 활동한다. 각 부처의 예산확보 노력에서는 이익집단의 이익을 대변하는 모습이 나타나며, 이러한 정치적 과정에서 다음과 같은 다양한 전략이 나타난다. ① 예산을 요구하는 각 부처에서는 관련 단체의 시위를 통해 필요성을 환기시키는 경우가 많다. ② 장관 역점사업이므로 꼭 살려야 한다는 전략을 구사하기도 한다. ③ 인기 있는 사업의 경우, 우선순위를 낮추어 쟁점화하지 않고 지나가려고 노력한다. ④ 엄청난 자료를 제시하여 아예 검토할 엄두를 내지 못하게 한다. ⑤ 상급자나 국회의원과 같은 후견인을 동원하여 응원을 받는다. ⑥ 새롭거나 문제 있는 사업을 인기 있는 프로그램과 결합하여 만든다. ⑦ 위기의 시기에 새로운 사업을 시작한다.

02 2004 서울시 9급

다음 중 예산편성과정에서 나타나는 정치적 모습들에 대한 설명으로 타당하지 않은 것은?

① 각 부처들은 자신의 영향력이 미치는 단체들을 동원하여 예산의 필요성을 강조하는 경향이 있다.
② 장관의 역점사업임을 강조하여 예산을 확보하려고 노력한다.
③ 사업의 정치적 중요성을 강조하거나 정치인들을 동원한다.
④ 문제가 있거나 새로운 사업을 반드시 필요한 다른 사업들과 연계하여 끼워팔기식 예산편성을 시도한다.
⑤ 인기 있는 사업의 경우 가급적 우선순위를 높여 정치 쟁점화시킨다.

ⓒ 입법부의 예산심의 촉진 및 주력

ⓔ 예산이 본질적으로 지니는 강한 행정적 성격

03

「국가재정법」상 (가)에 해당하는 기관만을 모두 고르면?

> 정부는 협의에도 불구하고 **(가)** 의 세출예산요구액을 감액하고자 할 때에는 국무회의에서 해당 **(가)** 의 장의 의견을 들어야 하며, 정부가 **(가)** 의 세출예산요구액을 감액한 때에는 그 규모 및 이유, 감액에 대한 **(가)** 의 장의 의견을 국회에 제출하여야 한다.

> ㄱ. 헌법재판소
> ㄴ. 중앙선거관리위원회
> ㄷ. 국민권익위원회
> ㄹ. 국가인권위원회

① ㄱ, ㄴ   ② ㄱ, ㄹ
③ ㄴ, ㄷ   ④ ㄷ, ㄹ

04

예산안 편성과정에 대한 다음 설명 중 옳지 않은 것은?

① 각 중앙관서의 장은 매년 1월 31일까지 당해 회계연도부터 5회계연도 이상의 기간 동안의 계속사업에 대한 중기사업계획서를 국무회의에 보고해야 한다.

② 기획재정부장관은 국무회의의 심의를 거쳐 대통령의 승인을 얻은 다음 연도의 예산안편성지침을 3월 31일까지 각 중앙관서의 장에게 통보해야 한다.

③ 기획재정부장관은 각 중앙관서의 장에게 통보한 예산안편성지침을 국회예산결산특별위원회에 보고해야 한다.

④ 정부는 대통령의 승인을 얻은 예산안을 회계연도 개시 120일 전까지 국회에 제출해야 한다.

⑤ 정부는 국회에 제출된 예산안의 일부를 부득이한 사유로 수정해야 하는 경우 국무회의의 심의를 거쳐 대통령의 승인을 얻은 수정예산안을 국회에 제출할 수 있다.

(4) 독립기관의 예산편성

① 정부는 독립기관(국회·대법원·헌법재판소 및 중앙선거관리위원회)의 예산을 편성할 때 해당 독립기관의 장의 의견을 최대한 존중하여야 하며, 국가재정상황 등에 따라 조정이 필요한 때에는 해당 독립기관의 장과 미리 협의하여야 한다(「국가재정법」 제40조).

② 정부는 ①에 따른 협의에도 불구하고 독립기관의 세출예산요구액을 감액하고자 할 때에는 국무회의에서 해당 독립기관의 장의 의견을 들어야 하며, 정부가 독립기관의 세출예산요구액을 감액한 때에는 그 규모 및 이유, 감액에 대한 독립기관의 장의 의견을 국회에 제출하여야 한다(동법 제40조). 최종적인 판단은 국회에서 이루어진다.

③ 정부는 감사원의 세출예산요구액을 감액하고자 할 때에는 국무회의에서 감사원장의 의견을 들어야 한다(동법 제41조).

④ 국정원은 「국가재정법」 제40조에 따른 독립기관으로 한다(「국가정보원법」 제16조).

2 예산편성의 절차

(1) 중기사업계획서 제출

각 중앙관서의 장은 매년 1월 31일까지 해당 회계연도부터 5회계연도 이상의 기간 동안의 신규사업 및 기획재정부장관이 정하는 주요 계속사업에 대한 중기사업계획서를 기획재정부장관에게 제출하여야 한다.

(2) 국가재정운용계획의 수립

정부(기획재정부)는 재정운용의 효율화와 건전화를 위하여 매년 해당 회계연도부터 5회계연도 이상의 기간에 대한 국가재정운용계획을 수립하여 회계연도 개시 120일 전까지 국회에 제출하여야 한다.

(3) 예산안편성지침 통보(국가재정운영계획에 근거한 총액배분)

① 기획재정부장관은 국무회의의 심의를 거쳐 대통령의 승인을 얻은 다음 연도의 예산안편성지침을 매년 3월 31일까지 각 중앙관서의 장에게 통보하여야 하여야 한다.

② 국가재정운용계획과 예산편성을 연계하기 위하여 예산안편성지침에 중앙관서별 지출한도(총액배분)를 포함하여 통보할 수 있다.

③ 예산안편성지침을 국회예산결산특별위원회에 보고하여야 한다.

(4) 예산요구서 제출 및 예산편성 준비(자율편성 및 성과계획서 제출)

① 각 중앙관서의 장은 예산안편성지침에 따라 그 소관에 속하는 다음 연도의 세입세출예산·계속비·명시이월비 및 국고채무부담행위 요구서를 작성하여 매년 5월 31일까지 기획재정부장관에게 제출하여야 한다.

② 각 중앙관서의 장은 예산요구서를 제출할 때에 다음 연도 예산의 성과계획서 및 전년도 예산의 성과보고서를 기획재정부장관에게 함께 제출하여야 한다.

(5) 정부예산안 편성 및 국회 제출

기획재정부장관은 예산요구서에 따라 예산안[2]을 편성하여 국무회의의 심의를 거친 후 대통령의 승인을 얻어 회계연도 개시 120일 전[3]까지 국회에 제출하여야 한다 (「헌법」 – 회계연도 개시 전 90일 전).

3 예산편성의 형식(예산구조, 예산구성)

핵심 꼭 짚기 「국가재정법」과 「지방재정법」의 예산

「국가재정법」(제19조)의 예산	「지방재정법」(제40조)의 예산
• 예산총칙 • 세입세출예산 • 계속비 • 명시이월비 • 국고채무부담행위	• 예산총칙 • 세입세출예산 • 계속비 • 명시이월비 • 채무부담행위

(1) 예산총칙(「국가재정법」 제20조)

① 예산총칙에는 세입세출예산·계속비·명시이월비 및 국고채무부담행위에 관한 총괄적 규정을 두어야 한다.

② 국채와 차입금의 한도액, 재정증권의 발행과 일시차입금의 최고액을 규정하여야 한다.

③ 정부는 기존 국채를 새로운 국채로 대체하기 위하여 필요한 경우에는 한도액을 초과하여 국채를 발행할 수 있다. 이 경우 미리 국회에 이를 보고하여야 한다.

(2) 세입세출예산(동법 제21조)

① 세입세출예산은 예산의 대부분을 차지하며, 예산의 핵심적 내용을 이룬다.

② 세입세출예산은 독립기관 및 중앙관서의 소관별로 구분한 후 소관 내에서 일반회계·특별회계로 구분한다.

　ⓐ 세입예산은 그 내용을 성질별로 관(款), 항(項)으로 구분한다.

　ⓑ 세출예산은 그 내용을 기능별·성질별 또는 기관별(소관별)로 장(章), 관(款), 항(項)으로 구분한다.

③ 예산의 구체적인 분류기준 및 세항과 각 경비의 성질에 따른 목의 구분은 기획재정부장관이 정한다.

---

2) 국회에 제출하는 예산안에는 다음 각 호의 서류를 첨부하여야 한다. 1. 세입세출예산 총계표 및 순계표, 2. 세입세출예산 사업별 설명서, 2의2. 세입세출예산 추계분석보고서, 3. 계속비에 관한 전년도 말까지의 지출액 또는 지출추정액, 해당 연도 이후의 지출예정액과 사업 전체의 계획 및 그 진행상황에 관한 명세서, 3의2. 제50조에 따른 총사업비 관리대상 사업의 사업별 개요, 전년도 대비 총사업비 증감 내역과 증감 사유, 해당 연도까지의 연부액 및 해당 연도 이후의 지출예정액, 4. 국고채무부담행위 설명서, 5. 국고채무부담행위로서 다음 연도 이후에 걸치는 것인 경우 전년도 말까지의 지출액 또는 지출추정액과 해당 연도 이후의 지출예정액에 관한 명세서, 5의2. 완성에 2년 이상이 소요되는 사업으로서 대통령령으로 정하는 대규모 사업의 국고채무부담행위 총규모, 6. 예산정원표와 예산안편성기준단가, 7. 국유재산의 전전년도 말 기준 현재액과 전년도 말과 해당 연도 말 기준 현재액 추정에 관한 명세서, 8. 제85조의7에 따른 성과계획서, 9. 성인지 예산서, 10. 「조세특례제한법」 제142조의2에 따른 조세지출예산서, 11. 제40조 제2항 및 제41조의 규정에 따라 독립기관의 세출예산요구액을 감액하거나 감사원의 세출예산요구액을 감액한 때에는 그 규모 및 이유와 감액에 대한 해당 기관의 장의 의견, 12. 삭제 〈2010. 5. 17.〉, 13. 회계와 기금 간 또는 회계 상호 간 여유재원의 전입·전출 명세서와 그 밖에 재정의 상황과 예산안의 내용을 명백히 할 수 있는 서류, 14. 「국유재산특례제한법」 제10조 제1항에 따른 국유재산특례지출예산서, 15. 제38조 제2항에 따라 예비타당성조사를 실시하지 아니한 사업의 내역 및 사유, 16. 지방자치단체 국고보조사업 예산안에 따른 분야별 총 대응지방비 소요 추계서

3) 시·도는 회계연도 시작 50일 전까지, 시·군 및 자치구는 회계연도 시작 40일 전까지 지방의회에 제출하여야 한다.

바로 확인문제

05 　　　　　　　　　　2015 국가직 9급

우리나라의 예산과정에 대한 설명으로 옳지 않은 것은?

① 각 중앙관서의 장은 매년 1월 31일까지 해당 회계연도부터 5회계연도 이상의 기간 동안의 신규사업 및 기획재정부장관이 정하는 주요 계속사업에 대한 중기사업계획서를 기획재정부장관에게 제출하여야 한다.

② 국가가 특정한 목적을 위하여 특정한 자금을 신축적으로 운용할 필요가 있을 때에 법률로써 설치하는 기금은, 세입세출예산에 의하지 아니하고 운용할 수 있다.

③ 예산안편성지침은 부처의 예산편성을 위한 것이기 때문에 국무회의의 심의를 거쳐 대통령의 승인을 받아야 하지만 국회 예산결산특별위원회에 보고할 필요는 없다.

④ 정부는 회계연도마다 예산안을 편성하여 회계연도 90일 전까지 국회에 제출하도록 「헌법」에 규정되어 있다.

06 　　　　　　　2018 서울시 7급 제2회

현행 「국가재정법」에 의한 우리나라 예산편성절차에 관한 설명으로 가장 옳은 것은?

① 중앙관서의 장은 매년 3월 31일까지 다음 회계연도의 신규사업계획서를 기획재정부장관에게 제출한다.

② 기획재정부장관은 국무총리의 승인을 얻어 예산안편성지침을 4월 30일까지 중앙관서의 장에게 통보한다.

③ 중앙관서의 장은 6월 30일까지 예산요구서를 기획재정부장관과 국회예산결산특별위원회에 제출한다.

④ 행정부 예산안은 대통령의 승인을 거쳐 회계연도 개시 120일 전까지 국회에 제출한다.

07

07   2018 국가직 7급

「국가재정법」 및 「지방자치법」상 정부와 지방자치단체의 장은 국회와 지방의회에 회계연도 개시 며칠 전까지 예산안을 제출해야 하는가?

	정부	광역지방자치단체	기초지방자치단체
①	90일	40일	30일
②	90일	50일	30일
③	120일	50일	40일
④	120일	50일	30일

08   2007 울산 7급

「지방재정법」에 들어 있는 것이 **아닌** 것은?

① 예산총칙
② 세입·세출예산
③ 계속비
④ 명시이월비
⑤ 국고채무부담행위

09   2022 군무원 9급

국가재정운용계획에 대한 설명으로 가장 옳지 <u>않은</u> 것은?

① 중기재정계획은 정부가 매년 당해 회계연도부터 5회계연도 이상의 기간에 대해 수립하는 재정운용계획이다.
② 예산안과 함께 국회에 제출하는 국가재정운용계획은 5년 단위 계획이다.
③ 국가재정운용계획은 국회가 심의하여 확정한다.
④ 국가재정운용계획은 중·장기 국가비전과 정책우선순위를 고려한 중기적 시계를 반영하며, 단연도 예산편성의 기본틀이 된다.

④ 세입예산은 법적 효력이 없으나, 세출예산은 그 지출목적·금액·시기 등에 있어서 행정부를 엄격히 구속하는 법적 효력을 가지게 된다.

(3) 계속비(동법 제23조) → 후술

(4) 명시이월비(동법 제24조) → 후술

(5) 국고채무부담행위(동법 제25조) → 후술

4 우리나라 예산편성의 문제점

① 예산단가의 비현실성과 예산요구액의 가공성
② 전년도 답습주의와 점증적 예산편성
③ 행정효과 분석의 결여와 예산액 배분의 비합리성
④ 통제지향적 예산편성과 민중통제의 취약, 관료이익의 추구
⑤ **불완전한 재정의 권력분립**: 행정부 예산제도에 입각하여 국회나 사법부의 예산안에 대해서도 기획재정부에서 총괄조정하기 때문에 재정에 관한 한 권력분립이 되지 못하고 있다.
⑥ **대패식 삭감**: 과거 예산편성과정에서 개별 부처에서는 기획재정부의 심각한 삭감을 우려해서 미리 부풀려 제출하고 기획재정부에서는 부풀려 올 것에 대비해 대폭 삭감하는 악순환이 반복되었는데, 이를 대패식 삭감이라 한다. 이러한 편성과정의 비합리성이 결산 시 불용액으로 나타나는 경우가 많았으나, 총액예산제도가 실시되면서 이러한 병리현상은 대폭 줄었다.

> **더 알아보기**   **총액예산제도의 도입에 따른 예산전략**
>
> 총액예산제도가 실시되면서 예산전략이 국회의 예산심의과정에서 좀 더 적극적으로 추진될 수도 있다. 즉, 기획재정부가 정한 총액의 한도 내에서 의원들의 관심이 높은 예산사업은 소규모 혹은 우선순위를 낮게 설정하여 국회 예산심의과정에서 증액되도록 유도할 수 있다. 이때 증액 부분은 부처별 한도액 제한을 받지 않기 때문이다.

03   우리나라 4대 재정개혁

> **결정적 코멘트** ▷ 제도가 도입된 이후 꾸준히 출제되는 영역이다. 특히, 총액배분·자율편성제도는 반드시 숙지해야 한다.

1 국가재정운용계획

(1) 국가재정운용계획 수립

① 예산과 기금을 포괄하는 통합재정 기준으로 5년 단위의 국가재정운용계획을 수립하고, 중·장기적 시계에서 정책에 기초하여 국가재원을 전략적으로 배분하여 재정건전성을 유지함으로써 투명성을 제고해 나갈 필요가 있다.
② 국가재정운용계획은 종래의 중기재정계획과는 달리 단년도 예산 및 기금운용계획의 기본 틀로 활용하고 확정된 내용을 발표하며, 매년 연동계획을 수립하게 된다.
③ 국가재정운용계획은 예산안과 함께 국회에 제출되지만 국회가 예산안처럼 심의하여 확정하지는 않는다.

(2) 포괄범위(통합재정)

재정규모와 구조를 정확하게 파악할 수 있고 재원배분과 재정수지관리 등 전략적인 재정운용이 가능하도록, 일반회계, 특별회계, 기금을 포괄하는 통합재정 기준으로 작성된다.

(3) 수록 내용

국방, 사회간접자본(SOC), 농어촌, 산업·중소기업, 환경, 교육, 문화·관광, 사회복지, 연구와 개발(R&D), 정보화, 균형발전, 외교·통일, 사회안정, 국가서비스혁신 등 14개 분야에 대한 향후 5년간 정책방향 및 재원투자규모 등이 제시되어 있다.

(4) 수립 절차 및 보완

① 수립 절차
   ㉠ 국가재정운용계획 수립 시 이해관계자의 의견을 최대한 반영하기 위하여 관계부처, 지방자치단체 및 민간전문가의 광범위한 참여와 토론회 등 각종 의견수렴 절차를 거쳤으며, 국무위원 토론회 및 국무회의 보고를 거쳐 최종 확정하고 국회 제출 등을 통해 대외적으로 공개·발표하였다.
   ㉡ 국가재정운용계획의 수립은 다음과 같은 절차로 이루어진다.
      ⓐ 국가재정운용계획 수립지침 통보
      ⓑ 분야별 공동작업반 구성 및 운영
      ⓒ 분야별 공개토론회 개최
      ⓓ 국가재정운용계획안 작성 및 부처 협의
      ⓔ 국무위원 재원배분회의
      ⓕ 국가재정운용계획안 확정 및 각 부처별 지출한도 통보
      ⓖ 국가재정운용계획 확정 및 국회 제출
② 보완: 국가재정운용계획상의 분야별 투자규모를 예산 총액배분·자율편성(top-down)제도의 부처별 지출한도로 활용하여 단년도 예산 및 기금운용계획과 연계하고, 예산편성과정에서 부처의 자율성과 전문성이 제고될 수 있도록 제도적으로 뒷받침함으로써, 5년 단위로 수립된 국가재정운용계획을 경제·사회여건 변화 등을 반영하여 매년 연동·보완하게 된다.

2 총액배분·자율편성(top-down)제도

(1) 추진 배경과 개념

① 추진 배경: 총액배분·자율편성제도는 단기적 시각의 예산편성 방식이 갖는 문제를 해소하고 장기적 시각의 재정운용을 도모하기 위하여 적용되기 시작하였다.
② 개념
   ㉠ 총액배분·자율편성제도는 국가재정운용계획을 참조하여 각 부처별 지출한도를 설정하면, 개별 부처는 지출한도 내에서 사업의 우선순위를 확정하고 자체 예산편성을 한다.
   ㉡ 국가재정운용계획에 근거하여 부처별로 총액배분을 하기 때문에 하향식으로 자원을 배분하는 제도이다.
   ㉢ 부처별로 총액 한도를 지정하고 예산재원배분의 재량은 확대했지만, 기획재정부의 사업별 예산통제 기능은 계속 유지하고 있으며 행정부 내의 예산편성에 적용하는 조치이다.

바로 확인문제

10   2022 국회직 8급

예산과 재정운영제도에 대한 설명으로 옳지 않은 것은?

① 국회는 국가재정운용계획과 예산안을 함께 심의하여 확정한다.
② 총액배분·자율편성제도는 정부가 사전에 설정한 지출한도에 맞추어 각 중앙부처가 예산을 편성하는 것을 의미한다.
③ 프로그램예산제도는 유사 정책을 시행하는 사업의 묶음인 프로그램별로 예산을 편성하는 제도로 우리나라의 경우 중앙정부와 지방정부 모두 도입하고 있다.
④ 기획재정부장관은 예비타당성조사의 결과를 국회 소관 상임위원회와 예산결산특별위원회에 제출하여야 한다.
⑤ 정부는 예산이 온실가스 감축에 미칠 영향을 미리 분석한 보고서를 작성하여야 한다.

11   2008 국가직 7급

총액배분·자율편성 예산제도에 관한 설명으로 옳지 않은 것은?

① 주어진 지출한도 내에서 각 부처는 자율적으로 정책과 사업을 구상한다.
② 재원운용의 분권화를 강조하는 상향식 의사결정구조를 지닌다.
③ 국가 재원의 전략적 배분을 강조하고 그에 필요한 중앙통제를 인정한다.
④ 영국(spending review), 스웨덴(spring fiscal plan), 네덜란드(coalition agreement) 등의 예산편성 방식을 그 예로 들 수 있다.

12   2017 지방직 9급 추가채용

예산과정에 대한 설명으로 옳지 않은 것은?

① 단원제에서의 예산심의는 양원제의 경우보다 심의를 신속하게 할 수 있으나 신중한 심의가 어렵다.
② 과거 중앙예산기관과 결산관리기관을 분리하기도 했다.
③ 예산의 배정은 국가예산을 회계체계에 따라 질서 있게 집행하도록 하기 위한 내부통제의 기능을 수행한다.
④ 상향식 예산관리모형인 총액배분·자율편성 예산제도는 전략적 재원배분을 촉진한다.

13
2017 국가직 7급 추가채용

우리나라의 예산과정에 대한 설명으로 옳지 <u>않은</u> 것은?

① 기획재정부는 매년 해당 연도부터 5회계연도 이상의 기간에 대한 재정운용계획을 수립하여 회계연도 개시 120일 전까지 국회에 제출하여야 한다.

② 예산안편성지침에 중앙관서별 지출한도를 포함하여 통보할 수 있는 총액배분·자율편성제도가 도입되어서, 기획재정부의 사업별 예산통제기능이 상실되었다.

③ 국회 본회의 중심이 아니라 국회 상임위원회와 예산결산특별위원회 중심으로 예산이 심의된다.

④ 예산의 이용(移用)과 전용, 예산의 이체(移替), 예비비, 계속비는 예산집행의 신축성을 보장하기 위한 것이다.

14
2006 선관위 9급

총액배분·자율편성 예산제도에 관한 설명으로 가장 옳지 <u>않은</u> 것은?

① 하향식으로 자원을 배분한다.

② 이 제도를 통하여 재원배분의 자율성은 제고되나 효율성은 저하된다.

③ 단기적 시각의 예산편성 방식이 갖는 문제를 해소하고 장기적 시각의 재정운영을 도모한다.

④ 개별 부처는 지출한도 내에서 사업의 우선순위를 확정하고 자체 예산편성을 한다.

15
2015 지방직 9급

우리나라 예산과정에 대한 설명으로 옳은 것은?

① 정부는 회계연도마다 예산안을 편성하여 회계연도 개시 60일 전까지 국회에 제출해야 한다.

② 예산총액배분·자율편성제도는 중앙예산기관과 정부부처 사이의 정보 비대칭성을 완화하려는 목적을 갖고 있다.

③ 예산집행의 신축성을 확보하기 위한 제도로서 이용, 총괄예산, 계속비, 배정과 재배정 제도가 있다.

④ 예산 불성립 시 조치로서 가예산 제도를 채택하고 있다.

(2) 내용

① 정책과 우선순위에 입각한 전략적 재원배분 방식

  ㉠ 과거 단년도 예산편성 방식과 달리 재정당국이 경제사회 여건 변화와 국가발전전략에 입각한 5개년 재원배분계획(국가재정운용계획)에 근거하여, 연도별 재정규모, 분야별·중앙관서별·부문별 지출한도를 제시함으로써 정책과 우선순위에 입각한 전략적 재원배분을 도모한다.

  ㉡ 국가재원의 전략적 배분을 강조하고 그에 필요한 중앙통제를 인정한다.

② 지출한도는 일반회계·특별회계·기금을 포괄하여 설정

  ㉠ 분야별 지출한도: 국가재정운용계획의 대분류를 활용

    ◉ 사회간접자본(SOC), 농어촌, 교육, 환경, 중소기업 등

  ㉡ 중앙관서별 지출한도: 국가재정운용계획의 중분류를 활용

    ◉ 사회간접자본(SOC) 분야: 도로, 철도, 지하철, 항만, 공항, 주택, 수자원 등

  ㉢ 중앙관서 내 회계별·기금별 지출한도

  ㉣ 조정재원: 거시전망 등 총액배분 이후 예측 곤란한 상황에 대비

    ⓐ 교부금, 인건비, 재해복구비 및 이자율·환율 변동에 따른 추가소요에 충당

    ⓑ 각 부처의 특정 사업 부족소요의 충당에는 사용 불가

(3) 기대효과

① 전략적 재원배분 및 재정당국과 각 부처의 역할분담으로 재원배분의 효율성·투명성·자율성이 제고된다.

② 부처별 지출한도가 사전에 제시됨에 따라 각 부처의 전문성을 적극 활용하여 사업별 예산규모를 결정할 수 있고, 각 부처의 책임과 권한을 강화할 수 있다.

③ 전체 재정규모, 분야별·부처별 예산규모 등의 중요 정보를 편성기간 중에 각 부처와 재정당국이 공유하고, 분야별·부처별 재원배분계획을 국무위원회의에서 함께 결정하여 재정투명성을 제고할 수 있다.

④ 각 부처의 과다예산 요구에 대한 재정당국 대폭 삭감(대패식 삭감) 등에서 나타나는 예산편성과정의 비효율성을 제거할 수 있다.

⑤ 특별회계·기금 등 칸막이식 재원을 확보하려는 유인을 축소시킬 수 있다.

⑥ 중기적 시각에서 재정규모를 검토함에 따라 재정의 경기조절기능이 강화된다.

3 성과관리제도

(1) 주요 내용

① 기본구조

  ㉠ 성과관리제도는 재정사업의 목표와 성과지표를 설정하고 지표에 의한 평가결과를 재정운영에 반영하는 제도이다.

  ㉡ 성과관리제도는 일정 재정사업(또는 사업군)을 통해 달성하고자 하는 성과목표를 사전에 설정하고, 성과목표의 달성 여부를 측정할 수 있는 계량화된 성과지표를 개발하여 성과목표와 사업시행 결과를 지표에 의해 비교·평가함으로써 그 결과를 재정운영에 환류하는 제도이다.

② 추진 배경: 성과관리제도는 재정개혁을 위한 주요 과제로서, 국가재정운용계획 및 총액배분·자율편성(top-down)제도의 도입으로 인하여 각 부처의 예산편성 자율권이 대폭 확대됨에 따라 이에 상응하여 재정집행에 대한 부처의 책임성을 제고하기 위해 도입되었다.

③ **특징**: 이제까지의 예산이 주로 투입·통제 위주의 제도였다면 성과관리제도가 정착된 이후에는 국민의 세금을 투입하여 추진한 사업의 최종 성과관리 중심으로 전환하는 데에 그 목적이 있다.

　　◉ 거리청소사업의 경우 과거에는 '환경미화원 인건비, 청소차량 구입비 및 유지비가 예산대로 집행되었는 가'에 관심 → 성과관리제도하에서는 거리청소사업의 성과목표인 '거리환경이 얼마나 깨끗해졌는가'로 관심 전환

(2) 과정

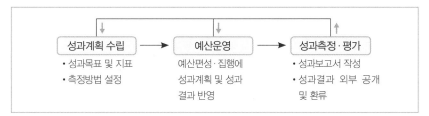

① 성과관리는 '예산편성 → 집행 → 결산'의 예산주기처럼 3년 주기로, '성과계획서 작성 → 해당 연도 사업집행 → 성과보고서 작성'의 과정으로 이루어진다.

② 성과관리는 세부적으로는 '전략목표 – 성과목표 – 성과지표'의 구조로 체계화된다.

　　㉠ **전략목표**: 기관의 목표·가치·기능 등을 포함하는 기관임무의 수행을 위해 중·장기적으로 추진하는 중점정책 방향을 의미한다.

　　㉡ **성과목표**: 전략목표의 하위 개념으로, 주요 재정사업(또는 사업군)을 통해 달성하려는 복수의 구체적인 목표를 의미한다.

　　㉢ **성과지표**: 성과목표의 달성 여부를 판별하기 위한 척도를 의미한다. 성과지표에 의해 성과의 달성 수준을 측정할 수 없을 경우에는 성과관리제도의 목적을 달성할 수 없기 때문에, 성과지표는 성과관리제도의 가장 중요한 요소라할 수 있다.

③ 성과보고서가 완성되면 기획재정부에서는 성과평가를 통해 예산편성 등 재정운영의 참고자료로 활용하게 된다. 성과보고서를 통해 단순한 성과목표달성 여부뿐만 아니라 달성(또는 미달성)의 구체적인 인과관계를 분석하여 분야별·사업별 재원배분 판단기준의 하나로 활용하게 된다.

❹ 디지털예산회계시스템(d–Brain System)

(1) 개요

① 디지털예산회계시스템은 세입, 예산편성, 집행·결산평가 등 일련의 재정활동의 모든 정보를 실시간으로 분석하여 제공할 수 있는 통합재정정보 시스템이다.

② 2007년부터 도입되었으며 국가재정운용계획, 총액배분·자율편성제도, 성과관리제도 등의 재정혁신시스템과 연계되어 운용되고 있다.

③ UN 공공행정상을 수상하였다(2013. 5.).

④ 국가회계는 디브레인(dBrain) 시스템을 통해, 지방자치단체회계는 e–호조 시스템을 통해 처리된다.

(2) 기대효과

디지털예산회계시스템은 가치 있는 정보를 신속·정확·다양하게 제공해 준다.

16 　　　　　　2018 지방직 9급(사회복지직 9급)

총액배분·자율편성제도에 대한 설명으로 옳지 않은 것은?

① 전략기획과 분권 확대를 예산편성 방식에 도입하기 위해 실시하고 있다.

② 각 중앙부처는 소관 정책과 우선순위에 입각해 연도별 재정규모, 분야별·부문별 지출한도를 제시한다.

③ 지출한도가 사전에 제시되기 때문에 부처의 재정사업에 대한 책임과 권한을 강화할 수 있다.

④ 부처의 재량을 확대하였지만 기획재정부는 사업별 예산통제기능을 유지하고 있다.

17 　　　　　　　　　　2021 군무원 9급

우리나라 예산편성절차에 대한 설명으로 가장 옳지 않은 것은?

① 우리나라 예산담당부처인 기획재정부는 예산안편성지침과 국가재정운용계획을 사전에 준비하고 범부처 예산사정을 담당한다.

② 각 중앙행정기관은 기획재정부의 지침에 따라 사업계획서와 예산요구서 작성을 준비한다.

③ 기획재정부는 총액배분자율편성제도에 따라 각 부처의 세부사업에 대한 심사보다 부처예산요구 총액의 적정성을 집중적으로 심의한다.

④ 기획재정부는 조정된 정부예산안을 회계연도 개시 120일전까지 국회에 제출한다.

18 　　　　　　　　　　2006 경기 7급

성과관리에 깔려 있는 가정과 거리가 먼 것은?

① 성과측정이 가능

② 투입은 자동적으로 산출로 연결됨

③ 성과를 적극적으로 관리해야 함

④ 성과관리는 관료(관리자)의 몫임

19

d-Brain System에 대한 설명으로 옳지 않은 것은?

① 노무현 정부 당시 재정개혁의 일환으로 구축이 추진되었다.
② 예산편성, 집행, 결산, 사업관리 등 재정업무 전반을 종합적으로 연계 처리하도록 하는 통합재정정보시스템이다.
③ d-Brain 구축이 완료됨에 따라 총액배분·자율편성 예산제도의 도입이 가능해졌다.
④ UN 공공행정상을 수상하는 등 국제적으로 호평을 받고 있다.

20

2007년부터 시행되고 있는 디지털예산회계시스템의 특징과 거리가 먼 것은?

① 예산과 회계시스템의 통합
② 재정사업의 성과관리 기능 강조
③ 바텀업(bottom-up)식 부처예산 편성 강조
④ 국가재정운용계획과 연계

21

예산과정 중에서 재정민주주의(fiscal democracy)와 가장 관련이 깊은 것은?

① 예산심의　　② 예산집행
③ 회계검사　　④ 예비타당성조사

22

다음 중 우리나라의 예산심의에 대한 설명으로 가장 옳지 <u>않은</u> 것은?

① 정부의 시정연설 후에 국회에서 예비심사와 본회의 심의를 거쳐서 종합심사를 하고 의결을 한다.
② 예산심의는 행정부에 대한 관리통제기능이다.
③ 예산심의 과정에서 정당이 영향을 미친다.
④ 우리나라는 대통령 중심제로 인해 의원내각제인 나라에 비해 예산심의가 상대적으로 엄격하다.

① 주요 경제요인의 변화가 재정에 미치는 영향분석
　㉠ 환율, 유가, 물가, 금리 변화가 재정수지에 미치는 영향
　㉡ 경제성장률 전망에 따른 세수증감효과 및 재정수지 영향
　㉢ 개별법령의 제·개정 및 정책 변화가 국가채권·국가채무 등 재정상태에 미치는 영향
② 재정위험요인을 판단할 수 있는 정보
　㉠ 인구 고령화에 따른 향후 재정지출소요 예측 및 부담능력 추정
　㉡ 미래에 지출될 연도별 국가채무상환 스케줄
③ 개별사업의 전(全)생명주기에 걸친 실시간 추적관리정보
　㉠ 사업의 배경, 목표, 추진계획, 진척도, 담당자 등 사업내용정보
　㉡ 총사업비, 연차별 예산편성·집행·결산상황 등 예산관리정보
　㉢ 사업별 원가분석, 투자수익률분석 등의 성과관리정보
④ 예산투자가 성과에 미치는 영향분석정보
　㉠ 도로투자 10% 증가 시 주행속도(km/h) 향상도
　㉡ 항만투자 10% 증가 시 컨테이너 처리량 증가율
　㉢ 환경투자 증가율(%)당 대기환경 개선 및 국민식수의 질 개선효과
⑤ 예산절감을 위한 의사결정 기초정보
　㉠ 전산시스템을 직접 운영·관리함에 따른 총원가와 아웃소싱 운영·관리 시 원가 비교
　㉡ 교량을 수선하여 사용하는 원가와 신규 건설하는 원가 비교
　㉢ 쓰레기 톤당 수거원가, 국도 1km 유지비용 등 행정서비스 단위원가

04 예산심의

1 예산심의의 개념과 역할

(1) 개념

① 예산심의란 의회가 행정감독권과 재정감독권을 행사하여 행정부가 수행할 사업계획의 효율성을 검토하고 예산을 확정하는 것으로, 재정민주주의[4]를 실현하는 과정이다.
② 예산심의는 사업 및 사업수준에 대한 것과 예산총액에 대한 것으로 나누어 볼 수 있으며, 구체적인 정책결정의 기능으로 이해할 수 있다.

(2) 역할(성격)

① 의회는 예산심의를 통하여 정부가 수행하여야 할 정책·사업계획 및 그 수준을 결정하며, 세입세출·재정규모를 결정한다.
② 의회는 예산심의를 통하여 행정에 대한 감독·통제를 확보하고, 국민 동의를 형성하며, 행정부의 활동에 대한 정통성 및 재정권을 부여한다.
③ 의회는 예산심의를 통하여 자원의 합리적 배분을 실현한다.

---

4) 재정민주주의란 재정주권이 납세자인 국민에게 있다는 것을 의미하며, 재정운영과정에 국민을 참여시키고 관련되는 정보를 공개하여 그 결과에 대해 책임을 지는 것을 뜻한다. 재정민주주의를 국민의 재정선호(fiscal preference)에 일치하는 예산집행이라고 주장한 학자는 스웨덴 경제학자 빅셀(Wicksell)이며, 최근 논의되고 있는 예산감시시민운동도 재정민주주의의 실현을 위한 것이라고 할 수 있다.

2 예산심의의 절차 ─ 결정적 코멘트 ▶ 예산심의의 절차를 반드시 기억해야 한다.

```
국정감사  →  시정연설  →  예비심사  →  종합심사  →  의결
  국회                      상임위원회   예산결산
                                       특별위원회
```

(1) 국정감사

① 국회는 국정 전반에 관하여 소관 상임위원회별로, 매년 정기회 집회일 이전에 감사 시작일부터 30일 이내의 기간을 정하여 감사를 실시한다. 다만, 본회의 의결로 정기회 기간 중에 감사를 실시할 수 있다.

② 국정운영 전반의 감사결과를 신년도 예산심의에 반영시키는 데 그 목적이 있다.

(2) 시정연설

① 회계연도가 개시되기 120일 전까지 예산안이 국회에 제출되면, 본회의에서 대통령이 시정연설을 하게 된다.

② 예산안에 대해서는 시정연설이 있지만, 결산안에 대해서는 없다.

(3) 상임위원회의 예비심사

① 각 상임위원회의 예비심사는 해당 부처의 장의 정책 설명(제안 설명) → 그에 대한 정책 질의 → 부별심의(部別審議) 순으로 진행된다.

② 전통적으로 국회는 정부예산을 통제·감독한다고 인식되었지만 현실은 반드시 그렇지는 않다. 최근 예산심의의 실태를 보면, 상임위원회가 소관 부처의 이해관계를 대변하여 국회 예산심의과정에서 정부예산안보다 예산이 오히려 증액되는 경우도 있다.

(4) 예산결산특별위원회의 종합심사

① 예비심사에 이어서 예산결산특별위원회의 종합심사는 종합 정책 질의 → 부별심의 → 소위원회의 계수 조정 → 예산결산특별위원회의 전체 회의에 의한 소위원회안의 승인 등의 순으로 진행된다.

② 예산결산특별위원회는 소관 상임위원회의 예비심사내용을 존중하여야 하며, 소관 상임위원회에서 삭감한 세출예산 각 항의 금액을 증가하게 하거나 새 비목을 설치할 경우에는 소관 상임위원회의 동의를 얻어야 한다.

③ 예산결산특별위원회는 1999년까지 전년도 결산 및 예산안이 본회의에서 의결될 때까지 존속되는 한시조직이었으나, 2000년 2월 「국회법」이 개정됨에 따라 50인으로 구성된 상설화된 특별위원회로 운영되고 있다.

(5) 본회의의 의결(회계연도 개시 30일 전)

① 본회의에서는 정부의 예산안 설명 → 예산결산특별위원회 위원장의 심사보고 → 정책 질의 및 의결 등의 순서를 거친다.

② 우리나라는 본회의 중심이 아니라 상임위원회와 예산결산특별위원회 중심으로 예산심의가 이루어지며, 본회의는 형식성이 강하다. 본회의는 상임위원회 소속이 다른 국회의원에게 법률이나 예산의 공표를 통해 알리는 의미를 중시한다.

---

23   2023 지방직 7급

예산과정에 대한 설명으로 옳지 <u>않은</u> 것은?

① 각 중앙관서의 장은 그 소관에 속하는 다음 연도의 세입세출예산·계속비·명시이월비 및 국고채무부담행위 요구서를 작성하여 매년 5월 31일까지 기획재정부장관에게 제출하여야 한다.

② 정부는 예산안을 국회에 제출한 후 부득이한 사유로 그 내용의 일부를 수정하고자 할 때에는 국무회의의 심의를 거쳐 대통령의 승인을 얻은 수정예산안을 국회에 제출할 수 있다.

③ 국회에 제출된 예산안은 예산결산특별위원회에서 예비심사하여 그 결과를 의장에게 보고하고, 의장은 소관 상임위에 회부하여 심사가 끝난 후 본회의에 부의한다.

④ 기획재정부장관은 회계연도마다 작성하여 대통령의 승인을 받은 국가결산보고서를 다음 연도 4월 10일까지 감사원에 제출하여야 한다.

24   2013 지방직 9급

국회의 예산심의에 대한 설명으로 옳은 것만을 모두 고른 것은?

ㄱ. 상임위원회의 예비심사를 거친 예산안은 예산결산특별위원회에 회부된다.

ㄴ. 예산결산특별위원회의 심사를 거친 예산안은 본회의에 부의된다.

ㄷ. 예산결산특별위원회를 구성할 때에는 그 활동기한을 정하여야 한다. 다만, 본회의의 의결로 그 기간을 연장할 수 있다.

ㄹ. 예산결산특별위원회는 소관 상임위원회의 동의 없이 새 비목을 설치할 수 있다.

① ㄱ, ㄴ   ② ㄱ, ㄴ, ㄷ
③ ㄱ, ㄷ, ㄹ   ④ ㄴ, ㄹ

25
2020 지방직(=서울시) 7급
우리나라의 예산결산특별위원회에 대한 설명으로 옳지 <u>않은</u> 것은?

① 예산안 및 결산 심사는 제안설명과 전문위원의 검토보고를 듣고, 종합정책질의, 부별 심사 또는 분과위원회 심사 및 찬반토론을 거쳐 표결한다.

② 국회의장이 기간을 정하여 회부한 예산안과 결산에 대하여 상임위원회가 이유 없이 그 기간 내에 심사를 마치지 아니한 때에는 이를 바로 예산결산특별위원회에 회부할 수 있다.

③ 예산안과 결산뿐 아니라 관계 법령에 따라 제출·회부된 기금운용계획안도 심사한다.

④ 소관 상임위원회에서 삭감한 세출예산 각 항의 금액을 증가하게 할 경우에 소관 상임위원회의 동의를 받지 않아도 된다.

26
2019 군무원 9급
다음 중 우리나라 예산심의 특징으로 옳지 <u>않은</u> 것은?

① 우리나라는 대통령중심제이기 때문에 의원내각제보다 예산심의과정이 엄격하지 않다.

② 우리나라는 예산이 법률보다 하위의 효력을 가진다.

③ 본회의 중심이 아니라 상임위원회와 예산결산특별위원회를 중심으로 예산심의가 이루어진다.

④ 국회는 정부의 동의 없이 정부가 제출한 지출예산 각 항의 금액을 증액할 수 없다.

27
2018 서울시 9급
우리나라의 예산안과 법률안의 의결방식에 대한 설명으로 가장 옳지 <u>않은</u> 것은?

① 법률에 대해서는 대통령의 거부권 행사가 가능하지만 예산은 거부권을 행사할 수 없다.

② 예산으로 법률의 개폐가 불가능하지만, 법률로는 예산을 변경할 수 있다.

③ 법률과 달리 예산안은 정부만이 편성하여 제출할 수 있다.

④ 예산안을 심의할 때 국회는 정부가 제출한 예산안의 범위 내에서 삭감할 수 있고, 정부의 동의 없이 지출예산의 각 항의 금액을 증가하거나 새 비목을 설치할 수 없다.

3 각국의 예산심의제도 비교

(1) 대통령중심제와 내각책임제

① 우리나라·미국: 대통령중심제 국가
    ㉠ 행정부에 대한 의회의 견제 권한이 강하여 예산심의가 비교적 엄격하게 진행된다.
    ㉡ 우리나라는 대통령중심제 국가이지만, 대통령의 강력한 리더십 행사로 인하여 예산심의가 엄격하지 않아 삭감률이 낮은 편이다. 또한 대통령중심제라는 정치체제의 성격이 국회예산심의의 기본 특징을 규정한다.

② 영국: 내각책임제 국가
    ㉠ 내각이 국회다수당의 한 위원회로 간주되므로, 무수정 통과를 관례로 하고 있다.
    ㉡ 의회다수당이 집행부를 구성하기 때문에 예산심의과정이 엄격하지 않다.

(2) 예산과 법률 📖 심화편 ▶ P.125

① 미국·영국: 예산을 법률의 형식으로 성립시키고 있다.

② 우리나라·일본: 예산을 법률과 구별하는 입장을 취한다. 예산을 예산 자체의 형식으로 성립시키고 있으며, 예산은 법률보다 하위의 효력을 가진다. 따라서 예산이 법률의 형식이 아니므로 공포 절차가 필요 없으며, 국회에서 의결된 예산에 대해서 대통령이 거부권을 행사할 수 없다.

(3) 예산안의 수정(예산심의의 법제적 한계)

① 우리나라·영국: 국회는 정부의 동의 없이 정부가 제출한 지출예산 각 항의 금액을 증가하거나 새 비목(費目)을 설치할 수 없다(「헌법」 제57조). 이는 금액 증가나 비목 설정이 행정부에 대해 새로운 부담을 유발하기 때문에 정부의 동의를 얻도록 하고 있는 것이다.

② 미국·일본: 미국의 의회는 새 비목의 설치와 증액 수정권을 지니고 있고, 일본의 의회는 증액 수정권이 인정되고 있다.

05   예산집행

1 예산집행의 개념과 목적

(1) 개념

예산의 집행이란 예산이 심의·확정된 후 예산에 계상된 세입세출뿐만 아니라, 예산이 성립한 후 일어날 수 있는 세입세출 전부를 포함한 정부의 모든 수입과 지출을 실행하는 행위를 의미한다. 국고채무부담행위나 지출원인행위를 포함한다.

(2) 목적

예산집행은 <u>통제와 신축성의 조화</u>에 그 목적이 있다.

① 재정통제
    ㉠ 행정부는 입법부의 의결을 얻은 금액의 목적과 한계 내에서 예산을 집행하여야 하며, 이로써 입법부의 의도를 충실히 구현하여야 한다는 것이다.
    ㉡ 전통적으로 예산집행은 재정통제에 목적을 두고 있다.

② 예산의 신축성 유지

    ㉠ 대규모화된 재정규모·사업계획의 효과적 수행과 경비 절약, 정세 변동에의 적응, 경제안정·발전 등을 위하여 예산집행의 신축성이 유지되어야 한다.

    ㉡ 급속한 사회 변동이 진행되고 정부예산규모가 팽창함에 따라 예산집행의 신축성이 요구되고 있다.

2 예산집행의 재정통제방안

(1) 예산의 배정(配定)·재배정(再配定)

예산의 배정과 재배정은 지출영역과 시기를 통제하는 제도이다.

① **예산의 배정**: 기획재정부장관이 각 중앙관서의 장에게 집행할 수 있는 금액과 책임의 소재를 명확히 하는 절차를 말한다.

    ㉠ **법적 의미**: 지출원인행위의 근거와 한도를 의미한다.

    ㉡ **경제적 의미**: 예산을 성질별·기관별·4분기별로 나눔으로써, 자금의 집중수요와 일시적인 인플레이션 위험을 피하고 일시 차입금의 액수를 최소한도로 줄이는 것을 의미한다.

② **예산의 재배정**: 각 중앙관서의 장이 배정받은 예산액의 범위 내에서 산하기관에 월별 또는 분기별로 집행할 수 있는 예산을 정해 주는 것을 말한다.

(2) 지출원인행위(支出原因行爲)의 통제와 내부통제

① **지출원인행위의 통제**: 각 중앙관서의 장은 배정된 금액의 범위 내에서 지출원인행위를 하여야 하며, 이에 관한 보고·통제를 기획재정부장관으로부터 받는다.

② **내부통제**: 각 중앙관서의 장은 효과적인 재정관리를 위하여 강력한 내부통제를 하도록 되어 있다.

(3) 정원 및 보수의 통제

① 행정안전부가 정원과 보수문제를 관장하고 있으나 증원과 보수 인상 등은 기획재정부장관과 합의를 보아야 한다.

② 정원통제는 지출통제의 일종이라고 볼 수 있다.

(4) 국고채무부담행위의 통제

정부가 예산 이외에 무책임하게 채무부담행위를 하는 것을 방지하기 위하여 미리 예산으로 국회의 의결을 얻도록 함으로써 국고채무부담행위에 대하여 엄격한 통제를 가하고 있다.

(5) 예비타당성조사와 총사업비관리

① **예비타당성조사**: 기획재정부장관은 총사업비가 500억 원 이상이고 국가의 재정지원 규모가 300억 원 이상인 신규사업으로서 대규모사업에 대한 예산을 편성하기 위하여 미리 예비타당성조사를 실시하고, 그 결과를 요약하여 국회 소관 상임위원회와 예산결산특별위원회에 제출하여야 한다. 예비타당성조사 대상사업은 기획재정부장관이 중앙관서의 장의 신청에 따라 또는 직권으로 선정할 수 있다.

② **총사업비관리**: 각 중앙관서의 장은 완성에 2년 이상이 소요되는 대규모사업에 대하여는 그 사업규모·총사업비 및 사업기간을 정하여 미리 기획재정부장관과 협의하여야 한다. 협의를 거친 사업규모·총사업비 또는 사업기간을 변경하고자

바로 확인문제

28   2022 국가직 9급

예산집행의 신축성을 유지하기 위한 제도로 옳지 않은 것은?

① 계속비   ② 수입대체경비
③ 예산의 재배정   ④ 예산의 이체

29   2022 지방직(= 서울시) 9급

다음은 「국가재정법」상 예비타당성조사에 대한 내용이다. (가)와 (나)에 들어갈 숫자로 옳은 것은?

> 기획재정부장관은 총사업비가 (가) 억 원 이상이고 국가의 재정지원 규모가 (나) 억 원 이상인 신규 사업으로서 건설공사가 포함된 사업 등에 대한 예산을 편성하기 위하여 미리 예비타당성조사를 실시하고, 그 결과를 요약하여 국회 소관 상임위원회와 예산결산특별위원회에 제출하여야 한다.

  (가) (나)   (가) (나)
① 300   100   ② 300   200
③ 500   250   ④ 500   300

30   2023 군무원 7급

현행 「국가재정법」상 예비타당성조사에 관한 규정으로 가장 적절하지 않은 것은?

① 기획재정부장관은 총사업비가 500억 원 이상이고 국가의 재정지원 규모가 300억 원 이상인 신규사업으로서 일정한 경우에 해당하는 대규모사업에 대한 예산을 편성하기 위하여 미리 예비타당성조사를 실시해야 한다. 다만, 특정한 분야의 사업은 중기사업계획서에 의한 재정지출이 500억 원 이상 수반되는 신규 사업으로 한다.

② 예비타당성조사 대상사업은 중앙관서의 장의 신청이 있는 경우에 한하여 기획재정부장관이 선정할 수 있다.

③ 기획재정부장관은 국회가 그 의결로 요구하는 사업에 대하여는 예비타당성조사를 실시하여야 한다.

④ 기획재정부장관은 일정한 국가연구개발사업에 대한 예비타당성조사에 관해서는 대통령령으로 정하는 바에 따라 과학기술정보통신부장관에게 위탁할 수 있다.

31

예산의 이용과 전용에 대한 설명으로 옳은 것은?

① 이용은 입법과목 사이의 상호 융통으로 국회의 의결을 얻으면 기획재정부장관의 승인이나 위임 없이도 할 수 있다.

② 기관(機關) 간 이용도 가능하다.

③ 세출예산의 항(項) 간 전용은 국회 의결 없이 기획재정부장관의 승인을 얻어서 할 수 있다.

④ 이용과 전용은 예산 한정성 원칙의 예외로 볼 수 없다.

32

예산의 신축성 유지방법 중 '정부조직 개편'과 가장 관련이 있는 것은?

① 전용(轉用)　　② 이용(利用)

③ 이체(移替)　　④ 이월(移越)

33

예산제도에 대한 설명이 맞지 <u>않는</u> 것은?

① 사고이월은 사전에 예측하지 못한 이월로 사전승인의 원칙과 회계연도 독립의 원칙에 대한 예외이다.

② 명시이월은 연도 내에 그 지출을 끝내지 못할 것이 예측될 때에는 미리 세출예산에 그 취지를 명시하여 국회의 승인을 얻어 다음 연도에 이월하여 사용할 수 있다.

③ 사고이월은 연도 내에 지출원인행위를 하고 천재지변, 관급자재의 공급 지연 등 불가피한 사유로 인하여 연도 내에 지출하지 못한 경비와 지출원인행위를 하지 아니한 부대경비를 다음 연도로 넘겨서 사용할 수 있다.

④ 명시이월과 달리 사고이월은 재이월이 가능하다.

하는 때에도 또한 같다.

3 예산집행의 신축성 유지방안

> **결정적 코멘트** 신축성 유지방안의 각각의 개념을 정확히 기억해 두어야 한다.

(1) 예산의 이용(移用)과 전용(轉用)

① 이용: 입법과목(각 기관, 각 장·관·항) 간에 예산액을 상호융통하는 것을 말한다. 예산집행상 필요에 의하여 미리 예산으로써 국회의 의결을 얻었을 때에는 기획재정부장관의 승인을 얻어 이용할 수 있다(사전의결 원칙).

② 전용: 행정과목(세항·목) 간에 예산액을 상호융통하는 것을 말한다. 기획재정부장관의 승인을 얻어 예산을 전용할 수 있다(사전의결 원칙의 예외).

③ 이용과 전용의 장·단점

　⊙ 장점: 예산집행의 신축성을 기할 수 있다(한정성 원칙의 예외).

　ⓛ 단점: 의회의 민주적 통제를 무시하고 잘못된 예산편성을 조장·은폐할 우려가 있다.

(2) 예산의 이체(移替)

① 특징: 기획재정부장관은 정부조직 등에 관한 법령의 제정·개정 또는 폐지로 인하여 중앙관서의 직무와 권한에 변동이 있는 때에는 그 중앙관서의 장의 요구에 따라 그 예산을 상호이용하거나 이체할 수 있다(예산의 목적 변경 없이 그 책임소관만 변경).

② 절차: 해당 중앙관서의 장과 협의 후, 기획재정부장관의 승인이 필요하다(국회 승인 불필요).

(3) 예산의 이월(移越)

① 특징: 연도 내에 사용하지 못한 예산을 다음 회계연도로 넘겨서 다음 연도의 예산으로 사용하는 것으로, 예산 한정성의 원칙(회계연도 독립의 원칙)의 예외가 된다.

② 종류

　⊙ 명시이월(明示移越): 세출예산 중 경비의 성질상 연도 내에 지출을 끝내지 못할 것이 예측되는 때에는 그 취지를 세입세출예산에 명시하여 미리 국회의 승인을 얻은 후, 다음 연도에 이월하여 사용하는 것을 말한다(사전의결원칙).

　ⓛ 사고이월(事故移越): 연도 내에 지출원인행위를 하고 불가피한 사유로 연도 내에 지출하지 못한 경비와 지출원인행위를 하지 않은 부대경비의 금액을 다음 연도에 이월하여 사용하는 것(사전의결원칙의 예외)으로, 다음 회계연도에 재차이월이 불가능하다.

(4) 예비비(豫備費)

① 개념

　⊙ 예측할 수 없는 예산 외의 지출 또는 예산초과지출에 충당하기 위하여 계상된 경비로서, 총액으로 국회의 의결을 얻어야 한다. 독립기관은 예비금을 운용할 수 있다.

　ⓛ 정부는 예측할 수 없는 예산 외의 지출 또는 예산초과지출에 충당하기 위하여 일반회계 예산총액의 100분의 1 이내의 금액을 예비비로 세입세출예산에 계상할 수 있다. 다만, 예산총칙 등에 따라 미리 사용목적을 지정해 놓은 예비비는 별도로 세입세출예산에 계상할 수 있으나, 공무원의 보수 인상을 위한 인

건비 충당을 위하여는 사용목적을 지정할 수 없다.

② 특징

 ㉠ 예비비의 용도 제한 사유는 다음과 같다.

  ⓐ 의회에서 부결된 용도

  ⓑ 국회 개회 중 거액의 지출(이 경우에는 추가경정예산을 이용해야 함)

  ⓒ 예산이 성립되기 전에 발생한 사유

 ㉡ 예비비는 기획재정부장관이 관리한다.

 ㉢ 예비비 지출에 대한 국회의 승인이 필요하다. 정부는 예비비로 사용한 금액의 총괄명세서를 다음 연도 5월 31일까지 국회에 제출하여 그 승인을 얻어야 한다. 국회의 승인을 얻음으로써 예비비의 사용에 관한 정부의 책임이 해제된다. 따라서 '사전의결의 원칙의 예외'가 된다.

(5) 계속비(繼續費)

① 개념과 필요성

 ㉠ 개념: 계속비란 완성에 수년이 필요한 공사나 제조 및 연구개발사업에서 필요한 경비의 총액과 연부액(매해 소요되는 경비)을 정하여 미리 국회의 의결을 얻어 수년도에 걸쳐 지출할 수 있는 경비를 말한다.

 ㉡ 필요성: 계속비는 예측할 수 없는 요인이나 정치적 상황에 의한 사업 중단을 방지하고 사업 진행의 계속성·효율성을 유지할 수 있다.

② 특징

 ㉠ 계속비의 연한: 계속비에 의하여 지출할 수 있는 연한은 해당 회계연도부터 5년 이내라는 제한이 있지만, 국회의 의결을 얻어 연장할 수 있다(사업규모 및 국가재원 여건을 고려하여 필요한 경우는 10년).

 ㉡ 연부액의 지출: 우리나라는 단년도 예산원칙(회계연도 독립의 원칙)[5]에 입각하고 있으므로 매년의 연부액은 매년 국회의 의결을 얻어야 지출할 수 있다.

 ㉢ 계속비의 이월: 계속비 중 해당 연도에 지출하지 못한 경비는 계속비 사업의 완성연도까지 재차이월하여 사용할 수 있다.

(6) 국고채무부담행위(國庫債務負擔行爲)

① 개념

 ㉠ 국고채무부담행위란 법률에 의한 것과 세출예산금액 또는 계속비 총액의 범위 내의 것 이외에 국가가 채무를 부담하는 행위를 말하며, 국가가 금전급부 의무를 부담하는 행위로서 그 채무 이행의 책임은 다음 연도 이후에 부담되는 것이 원칙이다. 즉, 국고채무부담행위는 국가의 재정사업·공사 등에 대한 발주계약 체결은 해당 연도에 할 필요가 있으나 지출은 다음 연도 이후에 행해지는 경우에 활용된다. 국고채무부담행위액은 세입세출예산액에는 포함되지 않고 그 상환액이 다음 연도 이후 세출예산에 포함된다.

 ⑩ 외교부의 재외공관 국유화사업, 국방부의 경상운영비, 해양경찰청의 함정 건조 등

 ㉡ 그 외에 재해복구를 위하여 필요한 경우에는 매 회계연도마다 국가는 국회의 의결을 얻은 범위 안에서 채무를 부담하는 행위를 할 수 있으며, 이 경우 그 행위는 일반회계 예비비의 사용 절차에 준하여 집행한다.

---

5) 「국가재정법」 제3조(회계연도 독립의 원칙) 각 회계연도의 경비는 그 연도의 세입 또는 수입으로 충당하여야 한다.

34   2016 교육행정직 9급

예산집행과 관련된 기술로 옳지 않은 것은?

① 예산집행은 재정통제와 재정신축성이라는 상반된 목표를 동시에 추구한다.

② 중앙관서의 장은 대통령령이 정하는 바에 따라 기획재정부장관의 승인을 얻어 세항 또는 목의 금액을 전용할 수 있다.

③ 예비비로 공무원의 보수 인상을 위한 인건비를 충당하기 위해서는 예산총칙 등에 따라 미리 사용목적을 지정하여야 한다.

④ 중앙관서의 장은 완성에 2년 이상 소요되고 총사업비가 일정 규모 이상인 사업에 대해서는 사전에 기획재정부장관과 협의하여야 한다.

35   2021 지방직(=서울시) 9급

지방자치단체의 예비비에 대한 설명으로 옳지 않은 것은?

① 예측할 수 없는 예산 외의 지출에 충당하기 위하여 예산에 계상한다.

② 일반회계의 경우 예산총액의 100분의 1 이내의 금액을 예비비로 계상하여야 한다.

③ 지방의회의 예산안 심의 결과 감액된 지출항목에 대해 예비비를 사용할 수 있다.

④ 재해·재난 관련 목적 예비비는 별도로 예산에 계상할 수 있다.

36   2010 국가직 7급

예산집행의 신축성을 보장하기 위한 제도적 장치와 그것에 대한 설명으로 옳지 않은 것은?

① 총괄예산제도 - 구체적 용도를 제한하지 아니하고 포괄적인 지출을 허용하는 것

② 예산의 이용과 전용 - 예산의 목적 외 사용을 금지하는 한정성 원칙의 예외적 장치

③ 추가경정예산 - 국회의 의결에 의해 예산이 성립된 이후 상황 변화로 인해 사업을 변경하거나 새로운 사업을 추진해야 하는 경우 국회의결을 받아 예기치 못한 상태에 대처하는 예산

④ 예비비 제도 - 완공에 수년이 소요되는 대규모 공사·제조·연구개발 사업의 경우에 총액과 연부금을 정해 인정하는 제도

37 2021 군무원 7급

예산관련법령의 내용으로 옳지 <u>않은</u> 것은?

① 정부는 예측할 수 없는 예산 외의 지출 또는 예산초과지출에 충당하기 위하여 일반회계 예산총액의 100분의 1 이내의 금액을 예비비로 세입세출예산에 계상할 수 있다. 다만 예산총칙 등에 따라 미리 사용목적을 지정해 놓은 예비비는 본문에도 불구하고 별도로 세입 세출예산에 계상할 수 있다.

② 완성에 수년이 필요한 공사나 제조 및 연구 개발사업은 그 경비의 총액과 연부액(年賦額)을 정하여 미리 국회의 의결을 얻은 범위 안에서 수년도에 걸쳐서 지출할 수 있다.

③ 세출예산 중 경비의 성질상 연도 내에 지출을 끝내지 못할 것이 예측되는 때에는 그 취지를 세입세출예산에 명시하여 미리 국회의 승인을 얻은 후 다음 연도에 이월하여 사용할 수 있다.

④ 국가는 법률에 따른 것과 세출예산금액 또는 계속비의 총액의 범위 안의 것 외에 채무를 부담하는 행위를 하는 때에는 사후에 국회의 승인을 얻어야 한다.

38 2024 국가직 9급

국고채무부담행위에 대한 설명으로 옳은 것만을 모두 고르면?

> ㄱ. 사항마다 필요한 이유를 명백히 하고 그 행위를 할 연도와 상환연도, 채무부담의 금액을 표시해야 한다.
> ㄴ. 국가가 금전 급부 의무를 부담하는 행위로서 그 채무 이행의 책임은 다음 연도 이후에 부담됨을 원칙으로 한다.
> ㄷ. 국가가 채무를 부담할 권한과 채무의 지출권한을 부여받은 것으로, 지출을 위한 국회 의결 대상에서 제외된다.
> ㄹ. 단년도 예산 원칙의 예외라는 점에서 계속비와 동일하지만, 공사나 제조 및 연구개발 사업 등 대상이 한정되어 있다는 점에서는 대상이 한정되지 않는 계속비와 차이가 있다.

① ㄱ, ㄴ 　　② ㄱ, ㄹ
③ ㄴ, ㄷ 　　④ ㄷ, ㄹ

ⓒ 국고채무부담행위는 사항마다 필요한 이유를 명백히 하고 그 행위를 할 연도 및 상환연도와 채무부담의 금액을 표시하여야 한다.

② 특징
　㉠ 정부가 예산 이외에 무책임하게 채무부담행위를 하는 것을 방지하기 위하여 국고채무부담행위는 미리 예산으로써 국회의 의결을 얻어야 한다.
　㉡ 다만, 국회의 의결은 채무를 부담할 권한만 부여하는 것이므로 채무부담과 관련한 지출에 대해서는 세출예산으로써 다시 국회의 의결을 얻어야 한다.

(7) 수입대체경비

① 개념
　㉠ 수입대체경비란 용역 또는 시설을 제공하여 발생하는 수입과 관련되는 경비를 말한다.
　㉡ 각 중앙관서의 장은 용역 또는 시설을 제공하여 발생하는 수입과 관련되는 경비로서 대통령령으로 정하는 경비의 경우 수입이 예산을 초과하거나 초과할 것이 예상되는 때에는 그 초과수입을 대통령령으로 정하는 바에 따라 그 초과수입에 직접 관련되는 경비 및 이에 수반되는 경비에 초과지출할 수 있다.

② 예산원칙: 예산총계주의 원칙과 국고통일의 원칙의 예외에 해당된다.

③ 사례: 외무부의 여권발급경비, 등기소 등기부 발행경비 등

(8) 총액계상예산제도

① 개념: 기획재정부장관은 대통령령으로 정하는 사업으로서 세부내용을 미리 확정하기 곤란한 사업의 경우에는 이를 총액으로 예산에 계상할 수 있다.

② 목적: 예산집행의 신축성과 효율성을 제고하기 위한 제도이다.

(9) 예산의 긴급배정(회계연도 개시 전 예산배정)

① 개념: 기획재정부장관은 필요한 경우에는 대통령령으로 정하는 바에 따라 회계연도 개시 전에 예산을 배정할 수 있다.

② 「국가재정법 시행령」상의 요건
　㉠ 외국에서 지급하는 경비
　㉡ 선박의 운영·수리 등에 소요되는 경비
　㉢ 교통이나 통신이 불편한 지역에서 지급하는 경비
　㉣ 각 관서에서 필요한 부식물의 매입경비
　㉤ 범죄수사 등 특수활동에 소요되는 경비
　㉥ 여비
　㉦ 경제정책상 조기집행을 필요로 하는 공공사업비
　㉧ 재해복구사업에 소요되는 경비

(10) 예산성과금

① 개념: 각 중앙관서의 장은 예산의 집행방법 또는 제도의 개선 등으로 인하여 수입이 증대되거나 지출이 절약된 때에는 이에 기여한 자에게 성과금을 지급할 수 있으며, 절약된 예산을 다른 사업에 사용할 수 있다.

② 절차: 각 중앙관서의 장은 성과금을 지급하거나 절약된 예산을 다른 사업에 사용하고자 하는 때에는 예산성과금 심사위원회의 심사를 거쳐야 한다.

(11) 기타

그 외에 예산집행의 신축성 유지방안으로, 대통령의 재정에 관한 긴급명령권, 추가경정예산, 준예산, 총괄예산[6], 수입지출의 특례[7] 등이 있다.

4 임대형 민자사업(BTL: Build-Transfer-Lease) 📖 PDF ▶ P.68

(1) 개념

결정적 코멘트 ▶ 임대형 민자사업을 중심으로 수익형 민자사업과의 차이를 확실히 숙지해야 한다.

민간이 공공시설을 짓고 정부가 이를 임대해서 쓰는 민간투자 방식이다.
① 민간이 자금을 투자해 공공시설을 건설(build)한다.
② 민간은 시설 완공 시점에서 소유권을 정부에 이전(transfer)하는 대신 일정 기간 동안 시설의 사용·수익권한을 획득하게 된다.
③ 민간은 시설을 정부에 임대(lease)하고 그 임대료를 받아 시설투자비를 회수한다.

(2) BTL 사업과 다른 민간투자 방식의 구별

BTL 사업은 다른 민간투자 방식에 비해 다음과 같은 점에서 구별된다.
① 민간이 건설한 시설은 정부소유로 이전(기부채납)된다. 민간이 시설소유권을 갖는 BOO(Build-Own-Operate, 민간투자사업) 방식과 구별된다.
② 정부가 직접 시설임대료를 지급해 민간은 투자자금을 회수한다. 시민들에게 시설 이용료를 징수해서 투자자금을 회수하는 BTO(Build-Transfer-Operate, 수익형 민자사업) 방식과 구별된다.
③ 정부가 적정수익률을 반영하도록 임대료를 산정·지급하게 되므로, 사전에 목표 수익률 실현을 보장한다. 시민들로부터의 이용료 수입이 부족할 경우 정부재정에서 보조금을 지급(최소수익보장제도[8])해 사후적으로 적정수익률 실현을 보장하는 BTO 방식[9]과 구별된다.

▌ 수익형 민자사업(BTO)과 임대형 민자사업(BTL) 방식의 비교

추진 방식	BTO	BTL
대상·시설·성격	최종 사용자에게 사용료 부과로 투자비 회수가 가능한 시설	최종 사용자에게 사용료 부과로 투자비 회수가 어려운 시설
투자비 회수	최종 사용자의 사용료	정부의 시설임대료
사업리스크	민간의 수요위험 부담	민간의 수요위험 배제
실제 운영의 주체	민간	정부
운영 시 소유권	정부	정부
예	• 인천국제공항 고속도로 • 우면산 터널	• 군대 내무반 • 학교 교사(校舍)

---

6) 총괄예산제도는 구체적으로 용도를 제한하지 않고, 포괄적인 지출을 허용하는 것이다. 📘 교부금, 포괄보조금과 같은 형식
7) 수입의 특례로는 과년도 수입과 지출금의 반납이 있고, 지출의 특례로서는 자금의 전도, 선금급, 개산급, 관서운영경비, 과년도지출, 수입대체경비 등이 있다.
8) 최소수익보장제도(MRG: Minimum Revenue Guarantee)는 폐지되었다.
9) 위험분담형 민자사업(BTO-rs: Build Transfer Operate-risk sharing)은 정부와 민간이 시설 투자비와 운영비용을 일정 비율로 나누는 새로운 민자사업 방식이다. 손실과 이익을 절반씩 나누기 때문에 BTO 방식보다 민간이 부담하는 사업 위험이 낮아진다. 손익공유형 민자사업(BTO-a: Build Transfer Operate-adjusted)은 정부가 전체 민간 투자금액의 70%에 대한 원리금 상환액을 보전해 주고 초과 이익이 발생하면 공유하는 방식이다. 손실이 발생하면 민간이 30%까지 떠안고 30%가 넘어가면 재정이 지원된다. 초과이익은 정부와 민간이 7대 3의 비율로 나눈다. 민간의 사업 위험을 줄이는 동시에 시설 이용요금을 낮출 수 있는 게 장점이다. 📘 하수·폐수 처리시설 등

39 2014 서울시 7급

우리나라의 경우 기획재정부장관이 회계연도 개시 전에 예산을 배정할 수 없는 경비는?

① 과년도 지출
② 외국에서 지급하는 경비
③ 여비
④ 선박의 운영·수리 등에 소요되는 경비
⑤ 각 관서에서 필요한 부식물의 매입경비

40 2014 서울시 9급

예산성과금에 대한 설명으로 옳지 않은 것은?

① 각 중앙관서의 장은 예산낭비신고센터를 설치·운영하여야 한다.
② 각 중앙관서의 장은 예산의 집행방법 또는 제도의 개선 등으로 인하여 수입이 증대되거나 지출이 절약된 때에는 이에 기여한 자에게 성과금을 지급할 수 있다.
③ 각 중앙관서의 장은 직권으로 성과금을 지급하거나 절약된 예산을 다른 사업에 사용할 수 있다.
④ 예산낭비 신고, 예산절감과 관련된 제안을 받은 중앙관서의 장 또는 기금관리주체는 그 처리결과를 신고 또는 제안을 한 자에게 통지하여야 한다.
⑤ 예산낭비를 신고하거나 예산낭비 방지방안을 제안한 일반 국민도 성과금을 받을 수 있다.

41 2020 지방직(=서울시) 9급

민간투자사업자가 사회기반시설 준공과 동시에 해당 시설 소유권을 정부로 이전하는 대신 시설관리운영권을 획득하고, 정부는 해당 시설을 임차 사용하여 약정기간 임대료를 민간에게 지급하는 방식은?

① BTO(Build-Transfer-Operate)
② BTL(Build-Transfer-Lease)
③ BOT(Build-Own-Transfer)
④ BOO(Build-Own-Operate)

42

공공서비스 공급을 확대하는 과정에서 정부예산이 부족한 경우 활용되는 수익형 민자사업(BTO)에 대한 설명으로 옳지 않은 것은?

① BTO는 민간이 자금을 투자해 공공시설을 건설하고 소유권을 정부로 이전하지만, 그 대가로 민간사업자는 일정 기간 사용수익권을 인정받게 된다.

② BTO의 경우 민간사업자는 시설을 운영하면서 사용료 징수로 투자비를 회수하는데, 주로 도로·철도 등 수익창출이 가능한 영역에 적용된다.

③ BTO의 경우 시설에 대한 수요 변동 위험은 정부에서 부담하며, 정부는 사전에 약정한 수익률을 포함한 리스료를 민간사업자에게 지출한다.

④ BTO는 일반적으로 임대형 민자사업(BTL)에 비해 사업리스크와 수익률이 상대적으로 더 높고, 사업기간도 상대적으로 더 길다.

43

공공서비스 전달방식에 대한 설명으로 가장 옳은 것은?

① 프랜차이즈 방식은 정부가 개인들에게 특정 상품 및 서비스 구입이 가능한 쿠폰을 제공하는 방식이다.

② 공공–민간협력방식(PPP)은 정부가 민간부문에 출자하고 이를 경영하되 위험은 정부가 모두 부담하는 방식이다.

③ 수익형 민자사업(BTO) 방식은 민간이 시설을 건설하고 직접 소유하면서 운영하는 방식이다.

④ 임대형 민자사업(BTL) 방식은 민간이 시설을 건설하고 정부가 소유하며 민간은 정부로부터 임대료 수익을 보장받는 방식이다.

44

사회기반시설에 대한 민간투자사업에 있어서 사업시행자가 시설을 건설한 후 해당 시설의 소유권 및 운영권을 사업시행자가 가지는 방식은?

① BOO(Build–Own–Operate)
② BLT(Build–Lease–Transfer)
③ BTO(Build–Transfer–Operate)
④ BTL(Build–Transfer–Lease)

---

06 결산(決算)

1 결산의 개념 및 특징

(1) 개념

1회계연도(一會計年度) 내의 국가의 수입과 지출의 실적을 '확정적' 계수로써 표시하는 행위, 즉 예산에 의하여 수입·지출을 한 정부의 사후적 재무보고를 의미한다.

(2) 기능과 특징

① 기능
　㉠ 재정통제기능: 결산의 검사에 의하여 예산에 관한 입법부의 의도가 충실히 구현되었는가 하는 입법부의 재정통제가 확보된다.
　㉡ 환류기능: 결산은 다음 연도 예산의 편성과 심의, 재정계획의 수립·운영에 참고자료로서 환류·반영된다.

② 특징
　㉠ 사후성: 결산은 사후적이다. 행정기관이 예산운용의 결과를 사후적으로 확인하고 심시하는 것이 결산이다. 따라서 넓은 의미로는 회계검사가 결산의 개념 범주에 포함된다.
　㉡ 역사성·정치성: 결산은 역사적이며 정치적인 성격을 띤다. 결산은 사후적인 것이므로 결산심의에서 위법하거나 부당한 지출이 지적되더라도 그 정부활동은 무효가 되거나 취소될 수 없다. 다만, 부당한 지출이 발견되는 경우, 그 책임을 요구할 수 있고 확인된 내용은 다음 연도의 예산을 편성할 때 쟁점화할 수 있다.
　㉢ 집행의 책임 확인 및 해제: 결산은 예산집행의 책임을 확인하고 해제한다.

(3) 효과

① 결산은 회계검사기관의 검사·확인과 국회의 심의·의결에 의하여 확정되며, 그 효과로서 결산이 정당한 경우, 예산집행에 대한 정부책임이 해제된다.

② 이 경우의 효과와 책임은 정치적 효과와 정치적 책임의 해제를 의미하며 정부의 예산집행의 결과가 정당한 경우 집행 책임을 해제하는 법적 효과도 가진다.

2 결산의 절차

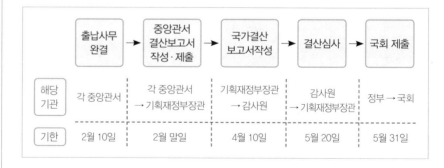

	출납사무 완결	중앙관서 결산보고서 작성·제출	국가결산 보고서작성	결산심사	국회 제출
해당 기관	각 중앙관서	각 중앙관서 → 기획재정부장관	기획재정부장관 → 감사원	감사원 → 기획재정부장관	정부 → 국회
기한	2월 10일	2월 말일	4월 10일	5월 20일	5월 31일

(1) 출납사무 완결

① 결산은 예산집행의 실적인 수입·지출의 출납사무가 완결되어야 그 내용을 확정할 수 있다. 한 회계연도에 속하는 세입·세출의 출납에 관한 사무는 다음 연도의 2월 10일까지 완결되어야 한다.
② 예산회계법(현재의 「국가재정법」)에서 규정하고 있는 국고금의 출납기한 및 회계연도 소속 구분에 관한 사항과 출납공무원의 임명 등에 관한 사항을 「국고금관리법」으로 이관하여 규정하였다.

(2) 중앙관서 장의 중앙관서결산보고서 작성·제출

① 각 중앙관서의 장은 「국가회계법」에서 정하는 바에 따라 회계연도마다 작성한 중앙관서결산보고서를 다음 연도 2월 말일까지 기획재정부장관에게 제출하여야 한다.
② 국회의 사무총장, 법원행정처장, 헌법재판소의 사무처장 및 중앙선거관리위원회의 사무총장은 회계연도마다 예비금사용명세서를 작성하여 다음 연도 2월 말일까지 기획재정부장관에게 제출하여야 한다.

(3) 기획재정부장관의 국가결산보고서 작성

기획재정부장관은 「국가회계법」에서 정하는 바에 따라 회계연도마다 작성하여 대통령의 승인을 받은 국가결산보고서를 다음 연도 4월 10일까지 감사원에 제출하여야 한다.

(4) 감사원의 결산검사·확인

감사원은 국가결산보고서를 검사하고 그 보고서를 다음 연도 5월 20일까지 기획재정부장관에게 송부하여야 한다.

(5) 국가결산보고서의 국회 제출

정부는 감사원의 검사를 거친 국가결산보고서를 다음 연도 5월 31일까지 국회에 제출하여야 한다.

07 회계검사

1 회계검사의 개념 및 특징

(1) 개념

① **일반적 의미**: 조직체의 재정적 활동과 그 수입과 지출의 결과에 관한 사실의 확인 및 체계적 검증행위를 말한다. 즉, 회계검사는 재정에 관한 입법부의 의도실현 여부를 검증하는 성격을 갖는다.
② **전통적 의미**: 지출의 합법성 검증에 치중하는 회계검사를 말한다.
③ **현대적 의미**: 지출의 합법성 검증뿐만 아니라 관리의 효율성 및 프로그램의 효과성 검증에 보다 중점을 두는 회계검사를 말한다.

45 2009 국가직 9급

예산과정에 관한 설명으로 옳지 <u>않은</u> 것은?

① 예산을 행정부가 편성하여 입법부에 제출하는 것이 현대국가의 추세이다.
② 총액예산제도가 실시되면서 총액의 한도 내에서 의원들의 관심이 높은 예산사업을 소규모화하거나 우선순위를 낮게 설정하는 전략이 사용되기도 한다.
③ 대통령중심제라는 정치체제의 성격이 국회예산심의의 기본 특징을 규정한다.
④ 결산이란 한 회계연도에서 국가의 수입과 지출의 실적을 예정적 계수로써 표시하는 행위이다.

46 2010 국가직 9급

우리나라의 예산과정에 대한 설명으로 옳은 것은?

> ㄱ. 결산은 정부의 예산집행의 결과가 정당한 경우 집행 책임을 해제하는 법적 효과를 가진다.
> ㄴ. 결산심의에서 위법하거나 부당한 지출이 지적되면 그 정부활동은 무효나 취소가 된다.
> ㄷ. 국회 심의과정에서 증액된 부분은 부처별 한도액 제한을 받는다.
> ㄹ. 국회 심의 후의 예산은 당초 행정부 제출 예산보다 증액되기도 한다.
> ㅁ. 예산집행의 신축성을 확보하기 위한 장치로는 회계연도 개시 전 예산배정, 국고채무부담행위 등이 있다.

① ㄱ, ㄷ, ㄹ
② ㄱ, ㄹ, ㅁ
③ ㄴ, ㄷ, ㅁ
④ ㄴ, ㄹ, ㅁ

47 2018 국가직 9급

우리나라의 결산에 대한 설명으로 옳지 <u>않은</u> 것은?

① 결산은 한 회계연도의 수입과 지출 실적을 확정적 계수로 표시하는 행위이다.
② 정부는 감사원의 검사를 거친 국가결산보고서를 국회에 제출하여야 한다.
③ 결산은 국회의 심의를 거쳐 국무회의의 의결과 대통령의 승인으로 종료된다.
④ 각 중앙관서의 장은 회계연도마다 소관 기금의 결산보고서를 중앙관서결산보고서에 통합하여 작성하여야 한다.

48

2020 국회직 8급

우리나라 예산과정에 대한 설명으로 옳지 않은 것은?

① 국회사무총장은 예산요구서를 매년 5월 31일까지 기획재정부장관에게 제출해야 한다.

② 국회는 정부의 동의 없이 정부가 제출한 지출예산 각 항의 금액을 증가하거나 새 비목을 설치할 수 없다.

③ 국회사무총장은 「국가회계법」에서 정하는 바에 따라 회계연도마다 작성한 결산보고서를 다음 연도 1월 31일까지 기획재정부장관에게 제출하여야 한다.

④ 정부가 국회에 제출하는 예산안에는 국고채무부담행위 설명서, 예산정원표와 예산안편성기준단가, 국유재산특례지출예산서를 포함하여야 한다.

⑤ 정부의 세입·세출에 대한 출납사무는 다음 연도 2월 10일까지 완결해야 한다.

49

2021 지방직 7급

(가)~(라)에 들어갈 숫자를 바르게 연결한 것은?

- 정부는 재정운용의 효율화와 건전화를 위하여 매년 해당 회계연도부터 (가) 회계연도 이상의 기간에 대한 재정운용계획을 수립하여야 한다.
- 기획재정부장관은 대통령의 승인을 얻은 다음연도의 예산안편성지침을 매년 (나) 월 31일까지 각 중앙관서의 장에게 통보해야 한다.
- 기획재정부장관은 「국가회계법」에 따라 회계연도마다 국가결산보고서를 작성하여 대통령의 승인을 얻어 다음 연도 4월 (다) 일까지 감사원에 제출하여야 한다.
- 예산의 편성 및 의결, 집행, 그리고 결산 및 회계검사의 단계가 일정한 주기로 반복되는 것을 예산주기 또는 예산순기라고 하는데 우리나라의 경우 통상 (라) 년이다.

	(가)	(나)	(다)	(라)
①	10	3	10	1
②	5	3	10	3
③	5	5	20	1
④	10	5	20	3

(2) 특징

① 회계검사의 대상은 회계기록이다.

② 회계기록은 '타인'이 작성한 것이어야 한다.

③ 회계기록의 진실 여부(정확성)에 관한 정부검증(正否檢證)이다.

④ 회계기록의 적절성 여부에 관한 비판적 검증이다.

(3) 목적

① 지출의 합법성 확보

② 경리상 비위 및 부정의 적발·시정

③ 재정낭비의 방지

④ 환류(검사결과를 행정관리의 개선과 정책계획의 합리적 수립에 반영)

2 회계검사기관

(1) 회계검사기관의 분류

① 소속에 따른 분류

  ㉠ 영·미형(입법부형): 회계검사기관을 입법부에 소속시키는 형태이다. 미국·영국·오스트리아·벨기에 등이 이에 속한다.

  ㉡ 대륙형(행정부형): 회계검사기관을 행정부에 소속시키는 형태이다. 한국·포르투갈 등이 이에 속한다.

  ㉢ 독립형: 회계검사기관이 입법·사법·행정의 3부 중 어디에도 속하지 않는 독립기관으로 존재하는 유형이다. 프랑스·독일·일본 등이 이에 속한다.

  ㉣ 대만형(중국형): 총통 산하에 입법원·사법원·행정원·고시원·감찰원 등 5권 분치형태를 두어 감찰원에 분장시키고 있는 형태이다. 감찰원 소속하에 있는 심계부(審計部)가 감사기능을 담당하고 있다.

② 단독제와 합의제

  ㉠ 단독제: 미국, 영국 등의 회계검사기관은 단독제기관이다.

  ㉡ 합의제: 일본, 네덜란드 등의 회계검사기관은 합의제기관이다. 우리나라의 경우, 법제도 면을 충실히 해석하고자 하는 입장을 취하는 학자들에 의하면 회계검사기관을 합의제기관으로 보고 있다.

③ 헌법기관과 비헌법기관

  ㉠ 헌법기관: 대부분의 국가는 「헌법」에서 회계검사기관에 관한 규정을 두고 있으며, 한국·일본·독일 등이 이에 속한다.

  ㉡ 비헌법기관: 미국·영국 등이 이에 속한다.

(2) 우리나라 회계검사기관 – 감사원

① 감사원의 지위: 감사원은 국가의 세입·세출의 결산, 국가 및 법률이 정한 단체의 회계검사와 행정기관 및 공무원의 직무에 관한 감찰을 하기 위하여 대통령 소속하에 설치된 기관으로, 다음과 같은 지위를 갖는다.

  ㉠ 기관의 설치근거가 「헌법」에 규정되어 있는 헌법기관이다.

  ㉡ 대통령 직속기관인 동시에(독립기관 아님), 직무상의 독립기관(직무상 독립성의 보장)이다.

  ㉢ 인사상·예산상·규칙제정상의 독립성이 보장된다.

② **감사원의 조직**: 감사원은 감사원장을 포함하는 5인 내지 11인(「헌법」제98조, 「감사원법」상으로는 7인)의 위원으로 구성되는 감사위원회와 사무처로 조직된다.

③ **감사원의 기능**
   ㉠ 결산의 확인
   ㉡ 회계검사[10]
   ㉢ 직무감찰[11]
   ㉣ 감사결과의 처리
   ㉤ 심사청구(감사원은 감사를 받는 자의 직무에 관한 처분 및 기타 행위에 관하여 이해관계가 있는 자로부터 심사청구가 있을 때에는 이를 심리하고 결정하여 시정 및 기타 필요한 조치를 취하여야 함)
   ㉥ 회계관계법령의 제정·개정·해석에 관한 의견진술

3 정부의 회계제도

> **결정적 코멘트** ▶ 성과관리 측면에서 발생주의, 복식부기에 관한 출제비중이 높아지고 있다.

정부회계는 정부의 재무거래의 기록과 보고뿐만 아니라, 재무활동 절차 및 내용을 의미한다. 이는 거래의 인식 기준과 기장 방식에 따라 현금주의와 발생주의, 단식부기와 복식부기로 나뉜다. 최근 강조되고 있는 발생주의가 경제적인 거래를 언제 인식해 기록할 것인가 하는 시점(when)과 관련된 문제라면, 복식부기는 경제적인 거래를 어떻게 기록할 것인가 하는 방법(how)의 문제이다.

(1) 거래의 인식 기준에 의한 분류 - 현금주의와 발생주의

현금주의와 발생주의는 수익의 실현시점과 비용의 발생시점을 결정하고 실현 손익과 미실현 손익을 구별하는 중요한 기준이 된다. 회계는 기업의 계속적인 영업활동을 인위적으로 일정 기간 단위로 구분하여 기간별로 재무상태와 경영성과를 보고하게 되므로, 둘 이상의 회계기간에 걸쳐 계속적으로 발생하는 수익과 비용을 어느 회계기간에 귀속시킬 것인가에 대한 문제를 해결하기 위하여 현금주의와 발생주의를 적용하게 된다.

① **현금주의**
   ㉠ 개념: 현금의 수취와 지출 시점에서 수익과 비용을 인식하는 기준이다. 즉, 수입은 현금이 수납되었을 때 기록하고, 지출은 계좌이체를 하거나 현금이 지급되었을 때 기록하는 것이다.
   ㉡ 장·단점

장점	• 자의적 회계처리가 불가능하여 예산의 통제기능에 적합함 • 내용을 이해하기 쉬움 • 현금의 흐름을 파악하는 데 유용함
단점	• 재고량이나 감가상각을 감안할 수가 없음 • 간접비 배분이 어려움 • 자산, 부채, 자본(순자산) 등을 인식하지 못함

---

10) ① 국가의 회계, ② 지방자치단체의 회계, ③ 한국은행의 회계와 국가 또는 지방자치단체가 자본금의 2분의 1 이상을 출자한 법인의 회계, ④ 다른 법률에 따라 감사원의 회계검사를 받도록 규정된 단체 등의 회계
11) 감사원의 회계검사 대상에는 국회와 법원도 포함되나, 직무감찰 대상에는 국회·법원 및 헌법재판소에 소속한 공무원은 제외한다.

바로 확인문제

50 2021 국가직 9급
예산주기에 비추어 볼 때 2021년도에 볼 수 없는 예산과정은?
① 국방부의 2022년도 예산에 대한 예산요구서 작성
② 기획재정부의 2021년도 예산에 대한 예산배정
③ 대통령의 2022년도 예산안에 대한 국회 시정연설
④ 감사원의 2021년도 예산에 대한 결산검사보고서 작성

51 2004 대구 9급
회계검사에 대한 설명으로 틀린 것은?
① 회계검사에서 본질적으로 가장 중요시하는 것은 지출의 합법성이다.
② 회계검사는 재정에 관한 입법부의 의도 실현 여부를 검증하는 성격이다.
③ 자신이 기록하는 회계기록도 자율통제의 차원에서 회계검사를 할 수 있다.
④ 예산이 품목별로 편성되어 있을 경우 효과성 검사가 어렵다.

52 2010 국가직 9급
발생주의·복식부기 회계 방식에 대한 설명으로 옳지 않은 것은?
① 기본적으로는 현금의 출납에 근거한 회계 방식이다.
② 원가 개념을 제고하고 성과 측정능력을 향상시킬 수 있다.
③ 재정의 투명성을 높이고 회계의 자기검증기능을 통해 예산집행의 오류 및 비리와 부정을 줄일 수 있다.
④ 회수 불가능한 부실채권에 대한 정보 왜곡의 우려가 있다.

53 2010 지방직 7급
발생주의 회계에 대한 설명으로 옳은 것은?
① 자의적 회계처리가 불가능하여 통제가 용이하다.
② 기관별 성과의 비교가 가능하다.
③ 감가상각과 미지급금 등의 인식이 어렵다.
④ 자산, 부채, 자본(순자산) 등을 인식하지 못하는 단점이 있다.

54

2014 지방직 9급

다음 괄호 안에 들어갈 내용으로 바르게 짝지어진 것은?

> 정부회계의 '발생주의'는 정부의 수입을 (㉠) 시점으로, 정부의 지출을 (㉡) 시점으로 계산하는 방식을 의미한다.

	㉠	㉡
①	현금수취	현금지출
②	현금수취	지출원인행위
③	납세고지	현금지불
④	납세고지	지출원인행위

55

2021 군무원 9급

발생주의 회계제도에 대한 설명으로 옳은 것은?

> 가. 재화의 감가상각 가치를 회계에 반영할 수 있다.
> 나. 부채규모와 총자산의 파악이 용이하지 않다.
> 다. 현금이 거래되는 시점을 중심으로 기록한다.
> 라. 복식부기 기장방식을 채택하는 것이 일반적이다.

① 가, 라　② 나, 라　③ 나, 다　④ 가, 다

56

2022 국회직 8급

현금주의 회계방식과 발생주의 회계방식에 대한 설명으로 옳은 것은?

① 현금주의 회계방식은 재정상태표에 해당하며, 발생주의 회계방식은 재정운영표에 해당한다.

② 현금주의 회계방식은 정보의 적시성을 확보할 수 있으며, 발생주의 회계방식은 회계처리의 객관성 확보에 용이하다.

③ 현금주의 회계방식은 재정 건전성 확보가 가능하며, 발생주의 회계방식은 이해와 통제가 용이하다.

④ 현금주의 회계방식은 의회통제를 회피하기 위해 악용될 가능성이 있으며, 발생주의 회계방식 또한 의회통제와는 거리가 있다.

⑤ 현금주의 회계방식은 화폐자산과 차입금을 측정대상으로 하며, 발생주의 회계방식은 재무자원, 비재무자원을 포함한 모든 경제자원을 측정대상으로 한다.

② **발생주의**

　㉠ **개념**

　　ⓐ 현금의 수취나 지출에 관계없이 수익은 실현된 때에 인식하고 비용은 수익획득과 관련하여 발생한 때에 인식하는 기준을 말한다.

　　ⓑ 정부의 수입이 발생했을 때(납세고지 등) 그것을 수입으로 기록하고, 정부가 재화와 용역을 획득함으로써 지출해야 할 채무가 발생(지출원인행위 등)했을 때 그것을 지출로 기록하는 것이다.

　㉡ **장·단점**

장점	• 재정상태 파악에 유리함(미수수익이나 미지급금을 자산과 부채로 표시) • 재화의 감가상각 가치를 회계에 반영 • 회계기간 동안 조직의 업적이나 성과를 가장 합리적으로 측정할 수 있음(정부조직이나 기업 등 모든 조직은 대부분 성과평가를 하는데, 이러한 성과평가가 제대로 이루어지려면 발생주의 회계가 반드시 전제되어야만 함)
단점	• 자산가치의 정확한 파악이 곤란함 • 현금흐름의 파악이 곤란함 • 부실채권의 파악이 곤란함 • 회계처리비용이 과다함 • 회계 설자가 복잡함

▌현금주의와 발생주의의 사례

• **사례 1**

> 기업이 제품을 판매하고, 이에 대한 대금을 올해가 아닌 내년 1월 1일 현금으로 받기로 했다.

현금주의	현금주의에 따라 회계처리를 하면 올해 수익이 전혀 없는 것이 되기 때문에, 경영자는 낮은 성과평가를 받을 것이다.

발생주의	발생주의에 따라 회계처리를 한다면, 현금수입을 발생시킨 근원적인 거래가 올해 발생되었기 때문에, 비록 현금 입금이 내년 1월 1일에 이루어진다고 해도 올해의 수익으로 인식될 것이다. 따라서 경영자는 정당한 성과평가를 받게 된다.

• **사례 2**

> 국가 지도자나 자치단체장의 임기가 올해까지인데, 낭비에 가까운 전시성 행사를 하고 이에 대한 비용을 다음 연도에 지불하기로 했다.

현금주의	현금주의를 따를 경우는 임기 동안에 비용이 지출되지 않기 때문에 재정을 효율적으로 운용한 것처럼 보인다.

발생주의	발생주의를 따르면 비록 현금지출은 다음 연도에 이루어지더라도 이를 발생시킨 근원적인 거래가 올해 일어났기 때문에, 올해의 비용으로 처리된다. 결국 국민이나 유권자들은, 국가 지도자나 자치단체장이 임기 동안 행한 재정운영에 대한 효율성 등의 성과를 평가하는 데 더 진실된 정보를 제공받게 되는 것이다.

(2) 기장 방식에 의한 구분 – 단식부기와 복식부기

① 단식부기

- ㉠ 개념
  - ⓐ 기장상(記帳上)에 일정한 원리원칙이 없이 상식적으로 금전과 재화의 증감을 기록하는 간단한 부기법이다.
  - ⓑ 현금, 특정 재산, 채무 등을 중심으로 거래의 일면만을 기록하는 방식으로, 현금이 수입되면 현금출납장에 기재하고 수입에 대한 반대급부 내역은 장부의 비고란에 기재된다.
- ㉡ 장·단점: 단식부기법은 매우 간단하다는 장점이 있으나, 기록계산의 정확성 여부를 확인하기 어려운 단점이 있다.

② 복식부기

- ㉠ 일정한 원리(분개)에 따라 거래를 기록하는 조직적인 부기법을 말한다.
- ㉡ 거래의 이중성에 따라 거래의 인과관계를 회계장부의 차변과 대변에 기록하고 차변의 합계와 대변의 합계를 반드시 일치(대차 평균의 원리)시켜 이중기록을 하기 때문에, 자동적으로 오진을 발견할 수 있는 자기검증기능이 있는 부기방법이다.

▮ 단식부기와 복식부기의 사례

> **현금으로 건물을 1억 원에 구입했다.**
>
> | 단식부기 | 단식부기에서는 현금지출만 기록하고 건물 구입 내용은 비망기록(메모 수준으로 기록)하거나, 아예 비망기록조차 하지 않는다. 따라서 시간이 지나면 어디에 현금을 지출했는지 쉽게 파악할 수가 없다.
☞ 현금지출 1억 원(비망기록: 건물 구입) |
> |---|---|
> | 복식부기 | 복식부기에서는 현금지출과 동시에 건물이라는 자산증가 기록을 좌우로 나누어 반드시 함께 기록하기 때문에, 시간이 지나거나 많은 거래가 발생했을 시에도 현금이 어디에 사용되었는지 쉽게 파악할 수 있다.
☞ 건물 구입 1억 원(차변), 현금지출 1억 원(대변) |

(3) 재무제표(財務諸表)

① 개념

- ㉠ 재무제표(재무보고서)는 회계상 재무현황을 관리·보고하는 문서이다.
- ㉡ 복식부기의 원리는 재무제표 구성 항목인 자산, 부채, 순자산(자본), 수익, 비용 등의 발생내역을 거래가 발생할 때마다 원인과 결과에 따라 좌측과 우측으로 나누어 기록하는 것인데, 이때 좌측을 회계용어로 차변(debit)이라 부르고, 우측을 대변(credit)이라 부른다.
- ㉢ 재무제표는 거래가 발생하면 차변과 대변 양쪽에 동일한 금액으로 이중기입하는 복식부기 방식을 채택하고 있다.

바로 확인문제

57   2009 국가직 7급

정부회계 기장 방식에 있어서 복식부기의 특징이라고 볼 수 <u>없는</u> 것은?

① 거래의 이중성에 따라 거래의 인과관계를 기록한다.

② 감가상각과 대손상각은 발생주의에서는 비용으로 인식된다.

③ 기장 내용에 대한 자기검증기능을 확보할 수 있다.

④ 종합적 재정상태를 알 수 없으나 자동 이월기능이 있다.

58   2018 국가직 9급

정부회계의 기장 방식에 대한 설명으로 옳지 <u>않은</u> 것은?

① 단식부기는 발생주의 회계와, 복식부기는 현금주의 회계와 서로 밀접한 연계성을 갖는다.

② 단식부기는 현금의 수지와 같이 단일 항목의 증감을 중심으로 기록하는 방식이다.

③ 복식부기에서는 계정 과목 간에 유기적 관련성이 있기 때문에 상호검증을 통한 부정이나 오류의 발견이 쉽다.

④ 복식부기는 하나의 거래를 대차 평균의 원리에 따라 차변과 대변에 동시에 기록하는 방식이다.

59   2018 서울시 9급

정부회계제도의 기장 방식에 대한 〈보기〉의 설명과 바르게 짝지어진 것은?

┤ 보기 ├

ㄱ. 현금의 수불과는 관계없이 경제적 자원에 변동을 주는 사건이 발생된 시점에 거래를 인식하는 방식이다.

ㄴ. 하나의 거래를 대차 평균의 원리에 따라 차변과 대변에 이중 기록하는 방식이다.

	ㄱ	ㄴ
①	현금주의	복식부기
②	발생주의	복식부기
③	발생주의	단식부기
④	현금주의	단식부기

60
2009 국회직 8급

발생주의 회계와 복식부기의 장점이 **아닌** 것은?

① 현금의 흐름을 쉽게 파악할 수 있고 자의적인 회계처리가 불가능하여 통제가 용이하다.
② 자산과 부채를 효율적으로 관리할 수 있다.
③ 산출물에 대한 정확한 원가산정을 통해 부문별 성과측정이 가능하다.
④ 대차 평균의 원리를 통해 거래의 원인과 내용을 파악할 수 있다.
⑤ 기록과 계산의 정확성 여부를 검증할 수 있는 자기검증의 기능을 지닌다.

61
2007 국가직 9급

정부회계의 특징에 관해서 옳게 기술한 것은?

① 정부회계는 합법성보다 영리성을 더욱 중요시한다.
② 정부기업회계는 기업회계의 특성을 갖지 않는다.
③ 정부회계는 기업회계에 비해 목표가 다양하지 않다.
④ 정부회계는 기업회계에 비해서 예산의 준수를 강조한다.

62
2022 국가직 9급 변형

중앙정부 결산보고서상의 재무제표로 옳은 것은?

① 손익계산서, 순자산변동표, 현금흐름표
② 대차대조표, 재정운영보고서, 이익잉여금처분계산서
③ 재정상태표, 재정운영표, 순자산변동표, 현금흐름표
④ 재정상태보고서, 순자산변동표, 현금흐름보고서

② 유형: 「국가회계법」(제14조)상 결산보고서는 결산 개요, 세입세출결산, 재무제표(재정상태표, 재정운영표, 순자산변동표, 현금흐름표), 성과보고서로 구성된다.
　㉠ 재정상태표(기업의 경우 재무상태표에 해당[12]): '일정 시점'의 자산과 부채의 명세 및 상호관계 등의 재정상태를 나타내는 재무제표로, '자산 − 부채 − 순자산'으로 구성(수익과 비용은 제외)된다.
　㉡ 재정운영표(기업의 경우 손익계산서에 해당): '일정 기간' 동안의 재정운영결과(수익 − 비용)를 나타내는 재무제표로, 정책 또는 사업의 원가와 재정운영에 따른 원가의 회수명세 등을 포함한다.
　㉢ 순자산변동표: '일정 기간' 동안의 순자산(자산 − 부채)의 변동명세를 표시하는 재무제표이다.

▎**정부회계와 기업회계의 재무제표 비교**

구분		정부회계		기업회계
보고 실체		중앙정부	지방자치단체	기업
추구목적		공공성 추구		이윤 추구
재무제표	재무상태	재정상태표	재정상태표	재무상태표
	경영(운영)성과	재정운영표	재정운영표	손익계산서
	자본(순자산)변동	순자산변동표	순자산변동표	자본변동표
	현금변동	현금흐름표	−	현금흐름표
	이익잉여금처분	−	−	이익잉여금처분계산서
	국세징수활동	국세징수활동표	−	−

③ 재정상태표
　㉠ 개념: 재정상태표는 회계연도 말(통상 12월 31일) 현재 최종적으로 남아 있는 자산과 부채, 순자산(자본)의 잔액을 보여 주는 보고서이다.
　㉡ 구조

차변	대변
자산	부채
	순자산(자본)

　　ⓐ 자산: 자산은 재정상태표의 좌측 항목인데, 이는 회계연도 중 자산 증가로 결국 회계연도 말에 재정상태표에 최종적으로 남아 있는 자산을 의미한다. 따라서 회계연도 중 거래를 통해 발생한 자산의 증가는 차변에 기록을 하고 반대로 자산의 감소는 대변에 기록하는 것이다.
　　ⓑ 부채: 부채는 재정상태표의 우측 항목인데, 이는 회계연도 중 부채 발생으로 결국 회계연도 말에 최종적으로 남아 있는 부채를 의미한다. 따라서 회계연도 중 거래를 통해 발생한 부채의 증가는 대변에 기록을 하고 반대로 부채의 감소는 차변에 기록하게 된다.

---

12) 2011년 상장회사의 국제회계기준(IFRS)의 도입이 의무화되었으며, 이에 맞추어 IFRS에서는 기존의 대차대조표라는 명칭 대신 재무상태표라는 명칭을 사용하게 되었다.

ⓒ **순자산**(자본): 순자산은 재정상태표의 우측 항목인데, 이는 회계연도 중 발생한 순자산의 증가로 회계연도 말에 최종적으로 남아 있는 순자산을 의미한다. 따라서 회계연도 중 거래를 통해 발생한 순자산의 증가는 대변에 기록을 하고, 반대로 순자산의 감소는 차변에 기록하게 된다. 특히, 순자산의 증가는 해당 연도의 수익이 비용보다 클 경우에도 발생하기 때문에 수익의 발생은 대변에, 비용의 발생은 차변에 기록한다.

▌ **재정상태표의 차변과 대변**

차변	대변
자산 증가 항목	자산 감소 항목
부채 감소 항목	부채 증가 항목
순자산(자본) 감소 항목	순자산(자본) 증가 항목
비용 발생 항목	수익 발생 항목

63 2009 국가직 9급

복식부기 제도하에서 정부 보유 현금자산이 200조, 고정자산이 300조, 유동부채가 100조, 재정수익이 300조, 비용이 200조라면, 회계기간 중 특정 시점의 재정상태를 나타내는 보고서상에 순자산으로 보고될 액수는?

① 400조 ② 100조
③ 500조 ④ 200조

64 2011 국가직 9급

정부회계를 복식부기의 원리에 따라 기록할 경우 차변에 위치할 항목은?

① 차입금의 감소 ② 순자산의 증가
③ 현금의 감소 ④ 수익의 발생

65 2022 지방직(= 서울시) 9급

정부회계에 대한 설명으로 옳지 <u>않은</u> 것은?

① 국가회계는 디브레인(dBrain) 시스템을 통해, 지방자치단체회계는 e−호조 시스템을 통해 처리된다.
② 재무회계는 현금주의 단식부기 회계방식이, 예산회계는 발생주의 복식부기 방식이 적용된다.
③ 발생주의에서는 미수수익이나 미지급금을 자산과 부채로 표시할 수 있다.
④ 재무제표는 거래가 발생하면 차변과 대변 양쪽에 동일한 금액으로 이중 기입하는 복식부기 방식을 채택하고 있다.

02 예산과정론

❶ 예산과정

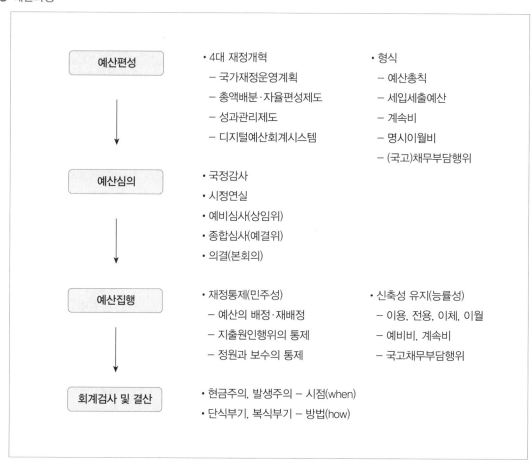

예산편성	• 4대 재정개혁	• 형식
	– 국가재정운영계획	– 예산총칙
	– 총액배분·자율편성제도	– 세입세출예산
	– 성과관리제도	– 계속비
	– 디지털예산회계시스템	– 명시이월비
		– (국고)채무부담행위
예산심의	• 국정감사	
	• 시정연설	
	• 예비심사(상임위)	
	• 종합심사(예결위)	
	• 의결(본회의)	
예산집행	• 재정통제(민주성)	• 신축성 유지(능률성)
	– 예산의 배정·재배정	– 이용, 전용, 이체, 이월
	– 지출원인행위의 통제	– 예비비, 계속비
	– 정원과 보수의 통제	– 국고채무부담행위
회계검사 및 결산	• 현금주의, 발생주의 – 시점(when)	
	• 단식부기, 복식부기 – 방법(how)	

❷ 예산집행의 재정통제와 신축성 유지방안

예산집행의 재정통제방안	예산집행의 신축성 유지방안
• 예산의 배정과 재배정 • 지출원인행위의 통제 • 정원 및 보수의 통제 • 국고채무부담행위의 통제	• 예산의 이용과 전용 • 예산의 이체 • 예산의 이월 • 예비비 • 계속비 • 수입대체경비

03 예산제도론

정답과 해설 ▶ P.81

01 예산결정이론

결정적 코멘트 정책결정이론모형의 점증모형과 합리모형의 내용을 연계하여 학습해야 한다.

1 개요

① 예산결정이론은 합리성의 국면을 나타내는 것으로, 경제적 합리성을 강조하는 총체적·통합적, 규범적·순수합리적 접근과 정치적 합리성을 강조하는 점증적·실증적·부분적 접근이 있다.
② 예산결정이론은 대체로 점증주의에서 합리주의로 발전되어 왔으며, 오늘날은 점증주의적인 측면과 합리주의적인 측면이 공존한다.
③ 예산결정이론은 "키의 질문(Key's Question)"에 대한 설명으로 발달되었다. 키 (V. O. Key)의 질문이란, "어떠한 근거로 X달러를 B사업 대신 A사업에 배분하도록 결정하는가?"이다.

2 점증주의(점증모형)

(1) 개념 및 관련 예산제도(LIBS, PBS)

① 점증주의적 예산결정방법은 전년도의 예산액을 기준으로 다음 연도의 예산액을 결정하는 방법으로, 이해관계자 간의 타협·갈등·투쟁·흥정을 거쳐 그들의 이익이 조절된 정치적 합리성을 강조한다. 따라서 예산과정 참여자들 간의 협의의 정도가 좋은 예산의 기준이 되며, 이해관계자의 타협과 조정을 강조하므로 소폭적 변동은 가능하나 급격한 변동은 곤란하다.
② 품목별 예산제도(LIBS)와 성과주의 예산제도(PBS)를 점증주의에 의한 예산결정 방식이라고 볼 수 있다.

(2) 특징

① 정치적으로 중요한 여러 가지 정책대안 중에서 한정된 몇 가지 대안만을 고려대상으로 삼는다.
② 예산의 선택 기준을 다원주의사회를 바탕으로 한 정치적 합리성에 둔다.
③ 예산과정은 보수적·정치적·단편적 과정이다.
④ 정책의 선택은 연속적인 과정의 하나이다.
⑤ 목적·수단의 구분을 지양하고 한계적 가치만을 고려한다.
⑥ 일단 정해진 목적에 따른 경제적 분석이 아니라 가치와 경험을 혼합한 분석이다.
⑦ 예산결정에서 관련된 이론이 없거나 이론에 대한 불신이 클 때 많이 사용된다.
⑧ 다수의 참여자들 간 고리형의 상호작용을 통한 합의를 중시한다.

바로 확인문제

01   2016 지방직 9급
점증주의 예산결정이론의 특성이 <u>아닌</u> 것은?
① 현실 설명력은 높지만 본질적인 문제해결 방식이 아니며 보수적이다.
② 정책과정상의 갈등을 완화하고 해결하는 데 필요한 정치적 합리성을 갖는다.
③ 계획예산제도(PPBS)와 영기준 예산제도(ZBB)는 점증주의 접근을 적용한 대표적 사례이다.
④ 자원이 부족한 경우 소수 기득권층의 이해를 먼저 반영하게 되어 사회적 불평등을 야기할 우려가 있다.

02   2013 서울시 9급
점증주의의 이점으로 보기 어려운 것은?
① 타협의 과정을 통해 이해관계의 갈등을 조정하는 데 유리하다.
② 대안의 탐색과 분석에 소요되는 비용을 줄일 수 있다.
③ 예산결정을 간결하게 한다.
④ 합리적, 총체적 관점에서 의사결정이 가능하다.
⑤ 중요한 정치적 가치들을 예산결정에서 고려할 수 있다.

⑨ 자원이 부족한 경우 소수기득권층의 이해를 먼저 반영하게 되어 사회적 불평등을 야기할 우려가 있다.

점증주의적 예산결정에 대한 설명으로 옳지 않은 것은?

① 현상유지(status quo)적 결정에 치우칠 수 있다.

② 자원이 부족한 경우 소수기득권층의 이해를 먼저 반영하게 되어 사회적 불평등을 야기할 우려가 있다.

③ 다수의 참여자들 간 고리형의 상호작용을 통한 합의를 중시하는 합리주의와는 달리 선형적 과정을 중시한다.

④ 긴축재정 시의 예산행태를 잘 설명해 주지 못한다.

총체주의 예산이론에 대한 설명 중 옳지 않은 것은?

① 계획예산제도(PPBS)와 영기준 예산제도(ZBB)는 대표적 총체주의 예산제도이다.

② 정치적 타협과 상호조절을 통해 최적의 예산을 추구한다.

③ 예산의 목표와 목표 간 우선순위를 명확하게 설정한다.

④ 합리적 분석을 통해 비효율적 예산배분을 지양한다.

총체주의적 예산결정모형에 대한 설명 중 옳지 않은 것은?

① 집권적이며 하향식으로 자원을 배분한다.

② 품목별 예산제도를 바람직한 예산편성 방식으로 인식한다.

③ 목표와 수단 간 연계관계를 명확히 밝혀 합리적 선택을 모색한다.

④ 연역법적 방법론에 의하며 가치와 사실을 구분한다.

3 합리주의(합리모형, 총체주의, 규범주의)

(1) 개념 및 관련 예산제도(PPBS, MBO, ZBB)

① 합리주의적 예산결정방법은 예산결정에 관련된 모든 요소를 관리과학적인 분석기법을 사용하여 종합적으로 평가함으로써 예산결정과정상에 고도의 합리성을 추구하는 것이다.

② 과학적 분석기법을 주요 대안의 평가수단으로 삼으며, 계획예산제도(PPBS), 목표관리(MBO)와 영기준 예산제도(ZBB) 등을 그 예로 들 수 있다.

(2) 특징

① 결정에 관련된 모든 요소를 종합적으로 검토하는 통합적·총체적·규범적 접근이다.

② 정책을 목적·수단접근방법으로 다루며 기본적으로 목적과 수단을 분리·구별한다.

③ 사회적 목표의 명확한 정의가 이루어진다.

④ 대안별로 비용과 편익을 비교하여 목표를 최대한으로 달성할 수 있거나 가장 적은 비용이 드는 대안을 선택한다.

4 점증주의와 합리주의의 재평가

현실적으로 예산결정에 관한 분석을 보면 합리주의를 추구하려는 지속적인 노력 속에서도 정치적인 합의를 중히 여기는 점증주의에 의한 예산결정과정이 계속되고 있다.

┃ 합리주의와 점증주의 비교

구분	합리주의(경제논리)	점증주의(정치논리)
목적	효율적인 자원배분(효율성)	공정한 몫의 배분(형평성)
기준	경제적 합리성	정치적 합리성
행동원리	최적화 원리(파레토 최적)	균형화 원리
이론	총체주의	점증주의
행태	사회후생의 극대화	몫(득표)의 극대화

5 예산이론

(1) 관료와 예산 – 니스카넨모형

① 니스카넨(William A. Niskanen)은 관료들이 권력의 극대화를 위해 소속 부서의 예산규모를 극대화한다는 전제하에 관료들의 예산극대화 형태를 예산산출함수 및 정치적 수요곡선과 총비용함수, 그리고 목적함수를 도입한 수리적 모형을 사용하여 설명하고 있다.

② 니스카넨은 이 모형을 통해 관료들은 정치인들이 승인하려는 정부예산보다 두 배 많은 예산을 요구한다고 분석하였다.

③ 니스카넨모형의 문제점은 관료들이 반드시 예산극대화만을 추구하지는 않으며, 정치인들도 그의 모형처럼 수동적이지만은 않다는 것이다. 따라서 니스카넨은 최근 관료들이 오로지 공공서비스의 산출량만을 극대화하기보다는 재량예산(discretionary budgets)을 극대화한다고 그의 모형상의 가정을 수정하였다 (1991).

(2) 선거와 예산

① 노드하우스(William D. Nordhaus)의 정치적 경기순환론

ⓐ 선거가 예산에 미치는 영향에 관해서는 정치적 경기순환론(political business cycle)에서 활발히 연구되고 있는데, 수리적 모형을 사용하여 정치적 경기순환론의 논리를 전개하고 일부 선진국들에서 정치적 경기순환이 존재한다는 것을 최초로 입증한 사람은 노드하우스이다. 그에 의하면 정치가들은 선거에서 승리하기 위해 선거 전에 경기호황이 이루어지도록 확장정책을 사용하는 반면, 선거 후에는 선거로 인한 물가상승을 억제하기 위해 긴축정책을 편다는 것이다.

ⓑ 초기의 정치적 경기순환론에 관한 연구들은 실업률, 인플레이션, 실질가처분소득 등 정책결과(policy outcome) 변수에 관심을 기울였으나, 최근에는 정치적 경기순환이 어떠한 경로를 통해 정책결과 변수에 영향을 미치는가를 규명하기 위해 예산(재정)정책, 세출정책, 조세정책, 통화정책 등을 대상으로 연구가 이루어지고 있다.

② 예산의 불균형: 정당 간의 경쟁체제가 확립되어 있는 선진 민주국가들에서는 정치가들이 재선되기 위해 선거가 다가옴에 따라 적자예산을 편성하기도 한다는 사실이 경험적으로 입증되고 있다. 다음과 같은 경우에 예산의 불균형이 나타난다.

ⓐ 정치인들이 공공사업의 확대를 통한 경기부양을 위해 세출을 증가시키거나 선거구에 더 많은 예산이 책정되도록 하는 과정에서 야기된다.

ⓑ 다른 한편으로는 정치인들이 지지도를 높이기 위해 선거 전에 개인소득세, 법인세, 소비세 등에 대한 각종 조세감면을 통해 발생되기도 한다.

(3) 기타 이론

① 루이스(Lewis)의 명제: 루이스는 예산배분결정에 경제학적 접근법을 적용하여, '상대적 가치(기회비용 고려)', '(효용체감으로 인한) 증분분석', '상대적 효과성(목표달성)'이라는 세 가지 분석명제를 제시한다.

② 다중합리성모형: 윌로비와 서메이어(Wiloughby & Thurmaier)의 다중합리성모형은 복수의 합리성 기준이 중앙예산실의 예산분석가들에게 미치는 영향을 주로 미시적으로 분석하는 과정적 접근방법(process approach)에 근거한다. 따라서 정부예산의 성공을 위해서는 예산과정 각 단계에서의 예산활동과 행태를 구분해야 한다고 주장하였으며, 예산과정과 정책과정 간의 연계점(nexus)의 인식틀을 제시하기 위해 킹던(J. W. Kingdon)의 정책결정모형과 루빈(Irene S. Rubin)의 실시간 예산운영모형(real time budgeting)을 통합하고자 하였다.

③ 단절균형 예산이론(punctuated equilibrium theory): 단절균형 예산이론은 예산재원의 배분 형태가 항상 일정하게 유지되는 것이 아니라 특정 사건이나 상황에 따라 균형 상태에서 급격한 변화가 발생하는 단절 현상이 발생하고, 이후 다시

06 2023 국가직 9급

예산이론에 대한 설명으로 옳지 않은 것은?

① 총체주의는 계획예산(PPBS), 영기준예산(ZBB)과 같은 예산제도 개혁을 설명하기에 적합한 이론이다.

② 점증주의는 거시적 예산결정과 예산삭감을 설명하기에 적합한 이론이다.

③ 총체주의는 합리적·분석적 의사결정과 최적의 자원배분을 전제로 한다.

④ 점증주의는 예산을 결정할 때 대안을 모두 고려하지는 못한다는 것을 전제로 한다.

07 2017 국가직 7급

예산이론에 대한 설명으로 옳은 것은?

① 루이스(Lewis)는 예산배분결정에 경제학적 접근법을 적용하여, '상대적 가치', '증분분석', '상대적 효과성'이라는 세 가지 분석명제를 제시한다.

② 니스카넨(Niskanen)의 예산극대화모형은 의회 의원들이 재선 가능성을 높이기 위해 지역구 예산을 극대화하는 행태에 분석초점을 둔다.

③ 윌로비와 서메이어(Wiloughby & Thurmaier)의 다중합리성모형은 의원들의 복수의 합리성 기준이 의회의 예산결정에 미치는 영향을 주로 분석한다.

④ 단절균형 예산이론(punctuated equilibrium theory)은 급격한 단절적 예산 변화를 설명하고, 나아가 그러한 변화를 예측할 수 있는 장점이 있다.

08 2019 서울시 7급 제1회

서메이어(K. Thumaier)와 윌로비(K. Willoughby)의 예산 운영의 다중합리성모형에 대한 설명으로 가장 옳은 것은?

① 정부예산의 결과론적 접근방법에 근거한다.

② 미시적 수준의 예산상의 의사결정을 설명하고 탐구한다.

③ 정부예산의 성공을 위해서는 예산과정 각 단계에서 예산활동과 행태를 구분해서는 안 된다고 주장하였다.

④ 예산과정과 정책과정 간의 연계점의 인식틀을 제시하기 위해 킹던(J. W. Kingdon)의 정책결정모형과 그린과 톰슨(Green & Thompson)의 조직과정모형을 통합하고자 하였다.

예산결정이론에 대한 설명으로 옳은 것은?

① 합리모형은 예산상의 편익을 극대화하기 위한 결정방식이지만 규범적 성격은 약하다.

② 예산결정에서 기존 사업에 대한 당위적 예산배분을 제어할 수 있다는 점은 점증모형의 유용성이다.

③ 단절균형모형을 따르는 예산결정자는 사후후생을 고려하지 않고 최악을 피하는 전략을 사용한다.

④ 다중합리성모형은 정부예산의 성공을 위해서는 예산과정 각 단계에서 예산활동 및 행태를 구분해야 함을 강조한다.

품목별예산제도(line-item budget system)에 대한 설명으로 옳지 않은 것은?

① 미국에서 공무원의 부정부패를 막고 행정의 능률을 향상시키기 위해 도입되었다.

② 정부 활동에 대한 총체적인 사업계획과 우선순위 결정에 유리하다.

③ 예산 집행의 책임성을 확보할 수 있는 통제지향 예산제도이다.

④ 특정 사업의 지출 성과에 대해서는 파악하기 어렵다.

품목별 예산제도에 대한 설명으로 옳지 않은 것은?

① 비교적 운영하기 쉬우나 회계책임이 분명하지 않은 단점이 있다.

② 지출품목마다 그 비용이 얼마인가에 따라 예산을 배정하는 제도이다.

③ 예산담당 공무원들에게 필요한 핵심적 기술은 회계기술이다.

④ 예산집행자들의 재량권을 제한함으로써 행정의 정직성을 확보하려는 제도이다.

균형을 지속한다는 예산이론이다. 이 모형은 예산이 전년 대비 일정 정도의 변화에 그친다는 점증주의이론의 한계를 비판하면서 제시되었다. 다만 사후적인 분석으로서는 적절하지만, 단절균형이 발생할 수 있는 시점을 예측하지 못하기 때문에 미래지향적 측면에서는 한계가 있는 접근이다.

02 품목별 예산제도(LIBS)

1 품목별 예산제도(LIBS)의 개념과 목적

(1) 개념

① 품목별 예산제도(LIBS: Line – Item Budgeting System)란 정부지출의 대상이 되는 물품 또는 품목(인건비, 물건비, 여비 등)을 기준으로 하는 예산제도로, 예산의 통제기능을 충족시키기 위하여 고안되었다.

② 품목별 예산은 세입과 세출을 표시하면서 기관별 예산, 기관의 운영과 행정활동에 소요되는 품목을 나열하여 그 내용을 금전적으로 표시하는 것을 말한다.

(2) 목적

개별부서의 지출을 통제하고, 공무원들로 하여금 회계적 책임에 민감하도록 엄격하게 회계검사를 수행하도록 하는 것이 품목별 예산제도의 기본목적이다. 이러한 예산체제는 공공부문의 자의적인 지출행위를 감소시키는 데 크게 기여한 것으로 평가되었다.

2 품목별 예산제도(LIBS)의 특징

① 우리나라 예산구조에서는 목(目)이 품목에 해당하며, 인건비, 물건비 등의 품목을 중심으로 예산을 편성한다.

② LIBS는 투입 지향적 예산이며, 사업의 성과나 예산운영 방식보다는 비용에 초점을 맞춘다. 따라서 예산담당자들은 전년도에 비해 개별사업 항목들이 얼마나 더 증감되었는지를 확인할 뿐, 특정 사업에 대한 성과확보 여부를 직접적으로 고려하지 않는다. 또한 관리자들이 사업의 방법과 수단에 대해 큰 관심을 가지지 않기 때문에 예산 변경의 폭이 적은 편이다. 이처럼 품목별 예산은 점증주의 예산과 동일한 의미로 해석되고 있다.

③ LIBS는 관료와 입법가들을 신뢰할 수 없다고 판단되던 시기의 개혁 장치로, 품목별 예산 자체는 유의미했으며 근대 예산제도 형성기에 주어진 역할을 충실히 수행하였다.

④ LIBS는 모든 예산편성의 기초가 되며, 이후 등장하는 다양한 제도도 이를 근간으로 발전하였다.

3 품목별 예산제도(LIBS)의 장·단점

(1) 장점

① 통일적·종합적·정규적인 회계검사와 재정통제가 용이하다.

② 회계책임이 명확하다.

③ 행정부 재량의 여지를 축소함으로써 상대적인 입법권 강화를 유도할 수 있다.

④ 급여와 재화 또는 용역의 구매에 효과적이다.

⑤ 인사행정에서 정실임용과 같은 것을 억제하며, 인사행정에 유익한 정보를 얻을 수 있다.

(2) 단점

① 예산운영의 신축성이 없다.

② 정부가 예산을 통해 의도하는 지출의 전체적인 성과를 알 수 없다.

③ 행정부의 정책이나 사업계획 수립에 유용한 자료를 제공해 주지 못한다.

④ 투입 중심의 예산편성으로 인해 사업성과에 대한 이해가 어렵고, 재정지출의 구체적인 목표의식이 결여되어 있다.

⑤ 품목들이 상세히 기재될수록 관리자의 유연성이 떨어지기 때문에 환경 변화가 심한 경우 능동적인 재정대응이 어렵게 된다.

⑥ 각 부처가 구입하는 품목을 중심으로 예산을 편성하기 때문에 정부활동의 중복방지와 통합·조정에 곤란하다.

03 성과주의 예산제도(PBS)

1 성과주의 예산제도(PBS)의 개념

① 성과주의 예산제도(PBS: Performance Budgeting System)란 예산을 기능, 사업계획 및 활동을 바탕으로 분류·편성함으로써 업무수행의 성과를 명백히 하려는 예산제도를 말한다.

② 성과주의 예산서에는 사업의 목적과 목표에 대한 기술서가 포함된다. 이에 더해 성취될 업무량에 대한 측정(고객 수, 수배자 수 등), 업무가 완료될 경우의 효율성(고객당 비용, 수배자당 비용 등)과 사업의 효과성(시민 만족, 대기시간, 재범률 등) 등도 포함된다.

2 예산액 산정

PBS에서는 예산의 배정과정에서 필요사업량이 제시되기 때문에, 예산과 사업을 연계시킬 수 있다.

단위원가(단위비용) × 업무량 = 예산액

(1) 업무단위

성과주의 예산편성의 기본단위

(2) 단위원가

업무단위 한 개를 생산하는 데 소요되는 경비

(3) 업무량

업무단위에 표시된 업무의 양

12   2019 국가직 9급

품목별 예산제도에 대한 설명으로 옳은 것은?

① 능률적인 관리를 위하여 구성원의 참여를 촉진한다는 점에서는 목표에 의한 관리(MBO)와 비슷하다.

② 거리 청소, 노면 보수 등과 같이 활동단위를 중심으로 예산재원을 배분한다.

③ 미국 케네디 행정부의 국방장관인 맥나마라(McNamara)가 국방부에 최초로 도입하였다.

④ 지출을 통제하고 공무원들로 하여금 회계적 책임을 쉽게 확보할 수 있는 데 용이하다.

13   2020 국가직 9급

예산제도에 대한 설명으로 옳지 않은 것은?

① 품목별 예산제도는 일에 대한 정보를 제공하며, 세입과 세출의 유기적 연계를 고려한다.

② 성과주의 예산제도는 업무량과 단위당 원가를 곱하여 예산액을 산정한다.

③ 계획예산제도는 비용편익분석 등을 활용함으로써 자원배분의 합리화를 추구한다.

④ 영기준 예산제도는 예산 편성에서 의사결정단위(decision unit) 설정, 의사결정 패키지 작성 등이 필요하다.

14   2021 지방직(=서울시) 9급

예산제도에 대한 설명으로 옳지 않은 것은?

① 품목별 예산제도는 행정부의 재량권을 확대하기 위해 도입되었다.

② 성과주의 예산제도에서는 사업의 단위원가를 기초로 예산을 편성한다.

③ 계획예산제도에서는 장기적인 기획과 단기적인 예산편성을 연계하여 합리적 예산 배분을 시도한다.

④ 영기준 예산제도는 예산을 편성할 때 전년도 예산에 구애받지 않는다.

15

2019 서울시 9급 제1회

예산제도 종류에 대한 설명으로 가장 옳은 것은?

① 품목별 예산제도(LIBS)는 각 항목에 의한 예산배분으로 조직목표 파악이 쉽다.

② 성과주의 예산제도(PBS)는 투입요소 중심으로 단위원가에 업무량을 곱하여 예산액을 측정한다.

③ 목표관리 예산제도(MBO)는 부처별 기본목표에 따라 하향식 방식으로 중장기 계획을 수립한다.

④ 영기준 예산제도(ZBB)는 기존 사업예산은 인정하되 새로운 사업에 대해서만 엄밀한 사정을 한다.

16

2005 경기 7급

A기관에서 다음과 같은 사업을 수행하기 위하여 성과주의 예산 방식으로 예산을 편성하고자 한다. 적정 예산액으로 옳은 것은?

〈사업〉	〈단위원가〉
도로건설 10km	1,000,000
거리청소 5km	200,000
방역사업 2회	100,000

① 11,200,000원 ② 9,500,000원
③ 10,000,000원 ④ 10,500,000원

17

2009 국가직 7급

성과주의 예산제도에 대한 설명으로 옳지 않은 것은?

① 성과주의 예산은 운영관리를 위한 지침으로서 효과적이지 않다.

② 제2차 세계대전 이후 미국의 제1차 후버위원회에서 권고한 제도 중의 하나이다.

③ 성과주의 예산에서 재원들은 거리청소, 노면보수 등과 같은 활동단위를 중심으로 배분된다.

④ 1990년대 이후 미국 클린턴 행정부에서 목표관리, 총체적 품질관리 등과 같은 혁신적인 방안이 추진되면서 부활된 제도이다.

∥ 예산액 산정의 예

⇨ 세부사업의 업무량 × 단위원가의 합을 구한다.
- 도로건설비: 10 × 1,000,000 = 10,000,000
- 거리청소비: 3 × 200,000 = 600,000
- 방역사업비: 4 × 100,000 = 400,000
∴ 계 = 11,000,000원

3 성과주의 예산제도(PBS)의 특징

(1) 관리지향적 예산제도

성과주의 예산은 정부가 구입하는 물품보다 정부가 수행하는 업무에 중점을 두는 능률·관리지향적 예산제도라 할 수 있다. 이것은 입법적 통제수단에서 집행관리수단으로서 예산기능의 전환을 의미하며 정부의 생산성 향상에 기여한다.

(2) 품목별 예산제도(LIBS)와의 비교

① LIBS에서는 해당 활동에 투입되는 동일한 재원들이 급여, 소규모 장비, 아스팔트, 가솔린 등으로 구분되지만 PBS에서 재원들은 거리청소, 노면보수 등과 같은 활동단위를 중심으로 배분된다.

② LIBS에서는 관련 물건비가 무슨 사업을 위해 사용되었는지는 분석되지 않는다. 하지만 PBS에서는 주어진 재원 수준에서 성취한 산출물 수준이 성과지표에 표시된다.

③ LIBS는 사업에 따르는 인건비나 물품비만 계상하지만, PBS에서는 그렇게 구입한 원료를 통해 무엇을 생산하는지 확인된다.

4 성과주의 예산제도(PBS)의 발달

(1) 미국

① 1912년 절약과 능률에 관한 대통령위원회의 채택 건의가 있었다.

② 1913~1915년 뉴욕시 릿지몬드구에서 원가예산제가 시도되었다.

③ 1937년 행정관리에 관한 대통령위원회의 활동으로 예산의 관리적 측면이 강조되었다.

④ 1947년 제1차 후버위원회의 성과주의 예산제도의 필요성 강조로, 1950년 트루먼(Truman) 대통령이 연방정부에 도입하기에 이르렀고, 1955년 제2차 후버위원회에서는 이를 발전시킬 것을 건의하였다.

(2) 우리나라

① 1961년에 국방부, 1962년에 농림부·보건사회부·건설부에서 비교적 성과측정이 용이한 일부 사업에 PBS를 적용하기 시작하였다.

② 1964년에 국방예산을 제외하고는 모두 중단하기에 이르렀다.

③ PBS의 중단·실패의 원인은 다음과 같다.
  ㉠ 리더십의 중단
  ㉡ 전문적 지식·기술 및 경험의 부족
  ㉢ PBS의 기본적인 문제점
  ㉣ 충분한 사전 준비·검토의 부족

5 성과주의 예산제도(PBS)의 장·단점

(1) 장점
① 예산집행의 신축성을 확보할 수 있다.
② 정부의 사업계획 및 활동이 제시됨으로써 정부의 홍보활동이 개선되며, 국민·입법부가 정부의 사업·목적을 이해하기 용이하다.
③ 정부가 국민을 위해 무엇을 하는가를 알 수 있게 한다.
④ 예산심의가 간편하고 효율적이다.
⑤ 업무측정단위의 설정과 단위원가의 산출을 통하여 자금배분의 합리화를 기할 수 있다.
⑥ 관리층에게 효율적인 관리수단을 제공해 준다.
⑦ 실적의 분석·평가가 용이해지며 그 결과를 반영·환류시킬 수 있다.
⑧ 보다 효과적·합리적인 재정통제를 보장한다.
⑨ 기획의 중요성을 인식시키며 기획을 개선할 수 있다.
⑩ 의사결정의 분권화, 권한과 책임의 일치성 구현에 도움을 준다. 성과주의 예산은 각 운영기관에 세부적 결정권과 책임을 분권화하고, 중앙예산기관은 여러 사업계획 간 중복·모순의 제거와 조정기능을 수행하는 제도이기 때문이다.
⑪ 구입물품과 기능·활동과의 관계, 물품 구입의 이유, 사업·목표·전체적 상황·사업성과 등의 파악이 가능하여, LIBS의 결함을 극복할 수 있다.

(2) 단점
① 입법부의 행정부에 대한 엄격한 회계적 통제가 어렵다.
② 능률성 측정은 좋으나 효과성 측정은 미흡하며, 효율성과 효과성을 강조하지만 더 근본적인 질문에 대해서는 해결하지 못한다. 즉, 해당 사업이 정말 필요한 것인지, 제한된 자원을 유사한 사업에 대해 최적으로 배분하는 방식 등에 대한 언급은 없다.
③ 장기적인 계획과의 연계보다는 단위사업만을 중시하기 때문에 전략적인 목표의식이 결여될 수 있다.
④ 성과별 분류의 대상은 부국 수준(部局水準)에 그치므로, 총괄계정에 부적합하다. 또한 예산성과의 질적인 측면을 파악하는 데에는 한계가 있다.
⑤ 회계책임이 불분명해지며 철저한 공금관리가 확보되기 어렵다.
⑥ 계획·기능·활동 간의 비교·측정에 관한 가치판단의 기준을 제공하지는 못한다.
⑦ 세출구조의 간소화를 강조하며 예산목적에 중점을 두는 것이므로 기능의 통합을 지나치게 확대시킬 우려가 있다.
⑧ 업무측정단위의 선정과 단위원가 계산 및 간접비의 배분이 곤란하다.

18 　　　　　　　2023 군무원 9급
다음 중 성과주의 예산(PBS, Performance Budgeting System)의 장점으로 가장 거리가 먼 것은?
① 프로그램을 이용하여 장기적인 계획과 연차별 예산이 유기적으로 연계된다.
② 사업별 총액배정을 통한 예산집행의 신축성·능률성 제고를 들 수 있다.
③ 투입·산출 간 비교와 평가가 쉬워 환류가 강화된다.
④ 과학적 계산에 의한 효율적인 자원배분으로 예산편성과 집행의 관리가 쉽다.

19 　　　　　　　2009 소방직(서울)
성과주의 예산(PBS)의 특징에 대한 다음 설명 중 틀린 것은?
① 성과단위 선정이 용이하다.
② 관리의 신축성을 부여한다.
③ 성과를 파악할 수 있다.
④ 정책·계획의 수립·실시에 유익하다.

20 　　　　　　　2010 국가직 9급
성과주의 예산제도에 관한 설명으로 옳은 것을 모두 고른 것은?

> ㄱ. 예산서에는 사업의 목적과 목표에 대한 기술서가 포함되며, 재원은 활동단위를 중심으로 배분된다.
> ㄴ. 사업의 대안들을 제시하도록 하고 가장 효과적인 프로그램에 대해 재원배분을 선택하도록 한다.
> ㄷ. 예산의 배정과정에서 필요 사업량이 제시되므로 예산과 사업을 연계시킬 수 있다.
> ㄹ. 장기적인 계획과의 연계보다는 단위사업만을 중시하기 때문에 전략적인 목표의식이 결여될 수 있다.

① ㄱ, ㄴ
② ㄱ, ㄷ, ㄹ
③ ㄱ, ㄴ, ㄷ
④ ㄴ, ㄷ, ㄹ

04 계획예산제도(PPBS)

성과주의 예산제도(PBS: Performance Budgeting System)의 장점에 대한 설명으로 가장 옳지 <u>않은</u> 것은?

① 평가대상 업무단위가 중간 산출물인 경우가 많아 예산성과의 질적인 측면까지 평가할 수 있다.

② 계량화된 정보를 통해 합리적인 의사결정과 관리 개선에 기여할 수 있다.

③ 입법부의 예산심의를 간편하게 만든다.

④ 사업 또는 활동별로 예산이 편성되기 때문에 국민들이 정부의 추진사업을 쉽게 이해할 수 있다.

예산제도에 대한 설명으로 옳지 <u>않은</u> 것은?

① 영기준예산제도는 예산배분의 관행을 인정하지 않는 제도로서 미국의 민간기업 Texas Instruments에서 처음 시작되었고, 1970년대 미국 연방정부에 도입되었다.

② 계획예산제도는 장기적 계획, 사업, 예산을 연결시키는 제도로서 미국에서 베트남 전쟁, 위대한 사회 프로그램 등 정부예산이 팽창하던 1960년대에 도입·운영되었다.

③ 성과주의예산제도는 산출 이후의 성과에 관심을 가지며 예산집행의 재량과 결과에 대한 책임을 강조하는 제도로서 1950년대 연방정부를 비롯해 지방정부에 확산되었다.

④ 품목별 예산제도는 예산을 지출대상별로 분류해 편성하는 통제지향적 제도로서 1920년대 대부분 미국 연방 부처가 도입하였다.

기획예산제도(PPBS)의 특성에 해당하는 것은?

① 예산이 조직의 일선기관들에 의하여 분산되어 편성되기 쉽다.

② 투입 중심의 예산편성으로 인해 목표가 불명확하다.

③ 장기적인 안목을 중시하며 비용편익분석 등 계량적인 분석기법의 사용을 강조한다.

④ 정책결정단위가 정책결정패키지를 작성함에 있어 신축성을 가지며, 체제적 접근을 선호한다.

1 계획예산제도(PPBS)의 개념 및 기본원리

(1) 개념

① 계획예산제도(PPBS: Planning Programming Budgeting System)란 장기적인 기획의 수립과 단기적인 예산의 편성을 프로그램 작성을 통하여 유기적으로 연결시킴으로써 자원배분에 관한 의사결정을 일관성 있게 합리적으로 하려는 예산제도를 말한다. 즉, PPBS는 목표의 구조화, 체계적인 분석, 재원배분을 위한 정보체계 등을 강조하는 예산제도이다.

② 체계적인 분석을 강조하는 PPBS하에서는 사업을 계획하고 분석하는 전문가의 힘이 강해지는 반면, 경험 많은 관료의 영향력은 감소하게 된다.

(2) 기본원리(이론적 기초 및 특징)

① 합목적성(목표지향성): PPBS에서 예산사업은 국가목표의 실현을 위한 수단으로써, 국가목표에 적합하도록 선택되고 행해져야 한다.

② 경제적 합리성: 종래의 예산결정과정은 점증적 성격을 띠고 있었으며 자원배분의 기준은 정치적 타협·흥정에 큰 비중을 가지는 정치적 합리성에 큰 비중을 두었다. 그러나 PPBS는 체제분석기법을 통하여 경제적 합리성을 추구한다.

③ 능률성: 투입 대 산출의 비율을 최적화하는 것을 의미하는 능률성은 PPBS의 주요한 이론적 기초가 되고 있다.

④ 효과성: PPBS에서는 목표달성을 위한 여러 대안을 비교·평가하여 효과성이 높은 대안을 선택하고자 하며, 이를 통해 행정기관은 합리적인 정책을 결정할 수 있다.

⑤ 과학적 객관성: PPBS는 체제분석 등 과학적인 기법을 통하여 가능한 한 의사결정자의 주관적 편견을 배제하고 논리적·객관적 판단을 내리는 특징이 있다.

⑥ 비교·조정: PPBS는 체제예산의 성격을 띠어 체제의 조화·균형을 추구하며, 각목표와 목표달성을 위한 각 대안이나 각 분야의 의견을 비교하고 대립을 조정하는 특징을 가진다.

⑦ 장기적 시계(視界): PPBS는 5개년 이상의 장기적 시계에 입각하여 프로그램을 분석·선택하고 의사결정을 하는 제도이다.

(3) 3대 요소

① 정부 사업목표의 명확한 제시

② 목표달성을 위한 각종 대안의 비용효과분석 등에 의한 체계적 검토

③ 현재 내리는 결정에 대한 미래비용의 함축과 장기적 시계의 확보

2 계획예산제도(PPBS)의 발달요인과 연혁

(1) 발달요인

① 경제분석의 발달

ㄱ 케인즈의 거시경제학은 예산의 재정정책적 기능에 대한 관심을 갖게 하였다.

ㄴ 미시경제학은 한계효용의 원리를 제고함으로써 지출의 합리성을 높이는 데 기여하였다.

② 새로운 정보기술 및 의사결정기법의 발달
  ㉠ 운영연구(OR), 체제분석기법 등의 발달로 객관적 분석을 정책결정에 활용시킬 수 있는 가능성이 높아졌다.
  ㉡ 컴퓨터의 비약적인 발달은 신속·다량·고도의 정확한 정보처리를 가능하게 하였다.
③ 계획과 예산의 일치: 종래에는 계획과 예산이 서로 연관성이 없었으나 점차 예산을 장기계획의 일환으로서 보게 되었으며, 계획과 예산을 일치시키는 노력을 기울이게 되었다.

(2) 연혁

① 1950년대 미공군성의 랜드(RAND)연구소에서 노빅(Novick)이 개발하고, 힛치와 맥킨(Hitch & Mckean)에 의해 발전되어 1954년 공군성의 예산에 적용되었다.
② 1963년 맥나마라(McNamara) 국방장관에 의해 국방성에 채택되었다.
③ 1965년 존슨(Johnson) 대통령에 의해 연방정부에 채택되었다.
④ 1971년 이후 사용이 중단되었다. 그러나 합리적 예산결정을 추구하는 입장과 분석기법의 활용은 중시되고 있으며 계승되어 오고 있다.

3 계획예산제도(PPBS)의 사업구조(program 체계)

(1) 계획항목(program category)

제1의 수준에서 배열되는 최상위 수준의 대분류된 프로그램으로서, 각 성청(省廳)의 기능·목적을 4~5개(많아도 10개 정도)로 대별한 것이다.

(2) 계획세항(program sub-category)

제2의 수준에서 배열되는 프로그램으로서, 유사한 산출물 단위에 관련되는 것이다.

(3) 계획요소(program element)

PPBS 과목구조의 기초단위로서, 원칙적으로 다른 단위와 구별되는 최종산출물 단위에 해당된다.

4 계획예산제도(PPBS)의 장·단점

(1) 장점

① **의사결정의 일원화·합리화**: 의사결정의 절차를 일원화시킴으로써 최고관리층이 좀 더 합리적인 결정을 내릴 수 있다.
② **자원배분의 합리화**: 경제적 합리성을 기준으로 자원을 배분함으로써 자원배분의 합리화를 기할 수 있다.
③ **절약과 능률의 실현**: 동일비용으로 최대 효과를, 최소 비용으로 동일효과를 이루게 함으로써 자원을 합리적으로 활용할 수 있다.
④ **장기적 사업계획의 신뢰성 제고**: 장기에 걸친 효과와 비용을 분석·평가하여 실현성 있는 계획이 작성됨으로써, 장기적 사업계획의 신뢰성을 높이게 된다.
⑤ **조직의 통합적 운영**: 대안의 분석·검토를 통하여 의견교환이 활발해지고 문제점이 이해됨으로써, 조직의 통합적 운영이 가능하게 된다. 따라서 각 행정기관 중심의 할거주의를 지양하고 국가적 차원에서 재원배분이 이루어진다.

24   2004 강원 9급

계획예산(PPBS)의 단점이 **아닌** 것은?
① 부서 간의 갈등(충돌)
② 목표의 다기화
③ 계량화의 곤란
④ 민주주의의 약화

25   2005 경북 9급

예산제도에 관한 설명으로 옳은 것은?
① 품목별 예산제도는 예산의 편성이 복잡해서 입법권에 의한 통제가 어렵다.
② 성과주의 예산제도는 현대행정의 정책결정기능에 도움을 준다.
③ 영기준 예산은 예산액의 계속적인 점증현상을 가져온다.
④ 계획예산제도는 각 행정기관 중심의 할거주의를 지양하고 국가적 차원에서 재원배분이 이루어진다.

26   2020 지방직(=서울시) 9급

A 예산제도에서 강조하는 기능은?

> A 예산제도는 당시 미국의 국방장관이었던 맥나마라(McNamara)에 의해 국방부에 처음 도입되었고, 국방부의 성공적인 예산개혁에 공감한 존슨(Johnson) 대통령이 1965년에 전 연방정부에 도입하였다.

① 통제   ② 관리   ③ 기획   ④ 감축

27   2007 충북 9급

다음 중 계획예산제도(PPBS)에 대한 설명 중 **잘못된** 것은?
① 체계적인 분석을 강조하는 계획예산제도하에서는 사업을 계획하고 분석하는 전문가의 힘이 강해지는 반면에 경험 많은 관료의 영향력은 감소하게 된다.
② 계획예산제도는 목표의 구조화, 체계적인 분석, 재원배분을 위한 정보체계 등을 강조하는 예산제도이다.
③ 계획예산제도는 사업구조, 사업요강, 특수분석연구, 사업 및 재정계획 예산주기 등을 통하여 구체화된다.
④ 계획예산제도는 장기적 시각과 객관적인 분석도구를 통하여 예산결정을 합리화함으로써 정책구조의 분권화를 초래할 가능성이 높다.

28 2004 인천 9급

다음 중 PPBS의 특징이 <u>아닌</u> 것은?

① 하위 구성원의 참여
② 장기기획에 대한 신뢰 제고
③ 기획과 예산의 합치
④ 자원배분의 합리화
⑤ 체제분석의 활용

29 2017 서울시 사회복지직 9급

다음 중 참여와 분권을 본질적 특징으로 포함하는 제도와 거리가 먼 것은?

① 계획예산제도   ② 목표관리제
③ 영기준 예산제도 ④ 다면평가제

30 2008 지방직 7급

예산제도에 대한 설명으로 옳지 않은 것은?

① 성과주의 예산제도는 미국의 후버(Hoover)위원회가 미국 대통령에게 건의한 제도이다.
② 품목별 예산제도에서 정책당국자는 정책 및 사업의 우선순위를 등한시할 수 있다.
③ 영기준 예산제도의 경우 예산의 운영단위를 어떻게 정하느냐에 따라 예산 운영의 능률성과 효과성이 좌우된다.
④ 계획예산제도의 핵심은 목표와 계획에 따른 사업의 효율적 수행에 있으며, 정치적 협상을 중시한다.

31 2000 행정고시

예산제도의 특징에 관한 설명 중 옳지 않은 것은?

① 결정의 흐름은 품목별 예산과 성과주의 예산은 상향적이며 위로 통합되고 있으나 계획예산제도는 하향적이다.
② 예산기관의 역할을 보면 품목별 예산에서는 통제와 감시에, 계획예산제도에서는 정책에 관심을 두고 있다.
③ 결정이나 대안선택의 유형으로서 품목별 예산제도는 점증주의를 따르는 반면 계획예산제도는 포괄적인 합리모형을 따르고 있다.
④ 품목별 예산에서는 계량경제학, OR론 등의 발전과 체제분석기법의 개발이 그 발전의 배경이 되지만 계획예산제도에서는 회계학 지식이 요구된다.
⑤ 품목별 예산제도나 성과주의 예산은 결정권이 분권화되어 있으나 계획예산제도는 최고관리층을 중심으로 집권화되어 있다.

⑥ 계획과 예산의 괴리 배제: 사업계획과 예산편성 간의 간격을 제거함으로써 상호 밀접한 관련성을 가질 수 있다.
⑦ 목표설정 및 대안선택의 질적 향상: 많은 자료와 여러 가지 과학적인 기법을 활용함으로써, 목표설정 및 대안선택의 질적 향상을 가져온다.
⑧ 합리적인 근무태도·의욕의 강화: 국가 전체적 관점에서 합리적·효율적으로 일하는 사람이 인정받으며 그러한 사람의 근무의욕을 높인다.

(2) 단점

① 목표의 명확한 설정 곤란: 목표의 다원성·정치적 성격, 이해관계·의견의 대립 등으로 목표의 명확한 설정이 곤란하다.
② 경제적 계량화의 곤란: PPBS는 산출·편익·효과의 계량화에 중점을 두고 있으나 정책대안의 계량화는 곤란하며, 가치개입적인 정책결정을 수학적 분석기법만으로 다룰 수는 없다.
③ 계량화될 수 있는 기관의 우위화: 산출이 명확하게 계량화될 수 있는 기관이 계량화가 어려운 기관에 비하여 정책결정에서 우위를 가지게 된다.
④ 중앙집권화와 하부기구의 자주성 상실: 하향식 예산 접근으로 중앙집권적인 기획기능이 강화되어 과도한 중앙집권화를 초래하고 하부기구의 자주성이 상실되기 쉽다.
⑤ 환산작업의 곤란: PPBS의 사업계획구조와 예산과목 간의 차이로 예산의 편성 및 집행에 매우 복잡한 환산작업이 요구된다.
⑥ 정치적 합리성의 무시: 참모기능·경제적 합리성 등에 치중하고 갈등·협상·타협이 이루어지는 정책결정과정의 점증적·다원적 성격 또는 정치적 합리성이 무시되고 있다.
⑦ 의회의 지위 약화 가능성: PPBS의 채택으로 의회의 지위가 상대적으로 약화될 가능성이 있다.
⑧ 정치적 타협의 곤란성: PPBS는 정책목표를 명백히 밝히므로, 심각한 정치적 대립이 벌어지는 경우에 타협이 어려워진다.
⑨ 간접비의 배분문제: 여러 사업계획에 관련되는 간접비의 합리적 배분이 어렵다.
⑩ 프로그램 작성의 어려움: 여러 종류의 목표와 관련된 프로그램이 존재하며 프로그램구조와 조직구조가 일치하지 않을 때 조직구조의 변경이 곤란하므로, 프로그램 작성에 어려움이 많아진다.

▌ 품목별 예산제도(LIBS)·성과주의 예산제도(PBS)·계획예산제도(PPBS) 비교

기준	LIBS	PBS	PPBS
발달순서	선	중(1950년대)	후(1960년대)
예산의 기능	통제기능	관리기능	계획기능
예산의 중심단계	집행단계	편성단계	편성 전의 계획단계
예산기관의 역할	통제·감시	능률 향상	정책에의 관심
직원의 기술	경리(회계학)	관리(행정학)	경제(경제학)
정보의 초점	품목	기능·사업·활동	목표·정책
정책목적과의 관계	불투명	불투명	명백

결정의 흐름	상향적(위로 통합)	상향적(위로 통합)	하향적(아래로 결정)
결정의 종류	점증모형	점증모형	합리모형
통제책임	중앙	운영단위	운영단위
관리책임	분산	중앙	감독책임자
기획책임	분산	분산	중앙
결정권의 소재	분권화	분권화	집권화
세출예산과 조직의 관계	직접적	직접적	간접적
세출예산과 예산의 관계	동일	동일	따로 수립
시계(視界)	1년	1년	5년 이상
행정관	비체제	비체제	체제

5 계획과 예산의 괴리

(1) 조직상 원인

조직상의 원인으로 예산을 담당하는 조직과 계획을 담당하는 조직이 다를 때 연계가 어려운 상황들이 적지 않게 발생한다.

(2) 계획의 추상성 문제

계획의 추상성에서도 문제가 있다. 계획이 구체적으로 작성되지 못하고 하나의 청사진만으로 제기되거나, 예산의 현실적 제약을 고려하지 못하고 작성될 때 적절한 예산이 뒷받침될 수 없다.

(3) 재원 부족 문제

재원 부족의 문제도 있다. 예산은 항상 부족하기 마련이다.

(4) 예산운영의 신축성 결여 문제

예산운영의 신축성 결여 문제가 발생한다. 회계담당자의 정직성을 보장하기 위해 일반적으로 예산은 경직적으로 운용된다. 이러한 경우 중장기적으로 대응해야 할 새로운 상황 발생에 대한 신축적 대응이 어렵게 된다.

05 영기준 예산제도(ZBB)

1 영기준 예산제도(ZBB)의 개념과 필요성

(1) 개념

① 영기준 예산제도(ZBB: Zero Base Budgeting)란 전 회계연도의 예산에 구애됨이 없이 정부의 모든 사업활동에 대해 영기준(Zero-Base)을 적용하여 그 능률성과 효과성 및 중요성 등을 체계적으로 분석함으로써, '우선순위'를 결정하고 그에 따라 실행예산을 편성·결정하는 예산제도를 말한다. 즉, 과거의 사업이나 예산에 기득권을 전혀 고려하지 않고 사업의 타당성을 엄밀하게 분석하여 이를 기초로 예산을 배정하는 방식이다.

바로 확인문제

32 2008 지방직 9급

예산제도에 관한 설명으로 옳지 않은 것은?

① 영기준 예산제도(ZBB)는 모든 지출제안서를 영점 기준에서 검토한다.
② 품목별 예산제도(LIBS)는 투입 중심의 예산편성으로 인해 사업성과에 대한 이해가 어렵다.
③ 성과주의 예산제도(PBS)는 정부사업과 활동에 대한 국민들의 이해를 증진시킬 수 있는 장점이 있다.
④ 계획예산제도(PPBS)는 상향식 예산 접근으로 재정민주주의의 실현에 적합한 장점이 있다.

33 2021 군무원 9급

참여적(민주적) 관리와 가장 관련이 없는 것은?

① ZBB(영기준예산)
② MBO(목표에 의한 관리)
③ 브레인스토밍(brainstorming)
④ PPBS(계획예산)

34 2021 국가직 7급

다음의 단점 혹은 한계로 인하여 정착이 어려운 예산제도는?

• 사업구조를 작성하는 것이 어렵다.
• 결정구조가 집권화되는 문제가 있다.
• 행정부처의 직원들이 복잡한 분석 기법을 이해하기 어렵다.

① 품목별 예산제도
② 성과주의 예산제도
③ 계획예산제도
④ 영기준 예산제도

35 2013 국가직 9급

계획예산제도(PPBS)에 대한 설명으로 옳지 않은 것은?

① 품목별 예산은 하향식 예산과정을 수반하나, PPBS는 상향식 접근이 원칙이다.
② 품목별 예산과는 달리 부서별로 예산을 배정하지 않고 정책별로 예산을 배분한다.
③ PPBS는 집권화를 강화시킨다.
④ 계량적인 기법인 체제분석, 비용편익분석 등을 사용한다.

36

예산제도에 대한 설명으로 옳지 <u>않은</u> 것은?

① 쉬크(Shick)는 통제 – 관리 – 기획이라는 예산의 세 가지 지향(orientation)을 제시하였다.

② 영기준 예산제도(ZBB)가 단위사업을 사업–재정계획에 따라 장기적인 예산편성 쪽으로 방향을 잡았다면, 계획예산제도(PPBS)는 해당 연도의 예산 제약 조건을 먼저 고려한다.

③ 우리나라는 예산편성과 성과관리의 연계를 위해 재정사업자율평가제도를 실시하고 있다.

④ 조세지출 예산제도는 조세지출의 내용과 규모를 주기적으로 공표해 조세지출을 관리하는 제도이다.

37

영기준 예산(ZBB)에 대한 설명으로 옳지 않은 것은?

① 기존 사업과 새로운 사업을 구분하지 않고 사업의 목적, 방법, 자원에 대한 근본적인 재평가를 바탕으로 예산을 편성하는 제도이다.

② 우리나라는 정부예산에 영기준예산 제도를 적용한 경험이 있다.

③ 예산편성의 기본 단위는 의사결정 단위(decision unit)이며 조직 또는 사업 등을 지칭한다.

④ 집권화된 관리체계를 갖기 때문에 예산편성 과정에 소수의 조직구성원만이 참여하게 된다.

38

다음 중 ZBB에 대한 설명으로 가장 옳지 않은 것은?

① 과거 연도의 예산지출이 참고자료로 고려되지 않는다.

② 예산의 과대추정을 억제할 수 있다.

③ 비용편익분석과 시스템분석을 주요 수단으로 활용한다.

④ 각 부처에서 지출규모에 대한 결정을 한다.

② ZBB는 기대되는 계획과 목적을 달성하는 데 필요한 정책대안과 지출을 묶어, 모든 활동들을 평가하고 실체를 상세히 규명하도록 한다.

(2) 필요성

① ZBB는 전년도 예산을 기준으로 하여 점증적·누증적으로 예산액을 책정하는 전통적 점증예산의 국가재원을 압박하는 폐단을 극복하는 데 기여한다.

② ZBB는 계속사업도 신규사업과 같이 새로 분석·평가하여 우선순위를 정함으로써 예산과 사업계획을 총체적으로 명확히 하려는 제도이다. 따라서 감축관리 및 재정 건전화에 도움을 주기 때문에 최근 들어 각광받고 있다.

2 영기준 예산제도(ZBB)의 발달

(1) ZBB의 발달과정

① 미국

　㉠ 1969년 텍사스 인스트루먼트 사(社)에서 파이어(Peter A. Pyhrr)에 의해 개발되었다.

　㉡ 1973년 카터(Carter) 주지사가 주정부에 채택하였다.

　㉢ 1979년 카터 대통령에 의해 연방정부에 도입되었다.

② 우리나라

　㉠ 1981년 국무회의의 의결로 1983년부터 ZBB에 의해 예산을 요구·편성·집행하도록 하였다.

　㉡ 통제지향적인 점증적 예산 방식을 근본적으로 탈피하지 못하고 있어, ZBB의 올바른 정착화가 앞으로의 큰 과제이다.

(2) 미국 연방정부의 ZBB 도입 이유

① PPBS의 결함

　㉠ 사업계획의 소요비용 계산에 주력하여 사업계획 자체의 평가·개선 여지가 결여된다.

　㉡ 현행 사업계획의 타당성에 대한 계속적 검토가 없다.

　㉢ 정책수행의 실질적 담당자인 계선조직의 관리자에게 목표의 구체적 달성방법·운영지침을 제공하지 않았다.

② 선거공약(ZBB의 채택)의 실현: 카터는 대통령에 당선되자, 선거공약으로 내걸었던 ZBB의 채택을 현실화하였다.

3 영기준 예산제도(ZBB)의 편성절차

결정단위 설정 → 결정항목 작성 → 우선순위 결정 → 실행예산 편성

(1) 결정단위(DU: Decision Unit)의 설정

① 상급관리자가 결정단위를 결정해야 하는데, 결정단위란 예산을 작성하거나 업무에 관한 의사결정을 내리기 위한 기본단위로서, 조직의 활동에서 의미 있는 요소를 말한다.

② 결정단위는 예산절차상의 예산단위(사업단위)인 것이 보통이지만, 목표, 기능, 활동, 행정조직일 수도 있다.

(2) 결정항목(DP: Decision Package)의 작성

① 결정항목(예산결정표)이란 프로그램이나 활동수준 및 예산요구에 관하여 판단하는 데 필요한 정보를 기재한 문서이다.
② 모든 부서는 다음과 같은 세 가지의 패키지를 준비해야 한다.
　㉠ **기본 수준 패키지**(base level package): 가장 기초적 서비스 수요만을 충족하기 위한 것
　㉡ **현재 서비스 패키지**(current service package): 현재 수준에서 서비스 전달을 보장하는 것
　㉢ **개선된 패키지**(enhanced package): 현재 충분하지 못한 수요까지 포함한 것
③ 결정항목은 각 기능·활동 등의 상대적 중요성과 우선순위를 결정하는 데 필요한 자료임과 동시에 의사결정의 중심단위이기도 하다.
④ 결정항목은 특정 활동의 목표, 행동대안, 비용·편익·효과 등에 관한 정보뿐만 아니라, 각 행동대안별 활동수준·각 수준의 활동내용 및 활동결과에 관한 정보를 함축하는 것이어야 한다.

(3) 우선순위의 결정

① 우선순위의 결정은 한정된 자원의 효율적인 사용에 관한 순위와 기준을 정하는 것이며, 모든 결정항목에 대한 결정단위의 단계적 평가를 의미한다.
② 각 결정항목에 관한 하급관리자의 순위결정은 중간관리자가, 중간관리자의 순위결정은 최고관리자가 심사하여 다시 순위를 정하고 상향적으로 통합시켜 결정단위 전체의 순위표가 작성된다.
③ 객관적 기준을 사용하는 PPBS와는 달리 ZBB는 우선순위를 설정할 때 의사결정자들의 주관적 판단에 많이 의존한다.

(4) 실행예산의 편성

① 예산지출의 근거가 될 결정항목에 따른 세밀한 실행예산을 작성한다.
② ZBB에서는 결정항목의 우선순위에 따라 예산삭감에 대한 결정을 명백히 할 수 있다.

4 영기준 예산제도(ZBB)의 장·단점

(1) 장점

① **감축관리에 도움**: 우선순위가 낮은 사업의 축소 및 폐지로 재정의 경직화를 타개할 수 있고 감축관리에 도움을 주며, 나아가서는 조세부담의 증가를 억제할 수 있다.
② **자원배분의 합리화**: 조직이 모든 사업활동에 관하여 그 능률·비용·효과를 계속적으로 재평가하게 함으로써 자원배분의 합리화를 보장할 수 있다.
③ **사업예산의 효율성 향상**: 사업의 우선순위를 정기적으로 새로이 평가·결정하여 노력의 중복, 과다한 활동과 낭비를 배제할 수 있게 됨으로써 사업·예산의 효율성을 향상시킬 수 있다.

39 　2023 군무원 7급

다음 중에서 영기준 예산제도(ZBB)에 대한 설명 중에서 가장 거리가 먼 것은?

① 새로운 사업의 구상보다는 기존 사업의 감축관리에 목적을 둔다.
② 예산에 관한 의사결정이 하향적(top down)으로 진행된다.
③ 사업 검토가 조직의 경계 내에서 진행되는 폐쇄적인 의사결정의 일종이다.
④ 상급 관리계층에게 정보홍수와 업무과다를 초래한다.

40 　2009 지방직 9급

예산제도에 관한 설명으로 가장 적합하지 않은 것은?

① 품목별 예산제도는 예산을 지출대상별로 분류하여 편성하는 것을 말한다.
② 성과주의 예산제도는 업무단위의 원가와 양을 계산해서 사업별, 활동별로 분류해서 예산을 편성하는 것을 말한다.
③ 계획예산제도란 장기적인 기획과 단기적인 예산을 유기적으로 연결시킴으로써 합리적인 자원배분을 이루려는 예산제도이다.
④ 영기준 예산제도란 점증주의적 의사결정 방식에 따라 과거의 관행을 토대로 예산을 편성하는 것을 말한다.

41 　2018 지방직 9급(사회복지직 9급)

다음 설명에 해당하는 예산제도는?

- 합리적 선택을 강조하는 총체주의 방식의 예산제도이다.
- 조직구성원의 참여가 상대적으로 높은 분권화된 관리체계를 갖는다.
- 예산편성에 비용·노력의 과다한 투입을 요구한다는 비판을 받는다.

① 성과주의 예산제도 ② 계획예산제도
③ 영기준 예산제도 ④ 품목별 예산제도

42 　2002 선관위 9급

영기준 예산제도(ZBB)와 관련이 없는 내용은?

① 사업은 우선순위에 따라 상향적으로 예산화해 나간다.
② 예산결정기능이 최고관리층에 집중됨으로써 효율적인 예산운영이 가능하다.
③ PPBS는 계획지향적인 데 비하여 ZBB는 사업지향적이다.
④ 권한과 책임의 분산을 촉진하게 된다.

43 　　　　　　　　　　　　 2004 금산 9급

ZBB에 대한 설명 중 틀린 것은?

① 예산편성과정에서 시간과 비용이 절감
된다.
② 하급자들의 대폭적인 참여가 이루어
진다.
③ 패키지별로 투자수익분석이라는 계량
화가 이루어진다.
④ 장기적 안목의 결여로 PPBS와의 보완
적 활용이 주장되기도 하였다.

44 　　　　　　　　　　 2019 서울시 7급 제3회

영기준 예산제도(Zero-Base Budgeting)에
대한 설명으로 가장 옳지 않은 것은?

① 자원의 효율적인 배분 및 예산절감의
효과를 얻을 수 있다.
② 예산과정에서 상향적 의사결정이 이루
어지므로 실무자의 참여가 확대된다.
③ 예산과정에서 정치적 고려 및 관리자의
가치관이 반영될 가능성이 높다.
④ 현 시점 위주로 분석하므로 장기적인
목표가 경시될 수 있다.

45 　　　　　　　　　　　 2008 국회직 8급

영기준 예산제도(Zero Base Budgeting)의
단점으로 볼 수 없는 것은?

① 시간과 노력의 낭비
② 비교적 주관적인 판단에 의존
③ 사업구조 작성의 곤란
④ 장기적인 목표의 경시
⑤ 소규모 조직의 희생

46 　　　　　　　　　　　 2017 서울시 9급

예산제도와 그 특성의 연결이 가장 옳지
않은 것은?

① 품목별 예산제도(LIBS) – 통제지향
② 성과주의 예산제도(PBS) – 관리지향
③ 계획예산제도(PPBS) – 기획지향
④ 영기준 예산제도(ZBB) – 목표지향

④ **관리자의 참여 확대**: 모든 계층의 관리자가 결정항목의 개발·평가에 참여함으로
써 업무개선의 동기가 부여된다. 나아가서는 결정 방식이 상향적이므로 하의상
달이 촉진된다.
⑤ **관리수단의 제공**: 상급관리자는 예산문제뿐만 아니라 낮은 계층의 결정단위에서
진행되고 있는 업무의 진행상황에 대한 유익한 정보도 많이 활용할 수 있으며 직
원의 근무실적을 평가할 수 있다. 따라서 관리자는 적절한 관리수단을 가지게
된다.
⑥ **재정운영 및 자금배정의 탄력성**: 우선순위의 평가·결정에 따라 보다 시급한 고
순위사업에 재원을 융통함으로써, 재정운영 및 자금배정의 탄력성을 확보할 수
있다.
⑦ **기타**: 국민부담의 경감과 자원난의 극복

(2) 단점

① **분석평가의 어려움**: 조직성원들이 아무리 자기 업무를 잘 알고 있다고 하더라도,
사업활동과 그 성과를 합리적·객관적으로 분석하고 대안을 개발하는 것은 쉬운
일이 아니다.
② **시간·노력의 과중한 부담**: 매년 정부의 모든 계속사업과 신규사업에 관한 방대
한 활동을 합리적·객관적으로 분석·평가하는 데에는 시간과 노력의 과중한 부
담이 따른다.
③ **자료부족과 분석·평가능력의 제약**: 결정항목의 작성과 우선순위의 결정에 필요
한 정확한 자료·정보가 부족하다. 따라서 고도의 분석·평가능력을 갖춘 행정인
이 필요하다.
④ **방대한 교육훈련업무의 수반**: 사업활동과 성과의 분석·평가, 우선순위 결정, 대
안의 탐색 등에 요구되는 고도의 능력을 갖출 수 있도록 관련 행정인에 대해 방
대한 교육훈련이 실시되어야 한다.
⑤ **사업 축소·폐지의 곤란**: 법제상의 제약, 국민생활의 연속성·정부사업의 지속성
에 대한 고려 등으로 인하여 사업의 축소·폐지가 용이하지 않다.
⑥ **목표설정기능·계획기능의 위축**: 행정인의 활동이 사업의 능률성·효과성에 치중
하고 보다 차원 높은 목표설정기능·계획기능은 소홀히 하기 쉽다.
⑦ **관료들의 자기방어**: 관료들이 각자의 사업활동과 성과를 분석·평가함에 있어서
위협·불안감을 느끼고 사업이나 성과의 분석·평가에 저항하기 쉬우며 분석·평
가를 왜곡시킬 우려가 있다.
⑧ **소규모 조직의 희생**: 인원이나 예산이 적은 조직의 우선순위가 부당하게 낮게 책
정되어 희생될 수 있다.
⑨ **분석기법의 적용한계**: ZBB는 합리주의 모형에 입각한 것이므로, 정치적 요인과
가치관이 무시되며 질적 공공문제에 분석기법을 적용하기에는 한계가 있다.
⑩ **예산편성기간의 제약**: 예산편성기간의 제약으로 ZBB의 기본 절차를 그대로 따
르기는 어렵다.

5 예산제도의 비교

(1) 점증적 예산제도와 영기준 예산제도(ZBB) 비교

기준	점증적 예산제도	ZBB
예산 기준	전년도 예산	영(0)에서 새로 시작
예산의 책정방법	효율성이 낮아도 예산이 책정됨	사업의 우선순위에 따라 신축성 있는 예산편성
예산의 운영방법	조직 총체적으로 새로운 운영방법이 개발되지 않음	새로운 운영방법의 개발 및 시도
심사대상사업의 범위	신규사업	계속사업을 포함한 모든 사업이나 활동

(2) 계획예산제도(PPBS)와 영기준 예산제도(ZBB) 비교

기준	PPBS	ZBB
사업운영수단의 제공	일선관리자에게 효과적인 관리수단을 제공하지 않음	사업계획의 효율적 운영수단이 됨
사업성과의 평가	구체적인 사업계획 평가에 직접적 도움이 곤란함	사업의 활동목표, 비용, 효과, 수행방법 등에 도움이 됨
예산의 중점	정책, 계획수립, 목표	목표달성, 사업평가
관리자의 참여범위	최고관리자와 측근 막료	모든 상하관리자
결정의 흐름	하향적	상향적

6 일몰법(SSL)과 영기준 예산제도(ZBB)

(1) SSL의 개념

일몰법(SSL: Sunset Law)이란 특정한 사업이나 조직이 정해진 기간이 지나면 자동적으로 폐지되도록 하는 법률을 일컫는 것으로, ZBB의 한계성(단기성)에 대한 보완책이라 볼 수 있다. 규제정책에서 규제 필요성 재심사에 이용되어 규제완화가 가능하다.

(2) SSL과 ZBB의 비교

구분	SSL	ZBB
유사점	• 한정된 자원의 합리적 배분을 기할 수 있음 • 사업의 필요성이 없는데도 사업수행기간이 계속 존속되는 타성을 방지해 주는 감축관리의 한 방법임 • 사업의 능률성과 효과성을 검토하여 사업의 계속 여부를 결정하기 위한 재심사임	
차이점	• 입법적 과정(예산심의) • 장기적(3~7년) • 최상위 계층에 관련	• 행정적 과정(예산편성) • 단기적(1년) • 최상위부터 중·하위 계층까지 관련

47   2018 지방직 7급

예산제도의 유형에 대한 설명으로 옳지 않은 것은?

① 품목별 예산제도(LIBS)는 예산집행에 대한 회계책임을 명백히 하고 경비사용을 엄격하게 통제한다.
② 계획예산제도(PPBS)의 주요한 관심 대상은 사업의 목표이나, 투입과 산출에도 관심을 둔다.
③ 목표관리 예산제도(MBO)의 도입 취지는 불요불급한 지출을 억제하고 감축관리를 지향하는 데 있다.
④ 성과주의 예산제도(PBS)에서는 국민과 의회가 정부의 사업 내용과 목적을 이해하는 데 편리하다.

48   2017 지방직 7급

다음 특징에 해당하는 예산관리제도는?

- 사업 시행 후 기존 사업과 지출에 대해 입법기관이 재검토한다.
- 정부의 불필요한 행위나 활동을 폐지하고 효율적인 정부를 추구하려는 노력이다.
- 특정 조직이나 사업에 대해 존속시킬 타당성이 없다고 판명되면 자동적으로 폐지하는 제도이다.
- 매 회계연도마다 반복되는 예산과정에서 비교적 독립적으로 진행할 수 있다.

① 영기준 예산제
② 일몰제
③ 계획예산제
④ 성과주의 예산제

49   2010 서울시 7급

일몰법과 영기준 예산에 대한 설명으로 부적절한 것은?

① 둘 다 감축관리의 실행에 활용된다.
② 일몰법은 대개 3~7년의 기간 후에 사업을 종료한다.
③ 영기준 예산은 매년 심사하여 결정한다.
④ 둘 다 자원의 합리적 배분을 의도한다.
⑤ 영기준 예산은 입법적 과정이다.

50

2006 국가직 7급

일몰법과 영기준 예산에 대한 설명으로 옳지 않은 것은?

① 일몰법은 예산심의와 관계되는 입법과정이다.

② 영기준 예산은 예산편성과 관련되는 행정과정이다.

③ 일몰법은 조직의 하위 구조에서 보다 효율적인 관리도구이다.

④ 영기준 예산은 매년 실시되므로 단기적인 성격을 띠지만, 일몰법은 검토의 주기가 3~7년이므로 장기적인 성격을 띤다.

51

2007 서울시 9급

다음 중에서 틀린 것은?

① 자본예산은 복식예산의 일종으로서, 정부예산을 경상지출과 자본수지로 구분한다.

② 감축관리는 조직의 자원과 활동 수준을 가능한 한 낮추기 위한 관리전략이다.

③ 감축관리는 조직구성원들의 창의성과 사기를 약화시킬 수 있다.

④ 일몰법은 입법부가 행정기관을 실질적으로 감시할 수 있도록 하는 효과적인 수단이다.

⑤ 일몰법은 주민참여의 순기능을 촉진할 수 있는 수단이다.

52

2001 입법고시

다음의 여러 예산제도 중에서 부담과 편익의 분배에 대한 세대 간의 공평성을 고려할 수 있는 제도는?

① 품목별 예산제도

② 자본예산제도

③ 성과주의 예산제도

④ 계획예산제도

⑤ 영기준 예산제도

53

2016 서울시 7급

다음 중 자본예산제도의 특징으로 가장 옳지 않은 것은?

① 재정안정화 효과 증진

② 중장기 예산운용 가능

③ 부채의 정당화

④ 예산의 적자재정 편성

---

06 자본예산제도(CBS)

결정적 코멘트 ▷ 경기 회복과 관련하여 관심이 높아지고 있는 분야이다.

1 자본예산제도(CBS)의 개념과 발달 배경

(1) 개념

자본예산제도(CBS: Capital Budgeting System)란 복식예산의 일종으로서, 경상수지를 관리하는 경상예산과 자본수지를 관리하는 자본예산으로 구분하여 운영하는 예산제도를 말한다. 이때 경상지출은 경상수입으로 충당시켜 수입과 지출의 균형을 이루도록 하지만, 자본지출은 공채발행과 적자재정으로 충당하도록 한다.[1]

경상계정	경상수입(조세) → 경상지출	균형예산
자본계정	공채 → 자본지출	불경기 시 적자재정

(2) 발달 배경

① 스웨덴

　㉠ 자본예산제도를 채택하고 이를 토대로 대규모 공공사업을 실시함으로써 세계대공황을 극복하고자 하였다.

　㉡ 조세저항을 피할 수 있기 때문에, 공공사업에 대한 초기의 대규모 투자는 조세보다 공채로 조달함이 용이하였다.

　㉢ 미르달(Myrdal)의 순환적 균형예산이론을 바탕으로 전통적 예산관(년년균형예산)에 정면 배치되지 않아 국민·의회의 저항을 용이하게 극복할 수 있었다. 즉, CBS는 전통적인 균형예산의 관념을 떠나서 불경기의 극복을 위하여 적자예산을 편성하고 경기가 회복된 후에는 흑자예산으로 상환하게 하는 제도이므로 순환적 균형예산이라는 것이다.

　㉣ 스웨덴의 경우는 1970년대 말의 경제위기에도 미국의 레이거노믹스, 영국의 대처리즘 등에서 볼 수 있듯이 작은 정부모델을 따르지 않고, 공공부문의 고용을 증대시키는 정책으로 위기를 극복하였다.

② 미국 시정부(市政府)

　㉠ 조세로는 공공사업 및 공공시설을 확대·확충하는 데 필요한 재원의 확보가 곤란하기 때문에(조세저항이 크기 때문에) 공채로 조달해야 할 필요가 있었다.

　㉡ CBS는 수익자 부담의 원칙과 세대 간의 공평성을 제고하는 데 적합하다. 따라서 공공시설의 확충 등의 비용을 조세로 충당하면 현세대만이 그 비용을 부담하게 되나, 공채수입으로 조달하면 모든 수익자에게 공채의 원리금 상환비용을 장기적 관점에서 분담할 수 있었다.

　㉢ 세계대공황의 극복, 자원개발 및 지역사회개발 등은 장기계획을 필요로 하였으며, 장기적인 성격의 CBS는 이러한 요구에 부응하였다.

---

1) 지출의 효과가 1년 이상인 경우를 자본적 지출이라 하고, 1년 미만의 경우를 경상적 지출이라 한다. 예를 들어, 댐 건설에 들어가는 비용은 자본적 지출이며, 완공 후 매년 유지 등을 위해 들어가는 비용은 경상적 지출이다.

2 자본예산제도(CBS)의 장·단점

(1) 장점

① 장기적인 재정계획의 수립에 도움을 줌으로써, 조직적인 자원개발과 자원보전을 위한 효과적인 수단이 될 수 있으며 정부의 신용을 높이는 데 도움을 준다.
② 정부의 순자산의 변동과 재정구조 및 사회자본의 축적·유지를 파악할 수 있다.
③ 자본적 지출에 대한 특별한 심사·분석이 가능하다.
④ 불황의 극복(경기회복)에 도움이 될 수 있으며, 경기활성화에 기여할 수 있다.
⑤ 수익자 부담의 원칙을 구현해 준다.
⑥ 균형예산을 지향하는 국민·의회의 이해 및 지지 획득이 용이하다.
⑦ 주민 조세부담의 기복과 지출의 기복을 조절하는 데 도움을 준다.

(2) 단점

① 적자예산을 편성하는 데 치중하게 될 우려가 있다.
② 인플레이션을 더욱 조장시킬 우려가 있다.
③ 공공사업부문에 치중되어 국가활동의 불균형을 초래할 우려가 있다.
④ CBS는 적자재정의 은폐수단으로 또는 무리한 출자를 정당화시키기 위하여 악용될 우려가 있다.
⑤ 공공부문에서 사자본(私資本)을 얼마나 효율적으로 이용할 수 있는지 의문이 들 수 있다.
⑥ 경상계정과 자본계정의 구분 기준이 불분명하다.
⑦ 재정의 건전성에 아무런 영향도 미치지 않는다는 이유로 차입금에 의한 자본지출에 치중되기 쉽다.
⑧ 불경기의 극복을 위하여 자본시설·내구재에만 투자한다는 것은 적절하지 않다(경제안정은 경상지출의 증가 또는 세율·이자율의 인하에 의하여 신속하고 신축성 있게 이루어질 수 있음).

바로 확인문제

54   2004 국회직 8급

다음 중 자본예산제도에 관한 설명으로 타당하지 <u>않은</u> 것은?

① 장기적 재정계획수립이 용이하여 정부의 신용을 높이는 데 도움을 준다.
② 경제불황의 극복수단으로 활용하여 경기활성화에 기여할 수 있다.
③ 사업별, 활동별, 기능별로 예산이 운영되기 때문에 정부의 역할을 국민에게 이해시키는 데 큰 도움을 준다.
④ 주민 조세부담의 기복과 지출의 기복을 조절하는 데 도움을 준다.
⑤ 정부의 순자산 상태의 변동 파악에 도움을 준다.

55   2009 지방직 7급

자본예산의 장점에 대한 설명으로 옳지 <u>않은</u> 것은?

① 자본적 지출의 경우 장기적 재정계획에 따라 일시적인 적자재정이 정당화된다.
② 경상적 지출과 자본적 지출을 분리·계리함으로써 재정의 기본구조를 이해하는 데 도움이 된다.
③ 세출규모의 변동을 장기적 관점에서 조정하는 데 기여한다.
④ 경상적 지출에 대한 심도 있는 분석에 유리하다.

56   2008 서울시 9급

자본예산제도의 장점과 가장 거리가 <u>먼</u> 것은?

① 국가의 자산 상태를 명확하게 파악할 수 있게 한다.
② 자본적 지출에 대한 특별한 사정과 분석을 가능하게 한다.
③ 인플레이션기에 적정한 예산제도로 경제안정에 도움을 준다.
④ 수익자의 부담을 균등화시킬 수 있다.
⑤ 정부는 자본예산제도를 통해서 필요한 예산을 조달하여 유효수요를 증가시킴으로써 경기회복의 정책을 추진할 수 있다.

03 예산제도론

❶ 예산결정이론모형

❷ 시대별 예산제도

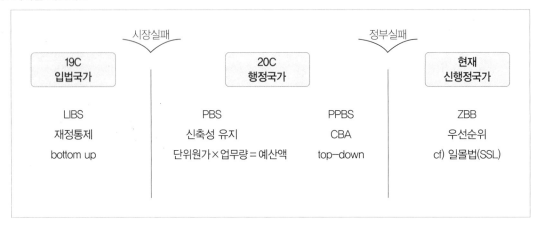

V 재무행정론

교수님 코멘트 ▶ 예산의 분류, 원칙을 구분할 수 있어야 하고, 예산편성과 관련된 4대 재정개혁, 예산집행과 관련된 BTL의 주요 내용, 예산집행의 재정통제와 신축성 유지의 차이를 구분해야 한다. 최근 정부회계제도와 관련된 현금주의와 발생주의, 단식부기와 복식부기를 중심으로 한 결산의 출제비중이 높아지고 있음 또한 잊지 말아야 한다. 아울러 시대별 흐름에 따른 예산제도의 변화를 이해해야 한다.

정답과 해설 ▶ P.110

01
2021 지방직(=서울시) 9급

특별회계 예산과 기금에 대한 설명으로 옳지 않은 것은?

① 기금은 특정 수입과 지출의 연계가 강하다.
② 특별회계 예산은 세입과 세출이라는 운영 체계를 지닌다.
③ 특별회계 예산은 합목적성 차원에서 기금보다 자율성과 탄력성이 강하다.
④ 특별회계 예산과 기금은 모두 결산서를 국회에 제출하여야 한다.

02
2015 서울시 9급

추가경정예산을 통한 재정의 방만한 운영가능성을 줄이기 위해 「국가재정법」 제89조에서는 추가경정예산안을 편성할 수 있는 경우를 제한하고 있다. 다음 중 위 법 조항에 명시된 추가경정예산안을 편성할 수 있는 경우가 아닌 것은?

① 부동산 경기 등 경기부양을 위하여 기획재정부장관이 필요하다고 판단하는 경우
② 전쟁이나 대규모 자연재해가 발생한 경우
③ 경기침체, 대량실업, 남북관계의 변화, 경제협력 같은 대내·외 여건에 중대한 변화가 발생하였거나 발생할 우려가 있는 경우
④ 법령에 따라 국가가 지급하여야 하는 지출이 발생하거나 증가하는 경우

03
2019 지방직 9급

통합재정에 대한 설명으로 옳은 것은?

① 일반회계, 특별회계, 기금을 포함한다.
② 통합재정의 기관 범위에 공공기관은 포함되지만, 지방자치단체는 포함되지 않는다.
③ 국민의 입장에서 느끼는 정부의 지출규모이며 내부거래를 포함한다.
④ 2005년부터 정부의 재정규모 통계로 사용하고 있으며 세입과 세출을 총계 개념으로 파악한다.

04
2010 서울시 7급

개개의 항목에 대한 통제가 아니라 예산 총액만 통제하고, 구체적인 항목별 지출에 관해서는 집행부에 대한 재량권을 확대하는 성과지향적 예산제도는?

① 조세지출 예산제도
② 통합재정제도
③ 성인지 예산제도
④ 지출통제 예산제도
⑤ 기금관리제도

05

예산원칙 예외에 대한 설명 중 옳지 않은 것은?

① 국가정보원 예산의 비공개는 예산공개의 원칙에 대한 예외이다.

② 수입대체경비, 차관물자대 등은 예산총계주의 원칙에 대한 예외이다.

③ 특별회계와 추가경정예산은 예산 단일성의 원칙에 대한 예외이다.

④ 예산 한정성의 원칙 중 예산 목적 외 사용금지인 질적 한정의 원칙은 엄격히 지켜지고 있다.

06

예산 통일성 원칙의 예외에 해당하지 않는 것은?

① 특별회계　　　　　② 기금

③ 추가경정예산　　　④ 수입대체경비

07

다음 중 예산원칙의 예외를 옳게 짝지은 것은?

	한정성 원칙	단일성 원칙
①	목적세	특별회계
②	예비비	목적세
③	이용과 전용	수입대체경비
④	계속비	기금

08

다음은 예산의 원칙에 대한 설명이다. 바르게 짝지어진 것은?

> A: 한 회계연도의 세입과 세출은 모두 예산에 계상하여야 한다.
> B: 모든 수입은 국고에 편입되고 여기에서부터 지출이 이루어져야 한다.

	A	B
①	예산 단일의 원칙	예산총계주의 원칙
②	예산총계주의 원칙	예산 단일의 원칙
③	예산 통일의 원칙	예산총계주의 원칙
④	예산총계주의 원칙	예산 통일의 원칙

09

재정민주주의에 대한 설명으로 옳지 않은 것은?

① 재정민주주의는 '대표 없이 과세 없다'라는 표현에서 나타나듯이 재정 주권이 납세자인 국민에게 있다는 의미를 내포하고 있다.

② 납세자인 시민이 국가 또는 지방자치단체의 재정지출과 관련된 부정과 낭비를 감시하는 납세자 소송제도는 재정민주주의의 본질을 잘 반영하고 있다.

③ 주민참여예산제도는 예산편성과정에 주민참여를 확대함으로써 지방재정 운영의 투명성 및 공정성을 제고하여 재정민주주의에 기여한다.

④ 정부 예산집행의 신축성을 확대하기 위하여 만들어진 예산의 전용제도는 국회의 동의를 구해야 하므로 재정민주주의 확보에 기여하는 제도적 장치이다.

10

예산과정에 대한 설명으로 옳은 것은?

① 예산과정은 예산편성 – 예산집행 – 예산심의 – 예산결산의 순으로 이루어진다.

② 예산집행의 신축성을 확보하기 위해 예비비, 총액계상제도 등을 활용하고 있다.

③ 예산제도 개선 등으로 절약된 예산 일부를 예산성과금으로 지급할 수 있지만 다른 사업에 사용할 수는 없다.

④ 각 중앙부처가 총액 한도를 지정한 후에 사업별 예산을 편성하고 있어 기획재정부의 사업별 예산통제기능은 미약하다.

11

예비타당성조사에 대한 설명으로 옳은 것은?

① 기존에 유지된 타당성조사의 문제점을 보완하기 위해 2013년부터 도입하였다.

② 신규 사업 중 총사업비가 300억 원 이상인 사업은 예비타당성 조사대상에 포함된다.

③ 중앙행정기관의 장은 예비타당성조사를 실시하고 기획재정부장관과 그 결과를 협의해야 한다.

④ 조사대상 사업의 경제성, 정책적 필요성 등을 종합적으로 검토하여 그 타당성 여부를 판단한다.

12

민자유치의 사업방식에 대한 설명으로 옳은 것을 모두 고르면?

㉠ BTO 방식 – 민간투자기관이 민간자본으로 공공시설을 건설하고 시설 완공과 동시에 소유권을 정부에 이전하는 대신, 민간투자기관이 일정기간 시설을 운영하여 투자비를 회수하는 방식

㉡ BOT 방식 – 민간투자기관이 민간자본으로 공공시설을 건설하고 시설 완공 후 일정기간 동안 민간투자기관이 소유권을 가지고 직접 운영하여 투자비를 회수하는 방식

㉢ BOO 방식 – 민간투자기관이 민간자본으로 공공시설을 건설하고 시설 완공 후 일정기간 동안 민간투자기관이 소유권을 가지고 직접 운영하여 투자비를 회수한 다음, 기간만료 시 소유권을 정부에 이전하는 방식

㉣ BTL 방식 – 민간투자기관이 민간자본으로 공공시설을 건설하고 완공 시 소유권을 정부에게 이전하여 정부가 소유권과 운영권을 가지고, 대신 민간투자기관에게 임대료를 지급하도록 하여 시설투자비를 회수하는 방식

㉤ BLT 방식 – 민간의 투자자본으로 건설한 공공시설을 정부가 사업을 운영하며 민간에 임대료를 지불하는 방식으로 운영종료 시점에 정부가 소유권을 이전받는 방식

① ㉠, ㉣, ㉤　　　　　② ㉡, ㉢, ㉣

③ ㉠, ㉢, ㉣, ㉤　　　④ ㉡, ㉢, ㉣, ㉤

13

예산결정이론에 대한 설명 중 가장 옳지 <u>않은</u> 것은?

① 계획예산은 영기준 예산과는 달리 결정의 흐름이 하향적이다.
② 영기준 예산에서는 업무 부담이 과중된다는 문제점이 있다.
③ 목표에 대한 사회적 합의 도출이 어려울 경우 합리모형의 적용이 곤란하다.
④ 점증주의적 예산결정은 경제적 합리성에 더해 정치적 합리성을 동시에 고려한다.

14

다음 중 예산과정을 보는 시각이 서로 <u>다른</u> 하나는?

① 목표의 명확성 전제
② 목표 – 수단분석의 실시
③ 분석적 결정기준의 사용
④ 계속적·분할적 접근

15

예산결정에 대한 공공선택론적 관점의 설명으로 옳은 것은?

① 본질적 문제해결보다는 보수적 방식을 통해 예산의 정치적 합리성이 제고될 수 있다.
② 니스카넨(W. Niskanen)에 의하면 예산결정에 있어 관료의 최적 수준은 정치인의 최적 수준보다 낮다.
③ 정치인과 관료들은 개인효용함수에 따라 권력이나 예산규모의 극대화를 추구한다.
④ 재원배분 형태는 장기 균형과 역사적 상황에 따른 단기의 급격한 변화를 반복한다.

16

다음 중 예산과 관련된 이론으로 가장 옳지 <u>않은</u> 것은?

① 욕구체계이론
② 다중합리성 모형
③ 단절균형이론
④ 점증주의

17

예산제도에 대한 설명으로 가장 옳은 것은?

① 성과주의 예산제도는 업무단위 비용과 업무량의 파악을 통해 효과성을 높이고자 한다.

② 품목별 예산제도의 분석의 초점은 지출대상이며 이를 통해 통제성을 높이고자 한다.

③ 새로운 성과주의 예산제도는 산출물에 관심이 있으며 이를 통해 효율성을 높이고자 한다.

④ 계획예산제도는 목표와 예산의 연결을 통해 투명성과 대응성을 높이고자 한다.

5개년 챕터별 출제비중 & 출제개념

2% ※최근 5개년(국, 지/서)
출제비중

학습목표

01 행정책임과 통제

☐ 1회독   월   일
☐ 2회독   월   일
☐ 3회독   월   일
☐ 4회독   월   일
☐ 5회독   월   일

정답과 해설 ▶ P.85

바로 확인문제

01
2005 주택공사

행정책임에 대한 설명 중 <u>틀린</u> 것은?

① 일정한 권리를 전제로 하여 발생한다.
② 주로 결과에 대한 책임이 중시되지만 과정책임도 중요하다.
③ 자신이 아닌 외부의 다른 어떤 기준에 의하여 행동할 의무를 지는 것이다.
④ 행정이 공동의 이익을 추구해야 한다는 것을 포함한다.

02
2005 경기 7급

행정책임과 행정통제에 대한 다음의 설명 중 타당하지 <u>않은</u> 것은?

① 행정책임을 묻기 위해서는 행동의 동기를 파악하는 것이 가장 중요하다.
② 외재적 책임의 강조에서 내재적 책임의 강조로 비중이 변하고 있다.
③ 행정책임을 물을 때에는 권한과 책임의 명확화가 전제되어야 한다.
④ 행정 고객의 정당한 요구도 행정책임의 판단기준에 포함된다.

03
2004 강원 9급

현대행정에서 행정책임을 강조하게 된 배경으로서 재량권이 확대된 이유와 <u>무관한</u> 것은?

① 행정통제의 강화
② 행정의 전문화
③ 정치 · 행정 일원론
④ 정부 주도의 경제발전

01 행정책임
결정적 코멘트 ▶ 제도적 · 자율적 책임성을 중심으로 학습해야 한다.

1 행정책임의 개념 및 특징

(1) 개념

① 행정인 또는 행정기관이 법령 · 공익 · 국민의 기대 · 직업윤리 · 이익집단의 요구 · 조직목표 · 정책 · 사업계획 등 일정한 행동기준에 따라 행동해야 할 의무를 말한다.
② 행정책임은 다음과 같이 여러 가지 용어로 표현될 수 있다.
　㉠ 'responsibility': 수임자 또는 공복으로서 지는 광범위한 도의적 · 자율적 책임
　㉡ 'accountability': 변명적 · 법률적 · 제도적 책임
　㉢ 'responsiveness': 민의에 대한 반응, 대응, 응답

(2) 특징

① 일정한 행동을 하여야 할 의무를 전제로 발생한다.
② 일정한 재량을 전제로 발생한다.
③ 행동의 결과에 대한 책임도 중요하지만, 과정책임도 중요하다. 그러나 행동의 동기는 불문한다.
④ 개인적 요구보다 우위에 있는 요구를 충족시켜야 한다.
⑤ 행정통제와 국민의 행정참여를 통하여 보장된다.

(3) 행정책임의 확보 필요성

① 행정권의 강대화 · 집중화
② 행정의 전문화와 재량권의 확대
③ 정부 주도형의 경제발전과 자원배분권의 행사
④ 시민적 정치의식의 결여와 시민의 민주통제의 제약

2 행정책임의 유형

(1) 법적 책임과 재량적 책임

① 법적 책임: 법령을 위반하지 않아야 하는 책임을 의미한다.
② 재량적 책임: 공익을 위배하지 않아야 하는 책임을 의미한다.

(2) 도의적 책임과 법적 책임

① **도의적 책임**: 국민의 수임자 또는 공복으로서 지는 광범위한 책임을 의미하며, 공직자로서 지는 인격적·윤리적 책임을 그 본질로 한다.
② **법적 책임**: 공식적인 역할·지위·권한에 따르는 책임이다(도의적 책임은 공식적인 역할·지위·권한과 반드시 관련되는 것은 아니다).

(3) 내재적 책임과 외재적 책임

① **내재적 책임**: 상급자나 감독자에 대하여 지는 책임을 말한다.
② **외재적 책임**: 입법부·사법부 또는 국민에 대하여 지는 민주적 책임을 의미한다.

(4) 정치적 책임과 기능적 책임

① **정치적 책임**: 행정기관이나 행정인이 국민 또는 국민의 대표기관인 국회에 대하여 지는 민주적 책임을 말하며, 행정기관이나 행정인이 국민의 의사에 잘 부응하고 있는가에 따르는 책임이다.
② **기능적 책임**: 전문직업인으로서 갖는 직업윤리와 전문적·기술적 기준을 따라야 할 책임, 즉 행정인이 전문직업인으로서 주어진 직책과 기능을 직업윤리와 전문적·기술적 기준에 따라 잘 수행하고 있는가에 대한 책임이다.

(5) 제도적 책임성과 자율적 책임성

① **제도적 책임성**
  ㉠ 공식적인 각종 제도적 통제를 통해 국민에 의해 표출된 국민의 요구를 충족시켜 주기 위해 정부와 공무원들이 임무를 수행하게 하는 타율적이고 수동적인 행정책임을 의미한다.
  ㉡ 국민과 국민이 선출한 대의기관에 의한 정부와 공무원에 대한 직접적인 통제 및 법적 처벌을 강조하는 파이너(Finer)의 행정책임론과 관련된다.
② **자율적 책임성**
  ㉠ 공무원이 전문가로서의 직업윤리와 책임감에 기초해서 적극적이고 자발적인 재량을 발휘하여 확보되는 행정책임을 의미한다.
  ㉡ 대응성의 개념에 기초한 행정책임이다.

▍제도적 책임성과 자율적 책임성 비교

제도적 책임성(accountability)	자율적 책임성(responsibility)
문책자의 외재성	문책자의 내재화 또는 부재
절차의 중시	절차의 준수와 책임 완수는 별개의 것
공식적·제도적인 통제	공식적 제도에 의해 달성할 수 없음
판단기준과 절차의 객관화	객관적으로 확정할 수 있는 기준 없음
제재의 존재	제재의 부재

(6) 시장책임성

① 신공공관리론에서 강조하는 책임이다.
② 경제적 능률성의 개념으로, 비용효과성을 중시하며 투입보다는 결과와 성과에 대한 책임을 강조한다.

04 2005 대구 9급

현대행정에서 행정책임이 강조되는 이유로 적합하지 <u>않은</u> 것은?

① 공무원의 재량영역 확대
② 행정의 전문화·복잡화
③ 입법 및 사법통제의 약화
④ 시민통제의 강화

05 2006 국가직 7급

행정에 대한 통제를 어렵게 하는 요인으로 볼 수 <u>없는</u> 것은?

① 행정부로부터 통제 주체들의 재정적 독립
② 행정규모의 팽창과 권위주의적 행정 문화
③ 준공공부문의 확대
④ 최고 국정책임자의 지시에 따른 정책

06 2010 국가직 9급

제도적 책임성(accountability)과 대비되는 자율적 책임성(responsibility)에 대한 설명으로 가장 적합하지 <u>않은</u> 것은?

① 전문가로서의 직업윤리와 책임감에 기초해서 적극적·자발적 재량을 발휘하여 확보되는 책임
② 객관적으로 기준을 확정하기 곤란하므로, 내면의 가치와 기준에 따르는 것
③ 국민들의 요구와 기대를 정확하게 인식해서 이에 능동적으로 대응하는 것
④ 고객만족을 위하여 성과보다는 절차에 대한 책임 강조

07 2016 지방직 9급

행정윤리에 대한 설명으로 옳지 <u>않은</u> 것은?

① 제도적 책임성이란 공무원이 전문가로서의 직업윤리와 책임감에 기초해서 자발적인 재량을 발휘해 확보되는 행정책임을 의미한다.
② 행정윤리는 사익보다는 공익과 밀접한 관계가 있다.
③ 결과주의에 근거한 윤리평가는 사후적인 것이며 문제의 해결보다는 행위 혹은 그 결과에 대한 처벌에 중점을 둔다.
④ 공무원 부패의 원인을 사회문화적 접근으로 보는 관점에서는 특정한 지배적 관습이나 경험적 습성이 부패를 조장한다는 입장이다.

③ 고객의 만족에 의한 행정책임을 중시한다.

④ 시장책임성의 측정수단은 규칙이나 계층제적 권위에 의한 통제보다는 행정성과에 있다.

08 2018 서울시 기술직 7급

행정의 책임성에 대한 설명으로 가장 옳지 않은 것은?

① 행정의 책임성에는 결과에 대한 책임과 함께 과정에 대한 책임도 포함된다.

② 신공공관리론(NPM)에서 강조하고 있는 시장책임성은 고객만족에 의한 행정책임을 포함한다.

③ 법적 책임의 확보방법은 시대에 따라 변하고 있다.

④ 제도적 책임성은 공무원의 자율적이고 능동적인 행정책임을 의미한다.

3 행정책임의 기준

(1) 명문규정이 있는 경우

법령에 행정의 기준이 명문으로 규정되어 있는 경우에는, 그 규정을 행정책임의 기준으로 삼아야 한다.

(2) 명문규정이 없는 경우

① 공익

② 직업윤리와 기술적 기준

③ 국민의 여망

④ 이익집단의 요구

09 2007 경남 9급

행정책임의 기준으로 볼 수 없는 것은?

① 분권화 정도

② 공익

③ 행정인 윤리 기준

④ 이익단체의 요청

02 행정통제

> **결정적 코멘트** 옴부즈만(Ombudsman)은 외부통제, 감사원은 내부통제라는 점을 반드시 기억해야 한다.

1 행정통제의 개념 및 필요성

(1) 개념

① 행정통제란 행정책임을 보장하기 위한 수단으로서 공무원 개인 또는 행정체제의 일탈에 대한 감시와 처벌을 통해 원래의 행정성과를 달성하려는 활동들을 말한다.

② 행정통제는 행정이 국민을 위하여 수행되고 목표가 효과적으로 수행될 수 있도록 그 수행과정 및 결과에 대해 조정, 환류, 진행시키는 것이다.

10 2004 국가직 9급

현대 행정국가에서의 내부통제 중요성이 증대되는 가장 큰 이유는?

① 행정의 전문화 현상

② 관료 권력의 비대화

③ 관료 부패의 증대

④ 의회기능의 증대

(2) 필요성

① 행정기능의 확대·강화, 행정의 전문성 증대로 인한 재량권의 확대 등으로 권력의 오용·남용의 가능성이 증대되고 있다.

② 발전도상국의 경우에는 행정관료의 비민주적 가치관과 태도로 인한 폐해가 심각하다.

③ 국민에 대한 책임의식이 부족하다.

④ 행정의 성과를 종합적으로 확인·평가하기 위해서 행정통제가 필요하다.

11 2010 서울시 9급

행정통제의 유효성을 제고하기 위한 개선방안으로 옳지 않은 것은?

① 행정정보공개제도의 활성화를 통해 행정의 투명성을 높여야 한다.

② 「행정절차법」의 활용을 높여 열린 행정과 투명행정을 실현해야 한다.

③ 과도한 시민참여로 인한 정책과정상의 비효율성을 제거해야 한다.

④ 옴부즈만제도의 확대 및 강화가 필요하다.

⑤ 내부고발인 보호제도를 강화해야 한다.

(3) 원칙

① 합목적성의 원칙
② 즉시성의 원칙
③ 적량성의 원칙
④ 인간적 접근의 원칙
⑤ 비교성의 원칙
⑥ 효용성의 원칙
⑦ 융통성(신축성)의 원칙
⑧ 적응성의 원칙
⑨ 예외성의 원칙
⑩ 일치성의 원칙
⑪ 경제성의 원칙

(4) 과정

① **통제목표와 기준의 설정**: 공공조직은 조직의 목표와 이를 구체화시킨 분명한 계획을 갖고 있지 않거나, 사회적 정의나 공익과 같은 추상적인 개념을 내세우는 경우가 많다. 따라서 효율적인 행정통제를 위해서는 분명한 목표와 기준을 설정해야 한다.

② **성과측정 및 기준과의 비교·평가**: 보고 또는 감사 등을 통하여 시행결과·실적을 측정한다. 공공부문의 경우에 금전적 가치 등으로 계량화하기 어려운 요소가 많아 성과측정이 쉽지 않기 때문에 민간부문과는 다른 생산성 개념이 도입될 필요가 있다. 즉, 생산성의 개념을 단순히 비용과 편익을 비교하는 경영학적 관점이 아니라, 정책에 미치는 영향을 고려한 연관성 분석으로 이해해야 할 필요가 있다.

③ **시정조치**: 시행성과와 실적, 통제기준 간에 편차가 있는 경우, 편차에 대한 시정조치가 따라야 한다. 즉, 시정행동으로서 평가의 환류과정을 통해 개선하는 과정이다. 그러나 관료제의 보수성향으로 변화에 저항하는 경우가 많다.

(5) 유형

행정통제는 주체와 영향력의 행사방향에 따라 외부통제와 내부통제로 구분할 수 있다. 행정이 비교적 단순했던 과거 입법국가 시대에는 외부통제가 중시되었지만, 행정이 전문화되고 복잡해진 현대 행정국가 시대에는 내부통제가 강조되고 있다.

① **외부통제**: 국회나 사법부와 같은 행정구조 외부의 사람이나 기관에 의한 통제
② **내부통제**: 행정조직 구성원에 의한 통제

▌행정통제의 유형

구분	내부통제	외부통제
공식통제	• 행정수반에 의한 통제 • 중앙행정부처에 의한 통제 • 감사원에 의한 통제 • 계층제에 의한 통제	• 입법부에 의한 통제 • 사법부에 의한 통제 • 옴부즈만에 의한 통제
비공식통제	• 공무원으로서 직업윤리 • 동료집단의 평판에 의한 통제 • 관료제의 대표성에 의한 통제 • 윤리적 책임의식의 내재화	• 시민에 의한 통제 • 정당에 의한 통제 • 언론기관에 의한 통제 • 선거권에 의한 통제

(6) 행정통제력의 향상방안(정보의 비대칭성 극복방안)

① 행정정보공개제도의 활성화
② 「행정절차법」의 활용
③ 내부고발자(whistle-blower) 보호와 내부 감시기능의 활용
④ 정책과정에서 시민참여의 기회 확대
⑤ 자체 감사기능의 활성화

바로 확인문제

12   2013 서울시 9급
행정책임과 행정통제에 대한 설명 중 옳지 <u>않은</u> 것은?

① 행정통제의 중심과제는 궁극적으로 민주주의와 관료제 간의 조화문제로 귀결된다.
② 행정통제는 설정된 행정목표와 기준에 따라 성과를 측정하는 데 초점을 맞추면 별도의 시정노력은 요구되지 않는 특징이 있다.
③ 행정책임은 행정관료가 도덕적·법률적 규범에 따라 행동해야 하는 국민에 대한 의무이다.
④ 행정통제란 어떤 측면에서는 관료로부터 재량권을 빼앗는 것이다.
⑤ 행정책임은 국가적 차원에서 국민에 대한 국가 역할의 정당성을 확인하는 것이다.

13   2019 서울시 9급 제2회
행정통제에 대한 설명으로 가장 옳지 <u>않은</u> 것은?

① 행정권한의 강화 및 행정재량권의 확대가 두드러지면서 행정책임 확보의 수단으로서 행정통제의 중요성이 커지고 있다.
② 의회는 국가의 예산을 심의하고 승인하거나 혹은 지출을 금지하거나 제한하는 등의 조치를 통하여 행정부를 통제한다.
③ 행정이 전문성과 복잡성을 띠게 된 현대 행정국가 시대에는 내부통제보다 외부통제가 점차 강조되고 있다.
④ 일반 국민은 선거권이나 국민투표권의 행사를 통하여 행정을 간접적으로 통제한다.

14   2020 지방직(=서울시) 9급
행정통제의 유형 중 외부통제가 <u>아닌</u> 것은?

① 감사원의 직무감찰
② 의회의 국정감사
③ 법원의 행정명령 위법 여부 심사
④ 헌법재판소의 권한쟁의심판

15

2021 국가직 9급

행정부에 대한 외부통제에 해당하는 것만을 모두 고르면?

> ㄱ. 행정안전부의 각 중앙행정기관 조직과 정원 통제
> ㄴ. 국회의 국정조사
> ㄷ. 기획재정부의 각 부처 예산안 검토 및 조정
> ㄹ. 국민들의 조세부과 처분에 대한 취소소송
> ㅁ. 국무총리의 중앙행정기관에 대한 기관평가
> ㅂ. 환경운동연합의 정부정책에 대한 반대
> ㅅ. 중앙행정기관장의 당해 기관에 대한 자체평가
> ㅇ. 언론의 공무원 부패 보도

① ㄱ, ㄷ, ㅁ, ㅅ 　② ㄴ, ㄷ, ㄹ, ㅁ
③ ㄴ, ㄹ, ㅁ, ㅇ 　④ ㄴ, ㄹ, ㅂ, ㅇ

16

2008 서울시 9급

아래의 행정통제 유형 중 외부통제 방안을 전부 포함한 것은?

> ㄱ. 입법부에 의한 통제
> ㄴ. 사법부에 의한 통제
> ㄷ. 감사원에 의한 통제
> ㄹ. 청와대에 의한 통제
> ㅁ. 중앙행정부처에 의한 통제
> ㅂ. 시민에 의한 통제
> ㅅ. 여론과 매스컴
> ㅇ. 옴부즈만제도

① ㄱ, ㄴ
② ㄱ, ㄴ, ㄷ
③ ㄱ, ㄴ, ㄷ, ㄹ, ㅁ
④ ㄱ, ㄴ, ㄷ, ㅇ
⑤ ㄱ, ㄴ, ㅂ, ㅅ, ㅇ

2 내부통제(관리통제)

(1) 공식적 통제

① **청와대와 국무총리실에 의한 통제**: 대통령에 의한 통제는 직접적이고 일상적으로 이루어지기보다는 일시적이고 불시에 이루어지는 암행감사의 성격을 띠고 있다. 이는 주로 사정활동을 통해 이루어진다.

② **감사원에 의한 통제(감찰통제)**: 행정통제와 관련된 감사원(헌법기관, 대통령 직속)의 기본적 기능은 직무감찰과 회계검사로 구분되는데, 최근에는 추가적으로 성과감사의 강화가 요청되고 있다. 즉, 기본적으로 수행하던 감사와 더불어, 행정부가 추진하는 각종 정책에 대한 성과 중심의 감사를 강화해야 한다는 것이다.

③ **중앙통제**: 각급 중앙부처는 여러 가지 방법으로 각급 행정부서를 통제한다. 행정안전부는 각 중앙행정기관에 대한 인사권, 조직권, 행정감사의 조정·통제를 통해 통제력을 행사한다. 각 중앙행정기관은 지방자치단체에 대한 감독과 평가 기능을 수행하고 있다. 그러나 총액인건비제도의 도입 등 각급 기관의 자율성을 확대하는 방향으로 정부개혁이 추진되고 있어 중앙행정부처에 의한 통제가 점차 어려워지고 있다.

(2) 비공식적 통제

① 행정인의 직업윤리에 의한 자율통제를 의미한다.

② 행정의 전문화 심화와 재량권의 증대로 인하여 현대에 이르러 가장 효율적·합리적인 통제로서 중요시되고 있다.

3 외부통제(민주통제)

(1) 민중통제

① 특징

　㉠ 민중통제란 일반국민에 의한 통제 또는 시민통제로서, 행정을 주로 간접적·비공식적으로 통제하는 것을 말한다.

　㉡ 민중통제는 국민의 높은 정치의식 수준이 전제되어야 그 성과를 기대할 수 있다.

　㉢ 최근 효과적인 행정책임의 보장방법이라는 점에서 많은 관심을 받고 있다.

② 방법

　㉠ 국민투표·국회의원 선거 등 각종 선거권의 행사

　㉡ 이익집단의 활동

　㉢ 여론의 형성·작용과 언론기관의 역할

　㉣ 정당의 역할

　㉤ 시민단체의 활동

　㉥ 행정에 대한 시민참여

　㉦ 지식인·학생의 비판기능

(2) 입법통제

① 특징

　㉠ 입법통제는 국민의 대표기관인 의회에 의한 제도화된 공식적 통제이다. 입법부는 근대국가 시대는 물론, 현대에 이르러서도 민주통제에서 가장 중요한 역할을 담당한다.

ⓒ 입법통제는 국민의 대표기관에 의한 공식적 외부통제라는 점에서, 여론에 민감할 수밖에 없는 의원들에 의한 제도화된 공식적 통제라는 점에서 여전히 민주국가에서 중요한 의의를 가지고 있다.

② 방법
　ⓐ **입법권**: 행정조직 법정주의, 입법활동에 의한 공공정책의 주요 목표의 설정, 법률에 근거를 두어야 하는 국민의 기본적 권리·의무에 대한 행정규제 등이 이와 관련된다.
　ⓑ **재정권**: 의회는 예산의 수정·삭감, 과세에 대한 통제, 지출통제와 결산통제 등 재정권을 행사함으로써 행정을 통제한다.
　ⓒ **국무일반에 대한 통제**: 임명동의권, 해임건의권, 탄핵소추권, 국정감사권·국정조사권, 질의권, 청문, 불신임결의 등의 행사를 통하여 행정부를 통제한다.

③ 한계
　ⓐ 삼권분립의 체제에서는 행정수반인 대통령이 의회와 마찬가지로 국민에 의하여 선출된다는 사실에 의해 행정책임이 분할된다.
　ⓑ 행정의 전문화에 비해 의회는 이에 대응할 수 있는 전문적 지식과 능력이 부족하다.
　ⓒ 의원 개개인이 자신의 출신구의 이해에 매우 민감하다.
　ⓓ 우리나라의 경우에는 행정부가 강력한 정치권력 및 방대한 경제권을 장악·행사하고 있는 가운데 입법통제는 현저히 약화되고 있는 추세이다.
　ⓔ 국정에 관한 정보·자료의 입수에 제약이 있고 행정부에 대한 적절한 통제를 할 수 있는 체제를 갖추고 있지 않다.
　ⓕ 위임입법 및 행정부의 제출법안이 증가되고 있다.
　ⓖ 법적 규제가 어려운 행정재량권의 확대로 효과적인 통제를 가하기 어렵다.

(3) 사법통제

① **특징**: 사법통제란 국민이 행정에 의하여 위법하게 권익을 침해당한 경우, 이를 구제하거나 행정명령의 위헌·위법 여부를 심사함으로써 사법부가 행정을 통제하는 것을 의미한다.

② 방법
　ⓐ **행정소송**: 행정기관에 의하여 위법하게 국민의 권리가 침해되거나 의무가 부과되어 이에 대한 구제가 청구되면 법원은 이를 관할하게 된다.
　ⓑ **법령심사권**: 행정부의 명령·규칙·처분이 「헌법」이나 법률에 위반되는지 여부가 재판의 전제가 된 경우에는 법원이 이를 심사한다.

③ 한계
　ⓐ 소극적·사후적 구제에 그친다.
　ⓑ 법관의 행정에 대한 전문지식이 결여되어 있다.
　ⓒ 행정소송에는 많은 시간과 비용이 소요되며, 대체로 소송이 끝날 때까지 행정행위의 효력은 그대로 인정된다.
　ⓓ 정부와 일반국민의 능력 차이가 크다.
　ⓔ 행정인의 부작위나 행정의 비능률성 또는 부당한 재량행위에 대한 재판 개입은 제약된다.

17   2020 지방직(=서울시) 7급

행정책임과 행정통제에 대한 설명으로 옳은 것은?

① 파이너(Finer)는 행정의 적극적 이미지를 전제로 전문가로서의 관료의 기능적 책임을 강조하는 책임론을 제시하였다.
② 프리드리히(Friedrich)는 개인적인 도덕적 의무감에 호소하는 책임보다 외재적·민주적 책임의 중요성을 강조하였다.
③ 행정통제를 내부통제와 외부통제로 구분할 경우, 윤리적 책임의식의 내재화를 통한 통제는 전자에 속한다.
④ 옴부즈만제도를 의회형과 행정부형으로 구분할 경우, 국민권익위원회의 고충민원처리제도는 전자에 속한다.

18   2009 국가직 9급

다음 중 민중통제의 방법에 속하지 않는 것은?

① 언론기관에 의한 통제
② 정당에 의한 통제
③ 직업윤리에 의한 통제
④ 선거권에 의한 통제

19   2022 지방직(= 서울시) 7급

행정책임 확보 방안 중 내부통제에 해당하는 것은?

① 공정한 감시와 견제기능을 하는 시민단체 활동
② 부정청탁금지법 제정과 같은 국회의 입법 활동
③ 부당한 행정에 대한 언론의 감시 활동
④ 중앙부처의 예산 편성과 집행에 대한 기획재정부의 관리 활동

20 2017 지방직 9급 추가채용

행정통제에 대한 설명으로 옳지 <u>않은</u> 것은?

① 감사원에 의한 통제는 회계검사, 직무감찰, 성과감사 등이 있다.
② 사법통제는 행정이 이미 이루어진 후의 소극적 사후조치라는 한계가 있다.
③ 입법통제는 행정명령·처분·규칙의 위법 여부를 심사하는 외부통제 방법이다.
④ 언론은 행정부의 과오를 감시하고 비판하며 공개하는 역할을 수행함으로써 행정에 영향을 미친다.

21 2009 소방직(서울)

다음 중 내부통제가 <u>아닌</u> 것은?

① 감사원 회계검사
② 청와대에 의한 통제
③ 중앙정부 막료부처에 의한 통제
④ 옴부즈만제도

22 2020 군무원 9급

옴부즈만(Ombudsman)제도에 대한 설명으로 옳지 <u>않은</u> 것은?

① 스웨덴에서 처음 도입된 제도이다.
② 행정 내부통제의 한계를 보완하는 제도이다.
③ 시정을 촉구하거나 건의함으로써 국민의 권리를 구제하는 제도이다.
④ 대부분의 국가에서는 입법부에 소속되어 있다.

23 2010 지방직 9급

옴부즈만제도에 대한 설명으로 옳지 <u>않은</u> 것은?

① 옴부즈만은 입법부 및 행정부로부터 정치적으로 독립되어 있다.
② 옴부즈만은 행정행위의 합법성뿐만 아니라 합목적성 여부도 다룰 수 있다.
③ 옴부즈만은 보통 국민의 불평 제기에 의해 활동을 개시하지만 직권으로 조사를 할 수도 있다.
④ 옴부즈만은 법원이나 행정기관의 결정이나 행위를 무효로 할 수는 없지만 취소 또는 변경할 수는 있다.

ⓑ 우리나라에서는 사법부가 행정부에 대한 독립성을 강력히 확립하지 못하여 사법통제는 취약성을 벗어나지 못하고 있다.

(4) 헌법재판(소)

① 특징
　⊙ 헌법재판소는 실질적인 사법기능을 담당하고 있는 국가기관이기는 하지만 사법부에 속하는 것은 아니다.
　ⓛ 위헌법률 심판의 위헌 결정, 헌법소원의 인용 결정이나 권한쟁의 심판의 결정 등 헌법재판소의 결정은 당연히 행정부에 영향을 미친다. 헌법재판소의 위헌확인 결정이 있으면 행정기관은 사정의 변경이 없는 한 동일한 위헌행위를 반복해서는 안 된다.
　ⓒ 신행정수도이전특별법에 대한 헌법재판소의 위헌 결정 등에서 볼 수 있듯이, 헌법재판소의 결정이 정부정책의 실질적인 심사 및 수정으로 이어지는 경우가 많다. 이와 같이 헌법재판소는 행정부의 정책형성과 집행에서도 상당한 역할을 담당하고 있다.

② 기능
　⊙ 법원의 제청에 의한 법률의 위헌 여부 심판
　ⓛ 탄핵의 심판
　ⓒ 정당의 해산 심판
　ⓡ 국가기관 상호 간, 국가기관과 지방자치단체 간 및 지방자치단체 상호 간의 권한쟁의에 관한 심판
　ⓜ 법률이 정하는 헌법소원에 관한 심판

③ 방법
　⊙ 위헌법률심판
　　ⓐ 헌법재판소의 위헌법률심판은 법률에 대한 일종의 사법적 심사로서, 직접적으로는 입법부의 입법행위를 통제하기 위한 것이다. 그러나 국회의 입법활동 중 정부제출 법안이 의원제출 법안을 압도하고 있고, 의원입법의 경우에도 실제로는 정부의 해당 부처에서 성안되는 경우가 많다는 점에서 위헌법률심판은 사실상 행정기관을 통제하는 것이라고 할 수 있다.
　　ⓑ 헌법재판소는 법률에 대한 한정 합헌, 한정 위헌 결정의 형식을 통해 실질적으로 행정부에 의한 법률의 구체화 및 집행이라고 할 수 있는 시행령을 통제하기도 한다.
　ⓛ 헌법소원심판
　　ⓐ 행정기관이 행정처분 등 공권력 행사 또는 행정부작위 등 공권력 불행사에 의해 기본권을 침해한 경우에는 헌법소원심판을 통해 통제할 수 있다.
　　ⓑ 헌법소원심판은 행정부의 행정작용에 대한 합헌성 통제장치로서 헌법재판소는 심판을 통해 해당 행정기관에 대해 직접적으로 통제를 가할 수 있다.
　ⓒ 위임입법권통제
　　ⓐ 헌법재판소는 위임입법권에 대한 통제를 통해서도 간접적으로 행정부를 통제할 수 있다. 즉, 포괄적 위임입법 금지의 원칙에 대한 심사는 한편으로는 입법자에 대한 통제를 의미하지만, 다른 한편으로는 행정부의 위임입법권에 대한 통제가 된다고 할 수 있다.

ⓑ 위임입법권에 대한 통제는 행정권의 자의적인 법률의 해석과 집행을 방지하고 의회입법의 원칙과 법치주의를 달성하려는 데 그 의의가 있다.

(5) 옴부즈만(Ombudsman)제도(호민관, 행정감찰관)

① 개념: 옴부즈만이란 행정이 합법적·합목적적으로 수행되고 있는가를 시민들의 권리구제 신청에 의하거나 직권에 의하여 조사·감찰하는 기관이다.

② 발달

　ㄱ 전통적인 행정통제 방식인 입법부·사법부에 의한 통제가 약화됨에 따라 입법부에 의한 행정부 통제수단으로서 필요하게 되었다.

　ㄴ 1809년 스웨덴에서 최초로 채택된 이래 핀란드, 노르웨이, 덴마크, 뉴질랜드, 영국, 미국, 이스라엘, 캐나다 등에서 채택하여 시행하고 있다.

③ 특징

　ㄱ 입법부 소속 공무원이며, 입법부에서 선출된다(외부통제).

　ㄴ 직무수행의 독립성과 임기가 보장된다.

　ㄷ 당파성이나 정치성이 없는 조사직이다.

　ㄹ 행정결정을 취소 또는 변경할 수 있는 권한은 없다. 사실의 조사·인정이 주요한 기능이며, 법원·행정기관에 대한 직접적인 감독권이나 통제권은 없다. 따라서 옴부즈만을 '이빨 없는 집 지키는 개(watchdog without teeth)'라고도 한다.

　ㅁ 시민의 권리구제 신청이 없어도 직권조사 권한을 가진다.

　ㅂ 헌법기관이며, 합법성뿐만 아니라 합목적성의 문제에 관해서도 조사·처리할 수 있다.

　ㅅ 권한으로 독립적 조사권, 시찰권, 소추권 등이 있는데, 소추권(기소권)은 인정하지 않는 것이 보통이다.

④ 장·단점

장점	• 법원의 경우와는 달리 신속히 처리되며 비용이 저렴함 • 시민의 접근이 용이함 • 제도 수립에서 고도의 융통성과 적응성을 지님 • 특히 대민 행정량과 인구가 적은 사회에서 큰 효용을 지님 • 행정운영의 개선과 정치발전의 계기를 마련할 수 있음 • 국민의 피해의식을 줄이고 시민의 참여의식을 향상시킬 수 있음
단점	• 국회 및 기타 기존의 타기관·타제도와 기능상의 중복을 초래할 우려가 있음 • 직접 통제·감독권이 없음 • 부족한 인력과 예산

4 국민권익위원회와 「부패방지법」의 주요 내용

(1) 국민권익위원회

① 개념

　ㄱ 국민고충처리위원회와 국가청렴위원회, 국무총리 행정심판위원회 등의 기능을 합쳐 새롭게 탄생한 기관이다(2008. 2. 29.).

　ㄴ 고충민원의 처리와 이와 관련된 불합리한 행정제도 개선, 공직사회 부패 예방·부패행위 규제를 통한 청렴한 공직 및 사회풍토 확립, 행정쟁송을 통하여 행정청의 위법·부당한 처분으로부터 국민의 권리를 보호하는 기능을 수행한다.

바로 확인문제

24 　　　　　　2009 국회직 8급

옴부즈만(Ombudsman)제도에 관한 설명으로 옳은 것은?

① 1809년 덴마크에서 처음으로 채택되어 실시된 제도로 입법부의 행정부 통제 수단으로 활용된다.

② 전형적인 내부 행정통제의 하나로 행정권의 남용이나 부당행위로 인한 국민의 권익침해를 구제한다.

③ 부당한 행정행위에 대해 시정조치를 법적으로 강제하고 취소하는 권한을 갖는 것이 원칙이다.

④ 융통성과 신속성이 높은 제도로 기존의 경직된 관료제 구조를 보완하기 위해 활용되며 국가마다 동일한 형태를 지닌다.

⑤ 국민의 고발에 의해 임무수행이 수동적으로 시작되는 것이 일반적이나 직권에 의해 조사를 하는 경우도 있다.

25 　　　　　　2012 서울시 9급

옴부즈만(Ombudsman)제도에 대한 설명으로 옳지 않은 것은?

① 행정부가 입법부의 통제로부터 자율권을 갖기 위한 수단이다.

② 정의롭지 못하거나 잘못된 행정에 대해 관련 공무원의 설명을 요구한다.

③ 옴부즈만은 법적으로 확립되고, 기능적으로 자율적이다.

④ 제도의 기본 성격은 청원이나 진정과 비슷하다.

⑤ 독립적 조사권, 시찰권, 소추권 등의 권한을 갖고 있다.

26 　　　　　　2010 국가직 7급

행정통제를 향상시키기 위한 방안에 대한 설명으로 옳지 않은 것은?

① 행정정보공개제도는 행정책임의 확보와 통제비용 절감에 기여할 수 있다.

② 행정절차의 명확화는 열린 행정과 투명 행정을 통해 행정기관과 시민 간의 분쟁을 방지할 수 있다.

③ 정책과정에서 시민참여 확대 및 자체감사 기능의 활성화는 투명하고 열린 행정을 가능하게 할 수 있다.

④ 옴부즈만제도의 권한으로서 독립적 조사권, 시찰권, 소추권 등은 대부분의 나라에서 인정하고 있다.

27 2021 국가직 7급

옴부즈만 제도에 대한 설명으로 옳은 것은?

① 시민의 요구가 없다면 직권으로 조사활동을 할 수 없다.
② 부족한 인력과 예산으로 국민의 권익을 구제하는 데 한계가 있다.
③ 사법부가 임명한다.
④ 시정조치를 법적으로 강제할 수 있는 권한이 있다.

28 2017 지방직 7급

옴부즈만(Ombudsman)제도의 일반적 특징에 대한 설명으로 옳지 <u>않은</u> 것은?

① 옴부즈만은 비교적 임기가 짧고 임기보장이 엄격하게 적용되지 않는다.
② 옴부즈만에게 민원을 신청할 수 있는 사안은 행정 관료의 불법행위와 부당행위를 포함한다.
③ 옴부즈만은 행정기관의 결정에 대해 직접 취소·변경할 수 있는 권한을 갖지 않는다.
④ 업무처리에 있어 절차상의 제약이 크지 않아 옴부즈만에 대한 시민들의 접근이 용이하다.

29 2018 서울시 7급 제2회

옴부즈만(Ombudsman)에 대한 설명으로 가장 옳지 <u>않은</u> 것은?

① 옴부즈만은 스웨덴어로 대리자·대표자를 의미한다.
② 영국과 미국에서는 민정관 또는 호민관이라는 뜻으로 사용된다.
③ 우리나라의 경우 1998년에 출범한 공정거래위원회가 옴부즈만제도의 시초이다.
④ 통상적으로 옴부즈만은 의회나 정부에 의해 임명되며, 임명하는 기관으로부터 직무상 엄격히 독립되어 국정을 통제한다.

② 특징

　㉠ 행정부 소속(국무총리 소속하에 설치, 내부통제)이다.
　㉡ 직무상 독립성·자율성이 보장되어 있다.
　㉢ 관할사항이 상당히 광범위하다.
　㉣ 신청에 의해서만 조사가 가능하다.
　㉤ 신중한 결정을 위한 합의제 형태이다.
　㉥ 처리 절차가 간편하고 법적 근거가 명확하다.
　㉦ 헌법기관이 아닌 법률기관이다.
　㉧ 위법·부당한 행정처분은 물론 접수거부·처리지연 등 소극적인 행정행위 및 불합리한 제도나 시책 등도 관할한다.

③ 문제점

　㉠ 「헌법」상의 기관이 아니고 정부 내에 설치되어 있어서 정부로부터의 독립성이 미약하다.
　㉡ 행정기관에 대한 구속력이 약하고 직권조사권이 없다.

(2) 「부패방지 및 국민권익위원회의 설치와 운영에 관한 법률」

① 제정 이유

　㉠ 행정기관 등에 의한 국민의 권익침해의 구제 및 불합리한 제도의 개선을 강화하기 위하여 국민권익위원회의 기능을 강화하기 위함이다.
　㉡ 지방자치단체에 시민고충처리위원회를 설치하도록 함으로써 국민의 기본적 권익보호 수준을 향상시키려는 것이다.

② 주요 내용

　㉠ 국무총리 소속하에 국민권익위원회를 설치하였다.
　㉡ **국민권익위원회의 운영상황에 대하여 대통령과 국회에 보고**: 국민권익위원회는 매년 운영상황을 대통령과 국회에 보고하고, 필요하다고 인정하는 경우에는 대통령과 국회에 특별보고를 할 수 있도록 하였다.
　㉢ **지방자치단체에 시민고충처리위원회 설치**: 지방자치단체 및 그 소속기관과 관련된 고충민원의 처리와 행정제도의 개선을 위하여 각 지방자치단체에 시민고충처리위원회를 설치할 수 있도록 하였다.
　㉣ **시정조치 또는 제도개선의 권고**: 국민권익위원회와 시민고충처리위원회는 고충민원의 조사결과 위법·부당한 처분에 대해서는 시정조치의 권고를, 제도개선의 필요성이 있는 경우에는 제도개선의 권고를 할 수 있다. 이러한 권고를 받은 기관의 장은 권고를 받은 날부터 30일 이내에 그 처리결과를 국민권익위원회에 통보하도록 하였다.
　㉤ **감사의 의뢰**: 국민권익위원회와 시민고충처리위원회는 고충민원의 조사·처리과정에서 관계 행정기관 등의 직원이 고의 또는 중대한 과실로 위법·부당하게 업무를 처리한 사실을 발견한 경우 국민권익위원회는 감사원, 관계 행정기관 등의 감독기관(감독기관이 없는 경우에는 해당 행정기관 등)에, 시민고충처리위원회는 해당 지방자치단체에 감사를 의뢰할 수 있다.
　㉥ **고충민원의 신청 및 접수**: 누구든지(국내에 거주하는 외국인을 포함) 국민권익위원회 또는 시민고충처리위원회에 고충민원을 신청할 수 있다. 이 경우, 하나의 고충처리위원회에 대하여 고충민원을 제기한 신청인은 다른 고충처리위원회에 대하여도 고충민원을 신청할 수 있다.

⊙ 고충민원의 이송

    ⓐ 국민권익위원회는 접수된 고충민원이 다음의 어느 하나에 해당하는 경우에는 그 고충민원을 관계 행정기관 등에 이송할 수 있다. 다만, 관계 행정기관 등에 이송하는 것이 적절하지 아니하다고 인정하는 경우에는 그 고충민원을 각하할 수 있다.[1]

    ⓑ 국민권익위원회는 고충민원을 이송 또는 각하한 경우에는 지체 없이 그 사유를 명시하여 신청인에게 통보하여야 한다. 이 경우 필요하다고 인정하는 때에는 신청인에게 권리의 구제에 필요한 절차와 조치에 관하여 안내할 수 있다.

    ⓒ 행정기관 등의 장은 국민권익위원회의 조사가 착수된 고충민원이 이송대상이라는 것을 알게 된 경우에는 지체 없이 그 사실을 국민권익위원회에 통보하여야 한다.

▌옴부즈만과 국민권익위원회 비교

구분	옴부즈만(스웨덴)	국민권익위원회
공통점	• 무효·취소 불가(시정권고, 언론공표) • 위법, 부당(합법성·합목적성) • 처리과정이 신속하고 비용이 적게 듦	
차이점	• 입법부 소속 • 외부통제 • 헌법기관 • 신청 + 직권조사	• 행정부 소속(국무총리) • 내부통제 • 법률기관 • 신청조사

바로 확인문제

30   2019 지방직 9급

옴부즈만(Ombudsman)제도에 대한 설명으로 옳지 <u>않은</u> 것은?

① 행정에 대한 통제 기능을 수행한다.
② 스웨덴에서는 19세기에 채택되었다.
③ 옴부즈만을 임명하는 주체는 입법기관, 행정수반 등 국가별로 상이하다.
④ 우리나라의 국민권익위원회는 「헌법」상 독립성을 보장하기 위해 대통령 소속으로 설치되었다.

31   2006 서울시 9급

우리나라 옴부즈만제도인 국민권익위원회에 대한 설명으로 옳은 것은?

① 외부통제 수단으로 정부로부터 독립적이다.
② 「헌법」상 기관이 아닌 법률상 기관이다.
③ 접수된 고충민원은 접수일로부터 1년 이내에 처리하여야 한다.
④ 국회, 법원, 헌법재판소, 선거관리위원회, 감사원, 지방의회에 관한 사항도 업무에 해당된다.
⑤ 위원회의 결정은 법적 구속력 또는 강제집행력을 가진다.

---

1) 고도의 정치적 판단을 요하거나 국가기밀 또는 공무상 비밀에 관한 사항, 국회·법원·헌법재판소·선거관리위원회·감사원·지방의회에 관한 사항 등

01 행정책임과 통제

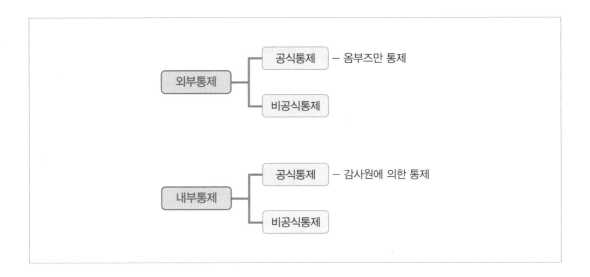

행정개혁(정부혁신)

정답과 해설 ▶ P.86

01 행정개혁의 개념과 특징

1 행정개혁의 개념 및 필요성

(1) 개념

① 행정개혁이란 행정을 현재 상태보다 나은 상태로 유도하려는 행정의 의도적·계획적인 변화과정을 의미한다.

② 행정개혁은 단순히 조직개편이나 관리기술의 개선뿐만 아니라 시장과의 관계하에 정부의 역할, 조직운영 방식과 공무원들의 가치관 및 신념, 태도를 의도적으로 변화시키는 것도 포함된다.

(2) 필요성

① 정치적 요인인 정치적 혁명·쿠데타, 정치이념 및 정치기구의 변화, 기본정책의 변동

② 행정목표·정부역할의 변동 및 새로운 행정수요의 발생

③ 새로운 과학기술의 발전과 그 도입의 필요성

④ 행정관리기술의 발전 및 변화

⑤ 행정의 비능률적인 요소의 발견에 의한 능률화의 필요성

⑥ 행정의 관성적인 팽창 경향의 극복

⑦ 관료 이익의 추구 경향

⑧ 행정기관 내부 또는 행정기관 간의 대립·갈등의 격화

⑨ 국제환경과 질서의 변화

⑩ 새로운 이념의 등장

⑪ 인구구조의 변화

2 행정개혁의 특징

① 행정개혁은 자연적인 변화가 아닌, 행정의 인위적·의도적·계획적 변화과정이다.

② 행정개혁은 현상을 인위적으로 타파하려는 것이므로 저항이 불가피하게 수반된다.

③ 행정개혁은 일시적·즉흥적인 것이 아닌, 계속적 과정이다.

④ 행정개혁은 복잡한 환경적 요인이 작용하는 가운데 전개되는 동태적·행동지향적 과정이다.

바로 확인문제

01   2011 서울시 9급

행정개혁의 주요 속성에 해당되는 것이 아닌 것은?

① 공공적 상황에서의 개혁
② 포괄적 연관성
③ 동태성
④ 시간적 단절성
⑤ 목표지향성

02   2005 서울시 9급

행정개혁을 촉진하는 요인으로 볼 수 없는 것은?

① 새로운 이념의 등장
② 정보기술의 도입
③ 책임운영기관제도의 확대
④ 비능률로 인한 비용의 증가
⑤ 국제환경과 질서의 변화

⑤ 행정개혁은 좀 더 바람직한 상태, 보다 선(善)인 상태로 변화하는 과정이며 도덕적 의미를 함축한다.

⑥ 행정체제는 변화하는 환경 속에서 생성, 발전, 소멸하는 생태적인 속성을 가지고 있다.

⑦ 행정개혁은 조직관리의 기술적인 속성과 함께 권력투쟁, 타협, 설득이 병행되는 사회심리적 과정을 포함한다.

02 행정개혁의 접근방법

1 구조적 접근방법

(1) 개념

① 구조적 접근방법은 조직의 구조적 설계를 개선함으로써 행정개혁의 목적을 달성하는 접근방법이다.

② 전통적 조직이론에 입각하여 주로 공식조직의 내부구조 개선·합리화에 중점을 두는 접근방법으로, 원리전략과 분권화 전략으로 세분된다.

(2) 전략

① 원리전략

　㉠ 개념: 원리전략은 주로 전통적 조직이론에 근거를 두며, 조직의 건전원칙 (healthy principles)에 의거한 최적구조가 업무의 최적수행을 가능하게 한다는 것이다.

　㉡ 목표: 개혁의 주된 목표는 기능 중복의 제거, 책임의 재규정, 조정 및 통제의 개선, 표준적 절차의 간소화 등이다.

　㉢ 장점: 조직의 내부구조의 개선에 기여한다.

　㉣ 단점: 조직과 환경의 관계, 조직 내의 인간관계 등을 소홀히 할 우려가 있다.

② 분권화 전략

　㉠ 개념: 분권화 전략은 구조의 분권화에 의해 조직을 개선하려는 것이다.

　㉡ 장점

　　ⓐ 조직의 계층이 줄어들고 명령과 책임의 계통이 분명해진다.

　　ⓑ 막료서비스가 확립될 수 있다.

　　ⓒ 공식적 조직뿐 아니라 관리자의 행태와 의사결정까지도 포함하는 종합적인 성격을 지니고 있다.

(3) 예

① 분권화의 확대

② 통솔범위의 조정

③ 의사결정 권한의 수정

④ 행정조직의 계층 간 의사전달 체계의 수정 등을 통한 조직의 개선

03　　　　2001 국가직 7급

원리(principle)전략에 의거하여 기능 중복의 제거, 책임의 재규정, 통제절차의 개선 등을 추구하는 행정개혁의 접근법은?

① 구조적 접근　　② 기술적 접근

③ 행태적 접근　　④ 체계적 접근

04　　　　2015 국가직 9급

행정개혁의 접근방법에 대한 설명으로 옳지 않은 것은?

① 사업(산출) 중심적 접근방법은 행정활동의 목표를 개선하고 서비스의 양과 질을 개선하려는 접근방법으로 분권화의 확대, 권한 재조정, 명령계통 수정 등에 관심을 갖는다.

② 과정적 접근방법은 행정체제의 과정 또는 일의 흐름을 개선하려는 접근방법이다.

③ 행태적 접근방법의 하나인 조직발전 (OD: Organizational Development) 은 의식적인 개입을 통해서 조직 전체의 임무수행을 효율화하려는 계획적이고 지속적인 개혁활동이다.

④ 문화론적 접근방법은 행정문화를 개혁함으로써 행정체제의 보다 근본적이고 장기적인 개혁을 성취하려는 접근방법이다.

05　　　　2008 서울시 9급

행정개혁의 구조적 접근방법이 아닌 것은?

① 기능 중복의 제거

② 의사전달체계 수정

③ 관리과학 활용

④ 책임의 재규정

⑤ 분권화의 확대

2 관리 · 기술적 접근방법

(1) 개념

① 관리 · 기술적 접근방법은 업무수행과정에서 능률을 향상시키기 위해 새로운 행정기술 장비를 도입하거나 관리과학(MS), 운영연구(OR), 체제분석(SA), 컴퓨터 등의 계량화 기법을 활용하는 것을 말한다.

② 관리 · 기술적 접근방법은 조직 내의 운영과정 또는 일의 흐름을 개선하려는 것으로, 과정적 접근방법(process approach)이라고도 한다. 즉, 주로 과학적 관리법에 입각하여 업무수행과정에 치중하면서 관리기술의 개선에 중점을 두는 접근방법이다.

(2) 장 · 단점

① 장점
  ㉠ 기술적 쇄신을 통해 표준적 절차와 조직의 과업수행에 영향을 준다.
  ㉡ 조직행태와 인간행태에 영향을 미친다.

② 단점
  ㉠ 기술과 인간성 간의 갈등을 간과할 수 있다.
  ㉡ 현실적으로 첨단기술을 운용할 수 있는 인적 자원이 부족하다.

(3) 예

① 기업업무절차혁신(BPR) 등을 통한 행정조직 내의 운영과정 및 일의 흐름을 개선

② 행정전산망 등 장비 · 수단의 개선, 행정과정에 새로운 분석기법의 적용

3 인간관계론적(행태적) 접근방법 – 조직발전(OD)

(1) 개념

① 인간관계론적 접근방법은 인간행태의 변혁이 조직구조의 변화를 초래하고 새로운 관리기법을 적용 가능하게 한다는 생각에 근거를 두고 있다. 즉, 인관관계 개혁의 초점을 조직구성원인 인간에 둔다.

② 행정인을 조직의 중요 의사결정에 참여시킴으로써 구성원들에게 조직목표를 더욱 절실히 이해하게 한다.

③ 여러 가지 조직발전기법과 목표관리를 활용함으로써 구성원들의 자율적인 행태 변화를 유도하고 그 결과를 바탕으로 행정개혁을 도모하고자 한다.

④ 행정인의 가치관 · 신념 · 태도를 인위적으로 조작적 전략이나 실험실 훈련 등에 의하여 변혁시켜 행정체제 전체의 개혁을 도모하려는 접근방법이다.

(2) 문제점

① 인간의 행태 변화에는 오랜 시일이 소요된다.

② 자유로운 의사소통과 토의가 받아들여지기 어려운 권위주의적 행정문화 속에서는 성공하기 어렵다.

③ 정부조직의 경우 현실적인 법적 제약이 존재한다.

06   2004 국가직 9급

행정개혁을 추진하는 접근방법 중에서 관리 · 기술적 접근법에 해당되는 것들만 묶은 것은?

> ㄱ. 행정조직의 계층 간 의사전달체제의 개선
> ㄴ. BPR 등을 통한 행정조직 내의 운영과정 및 일의 흐름을 개선
> ㄷ. 행정전산망 등 장비 · 수단의 개선
> ㄹ. 행정과정에 새로운 분석기법의 적용
> ㅁ. 집단토론, 감수성 훈련 등 조직발전(OD)기법의 활용

① ㄱ, ㄴ, ㄷ   ② ㄱ, ㄷ, ㄹ
③ ㄴ, ㄷ, ㄹ   ④ ㄷ, ㄹ, ㅁ

07   2004 행정고시

행정개혁의 일반적 특징이 아닌 것은?

① 행정개혁은 행정을 인위적 · 의식적으로 변화시키려는 것이므로 불가피하게 관련자들의 저항을 수반한다.

② 행정개혁은 성공 여부에 대한 불확실성과 위험 속에서 새로운 방법을 고안하여 적용하고 실천하는 동태적 · 행동지향적 과정이다.

③ 행정개혁은 행정체제가 갖는 생태적인 속성상 계속적인 과정의 성격을 갖는다.

④ 행정개혁은 개혁의 대상이 되는 조직 내 · 외 요인들이 복잡하게 얽혀져 있어 상호의존적인 포괄적 관련성을 갖는다.

⑤ 행정개혁을 성공시키기 위해서는 정치적 요소를 최대한 배제하고 총체적 계획으로 신속하게 수행하여야 한다.

(3) 예

① 집단토론

② 감수성 훈련

4 종합적 접근방법

종합적 접근방법은 구조적 접근방법, 관리·기술적 접근방법, 인간관계론적 접근방법을 상호보완적으로 조화·융합하려는 접근방법이다. 현재는 이러한 접근방법이 중시되고 있다.

03 행정개혁의 과정과 저항

1 행정개혁의 과정(Caiden)

(1) 행정개혁의 필요성 인식

행정개혁은 개혁 역군이 행정개혁의 객관적인 필요성을 일정한 시점에서 개혁목표로 인정하면서 시작되는 것이다.

(2) 행정개혁안의 작성

① 국외자가 개혁안을 작성한 경우
   ㉠ 정치인이나 민간전문가의 참여로 국민의 광범위한 지지를 얻기 쉽다.
   ㉡ 좀 더 종합적·객관적이다.
   ㉢ 개혁의 정치적 측면을 충분히 고려할 수 있다.
   ㉣ 관료이익을 배제하고 공익을 우선시할 수 있다.
② 국내자가 개혁안을 작성한 경우
   ㉠ 경비가 적게 든다.
   ㉡ 집행이 좀 더 용이하고 빠르다.
   ㉢ 보고서가 좀 더 간명하고 중점적이다.
   ㉣ 실제적인 정책·사업계획에 좀 더 중점을 두게 된다.

(3) 개혁의 집행

개혁의 시행은 많은 시간·노력을 요구하는 과정이다.

(4) 개혁의 평가

평가는 행정개혁의 시행과정과 결과를 검토하여 개혁이 원래의 의도대로 실천되었으며, 기대한 효과를 성취했는가를 확인하는 과정이다.

2 행정개혁의 저항과 극복방안

(1) 행정개혁의 저항요인

① 기득권의 침해   ② 개혁내용의 불확실성
③ 피개혁자의 능력 부족   ④ 관료제의 경직성과 보수적 경향
⑤ 참여 부족과 국민의 무관심   ⑥ 비공식적 인간관계의 과소평가
⑦ 계선과 참모 간의 불화   ⑧ 정치적·사회적 요인
⑨ 타성으로 인한 저항   ⑩ 고객집단의 저항

---

08   2022 군무원 9급

행정개혁에 대한 저항이 나타나는 원인이나 요인으로 가장 옳지 <u>않은</u> 것은?

① 행정개혁을 담당하는 조직의 중복성 혹은 가외성(redundancy)의 존재
② 행정개혁의 내용이나 그 실행계획의 모호성
③ 행정개혁에 요구되는 지식이나 기술의 부족
④ 행정개혁에 필요한 관련 법규의 제·개정의 어려움

---

09   2004 입법고시

우리나라 행정개혁에 대한 저항요인이 <u>아닌</u> 것은?

① 개혁에 대한 조직 간의 갈등
② 개혁안 내용의 불명료성
③ 행정수요의 변동
④ 개혁안에 따라 요구되는 새로운 능력의 부족
⑤ 현상 유지 및 위험회피 문화

(2) 행정개혁 저항의 극복방안

강제적 전략	• 상급자의 권한 행사 • 의식적인 긴장 조성	• 물리적인 제재나 압력 사용
공리적· 기술적 전략	• 개혁의 선택적·점진적 추진 • 개혁안의 명확화 • 적절한 인사배치 • 손실의 방지·최소화, 손실의 보상	• 적절한 시기의 선택·개혁 시기 조정 • 개혁방법·기술의 수정 • 공공성의 강조 • 임용상 불이익 방지
사회적· 규범적 전략	• 의사전달과 참여의 확대 • 커뮤니케이션의 촉진 • 사명감 고취	• 교육훈련의 실시·자기계발 기회 제공 • 개혁지도자의 신망 개선

04 행정개혁 사업

📖 PDF ▶ P.75

1 미국의 행정개혁

(1) 절약과 능률을 위한 대통령위원회

연방정부의 예산·인사 조직과 활동 등에 걸쳐 광범위한 행정개혁을 건의하였다.

(2) 행정관리에 관한 대통령위원회

대통령의 행정관리기능에 목적을 두고 대통령의 직속으로 관리기능의 신설 및 이관을 건의하였다.

(3) 제1차 후버위원회

대통령의 행정통제권의 강화, 행정기구의 일원화, 성과주의 예산제도의 도입 등을 건의하였다.

(4) 제2차 후버위원회

성과주의 예산제도의 개선 등을 건의하였다.

(5) 비용통제에 관한 대통령의 민간부문 조사

민영화와 규제완화 등을 주장하였다.

(6) 국가성과심의회(NPR: National Performance Review)

① 도입 배경
ㄱ 클린턴(Cliton) 대통령은 1993년 3월 기업가적 국가경영을 강조하면서 고어 (Gore) 부통령을 책임자로 하는 국가성과심의회를 설치하여 행정개혁 건의안을 제출하도록 하였다(Gore보고서).
ㄴ 고어 부통령이 주도하는 NPR은 개혁작업에 착수하면서 이론에 의존하기보다는 아이디어에 근거한 실천을 중시하였으며, 장기계획보다는 신속한 조치 결과를 추구하는 전략을 취하였다. 또한 작지만 좀 더 생산적인 정부로 재창조해 나가기 위하여 '고효율 저비용(works better & costs less)'을 모토로 내걸었다.
ㄷ 미국에서 책임운영기관은 'Gore보고서(1993)'에 의해서 도입된 것이 아니라 클린턴의 제2기 정부개혁(1997)의 일환으로 도입되었다.

바로 확인문제

10   2007 인천 9급

행정개혁의 저항의 원인이 아닌 것은?

① 관료제의 경직성
② 개혁내용의 불확실성
③ 피개혁자의 능력 부족
④ 기득권의 침해
⑤ 개혁 보상의 불충분성

11   2004 서울시 9급

행정개혁은 늘 저항을 동반한다. 다음 중 행정개혁의 저항을 극복하기 위한 기술적· 공리적 전략이 아닌 것은?

① 개혁의 점진적 추진
② 적절한 시기의 선택
③ 개혁방법과 기술의 수정
④ 참여의 확대
⑤ 개혁안의 명확화와 공공성의 강조

12   2015 지방직 7급

행정개혁에 대한 저항을 극복하는 방법에 관한 설명으로 옳지 않은 것은?

① 강제적 방법은 저항을 근본적으로 해결하기보다는 단기적으로 또는 피상적으로 해결하는 방법으로서, 장래에 더 큰 저항을 야기할 위험이 있다.
② 공리적·기술적 방법에는 개혁의 시기 조정, 경제적 손실에 대한 보상, 개혁이 가져오는 가치와 개인적 이득의 실종 등이 있다.
③ 규범적·사회적 방법에는 개혁지도자의 신망 개선, 의사전달과 참여의 원활화, 사명감 고취와 자존적 욕구의 충족 등이 있다.
④ 저항을 가장 근본적으로 해결하는 방법은 공리적·기술적 방법이다.

13   2021 국가직 7급

행정개혁에 대한 저항을 극복하는 전략 및 방법에 관한 설명으로 옳은 것은?

① 경제적 손실 보상, 임용상 불이익 방지는 규범적·사회적 전략이다.
② 개혁지도자의 신망 개선, 의사전달과 참여의 원활화, 사명감 고취는 공리적·기술적 전략이다.
③ 교육훈련과 자기계발 기회 제공은 규범적·사회적 전략이다.
④ 개혁 시기 조정은 강제적 전략이다.

14 2004 군무원 7급, 2003 선관위 9급

다음 중 클린턴 행정부의 NPR의 내용이 아닌 것은?

① red-tape 제거
② 고객지향적 행정
③ 행정부패 방지
④ 공무원의 권한 강화

15 2002 선관위 9급

미국 연방정부의 행정개혁에 관한 '고어(Gore)보고서'에서 제시된 내용이 아닌 것은?

① 번문욕례(red-tape)의 제거
② 고객우선주의
③ 책임운영기관의 설치
④ 권한의 하부 위임
⑤ 기본(핵심)원칙의 중시

16 2005 대구 7급

영국의 정부개혁 프로그램이 아닌 것은?

① 시민헌장제도
② 시장성 검증
③ NPR
④ Next Programs

17 2021 군무원 7급

1980년대 이후 미국, 영국, 일본 등 주요 국가의 정부개혁에 관한 설명으로 옳지 않은 것은?

① 미국에서는 이보다 앞서 1970년대 후반 조세에 대한 저항운동이 일어났다.
② 영국에서는 종전의 Executive Agency를 폐지하고 중앙행정기관의 통합성을 지향했다.
③ 일본에서는 정부개혁의 일환으로 독립행정 법인을 창설했다.
④ 정책집행의 자율성을 제고하고 그 결과에 대한 평가를 강화했다.

② 주요 내용
　㉠ 형식주의의 제거
　　ⓐ 예산절차의 간소화
　　ⓑ 인사정책의 분권화
　　ⓒ 조달행정의 간소화
　　ⓓ 감사담당관 기능의 재정립
　　ⓔ 행정내부의 과잉규제 탈피
　　ⓕ 지방정부에 대한 권한 부여
　㉡ 고객우선주의
　　ⓐ 고객의 의견 존중과 선택권 부여
　　ⓑ 서비스 조직의 경쟁유도
　　ⓒ 시장경제원리의 중시
　　ⓓ 문제해결을 위한 시장원리 도입
　㉢ 결과 달성을 위한 권한 부여
　　ⓐ 의사결정의 분권화
　　ⓑ 공무원의 책임성 강화
　　ⓒ 직무수행에 필요한 수단 제공
　　ⓓ 근무생활의 질 향상
　　ⓔ 노사협조관계의 확립
　　ⓕ 리더십의 발휘
　㉣ 기본적 기능으로 복귀
　　ⓐ 불필요한 군살빼기
　　ⓑ 세입 강화
　　ⓒ 높은 생산성을 위한 투자 확대
　　ⓓ 비용 절감을 위한 사업계획의 재설계

2 영국의 행정개혁

(1) Next Steps 개혁(책임운영기관)

① 정부서비스의 좀 더 효율적인 제공을 위하여 정책기능과 집행기능을 분리시키도록 하였다. 이에 따라 중앙부처가 담당하였던 집행·서비스 공급기능을 분리하여 책임행정을 할 수 있도록 재량권과 신축성을 부여한 Next Steps 기관으로서 새로운 책임행정기관을 설치하였다.

② 각 Next Steps 기관의 장은 정부와 민간에서 공개경쟁을 통하여 계약제 방식으로 임용되고 매년 기관의 목표달성 성과에 대한 평가를 받는다.

(2) 시민헌장제도(citizen's charter → service first programme)

① 도입 배경과 개념
　㉠ 도입 배경: 메이저(Major) 수상은 1991년 시민에 대한 행정서비스의 질을 향상시켜 고객서비스의 대폭적인 개선을 도모하기 위하여 시민헌장제도를 도입하였으며, 우리나라도 1999년부터 도입하고 있다.

ⓒ 개념
ⓐ 시민(행정서비스)헌장은 고객우선주의에 입각해 지역 주민을 소비자로 인식함으로써 지역 주민들의 권리를 증진시키는 동시에 소비자의 선택권을 확장해 주고 있다. 고객에 대한 서비스 수준을 표준화하려는 제도이다.
ⓑ 시민헌장이란 행정기관이 제공하는 행정서비스의 기준[1]과 내용[2], 이를 제공받을 수 있는 절차와 방법, 잘못된 서비스에 대한 시정 및 보상조치 등을 구체적으로 정하여 공표하고, 이의 실현을 행정의 고객인 국민에게 약속하는 것을 말한다.
ⓒ 시민헌장에는 매우 구체적이고 명시적인 조건과 내용을 포함하고, 계약 불이행 시 제재 조치를 명문화하고 있어 이행가능성이 높다.
ⓓ 시민헌장제도의 핵심은 업무수행 실적을 측정할 수 있는 성과지표를 개발하고, 그것을 시민헌장이 담고 있는 서비스 기준과 연계시키는 방안을 구체화하는 작업이다.

② 기본이념
㉠ 행정서비스헌장제도는 고객들의 기본적인 수요에 부응할 수 있도록 최고 수준의 서비스를 제공하는 것을 기본이념으로 하고 있다.
㉡ 새로운 법적 권리를 만드는 것이 아니라 기존의 권리를 수요자에게 알려 주는 것이다.
㉢ 비법적인 수단(non-legal means)을 통하여 강제력을 확보할 수 있는 것이다.
㉣ 공공서비스 공급의 경쟁화를 통한 서비스 질 향상과는 거리가 있다. 즉, 경찰행정 등 순수공공재 영역에서 주로 사용하는 제도이다.

③ 원칙: 시민헌장제도는 모든 행정기관이 지켜야 할 원칙[3]으로서 다음을 제시한다.
㉠ 명확한 서비스 기준의 공표
㉡ 현행 서비스에 대한 완전하고 정확한 정보 제공
㉢ 서비스 이용자의 선택권 보장
㉣ 정중하고 도움이 되는 서비스
㉤ 효과적인 시정책 제시
㉥ 서비스의 능률적·경제적인 제공

④ 행정안전부장관은 필요한 경우 각급 행정기관의 헌장 운영실태를 확인할 수 있으며, 행정안전부장관 및 행정기관의 장은 헌장 관련 업무에 현저한 공로가 있는 기관·부서 및 공무원에 대하여 인사상 우대조치 등을 강구하여야 한다.

---

1) ① 서비스의 기준은 선언적이고 추상적인 내용보다는 구체적이고 계량화된 내용을 제시할 것. ② 행정기관의 장은 유사한 서비스를 제공하는 민간기업이나 외국기관의 우수사례를 조사하여 이와 대등한 수준의 서비스가 제공될 수 있도록 노력할 것. ③ 행정기관의 장은 서비스의 제공에 드는 비용과 그 서비스로부터 고객이 얻을 수 있는 편익을 비교·형량하여 합리적인 기준이 설정될 수 있도록 노력할 것

2) ① 명패·공무원증의 부착 등 고객상담에 친절하고 신속하게 응대하는 방법. ② 서비스 제공자의 부서명 및 연락처. ③ 상담결과 통지의 방법·절차와 소요기간의 명시. ④ 관련 공무원으로부터 도움을 받을 수 있는 사항. ⑤ 관련 정보나 자료를 간편하고 신속하게 얻을 수 있는 경로의 제시. ⑥ 관련 정보나 자료를 요구하는 방법과 절차의 제시

3) 우리나라의 경우 행정기관의 장이 헌장을 제정하거나 이를 개선하고자 하는 경우에는 다음에 정한 원칙을 준수하여야 한다. ① 서비스는 고객의 입장과 편의를 최우선으로 고려하는 고객 중심적일 것. ② 고객에게 제공되는 서비스의 내용은 고객이 쉽게 알 수 있도록 구체적이고 명확할 것. ③ 행정기관이 제시할 수 있는 가장 높은 수준의 서비스를 제공할 것. ④ 서비스의 제공에 소요되는 비용과 고객의 편익이 합리적으로 고려된 서비스의 기준을 설정할 것. ⑤ 서비스와 관련된 정보와 자료를 쉽게 신속하게 얻을 수 있도록 할 것. ⑥ 잘못된 서비스에 대한 시정 및 보상조치를 명확히 할 것. ⑦ 제공된 서비스에 대한 고객의 여론을 수렴하여 이를 서비스의 개선에 반영할 것

18 2005 서울시 9급
행정서비스헌장에 대한 설명으로 가장 적절한 것은?
① 공공서비스 공급의 경쟁화를 통한 서비스 질 향상을 목적으로 한다.
② 공공서비스의 내용, 수준, 제공방법, 불이행 시 조치와 보상으로 명문화하고 있다.
③ 정보통신기술을 활용한 고객지향적 서비스 제공방법의 하나이다.
④ 국민의 행정서비스 이용 고객시간대를 확대하고자 하는 노력이다.
⑤ 책임운영기관에서 주로 작성되고 있다.

19 2002 서울시 9급
행정서비스헌장과 그 이행표준의 제정 등 공식화의 장점이 아닌 것은?
① 업무의 일관성이 증대한다.
② 조직의 성과평가 기준을 제공한다.
③ 조직구성원의 자율과 재량권이 확대된다.
④ 서비스 수준에 대한 민원인의 기대 형성이 조성된다.
⑤ 조직운영의 표준화·구체화를 통해 비용이 절감된다.

20 2004 부산 9급
다음 중 시민헌장제도에 대한 설명 중 틀린 것은?
① 고객에 대한 서비스 수준을 표준화하려는 제도이다.
② 미국의 서비스 기준제도도 시민헌장의 일종이다.
③ 공공서비스에 대한 정보공개와 정중한 도움을 받을 수 있는 권리와도 관련된다.
④ 우리나라의 경찰과 같은 순수공공재 영역에는 적용되지 않는다.

21

2005 국가직 7급

정부혁신에 대한 설명으로 가장 적합하지 <u>않은</u> 것은?

① 정부혁신은 정부재창조를 비롯하여 여러 가지 개념으로 사용되기도 한다.
② 정부혁신은 변화하는 환경이 요구하는 조직의 능률성 향상을 목표로 한다.
③ 정부혁신의 방법과 전략은 나라마다 차이가 있어서 기본적인 방향에 있어서도 공통적인 요소를 찾기 어렵다.
④ 정부혁신은 구조적인 측면과 함께 운영체제까지 포함한다.

22

2005 국회직 8급

최근 주요 OECD 국가들이 지향하는 정부혁신의 방향과 거리가 <u>먼</u> 것은?

① 성과 중심으로의 전환
② 권한위임과 융통성 부여
③ 중앙정부의 전략기능 축소
④ 고객지향성 강화
⑤ 정책평가의 중요성 강조

▌시민헌장의 주요 내용

- 고객 서비스의 질 향상
- 구체적 서비스 기준 제시
- 체계적 정보 제공
- 보상 및 시정 조치

3 정부혁신의 공통적 방향

OECD 주요 국가의 정부혁신에서 공통적인 내용은 다음과 같다.

① **인력감축과 조직구조 개편**: 영국의 'Prior Options', 캐나다의 'Program Review'
② **비용가치의 증대**(value for money): 보다 적은 비용으로 보다 많은 일을 하는 것
③ **권한위임과 융통성 부여**: 영국의 'Executive Agencies', 뉴질랜드의 'Crown Entities', 미국의 'Performance-Based Organization', 캐나다의 'Special Operating Agency'
④ **정부규제의 개혁**: 경제적 규제는 완화하고 사회적 규제는 강화한다.
⑤ **중앙의 전략 및 정책능력 강화 및 집행능력 축소**: 노젓기(집행능력)보다는 전략적인 방향잡기(정책능력) 역할
⑥ **성과 중심으로의 전환**
⑦ **책임과 통제의 강화**
⑧ **경쟁과 서비스 지향**
⑨ **지방정부·국제기구 등 정부 간 협력**
⑩ **고객서비스 개선**(고객지향성 강화)
⑪ **전자정부**(electronic government) **구축**

4 공공서비스 공급의 혁신방안(성과 중심의 행정)

① 일반행정 체제의 혁신방안
- ㉠ 고객만족 경영기법 활용
- ㉡ 품질행정제(TQM)
- ㉢ 정부부문의 ISO 9000 품질경영 전략
- ㉣ 전자정부와 원스톱 민원행정

② 책임경영 체제의 강화
- ㉠ 책임운영기관
- ㉡ 시민헌장
- ㉢ 영국의 의무경쟁입찰제도와 최고가치제도[4]

③ 공동생산

④ 전자 바우처의 사회서비스 전달 혁신

---

4) 지방정부의 직영사업으로 특정 서비스를 공급하고자 할 때는 해당 서비스의 공급에 대해 경쟁입찰을 실시해야 했다. 서비스 공급을 민간부문보다는 지방정부가 직접 제공하는 것이 더 효율적이라는 사실이 입증돼야만 직영 공급이 인정됐다. 여기에서는 서비스 품질보다는 '원가'가 중요했다. 2000년도부터는 의무경쟁입찰제도를 '최고가치정책(best value)'으로 전환하고 우수한 성과를 다른 기관에 전파하는 모범지방정부계획(beacon scheme)을 제도화했다. 준시장정책을 공공 – 민간 파트너십 체제로 전환하고 서비스를 단순히 저렴한 비용으로 제공하는 것만이 최선이 아니며 품질에서 최고의 가치를 강조했다.

02 행정개혁(정부혁신)

저항요인	←→	극복방안

저항요인
- 기득권 침해
- 개혁내용의 불확실성
- 참여 부족

극복방안
- 강제적 전략
- 공리·기술적 전략
- 사회·규범적 전략 – 참여 확대

VI 행정환류론

교수님 코멘트 ▶ 출제비중이 높은 영역은 아니지만, 소홀히 학습해서는 안 된다. 행정통제의 유형과 옴부즈만과 국민권익위원회의 차이점에 주의해야 하며, 행정개혁 접근방법의 차이를 구분해야 한다. 또한 선진국의 행정개혁 사례를 숙지한다.

정답과 해설 ▶ P.112

01
2015 지방직 9급

우리나라의 행정통제에 대한 설명으로 옳은 것은?

① 행정기관 및 공무원의 직무에 관한 감찰을 하기 위하여 대통령 소속하에 감사원을 두고 있다.
② 권위주의적 정치·행정문화 속에서 행정의 내·외부통제가 보다 효과적으로 이루어졌다.
③ 헌법재판소는 행정에 대한 통제기능은 수행하지 못한다.
④ 입법부의 구성이 여당 우위일 경우 효과적인 행정통제기능을 수행할 수 있다.

02
2007 경기 9급

다음 중 옴부즈만제도에 관한 설명 중 옳지 않은 것은?

① 옴부즈만제도를 처음으로 명문화한 나라는 스웨덴이다.
② 옴부즈만은 시간과 비용이 적게 든다는 장점이 있다.
③ 외국의 경우 옴부즈만은 의회 소속이나 우리나라의 경우 옴부즈만을 담당하는 국민권익위원회가 대통령 소속이라는 점에서 차이가 있다.
④ 위원회 조사 결과 위법 부당한 처분에 대하여 행정기관의 결정을 직접 취소할 수 없다.

03
2016 지방직 9급

옴부즈만(Ombudsman)제도에 대한 설명으로 옳은 것만을 모두 고른 것은?

> ㄱ. 옴부즈만제도는 설치 주체에 따라 크게 의회 소속형과 행정기관 소속형으로 구분된다.
> ㄴ. 옴부즈만제도는 정부 행정활동의 비약적인 증대에 따른 시민의 권리침해 가능성에 대해 충분한 구제제도를 두기 위하여 핀란드에서 최초로 도입되었다.
> ㄷ. 옴부즈만은 행정행위의 합법성뿐만 아니라 합목적성 여부도 다룰 수 있다.
> ㄹ. 우리나라의 경우 대통령 직속의 국민권익위원회가 옴부즈만에 해당한다.

① ㄱ, ㄴ   ② ㄱ, ㄷ
③ ㄷ, ㄹ   ④ ㄴ, ㄹ

04
2006 서울시 9급

행정개혁에 대한 다음의 저항 극복방안 중 규범적 전략에 해당되는 것은?

① 개혁의 점진적 추진
② 적절한 시기의 선택
③ 참여의 확대
④ 반대 급부의 보장
⑤ 상급자의 권한 행사

다음 중 공공서비스 공급의 혁신방안이 <u>아닌</u> 것은?

① 품질행정제
② 원스톱 민원행정
③ 직무개선
④ 시민헌장제도

성과 중심의 행정을 지향하는 노력으로 옳지 <u>않은</u> 것은?

① 연봉제의 도입
② 목표관리제(MBO)의 도입
③ 직위분류제의 도입
④ 계약임용제의 확대 실시
⑤ 책임운영기관의 도입

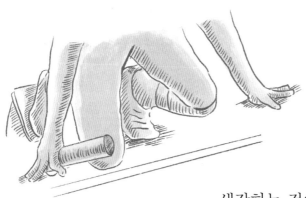

생각하는 것이 인생의 소금이라면
희망과 꿈은 인생의 사탕이다.
꿈이 없다면 인생은 쓰다.

– 바론 리튼(Baron Ritten)

5개년 챕터별 출제비중 & 출제개념

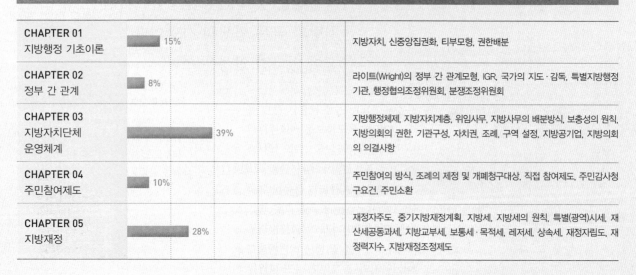

CHAPTER 01 지방행정 기초이론	15%	지방자치, 신중앙집권화, 티부모형, 권한배분
CHAPTER 02 정부 간 관계	8%	라이트(Wright)의 정부 간 관계모형, IGR, 국가의 지도·감독, 특별지방행정기관, 행정협의조정위원회, 분쟁조정위원회
CHAPTER 03 지방자치단체 운영체계	39%	지방행정체제, 지방자치계층, 위임사무, 지방사무의 배분방식, 보충성의 원칙, 지방의회의 권한, 기관구성, 자치권, 조례, 구역 설정, 지방공기업, 지방의회의 의결사항
CHAPTER 04 주민참여제도	10%	주민참여의 방식, 조례의 제정 및 개폐청구대상, 직접 참여제도, 주민감사청구요건, 주민소환
CHAPTER 05 지방재정	28%	재정자주도, 중기지방재정계획, 지방세, 지방세의 원칙, 특별(광역)시세, 재산세공동과세, 지방교부세, 보통세·목적세, 레저세, 상속세, 재정자립도, 재정력지수, 지방재정조정제도

11%

※최근 5개년(국, 지/서)
출제비중

학습목표

01 지방행정 기초이론

정답과 해설 ▶ P.88

바로 확인문제

01　　　　　2011 국가직 9급

우리나라 주민참여제도의 법제화 순서로
옳은 것은?

① 조례제정·개폐청구제도 → 주민투표
　제도 → 주민소송제도 → 주민소환제도
② 주민투표제도 → 주민감사청구제도 →
　주민소송제도 → 주민소환제도
③ 주민소송제도 → 주민투표제도 → 주민
　감사청구제도 → 주민소환제도
④ 주민감사청구제도 → 주민소송제도 →
　주민투표제도 → 조례제정·개폐청구
　제도

02　　　　　2018 서울시 기술직 7급

주민참여제도 중 지방자치 실시 이후 가장
먼저 도입된 것은?

① 주민소환제
② 조례제정·개폐청구제
③ 주민투표제
④ 주민소송제

---

01 지방행정과 지방자치

1 지방행정

(1) 개념

최협의의 개념	=	자치행정		
협의의 개념	=	자치행정	+	위임행정
광의의 개념	=	자치행정	+	위임행정	+ 관치행정

① **최협의의 개념**(주민자치)
　㉠ 지방주민들이 그들의 일상생활에 관련된 사무를 중앙정부에 의하지 않고 자
　　기들의 의사와 책임하에 스스로 또는 대표자를 통하여 처리하는 행정을 의미
　　한다.
　㉡ 최협의의 지방행정은 지방자치단체가 처리하는 행정 중에서 자치행정만을 의
　　미한다.

② **협의의 개념**(단체자치)
　㉠ 일정한 지역 내에서 수행하는 행정 중에서 지방자치단체가 처리하는 행정만
　　을 지방행정으로 정의하는 견해이다.
　㉡ 협의의 지방행정은 지방자치단체가 처리하는 자치행정과 위임행정만이 지방
　　행정에 포함되고 중앙정부의 하급기관에 의한 관치행정은 제외된다.

③ **광의의 개념**
　㉠ 지방행정을 광의로 파악하면, 행정의 주체가 누구인가를 불문하고 일정한 지
　　역 내에서 수행하는 일체의 행정을 의미하는 것으로 본다.
　㉡ 광의의 지방행정은 지방자치단체가 처리하는 자치행정과 위임행정뿐만 아니
　　라 중앙정부가 지방에 설치한 하급행정기관(특별지방행정기관 또는 특별일선
　　기관)이 담당하는 행정(관치행정)도 포함한다.

(2) 특징

① **자치행정**: 지방차지단체가 그 지역 주민의 의사에 의하여 행정을 수행한다.
② **지역행정**: 일정한 지역을 단위로 개별적 행정이 이루어진다.
③ **생활행정**: 지역주민의 일상생활에 직결되는 행정을 수행한다.

④ **종합행정**: 일정 지역 내의 모든 행정수요에 대응하여 포괄적으로 문제를 해결한다.
⑤ **대화행정**: 지역주민들과 일상적으로 직접 접촉함으로써 행정을 수행한다.

2 지방자치 📖 심화편 ▶ P.150

(1) 개념
① 지방자치란 일정한 지역을 기초로 하는 단체가 자기의 사무를 그 지역주민의 의사에 따라 자기의 기관과 재원에 의하여 독자적으로 수행하는 행위를 의미한다.
② 이승만 정부에서 처음으로 시·읍·면 의회의원을 뽑는 지방선거가 실시되었다.
③ 박정희 정부부터 전두환 정부 시기까지는 지방선거가 실시되지 않았다.
④ 노태우 정부 시기인 1991년 주민직선으로 지방의회가 구성되었다.
⑤ 지방자치단체장과 지방의회의원을 동시에 뽑는 선거는 1995년 김영삼 정부에서 실시되었다.
⑥ 이후 조례제정·개폐청구제(1999), 주민투표제(2004), 주민소송제(2005), 주민소환제(2007) 등 더욱 직접적이고 실질적인 참여제도들이 마련되었다.

(2) 구성요소
① 구역
② 주민
③ 지방정부(자치단체)
④ 자치권

02 지방자치의 유형 ▶ **결정적 코멘트** 주민자치와 단체자치의 차이는 지방행정을 이해하는 가장 중요한 분석틀(framework)에 해당함을 기억해야 한다.

지방자치는 영국에서 발전된 영·미형 지방자치(주민자치)와 프랑스·독일을 중심으로 유럽 제국에서 발전된 대륙형 지방자치(단체자치)의 양대 유형으로 나눌 수 있다.

1 주민자치

주민자치는 정치적 의미의 자치행정이며, 주민의 자치능력을 중요시하는 민주적·지방분권적인 지방제도로서 국가의 통치구조가 지방자치에 기초를 두고 있다.

2 단체자치

① 단체자치는 법률적 의미의 자치행정이며, 국가로부터 독립된 법인격을 가진 자치단체의 행정이다.
② 단체자치제도는 관치적·중앙집권적 색채가 강하고 국가체제의 하부구조로 획일적·계층적인 지방행정단위를 설정하여 이에 한정된 지방자치를 인정하고 있다.

---

03 2019 서울시 9급 제2회
지방자치의 이념과 사상적 계보에 대한 설명으로 가장 옳은 것은?
① 자치권의 인식에서 주민자치는 전래권으로, 단체자치는 고유권으로 본다.
② 주민자치는 지방분권의 이념을, 단체자치는 민주주의 이념을 강조한다.
③ 주민자치는 의결기관과 집행기관을 분리하여 대립시키는 기관분리형을 채택하는 반면, 단체자치는 의결기관이 집행기관도 되는 기관통합형을 채택한다.
④ 사무구분에서 주민자치는 자치사무와 위임사무를 구분하지 않지만, 단체자치는 이를 구분한다.

04 2018 서울시 9급
지방자치의 두 요소인 주민자치와 단체자치에 대한 설명으로 가장 옳은 것은?
① 주민자치의 원리는 주로 영국과 미국에서 발달하였으며, 단체자치의 원리는 주로 독일과 프랑스에서 발달하였다.
② 주민자치가 지방자치의 형식적·법제적 요소라고 한다면, 단체자치는 지방자치를 실현하기 위한 내용적·본질적 요소라고 할 수 있다.
③ 단체자치에서는 법률에 의한 권한이 명시적·한시적으로 규정되어 사무를 자주적으로 처리할 수 있는 재량의 범위가 크다.
④ 단체자치에서는 입법통제와 사법통제가 주된 통제방식이다.

05 2019 서울시 7급 제3회
주민자치와 구별되는 단체자치의 특성으로 가장 옳지 <u>않은</u> 것은?
① 지방분권
② 고유사무와 위임사무의 구분
③ 법률적 차원의 자치
④ 정치적 차원의 자치

06 2021 군무원 9급

단체자치에 대한 설명으로 옳은 것만을 모두 고르면?

가. 자치권에 대한 인식은 전래권으로 본다.
나. 권한부여 방식은 포괄적 위임주의이다.
다. 중앙정부와 지방자치단체의 관계는 기능적 협력관계이다.
라. 유럽대륙을 중심으로 발전해 왔다.

① 가, 나 ② 가, 다, 라
③ 나, 다, 라 ④ 가, 나, 다, 라

07 2023 군무원 9급

다음 중 지방자치의 정치적·행정적인 기능과 가장 거리가 먼 것은?

① 민주정치에 대한 훈련
② 지역 간 행정의 통일성 확보
③ 행정의 대응성 제고
④ 정책의 지역별 실험 검증

08 2015 지방직 9급

다음 중 소규모 자치행정구역을 지지하는 논리로 맞는 것을 모두 고른 것은?

ㄱ. 티부(Tiebout)모형을 지지하는 공공선택이론가들의 관점
ㄴ. 사뮤엘슨(Samuelson)의 공공재 공급이론
ㄷ. 지역격차의 완화에 공헌
ㄹ. 주민과 지방정부 간의 소통·접촉기회 증대

① ㄱ, ㄷ ② ㄱ, ㄹ
③ ㄴ, ㄷ ④ ㄴ, ㄹ

3 주민자치와 단체자치 비교 📖 심화편 ▶ P.152

구분	주민자치(영·미형)	단체자치(대륙형)
기초 사상	민수석 정치분권사상	중앙집권사상
채택 국가	영국·미국	독일·프랑스·일본·한국
자치권의 본질	천부적 권리(고유권설)	실정법상의 권리(전래권설)
자치의 중점	주민과의 협력관계	국가와의 권력관계
자치의 의미	정치적 의미	법률적 의미
중시하는 권리	주민의 권리(주민의 참여)	자치단체의 권능(자치권)
권한 부여 방식	개별적 수권주의	포괄적 위임주의
사무의 구분	구분 없음(고유사무)	고유사무·위임사무
자치단체의 성격	단일적 성격(자치단체)	이중적 성격 (자치단체·국가의 하급기관)
중앙통제 방식	입법·사법통제 중심	행정통제 중심
자치권의 범위	광범위함	협소함
지방세제	독립세 중심	부가세 중심
지방정부의 구조	기관통합형(내각제와 유사)	기관대립형(대통령제와 유사)
우월적 지위	의결기관 우월주의	집행기관 우월주의
민주주의와의 관계	인정	부정

03 지방자치의 필요성

1 정치적 필요성

① 전제정치에 대한 방파제 역할
② 주민들의 정치교육에 기여
③ 민주주의 이념의 실현
④ 지방행정의 안정성·중립성 확보

2 행정적·기술적 필요성

① 지방 실정에 맞는 행정 실현
② 정책의 실험을 통해 시행착오 최소화
③ 기능적 분담을 통한 능률 향상
④ 주민참여 강화로 인한 행정의 민주성 확보
⑤ 자원의 효율적 배분에 기여

3 경제적 필요성 – 티부모형(Tiebout model)

티부모형은 오츠(Oates)의 '분권화 정리'와 더불어 지방자치의 당위성을 이론적으로 뒷받침하고 있는 이론이다. 지방공공재는 일반적으로 소비의 비경합성이 불완

전하여 혼잡의 문제가 발생한다. 따라서 분권화된 체제에 의해 공급되는 것이 효율적이다.[1]

(1) 발에 의한 투표(voting with the feet, 주민의 이동성)

① 각 지방정부가 독자적인 조세징수와 지방공공재의 공급을 하는 경우에 각 지방정부마다 서로 다른 재정운용을 할 수 있다. 이에 따라 국민은 재정 프로그램에 대한 각자의 선호에 따라 거주지를 선택하게 된다(재정적 요인에 의한 주민의 이동).

② 발에 의한 투표에 의해 효율적인 지방공공재의 배분이 가능하기 때문에 분권화된 체제에 의한 공공재의 공급이 효율적이다. 즉, 티부가설(Tiebout hypothesis)은 주민의 이동성을 전제로 지방정부 서비스에 대한 주민들의 선택을 통해 그들의 선호를 표명함으로써 시장과 유사한 방법으로 주민들의 공공서비스에 대한 수요를 파악할 수 있다고 주장한다.

(2) 가정(전제조건)

① 다수의 지역사회 존재(= 다수의 참여자): 상이한 재정 프로그램을 제공하는 지역사회가 충분히 많아 사람들이 가장 선호하는 지방정부를 선택한다는 것이다.

② 시민의 (완전한) 이동성(= 진·퇴의 용이): 직장 등이 주거지의 선택에 영향을 주지 않는다는 것을 의미한다.

③ 지방정부 재정패키지에 대한 완전한 정보: 사람들이 각 지역에서 제공하는 재정 프로그램의 내용에 관해 완전한 정보를 갖추고 있어야 한다.

④ 공공재 공급의 규모수익 불변(규모의 경제 ×): 규모의 경제가 성립되면 규모가 큰 소수의 지방정부만이 존재하는 상황이 나타나 경쟁체제의 성립이 어려워진다.

⑤ 외부효과의 배제: 각 지역이 수행한 사업에서 나오는 혜택을 그 지역주민들만 누릴 수 있다는 가정이 필요하다. 즉 외부성이나 파급효과(spillover effect)가 존재하지 않아야 한다.

⑥ 배당수입에 의한 소득: 거주지 선정에 고용기회가 아무런 영향을 미치지 못하도록 하기 위한 것이다.

⑦ 고정적 생산요소의 존재: 모든 지방정부에는 최소한 한 가지의 고정적인 생산요소(fixed factor)가 존재하며, 이와 같은 제약 때문에 각 지방정부는 자신에게 맞는 최적규모(optimal size)를 갖는다.

⑧ 최적규모의 추구: 자신의 최적규모보다 적은 지방정부는 평균비용을 감소시키기 위하여 더 많은 주민을 유인하려 할 것이다. 또한 자신의 최적규모보다 큰 지방정부는 자신의 주민을 감소시키려 할 것이고, 자신의 최적규모에 있는 지방정부는 그들의 인구를 그대로 유지하려 할 것이다.

(3) 결론

① 분권화된 체제에서 주민에 의한 '발에 의한 투표'가 이루어질 경우, 각 지방정부는 주민의 선호에 따른 재정 프로그램을 개발하여 시행한다. 결과적으로 파레토 최적의 자원배분이 이루어지는 것이다.

---

[1] 사뮤엘슨(Samuelson)이 제시한 공공재의 개념에 따르면, 민간부문의 시장기구는 이를 효율적으로 배분할 수 없기 때문에 정부는 강제에 의해 배분해야 할 필요가 생긴다. 즉, 공공재의 경우에는 분권적인 배분체계가 효율적 배분을 실현할 수 없다는 것이 사뮤엘슨의 지적이다. 이에 대해 티부모형은 최소한 지방공공재의 성격을 갖는 것과 관련해서는 분권화된 배분 체제가 효율적일 수 있다는 것을 보여 준다.

09 2022 국회직 8급

티부(C. Tiebout)모형의 가정으로 옳지 않은 것은?

① 지방정부의 재원에 국고보조금은 포함되지 않아야 한다.
② 지방정부의 공공서비스에 외부효과가 발생하지 않아야 한다.
③ 고용기회와 관련된 제약조건은 거주지 의사결정에 왜곡을 초래할 수 있으므로 고려하지 않아야 한다.
④ 개인은 자신의 선호에 따라 다른 지방정부의 지역으로 자유롭게 이주할 수 있어야 한다.
⑤ 소수의 대규모 지방자치단체가 존재해야 한다.

10 2019 서울시 9급 제1회

티부(C. M. Tiebout)모형에서 제시한 '발로 하는 투표(vote by feet)'의 전제조건에 해당하지 않는 것은?

① 정보의 불완전성
② 다수의 지방정부
③ 고정적 생산요소의 존재
④ 배당수입에 의한 소득

11 2019 국가직 7급

티부가설(Tiebout hypothesis)의 가정이 아닌 것은?

① 다수의 이질적인 지방정부가 존재한다.
② 주민들은 지방정부가 제공하는 서비스의 정보를 완전히 알고 있다.
③ 지방공공재는 외부효과가 존재한다.
④ 개인들은 자유롭게 다른 지역으로 이주할 수 있다.

12

분권화된 지방정부에서 발에 의한 투표(vote by feet)가 가능해지기 위한 전제조건들에 대한 설명으로 가장 옳지 <u>않은</u> 것은?

① 지방정부의 시민들은 그들의 선호체계에 가장 적합한 지역으로 이동하는 것이 가능하다.
② 시민들이 지방정부들의 세입세출 형태에 관해 완전한 정보를 가지고 있어야 한다.
③ 시민들이 배당수입에 의존하여 생활해야 한다.
④ 공급되는 공공재도 외부비용과 외부효과 문제를 가지고 있을 수 있다.

13

티부(Tiebout) 모형의 전제조건으로 옳지 <u>않은</u> 것은?

① 시민의 이동성
② 외부효과의 배제
③ 고정적 생산요소의 부존재
④ 지방정부 재정패키지에 대한 완전한 정보

14

주민들이 자기가 살 지역을 직접 선택한다는 '발로 하는 투표(voting with the feet)'에 대한 가설인 티부(Tiebout)모형의 가정에 해당되지 <u>않는</u> 것은?

① 주민들은 언제든지 별다른 이사비용 없이 다른 지역으로 이사할 수 있다.
② 주민들이 모든 지역의 지역적 특성을 완전히 파악하고 있다.
③ 지역마다의 특성이 달라서 갖가지 종류의 지역들 중에서 선택할 수 있다.
④ 지역 간에 지역공공재의 파급(spill-over)효과나 영역의 침범이 없다.
⑤ 주민들이 어느 지역에 사느냐에 따라 그들의 소득은 달라진다.

15

지방분권의 장점으로 가장 옳지 <u>않은</u> 것은?

① 행정의 민주화 진작
② 지역 간 격차 완화
③ 행정의 대응성 강화
④ 지방공무원의 사기 진작

---

② 티부모형은 이와 같은 균형 상태에서 각 지역에 비슷한 기호와 소득을 갖고 있는 사람들이 모여 사는 양상이 나타날 것이라고 예측하고 있다(선호가 유사한 사람들로 구성된 동질적 사회 출현). 이는 사람들의 재정 프로그램에 대한 선호가 각자의 소득수준과 체계적인 관계를 갖고 있기 때문이다.

(4) 한계

① **비현실적 가정**: 티부모형의 기본가정은 완전경쟁시장의 성립조건과 매우 유사하다. 현실적으로 완전경쟁시장이 성립하는 데 필요한 조건이 충족되기가 어려운 것처럼 티부모형의 기본가정의 충족도 매우 어렵다.

② **공평성의 문제**

㉠ 티부모형의 기본가정이 충족되면 효율성의 측면에서는 만족할 만한 결과를 얻을지 모르지만, 공평성의 측면에서는 바람직하지 못한 결과를 얻을 수 있다.

㉡ 티부모형의 결과는 부유한 사람들과 가난한 사람들이 따로 떨어져 끼리끼리 모여 사는 현상이 나타난다. 부유한 사람들이 사는 지역은 세율이 낮으면서 공공서비스의 질이 좋은 반면, 가난한 사람들이 사는 지역은 세율이 높아도 공공서비스의 질은 형편없는 것을 보게 된다.

04 신중앙집권화와 신지방분권화

1 신중앙집권화(= 주민자치 + 행정국가)

(1) 개념

① 신중앙집권화란 현대국가의 새로운 경향으로서, 지방자치제도를 발전시켜 왔던 근대 민주국가에서 사회발전과 행정기능의 확대·강화에 따른 복지사회의 실현을 위해 민주성과 능률성의 조화라는 근본원리에 입각하여 중앙정부의 권한이 강화되는 경향을 말한다.

② 권력은 분산되지만 지식과 기술은 집중함으로써 지방자치의 민주화와 능률화의 조화를 추구한다.

(2) 특징(지방자치의 부정 ×, 중앙통제 강화, 민주성과 능률성 조화)

① **권한의 재편성·조정**: 신중앙집권화는 지방분권·지방자치의 불신이나 필요성 감소와 무관하며, 중앙과 지방의 새로운 협력관계 또는 행정의 민주화와 능률화의 조화를 모색하려는 행정국가의 정치구조에서 권한의 재편성·조정이 발생하는 것을 의미한다.

② **중앙통제 강화**: 신중앙집권화는 새로운 협력관계로서 중앙통제를 강화하는 것으로 특징지을 수 있다.

③ **지방자치의 민주화와 능률화의 조화 추구**: 신중앙집권화는 지방행정의 조정·통합을 통해 민주성과 능률성을 조화할 수 있는 국가행정의 전체적 발전을 모색함으로써 복지사회의 실현에 기여하는 데 의미를 둔다. 즉, 권력은 분산하나 지식과 기술은 집중함으로써 지방자치의 민주화와 능률화의 조화를 추구한다.

④ **수평적·비권력적·협조적·사회적 집권**: 과거의 절대주의 국가의 중앙집권이 수직적·권력적·관료적·지배적·절대적·윤리적 집권인 데 반해, 신중앙집권화는

수평적·비권력적·지식적·협조적·상대적·사회적·조언적·기술적·지도적 집권을 의미한다.

┃ 중앙집권과 신중앙집권 비교

중앙집권	신중앙집권	
• 수직적 집권	• 수평적 집권	• 협동적 집권
• 권력적 집권	• 비권력적 집권	• 사회적 집권
• 관료적 집권	• 지식적 집권	• 조언적 집권
• 지배적 집권	• 협조적 집권	• 기술적 집권
• 절대적 집권	• 상대적 집권	• 지도적 집권

(3) 촉진요인

① **국민생활권의 확대와 전국적 규모의 경제규제의 필요성**: 지방경제·촌락경제가 국민경제·국가경제로 발전되고 국민생활권이 확대됨에 따라 전국적 규모의 강력한 경제규제·통제·지도가 요구되었다.

② **행정기능의 질적 변화와 양적 확대**: 산업사회의 고도의 발전으로 행정기능의 질적 변화와 양적 확대가 초래되었다. 하지만 지방자치단체는 이러한 추세에 적응하여 사무를 처리할 수 있는 행정능력을 가질 수 없게 되어 중앙정부는 지방자치행정에 더욱 관여하게 되었다.

③ **민주화와 능률화의 조화**: 지방자치단체의 민주적 자치 실현을 토대로 하면서 국가 전체의 행정능률화를 조화해 나가기 위하여 신중앙집권화가 필요하게 되었다.

④ **과학기술과 교통·통신수단의 발달**: 과학기술과 교통·통신수단의 발달로 지역사회의 폐쇄성이 타파되고 좀 더 큰 행정구역을 대상으로 효율적인 행정수행이 가능하게 되었다.

⑤ **국제긴장의 가속화**: 세계대전이 종식되고 난 후, 세계는 자유진영과 공산진영으로 나뉘어 오늘날까지 국제긴장이 지속되고 있다.

⑥ **국민적 최저 수준의 유지 필요성**: 일정 분야에서 국민적 최저 수준을 유지하는 것이 공익을 위하는 것이라는 입장에서, 행정적·전국적인 절차가 발전되고 적용되었다.

⑦ **지방재정의 취약성과 불균형**: 지방재정의 취약성으로 중앙재정에 의존하는 경향이 강화되었으며, 지방자치단체 간에는 재정능력·행정수요 등이 불균형적이기 때문에 중앙정부의 통제 또는 조정이 요구된다.

⑧ **입법·사법통제의 결함과 행정통제의 신축성**
　㉠ 입법통제는 행정의 재량성 증대로 비효과적이며, 사법통제는 사후적 통제를 원칙으로 하므로 끊임없이 변동하는 행정상황에 대처할 수 없다.
　㉡ 행정통제는 입법통제나 사법통제에 비하여 탄력성과 신축성을 띠고 있어 신중앙집권화 또는 지방행정에 대한 중앙통제의 강화는 입법통제·사법통제보다 행정통제에 중점을 두고 촉진되었다.

⑨ **지방사무의 중앙 이관**: 현대사회의 성격상 변화로 지방사무가 점차 전국적 이해관계와 밀접한 관련성을 갖게 되었고 국가적인 공통사무로 변질되었다. 따라서 지방자치단체의 고유사무의 범위는 좁아지고 지방사무가 중앙에 이관되는 경향이 두드러지게 되었다.

16 　　　　　　　　　2021 국가직 7급

오츠(Oates)의 분권화정리가 성립하기 위한 조건에 대한 설명으로 옳은 것만을 모두 고르면?

> ㄱ. 중앙정부의 공공재 공급 비용이 지방정부의 공공재 공급 비용보다 더 적게 든다.
> ㄴ. 공공재의 지역 간 외부효과가 없다.
> ㄷ. 지방정부가 해당 지역에서 파레토 효율적 수준으로 공공재를 공급한다.

① ㄱ　　　　　　② ㄷ
③ ㄱ, ㄴ　　　　④ ㄴ, ㄷ

17 　　　　　　　　　2006 군무원 9급

다음 중 신중앙집권화 현상에 관하여 가장 옳은 설명은?

① 지방분권화에 대한 반발로 등장한 현상이다.
② 지방자치의 필요성이 감소하여 발생한 현상이다.
③ 전국적이면서도 지방적 이해를 갖는 사무에 대하여 지방적 이해를 반영한다.
④ 관료적, 권력적 집권이 아니라 비권력적, 지식적, 기술적 집권이다.

18 　　　　　　　　　2004 국가직 9급

신중앙집권화에 대한 설명 중 옳지 <u>않은</u> 것은?

① 국가·지방의 공동사무의 증대, 중앙의 정책계획의 증대 등이 신중앙집권화 현상의 요인이다.
② 신중앙집권화는 수평적·협동적 집권이 아니라 수직적·관료적 집권을 의미한다.
③ 신중앙집권화는 국민생활권의 확대와 행정의 국민적 최저수준 유지의 필요성에 의해 촉진되었다.
④ 권력은 분산하나 지식과 기술은 집중함으로써 지방자치의 민주화와 능률화의 조화를 추구한다.

19 2022 군무원 7급

다음 중 신중앙집권화와 관련된 특징에 대한 설명으로 가장 옳지 <u>않은</u> 것은?

① 행정구역의 광역화가 나타날 수 있다.
② 중앙−지방 간의 관계는 기능적·협력적 관계이다.
③ 지방정부의 자율성을 상대적으로 제한할 수 있다.
④ 세계화와 신자유주의가 신중앙집권화를 촉진하였다.

(4) 형태

① **지방기능의 중앙 이관**: 이전에는 지방자치단체가 담당해 왔던 기능이 중앙으로 이관되고 있다.
② **중앙통제의 강화**: 현대국가의 신중앙집권화 경향은 중앙정부의 지방정부에 대한 통제의 강화라는 형태로 나타나고 있다.
③ **중앙재정에 의존**: 지방자치단체의 재정자립도의 저하와 중앙재정에 의존하는 현상이 현저하게 나타나고 있다.

2 신지방분권화

(1) 개념

① 신지방분권화는 집권적인 성향이 강한 대륙의 프랑스 등에서 정보화, 국제화, 도시화, 지역불균형화 등으로 나타났다.
② 신지방분권은 신중앙집권의 불가피성을 인정하면서도 그에 내재하는 문제점에 대처하기 위해 새로운 관점의 지방분권으로서, 국가와 자치단체를 협력·공존의 병립적 체계로 파악함으로써 중앙집권(능률성)과 지방분권(민주성)이 갖고 있는 장점을 동시에 충족하려는 좀 더 적극적인 지방자치이다.

(2) 특징

① 절대적 분권이 아니라 상대적 분권이며, 행정적 분권이 아니라 참여적 분권이다.
② 배타적 분권이 아니라 협조적 분권이며, 소극적 분권이 아니라 적극적 분권이다.
③ 신중앙집권과 대립관계에 있는 것이 아니라 상호보완관계에 있다.

(3) 촉진요인

① 중앙집권화의 폐해로 인한 지역 간 불균형(과밀, 과소의 폐해)
② 도시화의 진전
③ 정보화의 확산에 따른 재택근무의 보편화
④ 국제화, 세계화의 추세로 인한 활동영역 확대
⑤ 신보수주의와 신자유주의 영향
⑥ 탈냉전체제로 국제정세 변화
⑦ 대량문화에 따른 개성의 회복 지향

(4) 각국의 예

① **프랑스**: 미테랑 정부의 '자주관리 사회주의 구상'에 입각한 분권화정책에 기원
② **미국**: 홈룰 운동(home rule movement) − 1982년 자치헌장운동
③ 제2차 세계대전 후 패전국들(일본, 독일)이 영·미의 지방자치제도 도입

05 「지방자치분권 및 지역균형발전에 관한 특별법」의 주요 내용

제4조 【지방자치분권 및 지역균형발전 정책의 시범실시】 국가는 지방자치분권 및 지역균형발전 정책을 추진하면서 필요한 경우에는 지방자치단체의 실정에 맞게 시범적으로 실시할 수 있다.

제6조【지방시대 종합계획의 수립】① 제62조에 따른 지방시대위원회는 지방자치분권 및 지역균형발전을 효과적으로 추진하기 위하여 관계 중앙행정기관의 장과 협의하고 지방자치단체의 의견을 수렴한 후 5년을 단위로 하는 지방시대 종합계획을 수립한다.

제33조【권한이양 및 사무구분체계의 정비 등】① 국가는 「지방자치법」 제11조에 따른 사무배분의 기본원칙에 따라 그 권한 및 사무를 적극적으로 지방자치단체에 이양하여야 하며, 그 과정에서 국가사무 또는 시·도의 사무로서 시·도 또는 시·군·구의 장에게 위임된 사무는 원칙적으로 폐지하고 자치사무와 국가사무로 이분화하여야 한다.

제40조【주민자치회의 설치 등】① 풀뿌리자치의 활성화와 민주적 참여의식 고양을 위하여 읍·면·동에 해당 행정구역의 주민으로 구성되는 주민자치회를 둘 수 있다.
② 제1항에 따라 자치회가 설치되는 경우 관계 법령, 조례 또는 규칙으로 정하는 바에 따라 지방자치단체 사무의 일부를 자치회에 위임하거나 위탁할 수 있다.
③ 자치회는 다음 각 호의 업무를 수행한다.
　　1. 자치회 구역 내의 주민화합 및 발전을 위한 사항
　　2. 지방자치단체가 위임하거나 위탁하는 사무의 처리에 관한 사항
　　3. 그 밖에 관계 법령, 조례 또는 규칙에서 위임하거나 위탁한 사항
④ 자치회의 위원은 조례로 정하는 바에 따라 지방자치단체의 장이 위촉한다.
⑤ 제4항에 따라 위촉된 위원은 그 직무를 수행할 때에는 지역사회에 대한 봉사자로서 정치적 중립을 지켜야 하며 권한을 남용하여서는 아니 된다.
⑥ 자치회의 설치 시기, 구성, 재정 등 자치회의 설치 및 운영에 필요한 사항은 따로 법률로 정한다.
⑦ 행정안전부장관은 자치회의 설치 및 운영에 참고하기 위하여 자치회를 시범적으로 설치·운영할 수 있으며, 이를 위한 행정적·재정적 지원을 할 수 있다.

제43조【지방행정체제 개편의 기본방향 등】① 지방행정체제 개편은 지방자치단체의 행정수요 대응 효율화와 지역 특성에 맞는 발전, 주민의 편익증진과 국가 및 지방의 경쟁력 강화를 위하여 다음 각 호의 사항이 반영되도록 추진하여야 한다.
　　1. 지방자치 및 지방행정계층의 적정화
　　2. 주민생활 편익증진을 위한 자치구역의 조정
　　3. 지방자치단체의 규모와 자치역량에 부합하는 역할과 기능의 부여
　　4. 주거단위의 근린자치 활성화
② 특별시 및 광역시는 지방자치단체로서 존치하되, 지방시대위원회는 특별시 및 광역시의 관할 구역 안에 두고 있는 구와 군의 지위, 기능 등에 관한 개편방안을 마련하여야 하며, 특별시 및 광역시의 관할 구역 안에 두고 있는 구 중에서 인구 또는 면적이 과소한 구는 적정 규모로 통합한다.
③ 도는 지방자치단체로서 존치하되, 지방시대위원회는 이 법에 따른 시·군의 통합 등과 관련하여 도의 지위 및 기능 재정립 등을 포함한 도의 개편방안을 마련하여야 한다.
④ 국가는 시·군·구의 인구, 지리적 여건, 생활권·경제권, 발전가능성, 지역의 특수성, 역사적·문화적 동질성 등을 종합적으로 고려하여 통합이 필요한 지역에 대해서는 지방자치단체 간 통합을 지원하여야 한다. 이 경우 시·군·구의 통합에 관하여는 시·도 및 시·군·구 관할 구역의 경계에 제한을 받지 아니한다.

제62조【지방시대위원회의 설치 및 존속기한】① 지방자치분권 및 지역균형발전을 추진하기 위하여 대통령 소속으로 지방시대위원회를 둔다.

20　　2017 국가직 9급(사회복지직 9급) 변형

중앙과 지방의 권한배분에 대한 설명으로 옳지 않은 것은?

① 지방분권 및 지역균형발전을 위하여 국무총리 소속으로 지방시대위원회를 둔다.
② 국가는 지방자치단체에 이양한 사무가 원활히 처리될 수 있도록 행정적·재정적 지원을 병행해야 한다.
③ 중앙행정기관의 장과 지방자치단체의 장이 사무를 처리할 때 의견을 달리하는 경우 이를 협의·조정하기 위하여 국무총리 소속으로 행정협의조정위원회를 둔다.
④ 「지방자치법」은 원칙적으로 사무배분 방식에 있어서 포괄적 예시주의를 취하고 있다.

21　　2013 군무원 9급 변형

다음 중 「지방자치분권 및 지역균형발전에 관한 특별법」에 관한 내용으로 옳지 않은 것은?

① 특별시 및 광역시는 지방자치단체로 존치한다.
② 도는 지방자치단체로서 존치하되, 도의 지위 및 기능 재정립에 관하여는 따로 법률로 정한다.
③ 특별시 및 광역시의 관할구역 안에 있는 구 중에서 인구 또는 면적이 과소한 구는 적정 규모로 통합한다.
④ 적정 규모로 통합된 읍·면·동은 풀뿌리 자치의 활성화와 민주적 참여의식 고양을 위하여 주민자치회를 설립한다.

22　　2020 군무원 9급

시·군 통합의 긍정적 효과에 대한 설명으로 옳지 않은 것은?

① 행정의 대응성 제고
② 규모의 경제 실현
③ 생활권과 행정권의 일치
④ 광역적 문제의 효과적 해결

01 지방행정 기초이론

❶ 티부(Tiebout)모형

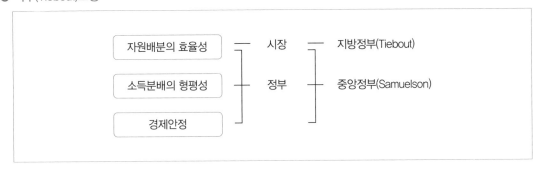

❷ 신중앙집권화와 신지방분권화

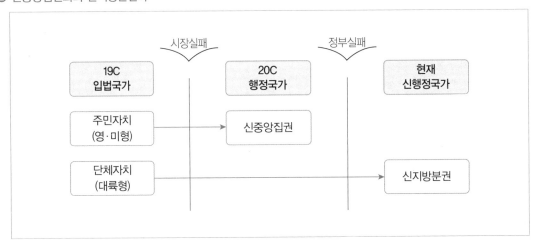

02 정부 간 관계

01 정부 간 관계모형

1 중앙 – 지방정부 간 관계모형

(1) 라이트(Wright, 1978)의 분류

분리권위형   중첩권위형   포괄권위형

① **분리(협조)권위형**: 중앙정부와 지방정부의 관계가 인사·재정상 완전하게 분리되어 있어 서로 독립적이고 자치적으로 운영되는 형태이다.
② **중첩권위형**: 중앙정부와 지방정부가 상호의존적인 관계에서 정치적 타협과 협상을 벌이는 형태이다.
③ **포괄(계층)권위형(내포형)**: 지방정부가 중앙정부에 전적으로 종속하는 계층적 관계를 갖는 형태이다. 이 경우 지방자치단체는 국가의 재량권으로 창조될 수도 폐지될 수도 있으며, 법적인 보장에 좌우된다.

▌**라이트(Wright)의 분류 비교**

구분	분리(협조)권위형	중첩권위형	포괄(계층)권위형
관계	독립적	상호의존적	중앙의존적
행동패턴	완전 자치·자율	협상	중앙집권적·계층
사무분담	고유사무 중심	고유·위임사무	위임사무 중심
재정관계	완전 분리	상호의존	완전 종속
인사관계	완전 분리	상호교류	완전 종속

(2) 무라마츠 미치오(村松岐夫, 1997)의 분류

① **수직적 통제모형**: 중앙정부는 지방정부에 대해 권력적 수단과 지시·명령에 의해 일방적으로 통제하고, 지방정부는 중앙정부의 정책을 행정적으로 집행하며 중앙정부의 지시와 명령에 복종하는 수직적인 상하관계를 형성한다.
② **수평적 경쟁모형**: 중앙정부와 지방정부는 정책을 둘러싸고 서로 경쟁관계를 유

01   2011 지방직 9급
라이트(D. Wright)의 정부 간 관계모형에 대한 설명 중 옳지 <u>않은</u> 것은?

① 분리형(seperated model)은 중앙–지방 간의 독립적인 관계를 의미한다.
② 내포형(inclusive model)은 지방정부가 중앙정부에 완전히 의존되어 있는 관계를 의미한다.
③ 중첩형(overlapping model)은 정치적 타협과 협상에 의한 중앙–지방 간의 상호의존관계를 의미한다.
④ 경쟁형(competitive model)은 정책을 둘러싼 정부 간 경쟁관계를 의미한다.

02   2023 지방직 9급
라이트(Wright)의 정부 간 관계(Inter-Governmental Relations: IGR) 모형에 대한 설명으로 옳지 <u>않은</u> 것은?

① 정부 간 상호권력관계와 기능적 상호의존관계를 기준으로 정부간관계(IGR)를 3가지 모델로 구분한다.
② 대등권위모형(조정권위모형, coordinate-authority model)은 연방정부, 주정부, 지방정부가 모두 동등한 권한을 가지고 있다고 설명한다.
③ 내포권위모형(inclusive-authority model)은 연방정부, 주정부, 지방정부를 수직적 포함관계로 본다.
④ 중첩권위모형(overlapping-authority model)은 연방정부, 주정부, 지방정부가 상호 독립적인 실체로 존재하며 협력적 관계라고 본다.

03
2020 국회직 8급

정부 간 관계이론에 대한 설명으로 옳지 않은 것은?

① 라이트(Wright)의 이론 중 중첩권위형은 중앙정부와 지방정부가 상호의존적인 관계를 맺고 있는 유형을 말하며 가장 이상적인 형태다.

② 던사이어(Dunsire)의 이론 중 하향식모형은 지방정부가 중앙정부에 전적으로 의존하는 유형을 말한다.

③ 엘코크(Elcock)의 이론 중 동반자모형은 지방정부가 중앙정부의 감독 및 지원하에 국가정책을 집행하는 유형을 말한다.

④ 월다브스키(Wildavsky)의 이론 중 갈등─합의모형은 중앙정부와 지방정부의 관계가 인사와 재정상으로 완전하게 분리되어 서로 독립적·자치적으로 운영되는 유형을 말한다.

⑤ 무라마츠 미치오(村松岐夫)는 중앙정부와 지방정부 간의 관계를 수직적 통제모형과 수평적 경쟁모형으로 나눈다.

04
2016 지방직 9급

정부 간 관계(IGR)모형에 대한 설명으로 옳은 것만을 모두 고른 것은?

ㄱ. 로즈(Rhodes) 모형에서 지방정부는 중앙정부에 완전히 예속되는 것도 아니고 완전히 동등한 관계가 되는 것도 아닌 상태에서 상호의존한다.

ㄴ. 로즈(Rhodes)는 지방정부는 법적 자원, 재정적 자원에서 우위를 점하며, 중앙정부는 정보자원과 조직자원의 측면에서 우위를 점한다고 주장한다.

ㄷ. 라이트(Wright)는 정부 간 관계를 포괄형, 분리형, 중첩형의 세 유형으로 나누고, 각 유형별로 지방정부의 사무내용, 중앙·지방 간 재정관계와 인사관계의 차이가 있음을 밝히고 있다.

ㄹ. 라이트(Wright) 모형 중 포괄형에서는 정부의 권위가 독립적인 데 비하여, 분리형에서는 계층적이다.

① ㄱ, ㄴ   ② ㄴ, ㄷ, ㄹ
③ ㄱ, ㄷ   ④ ㄱ, ㄴ, ㄷ

지하며, 지방정부는 정책의 실험을 통해 성공한 정책을 중앙정부에 요구하기도 하고 중앙정부와 지방정부가 상호협력하면서 경쟁하는 상호의존적인 관계를 형성한다.

(3) 엘코크(Elcock, 1994)의 중앙과 지방관계 분류

① **대리인모형**(agent model): 지방이 중앙의 대리인에 불과하여 중앙의 감독하에 국가정책을 집행한다는 것이다.

② **동반자모형**(partnership model): 지방이 고유한 권능을 가지고 독자적인 결정을 내릴 수 있기 때문에 중앙정부와 상하관계에 있다고 보지 않으며, 대리인모형과 상반된 입장이다.

③ **지배인모형**(stewards model)
    ㉠ 동반자모형을 약간 수정한 것으로, 지방정부는 중앙정부로부터 어느 정도의 자율권을 가지고 지방을 관리한다고 보는 것이다.
    ㉡ 자율권의 정도에 따라 자유방임형과 규제형으로 나눌 수 있다.

(4) 로즈(Rhodes)의 권력의존모형

① 중앙정부와 지방정부의 관계는 완전히 동등하거나 예속되는 관계가 아니며 상호의존적인 관계이다.

② 중앙정부는 법적 자원, 재정적 자원에서 우위를 점하며, 지방정부는 정보자원과 조직자원의 측면에서 우위를 점한다고 주장하였다.

③ 전체적으로는 신다원주의적인 시각에 입각하고 있으나 미시적 분석은 다원주의적인 접근방법을, 거시적 분석은 조합주의적인 접근방법을 시도하고 있다.

2 중앙과 지방의 기능배분이론(Dunleavy)

(1) 다원주의 관점

① 중앙과 지방의 기능배분은 역사적으로 오랜 기간 진화과정을 거치면서 점진적으로 제도화되어 온 것이라고 보는 관점이다.

② 전통적인 행정학 관점으로, 기능배분의 바탕에는 행정적 합리성의 증진이라는 원리가 작용해 왔다고 본다.
    ⑩ 기능의 중복배제, 책임성의 증진, 규모의 경제, 시민참여의 촉진과 분권화, 중앙정부의 과부하 방지, 중앙정부에 의한 통제가능성 고려 등

③ 우리나라도 이러한 관점에 입각하여 중앙정부와 지방정부 간의 기능분담을 논의해 왔다.

(2) 신우파론(공공선택론) 관점

① 합리적 경제인관과 방법론적 개체(인)주의의 입장을 취하고 있는 공공선택론적 입장이다.

② 중앙과 지방정부 간의 기능배분 문제도 개인후생을 극대화하고자 하는 시민과 공직자 개인들의 합리적 선택 행동에서 비롯되는 것으로 본다.

③ 비용은 극소화, 효용은 극대화하기 위한 연역적 추론이 동원되는데, 이 기준에 의하면 중앙정부와 지방정부의 활동을 재배분정책, 개발정책, 배당정책의 세 가지 유형으로 구분한다.
    ㉠ **재분배정책**(사회보장정책): 중앙정부가 관장한다.

ⓛ **개발정책**(교통, 통신, 관광): 지방 또는 (개발정책의 규모가 클 경우는) 중앙정부가 관장한다.

ⓒ **배당정책**(치안, 소방, 쓰레기 수거, 공공매립지 제공): 지방정부가 관장한다.

(3) 계급정치론 관점

① 정부 간 기능배분 문제는 지배계급들이 자신들의 이익을 추구하기 위한 계급 간 갈등에 지나지 않는다.

② 자본주의 국가 내부의 정부수준 간 기능배분에 관한 구체적 기준에 별로 관심을 두지 않는다.

(4) 엘리트론 관점

① 이원국가론(dual state thesis)의 입장에서 국가기능에 관한 신마르크스주의의 관점을 일부 수용하면서도 정부수준 간의 상이한 의사결정 방식에 관한 신베버주의의 입장을 근간으로 구성된다.

② 이원국가론은 ⓛ 국가재정지출의 유형화, ⓒ 국가개입 및 의사결정의 양식, ⓒ 정부수준 간 기능배분의 순으로 중앙과 지방 간의 기능배분이 이루어진다고 본다.

③ 중앙정부는 사회적 투자기능을 수행하고, 지방정부는 사회적 소비기능을 민주적이고 경쟁적인 다원주의적 과정을 통해 수행하는 것으로 중앙과 지방 간의 기능배분을 파악한다.

> **결정적 코멘트** 1995년 지방자치제 부활 이후 현실적인 필요성으로 인해 출제비중이 높아진 영역임을 기억해야 한다.

02 국가와 지방자치단체 간의 관계 및 정부 간 분쟁

1 국가와 지방자치단체 간의 관계(「지방자치법」)

(1) 지방자치단체의 사무에 대한 지도와 지원

① 중앙행정기관의 장이나 시·도지사는 지방자치단체의 사무에 관하여 조언 또는 권고하거나 지도할 수 있으며, 이를 위하여 필요하면 지방자치단체에 자료 제출을 요구할 수 있다.

② 국가나 시·도는 지방자치단체가 그 지방자치단체의 사무를 처리하는 데 필요하다고 인정하면 재정지원이나 기술지원을 할 수 있다.

③ 지방자치단체의 장은 조언·권고 또는 지도와 관련하여 중앙행정기관의 장이나 시·도지사에게 의견을 제출할 수 있다.

(2) 국가사무나 시·도 사무 처리의 지도·감독

① 지방자치단체나 그 장이 위임받아 처리하는 국가사무에 관하여 시·도에서는 주무부장관, 시·군 및 자치구에서는 1차로 시·도지사, 2차로 주무부장관의 지도·감독을 받는다.

② 시·군 및 자치구나 그 장이 위임받아 처리하는 시·도의 사무에 관하여는 시·도지사의 지도·감독을 받는다.

(3) 중앙행정기관과 지방자치단체 간 협의·조정

① 중앙행정기관의 장과 지방자치단체의 장이 사무를 처리할 때 의견을 달리하는 경우 이를 협의·조정하기 위하여 국무총리 소속으로 행정협의조정위원회를 둔다.

05   2003 대구, 부산 9급

다음 설명 중 중앙정부와 지방정부 간의 기능배분을 다원주의적 관점에서 설명한 것은?

① 중앙정부와 지방정부 간의 기능배분은 역사적으로 오랜 진화과정을 거치면서 점진적으로 제도화되어 온 것으로서 행정적 합리성이 중요시되고 있다.

② 합리적 인간관과 엄격한 방법론적 개체주의 입장을 취하면서 중앙정부와 지방정부 간의 기능배분 문제로 개인의 후생을 극대화하고자 하는 시민과 공직자 개개인들의 합리적 선택행동에서 비롯되는 것으로 본다.

③ 자본주의 국가 내부의 정부수준 간 기능배분에 관한 구체적인 기준에는 바로 관심을 기울이지 않는다.

④ 정부수준 간 기능배분에 관한 이원국가론(dual state thesis)을 주장하고 있다.

06   2004 전북 9급

중앙정부와 지방정부 간의 기능배분을 신우파론적 관점에서 설명한 것은?

① 역사적으로 오랜 시일 진화과정을 거치면서 점진적으로 제도화되어 왔다.

② 합리적 인간관과 엄격한 방법론적 개체주의 입장을 취하면서 기능배분 문제도 개인후생을 극대화하고자 하는 시민과 공직자 개개인들의 합리적 선택행동에서 비롯된다.

③ 정부의 기능배분에 관해 구체적인 기준에는 별로 관심을 가지지 않는다.

④ 정부수준 간 기능배분에 관한 '이원국가론'을 주장하고 있다.

⑤ 정부수준 간의 상이한 의사결정 방식에 관한 신베버주의의 입장을 근간으로 하고 있다.

07 2008 국가직 9급

공공선택론의 관점에서 본 중앙-지방정부 간 기능배분에 관한 설명으로 옳지 <u>않은</u> 것은?

① 재분배정책을 통하여 주민들에게 제공되는 편익은 그들의 조세 부담과는 역으로 결정되며, 주로 지방정부에서 담당해야 한다.

② 개발정책은 지역경제 성장을 촉진시키기 위한 정책으로, 원칙적으로 정책의 수혜자가 그 비용을 부담해야 한다.

③ 중앙-지방정부 간의 기능배분 문제는 개인후생을 극대화하고자 하는 시민과 공직자 개개인들의 합리적인 선택행동에서 비롯되는 것이다.

④ 배딩징책(allocational policy)은 치안, 소방, 쓰레기 수거, 공공매립지 제공 등이며, 주로 지방정부에서 담당해야 한다.

08 2009 서울시 7급

다음 중 우리나라의 지방정부에 대한 중앙통제로 옳지 <u>않은</u> 것은?

① 감사원은 지방공무원에 대해 직무감찰을 실시할 수 있다.

② 중앙정부는 위법·부당한 명령·처분의 시정명령 및 취소·정지를 할 수 있고, 지방자치단체의 장이 이에 이의가 있을 때에는 행정법원에 소를 제기할 수 있다.

③ 지방자치단체는 법률이 정하는 바에 의하여 국가공무원을 둘 수 있다.

④ 중앙정부는 지방자치단체가 보조금을 다른 용도로 사용한 경우, 보조금을 반환하게 할 수 있다.

⑤ 지방자치단체 또는 그 장이 위임받아 처리하는 국가사무에 관하여는 주무부장관의 지도·감독을 받는다.

② 행정협의조정위원회는 위원장 1명을 포함하여 13명 이내의 위원으로 구성한다.

③ 국가와 지방자치단체 간의 협력을 도모하고 지방자치 발전과 지역 간 균형발전에 관련되는 중요 정책을 심의하기 위하여 중앙지방협력회의를 둔다. 중앙지방협력회의의 구성과 운영에 관한 사항은 따로 법률로 정한다.

(4) 위법·부당한 명령이나 처분의 시정

① 지방자치단체의 사무에 관한 지방자치단체의 장의 명령이나 처분이 법령에 위반되거나 현저히 부당하여 공익을 해친다고 인정되면 시·도에 대해서는 주무부장관이, 시·군 및 자치구에 대해서는 시·도지사가 기간을 정하여 서면으로 시정할 것을 명하고, 그 기간에 이행하지 아니하면 이를 취소하거나 정지할 수 있다.

② 주무부장관은 지방자치단체의 사무에 관한 시장·군수 및 자치구의 구청장의 명령이나 처분이 법령에 위반되거나 현저히 부당하여 공익을 해침에도 불구하고 시·도지사가 ①에 따른 시정명령을 하지 아니하면 시·도지사에게 기간을 정하여 시정명령을 하도록 명할 수 있다.

③ 주무부장관은 시·도지사가 ②에 따른 기간에 시정명령을 하지 아니하면 ②에 따른 기간이 지난 날부터 7일 이내에 직접 시상·군수 및 자치구의 구청장에게 기간을 정하여 서면으로 시정할 것을 명하고, 그 기간에 이행하지 아니하면 주무부장관이 시장·군수 및 자치구의 구청장의 명령이나 처분을 취소하거나 정지할 수 있다.

④ 주무부장관은 시·도지사가 시장·군수 및 자치구의 구청장에게 ①에 따라 시정명령을 하였으나 이를 이행하지 아니한 데 따른 취소·정지를 하지 아니하는 경우에는 시·도지사에게 기간을 정하여 시장·군수 및 자치구의 구청장의 명령이나 처분을 취소하거나 정지할 것을 명하고, 그 기간에 이행하지 아니하면 주무부장관이 이를 직접 취소하거나 정지할 수 있다.

⑤ ①~④의 규정에 따른 자치사무에 관한 명령이나 처분에 대한 주무부장관 또는 시·도지사의 시정명령, 취소 또는 정지는 법령을 위반한 것에 한정한다.

⑥ 지방자치단체의 장은 ①, ③ 또는 ④에 따른 자치사무에 관한 명령이나 처분의 취소 또는 정지에 대하여 이의가 있으면 그 취소처분 또는 정지처분을 통보받은 날부터 15일 이내에 대법원에 소를 제기할 수 있다.

(5) 지방자치단체의 장에 대한 직무이행명령

① 지방자치단체의 장이 법령에 따라 그 의무에 속하는 국가위임사무나 시·도위임사무의 관리와 집행을 명백히 게을리하고 있다고 인정되면 시·도에 대해서는 주무부장관이, 시·군 및 자치구에 대해서는 시·도지사가 기간을 정하여 서면으로 이행할 사항을 명령할 수 있다.

② 주무부장관이나 시·도지사는 해당 지방자치단체의 장이 ①의 기간에 이행명령을 이행하지 아니하면 그 지방자치단체의 비용부담으로 대집행 또는 행정상·재정상 필요한 조치를 할 수 있다. 이 경우 행정대집행에 관하여는 「행정대집행법」을 준용한다.

③ 주무부장관은 시장·군수 및 자치구의 구청장이 법령에 따라 그 의무에 속하는 국가위임사무의 관리와 집행을 명백히 게을리하고 있다고 인정됨에도 불구하고 시·도지사가 ①에 따른 이행명령을 하지 아니하는 경우 시·도지사에게 기간을 정하여 이행명령을 하도록 명할 수 있다.

④ 주무부장관은 시·도지사가 ③에 따른 기간에 이행명령을 하지 아니하면 ③에 따른 기간이 지난 날부터 7일 이내에 직접 시장·군수 및 자치구의 구청장에게 기간을 정하여 이행명령을 하고, 그 기간에 이행하지 아니하면 주무부장관이 직접 대집행 등을 할 수 있다.

⑤ 주무부장관은 시·도지사가 시장·군수 및 자치구의 구청장에게 ①에 따라 이행명령을 하였으나 이를 이행하지 아니한 데 따른 대집행 등을 하지 아니하는 경우에는 시·도지사에게 기간을 정하여 대집행 등을 하도록 명하고, 그 기간에 대집행 등을 하지 아니하면 주무부장관이 직접 대집행 등을 할 수 있다.

⑥ 지방자치단체의 장은 ① 또는 ④에 따른 이행명령에 이의가 있으면 이행명령서를 접수한 날부터 15일 이내에 대법원에 소를 제기할 수 있다. 이 경우 지방자치단체의 장은 이행명령의 집행을 정지하게 하는 집행정지결정을 신청할 수 있다.

(6) 지방자치단체의 자치사무에 대한 감사

① 행정안전부장관이나 시·도지사는 지방자치단체의 자치사무에 관하여 보고를 받거나 서류·장부 또는 회계를 감사할 수 있다. 이 경우 감사는 법령 위반사항에 대해서만 한다.

② 행정안전부장관 또는 시·도지사는 감사를 하기 전에 해당 사무의 처리가 법령에 위반되는지 등을 확인하여야 한다.

(7) 지방자치단체에 대한 감사 절차 등

① 주무부장관, 행정안전부장관 또는 시·도지사는 이미 감사원 감사 등이 실시된 사안에 대해서는 새로운 사실이 발견되거나 중요한 사항이 누락된 경우 등 대통령령으로 정하는 경우를 제외하고는 감사 대상에서 제외하고 종전의 감사 결과를 활용하여야 한다.

② 주무부장관과 행정안전부장관은 다음[1]의 어느 하나에 해당하는 감사를 하려고 할 때에는 지방자치단체의 수감부담을 줄이고 감사의 효율성을 높이기 위하여 같은 기간 동안 함께 감사를 할 수 있다.

(8) 지방의회 의결의 재의와 제소

① 지방의회의 의결이 법령에 위반되거나 공익을 현저히 해친다고 판단되면 시·도에 대해서는 주무부장관이, 시·군 및 자치구에 대해서는 시·도지사가 해당 지방자치단체의 장에게 재의를 요구하게 할 수 있고, 재의 요구 지시를 받은 지방자치단체의 장은 의결사항을 이송받은 날부터 20일 이내에 지방의회에 이유를 붙여 재의를 요구하여야 한다.

② 시·군 및 자치구의회의 의결이 법령에 위반된다고 판단됨에도 불구하고 시·도지사가 ①에 따라 재의를 요구하게 하지 아니한 경우 주무부장관이 직접 시장·군수 및 자치구의 구청장에게 재의를 요구하게 할 수 있고, 재의 요구 지시를 받은 시장·군수 및 자치구의 구청장은 의결사항을 이송받은 날부터 20일 이내에 지방의회에 이유를 붙여 재의를 요구하여야 한다.

③ ① 또는 ②의 요구에 대하여 재의한 결과 재적의원 과반수의 출석과 출석의원 3분의 2 이상의 찬성으로 전과 같은 의결을 하면 그 의결사항은 확정된다.

---

1) 1. 「지방자치법」 제185조에 따른 주무부장관의 위임사무 감사, 2. 「지방자치법」 제190조에 따른 행정안전부장관의 자치사무 감사

09   2010 지방직 7급(지방자치론)

지방자치단체에 대한 중앙정부의 관여와 관련된 설명으로 옳지 않은 것은?

① 능률과 효과의 면에서 사전적 통제가, 민주와 자율의 면에서 사후적 통제가 더 바람직하다.

② 우리나라는 1991년 지방자치 부활 이후 중앙권한의 지방이양 등 지방분권화를 위해 노력해 오고 있다.

③ 주무부장관은 시·도지사가 국가위임사무를 태만하게 할 경우 즉시 국가의 비용부담으로 대집행한다.

④ 오늘날 입법적 통제나 사법적 통제에 비하여 행정적 통제가 보다 일반적으로 활용되고 있다.

10   2018 서울시 기술직 7급

지방자치단체장(서울시장)의 직무이행명령에 대한 설명 중 가장 옳지 않은 것은?

① 서울시장이 국가위임사무의 관리와 집행을 명백히 게을리하고 있다고 인정되면 주무부장관이 기간을 정하여 서면으로 이행할 사항을 명령할 수 있다.

② 주무부장관은 서울시장이 국가위임사무에 대한 이행명령을 이행하지 아니하면 서울시의 비용부담으로 대집행하거나 행정상·재정상 필요한 조치를 할 수 있다.

③ 서울시장은 주무부장관의 이행명령에 이의가 있으면 이행명령서를 접수한 날부터 20일 이내에 대법원에 소를 제기할 수 있다.

④ 위 ③의 경우 서울시장은 이행명령의 집행을 정지하게 하는 집행정지결정을 신청할 수 있다.

11
「지방자치법」상 지방자치단체에 대한 국가의 지도·감독의 내용으로 옳지 않은 것은?

① 중앙행정기관의 장과 지방자치단체의 장이 사무를 처리할 때 의견을 달리하는 경우 이를 협의·조정하기 위하여 국무총리 소속으로 행정협의조정위원회를 둔다.
② 지방자치단체나 그 장이 위임받아 처리하는 국가사무에 관하여 시·도에서는 주무부장관의, 시·군 및 자치구에서는 1차로 시·도지사의, 2차로 주무부장관의 지도·감독을 받는다.
③ 행정안전부장관이나 시·도지사는 지방자치단체의 자치사무가 공익을 현저히 해친다고 판단되면 지방자치단체의 서류·장부 또는 회계를 감사할 수 있다.
④ 지방의회의 의결이 공익을 현저히 해친다고 판단되면 시·도에 대하여는 주무부장관이, 시·군 및 자치구에 대하여는 시·도지사가 재의를 요구하게 할 수 있다.

12
중앙행정기관의 장과 지방자치단체의 장이 사무를 처리할 때 의견을 달리하는 경우 이를 협의·조정하기 위하여 설치하는 기구는?

① 중앙분쟁조정위원회
② 지방분쟁조정위원회
③ 갈등관리심의위원회
④ 행정협의조정위원회

13
우리나라의 중앙정부와 지방정부 간 관계에 대한 설명으로 옳지 않은 것은?

① 중앙정부와 지방정부 간의 인사교류 활성화는 소모적 갈등의 완화에 기여할 수 있다.
② 특별지방행정기관과 지방정부 간 기능이 유사·중복되어 갈등이 발생하기도 한다.
③ 중앙정부와 지방정부 간 재원 및 재정 부담을 둘러싼 갈등이 심화되고 있다.
④ 중앙정부와 지방정부 간 갈등을 해결하기 위하여 설치된 행정협의조정위원회의 결정은 강제력을 지닌다.

④ 지방자치단체의 장은 ③에 따라 재의결된 사항이 법령에 위반된다고 판단되면 재의결된 날부터 20일 이내에 대법원에 소를 제기할 수 있다. 이 경우 필요하다고 인정되면 그 의결의 집행을 정지하게 하는 집행정지결정을 신청할 수 있다.
⑤ 주무부장관이나 시·도지사는 재의결된 사항이 법령에 위반된다고 판단됨에도 불구하고 해당 지방자치단체의 장이 소를 제기하지 아니하면 시·도에 대해서는 주무부장관이, 시·군 및 자치구에 대해서는 시·도지사(②에 따라 주무부장관이 직접 재의 요구 지시를 한 경우에는 주무부장관을 말한다. 이하 이 조에서 같다)가 그 지방자치단체의 장에게 제소를 지시하거나 직접 제소 및 집행정지결정을 신청할 수 있다.
⑥ ⑤에 따른 제소의 지시는 ④의 기간이 지난 날부터 7일 이내에 하고, 해당 지방자치단체의 장은 제소 지시를 받은 날부터 7일 이내에 제소하여야 한다.
⑦ 주무부장관이나 시·도지사는 ⑥의 기간이 지난 날부터 7일 이내에 ⑤에 따른 직접 제소 및 집행정지결정을 신청할 수 있다.
⑧ ① 또는 ②에 따라 지방의회의 의결이 법령에 위반된다고 판단되어 주무부장관이나 시·도지사로부터 재의 요구 지시를 받은 해당 지방자치단체의 장이 재의를 요구하지 아니하는 경우(법령에 위반되는 지방의회의 의결사항이 조례안인 경우로서 재의 요구 지시를 받기 전에 그 조례안을 공포한 경우를 포함한다)에는 주무부장관이나 시·도지사는 ① 또는 ②에 따른 기간이 지난 날부터 7일 이내에 대법원에 직접 제소 및 집행정지결정을 신청할 수 있다.
⑨ ① 또는 ②에 따른 지방의회의 의결이나 ③에 따라 재의결된 사항이 둘 이상의 부처와 관련되거나 주무부장관이 불분명하면 행정안전부장관이 재의 요구 또는 제소를 지시하거나 직접 제소 및 집행정지결정을 신청할 수 있다.

2 정부 간 분쟁 해결제도

(1) 중앙정부와 자치단체 간의 분쟁조정
① 행정적 분쟁조정제도: 중앙정부가 감독자의 입장에서 자치단체를 일방적으로 강제하여 분쟁을 해결한다.
   ㉠ 주무부장관의 지도와 감독
   ㉡ 위법·부당한 명령·처분의 시정명령, 취소·정지제도
   ㉢ 자치단체장에 대한 직무이행명령제도
   ㉣ 지방의회의결에 대한 재의요구지시와 재의결된 사항에 대한 제소지시 및 직접 제소제도
   ㉤ 개별법상 사전승인제도
② 사법적 분쟁조정제도
   ㉠ 헌법재판소의 권한쟁의심판
   ㉡ 대법원의 이의소송에 대한 심판
③ 제3자에 의한 분쟁조정제도: 국무총리 소속하에 협의조정기구 설치(행정협의조정위원회)

(2) 지방자치단체 상호 간의 분쟁조정
① 당사자 간 분쟁조정제도
   ㉠ 행정협의회

ⓛ 지방자치단체조합

ⓒ 전국적 협의체(시도지사협의체 등)

② 제3자에 의한 분쟁조정제도

　ⓐ 감독기관의 분쟁조정

　　ⓐ 행정안전부장관이나 시·도지사는 지방자치단체(장) 상호 간 분쟁 시 신청이나 직권에 의해 조정

　　ⓑ 관계 중앙행정기관의 장과의 협의를 거쳐 지방자치단체중앙분쟁조정위원회(행정안전부장관 소속)[2]나 지방자치단체지방분쟁조정위원회(시·도지사 소속)[3]의 의결에 따라 조정

　　ⓒ 행정안전부장관이나 시·도지사의 조정결정을 통보받은 지방자치단체의 장은 그 조정결정사항을 이행

　　ⓓ 이행하지 않는 경우 직무상 이행명령과 대집행

　ⓛ 헌법재판소의 권한쟁의심판

　ⓒ 환경분쟁조정위원회

03 광역행정

1 광역행정의 개념과 성격

(1) 개념

광역행정이란 국가행정의 능률성과 민주성을 강화·조화시키기 위하여 기존의 행정구역·지방자치단체의 구역을 넘어 좀 더 넓은 지역의 행정수요에 대응하여 통일적·종합적으로 수행되는 행정을 말한다.

(2) 성격

① 중앙집권과 지방분권의 조화

② 지방자치단체의 구역·계층·기능배분의 재편성

③ 사회변화와 제도의 조화

④ 민주성과 능률성의 조화

2 광역행정의 촉진요인

(1) 사회·경제권역의 확대

교통·통신수단의 급속한 발달로 사회권역·경제권역이 넓어짐으로써 행정의 광역적 처리가 요구되었다.

(2) 행정서비스의 평준화 요청

지방자치단체 간의 행정서비스의 격차가 심화됨에 따라 이를 해소하고 지방자치단체 간의 행정수준을 평준화시킬 필요가 대두되었다.

14　　　2015 교육행정직 9급

우리나라 중앙정부와 지방자치단체 간 또는 지방자치단체 상호 간의 관계에 대한 기술로 틀린 것은?

① 행정안전부장관은 공익상 필요하면 지방자치단체조합의 설립이나 해산을 명할 수 있다.

② 지방자치단체 간 의견이 달라 분쟁이 생길 경우 당사자의 신청 없이는 조정을 할 수 없다.

③ 중앙행정기관의 장과 지방자치단체의 장 간에 의견을 달리하는 경우 국무총리 소속으로 행정협의조정위원회를 두어 조정한다.

④ 「지방자치법」상 인정되는 지방자치단체 간의 협력방안으로 지방자치단체조합의 설립, 사무위탁, 행정협의회의 구성 등이 있다.

15　　　2023 지방직 7급

「지방자치법」상 지방자치단체 상호 간 분쟁 발생 시 조정에 대한 설명으로 옳지 않은 것은?

① 지방자치단체 상호 간 사무를 처리할 때 의견이 달라 생긴 분쟁이 공익을 현저히 해쳐 조속한 조정이 필요하다고 인정되면 당사자의 신청이 없어도 행정안전부장관이나 시·도지사가 직권으로 조정할 수 있다.

② 행정안전부장관이나 시·도지사는 조정결정 사항이 성실히 이행되지 아니할 경우 그 지방자치단체에 대하여 직무이행명령을 통해 이행하게 할 수 있다.

③ 지방분쟁조정위원회는 시·도에 설치하며 시·도와 시·군 및 자치구 간 또는 그 장 간의 분쟁을 심의·의결한다.

④ 중앙분쟁조정위원회는 행정안전부에 설치하며 시·도 간 또는 그 장 간의 분쟁을 심의·의결한다.

---

2) 중앙분쟁조정위원회는 ① 시·도 간 또는 그 장 간의 분쟁, ② 시·도를 달리하는 시·군 및 자치구 간 또는 그 장 간의 분쟁, ③ 시·도와 시·군 및 자치구 간 또는 그 장 간의 분쟁, ④ 시·도와 지방자치단체조합 간 또는 그 장 간의 분쟁, ⑤ 시·도를 달리하는 시·군 및 자치구와 지방자치단체조합 간 또는 그 장 간의 분쟁, ⑥ 시·도를 달리하는 지방자치단체조합 간 또는 그 장 간의 분쟁을 심의·의결한다.

3) 지방분쟁조정위원회는 중앙분쟁조정위원회에 해당하지 아니하는 지방자치단체·지방자치단체조합 간 또는 그 장 간의 분쟁을 심의·의결한다.

16
광역행정에 대한 설명으로 옳지 <u>않은</u> 것은?

① 기존의 행정구역을 초월해 더 넓은 지역을 대상으로 행정을 수행한다.
② 행정권과 주민의 생활권을 일치시켜 행정 효율성을 증진시킬 수 있다.
③ 규모의 경제를 확보하기 어렵다.
④ 지방자치단체 간에 균질한 행정서비스를 제공하는 계기로 작용해 왔다.

17
광역행정에 대한 아래의 설명 중에서 적합하지 <u>않은</u> 것은?

① 광역행정을 처리하기 위한 기구인 지방자치단체조합의 구성원은 관련 지방자치단체의 주민이다.
② 광역행정은 광역적 행정수요에 초점을 맞추는 경향이 있기 때문에 기초자치단체의 행정수요를 경시할 가능성이 있다.
③ 광역행정을 처리하기 위한 기구인 협의회는 집행에서 실질적인 강제력이 결여되어 있기 때문에 당사자 간에 심각한 의결 불일치를 보이는 광역사무를 해결하기 어렵다.
④ 교통·통신의 발달과 과학·기술의 발달 등으로 생활권이 확대되면서 발생하는 행정구역과의 불일치 현상을 해결하기 위해 광역행정이 필요하다.
⑤ 행정의 민주성과 효율성을 동시에 모색하기 위해 광역행정이 필요하다.

18
「지방자치법」상 지방자치단체조합에 대한 설명으로 옳지 <u>않은</u> 것은?

① 2개 이상의 지방자치단체가 하나 또는 둘 이상의 사무를 공동으로 처리할 필요가 있을 때에 소정의 절차를 거쳐 설립할 수 있는 법인이다.
② 설립뿐 아니라 규약변경이나 해산의 경우에도 지방의회의 의결을 거쳐야 한다.
③ 해산한 경우에 그 재산의 처분은 행정안전부장관의 승인을 받아야 한다.
④ 구성원인 시·군 및 자치구가 2개 이상의 시·도에 걸치는 지방자치단체조합은 행정안전부장관의 지도·감독을 받는다.

(3) 개발행정의 필요성

산업사회의 발전에 따라 지역개발·도시재개발·자원개발 등을 요청하게 되었다. 이러한 문제는 종래의 지방자치단체 능력으로는 해결할 수 없는 것이다.

(4) 급격한 도시화

급격한 대도시화의 진전에 따라 광역적 행정수요가 증대되고 있으며, 대도시권 내 각 지역 사이의 기능적 밀접성과 행·재정력의 격차 또한 광역행정을 요구하게 되었다.

(5) 행정의 경제성 확보(규모경제의 요청)

동일한 업무는 동일한 행정기관에 의하여 광역적으로 처리되는 경우 인력·비용 면에서 경제성을 높일 수 있다.

(6) 지역사회의 균질화

대중매체, 교육의 폭넓은 보급과 경제발전에 따라 지역사회가 균질화되면서 행정의 광역적 처리가 확대될 수 있었다.

3 광역행정의 처리 방식

(1) 처리주체별 방식

① **하급자치단체 수준의 광역적 처리**: 우리나라의 시·군조합이나 일본의 시(市)·정(町) 등과 같이 기초자치단체 수준에서 이루어지는 광역행정방법이다.
② **상급자치단체 수준의 광역적 처리**: 우리나라의 특별시·광역시·도 수준에서 광역행정이 이루어지는 것을 말하는데, 광역행정의 본질적 의의는 이 수준에 있다고 말할 수 있다.
③ **지방일선기관에 의한 광역적 처리**: 우리나라의 지방국토관리청·해운항만청·영림서 등과 같은 국가의 하급지방행정기관에 의한 광역행정방법이다.

(2) 처리수단별 방식

① **공동처리 방식**: 둘 이상의 자치단체 또는 지방행정기관이 상호협력관계를 통하여 광역행정사무를 공동으로 처리하는 방식이다.
　㉠ **지방자치단체조합**
　　ⓐ 2개 이상의 지방자치단체가 하나 또는 둘 이상의 사무를 공동으로 처리할 필요가 있을 때에는 규약을 정하여 지방의회의 의결을 거쳐 시·도는 행정안전부장관의 승인, 시·군 및 자치구는 시·도지사의 승인을 받아 지방자치단체조합을 설립할 수 있다. 다만, 지방자치단체조합의 구성원인 시·군 및 자치구가 2개 이상의 시·도에 걸쳐 있는 지방자치단체조합은 행정안전부장관의 승인을 받아야 한다. 지방자치단체조합은 법인으로 한다.
　　　　⑩ 지리산권관광개발조합
　　ⓑ 지방자치단체조합의 규약을 변경하거나 지방자치단체조합을 해산하려는 경우에는 ⓐ를 준용한다.
　　ⓒ 지방자치단체조합을 해산한 경우에 그 재산의 처분은 관계 지방자치단체의 협의에 따른다.
　㉡ **행정협의회**
　　ⓐ 지방자치단체는 2개 이상의 지방자치단체에 관련된 사무의 일부를 공동으로 처리하기 위하여 관계 지방자치단체 간의 행정협의회(이하 "협의회"라

한다)를 구성할 수 있다. 이 경우 지방자치단체의 장은 시·도가 구성원이면 행정안전부장관과 관계 중앙행정기관의 장에게, 시·군 또는 자치구가 구성원이면 시·도지사에게 이를 보고하여야 한다.

　　　ⓑ 지방자치단체는 협의회를 구성하려면 관계 지방자치단체 간의 협의에 따라 규약을 정하여 관계 지방의회에 각각 보고한 다음 고시하여야 한다.

　　　ⓒ 행정안전부장관이나 시·도지사는 공익상 필요하면 관계 지방자치단체에 대하여 협의회를 구성하도록 권고할 수 있다.

　　ⓒ **사무의 위탁 방식**(위임×)

　　　ⓐ 자치단체 또는 그 장은 소관사무의 일부를 다른 자치단체 또는 그 장에게 위탁하여 처리할 수 있다.

　　　ⓑ 사무위탁은 사무처리비용의 절감, 공동사무처리에 따른 규모의 경제, 서비스 성과제도 등의 장점이 있으나, 위탁처리비용의 산정문제, 사무위탁에 따른 정치적 비난, 위탁문화의 부재 등으로 인해 광범위하게 이용되지 못하고 있다.

　　ⓓ 이외에 행정협정 체결 방식, 파견 방식 등이 있다.

　② **연합 방식**: 둘 이상의 지방자치단체가 법인격을 그대로 유지하면서 연합하여 새로운 광역단체를 구성하고 그 단체에서 광역사무를 처리하는 방식이다. 즉, 연합은 기존의 자치단체가 각각 독립적인 법인격을 유지하면서 그 위에 광역행정을 전담하는 새로운 자치단체를 신설하는 방식이다. 현재 우리나라에는 도입되어 있지 않다.

　③ **통합 방식**: 여러 자치단체를 포괄하는 단일 정부를 설립하여 그 정부의 주도로 사무를 광역적으로 처리하는 방식이다.

　　ⓐ **합병**: 몇 개의 자치단체를 폐지하고 통합하여 법인격을 가진 새 자치단체를 신설하는 방식으로, 기존의 자치단체는 법인격을 상실한다는 점이 특징이다.

　　　　　　예 통합창원시

　　ⓑ **권한 및 지위의 흡수 방식**: 상급자치단체 또는 국가가 하급자치단체의 권한이나 지위를 흡수하는 방식이다.

　　ⓒ **전부사무조합**: 복수의 자치단체가 계약에 의해 모든 사무를 종합적으로 처리할 조합을 설치하는 방식이다.

　④ **특별구역의 설정 방식**: 특정 광역사무를 처리하기 위하여 별도로 구역을 설정하는 방식으로서, 우리나라의 교육구가 좋은 예이다.

　⑤ **특별행정기관의 설치 방식**: 특정 광역사무를 처리하기 위하여 별도로 행정기관을 설치하는 방식이다.

　　　　예 우리나라의 해운항만청, 지방국토관리청, 영림서 등

　⑥ **광역의회의 설치 방식**: 광역사무에 관련되는 각 지방자치단체를 대표하는 지방의회의원들로 광역의회를 구성하는 방식이다.

　⑦ **구역의 변경·편입 방식**: 기존 지방자치단체의 구역변경·편입에 의하는 방식이다.

(3) 처리사업별 방식

　① **특정 사업별 방식**: 특정 사업을 광역적 입장에서 다루는 방식이다. 특정 사업 이관, 공동처리, 특별구역 설치, 특별행정기관 설치 등이 이에 해당된다.

　② **종합사업별 방식**: 종합사업을 광역적으로 처리하는 방식으로서, 공동처리, 연합, 합병, 권한·지위흡수 등이 이에 속한다.

19 　　　　　　　　2020 국회직 8급

우리나라 지방자치단체 상호 간의 관계에 대한 설명으로 옳지 <u>않은</u> 것은?

① 지방자치단체나 그 장은 소관 사무의 일부를 다른 지방자치단체나 그 장에게 위임하여 처리하게 할 수 있다.

② 2개 이상의 지방자치단체에 관련된 사무의 일부를 공동으로 처리하기 위하여 행정협의회를 구성할 수 있다.

③ 지방자치단체장 상호 간의 교류와 협력을 위하여 전국적 협의체를 설립할 수 있다.

④ 중앙행정기관장과 지방자치단체장이 사무를 처리함에 있어서 의견을 달리하는 경우 이를 협의·조정하기 위하여 국무총리 소속으로 행정협의조정위원회를 둔다.

⑤ 지방자치단체조합의 사무처리의 효과는 지방자치단체가 아닌 지방자치단체조합에 귀속된다.

20 　　　　　　　2019 군무원 9급 추가채용

우리나라의 광역행정 방식으로 옳지 <u>않은</u> 것은?

① 사무의 위탁 　　② 행정협의회

③ 지방자치단체 조합 　④ 민영화

21 　　　　　　　　2011 서울시 9급

광역행정 방식으로 여러 자치단체를 포괄하는 단일 정부를 설립하여 그 정부의 주도로 사무를 광역적으로 처리하는 광역행정 방식은?

① 연합 방식 　　② 통합 방식

③ 공동처리 　　　④ 참여

⑤ 효용 방식

22 　　　　　　　　2010 지방직 9급

광역행정에 대한 설명으로 옳지 <u>않은</u> 것은?

① 광역행정이란 둘 이상의 지방자치단체 관할구역에 걸쳐서 공동적 또는 통일적으로 수행되는 행정을 말한다.

② 사회경제권역의 확대는 광역행정을 촉진시키는 요인으로 작용한다.

③ 공동처리 방식은 둘 이상의 지방자치단체가 상호협력하여 광역행정사무를 공동으로 처리하는 방식이다.

④ 연합 방식은 일정한 광역권 안에 여러 자치단체를 통합한 단일의 정부를 설립하여 광역행정사무를 처리하는 방식이다.

23　　　　　　　　　　　2013 지방직 9급

특별지방행정기관에 해당하지 <u>않는</u> 것은?

① 농촌진흥청　　② 유역환경청
③ 국립검역소　　④ 지방국토관리청

24　　　　　　　　2012 지방직 7급(지방자치론)

특별지방행정기관과 거리가 <u>먼</u> 것은?

① 남부지방산림청
② 부산진해경제자유구역청
③ 충청지방통계청
④ 경기도지방경찰청

25　　　　　　　　　　2020 군무원 7급

지방자치단체에 대한 설명으로 옳지 <u>않은</u> 것은?

① 특별지방행정기관은 지방자치단체가 특별업무를 수행하기 위해서 설립한 기관이다.
② 지방환경청은 특별행정기관이다.
③ 우리나라에서는 「지방자치법」에서 특별지방자치단체의 설치 및 운영에 관하여 필요한 사항을 대통령령으로 정하도록 규정하고 있다.
④ 특별자치시와 특별자치도는 보통지방자치단체에 속한다.

26　　　　　　　　　　2009 지방직 7급

특별지방행정기관에 대한 설명으로 옳지 <u>않은</u> 것은?

① 국가업무의 효율적이고 광역적인 추진이라는 긍정적인 목적과 부처이기주의적 목적이 결합되어 설치되었다.
② 지방자치단체와의 관계에서 이중행정, 이중감독의 문제는 보조금의 교부, 자금의 대부 등에서 현저하게 나타난다.
③ 특별지방행정기관의 수는 IMF 경제위기를 극복하기 위해 1990년대 후반에 급증했다.
④ 지역주민의 의사를 반영시키는 제도적 연결장치가 결여되어 있다.

4 광역행정의 존재가치와 한계

(1) 존재가치(장점)

① 광역권 주민의 실질적인 생활권·경제권·교통권과 행정관할권을 일치시킬 수 있다.
② 지방행정구역과 조직을 광역적인 차원에서 재편성함으로써 행정의 능률성·경제성·효과성·합목적성을 더욱 높일 수 있다.
③ 중앙과 지방 간의 협력관계를 원활히 한다.
④ 도시와 농촌 간의 격차를 완화하고 전국적인 균형발전을 도모한다.
⑤ 인접 행정단위와의 협조에 의한 공동처리를 모색한다.
⑥ 공공시설을 정비·개선함으로써 주민의 생활편의, 복지의 향상, 문화수준의 향상 및 지역 전체의 경제적·물리적·사회적 발전과 균형을 촉진시킨다.

(2) 한계(단점)

① 광역행정은 지역주민의 애향심·공동체의식·참여의식을 약화시킬 우려가 있다.
② 지방자치단체 발전의 저해요인이 될 수 있다.
③ 행정의 말단 침투가 곤란하며, 권위주의화·관료주의화를 초래하기 쉽다.
④ 광역행정처리에 필요한 법적·제도적·예산적 조치가 수반되어야 한다.
⑤ 지역 상호 간의 이해의 충돌로 반목과 불화가 발생한다.
⑥ 각 자치지역의 특수성을 무시하게 되어 오히려 비능률을 초래할 수 있다.

04 특별지방행정기관(특별일선기관)

1 특별지방행정기관(특별일선기관)의 의의

(1) 개념

① 특별지방행정기관은 특정한 중앙행정기관에 소속되어, 당해 관할구역 내에서 시행되는 소속 중앙행정기관의 권한에 속하는 행정사무를 관장하는 국가의 지방행정기관을 말한다. 지역에 있는 행정기관 중에서 흔히 "○○지방○○청"으로 불리는 기관들이 이에 해당된다.
② 특별지방행정기관의 설치는 국가업무의 효율적이고 광역적인 추진[4]이라는 긍정적인 목적과 함께 관리와 감독의 용이성[5]이라는 부처이기주의적 목적이 결합되어 있다. 따라서 중앙부서에서는 지방자치단체에서 처리할 수 있는 사무에 대해서도 자신들의 일선기관을 통해 집행할 가능성이 높기 때문에 특별지방행정기관은 지방분권의 관점에서는 지방자치단체의 권한과 책임성을 저해하는 요인이 될 수 있다.

(2) 중요성

① 행정기능의 확대·분화에 따라 일선기관이 신설·확대되는 경향이 두드러지게 나타나고 있다.

---

4) 이에 따라 대다수 특별지방행정기관의 관할 범위가 지방자치단체의 경계를 초월하는 광역적 권역을 대상으로 하고 있다.
5) 특별지방행정기관의 수가 지방자치제의 실시 논의가 이루어졌던 1980년대 말에 급증하였는데, 이는 지방자치제가 실시되면 국가의 감독이나 통제의 수준 및 강도가 약화될 것을 우려하여 중앙부처에서 특별지방행정기관을 경쟁적으로 설치한 결과이다.

② 일선기관은 직접적인 대민접촉을 통하여 행정목적이 실현되는 현장이다.

③ 행정이 국가발전의 주도적 역할을 담당하게 됨에 따라 일선기관의 기능도 소극적·기계적 집행에서 발전사업을 적극적으로 추진·집행하는 방향으로 전환되어가고 있다.

④ 일선기관은 정책이 지역적 실정·특수성에 맞게 집행되도록 한다.

(3) 지방이양의 과제

① **책임행정의 결여**: 지방자치단체의 행정과 정책에 대해서는 관할구역 주민들의 직접적인 참여와 통제를 통해 그 잘못을 시정하고 성과를 제고하도록 촉구할 수 있다는 점에서 행정의 책임성과 대응성 확보에 상대적으로 용이하지만, 특별지방행정기관에 대해서는 중앙정부의 활동과 정책만큼이나 통제와 참여가 용이하지 않고 책임확보도 어려운 편이다.

② **기능중복으로 인한 비효율성 문제**: 특별지방행정기관과 지방자치단체는 유사 중복기능의 수행을 위해 유사한 기구와 조직 그리고 인력을 운영하고 있어 행정의 이원성, 중복성, 비효율성 등이 초래되고 있다.

③ **고객의 혼란과 불편 문제**: 특별지방행정기관과 지방자치단체의 이원적 업무수행은 이용자인 고객의 불편을 가중시킬 수 있고, 특히 특별지방행정기관의 관할 범위가 매우 넓어 현지성을 결여하는 경우도 발생된다.

2 특별지방행정기관(특별일선기관)의 유형

(1) 보통일선기관

지방자치단체는 국가의 일반적인 사무를 위임받아 처리하는 범위 내에서는 보통지방행정기관으로서 일선기관의 지위에 선다. 이 경우의 보통지방행정기관은 특정한 중앙행정기관에 소속되지 아니하고 소관사무별로 각 해당 중앙행정기관의 지휘·감독을 받게 된다.

🔘 안양시 건축과

(2) 특별일선기관

특정한 중앙행정기관의 지방행정관청으로 설치된 기관이다.

🔘 대전지방병무청

▌**특별지방행정기관의 유형**(한국 중심) 비교

구분	특징	사무	예
보통 일선기관	지방자치단체	고유 + 위임사무	특별시·광역시·도·시·군·구
특별 일선기관	각 중앙행정기관이 지역별로 설치한 하부기관	위임사무	세무서·세관·노동사무소·지방노동청·우체국·환경관리청·지방국세청

3 지방자치의 유형과 특별지방행정기관(특별일선기관)

(1) 영·미형의 일선기관

① 영·미형의 지방자치제도하에서는 지방자치단체가 중앙정부의 지방행정기관(일선기관)이라는 성격을 가지지 않으며 중앙정부의 위임사무도 없다. 따라서 중앙

27 2007 서울시 7급

다음 중 특별지방행정기관에 관한 설명 중 옳지 <u>않은</u> 것은?

① 국가업무의 효율적·광역적 추진이라는 긍정적 목표를 가진다.

② 관리와 감독이 매우 어렵다는 부정적 측면을 가진다.

③ 책임행정의 결여라는 비판이 있다.

④ 고객의 혼란과 불편의 문제가 제기된다.

⑤ 지방자치단체의 권한과 책임성을 저해하는 제도이다.

28 2019 국가직 7급

특별지방행정기관에 대한 설명으로 옳은 것은?

① 국가의 사무를 집행하기 위해 설치한 일선집행기관으로 고유의 법인격을 가지고 있다.

② 전문 분야의 행정을 보다 효율적으로 수행하기 위해 설치하나 행정기관 간의 중복을 야기하기도 한다.

③ 특별지방행정기관의 예로는 자치구가 아닌 일반행정구가 있다.

④ 특별지방행정기관은 지방행정의 전문성을 제고하여 지방분권 강화에 긍정적인 영향을 미친다.

29

중앙정부 소속의 특별지방행정기관 설치로 초래되는 결과에 대한 설명으로 옳지 않은 것은?

① 전국적인 통일성 있는 업무추진 저해
② 지역주민의 민주적 통제 약화
③ 사무의 일부가 중복되어 비효율 초래
④ 지방행정의 종합성 제약

30

특별지방행정기관에 대한 설명으로 옳지 않은 것은?

① 관할지역 주민들의 직접적인 통제와 참여가 용이하기 때문에 책임행정을 실현할 수 있다.
② 출입국관리, 공정거래, 근로조건 등 국가적 통일성이 요구되는 업무를 수행한다.
③ 현장의 정보를 중앙정부에 전달하거나 중앙정부와 지방자치단체 사이의 매개 역할을 수행하기도 한다.
④ 국가의 사무를 집행하기 위해 중앙정부에서 설치한 일선행정기관으로 자치권을 가지고 있지 않다.

31

특별지방행정기관에 대한 설명으로 옳지 않은 것은?

① 고유의 법인격은 물론 자치권도 가지고 있지 않다.
② 관할 범위가 넓을수록 이용자인 고객의 편리성이 향상된다.
③ 주민들의 직접통제와 참여가 용이하지 않은 문제가 있다.
④ 특별지방행정기관의 예로 교도소, 세관, 우체국 등을 들 수 있다.

정부는 지방의 소관사무를 처리하기 위하여 별도의 지방일선기관(특별일선기관)을 설치하고 있다.

② 영·미형의 주민자치에서는 이론적으로 지방자치단체가 고유사무만 처리하므로 중앙정부의 특별행정기관과 지방자치단체의 행정기관이 지방에 동시에 공존하는 일은 없다.

(2) 대륙형의 일선기관

대륙형의 지방자치제도하에서는 지방자치가 주민의 당연한 권리라기보다는 국가로부터의 수여물로 여겼다. 따라서 지방자치단체의 행정사무인 고유사무와 국가의 행정사무인 위임사무의 분배가 행하여졌으며, 지방자치단체가 국가의 위임사무를 처리할 때에는 국가권력하에 국가목적을 달성하기 위한 수단으로서 일선기관의 성격이 된다.

▌ **자치유형에 따른 특별지방행정기관**(특별일선기관)**의 구분**

구분	일선기관의 성격	자치단체와의 구별	일선기관의 사무
영·미형	특별일선기관	자치단체와 일선기관을 엄격히 구별	국가의 위임사무
대륙형	보통일선기관	자치단체가 일선기관의 성격을 가짐	고유 + 위임사무

❹ 특별지방행정기관(특별일선기관)의 장·단점

(1) 장점

① 권한 및 책임의 분산으로 중앙의 업무부담을 감소시킨다.
② 중앙관서는 정책 및 기획의 수립·결정에 주력할 수 있다.
③ 사무배분의 기준·업무수행 절차·행정기술의 획일성·통일성을 기할 수 있다.
④ 인접구역과의 유기적인 상호협조관계를 확립할 수 있다.
⑤ 국가업무의 통일적 수행이 가능해진다.

(2) 단점

① 공무원과 예산의 증가를 초래한다.
② 신속한 결정이 곤란하고 행정절차를 복잡하게 한다.
③ 업무의 중복 추진에 따른 비효율성이 발생한다.
④ 지역종합행정 수행에 장애가 되고 지방자치의 발전을 저해한다.
⑤ 책임행정이 결여될 수 있다.
⑥ 지방자치단체와 명확한 역할배분이 곤란하여 행정의 효율성을 저해할 수 있다.
⑦ 고객의 혼란과 불편의 문제가 발생할 수 있다.
⑧ 주민들의 직접 통제와 참여가 용이하지 않다.

02 정부 간 관계

❶ 정부 간 관계모형

분리권위형   중첩권위형   포괄권위형

주정부 / 지방정부 / 연방정부

연방정부 / 주정부 / 지방정부

연방정부 / 주정부 / 지방정부

❷ 광역행정 방식

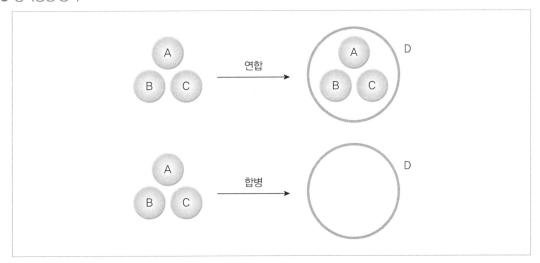

A B C → 연합 → D (A B C)

A B C → 합병 → D

❸ 특별지방행정기관

중앙행정기관	• 국방부 • 병무청
특별지방행정기관 (○○지방 ○○청) 관할구역 소속기관	대전지방병무청

정답과 해설 ▶ P.92

바로 확인문제

01   2023 군무원 9급
지역에서의 행정서비스 전달주체에 대한 설명으로 가장 적절하지 <u>않은</u> 것은?

① 지역에서의 행정서비스 전달주체는 크게 특별지방행정기관과 지방자치단체로 구분된다.
② 특별지방행정기관은 지역에 위치한 세무서 등인데 소속 중앙행정기관의 지시 및 감독을 받는다.
③ 지방자치단체는 독자적인 법인격은 없지만 국가의 위임사무나 자치사무를 수행한다.
④ 지역에서의 행정서비스는 주민복지 등 지역주민의 생활공간 안에서의 생활행정이자 근접행정이다.

02   2007 경기 9급
우리나라 현행 「지방자치법」에 관한 기술 중 올바르지 <u>않은</u> 것은?

① 시도의회의 연간 회의 총 일수를 제한하고 있지 않다.
② 광역시와 시의 설치 기준을 주민의 수 등으로 법정하고 있다.
③ 특별시를 서울시에 한해서만 인정하고 있지는 않다.
④ 주민소송과 주민소환제도의 분장 등 주민직접참정제도의 다양화를 꾀하고 있다.

---

01   지방자치단체의 종류와 계층구조

1 지방자치단체의 종류와 법인격 및 관할(「지방자치법」)

(1) 보통(일반)**지방자치단체**(법인)   결정적 코멘트 「지방자치법」에 규정된 내용으로, 출제비중이 매우 높은 영역임을 기억해야 한다.

① **광역지방자치단체 – 특별시, 광역시, 특별자치시, 도 및 특별자치도**
   ⊙ 특별시, 광역시, 특별자치시, 도, 특별자치도는 정부 직할(直轄)로 둔다.
   ⓛ 특별시를 서울시, 특별자치도를 제주도에 한해서만 인정하고 있지는 않으며, 특별시와 광역시의 설치 기준을 주민의 수 등으로 법정하고 있지는 않다.
   ⓒ 세종특별자치시와 제주특별자치도는 그 관할구역에 지방자치단체인 시와 군, 자치구를 두지 아니한다. 따라서 자치계층 측면에서 단층제로 운용되고 있다.

② **기초지방자치단체 시와 군 및 구**
   ⊙ 시는 도의 관할구역 안에, 군은 광역시나 도의 관할구역 안에 두며, 자치구는 특별시와 광역시의 관할구역 안에 둔다. 시는 그 대부분이 도시의 형태를 갖추고 인구 5만 이상이 되어야 한다.
   ⓛ 지방자치단체인 구(이하 "자치구"라 한다)는 특별시와 광역시의 관할구역의 구만을 말하며, 자치구의 자치권의 범위는 법령으로 정하는 바에 따라 시·군과 다르게 할 수 있다.
   ⓒ 특별시·광역시 및 특별자치시가 아닌 인구 50만 이상의 시에는 자치구가 아닌 구(예 경기도 수원시 팔달구)를 둘 수 있고, 군에는 읍·면을 두며, 시와 구(자치구를 포함)에는 동을, 읍·면에는 리를 둔다.

③ **서울특별시 및 대도시 등과 세종특별자치시 및 제주특별자치도의 행정특례**
   ⊙ 특별시장이나 광역시장은 「지방재정법」에서 정하는 바에 따라 해당 지방자치단체의 관할구역의 자치구 상호 간의 재원을 조정하여야 한다.
   ⓛ 서울특별시의 지위·조직 및 운영에 대해서는 수도로서의 특수성을 고려하여 법률로 정하는 바에 따라 특례를 둘 수 있다.
   ⓒ 세종특별자치시와 제주특별자치도의 지위·조직 및 행정·재정 등의 운영에 대해서는 행정체제의 특수성을 고려하여 법률로 정하는 바에 따라 특례를 둘 수 있다.
   ⓡ 서울특별시·광역시 및 특별자치시를 제외한 인구 50만 이상 대도시의 행정, 재정 운영 및 국가의 지도·감독에 대해서는 그 특성을 고려하여 관계 법률로 정하는 바에 따라 특례를 둘 수 있다.

ⓜ 서울특별시·광역시 및 특별자치시를 제외한 다음의 어느 하나에 해당하는
대도시 및 시·군·구의 행정, 재정 운영 및 국가의 지도·감독에 대해서는 그
특성을 고려하여 관계 법률로 정하는 바에 따라 추가로 특례를 둘 수 있다.
  ⓐ 인구 100만 이상 대도시(특례시 – 수원, 고양, 용인, 창원)
  ⓑ 실질적인 행정수요, 지역균형발전 및 지방소멸위기 등을 고려하여 대통
    령으로 정하는 기준과 절차에 따라 행정안전부장관이 지정하는 시·군·구

(2) 특별지방자치단체

① 설치
  ㉠ 2개 이상의 지방자치단체가 공동으로 특정한 목적을 위하여 광역적으로 사무
    를 처리할 필요가 있을 때에는 특별지방자치단체를 설치할 수 있다. 이 경우
    특별지방자치단체를 구성하는 지방자치단체(이하 "구성 지방자치단체"라 한
    다)는 상호 협의에 따른 규약을 정하여 구성 지방자치단체의 지방의회 의결을
    거쳐 행정안전부장관의 승인을 받아야 한다.
  ㉡ 행정안전부장관은 규약에 대하여 승인하는 경우 관계 중앙행정기관의 장 또
    는 시·도지사에게 그 사실을 알려야 한다.
  ㉢ 특별지방자치단체는 법인으로 한다.
  ㉣ 특별지방자치단체를 설치하기 위하여 국가 또는 시·도 사무의 위임이 필요
    할 때에는 구성 지방자치단체의 장이 관계 중앙행정기관의 장 또는 시·도지
    사에게 그 사무의 위임을 요청할 수 있다.
  ㉤ 행정안전부장관이 국가 또는 시·도 사무의 위임이 포함된 규약에 대하여 승
    인할 때에는 사전에 관계 중앙행정기관의 장 또는 시·도지사와 협의하여야
    한다.
  ㉥ 구성 지방자치단체의 장이 행정안전부장관의 승인을 받았을 때에는 규약의 내
    용을 지체 없이 고시하여야 한다. 이 경우 구성 지방자치단체의 장이 시장·군
    수 및 자치구의 구청장일 때에는 그 승인사항을 시·도지사에게 알려야 한다.
  ㉦ 행정안전부장관은 공익상 필요하다고 인정할 때에는 관계 지방자치단체에 대
    하여 특별지방자치단체의 설치, 해산 또는 규약 변경을 권고할 수 있다. 이 경
    우 행정안전부장관의 권고가 국가 또는 시·도 사무의 위임을 포함하고 있을
    때에는 사전에 관계 중앙행정기관의 장 또는 시·도지사와 협의하여야 한다.
  ㉧ 특별지방자치단체의 구역은 구성 지방자치단체의 구역을 합한 것으로 한다.
    다만, 특별지방자치단체의 사무가 구성 지방자치단체 구역의 일부에만 관계
    되는 등 특별한 사정이 있을 때에는 해당 지방자치단체 구역의 일부만을 구역
    으로 할 수 있다.

② 규약과 기관 구성
  ㉠ 규약
    ⓐ 특별지방자치단체의 규약에는 법령의 범위에서 다음[1]의 사항이 포함되어
      야 한다.

바로 확인문제

03 　　　　　　　　　2013 국가직 9급
우리나라 지방행정체제와 관련된 내용으
로 옳지 않은 것은?
① 자치구의 자치권 범위는 시·군의 경우
  와 같다.
② 특별시·광역시·도는 같은 수준의 자
  치행정계층이다.
③ 광역시가 아닌 시라도 인구 50만 이상
  의 경우에는 자치구가 아닌 구를 둘 수
  있다.
④ 군은 광역시나 도의 관할구역 안에
  둔다.

04 　　　　　　　　　2020 군무원 9급
지방자치단체의 사무배분에서 특례가 적
용되는 경우로 옳지 않은 것은?
① 자치구
② 인구 30만 이상의 도시
③ 인구 50만 이상의 도시
④ 특별자치도

05 　　　　　　　　　2004 충남 9급
지방자치단체의 특징이 아닌 것은?
① 우리나라는 광역과 기초의 이층구조
  이다.
② 부시장은 정무직 또는 일반직이다.
③ 특별지방자치단체에는 자치단체조합
  과 서울특별시가 있다.
④ 자치단체는 독립된 법인격이 있다.

---

1) 1. 특별지방자치단체의 목적, 2. 특별지방자치단체의 명칭, 3. 구성 지방자치단체, 4. 특별지방자치단체의 관할구역, 5. 특별
지방자치단체의 사무소의 위치, 6. 특별지방자치단체의 사무, 7. 특별지방자치단체의 사무처리를 위한 기본계획에 포함되
어야 할 사항, 8. 특별지방자치단체의 지방의회의 조직, 운영 및 의원의 선임방법, 9. 특별지방자치단체의 집행기관의 조직,
운영 및 장의 선임방법, 10. 특별지방자치단체의 운영 및 사무처리에 필요한 경비의 부담 및 지출방법, 11. 특별지방자치단
체의 사무처리 개시일, 12. 그 밖에 특별지방자치단체의 구성 및 운영에 필요한 사항

ⓑ 구성 지방자치단체의 장은 규약을 변경하려는 경우에는 구성 지방자치단체의 지방의회 의결을 거쳐 행정안전부장관의 승인을 받아야 한다. 이 경우 국가 또는 시·도 사무의 위임에 관하여는 ①의 ⓔ 및 ⓜ을 준용한다.

ⓒ 구성 지방자치단체의 장은 행정안전부장관의 승인을 받았을 때에는 지체 없이 그 사실을 고시하여야 한다. 이 경우 구성 지방자치단체의 장이 시장·군수 및 자치구의 구청장일 때에는 그 승인사항을 시·도지사에게 알려야 한다.

ⓛ 기본계획

ⓐ 특별지방자치단체의 장은 소관 사무를 처리하기 위한 기본계획(이하 "기본계획"이라 한다)을 수립하여 특별지방자치단체 의회의 의결을 받아야 한다. 기본계획을 변경하는 경우에도 또한 같다.

ⓑ 특별지방자치단체는 기본계획에 따라 사무를 처리하여야 한다.

ⓒ 특별지방자치단체의 장은 구성 지방자치단체의 사무처리가 기본계획의 시행에 지장을 주거나 지장을 줄 우려가 있을 때에는 특별지방자치단체의 의회 의결을 거쳐 구성 지방자치단체의 장에게 필요한 조치를 요청할 수 있다.

ⓒ 의회의 조직 등

ⓐ 특별지방자치단체의 의회는 규약으로 정하는 바에 따라 구성 지방자치단체의 의회 의원으로 구성한다.

ⓑ ⓐ의 지방의회의원은 「지방자치법」 제43조 제1항에도 불구하고 특별지방자치단체의 의회 의원을 겸할 수 있다.

ⓒ 특별지방자치단체의 의회가 의결하여야 할 안건 중 대통령령으로 정하는 중요한 사항에 대해서는 특별지방자치단체의 장에게 미리 통지하고, 특별지방자치단체의 장은 그 내용을 구성 지방자치단체의 장에게 통지하여야 한다. 그 의결의 결과에 대해서도 또한 같다.

ⓔ 집행기관의 조직 등

ⓐ 특별지방자치단체의 장은 규약으로 정하는 바에 따라 특별지방자치단체의 의회에서 선출한다.

ⓑ 구성 지방자치단체의 장은 「지방자치법」 제109조에도 불구하고 특별지방자치단체의 장을 겸할 수 있다.

ⓒ 특별지방자치단체의 의회 및 집행기관의 직원은 규약으로 정하는 바에 따라 특별지방자치단체 소속인 지방공무원과 구성 지방자치단체의 지방공무원 중에서 파견된 사람으로 구성한다.

③ 운영

ⓒ 경비의 부담

ⓐ 특별지방자치단체의 운영 및 사무처리에 필요한 경비는 구성 지방자치단체의 인구, 사무처리의 수혜범위 등을 고려하여 규약으로 정하는 바에 따라 구성 지방자치단체가 분담한다.

ⓑ 구성 지방자치단체는 ⓐ의 경비에 대하여 특별회계를 설치하여 운영하여야 한다.

ⓒ 국가 또는 시·도가 사무를 위임하는 경우에는 사무를 위임한 국가 또는 시·도가 그 사무를 수행하는 데 필요한 경비를 부담하여야 한다.

06 2022 국가직 9급

특별지방자치단체에 대한 설명으로 옳지 않은 것은?

① 2개 이상의 지방자치단체가 공동으로 특정한 목적을 위하여 광역적으로 사무를 처리할 필요가 있을 때에는 특별지방자치단체를 설치할 수 있다.

② 보통의 지방자치단체와 같이 법인격을 갖는다.

③ 특별지방자치단체의 의회는 규약으로 정하는 바에 따라 구성 지방자치단체의 의회 의원으로 구성한다.

④ 구성 지방자치단체의 장은 「지방자치법」상 겸임 제한 규정에 의해 특별지방자치단체의 장을 겸할 수 없다.

ⓛ **사무처리상황 등의 통지**: 특별지방자치단체의 장은 대통령령으로 정하는 바에 따라 사무처리 상황 등을 구성 지방자치단체의 장 및 행정안전부장관(시·군 및 자치구만으로 구성하는 경우에는 시·도지사를 포함한다)에게 통지하여야 한다.

ⓒ **가입 및 탈퇴**

ⓐ 특별지방자치단체에 가입하거나 특별지방자치단체에서 탈퇴하려는 지방자치단체의 장은 해당 지방의회의 의결을 거쳐 특별지방자치단체의 장에게 가입 또는 탈퇴를 신청하여야 한다.

ⓑ ⓐ에 따른 가입 또는 탈퇴의 신청을 받은 특별지방자치단체의 장은 특별지방자치단체 의회의 동의를 받아 신청의 수용 여부를 결정하되, 특별한 사유가 없으면 가입하거나 탈퇴하려는 지방자치단체의 의견을 존중하여야 한다.

ⓒ ⓑ에 따른 가입 및 탈퇴에 관하여는 ①의 ㉠~㉥을 준용한다.

ⓡ **해산**

ⓐ 구성 지방자치단체는 특별지방자치단체가 그 설치 목적을 달성하는 등 해산의 사유가 있을 때에는 해당 지방의회의 의결을 거쳐 행정안전부장관의 승인을 받아 특별지방자치단체를 해산하여야 한다.

ⓑ 구성 지방자치단체는 ⓐ에 따라 특별지방자치단체를 해산할 경우에는 상호 협의에 따라 그 재산을 처분하고 사무와 직원의 재배치를 하여야 하며, 국가 또는 시·도 사무를 위임받았을 때에는 관계 중앙행정기관의 장 또는 시·도지사와 협의하여야 한다. 다만, 협의가 성립하지 아니할 때에는 당사자의 신청을 받아 행정안전부장관이 조정할 수 있다.

ⓜ **지방자치단체에 관한 규정의 준용**: 시·도, 시·도와 시·군 및 자치구 또는 2개 이상의 시·도에 걸쳐 있는 시·군 및 자치구로 구성되는 특별지방자치단체는 시·도에 관한 규정을, 시·군 및 자치구로 구성하는 특별지방자치단체는 시·군 및 자치구에 관한 규정을 준용한다.

ⓗ **다른 법률과의 관계**

ⓐ 다른 법률에서 지방자치단체 또는 지방자치단체의 장을 인용하고 있는 경우에는 ②의 ㉠에 따른 규약으로 정하는 사무를 처리하기 위한 범위에서는 특별지방자치단체 또는 특별지방자치단체의 장을 인용한 것으로 본다.

ⓑ 다른 법률에서 시·도 또는 시·도지사를 인용하고 있는 경우에는 ②의 ㉠에 따른 규약으로 정하는 사무를 처리하기 위한 범위에서는 시·도, 시·도와 시·군 및 자치구 또는 2개 이상의 시·도에 걸쳐 있는 시·군 및 자치구로 구성하는 특별지방자치단체 또는 특별지방자치단체의 장을 인용한 것으로 본다.

ⓒ 다른 법률에서 시·군 및 자치구 또는 시장·군수 및 자치구의 구청장을 인용하고 있는 경우에는 ②의 ㉠에 따른 규약으로 정하는 사무를 처리하기 위한 범위에서는 동일한 시·도 관할 구역의 시·군 및 자치구로 구성하는 특별지방자치단체 또는 특별지방자치단체의 장을 인용한 것으로 본다.

(3) 지방자치단체의 명칭과 구역

① 지방자치단체의 명칭과 구역은 종전과 같이 하고, 명칭과 구역을 바꾸거나 지방자치단체를 폐지하거나 설치하거나 나누거나 합칠 때에는 법률로 정한다. 다만,

바로 확인문제

'○○광역시'의 명칭을 '△△광역시'로 바꾸려고 한다. 이를 위한 현행 법령의 절차로서 옳은 것은?

① ○○광역시 의회의 의결을 거쳐 조례로 정한다.
② ○○광역시 의회의 의견을 들어 법률로 정한다.
③ ○○광역시장의 신청에 의해 행정법원에서 재결한다.
④ ○○광역시 주민투표로 확정하여 대통령령으로 정한다.
⑤ 국무회의의 심의를 거쳐 대통령령으로 정한다.

지방자치단체의 구역변경 중 관할구역 경계변경과 지방자치단체의 한자 명칭의 변경은 대통령령으로 정한다.

② 다음의 어느 하나에 해당할 때에는 관계 지방의회의 의견을 들어야 한다. 다만, 「주민투표법」 제8조에 따라 주민투표를 한 경우에는 그러하지 아니하다.

㉠ 지방자치단체를 폐지하거나 설치하거나 나누거나 합칠 때
㉡ 지방자치단체의 구역을 변경할 때(경계변경을 할 때는 제외한다)
㉢ 지방자치단체의 명칭을 변경할 때(한자 명칭을 변경할 때를 포함한다)

③ 자치구가 아닌 구와 읍·면·동의 명칭과 구역은 종전과 같이 하고, 이를 폐지하거나 설치하거나 나누거나 합칠 때에는 행정안전부장관의 승인을 받아 그 지방자치단체의 조례로 정한다. 다만, 명칭과 구역의 변경은 그 지방자치단체의 조례로 정하고, 그 결과를 특별시장·광역시장·도지사에게 보고하여야 한다.

④ 제주특별자치도는 그 관할구역 안에 지방자치단체인 시와 군을 두지 아니한다. 제주특별자치도의 관할구역 안에 지방자치단체가 아닌 시를 두고, 행정시에는 도시의 형태를 갖춘 지역에는 동을, 그 밖의 지역에는 읍·면을 둔다. 행정시에 두는 읍·면·동의 폐지·분합은 행정안전부장관의 승인을 요하지 아니하되, 도지사는 그 결과를 행정안전부장관에게 보고하여야 한다.

▌지방자치단체의 명칭과 구역

구분	폐치·분합	명칭·구역변경	한자 명칭변경	경계변경
지방자치단체	지방의회의견 또는 주민투표 + 법률	지방의회의견 또는 주민투표 + 법률	지방의회의견 또는 주민투표 + 대통령령	대통령령
행정구·읍·면·동	행정안전부장관 승인 + 조례(제주-보고)	조례 + 시·도지사 보고	조례 + 시·도지사 보고	
리	조례	조례	조례	

(4) 지방자치단체의 관할구역 경계변경 등

① 지방자치단체의 장은 관할구역과 생활권과의 불일치 등으로 인하여 주민생활에 불편이 큰 경우 등 대통령령으로 정하는 사유가 있는 경우에는 행정안전부장관에게 경계변경이 필요한 지역 등을 명시하여 경계변경에 대한 조정을 신청할 수 있다. 이 경우 지방자치단체의 장은 지방의회 재적의원 과반수의 출석과 출석의원 3분의 2 이상의 동의를 받아야 한다.

② 관계 중앙행정기관의 장 또는 둘 이상의 지방자치단체에 걸친 개발사업 등의 시행자는 대통령령으로 정하는 바에 따라 관계 지방자치단체의 장에게 ①에 따른 경계변경에 대한 조정을 신청하여 줄 것을 요구할 수 있다.

③ 행정안전부장관은 ①에 따른 경계변경에 대한 조정 신청을 받으면 지체 없이 그 신청 내용을 관계 지방자치단체의 장에게 통지하고, 20일 이상 관보나 인터넷 홈페이지에 게재하는 등의 방법으로 널리 알려야 한다. 이 경우 알리는 방법, 의견의 제출 등에 관하여는 「행정절차법」 제42조·제44조 및 제45조를 준용한다.

④ 행정안전부장관은 ③에 따른 기간이 끝난 후 지체 없이 대통령령으로 정하는 바에 따라 관계 지방자치단체 등 당사자 간 경계변경에 관한 사항을 효율적으로 협의할 수 있도록 경계변경자율협의체(이하 이 조에서 "협의체"라 한다)를 구성·운영할 것을 관계 지방자치단체의 장에게 요청하여야 한다.

⑤ 관계 지방자치단체는 ④에 따른 협의체 구성·운영 요청을 받은 후 지체 없이 협의체를 구성하고, 경계변경 여부 및 대상 등에 대하여 ④에 따른 행정안전부장관의 요청을 받은 날부터 120일 이내에 협의를 하여야 한다. 다만, 대통령령으로 정하는 부득이한 사유가 있는 경우에는 30일의 범위에서 그 기간을 연장할 수 있다.

⑥ ⑤에 따라 협의체를 구성한 지방자치단체의 장은 ⑤에 따른 협의 기간 이내에 협의체의 협의 결과를 행정안전부장관에게 알려야 한다.

⑦ 행정안전부장관은 다음의 어느 하나에 해당하는 경우에는 위원회의 심의·의결을 거쳐 경계변경에 대하여 조정할 수 있다.

  ㉠ 관계 지방자치단체가 ④에 따른 행정안전부장관의 요청을 받은 날부터 120일 이내에 협의체를 구성하지 못한 경우

  ㉡ 관계 지방자치단체가 ⑤에 따른 협의 기간 이내에 경계변경 여부 및 대상 등에 대하여 합의를 하지 못한 경우

⑧ 위원회는 ⑦에 따라 경계변경에 대한 사항을 심의할 때에는 관계 지방의회의 의견을 들어야 하며, 관련 전문가 및 지방자치단체의 장의 의견 청취 등에 관하여는 「지방자치법」 제5조 제8항을 준용한다.

⑨ 행정안전부장관은 다음의 어느 하나에 해당하는 경우 지체 없이 그 내용을 검토한 후 이를 반영하여 경계변경에 관한 대통령령안을 입안하여야 한다.

  ㉠ ⑤에 따른 협의체의 협의 결과 관계 지방자치단체 간 경계변경에 합의를 하고, 관계 지방자치단체의 장이 ⑥에 따라 그 내용을 각각 알린 경우

  ㉡ 위원회가 ⑦에 따른 심의 결과 경계변경이 필요하다고 의결한 경우

⑩ 행정안전부장관은 경계변경의 조정과 관련하여 ⑦에 따라 위원회의 심의를 할 때 같은 시·도 안에 있는 관계 시·군 및 자치구 상호 간 경계변경에 관련된 비용 부담, 행정적·재정적 사항 등에 관하여 조정이 필요한 경우 「지방자치법」 제165조 제1항부터 제3항까지의 규정에도 불구하고 당사자의 신청 또는 직권으로 위원회의 심의·의결에 따라 조정할 수 있다. 이 경우 그 조정 결과의 통보 및 조정 결정 사항의 이행은 「지방자치법」 제165조 제4항부터 제7항까지의 규정에 따른다.

(5) 구역의 변경 또는 폐지·설치·분리·합병 시의 사무와 재산의 승계

① 지방자치단체의 구역을 변경하거나 지방자치단체를 폐지하거나 설치하거나 나누거나 합칠 때에는 새로 그 지역을 관할하게 된 지방자치단체가 그 사무와 재산을 승계한다.

② 지역으로 지방자치단체의 사무와 재산을 구분하기 곤란하면 시·도에서는 행정안전부장관이, 시·군 및 자치구에서는 특별시장·광역시장·특별자치시장·도지사·특별자치도지사가 그 사무와 재산의 한계 및 승계할 지방자치단체를 지정한다.

(6) 지방자치단체의 구역 설정 기준

① 공동사회와 공동생활권 확대

② 민주성과 능률성의 요구

③ 재정수요와 재원조달능력의 관계

④ 행정의 편의와 주민의 편의 등

08 2013 국가직 9급

기초지방자치단체 구역 설정 시 일반적 기준으로 고려되지 <u>않는</u> 것은?

① 재원조달 능력   ② 주민 편의성
③ 노령화 지수   ④ 공동체와 생활권

09 2011 경정 승진

최근 마산, 창원, 진해를 통합한 창원시가 출범하는 등 행정계층구조에 대한 많은 논의가 진행되고 있다. 우리나라의 행정계층 구조에 대한 설명 중 가장 옳지 <u>않은</u> 것은?

① 다층 구조로 인해 행정비용이 증대되고 의사전달 왜곡이 발생한다.

② 동일 지역 내 행정기관의 난립으로 인해 책임성의 확보가 어렵다.

③ 도와 시(또는 군) 간 엄격한 기능 분리로 인해 행정의 비효율성이 발생한다.

④ 행정계층은 행정적 효율성을 중심으로 하는 개념이며, 자치계층은 정치적 민주성을 중심으로 하는 개념이다.

10
2008 서울시 9급

우리나라 지방자치제도의 계층구조의 문제점이 <u>아닌</u> 것은?

① 시·도, 시·군 간 협력 행정이 미흡하여 갈등을 증대시킨다.

② 도와 시·군 간 엄격한 기능 분리로 인해 행정의 비효율성이 발생한다.

③ 시·군·구에 대한 시·도의 통제기능으로 인해 갈등이 발생한다.

④ 동일 지역 내 행정기관의 난립으로 인해 책임성의 확보가 어렵다.

⑤ 다층구조로 인해 행정비용이 증대되고 의사전달 왜곡이 발생한다.

11
2005 서울시 9급

지방자치단체의 계층구조 중 단층제가 가지는 장점으로 볼 수 <u>없는</u> 것은?

① 이중행정과 이중감독의 폐단을 방지하고 신속한 행정을 도모한다.

② 행정수행상의 낭비를 제거하고 능률을 증진시킨다.

③ 행정책임을 명확히 할 수 있다.

④ 각 기초자치단체의 자치권이나 지방의 특수성 및 개별성을 존중한다.

⑤ 기초자치단체와 광역자치단체 간 업무의 분업적 수행이 가능하다.

12
2019 군무원 9급

지방자치단체의 계층구조 중 중층제와 비교하여 단층제의 장점으로 볼 수 <u>없는</u> 것은?

① 중앙정부와 지역주민들과의 의사소통 거리가 단축된다.

② 행정책임을 명확하게 한다.

③ 중앙정부의 비대화를 억제할 수 있다.

④ 자치권, 지역의 특수성 및 개별성을 더 존중한다.

---

2 지방자치단체의 계층구조

> **결정적 코멘트** ▶ 참여정부의 논의 후 관심이 높아졌으며, 제주특별자치도·세종특별자치시 등 단층제의 등장으로 출제비중이 높아진 영역이다.

(1) 계층구조

① 지방자치단체의 계층구조는 다층제(중층제)와 단층제가 있다. 현행 우리나라의 지방자치단체의 계층구조는 기초자치단체(시·군·자치구)와 광역자치단체(특별시·광역시·도 및 특별자치도)로 중층제의 형태이다.

② 영국 등 선진국에서는 2층제의 비효율성을 이유로 단층제 개혁을 추진하고 있어 재검토가 요구되고 있다.

(2) 우리나라 계층구조의 문제점

① 계층구조의 중복으로 인한 비효율성

② 동일 지역 내 행정기관의 난립으로 인한 책임성 확보 곤란

③ 시·도와 시·군 간 협력행정의 부족 및 갈등 증대

④ 시와 군 및 구에 대한 시·도의 통제기능으로 인한 갈등 발생

⑤ 다층구조로 인해 행정비용 증대 및 의사전달 왜곡 발생

(3) 다층제의 장점과 단층제의 상섬

① 다층제의 장점
  ㉠ 기초자치단체와 광역자치단체 간 행정기능을 분업적으로 수행함으로써 업무의 능률성을 확보할 수 있다.
  ㉡ 기초자치단체와 광역자치단체 간 기능수행상 상호보완관계를 유지할 수 있다.
  ㉢ 국가의 감독기능을 효율화할 수 있다.

② 단층제의 장점
  ㉠ 이중행정과 이중감독의 폐단을 방지하고 신속한 행정을 도모한다.
  ㉡ 행정수행상의 낭비를 제거하고 능률을 증진시킨다.
  ㉢ 행정책임을 명확히 할 수 있다.
  ㉣ 각 기초자치단체의 자치권이나 지방의 특수성과 개별성을 존중한다.

▍단층제와 중층제의 비교

구분	단층제	중층제
장점	• 이중행정·감독의 폐단 방지 • 신속한 행정 • 행정수행상의 낭비 제거와 능률 증진 • 행정책임의 명확화 • 자치권이나 지방의 특수성 및 개별성 존중	• 행정기능의 분업적 수행·능률성 확보 • 기초와 광역 간 기능수행상 상호보완관계 • 국가의 감독기능 효율화 • 광역적 사무의 원활한 수행 가능 • 국가기능의 필요 이상 확대 방지
단점	• 광역사업의 처리 곤란 • 광역적 사무처리를 위한 국가의 직접개입으로 중앙집권화 우려 • 국토가 넓고 인구가 많은 나라에서는 채택 곤란	• 행정의 중첩현상으로 낭비와 지연 • 중첩현상으로 인한 권한과 책임의 불분명 • 행정의 신속성 확보 곤란 • 지역의 특수성과 개별성 간과
예	제주특별자치도, 세종특별자치시	경기도 수원시 팔달구

02 지방자치단체의 기능과 사무

1 사무처리의 기본 원칙

① 지방자치단체는 사무를 처리할 때 주민의 편의와 복리증진을 위하여 노력하여야
한다.
② 지방자치단체는 조직과 운영을 합리적으로 하고 규모를 적절하게 유지하여야
한다.
③ 지방자치단체는 법령을 위반하여 사무를 처리할 수 없으며, 시·군 및 자치구는
해당 구역을 관할하는 시·도의 조례를 위반하여 사무를 처리할 수 없다.

2 지방자치단체의 사무범위

① 지방자치단체는 관할구역의 자치사무와 법령에 따라 지방자치단체에 속하는 사
무를 처리한다.
② 이에 관한 예는 다음과 같다.
　　㉠ 지방자치단체의 구역, 조직, 행정관리 등에 관한 사무[2]
　　㉡ 주민의 복지 증진에 관한 사무
　　㉢ 농림·수산·상공업 등 산업진흥에 관한 사무[3]
　　㉣ 지역개발과 자연환경보전 및 생활환경시설의 설치·관리
　　㉤ 교육·체육·문화·예술의 진흥에 관한 사무
　　㉥ 지역민방위 및 지방소방에 관한 사무
　　㉦ 국제교류 및 협력에 관한 사무[4]

3 광역지방자치단체의 사무

① 행정처리 결과가 2개 이상의 시·군 및 자치구에 미치는 광역적 사무
② 시·도 단위로 동일한 기준에 따라 처리되어야 할 성질의 사무
③ 지역적 특성을 살리면서 시·도 단위로 통일성을 유지할 필요가 있는 사무
④ 국가와 시·군 및 자치구 간의 연락·조정 등의 사무
⑤ 시·군 및 자치구가 독자적으로 처리하기에 부적당한 사무(보충성의 원칙)
⑥ 2개 이상의 시·군 및 자치구가 공동으로 설치하는 것이 적당하다고 인정되는 규
모의 시설을 설치하고 관리하는 사무

4 시·군 및 자치구의 사무

① 관할구역의 자치사무와 법령에 의하여 지방자치단체에 속하는 사무를 처리한다.
② 시·도가 처리하는 것으로 되어 있는 사무를 제외한 사무를 처리한다. 다만, 인구
50만 이상의 시에 대하여는 도가 처리하는 사무의 일부(보건의료, 지방공기업,
주택건설사무 등)를 직접 처리하게 할 수 있다.
　　㉠ 불(비)경합의 원칙: 시·도와 시·군 및 자치구는 그 사무를 처리하는 데에 서
　　로 경합하지 아니하도록 하여야 한다.

---

2) 공유재산(公有財産) 관리, 주민등록 관리 등
3) 농산물·임산물·축산물·수산물의 생산 및 유통 지원 등
4) 국제기구·행사·대회의 유치·지원, 외국 지방자치단체와의 교류·협력

바로 확인문제

13　2018 교육행정직 9급
지방자치단체 자치사무의 종류로 옳은 것
을 〈보기〉에서 고른 것은?

┌─ 보기 ─
│ ㄱ. 교원능력 개발평가
│ ㄴ. 부랑인 선도시설 감독
│ ㄷ. 주민등록 관리
│ ㄹ. 공유재산 관리
│ ㅁ. 국회의원 선거사무
│ ㅂ. 상하수도사업

① ㄱ, ㄴ, ㅁ　　② ㄱ, ㄹ, ㅁ
③ ㄴ, ㄷ, ㅂ　　④ ㄷ, ㄹ, ㅂ

14　2022 국가직 7급
「지방자치법」상 지방자치단체 종류별 사
무배분의 기준에 대한 설명으로 옳지 않은
것은?

① 인구 30만 이상의 시에 대해서는 도가
처리하는 사무의 일부를 직접 처리하게
할 수 있다.
② 시·군 및 자치구가 독자적으로 처리하
기 어려운 사무는 시·도의 사무이다.
③ 지방자치단체의 구역, 조직, 행정관리
등은 시·도와 시·군 및 자치구에 공통
된 사무이다.
④ 국가와 시·군 및 자치구 사이의 연락·
조정 등의 사무는 시·도의 사무이다.

15　2018 서울시 9급
「지방자치법」상 지방자치단체의 사무처리
에 관한 설명으로 가장 옳지 않은 것은?

① 지방자치단체는 법령을 위반하여 그 사
무를 처리할 수 없다.
② 행정처리 결과가 2개 이상의 시·군 및
자치구에 미치는 광역적 사무는 시·도
가 처리한다.
③ 시·도와 시·군 및 자치구의 사무가 서
로 경합하면 시·도에서 먼저 처리한다.
④ 지방자치단체는 법률에 다른 규정이 있
는 경우를 제외하고 외교, 국방, 사법,
국세 등 국가의 존립에 필요한 사무를
처리할 수 없다.

16

지방분권 추진 원칙 중 다음 설명에 해당하는 것은?

> • 기능 배분에 있어 가까운 정부에게 우선적 관할권을 부여한다.
> • 민간이 처리할 수 있다면 정부가 관여해서는 안 된다.
> • 가까운 지방정부가 처리할 수 있는 업무에 상급 지방정부나 중앙정부가 관여해서는 안 된다.

① 보충성의 원칙
② 포괄성의 원칙
③ 형평성의 원칙
④ 경제성의 원칙

17

중앙정부의 지방자치단체 사무배분 원칙에 대한 설명으로 옳은 것만을 모두 고르면?

> ㄱ. 지역주민생활과 밀접한 관련이 있는 사무는 원칙적으로 시·군 및 자치구의 사무로 배분하여야 한다.
> ㄴ. 서로 관련된 사무들을 배분할 때는 포괄적으로 배분하여야 한다.
> ㄷ. 시·군 및 자치구가 처리하기 어려운 사무는 국가보다는 시·도에 우선적으로 배분하여야 한다.
> ㄹ. 시·군 및 자치구가 해당 사무를 원활히 처리할 수 있도록 행정적·재정적 지원을 병행하여야 한다.
> ㅁ. 주민의 편익증진과 집행의 효과 등을 고려하여 지방자치단체 상호 간 중복되지 않도록 해야 한다.

① ㄱ, ㄷ, ㅁ
② ㄴ, ㄷ, ㄹ
③ ㄱ, ㄴ, ㄹ, ㅁ
④ ㄱ, ㄴ, ㄷ, ㄹ, ㅁ

18

「지방자치법」상 지방자치단체의 사무범위에 해당하지 않는 것은?

① 농림·상공업 등 산업 진흥에 관한 사무
② 교육·체육·문화·예술의 진흥에 관한 사무
③ 축산물·수산물 및 양곡의 수급 조절과 수출입 사무
④ 지역민방위 및 지방소방에 관한 사무

ⓛ 기초(자치단체) 우선의 원칙: 사무가 서로 경합되는 경우에는 시·군 및 자치구에서 우선적으로 처리한다.

ⓒ 보충성의 원칙: 지방단위에서 공공사무는 원칙적으로 지방정부가 담당하고 중앙정부의 기능은 지방정부가 하기 힘든 부분에 한해 보충적 수준에서만 인정한다는 원칙이다. 주민과 직접 접촉하는 자치단체의 기능을 규정하고, 자치단체에서 처리하기 어려운 기능에 대해서 상급자치단체나 중앙정부의 기능으로 보완하는 방식을 취한다.

5 국가사무

① 외교, 국방, 사법(司法), 국세 등 국가의 존립에 필요한 사무
② 물가정책, 금융정책, 수출입정책 등 전국적으로 통일적 처리를 요하는 사무
③ 농산물·임산물·축산물·수산물 및 양곡의 수급 조절과 수출입 등 전국적 규모의 사무
④ 국가종합경제개발계획, 국가하천, 국유림, 국토종합개발계획, 지정항만, 고속국도·일반국도, 국립공원 등 전국적 규모 또는 이와 비슷한 규모의 사무
⑤ 근로기준, 측량단위 등 전국적으로 기준을 통일하고 조정하여야 할 필요가 있는 사무
⑥ 우편, 철도 등 전국적 규모나 이와 비슷한 규모의 사무
⑦ 고도의 기술을 요하는 검사·시험·연구, 항공관리, 기상행정, 원자력개발 등 지방자치단체의 기술 및 재정능력으로 감당하기 어려운 사무(보충성의 원칙)

6 사무배분 방식

(1) 개별적 수권방식

개개의 지방자치단체별로 사무종목을 지정하여 배분하는 방식이다.

장점	단점
• 주어진 사무범위 안에서 자치권 제고 • 중앙정부의 간섭 배제 • 지방의 특수성 고려	• 운영상의 융통성 저해 • 법 제정에 따른 업무부담의 증가

(2) 포괄적 수권방식

지방자치단체의 구별 없이 포괄적으로 권한을 배분하는 방식이다.

장점	단점
• 간편한 배분 방식 • 운영의 유연성	• 행정주체 간 혼동 우려 • 자치권의 침해

(3) 「지방자치법」은 원칙적으로 사무배분 방식에서 포괄적 예시주의를 취하고 있다.

(4) 사무배분의 기본 원칙(「지방자치법」)

① 국가는 지방자치단체가 사무를 종합적·자율적으로 수행할 수 있도록 국가와 지방자치단체 간 또는 지방자치단체 상호 간의 사무를 주민의 편익증진, 집행의 효과 등을 고려하여 서로 중복되지 아니하도록 배분하여야 한다.

② 국가는 사무를 배분하는 경우 지역주민생활과 밀접한 관련이 있는 사무는 원칙적으로 시·군 및 자치구의 사무로, 시·군 및 자치구가 처리하기 어려운 사무는 시·도의 사무로, 시·도가 처리하기 어려운 사무는 국가의 사무로 각각 배분하여야 한다.

③ 국가가 지방자치단체에 사무를 배분하거나 지방자치단체가 사무를 다른 지방자치단체에 재배분할 때에는 사무를 배분받거나 재배분받는 지방자치단체가 그 사무를 자기의 책임하에 종합적으로 처리할 수 있도록 관련 사무를 포괄적으로 배분하여야 한다.

03 지방자치단체의 기관구성

1 지방자치단체의 기관구성 형태(주민직선 여부)

(1) 기관통합형

① 개념
- ㉠ 주민직선에 의해 구성되는 지방의회 본회의의 위임을 받아 각종 위원회가 소속 공무원을 지휘하여 집행부의 업무를 겸해서 처리하는 제도이다.
- ㉡ 의원내각제와 유사하다. 정책결정기능과 정책집행기능을 단일기관에 귀속시키는 형태로서, 정책결정과 집행의 유기적 관련성을 제고시킨다.
- ㉢ 지방의회 의장이 단체장직을 겸임하면서 지방행정관료를 지휘하는 방식이다. 기관통합형 중 위원회형은 주민 직선으로 선출된 의원들이 집행부서의 장을 맡는다.

② 장·단점
- ㉠ 장점: 의회와 집행부가 통합되어 있기 때문에 임기 동안 지방자치행정을 효율적으로 구현하고 책임질 수 있다.
- ㉡ 단점
  - ⓐ 정치상황에 따라서는 의회와 집행기관 간 견제와 균형관계에서 기대되는 민주정치의 이익을 희생해야 한다.
  - ⓑ 집행기관구성에서 주민의 대표성을 확보할 수 있으나, 행정의 전문성이 결여될 수 있다.

(2) 기관대립(분리)형

① 개념
- ㉠ 의결기관과 집행기관이 분리되어 견제와 균형을 유지하는 방식이다.
- ㉡ 대통령 중심제와 유사하다.

② 장·단점
- ㉠ 장점
  - ⓐ 의결기관과 집행기관 간의 <u>견제와 균형</u>의 원리에 의해 권력의 남용을 방지하고, 비판·감시 기능을 할 수 있다.
  - ⓑ 지방의회와 지방자치단체의 장을 주민이 직접 선출함으로써 지방행정에 대한 주민통제가 좀 더 용이하다.
  - ⓒ 기관통합형에 비해 행정부서 간 분파주의를 배제하는 데 유리하다.
- ㉡ 단점: 기관대립형은 집행부와 의회의 기구가 병존함에 따르는 비효율성과 양 기관의 마찰로 인한 피해가 있을 수 있다.

19   2019 지방직 7급

지방자치단체의 기관구성에 대한 설명으로 옳은 것은?

① 우리나라는 시장의 권한이 지방의회의 권한에 비해 상대적으로 약한 기관대립형을 유지하고 있다.
② 영국의 의회형에서는 집행기관의 장을 주민이 직선으로 선출한다.
③ 미국의 위원회형은 기관대립형의 특수한 형태로 볼 수 있다.
④ 기관통합형의 집행기관은 기관대립형에 비해 행정의 전문성이 높지 않을 가능성이 크다.

20   2010 서울시 9급

지방자치단체의 기관구성에 관한 설명으로 가장 옳지 않은 것은?

① 기관통합형은 의원내각제와 비교적 유사하다.
② 기관대립형은 대통령중심제와 비교적 유사하다.
③ 기관통합형에서는 임기 동안 지방자치행정에 대한 효율성과 책임성을 확보할 수 있다.
④ 기관대립형에서는 집행부와 의회의 마찰로 인한 비효율성이 발생할 수도 있다.
⑤ 기관통합형에서는 의회와 집행기관 간 견제와 균형을 통하여 민주성을 확보할 수 있다.

21   2017 지방직 9급 추가채용

지방자치단체의 기관구성에 대한 설명으로 옳지 않은 것은?

①「지방자치법」에서는 원칙적으로 기관대립형 구조를 채택하고 있다.
② 기관대립형은 행정책임의 소재가 분명하다는 장점이 있다.
③ 기관통합형은 영국의 의회형이 대표적이다.
④ 기관통합형은 의결기관과 집행기관을 이원적으로 구성해 상호견제와 균형을 도모한다.

22
2021 지방직(=서울시) 9급

지방정부의 기관구성 형태에 대한 설명으로 옳지 <u>않은</u> 것은?

① 강시장 – 의회(strong mayor-council) 형태에서는 시장이 강력한 정치적 리더십을 행사한다.

② 위원회(commission) 형태에서는 주민 직선으로 선출된 의원들이 집행부서의 장을 맡는다.

③ 약시장 – 의회(weak mayor-council) 형태에서는 일반적으로 의회가 예산을 편성한다.

④ 의회 – 시지배인(council-manager) 형태에서는 시지배인이 의례적이고 명목적인 기능을 수행한다.

23
2024 국가직 9급

지방행정제도에 대한 설명으로 옳지 <u>않은</u> 것은?

① 일정 조건을 충족한 주민은 해당 지방의회에 조례를 제정하거나 개정 또는 폐지할 것을 청구할 수 있다.

② 지방자치단체 간 관할 구역의 경계변경 조정 시 일정기간 이내에 경계변경자율협의체를 구성하지 못 한 경우 행정안전부장관은 지방자치단체중앙분쟁조정위원회의 심의·의결을 거쳐 조정할 수 있다.

③ 정책지원 전문인력인 정책지원관 제도는 지방자치단체장의 정책기능을 강화하기 위해 도입되었다.

④ 자치경찰사무는 합의제 행정기관인 시·도지사 소속 시·도 자치경찰위원회가 관장하며 업무는 독립적으로 수행한다.

24
2017 교육행정직 9급

지방의회의 의결사항으로 옳지 <u>않은</u> 것은?

① 지방자치단체장의 규칙 제정

② 지방자치단체장의 지방채 발행

③ 지방자치단체의 출자 또는 출연

④ 지방자치단체장의 보증채무부담행위

기관통합형과 기관대립형

(3) 지방자치단체의 기관구성 형태의 특례(「지방자치법」)

① 지방자치단체의 지방의회와 집행기관에 관한 「지방자치법」의 규정에도 불구하고 따로 법률로 정하는 바에 따라 지방자치단체의 장의 선임방법을 포함한 지방자치단체의 기관구성 형태를 달리할 수 있다.

② 지방의회와 집행기관의 구성을 달리하려는 경우에는 「주민투표법」에 따른 주민투표를 거쳐야 한다.

2 지방의회 결정적 코멘트 ▷ 단체장과의 비교·연계학습을 해야 한다.

(1) 지방의회의원의 임기

① **임기:** 지방의회의원의 임기는 4년으로 하며, 의장과 부의장의 임기는 2년으로 한다.

② **지급비용**(명예직 삭제)

　㉠ 의정 자료를 수집하고 연구하거나 이를 위한 보조 활동에 사용되는 비용을 보전하기 위하여 매월 지급하는 의정활동비

　㉡ 지방의회의원의 직무활동에 대하여 지급하는 월정수당

　㉢ 본회의 의결, 위원회 의결 또는 지방의회의 의장의 명에 따라 공무로 여행할 때 지급하는 여비

③ **의원의 정책지원 전문인력**(정책지원관)

　㉠ 지방의회의원의 의정활동을 지원하기 위하여 지방의회의원 정수의 2분의 1 범위에서 해당 지방자치단체의 조례로 정하는 바에 따라 지방의회에 정책지원 전문인력을 둘 수 있다.

　㉡ 정책지원 전문인력은 지방공무원으로 보하며, 직급·직무 및 임용절차 등 운영에 필요한 사항은 대통령령으로 정한다.

(2) 지방의회의원의 겸직금지

① 국회의원, 다른 지방의회의 의원

② 헌법재판소재판관, 각급선거관리위원회위원

③ 「국가공무원법」 제2조에 규정된 국가공무원과 「지방공무원법」 제2조에 규정된 지방공무원

④ 「공공기관의 운영에 관한 법률」 제4조에 따른 공공기관(한국방송공사, 한국교육방송공사 및 한국은행을 포함)의 임직원

⑤ 「지방공기업법」 제2조에 규정된 지방공사와 지방공단의 임·직원

⑥ 농업협동조합, 수산업협동조합, 산림조합, 엽연초생산협동조합, 신용협동조합, 새마을금고의 임직원과 이들 조합·금고의 중앙회장이나 연합회장
⑦ 「정당법」의 규정에 의하여 정당의 당원이 될 수 없는 교원

(3) 지방의회의 의결사항

① 조례의 제정·개정 및 폐지
② 예산의 심의·확정
③ 결산의 승인
④ 법령에 규정된 것을 제외한 사용료·수수료·분담금·지방세 또는 가입금의 부과와 징수
⑤ 기금의 설치·운용[5]
⑥ 대통령령으로 정하는 중요재산의 취득·처분
⑦ 대통령령으로 정하는 공공시설의 설치·처분
⑧ 법령과 조례에 규정된 것을 제외한 예산 외의 의무부담이나 권리의 포기
⑨ 청원의 수리와 처리
⑩ 외국 지방자치단체와의 교류협력에 관한 사항

(4) 지방의회의 권한

① 서류제출 요구: 본회의나 위원회는 그 의결로 안건의 심의와 직접 관련된 서류의 제출을 해당 지방자치단체의 장에게 요구할 수 있다. 위원회가 요구를 할 때에는 지방의회의 의장에게 그 사실을 보고하여야 한다.
② 행정사무감사 및 조사권: 지방의회는 매년 1회 당해 지방자치단체의 사무에 대하여 시·도에 있어서는 14일, 시·군 및 자치구에 있어서는 9일의 각 범위 내에서 감사를 실시하고, 지방자치단체의 사무 중 특정 사안에 관하여 본회의 의결로 본회의 또는 위원회로 하여금 조사하게 할 수 있다.
③ 행정사무처리 상황의 보고와 질문응답
  ㉠ 지방자치단체의 장 또는 관계공무원은 지방의회나 그 위원회에 출석하여 행정사무의 처리상황을 보고하거나 의견을 진술하고 질문에 응답할 수 있으며, 지방의회나 그 위원회의 요구가 있는 때에는 출석·답변하여야 한다.
  ㉡ 다만, 특별한 사유가 있는 경우에 지방자치단체의 장은 관계공무원으로 하여금 출석·답변하게 할 수 있다.
④ 의회규칙: 지방의회는 내부운영에 관하여 「지방자치법」에 정한 것을 제외하고 필요한 사항을 규칙으로 정할 수 있다.

(5) 의장·부의장 불신임의 의결

① 지방의회의 의장이나 부의장이 법령을 위반하거나 정당한 사유 없이 직무를 수행하지 아니하면 지방의회는 불신임을 의결할 수 있다.
② 불신임 의결은 재적의원 4분의 1 이상의 발의와 재적의원 과반수의 찬성으로 행한다.
③ 불신임 의결이 있으면 의장이나 부의장은 그 직에서 해임된다. 그러나 지방자치단체장에 대한 불신임 의결은 인정되지 않는다.

---

5) 지방자치단체는 행정목적을 달성하기 위하여 특정한 자금을 운용하기 위한 기금을 설치할 수 있으며, 기금의 설치·운용에 관하여 필요한 사항은 조례로 정한다.

25 2013 지방직 9급

「지방자치법」상 지방의회의 의결사항으로 옳은 것만을 모두 고른 것은?

> ㄱ. 예산의 심의·확정
> ㄴ. 법령에 규정된 수수료의 부과 및 징수
> ㄷ. 외국 지방자치단체와의 교류협력에 관한 사항

① ㄱ, ㄴ   ② ㄱ, ㄷ
③ ㄱ, ㄴ, ㄷ   ④ ㄴ, ㄷ

26 2012 지방직 9급

우리나라 자치재정권에 대한 설명으로 옳지 않은 것은?

① 지방자치단체는 법률로 정하는 바에 따라 지방세를 부과·징수할 수 있다.
② 지방자치단체는 공공시설의 이용 또는 재산의 사용에 대하여 사용료를 징수할 수 있다.
③ 지방자치단체는 행정목적을 달성하기 위하여 특정한 자금을 운용하기 위한 기금을 설치할 경우 행정안전부장관의 승인을 얻어야 한다.
④ 지방자치단체의 장이나 지방자치단체조합은 따로 법률이 정하는 바에 따라 지방채를 발행할 수 있다.

27 2018 국가직 9급

「지방자치법」상 지방의회에 대한 내용으로 옳지 않은 것은?

① 지방의회는 조례로 정하는 바에 따라 위원회를 둘 수 있으며, 위원회의 종류는 상임위원회와 특별위원회로 한다.
② 지방의회는 그 의결로 소속의원의 사직을 허가할 수 있다. 다만, 폐회 중에는 의장이 허가할 수 있다.
③ 의장은 의결에서 표결권을 가지지 못하며, 찬성과 반대가 같으면 부결된 것으로 본다.
④ 지방의회에서 부결된 의안은 같은 회기 중에 다시 발의하거나 제출할 수 없다.

28 2023 국가직 7급

「지방자치법」상 지방의회에 대한 설명으로 옳지 않은 것은?

① 지방의회의원의 의정활동을 지원하기 위하여 정책지원 전문인력을 둘 수 있다.

② 지방의회의 의장은 지방의회의 사무직원을 지휘·감독한다.

③ 지방의회는 매년 4회 정례회를 개최한다.

④ 지방의회의원은 각급 선거관리위원회 위원을 겸직할 수 없다.

29 2008 국가직 7급

우리나라 지방자치단체장의 권한으로 볼 수 없는 것은?

① 지방의회의 의결이 월권이거나 법령에 위반되는 경우 재의요구권

② 총선거 후 최초로 집결되는 지방의회 임시회 소집권

③ 지방의회의 의결사항 중 주민의 생명과 재산보호를 위하여 긴급하게 필요한 사항으로서 지방의회를 소집할 시간적 여유가 없거나 지방의회에서 의결이 지체되어 의결되지 아니할 때의 선결처분권

④ 지방채 발행권

30 2017 교육행정직 9급

지방자치에 관한 설명으로 옳지 않은 것은?

① 지방의회의 사무직원의 정수는 조례로 정하고, 사무직원은 지방의회의 의장의 추천에 따라 그 지방자치단체의 장이 임명한다.

② 인구 50만 명 이상의 기초자치단체인 시에 대하여는 광역자치단체인 도가 처리하는 사무의 일부를 직접 처리하게 할 수 있다.

③ 지방자치단체의 장은 지방의회에 재의를 요구한 사항이 재의결된 경우, 재의결된 사항이 법령에 위반된다고 인정되면 재의결된 날부터 20일 이내에 대법원에 소를 제기할 수 있다.

④ 지방의회 의원에 대한 징계의 종류로는 '공개회의에서의 경고, 공개회의에서의 사과, 30일 이내의 출석정지, 제명'이 있으며, 제명의 경우 재적의원 3분의 2 이상의 찬성이 있어야 한다.

(6) 위원회

① 지방의회는 조례로 정하는 바에 따라 위원회를 둘 수 있으며, 위원회의 종류는 상임위원회와 특별위원회로 한다.

② 위원회에서 해당 지방의회의원이 아닌 사람은 위원장의 허가를 받아 방청할 수 있다.

(7) 회의

① 의사정족수: 지방의회는 재적의원 3분의 1 이상의 출석으로 개의(開議)한다. 회의 참석 의원이 의사정족수에 미치지 못할 때에는 의장은 회의를 중지하거나 산회(散會)를 선포한다.

② 의결정족수: 의결사항은 특별히 규정된 경우 외에는 재적의원 과반수의 출석과 출석의원 과반수의 찬성으로 의결한다. 의장은 의결에서 표결권을 가지며, 찬성과 반대가 같으면 부결된 것으로 본다.

③ 일사부재의의 원칙: 지방의회에서 부결된 의안은 같은 회기 중에 다시 발의하거나 제출할 수 없다.

④ 의원사직: 지방의회는 그 의결로 소속의원의 사직을 허가할 수 있다. 다만, 폐회 중에는 의장이 허가할 수 있다.

(8) 청원

① 지방의회에 청원을 하고자 하는 자는 지방의회의원의 소개를 얻어 청원서를 제출하여야 한다. 청원서에는 청원자의 성명 및 주소를 기재하고 서명·날인하여야 한다.

② 지방의회의 의장은 청원서를 접수한 때에는 이를 소관위원회 또는 본회의에 회부하여 심사를 하게 한다. 재판에 간섭하거나 법령에 위배되는 내용의 청원은 이를 수리하지 아니한다.

(9) 기타

① 정례회와 임시회

  ㉠ 지방의회는 매년 2회 정례회를 개최한다.

  ㉡ 총선거 후 최초로 집결되는 임시회는 지방의회 사무처장·국장·과장이 지방의회의원 임기 개시일부터 25일 이내에 소집한다.

  ㉢ 시·도 의회의 연간 회의 총 일수를 제한하고 있지 않다.

② 사무기구와 직원(「지방자치법」)

  ㉠ 지방의회에 두는 사무직원의 수는 인건비 등 대통령령으로 정하는 기준에 따라 조례로 정한다.

  ㉡ 지방의회의 의장은 지방의회 사무직원을 지휘·감독하고 법령과 조례·의회규칙으로 정하는 바에 따라 그 임면·교육·훈련·복무·징계 등에 관한 사항을 처리한다.

③ 지방선거

  ㉠ 광역-기초자치단체장 및 광역-기초의회(2006년 제4회 전국동시지방선거) 의원 선거 모두에 정당공천제가 허용되고 있다. 단, 교육감은 정당공천이 허용되지 않는다.[6]

---

6) 「지방교육자치에 관한 법률」 제46조(정당의 선거관여행위 금지 등) ① 정당은 교육감 선거에 후보자를 추천할 수 없다.

ⓛ 광역의회의 지역구 선거는 소선거구제(1명 선출)에 입각하고 있으나, 기초의
회 지역구 선거는 중선거구제(2~4명 선출)를 채택하고 있다.

3 집행기관 　　결정적 코멘트 ▶ 지방의회와의 비교·연계학습을 해야 한다.

(1) 지방자치단체의 장

① 임기: 지방자치단체의 장의 임기는 4년으로 하며, 3기 내에서만 계속 재임(在任)
에 할 수 있다.[7]

② 지방자치단체의 폐치·분합
　ⓗ 지방자치단체의 폐치·분합에 따라 새로 지방자치단체의 장을 선거하여야 하
　　는 경우에는 그 지방자치단체의 장이 선거될 때까지 시·도지사는 행정안전
　　부장관이, 시장·군수 및 자치구의 구청장은 시·도지사가 각각 그 직무를 대
　　행할 자를 지정하여야 한다.
　ⓛ 다만, 둘 이상의 동격의 지방자치단체를 통·폐합하여 새로운 지방자치단체
　　를 설치하는 경우에는 종전의 지방자치단체의 장 중에서 해당 지방자치단체
　　의 장의 직무를 대행할 자를 지정한다.

③ 지방자치단체의 장의 사임
　ⓗ 지방자치단체의 장은 그 직을 사임하려면 지방의회의 의장에게 미리 사임일
　　을 적은 서면으로 알려야 한다.
　ⓛ 지방자치단체의 장은 사임통지서에 적힌 사임일에 사임된다. 다만, 사임통지
　　서에 적힌 사임일까지 지방의회의 의장에게 사임통지가 되지 아니하면 지방
　　의회의 의장에게 사임통지가 된 날에 사임된다.

(2) 지방자치단체의 장의 겸임 등의 제한

① 대통령, 국회의원, 헌법재판소재판관, 각급선거관리위원회위원, 지방의회의원
② 「국가공무원법」 제2조에 규정된 국가공무원과 「지방공무원법」 제2조에 규정된
　지방공무원
③ 다른 법령의 규정에 의하여 공무원의 신분을 가지는 직
④ 「공공기관의 운영에 관한 법률」 제4조에 따른 공공기관(한국방송공사, 한국교육
　방송공사 및 한국은행을 포함)의 임직원
⑤ 농업협동조합, 수산업협동조합, 산림조합, 엽연초생산협동조합, 신용협동조합 및
　새마을금고의 임직원
⑥ 교원
⑦ 「지방공기업법」 제2조에 규정된 지방공사와 지방공단의 임·직원

(3) 지방자치단체의 장의 권한

① 지방자치단체의 통할대표권: 지방자치단체의 장은 당해 지방자치단체를 대표하
　고, 그 사무를 통할한다.
② 국가사무의 위임: 시·도와 시·군 및 자치구에서 시행하는 국가사무는 법령에
　다른 규정이 없는 한 시·도지사와 시장·군수 및 자치구의 구청장에게 위임하여

---

7) 「지방자치법」 제105조(지방자치단체의 장의 직 인수위원회) ① 「공직선거법」 제191조에 따른 지방자치단체의 장의 당선인
　은 이 법에서 정하는 바에 따라 지방자치단체의 장의 직 인수를 위하여 필요한 권한을 갖는다.
　② 당선인을 보좌하여 지방자치단체의 장의 직 인수와 관련된 업무를 담당하기 위하여 당선이 결정된 때부터 해당 지방자
　치단체에 지방자치단체의 장의 직 인수위원회를 설치할 수 있다.
　③ 인수위원회는 당선인으로 결정된 때부터 지방자치단체의 장의 임기 시작일 이후 20일의 범위에서 존속한다.

31 2018 서울시 7급 제2회
우리나라의 지방선거에 대한 설명으로 가장
옳은 것은?
① 현재 광역-기초자치단체장 및 광역-
　기초의회 의원 선거 모두에 정당공천제
　가 허용되고 있다.
② 광역의회의 지역구 선거는 기본적으로
　중선거구제를 채택하고 있다.
③ 기초의회 지역구 선거는 기본적으로 소
　선거구제에 입각하고 있다.
④ 소선거구제의 경우에 풀뿌리 민주주의
　의 기반이 되는 주민과 의원과의 관계
　가 멀어질 수 있다는 단점이 있다.

32 2015 지방직 7급(지방자치론)
「지방자치법」상 지방의회와의 관계에서 지
방자치단체장에게 전혀 인정되지 않는 권
한은?
① 지방의회의 의결에 대한 재의요구와 제
　소권
② 지방자치단체장의 의회해산권
③ 예산상 집행 불가능한 의결의 재의요구권
④ 지방자치단체장의 선결처분권

33 2014 지방직 7급(지방자치론)
「지방자치법」상 의결기관에 대한 집행기관
의 통제수단이 아닌 것은?
① 재의요구권　　② 서류제출 요구권
③ 제소권　　　　④ 선결처분권

34 2008 지방직 7급
지방의회의 의결에 대한 지방자치단체 장
의 재의요구 사유가 아닌 것은?
① 지방의회의 의결이 월권이거나 법령에
　위반된다고 인정되는 경우
② 지방의회의 의결이 국제관계에서 맺은
　국제교류업무 수행에 드는 경비를 축
　소한 경우
③ 지방의회의 의결이 예산상 집행 불가능
　한 경비를 포함하고 있다고 인정되는
　경우
④ 지방의회의 의결이 비상재해로 인한 시
　설의 응급 복구를 위하여 필요한 경비
　를 축소한 경우

35

2013 지방직 7급(지방자치론)

지방자치단체장의 선결처분에 대한 설명으로 옳지 <u>않은</u> 것은?

① 지방의회에 보고하여 승인을 받아야 한다.
② 주민의 생명과 재산보호를 위하여 긴급하게 필요한 사항으로 지방의회에서 의결이 지체되어 의결되지 않을 때 할 수 있다.
③ 지방의회의원의 구속 등으로 의결정족수에 미달하여 지방의회가 성립될 수 없을 때 할 수 있다.
④ 지방의회에서 승인을 받지 못하면 최초 선결처분 시까지 소급하여 효력이 없는 것으로 한다.

36

2016 서울시 7급

지방의회가 지방자치단체에 대하여 행사할 수 있는 권한으로 옳지 <u>않은</u> 것은?

① 예산불성립 시 예산집행
② 선결처분의 사후승인
③ 행정사무의 감사·조사
④ 청원서의 이송·보고 요구

37

2022 국회직 8급

지방자치단체장의 권한 및 기능에 해당하지 <u>않는</u> 것은?

① 지방의회에 조례안을 제출할 수 있다.
② 교육기관을 설치, 이전 및 폐지할 수 있다.
③ 조례나 규칙으로 정하는 바에 따라 그 권한에 속하는 사무의 일부를 보조기관 등에 위임할 수 있다.
④ 법령 또는 조례의 범위에서 그 권한에 속하는 사무에 관하여 규칙을 제정할 수 있다.
⑤ 주민에게 과도한 부담을 주거나 중대한 영향을 미치는 지방자치단체의 주요 결정사항 등에 대하여 주민투표에 부칠 수 있다.

수행한다.

③ **사무의 관리 및 집행권**: 지방자치단체의 장은 당해 지방자치단체의 사무와 법령에 의하여 그 지방자치단체의 장에게 위임된 사무를 관리하고 집행한다.

④ **사무의 위임 등**: 지방자치단체의 장은 조례 또는 규칙이 정하는 바에 의하여 그 권한에 속하는 사무의 일부를 위임 또는 위탁할 수 있으며, 이 경우 미리 당해 사무를 위임 또는 위탁한 기관의 장의 승인을 얻어야 한다.

⑤ **직원에 대한 임면권 등**: 지방자치단체의 장은 소속직원을 지휘·감독하고 법령과 조례·규칙이 정하는 바에 의하여 그 임면·교육훈련·복무·징계 등에 관한 사항을 처리한다.

⑥ **사무인계**: 지방자치단체의 장이 퇴직하는 때에는 그 소관사무의 일체를 후임자에게 인계하여야 한다.

⑦ **지방의회의 의결에 대한 재의요구와 제소**

ㄱ 지방자치단체의 장은 지방의회의 의결이 월권 또는 법령에 위반되거나 공익을 현저히 해한다고 인정되는 때에는 그 의결사항을 이송받은 날부터 20일 이내에 이유를 붙여 재의를 요구할 수 있으며, 재의의 결과 재적의원 과반수의 출석과 출석의원 3분의 2 이상의 찬성으로 전과 같은 의결을 하면 그 의결사항은 확정된다.

ㄴ 지방자치단체의 장은 재의결된 사항이 법령에 위반된다고 인정되는 때에는 재의결된 날부터 20일 이내에 대법원에 소를 제기할 수 있다.

⑧ **예산상 집행 불가능한 의결의 재의요구**: 지방자치단체의 장은 지방의회의 의결이 예산상 집행할 수 없는 경비가 포함되어 있다고 인정되는 때에는 그 의결사항을 이송받은 날부터 20일 이내에 이유를 붙여 재의를 요구할 수 있으며, 지방의회가 ㄱ 법령에 의하여 지방자치단체에서 의무적으로 부담하여야 할 경비, ㄴ 비상재해로 인한 시설의 응급복구를 위하여 필요한 경비에 해당하는 경비를 삭감하는 의결을 한 때에도 같다.

⑨ **지방자치단체의 장의 선결처분**

ㄱ 지방자치단체의 장은 지방의회가 성립되지 아니한 때와 지방의회의 의결사항 중 주민의 생명과 재산보호를 위하여 긴급하게 필요한 사항으로서 지방의회를 소집할 시간적 여유가 없거나 지방의회에서 의결이 지체되어 의결되지 아니한 때에는 선결처분할 수 있으며, 지체 없이 지방의회에 보고하여 승인을 얻어야 한다.

ㄴ 지방의회에서 승인을 얻지 못한 때에는 그 선결처분은 그때부터 효력을 상실한다.

⑩ **예산이 성립하지 아니할 때의 예산집행**(준예산집행): 지방의회에서 새로운 회계연도가 시작될 때까지 예산안이 의결되지 못하면 지방자치단체의 장은 지방의회에서 예산안이 의결될 때까지 다음의 목적을 위한 경비는 전년도 예산에 준하여 집행할 수 있다.

ㄱ 법령이나 조례에 따라 설치된 기관이나 시설의 유지·운영
ㄴ 법령상 또는 조례상 지출의무의 이행
ㄷ 이미 예산으로 승인된 사업의 계속

(4) 지방자치단체의 장의 권한대행과 직무대리

① 지방자치단체의 장이 다음 어느 하나에 해당되면 부단체장[8]이 그 권한을 대행한다.
　㉠ 궐위된 경우
　㉡ 공소 제기된 후 구금상태에 있는 경우
　㉢ 의료기관에 60일 이상 계속하여 입원한 경우
② 지방자치단체의 장이 그 직을 가지고 그 지방자치단체의 장 선거에 입후보하면 예비후보자 또는 후보자로 등록한 날부터 선거일까지 부단체장이 그 지방자치단체의 장의 권한을 대행한다.
③ 지방자치단체의 장이 출장·휴가 등 일시적 사유로 직무를 수행할 수 없으면 부단체장이 그 직무를 대리한다. 이 경우 부단체장이 직무를 대리할 범위와 기간을 미리 서면으로 정하여야 하며, 부단체장은 지방자치단체의 장이 미리 서면으로 위임하거나 지시한 사무를 처리한다. 다만, 공익상 긴급히 처리하여야 할 경우에는 위임되거나 지시된 사무 외에 지방자치단체의 장의 권한에 속하는 사무를 처리할 수 있다.

(5) 보조기관 등

보조기관	• 부단체장 　– 특별시 부시장(3명): 행정부시장(정무직 국가공무원, 2명)과 정무부시장(정무직 지방공무원, 1명) 　– 광역자치단체의 부단체장(2명): 행정부단체장(1급 일반직 공무원)과 정무부단체장(별정직 1급 상당 지방공무원 또는 지방관리관) 　– 시·군·자치구의 부단체장(1명): 일반직 지방공무원 • 행정기구와 소속공무원
소속행정기관	• 직속기관(자치경찰기관, 소방기관, 교육훈련기관, 보건진료기관, 시험연구기관 및 중소기업지도기관 등) • 사업소(특정 업무를 효율적으로 수행하기 위하여 조례로 설치) • 출장소(원격지 주민의 편의와 특정 지역의 개발 촉진을 위해 조례로 설치) • 합의제 행정기관(소관 사무의 일부를 독립하여 수행할 필요가 있으면 법령이나 조례로 정하는 바에 따라 설치) • 자문기관(법령이나 조례로 심의회·위원회 등을 설치·운영)
하부행정기관의 장	행정구청장, 읍장, 면장, 동장(일반직 지방공무원, 단체장 임명)

(6) 행정기구와 공무원

① 지방자치단체는 그 사무를 분장하기 위하여 필요한 행정기구와 지방공무원을 둔다.
② 행정기구의 설치와 지방공무원의 정원은 인건비 등 대통령령으로 정하는 기준에 따라 그 지방자치단체의 조례로 정한다.

---

8) 부시장·부지사 3명을 두는 시·도의 경우에는 행정(1)부시장·부지사, 행정(2)부시장·부지사, 정무부시장·정무부지사의 순으로 시·도지사의 권한을 대행하거나 직무를 대리하고, 부시장이나 부지사 2명을 두는 시·도의 경우에는 행정부시장·행정부지사, 정무부시장·정무부지사의 순으로 시·도지사의 권한을 대행하거나 직무를 대리한다. 부단체장이 지방자치단체의 장의 권한대행을 하게 되거나 권한대행을 하지 아니하게 될 때에는 즉시 이를 지방의회에 통보하고, 시·도의 경우에는 행정안전부장관에게, 시·군·자치구의 경우에는 시·도지사에게 즉시 보고하여야 한다.

41 2017 서울시 7급 제2회

지방공기업의 유형 중 지방직영기업에 대한 설명으로 가장 옳지 않은 것은?

① 지방자치단체가 일반회계와 구분되는 공기업 특별회계를 설치해 독립적으로 회계를 운영하는 형태의 기업이다.
② 지방직영기업의 직원은 대부분 민간인 신분이다.
③ 지방자치단체가 직접 사업 수행을 위해 소속 행정기관의 형태로 설립하여 경영한다.
④ 일반적으로 상수도사업, 하수도사업, 공영개발, 지역개발기금 등이 지방직영기업에 속한다.

42 2017 서울시 9급

지방공기업 유형 중 지방직영기업에 대한 설명으로 가장 옳지 않은 것은?

① 지방자치단체가 행정조직 형태로 직접 운영하는 사업을 말한다.
② 지방자치단체의 장이 지방직영기업의 관리자를 임명한다.
③ 소속된 직원은 공무원 신분이 아니다.
④ 「지방공기업법 시행령」에 따라 경영평가가 매년 실시되어야 하나 행정안전부장관이 이에 대해 따로 정할 수 있다.

43 2019 서울시 7급 제1회

「지방공기업법」에 근거한 지방공기업에 대한 설명으로 가장 옳지 않은 것은?

① 지방공기업은 수도사업(마을상수도사업은 제외한다), 공업용 수도사업, 주택사업, 토지개발사업, 하수도사업, 자동차운송사업, 궤도사업(도시철도사업을 포함한다)을 할 수 있다.
② 지방공기업에 관한 경영평가는 원칙적으로 행정안전부장관의 주관으로 이루어진다.
③ 공사의 운영을 위하여 필요한 경우에는 자본금의 2분의 1을 넘지 아니하는 범위에서 지방자치단체 외의 자로 하여금 공사에 출자하게 할 수 있다. 단, 외국인 및 외국법인은 제외한다.
④ 지방공기업에 대한 경영평가, 관련 정책의 연구, 임직원에 대한 교육 등을 전문적으로 지원하기 위하여 지방공기업평가원을 설립한다.

③ 행정안전부장관은 지방자치단체의 행정기구와 지방공무원의 정원이 적정하게 운영되고 다른 지방자치단체와의 균형이 유지되도록 하기 위하여 필요한 사항을 권고할 수 있다.
④ 지방공무원의 임용과 시험·자격·보수·복무·신분보장·징계·교육훈련 등에 관하여는 따로 법률로 정한다.
⑤ 지방자치단체에는 법률로 정하는 바에 따라 국가공무원을 둘 수 있으며, 5급 이상의 국가공무원이나 고위공무원단에 속하는 공무원은 해당 지방자치단체의 장의 제청으로 소속 장관을 거쳐 대통령이 임명하고, 6급 이하의 국가공무원은 그 지방자치단체의 장의 제청으로 소속 장관이 임명한다.

(7) 지방공기업

① **지방직영기업**
   ㉠ 지방자치단체가 행정조직 형태로 직접 운영하는 사업을 말하며, 일반회계와 구분되는 공기업 특별회계를 설치해 독립적으로 회계를 운영하는 형태의 기업이다.
   ㉡ 지방자치단체의 장이 지방직영기입의 관리사를 임녕한다.
   ㉢ 소속된 직원은 공무원 신분이다.
   ㉣ 경영평가가 매년 실시되어야 하나 행정안전부장관이 이에 대해 따로 정할 수 있다.
   ㉤ 수도사업, 공업용수도사업, 궤도사업, 자동차운송사업, 지방도로사업(유료도로사업만 해당), 하수도사업, 주택사업, 토지개발사업
   ㉥ 주택(대통령령으로 정하는 공공복리시설 포함)·토지 또는 공용·공공용건축물의 관리 등의 수탁

② **지방공사**
   ㉠ 공사의 자본금은 그 전액을 지방자치단체가 현금 또는 현물로 출자한다.
   ㉡ 공사의 운영을 위하여 필요한 경우에는 자본금의 2분의 1을 넘지 아니하는 범위에서 지방자치단체 외의 자(외국인 및 외국법인 포함)로 하여금 공사에 출자하게 할 수 있다.
   ㉢ 증자(增資)의 경우에도 같다.

③ **지방공단**
   ㉠ 지방자치단체는 지방직영기업의 사업을 효율적으로 수행하기 위하여 필요한 경우에는 지방공단을 설립할 수 있다.
   ㉡ 공단은 지방자치단체의 장의 승인을 받아 해당 사업의 수익자로 하여금 사업에 필요한 비용을 부담하게 할 수 있다.

04 지방자치단체의 자치권과 사무

1 자치권(외교권 ×, 사법권 ×)

(1) 자치입법권

> **결정적 코멘트** ▶ 조례의 제정 절차에 관한 구체적 내용과 조세법률주의에 주의해야 한다.

① 개념
  - ㉠ 지방자치단체가 자치권의 한 발현으로써 스스로 법규를 정립할 수 있는 권능을 말한다.
  - ㉡ 이 기능에 의하여 정립된 법을 자주법이라고 하는데, 자주법에는 조례와 규칙 두 가지가 있다.

② 우리나라의 경우: 자치입법권에서 우리나라는 상당히 제약적인 규정을 두고 있다. 우리나라의 「헌법」과 「지방자치법」은 '법령의 범위 안'에서 자치에 관한 규정(조례)을 제정할 수 있다고 규정하고 있다. 이러한 규정에 의해 자치단체의 조례 제정활동이 제약되고 있다. 예를 들면, 청주시에서 정보공개조례의 제정과정에서 근거 법률이 존재하지 않아 재의결과 대법원에의 제소를 거친 후에 조례가 제정된 바 있다. 또한 지방자치단체의 사무 중에서도 다른 개별 법령에 다른 규정이 있을 경우, 조례로 정하지 못하도록 하는 개별법 우선 적용의 원칙에 의해서도 자치입법권은 제약되고 있다. 더욱이 주민의 권리제한이나 의무부과에 관한 사항에 대해서는 법령의 위임이 있어야만 자치입법을 제정할 수 있도록 하고(법률유보주의), 법률의 위임이 없는 한 조례로써 형벌의 부과와 벌칙을 규정할 수 없도록 하고 있다.

  - ㉠ 조례: 지방자치단체는 법령의 범위 안에서 그 사무에 관하여 조례를 제정할 수 있다. 다만, 주민의 권리 제한 또는 의무 부과에 관한 사항이나 벌칙을 정할 때에는 법률의 위임이 있어야 한다.
  - ㉡ 규칙: 지방자치단체의 장은 법령 또는 조례의 범위에서 그 권한에 속하는 사무에 관하여 규칙을 제정할 수 있다.[9]
  - ㉢ 조례와 규칙의 입법한계: 시·군 및 자치구의 조례나 규칙은 시·도의 조례나 규칙을 위반하여서는 아니 된다.
  - ㉣ 지방자치단체를 신설하거나 격을 변경할 때의 조례·규칙의 시행: 지방자치단체를 나누거나 합하여 새로운 지방자치단체가 설치(⑩ 통합창원시)되거나 지방자치단체의 격이 변경(⑩ 경상남도 울산시 → 울산광역시)되면 그 지방자치단체의 장은 필요한 사항에 관하여 새로운 조례나 규칙이 제정·시행될 때까지 종래 그 지역에 시행되던 조례나 규칙을 계속 시행할 수 있다.
  - ㉤ 조례와 규칙의 제정 절차
    - ⓐ 조례안이 지방의회에서 의결되면 의장은 의결된 날부터 <u>5일 이내</u>에 그 지방자치단체의 장에게 이를 이송하여야 한다.
    - ⓑ 지방자치단체의 장은 조례안을 이송받으면 <u>20일 이내</u>에 공포하여야 한다.

---

9) 「지방자치법」 제20조(규칙의 제정과 개정·폐지 의견 제출) ① 주민은 제29조에 따른 규칙(권리·의무와 직접 관련되는 사항으로 한정한다)의 제정, 개정 또는 폐지와 관련된 의견을 해당 지방자치단체의 장에게 제출할 수 있다.
② 법령이나 조례를 위반하거나 법령이나 조례에서 위임한 범위를 벗어나는 사항은 제1항에 따른 의견 제출 대상에서 제외한다.
③ 지방자치단체의 장은 제1항에 따라 제출된 의견에 대하여 의견이 제출된 날부터 30일 이내에 검토 결과를 그 의견을 제출한 주민에게 통보하여야 한다.
④ 제1항에 따른 의견 제출, 제3항에 따른 의견의 검토와 결과 통보의 방법 및 절차는 해당 지방자치단체의 조례로 정한다.

---

44   2023 국가직 9급

2021년 1월 전부개정된 「지방자치법」에서 처음으로 도입된 주민참여 제도는?

① 주민소환
② 주민의 감사청구
③ 조례의 제정과 개정·폐지 청구
④ 규칙의 제정과 개정·폐지 관련 의견 제출

45   2014 지방직 9급

지방자치단체의 조례에 관한 설명으로 옳은 것을 모두 고른 것은?

> ㄱ. 지방자치단체의 장은 법령이나 조례가 위임한 범위에서 그 권한에 속하는 사무에 관하여 규칙을 제정할 수 있다.
> ㄴ. 지방의회에서 의결된 조례안은 10일 이내에 지방자치단체의 장에게 이송되어야 한다.
> ㄷ. 재의요구를 받은 조례안은 재적의원 과반수의 출석과 출석의원 과반수의 찬성으로 재의요구를 받기 전과 같이 의결되면, 조례로 확정된다.
> ㄹ. 지방자치단체의 장은 재의결된 조례가 법령에 위반된다고 판단되면 재의결된 날부터 20일 이내에 대법원에 제소할 수 있다.

① ㄱ, ㄴ
② ㄴ, ㄹ
③ ㄱ, ㄹ
④ ㄷ, ㄹ

46

우리나라 지방자치단체의 권한(자치권)으로 옳지 <u>않은</u> 것은?

① 지방자치단체는 법률의 위임이 있어야 주민의 권리를 제한하는 조례를 제정할 수 있다.

② 지방자치단체는 주민의 복지증진과 사업의 효율적 수행을 위하여 지방공기업을 설치·운영할 수 있다.

③ 지방자치단체는 조례를 위반한 행위에 대하여 조례로써 1,500만 원 이하의 과태료를 정할 수 있다.

④ 지방자치단체조합도 따로 법률로 정하는 바에 따라 지방채를 발행할 수 있다.

47

우리나라의 자치입법권에 관한 설명으로 가장 옳지 <u>않은</u> 것은?

① 법령의 범위 안에서 자치법규를 제정할 수 있다.

② 주민에 대하여 형벌의 성격을 지닌 벌칙은 정할 수 없다.

③ 자치입법권에 근거한 자치법규로는 조례, 규칙 및 교육규칙 등이 있다.

④ 조례는 지방의회의 의결을 필요로 하지만, 규칙은 지방의회의 의결을 필요로 하지 않는다.

48

우리나라 지방자치단체의 자치재정권에 대한 설명으로 옳지 <u>않은</u> 것은?

① 지방세 탄력세율 제도는 지방자치단체 재정의 신축성과 자율성을 제고하기 위한 제도이다.

② 지방자치단체는 법령의 위임이 없더라도 조례의 제정을 통하여 지방세목을 설치할 수 있다.

③ 지방자치단체의 장은 재정투자사업에 관한 예산안을 편성할 경우 대통령령이 정하는 바에 따라 사전에 그 필요성과 타당성에 대한 심사를 하여야 한다.

④ 지방자치단체의 장은 재해예방 및 복구사업을 위한 자금조달에 필요할 때에는 지방채를 발행할 수 있다.

ⓒ 지방자치단체의 장은 이송받은 조례안에 대하여 이의가 있으면 <u>20일 이내</u>에 이유를 붙여 지방의회로 환부(還付)하고, 재의(再議)를 요구할 수 있다. 이 경우 지방자치단체의 장은 조례안의 일부에 대하여 또는 조례안을 수정하여 재의를 요구할 수 없다.

ⓓ 재의요구를 받은 지방의회가 재의에 부쳐 재적의원 과반수의 출석과 <u>출석의원 3분의 2 이상의 찬성</u>으로 전과 같은 의결을 하면 그 조례안은 조례로서 확정된다.

ⓔ 지방자치단체의 장이 20일 이내에 공포하지 아니하거나 재의요구를 하지 아니할 때에도 그 조례안은 조례로서 확정된다.

ⓕ 지방자치단체의 장은 확정된 조례를 지체 없이 공포하여야 한다. 확정조례가 지방자치단체의 장에게 이송된 후 5일 이내에 지방자치단체의 장이 공포하지 아니하면 지방의회의 의장이 이를 공포한다.

ⓖ 지방자치단체의 장이 조례를 공포한 때에는 즉시 해당 지방의회의 의장에게 통지하여야 하며, 지방의회의 의장이 조례를 공포한 때에는 이를 즉시 해당 지방자치단체의 장에게 통지하여야 한다.

ⓗ 조례와 규칙은 특별한 규정이 없으면 공포한 날부터 20일이 지나면 효력을 발생한다.

Ⓗ **조례 위반에 대한 과태료**: 지방자치단체는 조례를 위반한 행위에 대하여 조례로써 1천만 원 이하의 과태료를 정할 수 있다.

Ⓢ **보고**: 조례나 규칙을 제정하거나 개정하거나 폐지할 경우 조례는 지방의회에서 이송된 날부터 5일 이내에, 규칙은 공포예정 15일 전에 시·도지사는 행정안전부장관에게, 시장·군수 및 자치구의 구청장은 시·도지사에게 그 전문(全文)을 첨부하여 각각 보고하여야 하며, 보고를 받은 행정안전부장관은 이를 관계 중앙행정기관의 장에게 통보하여야 한다.

(2) 자치조직권

① **개념**: 지방자치단체가 자기의 조직을 자주적으로 결정하는 권능을 말한다.

② **우리나라의 경우**

㉠ 우리나라는 자치조직권에서 중앙정부 승인사항의 과다, 직군별·직급별 중첩적인 통제 방식, 표준정원 산정 방식의 문제 등이 발견된다.

㉡ 중앙정부는 행정기구의 설치에 대해 대통령령이 정하는 범위 안에서 지방자치단체의 조례로 정하도록 하고, 자치단체장을 제외한 부단체장 이하의 기구 설치에 대한 기준이나 지침을 제시하고 있었으며, 이러한 지침과 기준을 벗어나는 행위에 대해서는 행정안전부의 승인을 얻도록 하였다.

㉢ 다만 2007년 전면 도입된 총액인건비제는 자치조직 권한을 확대한 효과가 있다. 표준정원제의 엄격한 통제를 완화하여 총액인건비 한도 내에서 지방자치단체가 조례로 기구와 정원을 구성할 수 있도록 하였으며, 최근 기준정원제로 변경되었다.

(3) 자치재정권

① **개념**: 지방자치단체가 자기사무를 수행하는 데 필요한 경비를 충당하기 위하여 중앙정부의 간섭을 받지 않고 자주적으로 그 재원을 조달·관리하는 권능을 의미한다.

② **우리나라의 경우**

　㉠ 우리나라는 조세법률주의[10]에 따라 지방세의 세목과 세율에 대해서는 법률로써 정해야 하며, 조례에 의한 세목의 설치를 허용하지 않는다.

　㉡ 2006년부터 지방예산 편성지침 및 지방채 발행에 대한 행정안전부장관의 승인제도가 폐지되어 자치재정권이 과거보다는 확대되었다.

(4) 자치행정권

지방자치단체가 자기의 독자적 사무를 가지고 원칙적으로 국가의 관여를 받지 않고 그 사무를 자주적으로 처리할 수 있는 권능을 말한다.

2 지방자치단체의 사무

> **결정적 코멘트** ▶ 사무 간의 구분과 지방의회의 관여 여부, 재원부담 등을 중심으로 정리해야 한다.

지방자치단체에서 처리하는 사무는 지방자치단체가 자주적으로 처리하는 고유사무와 국가나 상급단체가 위임하는 위임사무가 있다.

(1) 고유사무(자치사무)

지방자치단체가 자기의 의사와 책임하에 자주재원으로 자주적·임의적·완결적으로 처리하는 사무로서 다음을 의미한다.

① 주민의 공공복리에 관한 사무

② 지방자치단체의 존립·유지에 관한 사무

(2) 위임사무

지방자치단체의 본래 사무가 아니고 지방자치단체가 국가 또는 상급자치단체로부터 위임받아 처리하는 사무를 의미하며, 다음과 같이 구분된다.

① 법령에 의해서 <u>지방자치단체 그 자체에 위임된 단체위임사무</u>

② 법령에 의해서 <u>지방자치단체의 장에게 위임된 기관위임사무</u>

49　　　　　　　2014 국가직 9급

우리나라 지방자치단체의 사무구분에 대한 설명으로 옳은 것은?

① 자치사무와 단체위임사무는 자치단체가 전액 경비를 부담하며, 기관위임사무는 원칙적으로 자치단체와 위임기관이 공동으로 부담한다.

② 단체위임사무는 법령에 의해 하급 자치단체장에게 위임된 사무이며, 기관위임사무는 법령에 의해 국가 또는 다른 자치단체로부터 위임된 사무이다.

③ 자치사무와 단체위임사무의 처리를 위해 자치단체는 조례를 제정하는 것이 가능한데, 기관위임사무는 원칙적으로 조례제정 대상이 아니다.

④ 자치사무는 지방의회의 관여(의결, 사무감사 및 사무조사) 대상이지만, 단체위임사무와 기관위임사무는 관여 대상이 아니다.

50　　　　　　　2023 국가직 7급

정부 간 관계와 지방자치권에 대한 설명으로 옳지 <u>않은</u> 것은?

① 라이트(Wright)는 미국의 연방정부, 주정부, 지방정부 간 관계에 주목하면서 중앙·지방정부 간 관계를 3가지 형태로 구분하였다.

② 엘코크(Elcock)가 제시한 대리인모형은 지방정부의 자율성이 제약되는 상황을 특징으로 한다.

③ 우리나라 지방자치단체의 자치조직권은「지방자치법」의 위임에 따라 제정된 대통령령의 제약을 받는다.

④ 우리나라 지방자치단체의 단체위임사무는 의결기관인 지방의회가 그 사무의 처리에 관여할 수 없다.

---

10) 대한민국헌법 제59조 조세의 종목과 세율은 법률로 정한다.

51

단체위임사무와 기관위임사무에 대한 설명으로 옳지 않은 것은?

① 지방의회는 기관위임사무에 대해 조례 제정권을 행사할 수 없다.

② 보건소의 운영업무와 병역자원의 관리업무는 대표적인 기관위임사무이다.

③ 중앙정부는 단체위임사무에 대해 사전적 통제보다 사후적 통제를 주로 한다.

④ 기관위임사무의 처리를 위한 비용은 국가가 부담한다.

52

우리나라 지방자치단체의 사무에 대한 설명으로 옳지 않은 것은?

① 「지방자치법」에서 지방자치단체의 사무를 예시하고 있지만, 법률에 이와 다른 규정이 있으면 그렇지 않다.

② 제주특별자치도에서는 국가경찰과 자치경찰이 함께 활동할 수 있다.

③ 병역자원의 관리업무 등 주로 국가적 이해관계가 크게 걸려 있는 사무는 단체위임사무에 속한다.

④ 위임사무와 자치사무로 구분되며, 위임사무는 다시 기관위임사무와 단체위임사무로 구분된다.

53

지방정부의 사무에 대한 설명으로 옳지 않은 것은?

① 기관위임사무의 처리에 드는 경비는 중앙정부와 지방정부가 공동 부담하는 것이 원칙이다.

② 단체위임사무는 집행기관장이 아닌 지방정부 그 자체에 위임된 사무이다.

③ 지방의회는 단체위임사무의 처리 과정에 관한 조례를 제정할 수 있다.

④ 중앙정부는 자치사무에 대해 합법성 위주의 통제를 주로 한다.

고유사무와 위임사무 비교

특징 \ 구분	고유사무(자치사무)	단체위임사무	기관위임사무
소요경비의 부담	자치단체의 전액 부담 (장려적 보조금)	공동 부담(부담금)	위임기관의 전액 부담 (교부금)
감독의 범위	사후적 · 합법성 · 교정적 감독	사후적 · 합법성 · 합목적성 감독	사전적 · 전면적 감독까지 허용
지방의회의 관여 여부	관여	관여	관여 불가
사무의 처리 여부 · 방법	자치단체의 자주적 책임, 재량	자치단체의 자주적 책임, 재량	국가의 지시에 따름
명령 · 처분의 취소나 정지	위법한 경우에 한하되, 법원의 판결에 의함	위법 · 부당한 경우	위법 · 부당한 경우
지휘 · 감독의 법령상 근거	명백한 근거규정 필요	명백한 근거규정 필요	불필요
예	• 지방자치단체의 존립 · 유지에 관한 사무(자치입법, 자치조직, 자치재정에 관한 사무) • 지방의 공공복지에 관한 사무(학교 · 병원 · 도서관의 설치와 관리, 도로의 건설 · 관리, 상 · 하수도 사업과 주택사업의 경영, 쓰레기 등 오물처리)	보건소의 운영, 재해구호 사무, 생활보호사무, 국도 유지 · 수선사무, 조세 등 공과금 징수 위임사무	병역 · 인구조사 · 선거사무 등

03 지방자치단체 운영체계

❶ 지방자치단체의 종류

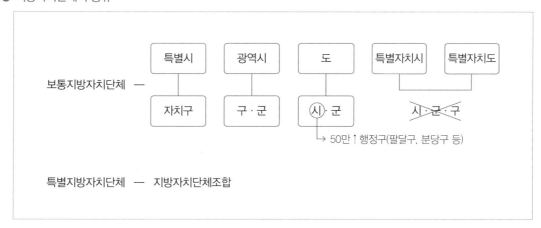

❷ 고유사무와 위임사무

주민참여제도

01 주민과 주민참여
02 우리나라의 주민참여제도

정답과 해설 ▶ P.96

01   2012 지방직 7급(지방자치론)

지방자치행정에 대한 주민참여의 설명으로 옳지 **않은** 것은?

① 직접참여의 중요성이 점점 커지고 있다.
② 행정재량권 증대에 따라 민주적 통제의 필요성이 커지고 있다.
③ 아른슈타인(S. R. Arnstein)은 시민참여를 8단계로 제시하면서, '형식적 참여 – 실질적 참여 – 제도적 참여'의 단계로 나누어 설명하고 있다.
④ 우리나라에서는 주민투표제, 주민소송제, 주민소환제 등이 실시되고 있다.

02   2021 군무원 7급

「주민투표법」상 주민투표에 관한 규정으로 옳지 **않은** 것은?

① 18세 이상의 주민 중 투표인명부 작성기준일 현재 그 지방자치단체의 관할 구역에 주민 등록이 되어 있는 사람은 주민투표권이 있다.
② 공직선거법상 선거권이 없는 사람도 주민투표권이 있다.
③ 주민투표권자의 연령은 투표일 현재를 기준으로 산정한다.
④ 출입국관리 관계 법령에 따라 대한민국에 계속 거주할 수 있는 자격을 갖춘 외국인으로서 지방자치단체의 조례로 정한 사람은 투표권이 있다.

01 주민과 주민참여

1 주민

(1) 주민의 자격

지방자치단체의 구역 안에 주소를 가진 자는 그 지방자치단체의 주민이 된다.

(2) 주민의 권리

① 주민은 법령이 정하는 바에 의하여 소속 지방자치단체의 재산과 공공시설을 이용할 권리와 그 지방자치단체로부터 균등하게 행정의 혜택을 받을 권리를 가진다.
② 국민인 주민은 법령이 정하는 바에 의하여 그 지방자치단체에서 실시하는 지방의회의원 및 지방자치단체의 장의 선거에 참여할 권리를 가진다.

(3) 주민의 의무

주민은 법령이 정하는 바에 의하여 그 소속 지방자치단체의 비용을 분담하는 의무를 진다.

2 주민참여제도와 유형

(1) 주민참여제도

① **주민발안**: 조례의 제정, 개폐 등에 관하여 주민이 직접 의안을 발의하는 제도이다.
② **주민투표**: 지방자치단체의 주요 사안에 대하여 주민이 직접 결정권을 행사하는 제도이다.
③ **주민소환**: 선출직 지도자 등을 주민투표로써 그 직에서 해임하는 등의 결정을 하는 제도이다.

(2) 주민참여의 유형

비참여	• 조작	• 치료	
형식적 참여	• 정보 제공	• 상담	• 회유(유화)
실질적 참여	• 협력	• 권한위임	• 자주관리(주민통제)

02 우리나라의 주민참여제도

> **결정적 코멘트** 「지방자치법」과 관련 법령의 내용이 주로 출제된다. 익숙해질 때까지 반복 학습해야 한다.

1 주민투표(「주민투표법」)

(1) 주민투표사무의 관리

① 주민투표에 관한 사무는 관할 선거관리위원회가 담당하도록 한다.
② 행정기관 그 밖의 공공기관은 주민투표관리기관으로부터 주민투표사무에 관하여 필요한 협조를 요구받은 때에는 우선적으로 이에 응하여야 한다.

(2) 주민투표권자

① 18세 이상의 주민 중 투표인명부 작성기준일 현재 다음의 어느 하나에 해당하는 사람에게는 주민투표권이 있다. 다만, 「공직선거법」 제18조에 따라 선거권이 없는 사람에게는 주민투표권이 없다.
　㉠ 그 지방자치단체의 관할 구역에 주민등록이 되어 있는 사람
　㉡ 출입국관리 관계 법령에 따라 대한민국에 계속 거주할 수 있는 자격(체류자격 변경허가 또는 체류기간연장허가를 통하여 계속 거주할 수 있는 경우를 포함한다)을 갖춘 외국인으로서 지방자치단체의 조례로 정한 사람
② 주민투표권자의 연령은 투표일 현재를 기준으로 산정한다.

(3) 주민투표의 대상

① 대상: 주민에게 과도한 부담을 주거나 중대한 영향을 미치는 지방자치단체의 주요 결정사항은 주민투표에 부칠 수 있다.
② 제외대상
　㉠ 법령에 위반되거나 재판 중인 사항
　㉡ 국가 또는 다른 지방자치단체의 권한 또는 사무에 속하는 사항
　㉢ 지방자치단체가 수행하는 다음[1]의 어느 하나에 해당하는 사무의 처리에 관한 사항
　㉣ 행정기구의 설치·변경에 관한 사항과 공무원의 인사·정원 등 신분과 보수에 관한 사항
　㉤ 다른 법률에 의하여 주민대표가 직접 의사결정주체로서 참여할 수 있는 공공시설의 설치에 관한 사항(다만 지방의회가 주민투표의 실시를 청구하는 경우에는 그러하지 아니함)
　㉥ 동일한 사항에 대하여 주민투표가 실시된 후 2년이 경과되지 아니한 사항

(4) 주민투표의 실시요건

① 주민: 주민투표청구권자 총수의 20분의 1 이상, 5분의 1 이하의 범위에서 지방자치단체의 조례로 정하는 수 이상의 서명으로 그 지방자치단체의 장에게 주민투표의 실시를 청구할 수 있다.
② 지방의회: 재적의원 과반수의 출석과 출석의원 3분의 2 이상의 찬성으로 그 지방자치단체의 장에게 주민투표의 실시를 청구할 수 있다.
③ 지방자치단체의 장: 직권에 의하여 주민투표를 실시하고자 하는 때에는 그 지방의회 재적의원 과반수의 출석과 출석의원 과반수의 동의를 얻어야 한다.

---

1) 가. 예산 편성·의결 및 집행, 나. 회계·계약 및 재산관리

바로 확인문제

03　2005 서울시 7급

우리나라 '주민투표' 제도에 관한 내용으로 가장 타당한 것은?

① 법령에 위반되는 사항이나 다른 지방자치단체의 사무에 속하는 사항은 주민투표에 부칠 수 없다.
② 지방자치단체의 장은 주민 또는 지방의회의 청구가 있을 때에만 주민투표를 실시할 수 있다.
③ 주민투표에 부쳐진 사항은 주민투표권자 총수의 2분의 1 이상의 투표와 유효투표수 과반수의 득표로 확정된다.
④ 지방자치단체의 장은 주민투표의 전부 또는 일부 무효의 판결이 확정된 때에는 그 날부터 60일 이내에 무효로 된 투표구의 재투표를 실시하여야 한다.
⑤ 주민에게 과도한 부담을 주거나 중대한 영향을 미치는 지방자치단체의 주요결정사항으로서 그 지방자치단체의 규칙으로 정하는 사항은 주민투표에 부칠 수 있다.

04　2012 지방직 7급(지방자치론)

「지방자치법」상 주민투표에 대한 설명으로 옳은 것으로만 묶인 것은?

> ㄱ. 주민에게 과도한 부담을 주는 지방자치단체의 주요 결정사항은 주민투표의 대상이 될 수 있다.
> ㄴ. 주민투표의 대상·발의자·발의요건을 구체적으로 규정하고 있다.
> ㄷ. 지방자치단체의 장은 주민투표에 부의할 권한을 가지고 있다.
> ㄹ. 주민에게 중대한 영향을 미치는 지방자치단체의 주요 결정사항은 주민투표의 대상이 될 수 있다.
> ㅁ. 주민투표에 부쳐진 사항은 주민투표권자 총수의 4분의 1 이상의 투표와 유효투표수 과반수의 득표로 확정된다.

① ㄱ, ㄴ, ㅁ
② ㄱ, ㄷ, ㄹ
③ ㄴ, ㄷ, ㄹ
④ ㄷ, ㄹ, ㅁ

05

우리나라 주민투표제도에 대한 설명으로 옳지 않은 것은?

① 주민투표는 국가정책에 관한 중앙행정기관장의 요구에 의해서도 실시될 수 있다.

② 국가정책에 관한 주민투표 결과는 권고적 효력밖에 가지지 않는다.

③ 지방자치단체장은 지방의회의 동의 없이 직권으로 주민투표를 실시할 수 있다.

④ 지방의회는 재적의원 과반수의 출석과 출석의원 3분의 2 이상의 찬성으로 지방자치단체장에게 주민투표 청구를 할 수 있다.

06

「지방자치법」에서는 지방자치단체의 구역 안에 주소를 가진 자를 '주민'의 자격이 있는 것으로 정의하고 있다. 주민이 갖는 권리에 해당하지 않는 것은?

① 법령으로 정하는 바에 따라 그 지방자치단체에서 실시하는 지방의회의원과 지방자치단체의 장의 선거에 참여할 권리를 가진다.

② 지방자치단체의 장에게 조례를 제정하거나 개정하거나 폐지할 것을 청구할 수 있다.

③ 주민에게 과도한 부담을 주거나 중대한 영향을 미치는 지방자치단체의 주요 결정사항 등에 대하여 주민투표를 발의할 수 있다.

④ 지방자치단체의 장 및 지방의회의원(비례대표 지방의회 의원은 제외)을 소환할 권리를 가진다.

07

우리나라의 주민참여제도에 대한 설명으로 가장 옳지 않은 것은?

① 주민은 지방자치단체의 장을 상대로 소송을 제기할 수 있다.

② 주민은 지방자치단체의 장 및 지방의회의원(비례대표 지방의회의원은 제외)을 소환할 수 있다.

③ 주민은 지방자치단체의 장에게 조례의 제정과 개폐를 청구할 수 있다.

④ 주민은 지방예산 편성 등 예산과정에 참여할 수 있다.

---

④ 중앙행정기관의 장: 지방자치단체를 폐지하거나 설치하거나 나누거나 합치는 경우 또는 지방자치단체의 구역을 변경하거나 주요시설을 설치 등 국가정책의 수립에 관하여 주민의 의견을 듣기 위하여 필요하다고 인정하는 때에는 주민투표의 실시구역을 정하여 관계 지방자치단체의 장에게 주민투표의 실시를 요구(미리 행정안전부장관과 협의)할 수 있다.

⑤ 주민투표발의: 지방자치단체의 장은 위의 어느 하나에 해당하는 경우에는 지체 없이 그 요지를 공표하고 관할선거관리위원회에 통지하여야 한다.

(5) 주민투표 발의와 투표일

① 지역현안에 대한 정책의 선택이라는 주민투표의 특성을 감안하여 주민투표운동에 관한 제한을 최소화하는 한편, 주민투표운동의 명목으로 사실상 선거운동을 하는 등의 부작용을 방지하기 위하여 공직선거일 전 60일부터 선거일까지는 주민투표를 발의할 수 없도록 하였다.

② 주민투표의 투표일은 주민투표발의일부터 23일 이후 첫 번째 수요일로 한다.

(6) 주민투표의 형식과 구역

① 주민투표는 특정한 사항에 대하여 찬성 또는 반대의 의사표시를 하거나 두 가지 사항 중 하나를 선택하는 형식으로 실시하여야 한다.

② 주민투표는 지방자치단체의 관할구역 전체를 대상으로 실시하도록 하되, 특정지역 또는 특정 주민에게만 이해관계가 있는 사항인 때에는 지방자치단체의 장은 그 지방자치단체의 관할구역 중 일부를 대상으로 지방의회의 동의를 얻어 주민투표를 실시할 수 있다.

(7) 주민투표결과의 확정

① 주민투표에 부쳐진 사항은 주민투표권자 총수의 <u>4분의 1 이상</u>의 투표와 유효투표수 과반수의 득표로 확정된다.

② 지방자치단체의 장 및 지방의회는 주민투표결과 확정된 내용대로 행정·재정상의 필요한 조치를 하여야 한다.

③ 지방자치단체의 장 및 지방의회는 주민투표결과 확정된 사항에 대하여 2년 이내에는 이를 변경하거나 새로운 결정을 할 수 없다.

(8) 재투표 및 경비

① 재투표 및 투표연기: 지방자치단체의 장은 주민투표의 전부 또는 일부 무효의 판결이 확정된 때에는 그 날부터 20일 이내에 무효로 된 투표구의 재투표를 실시하여야 한다. 이 경우 투표일은 늦어도 투표일 전 7일까지 공고하여야 한다.

② 주민투표경비: 주민투표사무에 필요한 경비는 주민투표를 발의한 지방자치단체의 장이 속하는 지방자치단체가 부담한다.

2 조례의 제정과 개정·폐지 청구(「주민조례발안에 관한 법률」)

(1) 주민조례청구권자

18세 이상의 주민으로서 다음의 어느 하나에 해당하는 사람(「공직선거법」 제18조에 따른 선거권이 없는 사람은 제외)은 <u>해당 지방자치단체의 의회에 조례를 제정하거나 개정 또는 폐지할 것을 청구</u>할 수 있다.

① 해당 지방자치단체의 관할 구역에 주민등록이 되어 있는 사람

② 「출입국관리법」 제10조에 따른 영주(永住)할 수 있는 체류자격 취득일 후 3년이 지난 외국인으로서 같은 법 제34조에 따라 해당 지방자치단체의 외국인등록대장에 올라 있는 사람

(2) 주민조례청구 제외 대상

① 법령을 위반하는 사항
② 지방세·사용료·수수료·부담금을 부과·징수 또는 감면하는 사항
③ 행정기구를 설치하거나 변경하는 사항
④ 공공시설의 설치를 반대하는 사항

(3) 주민조례청구 요건

청구권자가 주민조례청구를 하려는 경우에는 다음의 구분에 따른 기준 이내에서 해당 지방자치단체의 조례로 정하는 청구권자 수 이상이 연대 서명하여야 한다. 청구권자 총수는 전년도 12월 31일 현재의 주민등록표 및 외국인등록표에 따라 산정한다.

① 특별시 및 인구 800만 이상의 광역시·도: 청구권자 총수의 200분의 1
② 인구 800만 미만의 광역시·도, 특별자치시, 특별자치도 및 인구 100만 이상의 시: 청구권자 총수의 150분의 1
③ 인구 50만 이상 100만 미만의 시·군 및 자치구: 청구권자 총수의 100분의 1
④ 인구 10만 이상 50만 미만의 시·군 및 자치구: 청구권자 총수의 70분의 1
⑤ 인구 5만 이상 10만 미만의 시·군 및 자치구: 청구권자 총수의 50분의 1
⑥ 인구 5만 미만의 시·군 및 자치구: 청구권자 총수의 20분의 1

3 주민의 감사청구(「지방자치법」)

(1) 감사청구의 대상

지방자치단체의 18세 이상의 주민으로서 다음의 어느 하나에 해당하는 사람(「공직선거법」 제18조에 따른 선거권이 없는 사람은 제외한다. 이하 이 조에서 "18세 이상의 주민"이라 한다)은 시·도는 300명, 제198조에 따른 인구 50만 이상 대도시는 200명, 그 밖의 시·군 및 자치구는 150명 이내에서 그 지방자치단체의 조례로 정하는 수 이상의 18세 이상의 주민이 연대 서명하여 그 지방자치단체와 그 장의 권한에 속하는 사무의 처리가 법령에 위반되거나 공익을 현저히 해친다고 인정되면 시·도의 경우에는 주무부장관에게, 시·군 및 자치구의 경우에는 시·도지사에게 감사를 청구할 수 있다.

① 해당 지방자치단체의 관할구역에 주민등록이 되어 있는 사람
② 「출입국관리법」 제10조에 따른 영주(永住)할 수 있는 체류자격 취득일 후 3년이 경과한 외국인으로서 같은 법 제34조에 따라 해당 지방자치단체의 외국인등록대장에 올라 있는 사람

(2) 감사청구의 제외대상

① 수사 또는 재판에 관여하게 되는 사항
② 개인의 사생활을 침해할 우려가 있는 사항
③ 다른 기관에서 감사하였거나 감사 중인 사항(다만, 다른 기관에서 감사한 사항이라도 새로운 사항이 발견되거나 중요사항이 감사에서 누락된 경우와 주민소송의 대상이

08

「지방자치법」상 주민참여 수단에 대한 설명으로 옳지 <u>않은</u> 것은?

① 주민은 행정기구를 설치하거나 변경하는 것에 관한 사항이나 공공시설의 설치를 반대하는 사항의 조례를 제정하거나 개정하거나 폐지할 것을 청구할 수 있다.
② 주민은 그 지방자치단체의 장을 소환할 권리는 갖지만, 비례대표 지방의회의원을 소환할 권리를 가지고 있지는 못하다.
③ 18세 이상의 주민은 그 지방자치단체와 그 장의 권한에 속하는 사무의 처리가 법령에 위반되거나 공익을 현저히 해친다고 인정되면 감사를 청구할 수 있다.
④ 지방자치단체의 장은 주민에게 과도한 부담을 주거나 중대한 영향을 미치는 지방자치단체의 주요 결정사항 등에 대하여 주민투표에 부칠 수 있다.

09

「지방자치법」상 주민의 감사청구에 대한 설명으로 옳지 <u>않은</u> 것은?

① 주민의 감사청구는 사무처리가 있었던 날이나 끝난 날부터 3년이 지나면 제기할 수 없다.
② 주무부장관이나 시·도지사는 감사청구를 수리한 날부터 60일 이내에 감사청구된 사항에 대하여 감사를 끝내는 것을 원칙으로 한다.
③ 다른 기관에서 감사한 사항이라도 새로운 사항이 발견되거나 중요 사항이 감사에서 누락된 경우는 감사청구의 대상이 될 수 있다.
④ 지방자치단체의 18세 이상의 주민은 시·도는 500명, 인구 50만 명 이상 대도시는 200명, 그 밖의 시·군 및 자치구는 100명을 넘지 아니하는 범위에서 그 지방자치단체의 조례로 정하는 18세 이상의 주민 수 이상의 연서로 감사를 청구할 수 있다.

10 2017 국가직 9급 추가채용

우리나라의 주민참여제도에 대한 설명으로 옳지 <u>않은</u> 것은?

① 지방자치단체의 장은 주민에게 과도한 부담을 주거나 중대한 영향을 미치는 지방자치단체의 주요 결정사항 등에 대하여 주민투표에 부칠 수 있다.

② 개인의 사생활을 침해할 우려가 있는 사항이라도, 사무의 처리가 법령에 위반되거나 공익을 현저히 해친다고 인정되면 주민감사청구를 할 수 있다.

③ 주무부장관이나 시·도지사는 주민 감사청구를 처리(각하 포함)할 때 청구인의 대표자에게 반드시 증거 제출 및 의견 진술의 기회를 주어야 한다.

④ 시방자치단체의 장은 대통령령으로 정하는 바에 따라 지방예산편성과정에 주민이 참여할 수 있는 절차를 마련하여 시행하여야 한다.

11 2011 서울시 9급

지방자치단체의 예산이 불법·부당하게 지출된 경우 공무원의 책임을 확보하는 데 가장 효과적인 주민통제제도는?

① 주민감사청구 ② 납세자소송
③ 주민소환 ④ 주민참여예산
⑤ 예산감시운동

12 2012 서울시 9급

우리나라 시민예산참여에 대한 설명으로 옳지 <u>않은</u> 것은?

① 예산편성단계에서 특정 사업의 시행과 관련하여 주민발안을 할 수 있다.

② 필요한 정보를 얻기 위해서 정보공개청구제도를 이용할 수 있다.

③ 예산이 부당하게 지출된 경우에 주민감사청구를 제기할 수 있다.

④ 중앙정부와 지방정부를 대상으로 국민소송제도를 입법화했다.

⑤ 납세자소송은 국민에 대한 재정 주권의 실현을 보장하는 제도라고 할 수 있다.

되는 경우에는 그러하지 아니함)

④ 동일한 사항에 대하여 소송이 진행 중이거나 그 판결이 확정된 사항

⑤ 청구는 사무처리가 있었던 날이나 끝난 날부터 3년이 지나면 제기할 수 없다.

(3) 감사의 기간 및 처리

① 주무부장관이나 시·도지사는 감사 청구를 수리한 날부터 60일 이내에 감사 청구된 사항에 대하여 감사를 끝내야 하며, 감사 결과를 청구인의 대표자와 해당 지방자치단체의 장에게 서면으로 알리고, 공표하여야 한다.

② 다만, 그 기간에 감사를 끝내기가 어려운 정당한 사유가 있으면 그 기간을 연장할 수 있으며, 기간을 연장할 때에는 미리 청구인의 대표자와 해당 지방자치단체의 장에게 알리고, 공표하여야 한다.

③ 주무부장관이나 시·도지사는 주민이 감사를 청구한 사항이 다른 기관에서 이미 감사한 사항이거나 감사 중인 사항이면 그 기관에서 한 감사 결과 또는 감사 중인 사실과 감사가 끝난 후 그 결과를 알리겠다는 사실을 청구인의 대표자와 해당 기관에 지체 없이 알려야 한다.

④ 주무부징관이나 시·도시사는 수민 감사 청구를 처리(각하 포함)할 때 청구인의 대표자에게 반드시 증거 제출 및 의견 진술의 기회를 주어야 한다.

(4) 조치 요구 및 조치결과 공표

① 주무부장관 또는 시·도지사는 당해 지방자치단체의 장에게 감사결과에 따라 기간을 정하여 필요한 조치를 요구할 수 있다. 이 경우 당해 지방자치단체의 장은 이를 성실히 이행하여야 하고 그 조치결과를 지방의회와 주무부장관 또는 시·도지사에게 보고하여야 한다.

② 주무부장관 또는 시·도지사는 조치 요구내용과 당해 지방자치단체의 장의 조치 결과를 청구인의 대표자에게 서면으로 통지하고 이를 공표하여야 한다.

4 주민소송(국민소송 ×)

(1) 주체

공금의 지출에 관한 사항, 재산의 취득·관리·처분에 관한 사항, 해당 지방자치단체를 당사자로 하는 매매·임차·도급 계약이나 그 밖의 계약의 체결·이행에 관한 사항 또는 지방세·사용료·수수료·과태료 등 공금의 부과·징수를 게을리한 사항(위법한 재무행위)을 <u>감사청구한 주민</u>

(2) 요건

① 주무부장관이나 시·도지사가 감사청구를 수리한 날부터 60일이 지나도 감사를 끝내지 아니한 경우

② 감사결과 또는 주무부장관이나 시·도지사의 조치 요구에 불복하는 경우

③ 주무부장관이나 시·도지사의 조치 요구를 지방자치단체의 장이 이행하지 아니한 경우

④ 지방자치단체의 장의 이행 조치에 불복하는 경우

(3) 대상

해당 지방자치단체의 장

(4) 종류

① 해당 행위를 계속하면 회복하기 곤란한 손해를 발생시킬 우려가 있는 경우에는 그 행위의 전부나 일부를 중지할 것을 요구하는 소송

② 행정처분인 해당 행위의 취소 또는 변경을 요구하거나 그 행위의 효력 유무 또는 존재 여부의 확인을 요구하는 소송

③ 게을리한 사실의 위법 확인을 요구하는 소송

④ 해당 지방자치단체의 장 및 직원, 지방의회의원, 해당 행위와 관련이 있는 상대 방에게 손해배상청구 또는 부당이득반환청구를 할 것을 요구하는 소송(변상책임을 져야 하는 경우에는 변상명령을 할 것을 요구하는 소송)

(5) 소송비용

① 소송을 제기한 주민은 승소(일부 승소 포함)한 경우 그 지방자치단체에 대하여 변호사 보수 등의 소송비용, 감사청구 절차의 진행 등을 위하여 사용된 여비, 그 밖에 실제로 든 비용을 보상할 것을 청구할 수 있다.

② 이 경우 지방자치단체는 청구된 금액의 범위에서 그 소송을 진행하는 데에 객관적으로 사용된 것으로 인정되는 금액을 지급하여야 한다.

5 주민소환제도

(1) 주민소환투표권자

주민소환투표권자는 주민소환투표인명부 작성기준일 현재 당해 지방자치단체의 장과 지방의회의원에 대한 선거권이 있는 자로 한다.

(2) 주민소환투표의 청구

① **주민소환투표청구권자**: 전년도 12월 31일 현재 주민등록표 및 외국인등록표에 등록된 당해 지방자치단체의 장과 지방의회의원에 대한 선거권이 있는 자로 한다.

② **주민소환투표의 대상**: 선출직 지방공직자인 해당 지방자치단체의 장(교육감은 시·도지사에 관한 규정을 준용) 및 지방의회의원을 대상으로 하되, 비례대표시·도의원 및 비례대표자치구·시·군의원은 제외한다.

③ **주민소환투표의 청구 서명인 수**

   ⊙ **시·도지사**: 당해 지방자치단체의 주민소환투표청구권자 총수의 100분의 10 이상

   ⓒ **시장·군수·자치구의 구청장**: 당해 지방자치단체의 주민소환투표청구권자 총수의 100분의 15 이상

   ⓒ **지역구시·도의원 및 지역구자치구·시·군의원**: 당해 지방의회의원의 선거구 안의 주민소환투표청구권자 총수의 100분의 20 이상

④ **시·도지사에 대한 주민소환투표를 청구**

   ⊙ 당해 지방자치단체 관할구역 안의 시·군·자치구 전체의 수가 3개 이상인 경우에는 3분의 1 이상의 시·군·자치구에서 각각 주민소환투표청구권자 총수의 10,000분의 5 이상 1,000분의 10 이하의 범위 안에서 대통령령이 정하는 수 이상의 서명을 받도록 한다.

   ⓒ 시장·군수·자치구의 구청장 및 지역구지방의회의원에 대해 당해 시장·군수·자치구의 구청장 및 당해 지역구지방의회의원 선거구 안의 읍·면·동에서 시·도지사의 경우와 동일한 기준으로 서명을 받도록 한다.

---

13   2008 경기 9급

우리나라 주민소송제도에 대한 다음 설명 중 틀린 것은?

① 주민이 승소해도 주민감사청구비용 등을 돌려받을 수 없다.

② 주민감사청구를 먼저 한 후에 소송을 제기하여야 한다.

③ 중앙정부를 상대로 하는 국민소송제는 아직 도입되지 않았다.

④ 위법한 재무행위만을 대상으로 한다.

14   2016 지방직 9급

「지방자치법」상 우리나라 지방자치단체에 대한 설명으로 옳지 않은 것은?

① 지방자치단체인 구는 특별시와 광역시의 관할구역 안의 구만을 말한다.

② 자치구가 아닌 구의 명칭과 구역의 변경은 그 지방자치단체의 조례로 정한다.

③ 주민은 지방자치단체와 그 장의 권한에 속하는 사무의 처리가 법령에 위반되거나 공익을 현저히 해친다고 인정되면 감사를 청구할 수 있다.

④ 주민은 그 지방자치단체의 장뿐만 아니라 지방에 속한 모든 의회의원까지도 소환할 권리를 가진다.

15   2021 국가직 9급

우리나라의 주민소환제도에 대한 설명으로 옳지 않은 것은?

① 가장 유력한 직접민주주의 제도이다.

② 비례대표 지방의회의원은 주민소환 대상이 아니다.

③ 심리적 통제 효과가 크다.

④ 군수를 소환하려고 할 경우에는 해당 군의 주민소환투표청구권자 총수의 100분의 10 이상의 서명을 받아 청구해야 한다.

16

주민소환제에 대한 설명으로 옳은 것은?

① 주민은 그 지방자치단체의 장 및 비례대표를 포함한 지방의회의원을 소환할 권리를 가진다.

② 선출직 지방공직자의 임기만료일부터 1년 미만일 때에는 주민소환투표의 실시를 청구할 수 없다.

③ 주민소환은 주민소환투표권자 총수의 2분의 1 이상의 투표와 유효투표 총수 과반수의 찬성으로 확정된다.

④ 지방행정의 민주성과 책임성을 제고할 목적으로 도입한 주민 간접참여 방식의 제도이다.

⑤ 주민소환투표의 효력에 이의가 있는 경우 투표결과가 공표된 날부터 10일 이내에 소청할 수 있다.

17

주민참여제도에 대한 설명으로 옳은 것은?

① 주민투표의 대상·발의자·발의요건, 그 밖에 투표절차 등에 관한 사항은 따로 「주민투표법」으로 정하고 있다.

② 주민은 지방자치단체의 권한에 속하는 사무의 처리가 법령에 위반되거나 공익을 현저히 해친다고 판단될 때 해당 지방자치단체장에게 감사를 청구할 수 있다.

③ 주민은 지방자치단체의 공금지출에 관한 위법한 행위에 대하여 해당 지방자치단체의 장을 상대방으로 주민소송이 가능하며, 이 제도는 2021년 「지방자치법」 전부개정을 통해 처음 도입되었다.

④ 주민은 지방의회의원과 지방자치단체장에 대해 소환할 권리를 가지며 비례대표 지방의회의원도 소환 대상에 포함된다.

18

우리나라 주민참여예산제도에 대한 설명으로 옳지 <u>않은</u> 것은?

① 주민이 참여할 수 있는 예산의 범위는 「지방재정법」에 규정되어 있다.

② 지방자치단체의 장은 주민참여예산제도를 마련하여 시행해야 할 법적 의무가 있다.

③ 지방자치단체 중 최초로 주민참여예산조례를 제정한 곳은 광주광역시 북구이다.

④ 지방의회 예산심의권 침해 논란이 있다.

(3) 주민소환투표의 청구제한기간

다음과 같은 경우 주민소환투표의 실시를 청구할 수 없도록 한다.

① 선출직 지방공직자의 임기개시일부터 1년이 경과하지 아니한 때

② 선출직 지방공직자의 임기만료일부터 1년 미만인 때

③ 해당 선출직 지방공직자에 대한 주민소환투표를 실시한 날부터 1년 이내인 때

(4) 서명요청활동의 제한

다음과 같은 경우 서명요청활동을 하거나 서명요청활동을 기획·주도하는 등 서명요청활동에 관여할 수 없도록 한다.

① 주민소환투표권이 없는 자

② 「고등교육법」 제14조 제1항 및 제2항의 규정에 따른 총장·학장·교수·부교수·조교·전임강사인 교원을 제외한 공무원

③ 해당 선출직 지방공직자 선거의 입후보예정자·입후보예정자의 가족 및 이들이 설립·운영하고 있는 기관·단체·시설의 임·직원

(5) 주민소환투표의 실시

① 주민소환투표일은 주민소환투표 공고일부터 20일 이상 30일 이내의 범위 안에서 관할 선거관리위원회가 정하되, 주민소환투표 대상자가 자진사퇴, 피선거권 상실 또는 사망 등으로 궐위된 때에는 주민소환투표를 실시하지 않는다.

② 주민소환투표 공고일 이후 90일 이내에 「주민투표법」에 의한 주민투표, 「공직선거법」에 의한 선거·재선거 및 보궐선거(대통령 및 국회의원 선거는 제외), 동일 또는 다른 선출직 지방공직자에 대한 주민소환투표가 있는 때에는 주민소환투표를 그에 병합하거나 동시에 실시할 수 있도록 한다.

(6) 권한행사의 정지 및 권한대행

주민소환투표대상자는 주민소환투표안을 공고한 때부터 주민소환투표결과를 공표할 때까지 그 권한행사가 정지되며, 지방자치단체의 장의 권한이 정지된 경우에는 부자치단체장이 그 권한을 대행하도록 한다.

(7) 주민소환투표결과의 확정

주민소환은 <u>주민소환투표권자 총수의 3분의 1 이상의 투표와 유효투표 총수 과반수의 찬성으로</u> 확정된다.

(8) 주민소환투표의 효력

주민소환이 확정된 때에는 주민소환투표대상자는 그 결과가 공표된 시점부터 그 직을 상실하며, 그 직을 상실한 자는 그로 인하여 실시하는 해당 보궐선거에 후보자로 등록될 수 없도록 한다.

(9) 주민소환투표소송 등

① 주민소환투표의 효력에 관하여 이의가 있는 해당 주민소환투표 대상자 또는 주민소환투표권자는 주민소환투표 결과가 공표된 날부터 14일 이내에 관할 선거관리위원회 위원장을 피소청인으로 하여 소청을 제기할 수 있다.

② 소청에 대한 결정에 관하여 불복이 있는 소청인은 관할 선거관리위원회 위원장을 피고로 하여 그 결정서를 받은 날부터 10일 이내에 소(訴)를 제기할 수 있도록 한다.

6 주민참여예산제도(『지방재정법』)

(1) 참여방법

① 지방자치단체의 장은 대통령령으로 정하는 바에 따라 지방예산 편성 등 예산과정(『지방자치법』 제47조에 따른 지방의회의 의결사항은 제외)에 주민이 참여할 수 있는 제도를 마련하여 시행하여야 한다.

② 지방예산 편성과정에 주민이 참여할 수 있는 방법은 다음과 같다.

　㉠ 공청회 또는 간담회

　㉡ 설문조사

　㉢ 사업공모

　㉣ 그 밖에 주민의견 수렴에 적합하다고 인정하여 조례로 정하는 방법

(2) 주민참여예산기구

① 지방예산 편성 등 예산과정의 주민참여와 관련되는 사항을 심의하기 위하여 지방자치단체의 장 소속으로 주민참여예산위원회 등 주민참여예산기구를 둘 수 있다.

② 심의사항은 다음과 같다.

　㉠ 주민참여예산제도의 운영에 관한 사항

　㉡ 지방의회에 제출하는 예산안에 첨부하여야 하는 의견서의 내용에 관한 사항

　㉢ 그 밖에 지방자치단체의 장이 주민참여예산제도의 운영에 필요하다고 인정하는 사항

(3) 주민의견 반영

① 지방자치단체의 장은 수렴된 주민의견을 검토하고 그 결과를 예산편성 시 반영할 수 있다.

② 지방자치단체의 장은 주민참여예산제도를 통하여 수렴한 주민의 의견서를 지방의회에 제출하는 예산안에 첨부하여야 한다.

(4) 기타

① 행정안전부장관은 지방자치단체의 재정적·지역적 여건 등을 고려하여 대통령령으로 정하는 바에 따라 지방자치단체별 주민참여예산제도의 운영에 대하여 평가를 실시할 수 있다.

② 주민참여예산기구의 구성·운영과 그 밖에 필요한 사항은 해당 지방자치단체의 조례로 정한다.

③ 브라질의 포르투 알레그레(Porto Alegre)시는 주민참여예산제도를 가장 먼저 실시한 도시이다.

19   2020 군무원 7급

주민참여예산제도에 대한 설명으로 옳지 않은 것은?

① 『지방재정법』에 근거조항이 마련되어 있다.

② 주민참여예산기구의 구성운영과 그 밖에 필요한 사항은 해당 지방자치단체의 조례로 정한다.

③ 지방자치단체의 장은 주민참여예산제도를 통하여 수렴한 주민의 의견서를 지방의회에 제출하는 예산안에 첨부하여야 한다.

④ 지방자치단체의 장은 지방의회의 의결사항을 포함하여 예산과정에 주민참여예산제도를 마련하여 시행하여야 한다.

20   2020 국회직 8급

우리나라 참여예산제도에 대한 설명으로 옳은 것만을 〈보기〉에서 모두 고르면?

┌─ 보기 ─────────────────┐

ㄱ. 국민참여예산제도는 2019년도 예산편성부터 시행되었다.

ㄴ. 국민참여예산제도에서 각 부처는 소관 국민제안사업에 대한 적격성 점검을 실시하고 기획재정부, 국민참여예산지원협의회와 협의하여 최종적으로 사업예산편성 여부를 결정한다.

ㄷ. 지방자치단체는 주민참여예산제도의 운영에 대한 평가를 실시한다.

ㄹ. 주민참여예산제도의 구체적인 내용은 대통령령으로 정한다.

└────────────────────────┘

① ㄱ, ㄴ　　② ㄱ, ㄷ　　③ ㄴ, ㄷ

④ ㄴ, ㄹ　　⑤ ㄷ, ㄹ

21   2022 국회직 8급

현행 『지방자치법』에 근거하는 제도에 해당하지 않는 것은?

① 주민참여예산제　② 주민투표제

③ 주민감사청구제　④ 주민소송제

⑤ 주민소환제

04 주민참여제도

❶ 주민참여의 유형

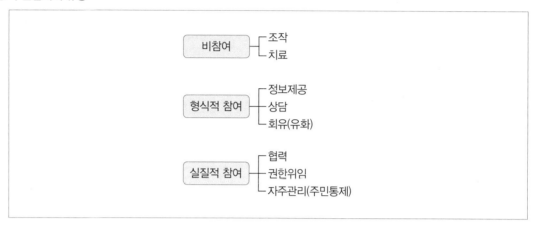

```
                ┌─ 조작
       비참여 ───┤
                └─ 치료


                    ┌─ 정보제공
       형식적 참여 ───┼─ 상담
                    └─ 회유(유화)


                    ┌─ 협력
       실질적 참여 ───┼─ 권한위임
                    └─ 자주관리(주민통제)
```

❷ 우리나라의 주민참여제도

- 주민투표
- 조례의 제정 및 개폐청구
- 주민의 감사청구
- 주민소송
- 주민소환제도
- 주민참여예산제도(지방재정법)

지방재정

☐ 1 회독   월   일
☐ 2 회독   월   일
☐ 3 회독   월   일
☐ 4 회독   월   일
☐ 5 회독   월   일

정답과 해설 ▶ P.99

01 지방재정의 특징과 구조

1 지방재정의 개념 및 특징

(1) 개념

① 지방재정은 지방자치단체가 행정활동을 수행하는 데 필요한 재원을 획득하고 지출하는 활동을 의미한다.

② 지방재정은 국가재정과 상이한 특징을 보이지만, 한편으로 국가재정과 밀접한 관계를 맺고 있다.

(2) 특징

① **사경제와의 구별**: 사경제에 비해 지방재정은 공공경제로서, 공공성, 강제성, 계획성의 특징을 갖는다.

② **국가재정과의 구별**

  ㉠ 지방재정은 국가재정에 비해 조세 이외에도 다양한 수입원을 갖고 있기 때문에 다양성을 지닌다.

  ㉡ 지방재정은 지방세입의 상당 부분이 중앙정부의 이전 재원에 의존하기 때문에 중앙정부의 영향력이 개입한다는 점에서 때로는 타율성을 띤다.

  ㉢ 국가재정은 일반적으로 응능주의(조세의 부담능력에 의한 조세부담주의)의 원칙을 따르나, 지방재정은 일반적으로 응익주의(행정서비스로부터 받은 이익에 따른 조세부담주의)의 원칙을 많이 따르므로 응익성이 강하다.

┃ 국가재정과 지방재정 비교

국가재정	지방재정
순수공공재적 성격 강함	순수공공재적 성격 약함
가격원리 적용 곤란	가격원리 적용 용이
조세에 의존	세외수입에 의존(사용료, 수수료, 분담금)
응능주의의 원칙	응익주의의 원칙
포괄적 기능 수행(자원배분, 소득분배, 경제안정)	자원배분기능 수행
형평성 추구	효율성 추구
비경쟁성	지방정부 간 경쟁성
지역 간 이동성 제한	지역 간 이동성 높음(티부가설)

바로 확인문제

01   2006 선관위 9급

지방재정과 중앙재정을 비교 설명한 것으로 가장 옳은 것은?

① 지방재정은 자원배분기능, 소득재분배기능, 경제안정화기능 등 포괄적인 기능을 수행하는 반면, 중앙재정은 주로 자원배분기능을 중점적으로 수행한다.

② 재원조달 방식에 있어 중앙정부는 지방정부에 비해 조세 이외의 보다 다양한 세입원에 의존하고 있다.

③ 지방정부의 재정운용은 중앙정부에 비해 주민의 선호에 더욱 민감하게 작용한다.

④ 중앙재정은 지방재정과 비교할 때 공평성보다는 자원배분의 효율성을 상대적으로 더 중시한다.

02   2004 행정고시

국가재정과 지방재정의 차이에 관한 설명으로 가장 옳지 않은 것은?

① 국가재정은 포괄적인 기능을 수행하는 데 비해, 지방재정은 자원배분기능을 주로 담당하고 있다.

② 국가재정은 순수공공재적 성격이 강한 재화나 서비스를 공급하는 데 비해, 지방재정이 공급하는 재화나 서비스는 순수공공재적 성격이 약하다.

③ 지방재정은 국가재정에 비해 가격원리가 적용될 수 있는 여지가 많다.

④ 국가재정은 지방재정에 비해 조세에 대한 의존도가 높다.

⑤ 공평성과 효율성이라는 이념에 비추어 본다면 국가재정은 상대적으로 효율성을 더 강조하는 데 비해 지방재정은 공평성을 더 강조한다.

03 2017 국가직 9급(사회복지직 9급)

재정성과관리와 재정건전성에 대한 설명으로 옳지 않은 것은?

① 중기지방재정계획은 「지방재정법」에 근거한 사후예산제도로 지방재정 건전화를 추구한다.

② 통합재정수지는 재정건전성 분석, 재정의 실물경제 효과 분석, 재정운용의 통화부문에 대한 영향 분석 등에 활용될 수 있다.

③ 총사업비관리제도는 시작된 대형사업에 대한 총사업비를 관리해 재정지출의 생산성 제고를 도모한다.

④ 예비타당성조사는 대규모 신규사업에 대한 예산편성 및 기금운용계획을 수립하기 위하여 기획재정부장관 주관으로 실시하는 사전적인 타당성 검증·평가제도이다.

04 2019 서울시 7급 제3회

지방재정의 사전관리제도에 해당하는 것을 〈보기〉에서 모두 고른 것은?

┌─ 보기 ─────────────
ㄱ. 중기지방재정계획
ㄴ. 지방재정투자심사
ㄷ. 행정사무감사
ㄹ. 성인지 예산제도
ㅁ. 재정공시
└──────────────────

① ㄱ, ㄴ　　　　② ㄴ, ㄷ
③ ㄱ, ㄴ, ㄹ　　④ ㄷ, ㄹ, ㅁ

05 2020 국가직 9급

우리나라 지방자치에 대한 설명으로 옳은 것은?

① 자치사법권은 인정되고 있다.

② 지방자치단체의 예산안 편성권은 지방자치단체장에 속한다.

③ 자치입법권은 지방의회만이 행사할 수 있는 전속적 권한이다.

④ '세종특별자치시'와 제주특별자치도의 '제주시'는 기초자치단체로서 자치권을 가지고 있다.

(3) 지방재정의 효율적 관리를 위한 제도

① 중기지방재정계획의 수립

㉠ 지방자치단체의 장은 재정을 계획성 있게 운용하기 위하여 매년 중기지방재정계획을 수립하여 지방의회에 보고하고, 이를 행정안전부장관에게 제출하여야 한다.

㉡ 중기지방재정계획을 수립하는 때에는 행정안전부장관이 정하는 계획수립 절차 등에 의하여 당해 중기지방재정계획이 관계 법령에 의한 국가계획 및 지역계획과 연계되도록 하여야 한다.

㉢ 행정안전부장관은 각 지방자치단체의 중기지방재정계획을 기초로 관계 중앙행정기관의 장과의 협의를 거쳐 매년 종합적인 중기지방재정계획을 수립하고, 이를 국무회의에 보고하여야 한다.

② 예산편성기본지침

㉠ 지방자치단체는 법령 및 조례가 정하는 범위 안에서 합리적인 기준에 의하여 그 경비를 산정하여 예산에 계상하여야 한다.

㉡ 지방자치단체는 모든 자료에 의하여 엄정하게 그 재원을 포착하고 경제의 현실에 적응하도록 그 수입을 산정하여 이를 예산에 계상하여야 한다.

㉢ 지방자치단체의 장이 예산을 편성하는 때에는 중기지방재정계획과 재정투자사업에 대한 심사결과를 기초로 하여야 한다.

③ 투자심사 및 타당성조사

㉠ 지방자치단체의 장은 재정투자사업에 관한 예산안을 편성하거나 채무부담행위, 보증채무부담행위, 「지방자치법」 제47조 제1항 제8호에 따른 예산 외의 의무부담에 대한 지방의회 의결을 요청하는 경우 미리 그 필요성과 타당성에 대한 심사를 직접 하거나 행정안전부장관 또는 시·도지사에게 의뢰하여 투자심사를 받아야 한다.

㉡ 지방자치단체의 장은 투자심사 대상 중에서 총 사업비 500억 원 이상인 신규사업에 대해서는 투자심사를 하거나 받기 전에 행정안전부장관이 정하여 고시하는 전문기관에 의뢰하여 그 사업의 타당성을 객관적 기준에 따라 검증하는 조사(이하 "타당성조사"라 한다)를 실시하여야 한다. 다만, 다음[1]에 해당하는 경우 타당성조사를 받은 것으로 본다.

④ 재정운용에 관한 보고와 재정분석 및 재정진단 등

㉠ 지방자치단체의 장은 재정보고서를 행정안전부장관에게 제출하여야 하며, 시·군 및 자치구에 있어서는 시·도지사를 경유하여야 한다.

㉡ 행정안전부장관은 재정보고서의 내용을 분석하여야 한다.

㉢ 행정안전부장관은 재정분석 결과 재정의 건전성과 효율성 등이 현저히 떨어지는 지방자치단체, 재정위험수준 점검 결과 재정위험 수준이 대통령령으로 정하는 기준을 초과하는 지방자치단체에 대하여 위원회의 심의를 거쳐 대통

---

1) 1. 「국가재정법」 제38조 제1항에 따른 예비타당성조사를 실시한 경우
  2. 「국가재정법」 제38조 제5항에 따른 사업계획 적정성 검토를 받은 경우
  3. 「공공기관의 운영에 관한 법률」 제40조 제3항 각 호 외의 부분 본문에 따른 예비타당성조사를 실시한 경우
  4. 「사회기반시설에 대한 민간투자법」 제9조 제1항에 따라 제안된 사업으로서 해당 사업에 대한 제안내용을 다음 각 목의 어느 하나에 해당하는 기관에서 대통령령으로 정하는 바에 따라 검토 및 적성성 조사를 실시한 경우
    가. 「사회기반시설에 대한 민간투자법」 제23조 제1항에 따른 공공투자관리센터
    나. 「국가재정법」 제38조 제1항의 예비타당성조사를 수행하기 위하여 같은 법 제8조의2 제1항에 따라 지정된 전문기관
  5. 그 밖에 제1호부터 제4호까지에 따른 조사 또는 검토와 유사한 절차를 이미 거친 경우로서 대통령령으로 정하는 경우

령령으로 정하는 바에 따라 재정진단을 실시할 수 있다.

ⓔ 행정안전부장관은 재정진단결과를 토대로 해당 지방자치단체에 대하여 재정건전화계획의 수립 및 이행을 권고하거나 재정건전화를 위하여 필요한 사항을 지도할 수 있다.

ⓜ 행정안전부장관은 재정분석 및 재정진단결과를 공개할 수 있으며, 재정분석 및 재정진단결과의 중요 사항에 대하여는 매년 재정분석과 재정진단을 실시한 후 3개월 이내에 국회 소관 상임위원회 및 국무회의에 보고하여야 한다.

ⓗ 행정안전부장관은 재정분석결과 건전성과 효율성 등이 우수한 지방자치단체와 권고 및 지도사항의 이행결과가 우수한 지방자치단체에 대하여는 특별교부세를 별도로 교부할 수 있다. 따라서 사후적 재정관리 제도에 속한다.

2 지방수입의 구조와 지표

(1) 지방수입의 구조

① 자주재원과 의존재원 – 수입원에 따른 분류 　📖 심화편 ▶ P.158

　ㄱ 자주재원: 지방자치단체가 스스로 그 기능을 직접 행사해서 조달할 수 있는 재원으로, 지방세수입(주민세, 재산세 등)·세외수입(분담금, 사용료, 수수료, 재산임대수입 등)이 이에 속한다.

　ㄴ 의존재원: 수입의 원천을 국가 또는 상급자치단체인 도에 의존하고 그 액수와 내용이 국가가 정하는 구체적 기준이나 의사결정에 달려 있는 것으로, 국고보조금·지방교부세 등이 이에 해당한다.

② 일반재원과 특정재원 – 용도의 제한성에 따른 분류

　ㄱ 일반재원: 용도에 대해서 아무런 제한이 없는 재원으로, 지방세와 보통교부세가 이에 해당한다.

　ㄴ 특정재원: 특정 목적에만 충당할 수 있는 재원으로, 국고보조금과 특별교부세가 이에 해당한다.

③ 경상수입과 임시수입

　ㄱ 경상수입: 지방수입 가운데 매년 경상적으로 수입되는 것을 말한다.

　ㄴ 임시수입: 임시로 수입되는 것을 말한다.

(2) 지방재정 지표

① 재정자립도 　📖 심화편 ▶ P.158

　ㄱ 산정: [(지방세+세외수입−지방채)÷일반회계예산]×100

　ㄴ 용도: 도농복합 형태의 시가 될 수 있는 요건으로 사용

　ㄷ 내용

　　ⓐ 세입 중심으로 세출을 고려하지 못하며, 지방자치단체 간의 상대적 재정규모를 무시한다.

　　ⓑ 교부세의 확충은 재정능력은 강화하나 재정자립도를 저하시키므로, 재정자립도를 제고하기 위해서는 지방세와 세외수입을 확대할 필요가 있다.

② 재정자주도: 재정자주도는 일반회계 세입에서 자주재원과 지방교부세를 합한 일반재원의 비중으로, 생계급여 등 사회복지 분야에서의 차등보조율을 설계할 때 사용된다.

지방자치의 내실화를 위해 지방재정의 확충이 요구되고 있다. 지방재정의 주요 구성요소인 지방세의 조건으로 가장 옳지 않은 것은?

① 과세의 응익성   ② 지역 간 이동성
③ 세원의 안정성   ④ 세수의 탄력성
⑤ 세무행정의 용이성

재정수입 면에서 본 지방세의 원칙이라고 할 수 <u>없는</u> 것은?

① 신축성의 원칙   ② 안정성의 원칙
③ 충분성의 원칙   ④ 형평성의 원칙
⑤ 보편성의 원칙

다음 중 바람직한 지방세의 조건으로 보기 <u>어려운</u> 것은?

① 안정성
② 지역 간의 보편성
③ 세무행정의 용이성
④ 누진성
⑤ 충분성

국세에 해당하는 것만을 〈보기〉에서 모두 고르면?

┤ 보기 ├
ㄱ. 증여세   ㄴ. 취득세
ㄷ. 담배소비세   ㄹ. 농어촌특별세
ㅁ. 레저세   ㅂ. 재산세
ㅅ. 등록면허세   ㅇ. 종합부동산세

① ㄱ, ㄷ, ㅂ   ② ㄱ, ㄹ, ㅇ
③ ㄴ, ㄹ, ㅁ   ④ ㄴ, ㅁ, ㅂ
⑤ ㄷ, ㅅ, ㅇ

다음 중 2023년 현재 조세를 실제로 부담하는 사람과 이를 직접 납부하는 사람이 서로 다른 간접세를 포함하고 있는 국세의 종목은 모두 몇 개인가?

ㄱ. 자동차세   ㄴ. 부가가치세
ㄷ. 담배소비세   ㄹ. 주세
ㅁ. 개별소비세   ㅂ. 종합부동산세

① 1개   ② 2개
③ 3개   ④ 4개

③ **재정력지수**(지방교부세 산정기준)

  ㉠ **개념**: 재정력지수는 '기준재정수요액'과 '기준재정수입액'의 비율이다.

  ㉡ **내용**

    ⓐ **재정력지수가 1이 넘는 지방자치단체**: 자체적인 재정수입만으로 기초적인 재정수요를 모두 충당할 수 있어 재정력이 우수한 것으로 평가된다.

    ⓑ **재정력지수가 1 이하인 지방자치단체**: 그만큼 지출수요에 비해 자체수입이 부족하다는 것을 의미한다. 부족분에 대해서는 지방교부세라는 일반재원을 통해 중앙정부가 상당비율을 충당해 준다.

02   자주재원   결정적 코멘트 ▶ 지방세의 세목을 중심으로 정리해야 한다.

1   지방세

(1) 지방세의 개념과 원칙

① **개념**: 지방세란 지방자치단체가 그 행정을 수행하는 데 소요되는 일반경비를 충당하기 위하여 그 자치단체의 주민으로부터 일정한 개별적 보상 없이 강제적으로 징수하는 금전으로, 자치단체의 재정수입의 주종을 이루는 것을 말한다.

② **원칙**

  ㉠ **안정성의 원칙**: 지방세는 연도별로 그 수입액이 급격히 증감하지 않는 종류의 것이며, 증감한다고 하더라도 연도 간의 조정이 될 수 있는 정도의 것이 필요하다. 즉, 지방세는 경기변동에 민감하지 않도록 안정적으로 유지되어야 한다.

  ㉡ **보편성의 원칙**: 각 지방자치단체는 지방세를 중심으로 재정운영의 건전화를 도모하게 되고, 지방세는 나아가 지방자치단체의 자주성을 확보해 주는 것이므로 각 지방자치단체마다 충분한 수입을 올릴 수 있는 세목, 즉 보편성이 있는 세목이 요구된다. 그러나 우리나라의 경우 수도권과 비수도권의 세원이 심각하게 불균형적이다.

  ㉢ **분담성**(부담분임)**의 원칙**: 주민이 지방자치단체의 행정에 요하는 경비를 스스로 부담한다는 것은 자치의 기본이다. 따라서 일반주민이 조금씩이라도 그 자치단체의 경비를 분담할 세제가 필요하다.

    🔵 주민세(개인균등할)

  ㉣ **지역성**(국지성)**의 원칙**: 지방재정의 의의가 일정한 지역주민의 부담에 의해서 그 지역주민을 위한 공공서비스를 제공하는 데 있으므로, 지방세의 과세객체는 가능한 한 지방자치단체 간의 이동이 적고 그 자치단체의 관할구역 내에 국지화·지역화되어 있어야 한다.

  ㉤ **응익성**(應益性)**의 원칙**: 과세의 기준을 납세자가 국가나 지방자치단체로부터 받는 이익의 크기에 두어야 한다는 것이다.

  ㉥ **부담보편의 원칙**: 동등한 지위에 있는 자에게는 동등하게 과세하여 조세감면의 폭이 너무 넓어서는 안 된다는 원칙이다. 따라서 공익상·산업정책상 조세의 감면이 필요한 때에는 이를 최소한으로 해야 한다.

  ㉦ **자율성의 원칙**: 우리나라는 세제의 획일성과 과세자주권이 결여되어 있다.

  ㉧ **신장성의 원칙**: 우리나라 지방세는 소득에 대한 파악이 쉽지 않아 소득과세가 아니라 부동산 등 재산과세 중심이다.

(2) 지방세제

① 도세
  ㉠ 보통세: 취득세, 등록면허세, 레저세, 지방소비세
  ㉡ 목적세: 지역자원시설세, 지방교육세
② 시·군세: 담배소비세, 주민세, 지방소득세, 재산세, 자동차세
③ 특별시·광역시세
  ㉠ 보통세: 취득세, 레저세, 담배소비세, 지방소비세, 주민세, 지방소득세, 자동차세
  ㉡ 목적세: 지역자원시설세, 지방교육세
④ 자치구세: 등록면허세, 재산세

▮ 국세(내국세)의 세목

보통세		목적세
직접세[2]	간접세[3]	
소득세, 법인세, **상속세**, 증여세, 종합부동산세	부가가치세, 개별소비세, 주세, 인지세, 증권거래세	**교육세**, 농어촌특별세

▮ 지방세의 세목

구분	보통세	목적세
특별시세·광역시세	취득세, 레저세, 담배소비세, 지방소비세, 주민세, 지방소득세, 자동차세	지역자원시설세, 지방교육세
도세	레저세, **취득세**, 등록면허세, 지방소비세	지역자원시설세, **지방교육세**
자치구세	등록면허세, 재산세	–
시·군세 (광역시 군세 포함)	담배소비세, 지방소득세, 자동차세, 주민세, 재산세	–

더 알아보기   서울시 재산세 공동과세

- **개정 이유**: 재산세의 세수 격차로 인한 특별시 자치구 간의 심각한 재정불균형 상태를 해소하기 위하여 특별시의 관할구역 안에 있는 구(區)의 재산세를 '특별시 및 구세인 재산세'로 하여 공동과세할 수 있도록 하였다.
- **주요 내용**: 특별시 관할구역 안 재산세의 공동과세(「지방세기본법」 제9조) 특별시 자치구 간의 심각한 재정불균형 상태를 해소하기 위하여 특별시의 관할구역 안에 있는 구의 경우에 재산세(선박 및 항공기에 대한 재산세를 제외)를 "특별시 및 구세인 재산세"로 하고, 특별시장은 특별시분 재산세 전액을 관할구역 안의 자치구에 교부하도록 하였다.

구분	개정 전	개정 후
세목	구세인 재산세	특별시분 재산세, 구분 재산세
과세권자	각 구청장	서울시장, 각 구청장
공동 과세율	–	시세분('08년: 40%, '09년: 45%, '10년 이후: 50%)
부과·징수권자	각 구청장	각 구청장 (서울시장이 시세분재산세의 부과·징수권을 구청장에게 위임)
세입처리	전액 각 구의 세입으로 처리	• 구분재산세는 당해 구의 재산세입으로 처리 • 특별시분 재산세는 서울시로 각각 납입 후, 다시 각 구에 <u>균등 배분</u> * 각 구에서는 서울시 배분액을 당해 구청의 재산세입으로 처리

---

2) 납세자와 담세자가 일치하는 조세이다.
3) 납세자와 담세자가 일치하지 않는 조세이다.

바로 확인문제

16   2016 지방직 9급
「지방세기본법」상 특별시·광역시의 세원이 **아닌** 것은?
① 취득세   ② 자동차세
③ 등록면허세   ④ 레저세

17   2022 지방직(= 서울시) 9급
특별시·광역시의 보통세와 도의 보통세에 공통적으로 속하는 세목만을 모두 고르면?

ㄱ. 지방소득세	ㄴ. 지방소비세
ㄷ. 주민세	ㄹ. 레저세
ㅁ. 재산세	ㅂ. 취득세

① ㄱ, ㄴ, ㄹ   ② ㄱ, ㄷ, ㅁ
③ ㄴ, ㄹ, ㅂ   ④ ㄷ, ㅁ, ㅂ

18   2017 지방직 7급
우리나라의 지방자치제도에 대한 설명으로 옳은 것은?
① 시·군의 지방세 세목에는 담배소비세, 주민세, 지방소득세, 재산세, 자동차세가 있다.
② 지방의회는 지방자치단체를 외부에 대표하는 기능, 국가위임사무 집행기능 등을 가진다.
③ 지방자치단체는 2층제이며, 16개의 광역자치단체와 220개의 기초자치단체가 설치되어 있다.
④ 기관통합형 구조를 채택하고 있으며, 기초자치단체장 선거에서는 정당공천제를 실시하지 않고 있다.

19   2016 교육행정직 9급
지방세 체계에 대한 설명 중 옳지 **않은** 것은?
① 광역시의 경우에는 주민세 재산분 및 종업원분은 광역시세가 아니고 구세로 한다.
② 광역시의 군지역은 광역시세와 자치구세의 세목 구분이 적용되지 않고 도세와 시·군세의 세목 구분이 적용된다.
③ 시·도는 지방교육세를 매 회계연도 일반회계예산에 계상하여 교육비특별회계로 전출하여야 한다.
④ 특별시의 재산세는 특별시분과 자치구분으로 구분하고, 특별시분은 구의 지방세수 등을 고려하여 자치구에 차등 분배하고 있다.

20

지방채에 대한 설명으로 옳은 것은?

① 지방자치단체조합의 장은 지방채를 발행할 수 없다.

② 이미 발행한 지방채의 차환을 위해서 지방자치단체의 장은 지방채를 발행할 수 없다.

③ 제주특별자치도지사는 제주특별자치도의 발전과 관계가 있는 사업을 위하여 필요하면 도의회 의결을 마친 후 외채 발행과 지방채 발행 한도액의 범위를 초과한 지방채 발행을 할 수 있다.

④ 외채를 발행할 경우에는 지방채 발행 한도액 범위라도 지방의회의 의결을 거치기 전에 기획재정부장관의 승인을 받아야 한다.

21

지방채의 발행에 대한 설명으로 옳지 <u>않은</u> 것은?

① 지방자치단체의 장은 지방채를 발행하는 경우 재정상황 및 채무규모 등을 고려하여 대통령령으로 정하는 지방채 발행 한도액의 범위에서 지방의회의 의결을 얻어야 한다.

② 지방자치단체의 장은 지방채의 차환을 위해서는 지방채를 발행할 수 없다.

③ 「지방자치법」에 따른 지방자치단체 조합의 장이 발행한 지방채에 대해서는 조합과 그 구성원인 지방자치단체가 연대책임을 진다.

④ 지방채의 발행, 원금의 상환, 이자의 지급, 증권에 관한 사무 절차 및 사무 취급기관은 대통령령으로 정한다.

22

지방자치단체가 토지매입, 공사대금 지불 시에 현금 대신 발행하는 지방채를 무엇이라고 하는가?

① 매출공채   ② 교부공채

③ 모집공채   ④ 분할상환공채

2 세외수입

(1) 세외수입의 종류

① **사용료**: 지방자치단체는 공공시설의 이용 또는 재산의 사용에 대하여 사용료를 징수할 수 있다.

> ⑩ 상하수도 사용료

② **수수료**: 지방자치단체는 그 지방자치단체의 사무가 특정인을 위한 것이면 그 사무에 대하여 수수료를 징수할 수 있다.

> ⑩ 여권발급 수수료

③ **분담금**: 지방자치단체는 그 재산 또는 공공시설의 설치로 주민의 일부가 특히 이익을 받으면 이익을 받는 자로부터 그 이익의 범위에서 분담금을 징수할 수 있다.

> ⑩ 각종 개발 부담금

(2) 사용료의 징수조례 등

① **징수조례**: 사용료·수수료 또는 분담금의 징수에 관한 사항은 조례로 정한다. 다만, 국가가 지방자치단체나 그 기관에 위임한 사무와 자치사무의 수수료 중 전국적으로 통일할 필요가 있는 수수료는 다른 법령의 규정에도 불구하고 대통령령으로 정하는 표준금액으로 징수하되, 지방자치단체가 다른 금액으로 징수하려는 경우에는 표준금액의 50퍼센트의 범위에서 조례로 가감 조정하여 징수할 수 있다.

② **과태료**: 사기나 그 밖의 부정한 방법으로 사용료·수수료 또는 분담금의 징수를 면한 자에게는 그 징수를 면한 금액의 5배 이내의 과태료를, 공공시설을 부정사용한 자에게는 50만 원 이하의 과태료를 부과하는 규정을 조례로 정할 수 있다.

3 지방채

(1) 지방채의 발행

① 지방자치단체의 장은 다음의 사항들을 위한 자금 조달에 필요할 때에는 지방채를 발행할 수 있다. 다만, ⑩, ⑭은 교육감이 발행하는 경우에 한한다.

   ⓐ 공유재산의 조성 등 소관 재정투자사업과 그에 직접적으로 수반되는 경비의 충당

   ⓑ 재해예방 및 복구사업

   ⓒ 천재지변으로 발생한 예측할 수 없었던 세입결함의 보전

   ⓓ 지방채의 차환

   ⓔ 「지방교육재정교부금법」 제9조 제3항에 따른 교부금 차액의 보전

   ⓕ 명예퇴직 신청자가 직전 3개 연도 평균 명예퇴직자의 100분의 120을 초과하는 경우 추가로 발생하는 명예퇴직 비용의 충당

② 지방자치단체의 장은 지방채를 발행하려면 재정상황 및 채무규모 등을 고려하여 대통령령으로 정하는 지방채 발행 한도액의 범위에서 지방의회의 의결을 얻어야 한다. 다만, 지방채 발행 한도액 범위라도 <u>외채를 발행하는 경우에는 지방의회의 의결을 거치기 전에 행정안전부장관의 승인을 받아야 한다.</u>[4]

---

4) 제주특별자치도지사는 제주특별자치도의 발전과 관계가 있는 사업을 위하여 필요하면 도의회 의결을 마친 후 외채 발행과 지방채 발행 한도액의 범위를 초과한 지방채 발행을 할 수 있다. 지방채 발행 한도액을 초과하여 지방채를 발행하려면 도의회 재적의원 과반수가 출석하고 출석의원 3분의 2 이상의 찬성을 받아야 한다(「제주특별자치도 설치 및 국제자유도시 조성을 위한 특별법」 제126조).

③ 지방자치단체의 장은 대통령령으로 정하는 바에 따라 행정안전부장관과 협의한 경우에는 그 협의한 범위에서 지방의회의 의결을 얻어 지방채 발행 한도액의 범위를 초과하여 지방채를 발행할 수 있다. 다만, 재정책임성 강화를 위하여 재정위험수준, 재정 상황 및 채무 규모 등을 고려하여 대통령령으로 정하는 범위를 초과하는 지방채를 발행하는 경우에는 행정안전부장관의 승인을 받은 후 지방의회의 의결을 받아야 한다.

④ 지방자치단체조합의 장은 그 조합의 투자사업과 긴급한 재난복구 등을 위한 경비를 조달할 필요가 있을 때 또는 투자사업이나 재난복구사업을 지원할 목적으로 지방자치단체에 대부할 필요가 있을 때에는 지방채를 발행할 수 있다. 이 경우 행정안전부장관의 승인을 받은 범위에서 조합의 구성원인 각 지방자치단체 지방의회의 의결을 얻어야 한다. 조합과 그 구성원인 지방자치단체가 그 상환과 이자의 지급에 관하여 연대책임을 진다.

(2) 지방채의 종류

① 발행방법에 따른 분류

⊙ **차입금**(증서차입채): 지방자치단체가 증서에 의하여 차입하는 지방채를 말하며, 외국정부·국제기구 등으로부터 차관(현물차관 포함)을 도입하는 경우를 포함한다.

ⓒ **지방채증권**(증권발행채): 지방자치단체가 증권발행의 방법에 의하여 차입하는 지방채를 말하며, 외국에서 발행하는 경우를 포함한다.

ⓐ **교부공채**: 지방자치단체가 토지매입대금이나 공사대금 등에 현금 대신 증권을 발행하여 교부하는 방식

ⓑ **모집공채**: 지방자치단체가 공모를 통해서 응모자에게 증권을 발행하여 자금을 조달하는 방식

ⓒ **매출공채**: 지방자치단체가 지하철 등의 공익사업을 위해 차량이나 주택구입 및 특정 인허가와 관련하여 강제로 공채를 매입하게 하는 방식

② 상환방법에 따른 분류

⊙ **일시상환채**: 상환기간이 도래하면 전액을 일괄하여 상환

ⓒ **분할상환채**: 원리금을 수회에 걸쳐 상황하는 방식

03 의존재원
<small>결정적 코멘트</small> 지방교부세의 출제비중이 높은 편이다.

1 국가에 의한 지방재정조정제도

(1) 지방교부세(의존재원, 일반재원)

① 개념 및 성격

⊙ 개념

ⓐ 지방교부세란 지방 간의 재정격차를 완화하고 최소한의 행정수준을 유지하는 데 필요한 재원을 보장할 목적으로 국가가 지방자치단체에 교부하는 국고지출금이라고 할 수 있다. 따라서 지방재정의 자율성을 약화시키지만 지방정부 간 재정력 격차를 현저하게 완화시키는 기능을 한다.

바로 확인문제

23 2007 서울시 9급

지방정부가 채권을 발행하여 차량이나 주택구입 및 인·허가자에게 강제로 구입하도록 하는 채권은 무엇인가?

① 매출공채　② 공모공채
③ 사모공채　④ 증서차입채
⑤ 교부공채

24 2016 지방직 7급

지방재정에 대한 설명으로 옳은 것은?

① 지방교부세의 기본목적은 지방자치단체 간 재정격차를 줄임으로써 기초적인 행정서비스가 제공될 수 있도록 하는 데 있다.
② 세외수입은 연도별 신장률이 안정적이며 그 종류와 형태가 다양하다.
③ 보통교부세, 특별교부세, 분권교부세, 부동산교부세 등의 지방교부세가 운영되고 있다.
④ 대부분의 국고보조사업에는 차등보조율이 적용되고 있다.

25 2017 국가직 9급 추가채용

우리나라 지방자치단체의 세입·세출에 대한 설명으로 옳지 않은 것은?

① 의존재원의 비중이 높아지면 재정분권이 취약해질 수 있다.
② 보통교부세는 중앙정부가 용도를 제한하여 지방자치단체의 재량권이 없는 재원이다.
③ 지방세와 세외수입은 자주재원에 속하고, 보조금은 의존재원에 속한다.
④ 현행법상 지방자치단체의 관할구역 자치사무에 필요한 경비는 그 지방자치단체가 전액을 부담한다.

26 2021 지방직 7급

우리나라 지방재정조정제도에 대한 설명으로 옳은 것은?

① 「지방교부세법」상 지방교부세는 보통교부세, 특별교부세, 부동산교부세 및 소방안전교부세로 구분된다.

② 지방교부세는 중앙정부가 국가 사무를 지방정부에 위임하거나 지방정부가 추진하는 사업경비의 전부 또는 일부를 보조하거나 지원하기 위한 제도이다.

③ 조정교부금은 전국적 최소한 동일 행정서비스 수준 보장을 위해 중앙정부가 내국세의 일정 비율을 자치단체에 배분하는 것이다.

④ 지방교부세 대비 국고보조금의 비중 증가는 지방재정의 자율성을 강화한다.

27 2022 국가직 9급

지방교부세에 대한 설명으로 옳지 <u>않은</u> 것은?

① 지역 간 재정력 격차를 완화시키는 재정 균등화 기능을 수행한다.

② 보통교부세, 특별교부세, 부동산교부세, 소방안전교부세로 구분한다.

③ 신청주의를 원칙으로 하며 각 중앙관서의 예산에 반영되어야 한다.

④ 부동산교부세는 종합부동산세를 재원으로 하며 전액을 지방자치단체에 교부한다.

ⓑ 지방교부세는 중앙정부와 지방정부 간의 '수직적' 재정불균형을 해소하기 위해 운용되는 제도인 동시에, 지방정부 간의 '수평적' 재정불균형을 해소하기 위해 운용되는 제도이다.

ⓛ 성격

ⓐ 지방교부세는 수입의 원천을 국가에 의존하고 그 액수와 내용이 국가가 정하는 구체적 기준이나 의사결정에 달려 있는 의존재원이다.

ⓑ 지방교부세는 보통교부세가 그 대부분을 이루고 있는 것으로, 일반재원의 성격이 강하다.

ⓒ 교부시기: 교부세는 연 4기로 나누어 교부한다.

② 교부세율(교부세의 재원)

㉠ 해당 연도의 내국세 총액의 1만분의 1,924에 해당하는 금액

㉡ 「종합부동산세법」에 따른 종합부동산세 총액

㉢ 「개별소비세법」에 따라 담배에 부과하는 개별소비세 총액의 100분의 45에 해당하는 금액

③ 종류

㉠ 보통교부세

ⓐ 교부재원: 보통교부세의 교부재원은 총 교부재원의 <u>100분의 97</u>을 점한다.

ⓑ 교부액 배정: 보통교부세는 해마다 기준재정수입액이 기준재정수요액에 못 미치는 지방자치단체에 그 미달액을 기초로 교부한다.

ⓒ 일반재원: 보통교부세는 그 용도에 대해서 제한이 없는 일반재원이다.

㉡ 특별교부세: 특별교부세는 보통교부세의 획일성·경직성을 보완하기 위한 탄력적인 교부세로서 의미를 가진다.

ⓐ 교부재원: 특별교부세의 교부재원은 총 교부재원의 100분의 3을 차지한다.

ⓑ 교부액 배정

• 기준재정수요액의 산정방법으로는 파악할 수 없는 지역 현안에 대한 특별한 재정수요가 있는 경우(40%)

• 보통교부세의 산정기일 후에 발생한 재난을 복구하거나 재난 및 안전관리를 위한 특별한 재정수요가 생기거나 재정수입이 감소한 경우(50%)

• 국가적 장려사업, 국가와 지방자치단체 간에 시급한 협력이 필요한 사업, 지역 역점시책 또는 지방행정 및 재정운용 실적이 우수한 지방자치단체에 재정 지원 등 특별한 재정수요가 있을 경우(10%)

ⓒ 특정재원

• 특별교부세는 특정 목적에만 충당할 수 있는 특정재원이다.

• 행정안전부장관은 지방자치단체의 장이 특별교부세의 교부를 신청하는 경우 이를 심사하여 특별교부세를 교부한다. 다만, 행정안전부장관이 필요하다고 인정하는 경우에는 신청이 없는 경우에도 일정한 기준을 정하여 특별교부세를 교부할 수 있다.

• 행정안전부장관은 특별교부세의 사용에 관하여 조건을 붙이거나 용도를 제한할 수 있다.

• 행정안전부장관은 특별교부세를 교부하는 경우 민간에 지원하는 보조사업에 대하여는 교부할 수 없다.

ⓒ 부동산교부세
  ⓐ **교부재원:** 부동산교부세의 재원은 「종합부동산세법」에 의한 종합부동산세 총액과 정산액으로 한다.
  ⓑ **교부액 배정:** 부동산교부세는 지방자치단체에 전액 교부하여야 한다.
  ⓒ **교부기준:** 부동산교부세는 부동산세제 개편에 따른 지방자치단체의 세수 감소분을 기초로 산정하되 재정여건, 지방세 운영상황 등을 감안하여 대통령령으로 정한다.

ⓔ 소방안전교부세
  ⓐ **교부재원:** 「개별소비세법」에 따라 담배에 부과하는 개별소비세 총액의 100분의 45에 해당하는 금액과 정산액으로 한다.[5]
  ⓑ **교부액 배정:** 행정안전부장관은 지방자치단체의 소방 및 안전시설 확충, 안전관리 강화 등을 위하여 소방안전교부세를 지방자치단체에 전액 교부하여야 한다.
  ⓒ **교부기준:** 소방안전교부세는 지방자치단체의 소방 및 안전시설 현황, 소방 및 안전시설 투자 소요, 재난예방 및 안전강화 노력, 재정여건 등을 고려하여 대통령령으로 정한다.

(2) 국고보조금(의존재원, 특정재원)

① 개념과 성격

ⓐ 개념
  ⓐ 국가가 지방자치단체에 대하여 그 행정을 수행하는 데 요하는 경비의 재원을 충당하기 위하여 용도를 특정해서 교부하는 것을 말한다.
  ⓑ 지방교부세 총액은 법률에 의해 정해지지만 국고보조금의 규모는 중앙정부의 재정여건, 예산정책 등을 고려하여 중앙정부에서 결정한다.

ⓑ **성격:** 국고보조금은 의존재원 및 특정재원의 성격을 지니기 때문에 중앙통제 수단으로서 갖는 의미가 강하며, 지방자치단체의 자율성이 약화될 우려가 있다.

② 용도와 종류: 국고보조금이 활용되는 용도와 그에 따라 사용되는 국고보조금을 분류하면 다음과 같다.

용도	종류
국가위임사무의 처리(기관위임사무)	교부금
광역사무의 처리(단체위임사무)	부담금
• 지방의 특수시설의 장려(고유사무) • 지방의 특수행정수행의 장려(고유사무) • 지방행정수준의 향상(고유사무)	협의의 보조금

5) 지방소방공무원의 국가소방공무원 전환에 따른 소방인력 충원을 지원하기 위하여 소방안전교부세의 재원을 담배에 부과하는 개별소비세 총액의 100분의 20에 해당하는 금액에서 100분의 45에 해당하는 금액으로 인상하였다.

28   2023 군무원 7급

현행 지방교부세에 대한 설명으로 가장 거리가 먼 것은?

① 지방교부세의 종류는 보통교부세·특별교부세·부동산교부세 및 소방안전교부세로 구분한다.
② 보통교부세는 해마다 기준재정수입액이 기준재정수요액에 못 미치는 지방자치단체에 그 미달액을 기초로 교부한다. 다만, 자치구의 경우에는 기준재정수요액과 기준재정수입액을 각각 해당 특별시 또는 광역시의 기준재정수요액 및 기준재정수입액과 합산하여 산정한 후, 그 특별시 또는 광역시에 교부한다.
③ 행정안전부장관은 법령에 따른 특별교부세의 사용에 관하여 조건을 붙이거나 용도를 제한하여서는 아니 된다.
④ 행정안전부장관은 지방자치단체의 장이 법령에 따른 특별교부세의 교부를 신청하는 경우에는 이를 심사하여 특별교부세를 교부한다. 다만, 행정안전부장관이 필요하다고 인정하는 경우에는 신청이 없는 경우에도 일정한 기준을 정하여 특별교부세를 교부할 수 있다.

29   2017 국가직 7급

국고보조금에 대한 설명으로 옳은 것은?

① 내국세 총액의 일정 비율과 「종합부동산세법」에 따른 종합부동산세 총액을 재원으로 한다.
② 사업별 보조율은 50%로 사업비의 절반은 지방자치단체가 부담해야 한다.
③ 국고보조사업의 수행에서 중앙정부의 감독을 받으므로 지방자치단체의 자율성이 약화될 우려가 있다.
④ 중앙관서의 장은 보조사업을 수행하려는 자로부터 신청받은 보조금의 명세 및 금액을 조정하여 행정안전부장관에게 보조금 예산을 요구하여야 한다.

지방재정에 대한 설명으로 옳지 않은 것은?

① 재정자립도는 일반회계 세입 중 지방세
　와 세외수입이 차지하는 비중을 말한다.
② 국고보조금은 지방재정운영의 자율성
　을 제고한다.
③ 지방교부세는 지역 간의 재정 불균형을
　시정하기 위한 제도이다.
④ 지방자치단체는 재해예방 및 복구사업
　에 경비를 조달하기 위해서 지방채를
　발행할 수 있다.

지방재정조정제도 중 「지방교부세법」에서
규정하고 있지 않은 것은?

① 소방안전교부세　② 보통교부세
③ 조정교부금　　　④ 부동산교부세

지방재정의 구성요소 중 의존재원의 기능
으로 적절하지 않은 것은?

① 지방자치단체에 대한 유도·조성을 통
　한 국가 차원의 통합성 유지
② 지방재정의 안정성 확보
③ 지방재정의 지역 간 불균형 시정
④ 지방자치단체의 다양성과 지방분권화
　촉진

2 상급자치단체에 의한 재정조정(광역 → 기초)

(1) 자치구 조정교부금

특별시장 및 광역시장은 대통령령으로 정하는 보통세 수입의 일정액을 조정교부금
으로 확보하여 조례로 정하는 바에 따라 해당 지방자치단체 관할구역의 자치구 간
재정력 격차를 조정하여야 한다.

(2) 시·군 조정교부금

시·도지사(특별시장은 제외)는 시·군에서 징수하는 광역시세·도세(화력발전, 화력
발전·원자력발전에 대한 지역자원시설세, 소방분 지역자원시설세 및 지방교육세는 제
외)의 27%(50만 이상의 시는 47%)에 해당하는 금액을 관할 시·군 간의 재정력 격차
를 조정하기 위한 조정교부금의 재원으로 확보하여야 한다.

05 지방재정

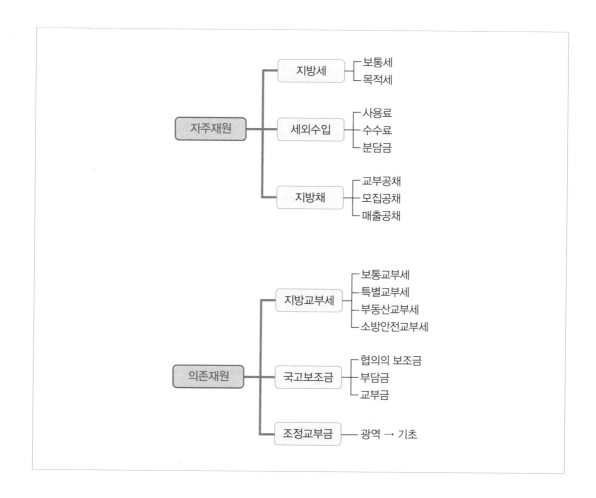

VII 지방행정론

교수님 코멘트 ▶ 주민자치와 단체자치의 차이를 구분할 수 있어야 한다. 또한 티부모형의 주요 내용과 지방자치, 주민참여 및 지방재정과 관련된 법령을 반드시 숙지한다. 최근 정부 간 관계와 주민참여제도에 대한 관심이 높아지고 있음에도 유의해야 한다.

정답과 해설 ▶ P.112

01
2015 서울시 9급

다음 중 지방자치의 의의로 가장 옳지 <u>않은</u> 것은?

① 민주주의의 훈련
② 다양한 정책실험의 실시
③ 공공서비스의 균질화
④ 지역주민에 대한 행정의 반응성 제고

02
2014 지방직 9급

「지방자치법」상 지방자치단체에 대한 국가의 지도·감독에 대한 설명으로 옳지 <u>않은</u> 것은?

① 중앙행정기관의 장이나 시·도지사는 지방자치단체의 사무에 관하여 조언 또는 권고하거나 지도할 수 있으며, 이를 위하여 필요하면 지방자치단체에 자료의 제출을 요구할 수 있다.
② 지방자치단체의 자치사무에 관한 그 장의 명령이나 처분이 법령에 위반되거나 현저히 부당하여 공익을 해친다고 인정되면 시·도에 대하여는 주무부장관이, 시·군 및 자치구에 대하여는 시·도지사가 기간을 정하여 서면으로 시정할 것을 명하고, 그 기간에 이행하지 아니하면 이를 취소하거나 정지할 수 있다.
③ 지방자치단체의 장이 법령의 규정에 따라 그 의무에 속하는 국가위임사무나 시·도위임사무의 관리와 집행을 명백히 게을리하고 있다고 인정되면 시·도에 대하여는 주무부장관이, 시·군 및 자치구에 대하여는 시·도지사가 기간을 정하여 서면으로 이행할 사항을 명령할 수 있다.
④ 행정안전부장관이나 시·도지사는 지방자치단체의 자치사무에 관하여 보고를 받거나 서류·장부 또는 회계를 감사할 수 있다.

03
2009 지방직 9급

「지방자치법」상의 지방자치단체에 대한 국가 및 시·도의 지도, 감독에 대한 설명 중 옳은 것만을 고른 것은?

> ㄱ. 중앙행정기관의 장이나 시·도지사는 지방자치단체의 사무에 관하여 조언 또는 권고하거나 지도할 수 있다.
> ㄴ. 중앙행정기관의 장과 지방자치단체의 장이 사무를 처리할 때 의견을 달리하는 경우 이를 협의·조정하기 위하여 행정안전부 소속으로 협의조정기구를 둘 수 있다.
> ㄷ. 지방자치단체의 사무에 관한 그 장의 명령이나 처분이 법령에 위반되거나 현저히 부당하여 공익을 해친다고 인정되면 시·도에 대하여는 주무부장관이, 시·군 및 자치구에 대하여는 시·도지사가 즉시 이를 취소하거나 정지할 수 있다.
> ㄹ. 주무부장관이나 시·도지사는 해당 지방자치단체의 장이 정해진 기간 내에 이행명령을 이행하지 아니하면 그 지방자치단체의 비용부담으로 대집행하거나 행정상·재정상 필요한 조치를 할 수 있다.

① ㄱ, ㄴ   ② ㄱ, ㄹ
③ ㄴ, ㄷ   ④ ㄷ, ㄹ

04

중앙행정기관의 장과 지방자치단체의 장이 사무를 처리할 때 의견을 달리하는 경우 이를 협의·조정하기 위하여 설치하는 기구는?

① 행정협의조정위원회
② 중앙분쟁조정위원회
③ 지방분쟁조정위원회
④ 행정협의회
⑤ 갈등조정협의회

05

자치단체 상호 간의 적극적 협력을 제고하기 위한 제도적, 비제도적 방식에 해당하지 않는 것은?

① 자치단체조합
② 전략적 협력
③ 분쟁조정위원회
④ 사무위탁

06

광역행정의 방식에 대한 설명으로 옳지 않은 것은?

① 흡수통합은 자치단체를 몇 개 폐합하여 하나의 법인격을 가진 새로운 자치단체를 신설하는 방식이다.
② 공동처리 방식은 둘 이상의 자치단체가 상호 협력관계를 형성하여 광역적 행정사무를 공동으로 처리하는 방식이다.
③ 연합은 기존의 자치단체가 각각 독립적인 법인격을 유지하면서 그 위에 광역행정을 전담하는 새로운 자치단체를 신설하는 방식이다.
④ 자치단체 간 계약은 한 자치단체가 다른 자치단체에게 일정한 대가를 받고 서비스를 제공하는 것을 말한다.

07

우리나라 지방자치단체에 대한 설명으로 옳지 않은 것은?

① 특별자치시와 특별자치도에는 자치구를 두고 있다.
② 특별시·광역시 및 특별자치시가 아닌 인구 50만 이상의 시에는 행정구를 둘 수 있다.
③ 도농복합형태의 시에서 도시의 형태를 갖춘 지역에는 동을, 그 밖의 지역에는 읍·면을 둔다.
④ 보통지방자치단체 외에 특정한 목적을 수행하기 위해 필요하면 따로 특별지방자치단체를 설치할 수 있다.

08

우리나라의 지방자치계층에 대한 설명으로 옳지 않은 것은?

① 자치계층으로 군을 두고 있는 광역시가 있다.
② 세종특별자치시의 관할구역으로 자치구를 둘 수 있다.
③ 자치계층은 주민공동체의 정책결정 및 집행의 단위로서 정치적 민주성 가치가 중요시된다.
④ 제주특별자치도는 자치계층 측면에서 단층제로 운용되고 있다.

09

지방자치단체의 계층구조에 대한 설명으로 옳지 않은 것은?

① 계층구조는 각 국가의 정치형태, 면적, 인구 등에 따라 다양한 형태를 갖는다.
② 중층제에서는 단층제에서보다 기초자치단체와 중앙정부의 의사소통이 원활하지 못할 수 있다.
③ 단층제는 중층제보다 중복행정으로 인한 행정지연의 낭비를 줄일 수 있다.
④ 중층제는 단층제보다 행정책임을 보다 명확하게 할 수 있다.

10

우리나라 지방자치제에 대한 설명으로 옳지 <u>않은</u> 것은?

① 지방자치단체의 의사를 결정하는 의결기관과 의사를 집행하는 집행기관을 이원적으로 구성하는 기관대립(분립)형이다.
② 지방분권화의 세계적 흐름에 따라 지방사무의 배분방식은 제한적 열거방식을 채택하고 있다.
③ 자치경찰제는 제주특별자치도에서 시작하여 현재 전국적으로 실시되고 있다.
④ 특별지방행정기관은 중앙행정기관이 소관 사무를 집행하기 위해 설치한 지방행정기관이며, 세무서와 출입국관리사무소는 특별지방행정기관에 해당한다.

11

지방자치단체의 기관구성에 대한 설명으로 옳지 <u>않은</u> 것은?

① 기관대립형(기관분리형)은 견제와 균형을 통해 민주적이고 합리적인 지방자치를 실시하는 방식이다.
② 기관통합형은 주민 직선으로 지방의회를 구성하고 의회의장이 단체장을 겸하는 방식이다.
③ 기관대립형(기관분리형)은 집행부와 의회의 기구가 병존함에 따라 비효율성을 줄일 수 있다는 장점이 있다.
④ 기관통합형은 의결기능과 집행기능이 통합되어 있기 때문에 지방자치행정을 기관 간 마찰 없이 안정적으로 수행할 수 있다는 장점이 있다.

12

다음 중 지방의회의 권한이 <u>아닌</u> 것은?

① 지방의회 의장에 대한 불신임의결
② 자치단체장에 대한 불신임의결
③ 행정감사 및 행정조사권
④ 자료제출요구권

13

우리나라의 지방자치제에 대한 설명으로 옳지 <u>않은</u> 것은?

① 지방자치단체의 기관구성에 있어 기관대립형 구조를 채택하고 있다.
② 주민투표제, 조례 제정·개폐 청구, 주민감사청구, 주민소송제 등을 통해 주민참여를 보장하고 있다.
③ 지방자치단체가 지방고유사무와 관련된 영역에 한해 법령의 근거 없이 스스로 세목을 개발하고 지방세를 부과·징수할 수 있다.
④ 지역 간 재정 형평성을 확보하기 위해 지방재정조정제도를 운영하고 있다.

14

지방자치단체의 사무에 관한 설명 중 가장 옳지 <u>않은</u> 것은?

① 기관위임사무에 소요되는 비용은 원칙적으로 자치단체와 위임기관이 공동으로 부담한다.
② 지방의회는 단체위임사무에 대해 조사·감사를 시행한다.
③ 예방접종에 관한 사무는 통상 자치단체에 위임된 사무로 본다.
④ 자치사무에 대한 국가의 감독에서 적극적 감독, 즉 예방적 감독과 합목적성의 감독은 배제되는 것이 원칙이다.

15

기관위임사무에 대한 설명으로 옳지 <u>않은</u> 것은?

① 법령에 의하여 국가 또는 상급지방자치단체로부터 지방자치단체의 장에게 위임된 사무를 말한다.
② 국가와 지방자치단체 사이의 행정적 책임의 소재를 명확하게 해 준다.
③ 지방자치단체를 국가의 하급기관으로 전락시키는 요인으로 작용할 수 있다.
④ 전국적으로 획일적인 행정을 강조함으로써 지방적 특수성이 희생되기도 한다.

16

다음 중 아른슈타인(Arnstein)이 분류한 주민참여 8단계론에서 비참여 단계에 해당하는 것은?

① 회유 – 권한위임
② 조작 – 자문
③ 정보제공 – 자문
④ 치료 – 조작

17

다음 중 주민의 직접적 지방행정 참여제도와 가장 거리가 먼 것은?

① 주민소환제도
② 주민감사청구제도
③ 주민협의회제도
④ 주민참여예산제도

18

현행 「지방자치법」에 규정된 주민참여제도로 옳지 않은 것은?

① 조례의 제정 및 개폐 청구제도
② 주민의 감사청구제도
③ 주민소환제도
④ 주민참여예산제도

19

우리나라 지방자치단체 주민투표제도에 대한 설명으로 가장 옳은 것은?

① 1994년 「지방자치법」 개정에서 도입된 이래 지금까지 시행되고 있다.
② 주민투표에 부쳐진 사항은 법에서 정한 경우를 제외하고는 주민투표권자 총수의 4분의 1 이상의 투표와 유효투표 수 과반수의 득표로 확정된다.
③ 지방자치단체의 장은 주민 또는 지방의회의 청구에 의한 경우가 아닌 자신의 직권으로 주민투표를 실시할 수 없다.
④ 일반 공직선거와 마찬가지로 외국인은 어떠한 경우에도 주민투표에 참여할 수 없다.

20

우리나라의 주민참여제도에 대한 연결로 옳지 않은 것은?

① 주민투표제도 – 주민에게 과도한 부담을 주거나 중대한 영향을 미치는 지방자치단체의 주요 결정사항으로서, 그 지방자치단체의 조례로 정하는 사항을 주민이 직접 결정하는 제도이다.
② 주민참여예산제도 – 법령이 정하는 절차에 따라 수렴된 주민의 의견을 검토하고, 그 결과를 예산편성에 반영하지 않을 수도 있다.
③ 주민발의제도 – 주민이 직접 조례의 제정 및 개폐를 청구할 수 있는 제도로, 주민은 지방자치장에게 이를 청구하게 되어 있다.
④ 주민소환제도 – 주민은 그 지방자치단체의 장 및 지방의회의원을 소환할 수 있다. 단, 비례대표의원은 제외된다.

21 2015 서울시 9급

우리나라의 주민직접참여제도에 대한 다음 설명 중 가장 옳지 않은 것은?

① 주민은 해당 지방자치단체의 장에게 조례를 제정·개정하거나 폐지할 것을 청구할 수 있다.

② 지방자치단체의 장은 주민에게 과도한 부담을 주거나 중대한 영향을 미치는 지방자치단체의 주요 결정사항 등에 대하여 주민투표에 부칠 수 있다.

③ 주민은 해당 지방자치단체와 그 장의 권한에 속하는 사무의 처리가 법령에 위반되거나 공익을 현저히 해친다고 인정되면 감사를 청구할 수 있다.

④ 주민은 그 지방자치단체의 장 및 비례대표 지방의회의원을 포함한 지방의회의원을 소환할 권리를 가진다.

22 2009 서울시 7급

지방세가 갖추어야 할 요건과 그 설명이 잘못된 것은?

① 부담보편의 원칙: 동등한 지위에 있는 자에게는 동등하게 과세하고 조세감면의 폭이 너무 넓어서는 안 된다.

② 국지성(지역성)의 원칙: 지방세의 과세 객체는 가능한 한 지방자치단체 간의 이동이 적고 그 자치단체의 관할 구역 내에 국지화·지역화되어 있어야 한다.

③ 안정성의 원칙: 지방세가 지방재정의 건전성과 관련이 깊으므로 지방세는 경기변동에 민감하지 않도록 안정적으로 유지되어야 한다.

④ 응익성의 원칙: 행정주체가 제공하는 공공서비스와 주민의 담세액이라는 반대급부 사이에 대가관계가 성립되어야 한다.

⑤ 부담분임의 원칙: 지방세의 세원은 특정한 자치단체에만 편재되어서는 안 되며 지방자치단체별로 차이가 없도록 가능한 한 모든 자치단체에 골고루 분포되어 있어야 한다.

23 2013 서울시 9급

다음 중 지방세에 해당하지 않는 것은?

① 자동차세   ② 재산세
③ 등록면허세   ④ 취득세
⑤ 교육세

24 2014 서울시 9급

서울특별시에서 확보할 수 있는 자주재원으로 볼 수 없는 것은?

① 주민세   ② 담배소비세
③ 상속세   ④ 취득세
⑤ 자동차세

25 2015 지방직 9급

지방세제에 대한 설명으로 옳지 않은 것은?

① 지방소비세는 국세인 부가가치세의 일부를 일정한 기준에 따라 광역지방자치단체에 이전하는 일종의 세원공유 방식의 지방세이다.

② 지역자원시설세와 지방교육세는 목적세이다.

③ 레저세는 국세인 개별소비세와 지방세인 경주·마권세의 일부가 전환된 세목이다.

④ 지방세는 재산과세의 비중이 높으며 중앙정부의 부동산 정책과 지역경제 상황에 따라 영향을 받는다.

26

다음 중 서울특별시가 자치구에 교부하는 조정교부금의 재원이 될 수 <u>없는</u> 것은?

① 지방소득세　　　　② 담배소비세
③ 취득세　　　　　　④ 지방교육세

27

지방재정조정제도의 목적과 기능에 대한 설명으로 옳지 <u>않은</u> 것은?

① 지방자치단체 간의 수평적 재정 불균형 시정
② 국가와 지방자치단체 간의 수직적 재정 불균형 시정
③ 기본적인 공공서비스의 최저 표준 수준 보장
④ 지방채 발행을 통한 지방자치단체의 재정자율성 강화

28

다음은 「지방자치법」상 지방재정수입에 대한 설명이다. ㉠~㉢에 들어갈 용어로 옳은 것은?

(가) 지방자치단체는 공공시설의 이용에 대해 (㉠)을/를 징수할 수 있다.
(나) 지방자치단체는 그 공공시설의 설치로 주민의 일부가 특히 이익을 받으면 이익을 받는 자로부터 (㉡)을/를 징수할 수 있다.
(다) 지방자치단체는 그 지방자치단체의 사무가 특정인을 위한 것이면 그 사무에 대하여 (㉢)을/를 징수할 수 있다.

	㉠	㉡	㉢
①	수수료	사용료	분담금
②	분담금	수수료	사용료
③	공동시설세	재산세	사업소세
④	사용료	분담금	수수료

29

우리나라 특별교부세의 교부에 대한 설명으로 가장 옳은 것은?

① 기준재정수요액의 산정방법으로는 파악할 수 없는 지역현안에 대한 특별한 재정수요가 있는 경우에는 특별교부세 재원의 100분의 50에 해당하는 금액을 교부한다.
② 국가적 장려사업, 국가와 지방자치단체 간에 시급한 협력이 필요한 사업 등 특별한 재정수요가 있을 경우에는 특별교부세 재원의 100분의 10에 해당하는 금액을 교부한다.
③ 행정안전부장관은 지방자치단체의 장의 신청이 있는 경우에 한하여 이를 심사하여 특별교부세를 교부할 수 있다.
④ 보통교부세의 산정기일 후에 발생한 재난을 복구하거나 재난 및 안전관리를 위한 특별한 재정수요가 생기거나 재정수입이 감소한 경우에는 특별교부세 재원의 100분의 40에 해당하는 금액을 교부한다.

30

2021년 현행 법령상 지방교부세에 관한 설명으로 옳은 것은?

① 경기도는 주민들에게 소방안전교부세를 부과할 수 있다.
② 울산광역시는 특별교부세가 교부될 수 없다.
③ 인천광역시는 부동산교부세가 교부될 수 없다.
④ 세종자치시는 주민들에게 분권교부세를 부과할 수 있다.

31

주민참여예산제도에 대한 설명으로 옳지 <u>않은</u> 것은?

① 지방자치단체의 장은 주민참여예산제도를 통하여 수렴한 주민의 의견서를 지방의회에 제출하는 예산안에 첨부하여야 한다.
② 주민참여예산기구의 구성·운영과 그 밖에 필요한 사항은 해당 지방자치단체의 조례로 정한다.
③ 2011년 「지방자치법」의 개정으로 모든 지방자치단체가 의무적으로 이행해야 하는 제도가 되었다.
④ 행정안전부장관은 지방자치단체의 재정적 여건을 고려하여 지방자치단체별 주민참여예산제도의 운영을 평가할 수 있다.

찾아보기

삶의 순간순간이
아름다운 마무리이며
새로운 시작이어야 한다.

– 법정 스님

여러분의 작은 소리
에듀윌은 크게 듣겠습니다.

본 교재에 대한 여러분의 목소리를 들려주세요.
공부하시면서 어려웠던 점, 궁금한 점,
칭찬하고 싶은 점, 개선할 점, 어떤 것이라도 좋습니다.

에듀윌은 여러분께서 나누어 주신 의견을
통해 끊임없이 발전하고 있습니다.

에듀윌 도서몰 book.eduwill.net
• 부가학습자료 및 정오표: 에듀윌 도서몰 → 도서자료실
• 교재 문의: 에듀윌 도서몰 → 문의하기 → 교재(내용, 출간) / 주문 및 배송

2025 에듀윌 7·9급공무원 기본서 행정학: 필수편

발 행 일	2024년 6월 20일 초판
편 저 자	남진우
펴 낸 이	양형남
펴 낸 곳	(주)에듀윌
등록번호	제25100-2002-000052호
주 소	08378 서울특별시 구로구 디지털로34길 55 코오롱싸이언스밸리 2차 3층

www.eduwill.net
대표전화 ·············· 1600-6700

에듀윌에서 꿈을 이룬
합격생들의 진짜 합격스토리

에듀윌 강의·교재·학습시스템의 우수성을
합격으로 입증하였습니다!

김○은 국가직 9급 일반행정직 최종 합격

에듀윌만의 탄탄한 커리큘럼 덕분에 공시 3관왕 달성

혼자서 공부하다 보면 지금쯤 뭘 해야 하는지, 내가 잘하고 있는지 걱정이 될 때가 있는데 에듀윌 커리큘럼은 정말 잘 짜여 있어 고민할 필요 없이 그대로 따라가면 되는 시스템이었습니다. 커리큘럼이 기본이론-심화이론-단원별 문제풀이-기출 문제풀이-파이널로 풍부하게 구성되어 인강만으로도 국가직, 지방직, 군무원 3개 직렬에 충분히 합격할 수 있었습니다. 혼자 공부하다 보면 내 위치를 스스로 가늠하기 어려운데, 매달 제공되는 에듀윌 모의고사를 통해서 제 수준이 어느 정도인지 파악할 수 있어서 좋았습니다.

신○은 국가직 9급 일반행정직 최종 합격

에듀윌 교수님들의 열정적인 강의는 업계 최고 수준!

에듀윌 교수님들의 강의가 열정적이어서 좋았습니다. 타사의 유명 행정법 강사분의 강의를 잠깐 들은 적이 있었는데, 그분이 기대만큼 좋지 못해서 열정적인 강의의 에듀윌로 돌아온 적이 있습니다. 그리고 수험생들은 금전적으로 좀 어려움이 있을 수밖에 없는데 에듀윌이 타사보다는 가격 대비 강의가 매우 뛰어나다고 생각합니다. 에듀윌 모의고사도 좋았습니다. 내가 맞혔는데 남들이 틀린 문제나, 남들은 맞혔는데 내가 틀린 문제를 분석해줘서 저의 취약점을 알게 되고, 공부 방법에 변화를 줄 수 있는 계기를 마련해 줍니다. 에듀윌의 꼼꼼한 모의고사 시스템 덕분에 효율적인 공부를 할 수 있었습니다.

김○경 지방직 9급 사회복지직 최종 합격

초시생도 빠르게 합격할 수 있는 에듀윌 공무원 커리큘럼

에듀윌 공무원 커리큘럼은 기본 강의, 심화 강의, 문제풀이 강의가 참 적절하게 배분이 잘 되어 있었어요. 그리고 제가 공무원 시험에 대해서 하나도 몰랐는데 커리큘럼을 따라만 갔는데 바로 시험을 치를 수 있는 실력이 만들어진다는 것이 너무 신기한 경험이었습니다. 에듀윌 공무원 교재도 너무 좋았습니다. 기본서가 충실하게 만들어져 있어서 기본서만 봐도 기초를 쌓을 수 있었습니다. 그리고 기출문제집이나 동형 문제집도 문제 분량이 굉장히 많았어요. 가령, 기출문제집의 경우 작년에 7개년 기출문제집이라서 올해도 7개년 기출문제집인줄 알았는데 올해는 8개년 기출문제로 확장되었더라고요. 이러한 꼼꼼한 교재 구성 덕분에 40대에 공부를 다시 시작했음에도 빠르게 합격할 수 있었어요.

다음 합격의 주인공은 당신입니다!

더 많은
합격스토리

합격자 수 2,100% 수직 상승!
매년 놀라운 성장

에듀윌 공무원은 '합격자 수'라는 확실한 결과로 증명하며
지금도 기록을 만들어 가고 있습니다.

합격자 수
2,100%
수직 상승

2017 2018 2019 2020 2021 2022

합격자 수를 폭발적으로 증가시킨 합격패스

합격 시 수강료 100% 환급	+	합격할 때까지 평생 수강	+	교재비 부담 DOWN 에듀캐시 지원

※ 환급내용은 상품페이지 참고. 상품은 변경될 수 있음.

상품
페이지

* 2017/2022 에듀윌 공무원 과정 최종 환급자 수 기준

2025

에듀윌
7·9급공무원
행정학 | 필수편

정답과 해설

eduwill

2025

에듀윌
7·9급공무원
행정학 | 필수편

2025
에듀윌 7·9급 공무원
기본서 정답과 해설

행정학 필수편

PART Ⅰ. 행정학 기초이론

CHAPTER 01 | 행정의 개념 본문 P.18

01	②	02	②	03	④	04	①	05	②
06	①	07	①	08	④	09	③	10	①
11	④	12	①	13	②	14	①	15	①
16	④	17	④	18	③	19	④	20	①
21	②	22	③	23	①	24	②	25	②
26	④	27	①	28	①	29	③	30	③
31	①	32	①	33	③	34	④	35	②
36	①	37	③	38	③	39	③	40	③
41	①	42	④						

01 ②
시장실패에 대한 대응으로 나타난 큰 정부는 규제를 강화하고 사회보장, 의료보험 등 사회정책을 펼침으로써, 정부의 적극적 역할을 강조하였으며, 이러한 이유로 정부의 크기가 커졌다. 즉, 큰 정부는 규제를 강화하고, 작은 정부는 규제를 완화한다.

02 ②
| 오답해설 | ① 보수주의자는 기본적으로 정부를 불신하며 자유시장을 신봉한다.
③ 신자유주의가 등장하면서 큰 정부에서 작은 정부로의 전환이 이루어졌다.
④ 1930년대 대공황을 겪으면서 최대의 정부가 최선의 정부라는 신념이 중요시되었다.

03 ④
하이에크(Hayek)는 「노예의 길」에서 국가기획을 비판하고 작은 정부를 강조하였다. 하이에크는 국가기획제도를 도입하면 ㉠ 의회제도의 파괴 및 무력화 초래, ㉡ 시민의 자유와 권리의 침해, ㉢ 이질성, 복합성, 융통성이 없는 극히 단조로운 경제사회의 탄생 등으로, 자유 민주주의 국가들이 전체주의 국가로 전락할 것이라고 경고하였다. 반면 파이너(Finer)는 「반동에의 길」이라는 저서에서 시민의 자유와 권리를 보장하는 기획이 가능하며, 자본주의의 균형 있는 발전 및 질서가 있는 현대사회로 발전하기 위해서는 국가기획의 도입은 불가피하고 타당한 것이라고 역설하였다.

04 ①
진보주의는 적극적 자유를 선호한다.

05 ②
자유시장에 대한 신념은 보수주의의 특징이다.

06 ①
조세 감면 확대는 보수주의 정부에서 선호하는 정책이다.

07 ①
정치·행정 이원론은 정당정치(엽관주의)의 개입으로부터 자유로운 행정 영역을 강조하였다.
| 오답해설 | ② 1930년대 뉴딜 정책은 정치·행정 일원론이 등장하게 된 중요 배경이다.
③ 과학적 관리론과 행정개혁운동은 정치·행정 이원론이 등장하게 된 중요 배경이다.
④ 정치·행정 이원론을 대표하는 굿노우(Goodnow)는 정치와 행정이 단절적이라고 보았다. 반면, 애플비(Appleby)는 정치와 행정의 관계는 정합·연속·순환적이기 때문에 양자를 구별하는 것은 적절하지 않다고 주장하였다. 애플비는 정치·행정 일원론의 대표적인 학자이다.

08 ④
대공황 이후 각종 사회문제를 해결하기 위해서 행정의 정책결정·형성 및 준입법적 기능수행을 정당화한 것은 정치행정이원론이 아니라 정치행정일원론이다.

09 ③
정치로부터 행정의 독자성을 강조하면서 과학적 관리법에 기반한 행정관리론적 관점을 지지한다. 즉 정치행정이원론과 관련이 있는 것은 과학적 관리법과 행정관리론이며, 행태주의는 정치행정 새이원론과 관련이 있다.

10 ①
19세기 이후 엽관제의 비효율 극복을 위해 진보주의 운동과 행정의 탈정치화를 강조한 정치·행정 이원론은 윌슨(Wilson)의 주장에 해당한다. 잭슨(Jackson) 대통령은 엽관제를 도입하였다.

11 ④
윌슨(Wilson)은 「행정의 연구(The Study of Administration)」에서 행정의 영역(field of administration)을 비즈니스의 영역(field of business)으로 규정하고, 행정의 본질을 집행의 효과성을 높이는 것으로 파악하고 있으며, 근본적으로 효율적인 정부가 되어 돈과 비용을 덜 들여야 한다고 주장하였다. 즉, 행정의 본질을 의사결정과 이에 따른 집행의 효과성을 높이는 것이 아니라, 결정된 정책을 효율적으로 집행하는 것으로 파악하였다.

12 ①

정치·행정 일원론은 행정국가(경제대공황)의 등장과 연관성이 깊다.

|오답해설| ② 윌슨(Wilson)의 「행정연구」는 정치·행정 이원론의 등장에 공헌하였다.

③ 정치는 의사결정의 영역이고, 행정은 결정된 내용을 집행한다고 보는 것은 정치·행정 이원론이다.

④ 행정은 경영과 비슷해야 하며, 행정이 지향하는 가치로 절약과 능률을 강조한 것은 정치·행정 이원론(행정관리설)이다.

13 ②

제시된 역사적 사실들은 미국사회의 경제적·사회적 위기를 극복하기 위한 것으로, 행정부의 사회적 가치배분권을 강조하는 계기가 되었다.

14 ①

|오답해설| ② 행태주의의 연구초점은 '사실'과 '가치' 중 '사실'에 있다고 하였다.

③ 해석학을 강조한 반(反) 실증주의에서 출발한 것은 후기 행태주의이다.

④ 세이어(Sayre)의 법칙은 행정과 경영은 중요하지 않은 면에서만 닮았다는 이론이다. 이는 공·사행정 이원론, 정치·행정 일원론을 강조한 것으로 행정학의 기술성을 강조하였다. 따라서 행태주의와는 대립적인 주장에 해당한다.

15 ①

발문은 발전행정론에 관한 설명이다.

16 ④

적극적 기능 수행과 행정입법의 확대를 지지하는 입장은 행정의 정치성, 공공성을 강조하는 정치·행정 신일원론이다.

17 ④

행정은 정치적 환경 속에서 이루어지기 때문에 정치과정과 밀접하게 연결되어 있다.

18 ③

행정은 사적 이익보다는 공익 추구를 목적으로 한다.

19 ④

행정의 수행은 정치권력을 배경으로 하지만, 공공서비스의 생산 및 공급을 정부가 독점하지는 않는다.

20 ①

정치·행정 이원론은 행정관리의 능률성을 이념으로 한다. 나머지는 정치·행정 일원론에 대한 내용이다.

21 ②

정해진 약속에 따라 규칙적으로 사무를 집행하는 것은 행정의 관리적 성격이다.

22 ③

|오답해설| ㄴ. 정치는 민주성을 확보하는 과정인 데 반해 행정은 효율성을 확보하는 과정이다.

ㄹ. 1960년대 발전행정론이 대두하면서 기존의 정치우위론과 대비되는 행정우위론의 입장에서 새 일원론이 제기되었다.

23 ①

오늘날 전세계적인 정부개혁으로 인해 행정과 경영 간의 유사성이 커지게 되었다.

24 ②

행정의 특징에 해당한다. 경영은 직접적인 법적 규제가 적용되지 않는다.

25 ②

관료제적 성격은 행정(공행정)과 경영(사행정)의 유사점에 해당한다.

26 ④

효과적인 업무수행을 위한 관리성은 행정과 경영의 공통점에 해당한다.

27 ④

행정은 엄격한 법적 규제를 받지만, 경영은 행정에 비해 법적 규제가 상대적으로 덜 엄격하다.

28 ③

대다수 공조직은 복수의 목표를 가지고 있다. 즉, 대부분의 공공조직은 공익이라는 추상적이면서 복수의 목표를 가지고 있다. 따라서 정치변동에 따라 목표의 변동이 발생할 수 있으며, 상반된 집단과 기관들은 목표를 각기 다르게 해석할 수 있다.

29 ①

지원자와 규제자에 속하지 않는 정부유형은 자유방임주의형이다.

30 ③

치안, 국방, 과세, 외교 등은 국가운영의 기본적, 전통적, 소극적, 필수적 기능이며, 교육은 현대적, 적극적 기능에 해당한다.

31 ①

사회질서 유지기능은 고전적·소극적 기능이며, 나머지는 현대적·적극적인 기능이다.

32 ①

발문은 사회적 기능에 해당한다.

33 ③

성질에 따른 정부의 기능은 규제기능, 조장 및 지원기능, 중재 및 조정기능으로 구분된다. 사회기능은 활동영역에 따른 분류에 해당한다.

34 ④

조장 및 지원기능은 정부가 직접 사업의 주체가 되기도 하는 기능이다.

35 ②

평가 및 환류는 현대적 행정과정에 속한다.

36 ①

굴릭(Gulick)의 POSDCoRB는 고전적인 행정관의 대표적인 모형으로, 하향적 조직과정이다.

37 ④

Segments가 아니라 Staffing(인사)이다.

38 ③

Co는 조정(Coordinating)을 의미한다.

39 ③

1930년대 굴릭(Gulick)이 제시한 기본행정이론에 시대적 요구에 따라 1970년대 폴랜드(Poland)가 추가시킨 이론 분야는 평가(Evaluating)이다. 폴랜드는 굴릭의 POSDCoRB에 평가(Evaluation)의 첫 문자인 E를 포함시켜 POSDECoRB를 주장하였다.

40 ③

행정의 3대 변수는 구조, 인간, 환경이다. 즉, 행정현상을 연구함에 있어 합리적 구조의 편제, 구성원의 동기부여, 외부환경의 변화에 대한 능동적 대응을 중심으로 행정현상에 관한 연구가 이루어졌다.

41 ①

발전행정론은 변화와 발전을 주도하는 발전인(인간)이라는 변수를 강조한다.

42 ④

체제론과 생태론은 조직 외부환경의 분석을 강조한 접근방법이다.

CHAPTER 02 | 현대행정의 변천									본문 P.32
01	②	02	④	03	③	04	③	05	④
06	①	07	③	08	③	09	④	10	⑤
11	①	12	①	13	①	14	①	15	①
16	③	17	③	18	①	19	②	20	①
21	③	22	③	23	③	24	②	25	①
26	③	27	③	28	④	29	④	30	③
31	④	32	②	33	②	34	⑤	35	①
36	①	37	②	38	③	39	②	40	②
41	①	42	②	43	①	44	④	45	④
46	⑤	47	②	48	③	49	③	50	①
51	④	52	①	53	④	54	④	55	②
56	④	57	③	58	④	59	③	60	⑤
61	④	62	②	63	④	64	①	65	②
66	④	67	③	68	④	69	①	70	④
71	④	72	②	73	④	74	②	75	②
76	①	77	④	78	②	79	①	80	④
81	①	82	①	83	①	84	①	85	①
86	②	87	④	88	①	89	④	90	④
91	①	92	②	93	①	94	④	95	②
96	④	97	④	98	②	99	①	100	③
101	①	102	①						

01 ②

'보이지 않는 손(invisible hand)'이란 스미스(Smith)가 『국부의 원인과 성질에 관한 연구(국부론)』라는 책에서 사용한 개념으로, 시장의 '균형가격'을 의미한다. 시장경제체제는 가격경쟁에 의해서 자원배분이 이루어지며 완전경쟁시장의 요건을 갖추면 한정된 자원이 '효율적'으로 배분이 된다. 따라서 이때 정부는 '최소의 정부가 최선의 정부'이며 정부의 역할은 지극히 한정되어 소정부주의가 나타난다. 반면, 공유지의 비극(the tragedy of the commons)이나 죄수의 딜레마(prisoner's dilemma)는 각자가 개인의 이기심에 의해서 행동할 때 전체적으로 바람직하지 않은 결과가 나타난다는 시장실패를 의미하고 이에 따라 정부의 개입이 요구된다는 것이다.

02 ④

|오답해설| 머스그레이브(Musgrave)는 재정의 3대 기능으로 자원배분의 효율성(①), 소득분배의 형평성(②), 경제안정(③)을 제시하였다.

03 ③

재정의 3대 기능 중 공공재 공급이나 외부효과의 해결이라는 자원배분 기능에 관한 것이다.

04 ③

예산의 경제적 기능이 아니라 행정적 기능을 의미한다.

05 ④

예산분배의 경제적 원리는 자원배분의 효율성을 추구한다. 즉, 파레토 최적을 추구한다.

06 ①

민영화를 강조하는 작은 정부론은 시장실패가 아니라 정부실패에 대한 대응으로 제기되었다. 반면 정부의 시장개입 및 규제를 강조하는 큰 정부론은 시장실패에 대한 대응으로 제기되었다.

07 ③

공공조직의 내부성(internalities)은 정부실패의 원인이다.

08 ③

X-비효율성은 정부실패의 원인이다.

09 ④

정부의 시장규제는 시장실패의 결과에 해당한다.

10 ⑤

계약에 의한 민간위탁은 정부실패의 극복방안이다.

11 ①

공공재는 비배제성으로 인해 소비자 선호에 따른 배분이 곤란하다.

12 ①

국방, 외교와 같은 공공재는 생산과 소비가 동시에 일어나며, 축적(저장)이 불가능하다는 특징을 갖는다.

13 ①

외부효과와 같은 시장실패가 발생할 때 공공부문이 시장에 개입한다.

14 ①

정부 간 외부성이란 정부 간 기능 면에서 비용과 편익의 범위가 불일치하는 현상을 의미한다.

15 ①

개별 지방정책의 비중을 높이면 인근의 지방정부가 영향을 받게 되므로 오히려 외부성의 문제를 야기할 수 있다.

16 ③

사회구성원에게 일정 수준까지 공급되어야 바람직하다고 판단되는 것은 가치재로, 사적재에 해당한다.

17 ③

요금재(toll goods)는 배제성으로 인해 시장경제체제에서 공급이 가능하나, 일부 요금재(망산업, network industries)는 규모의 경제에 따른 자연독점이 발생할 수 있는 문제 때문에 정부가 공급한다.

18 ①

A는 사적재(구두), B는 공유재(해저광물), C는 요금재(고속도로), D는 공공재(등대)에 해당한다.

19 ②

제시문은 공유자원(common pool resources)의 비극에 관한 내용이다.

20 ①

〈보기〉의 사례는 공유지의 비극(tragedy of the commons)에 대한 설명이다. 무임승차자 문제는 공공재와 관련이 있다.

21 ③

공유지의 비극은 경합성과 비배제성이 있는 재화의 소비에서 발생하는 현상이다.

22 ③

공유지의 비극은 부의 외부효과(해로운 외부성)의 대표적인 예이다.

23 ③

하딘(Hardin)은 「The Tragedy of the Commons」라는 논문에서 인구 폭발이 인류의 생존 그 자체를 위협하는 결과를 가져올지 모른다는 것을 경고하면서 '공유(지)의 비극'이라는 표현을 사용하였다.

24 ②

발문은 코즈의 정리에 관한 설명이다.

25 ①

당사자의 수가 무수히 많으면 협상비용이 많이 소요될 뿐만 아니라 협상 자체가 이루어지기가 어렵다.

26 ③

발문은 정부규제에 관한 설명이다.

27 ③

외부불경제에서 나타나는 문제에 대응하기 위해 정부는 규제를 한다.

28 ④

불완전경쟁에 대해서는 정부규제로 대응할 수 있다.

29 ④

불완전경쟁에 대해서는 정부규제로 대응할 수 있다.

30 ③

자연독점에 대한 정부의 대응방식은 공적 공급 또는 정부규제이다.
| 오답해설 | ① 공공재의 존재에 대한 정부의 대응방식은 직접적인 공적 (公的) 공급이다.
② 외부효과의 발생에 대한 정부의 대응방식은 공적 유도(정부 보조금) 또는 정부규제이다.
④ 정보의 비대칭성에 대한 정부의 대응방식은 공적 유도 또는 정부규제이다.

31 ④

사회복지의 확충은 발전도상국보다는 선진국의 행정기능 확대와 관련이 있다.

32 ②

시장실패에 따라 정부가 시장에 적극적으로 개입하면서 행정사무가 양적으로 증가하고 질적으로 전문화·복잡화되고, 행정부가 상대적 우위를 점하는 행정국가가 등장하였다. 따라서 현대 행정국가는 행정기능이 더욱 적극화·복잡화되었다.

33 ②

행정기구의 확대 및 공무원 수의 증가는 현대행정의 기능적·질적 특징이 아니라 구조적·양적 특징에 해당한다.

34 ⑤

|오답해설| ① 공무원 팽창의 법칙을 주장한 학자는 파킨슨(Parkinson)이다.
② 우리나라 공무원 정원은 정부의 성격에 따라 증감해 왔다.
③④ '부하배증의 법칙'과 '업무배증의 법칙'의 순환과정을 통해, 우리나라를 비롯해 대부분의 국가에서 공무원 숫자가 증가하였다.

35 ①

관료는 본질적인 업무가 증가하지 않아도 파생적인 업무로 인하여 부하 직원을 충원하려는 경향을 가진다.

36 ①

현대 행정국가의 두드러진 특징 가운데 하나는 행정이 전문화된다는 것이다. 이에 따라 외부통제가 약화되고 행정의 재량권의 행사가 확대되었다. 그런데 행정재량권의 확대는 재량권의 오·남용의 가능성이 커지며 이에 따라 내부통제가 중시되는 것이다.

37 ②

행정국가에서는 신중앙집권현상으로 국가행정의 효율성이 높아지며, 신행정국가에서는 신지방분권현상이 나타난다.

38 ③

발문은 지대추구행위에 관한 설명이다.

39 ②

신문·방송·출판물의 윤리규제는 다수의 정치에 해당한다.

40 ②

제시문은 윌슨(Wilson)의 규제정치 유형 중 고객정치에 관한 설명이다. 고객정치 상황에서는 정부규제로 발생하게 될 비용은 상대적으로 작고 이질적인 불특정 다수에게 부담이 되나, 편익은 크고 동질적인 소수에 귀속된다. 고객정치 상황에서 상당한 이익을 얻을 수 있는 소수집단은 정치조직화하여 편익이 자신들에게 제도적으로 보장될 수 있도록 정치적 압력을 행사한다. 고객정치 상황에서는 정부관료제가 소수집단의 이익을 대변하는 포획현상과 지대추구행위가 나타나며, 정부관료제가 다수의 비용으로 소수집단의 이익을 대변하는 역할을 수행하게 된다. 즉, 로비활동이 가장 강하게 발생한다.

41 ①

교통체증 완화를 위한 차량 10부제 운행은 '교통소통 원활'이라는 규제의 편익이 다수에게 분산되며, '차량운행 제한에 따른 불편'이라는 규제의 비용도 다수에게 분산되기 때문에 윌슨(Wilson)이 제시한 규제정치이론의 네 가지 유형 중 대중정치에 해당한다.

42 ②

규제피라미드는 규제가 또 다른 규제를 낳은 결과 피규제자의 비용 부담이 점점 늘어나게 되는 상황을 의미한다. 즉, 어떤 하나의 규제가 시행된 결과, 원래 규제설계 당시에는 예기하지 못한 또 다른 문제점이 나타나게 되면 규제기관은 그 문제의 해결을 위해 또 다른 규제를 하게 됨으로써 결국 규제가 규제를 낳는 결과를 초래하는 타르 베이비 효과(tar-baby effect)와 관련이 있다.
|오답해설| ①③④⑤ 규제의 역설(regulatory paradox)에 관한 설명이다.

43 ①

제시문은 규제가 규제를 낳는 결과를 초래하는 타르 베이비 효과(tar-baby effect)에 관한 설명이다.

44 ④

바그너(Wagner)는 경제성장에 따라 국민총생산(GNP)에서 공공지출의 비중이 높아진다는 공공지출증가의 법칙(law of increasing state spending)을 주장하였다. 이를 바그너 법칙(Wagner's Law)이라고도 한다. 독일 경제학자 아돌프 바그너가 처음 제시한 법칙으로, 경제가 발전할수록 국민이 복지 향상에 관심을 크게 가지게 되고, 그에 따라 투표권 행사 등을 통해 국민의 요구가 커지면 국민총생산 대비 공공지출의 비중이 증가한다는 법칙을 발견했다.

45 ④

니스카넨(Niskanen)은 관료들이 자신들의 권력 극대화를 위해 필요 이상으로 자기 부서의 예산을 추구함에 따라 정부 예산이 지속적으로 증가한다고 주장한다. 반면, 파킨슨(Parkinson)은 관료들이 자신들의 권력 극대화를 위해 필요 이상으로 부하의 수를 늘려 공무원의 수가 지속적으로 증가한다고 주장한다.

46 ⑤

(ㄱ)에 해당하는 것은 리바이어던(leviathan) 가설에 해당한다. 리바이어던 가설은 공공부문의 총체적 규모가 정부의 조세 및 지출 권한의 분권화와 반비례해 변화된다는 것을 말한다. 정부를 규모와 조세의 극대화를 추구하는 괴물(리바이어던)로 보며, 정부 규모의 팽창을 억제하기 위해서는 조세와 정부 지출 권한을 분권화해야 한다고 주장한다. 이는 공공지출에 대한 통제 권한이 집중화될 경우, 정치인·관료·로비스트들의 선호가 재정정책에 반영됨으로써 정부의 재정지출이 늘어나고 규모가 과도하게 팽창하게 된다는 것을 의미한다.
|오답해설| ① 로머와 로젠탈(Tomas Romer & Howard Rosenthal)의 회복수준이론은 중위투표자 정리를 비판한 이론이다. 즉, 예산은 중위투표자가 선호하는 수준에서 결정되는 것이 아니라 극단적 형식으로 결정된다는 것이다. 예산안은 다수결의 원리에 따라 통과 또는 기각되는데, 예산안이 기각되면 공공지출은 회복수준(reversion level)으로 결정된다. 회복수준은 예산안이 기각되었을 경우 복귀하는 지출수준을

의미하며, 가장 대표적인 회복수준은 전년도 지출수준이다. 반면, 회복수준의 공공서비스 수준이 낮다면 높은 수준의 공공지출을 수용하게 되면서 결국 예산은 팽창되게 된다는 것이다.

② 파킨슨(Cyril N. Parkinson)의 법칙은 영국의 해군성에 대한 실증적 연구를 통해 공무원의 수는 본질적 업무량의 증가와 관계없이 파생적 업무로 인해 공무원 수가 증가(연평균 5.75%)한다는 이론이다. 상승하는 피라미드의 법칙이라고도 한다.

③ 니스카넨(William Niskanen)의 예산극대화 가설은 관료의 소속 부서의 예산극대화 추구 성향으로 인해 적정 예산 규모를 초과하는 과다지출이 이루어져 정부낭비가 발생한다는 이론이다.

④ 지대추구이론은 정부가 시장에 개입하여 경쟁을 제한하거나 독점상황을 만들었을 때, 이러한 독점적 상황을 유지하기 위한 이익집단들의 행위를 말한다. 경쟁체제라면 기술개발 등에 투자하였을 자금을 정부에 대한 로비 등 비생산적인 용도에 사용하여 사회적 낭비와 손실이 발생하게 되는 현상을 의미한다.

47 ②
비용의 증가가 아니라 비용 감소, 수익 증가(규모의 경제에 따른 자연독점)이다.

48 ①
환경오염에 대한 부담금 부과는 간접규제정책이다.

49 ③
경제적 규제는 기업의 본원적 활동(기업설립, 가격결정 등)에 관한 규제이다. 반면 사회적 규제는 기업의 사회적 행동(사회적 영향을 야기하는 기업행동, 환경오염 등)에 대한 규제를 말한다.

50 ①
사회적 규제는 명령지시적 방법이 시장유인적인 자율적 방법보다 효과적이다.

51 ④
진입규제는 경제적 규제이며, 나머지는 사회적 규제이다.

52 ①
정부가 특정한 사회문제 해결에 대한 목표달성 수준을 정하고 피규제자에게 이를 달성할 것을 요구하는 것은 성과(산출)규제이다.

53 ④
수단규제는 ⓑ - ②, 성과규제는 ⓐ - ③, 관리규제는 ⓒ - ①이다.

구분	규제 사례	규제의 특징
수단규제	작업장 안전 확보를 위한 안전 장비 착용 규제	투입규제
성과규제	개발 신약에 대한 허용 가능한 부작용 발생 수준 규제	산출규제
관리규제	식품안전성 확보를 위한 식품위해요소 중점관리기준(HACCP) 규제	과정규제

54 ④
| 오답해설 | ㄱ. 네거티브(negative) 규제가 포지티브(positive) 규제보다 자율성을 더 보장해 준다.

55 ②
네거티브 규제는 '원칙 허용', '예외 금지'를 의미하는 것으로, 명시적으로 금지하는 것 이외에는 모든 것을 자유로이 할 수 있다. 따라서 네거티브 규제방식은 포지티브 규제방식에 비해 피규제자의 자율성을 더 보장한다.

56 ④
대통령 소속으로 규제개혁위원회를 두고 있다.

57 ③
규제영향분석은 규제를 신설하거나 강화(규제의 존속기한 연장 포함)하고자 할 때 작성하는 것이다.

58 ④
규제영향분석제도는 규제의 편익보다 규제의 비용에 주안점을 둔다.

59 ③
하딘(Hardin)의 공유의 비극(tragedy of common goods)은 시장실패에 해당한다.

60 ⑤
선거를 의식한 정치인의 시간할인율(time discount rate)은 사회의 시간할인율에 비해 높게 나타나는 경향이 있기 때문에 단기적 이익과 손해의 현재가치를 높게 평가한다.

61 ④
작은 정부의 등장을 지지하게 된 이론적 배경은 정부실패이다. 외부효과는 큰 정부의 등장을 지지하게 된 이론적 배경인 시장실패의 원인에 해당한다.

62 ②
경제활동에 영향을 주는 외부불경제는 시장실패의 요인에 해당한다.

63 ④
관료가 부서의 확장에만 집착하는 것을 의미하는 것은 외부성(externalities)이 아니라 내부성(internalities)이다.

64 ①
정부가 가진 권력을 통해 불평등한 분배가 이루어지는 현상은 '지대추구'를 의미한다. 'X-비효율성'은 독점으로 인해 경쟁압력이 없을 때 최선의 노력을 다하지 않아 최소비용이 실현되지 않는 낭비요소를 말한다.

65 ④
정부실패는 관료나 정치인들의 이기심과 같은 개인적 요인뿐 아니라, 정부라는 공공조직에 내재하는 X-비효율성과 같은 구조적 요인 때문에도 발생한다.

66 ④

제시문은 파생적 외부효과에 관한 설명이다. 파생적 외부효과는 시장실패를 교정하기 위한 목적에서 이루어지는 정부개입이 또 다른 문제(비의도적 파급효과와 부작용)를 낳게 되는 현상을 말하며, 정부실패의 원인에 해당한다.

67 ③

파생적 외부효과로 인해 정부실패가 발생할 경우, 이를 교정하기 위한 방법으로 정부보조 삭감이나 규제완화를 추진한다.

68 ④

권력의 편재에 대한 방안으로 민영화, 규제완화 등이 있다.

69 ①

복지국가의 공공서비스 공급 접근방법은 민간부문을 조정·관리·통제하는 공공서비스 기능이 강조된다. 나머지는 기업주의 국가의 공공서비스에 해당한다.

70 ④

작고 효율적인 정부를 구현하기 위해서는 정부규제를 완화해야 한다.

71 ④

자본예산제도는 불황타개를 위해 공채발행을 통하여 적자재정을 운영하는 제도로서, 정부규모의 축소와는 거리가 멀다. 세계대공황의 극복과정에서 자본예산제도가 사용되면서 정부의 규모가 확대되었다.

72 ③

위원회 설치는 감축관리와 무관하다. 오히려 불필요한 위원회를 폐지하는 것이 감축관리에 해당한다.

73 ④

책임경영 방식은 민간위탁 방법에 해당하지 않는다.

74 ②

행정기관은 법령으로 정하는 바에 따라 그 소관사무 중 조사·검사·검정·관리 업무 등 국민의 권리·의무와 직접 관계되지 아니하는 사무를 지방자치단체가 아닌 법인·단체 또는 그 기관이나 개인에게 위탁할 수 있다. 따라서 비영리단체는 민간위탁의 대상이 될 수 있다.

> 「정부조직법」
> 제6조【권한의 위임 또는 위탁】③ 행정기관은 법령으로 정하는 바에 따라 그 소관사무 중 조사·검사·검정·관리 업무 등 국민의 권리·의무와 직접 관계되지 아니하는 사무를 지방자치단체가 아닌 법인·단체 또는 그 기관이나 개인에게 위탁할 수 있다.

75 ②

민영화의 계약방식(contracting-out)에 해당한다.

76 ①

발문은 면허 방식에 대한 설명이다.

77 ④

민간조직에게 일정 구역 내에서 공공서비스를 제공하는 권리를 인정하는 방식은 면허 방식에 해당한다.

78 ②

자원봉사는 서비스의 생산과 관련된 현금지출에 대해서만 보상받고 직접적인 보수를 받지 않으면서 정부를 위해 봉사하는 사람들을 활용하는 방식이다. 따라서 자원봉사는 간접적인 보수는 허용되지 않는다.

79 ①

서비스의 생산과 관련된 현금지출에 대해서만 보상받고 직접적인 보수는 받지 않으면서 공익을 위해 봉사하는 사람들을 활용하는 것은 자원봉사자 방식에 해당한다.

80 ④

노인돌봄서비스, 장애인활동 보조서비스 등은 전자바우처의 대표적 운영사례에 해당한다.

81 ③

바우처(voucher)제도는 공급자가 아닌 소비자에게 서비스의 선택권을 부여한다.

82 ①

바우처(voucher)제도는 수혜자에게 현금을 지원하는 대신 특정 재화나 서비스를 구매할 수 있는 쿠폰이나 포인트를 제공하는 제도이다. 따라서 살라몬(Salamon)의 행정수단 유형 분류에서 민간위탁과 같이 직접성이 매우 낮은 행정수단이다.

83 ①

㉠은 영향, ㉡은 산출, ㉢은 투입, ㉣은 결과에 해당한다.

84 ①

뉴거버넌스는 공공문제의 해결을 위해 다양한 사회구성 세력 간 네트워크를 구축하여 국정을 공동으로 이끌어 가자는 모형이다. 따라서 뉴거버넌스의 등장은 NGO의 국정참여를 촉진하는 요인이 된다.

85 ①

현대적 의미에서 시민사회는 신자유주의의 등장 및 참여 민주주의의 확산과 함께 부활하였다.

86 ②

우리나라에서는 「비영리민간단체 지원법」에 근거하여 비영리민간단체(시민단체)에 재정지원을 한다.

87 ④

등록비영리민간단체는 보조금을 받아 수행한 공익사업을 완료한 때에는 다음 회계연도 1월 31일까지 사업보고서를 작성하여 행정안전부장관, 시·도지사나 특례시의 장에게 제출해야 하며, 사업 평가, 사업보고서 및 평가결과의 공개 등에 필요한 사항은 행정안전부령으로 정한다.

88 ①

비정부조직이 생산하는 공공재나 집합재의 생산비용을 정부가 지원하는 경우에는 정부와 대체적 관계가 아니라 보완적 관계를 형성한다. 2010 국가직 9급과 동일하게 출제되었다.

89 ④

정부주도의 성장과정에서 초래된 사회적 부작용을 완화하는 방안으로 시민사회의 역할이 강조되고 있으며, 이에 따라 정부와 시민사회의 관계는 협력적인 관계로 바뀌는 추세이다.

90 ④

NGO의 전문성·책임성 부족 현상은 살라몬(Salamon)의 NGO 실패유형 중에서 '박애적 아마추어리즘'에 해당한다.

91 ①

NGO는 도덕적, 종교적 신념에 바탕을 둘 뿐, 전문성과 책임성을 확보하기 어렵다는 비판이 제기되고 있다. 살라몬(Salamon)은 이를 박애적 아마추어리즘이라 지적하였다.

92 ②

사회적 자본은 구성원 간의 높은 신뢰를 바탕으로 하기 때문에 단기간에 정부 주도하의 국민운동에 의해 형성될 수는 없다.

93 ①

지역주민의 지속적 소득 증가는 사회적 자본보다는 경제적 자본이나 인적 자본과 관련이 있다.

94 ④

사회적 자본에 대한 〈보기〉의 내용은 모두 옳다.

95 ②

사회자본은 수평적 네트워크 형성에 기여한다.

96 ④

사회자본의 등장은 뉴거버넌스의 출현과 관계가 깊다. 따라서 사회자본은 공동체주의를 지향한다.

97 ④

사회적 자본은 거래비용을 감소시키는 순기능이 있다. 사회자본은 이것이 없이는 불가능하거나 가외의 비용을 지불해야 얻을 수 있는 목적을 달성할 수 있게 한다. 따라서 사회자본은 사회적 관계에서 거래비용을 감소시켜 주는 기능을 수행한다.

|오답해설| ① 사회적 자본이 증가하면 제재력이 강화되는 순기능이 있다.
② 타인에 대한 신뢰는 사회적 자본의 구성요소이다.
③ 호혜주의는 사회적 자본에 영향을 미친다.

98 ②

시장적 교환관계는 동등한 가치의 등가교환이나, 사회자본의 사회적 교환관계는 동등한 가치의 등가교환을 의미하지 않는다. 시장적 교환관계는 zero-sum을 의미하지만, 사회자본의 사회적 교환관계는 positive-sum을 의미하기 때문이다.

99 ①

사회적 자본은 지속적인 교환과정을 거쳐서 유지되고 재생산된다. 따라서 사회적 자본은 사용할수록 감소하는 것이 아니다.

100 ③

사회자본은 경쟁과 갈등보다는 신뢰와 협력을 중시한다.

101 ①

저신뢰사회의 다양성은 갈등의 원천이 되지만, 높은 신뢰를 바탕으로 하는 사회적 자본이 형성된 지역사회에서 다양성은 창의성과 학습을 촉진시키는 긍정적인 작용을 한다.

102 ①

사회자본은 제한된 결속과 신뢰로 인한 부정적 효과를 갖기도 하며, 개인의 표현의 범위를 제한하고, 새롭고 신선한 사상, 생각, 아이디어의 흐름을 감소시키며, 사회적 불평등이 사회자본 속에 개입되어 있다.

01	②	02	②	03	②	04	①	05	②
06	②	07	②	08	④	09	④	10	②
11	①	12	①	13	①	14	②	15	②
16	④	17	②	18	②	19	②	20	①
21	⑤	22	②	23	①	24	①	25	①
26	②	27	①	28	②	29	①	30	②
31	③	32	④	33	②	34	⑤	35	④
36	④	37	④	38	②	39	④	40	④
41	①	42	④	43	③	44	②	45	③
46	①	47	③	48	④	49	②	50	②
51	④	52	②	53	②	54	②	55	②
56	④	57	②	58	②	59	②	60	③
61	①	62	②	63	②	64	④	65	②
66	③	67	①	68	②	69	②	70	②
71	③	72	③	73	②	74	③	75	③
76	⑤	77	①	78	②	79	③	80	③
81	①	82	②	83	②	84	③	85	④
86	④	87	④	88	①	89	②	90	①
91	④	92	①	93	①	94	②	95	③
96	⑤	97	④	98	③	99	②	100	④
101	③	102	④	103	②	104	②	105	④
106	②	107	②	108	②	109	①	110	④
111	②	112	③	113	④	114	③	115	②
116	②	117	②	118	②	119	②	120	②
121	④	122	①	123	④	124	④	125	②
126	⑤	127	④	128	①	129	②	130	②
131	④	132	②	133	②	134	②	135	③
136	②	137	②	138	②	139	①	140	③
141	②	142	④	143	②	144	①		

01 ②

|오답해설| ① 가치는 참 또는 거짓으로 입증이 불가능하며, 사실은 입증이 가능하다. 따라서 사실은 객관적이지만 가치에는 주관적인 판단이 개입된다.
③ 바람직한 것 내지는 옳고 그름에 대한 판단은 가치의 문제이다.
④ 가치는 행정의 처방성이나 기술성(art)과 관련되어 있다.

02 ②

행정학의 과학성은 정치·행정 이원론과 관련이 있다. 행정학의 과학성을 강조하면 가치판단을 배제하므로 정책문제 해결을 위한 실천적 대안을 모색하기 어렵다.

03 ②

|오답해설| ① 과학성은 객관적인 사실에 대한 설명과 규명을 중시하며 정치·행정 이원론에서 강조하는 것은 과학성이다.
③ 기술성은 사회문제에 대한 해결과 처방을 중시하며 정치·행정 일원론에서 중시하는 것은 기술성이다.
④ 사이몬(Simon)은 과학성을, 왈도(Waldo)는 기술성을 강조하였으나, 행정학은 양면성을 가지고 있기 때문에 양자를 조화할 것을 강조하였다.

04 ①

사이몬(H. Simon)이 'practice'란 용어로 지칭한 기술성은 정해진 목표를 어떻게 효율적으로 달성하는가 하는 방법을 의미한다. 반면, 왈도(D. Waldo)가 'art' 또는 'professional'이란 용어로 지칭한 기술성은 행정의 활동 자체를 처방하고 지료하는 행위를 의미한다.

05 ②

어떤 제도가 한 국가의 체제와 특성에만 국한되는 것은 특수성에 해당한다.

06 ②

제시문은 행정학의 보편성과 특수성에 관한 내용이다.

07 ②

행정의 가치중립성을 주장하는 가장 중요한 이유는 가치판단을 배제함으로써 행정을 과학화하기 위한 것이다.

08 ④

행정학의 과학적 연구(과학성)를 위해서는 가치판단을 배제하고(가치중립성) 사실판단의 문제만 다룸으로써, 언제나 적용될 수 있는 보편화된 일반법칙적 연구(보편성)를 해야 한다.

09 ④

제시문은 행정학 접근방법 중 역사적 접근방법에 관한 설명이다.

10 ②

미국은 엽관주의로 인한 비효율과 부패개혁을 위한 정치·행정 이원론의 등장으로 행정학이 성립되기 시작하였다.

11 ①

전기 관방학은 왕실재정과 국가재정을 구분하지 못했으며, 후기 관방학은 왕실재정과 국가재정을 구분하였다.

12 ①

윌슨(Wilson)은 미국의 독창적 행정이론 개발보다 유럽 국가의 행정을 참고할 것을 역설하였다.

13 ①

정부개혁을 통해 특정 지역 및 계층 중심의 관료파벌을 해체하고자 등장한 것은 엽관주의이다.

14 ②

발문은 제퍼슨주의에 관한 설명이다.

15 ②

| 오답해설 | ① 제퍼슨(T. Jefferson) – 분권주의를 강조하며 대중에 뿌리를 둔 풀뿌리민주주의를 강조하였다.
③ 해밀턴(A. Hamilton) – 연방정부에 힘이 집중되어 있는 중앙집권주의를 주장하였다.
④ 윌슨(W. Wilson) – 정치와 행정이 분리될 수 있다는 정치·행정 이원론을 주장하였다.

16 ④

관리과학으로서 주류 행정학(행정관리론)은 대공황과 뉴딜(new deal) 정책 이후 정치·행정 일원론(통치기능설)의 등장에 따라 미국 행정학에서 지배적인 자기 정체성을 유지하지 못하였다.

17 ②

정치·행정 일원론의 대표적 학자인 애플비(P. H. Appleby)는 현실의 정부에서 정치와 행정의 관계는 정합·연속·순환적이기 때문에 양자를 구별하는 것은 적절하지 않다고 보았고, 행정은 민의를 중시해야 하며 정책결정과 집행의 혼합작용이라고 보았다.

| 오답해설 | ① 정치행정 이원론에 대한 설명이다.
③ 과학적 관리론에 대한 설명이다.
④ 귤릭(Gulick)의 POSDCoRB에 대한 설명이다.

18 ②

테일러(Taylor)의 과학적 관리론은 조직 내의 인간은 경제적 욕구에 의해 동기가 유발된다고 전제한다. 조직 내의 인간은 사회적 욕구에 의해 동기가 유발된다고 전제하는 것은 인간관계론이다.

19 ②

테일러(Taylor)의 과학적 관리법은 신공공관리에 기반을 둔 행정개혁에 있어 화폐적 유인을 통한 동기부여, 즉 성과상여금제(bonus pay)의 기반이 된다.

20 ①

테일러(F. W. Taylor)는 과학적 관리의 핵심을 '분업'에 두고, 노동자가 발전된 과학적 방법에 따라 작업이 되도록 한다.

21 ⑤

과학적 관리론은 기계적 능률성을 가장 중요시한다.

22 ②

시간과 동작에 관한 연구는 과학적 관리론(테일러 시스템)의 주요 내용이다.

23 ①

환경적 요인을 경시하고 경제적 요인을 중시하는 것은 과학적 관리론이다.

24 ①

호손실험은 본래 실험 의도와 다르게 작업의 과학화, 객관화, 분업화와 같은 물리적 작업환경보다는 개인의 생산성 향상을 위해서는 심리적 요인이 중요하다는 점을 발견하였다. 따라서 테일러(Taylor)의 과학적 관리법을 비판하고, 인간관계론의 이론적 틀을 마련하였다.

25 ①

인간관계론은 비공식 집단을 통한 민주적 리더십을 중시한다.

26 ①

호손실험의 결과로 등장한 인간관계론은 비공식 집단의 중요성을 알게 되었으나, 외부환경적 요인을 고려하지 않은 폐쇄체제이론이다.

27 ①

인간관계론은 동기 유발 기제로 경제적·물질적 측면보다 사회심리적 측면을 강조한다.

| 오답해설 | ② 테일러는 시간-동작 연구를 통해 과학적 관리론을 주장하였다.
③ 고전적 조직이론은 조직 내 기계적 능률을 강조하고, 조직 속의 인간을 합리적 경제인으로 간주한다.
④ 상황이론(contingency theory)은 모든 상황에서 적용되는 유일·최선의 조직구조를 부정한다.

28 ③

과학적 관리론과 인간관계론은 인간을 피동적 존재로 파악하여 동기부여의 외재성을 강조한다.

| 오답해설 | ⑤ 능률성은 기계적 능률성을 의미하며, 과학적 관리론과 관계가 있다.

29 ③

인식론적 근거로서 논리실증주의를 신봉하는 행태적 접근방법은 행태의 규칙성, 상관성 및 인과성을 경험적으로 입증하고 설명할 수 있다고 보아 가치와 사실을 구분하고, 과학적 연구를 위해 가치문제를 연구대상에서 제외한다.

30 ②

행태주의는 실질적인 처방보다는 과학적 설명을 강조한다. 과학적 설명보다 실질적인 처방을 강조하는 것은 후기 행태주의이다.

31 ③

행정의 실체를 제도나 법률로 보는 것은 법·제도론적 접근방법(구제도론)이다. 행태론은 이를 비판하면서 등장하였다.

32 ④

사회적 문제의 개선에 기여할 수 있는 연구와 가치평가적 정책연구를 지향하는 것은 후기행태론이다.

33 ②

과학적 지식은 단순한 경험의 축적은 아니지만 경험을 통해 일반법칙성을 가져야 한다. 또한 예측가능성과 재생가능성을 필요로 한다. 규범성은 가치의 문제이며, 가치의 문제는 참 또는 거짓 입증이 불가능하므로 과학적 지식과는 거리가 멀다.

34 ⑤

조작적 정의(operational definition)는 추상적 구성개념이나 변수를 측정하는 데 필요한 활동이나 조작을 상세하게 기술함으로써 그것에 의미를 부여하는 방법이다. 개념을 측정하거나 실험변수를 조작할 때에 연구자의 활동을 구체적으로 명시한 지침이라고 할 수 있다. 개념적 정의(conceptual definition)에 의하여 용어로서의 추상적 개념의 의미는 분명해지고, 조작적 정의를 통하여 그러한 개념을 경험세계에서 직접 측정할 수 있게 된다. 개념적 정의는 측정대상이 갖는 속성에 대한 개념적·추상적 표현임에 반하여, 조작적 정의는 그 속성에 대한 경험적·구체적 표현이라고 할 수 있다. 따라서 추상적 개념을 관찰(측정) 가능한 형태(계량적 변수)로 표현(전환)하는 것을 조작적 정의라고 한다.

35 ④

행태주의는 특정 질문에 따른 반응을 통해 파악해 볼 수 있는 태도, 의견, 개성 등도 행태에 포함시키고 있다.

36 ④

| 오답해설 | ① 체제적 접근방법은 행정현상에서 중요한 권력, 의사전달, 정책결정 등의 문제나 혹은 행정의 가치문제를 중요한 변수로 고려하지 못한다.

② 생태론적 접근방법은 행정현상을 환경과 관련시켜 진단과 설명은 잘 하지만, 행정이 추구해야 할 목표나 방향을 명확하게 제시하지 못하는 문제점이 있다.

③ 후기 행태주의자들은 행태론자들의 과학적 연구 '방법'을 반대하고, 사회문제 해결을 강조하였다. 즉, 후기 행태주의는 행정현상의 본질, 인간인식의 특성, 이론의 성격 등 사회과학 연구의 본질적 문제에 대해 실증주의와 행태주의적 연구 '방법'에 반대하고 등장한 이론이다.

⑤ 발전행정론은 가치지향적인 입장을 취하면서 행정의 독립변수적 측면을 강조하고 있다.

37 ④

제시문은 원리주의를 비판한 사이먼(Simon)의 주장이다. 사이먼은 사실과 가치를 구분해 사실만을 다루는 과학으로서의 행정학(행태과학)을 주장했다.

38 ③

사이먼(Simon)은 행정원리(원리주의)의 보편성과 과학성을 과학적 검증을 거치지 않은 속담과 격언에 불과하다고 비판하였다.

39 ④

행태론은 환경을 무시한 폐쇄체제이론에 해당한다.

40 ②

행정변수 중에서 특히 사람의 행태(behavior)를 연구대상으로 하는 것은 행태론적 접근방법이다. 생태론적 접근방법은 행정변수 중에서 특히 환경을 연구대상으로 한다.

41 ①

생태론적 접근방법은 분석수준을 행위자 개인보다 집합적 행위나 제도에 맞추는 거시적 분석의 성격을 띠고 있다.

42 ④

생태론적 접근방법은 개방체제론적 접근방법을 선호한다.

43 ③

대화(communication)는 가우스(Gaus)가 제시한 환경요인에 포함되지 않는다. 의사소통을 정치, 경제, 사회, 이념 등과 더불어 행정에 영향을 미치는 환경요인에 포함시킨 학자는 리그스(Riggs)이다.

44 ②

리그스(Riggs)가 말한 융합사회(fused society)는 농업사회이며, 프리즘적 사회(prismatic society)가 발전도상국가를 의미한다. 분화사회(refracted society)는 산업사회에 해당한다.

45 ③

고도의 분화성은 산업사회의 특징에 해당한다.

46 ①

생태론적 접근방법은 행정조직을 개방체제로서 파악하는 입장이며, 프리즘모형을 통해 발전도상국의 행정현상을 설명하는 데 유용하게 도입되었다.

| 오답해설 | ② 행태론적 접근방법은 인접과학의 협동연구를 통해 인간의 겉으로 드러난 행태를 연구하는 접근방법이다. 반면, 인간행태의 의도에 관심을 가지는 것은 행태론과 실증주의를 비판하면서 등장한 현상학이다.

③ 공공선택론적 접근방법은 방법론적 개체주의 입장에서 공공재의 효율적 자원배분에 관심을 가진다. 하지만 시장경제의 원리를 지나치게 강조하여 공평한 자원배분을 등한시하며, 사회적 불평등의 시정기제로서 정부 역할을 간과한다는 문제점을 가진다.

④ 역사적 접근방법은 각종 정치·행정제도의 진정한 성격과 그 제도가 형성되어 온 '특수한' 방법을 인식하는 수단을 제공한다.

47 ③

생태론적 접근방법은 행정현상을 환경과 관련시켜 진단과 설명은 잘하지만, 행정이 추구해야 할 목표나 방향을 전혀 제시하지 못하고 있다는 비판도 받고 있다.

48 ④

비교행정론은 세계 여러 나라의 다양한 행정체제의 모든 실제적 자료를 활용하여 행정현상의 변수와 동이성(同異性)을 발견하고, 여러 행정체제에 적용될 수 있는 행정이론을 검증·확장하기 위한 일련의 체계적·과학적 행정연구 및 분석을 의미한다. 따라서 비교행정론은 각국의 행정에 대한 비교연구를 통해 행정학의 과학성을 높이고 일반화된 행정이론을 개발하기 위한 노력의 일환으로 대두되었으며, 행정학의 기술성보다는 과학성을 강조한다.

49 ②

| 오답해설 | 리그스(Riggs)는 비교행정의 접근방법이 규범적 접근방법에서 경험적 접근방법으로(①), 비생태론적 접근방법에서 생태론적 접근

방법으로(③), 개별사례적 접근방법에서 일반법칙적 접근방법으로(④) 전환하고 있다고 지적하였다.

50 ②
발문은 중범위이론적 접근에 관한 설명이다.

51 ④
리그스(Riggs)는 비교행정론의 접근방법이 경험적 접근방법, 일반법칙적 접근방법, 생태론적 접근방법으로 전환되어야 한다고 주장했다.

52 ④
리그스(Riggs)는 「행정의 생태학(1961)」에서 사회이원론에 입각하여 농업사회와 산업사회로 이원화하고 산업사회를 대체로 분화된 선진사회로 규정하였다. 미국사회가 항상 안정된 선진산업사회 모형에 속한다고 볼 수는 없다.

53 ③
처방성과 문제해결성을 강조함에 따라 행정의 비과학화를 초래한 것은 발전행정론이다.

54 ④
인간의 감정적이고 심리적인 측면을 중요시하는 것은 인간관계론이다.

55 ①
개방체제는 부(−)의 엔트로피를 증가시키려는 경향을 띠고 있다.

56 ④
개방체제는 체제의 존속과 발전을 위해 엔트로피를 낮추려 한다.

57 ④
개방체제는 엔트로피를 거부하는 부정적 또는 부의 엔트로피를 추구한다.

58 ②
파슨스(Parsons)는 기능을 적응기능, 목표달성기능, 통합기능, 체제유지기능으로 분류하였다.

59 ②
법령의 제정과 개정은 전환에 해당하며, 법령의 공포는 산출에 해당한다.

60 ③
정책결정단계는 투입물을 산출물로 변형시켜 가는 과정인 전환에 해당한다.

61 ①
체제론은 투입과 산출이 순환적으로 연결되는 체계적 사고를 전제로 한 이론이다. 따라서 체제론은 거시적 접근방법이므로 체제의 전체적인 국면은 잘 다루고 있지만, 체제의 구체적인 운영이나 행태적인 측면은 잘 다루지 못한다. 즉, 체제론은 거시이론으로 환경의 문제를 중심으로 행정현상을 연구하기 때문에 미시적인 인간의 문제를 잘 다루지 못한다는 문제점이 있다.

62 ④
|오답해설| ① 행태론은 집단의 고유한 특성을 인정하지 않는 방법론적 개체주의의 입장을 취한다.
② 생태론은 행정의 보편적 이론보다는 중범위이론의 구축에 자극을 주어 행정학의 과학화에 기여했으나, 후진국 행정연구의 일반화에는 실패하였다.
③ 현상학은 행정현상을 객관적인 것으로 이해하기보다는 상호주관적인 것으로 이해한다.

63 ④
제시문은 체제론적 접근방법에 대한 비판들이다.

64 ④
논리실증주의는 행태론의 인식론적 근거이며, 신행정학은 행태론을 비판하고 반실증주의를 주장하였다.

65 ②
신행정학은 미국의 사회문제 해결에 주력하면서, 가치에 대한 새로운 인식을 기초로 규범적이며 처방적인 연구를 강조하였다. 즉, 현실 사회 문제해결을 강조하는 신행정학은 정치·행정 일원론에 입각하여 독자적인 행정이론의 발전을 이루고자 하였다.

66 ③
제시문의 역사적 배경을 바탕으로 태동한 행정학 연구는 신행정학(후기행태주의)이다. 신행정학은 행정의 능률성보다 사회적 형평성을 강조했으며, 논리실증주의 및 행태주의의 주장을 비판하였다.

67 ①
행정학에서 가치에 관한 연구가 본격적으로 관심을 끌기 시작한 학문적 계기는 신행정론에서 형평성을 강조하면서부터이다. 인식론적 근거로서 논리실증주의를 신봉하는 행태론은 과학적 연구를 위해 가치와 사실을 구분하고, 과학적 연구의 대상이 될 수 없는 가치판단은 배제하고 객관적 사실을 연구하는 가치중립성을 강조한다. 반면, 신행정론(후기행태론)은 행태론의 과학적 연구방법을 비판하고 사회적 약자를 위한 형평성을 강조하는 가치평가적 연구를 지향한다.

68 ②
기업식 정부운영을 주장하면서 신자유주의적 행정개혁에 앞장선 것은 신공공관리론이다.

69 ③
|오답해설| 신행정학은 효율성보다는 형평성을 강조(ㄱ)하며, 실증주의적 연구보다는 반실증주의적 연구(ㄴ)를, 기업식 정부운영보다는 정부의 형평성을 위한 적극적 역할(ㅁ)을 강조한다.

70 ②
|오답해설| ㄴ. 포스트모더니티이론, ㄹ. 신공공서비스이론에 관한 설명이다.

71 ③

신행정론은 행정현상의 본질, 인간인식의 특성, 이론의 성격 등 사회과학 연구의 본질적 문제에 대해 실증주의와 행태주의적 방법론을 비판하고 사회적 형평성과 적실성을 강조하였다.

|오답해설| ① 귤릭(Gulick)은 최고관리자의 운영원리로 POSDCoRB를 제시하였다.

② 행정행태론은 가치와 사실을 구분하고 '사실'에 기반한 행정의 과학화를 시도하였다.

④ 민간과 공공 부문의 파트너십을 강조한 행정이론은 탈신공공관리론이고, 기업가 정신보다 시민권을 중요시한 행정이론은 신공공서비스론이다.

72 ③

행정학 연구에 현상학적 접근방법을 도입한 연구는 하몬(Harmon)의 행위이론(action theory)이다.

73 ②

현상학적 접근방법은 능동적 자아와 관련이 있다.

74 ③

현상학은 일반법칙적인 방법보다는 개개인의 사례나 문제 중심적인 방법에 의해서 설명된다.

75 ③

행태가 아니라 행동을 관찰한다.

76 ⑤

현상학적 접근방법은 개인(인간의 행동)을 연구대상으로 한다는 점에서 미시적이다. 현상학적 접근방법은 근본적으로 행정학 연구를 행정가의 일상적인 실제적 측면을 강조하는 미시적 관점으로 방향 전환을 시도하는 것이며, 많은 거시적인 문제들은 인간의 상호작용과 이해를 통해 해결될 수 있다고 설명한다.

77 ①

계량적 분석은 논리실증주의에서 강조한 내용이다.

78 ④

공공선택론(public choice theory)은 비시장적 의사결정에 관한 경제학적 연구 내지 정치학에 경제학을 응용하는 것이다.

79 ③

공공선택이론은 정당 및 관료를 공공재의 공급자로, 시민 및 이익집단은 공공재의 소비자로 가정한다.

80 ③

공공선택이론은 단일의 대규모 조직에 의해 독점적으로 공공서비스가 공급되는 것보다 권한이 분산된 여러 작은 조직들에 의해 공급되는 것을 선호한다. 공공선택이론은 공공서비스를 독점적으로 공급하는 전통적인 정부관료제는 시민의 요구에 민감하게 반응을 보일 수 없는 제도적 장치이며, 동시에 조직화된 압력단체들의 영향력하에 이들에게 공공서비스를 편향적으로 공급하고 주된 소비자인 시민의 선택을 억압한다고 보았다. 이러한 이유가 공공서비스의 생산과 공급에서 성과를 높

이지 못하게 되는 정부실패의 원인이라는 것이다. 따라서 공공선택론자들은 공공서비스를 제공할 때에 시민 개개인의 선호와 선택을 존중하고, 경쟁을 통하여 서비스를 생산하고 공급하게 함으로써 행정의 대응성을 높일 수 있다고 주장한다.

81 ①

공공선택론(public choice theory)은 방법론적 집단(전체)주의가 아니라 방법론적 개인(개체)주의를 지향한다. 공공선택론은 방법론적 개인(개체)주의(methodological individualism)에 입각하여 합리적·이기적 경제인을 가정한다. 즉, 분석의 기본단위는 개인이며, 각 개인은 합리적 경제인(연역적 접근)으로 자기이익을 추구한다고 본다. 따라서 공공선택론은 사회를 유기체가 아니라 개개인의 결합으로 파악하며, 개인의 효용이 증가하면 사회적 효용이 증가한다고 본다.

82 ②

공공선택이론은 공공부문에 경제학적 관점을 받아들이는 것으로, 정치인과 관료도 사익을 추구하는 존재로 본다. 따라서 관료들은 공공성을 극대화하기보다 사익을 추구하는 존재로 파악한다.

83 ②

공공선택론은 국가의지(ㄴ)나 부서목표(ㄷ)보다는 예산극대화(Niskanen)와 같은 개개인의 이익을 중시하는 방법론적 개체주의의 입장이다.

84 ③

공공선택론은 권한의 분산과 관할구역의 중첩을 주장한다.

85 ④

중위투표자정리(median voter theorem)란 양당제하에서 두 정당은 집권에 필요한 과반수의 득표를 얻기 위해 극단적인 사업보다는 주민의 중간 수준의 선호사업에 맞춘 정강정책을 제시하게 된다는 것이다.

86 ④

두 대안에 대한 개개인의 선호순위를 결정할 때 다른 제3의 대안은 고려하지 말아야 한다.

87 ④

효용극대화를 추구한다는 합리적 개인에 대한 가정은 비현실적이라는 비판을 받는다.

88 ①

공공선택론은 시장의 원리를 강조하므로 역사적으로 누적 및 형성된 개인의 기득권을 타파하기 위한 접근과는 거리가 멀다.

89 ②

신제도론은 행태주의를 비판하고 등장하였다.

90 ①

신제도주의는 제도를 사회현상을 설명하기 위한 핵심변수로 설정한다는 점에서 단순히 제도의 기술에 그치는 구제도주의와 차별을 둔다.

|오답해설| ② 신제도주의는 제도라는 '분석적 틀'에 기반한 '설명'과 '이론의 발전'에 초점을 맞춘다.

③ 구제도주의는 정치체계가 공동체 구성원들에게 미치는 영향에 대해

서는 무관심하였다.

④ 구제도주의는 제도의 공식적·구조적 측면과 정치체제를 둘러싼 도덕적·규범적 원칙만을 논의하고 개인의 행위를 설명하지 못한 데 비해, 신제도주의는 정치체계가 공동체 구성원들에게 미치는 영향을 통해 개인의 행위를 설명하려고 한다.

⑤ 구제도주의는 정치체계를 둘러싼 도덕적·규범적 원칙을 논의하였으나, 정치체계가 공동체 구성원들에게 미치는 영향에 대해서는 무관심하였다.

91 ②

신제도주의 접근방법에서는 제도를 공식적인 구조나 조직 등에 한정하지 않고, 비공식적인 규범 등도 포함하는 넓은 범위로 규정한다는 점에서 전통적인 법률·제도적 접근방법과 구별된다.

| 오답해설 | ① 개인이나 집단의 속성과 행태를 행정현상의 설명변수로 규정하는 것은 행태론적 접근방법이다. 법적·제도적 접근방법은 행정학의 초기 접근방법들 중의 하나이며 행정과정의 합법성과 법률에 기반을 둔 제도를 강조한다.

③ 행정을 자연·문화적 환경과 관련하여 이해하면서 행정체제의 개방성을 강조하는 것은 생태론적 접근방법이다. 후기 행태주의 접근방법은 적실성과 실천을 강조하며, 가치중립적인 과학적인 연구보다는 가치평가적인 정책연구를 지향하였다.

④ 환경을 포함하여 거시적인 관점에서 행정현상을 분석한 접근방법은 생태론과 체제론적 접근방법이며, 확실성을 지닌 법칙 발견을 강조한 접근방법은 행태론적 접근방법이다. 툴민(Toulmin)의 논변적 접근방법(논증모형)은 전통적 논증법이 학문의 영역에만 머물러 있으며 실용적이지 못하다는 점을 비판하며 기존의 관점에 반하는 실용논증법을 개발하였다. 툴민의 논증법의 핵심은 이미 증명된 명제가 새로운 명제를 뒷받침할 수 있다는 것이다. 이전의 이론적 논증에서 근거에 기반하여 주장에 도달하였다면, 툴민의 논증법에서는 명제를 이미 증명된 논리를 통해 증명한다. 툴민은 논증이 성공하려면 주장에 대한 명확한 증명이 필요하다고 생각했다. 주장에 대한 증명이 명확하고 논리적이면 어떠한 비판에도 버틸 수 있을 것이라고 생각했기 때문이다. 특히 그는 논증의 힘을 키우기 위해서는 논거를 보강하는 것보다, 논거와 주장의 연결고리를 강화하는 것이 더 좋다고 생각하였다.

92 ①

신제도주의는 그동안 '외생변수'로만 다루어 오던 정책 혹은 행정환경을 '내생변수'와 같이 직접적인 분석대상에 포함시켜 종합·분석적인 연구에 기여하고 있다. 즉 신제도주의는 제도와 행위자의 상호작용이라는 동태적 관계를 중심으로 그동안 외생변수로 다루어져 오던 정책 또는 행정환경을 내생변수와 같이 직접적인 분석대상에 포함시킴으로써 좀 더 종합적, 분석적 연구에 기여하고 있다.

93 ①

행정기관, 의회, 대통령, 법원 등 유형적인 개별 정치제도가 주된 연구대상인 것은 구제도주의이다.

94 ③

| 오답해설 | ① 합리적 선택 제도주의는 개인이 합리적이며 선호는 외생적으로 주어진 것이기 때문에 고정된 것으로 가정한다.

② 역사적 제도주의는 제도의 변화과정을 설명할 때 경로의존성을 강조하며, 제도의 운영 및 발전과 관련하여 권력의 비대칭성에 초점을 맞춘다.

④ 합리적 선택 제도주의는 사회적 딜레마를 해결하기 위해 사람들이 스스로 만드는 게임의 규칙을 제도로 본다.

95 ③

다원주의에 관한 설명이다. 역사적 신제도주의는 다원주의, 행태주의가 제도를 개인행위의 결과의 부수적 현상으로 취급하는 데 대한 반발로 등장하였다.

96 ⑤

역사적 신제도주의는 국가의 자율성을 강조한다.

97 ④

역사적 신제도주의는 경로의존적인 사회적 인과관계를 강조하지만, 특정 제도가 급격한 변화에 의해 중단될 수 있는 가능성은 인정한다.

98 ③

공유지의 비극은 외부성의 대표적 예로서 거래비용의 개념과는 거리가 멀다.

99 ②

조직들이 시장의 압력 속에서 생존하기 위해 경쟁력 있는 조직형태나 조직관리기법을 합리적으로 선택하는 것은 모방적 동형화(mimetic isomorphism)의 예다.

100 ④

배태성은 사회학적 신제도주의에서 중시하는 제도적 환경으로, 조직의 배태성은 조직구성원들이 경제적 이익보다 정당성을 추구하는 행위를 한다는 특징이 있다.

101 ③

사회학적 제도주의는 제도 변화를 동형화(isomorphism)의 과정으로 파악하기 때문에 제도 변화에서 결과성의 논리보다 적절성의 논리를 중시한다. 제도 변화의 원천을 효율성의 추구에서 찾는 것이 아니라 사회적으로 적절하고 정당하다고 인정받는 구조와 기능을 닮아 가는 과정으로 파악하기 때문이다.

102 ④

사회학적 신제도주의는 개인의 선호를 내생적으로 파악하며 제도의 비공식적 측면을 강조한다.

103 ②

| 오답해설 | ㄴ. 사회학적 신제도주의는 문화가 제도의 형성에 미치는 영향을 중시한다.

104 ②

합리적 선택 제도주의는 제도를 거래비용을 줄이는 장치로 파악하고, 역사적 제도주의는 제도의 경로의존성을 강조하며, 사회학적 제도주의는 제도의 동형성을 강조한다.

105 ④

시장주의와 신관리주의를 결합한 신공공관리론(NPM)은 내부 규제를 완화하고 경쟁원리를 강조한다.

106 ②

행정이론의 발달을 오래된 순서대로 바르게 나열한 것은 (가) 과학적 관리론(19세기 말) - (라) 행정행태론(1940년대) - (다) 신행정론 (1960년대) - (나) 신공공관리론(1980년대)이다.

107 ①

정부실패 이후 등장한 신공공관리론은 형평성 대신 효율성에 초점을 맞춘 고객지향적 정부를 강조한다. 효율성 대신 형평성에 초점을 맞춘 고객지향적 정부를 강조하는 것은 신행정론이다.

108 ②

신공공관리는 시장주의(신자유주의)와 신관리주의를 결합해 전통적인 관료제 패러다임의 한계를 극복하고 작은 정부를 구현하기 위해 개발된 정부 운영 및 개혁에 관한 이론이다. 따라서 신공공관리는 작지만 시장지향적인 효율적인 정부를 만들 수 있는 개혁방안에 관심을 깊는다.

109 ①

신공공관리론은 1980년대 이후 영미국가들을 중심으로 등장한 이론으로, 신자유주의(시장주의)와 신관리주의가 결합한 이론이다. 시장주의는 신자유주의이념에 기초하여 가격 메커니즘과 경쟁원리를 활용한 공공서비스 제공, 고객지향적 공공서비스 제공을 중시한다. 신관리주의는 행정과 경영의 유사성에 대한 인식에 기초하여 기업의 경영원리와 관리기법을 행정에 도입·접목하여 정부의 성과 향상과 관리의 효율성을 제고하는 것을 강조한다. 이에 따라 기업가정신, 성과에 기초한 관리, 권한이양, 품질관리기법, 인센티브 메커니즘, 마케팅기법, 고객만족경영기법 등을 행정에 도입하는 방안들이 논의된다. 따라서 신공공관리론의 특징은 시장원리 도입으로서 경쟁 도입과 고객지향의 확대이다.

| 오답해설 | ② 신공공관리론은 급격한 행정조직 축소로 행정의 공동화(空洞化)가 발생한다.

③ 정부, 시장, 시민사회의 평등한 관계를 중시하는 것은 신공공관리론이 아니라 뉴거버넌스이다.

④ 신공공관리론은 과정보다 결과에 가치를 둔다.

110 ④

정부실패 이후 등장한 신공공관리론은 작은 정부(작지만 효율적인 정부)를 적극적으로 옹호한다. 신공공관리론은 '시장주의'와 '신관리주의'를 결합해 전통적인 관료제 패러다임의 한계를 극복하고 작은 정부를 구현하기 위해 개발된 정부 운영 및 개혁에 관한 이론이다. 나머지는 큰 정부(행정국가)와 관련된 내용이다.

111 ②

| 오답해설 | ㄷ. 투입보다 성과 중심의 예산제도를 통해 예산을 관리한다.

ㅁ. 집권적 계층제를 통해 행정의 책임성을 확보하는 것은 전통적 관료제 정부이다.

112 ③

| 오답해설 | ① 신공공관리론은 업무의 과정보다 결과를 중시한다.

② 정부의 역할을 노젓기보다는 방향 제시로 본다.

④ 정부실패의 치유를 위한 시장의 역할을 강조한다.

113 ④

영국의 행정개혁으로 시작된 시장성 검증제도(market testing)는 중앙정부부처의 개별 조직단위 기능의 수행주체를 선정할 때 당해 업무를 수행하던 공무원조직과 이 업무수행을 민간위탁 방식에 의해 하고자 하는 민간부문 회사들과의 공개경쟁입찰을 통해 최종 결정하는 것이다.

114 ③

신공공관리론은 전통적 정부관료제의 독점을 비판하고 경쟁원리를 강조하며, 과정이나 절차보다는 성과나 결과를 강조한다.

| 오답해설 | ① 생산성을 향상시키기 위하여 경제규제를 완화한다.

② 효율성을 높이기 위하여 정책결정기능과 정책집행기능을 분리하여 책임운영기관이 집행기능을 담당한다.

④ 신공공관리론은 정부재창조를 강조한다. 시민재창조는 신공공관리론을 비판하면서 등장한 이론이나.

115 ②

분권적 결정은 전략적 기획의 접근법에 속하지 않는다.

| 오답해설 | ① SWOT 분석은 하버드 정책모형과 관련이 있다.

③④ 장기적 기획 혹은 전략적 기획의 접근법에는 하버드 정책모형, 전략기획체제, 이해관계자 관리, 전략적 이슈관리, 포트폴리오 모델, 경쟁력 분석, 논리적 점증주의, 혁신의 틀 등이 있다.

116 ②

전략적 관리는 장기비전의 개발과 우선순위 정책목표의 마련 및 실행을 통해 환경 변화에 효율적으로 대응할 수 있는 관리시스템을 의미한다. 이는 목표의 전략적 범위, 전략적이고 차별적인 정책을 디자인하고 추진할 수 있는 관리체계 능력, 책임감, 품질 확실성으로 구분한다. 따라서 그 순서는 ㉠ → ㉤ → ㉡ → ㉣ → ㉥ → ㉢이다.

117 ③

전통적 관료제 정부가 정부의 직접적인 서비스 제공을 강조한다면, 기업가적 모형은 권한 부여를 강조한다.

118 ⑤

기업가적 정부는 직접적인 서비스의 공급자(노젓기)로서의 역할보다는 할 수 있는 권한 부여(방향잡기)를 강조한다.

119 ②

| 오답해설 | 오스본(Osborne)과 개블러(Gaebler)가 제시한 기업가적 정부 운영의 원리는 투입, 과정보다는 성과, 결과를 중시하며(ㄱ), 서비스 공급자로서의 정부관료제 역할 강화보다는 시장의 원리를 강조하고(ㄷ), 문제에 대한 사후수습 역량의 강화보다는 예측과 예방을 강조한다(ㅂ).

120 ②

규칙 및 역할 중심 관리방식에서 사명지향적 관리방식으로 전환되어야 함을 강조한다. 즉 사명지향적 정부를 구현하기 위해 법규나 규정에 의한 관리보다는 목표와 임무를 중심으로 조직을 운영하고, 결과를 중시해야 한다.

|오답해설| ① 정부의 새로운 역할로 종래의 노젓기보다는 방향잡기를 강조한다.

③ 치료 중심적 정부보다는 예방적 정부로 바뀌어야 함을 강조한다.

④ 행정서비스 제공에 독점적 공급보다는 경쟁 개념을 도입하기를 강조한다.

⑤ 서비스를 직접적으로 제공하기보다는 주민에게 권한을 부여하는 방향으로 전환되어야 함을 강조한다.

121 ④

오스본(Osborne)과 플라스트릭(Plastrick)은 「추방관료제」(1997년)에서 핵심(Core)전략, 결과(Consequence)전략, 고객(Customer)전략, 통제(Control)위임전략, 문화(Culture)전략을 정부개혁의 5가지 전략(5C)으로 제시하였다. 상담전략은 포함되지 않는다.

122 ①

화폐적 유인과 같은 경제적 유인을 강조하는 신공공관리론은 유인기제가 지나치게 단순하다는 비판을 받는다. 따라서 화폐적 유인에 자극을 받지 않는 경우 공공부문 성과관리에 어려움을 초래할 수 있다는 비판을 받는다.

123 ④

|오답해설| ① 법률적·제도론적 접근방법은 제도 이면에 존재하는 행정의 동태적 측면을 체계적으로 파악하기 어렵다.

② 생태론에 관한 설명이다.

③ 합리적 선택 신제도주의는 방법론적 개체주의(individualism)에, 사회학적 신제도주의는 방법론적 전체주의(holism)에 기반을 두고 있다.

124 ④

신행정학은 블랙스버그선언의 태동을 가져왔다. 블랙스버그선언은 미국사회에서 일어나고 있는 필요 이상의 관료공격(bureaucrat bashing), 대통령의 반관료적 성향, 정당정치권의 반정부 어조 등의 행정의 정당성을 침해하는 정치사회적 문제점을 지적하고 그 원인의 일부를 행정학 연구의 문제점에서 찾는다. 즉, 규범적 문제는 간과된 채 관리과학의 원리가 정부기능에 적용되고 있고 행태주의와 실증주의가 행정학을 지배하고 있기 때문에 행정의 정당성을 규명하는 데 행정학의 토대는 사실상 잘못되었으며, 행정학의 토대를 국정운영(governance)의 규범성, 특히 입헌주의(constitutionalism)를 통해 다시 닦을 필요가 있다고 제안한다.

125 ②

공익을 개인적 이익의 집합체로 보는 것은 신공공관리론이다. 신공공서비스론에서는 공익을 행정의 부산물이 아닌 목적으로 보아야 한다는 점을 강조하며, 공유하고 있는 가치에 대해 대화와 담론을 통해 얻은 결과물로 본다. 따라서 관료는 시민들이 담론을 통해 공유된 가치를 표명하고 공익에 대한 집단적 의미로 발전시킬 수 있는 활동의 장을 만드는 데 기여해야 하는 것으로 본다.

126 ⑤

공공선택이론은 신공공관리론의 이론적 근거에 해당한다. 신공공서비스론의 이론적 토대는 신공공관리론에서 배제되어 왔던 민주적 시민이론, 지역공동체와 시민사회모델, 조직의 인본주의와 담론이론 그리고 포스트모더니즘, 신행정학 등이다.

127 ④

신공공서비스론에서는 시민을 '고객'이 아닌 '주인'의 관점으로 볼 것을 강조하였다.

128 ①

"전략적으로 생각하고 민주적으로 행동하라."이다.

129 ④

신공공관리론을 비판하고 등장한 신공공서비스론은 규범적 가치에 관한 이론을 제시했으나, 이러한 가치들을 구현하는 데 필요한 구체적 처방을 제시하고 있지 못한다는 한계를 가지고 있다.

130 ②

|오답해설| ㄱ. 민주적으로 선출된 정치지도자에게 책임성 확보를 강조하는 것은 전통적 관료제 정부이다.

ㄹ. 민간기관 및 비영리기구를 활용해 정책목표를 달성할 유인 체계의 창출을 강조하는 것은 신공공관리이다.

ㅁ. 조직 내 주요 통제권이 유보된 분권화된 조직을 강조하는 것은 신공공관리이다.

ㅂ. 정치적으로 정의된 단일의 목표에 초점을 맞춘 정책설계 및 집행을 강조하는 것은 전통적 관료제 정부이다.

131 ④

지역사회 문제를 해결하는 과정에서 시민들의 공유된 가치를 관료가 협상하고 중재해야 한다고 주장한 행정이론은 신공공관리론이 아니라 신공공서비스론이다. 신공공서비스론은 행정의 역할이 서비스를 제공하는 데 있음을 강조한다. 신공공관리론에서 강조하는 것과 같이 정부가 방향을 잡는 것은 복잡한 미래 사회에서 수행하기 어렵거나 불가능하다고 보기 때문이다. 이에 따라 관료의 역할도 바뀌어야 한다고 본다. 관료들은 과거와 같이 시민을 통제하는 대신 시민들로 하여금 공동의 이해관계를 표현하도록 하고, 지역사회가 직면하고 있는 문제를 해결하는 과정에서 협상과 중재 기능을 담당해야 한다고 본다.

132 ②

탈관료제 모형에 기반을 둔 경쟁과 분권화를 강조하는 것은 탈신공공관리(post-NPM)가 아니라 신공공관리(NPM)이다.

133 ②

탈신공공관리의 기본적 목표는 "신공공관리의 역기능적 측면을 교정하고 통치 역량을 강화하며, 정치·행정체제의 통제와 조정을 개선하기 위해 재집권화와 재규제를 주창하는 것"이다.

134 ②

탈신공공관리(post-NPM)는 신공공관리의 역기능적 측면을 교정하고 통치 역량을 강화하며, 구조적 통합을 통한 분절화의 '축소', 재집권화와 재규제의 '주창', 중앙의 정치·행정적 역량의 강화를 강조한다.

135 ③

뉴거버넌스(New Governance)는 국민을 단순히 고객으로만 보는 것을 넘어 국정의 파트너로 보며, 정부·시장·시민사회 간의 협력적 파트너십과 유기적 결합관계를 중시한다. 따라서 행정과 정치의 관계를 일원론적으로 보는 경향이 강하다.

136 ②

뉴거버넌스론은 계층제를 제외하는 것이 아닌 계층제(정부), 시장, 시민사회를 조합한 방식을 활용하여 공공문제를 해결한다.

137 ③

참여 정부모형의 관리의 개혁방안은 TQM, 팀제, 권한위임이다. 가변적 인사관리가 관리의 개혁방안인 것은 신축 정부모형이다.

138 ②

피터스(B. Guy Peters)의 거버넌스 유형 중 참여적 정부모형에 해당한다.

139 ①

|오답해설| ② 유연정부모형은 변화하는 정책수요에 맞춰 단력적으로 구성원들을 활용함으로써 이들의 조직과 업무에 대한 몰입도를 저하시킨다. 즉 가변적·적응적 인사관리와 임시직을 강조하므로 조직과 업무에 대한 몰입도를 저하시킨다.

③ 시장모형은 정책결정의 개혁방안으로 내부시장과 시장적 유인을 강조한다. 즉 정부의 역할과 기능을 시장에 맡겨야 한다는 것이 아니라 정부를 시장의 원리에 따라 운영할 것을 강조한다. 따라서 정치지도자들의 권력을 약화시키고 기업가적 관료들의 정책결정자로서의 역할을 제고하는 결과를 가져왔다고 보기는 어렵다.

④ 탈규제모형은 공공부문이 점차 관료화되면서 규정과 번문욕례(redtape)의 폐해를 지적하면서, 공공관리자의 행정행위에 대한 내부규제를 완화함으로써 공무원의 잠재력과 혁신가적 에너지를 표출시켜 조직효과성을 제고할 수 있다는 입장이다. 따라서 탈규제모형은 정부역할의 적극성 및 개입성이 아니라 공공부문의 내부규제가 많아지면 공익 구현이 어렵다는 인식을 전제한다.

140 ③

탈규제적 정부모형은 공공부문이 점차 관료화되면서 규정과 번문욕례(red-tape)의 폐해를 지적하면서, 공공관리자의 행정행위에 대한 내부규제를 완화함으로써 공무원의 잠재력과 혁신가적 에너지를 표출시켜 조직효과성을 제고할 수 있다는 입장이다.

141 ②

피터스(B. Guy Peters)가 제시한 시장 모형의 구조 개혁 방안은 분권화이다.

142 ④

신공공관리론의 인식론적 기초는 신자유주의이며, 뉴거버넌스론은 공동체주의이다.

143 ②

|오답해설| ① 신공공관리론에서 관료의 역할은 공공기업가이며, 뉴거버넌스론에서 관료의 역할은 조정자이다.

③ 신공공관리론과 뉴거버넌스론에서는 투입(input)보다는 산출(output)에 대한 통제를 강조한다.

④ 신공공관리론에서는 부문 간 경쟁에, 뉴거버넌스론에서는 부분 간 협력에 역점을 둔다.

144 ①

|오답해설| ② 신공공관리의 인식론적 기초는 신자유주의이다.

③ 신공공관리가 중시하는 관리가치는 결과(outcomes)이다.

④ 뉴거버넌스의 관리기구는 연계망(network)이다.

CHAPTER 04	행정이념								본문 P.116
01	⑤	02	③	03	③	04	④	05	①
06	③	07	④	08	③	09	④	10	③
11	③	12	①	13	③	14	③	15	③
16	③	17	④	18	③	19	④	20	①
21	②	22	③	23	④	24	④	25	⑤
26	④	27	④	28	④	29	①	30	③
31	①	32	④	33	②	34	③	35	③
36	③	37	④						

01 ⑤

행정문화는 전체 사회문화 속에 존재하는 하위문화로서 사회문화의 상호유기적인 의존작용을 하게 된다. 즉, 인간의 지식축적능력은 기존의 문화에 점점 새로운 지식을 첨가해 나간다. 새로운 지식이 첨가되고 보급되면 거기에 맞추어 인간의 인지 내용도 달라지고 표현방법도 변한다. 이러한 과정을 거쳐 문화는 고정되지 않고 계속 변한다.

02 ③

선진국은 상대주의 행정문화를, 후진국은 일반주의 행정문화를 특징으로 한다.

03 ③

행정의 모든 일들은 일반적이고 상식적인 수준에서 해결된다는 생각은 개발도상국의 일반주의 행정문화이며, 어떠한 가치나 관계도 상대적이고 유동적이라는 상대주의는 서구 선진국의 행정문화이다.

04 ④

행정문화는 사회의 일반문화로부터 영향을 받는다. 그런데 문화는 보편성과 아울러 다양성을 갖는다(⑩ 의복이라는 보편성과 민속의상이라는 다양성). 따라서 행정문화는 조직마다 다양하게 나타나게 되고 경계를 타파하는 것이 아니라 조직과 조직의 경계를 구분하는 역할을 수행한다.

05 ①

형평성은 본질적 가치이며 나머지는 수단적 가치이다.

06 ③

민주성은 본질적 가치가 아니라 수단적 가치에 해당한다.

07 ④

능률성, 책임성 등은 수단적 가치이며, 정의, 형평성은 본질적 가치이다.

08 ③

행정학에서 공익의 개념에 대한 관심이 대두하게 된 요인은 정치·행정 이원론이 아니라 정치·행정 일원론이다.

09 ④

적법절차의 준수를 강조하며 국민주권원리에 의한 행정의 중심적 역할을 강조하는 것은 과정설이다.

10 ③

| 오답해설 | ㄷ. 실체설에 의하면 공익은 사익을 초월한 것이다. 따라서 실체설은 공익이라는 미명하에 개인의 이익이 침해될 수 있는 위험요소를 내포하고 있다. 반면, 과정설에 의하면 공익은 사익 간 갈등을 조정·타협하는 과정에서 산출되는 것이다. 따라서 다원적 민주주의에 도움을 주는 것은 과정설이다.

11 ③

| 오답해설 | ① 과정설은 집단 간 상호작용의 산물이 공익이라고 본다.
② 플라톤(Platon)과 루소(Rousseau)는 실체설의 대표적인 학자이다.
④ 과정설은 공익과 사익의 명확한 구분을 부정한다.

12 ①

공익이 인식 가능한 행동결정의 유용한 안내자 역할을 한다는 입장은 실체설이다. 공익의 실체설과 과정설은 구분하는 핵심은 공익의 선험적 존재여부이다. 실체설은 공익이 선험적으로 존재한다고 보는 데 비해, 과정설은 공익을 하나의 실체라기보다 다수의 이익들이 조정되면서 얻어진 결과로 본다. 따라서 "공익은 인식 가능한 행동결정의 유용한 안내자 역할을 한다는 입장"은 공익의 선험적 존재를 인정하기 때문에 실체설에 해당한다.

13 ③

공리주의적 관점은 사회 전체의 효용이 증가하면 공익이 향상된다고 보며(ㄱ), 의무론적 윤리론(행동이 가져올 결과로서의 윤리성을 판단하지 않고, 행동 자체가 윤리적 원칙을 준수하는가에 따라 윤리성을 판단하는 입장)이 아니라 목적론적 윤리론(행동 자체가 어떠한 윤리기준에 의하여 윤리성을 판단받는 것이 아니고 행동의 목적 내지 결과에 의해 윤리적인지의 여부가 좌우된다고 보는 입장)을 따르고 있다(ㄴ).

| 오답해설 | ㄷ. 합법성(legitimacy)보다는 효율성(efficiency)이 윤리적 행정의 판단기준이다.

14 ③

파레토 최적 상태는 효율성 가치를 뒷받침하는 기준이다. 이는 다른 사람의 후생을 감소시키지 않고는 누구의 후생도 증대시키는 것이 불가능할 정도로 자원이 효율적으로 배분되어 있는 상태를 말한다. 파레토 최적 상태는 자원배분의 효율성을 의미하지만, 분배의 형평성을 확보해 주는 것은 아니다. 형평성 가치를 뒷받침하는 기준에는 로렌츠곡선과 지니계수가 있다.

15 ③

정부의 환경보존사업에 필요한 비용을 공채 발행으로 조달하여 다음 세대에게 그 부담을 전가하는 것은 수직적 형평성에 해당한다.

| 오답해설 | ① 대표관료제는 수직적 형평성을 확보하기 위함이다.
② 롤스(J. Rawls)는 원초적 상태하에서 합리적 인간의 최소극대화 원리에 따른다고 한다.
④ 형평성은 총체적 효용 개념을 비판한다.

16 ③

각기 다른 입장에 있는 사람들을 모두 그 사정에 맞게 서비스를 제공하거나 비용을 부담하게 하는 것은 수직적 형평성과 관련이 있다.

17 ④

수평적 형평성이란 동등한 것을 동등하게 취급하는 것(예 모든 선거권자가 한 표의 투표권을 행사), 수직적 형평성이란 동등하지 않은 것을 서로 다르게 취급하는 것(예 가난한 학생에게 장학금 지급, 대표관료제 등)을 의미한다.

18 ③

기본적 자유의 평등원리가 우선한다.

19 ④

제1원리(기본적 자유의 평등원리)는 제2원리(차등조정의 원리)에 우선하며 제2원리에서는 공정한 기회균등의 원리가 차등원리에 우선적으로 적용된다. 즉, 롤스는 두 가지 원리가 충돌할 때에는 제1원리가 제2원리에 우선하고, 제2원리 내에서 충돌이 생길 때에는 '공정한 기회균등의 원리'가 '차등원리'에 우선되어야 한다고 주장한다. 따라서 '공정한 기회균등의 원리'와 '차등원리'가 충돌할 때에는 전자가 우선되어야 한다.

20 ①

| 오답해설 | ㄷ. 공익의 과정설은 현실주의 혹은 개인주의적으로 공익 개념을 주장한다. 따라서 과정설에서는 사익을 초월한 별도의 공익이란 존재할 수 없으며, 공익이란 사익의 종합이거나 사익 간 타협 또는 집단 간 상호작용의 산물이라고 본다.
ㄹ. 롤스(J. Rawls)의 정의관은 자유방임주의에 의거한 전통적 자유주의와 생산수단의 사회적 소유를 주장하는 사회주의의 양극단을 지양하고, 자유와 평등의 조화를 추구하는 중도적 입장을 취한다.

21 ②

효과성은 목표의 달성도를 나타내고, 능률성은 투입 대비 산출의 비율을 의미한다. 효율성은 효과성과 능률성을 합한 개념이다.

22 ④

사회적 효율성(social efficiency)은 인간관계론의 등장과 함께 강조되었다.

23 ④

능률성은 투입에 대한 산출의 비율을 의미하는 것으로 산출에 대한 비용의 관계라는 조직 내의 조건으로 이해된다.

24 ④

두 법률 제1조(목적)의 빈칸에 공통으로 들어갈 행정이념을 차례대로 옳게 연결한 것은 민주적, 능률적이다. 즉 「국가공무원법」과 「지방공무원법」은 민주적이며 능률적인 운영을 목적으로 한다.

「국가공무원법」
제1조【목적】이 법은 각급 기관에서 근무하는 모든 국가공무원에게 적용할 인사행정의 근본 기준을 확립하여 그 공정을 기함과 아울러 국가공무원에게 국민 전체의 봉사자로서 행정의 <u>민주적이며 능률적인</u> 운영을 기하게 하는 것을 목적으로 한다.

「지방공무원법」
제1조【목적】이 법은 지방자치단체의 공무원에게 적용할 인사행정의 근본 기준을 확립하여 지방자치행정의 <u>민주적이며 능률적인</u> 운영을 도모함을 목적으로 한다.

---

25 ⑤

파레토 최적은 효율적 자원배분의 기준으로, 민주성과 거리가 멀다.

26 ④

|오답해설| ① 실체설에서는 공익은 사익을 초월한 실체·규범·도덕 개념으로 파악한다.
② 사회적 형평성은 1960년대 중반 이후 신행정론의 등장과 더불어 강조된 개념이다.
③ 수평적 형평성은 동등한 것을 동등한 자에게 처방하는 것이 정당하다고 본다.

27 ④

|오답해설| ① 경제성(economy)은 수단적 가치이다.
② 적극적 의미의 합법성(legality)은 예외 없이 적용하는 법의 안정성보다 상황에 따라 신축성을 부여하는 법의 적합성을 강조한다.
③ 가외성(redundancy)은 과정의 공정성(fairness) 확보와는 거리가 멀다.

28 ④

가외성은 위기상황과 관련하여 정책오류 방지에 효과적이며, 불확실한 상황하에서 행정의 신뢰성을 제고시킨다.

29 ①

제시문은 가외성(redundancy)에 관한 설명이다.

30 ①

제시문은 가외성에 관한 사례이다. 가외적 장치의 설치는 창의성을 제고할 수 있다.
|오답해설| ② 가외성은 행정의 본질적 가치보다는 수단적 가치로서의 성격이 더 강하다.
③ 가외성은 행정체제의 신뢰성과 안전성을 제고한다.
④ 가외성은 능률성이나 경제성과 상충관계에 있다.

31 ①

가외성은 예측하지 못한 행정수요에 대응이 가능하게 함으로써 행정에

대한 신뢰성, 창의성 등을 제고한다.

|오답해설| ② 공익 과정설은 공익을 사익의 총합이거나 사익 간 타협 또는 집단 간 상호작용의 산물로 본다.
③ 사회적 효율성은 행정의 사회목적 실현과 다차원적 이익들 간의 통합 조정 등을 내용으로 한다.
④ 수직적 형평성은 '다른 사람은 다르게 취급한다'는 원칙으로, 실적과 능력의 차이로 인한 상이한 배분을 용인한다.

32 ④

가외적 장치의 설치비용은 행정의 경제성과 능률성을 저해하는 요인이 된다.

33 ②

가외적 장치를 설치하다 보면 비용이 들어간다. 따라서 가외성은 행정의 경제성을 제고하기는 어렵다.

34 ③

가외성은 제(諸)기능 및 요소들이 중첩·반복적으로 엮여질 때 그것의 상호작용으로 인한 창조성이 증가된다.

35 ③

가외적 장치의 설치는 행정의 경제성을 제고하기 어렵고, 기능상의 충돌·대립 가능성을 내포하게 된다.

36 ③

|오답해설| ㄷ. 목표에 비추어 적합한 행동이 선택되는 정도를 의미하는 것은 실질적 합리성이다.
ㅁ. 자율적이고 적극적인 행정책임을 의미하는 것은 자율적 책임성이다.

37 ④

공무원 부패를 방지하기 위해 가장 중요한 가치로서 인식되는 것은 투명성이다. 투명성은 정부의 의사결정과 집행과정 등 다양한 공적 활동이 정부 외부로 명확하게 드러나는 것을 의미한다. 투명성에서 가장 중요한 요소는 '공개'이며, 투명성은 단순히 정보공개의 소극적 개념에 머물지 않고 정부 외부에 존재하는 사람들에게 정보에 용이하게 접근할 수 있는 권한의 보장까지 포함한다는 점에서 적극적인 개념이다. 따라서 투명성은 공무원의 부패를 방지하기 위한 가장 중요한 가치이며, 투명성과 관련이 깊은 가치 개념으로서 청렴성과 이해충돌 문제를 들 수 있다.

• 과정 투명성: 정부 내에서 이루어지는 많은 의사결정 과정이 개방적이고 투명하게 이루어져야 한다는 것 ⑩ 정부의 의사결정과정에 민간인이 참여, 민원처리 과정을 온라인으로 공개
• 결과 투명성: 의사결정이 투명하게 이루어졌다고 해서, 행정 결과의 정당성이나 공정성이 확보되는 것은 아님. 결정된 의사결정이 제대로 집행되었는지를 확인할 수 있게 결과의 투명성을 확보하는 것이 중요함 ⑩ 시민 옴부즈만제도
• 조직 투명성: 조직 자체의 개방성과 공개성을 의미. 각급 행정기관들이 공시제도를 도입하거나 정보 공개를 확대하는 것은 조직 투명성을 증대시키기 위한 방안들임 ⑩ 인터넷 홈페이지를 통해 정부조직의 각종 규정, 정책, 고시, 입찰 등 해당기관의 운영과 관련된 내용을 자세히 공개

CHAPTER 01 | 정책학 기초이론									본문 P.142
01	②	02	②	03	③	04	③	05	①
06	②	07	①	08	④	09	④	10	②
11	③	12	④	13	③	14	④	15	①
16	②	17	①	18	②	19	①	20	①
21	①	22	④	23	②	24	②	25	④
26	①	27	②	28	②	29	③	30	④
31	③	32	①	33	①	34	④	35	③
36	③	37	③	38	⑤	39	④	40	②
41	③	42	②	43	②	44	④	45	④
46	②	47	④	48	②	49	②	50	③
51	④	52	④	53	①	54	①	55	②
56	④	57	③						

01 ②
'정책과정에 관한 지식'은 경험적·실증적 지식을, '정책과정에 필요한 지식'은 규범적·처방적 지식을 의미한다.

02 ②
정책은 바람직한 사회상태를 이룩하려는 정책목표와 이를 달성하기 위해 필요한 정책수단에 대하여 권위 있는 정부기관이 공식적으로 결정한 기본방침이다. 정책목표는 무엇이 바람직한 상태인가를 판단하는 가치판단에 의존하기 때문에 주관적이며, 규범적인 성격을 지니고 있다. 따라서 정부의 정책은 공정성(형평성)과 가치지향성을 지향한다.

03 ③
묵시적 지식은 드로어(Dror)가 강조한 것이다.

04 ③
묵시적 지식을 강조한 학자는 드로어(Dror)이다.

05 ①
정책문제의 중요성과 정책연구의 필요성이 대두된 이유는 후기 행태주의의 후퇴가 아니라 후기 행태주의의 등장과 관련이 있다.

06 ②
정책과학은 가치판단을 위한 규범적(normative) 접근과 사실판단을 위한 실증적(positive) 접근을 융합하여 처방적 접근을 시도한다.

07 ①
드로어(Dror)는 정책학 연구의 목적을 정책결정체제에 대한 이해와 정책결정의 개선하는 것으로 보았다. 이는 보다 나은 정책결정을 위해서인데, 이에 따라 정책학은 보다 구체적으로 바람직한 정책결정을 위한

방법, 지식, 체제에 관심을 두어야 한다고 주장하였다. 그래서 드로어는 개별정책의 실질적 내용에 대해서는 직접적인 연구대상으로 삼지 않았다.

| 오답해설 | ② 정책의제 설정이론은 사회문제 중에서 왜 어떤 문제는 정책문제로 채택되고 다른 것은 거론조차 못되고 방치되는가에 대한 경험적 연구이다. 따라서 특정 사회문제가 의제로 설정되지 않는 비결정(nondecision making, 무의사결정) 상황에 관하여는 관심이 높다.
③ 라스웰(Lasswell)은 인간사회의 근본적인 문제 등을 해결하여 인간 존엄성을 보다 충분하게 실현시키기 위해 정책과정에 관한 지식과 정책에 필요한 지식의 조화가 중요하며, 사회적 가치는 분석 대상에서 포함해야 함을 강조하였다.
④ 제2차 세계 대전 후 1950년대에는 OR(operation research)과 후생경제학의 기법 활용이 활발해졌다.

08 ④
구체적 목표일수록 환경(상황)의 변화로 인해 수정의 가능성이 더욱 커진다.

| 오답해설 | ① 문제 발생 이전의 상태로 돌아가고자 하는 목표는 치유적(치료적) 목표이다.
② 정책목표가 이미 달성되었거나 달성 불가능할 때 목표는 승계된다.
③ 상위 목표일수록 추상적이므로 이해관계의 대립이 작아진다.

09 ④
정책의 3대 구성요소로는 정책목표, 정책수단, 정책대상자(정책수혜자와 정책비용부담자)가 있으며, 4대 구성요소에는 정책결정자(주체)까지 포함된다.

10 ②
정책(policy)은 정치행정일원론에 기초한 통치기능설과 밀접한 관련이 있다. 정치행정이원론은 행정의 핵심을 집행으로 보는 반면, 정치행정일원론은 행정의 핵심을 정책(결정)이라고 본다.

11 ③
정책집행을 위한 동기부여는 정책결정 이후 단계(post-policy making stage)에 해당한다.

12 ④
드로어(Dror)가 주장한 최적정책결정모형 중 '상위정책결정단계'의 내용은 가치의 처리, 현실의 처리, 문제의 처리, 자원의 조사·처리 및 개발, 정책시스템의 설계·평가 및 재설계, 문제·가치 및 자원의 할당, 정책결정전략의 결정이다. 실천적 목표의 설정은 일반적인 결정과정인 '정책결정단계'에서 고려할 내용이다.

13 ③
드로어(Dror)의 최적모형(optimal model)에서 말하는 메타정책결정(metapolicy making)은 정책을 어떻게 결정할 것인가를 결정하는 '정책결정을 위한 정책결정'을 의미한다. 즉, 정책결정 이전의 결정을 메타정책결정이라 한다.

14 ④
| 오답해설 | ① 쓰레기통모형은 의사결정을 위해서는 문제, 해결책, 참여자, 선택기회의 네 가지 요소가 필요하다고 본다.

② 만족모형은 의사결정자들이 만족할 만하고 괜찮은 해결책을 얻기 위해 몇 개의 대안만을 순차적, 서열적으로 탐색한다고 본다.
③ 앨리슨(Allison)모형 II는 느슨하게 연결된 하위 조직체들이 표준운영절차를 통해 상호의존적인 의사결정을 한다고 본다.

15 ①
상징정책은 앨먼드와 파월(Almond & Powell)의 정책유형이다.

학자	정책분류
Lowi	분배정책, 규제정책, 재분배정책, 구성정책
Ripey & Franklin	분배정책, 경쟁적 규제정책, 보호적 규제정책, 재분배정책
Almond & Powell	분배정책, 규제정책, 추출정책, 상징정책
Salisbury	분배정책, 규제정책, 재분배정책, 자율규제정책

16 ②
종합소득세, 임대주택, 노령연금은 분배정책이 아니라 재분배정책의 사례에 해당한다. 로위(T. J. Lowi)는 정책유형을 분배정책, 규제정책, 재분배정책, 구성정책으로 분류하였다. 따라서 ③ 상징정책은 로위(T. J. Lowi)가 제시한 정책유형에는 해당하지 않는다.

17 ①
정부 혹은 정치체제의 정통성과 정당성을 확보하고, 국민의 단결력이나 자부심을 높여 줌으로써 정부의 정책활동을 원활하게 하기 위한 정책은 상징정책에 해당하며, 로위(Lowi)의 정책유형에 해당하지 않는다.

18 ②
ㄱ, ㄷ이 옳다. 분배(배분)정책은 정책과정에서 이해당사자들 간의 협상을 통해 비교적 안정적인 연합을 형성하기 쉽고, 그로 인해 로그롤링(log-rolling)이나 포크배럴(pork-barrel)과 같은 정치적 현상이 나타난다.
| 오답해설 | ㄴ. 누진소득세와 같이 이데올로기적인 기반에서 정책결정이 이루어지는 것은 재분배정책이다.
ㄹ. 집단 사이의 갈등 수준이 상당히 높은 편이며, 개인이나 집단의 행위를 통제하기 위하여 정부의 강제력이 직접적으로 동원되는 것은 규제정책이다.

19 ①
로그롤링(log rolling)이나 포크배럴(pork barrel)과 같은 정치적 현상이 나타나기 쉬운 정책유형은 분배정책이다. 로그롤링(log rolling)이란 상대방이 나의 안건에 대해 찬성해 주면 내가 상대방의 안건에 대해 찬성해 주겠다는 투표결탁 행위로, 정책과정에서 이해당사자들이 서로에게 이익이 되는 방향으로 협력을 하는 현상을 말하며, 포크배럴(pork barrel)은 특정 분배정책에 관여하는 사람이 그 혜택을 서로 쪼개어 가지려고 노력하는 현상을 말한다.

20 ①
분배정책은 이해당사자 간 포지티브섬(positive sum) 게임이 벌어지고 갈등이 발생될 가능성이 규제정책에 비해 상대적으로 더 작다.

21 ①
로위(Lowi)의 정책유형 중 행정기관의 신설, 선거구 조정과 같이 「헌법」상 운영규칙과 관련하여 정부기구 자체의 구조나 기능의 변경을 목적으로 하는 정책은 구성정책이다.

22 ④
분배(배분)정책이 관료나 하위정부가 주요 행위자라면, 재분배정책은 대통령이 주요 행위자이다. 즉, 하위정부는 모든 정책 분야에 걸쳐서 가능한 것이 아니라, 대통령의 관심이 덜하거나 영향력이 비교적 적은 분배(배분)정책 분야에서 주로 형성되고 있다.

구분	분배(배분)정책	재분배정책
행정이념	효율성	형평성
정책순응도(집행용이성)	높음	낮음
비용부담자	불특정 다수	고소득층
주요 행위자	관료나 하위정부	대통령

23 ②
최저임금제도의 시행은 보호적 규제정책에 해당한다.

24 ③
경쟁적 규제정책은 배분정책적 성격과 규제정책적 성격을 동시에 지니고 있다. 하지만 규제정책의 거의 대부분은 경쟁적 규제정책보다는 보호적 규제정책에 해당된다.

25 ④
경쟁적 규제정책은 주파수 할당, 항공노선 허가 등 국가가 소유한 희소한 자원에 대해 다수의 경쟁자 중에서 선정된 승리자에게 공급권을 부여하는 대신에 이들에게 규제적인 조치를 하여 공익을 도모하는 정책이다. 배분정책적 성격과 규제정책적 성격을 동시에 지니고 있지만, 그 목표가 대중의 보호에 있고 수단이 규제적인 요소만 많기 때문에 규제정책으로 보는 것이 일반적이다. 경쟁적 규제정책은 선정된 승리자에 대한 규제이고, 그 목표가 대중의 보호에 있기 때문에 정책집행 단계에서 규제받는 자들은 규제기관에 강하게 반발하거나 저항하기 어렵다.

26 ①
정부기관 개편은 구성정책의 사례에 해당하나, 국경일의 제정은 상징정책의 사례에 해당한다.

27 ②
ㄴ, ㄹ만 옳다.

28 ②
분배정책은 참여자들 간의 정면대결보다는 갈라먹기식(log-rolling)에 의해 이루어지며, 이데올로기보다는 이해관계가 작용한다.

29 ④
정부가 집단 간에 재산, 소득, 권리 등의 배정을 변동시켜 그들로부터 자원을 획득하는 정책은 재분배정책이다. 추출정책은 정부가 국내 또는 국제적 환경으로부터 정부의 서비스에 대한 비용 또는 대가로서 재화나 사람, 서비스 등과 같은 자원을 추출하는 정책을 말한다. 국가 정책적 목표에 의해 일반 국민에게 인적·물적 자원을 부담시키는 정책이다. ⓐ 징세, 징병, 물자 수용, 토지 수용 등

30 ④
분배정책은 특정 개인, 집단, 지역주민들 또는 국민의 일부에게 권리나 이익 또는 서비스를 배분하는 내용을 지닌 정책으로, 정부가 적극적으로 국민들이 필요로 하는 재화와 서비스를 산출·제공하는 것을 그 내용으로 하며, 모두가 수혜자가 된다는 면에서 집행과정에서 반발과 갈등의 강도가 가장 약한 정책유형이다.

31 ③
이익집단의 의견을 중시하게 되면 행정기관과 관료의 역할이 축소된다.

32 ①
사법부는 공식적인 정책결정자로서 행정소송 등의 방법을 통해서 정책결정에 간접적인 기준 설정의 역할을 수행하게 된다.

33 ①
정책과정에 관료가 우월적 위치를 차지하게 되는 요인으로 ㉠ 정보의 통제, ㉡ 전문성, ㉢ 사회적 신뢰, ㉣ 전략적 지위, ㉤ 고객집단의 지지 등이 있다. 정치자원의 활용은 이에 해당하지 않는다.

34 ④
사법부의 판결은 기존의 제도나 정책에 대한 사후적 판단의 성격을 띠고 있으며, 그 자체가 정책결정을 의미한다. 특히 헌법재판소는 사법부에 속하는 것은 아니지만 ①의 경우에서 보듯 국가적 정책결정과 관련된 판결을 통해 국민생활에 영향을 미친다. 따라서 국민은 국가정책이 「헌법」상 보장된 권리를 침해한다고 판단할 때, 헌법소원을 통해 정책 변경을 모색할 수 있다.

35 ③
행정을 둘러싼 행정부와 사법부의 상호관계는 사법심사제도를 통한 사법부의 국민 권리구제와 행정에 대한 법적 통제 기능을 통하거나, 사법심사 및 판례를 통해 실질적으로 수행되는 사법부의 정책형성과 집행과정에서 영향력을 행사하는 역할을 통해 구체적으로 나타난다. 즉, 국민의 권리구제를 위한 사법적 결정은 사법부의 권한에 해당한다.

36 ②
정당은 비공식적 참여자로서 대중의 여론을 형성하고 일반 국민에게 정책 관련 주요 정보를 전달하는 역할을 통해 정책과정에 영향을 미친다.

37 ③
정책네트워크의 유형에는 하위정부(sub-government)모형, 정책공동체(policy community), 정책문제망(issue network)이 있다.

38 ⑤
|오답해설| ① 정책네트워크에는 참여자들의 상호작용을 규정하는 공식적·비공식적 규칙이 존재한다.
② 정책문제망(이슈네트워크)은 정책공동체보다 개방적이다.
③ 정부와 민간의 파트너십이 증대할수록 정책네트워크에 대한 관심이 증가한다.

④ 정책문제망(이슈네트워크)의 권력게임은 대체로 네거티브섬 게임이다.

39 ④
정책과정에서 하위정부모형 또는 철의 삼각(iron triangle)에 해당하는 것은 의회 상임위원회, 행정부 관료, 이익집단이며, 법원은 해당하지 않는다.

40 ②
하위정부(sub-government)모형은 철의 삼각(iron triangle)모형과 같은 의미이다. 하위정부모형 또는 철의 삼각모형의 경험적 타당성에 대해 의문을 제기하면서 참여자의 범위를 대폭 확대한 것은 이슈네트워크(issue network)이다.

41 ③
하위정부모형은 행정수반의 관심이 덜하거나 영향력이 비교적 적은 분배정책 분야에서 주로 형성된다.

42 ②
전문가의 참여로 다양한 요구들이 정책에 반영된다.

43 ②
이슈네트워크(issue network)에 비해서 정책공동체(policy community)는 제한된 행위자들이 정책과정에 참여하며 경계의 개방성이 낮은 특성이 있다.

44 ③
정책네트워크는 고정불변의 것이 아니며, 문제가 해결되면 해체된다. 다만, 전문가가 주도하는 정책커뮤니티가 이슈네트워크보다는 비교적 장기적으로 지속된다.

45 ④
정책네트워크모형 중 정책공동체를 통한 정책산출은 처음 의도한 정책내용과 유사하며 정책산출에 대한 예측이 용이하나, 이슈네트워크를 통한 정책산출은 처음 의도한 정책내용과 달라져서 정책산출에 대한 예측이 곤란하다.

46 ②
수많은 공식·비공식적 참여자가 존재하는 정책네트워크는 정책과정의 참여자들 간 상호작용을 구조적인 차원으로 설명하는 틀이다. 따라서 정책네트워크의 경계는 공식기관들보다는 구조적인 틀에 따라 달라지는 상호인지의 과정에 의해 결정된다.

47 ④
다원주의론에서는 정부가 소극적인 역할을 수행한다고 본다.

48 ②
밀즈(Mills)는 지위접근법을 사용하여 엘리트들을 분석한 반면, 헌터는 명성접근법을 사용하여 엘리트들을 분석하였다.

49 ③
|오답해설| ① 현대 엘리트이론은 국가가 소수의 지배자와 다수의 피지배자로 구분된다고 본다.

② 공공선택론은 집단 이익보다는 사적 이익을 위한 합리적 선택에 초점을 둔다.
④ 조합주의이론은 정책과정에서 국가의 역할이 적극적·능동적이라고 본다.

50 ③
다원주의에서는 권력이 다양한 세력들에게 분산되어 있어서, 이익집단들의 정부의 정책과정에 대한 접근기회가 동일하다고 가정한다.

51 ④
| **오답해설** | ① 다원주의적 민주국가의 정책의제설정은 대부분 외부주도모형에 따라 이루어진다.
② 다원주의적 민주국가는 행정부가 정책과정을 독점하기보다는 입법부나 사법부가 정책결정과정에서 담당하는 역할이 강하다.
③ 엘리트이론에 대한 설명이므로 다원주의적 민주국가의 정책과정과는 거리가 먼 내용이다.

52 ④
다원주의론은 기본적으로 집단과정이론(Bentley & Truman의 고전적 다원주의론)과 다원적 권력이론(Dahl의 다원주의론)으로 크게 구분된다. 다원주의론자들은 서구 민주정치체제에서는 권력이 다양한 세력에게 분산되어 있고, 그들이 영향력의 차이는 있으나 무엇보다도 정책과정에 동등하게 접근할 수 있기에 전체적으로 균형 있는 정책이 산출된다고 본다.

53 ①
정부활동은 다양한 이익집단 간 이익의 소극적 중재자 역할에 한정된다고 보는 것은 다원주의이다. 조합주의는 정부의 적극적 역할을 강조하며 정부는 정책과정에서 자신의 이익을 관철시키는 능동적 행위자로 간주된다.

54 ①
유럽이나 미국 등 의회민주주의하에서의 이익대표체제와 관련 있는 것은 사회조합주의이며, 파시스트 체제, 제3세계나 후진자본주의에서 나타나는 권위적인 모형은 국가조합주의이다.

55 ②
개발도상국가에서 경제개발과정에서의 이익집단에 대한 통제를 설명하기 위한 이론으로 활용되는 것은 다원주의가 아니라 국가조합주의이다.

56 ④
발문은 신조합주의이론에 관한 설명이다.

57 ③
정책결정에서 정부의 역할을 줄이고 이익집단과의 상호협력을 보다 중시하는 이론은 다원주의이다.

01	②	02	③	03	③	04	①	05	③
06	①	07	③	08	②	09	③	10	①
11	②	12	④	13	④	14	④	15	③
16	④	17	①	18	①	19	②	20	④
21	①	22	②	23	③	24	④	25	④

01 ②
다양한 사회문제 중에서 정부가 적극적으로 개입하여 해결하기 위해 채택한 문제를 정책의제(policy agenda)라 한다.

02 ③
일반대중의 주목을 받으며 정부가 문제를 해결하는 것이 마땅한 것으로 인정되는 사회문제는 공중의제(public agenda)에 해당한다.

03 ③
특정 쟁점에 대해 정책대안이나 수단을 모색할 수 있을 정도로 구체적인 의제는 콥(Cobb)과 엘더(Elder)가 언급한 '제도의제(정부의제)'이다. 체제의제는 일반대중의 주목을 받을 가치가 있으며 정부가 문제해결을 하는 것이 정당한 것으로 인정되는 사회문제이다.

04 ①
콥(Cobb)과 로스(Ross)는 정책의제설정과정에서 주장되는 이슈의 경로를 '문제 제기(initiation, 문제의 표출 및 발생) → 구체화(specification, 제기된 불만을 좀 더 구체적인 방법으로 표출) → 확산(expansion, 일반공중에게 확산되어 사회문제가 공중의제화) → 진입(entrance, 공중의제가 정부에 의하여 공식의제로 채택)'으로 설명하였다.

05 ③
존스(Jones)의 정책의제형성과정은 '사건의 인지 → 문제의 정의 → 결속 → 조직화 → 대표 → 의제 채택' 순이다.

06 ①
정책의제설정모형 중 외부주도형은 외부집단이 주도하여 정책의제의 채택을 정부에 강요하는 경우로, 허쉬만(Hirshman)은 강요된 정책문제라고 하였다.
| **오답해설** | ②③⑤ 동원형, ④ 내부접근형과 관련이 있다.

07 ③
환경오염에 대한 시민단체와 지역주민의 항의는 외부집단이 주도하여 정책의제의 채택을 정부에 강요하는 경우로, 외부주도형에 해당한다.

08 ②
콥(Cobb)과 로스(Ross)가 유형화한 정책의제설정모형 중 '사회문제 → 정부의제 → 공중의제'의 순서로 전개되는 것은 동원형이다.

09 ③
정부PR을 통해 공중의제화하는 것은 동원형이다.

10 ①

일반 시민의 지지를 얻기 위해 정치지도자나 고위 정책결정자가 주도한 의제가 정부의 홍보활동(PR)을 통해 공중의제로 확산되는 정책의제설정과정의 유형은 동원모형이다. 동원모형은 정치지도자나 고위 정책결정자의 지시에 따라 사회문제가 바로 정부의제로 채택되며 정부의 힘이 강하고 민간 부문이 취약한 후진국에서 자주 볼 수 있다.

11 ②

동원형은 정부의 힘이 강하고 민간부문의 힘이 취약한 후진국에서 많이 나타난다. 의도적이고 일방적으로 국민을 무시하는 정부에서 나타날 수 있는 유형은 내부접근형이다.

12 ④

(라)는 의제설정 주도자가 국가이므로 정책결정자가 이슈를 제기하면 자동적으로 정책의제화되지만 공중의 지지가 낮기 때문에 성공적인 집행을 위한 공중의 지지가 필요하다.

13 ④

공고화형(consolidation model)은 대중의 지지가 높은 정책문제에 대한 정부의 주도적 해결을 설명한다.

14 ④

점증주의는 어떤 사회문제라도 정책의제화할 수 있다고 주장한다.

15 ③

체제이론에서는 체제의 능력상 한계로 인해 모든 사회문제를 정책문제로 채택할 수는 없다고 본다.

16 ④

체제이론에 의하면 외부환경으로부터 발생한 요구의 다양성보다는 정치체제 내부의 능력상 한계 때문에 선택의 문제가 등장하게 된다.

17 ①

A-ㄱ, B-ㄴ, C-ㄷ, D-ㄹ이 옳게 연결되어 있다.

18 ①

새로운 문제보다는 일상화된 정책문제가 보다 쉽게 정책의제화된다.

19 ②

이해관계자의 분포가 넓고 조직화 정도가 낮은 경우에 정책의제로 채택될 가능성이 가장 낮다.

20 ④

|오답해설| 지배적인 엘리트집단은 자신들의 이해관계와 부합하지 않은 이슈는 정책의제설정단계에서 논의하려고 하지 않는다고 보는(①) 무의사결정은 신엘리트론의 관점을 반영한다(②). 더 나아가 무의사결정은 정책의 전 과정에서 발생할 수 있다(③).

21 ①

바흐라흐와 바라츠(Bachrach & Baratz)는 무의사결정을 "의사결정자(엘리트)의 가치와 이익에 대한 잠재적이거나 현재적인 도전을 억압하거나 방해하는 결정"이라고 정의하였다. 따라서 '공익'은 포함되지 않는다.

22 ②

무의사결정(non-decision making)은 기득권 세력의 특권이나 이익 그리고 가치관이나 신념에 대한 잠재적 또는 현재적 도전을 좌절시키려는 것을 의미하며, 변화를 주장하는 사람으로부터 기존에 누리는 혜택을 박탈하거나 새로운 혜택을 제시하여 매수하는 방법을 사용한다. 따라서 무의사결정은 지배엘리트가 아닌 자에 의한 기득권 세력의 기존 이익배분 상태에 대한 변동을 억압하거나 방해하는 것이다.

23 ③

무의사결정은 고전적 다원주의를 비판하며 등장한 이론으로 '신엘리트론'이라 불린다.

24 ④

바흐라흐(Bachrach)와 바라츠(Baratz)의 무의사결정론은 엘리트의 두 얼굴 중 권력행사의 어두운 측면을 고려하지 못한다고 비판했기 때문에 신엘리트주의로 불린다. 무의사결정론은 바흐라흐와 바라츠(Bachrach & Baratz) 등의 신엘리트론자가 「권력의 두 얼굴: Two Faces of Power」에서 다원론자인 다알(R. Dahl)의 뉴헤이븐(new haven)시의 연구를 비판한 데서 비롯된다. 즉, 정치권력은 두 가지 모습을 가지고 있는데, 하나는 정책문제를 해결하기 위한 정책결정에 행사되는 권력이고, 다른 하나는 정책의제의 채택과정에서 갈등을 억압하고 갈등이 정치과정에 진입하는 것을 방지하는 데 행사되는 권력이라고 주장하였다. 각종 사회문제 중 일부만이 정책의제로 채택되고 일부는 기각·방치되는데, 이러한 기각·방치는 정책대안을 마련하지 않겠다는 소극적 의사결정이므로 이를 '무의사결정(non-decision making)'이라 한다.

25 ④

조직의 주의집중력은 한계가 있어 일부 사회문제만이 정책의제로 선택된다고 주장한 것은 무의사결정론이 아니라 사이먼(Simon)의 의사결정론이다. 한편, 체제이론은 가용자원의 한계 등 정치체제의 능력에 한계가 있어 일부 사회문제만이 정책의제로 선택된다고 주장하였다.

01	④	02	①	03	③	04	⑤	05	④
06	②	07	②	08	②	09	④	10	④
11	②	12	②	13	④	14	①	15	①
16	①	17	③	18	④	19	③	20	③
21	④	22	④	23	②	24	④	25	③
26	④	27	①	28	③	29	③	30	⑤
31	①	32	③	33	②	34	④	35	①
36	②	37	②	38	②	39	①	40	③
41	①	42	④	43	④	44	④	45	①
46	①	47	②	48	④	49	①	50	④
51	②	52	③	53	④	54	①	55	①
56	②								

01 ④
정책결정은 계량화가 곤란한 데 비해, 의사결정은 계량화가 용이하다.

02 ①
정책문제의 정의가 이루어지고 나서 정책목표의 설정이 이루어진다.

03 ③
정책문제의 정의가 이루어지고 나서 정책대안의 탐색이 이루어진다.

04 ⑤
소망성은 최적 대안의 선택 시 고려해야 할 가치이다.

05 ④
| 오답해설 | ㄱ. 공공성을 띤다.
ㄴ. 주관적이고 인공적이다.
ㄹ. 동태적 성격을 갖는다.

06 ②
정책주체와 객체의 행태는 객관적이지만 정책문제는 주관적이다.

07 ②
제3종 오류란 잘못된 문제규정이 잘못된 정책목표의 설정으로 연결되는 현상을 의미한다.

08 ②
정책문제를 잘못 인지하고 채택하여 정책문제가 여전히 해결되지 않은 상태로 남아 있는 현상을 '3종 오류'라고 한다.

09 ④
ㄱ은 제2종 오류, ㄴ은 제3종 오류, ㄷ은 제1종 오류에 해당한다.

10 ④
과두제의 철칙은 목표 대치(전환)의 원인이 된다.

11 ②
| 오답해설 | ① 목표의 대치(displacement)는 조직의 목표 추구가 왜곡되는 현상으로, 조직이 정당하게 추구하는 종국적 목표가 다른 목표나 수단과 뒤바뀌는 것을 말한다.
③ 목표의 확대(expansion)는 기존 목표의 범위가 넓어지는 것이다.
④ 목표의 승계(succession)는 애초에 설정된 목표가 달성 불가능하거나 완전히 달성된 경우, 같은 유형의 다른 목표로 교체되는 형태로 목표가 변동되는 것을 말한다.

12 ②
애초에 설정된 목표를 달성할 수 없거나 목표가 완전히 달성된 경우 같은 유형의 다른 목표로 교체되는 것은 목표의 승계이다.

13 ④
던(W. Dunn)이 분류한 정책대안 예측유형과 그에 따른 기법으로 분류가 옳지 않은 것은 ㄷ, ㅁ, ㅅ이다. 경로분석(ㄷ)은 예견, 자료전환법(ㅁ)과 격변예측기법(ㅅ)은 투사에 해당한다.

14 ①
주관적 판단에 의한 정책대안의 결과를 예측하는 방법으로 가장 적절한 것은 델파이이다. 정책대안의 결과를 예측하는 방법에는 추세 연장적 예측(투사), 인과모형을 통한 이론적 예측(예견), 통찰력 있는 판단(추측) 등 크게 세 가지 유형이 있다. 추측(conjecture, 질적 기법)은 미래 상태에 대한 주관적인 판단이나 직관적인 진술의 형태를 취하는 것으로, 주관적인 판단에 기초를 둔다는 점에서 본질적인 성격을 지니며, 대표적 기법으로 델파이기법이 있다.

15 ①
전통적 델파이기법은 익명성을, 정책델파이 기법은 '선택적' 익명성을 특징으로 한다.

16 ①
제시문은 델파이기법에 관한 설명이다. 델파이기법은 익명성 보장과 반복, 통제된 환류와 응답의 통계처리, 전문가 합의 등을 특징으로 하는 정책분석기법이다. 조건부확률과 교차영향행렬의 적용은 교차영향분석 기법(cross-impact analysis)과 관련된 내용이다.

> **교차영향분석 기법(cross-impact analysis)**
> 교차영향분석 기법은 미래의 사건들이 서로에게 어떻게든 영향을 미친다는 전제하에 미래 예측항목 간에 존재하는 상호관계를 무시하는 직관적 기법인 델파이기법의 문제점을 개선하기 위하여 고안된 기법이다. 즉, 교차영향분석 기법은 한 항목의 발생확률을 예측하거나 다른 예측항목과의 사이에 존재하는 상호작용에 대해 판단하고, 그 판단에 비추어 예측하고자 하는 항목의 발생확률에 대한 수정을 가하는 방법이다.

17 ③
델파이기법은 가까운 미래보다는 중장기적 미래를 예측하기 위하여 통계분석을 활용하는 주관적 미래예측방법이다.

18 ④

델파이기법은 예측하려는 현상에 대하여 관련 있는 전문가의 자문을 설문지를 통하여 근접한 의견에 이를 때까지 체계적으로 유도하고 분석하는 직관적인 미래예측기법이다. 전통적인 회의식 기법이 갈등이 심하고 토의 분위기에 영향을 받아 주관적인 판단이 흐리게 된다는 비판에서 시작되었다.

| 오답해설 | ① 델파이기법은 객관적인 것이 아니라 주관적 정책분석 방법이다.

② 브레인스토밍에 관한 설명이다.

③ 델파이기법은 집단토론을 거치지 않는다.

⑤ 대면토론 방식의 문제를 극복하기 위해서 등장한 것이 델파이기법이다.

19 ③

모든 단계에서 익명성이 보장되는 것은 전통적 델파이를 의미한다. 정책델파이는 정책대안들에 대한 논쟁이 표면화되고 나면, 참여자들은 공공연한 입장에서 토론을 벌이게 된다(선택적 익명성).

20 ③

정책대안에 대한 주장들이 표면화된 후에는 참가자들로 하여금 공개적으로 토론을 벌이게 한다.

21 ④

정책델파이는 미래 상태에 대한 주관적인 판단이나 직관적인 진술의 형태를 취하는 것으로서, 주관적인 판단에 기초를 둔다는 점이 본질적인 성격이다.

22 ④

정책대안의 소망스러움(desirability)을 평가하는 기준으로 노력, 능률성, 효과성, 형평성, 대응성 등이 있다.

23 ②

실현가능성(feasibility)에는 기술적 실현가능성, 재정적 실현가능성, 행정적 실현가능성, 법적·윤리적 실현가능성, 정치적 실현가능성 등이 있다.

24 ④

정책을 세웠으나 인력 부족으로 실현할 수 없을 때는 행정적 실현가능성을 고려하지 못한 것이다.

25 ③

비용효과분석은 각 대안의 소요비용과 그 효과를 대비하여 대안을 선택하는 것이다. 효과인 목표달성도를 금액 이외의 계량적 척도로 나타내며, 화폐가치로 측정될 수 없는 분야에서 비용편익분석의 대안으로 이용된다. 따라서 비용효과분석은 시장가격에 대한 의존도가 낮으므로 민간부문의 사업대안 분석에 적용가능성이 낮다.

| 오답해설 | ① 모든 관련 요소를 공통의 가치 단위(화폐가치)로 측정하는 것은 비용편익분석이다.

② 경제적 합리성을 강조하는 것은 비용편익분석이다. 비용효과분석은 정책대안의 효과성을 강조한다.

④ 비용효과분석은 비용편익분석에 비해 화폐적 가치의 측정이 곤란한 외부효과와 무형적 가치 분석에 적합하다.

⑤ 비용과 효과가 변동하는 경우 문제 분석에 활용하기 곤란하다.

26 ④

비용효과(cost-effectiveness)분석은 정책대안의 비용과 효과를 모두 화폐단위로 측정되기 어려운 국방, 치안, 보건 등의 영역에 적용할 수 있다.

| 오답해설 | ① 정책대안의 비용과 효과가 모두 화폐단위로 측정되는 것은 비용편익(cost-benefit)분석이다.

② 비용편익분석은 정책대안의 비용과 효과가 모두 화폐단위로 측정되기 때문에 분석결과를 사회적 후생의 문제와 쉽게 연계시킬 수 있다.

③ 시장가격의 메커니즘에 전적으로 의존하는 것은 비용편익분석이다.

27 ①

비용편익분석의 과정은 모든 편익과 비용의 열거, 화폐가치로 환산, 할인율을 적용하여 현재가치로 계산한 후에 우선순위를 결정하는 것이다.

28 ③

기회비용은 편익비용분석에서 자원의 비용에 대한 올바른 측정수단이다.

29 ③

비용효과분석은 효과인 목표달성도를 금액 이외의 계량적 척도로 나타내게 되며, 화폐가치로 측정될 수 없는 분야에서 비용편익분석의 대안으로 이용된다. 따라서 비용효과분석은 시장가격이 아니라 효과인 목표달성도를 금액 이외의 계량적 척도로 사용한다.

30 ⑤

비용편익분석은 비용과 편익을 화폐가치로 환산해야 하는데 공공재는 시장가격으로 비용을 측정하는 것이 용이하지 않기 때문에 간접적으로 비용을 측정하는 잠재가격을 사용한다. 따라서 시장가격은 잠재가격을 측정하는 데 사용되는 방법이 아니다.

31 ①

할인율이 높아지면 현재가치가 낮아진다.

32 ③

할인율이 높을수록 현재가치는 작아진다. 따라서 비용에 비해 효과(편익)가 장기적으로 발생한다면, 할인율이 높을수록 순현재가치가 작아져 경제적 타당성이 낮게 나타난다.

33 ②

비용과 편익이 발생하는 시점이 멀면 멀수록 그 현재가치는 낮아진다.

34 ④

높은 할인율을 적용하면 장기간에 걸쳐 편익이 발생하는 장기 투자에 불리하다. 즉, 높은 할인율을 적용하면, 장기간에 걸쳐 편익이 발생하는 장기 투자의 경우 현재가치가 낮게 평가되므로 사업의 타당성이 저하된다.

35 ①

높은 시간적 할인율은 단기투자에 유리하다.

36 ②

|오답해설| ㄴ. 직접적이고 유형적인 비용과 편익뿐 아니라 간접적이고 무형적인 비용과 편익도 포함한다.

　ㄷ. 순현재가치(NPV)는 편익의 총현재가치에서 비용의 총현재가치를 뺀 것이며, 0보다 클 경우 사업의 타당성을 인정할 수 있다.

37 ②

비용편익분석에서 부의 효과를 비용으로 보면 비용을 증가시키는 요인이 되며, 편익으로 보면 편익을 감소시키는 요인이 된다. 이때 부의 외부효과를 어느 쪽으로 보든 순현재가치는 달라지는 않지만, 편익비용비는 달라진다.

38 ②

내부수익률은 투입자본에 대한 순수입의 비율(순수입/투입자본×100)이다. 따라서 40/80×100 = 50%이다.

39 ①

순현재가치(NPV)와 편익·비용비(B/C ratio)는 미래가치를 현재가치로 할인하기 때문에 할인율의 크기에 따라 그 값이 달라진다.

40 ③

칼도-힉스기준(Kaldor-Hicks criterion)은 재분배적 편익(형평성)보다 효율성의 문제를 중시하는 기법이다. 재분배적 편익의 문제를 중시하는 것은 로렌츠곡선과 지니계수이다.

41 ①

내부수익률이 높은 대안일수록 좋은 대안이다. 즉, 복수의 대안평가 시 내부수익률이 큰 사업을 선택해야 오류가 없다.

42 ④

B/C분석과 현재가치법은 사업의 우선순위를 파악할 때 다른 결과가 나올 수도 있다.

43 ④

경제적 비용편익분석(Benefit Cost Analysis)은 효율성을 강조하며, 형평성, 대응성과는 무관하다.

44 ④

정책분석(Policy Analysis)이란 여러 정책대안을 체계적으로 탐색하고 검토 및 분석함으로써 합리적 대안이 선택될 수 있게 하는 창의적이고 쇄신적인 활동을 의미한다.

45 ①

정책분석이란 여러 정책대안을 체계적으로 탐색하고 검토 및 분석함으로써 합리적 대안이 선택될 수 있게 하는 창의적이고 쇄신적인 활동을 의미한다. 합리모형은 인간을 이성적이고 합리적인 존재로 파악하며 인간은 누구나 의사결정(정책결정)을 하는 데에 체제분석(정책분석)을 통하여 합리적 대안을 선택할 수 있다고 본다. 따라서 체제분석(정책분석)은 정책전문가만이 수행하는 것은 아니고, 인간은 누구나 합리적 결정을 위해 대안의 분석과정을 거친다고 본다.

46 ①

비용·편익분석은 정책대안의 비용과 편익을 모두 가시적인 화폐 가치로 바꾸어 측정하기 때문에 분야가 다른 정책이나 프로그램을 비교할 수 있다는 장점이 있다.

47 ④

집권적인 조직구조가 합리적 결정의 제약요인이다.

48 ④

선례나 표준운용절차(SOP)의 지나친 중시는 합리적 정책결정을 저해하는 요인이 된다.

49 ①

합리적인 정책결정은 충분하고 정확한 자료와 정보가 뒷받침되어야만 가능한 것이다. 상하계층 간이나 횡적인 관계기관 간에 의사소통이 원활하지 않고 의사소통의 장애나 왜곡이 있는 경우 정확한 정보의 제약으로 인해 합리적 정책결정은 어려워진다.

|오답해설| ② 인간적인 요인, ③④ 환경적 요인에 해당한다.

50 ④

막료기능이 강화되면 전문적인 지식과 경험을 활용할 수 있게 됨으로써 오히려 합리적인 정책결정에 기여한다.

51 ②

|오답해설| ① 표준운영절차(SOP)가 확립되면 업무 담당자가 바뀌어도 업무처리의 연속성을 유지할 수 있다.

③ 정책집행 현장의 특수성을 반영하기가 곤란하다.

④ 앨리슨(Allison)의 model Ⅱ(조직과정모형)와 관련이 있다.

52 ③

위험을 회피하고 어떠한 혁신이나 도전도 하지 않으려는 경향은 관료제의 병리현상이다.

53 ④

집단사고를 방지하려면 최종 대안을 도출한 후에는 각 참여자들에게 반대의견을 제시할 수 있는 기회를 부여하여야 한다.

54 ①

재니스(Janis)의 집단사고(groupthink)는 똑똑한 집단의 결정이 개인의 결정보다 오히려 잘못된 결정을 할 수 있다는 이론이다. 반면 집단지성(collective intelligence)은 다수의 개체들이 협력과 경쟁함으로써 축적되는 지식을 바탕으로 모아진 집단적 능력을 의미하는 것으로 집단사고와는 대립적 개념이다.

55 ①

가치의 선호(도) 차이는 합리성의 제약요인이지만, 다수 간의 조화된 가치선호는 제약요인이 아니다.

56 ②

앤더슨(Anderson)은 정책결정자의 행동에 영향을 미치는 가치를 정치적 가치, 조직의 가치, 개인의 가치, 정책의 가치, 이념적 가치 등으로 제시하였다.

01	①	02	②	03	①	04	①	05	②
06	②	07	③	08	①	09	①	10	③
11	③	12	④	13	①	14	③	15	③
16	④	17	④	18	②	19	④	20	③
21	①	22	②	23	②	24	①	25	④
26	①	27	③	28	①	29	⑤	30	③
31	②	32	①	33	③	34	①	35	②
36	③	37	③	38	③	39	①	40	④

01 ①
합리(포괄)모형은 인간은 누구나 이성과 고도의 합리성에 따라 행동하고 결정한다고 보는 이론모형으로, 규범적·이상적 접근방법이다.

02 ②
| 오답해설 | ㄴ. 공공선택모형은 관료들이 자익추구적이라고 가정한다.
ㄹ. 쓰레기통모형에 따르면 문제 흐름, 해결책의 흐름, 선택기회 흐름, 참여자 흐름이 만나 우연히 의사결정이 이루어진다고 본다.

03 ①
합리적 경제인관에 입각한 합리모형은 연역적 접근을 사용한다.

04 ①
참여자들의 상호조절에 의한 문제해결을 중시하는 것은 정치적 합리성을 중시하는 점증모형이다.

05 ②
매몰비용을 고려하게 되면 합리적 선택을 제한한다. 따라서 합리모형은 매몰비용은 고려하지 않고 기회비용을 고려한다.

06 ②
국가권력이 사회 각 계층에 분산된 다원화된 민주사회에서 주로 활용되는 것은 점증모형이다. 반면 합리모형은 정책결정자가 완전한 정보를 보유하여 대안을 포괄적으로 탐색하고 대안의 결과도 포괄적으로 고려한다고 전제하므로 국가권력이 정책결정자에게 집중된 사회에서 주로 활용된다.

07 ③
경제인은 합리적·분석적 결정을, 행정인은 직관, 영감에 기초한 결정을 한다고 보는 것은 드로어(Dror)의 최적모형이다.

08 ①
발문은 만족모형에 관한 사례이다.

09 ①
점증모형이 아니라 만족모형에 대한 설명이다.

10 ③
정책대안의 분석과 비교가 총체적·종합적으로 이루어지는 것은 합리모형이다.

11 ③
가치를 권위적으로 배분하기 위한 가장 현실적인 방법은 정치적 정책결정모형(점증모형)이며, 합리적 정책결정모형(합리모형)은 이상적이지만 비현실적인 모형이다.

12 ④
점증주의(점증모형)에서는 이론이나 분석을 소홀히 하기 때문에 무엇이 최선의 정책인가에 대한 판단기준이 합리주의에 비해 불명확하지만, 사회구성원의 다수의 지지를 받은 대안이 비교적 합리적 대안이라고 본다. 즉, 최선의 정책에 대한 판단기준이 없는 것은 아니다.

13 ①
합리모형을 비판하고 등장한 점증모형은 인간의 지적능력의 한계와 정책결정의 기술적 제약을 인정하며, 정치적 다원주의의 입장을 취하여 경제적 합리성보다 정치적 합리성을 중요시한다. ①은 점증모형의 한계점을 지적한 것이다.

14 ③
정책결정모형 중 점증모형은 인간(정책결정자)의 인지적 한계(완전한 정보의 부족)를 인정하므로 집단의 합의(이해관계자의 타협과 조정)를 중시한다. 따라서 집단의 합의(이해관계자의 타협과 조정)를 중시하는 점증모형은 급격한 개혁과 새로운 환경을 반영하는 혁신 또는 개혁적 정책결정이 어렵다는 단점이 있다.

15 ③
기본적인 결정과 세부적인 결정을 명확히 구분하기가 어려운 것은 점증모형이 아니라 혼합(주사)모형의 한계이다.

16 ④
점증모형은 합리모형의 완전한 정보를 비판하고 등장한 모형이다. 따라서 정보접근성은 점증모형의 논리적 근거(점증모형에 따른 정책결정이 정당화되는 근거)로 가장 거리가 먼 내용이다.

17 ④
제시문은 정책결정모형 중 에치오니(Etzioni)의 혼합탐사모형에 관한 설명이다. 혼합탐사모형은 기본적(근본적) 결정에는 합리모형을 적용하되, 부분적(세부적, 점증적) 결정에는 점증모형을 적용한다. 기본적 결정이란 나무보다는 숲을 개략적으로 파악하는 유형의 결정을 말하며, 부분적 결정이란 숲보다는 나무를 면밀하게 파악하는 유형의 결정을 말한다.

18 ②
혼합주사모형은 정책의 결정을 근본적 결정(합리모형-숲-개괄)과 세부적 결정(점증모형-나무-미시적)으로 구분한다.
| 오답해설 | ①④ 사이버네틱스모형, ③ 회사모형에 관한 설명이다.

19 ④

점증모형의 장점을 합리모형과의 통합으로 보완하려는 시도는 최적모형이 아니라 혼합모형에서 나타난다. 에치오니(Etzioni)는 규범적이고 이상적인 접근방법인 합리모형과 현실적이고 실증적인 접근방법인 점증모형을 상호보완적으로 혼용함으로써 현실적이면서도 합리적인 결정을 할 수 있다는 혼합모형을 제시하였다. 혼합모형은 합리모형의 이상주의적 특성에서 나오는 단점(비현실성)과 점증모형의 지나친 보수성이라는 약점을 극복할 수 있는 전략으로 제시되었으며, 양자의 장점이 합쳐진 이론모형이다.

20 ③

혼합주사모형에서 세부적 결정은 점증모형의 의사결정방식으로 개선된 대안을 제시한다.

21 ①

발문은 최적모형에 관한 설명이다.

22 ②

초합리성을 강조하는 최적모형은 정책결정지의 직관적 판단을 중시하고 있다.

23 ②

최적모형은 정책결정자의 직관적 판단을 정책결정의 중요한 요인으로 인정한다.

24 ③

조직을 하위 조직의 연합이라고 보는 회사모형은 의사결정자에 의해 조직의 의사결정이 통제된다고 보는 합리주의적 견해(합리모형)를 비판한다.

25 ④

'회사모형'은 조직의 불확실한 환경을 회피하고 조직 내 갈등을 극복하기 위하여 장기적인 전략과 기획의 중요성보다는 거래관행을 수립하거나 장기계약을 맺는 등 환경을 통제할 수 있는 방법을 강조한다.

26 ①

회사모형은 장기전략을 개발하기보다는 현재 당면한 문제를 해결하는 데 치중한다.

27 ③

회사모형은 불확실성을 회피하기 위해 불확실성이 높은 장기적인 전략보다 결과가 확실한 단기적인 전략을 중심으로 결정한다고 본다.

28 ①

쓰레기통모형에 관한 설명이다.

29 ⑤

쓰레기통모형은 정책결정이 어떤 일정한 규칙에 따라 이루어지는 것이 아니라 혼란상황 속에서 마치 쓰레기통에 던져 넣은 쓰레기들이 뒤죽박죽 엉켜 있는 것과 같이 우연히 결정이 이루어진다는 것이다.

30 ③

〈보기〉는 코헨, 마치와 올슨(Cohen, March & Olsen) 등이 제시한 쓰레기통모형에 관한 설명이다. 쓰레기통모형은 조직화된 혼란 상태(조직화된 무정부 상태)에서의 의사결정을 다루고 있으며, 문제의 선호(불분명한 선호), 불분명한 기술(불명확한 인과관계), 유동적(일시적) 참여의 세 가지 요인이 의사결정기회를 찾아 끊임없이 움직이며 이들의 흐름이 교차하는 시점에서 의사결정이 이루어진다고 설명한다.

31 ②

정책결정 요소들 간 상호독립성이다.

32 ①

쓰레기통모형의 기본적인 전제는 문제있는 선호(문제성 있는 선호, 불분명한 선호), 불명확한 기술(불명확한 목표·수단 간의 인과관계), 수시적(일시적, 유동적) 참여자이다. 갈등의 준해결은 회사(연합)모형의 특징에 해당한다.

33 ③

ㄴ, ㄷ이 옳은 설명이다.

|오답해설| ㄱ. 정책결정을 근본적 결정과 세부적 결정으로 구분하는 것은 혼합(주사, 관조)모형이다.

ㄹ. 갈등의 준해결과 표준운영절차(SOP)의 활용, 불확실성 회피, 문제 중심적 탐색, 조직체의 학습 등은 회사모형의 특징이다.

34 ③

합리모형에서는 문제의 해결(resolution)이 의사결정을 통해서 이루어지는 것으로 암암리에 가정하고, 회사모형에서는 하위 집단의 연합에 의한 갈등의 준해결(quasi-resolution)을 대표적인 의사결정 방식으로 지적하고 있다. 그러나 쓰레기통모형에서는 조직화된 무정부 상태에서 끼워넣기(by oversight)와 미뤄두기(by flight)가 대표적으로 나타난다.

|오답해설| ① 조직구성원의 응집성이 아주 약한 혼란 상태에 있는 조직에서 의사결정이 어떻게 이루어지는가를 기술하고 설명한다.

② 조직에서 의사결정참여자의 범위와 그들이 투입하는 에너지가 유동적임을 의미하는 것은 일시적/유동적 참여자이다.

④ 목표와 수단 사이의 인과관계가 명확하지 않음을 의미하는 것은 불명확한 기술이다.

35 ②

발문은 조직모형에 관한 설명이다.

36 ③

앨리슨모형 중 관료정치모형은 여러 다양한 문제에 관심을 갖는 다수의 행위자를 상정하며 이들의 목표는 일관되지 않는다고 본다.

|오답해설| ① 합리적 행위자 모형에서는 국가 전체의 이익과 국가목표 추구를 위해서 개인의 이익을 고려하지 않으며, 국가가 단일적인 결정자임을 전제한다.

② 조직과정모형에서 조직은 불확실성을 회피하기 위하여 정책결정을 할 때 표준운영절차(SOP)나 프로그램 목록(program repertory)에 의존한다.

④ 외교안보문제 분석에 있어서 설명력을 높이기 위한 대안적 모형으로 조직과정모형을 고려한다.

37 ③

정책결정 결과가 참여자들 간 타협, 협상 등에 의해 좌우된다고 보는 것은 관료정치모형이다.

38 ③

앨리슨(Allison)의 관료정치모형(모형 III)은 정책결정에 참여하는 구성원들 간의 목표 공유 정도와 정책결정의 일관성이 모두 매우 낮다.

| 오답해설 | ① 정책결정은 준해결(quasi-resolution)적 상태에 머무르는 경우가 많은 것은 조직과정모형(모형 II)이다.

② 정책결정자들이 국가 전체의 이익이나 전략적 목표를 극대화하기 위한 결정을 하는 것은 합리적 행위자 모형(모형 I)이다.

④ 정부를 단일한 결정주체가 아니며 반독립적(semi-autonomous) 하위조직들이 느슨하게 연결된 집합체로 보는 것은 조직과정모형(모형 II)이다.

39 ②

관료정치모형은 조직 상위 계층에 대한 적용 가능성이 높고, 조직과정모형은 조직 하위 계층에 대한 적용 가능성이 높으며, 합리적 행위자 모형은 전 계층에 대하여 적용 가능성이 높다.

40 ④

관료정치모형에 관한 설명이다. 관료정치모형은 갈등과 타협의 과정을 거쳐 정책결정이 이루어진다고 본다.

CHAPTER 05 | 정책집행론
본문 P.208

01	①	02	①	03	②	04	①	05	①
06	①	07	②	08	③	09	④	10	④
11	③	12	①	13	③	14	④	15	④
16	③	17	①	18	③	19	④	20	②
21	④	22	④	23	④	24	④	25	②
26	③	27	④	28	①	29	①		

01 ①

정책집행은 정책결정과 독립된 하나의 영역이 아니라 서로 유기적인 관계가 있다.

02 ①

정책집행은 정책결정과 독립된 하나의 영역이 아니라 서로 유기적인 관계에 있다.

03 ②

현대적 정책집행은 정책결정과 독립적 과정이 아니라 집행과정에서 정책이 구체화된다는 입장이다.

04 ①

법 규정의 명확성이 아니라 모호성이다.

05 ①

오클랜드 사업의 실패는 집행과정에 참여자가 너무 적어서 정책집행에 어려움을 겪었던 것이 아니라 참여자가 너무 많아 거부점이 과다하였다.

06 ①

제시문의 설명에 해당하는 정책집행 모형(하향적 접근방법)을 제시한 학자는 사바티어(Sabatier)와 마즈매니언(Mazmanian)이다.

07 ②

집행과정에서 현장을 강조하고 재량권을 부여하는 것은 상향적 정책집행이다.

08 ③

정책집행의 상향적 접근방법은 집행현장에서 일선집행관료의 재량과 자율을 강조한다.

09 ④

상향적 접근방법은 일선집행관료의 재량권을 확대한다.

10 ④

| 오답해설 | ① 정책목표의 설정과 정책목표 간 우선순위가 명확한 것은 고전적·하향적 집행(top-down) 방식이다.

② 엘모어(Elmore)는 후향적 집행이라고 하였다.

③ 버먼(Berman)은 적응적 집행이라고 하였다.

11 ③

1980년대 이후 하향적 접근방법과 상향적 접근방법의 장·단점을 보완하려는 학문적 노력으로 등장한 사바티어(Sabatier)의 통합모형(정책지지연합모형)은 상향식 접근방법의 분석 단위를 채택하고, 이에 영향을 미치는 요인으로 하향식 접근방법의 여러 가지 변수를 결합하였다. 즉, 상향식 접근방법에 의해 정책문제나 일선 조직에서 검토를 시작하여 다양한 공공부문과 민간부문에서 행위자들의 전략적 행위에 초점을 맞추며, 하향식 접근방법의 관점에서 정책하위시스템 참여자의 활동에 영향을 미치는 요소인 법적·사회경제적 변수들의 영향을 분석하였다. 따라서 정책하위시스템 참여자의 활동에 영향을 미치는 요소는 하향식 접근방법으로 도출하였다.

12 ①

| 오답해설 | 사바티어(Sabatier)와 매즈매니언(Mazmanian)의 집행과정모형(ㄴ)과 반 미터(Van Meter)와 반 호른(Van Horn)의 집행연구(ㄹ)는 정책집행 연구 중 하향적 접근방법(top-down approach)에 해당한다.

13 ③

일선관료는 고객(일반시민)을 범주화하여 분류하며, 계층별로 달리 대우한다.

14 ④

일선관료들의 정책대상집단은 복잡하고 비정형화되어 있다.

| 오답해설 | 립스키(Lipsky)의 '일선관료제'에서 일선관료들이 처하는 업무환경의 특징은 자원의 부족(①), 일선관료 권위에 대한 도전(②), 모호하고 대립되는 기대(③)이다.

15 ④

객관적 성과평가의 기준이 결여되어 있어, 목표달성을 지향하는 성과의 측정이 곤란하다.

16 ③

|오답해설| ① 일선관료는 고객에 대한 고정관념(stereotype)으로 인해 복잡한 문제와 불확실한 상황에 대처하지 못한다.
② 일선관료가 업무를 수행하는 기관에 대한 고객들의 목표기대는 서로 모순되고 불명확하다.
④ 일선관료는 계층제의 하위에 위치하지만, 직무의 자율성이 높고 의사결정 재량권의 범위가 넓다.

17 ①

|오답해설| ② 거시적 집행구조의 통로는 행정(administration), 채택(adoption), 미시적 집행(micro-implementation), 기술적 타당성(technical validity)의 네 가지로 구성된다.
③ 채택에 해당한다.
④ 미시적 집행에 해당한다.

18 ③

고전적 기술자형은 정책결정자가 집행과정에 대해서 엄격하게 통제를 하는 것을 의미하며, 정책집행자는 약간의 정책적 재량만을 갖는 유형이다.
|오답해설| ① 재량적 실험가형, ② 기술적 위임형, ④ 협상형에 해당한다.

19 ④

정책결정자가 구체적인 목표와 수단을 설정하는 것은 '고전적 기술자형'이다. '지시적 위임형'은 정책결정자가 정책목표를 세우고 대체적인 방침만 정하여 정책집행자에게 위임하면 정책집행자들은 이 목표의 구체적 집행에 필요한 폭넓은 재량권을 위임받아 정책을 집행하는 유형이다.

20 ②

발문은 관료적 기업가형에 관한 설명이다.

21 ④

관료적 기업가형은 정책집행자가 정책결정자의 결정권을 장악하고 정책과정 전반을 완전히 통제하는 유형이다.
|오답해설| ① 고전적 기술자형, ② 협상형, ③ 재량적 실험가형과 관련이 있다.

22 ④

제시문은 관료적 기업가형에 해당한다.

23 ③

|오답해설| ㄱ, ㄹ. 경제규제와 공기업은 정부가 직접 시장에 개입하므로, 직접성 정도가 높은 정책수단이다.

24 ④

|오답해설| 직접성 정도가 ① 조세지출과 ③ 사회적 규제는 중간이고, ② 정부출자기업은 낮은 정책수단이다.

25 ②

조세지출은 직접성이 낮은 간접수단에 해당한다.

26 ③

ㄴ, ㄷ, ㅁ이 직접성 정도가 높은 정책수단에 해당한다.

27 ④

공기업은 살라몬(Salamon)의 정책수단 유형 중 직접 수단에 해당한다.

28 ①

살라몬(Salamon)의 정책도구 분류에서 강제성이 가장 높은 것은 경제적 규제이다.

29 ①

(가)는 도덕적 설득, (나)는 유인, (다)는 처벌에 관한 설명이다.

CHAPTER 06 | 정책평가론
본문 P.219

01	①	02	①	03	③	04	③	05	④
06	①	07	②	08	④	09	②	10	①
11	①	12	①	13	②	14	③	15	④
16	①	17	①	18	③	19	③	20	①
21	①	22	③	23	①	24	①	25	①
26	②	27	③	28	③	29	①		

01 ①

정책평가는 장기적으로 정책과정의 비용을 줄일 수 있기 때문에 중시된다.

02 ①

정책대안의 예측 결과에 대한 비교평가는 정책분석과 관련이 있다.

03 ③

정책평가의 일반적인 절차는 정책목표 확인(ㅁ) → 정책평가 대상 확정(ㄱ) → 인과모형 설정(ㄷ) → 자료 수집 및 분석(ㄹ) → 평가 결과 제시(ㄴ) 순이다.

04 ③

평가성 사정(evaluability assessment)은 본격적인 평가를 시작하기 전에 실시하는 평가의 소망성과 가능성을 검토하는 것이다. 즉, 어떠한 사업 또는 사업의 어떠한 부분을 평가하여야 유용한 평가가 될 것인지를 결정하기 위해서 행해지는 사업의 개략적 검토방법의 하나로, 일종의 예비평가이다.

05 ④

집행이 종료된 후 정책이 의도했던 목적을 달성했는지에 초점을 맞춘 것은 총괄평가이다. 형성평가는 집행과정에서 나타나는 여러 문제점을 해결하여 좀 더 나은 집행전략과 방법을 구하고자 하는 평가이다.

06 ①

정책목표의 달성 여부를 판단하는 것은 총괄평가(영향평가)이다.

07 ②

총괄평가에는 능률성에 관한 평가도 포함된다. 총괄평가에는 효과성평가, 능률성평가, 형평성평가가 있다.

08 ④

ㄴ, ㄷ이 옳은 설명이다. 정책평가의 논리에서 수단과 목표 간의 인과관계가 성립하기 위해서는 시간적 선행성, 경쟁가설 배제(ㄴ), 공동 변화(ㄷ)의 조건이 충족되어야 한다.

|오답해설| ㄱ. 시간적 선행성에 따라 정책수단의 실현이 정책목표의 달성에 선행해서 존재해야 한다.

09 ②

연구설계를 정밀하게 구성하여 평가과정에서 제1종 및 제2종 오류가 발생하지 않는 정도를 의미하는 것은 통계적 결론의 타당성이다.

10 ①

선발요인은 외재적 요인, 나머지는 내재적 요인이다.

11 ①

제시문의 사례에서 '경쟁가설'과 관련한 정책평가의 내적 타당성 위협요인은 역사요인이다. 정책의 실시와 정책목표의 달성에 있어 두 사건 간에 인과관계를 단정하기 위해서는 적어도 세 가지 조건이 충족되어야 한다. ㉠ 정책수단의 실현이 정책목표의 달성에 선행해서 존재해야 하고(시간적 선행성), ㉡ 정책수단의 변화 정도에 따라 정책목표의 달성 정도도 변해야 하며(공동 변화), ㉢ 특정 정책수단 실현과 정책목표 달성 간의 관계를 설명하는 다른 요인이 배제되어야 한다(경쟁가설 배제 혹은 비허위적 관계). 그런데 해당 사례의 경우 수질오염의 방지가 폐수정화시설이 아닌 공장폐업과 강우량 증가라는 경쟁가설에 의한 것이고 이는 실험자의 의도와 관계없이 외부에서 사건이 일어남으로써 대상변수에 영향을 끼친 것이므로(사건·사후 측정값이 달라진 것이므로) 정책평가의 내적 타당성 위협요인 중 역사요인에 해당한다.

12 ①

제시문은 정책실험에서 내적 타당성을 위협하는 요인 중 검사요인(측정요소)에 관한 설명이다. 내적 타당성은 원인변수와 결과변수 간의 인과관계 추론의 정확도를 말하며, 정책이 집행된 후에 일어난 변화가 해당 정책 때문인지 또는 다른 요인에 의한 것인지 명백히 하는 것이다. 검사요인이 나타나면 내적 타당성이 저하될 수 있다.

13 ②

실험 대상자들이 사전측정의 내용에 대해 친숙하게 되어 사후 측정값이 달라지는 것은 측정요소이다. 성숙효과는 평가에 동원된 집단구성원들이 정책의 효과와는 관계없이 스스로 성장함으로써 나타날 수 있는 효과를 말한다.

14 ③

크리밍효과와 호손효과는 정책평가의 외적 타당성 저해요인에 해당한다.

15 ④

크리밍효과(creaming effect)는 정책평가의 외적 타당성의 저해요인 중 하나로, 정책평가과정에서 효과가 크게 나타날 사람들만을 의도적으로 실험집단에 선정하고, 그렇지 못한 집단을 비교집단으로 선정하여 실험의 효과를 과장하는 것을 말한다.

16 ①

연구자의 측정기준이나 측정도구가 변화되는 경우는 내적 타당성을 저해하는 요인에 해당한다.

17 ①

|오답해설| ② 척도 또는 측정도구가 얼마나 일관성 있게 작용하는가에 영향을 받는 것은 신뢰성이다.

③ 타당성이 있는 측정은 항상 신뢰성이 있다.

④ 척도 또는 측정도구가 측정하고자 하는 것을 얼마나 정확히 반영하는가에 영향을 받는 것은 타당성이다.

18 ③

신뢰성은 측정도구의 타당성을 담보할 수 있는 '필요조건'이다. 신뢰성이 있어야 타당성의 문제를 검토할 수 있으며, 신뢰성이 없는 측정도구가 타당성을 갖는다는 것은 불가능하다. 즉, 신뢰성은 타당성의 전제조건이며, 조건식으로 보면 신뢰성은 타당성의 필요조건이지 충분조건이 아니다.

19 ③

내적 타당성은 집행된 정책내용과 발생한 정책효과 간의 관계에 대한 인과적 추론의 정확성 정도를 의미하며, 정책이 집행된 후에 일어난 변화가 정책 때문인지 또는 다른 요인에 의한 것인지 명백히 하는 것이다.

|오답해설| ① 분석 및 평가 결과를 다른 상황에서도 적용할 수 있는 정도를 의미하는 것은 외적 타당성이다.

② 이론적 구성요소들의 추상적 개념을 성공적으로 조작화한 정도를 의미하는 것은 구성적 타당성이다.

④ 반복해서 측정했을 때 일관성 있는 결과를 얻는 정도를 의미하는 것은 신뢰성이다.

20 ①

선정효과나 성숙효과는 모두 허위변수 또는 혼란변수에 해당한다.

21 ④

정책변수에 대하여 ㄴ, ㄹ이 옳은 내용이다.

|오답해설| ㄱ. 매개변수는 독립변수의 결과인 동시에 종속변수의 원인이 되는 제3의 변수를 말한다.

ㄷ. 독립변수와 종속변수 간에 상관관계가 없는데도 있는 것으로 나타나게 하는 제3의 변수는 허위변수이다. 억제변수는 원래 독립변수와 종속변수 간 유의한 관계가 있는데 관계가 없는 것처럼 변수 간의 관계를 억압하는 변수이다. 즉, 억제변수를 통제하면 독립변수와 종속변수 간 유의한 관계가 발생해야 한다.

22 ③

비동질적 통제집단설계보다 진실험이 내적 타당성을 확보할 수 있다.

23 ①
특정평가는 국무총리가 중앙행정기관을 대상으로 국정을 통합적으로 관리하기 위한 목적을 갖는다. 공공기관은 특정평가의 대상이 아니다.

> 「정부업무평가 기본법」
> 제2조【정의】이 법에서 사용하는 용어의 정의는 다음과 같다.
> 4. "특정평가"라 함은 국무총리가 중앙행정기관을 대상으로 국정을 통합적으로 관리하기 위하여 필요한 정책 등을 평가하는 것을 말한다.

24 ①
정부업무평가위원회는 국무총리 소속하에 설치한다.

25 ①
정부업무평가위원회는 위원장 2인을 포함한 15인 이내의 위원으로 구성한다.

26 ②
중앙행정기관의 장은 자체평가조직 및 자체평가위원회를 구성·운영하여야 한다. 이 경우 평가의 공정성과 객관성을 확보하기 위하여 자체평가위원의 3분의 2 이상은 민간위원으로 하여야 한다.

| 오답해설 | ① 국무총리는 중앙행정기관의 자체평가결과를 확인·점검 후 평가의 객관성과 신뢰성에 문제가 있어 다시 평가가 필요하다고 판단되는 경우, 위원회의 심의·의결을 거쳐 재평가를 실시할 수 있다.
③ 국무총리는 둘 이상의 중앙행정기관 관련 시책, 주요 현안시책, 혁신관리 및 대통령령이 정하는 부문에 대하여 특정평가를 실시하고 그 결과를 공개하여야 한다.
④ 지방자치단체 또는 그 장이 위임받아 처리하는 국가사무, 국고보조사업 그리고 국가의 주요 시책사업 등에 대해 행정안전부장관은 관계중앙행정기관의 장과 합동으로 평가를 실시할 수 있다.

> 「정부업무평가 기본법」
> 제14조【중앙행정기관의 자체평가】① 중앙행정기관의 장은 그 소속기관의 정책 등을 포함하여 자체평가를 실시하여야 한다.
> ② 중앙행정기관의 장은 자체평가조직 및 자체평가위원회를 구성·운영하여야 한다. 이 경우 평가의 공정성과 객관성을 확보하기 위하여 자체평가위원의 3분의 2 이상은 민간위원으로 하여야 한다.
> 제17조【자체평가결과에 대한 재평가】 국무총리는 중앙행정기관의 자체평가결과를 확인·점검 후 평가의 객관성·신뢰성에 문제가 있어 다시 평가할 필요가 있다고 판단되는 때에는 위원회의 심의·의결을 거쳐 재평가를 실시할 수 있다.
> 제20조【특정평가의 절차】① 국무총리는 2 이상의 중앙행정기관 관련 시책, 주요 현안시책, 혁신관리 및 대통령령이 정하는 대상부문에 대하여 특정평가를 실시하고, 그 결과를 공개하여야 한다.
> 제21조【국가위임사무 등에 대한 평가】① 지방자치단체 또는 그 장이 위임받아 처리하는 국가사무, 국고보조사업 그 밖에 대통령령이 정하는 국가의 주요시책 등에 대하여 국정의 효율적인 수행을 위하여 평가가 필요한 경우에는 행정안전부장관이 관계중앙행정기관의 장과 합동으로 평가(이하 "합동평가"라 한다)를 실시할 수 있다.

27 ③
합동평가는 중앙행정기관이 아니라 지방자치단체를 대상으로 하는 평가이다.

28 ③
지방자치단체합동평가위원회의 위원장은 민간위원 중에서 행정안전부장관이 지명한다.

29 ①
행정안전부장관이 아니라 국무총리가 평가제도의 운영실태를 확인·점검하고, 그 결과에 따라 제도개선방안의 강구 등 필요한 조치를 할 수 있다.

CHAPTER 07 | 기획이론

본문 P.230

| 01 | ② | 02 | ④ | 03 | ① | 04 | ① | 05 | ② |
| 06 | ① | 07 | ⑤ | | | | | | |

01 ②
행정기획은 일반적으로 집권성을 띠기 때문에 기획과정이 민주적이라고 보기 어렵다. 기획은 미래를 준비하는 과정으로 일정한 기간을 정해서 이루어지는 경우가 많다.

02 ④
장래의 상태를 정확하게 예측하여 확실한 가정하에 계획을 작성하는 것은 불가능하다. 따라서 기획은 장래에 발생할 가능성이 높은 상태를 예측하여, 예측가능한 가정하에서 계획을 작성할 수 있다.

03 ①
발문은 하이에크(Hayek)에 관한 설명이다.

04 ①
철저한 시장 중심의 경제학자인 하이에크(Hayek)는 신자유주의 사상을 바탕으로 국가의 개입을 최소화하는 작은 정부를 주장했고, 「노예로의 길」을 통해 국가기획을 반대했다.

05 ②
발문은 기획의 원칙 중 목적성의 원칙에 관한 설명이다.

06 ①
발문은 그레샴 법칙에 관한 설명이다.

07 ⑤
구체적이고 집권적 기획은 구성원의 판단과 창의성을 저해할 수 있다.

PART Ⅲ. 조직이론

CHAPTER 01 | 조직 기초이론

본문 P.242

01	②	02	④	03	④	04	①	05	④
06	②	07	②	08	①	09	②	10	①
11	④	12	②	13	③	14	②	15	④
16	②	17	④	18	②	19	②	20	④
21	②	22	③	23	①	24	④	25	③
26	①	27	③	28	③	29	④	30	④
31	②	32	④	33	③	34	①	35	④
36	④	37	①	38	③	39	④	40	④
41	④	42	④	43	④	44	④	45	①
46	④	47	④	48	④	49	③	50	②
51	③	52	②	53	①	54	④	55	③
56	②	57	①	58	①	59	④	60	③
61	⑤	62	②						

01 ②
모건(Morgan)이 제시한 조직의 8가지 이미지는 문화, 심리적 감옥, 흐름과 변환과정, 기계(장치), 유기체, 두뇌, 정치(체제), 지배(수단)이다. 모건은 조직을 역사적으로 바라보기보다는 조직 자체를 횡단면적으로 이해할 수 있도록 은유(metaphors)라는 방법을 통해 여덟 가지 조직이미지(images)를 제시하였다.

02 ④
조직이 성숙 및 쇠퇴단계에 이르면 조직문화는 조직혁신을 저해하는 요인이 된다.

03 ④
조직목표는 조직이 존재하고 활동하는 정당성의 근거가 된다.

04 ①
블라우와 스콧트(Blau & Scott)는 수익자를 중심으로 조직의 유형을 분류하였다.

05 ④
에치오니(Etzioni)의 조직목표 유형은 질서 목표, 경제적 목표, 문화적 목표이다. 질서 목표는 강제적 조직이, 경제적 목표는 공리적 조직이, 문화적 목표는 규범적 조직이 담당한다고 보았다.

06 ②
파슨스(Parsons)는 사회가 체제로서 존속하기 위해서는 적응기능(Adaptation), 목표달성기능(Goal attainment), 통합기능(Integration), 체제유지기능(Latent pattern maintenance)이 필요하다고 주장하였다. 따라서 자원배분기능이 아니라 체제유지기능이 포함되어야 한다.

07 ②
파슨스(Parsons)의 조직유형 중 조직체제의 목표달성기능과 관련된 유형은 정치조직이다. 파슨스는 체제의 기능을 AGIL 기능으로 분류(Adaptation-적응기능, Goal attainment-목표달성기능, Integration-통합기능, Latent pattern maintenance-체제유지기능)하였고, 이에 따라 조직의 유형을 경제적 생산조직, 정치조직, 통합조직, 형상유지조직으로 분류하였다.

08 ①
전략적 정점(strategic apex)이 핵심구성인 조직은 단순구조이다. 기계적 관료제 구조는 기술구조 부분이다.

09 ②
기계적 관료제(machinebureaucracy)는 높은 분(업)화·전문화 수준을 가진다. 민츠버그(H. Mintzberg)의 기계적 관료제는 전형적으로 단순하고 안정적 환경에서 작업(업무)의 표준화를 중시하는 조직으로, 일반적으로 조직의 규모가 크고 조직환경이 안정되어 있으며, 전문화는 높은 반면 환경 적응에는 부적합하다. 따라서 기계적 관료제는 표준화를 특징으로 하며 과업이 철저히 분화되어 있고, 일상적이며 반복적으로 업무를 수행한다.

10 ①
지원스태프(support staff) 부문은 기본적인 과업 흐름 이외의 조직 문제에 대한 지원을 제공하는 모든 전문가들로 구성되어 있다. 조직을 간접적으로 지원하며 직접 작업 흐름에 관여하지 않는 집단으로, 법무팀이 이에 해당한다.

11 ④
민츠버그(Mintzberg)가 제시한 조직유형은 단순구조, 기계적 관료제, 전문적 관료제, 사업부제 구조, 애드호크라시(adhocracy)이다. 홀라크라시(holacracy)는 권위적, 수직적, 전통적 조직 문화에서 벗어나 조직구성원이 동등한 위치에서 의사소통하고 업무를 수행하는 기업 문화를 의미한다.

12 ②
전문적 관료제는 복잡하고 안정적인 환경을 특징으로 한다.

13 ③
과학적 관리론(19C 말~20C 초) → 인간관계론(1930년대) → 행정행태론(1940년대 중반) → 비교행정론(1950년대) → 신행정론(1960년대) 순으로 발달하였다.

14 ②
고전적 조직이론은 조직의 구성원들이 합리적인 경제적 원리에 따라 행동한다는 가정을 한다.

15 ④
신고전적 조직이론인 인간관계론이 강조한 내용은 인간의 사회·심리적 요인을 통한 동기부여이다. 나머지는 고전적 조직이론인 과학적 관리론이 강조한 내용이다.

PART Ⅲ 조직이론 • 35

16 ②

신고전 조직이론이 아니라 고전적 조직이론의 특징에 해당한다.

17 ④

신고전 조직이론의 대표적 이론은 인간관계론이다. 인간관계론은 조직 내 사회적 능률을 강조하고, 조직의 비공식적 구조나 요인에 초점을 둔다.

| 오답해설 | ① 신고전 조직이론의 대표적 이론은 인간관계론과 후기인 간관계론이다. 조직군생태론, 자원의존이론 등은 현대조직이론이다.
② 인간을 복잡한 내면구조를 가진 복잡인으로 간주하는 것은 현대조 직이론이다. 신고전 조직이론은 인간을 사회적 존재로 파악하는 사 회인으로 간주한다.
③ 신고전 조직이론은 폐쇄체제이론이다. 환경과 상호작용하는 개방 적·동태적·유기적 조직을 강조하는 것은 현대조직이론이다.

18 ②

후기 인간관계론은 구성원의 참여를 강조하기 때문에 참여관리론이라 하며 의사결정과정에 개인을 참여시키는 관리전략이 필요하다. 따라서 구성원의 참여를 강조하는 후기 인간관계론은 합리적·경제적 인간관 보다는 자아실현적 인간관과 더 부합한다. ②는 복잡인관에 해당하는 내용이다.

19 ②

현대적 행정관리이론은 환경을 상수(변하지 아니하는 일정한 값을 가 진 수나 양)가 아니라 변수(어떤 상황의 가변적 요인)로 본다. 즉, 환경 을 가변적인 것으로 본다.

20 ④

조직계층의 수가 감소한다.

21 ②

계층적 분화보다는 조직구조가 수평화되는 것이다.

22 ③

지식정보사회의 조직에서는 개인의 역량이 강조되는 반면, 조직은 수 평적으로 연결된 '네트워크 구조'의 형태를 띠기 때문에 조직의 협력적 행태가 요구된다.

23 ①

정보기술의 발달로 인해 조직 내에서 개인이 자신의 업무를 수행하는 데에 자율성이 현저하게 향상된다.

24 ④

상황론적 조직이론은 상황적 조건들을 유형화하여 상황적 조건에 적합 한 조직구조나 관리방식에 대한 처방을 추구한다. 즉, 상황론적 조직이 론은 관료제이론과 행정원리론에서 추구한 보편적인 조직원리(원리주 의)를 비판하고, 중범위라는 제한된 수준 내에서 일반성과 규칙성의 발 견을 추구하며, 상대적인 입장을 취해 조직설계와 관리방식의 융통성 을 강조하는 이론이다.

25 ③

상황론적 조직이론은 번스(T. Burns), 스토커(G. M. Stalker), 로렌스 (P. R. Lawrence), 로쉬(J. W. Lorsch) 등에 의해 발전한 경험적인 조 직이론으로, 관료제이론과 행정원리론에서 추구한 보편적인 조직 원리 를 비판하면서 등장하였다. 상황론적 조직이론은 모든 상황에 적용되 는 유일·최선의 조직구조나 관리 방법은 없다는 전제하에, 효과적인 조직구조나 관리 방법은 조직환경 등의 상황요인에 따라 달라지기 때 문에, 상황에 적합한 효과적인 조직구조의 설계나 관리 방법을 찾아내 고자 한다. 따라서 상황론적 조직이론은 독립변수나 상황적 조건들을 한정하거나 유형화해 중범위라는 제한된 수준 내에서 일반성과 규칙성 을 발견하고 문제에 대한 처방을 추구한다.

| 오답해설 | ① 조직군생태론은 기본 분석단위가 단일조직이 아니라 조 직군이며, 환경에 대한 조직 적합도에 초점을 둔다.
② 거래비용이론은 조직경제학의 한 접근법으로, 생산보다는 비용에 더 많은 관심을 두며, 조직을 거래비용 감소를 위한 장치로 본다.
④ 대리인이론에 따르면 정보의 비대칭성이 합리적 선택을 제약(역선택, 도덕적 해이)하며, 주인-대리인 관계는 조직 내에서도 나타난다.

26 ①

조직을 구성하고 운영하는 방법의 효율성은 그것이 처한 상황에 의존 한다고 가정하는 상황적응적 접근방법은 모든 상황에 적합한 유일 최 선의 관리방법(원리주의)을 비판한다.

27 ③

| 오답해설 | ① 공동체 생태학이론은 조직 간 공동노력을 강조한다.
② 자원의존이론은 환경에 능동적인 조직의 특성을 강조한다.
④ 조직군 생태학이론은 조직에 대한 환경의 영향을 강조한다.

28 ③

조직군생태학은 조직을 외부환경의 선택에 영향을 받는 수동적인 존재 로 이해한다.

| 오답해설 | ① 전략적 선택론은 조직 설계의 문제를 단순히 상황적응의 차원이 아니라 설계자의 자유재량에 의한 의사결정 산물로 파악하며, 조 직을 외부환경에 적극적으로 영향을 끼치는 능동적인 존재로 이해한다.

29 ④

제시문은 대리인이론에 관한 설명이다. 대리인이론은 위임자(본인, 소 유자, 구매자)와 대리인(근로자, 판매자)의 관계에 관한 경제학적 모형 을 조직연구에 적용하는 접근방법으로, 행위자들이 이기적인 존재임을 전제하고 위임자-대리인 간의 정보 불균형(비대칭성), 역선택, 도덕적 해이, 상황적 조건의 불확실성, 그리고 대리인을 움직이는 유인(성과급 과 고정급)의 역할을 중시한다. 제시문에서 A 보험회사가 보험 가입 대 상자의 건강 상태 및 사고 확률에 대한 특수정보를 가지고 있지 않다는 것은 '정보의 비대칭성'을 의미하고, 그로 인해 A 보험회사가 질병 확 률 및 사고 확률이 높은 B를 보험에 가입시켜 회사의 보험재정이 악화 되었다는 것은 정보의 비대칭성에 따른 '역선택'이 발생하였다는 것을 의미한다.

30 ④

주인과 대리인의 정보 비대칭 문제를 해결하기 위해 대리인에게 대폭 권한을 위임하기보다 대리인에 대한 주인의 통제를 강화해야 한다.

31 ②

주인과 대리인의 목표 상충으로 인해 대리손실이 나타난다. X-비효율성은 독점으로 인한 비효율성을 의미한다.

32 ④

대리인 관계를 설정할 수 있는 다수의 잠재적 당사자(대리인)의 존재는 주인-대리인 관계의 효율성을 제고하는 요인이다. 대리인이론은 행위자들이 이기적인 존재임을 전제한다. 따라서 대리인이 주인의 이익보다는 자신의 이익을 위해 기회주의적 행동 성향이 나타날 수 있다. 이로 인해 주인-대리인 관계의 효율성을 제약하게 된다. 반면, 대리인 관계를 설정할 수 있는 다수의 잠재적 당사자(대리인)가 존재할 경우 주인은 자신의 이익을 대변할 가능성이 높은 대리인을 선임할 수 있기 때문에 주인-대리인 관계의 효율성을 제고할 수 있다.

33 ①

거래비용이론은 조직이 생겨나고 일정한 구조를 가지는 이유를 조직경제학적으로 설명하는 접근방법으로, 시장의 자발적인 교환행위에서 발생하는 거래비용이 계층제적 조정비용보다 크면 거래비용의 최소화를 위하여 거래의 내부화(insourcing), 즉 조직의 통합이 이루어진다는 이론이다. 따라서 기회주의적 행동(역선택과 도덕적 해이)을 제어하는 데에는 계층제가 시장보다 효율적인 수단이라고 본다.

34 ①

|오답해설| ㄹ. 능률성을 높이기 위한 방안에는 조직과 시장이 있다.
ㅁ. 민주성이나 형평성은 고려하지 않는다.

35 ④

전략적 선택이론의 분석단위는 조직군이 아니라 개별조직이다.

36 ④

발문은 전략적 선택이론에 관한 설명이다.

37 ①

전략적 선택이론은 환경과 조직활동 간에 조정을 담당하는 관리자는 그의 환경을 조직에 유리하도록 조정하거나 통제할 수 있는 영향력을 가지고 있어 환경을 스스로 창조할 수 있다고 본다.
|오답해설| ② 상황적응이론, ③ 자원의존이론에 대한 내용이다.
④ 전략적 선택이론은 임의론으로, 조직이 독립변수로서 환경에 능동적으로 대응한다고 본다.

38 ③

제시문은 자원의존모형에 관한 설명이다.

39 ④

자원의존이론은 조직이 환경에 의하여 영향을 받기도 하지만, 조직은 환경에 대한 의존 정도의 변화를 통하여 환경에 영향을 미칠 수도 있다고 본다. 즉, 자원의존이론은 임의론에 해당한다.

40 ③

자원의존모형은 임의론에 해당한다. 따라서 조직과 환경의 관계에서 조직의 능동적 적응을 중시한다.

41 ④

자원의존이론은 임의론으로서 조직의 능동적 적응을 중시한다.

42 ④

원리주의자가 주장하는 조직의 원리는 분화의 원리와 통합의 원리로 구성되어 있다. 전문화의 원리는 분화의 원리이며, 나머지는 통합의 원리에 해당한다.

43 ④

계층제는 조직의 경직성을 초래하여 환경 변동에 신축성 있게 적응하기 어렵다.

44 ③

계층의 존재는 조직의 질서와 통일성을 확보하여 조직 내 분쟁과 갈등을 줄여 줄 수 있다.

45 ①

상명복종을 특징으로 하는 계층제는 구성원의 의사결정의 참여를 제한하기 때문에 귀속감이나 참여감을 저해한다.

46 ④

엄격한 명령계통에 따라 상명하복의 관계 유지를 위해서는 통솔범위를 좁게 설정한다.

47 ④

조직의 규모가 날로 커지면서 통솔범위의 한계로 인해 수직적 계층제를 특징으로 하는 관료제 조직이 등장하게 된다.

48 ④

통솔범위를 좁히면 상관에 의한 부하의 통제가 강화되므로, 부하의 사기를 높여 주려면 통솔범위를 확대하여 구성원의 자율성을 제고하여야 한다.

49 ③

명령통일의 원리란 조직 내의 각 구성원은 한 사람의 상관으로부터만 명령을 받아야 한다는 원리이다. 여러 상관이 지시한 명령이 서로 다를 경우 직속 상관의 명령에 따라야 한다.

50 ②

일반적인 조직구조 설계원리에 대한 설명으로 ㄱ, ㄴ, ㄹ이 옳은 것이다.
|오답해설| ㄷ. 통솔범위가 넓을수록 고도의 수평적 분화가 일어나 저층구조가 형성되고, 좁을수록 고층구조가 이뤄진다.

51 ③

분업의 원리에 따라 조직 전체의 업무를 종류와 성질별로 나누어 조직구성원이 가급적 한 가지의 주된 업무만을 전담하게 하면, 부서 간 의사소통과 조정의 필요성이 높아진다.

52 ②

비숙련 직무와 같은 단순한 직무는 수평적, 수직적인 전문화가 높다.

53 ①

발문은 직무충실(job enrichment)에 해당한다. 지나친 전문화의 문제점에 대해 인간관계론에서는 직무확충, 즉 직무의 범위를 확대하는 직무확장(job enlargement)과 직무의 깊이를 확대하는 직무충실(job enrichment)의 처방을 제안하였다. 이는 인간 중심의 직무설계방법에 해당한다.

54 ③

근무담당자에게 기존 업무에 관리적 요소를 부여하여 자율성과 책임성을 높여 주고자 하는 것은 직무확대(job enlargement)가 아니라 직무충실(job enrichment)이다.

55 ③

임시작업단(task force)은 수평적 연결조정기제이다.

56 ②

프로젝트팀(project team)은 강력한 수평적 연결 및 조정장치이다.

57 ①

연락 역할 담당자는 데프트(Daft)가 제시한 수평적 조정기제에 해당한다. 즉, 데프트에 의하면 연락 역할 담당자는 상당한 공식적 권한을 부여받아 조직 내 부문 간 의사전달 문제를 처리한다.

58 ①

발문은 적응적 흡수에 관한 설명이다.

59 ④

발문은 적응적 흡수(호선)에 관한 설명이다.

60 ③

형평화가 아니라 경쟁에 대한 내용으로, 경쟁은 완충전략(대내적 전략)이 아니라 연결전략(대외적 전략)에 해당한다.

61 ⑤

외부에서 중요한 조직이나 사람들을 수용하는 것은 적응적 흡수로서 대외적 전략인 연결전략에 해당한다.
| 오답해설 | ① 비축, ② 예측, ③ 성장, ④ 예측 및 성장으로, 모두 대내적 전략인 완충전략에 해당한다.

62 ②

조직은 특성상 보수적인 성향을 띠는 것이 일반적 현상이며, 이는 격동하는 사회환경 속에서 생존하기 어려운 이유가 된다. 특히 1960년대 이후 소위 불확실성의 시대의 등장에 따라 조직의 환경대응능력이 중시되면서, 조직군생태론의 경우 조직은 환경에 가장 잘 적응하는 방향으로 변화해 나가며 환경에 잘 적응해 나가지 못하는 조직은 존속할 수 없다고 주장하였다.

CHAPTER 02 | 조직구조론

본문 P.262

01	②	02	②	03	①	04	②	05	②
06	④	07	①	08	④	09	③	10	③
11	②	12	②	13	②	14	①	15	②
16	③	17	③	18	③	19	②	20	③
21	②	22	②	23	①	24	②	25	④
26	②	27	①	28	③	29	③	30	④
31	②	32	②	33	②	34	③	35	②
36	①	37	③	38	④	39	④	40	④
41	①	42	④	43	①	44	④	45	④
46	②	47	③	48	⑤	49	③	50	②
51	②	52	③	53	①	54	①	55	③
56	②	57	①	58	③	59	①	60	③
61	②	62	③	63	②	64	①	65	③
66	②	67	③	68	③	69	②	70	③
71	②	72	③	73	②	74	④	75	⑤
76	②	77	②	78	①	79	①	80	①
81	①	82	④	83	②	84	④	85	④
86	②	87	②	88	③	89	⑤	90	④
91	③	92	③	93	②	94	②	95	③
96	④	97	③	98	③	99	②	100	③
101	②	102	①	103	③	104	②	105	②
106	①	107	⑤	108	③	109	④	110	④
111	①	112	②	113	②	114	③	115	④
116	③	117	②	118	③	119	③	120	③
121	②	122	②	123	②	124	②	125	①
126	①	127	④	128	③	129	②	130	②
131	③								

01 ②

| 오답해설 | ㄱ. 비일상적 기술일 경우 공식화가 낮아질 것이다.
ㄷ. 환경의 불확실성이 높을수록 집권화가 낮아질 것이다.

02 ②

조직의 규모가 커질수록 구성원들의 공식화가 높아진다.

03 ①

| 오답해설 | ② 고객에 대한 신속한 서비스 제공 요구는 분권화를 촉진한다.
③ 통솔범위가 넓은 조직은 일반적으로 저층구조를 갖는다.
④ 공식화의 수준이 높을수록 조직구성원들의 재량이 감소한다.

04 ②

조직구조의 구성요소 중 조직 내에 존재하는 활동이 분화(수직적·수평적·공간적 분화)되어 있는 정도를 말하는 것은 집권화가 아니라 복잡성이다. 집권화란 조직 내에 의사결정권이 상층부에 집중되어 있는 정도를 말한다.

05 ②

부서 간·개인 간 횡적 조정이 어려운 경우에는 조직의 집권화가 필요하다.

06 ④

집권화는 행정기능의 중복과 혼란을 회피할 수 있고 분열을 억제할 수 있다.

07 ①

기술과 집권화의 관계는 상관도가 낮은데, 기술이 집권화에 미치는 영향은 다른 변수의 개입으로 달라지기 때문이다. 예를 들어 조직문화가 집권적이면 기술발달이 집권을 가속화하고 조직문화가 분권적이면 기술발달이 분권을 가속화할 수 있다. 따라서 기술발달에 의해 집권 또는 분권이 결정된다는 기술결정론보다 조직문화에 의해 집권 또는 분권이 결정된다는 문화결정론이 더 설득력을 얻고 있다.

08 ④

중개형 기술(mediating technology)은 의존관계에 있는 고객들을 연결하는 기술로서, 표준화된 운용을 필요로 하고, 시간적·공간적으로 분산된 광범위한 고객을 대상으로 한다(웹 은행, 부동산 중개업, 그 외 각종 중개 업무). 따라서 집합적 상호의존성(pooled interdependence)이 발생하며 규칙, 표준화를 통한 조정이 이루어진다.

| 오답해설 | ① 집약형 기술(intensive technology)은 다양한 기술의 복합체로서 다양한 기술이 개별적인 고객의 성격과 상태에 따라 다르게 배합되는 기술이다. 표준화가 곤란하고 갈등이 수반되며, 고비용을 요구하는 기술이다. A의 일을 B가 받아서 행하는 형태로서 가장 복잡한 상호의존성을 지닌다(웹 종합병원). 따라서 교호적 상호의존성(reciprocal interdependence)이 발생하며 부정기적 회의, 수평적 의사전달을 통한 조정이 이루어진다.

② 톰슨(Thompson)은 기술 분류를 연속형 기술(long-linked technology), 중개형 기술(mediating technology), 집약형 기술(intensive technology)로 분류하였다. 공학형 기술(engineering technology)은 톰슨(Thompson)의 기술 분류에 해당하지 않는다.

③ 연속형 기술(long-linked technology)은 순차적으로 의존관계(한 부분씩 연결)에 있는 여러 가지 기술이 연계된 경우로서 표준화된 상품을 반복적으로 대량생산할 때 유용하다. 즉, B라는 일이 이루어지기 전에 A라는 일이 반드시 이루어져야 하고, C라는 일이 시작되기 위해서는 B라는 일이 꼭 이루어져야 하는 등 최초 투입물이 최종 산출물로 바뀌는 과정에서 전 작업이 연결되어 있는 것을 말한다(웹 대규모 자동차 공장의 조립과정). 따라서 연속적 상호의존성(sequential interdependence)이 발생하며 정기적 회의, 수직적 의사전달을 통한 조정이 이루어진다.

09 ③

페로우(Perrow)의 기술유형 중 과업의 다양성과 문제의 분석가능성이 모두 높은 경우에 해당하는 기술은 공학적 기술이다.

10 ③

페로우(Perrow)의 기술유형론에서 유기적 구조가 효과적인 경우는 과제다양성이 높고 분석가능성이 낮은 비일상적 기술이다.

11 ②

비일상기술은 과업의 다양성이 높고 성공적인 방법을 발견하는 탐색절차가 복잡하여 유기적 조직구조가 필요하다.

12 ②

비정형화된(non-routine) 기술은 부하들에 대한 상사의 통솔범위를 좁힐 수밖에 없을 것이다. 즉, 비정형화된 기술(비일상기술)은 문제의 분석가능성이 낮고, 과제의 다양성이 높아 부하들에 대한 상사의 통제가 어렵기 때문에 부하들에 대한 상사의 통솔범위를 좁힐 수밖에 없는 것이다.

13 ②

ㄷ, ㅁ, ㅂ, ㅊ은 설명이 반대로 되어 있다.

14 ①

ㄱ, ㄹ, ㅂ이 유기적 조직의 특징에 해당하며, 나머지는 기계적 조직의 특징에 해당한다.

15 ②

직무 및 통솔범위가 좁은 것은 기계적 조직구조이다.

16 ③

분명한 책임관계는 수직적 계층제를 특징으로 하는 관료제(기계적 구조)의 특징이다.

17 ③

'ㅁ. 기능구조(관료제) → ㄷ. 사업구조(사업부제구조) → ㄴ. 매트릭스 구조 → ㄹ. 수평구조 → ㄱ. 네트워크구조'로 갈수록 수평적 조정을 강조하는 구조이다.

18 ③

단순구조(simple structure)는 민츠버그(Mintzberg)의 조직구조 유형에 해당한다.

19 ②

기능구조는 수평적 조정의 필요가 낮을 때 효과적인 조직구조이다.

20 ③

규모의 경제에 따른 효율성의 확보는 기능구조의 장점에 해당한다.

21 ④

사업별 구조가 아니라 기능별 구조의 장점에 해당한다.

22 ③

자기완결적 기능단위로 기능 간 조정이 용이한 것은 사업구조이다.

23 ①

사업(부)구조는 산출물에 기반한 사업부서화 방식의 조직구조 유형으로, 각 부서는 한 제품을 생산하거나, 한 지역에 봉사하거나, 또는 특정 고객집단에 봉사할 때 필요한 모든 기능적 직위들이 부서 내로 배치된 자기완결적 단위이므로, 사업(부) 내의 기능 간 조정이 극대화될 수 있는 조직구조이다.

24 ③

매트릭스구조(matrix structure)는 기능구조와 사업구조의 화학적 결합을 시도하는 조직구조이다. 조직환경이 복잡해지면서 기능부서의 기술적 전문성이 요구되는 동시에 사업부서의 신속한 대응성의 필요가 증대되면서 등장한 조직 형태이다. 즉, 기능구조는 전문가의 집합으로 전문성을 살릴 수 있으나 조정이 어렵고, 사업구조는 전문가의 조정은 용이하나 비용이 중복된다는 문제가 있어 양자의 장점을 채택한 조직구조인 것이다.

25 ④

제시문에 해당하는 조직유형은 매트릭스구조이다. 매트릭스구조는 명령 계통의 다원화로 유연한 인적지원 활용이 용이하다.

26 ②

매트릭스(matrix)구조는 기능부서와 사업부서의 화학적 결합을 시도한 조직구조로, 기능부서 통제권한의 계층은 수직적으로 흐르고, 사업부서 간 조정권한의 계층은 수평적으로 흐르게 된다.

27 ①

매트릭스조직(matrix structure)은 기능 중심의 수직적 계층구조에 수평적 조직구조를 결합한 조직으로 명령통일의 원리에 위배된다. 매트릭스조직은 기능부서 통제 권한의 계층은 수직적으로 흐르고, 사업부서 간 조정 권한의 계층은 수평적으로 흐르게 된다. 이러한 이중구조에서 조직구성원은 동시에 두 명의 상관에 보고하는 체계를 가지므로, 명령통일의 원리에 위배되며 기능적·사업적 권한 체계의 적절한 균형을 찾는 것이 중요한 문제가 된다.

28 ③

매트릭스조직은 이중의 명령 및 보고체제가 허용된다. 또한 조직의 성과를 저해하는 권력투쟁이 발생하기 쉽고, 조직구성원 간 원만한 인간관계 형성이 곤란하다.

29 ③

기능(functional)구조와 사업(project)구조의 통합을 시도하는 조직 형태는 매트릭스조직이다. 매트릭스조직은 인사, 예산, 회계 등과 같은 전통적인 계서적 특성을 갖는 기능구조에 수평적 특성을 갖는 사업구조를 결합시켜 조직의 신축성을 확보하도록 한, 일종의 혼합적·이원적 구조의 상설조직이다. 매트릭스조직은 대형 연구기관, 종합병원, 대규모 기업에서 많이 채택하고 있다.

30 ②

정보화 시대에서 매트릭스조직이 '규모의 경제'를 구현한 방식이라면 팀제(수평구조)는 '스피드의 경제'를 보장한 방식이다. 즉, 매트릭스조직은 기능구조와 사업구조의 결합을 통해 기존 조직구조 내의 인력을 활용할 수 있기 때문에 인력 사용에서 경제성을 확보(규모의 경제)할

수 있으나, 기능부서와 사업부서 간에 할거주의가 존재할 경우 원만하게 조정하기가 어려운 경우가 많다. 반면, 팀제는 계층제의 완화를 통해 '스피드의 경제'를 보장한 방식이다.

31 ②

발문은 수평구조에 관한 설명이다.

32 ②

팀제(team system)는 기존의 계층제 조직에 비해 팀장 및 팀원의 권한을 향상시킨다. 따라서 조직구성원들의 신속한 의사결정을 제고시킨다.

33 ③

발문은 네트워크구조에 관한 설명이다.

34 ③

발문은 네트워크조직에 관한 설명이다.

35 ②

| 오답해설 | ㄴ. 네트워크조직은 수평적인 협력관계에 바탕을 둔다.
ㄷ. 개방적 의사전달과 참여 및 자율적 관리가 강조된다.

36 ①

기능부서의 기술적 전문성과 사업부서의 신속한 대응성이 동시에 요구되면서 등장한 조직 형태는 매트릭스조직이다.

37 ③

네트워크조직은 계약관계에 있는 외부기관을 직접 통제하기 어렵다. 따라서 외부기관들의 협력으로 대리인문제가 발생하기 쉬워, 조정 및 감시비용이 증가한다.

38 ④

네트워크구조에서 조직은 모호한 조직경계로 인해 조직의 정체성이 약해 응집성 있는 조직문화를 가지기 어렵고, 구성원의 충성을 기대하기 쉽지 않다.

39 ④

네트워크조직이란 조직의 자체 기능은 핵심역량 위주로 합리화하고, 여타 기능은 외부기관들과 계약관계를 통해 수행하는 조직구조 방식이다. 따라서 네트워크조직은 전체 기능을 포괄하는 조직을 중심에 놓는 것이 아니라 조직의 자체 기능은 핵심역량 위주로 합리화하고, 여타 기능은 다수의 협력체를 묶어 일을 수행하는 조직형태이다.

40 ④

관료제는 수직적 계층제와 수평적 전문화를 특징으로 한다. 따라서 관료제의 구성원들은 조직 전반의 일반적인 업무에 대해 책임을 지는 것이 아니라 본인이 수행한 업무나 부하직원 관리에 대한 책임을 진다.

41 ①

관료제는 18세기 이후 서구 사회의 산업화와 함께 등장하였다. 과학기술의 발달에 힘입어 대량 생산체제가 확립되고, 그에 따라 사회 각 부문이 조직화되고 규모 또한 팽창하게 된 것이다. 그리고 산업화 과정에서 파생되는 여러 문제는 정부조직의 기능과 규모를 점차 확대시키고

거대화시키는 결과를 초래하였다. 이와 같은 사회구조의 변화는 과거와는 다른 사회조직 원리를 필요로 하게 되었다. 즉, 사회조직의 기본원리가 점차 능률성향상에 초점을 맞추어 제도를 합리화하는 방향으로 바뀌게 된 것이다.

42 ④
막스 베버(Max Weber)는 관료제를 현대사회의 보편적인 조직모형으로 보고 있으며, 행정조직 발전에 대한 패러다임(paradigm)의 관점에서 관료제 모형을 제시한 것은 아니다. 즉, 막스 베버의 관료제는 행정조직 발전을 위해 제시된 것이 아니라 합리성을 특징으로 하는 현대사회의 보편적인 조직모형으로 제시한 것으로 목표달성에 가장 합리적 조직으로 제시한 것이 관료제 모형이다. 따라서 막스 베버의 관료제는 합리(법)적 지배를 특징으로 한다.

43 ①
베버(Weber)의 관료제모형에서 관료에게 지급되는 봉급은 업무수행 실적에 대한 평가보다는 연공서열에 따라 결정된다.

44 ④
베버(Weber)의 이념형 관료제는 연공서열급을 특징으로 한다.

45 ④
관료제하에서 구성원들은 인간으로서의 감정이나 충동을 멀리하는 비정의적 행동(impersonal conduct)이 기대된다. 즉 관료제는 직무면, 자원 및 시설면으로 공과 사는 엄격히 분리된다. 이상적인 관료제는 증오나 열정 없이 형식주의적인 비정의성(impersonality)의 정신에 따라 움직인다. 이는 합리적인 결정을 내리기 위해서는 부하들과 고객과의 감정적 연계를 피해야 한다는 것이며, 관료들은 법규 적용 등 임무수행에서 개인적 친분관계나 상대방의 지위 등에 구애됨이 없이 공평무사하게 임하여야 한다는 것이다. 즉, 관료들은 민원인에 따라 업무를 차별적으로 처리하여서는 안 되며, 주민등록번호를 보고 법률에 따라 공평하게 처리하여야 한다.

46 ③
관료제 모형에서 베버(Weber)가 강조한 행정 가치는 능률성이다. 관료제가 추구하는 근본 가치는 능률성이며, 관료제는 계층제, 전문화, 문서주의, 비정의성 등을 통해 탁월한 능률성을 발휘한다. 즉, 베버는 계층제, 전문화 등을 특징으로 하는 관료제 조직이 조직의 목표를 능률적으로 달성할 수 있다고 보았다.

47 ③
비정의성은 주관적이고 재량적인 관료 행태를 억제할 수 있다.

48 ④
적극적으로 새로운 과업을 찾아서 실행하기보다 현재의 주어진 업무만을 소극적으로 수행하는 것은 무사안일주의이다. 동조과잉은 목표달성을 위해 마련된 규정이나 절차에 집착함으로써 결국 수단이 목표를 압도해 버리는 현상을 의미한다.

49 ③
피터(Peter)의 원리는 무능력자의 승진을 의미한다. 즉 계층제적 관료조직의 구성원이 각자의 능력을 넘는 수준까지 승진하여 상당수의 직위가 무능자로 채워지는 경향이 나타난다는 것이다. 관료들의 세력 팽창 욕구로 인한 기구와 인력의 증대는 파킨슨의 법칙과 관련이 있다.

50 ②
공무원의 정치적 중립은 실적주의를 확립하기 위한 것이다. 따라서 관료제의 무능과는 관계가 멀다.

51 ③
계층제적 관료조직 내에서 구성원이 각자의 능력을 넘는 수준까지 승진하게 된다고 보는 것은 피터의 원리(Peter's principle)이다.

52 ③
상관의 계서적 권한과 부하의 전문적 권력은 이원화되어 갈등을 일으키는 것을 관료제의 역기능 중 권력구조의 이원화라고 한다. 즉, 상사의 계서적(階序的) 권한과 지시할 능력 사이에는 괴리가 있으며, 계서적 권한은 전문적 권한에 의하여 제약된다.

53 ①
관료제는 수직적 계층제를 그 특징으로 하며, 이로 인하여 본질적으로 보수주의적·현상유지적인 특징을 지니고 있다. 또한 변동에 대한 적응성이 결여되어 있다.

54 ①
업무의 명확한 구분에서 야기되는 문제점은 유기적 구조(organic structure)로 처방한다. 관료제 조직의 수직적 계층제와 수평적 전문화와 같은 업무의 명확한 구분에서 야기되는 경직성과 조정의 곤란 등의 문제점을 극복하기 위해서는 기계적 구조(mechanistic structure)보다는 애드호크라시(adhocracy)와 같은 유기적 구조로 처방하는 것이 바람직하다.

55 ②
애드호크라시(adhocracy)는 구조적으로 수평적 분화는 높은 반면 수직적 분화는 낮고, 공식화 및 집권화의 수준이 낮아서 변화에 신속하게 대응할 수 있다는 장점이 있다. 따라서 전통적 관료제 조직모형을 보완하기는 하지만, 명확한 서열 구분이 없어 구성원 간의 갈등과 비협조가 일어나는 등의 문제점이 있으므로 대체한다고 보기는 어렵다.

56 ②
탈관료화 현상의 하나로 등장한 애드호크라시(adhocracy)는 구조적으로 낮은 수준의 복잡성, 낮은 수준의 공식화, 낮은 수준의 집권화를 특징으로 한다. 애드호크라시로 분류되는 조직 유형은 매트릭스조직, 태스크포스, 프로젝트팀, 네트워크조직 등이다.

57 ①
일상적 업무수행의 내부 효율성을 제고하는 것은 관료제(bureaucracy)이다.

58 ③
애드호크라시는 수직적 계층제를 특징으로 하는 관료제조직에 비해 권한과 책임의 한계가 불명확하다.

59 ①
표준화된 작업으로 인해 조직구성원들 간의 책임한계가 분명하게 나타나는 것은 관료제(bureaucracy)이다.

60 ③
애드호크라시(adhocracy)는 책임소재가 불명확하여 갈등이 생길 가능성이 높다. 애드호크라시는 관료제(bureaucracy)와 대비되는 개념으로, 조직 목표 달성을 위해 조직 내 전문 능력이 있는 구성원들을 연결하는 구조이다. 따라서 업무가 비정형적일 때 유용하며, 변화에 신속하게 대응할 수 있는 장점이 있다. 반면 애드호크라시는 유기적 조직으로 계층성이 약해 책임소재가 불명확하여 갈등이 생길 가능성이 높은 조직구조이다.

61 ②
부문 간에 설치되는 임시조직은 태스크포스(task force)이다. 프로젝트팀(project team)은 조직 내 계층이 존재하지 않는 조직으로, 부문 내에 설치되는 임시조직이다.

62 ③
본사의 재무, 인사, 영업 등의 지시·감독(기능구조)을 받으면서 한편으로 해당 지역의 본부장으로부터 지시·감독(사업구조)을 받는 일선 영업점은 기능구조와 사업구조를 결합한 매트릭스조직에 해당한다.

63 ②
매트릭스조직(matrix organization)은 기능 중심의 수직조직과 사업 중심의 수평조직을 결합한 구조로서, 명령통일의 원리에 위배되기 때문에 책임과 권한의 한계가 불명확하다.

64 ①
발문은 매트릭스조직에 해당한다.

65 ③
커크하트(Kirkhart)의 연합적 이념형은 반관료제적 모형이다. 고용관계의 안정성·영속성은 전통적 관료제모형에서 강조하는 조직구조 설계원리의 처방에 해당한다.

66 ②
타이어(Thayer)의 비계서적 구조란 계층적 서열을 띠지 않는 후기관료조직모형으로, 집단 간 경계를 유동화하고 협동적이고 집단적인 문제해결을 추구하는 대신 승진개념 및 보수차등의 철폐를 추구한다.

67 ③
학습조직은 '모든' 구성원이 문제인지와 해결에 관여하면서, 조직 능력을 제고시키기 위해 시행착오를 거치면서 지속적으로 실험을 할 수 있는 조직을 말한다.

68 ③
학습조직은 리더에게는 구성원들이 공유할 수 있는 미래비전 창조의 역할이 요구되며, 구성원들에게는 권한 강화(empowerment)를 강조한다. 따라서 중간관리자의 기능 강화는 학습조직의 특징으로 보기 어렵다.

69 ②
학습조직은 집단적인 학습과정을 통해 조직행태를 변화시키는 조직을 말한다. 따라서 부분보다 전체를 중시하고 의사소통을 원활하게 하는 공동체 문화를 강조한다.

70 ③
|오답해설| ㄱ. 학습조직은 수평적 조직구조이다.
ㄹ. 구성원들에게 권한 강화(empowerment)를 강조한다.

71 ②
학습조직은 집단적 학습을 중시하므로, 보상체계 역시 집단별 성과급 위주로 구성되어 있다.

72 ③
|오답해설| 학습조직은 모든 구성원이 문제인지와 해결에 관여하면서, 조직 능력을 제고시키기 위해 시행착오를 거치면서 지속적으로 실험을 할 수 있는 조직을 말한다. 즉, 학습조직은 집단적인 학습과정을 통해 조직행태를 변화시키는 조직을 말하며, 강한 학습조직은 강한 조직문화를 가져야 한다. 강한 조직문화는 부처할거주의가 없는 문화이다. 따라서 부처 간의 경계를 최소화하고 구성원들 상호 간에는 동정과 지원의 정서가 형성되어야 하므로 원자적 구조(다)는 학습조직과는 거리가 멀다.

73 ②
학습조직은 문제지향적 학습과정, 집단적 학습의 강조, 의식적 학습의 자극과 규칙, 통찰력과 병렬적 학습을 강조한다. 즉, 학습조직은 모든 구성원이 문제인지와 해결에 관여하면서, 조직 능력을 제고시키기 위해 시행착오를 거치면서 지속적으로 실험을 할 수 있는 조직을 말한다. 따라서 학습조직은 타인지향적 인간관과는 거리가 멀다.

74 ④
조직구성원의 합이 조직이 된다는 점에서, 조직 내 구성원의 '집단적 학습(팀 학습, team learning)'을 강조한다. 즉, 학습조직은 집단 구성원들이 진정한 대화와 집단적인 사고의 과정을 통해 개인적 능력의 합계를 능가하는 지혜와 능력을 갖출 수 있게 한다.

75 ⑤
관리자의 리더십은 셍게(P. Senge)가 제시한 학습조직(Learning Organization) 구축을 위한 다섯 가지 방법에 해당하지 않으며, 관리자의 리더십이 아니라 사고모형(mental models)이 포함되어야 한다.

76 ④
공동화조직은 통제, 조정, 통합, 계획 등의 기능만을 본부에 두고 기타 생산, 제조 등의 현업활동은 직접적으로 수행하지 않는 조직이다.

77 ②
케틀(Kettle)의 대리정부(proxy government)는 정책결정은 중앙정부가 집행은 민영화, 민간위탁 등에 의해서 하위정부나 제3자에 의해 수행하는 방법을 말한다. 따라서 대리정부는 분권화 전략에 의해서 자원의 낭비와 남용을 유발하는 문제점이 있다.

78 ①

|오답해설| ② 혼돈정부는 정부조직의 혼돈에 숨어 있는 질서를 발견할 수 있다는 것이다.

③ 공동조직은 정부의 업무가 축소된 형태를 말한다.

④ 그림자 국가는 고객에 대한 복지서비스의 공급에 중요한 역할을 수행한다.

⑤ 후기 기업가조직은 신속한 행동, 창의적인 탐색, 더 많은 신축성, 직원과 고객의 밀접한 관계 등을 강조하는 조직 형태이다.

79 ①

혼돈이론(chaos theory)은 전통과학의 단순화를 비판하고 초기조건의 민감성(나비효과)을 고려하므로, 사소한 조건까지 고려하는 입장이다.

80 ①

기획관리실장은 계선(보조기관)이다.

81 ①

차관·실장·국장은 보조기관이고, 차관보는 보좌기관이다.

82 ④

차관보는 우리나라의 대표적인 막료(보좌)기관이다. 하부조직의 감독과 결재는 계선(보조)기관의 업무에 속한다.

83 ②

담당관(막료)은 집권화 및 능률성을 촉진한다.

84 ④

계선이 조직의 일차적 목표에 관한 과업을 수행하는 반면, 참모는 계선을 지원·조정·자문·권고하는 기능을 수행한다.

85 ④

계선기관은 수직적 계층제에 의하여 형성되기 때문에 권한과 책임의 한계가 명확하다. 나머지는 막료기관의 특징에 해당된다.

86 ②

권한과 책임의 한계를 분명히 하는 장치가 되는 것은 계선의 특징이다.

87 ③

보조기관(계선)이 보좌기관(참모)보다는 더 현실적이고 보수적인 속성을 가질 가능성이 높다.

88 ④

|오답해설| ㄴ. 자문위원회는 특별한 사안이나 문제에 대한 의견을 구하기 위하여 전문가들로 구성한 위원회이다. 따라서 자문위원회는 업무가 계속성·상시성이 있지 않다.

89 ⑤

위원회는 합의제 조직이므로 결정의 신속성·비밀성의 확보가 곤란하며, 타협적 결정의 가능성이 높다.

90 ④

위원회조직은 의사결정과정의 신속성과 합의가 곤란하다.

91 ③

행정기관 소속위원회의 구성은 관련 분야에 대한 전문지식이 있는 외부전문가뿐 아니라 내부 공무원들도 참여한다.

92 ③

소청심사위원회는 행정위원회이다.

93 ②

교차기능조직은 행정체제 전반에 걸쳐 관리작용을 분담하여 수행하는 참모적 조직단위(기획재정부, 행정안전부, 인사혁신처, 조달청 등)로서, 내부적 통제체제로부터 독립되어 있지는 않다.

94 ②

방송통신위원회는 대통령 소속 위원회이다. 공정거래위원회, 금융위원회, 국민권익위원회는 국무총리 소속이다.

> 「방송통신위원회의 설치 및 운영에 관한 법률」
> 제3조【위원회의 설치】① 방송과 통신에 관한 규제와 이용자 보호 등의 업무를 수행하기 위하여 대통령 소속으로 방송통신위원회를 둔다.

95 ③

|오답해설| ㄱ. 교육청은 지방교육자치기관으로 교육부 소속이 아니다.

ㄷ. 농림축산식품부 소속의 식품의약품안전청이 국무총리 소속의 식품의약품안전처로 승격되었다.

96 ④

특허청은 산업통상자원부 소속이다.

97 ③

행정중심복합도시건설청은 「정부조직법」이 아니라 「신행정수도 후속대책을 위한 연기·공주지역 행정중심복합도시 건설을 위한 특별법」에 근거하여 설치된 중앙행정기관이다.

98 ③

개인정보보호위원회는 그 설치와 직무범위를 법률로 정하고 있는 중앙행정기관이다.

> 「정부조직법」
> 제2조【중앙행정기관의 설치와 조직 등】① 중앙행정기관의 설치와 직무범위는 법률로 정한다.
> ② 중앙행정기관은 이 법에 따라 설치된 부·처·청과 다음 각 호의 행정기관으로 하되, 중앙행정기관은 이 법 및 다음 각 호의 법률에 따르지 아니하고는 설치할 수 없다.
> 　1.「방송통신위원회의 설치 및 운영에 관한 법률」제3조에 따른 방송통신위원회
> 　2.「독점규제 및 공정거래에 관한 법률」제54조에 따른 공정거래위원회
> 　3.「부패방지 및 국민권익위원회의 설치와 운영에 관한 법률」제11조에 따른 국민권익위원회
> 　4.「금융위원회의 설치 등에 관한 법률」제3조에 따른 금융위원회
> 　5.「개인정보 보호법」제7조에 따른 개인정보 보호위원회

6. 「원자력안전위원회의 설치 및 운영에 관한 법률」 제3조에 따른 원자력안전위원회
7. 「우주항공청의 설치 및 운영에 관한 법률」 제3조에 따른 우주항공청
8. 「신행정수도 후속대책을 위한 연기·공주지역 행정중심복합도시 건설을 위한 특별법」 제38조에 따른 행정중심복합도시건설청
9. 「새만금사업 추진 및 지원에 관한 특별법」 제34조에 따른 새만금개발청

99 ②
노무현 정부는 행정자치부 산하에 소방방재청을 신설하였다. 국정홍보처는 1999년 김대중 정부에서 신설되어 2008년에 폐지되었다.

100 ③
한국의 행정개혁에 관한 내용을 시대적 순서대로 배열한 것은 ㄴ(김대중 정부) - ㄹ(노무현 정부) - ㄱ(이명박 정부) - ㄷ(박근혜 정부) 순이다.

101 ②
「정부조직법」상 ㄱ, ㄴ, ㄷ이 옳은 설명이다.
| 오답해설 | ㄹ. 국무총리 밑에 처(處)를 둔다.
ㅁ. 각 부(部) 밑에 청(廳)을 둔다.

「대한민국헌법」
제94조 행정각부의 장은 국무위원 중에서 국무총리의 제청으로 대통령이 임명한다.

「정부조직법」
제5조 【합의제 행정기관의 설치】 행정기관에는 그 소관사무의 일부를 독립하여 수행할 필요가 있는 때에는 법률로 정하는 바에 따라 행정위원회 등 합의제 행정기관을 둘 수 있다.
제26조 【행정각부】 ② 행정각부에 장관 1명과 차관 1명을 두되, 장관은 국무위원으로 보하고, 차관은 정무직으로 한다. 다만, 기획재정부·과학기술정보통신부·외교부·문화체육관광부·산업통상자원부·보건복지부·국토교통부에는 차관 2명을 둔다.
---

102 ①
| 오답해설 | ② 행정기관이 그 기능을 원활하게 수행할 수 있도록 그 기관장을 보좌함으로써 행정기관의 목적달성에 공헌하는 기관은 보좌기관이다.
③ 중앙행정기관에 소속된 기관으로서, 특별지방행정기관과 부속기관을 말하는 것은 소속기관이다.
④ 방송통신위원회, 공정거래위원회, 소청심사위원회 등은 합의제 기관이지만 행정기관이다.

103 ③
「정부조직법」 규정상 공기업 등 공공기관 관리·평가에 관한 사무는 기획재정부가 관장한다.

104 ③
전자정부의 비전과 전략을 제시하고, 한국정부기관의 정보화(행정정보화)사업을 주관하는 행정기관은 행정안전부이다.

105 ②
| 오답해설 | ㄴ. 해양경찰청은 해양수산부 소속이다.

106 ①
책임운영기관은 성과 중심의 조직으로, 고객주의 정신을 강조한다.
| 오답해설 | ② 던리비(Dunleavy)가 관청형성론에서 지적했듯이 책임운영기관은 정부팽창의 은폐수단으로 활용될 수 있다. 책임운영기관은 정부기관이므로 민간부문에 대한 공공부문의 상대적 역할 혹은 범위의 축소라 할 수 없다.
③ 책임운영기관은 공공성 또한 중시하므로 민영화 또는 공기업화가 곤란한 분야에 우선 적용한다.
④ 책임운영기관은 정책결정기능에서 집행기능을 분리하여 수행하는 조직이다.

107 ⑤
책임운영기관은 공공성이 강하여 민영화하기 곤란한 사무에 도입하므로, 공공성과 경쟁의 원리에 따라 운영하기 적합한 경우에 도입한다. 따라서 공기업에 비해 이윤추구를 더욱 중요시하는 기관이라ㄱ 볼 수 없다.

108 ③
신공공관리론에 따라 등장한 책임운영기관은 과정보다는 결과를 중시하는 성과 중심의 조직이다.

109 ④
우리나라의 책임운영기관은 「책임운영기관의 설치·운영에 관한 법률」에 근거하여 1999년부터 제도가 시행되었다.

110 ④
1988년 영국에서 Next Steps의 일환으로 집행기관(executive agency)이라는 이름으로 처음 도입되었고, 우리나라는 1999년에 「책임운영기관의 설치·운영에 관한 법률」이 제정되면서 도입되었다.

111 ①
책임운영기관의 장에게 재정상·행정상의 자율성을 부여한다.

112 ③
책임운영기관은 조직, 인사, 예산 등의 자율성이 부여된 성과 중심의 조직이다.

113 ④
| 오답해설 | ① 감사원은 「헌법」에서 정하는 합의제 행정기관이다.
② 「정부조직법」에는 금융감독원에 관한 규정이 없다.
③ 소청심사위원회는 인사혁신처 소속이다.

114 ③
책임운영기관은 대통령령으로 설치한다.

115 ④
책임운영기관은 공공성이 강하고 성과관리가 용이한 분야에 적용할 필요가 있다.

116 ③

소속중앙행정기관의 장은 공개모집절차에 따라 5년 범위 내(최소한 2년 이상)에서 임기제 공무원으로 소속 책임운영기관의 기관장을 채용한다.

| **오답해설** | ① 「책임운영기관의 설치·운영에 관한 법률」에 근거하여 설치 및 운영된다.

② 소속 책임운영기관의 조직 및 운영에 관한 기본운영규정을 제정하는 것은 소속 중앙행정기관의 장이 아니라 소속 책임운영기관의 장이다.

④ 전 직원에 대한 임용권을 갖는 것은 소속 책임운영기관장이 아니라 소속 중앙행정기관의 장이다.

⑤ 총 정원 한도는 대통령령으로 정하고, 계급별 정원은 총리령 또는 부령으로 정한다.

117 ③

소속책임운영기관에는 대통령령으로 정하는 바에 따라 소속 기관을 둘 수 있다.

118 ②

소속 책임운영기관에 두는 공무원의 총 정원 한도는 대통령령으로 정하며, 이 경우 공무원의 종류별·계급별 정원과 고위공무원단에 속하는 공무원의 정원은 총리령 또는 부령으로 정하되 대통령령으로 정하는 바에 따라 통합하여 정할 수 있다.

119 ③

직원의 임용권은 원칙적으로 중앙행정기관의 장이 갖지만, 기관장에게 위임할 수 있다.

120 ③

책임운영기관 특별회계는 주무장관이 계정별로 운용하며 기획재정부장관이 통합하여 관리한다.

121 ③

책임운영기관의 특별회계는 책임운영기관 계정별로 중앙관서의 장이 운용하고, 기획재정부장관이 통합하여 관리한다. 즉, 운용과 관리가 이원화되어 있다.

122 ②

책임운영기관은 재정운영상 「정부기업예산법」이 적용된다.

123 ③

균형예산의 달성은 공기업의 설립요인과 관계가 없다.

124 ②

공기업은 재정적 수요의 억제가 아니라 충족을 위하여 설립된다.

125 ①

정부부처형 공기업은 「정부기업예산법」의 적용을 받으며, 복식부기, 발생주의, 원가계산, 감가상각 등 기업회계 방식을 취하나 독립채산제는 적용되지 않는다.

126 ①

「정부기업예산법」에서 "정부기업"은 우편·우체국예금·양곡관리·조달사업(제2조)을 말하며, 정부기업을 운영하기 위하여 우편·우체국예금·양곡관리·조달특별회계를 설치하고 그 세입으로써 그 세출에 충당(제3조)하도록 규정하고 있다. 또한 「책임운영기관의 설치·운영에 관한 법률」은 책임운영기관의 사업을 「기업예산회계법」 제2조의 규정에 불구하고 이를 정부기업(제30조 제1항)으로 보며, 특별회계의 예산 및 회계에 관하여 이 법에 규정된 것을 제외하고는 「정부기업예산법」의 규정을 적용(제30조 제2항)하도록 하였다.

127 ④

주식회사형 공기업은 특별법 혹은 「상법」에 의해 설립되고, 사기업의 주식회사와 같은 조직구조를 가지며 정부가 그 주식의 전부나 일부를 소유하는 형태의 공기업이다. 따라서 일반행정기관에 적용되는 조직·인사 원칙이 적용되지 않는다.

128 ③

민영화는 능률성과 관계가 있다.

129 ②

민간위탁은 책임성, 형평성을 저하시킨다.

130 ②

한국전력, 한국통신, 포항제철 등 우량공기업의 민영화는 자본시장 및 통화의 안정적 관리에 기여한다.

131 ③

민영화는 경쟁을 위해서 하는 것이다. 따라서 경쟁의 심화는 민영화에 대한 문제점으로 보기 어렵다.

01	①	02	②	03	①	04	①	05	②
06	③	07	②	08	①	09	③	10	②
11	②	12	②	13	④	14	④	15	①
16	①	17	①	18	③	19	①	20	④
21	①	22	④	23	①	24	②	25	①
26	③	27	①	28	①	29	③	30	④
31	①	32	①	33	③	34	①	35	②
36	②	37	③	38	②	39	④	40	①
41	③	42	②	43	④	44	④	45	③
46	①	47	①	48	①	49	③	50	②
51	②	52	①	53	④	54	②	55	③
56	④	57	②	58	①	59	②	60	②
61	①	62	③	63	②	64	①	65	②

01 ①
제시문은 합리적 · 경제적 인간관에 관한 설명이다.

02 ②
복잡인관이 아니라 자아실현인관에 관한 설명이다.

03 ①
동기유발의 과정을 설명하는 '과정이론'에 해당하는 것은 ㄱ, ㄴ, ㄷ이다. 동기부여이론은 내용이론과 과정이론으로 구분된다. 두 이론은 동기부여의 내재성과 계산가능성을 전제로 한다는 점에서 공통적이다. 하지만 내용이론은 동기부여의 원인이 되는 인간욕구의 내용에 초점을, 과정이론은 동기가 부여되는 과정에 초점을 둔다는 점에서 차이가 있다. 과정이론은 무엇에 의해 동기유발이 되는가보다 어떻게 동기가 유발되는지에 대한 과정을 설명하기 때문에 좀 더 복잡하고 역동적 모형을 취하게 된다.

04 ①
합리적 또는 경제적 인간모형, 사회적 인간모형은 내용이론의 범주로 분류된다.

05 ②
앨더퍼(Alderfer)의 성장욕구는 고차 욕구이며, 나머지는 저차 욕구이다.

06 ③
앨더퍼(Alderfer)는 인간의 욕구를 계층화하고 계층에 따라 욕구의 발로가 이루어진다고 규정한 점에서 매슬로(Maslow)와 공통된 견해를 가지고 있지만, 두 가지 이상의 욕구가 동시에 작용하여 복합적으로 하나의 행동을 유발한다고 주장하였다.
| 오답해설 | ① 매슬로는 욕구를 하위 욕구부터 상위 욕구까지 총 5단계로 분류하면서, 하위 욕구를 충족하게 되면 상위 욕구를 추구하게 되

나, 동기로서 작용하는 욕구는 충족되지 않는 욕구이며, 충족된 욕구는 그 욕구가 나타날 때까지 동기로서의 힘을 상실한다고 주장하였다.
② 허즈버그(Herzberg)의 욕구충족요인 이원론은 불만요인(위생요인)은 개인의 불만족을 방지하는 효과를 가져오는 요인으로 충족이 되지 않으면 심한 불만을 일으키지만 충족되더라도 만족감을 유발하지는 못한다는 이론이다.
④ 미성숙 상태에서 성숙 상태로 발전하는 성격 변화의 경험이 성취동기의 기본이 된다고 주장한 학자는 아지리스(Argyris)이다.

07 ②
| 오답해설 | ① 앨더퍼(Alderfer)의 ERG이론은 욕구가 상위 수준에서 하위 수준으로 후퇴할 수도 있다고 본다.
③ 허즈버그(Herzberg)의 욕구충족 이원론은 '감독자와 부하의 관계'를 불만요인 중 하나로 제시한다.
④ 포터와 롤러(Porter & Lawler)의 업적 · 만족이론은 성과보상에 대한 구성원의 만족이 직무성취를 가져 온다고 지적한다.

08 ①
앨더퍼(Alderfer)의 욕구내용 중 존재(Existence)욕구는 매슬로(Maslow)의 생리적 욕구와 안전욕구에 해당하며, 관계(Relatedness)욕구는 매슬로의 사회적 욕구와 존경욕구의 일부, 성장(Growth)욕구는 매슬로의 존경욕구의 일부와 자아실현 욕구에 해당한다.

09 ③
매슬로의 욕구단계이론은 어느 한 단계의 욕구가 완전히 충족되어야만 다음 단계의 욕구를 추구하게 되는 것은 아니며, 어느 정도 충족된 욕구는 동기부여의 요인으로서의 힘을 상실하게 되고 다음 단계의 욕구가 나타난다고 본다.
| 오답해설 | ① 가장 낮은 생리적 욕구부터 시작하여 다섯 가지의 위계적 욕구단계가 존재한다.
② 생리적 욕구와 안전의 욕구는 앨더퍼(Alderfer)의 ERG이론의 첫 번째 욕구단계인 존재욕구에 해당한다.
④ 자아실현 욕구는 어떤 일을 행함으로써 느끼게 되는 자신감, 성취감 등을 의미한다.

10 ②
〈보기〉는 맥그리거(McGregor)의 X이론적 인간관이다. ②는 Y이론적 인간관에 대한 조직관리 전략에 해당하고, 나머지는 X이론적 인간관에 대한 조직관리 전략이다.

11 ②
허즈버그(Herzberg)의 욕구충족요인 이원론에 해당한다.

12 ②
허즈버그는 인간의 욕구 차원을 불만과 만족으로 구분하고 불만을 일으키는 요인(위생요인)과 만족을 주는 요인(동기요인)은 서로 다르다는 욕구충족요인 이원론을 제시하였다. 동기요인(만족요인)은 직무와 구성원 사이의 관계에 관한 것으로, 더 나은 직무수행과 노력을 위한 동기부여의 요인이 되며 이러한 것이 갖추어지지 않더라도 불만족을 유발하지는 않는다고 한다. 반면 불만요인(위생요인)은 그러한 요인이 없으면 구성원에게 불만족을 유발하지만 그것이 갖추어져 있어도 구성원의 직무수행의 동기를 유발시키지는 못한다. 따라서 허즈버그(F. Herzberg)의 욕구충족이론에 의하면 위생요인(hygiene factor)이 아니라 동기요인(motivation factor)이 충족되는 경우 동기가 부여된다.

13 ④
성취감은 허즈버그(Herzberg)의 욕구충족요인 이원론에서 위생요인(불만요인)이 아니라 동기요인(만족요인)에 해당한다.

14 ④
발문은 자율성에 관한 설명이다.

15 ①
해크만과 올드햄(Hackman & Oldham)은 직무특성모델에서 기술다양성, 직무정체성, 직무중요성, 자율성, 환류 등 다섯 가지의 핵심 직무특성을 제시하였다. 그중에서도 자율성과 환류가 동기부여에 가장 중요한 역할을 한다고 본다.

16 ①
작업자가 작업 결과의 효과에 대해 직접적이고 명확한 정보를 얻을 수 있는 정도를 말하는 것은 환류(feedback)이다. 직무정체성(task identity)이란 주어진 직무의 내용이 하나의 제품 또는 서비스를 처음부터 끝까지 완성시킬 수 있도록 구성되어 있는지에 관한 것이다.

17 ①
매슬로(Maslow)가 아니라 맥클리랜드(McClelland)의 주장이다. 맥클리랜드는 모든 사람이 공통적으로 비슷한 욕구의 계층을 가지고 있다고 주장한 매슬로의 이론을 비판하고, 개인의 행동을 동기화시키는 잠재력을 지니고 있는 욕구는 학습되는 것이므로 개인마다 그 욕구의 계층에 차이가 있다고 주장하였다.

18 ③
맥클리랜드(McClelland)는 모든 사람이 공통적으로 비슷한 욕구의 계층을 가지고 있다고 주장한 매슬로(Maslow)의 이론을 비판하고, 개인의 행동을 동기화시키는 잠재력을 지니고 있는 욕구는 학습되는 것이므로 개인마다 그 욕구의 계층에 차이가 있다고 주장하였다.

19 ①
아지리스(Argyris)는 인간의 퍼스낼리티·성격이 미성숙 상태로부터 성숙 상태로 변화하며 조직의 구성원을 성숙한 인간으로 관리하여야 한다고 주장하였으며, 조직의 목표와 개인의 목표가 일치해야 조직의 건강이 유지된다고 보았다.
| 오답해설 | ② 맥그리거(McGregor)의 Y이론이다.
③ 하위 욕구가 100% 충족되어야 하는 것은 아니며 어느 정도 충족되면 상위 욕구를 추구하기 시작한다고 본다.
④ 위생요인을 제거하면 불만이 제거되는 것이지 근로의욕이 고취되는 것은 아니다.

20 ④
브룸(Vroom)은 일정한 노력을 기울이면 근무성과를 가져올 수 있으리라는 가능성에 대한 인간의 주관적인 확률과 관련된 믿음을 기대감이라고 하였다. 따라서 브룸은 주관적 기대가 동기를 좌우한다고 보았다.

21 ①
브룸(Vroom)의 기대이론에서 유의성(Valence)은 특정한 결과에 대한 선호의 강도를 의미한다.

22 ④
브룸(Vroom)의 기대이론은 어떤 사람이 자신의 노력만큼 높은 근무성적을 낼 수 있다고 생각할 때(기대감, Expectancy), 그 근무성적이 자신이 승진하는 데 주요 수단이 된다고 판단될 때(수단성, Instrumentality), 승진이 매력적인 것으로 간주될 경우(유의성, Valence)에 동기부여가 될 것이라고 가정하는 이론이다.

23 ①
브룸(Vroom)의 기대이론에서 기대감(Expectancy)이란 일정한 노력을 기울이면 근무성과를 가져올 수 있으리라는 가능성에 대한 인간의 주관적인 확률과 관련된 믿음을 의미한다.

24 ②
기대감(Expectancy)은 개인의 노력(effort)이 공정한 보상(reward)이 아니라 개인의 성과(performance)로 이어질 것이라는 주관적 믿음을 의미한다. 반면 수단성(Istrumentality)은 개인의 성과와 보상 간의 관계에 대한 인식이다.

25 ①
브룸(Vroom)의 기대이론에 의하면 개인의 선호에 부합하는 결과를 유인으로 제시함으로써 동기를 유발할 수 있다.
| 오답해설 | ② 로크(Locke)의 목표설정이론에 의하면 평이한 목표보다는 곤란하고 구체적인 목표를 제시하여야 한다.
③ 허즈버그(Herzberg)의 2요인이론에 의하면 낮은 보수의 인상 등 위생요인보다는 동기요인을 충족하여야 한다.
④ 애덤스(Adams)의 형평성이론에 의하면 프로젝트에 참여한 모든 사람에게 동일한 보상을 하기보다는 프로젝트의 기여도에 따라 다른 보상을 하여야 한다.

26 ③
포터(Porter)와 롤러(Lawler)의 업적·만족 이론은 직무성취 수준이 직무 만족의 요인이 될 수 있다고 주장한다. 즉, 개인은 업적에 의해 보상을 받게 되는데, 그 보상은 자기가 받아야 한다고 기대하는 정당한 수준 이상에 도달해야만 만족감을 충족시키고 업적을 달성하려는 개인의 동기를 강화시킨다.
| 오답해설 | ① 스키너(Skinner)의 강화이론은 외부 자극에 의해 학습된 행동이 유발되는 과정이나 이러한 행동이 왜 지속되는가에 초점을 맞추며, 행동의 원인보다 결과를 더 강조한다. 기본적으로 보상받는 행태는 반복되지만 보상받지 않는 행위는 중단된다는 효과의 법칙에 근거를 두고 있다.
② 로크(Locke)의 목표설정이론에 따르면, 개인의 강력한 동기유발을 위해서는 추상적인 목표보다는 난이도가 높고 도전적이며, 구체적이고 명확한 목표를 채택해야 한다.
④ 공공봉사동기(public service motivation)이론은 민간부문 종사자와는 차별화되는 공공부문 종사자의 가치체계를 의미하며, 공공부문의 특수한 동기요인을 의미한다. 공공부문의 종사자들은 봉사의식이 투철하고 공공문제에 더 큰 관심을 가지며 공공의 문제에 영향

을 미칠 수 있다는 것에 큰 가치를 부여하고 있는 개인으로 가정한다. 또한 개인이 공공부문에 참여하기 이전부터 성장과정에서 공직에 적합한 동기요인, 즉 기본적인 성향을 갖게 된다고 한다. 따라서 신공공관리론에서 중요하게 제기되었던 외재직 보상에 의한 동기부여보다는 공공부문 종사자가 갖고 있는 내적 동기요인의 제고를 강조한다.

27 ①
애덤스(Adams)의 공정성이론에 따르면 공정하다고 인식할 때가 아니라 불공정하다고 인식할 때 동기가 유발된다.

28 ①
개인이 투입한 노력 대비 결과의 비율을 준거인물의 그것과 비교하여 불균형이 발생했을 때 이를 조정하려 하는 것은 애덤스(Adams)의 공정성(형평성)이론이다.

29 ②
|오답해설| 애덤스(Adams)의 공정성(형평성)이론은 자신(A)과 준거인물(B)을 비교하여 보상이 불공정하다고 느낄 때, 이를 해소하기 위한 자신(A)의 전략적 대응으로 일을 열심히 하지 않는 등 투입을 줄이거나(①), 산출물의 양을 변화시키거나, 준거인물이 자신보다 훨씬 더 많은 시간을 일했을 것이라고 태도 변화를 일으키거나(③), 다른 비교대상을 찾는 등 준거인물을 교체(④)한다.

30 ④
애덤스(Adams)의 공정성(형평성)이론은 과정이론으로 동기부여의 주관적 측면을 강조하기 때문에 객관적 비교는 거리가 있다. 애덤스의 공정성(형평성)이론은 자신(A)과 준거인물(B)을 비교하여 보상이 불공정하다고 느낄 때, 이를 해소하기 위해 다음과 같은 전략적 대응을 한다.
㉠ 일을 열심히 하지 않는 등 투입을 줄인다.
㉡ 산출물의 양을 변화시킨다.
㉢ 준거인물이 자신보다 훨씬 더 많은 시간을 일했을 것이라고 태도변화를 일으킨다.
㉣ 준거인물을 교체하거나 이직을 한다.

31 ①
로크(Locke)의 목표설정이론에서는 목표의 도전성(난이도)과 명확성(구체성)을 강조했다. 로크는 목표설정이론에서 곤란하고 구체적인 목표가 용이하거나 애매한 목표 또는 무(無) 목표보다 더 직무성과를 향상시킬 수 있다고 주장하였다.
|오답해설| ② 욕구의 좌절과 퇴행을 강조한 학자는 매슬로(Maslow)가 아니라 앨더퍼(Alderfer)이다.
③ 유의성, 수단성, 기대감을 동기부여의 핵심으로 본 학자는 해크만과 올드햄(Hackman & Oldham)이 아니라 브룸(Vroom)이다.
④ 위생요인이 충족되었다고 하더라도 동기부여가 되는 것은 아니라고 주장한 학자는 앨더퍼(Alderfer)가 아니라 허즈버그(Herzberg)이다.

32 ①
리더십이론은 합리적 경제인관에 입각한 과학적 관리론에서는 등한시되다가, 1930년대 인간관계론의 등장에 따라 리더십, 사기, 커뮤니케이션 등의 연구가 시작되어 행태론에서 경험적으로 연구되었다.

33 ③
리더의 특성론적 접근(자질론)은 지적 능력 등과 같은 리더의 자질을 중시한다.

34 ②
리더의 상황 판단 능력은 상황이론에서 중요시하는 상황적 요소가 아니라 자질론(특성론)에서 중요시하는 자질적 요소에 해당한다. 자질론은 리더십의 능력을 구성하는 고유한 자질·특성이 있다고 보아 리더십이 인간의 자질·특성에 따라 발휘된다고 한다. 지도자는 하나의 균일적 능력을 가지며, 그는 어떤 상황에서도 지도자가 된다는 학설이다. 자질론은 리더의 상황 판단 능력, 신체적 특성, 사회적 배경, 지적 능력, 성격, 사회적 특성, 과업과 관련된 지식 등에 연구의 초점이 맞추어져 있다. 즉, 지도자의 특성으로 지능과 인성뿐 아니라 육체적 특징을 들고 있다.

35 ②
상황론은 조직구성원의 개인적 특성 등 상황적 요인을 강조한다.

36 ②
피들러(Fiedler)의 상황적합적 리더십이론에서 제시된 상황변수는 리더와 부하의 관계(leader-member relations), 직위 권력(position power), 과업구조(task structure)이다. 부하의 성숙도(maturity)는 허시와 블랜차드(Hersey & Blanchard)의 3차원 모형에서 제시된 상황변수에 해당한다.

37 ①
피들러(Fiedler)의 상황적합적 리더십 이론은 리더와 부하의 관계, 직위 권력, 과업구조의 조합에 따라 리더의 상황적 유리성(situational favorableness)을 설명한다. 즉, 부하의 성숙도가 아니라 직위권력이다.

38 ②
상황이 매우 유리하거나 불리할 때에는 과업 중심적 리더십이 매우 효과적이다.

39 ②
민주형 리더십은 권한을 위임하며 부하가 의사결정에 참여하도록 하는 쌍방향 의사전달의 특징을 지닌다. 하지만 최종책임을 부하에게 위임하는 것은 아니다. 권위와 최종책임을 위임하며 부하가 의사결정에 참여하도록 하는 것은 자유방임형 리더십에 해당한다.

40 ①
리더의 행태에 따라 권위주의형, 민주형, 자유방임형의 세 가지 유형으로 구분한 학자는 리피트와 화이트(Lippitt & White)이다.

41 ③
허시와 블랜차드(Hersey & Blanchard)는 부하의 성숙도(maturity)에 따라 (라) 지시형 → (나) 설득형 → (가) 참여형 → (다) 위임형의 순으로 효과적인 리더십을 제시하였다.

42 ③
허시(Hersey)와 블랜차드(Blanchard)는 부하의 성숙도가 높은 경우 위임형 리더십이 효과적이라고 보았다.

43 ③

행태론의 대표적 연구로 블레이크(R. R. Blake)와 머튼(J. S. Mouton)의 리더십 격자모형[관리망(managerial grid)이론]은 리더의 행태를 사람과 생산에 대한 관심의 두 가지 기준을 조합해 다섯 가지 유형[빈약형(무기력형), 친목형(컨트리클럽형), 과업(중심)형, 절충형(중도형), 단합형(팀형)]으로 구분하였다. 사람과 생산에 대한 관심이 모두 높은 단합형(팀형)의 리더십이 이상적인 리더십 유형으로 분석되었다.

44 ④

성과에 대한 보상은 거래적 리더십에 해당하는 내용이다.

45 ③

부하직원의 성과에 따라 보상을 제공하는 교환관계를 동기부여의 핵심 기제로 강조하는 것은 거래적 리더십이다.

46 ③

업적에 따른 보상은 거래적(교환적) 리더십에 해당한다.

47 ①

변혁적(transformational) 리더십의 특성에는 영감적 동기부여, 매력 있는 비전이나 사명 제시, 지적 자극, 개별적 배려 등이 있다. 자유방임은 리더십 연구에서 형태론적 접근방법의 유형 중 하나이다.

48 ③

상황적 보상과 예외관리를 특징으로 하는 것은 변혁적 리더십이 아니라 거래적 리더십이다. 예외관리란 리더가 정상 범위를 벗어나는 예외적인 현상(높은 성과에는 상을, 낮은 성과에는 벌)에 대해서만 집중적으로 관리하는 방법이다.

49 ③

변혁적 리더십은 주로 최고관리층에게 나타나는 유형이다.

50 ④

번스(Burns)의 리더십이론에서 '변혁적 리더십'은 카리스마적 리더십을 기반으로 하므로 카리스마적 리더십과 중첩되는 측면이 있다.

51 ③

|오답해설| ① 조직의 안정보다 적응을 강조한다.
② 유기적 조직체계에 적합하며, 개인적 배려를 강조한다.
④ 리더와 부하의 관계를 경제적 교환관계로 인식하고, 보상에 관심을 두는 것은 교환적 리더십이다.

52 ①

|오답해설| ㄴ. 보상과 처벌을 핵심 관리수단으로 하는 것은 거래적 리더십이다.
ㄹ. 리더의 최우선적인 역할은 구성원의 성장을 지원하기 위한 후원자로서 지도자의 역할을 강조한다.

53 ④

정보화사회에서 상호연계적 리더십을 형성하고 발휘하는 데 최고관리자의 지원과 관심은 필수적이다.

54 ③

행태론적 입장에서 갈등이란 조직 내에서 필연적으로 발생할 수밖에 없는 현상으로, 이를 완전히 제거한다는 것은 불가능하고 때로는 갈등이 집단의 성과를 향상시킨다고 보았다.

55 ③

1970년대 중반 이후 각광을 받고 있는 상호작용주의적 견해는 갈등이 오히려 조직 내에서 하나의 추진력으로 작용할 수도 있다는 것을 제시하면서, 갈등의 형태에 따라 바람직하지 못한 것과 바람직한 것을 구분하여 조직의 목표달성에 긍정적인 영향을 미치는 갈등은 어느 정도 조장하고, 부정적인 영향을 미치는 것은 제거해야 한다고 주장하였다.

56 ④

진행단계별로 분류할 때 갈등이 야기될 수 있는 상황 또는 조건을 의미하는 것은 잠재적 갈등(latent conflict) 또는 갈등 상황(conflict situation)이다. 지각된 갈등(perceived conflict)은 갈등 상황을 지각하는 단계로 아직 갈등을 심각하게 느끼고 있지 않다.

57 ②

|오답해설| ① 폰디(Pondy)는 갈등을 진행과정에 따라 잠재적 갈등, 지각된 갈등, 감정적으로 느끼는 갈등, 표면화된 갈등, 결과적 갈등(갈등의 여파)과 같이 5단계로 구분하였다.
③ 갈등요인으로 지위부조화란 지위와 능력이 일치하지 않는 경우를 말한다.
④ 희소자원을 위한 경쟁에서 초래되는 갈등을 해소하는 효과적인 방법으로, 갈등을 야기하는 차이를 제거하는 데 초점을 두는 것은 자원의 증대이다.

58 ③

발문은 비비교성(incomparability)에 관한 설명이다.

59 ②

|오답해설| ① 자원의 희소성이 강할 경우 구성원들 간에 보다 많은 자원을 확보하는 과정에서 갈등이 발생한다.
③ 구성원 간에 가치관의 차이가 클 경우 자신의 가치관을 주장하고 실행하는 과정에서 갈등이 발생할 가능성이 크다.
④ 분업구조의 성격이 강할 경우 할거주의(sectionalism)로 인해 구성원 간의 갈등이 발생할 가능성이 크다.

60 ②

조직 내 하위 목표를 강조하면 전문화로 인한 할거주의로 인해 오히려 갈등이 유발될 수 있다. 따라서 조직 내 상위 목표를 강조함으로써 갈등을 해소해야 한다.

61 ②

ㄱ-경쟁, ㄴ-회피, ㄷ-타협, ㄹ-순응이다.

62 ③

협동은 갈등 당사자 간 서로 존중하고 자신과 상대방 모두의 이익을 극대화하려는 유형으로 'win-win' 전략을 취한다.

63 ②

배분적 협상이란 한정된 자원을 두고 누가 더 많은 부분을 차지할 것인가를 결정하는 협상으로, 이해관계가 서로 상반되며 단기간의 관계가 형성되므로 누군가가 더 많은 자원을 이용하면 누군가는 더 작은 자원을 이용하는 승−패게임(제로섬게임)이 벌어진다. 반면, 통합적 협상이란 자원의 여유가 있는 경우 서로가 모두 만족할 수 있는 선에서 상호 승리를 추구하는 협상으로 이해관계가 조화될 수 있고, 장기간의 관계가 형성되므로 승−승게임(윈윈게임)이 벌어진다.

64 ①

자원이 제한되어 있어 제로섬 방식을 기본 전제로 하는 협상은 배분적 협상이다.

65 ②

통합적 협상은 정보 공유도가 높은 반면 배분적 협상은 정보 공유도가 낮다.

CHAPTER 04 | 조직정보론 본문 P.333

01	④	02	②	03	②	04	①	05	③
06	①	07	④	08	②	09	④	10	④
11	③	12	①	13	④	14	③	15	①
16	③	17	④	18	②	19	③	20	④
21	②	22	②	23	②	24	④	25	②
26	④	27	④	28	③	29	②	30	②
31	②	32	①	33	④	34	④	35	④
36	③	37	④	38	③	39	④	40	①
41	②	42	③	43	④	44	④	45	②
46	③	47	②	48	③	49	④	50	①
51	③	52	⑤	53	⑤	54	④	55	①
56	④	57	③	58	②	59	④	60	④
61	④	62	③	63	②	64	④		

01 ④

조직 중간층의 기능이 약화되어 중간관리층이 축소된다.

02 ②

조직 중간층의 기능이 약화되어 중간관리층이 축소된다.

03 ②

계층적 분화가 더욱 완화되어 가고 있다.

04 ①

정보화사회에서는 행정수요의 다양성에 대응하기 위해 고객에 대한 서비스는 다양화되지만 서식은 표준화된다.

05 ③

행정정보화의 역기능은 조직단위·지역·개인 간의 정보 불균형이다.

06 ①

행정정보화의 역기능은 조직단위·지역·개인 간의 정보 불균형이다.

07 ④

ⓒ 사이버 범죄, ⓒ 전자감시, ⓔ 정보격차는 전자정부(electronic government)의 역기능에 해당한다.

|오답해설| ㉠ 전자정부는 국민의 삶의 질을 향상시키고 민주주의 행정 이념을 구현하려는 고객 감성적이고 열린 정부를 의미한다. 전자정부는 정보통신기술을 활용하여 행정의 생산성이나 효율성뿐만 아니라 행정의 민주화를 제고할 수 있으며, 디지털정보기술과 네트워크, 초고속 정보통신 기반기술 등 정보기술을 이용하여 행정업무를 효율적으로 재설계하고, 번거로운 문서와 절차 등을 감축하여 문서 없는 정부를 구현한다. 이로써 고객의 요구에 민감하게 대응하고 대국민서비스를 증진시킬 수 있다.

08 ②

정보화사회에서 관료가 정보를 독점하면 권력의 오·남용 문제가 유발될 수 있다.

09 ④

정보의 그레샴 법칙은 인간은 가치가 낮은 정보를 공공정보시스템에 남기고, 가치가 높은 정보는 사적으로 보유하는 성향을 가진다는 것을 말한다. 이로 인해 쓸모없는 정보가 공공정보시스템에 많이 잔여함으로써 컴퓨터의 체증현상과 비용상승을 유발한다.

10 ④

모두 전자정부의 역기능에 해당한다.

11 ③

발문은 전문가시스템(Expert System)에 관한 설명이다.

12 ①

조직발전은 조직혁신의 인간행태적 접근방법에 해당한다.

13 ④

조직 프로세스의 리엔지니어링 촉진은 행정업무처리 재설계에 관한 설명이다.

14 ③

지식행정관리는 계층제적 조직(관료제)을 기반으로 하는 것이 아니라 학습조직을 기반으로 한다.

15 ①

기존행정관리는 공공정보의 개인 사유화가 심화되는 반면, 지식행정관리는 공동재산화가 이루어진다.

16 ④

지식의 개인 사유화는 기존행정관리에 해당한다.

17 ④

지식정부 공공행정(지식행정관리)에서는 정보와 지식의 중복 활용보다는 조직의 업무능력 향상에 활용된다.

18 ②

조직의 경험(ㄴ), 숙련된 기능(ㄷ), 개인적 노하우(ㄹ)는 암묵지(암묵적 지식)에 해당하며, 나머지는 형식지(형식적 지식)에 해당한다.

19 ③

중요 지식정보자원의 지정은 정보화책임관의 담당업무에 해당하지 않는다.

20 ④

제시문은 정보기술 아키텍처(ITA)에 관한 설명이다.

21 ②

「전자정부법」에서 정의하고 있는 정보기술 아키텍처의 개념이다.

> **「전자정부법」**
> 제2조【정의】이 법에서 사용하는 용어의 뜻은 다음과 같다.
> 7. "전자문서"란 컴퓨터 등 정보처리능력을 지닌 장치에 의하여 전자적인 형태로 작성되어 송수신되거나 저장되는 표준화된 정보를 말한다.
> 11. "정보자원"이란 행정기관 등이 보유하고 있는 행정정보, 전자적 수단에 의하여 행정정보의 수집·가공·검색을 하기 쉽게 구축한 정보시스템, 정보시스템의 구축에 적용되는 정보기술, 정보화예산 및 정보화인력 등을 말한다.
> 12. "정보기술 아키텍처"란 일정한 기준과 절차에 따라 업무, 응용, 데이터, 기술, 보안 등 조직 전체의 구성요소들을 통합적으로 분석한 뒤 이들 간의 관계를 구조적으로 정리한 체제 및 이를 바탕으로 정보화 등을 통하여 구성요소들을 최적화하기 위한 방법을 말한다.
> 13. "정보시스템"이란 정보의 수집·가공·저장·검색·송신·수신 및 그 활용과 관련되는 기기와 소프트웨어의 조직화된 체계를 말한다.

22 ②

|오답해설| ㄷ. 접근수단의 다양화(on-line, off-line 등)이다.
ㅁ. 부처별·기관별 업무처리가 아니라 정보공유를 통한 원스톱서비스가 이루어진다.
ㅅ. 정부 중심이 아니라 고객(시민) 중심의 전자정부이다.
ㅇ. 백오피스(내부 행정업무 시스템)와 프런트오피스(시민들에게 제공되는 정보시스템)의 간격이 축소된다.

23 ②

발문은 전자문서 교환에 관한 설명이다.

24 ④

공공기관의 공사, 용역, 물품 등의 발주정보를 공개하고 조달절차를 인터넷으로 처리하도록 '나라장터'를 도입하였다. '온나라시스템'은 행정안전부가 정부 내부 업무처리과정과 과제관리, 문서관리 등 전반적인 행정 프로세스를 전자문서 등을 이용하여 표준화한 행정업무처리시스템(2007)이다.

25 ②

온라인 수출입 통관, 관세환급 업무, 전자민원 서비스 제공 등 조달 관련 온라인 서비스를 통합적으로 제공하기 위해 도입한 관세청의 '전자통관시스템(UNI-PASS)'은 조달청의 '나라장터'와 더불어 대표적인 G2B에 해당한다.

26 ④

G2G(Government to Government)에 해당하는 온나라시스템은 행정업무의 효율성을 제고하고 비용을 절감하기 위해 정부가 수행하는 모든 업무를 체계적으로 분류하고, 온라인상에서 실시간으로 업무를 처리하는 전산시스템이다.
|오답해설| ①② G2C(Government to Citizen)는 정부가 국민과 전자적으로 소통하는 것으로, 민원24나 국민신문고가 이에 해당한다.
③⑤ G2B(Government to Business)는 공공기관이 물품을 구매하거나 시설 공사 등의 서비스를 계약할 때 참가 업체 등록과 입찰에서부터 계약, 대금 지불에 이르기까지 전 단계를 인터넷을 통해 사무실에서 처리하는 시스템으로 전자조달 나라장터, 전자통관시스템이 이에 해당한다.

27 ③

통신, 방송, 인터넷 등을 통합한 멀티미디어 서비스를 안전하게 제공하는 통합네트워크는 광대역통합망(BcN: Broadband convergence Network)이다. 스마트워크(smart work)란 원격근무의 한 형태로 영상회의 등 정보통신기술을 이용해 시간·장소의 제약 없이 업무를 수행하는 유연한 근무형태이다. 스마트워크의 주요 형태는 '이동근무', '재택근무', '스마트워크센터 근무' 등을 포함한다.

28 ③

행정안전부의 온나라시스템과 같은 G2G(Government, Government)에서는 정부부처 간, 중앙과 지방정부 간에 정보를 공동활용하여 행정업무의 정확성과 효율성이 증대되고 거래비용이 감소한다.
|오답해설| ① G2G에서는 그룹웨어시스템을 통한 원격지 연결, 정보 공유, 업무의 공동처리, 업무 유연성 등으로 행정의 생산성이 제고된다.
⑩ 행정안전부의 온나라시스템
② G2C(Government, Citizen)의 관계 변화를 통해 시민요구에 부응하는 질 높은 행정서비스를 제공하고 시민참여를 촉진할 수 있으며 공공서비스 수요에 대한 대응성이 높아진다. ⑩ 민원24, 국민신문고 등
④ G2B(Government, Business)의 관계 변화로 정부의 정책수행을 위한 권고, 지침전달 등을 위한 정보교류 비용이 감소하며 조달행정 비용도 감소한다. ⑩ 나라장터(조달청), 전자통관시스템(UNI-PASS, 관세청)

29 ②

2010년 미국의 버락 오바마(Barack Obama) 대통령은 어려운 과제에 부닥친 정부기관이 문제를 혁신적으로 해결하기 위해 온라인상에서 국민의 집단지성을 활용할 수 있도록 챌린지닷거브(challenge.gov)라는 플랫폼을 만들었다. 따라서 미국의 'challenge.gov' 프로그램은 국민을 정부정책을 홍보해야 할 대상으로 보기보다는 프로슈머 협력자로 여긴다.

30 ②

행정전산화 사업이 행정전산망 사업에 앞서 시행되었다.

31 ②

행정안전부장관은 5년마다 행정기관 등의 기관별 계획을 종합하여 '전자정부기본계획'을 수립하여야 한다.

> **「전자정부법」**
> 제2조【정의】이 법에서 사용하는 용어의 뜻은 다음과 같다.
>   4. "중앙사무관장기관"이란 국회 소속 기관에 대하여는 국회사무처, 법원 소속 기관에 대하여는 법원행정처, 헌법재판소 소속 기관에 대하여는 헌법재판소사무처, 중앙선거관리위원회 소속 기관에 대하여는 중앙선거관리위원회사무처, 중앙행정기관 및 그 소속 기관과 지방자치단체에 대하여는 행정안전부를 말한다.
> 제5조【전자정부기본계획의 수립】① 중앙사무관장기관의 장은 전자정부의 구현·운영 및 발전을 위하여 5년마다 제5조의2 제1항에 따른 행정기관 등의 기관별 계획을 종합하여 전자정부기본계획을 수립하여야 한다.

32 ①

「고등교육법」상 사립대학은 적용받는다.

> **「전자정부법」**
> 제2조【정의】이 법에서 사용하는 용어의 뜻은 다음과 같다.
>   3. "공공기관"이란 다음 각 목의 기관을 말한다.
>   라. 「초·중등교육법」, 「고등교육법」 및 그 밖의 다른 법률에 따라 설치된 각급 학교
> 제5조【전자정부기본계획의 수립】① 중앙사무관장기관의 장은 전자정부의 구현·운영 및 발전을 위하여 5년마다 제5조의2 제1항에 따른 행정기관 등의 기관별 계획을 종합하여 전자정부기본계획을 수립하여야 한다.
> 제5조의3【전자정부의 날】① 전자정부의 우수성과 편리함을 국민에게 알리고 국제적 위상을 제고하는 등 지속적으로 전자정부의 발전을 촉진하기 위하여 매년 6월 24일을 전자정부의 날로 한다.
> 제55조【지역정보통합센터 설립·운영】① 지방자치단체는 정보자원을 효율적으로 관리하고 지역정보화를 통합적으로 추진하기 위하여 지역정보통합센터를 설립·운영할 수 있고, 필요한 경우 국가와 지방자치단체 또는 둘 이상의 지방자치단체가 공동으로 지역정보통합센터를 설립·운영할 수 있다.

33 ④

'행정기관 및 국가공무원의 통제 효율성 확대'는 「전자정부법」에서 규정하는 전자정부의 원칙에 해당하지 않는다.

34 ④

전자정부의 국제협력 강화는 현행 「전자정부법」에 명시된 전자정부의 원칙에 해당하지 않는다.

35 ④

|**오답해설**| 정보기술은 자동화, 통합화, 매개물 제거 등의 기회를 제공해서 업무처리 재설계의 가능성을 제시한다.

36 ③

정부정보에 대한 자유로운 접근을 보장하고 국민의 권리 및 이익을 보호하는 것은 보편적 정보서비스를 말한다.

37 ④

|**오답해설**| ① 조직의 근본적 변화가 필요할 때 사용되며, 조직문화는 개혁의 대상이다.
② 조직 개선을 위한 논의는 구조, 기술, 형태 등과 같은 변수보다는 업무절차를 중심으로 이루어진다.
③ 공공부문과 민간부문의 리엔지니어링 환경은 차이가 있다.

38 ③

리엔지니어링의 궁극적인 목적은 프로세스의 변화를 통한 성과 향상과 고객만족의 극대화에 있기 때문에, 조직 및 인력감축이 필수적이라고 보기는 어렵다.

39 ④

UN에서 제시하는 세 가지 전자적 참여형태에 전자홍보(e-public relation) 단계는 포함되지 않는다.

40 ①

UN(2008)에서는 전자거버넌스로서의 전자적 참여의 형태에 대해 세 가지 형태로 진화·발전하는 것으로 보고 있다. 첫 번째 형태는 전자정보화(e-information) 단계, 두 번째 형태는 전자자문(e-consultation) 단계, 세 번째 형태는 전자결정(e-decision) 단계이다.

41 ②

고객관계관리(CRM)란 고객에 대한 정보를 바탕으로 업무프로세스, 조직, 인력을 정비하고 운용하는 전략이다.

42 ③

「지능정보화 기본법」은 국가기관과 지방자치단체에 대하여 정보격차 해소 시책을 마련할 의무를 규정하고 있으나, 민간기업에 관해서는 의무를 규정하고 있지 않다.

43 ④

유비쿼터스 정부는 일방향 정보 제공이 아니라 양방향 정보 제공을 중시하는 전자정부이다.

44 ④

유비쿼터스 전자정부에 대한 설명으로 모두 옳다. 유비쿼터스 전자정부는 기술적으로 브로드밴드와 무선, 모바일 네트워크, 센싱, 칩 등을 기반으로 하며, 서비스 전달 측면에서 지능적인 업무수행과 개개인의 수요에 맞는 맞춤형 서비스를 제공한다. 또한 Any-time, Any-where, Any-device, Any-network, Any-service 환경에서 실현되는 정부를 지향한다.

45 ②

정부 3.0은 원스톱서비스 제공을 위해 무선인터넷, 스마트 모바일을 중심기반으로 설계되었다.

46 ③

정부 3.0은 정부 중심의 국가운영 거버넌스가 아니라, 공공정보를 적극적으로 개방하고 공유하며 부처 간 칸막이를 없애 소통하고 협력함으로써, 국민맞춤형 서비스를 제공하고 동시에 일자리 창출과 창조경제를 지원하는 새로운 정부운영 패러다임이다.

47 ②
빅데이터를 이용한 과학적 행정의 구현에 역점을 둔다.

48 ③
빅데이터의 3대 특징은 크기, 다양성, 속도이다.

49 ④
빅데이터의 주요 특징은 크기, 다양성, 속도이다.

50 ①
빅데이터(big data)란 데이터의 생성, 양·주기·형식 등이 기존 데이터에 비해 매우 크기 때문에, 종래의 방법으로는 수집·저장·검색·분석이 어려운 방대한 데이터를 의미하며, 각종 센서 장비의 발달로 데이터가 늘어나면서 나타났다. 즉 빅데이터란 수치 데이터 등 기존의 정형화된 정보뿐 아니라 텍스트·이미지·오디오·로그기록 등 여러 형태의 비정형 정보가 포함된다. 따라서 빅데이터는 기존의 정형 데이터뿐만 아니라 사진 등을 포함하는 개념이다. 빅데이터의 주요 특징으로 크기, 다양성, 속도를 들 수 있다.

51 ③
공식적 의사전달은 조정과 통제가 용이하다는 장점이 있다.

52 ⑤
보고, 내부결제제도(품의제), 제안제도 등은 하의상달적 의사소통에 해당한다.

53 ⑤
공식적 권위를 유지, 향상시키는 데에 기여하는 것은 공식적 의사전달이다.

54 ④
제시문은 개방(all channel)형에 관한 설명이다.

55 ①
의사전달의 반복과 환류는 의사소통의 장애를 극복하는 방안이다.

56 ④
의사전달과정에서 환류의 차단은 의사전달의 신속성을 제고할 수 있다.

57 ③
환류의 차단은 의사전달의 신속성이 제고될지는 모르나 정확성이 무엇보다 우선시되는 상황에서는 큰 장애가 된다.

58 ②
미국은 1966년 중앙정부 차원에서 「정보공개법」이 제정된 후에 지방정부에 파급되었으나, 일본은 우리나라처럼 먼저 기초자치단체에서 조례로 제도화되어 중앙정부 차원에서 「정보공개법」이 제정(1999년)되었다.

59 ④
|오답해설| ① 정보공개청구에서 청구인이 청구를 한 지 10일 이내에 공개 여부를 결정해야 한다.
②「정보공개법」은 특수한 이익(제3자의 비공개요청 등)을 보호한다.

③ 정보공개비용을 청구인이 부담한다.

60 ④
정보공개 청구는 말로써 할 수 있으며, 외국인도 포함된다.

61 ④
정보목록은 비공개 대상 정보가 포함된 경우에는 해당 부분을 갖추어 두지 아니하거나 공개하지 아니할 수 있다.

62 ③
이름·주민등록번호 등 개인에 관한 사항으로서 공개될 경우 개인의 사생활의 비밀 또는 자유를 침해할 우려가 있다고 인정되는 정보는 비공개대상 정보이지만, 직무를 수행한 공무원의 성명·직위는 공개대상이다(「공공기관의 정보공개에 관한 법률」 제9조).

63 ②
|오답해설| ㄴ. 우리나라의 정보공개제도는 청구에 의한 공개를 원칙으로 한다. 따라서 공공기관에 의한 자발적, 능동적인 정보제공과는 거리가 멀다.
ㄷ. 국내에 일정한 주소를 두고 거주하거나 학술·연구를 위하여 일시적으로 체류하는 자나, 국내에 사무소를 두고 있는 법인 또는 단체는 외국인도 정보공개를 청구할 수 있다.

64 ④
행정정보공개제도의 핵심은 권리와 의무이다. 즉, 국민이나 시민은 정보공개청구를 할 수 있는 공권이 부여되는 데 비해, 행정기관은 정보공개가 의무화됨으로써 공무원의 업무량은 증가하게 된다.

CHAPTER 05 | 조직변동(혁신)론									본문 P.359
01	②	02	③	03	①	04	③	05	④
06	③	07	③	08	③	09	②	10	②
11	②	12	③	13	③	14	①	15	①
16	④	17	②	18	③	19	④	20	②
21	④	22	④	23	①	24	③	25	④
26	①	27	①	28	③	29	④	30	③
31	④	32	④	33	④					

01 ②
목표관리제(MBO)에 대한 설명으로 ㄱ, ㄷ이 옳은 내용이다. 목표관리(MBO: Management By Objective)란 조직의 상하 구성원의 참여과정을 통하여 조직의 공동목표를 명확히 하고, 조직구성원 개개인의 목표를 합의하여 체계적으로 부과하여 그 수행결과를 사후에 평가하여 환류함으로써 궁극적으로 조직의 효율성을 향상시키고자 하는 관리기법 또는 관리체제이다.
|오답해설| ㄴ. 단기목표를 중·장기목표보다 강조한다.
ㄹ. 조직 목표달성을 위해 목표의 정량적(계량적) 성격이 강조된다.

02 ③
예측 가능한 결과지향적인 계량적 목표를 중시한다.

03 ①
불확실하고 변동이 심한 상황에서는 명확한 목표설정이 불가능하다.

04 ③
MBO는 환경이 불확실하여 관리상황이 유동적인 곳에서는 목표달성을 기대하기 어렵다.

05 ④
MBO는 실현가능성에 대한 욕구에 집착하는 나머지 장기적·질적 목표보다 단기적·양적 목표에 치중한다.

06 ③
PPBS에 관한 설명이다.

07 ③
외부 전문가의 충원을 통해서 전문성을 세고할 수 있는 것은 조직발전(OD)이다.

08 ③
소비자 만족을 중요시하는 것은 TQM이다.

09 ②
TQM을 성취하는 데 가장 중요한 핵심적 요소들은 모든 직원들의 참여, 권한 부여, 훈련, 팀워크 등이다. 따라서 TQM 관리철학의 기원은 Y이론에 두고 있다.

10 ②
TQM은 전통적 관리에 대한 반발로 등장하였다. 따라서 수직적 명령계통보다 수평적·분권적 조직구조를 중시한다.

11 ②
TQM은 팀워크 중심의 조직관리를 강조한다. 따라서 개인의 성과평가를 위한 도구로 도입된 것은 아니다.

12 ③
TQM은 산출과정 초기의 품질정착과 서비스의 지나친 변이성을 방지하기 위하여 산출과 결과보다는 투입과 과정을 중시한다.

13 ③
|오답해설| ㄴ. 목표관리(MBO)에 해당한다.
ㄹ. TQM 개념 속에는 고객감동을 창출하는 재화와 용역을 생산하는 과정을 중시하여 인간 위주의 경영시스템을 지향한다는 철학적 기반이 깔려 있다. 따라서 결과보다 투입 및 과정이 중시된다.

14 ①
|오답해설| ㄷ. 총체적 품질관리(Total Quality Management)는 분권화된 관리와 사전적·예방적 품질관리를 강조한다.
ㄹ. 문제해결의 주된 방법은 개인적 노력에서 집단적 노력으로 옮아간다.

15 ①
TQM은 통계적 자료와 과학적 절차에 근거하여 의사결정이 이루어진다.

16 ④
TQM은 낮은 성과의 원인을 관리자의 책임으로 간주하는 데 비해 전통적 관리체제는 낮은 성과를 근로자 개인의 책임으로 간주한다.

17 ②
OD와 MBO는 Y이론적 인간관 또는 자아실현인관에 입각하여 민주적 관리전략을 강조한다.

18 ③
조직발전(OD)에서 인간에 대한 가정은 맥그리거(McGregor)의 Y이론이며(ㄷ), 조직에 대한 가정은 개방체제 속에서 복합적 인과관계를 가진 유기체이다(ㄹ).

19 ④
발문은 OD 기법 중 감수성 훈련에 관한 설명이다.

20 ②
감수성 훈련은 직무수행능력보다는 조직구성원 상호이해를 통한 협력을 도모하기 위한 것으로 조직발전의 한 기법이다.
|오답해설| ① 직무수행능력의 향상은 교육훈련과 관련이 있다.

21 ③
제시문은 조직발전(OD: Organization Development)의 기법 중 하나인 감수성 훈련(sensitivity training)에 관한 설명이다.

22 ③
제시문은 감수성 훈련에 관한 설명이다.

23 ①
|오답해설| ② 조직발전(OD)의 기법인 감수성 훈련은 10~16명 정도의 이질적 소집단 형태로 피훈련 집단을 구성하여, 공식적 논의사항, 지도자 및 상대방에 대한 제반사항을 모르도록 하며, 이전의 모든 조직의 귀속관계로부터 벗어나 자유로운 분위기 속에서 서로 감정 표시·토론을 하여 문제해결 방안을 얻도록 한다.
③ 브레이크와 머튼(Blake & Mouton)은 단합형 리더를 가장 효과적인 관리유형으로 꼽았다.
④ 변화관리자의 도움으로 장기간에 걸쳐 구성원의 행태나 가치관의 변화를 통한 조직변화를 추구한다.

24 ②
BSC는 조직의 비전과 전략을 달성하기 위해 수행해야 할 핵심적인 사항을 측정 가능한 형태로 바꾼 성과지표의 집합이며, 성과지표를 도출하는 데에 전통적인 재무제표뿐 아니라 고객, 비즈니스 프로세스, 학습 및 성장과 같은 비재무인 측면도 균형적으로 고려한다.

25 ④
재무적 관점(financial)의 성과지표는 전통적인 후행지표로서 매출, 자본수익률, 예산 대비 차이 등이 있다. 재무적 관점은 주주의 입장에서 기업이라는 투자대상을 바라보는 관점이다. 따라서 주주이익의 극대화 또는 기업가치의 극대화를 목표로 하며, 재무지표를 의미하는 것으로 전통적인 후행지표이다.

26 ①
|오답해설| ②③ 민원인의 불만율, 신규 고객의 증감은 고객 관점, ④ 조직 내 커뮤니케이션구조는 내부 프로세스 관점이다.

27 ①
의사결정과정에 시민참여는 고객 관점이 아니라 내부 프로세스 관점에 해당한다.

28 ③
|오답해설| ㄷ. 조직의 내부요소(직원과 내부 프로세스)와 외부요소(재무적 투자자와 고객) 간 균형을 중시한다.
ㅁ. 과정과 결과의 균형을 중시한다.

29 ④
BSC는 재무적 지표와 비재무적 지표의 균형을 강조한다.

30 ③
BSC는 내부요소와 외부요소의 균형을 강조하므로 조직구성원 학습, 내부절차 및 성장과 함께, 정책 관련 고객의 중요성, 고객이 아닌 이해당사자들에 대한 의사소통 채널에 대해서도 관심을 가진다.

31 ④
고객 관점에서의 성과지표는 고객만족도, 정책순응도, 민원인의 불만율, 신규 고객의 증감 등이 있다. 시민참여, 적법절차, 공개 등은 내부 프로세스에서의 성과지표에 해당한다.

32 ④
내부 프로세스 관점에서는 개별부서별로 따로따로 이루어지는 일처리 방식보다 통합적인 일처리 절차에 초점을 맞춘다.

33 ④
균형성과표(BSC)는 상향식 접근방법에 기초해 공무원의 개인별 실적 평가를 중시하는 목표관리(MBO)의 대안으로 등장하였다.

PART Ⅳ. 인사행정론

CHAPTER 01 | 인사행정 기초이론
본문 P.382

01	④	02	③	03	③	04	④	05	③
06	①	07	③	08	④	09	②	10	①
11	③	12	③	13	①	14	③	15	④
16	③	17	③	18	②	19	②	20	②
21	②	22	①	23	②	24	②	25	④
26	④	27	③	28	③	29	③	30	④
31	②	32	①	33	③	34	②	35	②
36	②	37	③	38	④	39	④	40	①
41	④	42	①	43	④	44	③	45	②
46	①	47	②	48	④	49	④	50	①

01 ④
몬로(Monroe) 대통령 시기에 4년임기법(four year's law)이 제정되어 많은 연방관리들의 임기가 대통령과 같이 4년이 되었다. 이는 정당의 교체에 따른 관직의 대량 경질원칙을 제도화한 것으로, 집권정당에 대한 공헌도가 관직임명의 기준이 되는 엽관주의 확립의 계기가 되었다.

02 ③
엽관주의는 정권 교체 시 강력한 정책추진력을 확보할 수 있다는 장점이 있다.

03 ③
민선 단체장이 자신의 정책지향과 정책의 추진력을 확보하기 위해서는 공무원의 높은 충성심의 확보가 가능한 엽관주의가 바람직하다.

04 ④
미국의 잭슨(Jackson) 대통령은 의회에 보낸 연두교서에서 "모든 공직자의 직무는 이해력이 있는 사람이면 쉽게 수행할 수 있는 간단하고 명백한 성격의 것이다. 공직에 오래 종사함으로써 얻는 경험은 득보다는 실이 더 많다."라고 주장하고, 관직을 특정 집단이 항구적으로 독점해서는 안 되며 모든 국민에게 개방할 것을 선언하였다. 잭슨 대통령은 공무원의 장기 근무의 '역기능(관직의 특권화)'을 강조하며 엽관주의를 도입하였다.

05 ③
공무원의 정치적 중립성은 실적주의의 중요한 요소에 해당한다. 엽관주의는 정당에 대한 충성도에 따라 관직을 임용하는 제도로서 미국 특유의 인사제도이다. 당시의 미국은 정부가 할 일이 많지 않았으며, 행정사무가 단순했기 때문에 능력과 자격에 따른 실적주의가 발달하지 못하였다.

06 ①
엽관주의는 공직의 특권계층화를 방지한다.

07 ③

엽관주의 인사제도가 필요한 이유는 관직의 특권화를 배제하고, 국민의 요구에 대한 관료적 대응성을 향상하기 위해서이다.

08 ④

행정의 안정성과 지속성 확보는 엽관주의(spoils system)가 아니라 실적주의의 정당화 근거이다. 엽관주의는 정치적 충성심(정당에 대한 충성도)에 의하여 관직임용을 행하는 제도로서, 행정 민주화에 기여하고, 정치지도자의 행정 통솔력을 강화하며, 정당정치 발달에 공헌하였다.

09 ②

전문성을 통한 행정의 효율성 제고와 정부관료의 역량 강화에 기여한 것으로 평가되는 것은 엽관제가 아니라 실적제이다.

10 ①

ㄱ, ㄴ, ㅁ은 엽관제의 장점에 해당하지 않는다.

ㄱ. 위인설관(爲人設官), 금권정치 등으로 인해 부정부패를 유발하기가 쉽다.

ㄴ, ㅁ. 정권 교체마다 공직경질이 이루어지므로 행정의 안정성과 지속성을 확보하기가 곤란하고 직업공무원제의 확립이 곤란하다.

11 ③

행정의 안정성과 중립성에 도움이 되는 것은 엽관제 공무원제도(spoil system)가 아니라 실적제 공무원제도(merit system)이다. 엽관주의에서는 정권이 바뀔 때마다 공무원이 교체됨으로써 행정의 계속성·안정성·지속성·중립성이 위협을 받게 되었기 때문에, 행정의 능률성과 전문성이 향상될 수 없다.

12 ③

인간의 상대적 평등주의를 신봉하는 것은 실적주의이다.

13 ①

공무원의 인적 구성이 사회의 인구학적 특성과 비례가 되도록 해야 한다는 대표관료제는 실적주의를 비판하면서 등장하였다. 실적주의는 개인의 능력·자격·지식 등을 지나치게 중시한 나머지 소외집단이나 여성에게 불리한 결과를 가져왔지만, 대표관료제는 실적주의의 형식주의적 역기능을 시정하는 데 기여한다.

14 ③

실적주의보호위원회(MSPB)는 팬들턴법에 포함되지 않는다.

15 ④

실적주의는 공개경쟁채용시험을 통해 공무원을 선발하기 때문에 공직임용에 대한 기회의 균등을 보장한다.

|오답해설| ① 엽관주의는 정치적 충성심을 공직 임용 기준으로 한다. 개인의 능력, 적성, 기술을 공직 임용 기준으로 하는 것은 실적주의이다.

② 엽관주의는 정치적 충성심을 공직 임용 기준으로 하기 때문에 정치지도자의 국정 지도력을 강화한다.

③ 실적주의는 지나친 신분보장으로 인해 관직의 특권화를 유발한다. 국민에 대한 관료의 대응성을 높이는 것은 엽관주의이다.

16 ③

실적주의 공무원제도는 공개경쟁시험, 신분보장, 정치적 중립이 핵심적인 요소이다.

|오답해설| ① 미국에서 잭슨(Jackson) 대통령에 의해 공식화된 것은 엽관주의이다.

② 공직의 일은 건전한 상식과 인품을 가진 일반 대중 누구나 수행할 수 있는 것이라고 전제하는 것은 엽관주의이다.

④ 실적주의 공무원제도는 능률성을 가장 중요한 가치로 삼는 인사제도이다.

17 ③

|오답해설| ① 직위분류제는 계급제에 비해 탄력적 인사관리가 곤란한 단점을 가진다.

② 엽관주의는 정당에의 충성도와 공헌도를 임용 기준으로 삼았기 때문에 민주주의 발전에 기여한다.

④ 직위분류제, 개방형 충원 및 전문가주의에 입각하고 있는 것은 실적주의이다. 직업공무원제는 계급제, 폐쇄형 충원 및 일반행정가주의에 입각하고 있다.

18 ②

ⓛ, ⓒ은 실적주의와 관련이 없다.

ⓛ 고위공무원의 정치적 임용을 활성화하는 것은 실적주의와 엽관주의를 절충한 적극적 인사행정이다.

ⓒ 행정의 대응성과 책임성 확보에 유리한 것은 엽관주의이다.

|오답해설| ⓙ 실적주의는 정치적 중립을 통해 행정의 전문화에 기여한다.

ⓔ 실적주의의 수단적 가치는 능률성이지만, 궁극적 가치는 민주성과 형평성이다.

19 ②

직업공무원제는 계급제와 폐쇄형 공무원제 및 일반행정가주의를 지향한다.

20 ②

직업공무원제는 계급제와 폐쇄형 공무원제 및 일반행정가주의를 지향한다. 따라서 직업공무원제는 폐쇄적 임용으로 인해 공무원집단의 보수화를 유발하고 전문행정가 양성을 저해한다.

21 ②

영국을 비롯한 유럽에서는 일찍이 직업공무원제가 확립되었으나 최근에는 실적주의도 강조되고 있으며, 미국에서는 실적주의가 먼저 확립되고 행정국가의 등장에 따라 직업공무원제도가 가미되었다.

22 ①

직무급 중심 보수체계(직무의 내용·곤란성·책임도를 기준으로 한 보수체계-동일직무 동일보수)는 직업공무원제가 아니라 직위분류제의 특징에 해당한다.

23 ②

채용 당시의 직무수행 능력을 중시하는 것은 직위분류제이다. 직업공무원제는 채용 당시의 직무수행 능력보다 장기적인 발전 가능성을 중요시한다.

24 ③

직업공무원제는 젊고 유능한 인재의 채용이 확립요건이다.

25 ④

직업공무원제란 우수한 젊은 인재들을 공직에 유치하고, 그들이 공직에 근무하는 것을 명예로 인식하고 정년 퇴임 시까지 장기간에 걸쳐 성실하게 근무하도록 하는 임용제도이다. 직업공무원제는 원칙적으로 젊은 인재를 최하위 계급으로 임용해, 장기간에 걸쳐 근무하도록 하면서 단계적으로 승진시킨다. 응시자의 학력과 연령은 엄격히 제한되며, 선발 기준으로는 전문적인 직무수행 능력보다는 장기적인 발전 가능성을 중시한다. 그리고 상위 계급은 원칙적으로 승진에 의해 충원되며, 외부로부터의 유입은 허용되지 않는다. 따라서 직업공무원제는 계급제와 폐쇄형 임용 체계 및 일반행정가를 중시하는 본질적인 특성을 지니고 있다.

26 ④

직업공무원제란 공직이 유능하고 젊은 인재에게 개방되어 있고 업적에 따라 명예로운 높은 지위로 승진하는 기회가 보장되어, 공직근무를 보람 있는 생애로 생각하고 평생을 공직에 바치도록 조직·운영되는 공무원제도를 말한다. 따라서 직업공무원제는 공무원의 일체감과 단결심 및 공직에 헌신하려는 정신을 강화하는 데 유리한 제도이다.

27 ④

전문행정가 양성에 유리하며 행정의 전문화 요구에 부응하는 것은 직위분류제이다.

28 ④

직업공무원제의 단점(폐쇄적 임용으로 인한 전문화 저하, 관직의 폐쇄화 등)을 보완하기 위해 개방형 인사제도, 계약제 임용제도, 계급정년제 등을 도입할 필요가 있다. 정치적 중립은 행정의 안정성과 계속성 및 일관성을 유지하기 때문에 직업공무원제의 장점에 해당한다.

29 ②

대표관료제는 실적주의 폐단을 시정하기 위해 등장하였으며 역차별의 문제를 유발할 수 있다.

30 ④

행정의 전문화로 인해 직업공무원들에 대한 정치적 상관들의 통제가 어려운 상황에서 관료들의 '주관적' 책임을 통해 국민의 다양한 요구에 대한 정부의 대응성을 향상시키는 대안이 될 수 있다는 점에서 대표관료제 이론이 주목받고 있다.

31 ②

제시문은 대표관료제에 관한 설명이다. 크란츠(Kranz)는 대표관료제의 개념을 비례대표(proportional representation)로까지 확대하자고 주장하였다. 즉, 크란츠는 관료제 내의 출신집단별 구성 비율이 총인구 구성 비율과 일치하여야 할 뿐만 아니라, 나아가 관료제 내의 직무 분야와 계급의 구성 비율까지도 총인구 비율에 상응하게 분포되어 있어야 한다고 주장하였다.

32 ①

내부통제의 강화는 대표관료제의 장점에 해당한다. 대표관료제는 행정의 전문성과 복잡성으로 외부통제가 약화된 현대 행정국가의 내부통제의 대표적인 방안이다.

33 ②

대표관료제는 임용할당제(quota system)를 통해 공무담임권의 수직적 형평성을 제고한다.

34 ②

대표관료제는 실적주의와 충돌되며 행정능률 향상을 저해한다. 즉, 대표관료제는 개인의 능력·자격보다 한 나라의 인구 구성의 특성을 관료제 조직에 그대로 반영시키는 데 중점을 두므로, 실적주의와 갈등을 빚게 된다. 따라서 대표관료제는 공직임용에 개인의 능력·자격을 2차적인 기준으로 삼기 때문에 행정의 전문성과 능률성·생산성을 저해할 우려가 있다.

35 ②

대표관료제는 개인의 능력·자격보다 한 나라의 인구 구성의 특성을 관료제 조직에 그대로 반영시키는 데 중점을 두므로, 실적주의와 갈등을 빚게 된다. 따라서 다양한 집단의 이익을 반영하는 대표관료제는 실적주의 이념과 충돌하는 인사제도이다.

36 ②

주기적인 선거 결과에 기초하여 주요 관직을 임명하는 제도는 대표관료제가 아니라 엽관주의이다. 킹슬리(D. Kingsley)가 처음 사용한 개념인 대표관료제는 인종·종교·성별·신분·계층·지역 등의 여러 기준에 의하여 분류되는 모든 사회집단들이, 한 나라의 인구 전체 안에서 차지하는 비율에 맞게 관료조직의 직위들을 차지해야 한다는 원리가 적용되는 관료제로서 정부정책의 형평성과 대응성을 제고할 수 있으나, 실적주의 공무원제도 확립에 저해될 수 있다.

37 ①

대표관료제는 공직임용에 개인의 능력·자격을 2차적인 기준으로 삼기 때문에 관료의 전문성과 능률성·생산성을 저해할 우려가 있다.

38 ④

대표관료제는 임용할당제가 적용되며, 이는 종래에 혜택을 받아 온 집단출신이라는 이유만으로 인사관리상 불이익을 받게 되는 역차별 현상이 초래될 수 있다.

39 ④

| 오답해설 | ① 대표관료제는 형평성을 위한 제도이다.
② 대표관료제는 관료들이 출신집단의 이익에 봉사할 것이라는 가정에 기반하고 있다.
③ 대표관료제는 임용할당제를 통해 관료를 선발한다.

40 ①

감사 및 자문기능은 현대적 기능이다.

41 ④
독립합의형 중앙인사기관은 합의성으로 인해 인사행정의 책임소재가 불명확하다.

42 ①
2014년 당시 우리나라의 중앙인사기관은 안전행정부로, 이와 같은 유형을 비독립단독형이라 한다. 비독립단독형의 중앙인사기관은 인사에 대한 의사결정이 신속하고, 책임소재의 명확화가 가능한 유형이다.
|오답해설| ② 비독립단독형 중앙인사기관은 행정수반의 적극적인 지원을 받을 수 있으나, 인사상의 공정성 확보가 곤란하다.
③④ 독립합의형 인사기관이 갖는 특성에 해당한다.

43 ④
제시문은 비독립단독형 중앙인사기관에 관한 설명이다. 비독립단독형 중앙인사기관은 한 명의 인사기관의 장이 조직을 관장하고 행정수반의 지휘 아래 놓이게 된다.

44 ③
미국의 인사관리처나 영국의 공무원 장관실 등은 비독립단독형에 속한다.

45 ②
1999년 설치된 중앙인사위원회는 대통령 소속의 합의제 중앙인사기관이다. 따라서 중앙인사위원회는 "비독립형 합의제 기관"으로 행정자치부와 업무를 분담하였으며, 2004년부터는 중앙인사위원회로 통합되어 정부 인사 기능이 일원화되었다.

46 ①
행정안전부가 아니라 인사혁신처에 소청심사위원회를 둔다.

「국가공무원법」
제9조 【소청심사위원회의 설치】 ① 행정기관 소속 공무원의 징계처분, 그 밖에 그 의사에 반하는 불리한 처분이나 부작위에 대한 소청을 심사·결정하게 하기 위하여 인사혁신처에 소청심사위원회를 둔다.
② 국회, 법원, 헌법재판소 및 선거관리위원회 소속 공무원의 소청에 관한 사항을 심사·결정하게 하기 위하여 국회사무처, 법원행정처, 헌법재판소사무처 및 중앙선거관리위원회사무처에 각각 해당 소청심사위원회를 둔다.

47 ②
|오답해설| ① 「공무원 제안 규정」에 따르면 상여금을 지급할 수 있다.

「공무원 제안 규정」
제18조 【인사상 특전】 ① 중앙행정기관의 장은 소속 공무원이 제출한 공무원제안이 채택되고 시행되어 국가 예산을 절약하는 등 행정 운영 발전에 뚜렷한 실적이 있을 경우 그 제안자에게 인사 관계 법령에서 정하는 바에 따라 특별승급의 인사상 특전을 부여할 수 있다.
제19조 【상여금의 지급】 ① 중앙행정기관의 장은 다음 각 호의 어느 하나에 해당하는 경우에는 채택제안의 제안자에게 상여금을 지급할 수 있다.

③ 우리나라는 공무원의 고충을 심사하기 위하여 인사혁신처에 고충심사위원회를 둔다.

④ 성과상여금제도는 공직의 경쟁력을 높이기 위하여 공무원인사와 급여체계를 사람과 성과 중심으로 개편한 것이다.

48 ④
|오답해설| ① 소청심사위원회의 결정은 처분 행정청을 기속한다.
② 강임과 면직, 휴직과 전보는 심사대상이다.
③ 지방소청심사위원회는 시·도별로 설치되어 있다.

49 ④
고충심사위원회가 청구서를 접수한 때에는 30일 이내에 고충 심사에 대한 결정을 해야 하고 보통고충심사위원회의 결정은 위원 5명 이상의 출석과 출석위원 과반수의 합의에 따르고, 중앙고충심사위원회의 결정은 위원 3분의 2 이상의 출석과 출석 위원 과반수의 합의에 따른다.

「국가공무원법」
제15조 【결정의 효력】 제14조에 따른 소청심사위원회의 결정은 처분 행정청을 기속(羈束)한다.
제76조의2 【고충 처리】 ① 공무원은 인사·조직·처우 등 각종 직무 조건과 그 밖에 신상 문제와 관련한 고충에 대하여 상담을 신청하거나 심사를 청구할 수 있으며, 누구나 기관 내 성폭력 범죄 또는 성희롱 발생 사실을 알게 된 경우 이를 신고할 수 있다. 이 경우 상담 신청이나 심사 청구 또는 신고를 이유로 불이익한 처분이나 대우를 받지 아니한다.
④ 공무원의 고충을 심사하기 위하여 중앙인사관장기관에 중앙고충심사위원회를, 임용권자 또는 임용제청권자 단위로 보통고충심사위원회를 두되, 중앙고충심사위원회의 기능은 소청심사위원회에서 관장한다.
⑤ 중앙고충심사위원회는 보통고충심사위원회의 심사를 거친 재심청구와 5급 이상 공무원 및 고위공무원단에 속하는 일반직공무원의 고충을, 보통고충심사위원회는 소속 6급 이하의 공무원의 고충을 각각 심사한다. 다만, 6급 이하의 공무원의 고충이 성폭력 범죄 또는 성희롱 사실에 관한 고충 등 보통고충심사위원회에서 심사하는 것이 부적당하다고 대통령령 등으로 정한 사안이거나 임용권자를 달리하는 둘 이상의 기관에 관련된 경우에는 중앙고충심사위원회에서, 원 소속 기관의 보통고충심사위원회에서 고충을 심사하는 것이 부적당하다고 인정될 경우에는 직근 상급기관의 보통고충심사위원회에서 각각 심사할 수 있다.

「공무원고충처리규정」
제7조 【고충심사절차】 ① 고충심사위원회가 청구서를 접수한 때에는 30일 이내에 고충 심사에 대한 결정을 해야 한다. 다만, 부득이하다고 인정되는 경우에는 고충심사위원회의 의결로 30일의 범위에서 그 기한을 연기할 수 있다.
제10조 【고충심사위원회의 결정】 ① 보통고충심사위원회, 경찰공무원고충심사위원회, 소방공무원고충심사위원회 및 교육공무원보통고충심사위원회(이하 "보통고충심사위원회 등"이라 한다)의 결정은 제3조 제7항 전단, 제3조의2 제7항 전단, 제3조의3 제7항 전단 또는 제3조의4 제6항 전단에 따른 위원 5명 이상의 출석과 출석위원 과반수의 합의에 따른다.
② 중앙고충심사위원회의 결정은 위원(「국가공무원법」 제9조 제3항에 따라 인사혁신처에 설치된 소청심사위원회의 상임위원과 비상임위원을 말한다) 3분의 2 이상의 출석과 출석 위원 과반수의 합의에 따른다.

50 ①

지방의회의원은 「지방공무원법」상 인사위원회의 위원으로 임명되거나 위촉될 수 없다.

> **「지방공무원법」**
> 제7조 【인사위원회의 설치】 ⑤ 지방자치단체의 장과 지방의회의 의장은 각각 소속 공무원(국가공무원을 포함한다) 및 다음 각 호에 해당하는 사람으로서 인사행정에 관한 학식과 경험이 풍부한 사람 중에서 위원을 임명하거나 위촉하되, 위원의 자격요건에 관하여 필요한 사항은 대통령령으로 정한다. 다만, 시험위원은 시험실시기관의 장이 따로 위촉할 수 있다.
> 1. 법관·검사 또는 변호사 자격이 있는 사람
> 2. 대학에서 조교수 이상으로 재직하거나 초등학교·중학교·고등학교 교장 또는 교감으로 재직하는 사람
> 3. 공무원(국가공무원을 포함한다)으로서 20년 이상 근속하고 퇴직한 사람
> 4. 「비영리민간단체 지원법」에 따른 비영리민간단체에서 10년 이상 활동하고 있는 지역단위 조직의 장
> 5. 상장법인의 임원 또는 「공공기관의 운영에 관한 법률」 제5조에 따라 지정된 공기업의 지역단위 조직의 장으로 근무하고 있는 사람

CHAPTER 02 | 공직 분류

01	②	02	⑤	03	④	04	②	05	③
06	④	07	②	08	③	09	①	10	①
11	①	12	①	13	③	14	②	15	①
16	①	17	④	18	④	19	②	20	③
21	④	22	③	23	②	24	②	25	②
26	①	27	④	28	②	29	①	30	⑤
31	②	32	③	33	④	34	③	35	②
36	②	37	④	38	④	39	④		

01 ②

소방사(소방공무원)는 경력직 중 특정직 공무원에 해당된다.
| 오답해설 | ① 법률적으로 공무원은 경력직과 특수경력직으로 구분되며, 일반직 공무원은 경력직에 해당한다.
③ 행정부 국가공무원 중에서는 특정직 공무원의 수가 가장 많다.
④ 국가정보원 7급 직원은 특정직으로, 경력직 공무원에 해당된다.

02 ⑤

별정직 공무원은 경력직 공무원이 아니라 특수경력직 공무원이다.

03 ④

| 오답해설 | ① 소방 공무원은 특정직 공무원에 해당한다.
② 국회 수석전문위원은 별정직 공무원에 해당한다.
③ 차관은 정무직 공무원이며, 1급에서 3급 공무원은 일반직 공무원에 해당한다.

> **「국가공무원법」**
> 제2조 【공무원의 구분】 ① 국가공무원은 경력직 공무원과 특수경력직 공무원으로 구분한다.
> ② "경력직 공무원"이란 실적과 자격에 따라 임용되고 그 신분이 보장되며 평생 동안 공무원으로 근무할 것이 예정되는 공무원을 말하며, 그 종류는 다음 각 호와 같다.
> 1. 일반직 공무원: 기술·연구 또는 행정 일반에 대한 업무를 담당하는 공무원
> 2. 특정직 공무원: 법관, 검사, 외무공무원, 경찰공무원, 소방공무원, 교육공무원, 군인, 군무원, 헌법재판소 헌법연구관, 국가정보원의 직원, 경호공무원과 특수 분야의 업무를 담당하는 공무원으로서 다른 법률에서 특정직 공무원으로 지정하는 공무원
> ③ "특수경력직 공무원"이란 경력직 공무원 외의 공무원을 말하며, 그 종류는 다음 각 호와 같다.
> 1. 정무직 공무원
>   가. 선거로 취임하거나 임명할 때 국회의 동의가 필요한 공무원
>   나. 고도의 정책결정 업무를 담당하거나 이러한 업무를 보조하는 공무원으로서 법률이나 대통령령(대통령비서실 및 국가안보실의 조직에 관한 대통령령만 해당한다)에서 정무직으로 지정하는 공무원
> 2. 별정직 공무원: 비서관·비서 등 보좌업무 등을 수행하거나 특정한 업무 수행을 위하여 법령에서 별정직으로 지정하는 공무원

> **「국회사무처법」**
> 제8조 【위원회의 공무원】 ① 위원회에 수석전문위원 1명을 포함한 전문위원과 입법심의관, 입법조사관, 그 밖에 필요한 공무원을 둔다. 다만, 특별위원회의 수석전문위원과 위원회의 입법심의관은 필요한 경우에만 둘 수 있다.
> ② 수석전문위원은 별정직으로 하고 차관보와 같은 금액의 보수를 받는다.

04 ②

전문경력관제도는 계급 구분과 직군 및 직렬의 분류를 적용하지 아니하는 특수 업무 분야에 종사하는 공무원에 대하여 적용한다.

> **「전문경력관 규정」**
> 제2조 【적용 범위】 ① 이 영은 「국가공무원법」 제4조 제2항 제1호에 따라 계급 구분과 직군 및 직렬의 분류를 적용하지 아니하는 특수 업무 분야에 종사하는 공무원에 대하여 적용한다.
> 제3조 【전문경력관직위 지정】 ① 임용령 제2조 제3호에 따른 소속 장관은 해당 기관의 일반직 공무원 직위 중 순환보직이 곤란하거나 장기 재직 등이 필요한 특수 업무 분야의 직위를 전문경력관직위로 지정할 수 있다.
> 제4조 【직위군 구분】 ① 제3조에 따른 전문경력관직위의 군은 직무의 특성·난이도 및 직무에 요구되는 숙련도 등에 따라 가군, 나군 및 다군으로 구분한다.

제17조【전직】① 임용권자는 다음 각 호의 어느 하나에 해당하는 경우에는 전직시험을 거쳐 전문경력관을 다른 일반직 공무원으로 전직시키거나 다른 일반직 공무원을 전문경력관으로 전직시킬 수 있다.
1. 직제나 정원의 개정 또는 폐지로 인하여 해당 직(職)의 인원을 조정할 필요가 있는 경우
2. 제7조에 따른 전문경력관 경력경쟁채용시험 등의 응시요건을 갖춘 경우

05 ③

전직시험을 거쳐 전문경력관을 다른 일반직 공무원으로 전직시키거나 다른 일반직 공무원을 전문경력관으로 전직시킬 수 있다.

「전문경력관 규정」
제1조【목적】이 영은 「국가공무원법」 제4조 제2항 제1호 및 「공무원임용령」 제3조 제2항에 따라 계급 구분과 직군 및 직렬의 분류를 적용하지 아니하는 직위에 임용되는 일반직 공무원의 임용, 임용시험 및 성과평가 등에 관한 특례를 정하는 것을 목적으로 한다.
제3조【전문경력관직위 지정】① 임용령 제2조 제3호에 따른 소속 장관(이하 "소속 장관"이라 한다)은 해당 기관의 일반직 공무원 직위 중 순환보직이 곤란하거나 장기 재직 등이 필요한 특수 업무 분야의 직위를 전문경력관직위로 지정할 수 있다.
제4조【직위군 구분】① 제3조에 따른 전문경력관직위(이하 "전문경력관직위"라 한다)의 군(이하 "직위군"이라 한다)은 직무의 특성·난이도 및 직무에 요구되는 숙련도 등에 따라 가군, 나군 및 다군으로 구분한다.
제17조【전직】① 임용권자는 다음 각 호의 어느 하나에 해당하는 경우에는 전직시험을 거쳐 전문경력관을 다른 일반직 공무원으로 전직시키거나 다른 일반직 공무원을 전문경력관으로 전직시킬 수 있다.
1. 직제나 정원의 개정 또는 폐지로 인하여 해당 직(職)의 인원을 조정할 필요가 있는 경우
2. 제7조에 따른 전문경력관 경력경쟁채용시험 등의 응시요건을 갖춘 경우(전문경력관이 아닌 일반직 공무원이 전문경력관으로 전직하는 경우로 한정한다)

06 ④

특정직공무원은 법관, 검사, 외무공무원, 경찰공무원, 소방공무원, 교육공무원, 군인, 군무원, 헌법재판소 헌법연구관, 국가정보원의 직원, 경호공무원과 특수 분야의 업무를 담당하는 공무원으로서 다른 법률에서 특정직공무원으로 지정하는 공무원이다. 검찰청 검찰사무관은 특정직 공무원이 아니라 일반직 공무원에 해당한다.

「국가공무원법」
제2조【공무원의 구분】① 국가공무원은 경력직공무원과 특수경력직 공무원으로 구분한다.
② "경력직공무원"이란 실적과 자격에 따라 임용되고 그 신분이 보장되며 평생 동안(근무기간을 정하여 임용하는 공무원의 경우에는 그 기간 동안을 말한다) 공무원으로 근무할 것이 예정되는 공무원을 말하며, 그 종류는 다음 각 호와 같다.
1. 일반직공무원: 기술·연구 또는 행정 일반에 대한 업무를 담당하는 공무원

2. 특정직공무원: 법관, 검사, 외무공무원, 경찰공무원, 소방공무원, 교육공무원, 군인, 군무원, 헌법재판소 헌법연구관, 국가정보원의 직원, 경호공무원과 특수 분야의 업무를 담당하는 공무원으로서 다른 법률에서 특정직공무원으로 지정하는 공무원

07 ②

|오답해설| ㄴ. 감사원 사무총장은 정무직 공무원이다.
ㄹ. 임기제 공무원은 근무기간을 정하여 임용하는 경력직 공무원이다.

08 ③

정무직 공무원은 정치적 이념에 따라 정책문제를 정의하는 데 비해, 직업관료는 직업적 전문성(professionalism)에 따라 정책문제를 바라본다.

09 ①

개방형 인사제도(open career system)는 공직의 모든 계급이나 직위를 불문하고 공직 내외의 모두로부터 신규채용이 허용되는 인사체제이다. 따라서 개방형 인사제도는 외부전문가나 경력자에게 공직을 개방하여 새로운 지식과 기술, 아이디어를 수용해 공직사회의 침체를 막고 행정의 효율성을 높이는 데 유리하다.
|오답해설| ② 일반적으로 개방형 인사제도는 직위분류제에 바탕을 두고 있으며, 일반행정가보다 전문가 중심의 인력구조를 선호한다.
③ 폐쇄형 인사제도는 개방형 인사제도에 비해 안정적인 공직사회를 형성함으로써 공무원의 사기를 높이고 장기근무를 장려한다.
④ 폐쇄형 인사제도는 개방형 인사제도에 비해 내부승진과 경력 발전을 위한 교육훈련의 기회가 많다.

10 ①

공직충원의 개방성을 확대하면 내부승진이나 장기복무를 장려하기 어렵기 때문에 직업공무원제 확립을 저해할 수 있다. 직업공무원제를 확립하기 위해서는 공직충원의 폐쇄형을 채택해야 한다.

11 ①

개방형 인사제도는 일반행정가보다는 전문행정가를 육성하는 데에 효과적이다.

12 ①

공무원 개개인의 자격과 능력을 기준으로 분류하는 제도는 계급제이다.

13 ③

직위분류제의 수립절차 중 직무의 곤란성과 책임성을 기준으로 상대적 가치를 결정하는 것은 직무평가이다. 직무평가는 개인에게 공정한 보수를 제공하는 데 필요한 작업으로, 그 방법에는 서열법, 분류법, 점수법, 요소비교법이 있다.

14 ②

직무조사에서 직무자료를 수집하는 방법에는 관찰, 면접, 설문지, 일지 기록법 등이 활용된다.
|오답해설| ① 직무들의 상대적인 가치를 체계적으로 분류하여 등급화하는 것은 직무평가이다.
③ 일반적으로 직무분류를 위한 직무분석이 이루어진 이후에 직무평가가 이루어진다.

④ 직무평가 방법으로 서열법, 분류법 등 비계량적 방법과 점수법, 요소비교법 등 계량적 방법을 사용한다.

15 ①
제시문은 직무평가의 방법 중 서열법에 관한 설명이다.

16 ①
㉠은 분류법, ㉡은 서열법이다.

17 ④
| 오답해설 | ① 분류법, ② 요소비교법, ③ 서열법에 해당한다.

18 ④
요소비교법은 기준직무(key job)와 평가할 직무를 상호 비교해 가며 평가하는 계량적 방법이다.

19 ②
| 오답해설 | ㄴ은 직렬이 아니라 직급에 해당하며, ㄷ은 계급제의 장점에 해당한다.

20 ③
| 오답해설 | ① 직무의 종류는 다르나 곤란도와 책임도가 상당히 유사한 직위의 군을 직무등급이라고 한다.
② 직무의 종류는 유사하지만 곤란도와 책임도가 서로 다른 직무의 군을 직렬이라고 한다.
④ 동일한 직렬 내에 담당 분야가 동일한 직무의 군으로 세분화한 것을 직류라고 한다.

21 ④
관리관(1급), 이사관(2급), 서기관(4급)은 등급을 의미한다.

22 ③
| 오답해설 | ① 직위에 포함된 직무의 성질, 난이도, 책임의 정도가 유사해 채용과 보수 등에서 동일하게 다룰 수 있는 직위의 집단은 직급이다.
② 직무 종류가 광범위하게 유사한 직렬의 군은 직군이다.
④ 동일 직렬 내에서 담당 직책이 유사한 직무군은 직류이다.

23 ②
직무의 종류가 유사하고 곤란도·책임도가 서로 다른 직급의 군(群)을 의미하는 것은 직렬이다. 직급이란 직무의 종류·곤란성과 책임도가 상당히 유사한 직위의 군을 말한다.

「국가공무원법」
제5조【정의】 이 법에서 사용하는 용어의 뜻은 다음과 같다.
   1. "직위(職位)"란 1명의 공무원에게 부여할 수 있는 직무와 책임을 말한다.
   2. "직급(職級)"이란 직무의 종류·곤란성과 책임도가 상당히 유사한 직위의 군을 말한다.
   8. "직렬(職列)"이란 직무의 종류가 유사하고 그 책임과 곤란성의 정도가 서로 다른 직급의 군을 말한다.
   9. "직류(職類)"란 같은 직렬 내에서 담당 분야가 같은 직무의 군을 말한다.
   10. "직무등급"이란 직무의 곤란성과 책임도가 상당히 유사한 직위의 군을 말한다.
---

24 ③
직위분류제는 공직 내부에서 수평적 이동 시 인사배치의 유연함과 신축성이 저하된다.

25 ②
직위분류제는 동일한 직렬에 따라서 전보·승진이 이루어지므로, 조직 내 인력 배치의 신축성(탄력성, 융통성)이 부족하다는 단점이 있다. 나머지는 계급제의 단점에 해당한다.

26 ①
보직 관리 범위를 제한하여 공무원의 시야를 좁게 만드는 측면이 있는 것은 계급제가 아니라 직위분류제이다. 직위분류제는 공직을 직책 중심으로 직무의 난이도와 책임의 경중에 따라 등급을 설정하고 이에 따라 공직을 분류하는 제도이다. 따라서 직위분류제는 현재의 해당 직무에만 최적화된 인재를 양성한다는 점에서 조직 및 직무 변화에 적절히 대응하지 못하며, 인사관리의 탄력성과 신축성을 떨어뜨리는 요인으로 작용한다. 특히 다양한 전문성이 종합될 필요가 있는 상위 직급에서 효과적인 업무 조정에 어려움을 겪을 수 있다.

27 ④
조직과 직무의 변화 등에 신속히 대응할 수 있는 것은 계급제이다.

28 ②
계급제는 행정의 전문성을 저하시킬 수 있다.

29 ①
계급제는 사람을 중심으로 개개인의 일반적인 능력과 자격을 기준으로 공직을 분류하는 제도이다. 반면, 직위분류제는 직무의 속성(직위에 내포된 직무의 종류와 곤란성 및 책임성의 정도)을 중심으로 공직을 분류하는 제도이다.

30 ⑤
계급제는 담당할 직무와 관계없이 인사배치를 할 수 있어 직위분류제에 비해 인사배치의 신축성·융통성을 기할 수 있다.
| 오답해설 | ① 업무 분담과 직무분석으로 합리적인 정원관리 및 사무관리에 유리한 것은 직위분류제이다.
② 권한과 책임의 명확화를 통해 전문화되고 체계적인 조직관리가 가능한 것은 직위분류제이다.
③ 동일 직무에 대한 동일 보수의 원칙을 따르는 직무급 제도를 통해 합리적인 보수체계를 확립할 수 있는 것은 직위분류제이다.
④ 직무의 종류·책임도·곤란도에 따라 공직을 분류하므로 시험·임용·승진·전직을 위한 기준을 제공해줄 수 있는 것은 직위분류제이다.

31 ③
직위분류제는 전체 조직업무를 체계적으로 분업화하고 한 사람의 적정 업무량을 부여하는 제도이다. 하지만 조직상 위계에서 고려하는 것은 아니다. 즉 직위분류제는 조직상 위계보다는 직무를 중심으로 공직을 분류하는 제도이다.

32 ③
우리나라의 경우 노무현 정부 시기인 2006년 7월 1일에 '고위공무원단' 제도를 도입하였다.

33 ④

고위공무원단제도는 개방형직위제도와 공모직위제도를 두고 있다. 개방형직위제도는 공직 내부와 외부에서 선발이 가능하나, 경력개방형 직위는 공직 외부에서만 적직자를 선발한다.

34 ③

국가공무원으로 보하는 (행정)부시장, (행정)부지사, 부교육감 등도 고위공무원단에 해당된다.

35 ②

고위공무원단제도는 연공서열보다는 업무와 실적에 따른 인사관리를 강화하여 성과의 체계적 관리 및 능력개발 강화에 기여하였다.

36 ②

고위공무원단제도는 계급 중심의 인사관리가 아니라 직무 중심의 인사관리를 한다. 고위공무원단 소속 공무원에 대해서는 1~3급의 계급을 폐지하고 직무와 직위에 따라 인사관리를 한다. 이에 따라, 계급에 구애되지 않는 폭넓은 인사로 적격자를 임용할 수 있다.

37 ④

고위공무원단에 속하는 일반직 공무원의 경우 소속 장관은 해당 기관에 소속되지 아니한 공무원에 대하여도 임용제청할 수 있다.

38 ④

|오답해설| ① 고위공무원단의 구성은 소속 장관별로 개방형 직위 20%, 공모직위 30%, 기관자율 직위 50%로 이루어져 있다.
② 고위공무원단 직무등급이 2009년 5등급에서 2등급으로 변경됨에 따라 계급 중심의 인사관리로 회귀할 가능성이 낮아졌다.
③ 적격심사에서 부적격 결정을 받은 경우 직권면직이 가능하므로 제도 도입 전보다 고위공무원의 신분보장이 약화되었다.

39 ④

고위공무원단제도는 지방공무원은 적용되지 않는다.

CHAPTER 03	인사행정의 3대 변수								본문 P.412
01	③	02	④	03	③	04	③	05	②
06	⑤	07	③	08	③	09	③	10	①
11	②	12	④	13	②	14	②	15	①
16	①	17	④	18	①	19	①	20	②
21	①	22	②	23	④	24	③	25	①
26	③	27	②	28	③	29	①	30	①
31	①	32	②	33	②	34	①	35	①
36	②	37	③	38	⑤	39	④	40	②
41	③	42	②	43	④	44	⑤	45	③
46	⑤	47	①	48	③	49	①	50	②

01 ③

같은 직급 내에서 직위 등을 변경하는 전보는 수평적 인사이동에 해당하며, 전보의 오용과 남용을 방지하기 위해 전보가 제한되는 기간이나 범위를 두고 있다.

|오답해설| ① 겸임은 한 사람에게 둘 이상의 직위를 부여하는 것으로 그 대상은 일반직 공무원이며, 겸임 기간은 2년 이내로 한다.
② 전직은 직렬을 달리하는 임명을 말하며, 공무원을 전직 임용하려는 때에는 전직시험을 거쳐야 한다. 인사 관할을 달리하는 기관 사이의 수평적 인사이동은 전입이다.
④ 임용권자는 직제 또는 정원의 변경이나 예산의 감소 등으로 직위가 폐직되거나 하위의 직위로 변경되어 과원이 된 경우 또는 본인이 동의한 경우에는 소속 공무원을 강임할 수 있다. 강임은 직제 또는 정원의 변경이나 예산의 감소 등으로 직위가 폐직되거나 하위의 직위로 변경되어 과원이 된 경우 또는 본인이 동의한 경우이므로 별도의 심사 절차를 거치지 않으며, 강임된 공무원에게는 강임되기 전 계급의 봉급이 지급된다.

> 「국가공무원법」
> 제28조의2【전입】국회, 법원, 헌법재판소, 선거관리위원회 및 행정부 상호 간에 다른 기관 소속 공무원을 전입하려는 때에는 시험을 거쳐 임용하여야 한다. 이 경우 임용 자격 요건 또는 승진소요최저연수·시험과목이 같을 때에는 대통령령 등으로 정하는 바에 따라 그 시험의 일부나 전부를 면제할 수 있다.
> 제28조의3【전직】공무원을 전직 임용하려는 때에는 전직시험을 거쳐야 한다. 다만, 대통령령 등으로 정하는 전직의 경우에는 시험의 일부나 전부를 면제할 수 있다.
> 제32조의3【겸임】직위와 직무 내용이 유사하고 담당 직무 수행에 지장이 없다고 인정하면 대통령령 등으로 정하는 바에 따라 경력직 공무원 상호 간에 겸임하게 하거나 경력직 공무원과 대통령령으로 정하는 관련 교육·연구기관, 그 밖의 기관·단체의 임직원 간에 서로 겸임하게 할 수 있다.
> 제73조의4【강임】① 임용권자는 직제 또는 정원의 변경이나 예산의 감소 등으로 직위가 폐직되거나 하위의 직위로 변경되어 과원이 된 경우 또는 본인이 동의한 경우에는 소속 공무원을 강임할 수 있다.

② 제1항에 따라 강임된 공무원은 상위 직급 또는 고위공무원단 직위에 결원이 생기면 제40조·제40조의2·제40조의4 및 제41조에도 불구하고 우선 임용된다. 다만, 본인이 동의하여 강임된 공무원은 본인의 경력과 해당 기관의 인력 사정 등을 고려하여 우선 임용될 수 있다.

「공무원임용령」

제40조【겸임】③ 제2항에 따른 겸임기간은 2년 이내로 하며, 특히 필요한 경우 2년의 범위에서 연장할 수 있다.

02 ④

5년이 아니라 2년이다.

03 ③

징계로 해임처분을 받은 때부터 3년이 지나지 아니한 자는 공무원으로 임용될 수 없다.

「국가공무원법」

제4조【일반직 공무원의 계급 구분 등】② 다음 각 호의 공무원에 대하여는 대통령령 등으로 정하는 바에 따라 제1항에 따른 계급 구분이나 직군 및 직렬의 분류를 적용하지 아니할 수 있다.

1. 특수 업무 분야에 종사하는 공무원

제26조의4【지역인재의 추천 채용 및 수습근무】① 임용권자는 우수한 인재를 공직에 유치하기 위하여 학업 성적 등이 뛰어난 고등학교 이상 졸업자나 졸업 예정자를 추천·선발하여 3년의 범위에서 수습으로 근무하게 하고, 그 근무기간 동안 근무성적과 자질이 우수하다고 인정되는 자는 6급 이하의 공무원으로 임용할 수 있다.

제32조의2【인사교류】인사혁신처장은 행정기관 상호 간, 행정기관과 교육·연구기관 또는 공공기관 간에 인사교류가 필요하다고 인정하면 인사교류계획을 수립하고, 국무총리의 승인을 받아 이를 실시할 수 있다.

제33조【결격사유】다음 각 호의 어느 하나에 해당하는 자는 공무원으로 임용될 수 없다.

7. 징계로 파면처분을 받은 때부터 5년이 지나지 아니한 자
8. 징계로 해임처분을 받은 때부터 3년이 지나지 아니한 자

04 ③

징계로 파면처분을 받은 때부터 5년이 지나지 아니한 자는 공무원으로 임용될 수 없다. 따라서 2019년 10월 13일에 공무원으로서 징계로 파면처분을 받은 丙은 2022년 10월 14일 기준, 「국가공무원법」상 공무원으로 임용될 수 없다.

05 ②

시험성적이 직무수행실적과 얼마나 부합하는가를 판단하는 타당성으로 두 요소 간 상관계수로 측정되는 것은 기준타당성이다.

06 ⑤

동시적 타당성 검증과 예측적 타당성 검증은 기준타당성을 검증하는 수단이다.

07 ③

예측적 타당도 검증은 시험에 합격한 사람이 일정한 기간 직장생활을 한 다음, 그의 채용시험성적과 업무실적을 비교하여 양자의 상관관계를 확인하는 방법이다. 측정의 정확성은 높으나 비용과 노력이 많이 소요되며 시험성적과 근무성적이 동시에 측정되지 않고 시차가 존재하므로 '추종법'이라고도 한다.

08 ③

내용타당성이란 직무를 성공적으로 수행하는 데 필요한 지식이나 기술의 내용을 시험에 얼마나 반영시키고 있는가의 정도를 의미한다. 내용타당도에서 시험을 통해 예측하는 것은 성공적 직무수행의 내용 또는 성공적 직무수행에 필수적인 지식이나 기술이다. 그 직무내용이나 요건은 어느 정도 추상적이기는 하나 해당 분야의 전문가들의 판단으로 검증이 가능하다.

09 ③

|오답해설| ① 시험과 기준의 관계는 기준타당성이며, 재시험법은 시험의 종적 일관성을 조사하는 것이다.
② 예측적 타당성 검증에 해당한다.
④ 동시적 타당성 검증에 해당한다.

10 ①

채용시험의 구성타당성은 시험이 직무수행의 성공에 상관되어 있다고 이론적으로 구성·추정한 특성을 얼마나 정확하게 측정할 수 있는가를 의미한다.

|오답해설| ②③ 내용타당성, ④ 난이도에 해당한다.

11 ②

시험성적과 본래 시험으로 예측하고자 했던 기준 사이에 얼마나 밀접한 상관관계가 있는가를 검증하는 것은 선발시험의 타당성이다. 타당성은 시험이 측정하려는 내용을 얼마나 정확하게 측정하고 있느냐의 정도를 의미하며, 채용시험 성적이 우수한 사람이 근무성적도 높게 나타나야 한다는 것을 말한다. 따라서 시험의 타당성이 높을수록 근무성적이 우수한 사람을 선발할 수 있다. 타당성을 검증하는 방법은 채용시험 성적과 채용 후의 근무성적을 비교함으로써 측정할 수 있다.

12 ④

신뢰도에 관한 설명이다.

13 ②

시보임용기간 중에 있는 공무원이 근무성적 또는 교육훈련성적이 불량할 때에는 직권면직할 수 있다.

14 ②

시보공무원도 공무원법상 공무원에 해당한다. 따라서 시보기간 동안 보직을 부여받을 수 있다.

|오답해설| ① 시보기간 동안은 신분이 보장되지 않지만, 그 기간은 공무원 경력에 포함된다.
③ 시보기간 동안에 징계로 해임처분을 받게 되면, 향후 3년간 다시 공무원으로 임용될 수 없는 결격사유에 해당한다.
④ 시보기간 동안은 신분이 보장되지 않지만, 징계처분에 대한 소청심사청구를 할 수 있다.

15 ①

현장의 업무수행과는 관계없이 사전에 예정된 계획에 따라 실시하기가 용이한 것은 교육원훈련의 장점이다.

16 ①

|오답해설| ㄷ. 총계적 오류에 해당한다.

ㄹ. 근무성적평정 요소 간의 상대적 비중은 개정 전 근무성적 60%, 직무수행능력 30%, 직무수행태도 10%였으나, 개정 후 직무수행태도는 선택으로 바뀌었다.

17 ④

도표식 평정척도법은 평정요소와 등급의 추상성이 높기 때문에 평정자의 편견이 개입할 가능성이 높다. 창의성, 협조성, 지도력 등의 평정요소가 개념이 조작화되지 않고 평정자 나름대로 의미를 부여하기 때문에 사실은 똑같은 현상이라 하더라도 어떤 평정자는 '우수'하다고 평가하는 반면 어떤 평정자는 '보통'수준이라고 평가할 수 있다. 등급의 경우도 단순히 '대단히 우수'하다든가 '탁월'하다든가 하는 수준을 평정자들이 이해하는 정도는 각자 다를 수밖에 없다. 또한 어느 하나의 평정요소에 대한 평정자의 판단이 다른 평정 요소의 평정에 영향을 주거나 평정자가 피평정자에 대하여 가지고 있는 막연한 일반적인 인상이 모든 평정 요소에 영향을 미치는 연쇄 효과(halo effect)가 나타나기 쉽다.

18 ①

근무성적평정 방법 중 강제배분법은 등급별 할당 비율에 따라 피평가자들을 배정하는 방법으로 평가의 관대화, 집중화, 엄격화 경향을 억제하는 효과가 있다.

19 ①

〈보기〉는 강제배분법에 관한 설명이다.

20 ②

발문은 체크리스트법에 관한 설명이다.

21 ①

발문은 평정의 대상이 되고 있는 것에 대한 전체적·일반적인 인상에 따라 개인 특성의 평정을 해 버리는 연쇄효과에 관한 설명이다.

22 ②

평정자의 평정기준이 다른 평정자보다 높거나 낮아 다른 평정자들보다 항상 박한 점수를 주거나, 후한 점수를 줄 때 발생하는 착오를 일관적 착오 또는 규칙적 착오(systematic error)라고 한다.

|오답해설| ① 모호한 상황에 관해 부분적인 정보만을 받아들여 판단을 내리게 되는 데서 범하는 착오는 연쇄적 착오(halo error)가 아니라 선택적 지각(selective perception)의 착오이다.

③ 평정자가 자신의 고정관념에 어긋나는 정보를 회피하거나, 정보를 고정관념에 부합되도록 왜곡시킬 때 발생하는 착오는 유사성의 착오(stereotyping)가 아니라 방어적 지각의 착오이다.

④ 평정자가 어떤 사람이나 사물을 볼 때 그들이 속한 집단 또는 범주에 대한 고정관념에 비추어 지각함으로써 발생하는 착오는 근본적 귀속의 착오(fundamental attribution error)가 아니라 상동적 착오에 해당한다.

⑤ 관찰자가 타인의 행동을 설명할 때 상황 요인들의 영향을 과소평가하고 행위자의 내적, 기질적인 요인들의 영향을 과대평가하는 경향은 근본적 귀속의 착오(fundamental attribution error)이다. 이기적 착오(self-serving bias)란 잘된 성과에 대해서는 자신의 내적 요소에 귀인하고 좋지 않은 성과에 대해서는 외적 요소에 귀인한다고 생각하는 경향을 말한다.

23 ④

발문은 총계적 오류에 관한 설명이다.

24 ③

최초효과(primacy effect)와 근접효과(recency effect)는 초기 실적이나 최근의 실적을 중심으로 평가함으로써 발생하는 시간적 오류를 의미한다. 초기 실적을 중심으로 평가함으로써 발생하는 시간적 오류는 최초효과, 최근의 실적을 중심으로 평가함으로써 발생하는 시간적 오류는 근접효과이다.

25 ①

발문은 근무성적평정 오류 중에서 선입견에 의한 오류에 해당한다. 선입견에 의한 오류는 평정의 요소와 관계없는 성별·출신학교·출신지방·종교·연령 등에 대해 평정자가 갖고 있는 편견이 영향을 미치는 현상을 말한다.

26 ③

평정결과의 공개는 관대화 경향을 유발한다. 따라서 평정결과의 공개를 관대화 경향의 완화방법으로 고려할 수 없고 강제배분법을 완화방법으로 고려할 수 있다.

27 ②

근무성적평가제도는 5급 이하 공무원을 대상으로 시행한다. 4급 이상 고위공무원을 대상으로 하는 것은 성과계약 등 평가이다.

28 ③

|오답해설| ① 일반직 공무원의 근무성적평정은 크게 4급 이상을 대상으로 한 '성과계약 등 평가'와 5급 이하를 대상으로 한 '근무성적평가'로 구분된다.

② '근무성적평가'는 정기평가와 수시평가로 나눌 수 있으며 정기평가는 6월 30일과 12월 31일 기준으로 연 2회 실시한다.

④ 역량평가제도는 고위공무원으로 신규채용되려는 사람 또는 4급 이상 공무원이 고위공무원단 직위로 승진임용되거나 전보되려는 사람을 대상으로 업무수행에 필요한 충분한 역량을 보유하고 있는지를 평가한다.

29 ①

다면평가제도는 평가대상자의 상급자, 동료, 부하, 외부고객을 포함하여 다양한 측면에서 평가한다.

30 ①

우리나라의 다면평가제도는 상급자, 동료, 부하, 민원인이 해당 공무원에 대한 다면평가에 참여할 수 있다.

31 ①

능력보다는 인기 있는 사람이 더 우수한 평가를 받을 수 있는 제도이다.

32 ②

다면평가는 인기투표식으로 전락하여 상급자가 업무추진보다는 부하의 눈치를 의식하는 행정이 이루어질 가능성이 높다.

33 ②

집단평정법은 참여의 범위를 지나치게 확대하여 평정대상자를 정확히 모르는 상태에서 평가가 이루어진다면 오히려 정확성을 떨어뜨릴 위험도 내포하고 있다.

34 ①

다면평가에서 평정자들이 평정의 취지와 방법을 잘 모를 경우에는 담합을 하거나 모략성 응답을 할 가능성이 높다.

35 ④

사기업의 보수는 근로자와 사용자의 합의에 의해 결정되는 것이 원칙이지만, 공무원의 경우 노동권이 제약을 받고 있기 때문에 보수결정에 불리한 영향을 미친다.

36 ②

한국, 영국, 미국에서의 공무원 보수 수준 결정은 대외적 상대성 원칙과 대내적 상대성 원칙을 모두 고려하여 정부의 재정력을 상한선으로 하고, 공무원의 생계비를 하한선으로 하여 그 사이에서 직책과 능력에 따라 결정된다.

37 ③

공무원의 보수 수준은 경제적 요인(정부의 재정능력)을 상한선으로, 사회·윤리적 요인(공무원의 생계비)을 하한선으로 하여 결정된다.

38 ⑤

공무원의 보수 수준 결정 시 민간부문의 임금 수준은 고려해야 할 요인이나 외국공무원의 보수 수준은 고려대상이 아니다.

39 ④

공무원 보수 수준을 결정할 때에는 먼저 보수의 일반 수준(대외적 비교성)을 결정하고, 다음에 조직 내의 상대적 균형관계(대내적 상대성)를 고려하여 차별 수준을 결정해야 한다. 공무원 보수의 일반 수준에서 대외적 비교성이란 국내 민간기업의 보수 수준을 의미하는 것으로, 선진국의 공무원 보수 수준을 의미하는 것이 아니다. 즉, 대외(對外)란 외국이 아니라 민간기업을 의미한다.

40 ②

연공급(근속급)은 근속연수를 기준으로 하기 때문에 장기 근속자에 유리하나 전문기술인력 확보에 불리하다. 연공급(근속급)은 공무원의 근속 기간을 고려하여 지급되는 급여 유형이다. 계급제에 기초한 직업공무원제를 채택할 경우 공무원의 조직충성도를 지속적으로 높이고 장기 복무를 유도하기 위해 장기 근속자에 유리한 보수를 제공할 필요가 있다. 성과주의에 비해 연공주의에 따른 조직 운영이 이루어질 경우에 연공급은 주된 인사관리 수단으로 활용된다.

41 ③

기금제는 운용·관리 비용이 많이 든다는 단점이 있다.

42 ②

적립방식은 기금을 조성하여 연금을 지급하는 방식이다. 따라서 기금 수익을 통해 장기 비용 부담을 덜어 제도의 안정적인 운영이 가능하여 연금재정 및 급여의 안정성을 확보할 수 있고, 인구구조의 변화나 경기 변동에 영향을 덜 받는다. 반면 인플레이션이 심한 경우 연금급여의 실질가치를 유지하기가 어렵다.

43 ④

|오답해설| ① 비기금제는 적립된 기금 없이 연금급여가 발생할 때마다 필요한 비용을 정부예산 등으로 조달하여 지급하는 방식으로 영국, 독일 등이 채택하고 있다.

② 2009년 연금 개혁으로 공무원연금의 적용대상이 확대되었으나, 공무원연금공단 직원은 공무원이 아니므로 대상에 포함되지 않는다.

③ 공무원연금제도는 인사혁신처가 관장하고, 그 집행은 공무원연금공단에서 실시하고 있다.

> 「공무원연금법」
> 제3조【정의】① 이 법에서 사용하는 용어의 뜻은 다음과 같다.
> 1. "공무원"이란 공무에 종사하는 다음 각 목의 어느 하나에 해당하는 사람을 말한다.
>   가. 「국가공무원법」, 「지방공무원법」, 그 밖의 법률에 따른 공무원. 다만, 군인과 선거에 의하여 취임하는 공무원은 제외한다.
>   나. 그 밖에 국가기관이나 지방자치단체에 근무하는 직원 중 대통령령으로 정하는 사람
>
> 「공무원연금법 시행령」
> 제2조【정규 공무원 외의 직원】「공무원연금법」(이하 "법"이라 한다)

제3조 제1항 제1호 나목에서 "대통령령으로 정하는 사람"이란 다음 각 호의 어느 하나에 해당하는 사람을 말한다.

1. 「청원경찰법」에 따라 국가 또는 지방자치단체에 근무하는 청원경찰
2. 「청원산림보호직원 배치에 관한 법률」에 따라 국가 또는 지방자치단체에 근무하는 청원산림보호직원
3. 국가 또는 지방자치단체의 위원회 등의 상임위원과 전임(專任)직원으로서 매월 정액의 보수 또는 이에 준하는 급여를 받는 사람. 다만, 한시적인 자문위원회와 법령에 근거하지 아니하는 위원회 등의 상임위원과 전임 직원은 제외한다.
4. 그 밖에 국가 또는 지방자치단체의 정규 공무원 외의 직원으로서 다음 각 목의 어느 하나에 해당하는 사람 중 인사혁신처장이 인정하는 사람
   가. 수행 업무의 계속성과 매월 정액의 보수 지급 여부 등을 고려하여 인정할 필요가 있는 사람
   나. 「4·16세월호참사 진상규명 및 안전사회 건설 등을 위한 특별법」 제2조 제2호에 따른 희생자

44 ⑤
퇴직급여에 드는 비용은 공무원과 국가 또는 지방자치단체가 부담하나, 퇴직수당 지급에 드는 비용은 국가나 지방자치단체가 부담한다.

「공무원연금법」
제2조 【주관】 이 법에 따른 공무원연금제도의 운영에 관한 사항은 인사혁신처장이 주관한다.
제4조 【공무원연금공단의 설립】 인사혁신처장의 권한 및 업무를 위탁받아 이 법의 목적을 달성하기 위한 사업을 효율적으로 추진하기 위하여 공무원연금공단(이하 "공단"이라 한다)을 설립한다.
제66조 【비용부담의 원칙】 ① 제28조에 따른 급여 중 <u>퇴직급여, 퇴직유족급여 및 비공무상 장해급여에 드는 비용은 공무원과 국가 또는 지방자치단체가 부담한다.</u> 이 경우 퇴직급여 및 퇴직유족급여에 드는 비용은 적어도 5년마다 다시 계산하여 재정적 균형이 유지되도록 하여야 한다.
② 제28조에 따른 급여 중 <u>퇴직수당 지급에 드는 비용은 국가나 지방자치단체가 부담한다.</u>
제67조 【기여금】 ① 기여금은 공무원으로 임명된 날이 속하는 달부터 퇴직한 날의 전날 또는 사망한 날이 속하는 달까지 월별로 내야 한다. 다만, 기여금 납부기간이 36년을 초과한 사람은 기여금을 내지 아니한다.

45 ③
공무원단체 활동으로 공직 내 의사소통이 원활해질 수 있으며, 이는 필요성의 근거에 해당한다.

46 ⑤
공무원단체는 관리층의 인사권을 제약하여 공공부문 인력관리의 탄력성을 저하시킨다.

47 ①
공무원 노동조합 활동을 전담하는 전임자는 인정된다.

48 ③
공무원의 노동조합 설립 및 운영 등에 관한 법률의 개정에 따라 퇴직공무원도 노동조합에 가입할 수 있다.
|오답해설| ① 노동조합과 그 조합원은 정치활동이 허용되지 않는다.
② 공무원의 노동조합 설립 및 운영 등에 관한 법률의 개정에 따라 공무원 노동조합의 가입 기준 중 공무원의 직급 제한이 폐지되었다.
④ 소방공무원과 교원은 노동조합 가입이 허용된다.
⑤ 교정·수사 등에 관한 업무에 종사하는 공무원은 노동조합에 가입할 수 없다.

49 ①
법령 등에 의하여 국가 또는 지방자치단체가 그 권한으로 행하는 정책결정에 관한 사항, 임용권의 행사 등 그 기관의 관리·운영에 관한 사항으로서 근무조건과 직접 관련되지 아니하는 사항은 교섭의 대상이 될 수 없다. 따라서 승진이나 신규 공무원의 채용기준은 단체교섭의 대상이 아니다.

50 ②
조합원의 보수에 관한 사항은 단체교섭 대상에 해당한다.
|오답해설| ①③④ 재직자의 근무조건과 직접 관련되지 않는 사항은 교섭의 대상이 될 수 없다.

CHAPTER 04 │ 근무규율				본문 P.432					
01	①	02	①	03	①	04	②	05	④
06	②	07	②	08	②	09	①	10	④
11	②	12	①	13	③	14	②	15	④
16	④	17	③	18	②	19	③	20	①
21	①	22	④	23	③	24	③	25	③
26	①	27	②	28	②	29	④	30	④
31	③	32	②	33	②				

01 ①
공무원 甲이 직무상의 관계가 있든 없든 그 소속 상관에게 증여한 것은 「국가공무원법」상 공직윤리에 위배되는 행위이다.

02 ①
공무원은 직무상의 관계가 있든 없든 그 소속 상관에게 증여하거나 소속 공무원으로부터 증여를 받아서는 아니 된다.
|오답해설| ② 중징계의 일종인 파면의 경우 5년간 공무원으로 재임용될 수 없으며, 연금급여의 불이익이 있다.
③ 공무원은 자신의 직무권한을 행사하거나 지위·직책 등에서 유래되는 사실상 영향력을 행사하여 직무관련자 또는 직무관련공무원으로부터 사적 노무를 제공받거나 요구 또는 약속해서는 아니 된다. 다만, 다른 법령 또는 사회상규에 따라 허용되는 경우에는 그러하지 아니하다(공무원 행동강령 제13조의2 사적 노무 요구 금지).
④ 감봉은 경징계에 해당하며 1개월 이상 3개월 이하 기간 동안 보수의 1/3을 삭감하는 처분이나, 직무에 종사한다.

03 ①

부패행위 신고의무는 「국가공무원법」이 아니라 「부패방지 및 국민권익위원회의 설치와 운영에 관한 법률」에 명시된 공무원의 의무에 해당한다.

04 ②

지방공무원이 외국 정부로부터 영예나 증여를 받을 경우에는 대통령의 허가를 받아야 한다.

05 ④

우리나라 「공직자윤리법」에 규정된 내용은 주식백지신탁, 퇴직공직자의 취업제한, 선물신고, 재산등록 및 공개 등이다. 상벌사항 공개는 해당하지 않는다.

06 ②

재산등록의무자는 4급 이상의 일반직 국가공무원 및 지방공무원과 이에 상당하는 보수를 받는 별정직 공무원이다.

07 ②

취업심사대상자는 퇴직 전 5년 동안 소속하였던 부서의 업무와 밀접한 관련이 있는 기관에 퇴직일로부터 3년간 취업할 수 없다. 단, 관할 공직자윤리위원회로부터 취업 승인을 받은 경우는 예외로 한다.

08 ②

공직자 등이 직무와 관련하여 1회 100만 원 이하의 금품을 수수하는 경우 과태료를 부과할 수 있다.

09 ①

특정인이 아니라 불특정인이다.

10 ④

OECD 국가들의 행동강령은 1990년대부터 집중적으로 제정되었으며, OECD 국가들은 공무원에게 기대되는 바람직한 행위를 행동강령뿐만 아니라 법과 지침서 등 다양한 방식으로 규정하고 있다.

11 ②

| 오답해설 | ① 「국가공무원법」은 제1조에서 공무원은 국민 전체의 봉사자로서 행정의 민주적이며 능률적인 운영을 추구해야 함을 명시하고 있다.
③ 신공공서비스론에서는 공익을 행정의 부산물이 아닌 목적으로 보아야 한다는 점을 강조한다.
④ 공익을 사익 간 타협 또는 집단 간 상호작용의 산물로 보는 것은 과정설이다.

12 ①

타인에게 정당이나 그 밖의 정치단체에 가입하게 하거나 가입하지 아니하도록 권유운동을 하는 것을 금지하고 있다(「국가공무원법」 제65조, 「지방공무원법」 제57조).

13 ③

공무원의 정치적 중립은 참정권, 청원권, 언론 출판 집회 결사의 자유 등 공무원의 정치적 기본권을 약화시킬 수 있다. 정치적 기본권은 참정권, 청원권, 언론 출판 집회 결사의 자유 등 국민의 정치 사회생활을 보호하는 여러 기본권을 말한다. 정치적 기본권이 제대로 보장되지 않는 곳에서 민주주의가 발전하기는 힘들다.

14 ②

정직은 징계처분의 일종으로, 정직 기간 중에는 보수의 전액을 감하도록 되어 있다.

> 「국가공무원법」
> **제68조【의사에 반한 신분 조치】** 공무원은 형의 선고, 징계처분 또는 이 법에서 정하는 사유에 따르지 아니하고는 본인의 의사에 반하여 휴직·강임 또는 면직을 당하지 아니한다. 다만, 1급 공무원과 제23조에 따라 배정된 직무등급이 가장 높은 등급의 직위에 임용된 고위공무원단에 속하는 공무원은 그러하지 아니하다.
> **제70조【직권 면직】** ① 임용권자는 공무원이 다음 각 호의 어느 하나에 해당하면 직권으로 면직시킬 수 있다.
>   5. 제73조의3 제3항에 따라 대기 명령을 받은 자가 그 기간에 능력 또는 근무성적의 향상을 기대하기 어렵다고 인정된 때
> **제73조의3【직위해제】** ① 임용권자는 다음 각 호의 어느 하나에 해당하는 자에게는 직위를 부여하지 아니할 수 있다.
>   2. 직무수행 능력이 부족하거나 근무성적이 극히 나쁜 자
> ③ 임용권자는 제1항 제2호에 따라 직위해제된 자에게 3개월의 범위에서 대기를 명한다.
> **제79조【징계의 종류】** 징계는 파면·해임·강등·정직·감봉·견책(譴責)으로 구분한다.
> **제80조【징계의 효력】** ③ 정직은 1개월 이상 3개월 이하의 기간으로 하고, 정직 처분을 받은 자는 그 기간 중 공무원의 신분은 보유하나 직무에 종사하지 못하며 보수는 전액을 감한다.

15 ④
강등은 한 계급 아래로 직급을 내리는 것으로, 징계의 종류 중 하나이다. 강임은 징계의 종류가 아니다.

> 「국가공무원법」
> **제73조의4【강임】** ① 임용권자는 직제 또는 정원의 변경이나 예산의 감소 등으로 직위가 폐직되거나 하위의 직위로 변경되어 과원이 된 경우 또는 본인이 동의한 경우에는 소속 공무원을 강임할 수 있다.
> **제79조【징계의 종류】** 징계는 파면·해임·강등·정직·감봉·견책(譴責)으로 구분한다.

16 ④
| 오답해설 | ①② 강등과 정직은 전액을 감하며, ③ 감봉은 3분의 1을 감한다.

17 ③
파면은 연금법상 불이익(퇴직 급여의 1/2 또는 1/4을 감함)이 있으며, 5년 동안 공무원 피임용권을 박탈한다.

18 ②
부패의 사회문화적 접근법이란 특정한 지배적 관습이나 경험적 습성과 같은 것이 관료 부패를 조장한다고 보는 입장이다.
| 오답해설 | ① 도덕적 접근법, ③ 제도적 접근법, ④ 체제론적 접근법에 해당한다.

19 ③
행정통제의 장치가 미비하여 공무원부패가 발생한다는 시각은 제도적 접근방법이다.

20 ①
관료 개인의 윤리의식과 자질로 인하여 부패가 발생한다는 것은 부패의 원인에 관한 도덕적 접근방법이다.
| 오답해설 | ② 부패를 관료 개인의 속성, 제도, 사회문화적 환경 등의 여러 요인이 복합적으로 상호작용한 결과로 보는 것은 체제론적 접근방법이다.
③ 부패를 현실과 괴리된 법령의 이중적인 규제 기준과 모호한 법규정, 적절한 통제장치의 미비 등에 의해 발생한다고 보는 것은 제도적 접근방법이다.
④ 부패를 공식적 법규나 규범보다는 관습과 같은 사회문화적 환경에 의해 유발된다고 보는 것은 사회문화적 접근방법이다.

21 ①
재량권의 행사 자체를 행정권의 오용이라고 보기는 어렵다.

22 ④
법규 중심의 융통성 없는 인사는 행정권 오용에 포함되지 않는다.

23 ③
대부분의 부패행위는 개인 수준에서 발생하는데, 일반적으로 잘 드러나지 않는 부패는 조직 수준의 부패이다.

24 ③
선의의 목적으로 행해지는 부패를 백색부패라고 한다.

25 ③
공금 횡령이나 회계 부정은 비거래형 부패(사기형 부패)에 해당한다.

26 ①
인·허가 업무처리 시 소위 '급행료'를 당연하게 요구하는 행위는 일탈형 부패가 아니라 제도화된 부패이다.

27 ③
ㄱ - 일탈형 부패, ㄴ - 백색부패, ㄷ - 제도화된 부패, ㄹ - 비거래형 부패에 해당한다.

28 ②
엄격한 관료제의 완화는 기능주의적 관점에서의 부패의 순기능에 해당한다.

29 ④
정부규제는 규제개혁 측면에서 경제적 규제는 완화하고 사회적 규제는 합리적으로 강화할 필요가 있다. 한편 정부규제는 경제적 규제이든 사회적 규제이든 포획과 지대추구행위로 인하여 공무원의 부패를 유발하는 원인이 될 수 있다. 따라서 사회적 규제 강화는 공무원의 부패방지 대책이 아니라 공무원의 부패를 유발할 수 있는 원인에 해당한다.

30 ④
법관 및 검사에 대하여는 별도의 법으로 규정하고 있지는 않다.

31 ③

ㄴ, ㄷ이 옳은 설명이다. 우리나라에서는 내부고발자보호제도를 법률(「부패방지 및 국민권익위원회의 설치와 운영에 관한 법률」 제62조)로 규정하고 있으며, 「공직자윤리법」(제3조)에 따르면 총경 이상의 경찰공무원과 소방정 이상의 소방공무원은 재산을 등록해야 한다.

|오답해설| ㄱ. 「공직자윤리법」(제15조)상 지방의회 의원은 외국 정부 등으로부터 받은 선물의 신고 의무가 있다.

ㄹ. 공무원의 주식백지신탁 의무는 「공직자윤리법」 제14조의4에 규정되어 있다.

32 ②

|오답해설| ① 우리나라의 「행정절차법」은 행정예고제를 포함하고 있다.

③ 행정정보공개의 제도화로 행정비용은 증가하나, 통제비용은 감소한다.

④ 실질적인 행정통제가 이루어지기 위해서는 외부통제보다는 내부통제를 더욱 효과적으로 활용해야 하며, 궁극적으로 양자가 조화되어야 한다.

33 ②

공공기관의 부패행위에 대해 감사원에 감사를 청구할 수 있는 국민감사청구제도가 시행되고 있다.

PART Ⅴ. 재무행정론

CHAPTER 01 | 재무행정 기초이론
본문 P.452

01	①	02	②	03	②	04	⑤	05	③
06	①	07	①	08	②	09	⑤	10	④
11	④	12	③	13	③	14	②	15	③
16	⑤	17	④	18	②	19	④	20	③
21	②	22	④	23	②	24	②	25	⑤
26	②	27	①	28	④	29	③	30	④
31	②	32	①	33	①	34	④	35	③
36	①	37	①	38	①	39	④	40	③
41	①	42	④	43	①	44	①	45	②
46	③	47	⑤	48	②	49	①	50	③
51	④	52	⑤	53	①	54	④	55	②
56	①	57	①	58	②	59	②	60	④
61	①	62	①	63	④	64	①	65	③
66	④	67	①	68	②	69	②	70	①
71	①	72	③	73	①	74	②		

01 ①

'미국'이 아니라 '영국'이다.

02 ②

예산은 정부정책 중 가장 보수적인 영역으로, 매년 일정한 과정을 거쳐 결정·집행된다.

03 ②

예산에는 정책결정자의 가치판단이 포함된다.

04 ⑤

예산의 경제적 기능은 자원배분기능, 소득재분배기능, 경제안정화기능, 경제성장 촉진기능이다.

05 ③

머스그레이브(Musgrave)가 제시한 재정의 3대 기능은 경제안정기능, 소득(재)분배기능, 자원배분기능이다.

06 ①

쉬크(Schick)는 미국 예산개혁의 단계를 그 정향에 따라 통제지향, 관리지향, 기획지향으로 구분했다. 성과지향은 최근에 강조된 것으로 쉬크의 구분에는 포함되지 않는다.

07 ①

쉬크(Schick)는 예산개혁의 경향을 통제지향(LIBS) – 관리지향(PBS) – 기획지향(PPBS)으로 구분하였고, 최근에는 감축지향(ZBB) – 참여지향(주민참여예산제도)이 추가되고 있다. 우리나라의 경우, 「지방재정법」에 지방자치단체의 장은 대통령령으로 정하는 바에 따라 지방예산편성 과정에 주민이 참여할 수 있는 절차를 마련하여 시행해야 한다고 규정하고 있다.

08 ②

특별회계는 일반회계와 구분하여 회계처리를 하기 때문에 재정운용의 탄력성과 능률성을 제고하는 반면, 예산팽창을 효과적으로 통제하지 못해 재정 인플레이션을 창출할 수도 있다. 따라서 특별회계는 예산팽창을 유발할 수 있다.

09 ⑤

특별회계예산은 대통령령이 아니라 법률로써 설치한다.

10 ④

특별회계예산에서는 행정부의 재량이 확대되는 반면, 입법부의 예산통제는 곤란해진다.

11 ④

우리나라의 특별회계는 국가에서 특정한 사업을 운영하고자 할 때, 특정한 자금을 보유하여 운용하고자 할 때, 특정한 세입으로 특정한 세출에 충당함으로써 일반회계와 구분하여 회계처리할 필요가 있을 때에 법률로써 설치한다. 따라서 우리나라의 특별회계는 예산 단일성의 원칙과 통일성의 원칙이 적용되지 않는다. 즉, 우리나라의 특별회계는 예산 단일성의 원칙과 통일성의 원칙의 예외에 해당하는 것이다. 반면, 예산의 이용 및 전용은 사업계획이나 여건의 변동에 따라 예산집행을 탄력적으로 운용함으로써 사업을 보다 효율적으로 추진하고 예산의 적정한 사용을 도모하기 위한 제도로서 예산 한정성의 원칙이 적용되지 않는다. 즉, 예산의 이용 및 전용은 '목적 외 예산 사용금지'(한정성의 원칙)의 예외적인 제도이다.

12 ③

특별회계예산은 일반회계예산과 마찬가지로 예산편성에 있어 국회의 심의 및 의결을 받는다.

> 「국가재정법」
> 제4조【회계구분】① 국가의 회계는 일반회계와 특별회계로 구분한다.
> ② 일반회계는 조세수입 등을 주요 세입으로 하여 국가의 일반적인 세출에 충당하기 위하여 설치한다.
> ③ 특별회계는 국가에서 특정한 사업을 운영하고자 할 때, 특정한 자금을 보유하여 운용하고자 할 때, 특정한 세입으로 특정한 세출에 충당함으로써 일반회계와 구분하여 회계처리할 필요가 있을 때에 법률로써 설치하되, 별표 1에 규정된 법률에 의하지 아니하고는 이를 설치할 수 없다.
> 제5조【기금의 설치】① 기금은 국가가 특정한 목적을 위하여 특정한 자금을 신축적으로 운용할 필요가 있을 때에 한정하여 법률로써 설치하되, 정부의 출연금 또는 법률에 따른 민간부담금을 재원으로 하는 기금은 별표 2에 규정된 법률에 의하지 아니하고는 이를 설치할 수 없다.

> ② 제1항의 규정에 따른 기금은 세입세출예산에 의하지 아니하고 운용할 수 있다.

13 ③

「군인연금특별회계법」은 폐지(2007. 1. 1.)되었다. 따라서 「국가재정법」상 특별회계를 설치할 수 있는 근거법률에 해당하지 않는다.

14 ②

특별회계는 예산총계주의 원칙의 예외에 해당하지 않는다. 예산총계주의 원칙(완전성의 원칙)은 정부의 모든 수입과 지출은 예산에 계상되어야 한다는 것으로 그 예외로는 수입대체경비, 현물출자, 차관전대, 순계예산, 기금이 있다.

15 ③

「국가재정법」상 금융성 기금의 주요 항목 지출금액의 변경 범위가 30%를 초과하면 국회의 의결이 필요하다.

16 ⑤

예산성립 후에 발생한 사유로 인하여 필요한 경비의 과부족이 발생한 때 본예산에 수정을 가하는 예산은 수정예산이 아니라 추가경정예산이다.

17 ④

정부는 국회에서 추가경정예산안이 확정되기 전에 이를 미리 배정하거나 집행할 수 없다.

18 ②

전쟁이나 대규모 재해(「재난 및 안전관리기본법」상 자연재난과 사회재난에 따른 피해)가 발생할 우려가 있는 경우는 현행 「국가재정법」상 추가경정예산안을 편성할 수 있는 경우가 아니다.

> 「국가재정법」
> 제89조【추가경정예산안의 편성】① 정부는 다음 각 호의 어느 하나에 해당하게 되어 이미 확정된 예산에 변경을 가할 필요가 있는 경우에는 추가경정예산안을 편성할 수 있다.
>   1. 전쟁이나 대규모 재해(「재난 및 안전관리 기본법」 제3조에서 정의한 자연재난과 사회재난의 발생에 따른 피해를 말한다)가 발생한 경우
>   2. 경기침체, 대량실업, 남북관계의 변화, 경제협력과 같은 대내·외 여건에 중대한 변화가 발생하였거나 발생할 우려가 있는 경우
>   3. 법령에 따라 국가가 지급하여야 하는 지출이 발생하거나 증가하는 경우
> ② 정부는 국회에서 추가경정예산안이 확정되기 전에 이를 미리 배정하거나 집행할 수 없다.

19 ④

「국가재정법」상 추가경정예산은 횟수에 관한 규정은 없다.

20 ③

동일 회계연도 예산의 성립을 기준으로 볼 때 수정예산, 본예산, 추가경정예산의 순서로 성립한다. 수정예산이란 예산안이 국회에 제출된 후, 심의를 거쳐 성립되기 이전에 부득이한 사유로 인하여 그 내용의 일

부를 수정하고자 하는 경우에 작성되는 예산안을 말한다. 본예산이란 정상적인 절차를 거쳐 편성·심의·확정된 최초의 예산을 말한다. 추가경정예산이란 예산이 국회를 통과하여 성립한 후에 생긴 불가피한 사유로 인하여, 이미 성립된 예산에 변경을 가할 필요가 있을 때 편성되는 예산을 말한다. 마지막 추가경정예산을 최종예산이라고 한다. 따라서 동일 회계연도 예산의 성립을 기준으로 볼 때 시기적으로 빠른 것부터 순서대로 바르게 나열한 것은 수정예산, 본예산, 추가경정예산이다.

「국가재정법」

제35조【국회제출 중인 예산안의 수정】정부는 예산안을 국회에 제출한 후 부득이한 사유로 인하여 그 내용의 일부를 수정하고자 하는 때에는 국무회의의 심의를 거쳐 대통령의 승인을 얻은 수정예산안을 국회에 제출할 수 있다.

제89조【추가경정예산안의 편성】① 정부는 다음 각 호의 어느 하나에 해당하게 되어 이미 확정된 예산에 변경을 가할 필요가 있는 경우에는 추가경정예산안을 편성할 수 있다.

　1. 전쟁이나 대규모 재해(「재난 및 안전관리 기본법」 제3조에서 정의한 자연재난과 사회재난의 발생에 따른 피해를 말한다)가 발생한 경우

　2. 경기침체, 대량실업, 남북관계의 변화, 경제협력과 같은 대내·외 여건에 중대한 변화가 발생하였거나 발생할 우려가 있는 경우

　3. 법령에 따라 국가가 지급하여야 하는 지출이 발생하거나 증가하는 경우

② 정부는 국회에서 추가경정예산안이 확정되기 전에 이를 미리 배정하거나 집행할 수 없다.

---

21 ②

준예산은 예산안이 회계연도 개시일까지 국회에서 의결되지 못한 경우 국회에서 예산안이 의결될 때까지 전년도 예산에 준하여 집행할 수 있는 제도이다. 따라서 준예산은 국회의 의결을 필요로 하지 않는다.

「대한민국헌법」

제54조 ③ 새로운 회계연도가 개시될 때까지 예산안이 의결되지 못한 때에는 정부는 국회에서 예산안이 의결될 때까지 다음의 목적을 위한 경비는 전년도 예산에 준하여 집행할 수 있다.

　1. 헌법이나 법률에 의하여 설치된 기관 또는 시설의 유지·운영

　2. 법률상 지출의무의 이행

　3. 이미 예산으로 승인된 사업의 계속

---

22 ④

잠정예산은 수개월 단위로 임시예산을 편성해 운영하는 것으로 가예산과 마찬가지로 국회의 의결이 필요하다. 우리나라에서는 채택한 적이 없다.

「대한민국헌법」

제54조 ①국회는 국가의 예산안을 심의·확정한다.

② 정부는 회계연도마다 예산안을 편성하여 회계연도 개시 90일 전까지 국회에 제출하고, 국회는 회계연도 개시 30일 전까지 이를 의결하여야 한다.

③ 새로운 회계연도가 개시될 때까지 예산안이 의결되지 못한 때에는 정부는 국회에서 예산안이 의결될 때까지 다음의 목적을 위한 경비

　는 전년도 예산에 준하여 집행할 수 있다.

　1. 헌법이나 법률에 의하여 설치된 기관 또는 시설의 유지·운영

　2. 법률상 지출의무의 이행

　3. 이미 예산으로 승인된 사업의 계속

---

23 ②

명시이월비는 포함되지 않는다.

24 ②

일반회계와 특별회계를 합한 것 중 중복된 부분을 제외한 것은 예산순계이다.

25 ⑤

우리나라 정부재정은 일반회계·특별회계·기금으로 구성되는데, 이를 따로 분리하지 않고 하나로 합쳐 포괄범위 내에 있는 각종 회계 및 기금 간의 거래를 제외하고 외부거래만을 통합하여 파악하는 방식을 통합재정이라고 한다. 그리고 해당 연도의 순수한 수입에서 순수한 지출을 차감한 수치를 통합재정수지라고 한다. 따라서 통합재정수지는 일반회계, 특별회계, 기금을 포괄한 정부 예산의 규모를 정확하게 파악하기 위한 것이다.

|오답해설| ① 2004년 이전까지는 지방재정이 통합재정수지에 포함되지 않았지만, 현재는 지방재정의 일반회계, 기금, 교육특별회계까지 모두 통합재정수지에 포함된다.

② 통합재정수지를 통해 국가재정을 통합하여 관리할 수 있게 되어 재정이 국민소득·통화·국제수지 등 국민경제에 미치는 효과를 파악할 수 있다. 따라서 통합재정수지는 예산운용의 신축성 제고보다는 재정이 건전하게 운용되었는지를 판단하는 데 유용한 지표로 활용된다.

③ 통합재정수지를 계산할 때 국민연금기금 등의 사회보장성 기금은 포함된다.

④ 통합재정수지는 정부가 실제 수행하고 있는 활동영역별 예산을 파악하기 위해 도입된 것이 아니라, 재정이 건전하게 운용되었는지를 판단하기 위해 도입되었다.

26 ②

금융 공공부문은 제외된다.

27 ①

통합재정제도는 현행 예산제도를 유지하면서 일반회계, 특별회계, 기금 간의 전출금 및 전입금 등 회계 간 내부거래와 국채발행, 차입, 채무상환 등 수지차 보전을 위한 보전거래(재정상 채권·채무액)를 세입과 세출에서 각각 제외한 순계 개념상의 정부예산 총괄표이다. 즉, 국가예산의 세입·세출을 순계 개념으로 파악하여 재정건전성을 판단한다.

28 ④

조세지출은 예산지출에 대응하는 개념으로 정부가 비과세·감면·공제 등 세제 지원을 통해 제공한 혜택을 예산지출로 인정하는 것이다. 따라서 세금 자체를 부과하지 않는 비과세도 조세지출의 방법으로 볼 수 있다. 조세지출은 세제상의 혜택을 통한 간접지출의 성격을 띠며, 숨겨진 보조금이라고 이해할 수 있다.

29 ③

조세지출은 조세가 아니라 보조금의 성격을 가진다.

30 ④

|오답해설| ① 지출통제예산은 구체적인 항목별 지출에 관해서는 집행부에 대한 재량권을 확대하는 성과지향적 예산제도이다.
② 우리나라의 통합재정수지에 지방정부예산은 포함된다.
③ 융자지출을 재정수지의 적자요인으로 간주한다.

31 ②

지방재정에는 지방세지출제도(지방세지출보고서)가 도입되어 있다.

> 「지방세특례제한법」
> 제5조【지방세지출보고서의 작성】① 지방자치단체의 장은 지방세 감면 등 지방세 특례에 따른 재정 지원의 직전 회계연도의 실적과 해당 회계연도의 추정 금액에 대한 보고서(이하 "지방세지출보고서"라 한다)를 작성하여 지방의회에 제출하여야 한다.
> ② 지방세지출보고서의 작성방법 등에 관하여는 행정안전부장관이 정한다.

32 ①

조세지출은 사회적·경제적 목적을 달성하기 위해 특정 활동 또는 특정 집단에게 세제상의 혜택을 제공해 간접적으로 지원하는 것을 말한다. 예산상의 모든 지출이 직접 지출이라면 세제상의 특혜를 통한 지원은 간접 지출이라고 볼 수 있으며, 이를 조세지출이라 한다. 조세지출은 그만큼의 보조금을 준 것과 같다는 의미에서 '숨은 보조금(hidden subsidies)'이라고도 한다.

33 ①

지출통제예산은 개개의 항목에 대한 통제가 아니라 예산총액만을 통제하고, 구체적인 항목별 지출에 대해서는 집행부의 재량을 확대하는 성과지향적 예산제도의 한 유형이다.

34 ④

여성과 남성에게 미치는 효과를 평가하고, 그 결과를 정부의 예산편성에 반영하기 위하여 노력하여야 한다.

35 ③

정부의 기금은 온실가스감축인지 예산제도의 대상에 포함된다.

> 「국가재정법」
> 제27조【온실가스감축인지 예산서의 작성】① 정부는 예산이 온실가스 감축에 미칠 영향을 미리 분석한 보고서(이하 "온실가스감축인지 예산서"라 한다)를 작성하여야 한다.
> ② 온실가스감축인지 예산서에는 온실가스 감축에 대한 기대효과, 성과목표, 효과분석 등을 포함하여야 한다.
> ③ 온실가스감축인지 예산서의 작성에 관한 구체적인 사항은 대통령령으로 정한다.
> 제68조의3【온실가스감축인지 기금운용계획서의 작성】① 정부는 기금이 온실가스 감축에 미칠 영향을 미리 분석한 보고서(이하 "온실가스감축인지 기금운용계획서"라 한다)를 작성하여야 한다.
> ② 온실가스감축인지 기금운용계획서에는 온실가스 감축에 대한 기대효과, 성과목표, 효과분석 등을 포함하여야 한다.
> ③ 온실가스감축인지 기금운용계획서의 작성에 관한 구체적인 사항은 대통령령으로 정한다.

36 ①

노이마르크(Neumark)가 지적한 예산의 원칙은 전통적 예산원칙이며, 보고의 원칙은 현대적 예산원칙에 해당한다.

37 ③

이용과 전용(㉠), 예비비(㉣)는 예산의 한정성 원칙의 예외에 해당한다.
|오답해설| ㉡ 기금은 단일성의 원칙의 예외에 해당한다.
㉢ 신임예산은 공개성의 원칙의 예외에 해당한다.

38 ①

특정한 세입과 특정한 세출을 직접 연계시켜서는 안 된다는 원칙은 통일성의 원칙이다.

39 ④

|오답해설| ① 특정 수입과 특정 지출이 연계되어서는 안 된다는 것은 통일성의 원칙이다.
② 예산은 주어진 목적, 규모 그리고 시간에 따라 집행되어야 한다는 것은 한정성의 원칙이다.
③ 예산구조나 과목은 이해하기 쉽도록 단순해야 한다는 것은 명료성의 원칙이다.

40 ②

|오답해설| ① 예산 명확성의 원칙은 예산은 모든 국민이 알기 쉽게 분류, 정리되어야 한다는 원칙이다.
③ 예산 한정성의 원칙은 정해진 목표를 위해서 정해진 금액을 정해진 기간 내에 사용해야 한다는 원칙이다.
④ 예산 단일성의 원칙은 국가의 예산은 하나로 존재해야 한다는 원칙이다.

41 ①

㉠은 수입대체경비를 의미한다. 수입대체경비는 「국가재정법」상 예산총계주의 원칙(㉡)의 예외에 해당한다.

42 ④

제시문은 예산 완전성의 원칙(예산총계주의)에 대한 규정이다. 국가연구개발사업의 대가는 「국가재정법」의 개정(2014. 1. 1.)으로 예외에서 제외되었다.

43 ①

계획과 책임의 원칙은 현대적 예산원칙이다. 나머지는 전통적 예산원칙에 해당한다.

44 ①

사전승인(의결)의 원칙은 전통적 예산원칙에 해당한다.

45 ②

예산의 편성, 심의, 집행은 공식적인 형식을 가진 재정 보고 및 업무 보고에 기초를 두어야 한다는 것은, 스미스(Smith)가 주장한 현대적 예산원칙 중 보고의 원칙을 의미한다.

46 ③

공개의 원칙은 전통적 예산원칙에 해당한다.

47 ⑤

회계와 기금 간, 회계 상호 간 및 기금 상호 간 여유재원의 전입·전출이 가능하다.

48 ②

일반회계와 구분해 경리할 필요가 있을 때 설치하며, 일반회계로부터의 전입이 가능하다.

49 ①

「예산회계법」은 중앙정부의 재정정보를 인쇄물로 공개하도록 하였으나, 「국가재정법」은 중앙정부 이외에 지방정부의 재정정보에 대해 인쇄물과 인터넷으로 공개하도록 하고 있다.

50 ③

「국가재정법」에서는 공공부문을 포함한 일반정부의 재정통계를 매년 1회 이상 투명하게 공표하도록 규정하고 있다.

「국가재정법」
제9조【재정정보의 공표】① 정부는 예산, 기금, 결산, 국채, 차입금, 국유재산의 현재액, 통합재정수지 및 제2항에 따른 일반정부 및 공공부문 재정통계, 그 밖에 대통령령으로 정하는 국가와 지방자치단체의 재정에 관한 중요한 사항을 매년 1회 이상 정보통신매체·인쇄물 등 적당한 방법으로 알기 쉽고 투명하게 공표하여야 한다.
제100조【예산·기금의 불법지출에 대한 국민감시】① 국가의 예산 또는 기금을 집행하는 자, 재정지원을 받는 자, 각 중앙관서의 장(그 소속기관의 장을 포함한다) 또는 기금관리주체와 계약 그 밖의 거래를 하는 자가 법령을 위반함으로써 국가에 손해를 가하였음이 명백한 때에는 누구든지 집행에 책임 있는 중앙관서의 장 또는 기금관리주체에게 불법지출에 대한 증거를 제출하고 시정을 요구할 수 있다.

---

51 ④

세계잉여금은 결산에 대한 대통령의 승인을 얻은 때부터 사용 또는 출연할 수 있다.

52 ⑤

국가채무관리계획(「국가재정법」 제91조)은 매년 국회에 제출해야 하나, 예산안 첨부서류는 아니다.

53 ①

국세감면액이란 해당 연도 국세 수입총액과 국세감면액 총액을 합한 금액에서 국세감면액 총액이 차지하는 비율을 말한다.

54 ④

재정운용의 건전성이란 세출이 세입의 범위 내에서 충당되고 공채 발행이나 차입이 없는 재정 상태를 의미한다. 따라서 현행 「국가재정법」에서 규율하고 있는 제도들 중 재정운용의 건전성 강화 목적과 직접적 관련이 있는 사항은 ㄷ, ㄹ, ㅁ, ㅂ, ㅅ, ㅈ이다.
|오답해설| ㄱ. 성인지 예산서 및 결산서 도입은 재정운용의 형평성과 관련된 제도이다.
ㄴ. 예산·기금 지출에 대한 국민 감시와 예산성과금 지급은 재정운용의 투명성과 관련된 제도이다.
ㅇ. 재정정보의 연 1회 이상 공개 의무화는 재정운용의 투명성과 관련된 제도이다.
ㅊ. 예산, 기금 간 여유재원의 상호 전출·입은 재정운용의 효율성과 관련된 제도이다.

55 ②

「정부기업예산법」에 규정되어 있다.

56 ①

|오답해설| ② 국회의 의결로 예산이 성립된다.
③ 일반 정부조직에 비하여 기업성이 강하다.
④ 통합재정에 포함된다.

57 ①

교통시설특별회계는 「정부기업예산법」의 적용을 받지 않는다.

58 ②

기획재정부장관은 직원 정원, 수입액 및 자산규모가 대통령령으로 정하는 기준(직원 정원: 300명 이상, 수입액: 200억 원 이상, 자산규모: 30억 원 이상)에 해당하는 공공기관을 공기업·준정부기관으로 지정한다.

59 ②

② 기획재정부장관은 총수입액 중 자체수입액이 차지하는 비중이 대통령령으로 정하는 기준(총수입액 중 자체수입액이 차지하는 비중이 100분의 50) 이상인 기관은 공기업으로 지정하고, 공기업이 아닌 공공기관은 준정부기관으로 지정한다.
|오답해설| ① 공기업과 준정부기관의 지정기준은 직원 정원 300명 이상, 총수입액 200억 원 이상, 자산규모 30억 원 이상이다.
③ 기획재정부장관은 구성원 상호 간의 상호부조·복리증진·권익향상 또는 영업질서 유지 등을 목적으로 설립된 기관을 공공기관으로 지정할 수 없다.
④ 기획재정부장관은 기타공공기관의 일부만을 세분하여 지정할 수 있다.

「공공기관의 운영에 관한 법률」
제4조【공공기관】② 제1항에도 불구하고 기획재정부장관은 다음 각 호의 어느 하나에 해당하는 기관을 공공기관으로 지정할 수 없다.
 1. 구성원 상호 간의 상호부조·복리증진·권익향상 또는 영업질서 유지 등을 목적으로 설립된 기관
 2. 지방자치단체가 설립하고, 그 운영에 관여하는 기관
 3. 「방송법」에 따른 한국방송공사와 「한국교육방송공사법」에 따른 한국교육방송공사

제5조【공공기관의 구분】① 기획재정부장관은 공공기관을 다음 각 호의 구분에 따라 지정한다.

　1. 공기업·준정부기관: 직원 정원, 수입액 및 자산규모가 대통령령으로 정하는 기준에 해당하는 공공기관

　2. 기타공공기관: 제1호에 해당하는 기관 이외의 기관

③ 기획재정부장관은 제1항의 규정에 따라 공기업과 준정부기관을 지정하는 경우 총수입액 중 자체수입액이 차지하는 비중이 대통령령으로 정하는 기준 이상인 기관은 공기업으로 지정하고, 공기업이 아닌 공공기관은 준정부기관으로 지정한다.

⑤ 기획재정부장관은 제1항 및 제2항에 따라 기타공공기관을 지정하는 경우 기관의 성격 및 업무 특성 등을 고려하여 기타공공기관 중 일부를 연구개발을 목적으로 하는 기관 등으로 세분하여 지정할 수 있다.

「공공기관의 운영에 관한 법률 시행령」

제7조【공기업 및 준정부기관의 지정기준】① 기획재정부장관은 법 제5조 제1항 제1호에 따라 다음 각 호의 기준에 해당하는 공공기관을 공기업·준정부기관으로 지정한다.

　1. 직원 정원: 300명 이상

　2. 수입액(총수입액을 말한다): 200억 원 이상

　3. 자산규모: 30억 원 이상

② 기획재정부장관은 법 제5조제3항에 따라 총수입액 중 자체수입액이 차지하는 비중이 100분의 50(『국가재정법』에 따라 기금을 관리하거나 기금의 관리를 위탁받은 공공기관의 경우 100분의 85) 이상인 공공기관을 공기업으로 지정한다.

60 ④

기획재정부장관은 지방자치단체가 설립하고 그 운영에 관여하는 기관을 공공기관으로 지정할 수 없다.

61 ①

한국마사회는 준시장형 공기업이다.

62 ②

한국마사회는 준시장형 공기업이다.

|오답해설| ① 준시장형 공기업, ③⑤ 위탁집행형 준정부기관, ④ 기금관리형 준정부기관이다.

63 ④

|오답해설| ① 한국방송공사는 공공기관으로 지정이 불가능하다.

② 한국마사회는 준시장형 공기업이다.

③ 한국연구재단은 과기부 소속의 위탁집행형 준정부기관이다.

64 ⑤

시장형 공기업에는 감사에 갈음하여 이사회에 감사위원회를 설치하여야 한다. 즉, 시장형 공기업의 감사위원회 설치는 필수사항이다.

65 ③

공기업과 준정부기관의 상임이사는 해당 공기업의 장(기관장)이 임명한다.

66 ④

기능별 분류는 시민을 위한 분류라고 할 수 있다.

67 ③

기능별 분류는 정부가 수행하는 기능(활동영역)별로 예산내용을 분류하는 것으로, 정부가 수행하는 주요 사업의 목록표와 같다. 이는 세출예산에만 적용하는데, 정부업무에 관한 총괄적인 정보를 시민에게 제공함으로써 일반시민의 예산에 대한 이해가 용이해 일명 '시민을 위한 분류'라고도 한다.

68 ②

기능별 분류는 정부활동의 일반적이며 총체적인 내용을 보여 주어 일반납세자가 정부의 예산내용을 쉽게 이해할 수 있도록 설계된 예산의 분류방법이다.

69 ②

예산의 조직별 분류는 예산을 부처별·기관별·소관별로 분류하는 것으로, 예산이 편성·심의·집행·회계감사 등 모든 예산과정상의 예산주체에 따라서 분류하는 방법이다. 따라서 경비지출의 주체를 명백히 함으로써 경비 지출의 책임소재를 분명하게 하지만, 예산지출의 목적(대상)을 파악하기 어렵다는 단점이 있다.

70 ①

품목별 분류는 정원의 명백한 표시가 가능하여 인사행정에 유용한 자료·정보를 제공한다.

71 ①

기능별 분류는 정부가 무슨 일을 하는 데 얼마를 쓰느냐를 분류 기준으로 한다. 따라서 정부활동의 포괄적인 정보 제공으로 국민이 정부예산을 이해하기가 용이하므로, '시민을 위한 분류(시민의 분류)'라고 한다.

|오답해설| ② 정부가 무엇을 구입하는 데 얼마를 쓰느냐를 분류 기준으로 하는 것은 품목별 분류이다. 조직(체)별 분류는 예산을 부처별·기관별·소관별로 분류하는 것으로, 예산의 편성·심의·집행·회계감사 등 모든 예산과정상의 예산주체에 따라서 분류하는 방법이다.

③ 누가 얼마를 쓰느냐를 분류 기준으로 하는 것은 조직(체)별 분류이다. 경제성질별 분류는 예산이 국민경제(생산, 소득, 소비, 투자, 저축 등)에 미치는 영향을 기준으로 하는 분류방법이다. 정부의 예산이 국민경제에 미치는 영향을 파악함으로써 경제정책(인플레이션·디플레이션의 방지, 경제발전·안정 등)의 수립에 유용한 자료를 제공해 준다는 점에 경제성질별 분류의 주된 목적이 있다.

④ 국민경제에 미치는 총체적인 효과가 어떠한가를 분류 기준으로 하는 것은 경제성질별 분류이다. 시민을 위한 분류는 기능별 분류를 의미한다.

분류 방법	분류 기준
기능별 분류	정부가 무슨 일을 하는 데 얼마를 쓰느냐
조직(기관, 소관)별 분류	누가 얼마를 쓰느냐
품목별 분류	정부가 무엇을 구입하는 데 얼마를 쓰느냐
경제성질별 분류	국민경제에 미치는 총체적인 효과가 어떠한가

72 ③

세입예산의 과목은 관·항·목으로 구분하고, 세출예산의 과목은 장·관·항·세항·목으로 구분한다.

| 오답해설 | ① 세입세출예산은 일반회계와 특별회계로 구분한다.

② 국회의 예산에 예비금을 두며 국회 사무총장이 이를 관리한다.

④ 국가가 특정한 목적을 위해 특정한 자금을 신축적으로 운영하기 위해 법률로써 설치하는 것은 특별회계가 아니라 기금이다.

⑤ 국회에 예산안이 제출되면 본회의에서 정부의 시정연설이 이루어진다.

> 「국가재정법」
> 제5조【기금의 설치】① 기금은 국가가 특정한 목적을 위하여 특정한 자금을 신축적으로 운용할 필요가 있을 때에 한정하여 법률로써 설치하되, 정부의 출연금 또는 법률에 따른 민간부담금을 재원으로 하는 기금은 별표 2에 규정된 법률에 의하지 아니하고는 이를 설치할 수 없다.
> 제21조【세입세출예산의 구분】② 세입세출예산은 독립기관 및 중앙관서의 소관별로 구분한 후 소관 내에서 일반회계·특별회계로 구분한다.
>
> 「국가재정법 시행령」
> 제7조【예산의 과목구분】세입예산의 관·항·목의 구분과 설정, 세출예산 및 계속비의 장·관·항·세항·목의 구분과 설정, 국고채무부담행위의 사항 구분은 기획재정부장관이 정하는 바에 따른다.
>
> 「국회법」
> 제23조【국회의 예산】③ 국회의 예산에 예비금을 둔다.
> ④ 국회의 예비금은 사무총장이 관리하되, 국회운영위원회의 동의와 의장의 승인을 받아 지출한다. 다만, 폐회 중일 때에는 의장의 승인을 받아 지출하고 다음 회기 초에 국회운영위원회에 보고한다.
> 제84조【예산안·결산의 회부 및 심사】① 예산안과 결산은 소관 상임위원회에 회부하고, 소관 상임위원회는 예비심사를 하여 그 결과를 의장에게 보고한다. 이 경우 예산안에 대해서는 본회의에서 정부의 시정연설을 듣는다.

73 ①

프로그램 예산제도는 품목별 분류가 아닌 정책과 성과 중심의 예산운영을 위해 설계·도입된 제도로, 프로그램 예산분류(과목) 체계는 분야-부문-프로그램-단위사업-세부사업 등으로 구성된다. 2007년에 도입된 프로그램 예산제도(지자체는 2008년)는 현재 운영되고 있다.

74 ②

우리나라에서는 중앙정부가 2007년부터, 지방자치단체가 2008년부터 공식적으로 채택하였다.

01	④	02	⑤	03	①	04	①	05	③
06	④	07	③	08	⑤	09	③	10	①
11	②	12	④	13	②	14	②	15	②
16	②	17	③	18	②	19	③	20	③
21	①	22	①	23	③	24	①	25	④
26	③	27	③	28	③	29	④	30	②
31	②	32	③	33	④	34	③	35	③
36	③	37	④	38	①	39	①	40	③
41	②	42	③	43	④	44	①	45	④
46	③	47	③	48	③	49	③	50	③
51	③	52	③	53	②	54	④	55	①
56	⑤	57	④	58	③	59	②	60	①
61	④	62	③	63	①	64	①	65	②

01 ④

우리나라 예산의 회계연도는 1년이며, 예산주기는 3년이다. 즉, 예산편성과 심의(D-1), 예산집행(D), 결산 및 회계검사(D+1)의 3년 주기로 이루어진다.

02 ⑤

인기 있는 사업의 경우 우선순위를 낮추어 쟁점화하지 않고 지나가려고 노력한다.

03 ①

「국가재정법」상 독립기관에 해당하는 기관은 국회·대법원·헌법재판소 및 중앙선거관리위원회이다.

> 「국가재정법」
> 제6조【독립기관 및 중앙관서】① 이 법에서 "독립기관"이라 함은 국회·대법원·헌법재판소 및 중앙선거관리위원회를 말한다.
> 제40조【독립기관의 예산】① 정부는 독립기관의 예산을 편성할 때 해당 독립기관의 장의 의견을 최대한 존중하여야 하며, 국가재정상황 등에 따라 조정이 필요한 때에는 해당 독립기관의 장과 미리 협의하여야 한다.
> ② 정부는 제1항의 규정에 따른 협의에도 불구하고 독립기관의 세출예산요구액을 감액하고자 할 때에는 국무회의에서 해당 독립기관의 장의 의견을 들어야 하며, 정부가 독립기관의 세출예산요구액을 감액한 때에는 그 규모 및 이유, 감액에 대한 독립기관의 장의 의견을 국회에 제출하여야 한다.

04 ①

각 중앙관서의 장은 매년 1월 31일까지 해당 회계연도부터 5회계연도 이상의 기간 동안의 신규사업 및 기획재정부장관이 정하는 주요 계속사업에 대한 중기사업계획서를 기획재정부장관에게 제출하여야 한다.

PART V 재무행정론 • 75

05 ③

기획재정부장관은 각 중앙관서의 장에게 통보한 예산안편성지침을 국회 예산결산특별위원회에 보고하여야 한다(「국가재정법」제30조).

06 ④

|오답해설| ① 각 중앙관서의 장은 매년 1월 31일까지 해당 회계연도부터 5회계연도 이상의 기간 동안의 신규사업 및 기획재정부장관이 정하는 주요 계속사업에 대한 중기사업계획서를 기획재정부장관에게 제출하여야 한다.
② 기획재정부장관은 국무회의의 심의를 거쳐 대통령의 승인을 얻은 다음 연도의 예산안편성지침을 매년 3월 31일까지 각 중앙관서의 장에게 통보하여야 한다.
③ 각 중앙관서의 장은 예산요구서를 작성하여 매년 5월 31일까지 기획재정부장관에게 제출하여야 한다.

07 ③

중앙정부는 회계연도 개시 120일 전, 광역지방자치단체는 회계연도 개시 50일 전, 기초지방자치단체는 40일 전까지 제출하여야 한다.

08 ⑤

「국가재정법」은 국고채무부담행위를, 「지방재정법」은 채무부담행위를 규정하고 있다.

09 ③

국가재정운용계획은 정부가 수립하여 회계연도 개시 120일 전까지 국회에 제출하나 국회가 심의하여 확정하지는 않는다. 즉, 국가재정운용계획은 예산안과 함께 국회에 제출되지만 국회가 예산안처럼 심의하여 확정하지는 않는다.

10 ①

국회는 예산안을 심의하여 확정하나, 국가재정운용계획을 심의하여 확정하지는 않는다. 국가재정운용계획은 정부가 수립하여 회계연도 개시 120일 전까지 국회에 제출하나 국회가 심의하여 확정하지는 않는다. 즉, 국가재정운용계획은 예산안과 함께 국회에 제출되지만 국회가 예산안처럼 심의하여 확정하지는 않는다.

11 ②

총액배분·자율편성제도는 단기적 시각의 예산편성 방식이 갖는 문제를 해소하고 장기적 시각의 재정운영을 도모하기 위하여 국가재정운용계획을 참조하여 각 부처별 지출한도를 설정하면, 개별 부처가 지출한도 내에서 사업의 우선순위를 확정하고 자체 예산편성을 한다. 따라서 하향식으로 자원을 배분하는 제도이다.

12 ④

총액배분·자율편성 예산제도는 하향식 예산관리모형으로, 전략적 재원배분을 촉진한다.

13 ②

총액배분·자율편성제도가 도입되어서, 기획재정부의 품목별 예산통제기능은 상실되었으나, 사업별 예산통제기능은 유지되고 있다. 즉, 부처별로 총액 한도를 지정하고 예산재원배분의 재량은 확대했지만 기획재정부의 사업별 예산통제기능은 계속 유지하고 있다. 이 제도는 행정부 내의 예산편성에 적용하는 조치인데, 국회의 예산 심의·확정과정에서 의미 있는 변화가 없으면 기대하는 성과를 창출하기 힘들다.

14 ②

재원배분의 자율성과 효율성이 제고된다.

15 ②

|오답해설| ① 정부는 회계연도마다 예산안을 편성하여 회계연도 개시 120일 전까지 국회에 제출해야 한다.
③ 배정과 재배정 제도는 예산집행의 재정통제를 위한 제도이다.
④ 예산 불성립 시 조치로 준예산 제도를 채택하고 있다.

16 ②

기획재정부는 소관 정책과 우선순위에 입각해 연도별 재정규모, 분야별·부문별 지출한도를 제시한다.

17 ③

총액배분자율편성제도는 기획재정부가 경제사회 여건 변화와 국가발전전략에 입각한 5개년 재원배분계획(국가재정운용계획)에 근거하여, 연도별 재정규모, 분야별·중앙관서별·부문별 지출한도를 제시함으로써 정책과 우선순위에 입각한 전략적 재원배분을 도모하는 제도이다. 이후 각 부처는 소관 정책과 우선순위에 입각해 자율적으로 지출한도 내에서 사업별로 재원을 배분한다. 따라서 총액배분자율편성제도는 기획재정부가 부처예산요구 총액의 적정성을 집중적으로 심의하는 것이 아니라 국가재정운용계획에 근거하여 각 부처의 지출한도를 제시하는 것이다.

> 「국가재정법」
> **제7조【국가재정운용계획의 수립 등】** ① 정부는 재정운용의 효율화와 건전화를 위하여 매년 해당 회계연도부터 5회계연도 이상의 기간에 대한 재정운용계획(이하 "국가재정운용계획"이라 한다)을 수립하여 회계연도 개시 120일 전까지 국회에 제출하여야 한다.
> **제29조【예산안편성지침의 통보】** ① 기획재정부장관은 국무회의의 심의를 거쳐 대통령의 승인을 얻은 다음 연도의 예산안편성지침을 매년 3월 31일까지 각 중앙관서의 장에게 통보하여야 한다.
> ② 기획재정부장관은 제7조의 규정에 따른 국가재정운용계획과 예산편성을 연계하기 위하여 제1항의 규정에 따른 예산안편성지침에 중앙관서별 지출한도를 포함하여 통보할 수 있다.

18 ②

성과관리는 투입이 자동적으로 산출로 연결되지 않기 때문에 성과를 적극적으로 관리해야 한다는 것이다. 투입이 자동적으로 산출로 연결된다면 성과관리를 중시할 이유가 없다.

19 ③

총액배분·자율편성 예산제도는 기획예산처(현 기획재정부)가 2005년에 도입한 제도로, 2007년 구축된 d-Brain System에 앞서 도입되었다.

20 ③

디지털예산회계시스템은 총액배분·자율편성제도와 관련하여 바텀업(bottom-up)식 부처예산 편성이 아니라 자율편성(top-down)식 부처예산 편성과 관련이 있다.

21 ①

예산과정 중에서 재정민주주의(fiscal democracy)와 가장 관련이 깊은 것은 예산심의이다. 예산심의란 의회가 행정감독권과 재정감독권을 행사하여 행정부가 수행할 사업 계획의 효율성을 검토하고 예산을 확정하는 것으로, 재정민주주의를 실현하는 과정이다.

22 ①

정부의 시정연설 후에 국회에서 예비심사와 종합심사를 거쳐서 본회의에서 심의하고 의결을 한다. 즉, 국회에 예산안이 제출되면 본회의에서 정부의 시정연설이 있은 후 상임위원회의 예비심사와 예산결산특별위원회의 종합심사를 거쳐 최종적으로 본회의에서 예산이 확정된다.

23 ③

국회에 제출된 예산안은 소관 상임위에서 예비심사하여 그 결과를 의장에게 보고하고, 의장은 예산결산특별위원회에 회부하여 심사가 끝난 후 본회의에 부의한다.

> **「국회법」**
> 제84조【예산안·결산의 회부 및 심사】 ① 예산안과 결산은 소관 상임위원회에 회부하고, 소관 상임위원회는 예비심사를 하여 그 결과를 의장에게 보고한다. 이 경우 예산안에 대해서는 본회의에서 정부의 시정연설을 듣는다.
> ② 의장은 예산안과 결산에 제1항의 보고서를 첨부하여 이를 예산결산특별위원회에 회부하고 그 심사가 끝난 후 본회의에 부의한다. 결산의 심사 결과 위법하거나 부당한 사항이 있는 경우에 국회는 본회의의 의결 후 정부 또는 해당 기관에 변상 및 징계조치 등 그 시정을 요구하고, 정부 또는 해당 기관은 시정 요구를 받은 사항을 지체 없이 처리하여 그 결과를 국회에 보고하여야 한다.

24 ①

| 오답해설 | ㄷ. 특별위원회를 구성할 때에는 그 활동기한을 정하여야 하나 본회의 의결로 그 기간을 연장할 수 있다(「국회법」 제44조 제2항). 예산결산특별위원회는 상설화된 특별위원회(「국회법」 제45조 제5항)이다.
ㄹ. 예산결산특별위원회는 소관 상임위원회의 예비심사내용을 존중하여야 하며, 소관 상임위원회에서 삭감한 세출예산 각 항의 금액을 증가하게 하거나 새 비목을 설치할 경우에는 소관 상임위원회의 동의를 받아야 한다(「국회법」 제84조 제5항).

25 ④

소관 상임위원회에서 삭감한 세출예산 각 항의 금액을 증가하게 할 경우에 소관 상임위원회의 동의를 받아야 한다.

> **「국회법」**
> 제84조【예산안·결산의 회부 및 심사】 ① 예산안과 결산은 소관 상임위원회에 회부하고, 소관 상임위원회는 예비심사를 하여 그 결과를 의장에게 보고한다. 이 경우 예산안에 대해서는 본회의에서 정부의 시정연설을 듣는다.
> ② 의장은 예산안과 결산에 제1항의 보고서를 첨부하여 이를 예산결산특별위원회에 회부하고 그 심사가 끝난 후 본회의에 부의한다. 결산의 심사 결과 위법하거나 부당한 사항이 있는 경우에 국회는 본회의의 의결 후 정부 또는 해당 기관에 변상 및 징계조치 등 그 시정을 요구하고, 정부 또는 해당 기관은 시정 요구를 받은 사항을 지체 없이 처리하여 그 결과를 국회에 보고하여야 한다.
> ③ 예산결산특별위원회의 예산안 및 결산 심사는 제안설명과 전문위원의 검토보고를 듣고 종합정책질의, 부별 심사 또는 분과위원회 심사 및 찬반토론을 거쳐 표결한다. 이 경우 위원장은 종합정책질의를 할 때 간사와 협의하여 각 교섭단체별 대표질의 또는 교섭단체별 질의시간 할당 등의 방법으로 그 기간을 정한다.
> ④ 정보위원회는 제1항과 제2항에도 불구하고 국가정보원 소관 예산안과 결산, 「국가정보원법」 제4조 제1항 제5호에 따른 정보 및 보안 업무의 기획·조정 대상 부처 소관의 정보 예산안과 결산에 대한 심사를 하여 그 결과를 해당 부처별 총액으로 하여 의장에게 보고하고, 의장은 정보위원회에서 심사한 예산안과 결산에 대하여 총액으로 예산결산특별위원회에 통보한다. 이 경우 정보위원회의 심사는 예산결산특별위원회의 심사로 본다.
> ⑤ 예산결산특별위원회는 소관 상임위원회의 예비심사 내용을 존중하여야 하며, 소관 상임위원회에서 삭감한 세출예산 각 항의 금액을 증가하게 하거나 새 비목(費目)을 설치할 경우에는 소관 상임위원회의 동의를 받아야 한다. 다만, 새 비목의 설치에 대한 동의 요청이 소관 상임위원회에 회부되어 회부된 때부터 72시간 이내에 동의 여부가 예산결산특별위원회에 통지되지 아니한 경우에는 소관 상임위원회의 동의가 있는 것으로 본다.

26 ①

우리나라는 대통령중심제이기 때문에 의원내각제보다 예산심의과정이 엄격하다.

> **「대한민국헌법」**
> 제57조 국회는 정부의 동의 없이 정부가 제출한 지출예산 각 항의 금액을 증가하거나 새 비목을 설치할 수 없다.

27 ②

예산과 법률은 상호 개폐나 변경이 불가능하다.

28 ③

예산의 재배정은 예산집행의 신축성을 유지하기 위한 제도가 아니라 예산집행의 재정통제를 위한 제도이다.

> **「국가재정법」**
> 제43조의2【예산의 재배정】 ① 각 중앙관서의 장은 「국고금 관리법」 제22조 제1항에 따른 재무관으로 하여금 지출원인행위를 하게 할 때에는 제43조에 따라 배정된 세출예산의 범위 안에서 재무관별로 세출예산재배정계획서를 작성하고 이에 따라 세출예산을 재배정(기획재정부장관이 각 중앙관서의 장에게 배정한 예산을 각 중앙관서의 장이 재무관별로 다시 배정하는 것을 말한다. 이하 같다)하여야 한다.

29 ④

기획재정부장관은 총사업비가 500억 원 이상이고 국가의 재정지원 규모가 300억 원 이상인 신규 사업으로서 건설공사가 포함된 사업 등에 대한 예산을 편성하기 위하여 미리 예비타당성조사를 실시하고, 그 결과를 요약하여 국회 소관 상임위원회와 예산결산특별위원회에 제출하여야 한다.

제38조【예비타당성조사】① 기획재정부장관은 총사업비가 500억 원 이상이고 국가의 재정지원 규모가 300억 원 이상인 신규 사업으로서 다음 각 호의 어느 하나에 해당하는 대규모사업에 대한 예산을 편성하기 위하여 미리 예비타당성조사를 실시하고, 그 결과를 요약하여 국회 소관 상임위원회와 예산결산특별위원회에 제출하여야 한다. 다만, 제4호의 사업은 제28조에 따라 제출된 중기사업계획서에 의한 재정지출이 500억 원 이상 수반되는 신규 사업으로 한다.

30 ②

예비타당성조사 대상사업은 기획재정부장관이 중앙관서의 장의 신청에 따라 또는 직권으로 선정할 수 있다.

「국가재정법」

제38조【예비타당성조사】①기획재정부장관은 총사업비가 500억 원 이상이고 국가의 재정지원 규모가 300억 원 이상인 신규 사업으로서 다음 각 호의 어느 하나에 해당하는 대규모사업에 대한 예산을 편성하기 위하여 미리 예비타당성조사를 실시하고, 그 결과를 요약하여 국회 소관 상임위원회와 예산결산특별위원회에 제출하여야 한다. 다만, 제4호의 사업은 제28조에 따라 제출된 중기사업계획서에 의한 재정지출이 500억 원 이상 수반되는 신규 사업으로 한다.
   1. 건설공사가 포함된 사업
   2.「지능정보화 기본법」제14조 제1항에 따른 지능정보화 사업
   3.「과학기술기본법」제11조에 따른 국가연구개발사업
   4. 그 밖에 사회복지, 보건, 교육, 노동, 문화 및 관광, 환경 보호, 농림해양수산, 산업·중소기업 분야의 사업
③ 제1항의 규정에 따라 실시하는 예비타당성조사 대상사업은 기획재정부장관이 중앙관서의 장의 신청에 따라 또는 직권으로 선정할 수 있다.
④ 기획재정부장관은 국회가 그 의결로 요구하는 사업에 대하여는 예비타당성조사를 실시하여야 한다.
제38조의3【국가연구개발사업 예비타당성조사의 특례】① 기획재정부장관은 제8조의2, 제38조 및 제38조의2에 규정된 사항 중「과학기술기본법」제11조에 따른 국가연구개발사업에 대한 예비타당성조사에 관해서는 대통령령으로 정하는 바에 따라 과학기술정보통신부장관에게 위탁할 수 있다.

31 ②

장·관·항 뿐만 아니라 기관(機關) 간 이용도 가능하다.

|오답해설| ① 이용은 입법과목 사이의 상호 융통으로 국회의 의결을 얻으면 기획재정부장관의 승인이나 위임이 있어야 한다.
③ 세출예산의 세항, 목 간 전용은 국회 의결 없이 기획재정부장관의 승인을 얻어서 할 수 있다.
④ 이용과 전용은 예산 한정성 원칙의 예외로 볼 수 있다.

「국가재정법」

제46조【예산의 전용】① 각 중앙관서의 장은 예산의 목적범위 안에서 재원의 효율적 활용을 위하여 대통령령으로 정하는 바에 따라 기획재정부장관의 승인을 얻어 각 세항 또는 목의 금액을 전용할 수 있다. 이 경우 사업 간의 유사성이 있는지, 재해대책 재원 등으로 사용할 시급한 필요가 있는지, 기관운영을 위한 필수적 경비의 충당을 위한 것인지 여부 등을 종합적으로 고려하여야 한다.

「국가재정법」

제47조【예산의 이용·이체】① 각 중앙관서의 장은 예산이 정한 각 기관 간 또는 각 장·관·항 간에 상호 이용(移用)할 수 없다. 다만, 다음 각 호의 어느 하나에 해당하는 경우에 한정하여 미리 예산으로써 국회의 의결을 얻은 때에는 기획재정부장관의 승인을 얻어 이용하거나 기획재정부장관이 위임하는 범위 안에서 자체적으로 이용할 수 있다.
   1. 법령상 지출의무의 이행을 위한 경비 및 기관운영을 위한 필수적 경비의 부족액이 발생하는 경우
   2. 환율변동·유가변동 등 사전에 예측하기 어려운 불가피한 사정이 발생하는 경우
   3. 재해대책 재원 등으로 사용할 시급한 필요가 있는 경우
   4. 그 밖에 대통령령으로 정하는 경우

32 ③

예산의 이체(移替)는 정부조직 등에 관한 법령의 제·개정, 폐지 등의 사유가 있을 때 사용하는 방안이다.

33 ④

사고이월은 재차이월이 허용되지 않는다.

34 ③

공무원의 보수 인상을 위한 인건비 충당을 위하여는 예비비의 사용목적을 지정할 수 없다.

35 ③

지방의회의 예산안 심의 결과 감액된 지출항목에 대해 예비비를 사용할 수 없다.

「지방재정법」

제43조【예비비】① 지방자치단체는 예측할 수 없는 예산 외의 지출 또는 예산 초과 지출에 충당하기 위하여 일반회계와 교육비특별회계의 경우에는 각 예산 총액의 100분의 1 이내의 금액을 예비비로 예산에 계상하여야 하고, 그 밖의 특별회계의 경우에는 각 예산 총액의 100분의 1 이내의 금액을 예비비로 예산에 계상할 수 있다.
② 제1항에도 불구하고 재해·재난 관련 목적 예비비는 별도로 예산에 계상할 수 있다.
③ 지방자치단체의 장은 지방의회의 예산안 심의 결과 폐지되거나 감액된 지출항목에 대해서는 예비비를 사용할 수 없다.
④ 지방자치단체의 장은 예비비로 사용한 금액의 명세서를「지방자치법」제150조 제1항에 따라 지방의회의 승인을 받아야 한다.

36 ④

예비비 제도가 아니라 계속비 제도이다.

37 ④

국가는 법률에 따른 것과 세출예산금액 또는 계속비의 총액의 범위 안의 것 외에 채무를 부담하는 행위를 하는 때에는 미리 예산으로써 국회의 의결을 얻어야 한다.

「국가재정법」

제25조【국고채무부담행위】① 국가는 법률에 따른 것과 세출예산금액 또는 계속비의 총액의 범위 안의 것 외에 채무를 부담하는 행위를

하는 때에는 미리 예산으로써 국회의 의결을 얻어야 한다.
② 국가는 제1항에 규정된 것 외에 재해복구를 위하여 필요한 때에는 회계연도마다 국회의 의결을 얻은 범위 안에서 채무를 부담하는 행위를 할 수 있다. 이 경우 그 행위는 일반회계 예비비의 사용절차에 준하여 집행한다.
③ 국고채무부담행위는 사항마다 그 필요한 이유를 명백히 하고 그 행위를 할 연도 및 상환연도와 채무부담의 금액을 표시하여야 한다.

38 ①

국고채무부담행위에 대한 설명으로 옳은 것은 ㄱ, ㄴ이다.
| 오답해설 | ㄷ. 국고채무부담행위는 국가가 채무를 부담할 권한을 부여받은 것으로, 지출을 위해서는 국회의 의결이 필요하다. 즉 정부가 예산 이외에 무책임하게 채무부담행위를 하는 것을 방지하기 위하여 국고채무부담행위는 미리 예산으로써 국회의 의결을 얻어야 한다. 다만, 국회의 의결은 채무를 부담할 권한만 부여하는 것이므로 채무부담과 관련한 지출에 대해서는 세출예산으로써 다시 국회의 의결을 얻어야 한다.
ㄹ. 단년도 예산 원칙의 예외라는 점에서 계속비와 동일하지만, 공사나 제조 및 연구개발 사업 등 대상이 한정되지 않는다는 점에서는 대상이 한정되어 있는 계속비와 차이가 있다.

> 「국가재정법」
> 제25조【국고채무부담행위】① 국가는 법률에 따른 것과 세출예산금액 또는 계속비의 총액의 범위 안의 것 외에 채무를 부담하는 행위를 하는 때에는 미리 예산으로써 국회의 의결을 얻어야 한다.
> ③ 국고채무부담행위는 사항마다 그 필요한 이유를 명백히 하고 그 행위를 할 연도 및 상환연도와 채무부담의 금액을 표시하여야 한다.

39 ①

과년도 지출은 회계연도 개시 전에 예산을 배정할 수 있는 대상이 아니다.

40 ③

각 중앙관서의 장은 성과금을 지급하거나 절약된 예산을 다른 사업에 사용하고자 하는 때에는 예산성과금 심사위원회의 심사를 거쳐야 한다.

41 ②

민간투자사업자가 사회기반시설 준공과 동시에 해당 시설 소유권을 정부로 이전하는 대신 시설관리운영권을 획득하고, 정부는 해당 시설을 임차 사용하여 약정기간 임대료를 민간에게 지급하는 방식은 BTL(Build-Transfer-Lease)이다.

42 ③

시설에 대한 수요 변동 위험은 정부에서 부담하며, 정부가 사전에 약정한 수익률을 포함한 리스료를 민간사업자에게 지출하는 것은 임대형 민자사업(BTL)이다.

43 ④

| 오답해설 | ① 구입증서(바우처) 방식은 정부가 개인들에게 특정 상품 및 서비스 구입이 가능한 쿠폰을 제공하는 방식이다.

② 공공-민간협력방식(PPP: Public-Private-Partnership)은 정부와 하나 혹은 다수의 민간기업이 파트너십 형태로 자금을 조달하여 공공서비스를 공급하는 방식이다. PPP 방식은 상호 간의 이익을 위해 장기계약 형태로 진행되며, 정부와 민간기업이 사회기반시설 구축과 공공서비스 제공을 위해 사업대상을 정하고 이에 대한 정확한 사업범위와 모델을 정하여 계약을 체결하여 진행한다. 또한 주로 사회기반시설에 대한 민간과 외국인 투자를 유도하기 위해 사용하는 방식이다. 따라서 PPP는 유형에 따라 상이하기는 하나, 일반적으로 정부와 민간이 공동으로 출자하고 위험도 공동으로 부담하는 방식이다.
③ BOO(Build-Own-Operate, 민간투자사업) 방식은 민간이 시설을 건설(Build)하고 직접 소유(Own)하면서 운영(Operate)하는 방식이다.

44 ①

사업시행자가 시설을 건설(Build)한 후 해당 시설의 소유권(Own) 및 운영권(Operate)을 사업시행자가 가지는 BOO 방식에 관한 설명이다.

45 ④

결산이란 한 회계연도에서 국가의 수입과 지출의 실적을 확정적 계수로써 표시하는 행위이다. 예정적 계수로 표시하는 것은 예산이다.

46 ②

| 오답해설 | ㄴ. 결산심의에서 위법하거나 부당한 지출이 지적되더라도 무효나 취소가 불가능하다.
ㄷ. 국회 심의과정에서 증액된 부분은 부처별 한도액 제한을 받지 않는다.

47 ③

예산과 결산은 국회의 승인으로 종료된다.

48 ③

중앙관서의 장(국회사무총장 등)은 「국가회계법」에서 정하는 바에 따라 회계연도마다 작성한 결산보고서를 다음 연도 2월 말일까지 기획재정부장관에게 제출하여야 한다.

49 ②

(가)는 5, (나)는 3, (다)는 10, (라)는 3이다.

> 「국가재정법」
> 제7조【국가재정운용계획의 수립 등】① 정부는 재정운용의 효율화와 건전화를 위하여 매년 해당 회계연도부터 5회계연도 이상의 기간에 대한 재정운용계획(이하 "국가재정운용계획"이라 한다)을 수립하여 회계연도 개시 120일 전까지 국회에 제출하여야 한다.
> 제29조【예산안편성지침의 통보】① 기획재정부장관은 국무회의의 심의를 거쳐 대통령의 승인을 얻은 다음 연도의 예산안편성지침을 매년 3월 31일까지 각 중앙관서의 장에게 통보하여야 한다.
> 제59조【국가결산보고서의 작성 및 제출】기획재정부장관은 「국가회계법」에서 정하는 바에 따라 회계연도마다 작성하여 대통령의 승인을 받은 국가결산보고서를 다음 연도 4월 10일까지 감사원에 제출하여야 한다.

50 ④

예산주기는 3년으로 구성된다. 따라서 예산주기에 비추어 볼 때 2021년도에 감사원은 2020년도 예산에 대한 결산검사보고서를 작성한다. 즉, 예산주기에 비추어 볼 때 감사원은 전년도 예산에 대한 결산검사보고서를 작성하는 것이다.

> 「국가재정법」
> 제59조【국가결산보고서의 작성 및 제출】기획재정부장관은 「국가회계법」에서 정하는 바에 따라 회계연도마다 작성하여 대통령의 승인을 받은 국가결산보고서를 다음 연도 4월 10일까지 감사원에 제출하여야 한다.
> 제60조【결산검사】감사원은 제59조에 따라 제출된 국가결산보고서를 검사하고 그 보고서를 다음 연도 5월 20일까지 기획재정부장관에게 송부하여야 한다.

51 ③

회계검사의 대상은 회계기록이며, 이는 타인이 작성한 것이어야 한다.

52 ①

현금주의에 관한 설명이다.

53 ②

발생주의 회계는 성과관리가 용이하여 기관별 성과의 비교가 가능하다.

54 ④

발생주의는 발생사실에 따라 계리하므로 정부의 수입을 납세고지 시점으로, 정부의 지출을 지출원인행위(계약 등) 시점으로 계산하는 방식을 의미한다.

55 ①

발생주의 회계제도에 대한 설명으로 옳은 것은 '가, 라'이다.

|오답해설| 나. 발생주의 회계제도는 자산재평가를 통해 부채규모와 총자산의 파악이 용이하다.

다. 현금이 거래되는 시점을 중심으로 기록하는 것은 현금주의 회계제도이다. 발생주의 회계에서는 경제적·재무적 자원의 변동이 발생하는 시점을 거래로 인식하고 회계처리를 한다.

56 ⑤

현금주의 회계방식은 현금을 수불한 시점을 기준으로 거래를 인식하는 방식으로 화폐자산과 차입금을 측정대상으로 하며, 발생주의 회계방식은 근원적으로 자산과 부채에 영향을 미치는 사건을 기준으로 거래를 인식하는 방식으로 재무자원, 비재무자원을 포함한 모든 경제자원을 측정대상으로 한다.

|오답해설| ① 현행 정부회계는 발생주의 복식부기 방식에 따라 재무제표를 작성한다. 따라서 재정상태표, 재정운영표, 순자산변동표, 현금흐름표와 같은 재무제표는 발생주의 회계방식에 해당한다.

② 현금주의 회계방식은 현금을 수불한 시점을 기준으로 거래를 인식하기 때문에 회계처리의 객관성 확보에 용이하며, 발생주의 회계방식은 자산과 부채에 영향을 미치는 사건을 기준으로 거래를 인식하기 때문에 정보의 적시성을 확보할 수 있다.

③ 현금주의 회계방식은 현금을 수불한 시점을 기준으로 거래를 인식하기 때문에 이해와 통제가 용이하며, 발생주의 회계방식은 자산과 부채에 영향을 미치는 사건을 기준으로 거래를 인식하기 때문에 재정 건전성 확보가 가능하다.

④ 현금주의 회계방식은 이해가 용이하여 의회통제가 용이하나, 발생주의 회계방식은 자의적 회계처리로 의회통제를 회피하기 위해 악용될 가능성이 있다.

> 「국가회계법」
> 제11조【국가회계기준】① 국가의 재정활동에서 발생하는 경제적 거래 등을 발생 사실에 따라 복식부기 방식으로 회계 처리하는 데에 필요한 기준(이하 "국가회계기준"이라 한다)은 기획재정부령으로 정한다.
>
> 「국가회계기준에 관한 규칙」
> 제4조【일반원칙】국가의 회계처리는 복식부기·발생주의 방식으로 하며, 다음 각 호의 원칙에 따라 이루어져야 한다.
> 제27조【재정운영표의 작성기준】재정운영표의 모든 수익과 비용은 발생주의 원칙에 따라 거래나 사실이 발생한 기간에 표시한다.

57 ④

복식부기는 거래의 이중성에 따라 거래의 인과관계를 회계장부의 차변과 대변에 기록하고 차변의 합계와 대변의 합계를 반드시 일치(대차 평균의 원리)시켜 반드시 이중기록을 하기 때문에 자동적으로 오진을 발견할 수 있는 자기검증기능을 갖고 있는 부기방법이다. 따라서 종합적 재정상태 파악이 용이하다.

58 ①

단식부기는 현금주의 회계와, 복식부기는 발생주의 회계와 서로 밀접한 연계성을 갖는다.

59 ②

현금의 수불과는 관계없이 경제적 자원에 변동을 주는 사건이 발생된 시점에 거래를 인식하는 방식은 발생주의를, 하나의 거래를 대차 평균의 원리에 따라 차변과 대변에 이중 기록하는 방식은 복식부기를 의미한다.

60 ①

현금의 흐름을 쉽게 파악할 수 있고 자의적인 회계처리가 불가능하여 통제가 용이한 것은 현금주의 회계와 단식부기의 장점에 해당한다.

61 ④

정부회계는 기업회계에 비해서 국민의 대표인 의회가 심의·의결한 예산의 테두리 안에서 집행이 이루어져야 한다. 따라서 정부회계는 영리성보다 합법성을 더욱 중시하며, 기업회계에 비해 목표가 다양하다. 반면, 정부기업회계(우편사업 등)는 발생주의 회계원칙, 원가계산제도, 감가상각제도 등 기업회계의 특성을 갖는다.

62 ③

중앙정부 결산보고서상의 재무제표는 재정상태표, 재정운영표, 순자산변동표, 현금흐름표이다.

「국가회계법」

제14조 【결산보고서의 구성】 결산보고서는 다음 각 호의 서류로 구성된다.

1. 결산 개요
2. 세입세출결산(중앙관서결산보고서 및 국가결산보고서의 경우에는 기금의 수입지출결산을 포함하고, 기금결산보고서의 경우에는 기금의 수입지출결산을 말한다)
3. 재무제표
   가. 재정상태표   나. 재정운영표
   다. 순자산변동표   라. 현금흐름표
4. 성과보고서

63 ①

회계기간 중 '특정 시점'의 재정상태를 나타내는 보고서는 '재정상태표'이다. 재정상태표는 '일정 시점(작성일)' 현재의 자산 − 부채 = 순자산을 의미한다. 따라서 '재정상태표'의 순자산은 (정부 보유 현금자산 200조 + 고정자산 300조) − (유동부채 100조) = 400조이다. 재정수익 300조와 비용 200조는 '재정운영표' 작성 시 사용하며 '재정상태표'와 무관하다.

64 ①

부채(차입금)의 감소는 차변에 기입한다.

65 ②

예산회계는 현금주의 단식부기 회계방식이, 재무회계는 발생주의 복식부기 방식이 적용된다. 예산회계는 재정통제 및 회계책임성 확보를 주목적으로 하기 때문에 현금주의 단식부기 방식에 의한다. 반면, 재무회계는 재무상태와 성과를 이해관계자에게 보고하는 것을 주목적으로 하기 때문에 발생주의 복식부기 방식에 의한다.

구분	목적	방식
예산회계	재정통제 및 회계책임성 확보	현금주의 단식부기
재무회계	재무상태와 성과 보고	발생주의 복식부기

01	③	02	④	03	③	04	②	05	②
06	②	07	①	08	②	09	④	10	②
11	①	12	④	13	①	14	①	15	②
16	①	17	①	18	①	19	①	20	②
21	①	22	③	23	③	24	①	25	④
26	②	27	③	28	②	29	①	30	④
31	④	32	②	33	④	34	②	35	①
36	②	37	③	38	②	39	③	40	④
41	③	42	②	43	①	44	②	45	③
46	④	47	③	48	②	49	⑤	50	②
51	⑤	52	②	53	①	54	③	55	④
56	③								

01 ③

계획예산제도(PPBS)와 영기준 예산제도(ZBB)는 합리주의 접근을 적용한 대표적 사례이다. 점증주의 접근을 적용한 대표적 사례는 품목별 예산제도(LIBS)와 성과주의 예산제도(PBS)이다.

02 ④

합리적, 총체적 관점에서 의사결정이 가능한 것은 합리주의이다.

03 ③

다수의 참여자들 간 고리형의 상호작용을 통한 합의를 중시하는 것은 점증주의이다.

04 ②

정치적 타협과 상호조절을 통해 최적의 예산을 추구하는 것은 총체주의(합리주의) 예산이론이 아니라 점증주의 예산이론이다.

05 ②

총체주의적 예산결정모형은 계획예산제도를 바람직한 예산편성방식으로 인식한다. 즉, 품목별 예산제도(LIBS)와 성과주의예산제도(PBS)는 점증주의적 예산결정모형에, 계획예산제도(PPBS)와 영기준예산제도(ZBB)는 총체주의적 예산결정모형에 해당한다.

06 ②

총체주의는 합리적·분석적 의사결정과 최적의 자원배분을 전제로 한다. 따라서 거시적 예산결정과 예산삭감을 설명하기에 적합한 이론은 총체주의이다.

총체주의는 재원배분 문제를 해결하기 위해 모형을 구성하고 이에 기초해서 최적의 해결 방안을 모색한다. 여기에서 경제학에 기초한 계량분석 모형과 대안평가에서 기회비용 기준을 사용한다. 우선, 문제를 확인하고 목표를 설정하며 가능한 모든 대안을 탐색한다. 그리고 각 대안이 초래할 결과들을 비교해 정책과 사업에 재원을 배분하는 순으로 진행한다.

07 ①

|오답해설| ② 니스카넨(Niskanen)의 예산극대화모형은 공무원이 자신이 소속된 조직의 예산을 극대화하는 행태에 분석초점을 둔다.

③ 윌로비와 시메이어(Wiloughby & Thurmaier)의 다중합리성모형은 복수의 합리성 기준이 중앙예산실의 예산분석가들에게 미치는 영향을 주로 분석하였다.

④ 단절균형 예산이론(punctuated equilibrium theory)은 사후적인 분석으로서는 적절하지만, 단절균형이 발생할 수 있는 시점을 예측하지 못하기 때문에 미래지향적 측면에서는 한계가 있는 접근이다.

08 ②

서메이어(Thumaier)와 윌로비(Willoughby)의 다중합리성모형은 복수의 합리성 기준이 중앙예산실의 예산분석가들에게 미치는 영향을 미시적으로 분석하였다.

|오답해설| ① 정부예산의 과정적 접근방법(process approach)에 근거한다.

③ 정부예산의 성공을 위해서는 예산과정 각 단계에서의 예산활동과 행태를 구분해야 된다고 주장하였다.

④ 다중합리성모형은 예산과정과 정책과정 간의 연계점(nexus)의 인식틀을 제시하기 위해 킹던(Kingdon)의 정책결정모형과 루빈(Rubin)의 실시간 예산운영모형(real time budgeting)을 통합하고자 하였다.

09 ④

윌로비와 서메이어(Wiloughby & Thurmaier)의 다중합리성모형은 복수의 합리성 기준이 중앙예산실의 예산분석가들에게 미치는 영향을 주로 미시적으로 분석하는 과정적 접근방법(process approach)에 근거한다. 따라서 정부예산의 성공을 위해서는 예산과정 각 단계에서의 예산활동과 행태를 구분해야 한다고 주장하였으며, 예산과정과 정책과정 간의 연계점(nexus)의 인식틀을 제시하기 위해 킹던(J. W. Kingdon)의 정책결정모형과 루빈(Irene S. Rubin)의 실시간 예산운영모형(real time budgeting)을 통합하고자 하였다.

|오답해설| ① 합리모형은 예산상의 편익을 극대화하기 위한 결정방식이지만 규범적 성격은 강하다.

② 예산결정에서 기존 사업에 대한 당위적 예산배분을 제어할 수 없다는 점은 점증모형의 한계점이다.

③ 점증모형을 따르는 예산결정자는 사후후생을 고려하지 않고 최악을 피하는 전략을 사용한다.

10 ②

품목별예산제도(line-item budget system)는 정부지출의 대상이 되는 물품 또는 품목(인건비, 물건비, 여비 등)을 기준으로 하는 예산제도로, 예산의 통제기능을 충족시키기 위하여 고안되었다. 따라서 정부 활동에 대한 총체적인 사업계획과 우선순위 결정에 불리하다.

11 ①

품목별 예산제도는 비교적 운영하기 쉬우며 회계책임을 명확하게 할 수 있다는 장점이 있다.

12 ④

|오답해설| ① 목표에 의한 관리(MBO)는 구성원의 참여를 촉진한다. 그러나 품목별 예산제도는 지출을 통제하고 공무원들로 하여금 회계적 책임을 쉽게 확보할 수 있는 데 용이하나 구성원의 참여는 관련이 없다.

② 거리 청소, 노면 보수 등과 같이 활동 단위를 중심으로 예산재원을 배분하는 것은 성과주의예산(PBS)이다. 품목별 예산제도에서는 해당 활동에 투입되는 동일한 재원들이 급여, 소규모 장비, 아스팔트, 가솔린 등으로 구분된다.

③ 미국 케네디 행정부의 국방장관인 맥나마라(McNamara)가 국방부에 최초로 도입한 것은 계획예산제도(PPBS)이다.

13 ①

품목별 예산제도(LIBS: Line-Item Budget System)는 세입과 세출을 표시하면서 기관의 운영과 행정활동에 소요되는 품목을 나열해 금전적으로 표시한 것이다. 따라서 품목별 예산제도는 품목을 중심으로 예산을 편성하므로 재정통제가 용이하지만, 지출 항목을 엄격히 분류해 일에 대한 정보를 제공하지 못하며 세입과 세출의 유기적 연계를 고려하지 못한다.

14 ①

품목별 예산제도(LIBS: Line-Item Budgeting System)는 행정부에 대한 재정통제를 위해 도입되었다. 즉, 품목별 예산제도란 정부지출의 대상이 되는 물품 또는 품목(인건비, 물건비, 여비 등)을 기준으로 하는 예산제도로, 예산의 통제기능을 충족시키기 위하여 고안되었다. 따라서 개별부서의 지출을 통제하고, 공무원들로 하여금 회계적 책임에 민감하도록 엄격하게 회계검사를 수행하도록 하는 것이 품목별 예산제도의 기본목적이다. 이러한 예산체제는 공공부문의 자의적인 지출행위를 감소시키는 데 크게 기여한 것으로 평가되었다.

15 ②

|오답해설| ① 품목별 예산제도(LIBS)는 각 항목에 의한 예산배분으로 조직목표 파악이 곤란하다.

③ 계획예산제도(PPBS)는 부처별 기본목표에 따라 하향식 방식으로 중장기 계획을 수립한다.

④ 영기준 예산제도(ZBB)는 기존 사업예산과 새로운 사업에 대해서 모두 엄밀한 사정을 한다.

16 ①

도로건설사업은 $10 \times 1,000,000 = 10,000,000$, 거리청소사업은 $5 \times 200,000 = 1,000,000$, 방역사업은 $2 \times 100,000 = 200,000$이므로 적정 예산액은 11,200,000원이다.

17 ①

성과주의 예산제도는 관리지향적 예산제도로서 행정기관의 운영관리를 위한 지침으로 효과적이다.

18 ①

프로그램을 이용하여 장기적인 계획과 연차별 예산이 유기적으로 연계되는 것은 성과주의 예산(PBS, Performance Budgeting System)이 아니라 계획예산(PPBS, Planning Programming Budgeting System)이다.

19 ①

성과주의 예산(PBS)은 성과단위(업무측정단위)의 선정이 곤란하다는 단점이 있다.

20 ②

|오답해설| ㄴ. 계획예산제도(PPBS)에 관한 설명이다.

21 ①

성과주의 예산제도는 평가대상 업무단위가 중간 산출물인 경우가 많다. 따라서 예산성과의 질적인 측면을 파악하는 데에는 한계가 있다. 예를 들어, 경찰의 순찰활동은 순찰시간이 측정단위인데, 순찰시간을 많이 확보한다고 해서 치안유지가 직접 보장된다고 볼 수는 없다.

22 ③

성과주의 예산제도는 예산을 사업별·활동별로 분류해 편성하되, 업무단위의 원가와 양을 계산해 편성하는 제도이다. 따라서 성과주의 예산제도는 투입되는 예산의 성과(산출)에 관심을 가지며 예산집행의 재량과 결과에 대한 책임을 강조하는 제도로서 1950년대 연방정부를 비롯해 지방정부에 확산되었다. 반면 성과주의 예산제도는 산출 이후의 성과를 파악하기 어렵다. 예를 들어 경찰의 순찰활동은 순찰시간이 측정단위인데, 순찰시간을 많이 확보한다고 해서 치안유지가 직접 보장된다고 볼 수는 없다.

23 ③

기획예산제도(PPBS)는 비용편익분석 등 계량적인 분석기법을 사용하여 장기적 계획과 단기적 예산을 접목하려는 예산제도이다.

24 ①

계획예산제도(PPBS)는 중앙계획기구에서 수립한 계획에 예산을 뒷받침하여 부서 간의 갈등이나 할거주의를 막아 줄 수 있다.

25 ④

|오답해설| ① 품목별 예산제도는 통제 중심의 예산제도로서 입법권에 의한 통제가 용이하다.
② 현대행정의 정책결정기능에 도움을 주는 예산제도는 계획예산제도이다.
③ 영기준 예산은 예산액의 계속적인 점증현상을 억제할 수 있다.

26 ③

미국의 국방장관이었던 맥나마라(McNamara)에 의해 국방부에 처음 도입되었고, 국방부의 성공적인 예산개혁에 공감한 존슨(Johnson) 대통령이 1965년에 전 연방정부에 도입한 것은 계획예산제도(PPBS)이다. 계획예산제도는 예산의 기능 중 기획기능을 강조한다.
|오답해설| ① 통제기능은 품목별 예산제도(LIBS), ② 관리기능은 성과주의 예산제도(PBS), ④ 감축기능은 영기준 예산제도(ZBB)에서 강조하는 기능이다.

27 ④

계획예산제도는 중앙집권적인 기획기능의 강화로 과도한 중앙집권화를 초래하고 하부기구의 자주성이 상실되기 쉽다.

28 ①

계획예산제도(PPBS)는 하향적 집권적 예산제도이므로, 하위 구성원의 참여가 배제된다.

29 ①

계획예산제도는 참여와 분권보다는 집권을 그 특징으로 한다.

30 ④

경제적 합리성을 중시하는 계획예산제도는 비용편익분석 등을 통한 합리적인 자원배분을 강조하므로, 정치적 협상을 중시하지 않는다.

31 ④

통제기능에 초점을 두는 품목별 예산에서는 회계학 지식이 요구되나, 계획기능에 초점을 두는 계획예산제도는 계량경제학, OR론 등의 발전과 체제분석기법의 개발이 그 발전의 배경이 된다.

32 ④

계획예산제도는 중앙집권적인 하향적 예산제도이며, 기획기능의 강화로 과도한 중앙집권화를 초래하고 하부기구의 자주성이 상실되기 쉽다. 따라서 재정민주주의의 실현에 적합하지 않다.

33 ④

PPBS(계획예산)는 하향식 예산 접근으로 중앙집권적인 기획기능이 강화되어 과도한 중앙집권화를 초래하고 하부기구의 자주성이 상실되기 쉽다. 따라서 참여적(민주적) 관리와 가장 관련이 없는 제도이다.

34 ③

제시문은 계획예산제도(PPBS)에 관한 설명이다.

35 ①

품목별 예산은 상향식(bottom-up) 예산과정을 수반하나, 계획예산제도는 하향식(top-down) 접근이 원칙이다.

36 ②

계획예산제도(PPBS)가 단위사업을 사업-재정계획에 따라 장기적인 예산편성 쪽으로 방향을 잡았다면, 영기준 예산제도(ZBB)는 해당 연도의 예산 제약 조건을 먼저 고려한다.

37 ④

집권화된 관리체계를 갖기 때문에 예산편성 과정에 소수의 조직구성원만이 참여하게 되는 것은 영기준 예산(ZBB)이 아니라 계획예산(PPBS)이다.

38 ③

비용편익분석과 시스템분석을 주요 수단으로 활용하는 것은 계획예산제도(PPBS)이다.

39 ②

영기준 예산제도(ZBB)는 예산에 관한 의사결정이 상향적(bottom up)으로 진행된다. 즉, 모든 계층의 관리자가 결정항목의 개발·평가에 참여함으로써 업무개선의 동기가 부여되며, 결정 방식이 상향적이므로 하의상달이 촉진된다.

40 ④

영기준 예산제도란 합리주의적 의사결정 방식에 따라 영기준을 토대로 예산을 편성하는 것을 말한다.

41 ③

제시문은 영기준 예산제도에 관한 설명이다.

42 ②

예산결정기능이 최고관리층에 집중됨으로써 효율적인 예산운영이 가능한 것은 PPBS이다. PPBS는 집권적이고 ZBB는 분권적이다.

43 ①

매년 정부의 모든 계속사업과 신규사업에 관한 방대한 활동을 합리적·객관적으로 분석·평가하는 데에는 시간과 노력의 과중한 부담이 따른다.

44 ③

영기준 예산제도(Zero-Base Budgeting)는 합리적 선택을 강조하는 합리주의(총체수의)에 입각한 예산제도이다. 따라서 예산과정에서 정치적 고려 및 관리자의 가치관이 반영될 가능성이 낮다.

45 ③

사업구조 작성의 곤란은 계획예산제도(PPBS)의 단점에 해당한다.

46 ④

영기준 예산제도(ZBB)는 감축지향이다.

47 ③

불요불급한 지출을 억제하고 감축관리를 지향하기 위해 도입된 것은 영기준 예산(ZBB)이다.

48 ②

제시문은 일몰제에 관한 설명이다.

49 ⑤

영기준 예산이 예산편성과 관련된 행정적 과정이라면, 일몰법은 예산심의와 관련된 입법적 과정이다.

50 ③

일몰법이란 특정한 사업이나 조직이 정해진 기간이 지나면 자동적으로 폐지되도록 하는 법률을 일컫는 것으로 '최상위 계층'과 관련이 있다.

51 ⑤

일몰법은 입법부가 행정기관을 실질적으로 감시할 수 있도록 하는 효과적인 수단이며, 주민참여와는 관련이 없다.

52 ②

자본예산제도는 수익자 부담의 원칙에 따라 부담과 편익의 분배에 대한 세대 간의 공평성을 고려할 수 있는 예산제도이다.

53 ①

자본예산제도는 전통적인 균형예산의 관념을 떠나서 불경기의 극복을 위하여 적자예산을 편성하고 경기가 회복된 후에는 흑자예산으로 상환하게 하는 제도이므로 순환적 균형예산이다. 하지만 자본예산제도는 적자예산을 편성하는 데 치중하게 될 우려가 있으며, 인플레이션의 경우 이를 더욱 조장시킬 우려가 있어 재정안전성을 저해한다는 문제점도 있다.

54 ③

사업별, 활동별, 기능별로 예산이 운영되기 때문에 정부의 역할을 국민에게 이해시키는 데 큰 도움을 주는 것은 성과주의 예산이다.

55 ④

자본예산제도는 자본적 지출에 대해서는 어느 분야의 지출이 경기회복에 도움을 주는지를 심도 있게 분석하지만, 경상적 지출은 일상적인 지출이므로 특별한 관심의 대상이 되지 못한다.

56 ③

자본예산제도는 인플레이션을 더욱 조장할 우려가 있다.

CHAPTER 01 | 행정책임과 통제
본문 P.528

01	①	02	①	03	①	04	④	05	①
06	④	07	①	08	④	09	①	10	①
11	③	12	②	13	③	14	①	15	④
16	⑤	17	③	18	③	19	④	20	③
21	④	22	②	23	④	24	⑤	25	①
26	④	27	②	28	①	29	③	30	④
31	②								

01 ①
행정책임은 일정한 행동을 하여야 할 의무를 전제로 발생한다.

02 ①
행정책임은 주로 행동의 결과에 대하여 성립된다. 행동의 동기는 불문한다.

03 ①
정부 주도의 경제발전에 따른 행정의 전문화와 정치·행정 일원론은 행정의 재량권 확대와 관련이 있다. 행정통제가 강화되면 오히려 행정의 재량권은 축소된다.

04 ④
현대 행정국가에서는 행정이 전문화되고, 이로 인해 전통적인 외부통제인 입법 및 사법통제의 약화현상이 나타난다. 따라서 행정의 재량권을 확대하는 것에 비해 시민통제가 약화됨에 따라 행정책임이 중시되었다.

05 ①
행정부로부터 통제 주체들의 인사·재정적 독립은 행정에 대한 통제를 용이하게 한다.

06 ④
자율적 책임성은 고객만족을 위하여 절차보다는 성과에 대한 책임을 강조한다.

07 ①
공무원이 전문가로서의 직업윤리와 책임감에 기초해서 자발적인 재량을 발휘해 확보되는 행정책임을 의미하는 것은 자율적 책임성이다.

08 ④
공무원의 자율적이고 능동적인 행정책임을 의미하는 것은 자율적 책임성이다.

09 ①
법령에 행정의 기준이 명문으로 규정되어 있는 경우에는 무엇보다 그 규정을 행정책임의 기준으로 삼아야 하며, 명문규정이 없는 경우에는 공익, 직업윤리와 기술적 기준, 국민의 여망, 이익집단의 요구 등을 행정책임의 기준으로 들 수 있다. 따라서 행정책임의 기준과 분권화의 정도는 무관하다.

10 ①
현대 행정국가의 두드러진 특징 가운데 하나는 행정이 전문화된다는 것이다. 따라서 외부통제가 약화되고 행정의 재량권의 행사가 확대되었다. 하지만 행정의 재량권 확대는 재량권의 오·남용의 가능성이 커지기 때문에 내부통제가 중시된다.

11 ③
행정통제의 유효성을 제고하기 위해서는 시민참여를 확대해야 한다.

12 ②
행정통제는 설정된 행정목표와 기준에 따라 성과를 측정하는 데 초점을 맞추며, 기준과 성과 간에 편차가 있는 경우에 편차에 대한 시정조치가 따라야 한다.

13 ③
행정이 전문성과 복잡성을 띠게 된 현대 행정국가 시대에는 외부통제보다 내부통제가 점차 강조되고 있다.

14 ①
감사원은 대통령 소속기관이다. 따라서 감사원의 직무감찰은 내부통제에 해당한다. 나머지 의회, 법원, 헌법재판소 등은 외부통제 기관에 해당한다.

15 ④
ㄴ, ㄹ, ㅂ, ㅇ이 행정부에 대한 외부통제에 해당한다. 나머지는 모두 내부통제에 해당한다.

16 ⑤
|오답해설| ㄷ. 감사원, ㄹ. 청와대, ㅁ. 중앙행정부처에 의한 통제는 내부통제이다.

17 ③
행정통제를 내부통제와 외부통제로 구분할 경우, 윤리적 책임의식의 내재화를 통한 통제는 내부통제이며 비공식통제에 속한다. 내부통제 중에서 비공식통제는 행정의 전문화 심화와 재량권의 증대로 인하여 현대에 이르러 가장 효율적·합리적인 통제로서 중요시되고 있다.
|오답해설| ① 행정의 적극적 이미지를 전제로 전문가로서의 관료의 기능적 책임을 강조하는 책임론을 제시한 사람은 프리드리히(Friedrich)이다.
② 개인적인 도덕적 의무감에 호소하는 책임보다 외재적·민주적 책임의 중요성을 강조한 사람은 파이너(Finer)이다.
④ 옴부즈만제도를 의회형과 행정부형으로 구분할 경우, 국민권익위원회의 고충민원처리제도는 행정부형에 속한다.

18 ③

민중통제는 외부통제에 해당한다. 직업윤리에 의한 통제는 내부통제이다.

19 ④

중앙부처의 예산 편성과 집행에 대한 기획재정부의 관리 활동은 행정책임 확보 방안 중 내부통제에 해당한다.

20 ③

행정명령·처분·규칙의 위법 여부를 심사하는 외부통제 방법은 사법통제이다.

21 ④

옴부즈만(스웨덴)은 입법부 소속으로, 외부통제에 해당한다.

22 ②

행정이 전문성과 복잡성을 띠게 된 현대 행정국가 시대에는 외부통제가 점차 약화되고 있다. 스웨덴에서 처음 도입된 옴부즈만(Ombudsman)제도는 외부통제의 한계를 보완하기 위해서 행정부에 시정을 촉구하거나 건의함으로써 국민의 권리를 구제하는 제도이며, 대부분의 국가에서는 입법부에 소속되어 있다.

23 ④

옴부즈만은 법원이나 행정기관의 결정이나 행위를 무효나 취소 또는 변경할 수 없다.

24 ⑤

| 오답해설 | ① 옴부즈만제도는 1809년 '스웨덴'에서 처음으로 채택되어 실시된 제도로, 입법부의 행정부 통제수단이다.
② 전형적인 '외부' 행정통제의 하나로 행정권의 남용이나 부당행위로 인한 국민의 권익침해를 구제한다.
③ 부당한 행정행위에 대해 시정조치를 법적으로 강제하고 취소하는 권한을 갖지 못한다.
④ 융통성과 신속성이 높은 제도로, 기존의 경직된 관료제 구조를 보완하기 위해 활용되며 국가마다 '다양한' 형태를 지닌다.

25 ①

입법부가 행정부를 통제하기 위한 수단이다.

26 ④

옴부즈만의 권한으로 조사권, 시찰권은 대부분의 나라에서 인정하나, 소추권은 인정하지 않는 것이 일반적이다. 소추권이란 형사기관에 처벌을 요구할 수 있는 권리를 의미한다.

27 ②

옴부즈만 제도는 부족한 인력과 예산으로 인해 국민의 권익을 구제하는 데 한계가 있을 수 있다.
| 오답해설 | ① 시민의 요구가 없어도 직권으로 조사활동을 할 수 있다.
③ 입법부가 임명한다.
④ 시정조치를 법적으로 강제할 수 있는 권한이 없다.

28 ①

옴부즈만의 독립성을 위해 옴부즈만은 비교적 임기가 길고 임기보장이 엄격하게 적용된다.

29 ③

우리나라의 옴부즈만제도는 현재 국민권익위원회이고, 그 시초는 국민고충처리위원회(1994년)이다. 이명박 정부 시절 「부패방지 및 국민권익위원회의 설치와 운영에 관한 법률」이 제정됨으로써 이 법률에 의거하여 국민고충처리위원회, 국가청렴위원회, 국무총리 행정심판위원회가 통합되어 2008년 2월 29일 국민권익위원회가 출범하였다.

30 ④

우리나라의 국민권익위원회는 「부패방지 및 국민권익위원회의 설치와 운영에 관한 법률」에 근거하여 설치된 비헌법기관(법률기관)으로 국무총리 소속으로 설치되었다.

> 「부패방지 및 국민권익위원회의 설치와 운영에 관한 법률」
> 제11조【국민권익위원회의 설치】① 고충민원의 처리와 이에 관련된 불합리한 행정제도를 개선하고, 부패의 발생을 예방하며 부패행위를 효율적으로 규제하도록 하기 위하여 국무총리 소속으로 국민권익위원회(이하 "위원회"라 한다)를 둔다.
> ② 위원회는 「정부조직법」 제2조에 따른 중앙행정기관으로서 그 권한에 속하는 사무를 독립적으로 수행한다.

31 ②

국민권익위원회는 「헌법」상 기관이 아닌, 「부패방지 및 국민권익위원회의 설치와 운영에 관한 법률」에 의해서 설치된 법률기관이다.
| 오답해설 | ① 국무총리 소속으로 내부통제 수단이다.
③ 접수된 고충민원은 지체 없이 조사하여 접수일부터 60일 이내에 처리하여야 한다.
④ 국회 등은 제외된다.
⑤ 강제력을 가지지 못한다.

CHAPTER 02 | 행정개혁(정부혁신)

본문 P.539

01	④	02	③	03	①	04	①	05	③
06	③	07	⑤	08	①	09	③	10	⑤
11	④	12	④	13	③	14	③	15	③
16	③	17	②	18	②	19	③	20	④
21	③	22	③						

01 ④

행정개혁은 시간적 단절성이 아닌, 계속적 과정이다.

02 ③

책임운영기관제도의 확대는 행정개혁의 결과이다.

03 ①

구조적 접근방법이다.

04 ①

구조 중심적 접근방법에 대한 내용이다.

05 ③

관리과학의 활용은 관리·기술적 접근방법에 해당한다.

06 ③

|오답해설| ㄱ. 구조적 접근방법, ㅁ. 인간관계론적 접근방법에 해당한다.

07 ⑤

행정은 정치적 맥락 속에서 이루어진다. 따라서 행정개혁을 성공시키기 위해서는 정치적 요소를 고려하여야 하며, 점진적으로 수행하여야 한다.

08 ①

행정개혁을 담당하는 조직의 중복성 혹은 가외성(redundancy)의 존재는 행정개혁에 대한 저항이 나타나는 원인이나 요인으로 보기 어렵다. 행정 개혁을 담당하는 조직이 중복적으로 존재하거나 가외적인 조직이 존재하는 경우 하나의 조직이 행정개혁에 실패하는 경우 다른 조직에 의해 행정 개혁이 추진될 수 있기 때문에 행정개혁에 대한 저항이 나타나는 원인이나 요인보다는 행정개혁의 저항을 극복하는 방안에 해당한다.

09 ③

행정수요의 변동은 행정개혁에 대한 저항요인이 아니라, 행정개혁의 원인에 해당한다.

10 ⑤

개혁 이후의 보상의 불충분성은 개혁의 저항원인으로 보기는 어렵다. 개혁 자체의 본질적인 저항이지, 개혁 보상의 불충분성에 의해 저항이 일어나는 것은 아니다.

11 ④

참여의 확대는 행정개혁의 저항을 극복하기 위한 사회적·규범적 전략에 해당한다.

12 ④

행정개혁에 대한 저항을 가장 근본적으로 해결하는 방법은 규범적·사회적 방법이다.

13 ③

교육훈련과 자기계발 기회 제공은 행정개혁에 대한 저항을 극복하는 규범적·사회적 전략이다.

|오답해설| ① 경제적 손실 보상, 임용상 불이익 방지는 공리적·기술적 전략이다.

② 개혁지도자의 신망 개선, 의사전달과 참여의 원활화, 사명감 고취는 규범적·사회적 전략이다.

④ 개혁 시기 조정은 공리적·기술적 전략이다.

14 ③

행정부패 방지는 NPR에 포함되지 않는다.

15 ③

책임운영기관은 'Gore보고서(1993)'에 의해서 도입된 것이 아니라, 클린턴의 제2기 정부개혁(1997)의 일환으로 도입되었다.

16 ③

국가성과심의회(NPR: National Performance Review, 1993)는 미국 클린턴(Clinton) 행정부 당시에 '더 적은 비용으로 일 잘하는 정부의 창조'를 위해 등장한 정부개혁 프로그램이다.

17 ②

영국에서는 종전의 Executive Agency를 폐지하고 중앙행정기관의 통합성을 지향한 것이 아니라 중앙행정기관의 통합성을 지양하고, 책임운영기관(Executive Agency)을 도입하였다. 즉 정부서비스의 좀 더 효율적인 제공을 위하여 정책기능과 집행기능을 분리시키고, 중앙행정 기관이 담당하였던 집행·서비스 공급기능을 분리하여 책임행정을 할 수 있도록 재량권과 신축성을 부여한 Next Steps 기관으로서 새로운 책임운영기관(Executive Agency)을 설치하였다.

18 ②

행정서비스헌장제도는 공공기관이 국민이나 시민에게 제공할 공공서 비스의 양과 질에 관한 자료와 정보를 정확하게 제공하고 국민이나 시민에게는 이에 관한 권리를 부여하기 위해서 도입된 제도이다. 따라서 공공서비스의 내용, 수준, 제공방법, 불이행 시 조치와 보상으로 명문 화하고 있다.

19 ③

조직구성원의 자율과 재량 등이 확대되기보다는 의무가 규정된다.

20 ④

시민(행정서비스)헌장제도는 독점적인 영역에서 주로 사용하는 제도이 므로 경찰과 같은 순수공공재 영역에 적용된다.

21 ③

정부혁신의 방법과 전략은 나라마다 차이가 있지만, 기본적인 방향에서 공통적인 요소를 찾을 수 있다.

22 ③

OECD 국가들이 지향하는 정부혁신의 방향은 중앙의 전략 및 정책능력 강화이다.

CHAPTER 01 | 지방행정 기초이론　　본문 P.554

01	①	02	②	03	④	04	①	05	④
06	④	07	②	08	②	09	⑤	10	①
11	③	12	④	13	③	14	⑤	15	②
16	④	17	④	18	②	19	④	20	①
21	④	22	①							

01 ①
조례제정·개폐청구제도(1999), 주민감사청구제도(1999), 주민투표제도(2004. 1.), 주민소송제도(2006. 1.), 주민소환제도(2007. 5.) 순으로 법제화되었다.

02 ②
조례제정·개폐청구제(1999), 주민투표제(2004), 주민소송제(2005), 주민소환제(2007) 순으로 도입되었다.

03 ④
|오답해설| ① 자치권의 인식에서 주민자치는 고유권으로, 단체자치는 전래권으로 본다.
② 주민자치는 민주주의 이념을, 단체자치는 지방분권의 이념을 강조한다.
③ 주민자치는 의결기관이 집행기관도 되는 기관통합형을 채택하는 반면, 단체자치는 의결기관과 집행기관을 분리하여 대립시키는 기관분리형을 채택한다.

04 ①
|오답해설| ② 주민자치가 지방자치를 실현하기 위한 내용적·본질적 요소라고 한다면, 단체자치는 지방자치의 형식적·법제적 요소라고 할 수 있다.
③ 주민자치에 대한 설명이다.
④ 주민자치에서는 입법통제와 사법통제가 주된 통제방식이다.

05 ④
정치적 차원의 자치를 강조하는 것은 주민자치이다. 단체자치는 법률적 차원의 자치를 강조한다.

06 ④
단체자치에 대한 설명으로 모두 옳은 것이다.

07 ②
지방자치가 발달할 경우 지방자치단체가 주민의 요구에 따른 행정활동이 이루어져 행정의 대응성을 제고할 수는 있지만, 지역 간 행정의 통일성을 확보하기는 어렵다. 지역 간 행정의 통일성 확보는 지방자치보다는 중앙집권의 장점에 해당한다.

08 ②
|오답해설| ㄴ. 사뮤엘슨(Samuelson)은 중앙정부에 의한 공공재 공급을 강조하였다.
ㄷ. 소규모 자치행정구역을 지지하는 논리(지방자치의 필요성 강조)는 지역격차의 완화에 공헌하기 어렵다.

09 ⑤
티부(C. Tiebout)모형의 가정 중 하나는 다수의 소규모 지방자치단체가 존재해야 한다는 것이다. 반면 소수의 대규모 지방자치단체가 존재할 경우 규모의 경제가 성립하여 주민의 자유로운 이동(완전한 이동성)이 제약된다.

10 ①
티부(Tiebout)모형에서 제시한 '발로 하는 투표(vote by feet)'의 전제조건은 정보의 완전성이다.

11 ③
티부가설(Tiebout hypothesis)은 주민의 이동성을 전제로 지방정부 서비스에 대한 주민들의 선택을 통해 그들의 선호를 표명함으로써 시장과 유사한 방법으로 주민들의 공공서비스에 대한 수요를 파악할 수 있다고 주장한다. 따라서 각 지역이 수행한 사업에서 나오는 혜택을 그 지역주민들만 누릴 수 있다는 가정이 필요하다. 즉, 티부가설은 지방공공재는 외부효과가 존재하지 않는다고 가정한다.

12 ④
티부의 발에 의한 투표(vote by feet)는 공급되는 공공재가 외부비용과 외부효과 문제를 가지지 말아야 한다고 전제한다. 즉, 세금이라는 형식으로 가격이나 대가를 지불한 지역주민만 해당 지방정부의 공공서비스를 이용해야 한다는 것이다.

13 ③
티부(Tiebout) 모형의 전제조건으로 고정적 생산요소가 존재해야 한다. 즉 모든 지방정부에는 최소한 한 가지의 고정적인 생산요소(fixed factor)가 존재하며, 이와 같은 제약 때문에 각 지방정부는 자신에게 맞는 최적규모(optimal size)를 갖는다.

14 ⑤
티부모형은 각 개인의 소득은 주어져 있다고 가정하므로, 개인이 어느 지역에 사느냐에 따라 소득이 달라지지 않는다.

15 ②
지방분권은 지역 간 격차를 유발할 수 있다. 반면 중앙집권은 중앙정부에 의한 엄격한 재정·행정적 통제를 통해 지역 간 격차를 완화할 수 있는 장점이 있다.

16 ④
오츠(Oates)의 분권화정리가 성립하기 위한 조건에 대한 설명으로 ㄴ, ㄷ이 옳은 것이다. 오츠의 분권화정리는 티부모형과 더불어 지방자치의 당위성을 이론적으로 뒷받침하고 있는 이론이다. 지방공공재는 일반적으로 소비의 비경합성이 불완전하여 혼잡의 문제가 발생한다. 따라서 분권화된 체제에 의해 공급되는 것이 효율적이다.

| 오답해설 | ㄱ. 지방정부의 공공재 공급 비용이 중앙정부의 공공재 공급 비용보다 더 적게 든다.

17 ④

신중앙집권은 과거의 중앙집권에 비해 관료적, 권력적 집권이 아니라 비권력적, 지식적, 기술적 집권이다.

| 오답해설 | ①② 신중앙집권화 현상은 지방분권화에 대한 반발이나 지방자치의 필요성이 감소하여 발생한 현상이 아니며, 행정국가의 등장과 관련이 있다.

18 ②

신중앙집권화는 수직적·관료적 집권이 아니라 수평적·협동적 집권을 의미한다.

19 ④

세계화와 신자유주의는 신지방분권화를 촉진하였다. 1980년대 정보통신의 발달로 인한 세계화(Globalization)와 대처리즘, 레이거노믹스로 인한 신자유주의는 효율성을 강조하는 방향으로 경제환경을 변화시켰다. 이에 따라 세계 각국 정부도 중앙정부에 의해 획일적 통제에서 벗어나 지방정부의 효율성을 강조하는 신지방분권화를 촉진하게 되었다. 반면 신중앙집권화란 현대국가의 새로운 경향으로서, 지방자치제도를 발전시켜 왔던 근대 민주국가에서 사회발전과 행정기능의 확대·강화에 따른 복지사회의 실현을 위해 민주성과 능률성의 조화라는 근본원리에 입각하여 중앙정부의 권한이 강화되는 경향을 말한다.

20 ①

지방분권 및 지방행정체제 개편을 추진하기 위하여 대통령 소속으로 지방시대위원회를 둔다.

21 ④

풀뿌리자치의 활성화와 민주적 참여의식 고양을 위하여 읍·면·동에 해당 행정구역의 주민으로 구성되는 주민자치회를 둘 수 있다. 즉, 적정규모로 통합된 읍·면·동이 아니라 모든 읍·면·동은 주민자치회를 둘 수 있다.

「지방자치분권 및 지역균형발전에 관한 특별법」
제40조【주민자치회의 설치 등】① 풀뿌리자치의 활성화와 민주적 참여의식 고양을 위하여 읍·면·동에 해당 행정구역의 주민으로 구성되는 주민자치회(이하 "자치회"라 한다)를 둘 수 있다.
제43조【지방행정체제 개편의 기본방향 등】② 특별시 및 광역시는 지방자치단체로서 존치하되, 지방시대위원회는 특별시 및 광역시의 관할 구역 안에 두고 있는 구와 군의 지위, 기능 등에 관한 개편방안을 마련하여야 하며, 특별시 및 광역시의 관할 구역 안에 두고 있는 구 중에서 인구 또는 면적이 과소한 구는 적정 규모로 통합한다.
③ 도는 지방자치단체로서 존치하되, 지방시대위원회는 이 법에 따른 시·군의 통합 등과 관련하여 도의 지위 및 기능 재정립 등을 포함한 도의 개편방안을 마련하여야 한다.

22 ①

시·군 통합의 긍정적 효과로는 규모의 경제 실현, 생활권과 행정권의 일치, 광역적 문제의 효과적 해결 등이 있다. 시·군이 통합되면 행정구역이 광역화되기 때문에 행정의 대응성을 저하시킨다.

01	④	02	②	03	③	04	③	05	①
06	②	07	①	08	②	09	③	10	③
11	③	12	④	13	④	14	②	15	③
16	③	17	③	18	②	19	①	20	④
21	②	22	④	23	①	24	②	25	①
26	③	27	②	28	②	29	①	30	①
31	②								

01 ④

경쟁형은 라이트(Wright)의 정부 간 관계모형에 포함되지 않는다.

02 ②

대등권위모형(조정권위모형, coordinate-authority model)은 연방정부와 주정부는 분리되어 동등한 권한을 가지지만 지방정부는 주정부에 종속되어 있다고 설명한다.

03 ③

엘코크(Elcock)의 이론 중 지방정부가 중앙정부의 감독 및 지원하에 국가정책을 집행하는 유형은 동반자모형이 아니라 대리인모형을 말한다. 동반자모형은 지방이 고유한 권능을 가지고 독자적인 결정을 내릴 수 있기 때문에 중앙정부와 상하관계에 있다고 보지 않으며, 대리인모형과 상반된 입장으로 라이트(Wright)가 제시한 분리권위형과 유사한 모형이다.

04 ③

| 오답해설 | ㄴ. 로즈(Rhodes)는 중앙정부는 법적 자원, 재정적 자원에서 우위를 점하며, 지방정부는 정보자원과 조직자원의 측면에서 우위를 점한다고 주장하였다.
ㄹ. 라이트(Wright) 모형 중 분리형에서는 정부의 권위가 독립적인 데 비하여, 포괄형에서는 계층적이다.

05 ①

| 오답해설 | ② 공공선택론적 관점, ③ 계급정치론적 관점, ④ 엘리트론적 관점에 관한 설명이다.

06 ②

| 오답해설 | ① 다원주의 관점, ③ 계급정치론 관점, ④⑤ 엘리트론 관점에 해당한다.

07 ①

재분배정책(사회보장정책)은 중앙정부가 담당해야 한다.

08 ②

중앙정부는 위법·부당한 명령·처분의 시정명령 및 취소·정지를 할 수 있고, 지방자치단체의 장이 이에 이의가 있을 때에는 '대법원'에 소를 제기할 수 있다.

09 ③

지방자치단체의 비용부담으로 대집행하거나 행정상·재정상 필요한 조치를 할 수 있다.

10 ③

서울시장은 주무부장관의 이행명령에 이의가 있으면 이행명령서를 접수한 날부터 15일 이내에 대법원에 소를 제기할 수 있다.

11 ③

자치사무에 대한 감사는 법령 위반사항에 대해서만 가능하다.

12 ④

중앙행정기관의 장과 지방자치단체의 장이 사무를 처리할 때 의견을 달리하는 경우, 이를 협의·조정하기 위하여 국무총리 소속의 행정협의조정위원회를 둔다.

13 ④

국무총리 소속의 행정협의조정위원회의 결정은 강제력을 지니지 못한다.

14 ②

지방자치단체 상호 간이나 지방자치단체의 장 상호 간 사무를 처리할 때 의견이 달라 다툼이 생기면, 특별한 규정이 없으면 행정안전부장관이나 시·도지사가 당사자의 신청에 따라 조정할 수 있다. 다만, 그 분쟁이 공익을 현저히 해쳐 조속한 조정이 필요하다고 인정되면 당사자의 신청이 없어도 직권으로 조정할 수 있다(「지방자치법」 제165조).

15 ③

중앙분쟁조정위원회는 행정안전부에 설치하며 시·도와 시·군 및 자치구 간 또는 그 장 간의 분쟁을 심의·의결한다.

「지방자치법」

제165조 【지방자치단체 상호 간의 분쟁조정】 ① 지방자치단체 상호 간 또는 지방자치단체의 장 상호 간에 사무를 처리할 때 의견이 달라 다툼(이하 "분쟁"이라 한다)이 생기면 다른 법률에 특별한 규정이 없으면 행정안전부장관이나 시·도지사가 당사자의 신청을 받아 조정할 수 있다. 다만, 그 분쟁이 공익을 현저히 해쳐 조속한 조정이 필요하다고 인정되면 당사자의 신청이 없어도 직권으로 조정할 수 있다.

⑦ 행정안전부장관이나 시·도지사는 제4항부터 제6항까지의 규정에 따른 조정 결정 사항이 성실히 이행되지 아니하면 그 지방자치단체에 대하여 제189조를 준용하여 이행하게 할 수 있다.

제166조 【지방자치단체중앙분쟁조정위원회 등의 설치와 구성 등】 ① 제165조 제1항에 따른 분쟁의 조정과 제173조 제1항에 따른 협의사항의 조정에 필요한 사항을 심의·의결하기 위하여 행정안전부에 지방자치단체중앙분쟁조정위원회(이하 "중앙분쟁조정위원회"라 한다)를, 시·도에 지방자치단체지방분쟁조정위원회(이하 "지방분쟁조정위원회"라 한다)를 둔다.

② 중앙분쟁조정위원회는 다음 각 호의 분쟁을 심의·의결한다.

1. 시·도 간 또는 그 장 간의 분쟁
2. 시·도를 달리하는 시·군 및 자치구 간 또는 그 장 간의 분쟁
3. 시·도와 시·군 및 자치구 간 또는 그 장 간의 분쟁
4. 시·도와 지방자치단체조합 간 또는 그 장 간의 분쟁
5. 시·도를 달리하는 시·군 및 자치구와 지방자치단체조합 간 또는 그 장 간의 분쟁

6. 시·도를 달리하는 지방자치단체조합 간 또는 그 장 간의 분쟁

③ 지방분쟁조정위원회는 제2항 각 호에 해당하지 아니하는 지방자치단체·지방자치단체조합 간 또는 그 장 간의 분쟁을 심의·의결한다.

---

16 ③

광역행정은 기존의 행정구역을 초월해 더 넓은 지역을 대상으로 행정을 수행하기 때문에 규모의 경제를 확보할 수 있다. 즉, 동일한 업무는 동일한 행정기관에 의하여 광역적으로 처리되는 경우 인력·비용 면에서 경제성을 높일 수 있다.

17 ①

광역행정을 처리하기 위한 기구인 지방자치단체조합의 구성원은 관련 지방자치단체의 주민이 아니라 관련 지방자치단체이다.

18 ③

지방자치단체조합을 해산한 경우에 그 재산의 처분은 관계 지방자치단체의 협의에 따른다.

「지방자치법」

제176조 【지방자치단체조합의 설립】 ① 2개 이상의 지방자치단체가 하나 또는 둘 이상의 사무를 공동으로 처리할 필요가 있을 때에는 규약을 정하여 지방의회의 의결을 거쳐 시·도는 행정안전부장관의 승인, 시·군 및 자치구는 시·도지사의 승인을 받아 지방자치단체조합을 설립할 수 있다. 다만, 지방자치단체조합의 구성원인 시·군 및 자치구가 2개 이상의 시·도에 걸쳐 있는 지방자치단체조합은 행정안전부장관의 승인을 받아야 한다.

② 지방자치단체조합은 법인으로 한다.

제181조 【지방자치단체조합의 규약 변경 및 해산】 ① 지방자치단체조합의 규약을 변경하거나 지방자치단체조합을 해산하려는 경우에는 제176조 제1항을 준용한다.

② 지방자치단체조합을 해산한 경우에 그 재산의 처분은 관계 지방자치단체의 협의에 따른다.

---

19 ①

지방자치단체나 그 장은 소관 사무의 일부를 다른 지방자치단체나 그 장에게 '위탁'하여 처리하게 할 수 있다.

「지방자치법」

제117조 【사무의 위임 등】 ① 지방자치단체의 장은 조례나 규칙으로 정하는 바에 따라 그 권한에 속하는 사무의 일부를 보조기관, 소속 행정기관 또는 하부행정기관에 위임할 수 있다.

제168조 【사무의 위탁】 ① 지방자치단체나 그 장은 소관 사무의 일부를 다른 지방자치단체나 그 장에게 위탁하여 처리하게 할 수 있다.

제169조 【행정협의회의 구성】 ① 지방자치단체는 2개 이상의 지방자치단체에 관련된 사무의 일부를 공동으로 처리하기 위하여 관계 지방자치단체 간의 행정협의회를 구성할 수 있다. 이 경우 지방자치단체의 장은 시·도가 구성원이면 행정안전부장관과 관계 중앙행정기관의 장에게, 시·군 또는 자치구가 구성원이면 시·도지사에게 이를 보고하여야 한다.

제182조 【지방자치단체의 장 등의 협의체】 ① 지방자치단체의 장이나 지방의회의 의장은 상호 간의 교류와 협력을 증진하고, 공동의 문제를 협의하기 위하여 다음 각 호의 구분에 따라 각각 전국적 협의체를 설립할 수 있다.
1. 시·도지사
2. 시·도의회의 의장
3. 시장·군수 및 자치구의 구청장
4. 시·군 및 자치구의회의 의장

제187조 【중앙행정기관과 지방자치단체 간 협의·조정】 ① 중앙행정기관의 장과 지방자치단체의 장이 사무를 처리할 때 의견을 달리하는 경우 이를 협의·조정하기 위하여 국무총리 소속으로 행정협의조정위원회를 둔다.

20 ④
우리나라의 광역행정 방식으로는 사무의 위탁, 행정협의회, 지방자치단체조합 등이 있다. 민영화는 우리나라의 광역행정 방식에 해당하지 않는다.

21 ②
발문은 통합(합병) 방식에 해당한다.

22 ④
통합(합병) 방식에 해당한다.

23 ①
농촌진흥청은 농림축산식품부 소속의 중앙행정기관이다.

24 ②
부산진해경제자유구역청은 특별지방자치단체이다.

25 ①
특별지방행정기관은 특정한 중앙행정기관에 소속되어, 당해 관할구역 내에서 시행되는 소속 중앙행정기관의 권한에 속하는 행정사무를 관장하는 국가의 지방행정기관을 말한다. 지방자치단체가 특별업무를 수행하기 위해서 설립한 기관은 특별지방자치단체(지방자치단체조합)이다.
| 오답해설 | ③ 우리나라에서는 「지방자치법」에서 특별지방자치단체의 설치 및 운영에 관하여 필요한 사항을 대통령령으로 정하도록 규정하고 있었으나, 「지방자치법」 개정에 따라 특별지방자치단체의 설치 등에 관하여는 제12장(제199조~제211조)에서 정하는 바에 따르도록 규정하고 있다.

「지방자치법」
제2조 【지방자치단체의 종류】 ① 지방자치단체는 다음의 두 가지 종류로 구분한다.
1. 특별시, 광역시, 특별자치시, 도, 특별자치도
2. 시, 군, 구
② 지방자치단체인 구(이하 "자치구"라 한다)는 특별시와 광역시의 관할구역의 구만을 말하며, 자치구의 자치권의 범위는 법령으로 정하는 바에 따라 시·군과 다르게 할 수 있다.
③ 제1항의 지방자치단체 외에 특정한 목적을 수행하기 위하여 필요하면 따로 특별지방자치단체를 설치할 수 있다. 이 경우 특별지방자치단체의 설치 등에 관하여는 제12장에서 정하는 바에 따른다.

26 ③
특별지방행정기관의 수는 지방자치제의 실시 논의가 이루어졌던 1980년대 말에 급증하였다.

27 ②
특별지방행정기관의 설치는 국가업무의 효율적이고 광역적인 추진이라는 긍정적인 목적과 더불어 관리와 감독의 용이성이라는 부처이기주의적 목적이 결합되어 있다.

28 ②
특별지방행정기관은 국가의 사무를 집행하기 위해 설치한 일선집행기관으로, 전문 분야의 행정을 보다 효율적으로 수행하기 위해 설치하나 행정기관 간의 중복을 야기하기도 한다.
| 오답해설 | ① 특별지방행정기관은 국가의 사무를 집행하기 위해 설치한 일선집행기관이지만, 고유의 법인격을 가지고 있지는 않다.
③ 특별지방행정기관에는 지방국세청, 지방병무청 등이 있다. 자치구가 아닌 일반행정구는 지방자치단체의 하부 행정기관에 해당한다.
④ 특별지방행정기관은 지방행정의 전문성을 제고하나 지방분권 강화에 부정적인 영향을 미친다.

29 ①
특별지방행정기관은 중앙행정기관의 지방기관으로 전국적인 통일성 있는 업무추진에 용이하다.

30 ①
특별지방행정기관은 국가의 사무를 집행하기 위해 중앙정부에서 설치한 일선행정기관으로, 자치권을 가지고 있지 않기 때문에 관할지역 주민들의 직접적인 통제와 참여가 곤란하며 책임행정을 실현하기 곤란하다.

31 ②
관할 범위가 넓을수록 이용자인 고객의 편리성이 저하된다.

01	③	02	②	03	①	04	②	05	③
06	④	07	②	08	③	09	③	10	②
11	⑤	12	③	13	④	14	①	15	③
16	①	17	④	18	③	19	④	20	⑤
21	④	22	④	23	③	24	①	25	②
26	③	27	③	28	③	29	②	30	①
31	①	32	③	33	③	34	③	35	④
36	③	37	②	38	⑤	39	①	40	①
41	②	42	④	43	③	44	④	45	③
46	③	47	③	48	③	49	③	50	④
51	②	52	③	53	①				

01 ③

지방자치단체는 법인이다. 따라서 지방자치단체는 독자적인 법인격이 있으며, 국가의 위임사무나 자치사무를 수행한다.

02 ②

광역시의 설치 기준을 법정하고 있지는 않다.

03 ①

자치구의 자치권의 범위는 법령으로 정하는 바에 따라 시·군과 다르게 할 수 있다.

04 ②

인구 30만 이상의 도시는 지방자치단체의 사무배분에서 특례가 적용되지 않는다.

> 「지방자치법」
> 제196조【자치구의 재원】특별시장이나 광역시장은 「지방재정법」에서 정하는 바에 따라 해당 지방자치단체의 관할구역의 자치구 상호 간의 재원을 조정하여야 한다.
> 제197조【특례의 인정】① 서울특별시의 지위·조직 및 운영에 대해서는 수도로서의 특수성을 고려하여 법률로 정하는 바에 따라 특례를 둘 수 있다.
> ② 세종특별자치시와 제주특별자치도의 지위·조직 및 행정·재정 등의 운영에 대해서는 행정체제의 특수성을 고려하여 법률로 정하는 바에 따라 특례를 둘 수 있다.
> 제198조【대도시 등에 대한 특례 인정】① 서울특별시·광역시 및 특별자치시를 제외한 인구 50만 이상 대도시의 행정, 재정 운영 및 국가의 지도·감독에 대해서는 그 특성을 고려하여 관계 법률로 정하는 바에 따라 특례를 둘 수 있다.

05 ③

특별지방자치단체에는 자치단체조합이 있으며, 서울특별시는 보통지방자치단체이다.

06 ④

구성 지방자치단체의 장은 「지방자치법」상 겸임 제한 규정에도 불구하고 특별지방자치단체의 장을 겸할 수 있다.

> 「지방자치법」
> 제199조【설치】① 2개 이상의 지방자치단체가 공동으로 특정한 목적을 위하여 광역적으로 사무를 처리할 필요가 있을 때에는 특별지방자치단체를 설치할 수 있다.
> ③ 특별지방자치단체는 법인으로 한다.
> 제204조【의회의 조직 등】① 특별지방자치단체의 의회는 규약으로 정하는 바에 따라 구성 지방자치단체의 의회 의원으로 구성한다.
> 제205조【집행기관의 조직 등】② 구성 지방자치단체의 장은 제109조에도 불구하고 특별지방자치단체의 장을 겸할 수 있다.

07 ②

지방자치단체의 명칭과 구역은 종전과 같이 하고, 명칭과 구역을 바꾸거나 지방자치단체를 폐지·설치하거나 나누거나 합칠 때에는 법률로 정하며, 관계지방자치단체 의회의 의견을 들어야 한다. 다만, 「주민투표법」에 의하여 주민투표를 실시한 경우에는 그러하지 아니하다.

08 ③

기초지방자치단체의 구역 설정 기준으로 공동사회와 공동생활권 확대, 민주성과 능률성의 요구, 재정수요와 재원조달 능력의 관계, 행정의 편의와 주민의 편의 등이 있다.

09 ③

우리나라의 행정계층 구조는 도와 시(또는 군) 간 불분명한 기능 분리로 인해 행정의 비효율성이 발생한다.

10 ②

우리나라는 도와 시·군 간 기능배분이 모호하기 때문에 비효율성이 발생한다.

11 ⑤

기초자치단체와 광역자치단체 간 업무의 분업적 수행이 가능한 것은 다층제의 장점이다.

12 ③

단층제는 광역자치단체가 존재하지 않으므로 기초자치단체에 대한 중앙정부의 직접적인 지시와 감독으로 중앙집권화의 우려가 있으며, 더 나아가 중앙정부의 비대화가 나타날 수 있다.

| 오답해설 | ① 광역자치단체가 존재하지 않으므로 중앙정부와 지역주민들과의 의사소통 거리가 단축된다.
② 주민생활행정에 대한 책임소재가 더 명확해진다.
④ 다층제에 비해 자치단체의 자치권, 지역의 특수성 및 개별성을 더 존중한다.

13 ④

주민등록 관리(ㄷ), 공유재산 관리(ㄹ), 상하수도사업(ㅂ)은 지방자치단체의 자치사무에 해당한다(「지방자치법」 제13조).

14 ①

인구 30만 이상의 시가 아니라 인구 50만 이상의 시에 대해서는 도가 처리하는 사무의 일부를 직접 처리하게 할 수 있다.

15 ③

시·도와 시·군 및 자치구의 사무가 서로 경합하면 시·군 및 자치구에서 먼저 처리한다.

16 ①

제시문은 지방분권 추진 원칙 중 보충성의 원칙에 관한 설명이다. 보충성의 원칙은 기능 배분에 있어 가까운 정부에게 우선적 관할권을 부여하고, 가까운 지방정부가 처리할 수 있는 업무에 상급 지방정부나 중앙정부가 관여해서는 안 된다는 것을 의미한다.

17 ④

중앙정부의 지방자치단체 사무배분 원칙에 대한 설명으로 모두 옳은 것이다.

ㄱ. 지역주민생활과 밀접한 관련이 있는 사무는 원칙적으로 시·군 및 자치구의 사무로 배분하여야 한다는 기초자치단체 우선의 원칙을 의미한다.

ㄴ. 서로 관련된 사무들을 배분할 때는 포괄적으로 배분하여야 한다는 포괄배분의 원칙을 의미한다.

ㄷ. 시·군 및 자치구가 처리하기 어려운 사무는 국가보다는 시·도에 우선적으로 배분하여야 한다는 보충성의 원칙을 의미한다.

ㄹ. 시·군 및 자치구가 해당 사무를 원활히 처리할 수 있도록 행정적·재정적 지원을 병행하여야 한다는 충분재정의 원칙을 의미한다.

ㅁ. 주민의 편익증진과 집행의 효과 등을 고려하여 지방자치단체 상호 간 중복되지 않도록 해야 한다는 중복배분 금지의 원칙을 의미한다.

18 ③

축산물·수산물 및 양곡의 수급 조절과 수출입 사무는 국가사무에 해당한다.

19 ④

기관통합형의 집행기관은 집행기관구성에서 주민의 대표성을 확보할 수 있으나, 기관대립형에 비해 행정의 전문성이 높지 않을 가능성이 크다.

|오답해설| ① 우리나라는 시장의 권한이 지방의회의 권한에 비해 상대적으로 강한 기관대립형을 유지하고 있다. 즉, 우리나라는 강(强)시장-의회형에 해당한다.

② 영국의 의회형에서는 집행기관의 장을 주민이 직선으로 선출하지 않는다.

③ 미국의 위원회형은 기관통합형의 특수한 형태로 볼 수 있다.

20 ⑤

견제와 균형을 통하여 민주성을 확보할 수 있는 것은 기관대립형이다.

21 ④

의결기관과 집행기관을 이원적으로 구성해 상호견제와 균형을 도모할 수 있는 것은 기관대립형이다.

22 ④

의회-시지배인(council-manager) 형태에서는 시지배인이 실질적인 기능을 수행한다. 의회-시지배인 형태는 의회가 일정한 임기의 행정 전문가를 시지배인(city-manager)으로 선임해 그에게 집행의 전권을 위임하는 지방행정제도를 말한다. 이 경우 의회는 정책결정기관으로 규칙 제정·예산 결정 등의 기능을 수행하며, 시지배인은 의회의 관리하에 시정의 집행을 담당한다. 따라서 의회-시지배인 형태에서는 시지배인이 의례적이고 명목적인 기능이 아니라 실질적 기능을 수행하게 된다.

23 ③

정책지원 전문인력인 정책지원관 제도는 지방의회의 정책기능을 강화하기 위해 도입되었다.

> 「지방자치법」
> 제41조 【의원의 정책지원 전문인력】 ① 지방의회의원의 의정활동을 지원하기 위하여 지방의회의원 정수의 2분의 1 범위에서 해당 지방자치단체의 조례로 정하는 바에 따라 지방의회에 정책지원 전문인력을 둘 수 있다.
> ② 정책지원 전문인력은 지방공무원으로 보하며, 직급·직무 및 임용 절차 등 운영에 필요한 사항은 대통령령으로 정한다.

24 ①

규칙 제정은 지방자치단체장의 권한이다.

25 ②

|오답해설| ㄴ. 법령에 규정된 것을 제외한 수수료의 부과 및 징수가 지방의회의 의결사항이다.

26 ③

지방자치단체는 행정목적을 달성하기 위하여 특정한 자금을 운용하기 위한 기금을 설치할 수 있으며, 기금의 설치·운용에 관하여 필요한 사항은 조례로 정한다.

27 ③

의장은 의결에서 표결권을 가지며, 찬성과 반대가 같으면 부결된 것으로 본다.

28 ③

지방의회는 매년 2회 정례회를 개최한다.

> 「지방자치법」
> 제41조 【의원의 정책지원 전문인력】 ① 지방의회의원의 의정활동을 지원하기 위하여 지방의회의원 정수의 2분의 1 범위에서 해당 지방자치단체의 조례로 정하는 바에 따라 지방의회에 정책지원 전문인력을 둘 수 있다.
> 제43조 【겸직 등 금지】 ① 지방의회의원은 다음 각 호의 어느 하나에 해당하는 직(職)을 겸할 수 없다.
> 　1. 국회의원, 다른 지방의회의원
> 　2. 헌법재판소 재판관, 각급 선거관리위원회 위원
> 제53조 【정례회】 ① 지방의회는 매년 2회 정례회를 개최한다.
> 제103조 【사무직원의 정원과 임면 등】 ① 지방의회에 두는 사무직원의 수는 인건비 등 대통령령으로 정하는 기준에 따라 조례로 정한다.

② 지방의회의 의장은 지방의회 사무직원을 지휘·감독하고 법령과 조례·의회규칙으로 정하는 바에 따라 그 임면·교육·훈련·복무·징계 등에 관한 사항을 처리한다.

29 ②
총선거 후 최초로 집회되는 임시회는 지방의회 사무처장·사무국장·사무과장이 지방의회 의원 임기 개시일부터 25일 이내에 소집한다.

30 ①
지방의회의 사무직원의 수는 인건비 등 대통령령으로 정하는 기준에 따라 조례로 정하고, 지방의회의 의장이 법령과 조례·의회규칙으로 정하는 바에 따라 임명한다.

> 「지방자치법」
> 제103조【사무직원의 정원과 임면 등】① 지방의회에 두는 사무직원의 수는 인건비 등 대통령령으로 정하는 기준에 따라 조례로 정한다.
> ② 지방의회의 의장은 지방의회 사무직원을 지휘·감독하고 법령과 조례·의회규칙으로 정하는 바에 따라 그 임면·교육·훈련·복무·징계 등에 관한 사항을 처리한다.

31 ①
현재 광역-기초자치단체장 및 광역-기초의회 의원 선거 모두에 정당공천제가 허용되고 있으나, 교육감은 정당공천제가 허용되고 있지 않다.
| 오답해설 | ② 광역의회의 지역구 선거는 기본적으로 소선거구제(1명 선출)를 채택하고 있다.
③ 기초의회 지역구 선거는 기본적으로 중선거구제(2~4명 선출)에 입각하고 있다.
④ 소선거구제의 경우에 선거구가 작아서 풀뿌리 민주주의의 기반이 되는 주민과 의원과의 관계가 긴밀해질 수 있는 장점이 있는 반면, 중대선거구제의 경우 선거구가 커서 주민과 의원과의 관계가 멀어질 수 있다는 단점이 있다.

32 ②
「지방자치법」상 지방자치단체장의 의회해산권은 인정되지 않는다.

33 ②
서류제출 요구권은 지방의회의 권한이다.

34 ②
「지방자치법」상 재의요구 사유에 해당하지 않는다.

35 ④
지방의회에서 승인을 받지 못하면 그 선결처분은 그때부터 효력을 상실한다.

36 ①
예산불성립 시 예산집행(준예산)은 지방자치단체의 장의 권한에 해당한다.

37 ②
학교, 그 밖의 교육기관의 설치·이전 및 폐지에 관한 사항은 지방자치단체장이 아니라 교육감의 권한 및 기능에 해당한다.

> 「지방교육자치에 관한 법률」
> 제20조【관장사무】교육감은 교육·학예에 관한 다음 각 호의 사항에 관한 사무를 관장한다.
> 　1. 조례안의 작성 및 제출에 관한 사항
> 　2. 예산안의 편성 및 제출에 관한 사항
> 　3. 결산서의 작성 및 제출에 관한 사항
> 　4. 교육규칙의 제정에 관한 사항
> 　5. 학교, 그 밖의 교육기관의 설치·이전 및 폐지에 관한 사항
> 　6. 교육과정의 운영에 관한 사항
> 　7. 과학·기술교육의 진흥에 관한 사항
> 　8. 평생교육, 그 밖의 교육·학예진흥에 관한 사항
> 　9. 학교체육·보건 및 학교환경정화에 관한 사항
> 　10. 학생통학구역에 관한 사항
> 　11. 교육·학예의 시설·설비 및 교구(敎具)에 관한 사항
> 　12. 재산의 취득·처분에 관한 사항
> 　13. 특별부과금·사용료·수수료·분담금 및 가입금에 관한 사항
> 　14. 기채(起債)·차입금 또는 예산 외의 의무부담에 관한 사항
> 　15. 기금의 설치·운용에 관한 사항
> 　16. 소속 국가공무원 및 지방공무원의 인사관리에 관한 사항
> 　17. 그 밖에 해당 시·도의 교육·학예에 관한 사항과 위임된 사항

38 ⑤
자치단체장의 직무를 대리하는 부단체장은 지방자치단체의 장이 미리 서면으로 위임하거나 지시한 사무를 처리한다.

39 ①
지방자치단체의 집행기관인 소속 행정기관은 직속기관, 사업소, 출장소, 합의제행정기관, 자문기관이 있다. 부단체장, 행정기구와 공무원 등 보조기관은 소속 행정기관이 아니다.

> 「지방자치법」
> 제2절 보조기관
> 제123조【부지사·부시장·부군수·부구청장】① 특별시·광역시 및 특별자치시에 부시장, 도와 특별자치도에 부지사, 시에 부시장, 군에 부군수, 자치구에 부구청장을 두며, 그 수는 다음 각 호의 구분과 같다.
> 제125조【행정기구와 공무원】① 지방자치단체는 그 사무를 분장하기 위하여 필요한 행정기구와 지방공무원을 둔다.
>
> 제3절 소속 행정기관
> 제126조【직속기관】지방자치단체는 소관 사무의 범위에서 필요하면 대통령령이나 대통령령으로 정하는 범위에서 그 지방자치단체의 조례로 자치경찰기관(제주특별자치도만 해당한다), 소방기관, 교육훈련기관, 보건진료기관, 시험연구기관 및 중소기업지도기관 등을 직속기관으로 설치할 수 있다.
> 제127조【사업소】지방자치단체는 특정 업무를 효율적으로 수행하기 위하여 필요하면 대통령령으로 정하는 범위에서 그 지방자치단체의 조례로 사업소를 설치할 수 있다.
> 제128조【출장소】지방자치단체는 외진 곳의 주민의 편의와 특정지역의 개발 촉진을 위하여 필요하면 대통령령으로 정하는 범위에서 그 지방자치단체의 조례로 출장소를 설치할 수 있다.
> 제129조【합의제행정기관】① 지방자치단체는 소관 사무의 일부를 독

립하여 수행할 필요가 있으면 법령이나 그 지방자치단체의 조례로 정하는 바에 따라 합의제행정기관을 설치할 수 있다.

제130조【자문기관의 설치 등】① 지방자치단체는 소관 사무의 범위에서 법령이나 그 지방자치단체의 조례로 정하는 바에 따라 자문기관(소관 사무에 대한 자문에 응하거나 협의, 심의 등을 목적으로 하는 심의회, 위원회 등을 말한다. 이하 같다)을 설치·운영할 수 있다.

40 ①

행정기구의 설치와 지방공무원의 정원은 인건비 등 대통령령으로 정하는 기준에 따라 그 지방자치단체의 조례로 정한다.

> 「지방자치법」
> 제108조【지방자치단체의 장의 임기】지방자치단체의 장의 임기는 4년으로 하며, 3기 내에서만 계속 재임(在任)할 수 있다.
> 제122조【지방자치단체의 장의 선결처분】① 지방자치단체의 장은 지방의회가 지방의회 의원이 구속되는 등의 사유로 제73조에 따른 의결정족수에 미달될 때와 지방의회의 의결사항 중 주민의 생명과 재산 보호를 위하여 긴급하게 필요한 사항으로서 지방의회를 소집할 시간적 여유가 없거나 지방의회에서 의결이 지체되어 의결되지 아니할 때에는 선결처분(先決處分)을 할 수 있다.
> 제123조【부지사·부시장·부군수·부구청장】① 특별시·광역시 및 특별자치시에 부시장, 도와 특별자치도에 부지사, 시에 부시장, 군에 부군수, 자치구에 부구청장을 두며, 그 수는 다음 각 호의 구분과 같다.
> 　　1. 특별시의 부시장의 수: 3명을 넘지 아니하는 범위에서 대통령령으로 정한다.
> 　　2. 광역시와 특별자치시의 부시장 및 도와 특별자치도의 부지사의 수: 2명(인구 800만 이상의 광역시나 도는 3명)을 넘지 아니하는 범위에서 대통령령으로 정한다.
> 　　3. 시의 부시장, 군의 부군수 및 자치구의 부구청장의 수: 1명으로 한다.
> 제125조【행정기구와 공무원】① 지방자치단체는 그 사무를 분장하기 위하여 필요한 행정기구와 지방공무원을 둔다.
> ② 제1항에 따른 행정기구의 설치와 지방공무원의 정원은 인건비 등 대통령령으로 정하는 기준에 따라 그 지방자치단체의 조례로 정한다.

41 ②

지방직영기업의 직원은 공무원 신분이다.

42 ③

소속된 직원은 공무원 신분이다.

43 ③

공사의 운영을 위하여 필요한 경우에는 자본금의 2분의 1을 넘지 아니하는 범위에서 지방자치단체 외의 자로 하여금 공사에 출자하게 할 수 있으며, 외국인 및 외국법인을 포함한다.

44 ④

규칙의 제정과 개정·폐지 관련 의견 제출은 2021년 1월 전부개정된 「지방자치법」에서 처음으로 도입된 주민참여 제도이다.

> 「지방자치법」
> 제20조【규칙의 제정과 개정·폐지 의견 제출】① 주민은 제29조에 따른 규칙(권리·의무와 직접 관련되는 사항으로 한정한다)의 제정, 개정 또는 폐지와 관련된 의견을 해당 지방자치단체의 장에게 제출할 수 있다.

45 ③

|오답해설| ㄴ. 조례안이 지방의회에서 의결되면 의장은 의결된 날부터 5일 이내에 그 지방자치단체의 장에게 이를 이송하여야 한다.
ㄷ. 재의요구를 받은 조례안은 재적의원 과반수와 출석의원 3분의 2 이상의 찬성으로 재의요구를 받기 전과 같이 의결되면, 조례로 확정된다.

46 ③

지방자치단체는 조례를 위반한 행위에 대하여 조례로써 1,000만 원 이하의 과태료를 정할 수 있다.

> 「지방자치법」
> 제34조【조례위반에 대한 과태료】① 지방자치단체는 조례를 위반한 행위에 대하여 조례로써 1천만 원 이하의 과태료를 정할 수 있다.

47 ②

지방자치단체는 주민에 대하여 형벌을 정할 수는 없으나, 형벌의 '성격'을 지닌 벌칙(과태료)은 정할 수 있다. 또한 법률의 위임이 있는 경우 벌칙을 정할 수 있다.

48 ②

조세법률주의에 따라 조례의 재정을 통하여 지방세목을 설치할 수 없다.

49 ③

|오답해설| ① 자치사무와 단체위임사무는 자치단체와 위임기관이 공동으로 부담하며, 기관위임사무는 원칙적으로 위임기관이 전액 경비를 부담한다.
② 단체위임사무는 법령에 의해 국가 또는 다른 자치단체로부터 위임된 사무이며, 기관위임사무는 법령에 의해 하급 자치단체장에게 위임된 사무이다.
④ 자치사무와 단체위임사무는 지방의회의 관여(의결, 사무감사 및 사무조사) 대상이지만, 기관위임사무는 관여 대상이 아니다.

50 ④

우리나라 지방자치단체의 기관위임사무는 의결기관인 지방의회가 그 사무의 처리에 관여할 수 없으나 단체위임사무는 관여할 수 있다.

51 ②

병역자원의 관리업무는 대표적인 기관위임사무이나, 보건소의 운영업무는 단체위임사무이다.

52 ③

병역자원의 관리업무 등 주로 국가적 이해관계가 크게 걸려 있는 사무는 기관위임사무에 속한다.

53 ①

기관위임사무의 처리에 드는 경비는 중앙정부가 전액 부담하는 것이 원칙이다. 반면, 단체위임사무의 처리에 드는 경비는 중앙정부와 지방정부가 공동 부담하는 것이 원칙이다.

01	③	02	②	03	①	04	②	05	③
06	③	07	③	08	①	09	④	10	②
11	②	12	④	13	①	14	④	15	④
16	③	17	①	18	②	19	④	20	①
21	①								

01 ③

아른슈타인(Arnstein)은 시민참여를 8단계로 제시하면서, '비참여 – 형식적 참여 – 실질적 참여'의 단계로 나누어 설명하고 있다.

02 ②

공직선거법상 선거권이 없는 사람은 주민 투표권이 없다.

> **「주민투표법」**
> 제5조【주민투표권】① 18세 이상의 주민 중 제6조 제1항에 따른 투표인명부 작성기준일 현재 다음 각 호의 어느 하나에 해당하는 사람에게는 주민투표권이 있다. 다만, 「공직선거법」 제18조에 따라 선거권이 없는 사람에게는 주민투표권이 없다.
> 　1. 그 지방자치단체의 관할 구역에 주민등록이 되어 있는 사람
> 　2. 출입국관리 관계 법령에 따라 대한민국에 계속 거주할 수 있는 자격(체류자격변경허가 또는 체류기간연장허가를 통하여 계속 거주할 수 있는 경우를 포함한다)을 갖춘 외국인으로서 지방자치단체의 조례로 정한 사람
> ② 주민투표권자의 연령은 투표일 현재를 기준으로 산정한다.

03 ①

|오답해설| ② 지방자치단체의 장은 직권(지방의회의 동의), 주민 또는 지방의회의 청구가 있을 때, 중앙행정기관의 장의 요구가 있을 때 주민투표를 실시할 수 있다.
③ 주민투표에 부쳐진 사항은 주민투표권자 총수의 4분의 1 이상의 투표와 유효투표수 과반수의 득표로 확정된다.
④ 지방자치단체의 장은 주민투표의 전부 또는 일부 무효의 판결이 확정된 때에는 그 날부터 20일 이내에 무효로 된 투표구의 재투표를 실시하여야 한다.
⑤ 주민에게 과도한 부담을 주거나 중대한 영향을 미치는 지방자치단체의 주요결정사항은 주민투표에 부칠 수 있다.

04 ②

|오답해설| ㄴ. 「지방자치법」은 주민투표의 대상·발의자·발의요건을 개략적으로 규정하고 있다. 구체적으로 규정하고 있는 것은 「주민투표법」이다.
ㅁ. 「지방자치법」이 아니라 「주민투표법」의 내용이다.

05 ③

지방자치단체장이 직권으로 주민투표를 실시할 경우, 지방의회의 동의를 받아야 한다.

06 ③

주민에게 과도한 부담을 주거나 중대한 영향을 미치는 지방자치단체의 주요 결정사항 등에 대하여 주민투표를 청구할 수 있으며, 주민투표의 발의는 지방자치단체장이 한다.

> **「주민투표법」**
> 제13조【주민투표의 발의】① 지방자치단체의 장은 다음 각 호의 어느 하나에 해당하는 경우에는 지체 없이 그 요지를 공표하고 관할 선거관리위원회에 통지하여야 한다.
> 　1. 제8조 제3항의 규정에 의하여 관계 중앙행정기관의 장에게 주민투표를 발의하겠다고 통지한 경우
> 　2. 제9조 제2항 또는 제5항의 규정에 의한 주민투표청구가 적법하다고 인정되는 경우
> 　3. 제9조 제6항의 규정에 의한 동의를 얻은 경우

07 ③

주민은 지방자치단체의 장이 아니라 지방의회에 조례의 제정과 개폐를 청구할 수 있다.

08 ①

주민은 행정기구를 설치하거나 변경하는 것에 관한 사항이나 공공시설의 설치를 반대하는 사항의 조례를 제정하거나 개정하거나 폐지할 것을 청구할 수 없다.

09 ④

지방자치단체의 18세 이상의 주민은 시·도는 300명, 인구 50만 명 이상 대도시는 200명, 그 밖의 시·군 및 자치구는 150명을 넘지 아니하는 범위에서 그 지방자치단체의 조례로 정하는 18세 이상의 주민 수 이상의 연서로 감사를 청구할 수 있다.

> **「지방자치법」**
> 제21조【주민의 감사청구】① 지방자치단체의 18세 이상의 주민으로서 다음 각 호의 어느 하나에 해당하는 사람(「공직선거법」 제18조에 따른 선거권이 없는 사람은 제외한다. 이하 이 조에서 "18세 이상의 주민"이라 한다)은 시·도는 300명, 제198조에 따른 인구 50만 이상 대도시는 200명, 그 밖의 시·군 및 자치구는 150명 이내에서 그 지방자치단체의 조례로 정하는 수 이상의 18세 이상의 주민이 연대 서명하여 그 지방자치단체와 그 장의 권한에 속하는 사무의 처리가 법령에 위반되거나 공익을 현저히 해친다고 인정되면 시·도의 경우에는 주무부장관에게, 시·군 및 자치구의 경우에는 시·도지사에게 감사를 청구할 수 있다.
> 　1. 해당 지방자치단체의 관할 구역에 주민등록이 되어 있는 사람
> 　2. 「출입국관리법」 제10조에 따른 영주(永住)할 수 있는 체류자격 취득일 후 3년이 경과한 외국인으로서 같은 법 제34조에 따라 해당 지방자치단체의 외국인등록대장에 올라 있는 사람

② 다음 각 호의 사항은 감사청구의 대상에서 제외한다.

1. 수사나 재판에 관여하게 되는 사항
2. 개인의 사생활을 침해할 우려가 있는 사항
3. 다른 기관에서 감사하였거나 감사 중인 사항. 다만, 다른 기관에서 감사한 사항이라도 새로운 사항이 발견되거나 중요 사항이 감사에서 누락된 경우와 제22조 제1항에 따라 주민소송의 대상이 되는 경우에는 그러하지 아니하다.
4. 동일한 사항에 대하여 제22조 제2항 각 호의 어느 하나에 해당하는 소송이 진행 중이거나 그 판결이 확정된 사항

10 ②

개인의 사생활을 침해할 우려가 있는 사항은 주민감사청구를 할 수 없다.

11 ②

지방자치단체의 재정지출이 법령에 위반하거나 공익을 현저히 해친다고 인정되는 경우, 주민이 감사청구를 제기할 수 있으며 위법한 재무행위에 대해 감사청구한 주민은 주민소송(납세자소송)을 제기(「지방자치법」 제21조, 제22조)할 수 있다. 하지만 중앙정부의 경우 재정지출과 관련된 문제점이 발견된 경우, 이의 시정을 위한 국민소송제도는 도입되지 않았다.

12 ④

「지방자치법」에 주민소송과 관련된 규정을 포함해 납세자소송제도를 입법화하였다. 하지만 중앙정부를 대상으로 한 '국민소송제'는 아직 진전이 없다.

13 ①

소송을 제기한 주민은 승소(일부 승소를 포함)한 경우, 그 지방자치단체에 대하여 변호사 보수 등의 소송비용, 감사청구 절차의 진행 등을 위하여 사용된 여비, 그 밖에 실제로 든 비용을 보상할 것을 청구할 수 있다. 이 경우 지방자치단체는 청구된 금액의 범위에서 그 소송을 진행하는 데에 객관적으로 사용된 것으로 인정되는 금액을 지급하여야 한다.

14 ④

주민은 그 지방자치단체의 장뿐만 아니라 지방에 속한 의회의원까지도 소환할 권리를 가지나 비례대표의원은 제외된다.

15 ④

군수를 소환하려고 할 경우에는 해당 군의 주민소환투표청구권자 총수의 100분의 15 이상의 서명을 받아 청구해야 한다.

「주민소환에 관한 법률」
제7조【주민소환투표의 청구】① 전년도 12월 31일 현재 주민등록표 및 외국인등록표에 등록된 제3조 제1항 제1호 및 제2호에 해당하는 자(이하 "주민소환투표청구권자"라 한다)는 해당 지방자치단체의 장 및 지방의회 의원(비례대표선거구시·도의회의원 및 비례대표선거구자치구·시·군의회의원은 제외하며, 이하 "선출직 지방공직자"라 한다)에 대하여 다음 각 호에 해당하는 주민의 서명으로 그 소환사유를 서면에 구체적으로 명시하여 관할선거관리위원회에 주민소환투표의 실시를 청구할 수 있다.

1. 특별시장·광역시장·도지사(이하 "시·도지사"라 한다): 당해 지방자치단체의 주민소환투표청구권자 총수의 100분의 10 이상
2. 시장·군수·자치구의 구청장: 당해 지방자치단체의 주민소환투표청구권자 총수의 100분의 15 이상
3. 지역선거구시·도의회의원(이하 "지역구시·도의원"이라 한다) 및 지역선거구자치구·시·군의회의원(이하 "지역구자치구·시·군의원"이라 한다): 당해 지방의회 의원의 선거구 안의 주민소환투표청구권자 총수의 100분의 20 이상

16 ②

|오답해설| ① 비례대표는 제외된다.
③ 3분의 1 이상 투표와 유효투표 총수 과반수의 찬성으로 확정된다.
④ 지방자치에 관한 주민의 직접참여를 확대하고 지방행정의 민주성과 책임성을 제고할 목적으로 도입되었다.
⑤ 주민소환투표의 효력에 이의가 있는 경우 투표결과가 공표된 날부터 14일 이내에 소청할 수 있다.

17 ①

「지방자치법」상 주민투표의 대상·발의자·발의요건, 그 밖에 투표절차 등에 관한 사항은 따로 법률로 정하도록 규정하고 있고, 해당 법률은 「주민투표법」이다.

|오답해설| ② 주민은 지방자치단체의 권한에 속하는 사무의 처리가 법령에 위반되거나 공익을 현저히 해친다고 판단될 때 시·도의 경우에는 주무부장관에게, 시·군 및 자치구의 경우에는 시·도지사에게 감사를 청구할 수 있다.
③ 주민은 지방자치단체의 공금지출에 관한 위법한 행위에 대하여 해당 지방자치단체의 장을 상대방으로 주민소송이 가능하며, 이 제도는 2005년 「지방자치법」 개정을 통해 처음 도입되었다.
④ 주민은 지방의회의원과 지방자치단체장에 대해 소환할 권리를 가지며 비례대표 지방의회의원은 소환 대상에 제외된다.

「지방자치법」
제18조【주민투표】① 지방자치단체의 장은 주민에게 과도한 부담을 주거나 중대한 영향을 미치는 지방자치단체의 주요 결정사항 등에 대하여 주민투표에 부칠 수 있다.
② 주민투표의 대상·발의자·발의요건, 그 밖에 투표절차 등에 관한 사항은 따로 법률로 정한다.
제21조【주민의 감사 청구】① 지방자치단체의 18세 이상의 주민으로서 다음 각 호의 어느 하나에 해당하는 사람(「공직선거법」 제18조에 따른 선거권이 없는 사람은 제외한다. 이하 이 조에서 "18세 이상의 주민"이라 한다)은 시·도는 300명, 제198조에 따른 인구 50만 이상 대도시는 200명, 그 밖의 시·군 및 자치구는 150명 이내에서 그 지방자치단체의 조례로 정하는 수 이상의 18세 이상의 주민이 연대 서명하여 그 지방자치단체와 그 장의 권한에 속하는 사무의 처리가 법령에 위반되거나 공익을 현저히 해친다고 인정되면 시·도의 경우에는 주무부장관에게, 시·군 및 자치구의 경우에는 시·도지사에게 감사를 청구할 수 있다.

1. 해당 지방자치단체의 관할 구역에 주민등록이 되어 있는 사람
2. 「출입국관리법」 제10조에 따른 영주(永住)할 수 있는 체류자격 취득일 후 3년이 경과한 외국인으로서 같은 법 제34조에 따라 해당 지방자치단체의 외국인등록대장에 올라 있는 사람

제22조【주민소송】① 제21조 제1항에 따라 공금의 지출에 관한 사항, 재산의 취득·관리·처분에 관한 사항, 해당 지방자치단체를 당사자로 하는 매매·임차·도급 계약이나 그 밖의 계약의 체결·이행에 관한 사항 또는 지방세·사용료·수수료·과태료 등 공금의 부과·징수를 게을리한 사항을 감사 청구한 주민은 다음 각 호의 어느 하나에 해당하는 경우에 그 감사 청구한 사항과 관련이 있는 위법한 행위나 업무를 게을리한 사실에 대하여 해당 지방자치단체의 장(해당 사항의 사무처리에 관한 권한을 소속 기관의 장에게 위임한 경우에는 그 소속 기관의 장을 말한다. 이하 이 조에서 같다)을 상대방으로 하여 소송을 제기할 수 있다.

1. 주무부장관이나 시·도지사가 감사 청구를 수리한 날부터 60일(제21조 제9항 단서에 따라 감사기간이 연장된 경우에는 연장된 기간이 끝난 날을 말한다)이 지나도 감사를 끝내지 아니한 경우
2. 제21조 제9항 및 제10항에 따른 감사 결과 또는 같은 조 제12항에 따른 조치 요구에 불복하는 경우
3. 제21조 제12항에 따른 주무부장관이나 시·도지사의 조치 요구를 지방자치단체의 장이 이행하지 아니한 경우
4. 제21조 제12항에 따른 지방자치단체의 장의 이행 조치에 불복하는 경우

제25조【주민소환】① 주민은 그 지방자치단체의 장 및 지방의회의원(비례대표 지방의회의원은 제외한다)을 소환할 권리를 가진다.
② 주민소환의 투표 청구권자·청구요건·절차 및 효력 등에 관한 사항은 따로 법률로 정한다.

18 ①
주민이 참여할 수 있는 예산의 범위는 「지방재정법」이 아니라 조례에 규정되어 있다.

「지방재정법」
제39조【지방예산 편성 등 예산과정의 주민 참여】① 지방자치단체의 장은 대통령령으로 정하는 바에 따라 지방예산 편성 등 예산과정(「지방자치법」 제47조에 따른 지방의회의 의결사항은 제외한다. 이하 이 조에서 같다)에 주민이 참여할 수 있는 제도를 마련하여 시행하여야 한다.

「지방재정법 시행령」
제46조【지방예산 편성 등 예산과정에의 주민참여】④ 제1항 및 제2항에서 규정한 사항 외에 예산과정에의 주민참여에 관한 절차 및 지원 등에 필요한 사항은 지방자치단체의 조례로 정한다.

「서울특별시 시민참여예산제 운영 조례」
제6조【시민참여예산의 범위】예산과정에 시민의견 제출의 범위는 해당 연도의 전체 예산과 기금을 대상으로 한다.

19 ④
지방자치단체의 장은 예산과정에 주민참여예산제도를 마련하여 시행하여야 한다. 지방의회의 의결사항은 제외한다.

「지방재정법」
제39조【지방예산 편성 등 예산과정의 주민참여】① 지방자치단체의 장은 대통령령으로 정하는 바에 따라 지방예산 편성 등 예산과정(「지방자치법」 제47조에 따른 지방의회의 의결사항은 제외)에 주민이 참여할 수 있는 제도를 마련하여 시행하여야 한다.

② 지방예산 편성 등 예산과정의 주민참여와 관련되는 다음 각 호의 사항을 심의하기 위하여 지방자치단체의 장 소속으로 주민참여예산위원회 등 주민참여예산기구(이하 "주민참여예산기구"라 한다)를 둘 수 있다.
1. 주민참여예산제도의 운영에 관한 사항
2. 제3항에 따라 지방의회에 제출하는 예산안에 첨부하여야 하는 의견서의 내용에 관한 사항
3. 그 밖에 지방자치단체의 장이 주민참여예산제도의 운영에 필요하다고 인정하는 사항
③ 지방자치단체의 장은 주민참여예산제도를 통하여 수렴한 주민의 의견서를 지방의회에 제출하는 예산안에 첨부하여야 한다.
④ 행정안전부장관은 지방자치단체의 재정적·지역적 여건 등을 고려하여 대통령령으로 정하는 바에 따라 지방자치단체별 주민참여예산제도의 운영에 대하여 평가를 실시할 수 있다.
⑤ 주민참여예산기구의 구성·운영과 그 밖에 필요한 사항은 해당 지방자치단체의 조례로 정한다.

20 ①
|오답해설| ㄷ. 행정안전부장관은 주민참여예산제도의 운영에 대한 평가를 실시할 수 있다.
ㄹ. 주민참여예산제도의 구체적인 내용은 조례로 정한다.

「국가재정법」
제16조【예산의 원칙】정부는 예산을 편성하거나 집행할 때 다음 각 호의 원칙을 준수하여야 한다.
4. 정부는 예산과정의 투명성과 예산과정에의 국민참여를 제고하기 위하여 노력하여야 한다.

「국가재정법 시행령」
제7조의2【예산과정에의 국민참여】① 정부는 법 제16조 제4호에 따라 예산과정의 투명성과 국민참여를 제고하기 위하여 필요한 시책을 시행하여야 한다.
② 정부는 예산과정에의 국민참여를 통하여 수렴된 의견을 검토하여야 하며, 그 결과를 예산편성 시 반영할 수 있다.
③ 정부는 제2항에 따른 의견수렴을 촉진하기 위하여 국민으로 구성된 참여단을 운영할 수 있다.
④ 제1항에 따른 시책의 마련을 위하여 필요한 구체적인 사항은 기획재정부장관이 정한다.

21 ①
주민참여예산제는 「지방재정법」에 근거하는 제도이다.

「지방재정법」
제39조【지방예산 편성 등 예산과정의 주민 참여】① 지방자치단체의 장은 대통령령으로 정하는 바에 따라 지방예산 편성 등 예산과정(「지방자치법」 제47조에 따른 지방의회의 의결사항은 제외한다. 이하 이 조에서 같다)에 주민이 참여할 수 있는 제도(이하 이 조에서 "주민참여예산제도"라 한다)를 마련하여 시행하여야 한다.

01	③	02	⑤	03	①	04	③	05	②
06	②	07	②	08	③	09	④	10	①
11	②	12	④	13	④	14	②	15	③
16	③	17	③	18	①	19	④	20	③
21	②	22	②	23	①	24	①	25	②
26	①	27	③	28	③	29	③	30	②
31	③	32	④						

01 ③

지방정부의 재정운용은 중앙정부에 비해 지방정부 간 상호경쟁을 통해 주민의 선호에 더욱 민감하게 작용한다.

| 오답해설 | ① 국가재정(중앙재정)은 자원배분기능, 소득재분배기능, 경제안정화기능 등 포괄적인 기능을 수행하는 반면, 지방재정은 주로 자원배분기능을 중점적으로 수행한다.

② 지방정부는 국가재정에 비해 조세 이외의 보다 다양한 세입원에 의존하고 있다.

④ 국가재정은 지방재정에 비해 자원배분의 형평성을 더 중시한다.

02 ⑤

국가재정은 응능주의의 원칙을, 지방재정은 응익주의의 원칙을 강조한다. 응능주의는 조세의 부담능력에 의한 조세부담주의를 말하는데, 이는 공평성을 강조한다. 응익주의는 행정서비스로부터 받은 이익에 따른 조세부담주의를 말하며, 효율성을 강조한다.

03 ①

중기지방재정계획은 「지방재정법」에 근거한 사전적 예산제도로 지방재정 건전화를 추구한다.

04 ③

중기지방재정계획, 지방재정투자심사, 성인지 예산제도는 지방재정의 사전관리제도에 해당한다.

> 「지방재정법」
> 제33조 【중기지방재정계획의 수립 등】 ① 지방자치단체의 장은 지방재정을 계획성 있게 운용하기 위하여 매년 다음 회계연도부터 5회계연도 이상의 기간에 대한 중기지방재정계획을 수립하여 예산안과 함께 지방의회에 제출하고, 회계연도 개시 30일 전까지 행정안전부장관에게 제출하여야 한다.
> 제36조의2 【성인지 예산서의 작성·제출】 ① 지방자치단체의 장은 예산이 여성과 남성에게 미칠 영향을 미리 분석한 보고서[이하 "성인지 예산서"(性認知 豫算書)라 한다]를 작성하여야 한다.
> 제37조 【투자심사】 ① 지방자치단체의 장은 다음 각 호의 사항에 대해서는 미리 그 필요성과 타당성에 대한 심사(이하 "투자심사"라 한다)를 직접 하거나 행정안전부장관 또는 시·도지사에게 의뢰하여 투자심사를 받아야 한다.
>   1. 재정투자사업에 관한 예산안 편성
>   2. 다음 각 목의 사항에 대한 지방의회 의결의 요청
>   가. 채무부담행위
>   나. 보증채무부담행위
>   다. 「지방자치법」 제47조 제1항 제8호에 따른 예산 외의 의무부담

05 ②

우리나라를 비롯한 대부분의 국가에서는 행정부에서 예산안을 편성하는 행정부예산편성제도를 채택하고 있다. 따라서 지방자치단체의 예산안 편성권은 지방자치단체장에 속하고, 심의·의결권은 지방의회에 속한다.

| 오답해설 | ① 자치사법권은 인정되지 않는다.

③ 자치입법권에는 조례제정권과 규칙제정권이 있다. 조례제정권은 지방의회의 권한이나, 규칙제정권은 지방자치단체장(교육규칙은 교육감이 제정)의 권한이다. 따라서 자치입법권은 지방의회만이 행사할 수 있는 전속적 권한은 아니다.

④ '세종특별자치시'는 기초자치단체가 아닌 광역자치단체이며, 제주특별자치도의 '제주시'는 기초자치단체가 아닌 행정시로서 자치권을 가지고 있지 않다.

06 ②

지방재정의 세입항목 중 자주재원에 해당하는 것은 지방세와 세외수입이다. 재산임대수입(지방자치단체가 공유재산을 관리·운영하는 과정에서 발생하는 수입)은 경상적 세외수입으로 자주재원에 해당한다.

| 오답해설 | 지방교부세, 조정교부금, 국고보조금은 의존재원에 해당한다.

07 ②

재정자주도는 일반회계 세입에서 자주재원과 지방교부세를 합한 일반재원의 비중으로, 생계급여 등 사회복지 분야에서의 차등보조율을 설계할 때 사용된다.

08 ③

지방재정 지표 중 총세입(總歲入)에서 자율적으로 사용가능한 재원의 비율을 나타내는 것은 재정자주도이다. 재정자주도는 일반회계 세입에서 자주재원과 지방교부세를 합한 일반재원의 비중으로, 생계급여 등 사회복지 분야에서의 차등보조율을 설계할 때 사용된다.

09 ④

지방세의 원칙 중 보편성의 원칙에 해당한다.

10 ①

부담분임(분담성)의 원칙을 가장 잘 충족시키고 있는 것은 주민세(개인균등할)이다.

11 ②

재원의 이동성이 적어야 한다.

12 ④

형평성은 포함되지 않는다.

13 ④

누진성은 포함되지 않는다.

14 ②

증여세(ㄱ), 농어촌특별세(ㄹ), 종합부동산세(ㅇ)는 국세에 해당한다.

> **「국세기본법」**
> 제2조【정의】이 법에서 사용하는 용어의 뜻은 다음과 같다.
> 　1. "국세(國稅)"란 국가가 부과하는 조세 중 다음 각 목의 것을 말한다.
> 　　가. 소득세　　　　　　나. 법인세
> 　　다. 상속세와 증여세　　라. 부가가치세
> 　　마. 개별소비세　　　　바. 주세(酒稅)
> 　　사. 인지세(印紙稅)　　아. 증권거래세
> 　　자. 교육세　　　　　　차. 농어촌특별세
> 　　카. 종합부동산세
>
> **「지방세기본법」**
> 제7조【지방세의 세목】① 지방세는 보통세와 목적세로 한다.
> ② 보통세의 세목은 다음 각 호와 같다.
> 　1. 취득세　　　　2. 등록면허세　　3. 레저세
> 　4. 담배소비세　　5. 지방소비세　　6. 주민세
> 　7. 지방소득세　　8. 재산세　　　　9. 자동차세
> ③ 목적세의 세목은 다음 각 호와 같다.
> 　1. 지역자원시설세　　2. 지방교육세

15 ③

조세를 실제로 부담하는 사람과 이를 직접 납부하는 사람이 서로 다른 간접세를 포함하고 있는 국세의 종목은 ㄴ. 부가가치세, ㄹ. 주세, ㅁ. 개별소비세 3개이다.

16 ③

등록면허세, 재산세는 「지방세기본법」상 자치구의 세원이다.

17 ③

|오답해설| ㄱ. 지방소득세는 특별시·광역시의 보통세이며, 시·군의 보통세이다.

ㄷ. 주민세는 특별시·광역시의 보통세이며, 시·군의 보통세이다.

ㅁ. 재산세는 시·군·구의 보통세이다.

18 ①

레저세, 취득세, 등록면허세, 지방소비세, 지역자원시설세, 지방교육세는 도세이고, 담배소비세, 주민세, 지방소득세, 재산세, 자동차세는 시·군세이다.

|오답해설| ② 국가위임사무 집행기능은 자치단체장의 권한이다.

③ 지방자치단체는 2층제이며, 17개의 광역자치단체와 226개의 기초자치단체가 설치되어 있다.

④ 우리나라는 기관대립형 구조를 채택하고 있으며, 기초자치단체장 선거에서는 정당공천제를 실시하고 있다.

19 ④

특별시의 재산세는 특별시분과 자치구분으로 구분하고, 특별시분은 구의 지방세수 등을 고려하여 자치구에 균등분배하고 있다.

20 ③

외채를 발행하거나 지방채 발행 한도액의 범위를 초과하여 지방채를 발행하는 경우 행정안전부장관의 승인을 요하나 제주특별자치도는 특별법에 의해 행정안전부장관의 승인을 요하지 않는다.

|오답해설| ① 지방자치단체조합의 장은 지방채를 발행할 수 있다.

② 이미 발행한 지방채의 차환을 위해서 지방자치단체의 장은 지방채를 발행할 수 있다.

④ 외채를 발행할 경우에는 지방채 발행 한도액 범위더라도 지방의회의 의결을 거치기 전에 행정안전부장관의 승인을 받아야 한다.

21 ②

지방자치단체의 장은 지방채의 차환을 위해서 지방채를 발행할 수 있다.

22 ②

발문은 교부공채를 말한다.

23 ①

발문은 매출공채를 말한다.

24 ①

|오답해설| ② 세외수입은 조세수입에 비해 그 종류와 형태가 다양하지만 연도별 신장률이 불안정적이다.

③ 지방교부세에는 보통교부세, 특별교부세, 소방안전교육세, 부동산교부세가 있다. 분권교부세가 폐지되고 소방안전교부세가 신설되었다.

④ 대부분의 국고보조사업에는 기준보조율이 적용되고 있으며, 기획재정부장관은 매년 지방자치단체에 대한 보조금 예산을 편성할 때에 필요하다고 인정되는 보조사업에 대하여는 해당 지방자치단체의 재정 사정을 고려하여 기준보조율에서 일정 비율을 더하거나 빼는 차등보조율을 적용할 수 있다.

25 ②

중앙정부가 용도를 제한하여 지방자치단체의 재량권이 없는 재원은 특별교부세이다.

26 ①

「지방교부세법」상 지방교부세는 보통교부세, 특별교부세, 부동산교부세 및 소방안전교부세로 구분된다.

|오답해설| ② 중앙정부가 국가사무를 지방정부에 위임하거나 지방정부가 추진하는 사업경비의 전부 또는 일부를 보조하거나 지원하기 위한 제도는 국고보조금이다.

③ 전국적 최소한 동일 행정서비스 수준 보장을 위해 중앙정부가 내국세의 일정비율을 자치단체에 배분하는 것은 지방교부세이다.

④ 지방교부세 대비 국고보조금의 비중증가는 지방재정의 자율성을 약화한다.

> **「지방교부세법」**
> 제3조【교부세의 종류】지방교부세(이하 "교부세"라 한다)의 종류는 보통교부세·특별교부세·부동산교부세 및 소방안전교부세로 구분한다.

27 ③

신청주의를 원칙으로 하며 각 중앙관서의 예산에 반영되어야 하는 것은 지방교부세가 아니라 국고보조금이다.

> **「지방교부세법」**
> **제1조【목적】** 이 법은 지방자치단체의 행정 운영에 필요한 재원(財源)을 교부하여 그 재정을 조정함으로써 지방행정을 건전하게 발전시키도록 함을 목적으로 한다.
> **제3조【교부세의 종류】** 지방교부세(이하 "교부세"라 한다)의 종류는 보통교부세·특별교부세·부동산교부세 및 소방안전교부세로 구분한다.
> **제9조의3【부동산교부세의 교부】** ① 부동산교부세는 지방자치단체에 전액 교부하여야 한다.
>
> **「보조금 관리에 관한 법률」**
> **제4조【보조사업을 수행하려는 자의 예산 계상 신청 등】** ① 보조사업을 수행하려는 자는 매년 중앙관서의 장에게 보조금의 예산 계상(計上)을 신청하여야 한다.
> **제6조【중앙관서의 장의 보조금 예산 요구】** ① 중앙관서의 장은 보조사업을 수행하려는 자로부터 신청받은 보조금의 명세 및 금액을 조정하여 기획재정부장관에게 보조금 예산을 요구하여야 한다. 이 경우 제5조에 따른 보조사업의 경우에는 보조금의 예산 계상 신청이 없더라도 그 보조금 예산을 요구할 수 있다.
> **제16조【보조금의 교부 신청】** ① 보조금의 교부를 받으려는 자는 대통령령으로 정하는 바에 따라 보조사업의 목적과 내용, 보조사업에 드는 경비, 그 밖에 필요한 사항을 적은 신청서에 중앙관서의 장이 정하는 서류를 첨부하여 중앙관서의 장이 지정한 기일 내에 중앙관서의 장에게 제출하여야 한다.

28 ③

행정안전부장관은 특별교부세의 사용에 관하여 조건을 붙이거나 용도를 제한할 수 있다.

> **「지방교부세법」**
> **제3조【교부세의 종류】** 지방교부세의 종류는 보통교부세·특별교부세·부동산교부세 및 소방안전교부세로 구분한다.
> **제6조【보통교부세의 교부】** ① 보통교부세는 해마다 기준재정수입액이 기준재정수요액에 못 미치는 지방자치단체에 그 미달액을 기초로 교부한다. 다만, 자치구의 경우에는 기준재정수요액과 기준재정수입액을 각각 해당 특별시 또는 광역시의 기준재정수요액 및 기준재정수입액과 합산하여 산정한 후, 그 특별시 또는 광역시에 교부한다.
> **제9조【특별교부세의 교부】** ① 특별교부세는 다음 각 호의 구분에 따라 교부한다.
>   1. 기준재정수요액의 산정방법으로는 파악할 수 없는 지역 현안에 대한 특별한 재정수요가 있는 경우: 특별교부세 재원의 100분의 40에 해당하는 금액
>   2. 보통교부세의 산정기일 후에 발생한 재난을 복구하거나 재난 및 안전관리를 위한 특별한 재정수요가 생기거나 재정수입이 감소한 경우: 특별교부세 재원의 100분의 50에 해당하는 금액
>   3. 국가적 장려사업, 국가와 지방자치단체 간에 시급한 협력이 필요한 사업, 지역 역점시책 또는 지방행정 및 재정운용 실적이 우수한 지방자치단체에 재정 지원 등 특별한 재정수요가 있을 경우: 특별교부세 재원의 100분의 10에 해당하는 금액

> ② 행정안전부장관은 지방자치단체의 장이 제1항 각 호에 따른 특별교부세의 교부를 신청하는 경우에는 이를 심사하여 특별교부세를 교부한다. 다만, 행정안전부장관이 필요하다고 인정하는 경우에는 신청이 없는 경우에도 일정한 기준을 정하여 특별교부세를 교부할 수 있다.
> ③ 삭제 〈2017. 7. 26.〉
> ④ 행정안전부장관은 제1항에 따른 특별교부세의 사용에 관하여 조건을 붙이거나 용도를 제한할 수 있다.

29 ③

| **오답해설** | ① 내국세 총액의 일정 비율과 「종합부동산세법」에 따른 종합부동산세 총액 등을 재원으로 하는 것은 국고보조금이 아니라 지방교부세이다.
② 사업별 보조율은 50%가 아니라 대통령령으로 정한다. 즉, 사업별로 보조율이 다르다.
④ 중앙관서의 장은 보조사업을 수행하려는 자로부터 신청받은 보조금의 명세 및 금액을 조정하여 기획재정부장관에게 보조금 예산을 요구하여야 한다.

30 ②

국고보조금과 같은 의존재원은 지방세, 세외수입과 같은 자주재원에 비해 지방재정운영의 자율성을 제약한다.

> **「지방재정법」**
> **제11조【지방채의 발행】** ① 지방자치단체의 장은 다음 각 호를 위한 자금 조달에 필요할 때에는 지방채를 발행할 수 있다. 다만, 제5호 및 제6호는 교육감이 발행하는 경우에 한한다.
>   1. 공유재산의 조성 등 소관 재정투자사업과 그에 직접적으로 수반되는 경비의 충당
>   2. 재해예방 및 복구사업
>   3. 천재지변으로 발생한 예측할 수 없었던 세입결함의 보전
>   4. 지방채의 차환
>   5. 「지방교육재정교부금법」 제9조 제3항에 따른 교부금 차액의 보전
>   6. 명예퇴직(「교육공무원법」 제36조 및 「사립학교법」 제60조의3에 따른 명예퇴직을 말한다. 이하 같다) 신청자가 직전 3개 연도 평균 명예퇴직자의 100분의 120을 초과하는 경우 추가로 발생하는 명예퇴직 비용의 충당

31 ③

조정교부금은 광역자치단체가 기초자치단체에 대하여 실시하는 재정조정제도로 「지방재정법」에서 규정하고 있다.

32 ④

의존재원은 상급자치단체나 중앙정부로부터 지원을 받는 재원이므로 지방자치단체의 다양성과 지방분권화를 저해한다.

PART Ⅰ. 행정학 기초이론

본문 P.130

01	③	02	①	03	②	04	②	05	②
06	④	07	③	08	①	09	①	10	①
11	④	12	④	13	②	14	②	15	①
16	④	17	⑤	18	②	19	②	20	①
21	④	22	①	23	③	24	②	25	①
26	③	27	③	28	③	29	②	30	①
31	④	32	②	33	③	34	③	35	③
36	①	37	①	38	④	39	④	40	④
41	④	42	③	43	②	44	①	45	②
46	①	47	②	48	②	49	④		

01 ③

| 오답해설 | ㄱ. 정부에 대한 불신이 강하고 정부실패를 우려하는 것은 보수주의 정부관이다.

ㄴ. 공공선택론의 입장은 대규모 관료제보다는 다원화된 장치에 의한 행정의 효율성을 높이는 것이 중요하다고 본다.

02 ①

공공조직의 관리자들이 가치판단적인 요소를 내포하고 있는 정책결정 기능을 수행하지 않으면서 정책결정자를 위한 지원, 정보제공의 역할 만을 수행하는 것은 정치·행정 이원론이다.

03 ②

㉠은 시장재(사적재), ㉡은 요금재, ㉢은 공유재, ㉣은 집합재(공공재)에 해당한다. 요금재의 상당 부분을 정부가 공급하는 이유는 자연독점으로 인한 시장실패에 대응해야 하기 때문이다.

04 ②

| 오답해설 | ㄱ. 전기, 상하수도 등은 요금재에 해당한다.

ㄹ. 소비의 비경합성과 비배제성의 특성을 동시에 갖는 재화 또는 서비스는 공공재이다.

05 ②

| 오답해설 | ㄴ, ㄷ. 소비의 배제는 불가능하지만, 경합성은 있는 공유재는 비용회피와 과잉소비의 문제로 시장실패를 야기한다.

06 ④

일정한 양의 오염허가서(pollution permits) 혹은 배출권을 보유하고 있는 경제주체만 오염물질을 배출할 수 있게 허용하는 방식은 간접적 규제에 해당한다. 즉, 간접적 규제란 정부가 어떤 경제적 수단을 통하여 민간부문의 의사결정이나 행동에 간접적으로 영향을 주게 되는 방법으로서의 규제를 말한다. 반면, 직접적 규제란 법령에 근거하여 정부가 직접 어떤 행위를 요구하거나 지시하는 방법으로서의 규제이다.

07 ③

코즈(Coase)의 정리는 재산권이 주어지면 당사자 간의 자발적인 협상을 통해 효율적인 자원배분이 이루어진다는 것이다. 재산권이 누구에게 부여되는지는 소득분배(형평성)에 영향을 미칠 뿐이다.

08 ①

관료제는 자기보존 및 세력 확장을 도모하려 하기 때문에 그 업무량과는 상관없이 기구와 인력을 증대시키는 경향을 보인다. 관료제는 권한행사의 영역을 계속 확장하여 이른바 '제국건설(empire building)'을 기도한다. 이러한 경향을 '관료제의 제국주의'라고도 부른다. 이 법칙을 '상승하는 피라미드의 법칙(the law of rising pyramid)'이라고도 부르는데, 이는 '본질적인 업무량의 증가와는 무관하게 공무원의 수는 늘어난다'는 법칙으로, 파킨슨의 법칙을 말한다. ①은 이와 관계가 없다.

09 ①

지대추구이론은 정부의 정책이나 규제가 독과점을 조장하는 현상을 의미한다.

10 ①

ㄱ은 고객의 정치(수입규제), ㄴ은 다수의 정치(음란물규제), ㄷ은 이익 집단정치(한약규제), ㄹ은 기업가적 정치(원자력발전규제)에 해당한다.

11 ④

〈보기〉는 캡슐커피로 인한 환경오염규제에 해당하므로, 윌슨(Wilson)의 규제정치이론 중에서 기업가정치에 해당한다. 즉, 캡슐커피 사용을 제한할 경우 비용은 소수기업이 부담하는 반면 편익은 다수가 향유하는 경우이다.

12 ④

ㄱ은 관리규제, ㄴ은 성과규제, ㄷ은 수단규제이다.

13 ②

| 오답해설 | ① 성과규제는 수단규제에 비해 규제대상기관의 자율성이 크다.

③ 네거티브(negative) 규제는 포지티브(positive) 규제에 비해 규제대상기관의 자율성이 크다.

④ 규제개혁은 규제완화 → 규제품질관리 → 규제관리 등의 단계로 진행되는 것이 일반적이다.

14 ②

|오답해설| ㄱ. 정부규제로 인해 파생적 외부효과(정부실패의 원인)가 나타난다.

ㄹ. 시장유인적 규제는 명령지시적 규제보다 규제효과를 담보하기 어렵다는 단점이 있으며, 소비자에게 불필요한 비용부담을 주는 단점이 있다(할인점에서의 비밀포장지 판매).

15 ①

X-비효율성은 독점으로 인해 나타나는 정부의 비효율성을 의미한다.

16 ④

기술적 비효율성과 배분적 비효율성은 무관한 개념이다.

17 ⑤

정부의 개입으로 인하여 발생할 수 있는 파생적 외부효과에 해당한다.

18 ②

파생적 외부효과, 대리인이론, 권력과 특혜의 남용(지대추구와 포획현상) 등은 정부실패의 원인이고, 나머지는 시장실패의 원인이다.

19 ②

계약은 정부가 생산자에게 소요비용을 직접 지불하지만, 면허는 이용자가 비용을 지불한다.

20 ①

레크리에이션, 안전 모니터링, 복지사업 등의 분야에서 많이 활용되는 것은 자원봉사자(volunteers) 방식이다.

21 ④

성과(결과)는 산출물이 창출한 조직환경의 직접적인 변화를 의미한다. 따라서 50명의 취업이 성과에 해당한다.

22 ①

시립도서관 이용자 수는 산출, 시 정부에 대한 신뢰도는 영향, 시립도서관 이용자 만족도는 성과에 해당한다.

23 ③

사회자본은 협력적 행태를 촉진시켜 혁신적 조직의 발전에 기여한다.

24 ②

잭슨(Jackson)은 엘리트주의를 타파하기 위해 등장한 엽관주의와 관련이 있다.

25 ①

매디슨주의(다원주의)는 이익집단의 요구에 대한 조정을 위해 견제와 균형을 중시한다.

26 ③

행태주의는 외부자극에 대해 인간행태의 규칙성을 가정하는 수동적 인간관에 입각하고 있다.

|오답해설| ① 인간행태를 연구하기 위해서 종합학문적 성격을 가진다.
② 가치판단을 배제하는 과학적 연구방법의 적용을 강조한다.

④ 가치와 사실을 분리하고 가치판단을 배제하는 가치중립성을 강조한다.

27 ③

행태론적 접근방법은 과학적 연구를 위해 가치개입(value-laden)을 배제한다.

|오답해설| ① 행태론적 접근방법은 인식론적 기초를 논리실증주의(logical positivism)에 둔다.
② 행태론적 접근방법은 과학적 연구를 위해 계량분석법(quantitative analysis)을 강조한다.
④ 행태론적 접근방법은 다양한 인간행태의 규칙성을 가정한다. 즉, 행태의 규칙성, 상관성 및 인과성을 경험적으로 입증하고 설명할 수 있다고 본다.

28 ③

신행정학운동은 행정학의 실천적 성격과 적실성을 회복하기 위해 정책지향적인 행정학을 요구했으며, 전문직업주의와 가치중립적인 관리론에 대한 집착을 비판하면서 민주적 가치규범에 입각하여 분권화, 고객에 의한 통제, 가치에 대한 합의 등을 강조했다. 즉 1960년대 미국의 '신행정학' 운동은 전문직업주의와 가치중립적인 관리론(행태주의)에 대한 집착을 비판하였다.

29 ②

신행정학 운동은 전문직업주의, 가치중립적인 관리를 비판하였다.

30 ①

행정현상이나 정치현상(정책현상)에 경제학 접근을 도입하고 민주행정의 원형으로도 불리고 있는 정책결정 모형은 공공선택모형(public choice model)이다. 공공선택모형은 비시장적 의사결정(non-market decision making)의 경제학적 연구 또는 정치학에 경제학을 응용하는 것이다(D. Mueller). 즉, 정치적·행정적 결정에 관한 정치·경제학적 연구이론(정치 경제학)으로서, 공공부문의 의사결정을 분석하기 위한 접근방법의 하나이다. 공공선택모형은 경제학을 응용하여 투표 규칙, 투표 형태 등의 비시장적 의사결정과정을 연구한다.

31 ④

공공선택이론은 시장실패를 극복하기 위한 정부의 시장개입이 오히려 자원배분을 왜곡하여 정부실패를 유발하였다고 본다.

32 ②

신제도주의는 공식적인 법과 제도만이 아니라 비공식적 절차, 관례, 관습 등도 제도의 범주에 포함한다.

|오답해설| ① 제도적 동형화에는 강압적 동형화(힘의 우위를 지닌 조직의 영향을 받아 닮아가는 것, ⑩ 협력업체가 거래하는 대기업을 닮아가는 것), 모방적 동형화(불확실성 속에서 좀 더 앞서가는 누군가를 따라 함으로써 닮아가는 것, ⑩ 성공적 관행을 벤치마킹하는 것), 규범적 동형화(교육기관이나 전문가의 의견이나 자문을 통해 조직 서로 닮아가는 것) 등이 있다.
③ 역사적 신제도주의는 제도의 지속성과 경로의존성을 강조한다.
④ 비공식적 절차, 관례, 관습 등을 제도로 포함하기 때문에 구제도론보다 더 동적이라고 할 수 있다.

33 ③

신제도주의는 제도가 개인과 조직, 국가의 성패에 영향을 미치는 중요한 변수이지만, 제도가 개인과 조직, 국가의 성패를 결정한다고 보는 것은 아니다. 즉 1980년대 이후 행태주의의 한계를 지적하면서 등장한 신제도주의는 제도를 통해 거시 수준의 구조와 미시 수준(개체주의)의 행위의 상이한 분석 수준 간의 이론적 간격을 매개(연계)하여 최근의 정치·경제·사회현상을 설명·예측하려는 새로운 접근방법이다.

34 ③

시장의 원리를 강조하는 신자유주의는 케인즈(Keynes) 경제학에 기반을 둔 수요중시 거시 경제정책을 비판하고, 공급 측면의 경제정책에 대하여는 지지 입장을 견지한다. 즉, 신자유주의는 정부의 유효수요 창출보다는 공급중시 경제학(Laffer)에 기반을 둔 감세정책 등을 강조한다.

35 ③

시장성 검증은 신공공관리론에서 강조하는 내용으로, 방향잡기를 강조하는 신공공관리론에서는 반드시 정부가 직접 수행해야 하는 기획업무는 기업화할 수 없다.

36 ①

기업가적 정부를 강조하는 신공공관리 행정개혁은 정책기능과 집행기능의 분리에 의한 책임행정체제 확립(책임운영기관)을 강조한다.

37 ①

공공서비스 제공 시 사용료 부과 등 수익자부담의 원칙을 적용하면, 공공서비스의 불필요한 수요를 줄일 수 있다.

| 오답해설 | ② 형평성보다는 효율성과 관련이 있다.

③ 일반 세금에 비해 조세저항을 완화시킨다(일반 세금은 비용부담자와 수혜자가 불일치하므로 조세저항이 나타나기가 쉽다).

④ 비용편익분석이 용이하게 되어 경제적 효율성을 제고시킨다.

38 ④

예산지출 위주의 정부운영방식에서 탈피하여 수입 확보 개념을 활성화하는 것이 필요하다.

39 ④

오스본(Osborne)과 플라스트릭(Plastrick)은 『추방관료제(1997년)』에서 정부개혁의 5가지 전략(5C)을 제시하였는데, 협력전략은 이에 포함되지 않는다.

40 ④

오스본(Osborne)과 플라스트릭(Plastrick)은 『추방관료제(1997년)』에서 5C전략을 핵심(Core)전략, 결과(Consequence)전략, 고객(Customer)전략, 통제(Control)위임전략, 문화(Culture)전략으로 제시하였다. 따라서 조정전략이 아니라 통제(Control)위임전략이 포함되어야 한다.

41 ④

미국의 '위대한 사회(The Great Society)' 정책(ㄴ)과 유럽식의 '최대의 봉사자가 최선의 정부'(ㅁ)는 정부의 역할 강화와 관련이 있으므로, 시장의 원리를 강조하는 신공공관리론자들이 지향하는 가치와 거리가 멀다.

42 ③

| 오답해설 | ① 신공공관리론은 정부의 역할과 기능을 시장에 맡겨야 한다는 것이 아니라, 정부를 시장의 원리에 따라 운영하라는 의미이다.

② 고객 중심 논리는 국민을 피동적인 존재로 만들 수 있다.

④ 신공공관리론은 규제완화 등을 강조한다.

43 ②

행정재정립운동의 대표적인 학자인 스바라(J. H. Svara)는 기존의 정치·행정 이원론을 재해석하여 정책과정에서 공무원의 적극적인 역할을 옹호하였다.

| 오답해설 | ① 1980년대에는 전문직업주의(professionalism)와 행정윤리를 직업공무원의 책임성 확보를 위한 핵심 수단으로 인식하였다. 이러한 분위기 속에서 카터 행정부와 레이건 행정부는 직업공무원의 재량권을 점차 축소하였으며, 직업공무원에 비해 정치적으로 임명하는 공무원의 수를 상대적으로 증가시켰다.

③ 정부를 재구축하고 민간부분이 공공서비스 공급에 참여할 필요가 있다고 강조한 것은 신공공관리론(오스본과 개블러의 정부재창조론)이다.

④ 고객 중심적 행정을 주요 대상으로 하는 새로운 연구경향은 신공공관리론이다.

44 ①

구조개혁 방안으로 평면조직을 상정하는 것은 참여정부모형이다. 시장모형은 구조개혁방안으로 분권화를 상정한다.

45 ②

행정이론이 등장한 시기를 순서대로 바르게 나열한 것은 (다) 행정관리설 → (라) 신행정론 → (나) 공공선택이론 → (가) 뉴거버넌스론이다.

(가) 뉴거버넌스론은 정부와 공공부문에 참여하는 다양한 참여자들의 네트워크를 중시하고, 정부는 전체 네트워크를 관리하는 조정자의 입장에 있다고 하였다.

(나) 오스트롬(V. Ostrom)은 『미국 행정학의 지적 위기(The Intellectual Crisis of American Public Administration)』라는 저서에서 미국 행정학의 '지적 위기'를 지적하면서 공공선택론적 관점에서 인간을 이기적·합리적 존재로 전제하고, 공공재의 공급이 서비스 기관 간 경쟁과 고객의 선택에 의해 이루어지는 시스템을 제안하였다.

(다) 미국 행정학의 학문적 초석을 다진 굿노우(Goodnow)는 『정치와 행정(1900)』에서 정치는 국가의 의지를 표명하고 정책을 구현하는 것이며, 행정은 이를 실천하는 관리활동으로서 정치와 행정의 차이를 분명히 하였다.

(라) 왈도(Waldo)를 중심으로 가치와 형평성을 중시하면서 사회의 문제해결에 대한 현실 적합성을 갖는 새로운 행정학의 정립을 시도한 것은 신행정론이다.

46 ①

개인의 사익을 초월한 공동체 전체의 공익이 따로 있다고 보는 견해는 실체설이다.

47 ②

효과성은 목표의 달성도를, 능률성은 투입 대비 산출의 비율을 나타내는 개념이다.

48 ②

만장일치제는 의사결정자 전원의 찬성으로 의안이 결정되므로, 가외성과 거리가 멀다.

49 ④

동등잠재력(등전위현상)은 주된 조직단위의 기능이 장애·마비가 일어날 때 다른 보조적 조직단위가 주된 조직단위의 기능을 인수하여 수행하는 것을 말하며, 중복성(중첩성)과는 다른 특징이다.

PART Ⅱ. 정책학

01	①	02	①	03	①	04	④	05	③
06	④	07	④	08	③	09	④	10	③
11	④	12	④	13	③	14	④	15	③
16	④	17	④	18	③	19	④	20	④
21	①	22	②	23	④	24	④	25	①

01 ①

제시된 특징은 분배정책에 관한 것이다.

02 ①

배분정책은 정부가 적극적으로 국민들이 필요로 하는 재화와 서비스를 산출·제공하는 것을 그 내용으로 하며, 모두가 수혜자가 된다는 면에서 집행과정에서 반발과 갈등의 정도가 가장 적은 정책유형이다.

03 ①

종합편성 채널의 운영권을 부여하고, 이를 확보한 방송사에 대한 규제는 리플리와 프랭클린(Ripley & Franklin)의 보호적 규제정책이 아니라 경쟁적 규제정책을 시행한 것으로 볼 수 있다.

04 ④

국유지 불하 정책은 배분(분배)정책에 해당한다.

05 ③

| **오답해설** | ① 환경오염방지를 위한 기업규제는 보호적 규제정책, ② 국공립학교를 통한 교육서비스는 분배정책, ④ 항공노선 취항권의 부여는 경쟁적 규제정책에 속한다.

06 ④

정책네트워크이론은 정책과정에 대한 국가 중심 접근방법(조합주의)과 사회 중심 접근방법(다원주의)이라는 양자택일의 이분법적 논리를 비판하고 양자를 조화하기 위해서 등장하였다.

07 ④

합의와 관련하여 이슈네트워크는 어느 정도의 합의는 있으나 항상 갈등이 있고, 정책커뮤니티는 모든 참여자가 기본적인 가치관을 공유하며 정통성을 수용한다.

08 ③

㉠은 헌터(Hunter)의 명성접근법, ㉡은 다알(Dahl)의 다원주의론에 해당한다.

09 ④

콥과 로스(Cobb & Ross)가 제시한 의제 설정 과정 중 (가)는 내부접근형, (나)는 외부주도형, (다)는 동원형이다.

(가) 내부접근형은 '사회문제 → 정부의제'의 과정을 갖고, 후진국에서 주로 나타나지만 일반적으로 부와 권력이 집중된 불평등한 사회에서 흔히 나타나는 유형이다.

(나) 외부주도형은 이익집단이 발달하고 정부가 외부의 요구에 민감하게 반응하는 정치체제에서 주로 나타나기 때문에 다원화된 선진국의 정책의제설정과정에서 주로 나타나며, '사회문제 → 사회적 이슈 → 공중의제 → 정부의제'의 과정을 갖는다.

(다) 동원형은 정부의 힘이 강하고 민간부문의 힘이 취약한 후진국에서 많이 나타나는 유형으로서, '사회문제 → 정부의제 → 공중의제'의 과정을 갖는다.

10 ③

〈보기〉는 콥(Cobb)과 로스(Ross)의 의제설정모형 중에서 내부접근형에 해당한다.

| **오답해설** | ① 외부주도형은 정부 밖에 있는 집단이 자신들에게 피해를 주고 있는 사회문제를 정부가 해결해 줄 것을 요구하여 이를 사회쟁점화하고 공중의제로 전환시켜 결국 정부의제로 채택하도록 하는 의제설정과정이다.

② 동원형은 외부주도형과 정반대로 정부 내의 정책결정자들에 의하여 주도되는 경우로, 주로 정치지도자들의 지시에 의하여 사회문제가 바로 정부의제로 채택되고, 일반대중의 지지를 얻어 정책의 집행을 성공적으로 이끌기 위해서 정부의 PR 활동을 통해 공중의제가 된다.

④ 굳히기형은 대중적 지지가 높을 때 국가가 의제설정을 주도하는 모형이다.

11 ④

내부수익률(IRR)은 투자대안 자체의 수익률로, 내부수익률이 사회적 이자율(시중금리)보다 높을 때 투자가치가 있다. 따라서 사회적 이자율(시중금리)이 A사업의 IRR(6%)보다 낮으면 A사업은 투자가치가 있다.

12 ④

제시문은 합리모형에 관한 설명이다. 합리모형에서 강조하는 경제적 합리성은 같은 비용으로 최대의 목표산출을 얻을 수 있는 대안을 선택하는 행위를 의미한다. 합리모형은 인간은 누구나 이성과 고도의 합리성에 따라 행동하고 결정한다고 보는 이론 모형으로, 규범적이고 이상적인 접근이론이다. 따라서 정책결정자나 정책분석가가 절대적 합리성을 가지고 있고, 주어진 상황 아래에서 목표의 달성을 극대화할 수 있는 최선의 정책대안을 찾아낼 수 있다고 본다.

13 ③

에치오니(Etzioni)는 합리모형과 점증모형의 단점을 극복하기 위하여 '혼합모형'을 주장하였다. 최적모형은 드로어(Dror)가 제시한 모형으로 경제적 합리성과 초합리성을 함께 고려한다.

14 ④

model Ⅰ(합리적 행위자모형)에 해당하는 내용이다.

15 ③

정책목표의 집행과정 동안 우선순위가 변하지 않고 안정적이어야 한다.
| 오답해설 | ① 정책결정의 내용은 타당한 인과이론에 바탕을 둔 것이어야 한다. 이는 기술적 타당성이라고도 하며 정책목표와 정책수단 간의 인과관계를 포함한다.
② 법령이 정확한 정책지침을 갖고 있어야 하며 대상집단의 순응을 극대화하도록 구성되어야 한다.
④ 결정된 정책에 대해 행정부와 입법부를 포함한 다수의 이해관계 집단으로부터 지속적인 지지를 받아야 한다.

16 ④

정책집행의 하향식 접근(top-down approach)은 정책결정자가 결정한 정책을 집행자가 충실히 집행한다고 보기 때문에 하위직보다는 고위직(정책결정자)이 주도하며(ㄷ), 정책결정자는 정책집행에 영향을 미치는 정치적·조직적·기술적 과정을 충분히 통제할 수 있다고 본다(ㄹ).
| 오답해설 | ㄱ, ㄴ. 정책집행의 상향적 접근(bottom-up approach)에 대한 설명이다.

17 ④

제시문은 재량적 실험가형에 관한 설명이다.

18 ③

나카무라와 스몰우드(Nakamura & Smallwood)의 정책집행자 유형 중 재량적 실험가형에 대한 설명이다.

19 ④

재량적 실험가형 모형에서 정책을 평가하는 주요한 기준은 수익자 대응성이다.

20 ④

보조금은 혼합적 수단이고, 나머지는 강제적 수단이다.

21 ①

정책의 희생집단보다 수혜집단의 조직화가 강하면 정책집행이 용이하다.

22 ②

희생집단이 수혜집단보다 크고 양 집단의 조직화 정도가 약할 경우에는 정책집행이 용이하다. 즉, 수혜집단과 희생집단의 규모에 관계없이 각 집단의 조직화 정도가 약할 경우에 정책집행이 용이하다.

23 ④

진실험설계는 정책을 집행하는 실험집단과 집행하지 않는 통제집단을 구성하되, 무작위 배정을 통해 두 집단이 동질적인 집단이 되도록 한다. 즉, 자연과학 실험과 같이 대상자들을 격리시켜 실험을 하기 때문에 준실험설계의 문제점을 극복할 수 있다. 그러나 진실험설계의 경우 정책의 실험과정에서 실험대상자와 통제대상자들이 서로 접촉하는 경우 모방효과가 나타날 수 있으며, 실험대상자들이 실험의 대상으로서 그들이 관찰되고 있다는 사실을 알게 될 경우, 평소와는 다른 행동을 함으로써 발생하는 호손효과(Hawthorne effects)가 나타날 수 있는 문제점이 있다.

24 ④

사회실험에 대한 설명으로 ㄷ, ㄹ이 옳은 것이다.
| 오답해설 | ㄱ. 사회실험은 자연과학의 실험실 실험처럼 통제집단(control group) 또는 비교집단(comparison group)이 있어야 한다. 사회실험은 실험실이 아닌 사회라는 상황 속에서 행하여지는 실험이지만 여기서 사용하는 개념이나 기본논리는 실험실에서의 실험과 동일하다. 따라서 사회실험은 반드시 실험집단과 이에 비교되는 통제집단 또는 비교집단을 실험 실시 전에 미리 확보한다. 그래서 실험대상을 의도적으로 두 집단으로 나누고 처음부터 실험집단에게는 일정한 조작 또는 처리를 가하고 통제집단에게는 처리를 가하지 않게 하여 일정한 시간이 지난 후에 두 집단이 나타내는 결과변수상에서의 차이를 처리의 효과라고 판단하는 것이 실험의 기본논리이다.
ㄴ. 진실험 방법을 활용하여 사회실험을 진행하더라도 호손효과(Hawthorne Effect)를 방지하기는 어렵다. 사회실험에서 특히 문제가 되는 것은 실험대상자들이 실험의 대상으로서 그들이 관찰되고 있다는 사실을 알게 되어 평소와는 다른 행동을 함으로써 발생하는 호손효과이다. 여기에 대한 대책은 사회실험을 가능한 한 조용하게 추진하여 실험대상자들이 실험이 진행되고 있다는 것과 자신들이 주목을 받고 있다는 것을 모르도록 하는 것이다.

25 ①

정책평가에서 평가대상 프로그램과 성과 간에 실질적인 상관관계가 없음에도 불구하고 관계가 있는 것으로 나타나는 경우는 허위(외재)변수의 개입으로 인한 경우이다.

PART Ⅲ. 조직이론

본문 P.372

01	④	02	②	03	③	04	④	05	①
06	③	07	②	08	⑤	09	④	10	③
11	④	12	③	13	②	14	④	15	①
16	①	17	④	18	③	19	②	20	①
21	①	22	③	23	①	24	③	25	①

01 ④
조직이 투자한 자산이 고정적이어서 자산 특정성이 높으면, 조직 내의 여러 관계나 외부공급자들과의 관계가 고착되어 대리인 관계가 비효율적이더라도 이를 바꾸기 어렵다. 자산의 특정성(자산 전속성)은 자산이 다른 용도에 사용되기 어려운 정도를 의미한다.

02 ②
계층제는 집합적 의사결정의 결정비용은 감소시키지만, 외부비용은 증가시킨다.

03 ③
자원의존이론은 어떤 조직도 필요로 하는 자원을 모두 획득할 수는 없다는 것을 전제한다. 조직을 환경에 대해 피동적인 존재로 보지 않고 스스로의 이익을 위해 주도적·능동적으로 환경에 대처하며, 환경을 조직에 유리하도록 관리하려는 존재로 보는 접근방법이다. 따라서 조직을 환경과의 관계에서 능동적 존재로 본다.

04 ④
집약적 기술(intensive technology)은 다양한 기술이 개별적인 고객의 성격과 상태에 따라 다르게 배합되는 기술로서, 표준화가 곤란하고 갈등이 수반되며 비용이 많이 든다.

05 ①
공식화(formalization)의 수준이 높을수록 업무의 표준화 정도가 높아지므로 조직구성원들의 재량이 감소한다.

06 ③
조직의 규모가 클수록 통솔범위의 한계로 인해 분권화되는 경향이 있다.
| 오답해설 | ① 조직의 규모가 클수록 공식화 수준이 높아진다.
② 조직의 규모가 클수록 조직 내 구성원의 응집력이 약해진다.
④ 조직의 규모가 클수록 복잡성이 높아진다.

07 ②
공식화는 직무의 표준화를 의미한다. 따라서 공식화가 낮아지면 조직구성원들의 재량권은 늘어난다.

08 ⑤
| 오답해설 | ① 매트릭스구조와 수평구조(팀제)는 별개이다.
② 정보통신기술의 발달로 통솔의 범위는 넓어졌다.

③ 기계적 조직구조는 직무의 범위가 좁다.
④ 안정적인 행정환경에서 성과가 상대적으로 높은 것은 기계적 구조이다.

09 ④
네트워크조직은 정보통신망에 의해 조정되므로 직접 감독에 필요한 지원 및 관리인력이 불필요하게 된다.

10 ③
| 오답해설 | ㄱ. 지식정보사회의 조직은 사회적 지식의 활용에 있어 개인과 집단의 활동보다 사회적 학습이 강조된다.
ㄹ. 매트릭스조직은 일상적인 업무보다 프로젝트 중심의 조직이다. 일상적인 업무를 보다 신속하고 효율적으로 추진하고자 할 때 유용한 조직은 기능조직이다.

11 ④
관료제의 비정의성(非情誼性)은 조직 구성원의 지위 등에 관계없이 공평하게 취급되는 것으로, 병리현상이 아니라 특성에 해당한다. 따라서 법규와 절차 준수의 강조는 비정의성을 촉발시키게 되며, 과잉동조(동조과잉)와 목표의 대치(수단의 목표화)를 야기할 수 있다는 문제점을 지닌다.

12 ③
베버(M. Weber)가 제시한 관료제는 관료들은 고객과의 일체감을 중시하며, 구체적인 경우의 특별한 사정을 충분히 고려하여 임무를 수행하는 것이 아니라 비정의성(impersonality)의 정신에 따라 임무를 수행한다. 베버의 관료제는 직무 면, 자원 및 시설 면으로 공과 사는 엄격히 분리된다. 이상적인 관료제는 증오나 열정 없이 형식주의적인 비정의성의 정신에 따라 움직인다. 이는 합리적인 결정을 내리기 위해서는 부하들과 고객과의 감정적 연계를 피해야 한다는 것이며, 관료들은 법규적용 등 임무수행에서 개인적 친분관계나 상대방의 지위 등에 구애됨이 없이 공평무사하게 임하여야 한다는 것이다.

13 ②
| 오답해설 | ①③ 지나친 전문화는 '전문화로 인한 무능' 현상과 할거주의를 유발한다.
④ 목표가 아닌 수단으로서의 규칙과 절차에 지나치게 집착하는 경우 동조과잉 현상이 초래된다.

14 ④
애드호크라시는 수평적 조직 형태를 갖추고 있기 때문에 권한과 책임을 둘러싼 갈등이 발생할 가능성이 높다.

15 ①
매트릭스 조직구조는 기능구조와 사업구조의 화학적 결합으로서 잦은 대면과 회의를 통해 과업조정이 이루어지기 때문에 신속한 결정이 곤란하다.

16 ①
부분보다 전체를 중시하고, 의사소통을 원활하게 하는 공동체 문화를 강조하는 학습조직의 경우 팀으로 조직기본 단위를 구성한다. 따라서 엄격하게 구분된 부서 간의 경쟁은 기계적 구조(관료제조직)의 특성에 해당한다.

17 ④

한국수자원공사에 대한 관할권을 국토교통부에서 환경부로 이관하였다. 수량, 수질의 통일적 관리와 지속 가능한 물 관리체계의 구축을 위하여 국토교통부의 수자원 보전·이용 및 개발 기능을 환경부로 이관함으로써, 분산화된 물 관리체계를 일정 부분 일원화하고 나아가 국민 모두가 보다 안전하고 깨끗한 물을 누릴 수 있도록 「정부조직법」이 개정(2018. 6. 8.)되었다.

18 ③

책임운영기관 특별회계는 계정별로 '중앙행정기관의 장'이 운용하고, 기획재정부장관이 이를 통합하여 관리한다.

19 ②

허즈버그(Herzberg)는 욕구충족요인 이원론에서 근로환경 가운데 위생요인(불만요인)을 제거해 주면 불만이 줄어들지만, 만족이나 동기부여 효과까지 높다고 볼 수는 없다고 하였다.

20 ①

허즈버그(Herzberg)는 불만을 주는 요인과 만족을 주는 요인은 서로 다르다고 주장하면서 이원화를 주장하였다. 따라서 욕구의 계층화와는 거리가 멀다.

21 ①

브룸(Vroom)의 기대이론은 동기의 강도가 기대감(E), 수단성(I), 유의성(V)에 달려 있다고 보는 이론이다.

22 ③

행태론적 입장에서는 갈등이란 조직 내에서 필연적으로 발생할 수밖에 없는 현상으로, 이를 완전히 제거한다는 것은 불가능하고 때로는 갈등이 집단의 성과를 향상시킨다고 보았다.

23 ①

행태론적 접근방법에 해당한다.

24 ③

|오답해설| ① 거래적 리더십, ② 변혁적 리더십, ④ 지시적 리더십에 관한 설명이다.

25 ①

대외적·종합적 자원배분에 치중하는 것은 계획예산제도(PPBS)이다.

PART Ⅳ. 인사행정론

01	②	02	④	03	④	04	①	05	③
06	③	07	①	08	③	09	③	10	①
11	④	12	①	13	②	14	④	15	①
16	①	17	③	18	②	19	②		

01 ②

엽관주의는 정당에의 충성도와 공헌도를 관직 임용의 기준으로 삼는 제도로서, 선거를 통한 주기적 심판이 가능하므로 국민의 요구에 대한 관료적 대응성을 확보하기 용이하다는 장점이 있다.

02 ④

|오답해설| ㄱ, ㄴ. 엽관주의는 혈연, 지연 등과 같은 정실임용보다는 정치적 요인을 고려하여 임용하는 방식이다.

ㅁ. 실적주의는 지나친 신분보장 등으로 인해 국민에 대한 관료의 대응성이 낮아질 수 있다는 단점이 있다.

03 ④

엽관주의는 선거를 통해 주기적으로 심판하기 때문에 행정에 대한 민주적 통제를 강화한다. 즉, 다음 선거에 승리하기 위해서 국민의 요구가 잘 수렴·반영될 수 있다.

04 ①

실적주의의 도입은 팬들턴법(pendleton act)에 따라 등장한 중앙인사기관의 권한과 기능을 집중시키는 결과를 가져왔다. 즉 실적주의는 인사행정에 대한 정치적 간섭을 배제하고 정권 교체에 의한 영향을 받지 않도록 하기 위하여, 공무원의 신분을 보장하는 데만 중점을 두는 소극적 성격을 가졌으며 그 결과 중앙인사기관의 권한과 기능을 집중시키는 결과를 가져왔다.

05 ③

대우공무원제도는 대표관료제와 무관하다.

06 ③

총액인건비제는 대표관료제(형평성)와 무관하다. 효율성과 성과제고를 위해 도입된 제도이다.

07 ①

감사원 사무차장은 일반직 공무원에 해당한다. 국무총리실은 2013년 개편되어 국무조정실과 국무총리비서실이 되었다.

> 「감사원법」
> 제19조 【사무총장 및 사무차장】 ① 사무총장은 정무직으로, 사무차장은 일반직으로 한다.

> 「헌법재판소법」
> 제18조 【사무처 공무원】 ① 사무처장은 정무직으로 하고, 보수는 국무

위원의 보수와 같은 금액으로 한다.

② 사무차장은 정무직으로 하고, 보수는 차관의 보수와 같은 금액으로 한다.

「정부조직법」

제20조【국무조정실】① 각 중앙행정기관의 행정의 지휘·감독, 정책 조정 및 사회위험·갈등의 관리, 정부업무평가 및 규제개혁에 관하여 국무총리를 보좌하기 위하여 국무조정실을 둔다.

② 국무조정실에 실장 1명을 두되, 실장은 정무직으로 한다.

③ 국무조정실에 차장 2명을 두되, 차장은 정무직으로 한다.

「국가정보원법」

제9조【원장·차장·기획조정실장】① 원장은 국회의 인사청문을 거쳐 대통령이 임명하며, 차장 및 기획조정실장은 원장의 제청으로 대통령이 임명한다.

② 원장은 정무직으로 하며, 국정원의 업무를 총괄하고 소속 직원을 지휘·감독한다.

③ 차장과 기획조정실장은 정무직으로 하고 원장을 보좌하며, 원장이 부득이한 사유로 직무를 수행할 수 없을 때에는 그 직무를 대행한다.

④ 원장·차장 및 기획조정실장 외의 직원 인사에 관한 사항은 따로 법률로 정한다.

08 ③

| 오답해설 | ⓒ 차관은 특수경력직 중 정무직이다.

ⓒ 국가직 공무원만 고위공무원단이 운영되고 있다.

「국가공무원법」

제2조【공무원의 구분】① 국가공무원은 경력직 공무원과 특수경력직 공무원으로 구분한다.

② "경력직 공무원"이란 실적과 자격에 따라 임용되고 그 신분이 보장되며 평생 동안 공무원으로 근무할 것이 예정되는 공무원을 말하며, 그 종류는 다음 각 호와 같다.

1. 일반직 공무원: 기술·연구 또는 행정 일반에 대한 업무를 담당하는 공무원

2. 특정직 공무원: 법관, 검사, 외무공무원, 경찰공무원, 소방공무원, 교육공무원, 군인, 군무원, 헌법재판소 헌법연구관, 국가정보원의 직원, 경호공무원과 특수 분야의 업무를 담당하는 공무원으로서 다른 법률에서 특정직 공무원으로 지정하는 공무원

③ "특수경력직 공무원"이란 경력직 공무원 외의 공무원을 말하며, 그 종류는 다음 각 호와 같다.

1. 정무직 공무원

가. 선거로 취임하거나 임명할 때 국회의 동의가 필요한 공무원

나. 고도의 정책결정 업무를 담당하거나 이러한 업무를 보조하는 공무원으로서 법률이나 대통령령(대통령비서실 및 국가안보실의 조직에 관한 대통령령만 해당한다)에서 정무직으로 지정하는 공무원

2. 별정직 공무원: 비서관·비서 등 보좌업무 등을 수행하거나 특정한 업무수행을 위하여 법령에서 별정직으로 지정하는 공무원

제2조의2【고위공무원단】① 국가의 고위공무원을 범정부적 차원에서 효율적으로 인사관리하여 정부의 경쟁력을 높이기 위하여 고위공무원단을 구성한다.

「공무원연금법」

제3조【정의】① 이 법에서 사용하는 용어의 뜻은 다음과 같다.

1. "공무원"이란 공무에 종사하는 다음 각 목의 어느 하나에 해당하는 사람을 말한다.

가.「국가공무원법」,「지방공무원법」, 그 밖의 법률에 따른 공무원. 다만, 군인과 선거에 의하여 취임하는 공무원은 제외한다.

나. 그 밖에 국가기관이나 지방자치단체에 근무하는 직원 중 대통령령으로 정하는 사람

09 ③

개방형 인사관리는 정치적 리더십의 요구에 따른 고위층의 조직장악력을 강화한다.

10 ①

경력개방형 직위제도는 공직 외부에서만 적격자를 선발하는 것이다.

11 ④

A(서열법)-ㄷ, B(분류법)-ㄱ, C(점수법)-ㄹ, D(요소비교법)-ㄴ이다.

12 ①

직무의 종류는 다르지만 그 곤란성·책임도 및 자격 수준이 상당히 유사하여 동일한 보수를 지급할 수 있는 모든 직위를 포함하는 것은 직급이 아니라 등급이다.

13 ②

| 오답해설 | ① 과학적 관리론과 실적제의 발달은 직위분류제의 발전에 기여했다.

③ 공무원 개인의 능력이나 자격을 기준으로 공직분류체계를 형성하는 것은 계급제이다.

④ 계급제와 직위분류제는 양립 가능하며 우리나라는 계급제를 기반으로 직위분류제를 가미하고 있다.

14 ④

고위공무원단제도는 노무현 정부 시기인 2006년 7월 1일에 도입하였다.

15 ①

시험 성적을 근무성적 결과와 비교하여 측정할 수 있는 시험의 효용성은 타당성이다.

16 ①

ㄱ은 강제배분법, ㄴ은 산출기록법, ㄷ은 행태기준평정척도법이다.

ㄱ. 강제배분법(forced distribution)은 근무성적을 평정한 결과 피평정자들의 성적 분포가 과도하게 집중화되거나 관대화 또는 엄격화되는 것을 막기 위해 성적 분포의 비율을 미리 정해놓는 평정 방법이다. 분포 비율을 정하는 방법은 여러 가지가 있으나, 등급의 수가 다섯인 경우 10, 20, 40, 20, 10의 비율로 종형(鐘型)인 정상 분포곡선(normal curve)이 되도록 배분하는 것이 일반적인 예이다. 강제배분법은 피평정자가 많을 때는 관대화 경향에 따르는 평정 오차를 방지할 수 있는 이점이 있다. 그러나 평정 대상 전원이 무능하더라도 일정 비율의 인원이 우수하다는 평정을 받게 되거나, 반대로 전원이 우수한 경우에도 일정한 비율의 인원은 열등하다는 평정을

받게 되는 결함이 있다. 또한 평정자가 미리 강제 배분 비율에 따라 평정 대상자를 각 등급에 분포시키고, 그 다음에 역으로 등급에 해당하는 점수를 부여하는 이른바 역산식 평정을 할 가능성이 높다.

ㄴ. 산출기록법(production records)은 공무원이 달성한 작업량을 평가 대상으로 하는 방법이다. 즉, 공무원이 일정한 시간당 수행한 작업량을 측정하거나 또는 일정한 작업량을 달성하는 데 소요된 시간을 계산해 그 성적을 평정하는 것이다. 이 방법은 워드프로세서, 속기사 등과 같이 표준 작업 시간과 표준 작업량의 산정이 가능한 직종의 평정에 적합하다. 그러나 계량적으로 측정할 수 없는 작업의 질, 작업 능률에 영향을 미치는 성격·협동성·판단력 등은 평가할 수 없다.

ㄷ. 행태기준평정척도법(BARS: Behaviorally Anchored Rating Scales)은 도표식 평정척도법이 갖는 평정 요소 및 등급의 모호성과 해석상의 주관적 판단 개입, 그리고 중요 사건 평정법이 갖는 상호 비교의 곤란성을 보완하기 위해 두 방법의 장점을 통합시킨 것이다.

17 ③

평정자가 평정대상자를 다른 평정대상자와 비교함으로써 발생하는 오류는 대비오차(contrast error)이다.

| 오답해설 | ① 평정대상자의 근무실적과 직무수행능력을 평가하며, 적성, 근무태도 등도 평가한다.

② 평정대상자로 하여금 자신의 근무실적을 스스로 보고하도록 하는 방법은 자기평정법이다.

④ 직무성과계약제는 장·차관 등 기관의 책임자와 실·국장 등 고위관리자, 실·국장과 과장 등 중간관리자 간에 성과목표와 평가지표 등에 관해 공식적인 성과계약을 하향적(top-down)으로 체결하는 제도이다.

> 「공무원 성과평가 등에 관한 규정」
> 제14조 【근무성적평가의 평가항목 등】 ① 근무성적평가의 평가항목은 근무실적과 직무수행능력으로 하되, 소속 장관이 필요하다고 인정하는 경우에는 인사혁신처장이 정하는 범위에서 직무수행태도 또는 부서 단위의 운영 평가 결과를 평가항목에 추가할 수 있다.

18 ②

다면평가제도는 조직의 계층적 구조가 완화되고 팀워크가 강조되는 현대사회의 새로운 조직유형에 부합되는 제도이다.

19 ②

| 오답해설 | ㄴ. 「국가공무원법」과 「공직자윤리법」은 기본적으로 부정부패를 방지하기 위한 소극적 윤리를 강조하고 있는 반면, 취임선서와 복무선서 및 공무원의 윤리헌장과 신조 등은 봉사와 충성, 그리고 창의성과 책임성 등 적극적 윤리를 강조하고 있다.

ㄷ. 정무직 공무원, 4급 이상 일반직 고위공무원은 재산등록 대상이며, 정부출연기관의 임원도 포함된다(「공직자윤리법」 제3조, 제3조의2).

PART Ⅴ. 재무행정론

본문 P.521

01	③	02	①	03	①	04	④	05	④
06	③	07	④	08	④	09	④	10	②
11	④	12	①	13	④	14	④	15	③
16	①	17	②						

01 ③

특별회계 예산은 합목적성 차원에서 일반회계 예산보다는 자율성과 탄력성이 강하나, 기금보다는 자율성과 탄력성이 약하다. 기금은 각종 연금사업, 보험사업 등이 예산으로 운영될 때 예산에 적용되는 일반적인 제약 때문에 사업목적을 효과적으로 달성할 수 없는 경우에 설치된다. 즉 기금이란, 복잡다기하고 급변하는 현실에서 국가의 특수한 정책목적을 실현하기 위하여 예산원칙의 일반적인 제약으로부터 벗어나 좀 더 탄력적으로 운용할 수 있도록 세입·세출예산에 의하지 않고 특정 사업을 위해 보유·운용하는 특정 자금이라고 할 수 있다.

> 「국가재정법」
> 제5조 【기금의 설치】 ① 기금은 국가가 특정한 목적을 위하여 특정한 자금을 신축적으로 운용할 필요가 있을 때에 한정하여 법률로써 설치하되, 정부의 출연금 또는 법률에 따른 민간부담금을 재원으로 하는 기금은 별표 2에 규정된 법률에 의하지 아니하고는 이를 설치할 수 없다.
> ② 제1항의 규정에 따른 기금은 세입세출예산에 의하지 아니하고 운용할 수 있다.

02 ①

「국가재정법」상 추가경정예산 편성사유에 해당하지 않는다.

03 ①

통합재정은 일반회계, 특별회계, 기금을 포함한다.

| 오답해설 | ② 통합재정의 기관 범위에 지방자치단체는 포함되나, 공공금융기관은 포함되지 않는다.

③ 국민의 입장에서 느끼는 정부의 지출규모이며 내부거래는 제외된다.

④ 2005년부터 정부의 재정규모 통계로 사용하고 있으며 세입과 세출을 순계 개념으로 파악한다.

04 ④

발문은 지출통제 예산제도에 관한 설명이다.

05 ④

예산 한정성의 원칙 중 예산 목적 외 사용금지인 질적 한정의 원칙은 엄격히 지켜지기가 어렵고, 그 예외로서 이용과 전용 등이 있다.

06 ③

예산 통일성 원칙은 특정한 세입을 특정한 세출에 충당하여서는 안 된다는 원칙이다. 즉, 국가의 모든 수입은 일단 국고에 편입된 후에 모든 지출이 이루어져야 한다는 것을 의미한다. 이 원칙을 달리 표현한다면 조세를 포함한 모든 정부수입이 일단 국고에 귀속되었다가 그곳에서 정부의 모든 지출이 이루어져야 한다는 것이다. 그 예외로서 목적세, 특별회계예산, 기금, 수입대체경비 등이 있다. 반면, 추가경정예산은 예산은 구조면에서 단일한 것이어야 한다는 예산 단일성 원칙의 예외에 해당한다.

07 ④
한정성 원칙의 예외로는 예비비, 이용과 전용, 계속비 등이 있으며, 단일성 원칙의 예외로는 특별회계, 기금 등이 있다. 따라서 계속비는 한정성 원칙의 예외이며, 기금은 단일성 원칙의 예외에 해당한다.

08 ④
A는 예산총계주의 원칙(예산 완전성의 원칙), B는 예산 통일성의 원칙에 해당한다.

09 ④
정부 예산집행의 신축성을 확대하기 위하여 만들어진 예산의 전용제도는 국회의 동의를 요하지 않는다. 예산집행의 신축성을 확대하면 재정민주주의를 저해하게 된다.

10 ②
| 오답해설 | ① 예산과정은 예산편성 – 예산심의 – 예산집행 – 예산결산의 순으로 이루어진다.
③ 예산제도 개선 등으로 절약된 예산 일부를 예산성과금으로 지급할 수 있으며, 다른 사업에도 사용할 수 있다.
④ 각 중앙부처가 총액 한도를 지정한 후에 사업별 예산을 편성하고 있지만, 기획재정부의 사업별 예산통제기능은 유지되고 있다.

11 ④
| 오답해설 | ① 기존에 유지된 타당성조사의 문제점을 보완하기 위해 1999년부터 도입하였다.
② 신규 사업 중 총사업비가 500억 원 이상인 사업은 예비타당성 조사 대상에 포함된다.
③ 예비타당성조사는 기획재정부장관이 실시한다.

> 「국가재정법」
> 제38조【예비타당성조사】① 기획재정부장관은 총사업비가 500억 원이상이고 국가의 재정지원 규모가 300억 원 이상인 신규 사업으로서 다음 각 호의 어느 하나에 해당하는 대규모사업에 대한 예산을 편성하기 위하여 미리 예비타당성조사를 실시하고, 그 결과를 요약하여 국회 소관 상임위원회와 예산결산특별위원회에 제출하여야 한다.

12 ①
㉠, ㉣, ㉤이 옳은 설명이다.
| 오답해설 | ㉡과 ㉢은 개념과 내용이 반대로 설명되어 있다.
㉡ BOT 방식: 민간투자기관이 민간자본으로 공공시설을 건설하고 시설 완공 후 일정기간 동안 민간투자기관이 소유권을 가지고 직접 운영하여 투자비를 회수한 다음, 기간만료 시 소유권을 정부에 이전하는 방식
㉢ BOO 방식: 민간투자기관이 민간자본으로 공공시설을 건설하고 시설 완공 후 일정기간 동안 민간투자기관이 소유권을 가지고 직접 운영하여 투자비를 회수하는 방식

> 「사회기반시설에 대한 민간투자법」
> 제4조【민간투자사업의 추진방식】민간투자사업은 다음 각 호의 어느 하나에 해당하는 방식으로 추진하여야 한다.
> 1. 사회기반시설의 준공과 동시에 해당 시설의 소유권이 국가 또는 지방자치단체에 귀속되며, 사업시행자에게 일정기간의 시설관리운영권을 인정하는 방식(제2호에 해당하는 경우는 제외한다)
> 2. 사회기반시설의 준공과 동시에 해당 시설의 소유권이 국가 또는 지방자치단체에 귀속되며, 사업시행자에게 일정기간의 시설관리운영권을 인정하되, 그 시설을 국가 또는 지방자치단체 등이 협약에서 정한 기간 동안 임차하여 사용·수익하는 방식
> 3. 사회기반시설의 준공 후 일정기간 동안 사업시행자에게 해당 시설의 소유권이 인정되며 그 기간이 만료되면 시설소유권이 국가 또는 지방자치단체에 귀속되는 방식
> 4. 사회기반시설의 준공과 동시에 사업시행자에게 해당 시설의 소유권이 인정되는 방식
> 5. 민간부문이 제9조에 따라 사업을 제안하거나 제12조에 따라 변경을 제안하는 경우에 해당 사업의 추진을 위하여 제1호부터 제4호까지 외의 방식을 제시하여 주무관청이 타당하다고 인정하여 채택한 방식
> 6. 그 밖에 주무관청이 제10조에 따라 수립한 민간투자시설사업기본계획에 제시한 방식

13 ④
점증주의적 예산결정은 경제적 합리성보다는 정치적 합리성을 고려한다.

14 ④
예산과정을 보는 시각에는 정치원리와 경제원리가 있다. 계속적·분할적 접근은 정치원리와 관련이 있고, 나머지는 경제원리와 관련이 있다.

15 ③
공공선택론적 관점에 의하면 정치인과 관료는 이기적이어서 개인효용함수에 따라 권력이나 예산규모의 극대화를 추구한다고 본다.
| 오답해설 | ① 예산결정의 점증주의에 대한 내용이다.
② 니스카넨(Niskanen)에 의하면 예산결정에 있어 관료의 최적 수준은 정치인의 최적 수준보다 높다. 즉, 관료는 소속부서의 예산을 극대화하려고 한다.
④ 단절균형이론에 대한 내용이다.

16 ①
욕구체계이론은 예산관련 이론이 아니라 동기부여이론이다.

17 ②
품목별 예산제도(LIBS)의 분석의 초점은 지출대상(인건비, 물건비 등)이며 이를 통해 예산집행의 통제성을 높이고자 한다. 품목별 예산제도는 세입과 세출을 표시하면서 기관의 운영과 행정활동에 소요되는 품목을 나열하여 금전적으로 표시한 것이다. 방만하게 지출될 수 있는 예산항목에 대해 개별 부서의 지출을 통제하고 공무원들로 하여금 회계적 책임에 민감하도록 회계검사를 수행하는 것이 품목별 예산체제의 기본 목적이다.
| 오답해설 | ① 성과주의 예산제도는 업무단위 비용과 업무량의 파악을 통해 효율성을 높이고자 한다.

③ 새로운 성과주의 예산제도는 결과(outcome)에 관심이 있으며 이를 통해 효과성을 높이고자 한다.
④ 계획예산제도는 목표와 예산의 연결을 통해 효율성(합리적 자원배분)을 높이고자 한다.

PART VI. 행정환류론

본문 P.549

01	①	02	③	03	②	04	③	05	③
06	③								

01 ①
| 오답해설 | ② 권위주의적 정치·행정문화에서는 행정통제가 효과적으로 이루어지기 어렵다.
③ 헌법재판소는 사후적이기는 하지만 행정에 대한 통제기능을 수행한다.
④ 입법부의 구성이 여당 우위일 경우 효과적인 행정통제 기능을 수행하기 어렵다.

02 ③
국민권익위원회는 국무총리 소속이다.

03 ②
| 오답해설 | ㄴ. 옴부즈만제도는 스웨덴에서 최초로 도입되었다.
ㄹ. 우리나라의 경우 국무총리 직속의 국민권익위원회가 옴부즈만에 해당한다.

04 ③
| 오답해설 | ①② 개혁의 점진적 추진과 적절한 시기의 선택은 기술적 전략이다.
④ 반대 급부의 보장은 공리적 전략이다.
⑤ 상급자의 권한 행사는 강제적 전략이다.

05 ③
직무개선은 조직 내부의 사무혁신으로, 공공서비스 공급과는 무관하다.

06 ③
직위분류제는 직무의 종류와 곤란도에 따른 과학적인 인사제도이지만 성과제고와는 직접적인 관계가 없다.

PART VII. 지방행정론

본문 P.618

01	③	02	②	03	②	04	①	05	③
06	①	07	①	08	②	09	④	10	②
11	③	12	②	13	③	14	①	15	③
16	④	17	③	18	④	19	②	20	③
21	④	22	⑤	23	⑤	24	③	25	③
26	④	27	④	28	④	29	②	30	③
31	③								

01 ③
지방자치는 공공서비스의 균질화·균등화보다는 지역적 특성에 맞는 공공서비스의 제공이 가능하다.

02 ②
지방자치단체의 '자치사무'에 관한 그 장의 명령이나 처분이 법령에 위반될 경우는 취소나 정지가 가능하나, 부당한 경우는 취소나 정지가 불가능하다.

03 ②
| 오답해설 | ㄴ. '행정안전부'가 아니라 '국무총리' 소속이다.
ㄷ. '즉시'가 아니라 '기간을 정하여 서면으로 시정을 명하고 그 기간 내에 이행하지 아니할 때에는'이다.

04 ①
중앙행정기관의 장과 지방자치단체의 장이 사무를 처리할 때 의견을 달리하는 경우, 이를 협의·조정하기 위하여 행정협의조정위원회를 둔다.

05 ③
분쟁조정위원회는 적극적 협력보다는 자치단체 간 갈등과 분쟁의 해소라는 소극적인 측면에 해당한다.

06 ①
자치단체를 폐합하여 하나의 새로운 자치단체를 만드는 것은 합병방식이다.

07 ①
특별자치시와 특별자치도에는 현재 자치구를 두고 있지 않다.

08 ②
세종특별자치시의 관할구역으로 자치구를 둘 수 없다.

09 ④
단층제는 중층제보다 행정책임을 보다 명확하게 할 수 있다.

10 ②
우리나라의 지방사무 배분방식은 포괄적 예시주의를 채택하고 있다.

11 ③

기관통합형은 집행부와 의회의 기구가 병존함에 따라 비효율성을 줄일 수 있다는 장점이 있다.

12 ②

우리나라의 기관구성은 기관대립형으로, 지방의회의 자치단체장에 대한 불신임의결이나 지방자치단체장의 의회해산과 같은 극단적 조치를 인정하지 않고 있다.

13 ③

지방자치단체는 법률에 근거하여 지방세를 부과·징수할 수 있다.

14 ①

기관위임사무에 소요되는 비용은 원칙적으로 위임기관이 전액 부담하며(교부금), 단체위임사무에 소요되는 비용은 원칙적으로 자치단체와 위임기관이 공동으로 부담한다.

15 ②

기관위임사무는 국가와 지방자치단체 사이의 행정적 책임의 소재를 불명확하게 한다는 단점이 있다.

16 ④

아른슈타인(Arnstein)이 제시한 주민참여 8단계론 중 비참여 단계에 해당하는 것은 치료, 조작이다.

17 ③

주민협의회제도, 자문위원회 등은 주민의 간접적 지방행정 참여제도이다.

18 ④

주민참여예산제도는 「지방재정법」에 규정되어 있다.

19 ②

| 오답해설 | ① 2004년 「지방자치법」 개정에서 도입된 이래 지금까지 시행되고 있다.

③ 지방자치단체의 장은 자신의 직권으로 주민투표를 실시할 수 있으나, 그 지방의회 재적의원 과반수의 출석과 출석의원 과반수의 동의를 얻어야 한다.

④ 일정요건을 갖춘 외국인은 주민투표에 참여할 수 있다.

> 「주민투표법」
> 제5조【주민투표권】① 18세 이상의 주민 중 제6조 제1항에 따른 투표인명부 작성기준일 현재 다음 각 호의 어느 하나에 해당하는 사람에게는 주민투표권이 있다. 다만, 「공직선거법」 제18조에 따라 선거권이 없는 사람에게는 주민투표권이 없다.
> 　1. 그 지방자치단체의 관할 구역에 주민등록이 되어 있는 사람
> 　2. 출입국관리 관계 법령에 따라 대한민국에 계속 거주할 수 있는 자격(체류자격변경허가 또는 체류기간연장허가를 통하여 계속 거주할 수 있는 경우를 포함한다)을 갖춘 외국인으로서 지방자치단체의 조례로 정한 사람
> 제9조【주민투표의 실시요건】① 지방자치단체의 장은 다음 각 호의 어느 하나에 해당하는 경우에는 주민투표를 실시할 수 있다. 이 경우 제1호 또는 제2호에 해당하는 경우에는 주민투표를 실시하여야 한다.

> 　1. 주민이 제2항에 따라 주민투표의 실시를 청구하는 경우
> 　2. 지방의회가 제5항에 따라 주민투표의 실시를 청구하는 경우
> 　3. 지방자치단체의 장이 주민의 의견을 듣기 위하여 필요하다고 판단하는 경우
> ⑥ 지방자치단체의 장은 직권에 의하여 주민투표를 실시하고자 하는 때에는 그 지방의회 재적의원 과반수의 출석과 출석의원 과반수의 동의를 얻어야 한다.
> 제24조【주민투표결과의 확정】① 주민투표에 부쳐진 사항은 주민투표권자 총수의 4분의 1 이상의 투표와 유효투표수 과반수의 득표로 확정된다. 다만, 다음 각 호의 어느 하나에 해당하는 경우에는 찬성과 반대 양자를 모두 수용하지 아니하거나, 양자택일의 대상이 되는 사항 모두를 선택하지 아니하기로 확정된 것으로 본다.
> 　1. 전체 투표수가 주민투표권자 총수의 4분의 1에 미달되는 경우
> 　2. 주민투표에 부쳐진 사항에 관한 유효득표수가 동수인 경우

20 ③

주민발의제도는 주민이 직접 조례의 제정 및 개폐를 청구할 수 있는 제도로, 주민은 지방의회에 이를 청구하게 되어 있다.

21 ④

주민은 그 지방자치단체의 장 및 비례대표 지방의회 의원을 제외한 지방의회의원을 소환할 권리를 가진다.

22 ⑤

부담분임의 원칙이란 주민이 지방자치단체의 행정에 요하는 경비를 스스로 부담한다는 것이다. 따라서 일반주민이 조금씩이라도 그 자치단체의 경비를 분담할 세제가 필요하다. 대표적인 예는 주민세(개인균등할)이다. ⑤는 보편성의 원칙에 대한 설명이다.

23 ⑤

교육세는 국세이며, 지방교육세는 지방세이다.

24 ③

상속세는 지방세가 아니라 국세이다.

25 ③

레저세는 지방세인 경주·마권세의 일부가 전환된 세목이며, 개별소비세는 국세인 특별소비세가 변경된 것이다.

26 ④

서울특별시장은 대통령령으로 정하는 보통세 수입의 일정액을 조정교부금으로 확보하여 조례로 정하는 바에 따라 해당 지방자치단체 관할 구역의 자치구 간 재정력 격차를 조정하여야 한다. 따라서 지방교육세는 목적세에 해당하므로 서울특별시가 자치구에 교부하는 조정교부금의 재원이 될 수 없다.

> 「지방재정법」
> 제29조의2【자치구 조정교부금】① 특별시장 및 광역시장은 대통령령으로 정하는 보통세 수입의 일정액을 조정교부금으로 확보하여 조례로 정하는 바에 따라 해당 지방자치단체 관할구역의 자치구 간 재정력 격차를 조정하여야 한다.

27 ④

지방채 발행은 지방재정조정제도와 무관하다.

28 ④

㉠ 사용료, ㉡ 분담금, ㉢ 수수료에 관한 설명이다.

29 ②

|오답해설| ① 100분의 40에 해당하는 금액이다.

③ 행정안전부장관이 필요하다고 인정하는 경우에는 신청이 없는 경우에도 일정한 기준을 정하여 특별교부세를 교부할 수 있다.

④ 100분의 50에 해당하는 금액이다.

30 ③

기초지방자치단체(시, 군, 구)의 세원인 종합토지세가 국세인 종합부동산세로 전환되면서 만들어진 것이 부동산교부세이므로, 부동산교부세는 기초지방자치단체에 전액 교부하여야 한다. 다만, 기초자치단체가 없는 세종특별자치시와 제주특별자치도에 교부될 수 있으나, 인천광역시를 비롯한 나머지 광역지방자치단체에는 부동산교부세가 교부될 수 없다.

|오답해설| ① 소방안전교부세는 「개별소비세법」에 따라 담배에 부과하는 개별소비세를 재원으로 한다. 따라서 경기도가 주민들에게 소방안전교부세를 부과하는 것은 아니다.

② 특별교부세는 특정한 사유가 발생할 경우에 교부한다. 따라서 울산광역시에 특정한 사유가 발생하면 특별교부세가 교부될 수 있다.

④ 분권교부세는 폐지(2014. 12. 31.)되었다.

> 「지방교부세법」
> 제4조【교부세의 재원】① 교부세의 재원은 다음 각 호로 한다.
> 1. 해당 연도의 내국세(목적세 및 종합부동산세, 담배에 부과하는 개별소비세 총액의 <u>100분의 45</u> 및 다른 법률에 따라 특별회계의 재원으로 사용되는 세목의 해당 금액은 제외한다. 이하 같다) 총액의 1만분의 1,924에 해당하는 금액
> 2. 「종합부동산세법」에 따른 종합부동산세 총액
> 3. 「개별소비세법」에 따라 담배에 부과하는 개별소비세 총액의 100분의 45에 해당하는 금액
> 4. 제5조 제3항에 따라 같은 항 제1호의 차액을 정산한 금액
> 5. 제5조 제3항에 따라 같은 항 제2호의 차액을 정산한 금액
> 6. 제5조 제3항에 따라 같은 항 제3호의 차액을 정산한 금액
> ② 교부세의 종류별 재원은 다음 각 호와 같다.
> 1. 보통교부세: (제1항 제1호의 금액 + 제1항 제4호의 정산액) × 100분의 97
> 2. 특별교부세: (제1항 제1호의 금액 + 제1항 제4호의 정산액) × 100분의 3
> 3. 삭제 〈2014. 12. 31.〉
> 4. 부동산교부세: 제1항 제2호의 금액 + 제1항 제5호의 정산액
> 5. 소방안전교부세: 제1항 제3호의 금액 + 제1항 제6호의 정산액
> 제9조【특별교부세의 교부】① 특별교부세는 다음 각 호의 구분에 따라 교부한다.
> 1. 기준재정수요액의 산정방법으로는 파악할 수 없는 지역 현안에 대한 특별한 재정수요가 있는 경우: 특별교부세 재원의 100분의 40에 해당하는 금액

> 2. 보통교부세의 산정기일 후에 발생한 재난을 복구하거나 재난 및 안전관리를 위한 특별한 재정수요가 생기거나 재정수입이 감소한 경우: 특별교부세 재원의 100분의 50에 해당하는 금액
> 3. 국가적 장려사업, 국가와 지방자치단체 간에 시급한 협력이 필요한 사업, 지역 역점시책 또는 지방행정 및 재정운용 실적이 우수한 지방자치단체에 재정 지원 등 특별한 재정수요가 있을 경우: 특별교부세 재원의 100분의 10에 해당하는 금액
> ② 행정안전부장관은 지방자치단체의 장이 제1항 각 호에 따른 특별교부세의 교부를 신청하는 경우에는 이를 심사하여 특별교부세를 교부한다. 다만, 행정안전부장관이 필요하다고 인정하는 경우에는 신청이 없는 경우에도 일정한 기준을 정하여 특별교부세를 교부할 수 있다.
> 제9조의3【부동산교부세의 교부】① 부동산교부세는 지방자치단체에 전액 교부하여야 한다.
> ② 제1항에 따른 부동산교부세의 교부기준은 지방자치단체의 재정여건이나 지방세 운영상황 등을 고려하여 대통령령으로 정한다.
> 제9조의4【소방안전교부세의 교부】① 행정안전부장관은 지방자치단체의 소방 인력 운용, 소방 및 안전시설 확충, 안전관리 강화 등을 위하여 소방안전교부세를 지방자치단체에 전액 교부하여야 한다. 이 경우 소방 분야에 대해서는 소방청장의 의견을 들어 교부하여야 한다.

> 「지방교부세법 시행령」
> 제10조의3【부동산교부세의 교부기준 등】① 법 제9조의3 제2항에 따른 부동산교부세의 교부기준은 다음 각 호와 같다.
> 1. 특별자치시·시·군 및 자치구: 다음 각 목의 기준 및 비중에 따라 산정한 금액
> 가. 재정여건: 100분의 50
> 나. 사회복지: 100분의 35
> 다. 지역교육: 100분의 10
> 라. 부동산 보유세 규모: 100분의 5
> 2. 제주특별자치도: 부동산교부세 총액의 1천분의 18에 해당하는 금액

31 ③

2011년 「지방재정법」의 개정으로 모든 지방자치단체가 의무적으로 이행해야 하는 제도가 되었다.

> 「지방재정법」
> 제39조【지방예산 편성 등 예산과정의 주민참여】① 지방자치단체의 장은 대통령령으로 정하는 바에 따라 지방예산 편성 등 예산과정(「지방자치법」 제47조에 따른 지방의회의 의결사항은 제외한다. 이하 이 조에서 같다)에 주민이 참여할 수 있는 제도(이하 이 조에서 "주민참여예산제도"라 한다)를 마련하여 시행하여야 한다.
> ② 지방예산 편성 등 예산과정의 주민참여와 관련되는 다음 각 호의 사항을 심의하기 위하여 지방자치단체의 장 소속으로 주민참여예산위원회 등 주민참여예산기구(이하 "주민참여예산기구"라 한다)를 둘 수 있다.
> 1. 주민참여예산제도의 운영에 관한 사항
> 2. 제3항에 따라 지방의회에 제출하는 예산안에 첨부하여야 하는 의견서의 내용에 관한 사항
> 3. 그 밖에 지방자치단체의 장이 주민참여예산제도의 운영에 필요하다고 인정하는 사항

③ 지방자치단체의 장은 주민참여예산제도를 통하여 수렴한 주민의 의견서를 지방의회에 제출하는 예산안에 첨부하여야 한다.

④ 행정안전부장관은 지방자치단체의 재정적·지역적 여건 등을 고려하여 대통령령으로 정하는 바에 따라 지방자치단체별 주민참여예산제도의 운영에 대하여 평가를 실시할 수 있다.

⑤ 주민참여예산기구의 구성·운영과 그 밖에 필요한 사항은 해당 지방자치단체의 조례로 정한다.

여러분의 작은 소리
에듀윌은 크게 듣겠습니다.

본 교재에 대한 여러분의 목소리를 들려주세요.

공부하시면서 어려웠던 점, 궁금한 점,

칭찬하고 싶은 점, 개선할 점, 어떤 것이라도 좋습니다.

에듀윌은 여러분께서 나누어 주신 의견을
통해 끊임없이 발전하고 있습니다.

에듀윌 도서몰 book.eduwill.net
- 부가학습자료 및 정오표: 에듀윌 도서몰 → 도서자료실
- 교재 문의: 에듀윌 도서몰 → 문의하기 → 교재(내용, 출간) / 주문 및 배송

2025 에듀윌 7·9급공무원 기본서 행정학: 필수편

발 행 일	2024년 6월 20일 초판
편 저 자	남진우
펴 낸 이	양형남
펴 낸 곳	(주)에듀윌
등록번호	제25100-2002-000052호
주　　소	08378 서울특별시 구로구 디지털로34길 55
	코오롱싸이언스밸리 2차 3층

www.eduwill.net

대표전화 1600-6700

정답과 해설

2025

에듀윌
7·9급공무원
행정학 | 필수편

고객의 꿈, 직원의 꿈, 지역사회의 꿈을 실현한다

펴낸곳 (주)에듀윌   **펴낸이** 양형남   **출판총괄** 오용철   **에듀윌 대표번호** 1600-6700

주소 서울시 구로구 디지털로 34길 55 코오롱싸이언스밸리 2차 3층   **등록번호** 제25100-2002-000052호

| 에듀윌 도서몰
book.eduwill.net | • 부가학습자료 및 정오표: 에듀윌 도서몰 > 도서자료실
• 교재 문의: 에듀윌 도서몰 > 문의하기 > 교재(내용, 출간) / 주문 및 배송 |